I0644881

CLASSIQUES JAUNES

Littératures francophones

Méditations

Réimpression de l'édition de Paris, 1980.

Alphonse de Lamartine

Méditations

Édition critique par Fernand Letessier

PARIS
CLASSIQUES GARNIER
2020

Agrégé de grammaire, Fernand Letessier fut professeur de littérature au Mans. Spécialiste de la littérature française du XIXe siècle, il a plus particulièrement consacré ses études aux auteurs romantiques. Nous lui devons notamment plusieurs éditions de référence des œuvres de Chateaubriand et de Lamartine.

Couverture :
Caspar David Friedrich, *Paysage au lac de montagne, matin* (1923 / 1935)
Collection privée : Dr Erika Pohl-Ströher

© 2020. Classiques Garnier, Paris.
Reproduction et traduction, même partielles, interdites.
Tous droits réservés pour tous les pays.

ISBN 978-2-8124-1297-4
ISSN 2417-6400

PROPOS LIMINAIRE

On trouvera ici, pour la première foisréunies et commentées en un seul et même volume, la totalité des pièces de vers auxquelles, à un moment ou à un autre de sa longue existence, Lamartine a donné le nom de *Méditations* : 1° les *Méditations poétiques* proprement dites, comprenant vingt-quatre poèmes dans l'originale du début de mars 1820, vingt-six dans la seconde édition parue à la mi-avril suivante, trente dans la neuvième publiée aux premiers jours de 1823, quarante et un enfin dans les *Œuvres complètes* de 1849; 2° les *Nouvelles Méditations poétiques,* soit vingt-six morceaux sortis des presses en septembre 1823 et dont le nombre fut augmenté de deux unités en 1849; 3° seize compositions intitulées à cette dernière date *Méditations poétiques inédites* et que l'on nomme parfois *Troisièmes Méditations;* 4° *Le Désert* enfin, édité en 1856 et qu'il nous a paru légitime de joindre au présent recueil puisqu'il est, sur manuscrit, sous-titré *Méditation philosophique.*

Si les *Méditations* sont une des œuvres les plus célèbres de notre XIXe siècle, elles doivent leur réputation surtout à quelques-unes d'entres elles (*L'Isolement, Le Vallon, Le Lac, L'Automne, Le Crucifix* notamment), souvent invoquées et qui ont acquis droit de cité dans les anthologies. Mais, jusqu'à présent, seules les quarante et une pièces que nous avons mentionnées en premier ont été l'objet d'une édition critique sérieuse, celle déjà ancienne établie par Gustave Lanson dans la « Collection des Grands Écrivains de la France » et qui passa pour un modèle du genre. Préparée avant la Grande Guerre et mise en vente en 1915, cette « magistrale étude » fut alors, selon l'expression d'Albert Cahen, « un vrai symbole d'énergie française et de foi dans l'avenir de la patrie* »; on ne saurait relever dans ses gloses « ni lacune, ni superfluité » et « son introduction restera comme le travail le plus ample, le plus informé, le plus satisfaisant qui ait été consacré aux *Premières Méditations,* à la formation intérieure qui en explique l'éclosion, aux circonstances qui les inspirèrent l'une après l'autre, à leur succès enfin, à leur diffusion et aux vicissitudes de leur influence et de leur renommée. » Le mérite de cette somme lamartinienne ne doit pas être sous-estimé et l'on aurait peine à souscrire à l'opinion tranchante du caustique Fernand Vandérem, condamnant Lanson « dont on sait que le sens artistique n'est pas plus fort que le sens littéraire » et qui a semé dans ses notes « un irrésistible et désopilant comique** ». Cependant l'éminent professeur de la Sorbonne n'avait pas évité certaines conclusions hâtives ou incomplètes; il abusait peut-être, comme pour diminuer l'originalité du poète, de rapprochements faits avec des *minores* du XVIIIe au détriment de ceux qu'il aurait pu tenter avec d'autres écrits de Lamartine lui-même; il manquait de précision dans certaines de ses références, en particulier dans celles qui concernent l'Écriture sainte; enfin, après cinquante années écoulées, des travaux plus récents permettent de compléter sa documentation ou d'apporter à sa manière de voir des rectifications nécessaires et d'indispensables nuances.

Pour ce qui est des *Nouvelles Méditations poétiques,* Maurice Levaillant avait projeté, à l'occasion de leur premier centenaire, une publication analogue à celle de G. Lanson; mais le délicat poète, qui fut aussi un des maîtres historiens du Romantisme, ne donna pas de suite à son intention. Quant aux *Méditations inédites* de 1849, elles ont été le plus généralement ignorées ou, du moins, passées sous silence.

* Compte rendu de l'édition G. Lanson, *Revue d'Histoire littéraire de la France,* janvier-mars 1917, p p. 144-148.

** F. Vandérem, *La Neuvième Édition des « Méditations », Bulletin du Bibliophile,* 1925, pp. 541-546.

Aussi bien l'éditeur de notre temps se voit-il en présence de multiples mises au point à réaliser et d'un grand nombre de problèmes à résoudre, qui parfois n'ont même pas été soupçonnés; il se heurte également à de fausses complications, posées par des commentateurs de Lamartine qui, comme leur écrivain d'élection, se sont complu dans le vague et l'imprécis. Dans le détail, chaque pièce soulève isolément des questions souvent épineuses de date, d'origine, de signification, etc. Nous nous sommes efforcé d'y apporter réponse dans notre annotation, en recourant à une information aussi abondante que possible et parfois fort dispersée; lorsque nous n'avons pu parvenir à un résultat vraiment positif et assuré, nous avons simplement dressé le constat de notre ignorance, avec l'espoir qu'il servira de point de départ à quelque chercheur plus heureux ou mieux éclairé.

D'autre part, l'édition des *Méditations* prises dans leur ensemble offre une double difficulté méthodologique : celle du texte à retenir et celle de l'ordre à adopter dans la publication des poèmes.

Dès l'origine, on le verra, les volumes de mars 1820 et de septembre 1823 étaient fort composites; on y chercherait vainement une réelle unité ou, pour parler selon la mode de notre époque, il serait difficile d'en préciser la *structure*. A diverses reprises, Lamartine bouleversa leur économie interne pour leur donner une disposition nouvelle, aussi indécise en vérité que la précédente. Par commodité, nous avons adopté — sans y attacher plus de valeur que l'auteur ne le faisait probablement lui-même — le dernier classement en date, c'est-à-dire celui de 1849; mais nos lecteurs auront à leur disposition tous les renseignements qui leur permettent de connaître celui des originales et des tirages successifs.

Plus délicate apparaît de prime abord la méthode à suivre en vue de l'établissement du texte. Il suffit pour s'en convaincre (et s'en effrayer !) de lire l'article du baron de Nanteuil consacré à ce sujet dans la *Revue d'Histoire littéraire de la France* en 1936. Ce fervent spécialiste de Lamartine a pu compter, entre 1820 et 1866, vingt-quatre éditions des *Premières Méditations* et seize des *Nouvelles* : en faisant abstraction des différences dues à la typographie, à l'orthographe, à la ponctuation, aux coquilles évidentes, il a relevé dans celles-ci 163 variantes et 108 dans celles-là; de ces variantes, dont il n'a pas publié la liste exhaustive, il s'est livré à une analyse méticuleuse qui, déclare-t-il, lui a demandé « plusieurs années d'études et de réflexions », et ce, pour arriver à quoi? A conclure que la majeure partie des diversités constatées peuvent rarement être attribuées avec certitude à la volonté de l'écrivain et qu'au total « il ne faut jamais modifier le texte original sans motif péremptoire ». L'idée directrice de Nanteuil était en effet de réaliser, à partir d'un examen de la totalité des éditions, une version *optima* des *Méditations,* telle qu'il n'en a jamais existé lorsque leur auteur était en vie, ni depuis qu'il est mort. Façon de procéder qui est celle des paléographes et philologues s'efforçant, à partir des manuscrits qu'ils possèdent, de donner des auteurs anciens les textes les meilleurs possibles.

Pour nous, nous nous sommes rangé au parti suivant.

Comme le poète n'a guère modifié ses œuvres après les avoir une première fois offertes à son public, notre édition (comme celle de G. Lanson) reproduit l'originale des *Premières Méditations* et de celles de 1849. Mais, pour les *Nouvelles,* on a choisi le texte de la seconde, parce que l'*Avertissement* de la première reconnaît ouvertement les incorrections de celle-ci et que la suivante apporte de visibles améliorations. Toutefois, afin d'éclairer au maximum le travail de l'écrivain, les *Notes critiques* contiennent tout ce que peuvent apporter d'essentiel et les manuscrits existants et les impressions successives.

Au moment où j'aperçois le terme de quelque cinq années de recherches souvent délicates, ce m'est un agréable devoir d'exprimer des sentiments de sincère gratitude à ceux qui m'ont fourni l'occasion de les rendre moins imparfaites. J'éprouve une toute particulière reconnaissance envers M. le comte de Noblet, arrière-neveu de Lamartine, qui, avec autant de générosité que de courtoisie, m'a permis de consulter les documents dont il est le vigilant gardien au château de Saint-Point, qui fut la résidence favorite du poète. A Mâcon, sa ville natale, j'ai rencontré un très obligeant accueil auprès de MM. Gabriel Badet, bibliothécaire municipal maintenant disparu, Émile Magnien, conservateur du *Musée Lamartine,* Maurice Chervet, professeur agrégé au lycée et secrétaire général des *Journées d'Études lamartiniennes* de 1961 et 1965. Je dois aussi des remerciements à Mlle Y. de Montjamont, de Dijon, descendante de Louise Duréault qui inspira en 1847 une des *Troisièmes Méditations,* à M. de Champeaux de la Boulaye, de la Selle-en-Morvan, à Me Marcel Thomas, notaire à La Ciotat, et à Mlle R. de Chastellier, de Besançon, arrière-nièce de Lamartine, qui m'ont l'un et l'autre apporté de curieux détails sur le crucifix d'Elvire, à M. Antoine Fongaro, professeur aux Instituts français de Rome et de Florence. Je dois enfin une mention spéciale aux précieuses indications qu'ont bien voulu me fournir M. Marius-François Guyard, professeur à la Sorbonne, récent éditeur des *Œuvres poétiques complètes* dans la « Bibliothèque de la Pléiade », et M. Henri Guillemin qui, depuis un quart de siècle, a renouvelé par ses découvertes notre connaissance de Lamartine.

Je voudrais que ce livre ne fût pas trop indigne de ceux qui se sont intéressés à son élaboration, ni de la mémoire de Maurice Levaillant qui, peu avant de mourir, m'avait adressé ses bienveillants encouragements pour la tâche entreprise. Celle-ci ne me paraîtra pas inutile, si elle aide à mieux comprendre le poète des *Méditations* et à le faire aimer davantage.

INTRODUCTION

LAMARTINE ET LES « MÉDITATIONS »

Le voyageur qui, venant de la vallée de la Loire, fait route vers celle de la Saône ou celui qui, au sortir de l'austère Morvan, marche en direction du Beaujolais ne peut manquer d'être frappé, dans cette Bourgogne qui compte tant de sites admirables, par la beauté de ceux qu'il rencontre dans la région de Cluny, Saint-Point, Berzé-le-Châtel, Berzé-la-Ville, Milly, La Roche-Vineuse, Mâcon. Les lignes amples et molles de hauteurs aux croupes arrondies, coupées seulement ici et là de quelques à-pics comme les rochers de Vergisson ou de Solutré, les vignobles immenses et bien tracés, les villages aux toits de tuiles accrochés aux collines ou tapis dans le creux des vallons, les lointains horizons à l'est de la grande rivière au cours indolent, tout — lorsque le ciel suffisamment dégagé permet au regard de s'étendre — contribue à donner à ces parages une noblesse, une élégance et une harmonie qui saisissent l'attention et pénètrent le cœur. S'il existe quelque vérité dans la théorie de ceux qui, du latin Quinte-Curce à Taine et à Barrès, ont soutenu que « la disposition des lieux modèle le caractère profond des hommes* », il était comme inévitable qu'un jour naquît du Mâconnais un écrivain marqué par sa distinction de nature et la musicalité de sa langue : Alphonse de Lamartine, par maints aspects de son génie, est bien l'expression de la terre où il vint au monde et passa une grande part de son existence.

---

* « Ingenia hominum ... locorum situs format » (Quinte-Curce, *Histoire d'Alexandre le Grand,* livre VIII, IX, 20).

C'est par sa famille paternelle qu'il était enraciné dans cette contrée depuis des temps immémoriaux* : au milieu du XVe siècle, on connaît un Benoît Alamartine exerçant la profession de tanneur-cordonnier sur les dépendances du célèbre monastère de Cluny; mais la descendance de ce modeste artisan appartenait à la robe au XVIIe et, comme beaucoup de magistrats d'autrefois, elle fit tous ses efforts pour entrer dans la noblesse d'épée en acquérant des biens titrés et transforma son patronyme roturier en de Lamartine (ou de La Martine) : Jean-Baptiste reçut en dot de sa femme le château de Monceau et fit construire en 1705 la maison de Milly, sise au milieu de ses vignes. Son petit-fils, Louis-François, né en 1711 et grand-père du futur poète, fut le définitif auteur de la promotion familiale : capitaine d'infanterie, il avait servi la Royauté en diverses campagnes avant de se retirer dans ses domaines en 1748; un riche mariage le rendit maître de centaines d'hectares dans le Jura et il devint aussi propriétaire du manoir de Montculot et de la seigneurie d'Urcy, non loin de Dijon. Grand seigneur, il ne recula point, suivant un usage fréquent à l'époque, devant certaines falsifications pour assurer à sa race une ancienneté nobiliaire qu'elle ne possédait pas; au demeurant, c'était un fin lettré, amateur de beaux livres et rimeur aimable à l'occasion. De ses trois fils, l'aîné, François-Louis, eut trop peu de santé pour fonder une famille; le second, Jean-Baptiste, devenu prêtre sans vocation véritable, fut l'abbé de Lamartine; le dernier, Pierre, connu sous le nom de chevalier de Pratz (1751-1840), fut le père d'Alphonse.

Capitaine de cavalerie au Régiment Dauphin, il épousa le 7 janvier 1790 Alix des Roys (1766-1829), une Lyonnaise aux lointaines origines auvergnates qui appartenait comme lui à la noblesse provinciale : ses parents étaient au service de la maison d'Orléans et, chanoinesse au chapitre de Saint-Martin-de-Salles en Beaujolais, elle reçut une parfaite

* On pourra compléter toutes les brèves indications qui suivent en se référant à Pierre de Lacretelle, *Les Origines et la Jeunesse de Lamartine, 1790-1812* (Paris, Hachette, 1911, un vol. in-8°, XI + 282 p.).

éducation et témoignait de profonds sentiments religieux. Détail à retenir si l'on croit à de mystérieuses influences héréditaires : son frère benjamin, Lyon des Roys (1768-1804) se crut la vocation d'écrire et composa un poème sur la géométrie, une tragédie en cinq actes, *La Mort de Caton,* et une comédie, *L'Antiphilosophe;* ses échecs successifs le rendirent aussi malheureux que Gilbert ou Chatterton, si bien qu'il en perdit la raison et se suicida. Tragique destin qui peut-être explique l'attitude réticente des Lamartine en voyant plus tard le jeune Alphonse emporté par le démon des vers qui avait été fatal à son oncle maternel*.

***

Le 21 octobre 1790, naissait au foyer de Pierre et d'Alix, 18 rue des Ursulines, à Mâcon, leur premier enfant, qui fut baptisé Alphonse-Marie-Louis. Bien que sa situation matérielle fût alors sans grand éclat, le jeune ménage était d'une trop bonne aristocratie pour ne pas subir les contrecoups de la tourmente révolutionnaire. D'esprit libéral, mais très attaché à la Monarchie, Pierre de Lamartine démissionna de l'armée pour n'avoir pas à prêter serment à la Constitution de 1791; mais il reprit du service afin de défendre Louis XVI menacé et il se trouvait le 10 août 1792 au palais des Tuileries, où il échappa de justesse au massacre. Rentré à Mâcon, il y devint rapidement suspect et fut incarcéré pendant plus d'une année; finalement toutefois, lui et tous les siens échappèrent à l'orage et, après la mort de son père, il s'installa durant l'automne 1797 sur la terre de Milly dont il venait d'hériter : après Alphonse, deux filles (Cécile et Eugénie) lui étaient nées au cours des années sombres et trois autres (Césarine, Suzanne, Sophie) allaient bientôt augmenter sa famille. En même temps, il voyait prospérer ses affaires et il achetait en 1801 le château de Saint-Point.

---

* Sur ce dernier, voir, outre P. de Lacretelle, *op. cit.*, p. 60-73, Ch. et M. Armand, *Un précurseur malchanceux : Lyon des Roys, poète, oncle de Lamartine* (*Annales de l'Académie de Mâcon,* 1935, pp. 233-240).

Cependant on menait à Milly une vie simple et patriarcale ou, pour parler comme l'auteur des *Confidences,* toute « paysannesque »* : c'est là que le poète enfant contracta le goût de la nature et la passion de la liberté; c'est là qu'il apprit, pendant son adolescence, à rester un gentilhomme campagnard, un vigneron, un ami des chiens et des chevaux, ce qui l'empêcha de jamais devenir un « homme de lettres » professionnel. Élève à l'école paroissiale de Bussière, village limitrophe de Milly, il y fit des études assez sommaires sous la direction de l'abbé Dumont, qui demeura son ami et dont les aventures lui servirent de modèle dans *Jocelyn.* Mais, pour maître principal, il eut surtout sa mère, pieuse jusqu'au mysticisme et d'une bonté sans défaut : prêchant d'exemple, elle lui enseigna une généreuse pratique de la charité chrétienne, le sens profond du divin, la vénération et le respect du Créateur par la contemplation de ses ouvrages. Toute pleine de tendresse, elle lui fit lire ses auteurs préférés, Fénelon, Racine, l'Écriture sainte; la fréquentation de ces textes, celle en particulier de la Bible, fut capitale pour la formation intérieure de Lamartine : par la suite, la réminiscence sacrée et la formule scripturaire devaient spontanément jaillir sous sa plume.

Pour agréable et enrichissante que fût cette éducation maternelle et domestique, elle ne pouvait tarder à devenir insuffisante et, le garçon manifestant une indépendance excessive, son père et l'aîné de celui-ci, « l'oncle terrible », s'inquiétèrent. Il fut donc décidé que, pour son bien, Alphonse serait placé, en mars 1801, à la pension de la Caille, institution lyonnaise fréquentée par les enfants de la société distinguée et tenue par M. et Mlles Puppier. L'enseignement y était ennuyeux : Lamartine, qui ne réussissait pas mal en français et en latin, prit la maison en une

---

* Bien que tardives, les pages des *Confidences* (livres III, IV, V) et même celles des *Mémoires inédits, 1790-1815* (posthumes) sont capitales à lire si l'on veut comprendre et *sentir* ce que furent l'enfance et la jeunesse de Lamartine.

horreur telle qu'il fit une fugue et que ses parents durent le retirer pour l'inscrire au collège de Belley. Celui-ci était gouverné par les Pères de la Foi, ex-Jésuites, et l'adolescent y séjourna d'octobre 1803 à janvier 1808, c'est-à-dire de la classe de troisième à celle de philosophie.

Comme, après les troubles de la Révolution et encore sous l'Empire, les établissements scolaires étaient souvent bien médiocres, on a parfois émis des doutes sur la qualité de l'instruction dispensée à Belley et sur les avantages que Lamartine dut tirer de son passage chez les Pères. Néanmoins il est certain qu'il réalisa des gains substantiels durant ses quatre années d'études dont les deux dernières furent brillantes : à la fin de sa Rhétorique, s'il n'obtint aucune récompense en Grec (langue qu'il ne paraît pas avoir étudiée) ni en Sciences (il fut toujours parfaitement imperméable aux Mathématiques et ne connut jamais tout à fait la simple table de Pythagore!), du moins remporta-t-il, outre un accessit en Diligence (entendons en Application), les premiers prix d'Excellence, d'Amplification latine, d'Amplification française, de Poésie latine, le second de Version et — qui l'aurait cru? — le prix de Sagesse décerné d'après le jugement de ses maîtres et l'approbation de ses condisciples. Ainsi, de toute évidence, sans érudition pédante, il approfondit ses connaissances classiques et devint un honnête humaniste, très capable de lire et de goûter les poètes de Rome, Virgile, Horace, Ovide, Tibulle, etc., dont l'influence est si visible sur sa production personnelle. Il put aussi consolider sa formation religieuse, préparée de longue main par sa mère, et achever de former sa sensibilité : grâce à l'un de ses professeurs, le P. Béquet, il connut le *Génie du Christianisme,* dans un tirage, à vrai dire expurgé d'*Atala* et de *René,* mais ce premier contact avec Chateaubriand l'amena ultérieurement à dévorer son œuvre entière et à faire de lui un de ses guides de pensée. C'est à Belley aussi qu'il composa ses premiers vers *(Le Rossignol, Cantique sur le Torrent de Tuisy),* qu'il rencontra les Alpes pour la première fois et qu'il contracta, avec le Savoyard Louis de Vignet et les Dauphinois Prosper Guichard de Bienassis et Aymon de Virieu, des amitiés destinées à jouer, la dernière surtout, un rôle essentiel dans sa vie. Enfin — détail biographique peu connu et que l'on doit à une très curieuse révélation d'Édouard Herriot — il eut, durant ses années de collège, sa première aventure amoureuse (sans doute les bons Pères n'imposaient-ils point une sévère clôture à leurs disciples) et une humble servante le rendit père d'un enfant dont il eut le courage et l'honnêteté de ne jamais se désintéresser*.

Nous ne rappellerions pas ici cet événement, certainement ignoré des siens, s'il ne traduisait point chez « ce grand diable de Bourgogne » (à dix-huit ans, Alphonse mesurait 1,82 mètre) l'éveil précoce d'une ardeur sensuelle qui souvent se manifesta dans les années d'une jeunesse très désœuvrée par suite des circonstances. En effet la compréhensible hostilité de ses proches, restés légitimistes, contre le régime napoléonien l'empêchait d'entreprendre des études qui l'auraient conduit à remplir des fonctions officielles ou à servir sous les drapeaux du « tyran » et de l' « usurpateur » régnant alors sur la France. D'ailleurs, au sortir du collège, il ne manifestait aucune vocation précise, hormis celle de s'adonner à une poésie facile dans la tradition des élégiaques du siècle précédent — ce qui alarmait ceux qui se rappelaient l'infortuné Lyon des Roys — et aussi de mener, en fils de famille bien renté, une existence vouée aux plaisirs du jeu et à toutes les dissipations du monde. Lorsqu'il s'ennuyait de la vie trop paisible et quasi monacale de Milly, il faisait à Mâcon ou à Lyon des séjours qui ressemblent à des escapades. La pieuse Mme de Lamartine en était bouleversée, comme le montrent certains passages de son journal intime, tel celui-ci, en date du 7 janvier 1810** :

« Alphonse m'inquiète toujours beaucoup dans cette oisiveté dangereuse où la famille le laisse. C'est bien pour lui à présent que j'ai besoin des secours de Dieu ! Ses passions commencent à se développer; je crains que sa

* Cf. Émile Magnien, *Dans l'intimité de Lamartine* (Mâcon, Buguet-Comptour, 1955, un vol. in-8°, 124 pp.), p. 11-12.

** *Le Manuscrit de ma Mère* (Paris, Furne, Hachette et Pagnerre, 1873, 1 vol. in-8°, XII + 322 pp.), p. 152-153.

jeunesse et sa vie ne soient bien orageuses : il est agité, mélancolique; il ne sait ce qu'il désire. Ah! s'il pouvait connaître le seul bien capable de le contenter! On nous blâme de le laisser aller passer l'hiver sur sa bonne foi, mais on ne connaît pas nos raisons. Il faut laisser dire le public et faire ce qu'on croit le mieux. Il paraît bien altéré de connaissances, bien enclin à l'étude; nous espérons qu'avec plus de ressources, dans une grande ville, il pourra mieux s'occuper et échapper aux dangers de l'oisiveté, que dans une petite ville où il n'y a d'occasions que pour le mal : d'ailleurs nous sommes bien aises qu'on ne le voie pas trop ici, parce qu'il est d'une taille remarquable et qu'il pourrait tenter les agents de l'Empereur pour nous contraindre à le faire entrer dans l'armée et nous refuser le remplaçant que nous lui achetons. »

Cette page, où les illusions se mêlent à la finesse, éclaire la psychologie du jeune homme : le mal dont il souffrait, c'était ce *vague des passions* que Chateaubriand avait si profondément analysé dans *René* et qui fut à l'époque une réalité plus encore qu'une mode. Mais, si les inquiétudes maternelles n'étaient pas injustifiées, du moins l'oisiveté d'Alphonse avait-elle un côté positif : loin d'être tout à fait futile et en dépit du dérèglement moral qu'elle comportait, elle contribuait à mûrir son cœur et son esprit par la double expérience de la vie et des livres. Si l'on feuillette sa Correspondance — et la remarque vaut pour la douzaine d'années postérieures à son départ de Belley —, on l'y voit en proie à une curiosité effrénée et à une véritable fringale de lecture. Tout y passe, la littérature, française et européenne, ancienne et moderne, la prose comme la poésie, la philosophie avec l'histoire, en grand désordre certes, mais avec l'enthousiasme fervent spécial à l'autodidacte. Il est probable que certaines intentions manifestées, comme celle d'apprendre l'anglais, ne furent guère suivies d'effet et que Lamartine connut les étrangers à travers des traductions. Son zèle s'accompagnait fréquemment d'une bonne dose de naïveté : comme ses contemporains, mais avec beaucoup plus de constance que la plupart, il crut à l'existence d'Ossian et de Clotilde de Surville. Quoi qu'il en ait été, il s'imprégna durablement des œuvres les plus variées et la liste qu'on en pourrait dresser serait interminable : qu'il nous soit permis de mentionner seulement Milton et son *Paradis perdu*, Pope, Young et *Les Nuits*, le *Werther* de Gœthe, Pétrarque, le Tasse, Alfieri, les rimeurs épicuriens français du XVIIIe et leur choryphée Parny, Voltaire et surtout J.-J. Rousseau : c'est Guichard de Bienassis qui, dès 1809, lui révéla les *Confessions*, comme Aymon de Virieu lui fit connaître les *Essais* de Montaigne... On devine aisément quelles influences contradictoires tant de génies si disparates exercèrent sur une tête indécise et chez un homme malade; car les ennuis de santé reviennent comme un leitmotiv dans les lettres de Lamartine : même si ses indispositions digestives, hépatiques, cardiaques, pulmonaires furent peut-être quelquefois imaginaires, on ne peut pas ne pas en tenir compte, car elles contribuèrent aussi à développer chez lui un pessimisme dont le fondement métaphysique était la perte de la foi chrétienne, mal remplacée par le déisme des Philosophes.

***

A la vérité les angoisses spirituelles n'accaparaient pas complètement l'âme de Lamartine lorsqu'il avait vingt ans et des amourettes le détournaient des trop graves pensées. Si l'idylle qu'il noua avec la fille du docteur Pascal, de Saint-Sorlin, semble fort arrangée au sixième livre des *Confidences* racontant l'histoire de Lucy L., on connaît bien le projet matrimonial qu'il ébaucha avec Marie-Henriette Pommier : celle-ci était fille d'un juge de paix mâconnais et, grand amateur de bals*, il avait rencontré cette « moderne Terpsichore » en dansant avec elle dans sa ville natale vers la fin de 1810. Mais, pour des raisons d'âge et de fortune, les Lamartine voyaient défavorablement une union prématurée qui leur paraissait

* Sur cette passion, cf. Fernand Letessier, *Lamartine, Cellarius et la danse* (*Mercure de France*, mars 1959, pp. 546-550).

une mésalliance. Afin d'écarter Alphonse d'une idée qui lui tenait à cœur, son oncle François-Louis le fit élire à l'académie de Mâcon; or, pour être académicien, il n'en restait pas moins amoureux et, finalement on résolut de le faire voyager afin qu'il oubliât.

Voyage capital, car il allait apprendre au poète les splendeurs de l'Italie dont le souvenir ne quitterait plus sa mémoire et lui faire vivre la première grande expérience sentimentale appelée à nourrir son inspiration. Il fut absent de France de juillet 1811 à mai 1812, mais ce sont les mois de son séjour à Naples (décembre - début d'avril) qui apparaissent essentiels. Nous n'aborderons pas ici les problèmes soulevés par la rencontre avec celle qui, trente-cinq ans plus tard, sera l'héroïne de *Graziella* : en 1942, le marquis de Luppé nous a appris qu'elle se nommait Antoniella et, tout dernièrement, des documents d'état civil ont permis à M. Abel Verdier d'établir sa véritable identité, Mariantonia Iacomino (1794-1816)*; mais, ainsi qu'on le verra, ce fut d'abord sous le poétique pseudonyme d'Elvire que Lamartine la célébra dans ses vers.

Quelles qu'aient été ses émotions sous le ciel napolitain, il n'avait guère changé lorsqu'il revint en Bourgogne. S'il n'éprouva pas beaucoup de peine à l'annonce du prochain mariage d'Henriette avec un autre, il reprit le genre de vie qui avait été précédemment le sien. « Retour d'Alphonse, découragement, oisiveté », notait sa mère en son journal. La maladie et aussi le sentiment d'une demi-déchéance aggravaient sa tristesse. Le 27 mai 1812, il mandait à Virieu : « Je cherche une maîtresse pour *dormire*, parce que je n'ai que ce moyen-là de me calmer l'imagination et les nerfs; car du reste je ne voudrais pas m'y attacher trop fort, et je le pourrais encore moins. Je m'ennuie à un point inimaginable que j'en suis malade ! » L'élue du moment fut la belle et facile Nina Dézoteux de Cormatin, épouse de son ami le comte de Pierreclau; de cette

---

* Abel Verdier, *Les Amours italiennes de Lamartine. Graziella et Lena* (Paris, La Colombe, 1964, un vol. in-8°, 258 p.), pp. 78-89.

liaison, douloureuse et vaudevillesque à la fois, naquit Léon de Pierreclau, à qui Lamartine voua une grande tendresse; mais la brouille ne tarda pas entre les amants, et le volage écrivait à Virieu le 29 octobre 1813 : « J'ai eu beau faire pour devenir amoureux de cette jolie maîtresse dont je t'ai parlé depuis mon retour, il n'y a pas eu moyen. Je ne l'aime que tous les quinze jours, quand je suis las du veuvage. Encore, dès que j'ai passé une heure chez elle, mon amour disparaît-il. Je lui ai pourtant laissé un gage vivant de ma tendresse : c'est ce qui m'y rappelle de temps en temps. Mais du reste il n'y a ombre de sympathie entre nous : c'est une femme qui n'a plus de ce feu dont nous parlions. »

Ce sont là propos d'un libertin blasé, qui conduit de pair plusieurs intrigues éphémères et n'en conserve qu'un goût de cendres. Jouant au propriétaire terrien, devenu maire de Milly et de Saint-Point afin d'échapper à la conscription en assumant une charge civile, il participe aux travaux de l'académie de Mâcon et rêve d'une gloire littéraire qu'il espère conquérir grâce à la tragédie et à l'épopée :

« Quand j'ai quelque intervalle de repos à mes souffrances, je travaille et j'écris. Je viens même d'entreprendre, il y a trois semaines, une tragédie nouvelle sur un vieux sujet qui m'a séduit par les passions dont il m'a semblé plein, c'est *Médée*. J'en viens de versifier quatre actes avec une incroyable opiniâtreté, je suis au cinquième, mais il dort pendant quelques jours par les ordres de mon médecin qui dit que même ce seul délassement m'est fort nuisible. Que faire donc?

Si je reprends un peu de vie quand *Médée* sera finie, je commence *Brunehaut* et *Mérovée;* et, si je guéris jamais tout à fait, si je renais sérieusement, je jure que j'emploierai ma vie à faire mon poème de *Clovis;* je crois t'en avoir parlé. N'admires-tu pas ce beau zèle d'un mourant qui s'occupe encore de niaiseries. A propos, je t'avertis que je t'ai fait depuis un mois une belle dédicace de mon *Saül**... »

---

* A Virieu, Milly, 9 novembre 1813. — Les *Poésies inédites de Lamartine* (Paris, Hachette et Furne, 1873, un vol. in-8°, XXIV + 300 p.)

Ainsi son désœuvrement n'était pas tout à fait infécond lorsque les événements militaires et politiques l'en firent sortir. Après l'abdication de Fontainebleau, le vieux chevalier de Pratz, venu à Paris, ne mit pas moins de trois mois à faire récompenser sa tenace fidélité envers les fleurs de lis en obtenant pour lui-même une croix de chevalier de Saint-Louis et pour son fils une place de garde du corps dans la compagnie de Noailles, en garnison à Beauvais. Alphonse y fut incorporé le 15 juillet 1814; le chef-lieu de l'Oise était si triste qu'il le quitta bien volontiers quand son unité vint prendre du service aux Tuileries; mais ses activités n'étaient guère astreignantes et il put s'adonner encore à ses passe-temps favoris, le jeu, les femmes et les vers, puis obtenir dès novembre une permission de longue durée. L'hiver qui suivit fut plein de quiétude, marqué surtout par la lecture qu'il fit à l'académie de Mâcon de son élégie sur Parny, mort depuis peu :

Sur ce gazon, témoin de nos douleurs,
Laissons tomber des larmes et des fleurs!

Parn n'est plus : la Parque courroucée
Vient de trancher la trame de ses jours;
Son luth muet se détend pour toujours,
Et sous la pierre insensible et glacée
Dort à jamais le chantre des amours.
Toi qu'il aimait, molle et tendre Élégie,
Prends aujourd'hui tes longs habits de deuil
Et, sous les ifs qui couvrent son cercueil,
Viens soupirer ta douleur recueillie...

Mais l'heure bientôt ne fut plus à ces vers élégamment désuets... Avant l'expiration de son congé, le poète apprit le retour de l'île d'Elbe et, très vraisemblablement*, rejoignit

---

donnent une *Médée* complète, datée 1er octobre - 20 novembre 1813. *Brunehaut* et *Mérovée* furent probablement des projets en l'air. On retrouvera *Clovis* plus loin, et un *Saül* qui semble être une autre pièce que celle mentionnée ici.

* Certains documents officiels le donnent comme « resté dans ses foyers » en mars 1815; mais il a lui-même parlé de son équipée en

sa compagnie pour escorter Louis XVIII jusqu'à la frontière belge, puis fut licencié. Pour obéir au dernier ordre du Roi et ne pas servir l'Empereur, durant les Cent-Jours, il s'exila : par le Jura, il gagna la Suisse et la Savoie, s'arrêta à Nernier sur le lac Léman et vint visiter Louis de Vignet à Chambéry; semaines mélancoliques certes, mais au cours desquelles il s'enivra du souvenir de Rousseau et des beautés de la nature alpestre. Lorsque Napoléon eut été définitivement vaincu, il revint à Paris; mais, la carrière des armes lui paraissant une impasse, le 1er novembre 1815, il se fit porter démissionnaire pour cause de maladie.

Revenu à Milly et de nouveau sans situation alors qu'il a dépassé ses vingt-cinq ans, il songe pourtant à assurer son avenir. C'est pourquoi il va passer l'hiver dans la capitale, à la recherche de relations utiles. Comme son ami l'helléniste de Fréminville, sous-préfet à Trévoux, il ne dédaignerait pas de dépendre de l'Intérieur, à moins d'imiter Aymon de Virieu, qui l'a introduit dans des salons légitimistes, mais vient d'opter pour les Affaires étrangères et part comme secrétaire d'ambassade au Brésil. Une fois de plus, le velléitaire Alphonse n'aboutit à rien, mais cet échec finalement se révéla bénéfique, car l'année 1816 allait être capitale pour sa carrière d'écrivain.

***

Tout d'abord on le voit, *pour la première fois*, se préoccuper *sérieusement* de projets autres que tragiques ou épiques; à cet égard, un document essentiel nous est fourni par sa lettre du 28 juin, adressée de Montculot à Fortuné de Vaugelas, ex-garde du corps vivant en son manoir de Die, dans la Drôme. Après lui avoir rappelé comment il a « été plongé dans des antichambres et même des salons de grands personnages dont le crédit (lui) était nécessaire

---

Flandre et à Béthune; voir à ce sujet L. Babonneix, *Lamartine garde du corps* (*Revue d'Histoire littéraire de la France*, juillet-septembre 1925, pp. 344-370).

et s'est évanoui comme une douce fumée entre (ses) mains malhabiles », il poursuit :

« Je me suis jeté alors avec une fureur nouvelle dans le sein des Muses : ces divinités douces et consolantes m'ont mieux traité, du moins je l'espère; et je leur consacre désormais sans inconstance les restes d'une existence à moitié usée...

Pour nous,... vivons tranquilles, vous dans vos champs, moi dans le champ des autres. Cultivez votre belle âme pendant que je cultiverai des Muses qui me mèneront peut-être à la sagesse, sinon à la gloire...

Je compte faire imprimer incessamment pour quelques amateurs quatre petits livres d'élégies dans un petit volume, je vous en ferai hommage : ce ne sont encore que des études, des bagatelles, *juvenilia ludibria;* et je vais me remettre au grand ouvrage de ma vie. Si je réussis je serai un grand homme, sinon la France aura un Cotin et un Chapelain de plus... »

Ce *grand ouvrage,* c'est évidemment l'épopée de *Clovis,* à laquelle Lamartine n'a jamais cessé de songer, bien qu'il sache, d'après la chute de *La Pucelle* de Chapelain, les difficultés de ce genre noble; mais les *élégies* (dont la destinée encore incertaine le font penser aux *Œuvres galantes* de l'abbé Cotin) intéressent bien davantage l'historien des *Méditations.* De quelles pièces lyriques aurait en effet pu être constitué le *petit volume* projeté et qui jamais ne parut? On en est sur ce point réduit à des conjectures assez hasardeuses : sans doute de poèmes inspirés par le voyage de 1811-1812 et par les amours napolitaines*, d'autres comme ceux écrits à Belley ou ceux, généralement épicuriens, que l'on rencontre dans sa Correspondance, de ceux enfin que, beaucoup plus tard, il prétendra avoir brûlés en raison de leur médiocre valeur**, encore qu'un

* Voir plus loin notre *Essai de classification chronologique des « Méditations ».* — L'article de M. Paul Bénichou *Sur les premières élégies de Lamartine* (*Revue d'Histoire littéraire de la France,* janvier-mars 1965, pp. 27-46) n'apporte rien de positif sur la question.

** Cf. les Commentaires de 1849 relatifs à *A Elvire,* au *Golfe de Baya...* et à *L'Ange.*

semblable autodafé paraisse assez surprenant chez un auteur aussi ménager de sa production que le fut Lamartine.

Il est au demeurant inutile d'épiloguer sur ce point irrémédiablement obscur. L'an 1816 est beaucoup plus important pour une autre raison : le poète y fit la connaissance de celle qui allait être pour lui la seconde Elvire, la seule véritable aux yeux de la postérité. Du roman d'amour éclos sur les rives pittoresques du lac du Bourget, il serait nécessaire de développer la trame pour éclairer le détail de *Raphaël, pages de la vingtième année,* car le roman de 1849 en est la transposition en prose; mais il est possible de n'en retenir que les linéaments pour expliquer les poèmes illustres qu'il fera naître.

Donc, le 5 ou 6 octobre 1816, Alphonse de Lamartine, toujours désoccupé, arrive à Aix-les-Bains* pour y soigner son foie en prenant les eaux; il descend chez le docteur Perrier, en un hôtel assez médiocre encore ouvert à cette arrière-saison et dans lequel, depuis la mi-septembre, prend pension Julie Bouchaud des Hérettes, épouse esseulée du physicien Charles, illustre savant, membre de l'Académie des Sciences et bibliothécaire de l'Institut, de trente-huit ans plus âgé que sa femme. Née en 1784, elle doit sans doute à l'origine créole de sa mère un tempérament ardent; son enfance a été malheureuse et formée à l'école du XVIIIe siècle voltairien; ses contemporains la jugent, non sans raison, fort volage; n'appartient-elle pas à cette génération où les âmes ont été violemment secouées par la Révolution et ses séquelles? Et la maladie de poitrine qui la mine exacerbe encore sa sensualité lorsque le destin conduit sur sa route Lamartine, comme elle meurtri par la vie. Aussi la passion qui les rapproche l'un de l'autre a-t-elle l'allure d'une flambée subite et dévorante. Pourtant, comme l'écrivain l'a idéalisée, ou si l'on préfère *angélisée,* certains critiques et principalement

* On connaît en tout neuf séjours du poète à Aix-les-Bains : octobre 1816, août-septembre 1817, août 1819, avril-mai 1820, juin-spetembre 1821 (avec une interruption au début de juillet), juillet-août 1823, juin 1825, juillet-août 1830 (*Revue Bleue,* 1938, p. 284, n. 2).

Léon Séché se sont acharnés à défendre coûte que coûte la vertu de Julie — et il en a résulté toute une littérature aujourd'hui caduque. En effet, deux documents au moins donnent à l'aventure du Lac un caractère à la fois plus banal et plus humain. A son ami J.-M. Dargaud qui, bien des années après, lui posait la question : « Votre passion pour Mme Charles ne fut pas, je m'imagine, une passion purement platonique? », Alphonse répondit : « Assurément non. Mais l'âme prédomina toujours sur les sens. » Et surtout, la lettre à Virieu du 12 décembre 1816, publiée par M. de Luppé, renferme ce passage lumineux et qui tranche toute discussion oiseuse :

« Nous avons été amants et nous ne sommes plus que des amis exaltés, un fils et une mère. Nous ne voulons plus être que cela. Je te conterai à loisir les détails déchirants de toute cette histoire, où il n'y a que des larmes... »

Ainsi, renouvelant l'aventure de Jean-Jacques aux Charmettes ou encore celle de Julie d'Étanges et de Saint-Preux dans *La Nouvelle Héloïse*, Lamartine et Mme Charles renoncent aux plaisirs de la chair après y avoir succombé. On devine qu'Alphonse, malade physiquement et nerveusement, s'est d'abord laissé aller à l'habituel libertinage dont il éprouve néanmoins du dégoût, puis s'est ressaisi par un besoin d'élévation morale qui, malgré des rechutes, ira s'amplifiant dans les mois et les années à venir. Renoncement douloureux et édifiant à la fois pour ceux qui y consentent! Et le premier acte de ce drame sentimental, adouci par d'agréables navigations sur le lac du Bourget, par d'apaisantes promenades en montagne et par l'amicale présence de Louis de Vignet, arrivé à Aix vers le 15 octobre, ne dure que trois semaines et inspire au poète *Invocation* :

O toi qui m'apparus dans ce désert du monde,
Habitante du ciel, passagère en ces lieux...
Après m'avoir aimé quelques jours sur la terre
Souviens-toi de moi dans les cieux!

Très vite, on le constate, Lamartine transfigure l'événement et la personne (le comte de Saint-Aulaire n'a-t-il pas vu Elvire « grande, sèche et désagréable, et qui ne ressemblait guère à son portrait poétique* »?; dès la séparation intervenue (à la fin d'octobre), il a conscience d'avoir vécu des moments exceptionnels pour lui et de se trouver dans une situation pathétique et sans issue; c'est ce qui ressort de la lettre à Virieu déjà citée :

« ... Ma vie est liée à celle d'une femme que je crois mourante! Et, tout bien calculé, je ne pense pas pouvoir survivre beaucoup à elle! Je suis d'ailleurs toujours attaqué du foie, et le supplice dans lequel je vis ici depuis quelque temps, et les émotions bouleversantes et déchirantes auxquelles je suis continuellement en proie ne contribuent pas à le guérir... Tu trouveras une femme d'un esprit supérieur et d'une âme ardente... Tu verras la femme que j'aime par-dessus tout (excepté toi), la femme qui fera le destin de ma vie! Car je tremble avec raison pour sa vie à elle, et la mienne y tient!... Adieu!... Ne rencontre jamais de créature céleste sur la terre! Elles n'y valent rien, et ce n'est pas leur place... »

L'objet de cette missive était d'envoyer Virieu chez Mme Charles et de lui faire porter, de la part d'Alphonse, le volume d'*Élégies* qu'il avait copiées pour elle. De la quotidienne correspondance à cette époque échangée entre les amants, seules ont subsisté quatre lettres d'Elvire**, toutes fiévreuses d'une passion qui se veut maternelle; celle écrite dans la nuit du 1er au 2 janvier 1817 nous renseigne sur l'impression produite sur Julie par des poèmes en majeure partie consacrés à la Napolitaine de 1812, dont Lamartine avait déjà dû conter l'histoire à Julie en l'embellissant :

« J'ai lu vos vers, cher Alphonse, ou plutôt je les ai

* Phrase tirée des *Mémoires* de Saint-Aulaire et citée dans *Lamartine et la politique,* article de la *Revue de Paris,* 15 juillet 1925, pp. 241-251.

** Publiées par René Doumic dans la *Revue des Deux Mondes* du 1er février 1905, pp. 574-602, ces lettres, conservées à Saint-Point dans un carnet de cuir noir doublé de satin blanc, ont été reprises par le même auteur dans *Lettres d'Elvire à Lamartine* (Paris, Hachette, 1907, 107 pp.).

dévorés. Vous me gronderez, j'en suis sûre, mais pourquoi la tentation était-elle irrésistible? Comment les avoir sur mon lit et les quitter, cher enfant, avant d'avoir épuisé mon admiration et mes larmes? Comment dormir et sentir là votre âme sublime s'épanchant tout entière avec ce caractère de sensibilité qui la distingue, noble comme le génie, touchante comme l'amour vrai? Oh! mon Alphonse! qui vous rendra jamais Elvire? qui fut aimée comme elle? qui le mérite autant? Cette femme angélique m'inspire jusque dans son tombeau une terreur religieuse. Je la vois telle que vous l'avez peinte, et je me demande ce que je suis pour prétendre à la place qu'elle occupait dans votre cœur. Alphonse, il faut la lui garder et que, moi, je sois toujours votre mère. Vous m'avez donné ce nom alors que je croyais en mériter un plus tendre. Mais, depuis que je vois tout ce qu'était pour vous Elvire, je vois bien aussi que ce n'est pas sans réflexion que vous avez senti que vous ne pouviez être que mon enfant. Je commence à croire même que vous ne pouvez être que cela et, si je pleure, c'est de n'avoir pas été placée sur votre route quand vous pouviez m'aimer sans remords et avant que votre cœur se fût consumé pour une autre... »

Ainsi Mme Charles se refusait à la jalousie posthume, mais — ayant compris en conversant avec Virieu combien le poète avait enjolivé tout ce qu'il disait d'Antoniella — elle en conçut pour elle-même une réelle appréhension :

« Serait-il donc possible, Alphonse, ajoutait-elle, qu'Elvire fût une femme ordinaire et que vous l'eussiez aimée, que vous l'eussiez louée comme vous l'avez fait? Si cela était, cher Alphonse, quel sort j'aurais devant moi! Moi aussi vous me louez, vous m'exaltez et vous m'aimez parce que vous me croyez un être supérieur! Mais que l'illusion cesse, que quelqu'un déchire le voile et que me restera-t-il, si vous pouvez vous tromper ainsi dans vos jugements? Est-ce donc l'imagination qui s'enflamme chez vous, ô mon bien-aimé, et croyez-vous, comme tant d'hommes le font, aux rêves de votre cœur jusqu'à ce que la raison les détruise? Oh! mon ange, je ne puis le croire et cependant je tremble. »

Ces subtiles inquiétudes s'apaisèrent un peu lorsque Julie vit son ami arriver le 8 janvier à Paris, où il allait rester jusqu'au 6 mai. Ce furent des moments heureux, partagés entre le salon de Julie (fréquenté entre autres esprits distingués par M. de Bonald qui s'efforçait d'amener la maîtresse de maison de l'indifférence à la foi) et les promenades à deux à la recherche du soleil printanier vers Meudon, Saint-Cloud ou Viroflay. Lorsqu'il fallut se quitter, Julie remit à Alphonse un carnet de maroquin rouge pour qu'il inscrivît des vers à son intention et l'on se promit de se retrouver à Aix l'été suivant. Hélas! le sort dispose, et les deux amis ne devaient plus jamais se revoir.

Mais, l'espoir aidant, le poète se remit au travail et s'occupa en particulier d'une tragédie biblique, *Saül*. Une triste déception l'attendait cependant : l'état de santé grandement aggravé de Mme Charles l'empêcha de partir en voyage et, le 21 août, il se trouvait seul au rendez-vous fixé. Son désarroi ne fut pas stérile et lui dicta *Le Lac*, immortel monument de son amour, accompagné ou suivi de plusieurs pièces importantes des *Premières Méditations*. Il en communiqua certaines à sa bien-aimée qui se débattait « dans les horreurs d'une affreuse agonie* », mais crut un instant qu'elle allait survivre, comme le montre la lettre, tout empreinte d'une grande sérénité chrétienne, qu'elle lui écrivit le lundi 10 novembre. Simple illusion d'un être qui s'en va! Le 18 décembre à midi, elle mourait avec beaucoup de piété et, le lendemain 19, à l'heure de ses obsèques à Saint-Germain-des-Prés, Lamartine lisait à l'académie de Mâcon son ode sur *La Gloire*. On ignore où sa dépouille fut inhumée. Alphonse connut la néfaste nouvelle quelques jours après par une lettre du docteur Alin qui avait soigné la défunte; alors, selon ce qu'il confia plus tard à Dargaud,

« il poussa un cri terrible et s'échappa de la maison

---

* A Mlle de Canonge, Milly, 24 octobre 1817 : « La personne que j'aime le plus au monde se débat depuis sept semaines dans les horreurs d'une affreuse agonie, et je suis ici dans l'absolue impossibilité d'aller auprès d'elle et dans les plus durs embarras de tout genre et pour elle et pour moi. »

paternelle. Il erra dans les vignes et dans les bois pendant deux jours et une nuit, puis il revint. Il était d'une pâleur si livide que tout le monde fut épouvanté. Ses sœurs n'osèrent l'interroger, son père se tut, sa mère sans lui parler l'embrassa. Il ne sentit pas même cet enlacement, tant il était endurci ! Après cela il rentra dans ses habitudes..., il inscrivit au couteau sur l'un des murs de Milly cette date... et il garda pendant plusieurs mois le silence du désespoir. »

***

En fait si sa douleur fut immense, elle se manifesta sûrement d'une manière moins spectaculaire et ses proches ne se doutèrent pas, semble-t-il, du deuil qui frappait son cœur. A quelque temps de là, son ami Amédée de Parseval lui apporta le crucifix d'ivoire que la malheureuse Julie avait entre les mains au moment d'expirer et qu'elle lui léguait. Pour échapper à son écrasante tristesse, il se reprit très vite — dès la fin de janvier 1818 — à travailler à *Saül*. Aymon de Virieu, chargé par M. Charles de remettre à Alphonse les lettres et les manuscrits qu'il avait adressés à Elvire, fut tout le premier à conseiller à son ami de se consacrer plus que jamais à la poésie; il lui écrivait le 28 janvier :

« Je viens de relire presque toutes tes élégies, et avec plus de plaisir que jamais. Je me confirme dans l'idée que tu es appelé à avoir un talent du premier ordre; il y a dans tes élégies des morceaux tels qu'on ne fera jamais rien de plus beau et certes tu ne te sens pas encore épuisé. A cette occasion, je me suis persuadé de nouveau qu'il ne fallait plus pardonner qu'à ce qui est excellent. Il ne faut tolérer que les morceaux comme *L'Église de campagne,* le morceau *Au Soleil: « Vois-tu comme tout change... », « Lorsque seul avec toi *...»* et bien d'autres; il n'y a plus de bonne poésie que la divine.

« Crois-moi, ne te passe rien; il me semble que tu peux atteindre à cette hauteur. Tu me disais que tu t'accoutumais à ne pas te permettre les vers faibles, même dans le moment

---

* Sont ainsi désignées trois futures *Méditations : Le Temple, Hymne au Soleil* et *A Elvire.*

de la composition; je pense que tu as raison. Une chose encore me paraît importante, c'est de mettre un soin scrupuleux à éviter toutes les formules usitées et banales, lorsque ce ne sont que des formules; il en est de même des reliquats de la poésie mythologique, qui nous glacent presque à chaque fois qu'ils se montrent... »

Si Lamartine ne se conforma pas tout à fait au canon poétique dicté par son fidèle confident, du moins s'adonna-t-il aux Lettres avec plus de constance qu'il ne l'avait fait jusque-là. En avril, il achève *Saül* sur lequel il va fonder tous ses espoirs; mais, à l'automne, il éprouve beaucoup d'amertume quand Talma lui refuse de créer sa tragédie au Théâtre-Français : car il en escomptait un succès qui lui aurait permis de faire jouer *Médée,* ainsi qu'une *Zoraïde* et un *César ou la Veille de Pharsale* qu'il avait alors en chantier. En 1818-1819, il versifie également *Clovis.* Enfin, au gré des circonstances et de son humeur (sa santé continue de le tourmenter et, loin d'être remis du trépas d'Elvire, il traverse de profondes dépressions morales et connaît de mortels accès de désespoir), il élabore un bon nombre de morceaux qui constitueront les *Premières Méditations,* n'attachant d'ailleurs à ces pièces fugitives qu'un intérêt médiocre.

Simultanément, il songe à assurer enfin sa situation matérielle et à se marier. Sans espoir de trouver l'amour qu'il croit à jamais éteint en lui depuis que Julie l'a quitté, il éprouve le sincère désir de vivre dans la régularité d'un foyer : divers partis se présentent, mais aucun n'est retenu à la suite de tractations d'intérêts entre les familles. S'il projette un instant d'aller, avec quelques amis, coloniser la petite île de Pianozza, dépendance du Grand-Duché de Toscane toute proche de l'île d'Elbe, parce qu'il a vainement essayé d'entrer dans la diplomatie, c'est finalement vers celle-ci qu'il se tournera. Grâce à Virieu, puis aux amis de Mme Charles, il s'est ménagé à Paris, dans le monde catholique et légitimiste, de hautes et utiles relations : la marquise de Raigecourt, ancienne dame d'honneur de la sœur de Louis XVI, Mme de Montcalm, sœur du duc de Richelieu, Mme de Sainte-Aulaire, belle-mère du duc Decazes, la duchesse de Broglie, fille de Mme de Staël, font tout pour pousser dans la Carrière ce poète distingué qui lit dans les salons ses remarquables vers. Il fréquente aussi la société bien-pensante du duc de Rohan, alors séminariste et futur cardinal : il y rencontre Mathieu de Montmorency, Eugène Genoude, qui n'a pas encore droit à la particule nobiliaire mais traduit la Bible chère à son enfance, le jeune abbé de Lamennais dont il admire l'*Essai sur l'Indifférence en matière de religion* (au moment même où, non sans paradoxe, il s'initie probablement à l'œuvre impie de lord Byron); dans cette pieuse compagnie, il essaie de satisfaire son intime nostalgie de certitude religieuse, sans pouvoir toutefois retrouver les douces croyances de ses premières années.

Or, par une de ces contradictions qui le déchirent douloureusement, en ce printemps de 1819 où il célèbre la Semaine sainte chez Rohan au château de La Roche-Guyon, il est en proie à une nouvelle passion charnelle, la dernière, mais aussi la plus brûlante de toutes celles qu'il a vécues. Cette fois, semble-t-il, le séducteur a lui-même été séduit; car c'est bien la belle Maria-Maddelena del Nazza, épouse remariée du capitaine de Larche, officier en garnison à Mâcon, qui a tout fait, par ses caresses d'irrésistible Florentine, pour attirer à elle le faible Alphonse et l'arrêter sur le chemin de rédemption qu'il suivait depuis la disparition d'Elvire. Cette liaison aurait paru scandaleuse aux protecteurs de Lamartine s'ils avaient connu la faiblesse de celui dont ils voulaient faire un grand homme.

Ses lettres nous prouvent l'engouement dont il bénéficiait alors, les encouragements qu'il recevait de ses nobles fréquentations et les projets de publication qu'il commençait à nourrir :

« A Mlle de Canonge, 25 avril 1819 : — J'ai fait force lectures*, on me trouve un vrai talent partout, et l'admiration

* L'une d'elles eut lieu aussi chez Mme Récamier, à l'Abbaye-aux-

m'a fait une foule d'amis bien ardents dans le grand monde où je me trouve lancé à présent. On me persécute pour imprimer au moins un volume de *Méditations*. C'est un genre neuf dont j'ai eu l'idée, et j'en ai assez pour en faire un volume. Mais il me faudrait deux mois de santé pour les retoucher et préparer ce volume à l'impression. On m'offre d'avance cinq cents souscripteurs. Je vois qu'on sent encore la Poésie ici, je ne le croyais plus. Pour me tenter, le duc de Rohan et quelques autres personnes en ont fait imprimer deux ou trois, à mon insu par Didot; ils m'en ont donné quelques exemplaires. Je vous en envoie une petite qui ne tiendra pas de place. Vous verrez du moins une belle impression. Si j'imprime, ce sera de cette manière...

« A Virieu, Montculot, 4 mai : — Je te prie de dire de ma part à Mlle Fanny (sa sœur) que je dois faire imprimer, je ne sais quand, un petit volume de *Méditations poétiques;* qu'il me faut une gravure à la rigueur;... que je lui demande instamment cette gravure dont voici le sujet : un rocher sauvage et pittoresque dominant un lac ou une plaine, ou un fleuve ou une mer. Quelques arbres superbes sur le rocher, et la lune se levant par-dessus et éclairant tout cela d'un beau jour. Sur le rocher, debout, assise ou couchée, une figure de femme représentant la méditation ou l'enthousiasme... C'est un grand in-octavo, comme tu peux en juger par la feuille que je t'ai envoyée...

« Au comte de Saint-Mauris, Montculot, 27 mai : — Quant au petit volume... que Mme de Sainte-Aulaire croirait utile à mon placement, moi qui sais le fond du volume, entre nous, je n'en crois rien, et je pense au contraire qu'il serait plus sûr d'être placé avant. Vous savez que les espérances, en fait de talent, passent, comme en tout, les réalités. A supposer même qu'on trouve quelque chose dans une dizaine de ces *Méditations* que je publierais, on ne pourrait au fait y trouver qu'un talent de versification plus ou moins apprécié, car les choses par elles-mêmes ne sont rien. Une trentaine d'amateurs décidés liraient cela, et voilà tout : ce n'est pas de nature à faire le moins du monde bruit ou vogue, ce n'est pas un grand sujet, ce n'est pas du neuf, ou c'en est trop peu. Si, au contraire, on n'y connaît pas un

---

Bois, où l'amie de Chateaubriand s'installa en octobre 1819 (E. Herriot *Madame Récamier et ses amis,* t. II, p. 103).

vrai talent, cela dégoûtera Mme de Sainte-Aulaire la première... Cependant, d'ici un mois, je pourrais à la rigueur envoyer ce très petit volume à l'impression...

« Au même, Grand-Lemps, 26 juin : — Quant à l'impression de mon volume de *Méditations*, je serais de votre avis si j'avais la certitude funeste que je ne serai pas placé; mais, tant qu'il me restera une lueur d'espoir, je balancerai à me mettre au jour uniquement comme poète : c'est un titre défavorable auprès des hommes qui possèdent ce monde matériel que de s'occuper de notre monde idéal, et ils me rejetteraient à jamais s'ils savaient que j'ai fait un vers sérieusement... »

Il est visible, à la lumière de ces quatre citations quelque peu contradictoires entre elles, que Lamartine ne manifestait pas une excessive confiance en la réussite. Généralement du reste, chez lui, l'enthousiasme un peu naïf du début cédait la place à l'incertitude lorsqu'il jugeait ses propres écrits. Et puis, à la fin du premier semestre 1819, il avait encore à mettre au point, voire à créer complètement, plusieurs des poèmes qui entreraient dans son recueil, annoncé de façon plutôt prématurée. Ses lettres des mois suivants nous apprennent avec précision qu'il composa entre autres à cette époque *Le Vallon, L'Homme, La Prière, L'Automne*.

En même temps qu'il travaillait à son avenir poétique, son destin sentimental allait, non sans peine, se consolider définitivement. Au début d'août 1819, il vint à Chambéry en visite chez sa sœur Césarine, mariée depuis quelques mois au comte Xavier de Vignet, frère de Louis. Celle-ci, sachant le profond désir matrimonial d'Alphonse, lui présenta l'une de ses relations, Miss Maria-Ann-Eliza Birch, fille unique d'un officier décédé de S. M. Britannique et qui vivait avec sa mère, dame aux solides principes d'Outre-Manche. Miss Birch n'était pas toute jeune, puisque née le 13 mars 1790; si son époux a parlé de « son extérieur gracieux », d'aucuns l'ont dite « fort laide » et elle-même se plaignait de « son affreux nez »; mais elle possédait sûrement une grande distinction naturelle et se montrait passionnée de poésie. Lorsqu'elle vit Lamartine, qui était beau et qui était poète, elle éprouva un véritable coup de foudre, qui fut au reste réciproque. Dès le 14 août ce fut l'aveu du tendre sentiment et la confession honnête de l'ancienne passion pour Mme Charles, renouvelés le 17 :

« Je vous répète et je vous jure avec une sincérité parfaite que je vous ai consacré pour la vie tout ce que j'ai dans l'âme d'amour, de tendresse et de dévouement, tout moi-même enfin, que, du moment que vous avez accepté mes sentiments, ils sont et seront pour moi sacrés et invariables, comme si les nœuds les plus saints nous unissaient déjà, que rien ne me fera changer... Il est vrai que j'ai aimé une fois dans ma vie et que j'ai perdu par la mort l'objet de cet amour unique et constant; depuis ce jour j'ai vécu dans la plus parfaite indifférence jusqu'au moment où je vous ai connue et je n'aimerai jamais ailleurs, si je suis assez heureux pour que votre cœur réponde au mien * ».

Si Alphonse n'était pas très exact dans l'évocation de son passé amoureux, du moins devait-il se montrer parfaitement loyal et scrupuleux à observer la promesse solennelle qu'il faisait à sa future femme. Mais leur union n'allait pas se réaliser sans difficultés : la rigide Mrs Birch refusa catégoriquement un prétendant dont l'écartaient, pour sa fille, la religion, la nationalité, la médiocrité de fortune et l'absence de position stable... Sa résistance devait être longue, mais Marianne était bien décidée à la vaincre et à se convertir au catholicisme : il faudrait néanmoins attendre le 6 juin 1820 pour que le mariage fût célébré.

Très sincèrement épris et fort affecté par les tracas qu'il éprouvait, Lamartine vécut un automne et un hiver assez tristes, partagés entre le travail, la maladie et l'attente d'une nomination dans quelque ambassade. Il est alors à Paris, entouré de la sollicitude de ses amis, et Genoude l'assiste fraternellement dans la préparation de son volume

* Cf. René Doumic, *Le Mariage de Lamartine. — Lettres inédites à la fiancée* (*Revue des Deux Mondes*, 15 août 1905, pp. 825-849, et 1er septembre 1905, pp. 152-176).

de vers*. Marianne Birch vit à Genève et c'est à elle qu'il songe, comme il le lui écrit le 5 janvier 1820 :

« Je travaille aussi beaucoup chez moi pour préparer ce petit volume de *Méditations* que je vous ai dit que je venais de vendre; je compose et corrige en même temps; je n'ai pas assez des heures de la journée pour tout ce qui me remplit et je n'ai pas assez surtout de ma santé qui, sans être mauvaise, est pourtant bien fatiguée. Mais il le faut, c'est pour *Elle !* Ces deux mots me rendent mon activité... »

C'est l'officieux Genoude qui avait négocié avec l'éditeur parisien Nicolle un contrat sur lequel on possède peu de renseignements, c'est lui qui aidait l'auteur à corriger les épreuves et à qui ce dernier adressait le 28 janvier le billet que voici :

« Suspendons toute espèce de travail pour huit jours. J'ai décidément une inflammation de poitrine. Je vais me mettre des vésicatoires. Je n'en puis plus. — Je ne pourrais pas arrêter ma pensée sur une virgule. Arrêtons tout, ou bien corrigez. Adieu. »

Le mal en effet se prolongeant, Genoude acheva la besogne et rédigea l'*Avertissement de l'Éditeur* qui parut en tête de l'originale. Le but était enfin en vue : dès les premiers jours de mars, Lamartine savait qu'on allait le nommer à l'ambassade de Naples, ce qui prouve — contrairement à ce qu'on a souvent déclaré — qu'il ne dut pas au succès des *Méditations poétiques* son premier poste de diplomate. Celles-ci enfin parurent, tirées à cinq cents exemplaires, et furent mises en vente le samedi 11 mars 1820.

La publication était anonyme — par modestie peut-être ou par ultime prudence — et renfermait vingt-quatre poèmes avec un total de 2326 vers : *L'Isolement, L'Homme, Le Soir, L'Immortalité, Le Vallon, Le Désespoir, La Pro-*

* On peut suivre, presque jour par jour, cette période grâce à M. Levaillant, *Lamartine et l'Italie en 1820,* chapitres III et IV en particulier.

vidence à l'Homme, Souvenir, L'Enthousiasme, Le Lac de B., La Gloire, La Prière, Invocation, La Foi, Le Golfe de Baya..., Le Temple, Chants lyriques de Saül, Hymne au soleil, Adieu, La Semaine Sainte à La R.-G., Le Chrétien mourant, Dieu, L'Automne, La Poésie sacrée. Ce sont ces pièces qu'il faut lire, et dans l'ordre où elles viennent d'être énumérées, si l'on aspire à retrouver l'impression qu'elles produisirent sur leur premier public.

Le simple énoncé de leurs titres fait apparaître le caractère religieux d'un bon nombre d'entre elles; mais il est bien difficile de dégager de l'ensemble une ligne directrice d'inspiration, de tracer la courbe de pensée d'un livre édifié à l'aide de morceaux disparates par leur date, leur origine, leur sujet, leur forme : certains sont des odes dans la manière la plus traditionnelle du genre, d'autres des épîtres ou des paraphrases de l'Écriture; ici l'accent est épicurien ou idéaliste, là catholique, et plus loin agnostique et révolté; certaines compositions sont brèves, d'autres fort longues. Elles reflètent en effet la vie d'un être qui fut ballotté à tous les vents et livré inutilement à la recherche d'un équilibre. Ainsi, il est embarrassant de donner une définition satisfaisante du mot même de *méditation :* le poète, on l'a vu, l'employait dans ses lettres (où il remplaça celui *d'élégie*) bien avant de savoir ce que serait au juste le volume dont il rêvait et, à ce terme commode et passe-partout, il n'a jamais donné un sens très rigoureux. On peut s'en tenir à la formule de Genoude, présentant dans son *Avertissement,* les *Méditations poétiques* comme « les épanchements tendres et mélancoliques des sentiments et des pensées d'une âme qui s'abandonne à ses vagues inspirations ». Cependant, semble-t-il, aux yeux des historiens littéraires, le vocable de *méditation* s'applique de préférence à quelques poésies de dimensions généralement moyennes qui se développent avec harmonie selon un mouvement ascendant et triparti : d'abord, le poète évoque une scène ou un site, reconstitué en surimpression selon le procédé du « paysage intérieur », pour employer l'expression du critique Ernest Zyromski; puis cette évocation est suivie de réflexions logiquement amenées par elle et formulées d'un point de vue purement humain; enfin l'âme, se laissant aller à sa naturelle aspiration vers l'idéal, s'élève de ces réflexions à des élans mystiques qui, loin de la terre, l'entraînent vers l'absolu et vers Dieu.

Cet original cheminement de pensée et cette élévation d'esprit attirèrent aux *Méditations* un succès immédiat auprès des lecteurs, séduits aussi par une musique des vers inentendue depuis longtemps; comme l'a noté excellemment M. Levaillant*, « si elles furent accueillies avec une sorte de délire universel, c'est qu'elles apportaient la poésie dont la prose du *Génie* et de *René* avait suscité l'attente ». Par un assez piquant paradoxe, l'illustre M. de Chateaubriand ne manifesta quant à lui aucun enthousiasme et témoigna seulement d'une bienveillance dédaigneuse envers le nouvel auteur qu'il consentit à trouver assez bien doué; ce fut le ton ordinairement adopté par les classiques, tel M. de Féletz dans *Le Journal des Débats* du 1er avril ou Mme de Genlis dans le second numéro de *L'Intrépide*. Mais la presse, dans son ensemble, fut extrêmement favorable, à commencer par *Le Conservateur littéraire,* dont la livraison du 10-15 avril salua le poète nouveau par la plume d'un journaliste promis à un bel avenir, Victor Hugo; il est amusant de rappeler les sou-

---

* *Chateaubriand, Mme Récamier et les Mémoires d'outre-tombe* (Paris, Delagrave, 1936), p. 34. — A propos de Chateaubriand, rappelons ici le jugement qu'il portait sur les *Méditations,* alors qu'il était ambassadeur à Londres (avril-septembre 1822), en citant le comte de Marcellus (*Chateaubriand et son temps,* Paris, M. Lévy, 1859, pp. 113-114) : « Un jour, comme M. de Chateaubriand me demandait un livre pour le distraire de ses rêveries ou pour les aider pendant une course solitaire..., je mis dans sa voiture, avec quelque malice, je l'avoue, les premières *Méditations* qu'il m'avait dit n'avoir jamais lues et n'avoir aucune envie de lire. A son retour, il entra dans ma chambre, et, jetant le livre sur ma table : « Vous m'avez joué, me dit-il, mais je ne vous en veux pas. J'ai « tout lu. Trop d'abondance, quelque incorrection peut-être. Mais il y « a des vers enchanteurs. Quel dommage que cet homme n'ait pas un « ami prompt à le censurer ! Il est un peu de mon école. Si jamais il « fait aussi des élèves, comme les imitateurs ne savent qu'outrer, ils « perdront la poésie et peut-être la langue. »

venirs de ce dernier à propos de la première lecture qu'il fit des *Méditations* :

« Voilà enfin des poèmes d'un poète, des poésies qui sont de la poésie ! Je lus en entier ce livre singulier; je le relus encore et, malgré les négligences, le néologisme, les répétitions et l'obscurité que je pus quelquefois y remarquer, je fus tenté de dire à l'auteur : — Courage, jeune homme ! Vous êtes de ceux que Platon voulait combler d'honneur et bannir de sa république. Vous devez aussi vous attendre à vous voir bannir de notre terre d'anarchie et d'ignorance, et il manquera à votre exil le triomphe que Platon accordait du moins au poète, les palmes, la fanfare et la couronne de fleurs*. »

Malgré son réel triomphe, Lamartine avait eu des craintes jusqu'à la dernière minute. Le 4 mars, parce qu'il n'avait pu faire personnellement la correction des placards, n'annonçait-il pas à Miss Birch que « (ses) vers avaient été tronqués et défigurés par (son) éditeur »? C'était fort désobligeant et injuste pour le dévoué Genoude. Mais quelle joie ensuite, bien que discrète : on constate en effet qu'il est beaucoup plus rarement fait mention des *Méditations* dans la Correspondance après qu'avant leur parution. Voici toutefois deux extraits typiques, datés du 23 mars :

A Marianne :

« Mon petit volume de poésie a un succès prodigieux ici pour le moment et qui passe de beaucoup mes espérances. Le Roi m'en a fait des compliments superbes. Adieu ! Quel bonheur de dire : nous. »

A Virieu :

« Je t'enverrais les *Méditations* si je savais comment et où. Elles ont un succès inouï et universel pour des vers

---

* *Victor Hugo raconté par un témoin de sa vie*, chap. XLII : *Une visite à M. de Lamartine*. Nous renvoyons aux longs extraits de la presse contemporaine (44 de 1820 à 1830, dont 20 pour l'année de la publication) rapportés par G. Lanson (p. XCII-CXXI), qui prolonge sa revue critique jusqu'à 1913 (pp. CXXIII-CXLI) en ajoutant 56 autres fragments.

en ce temps-ci. Le Roi en a fait des compliments superbes; tous les antipoètes, MM. de Talleyrand*, Mounier, Pasquier, Molé, les lisent, les récitent; enfin on en parle au milieu de ce brouhaha révolutionnaire du moment. Je te dis tout cela pour te tranquilliser et te rendre la justice que tu as été bon prophète; mais tout cela ne me fait pas tant qu'une goutte de rosée sur le roc. Je ne me sens plus de ce monde que par la souffrance et l'amitié pour toi et pour peu d'autres. »

Le poète était sûrement moins désabusé qu'il ne voudrait le laisser paraître et tout alors semblait enfin lui sourire. Le 27 mars, le baron Pasquier, ministre des Affaires étrangères, annonçait officiellement à l'ambassadeur de France à Naples que « M. de La Martine... se rendrait incessamment près de (lui) comme attaché ». « Il s'est fait, ajoutait-il, déjà remarquer en littérature par un talent très distingué; et ce goût des Lettres, en s'unissant à l'habitude des affaires, ne peut, s'il est bien dirigé, que lui faire parcourir avec plus de succès la carrière des légations. » C'était donc une double victoire. Il entendait bien en enlever une troisième, en arrachant enfin à Mrs Birch son consentement toujours différé... Un autre souci le harcelait : celui de la seconde édition de son livre, qu'il voulait aussi parfaite que possible, car elle paraîtrait sous son nom, « revue et corrigée », avec deux méditations supplémentaires (*La Retraite* et *Le Génie*). Ayant pris vers la Bourgogne une route qu'il espérait être celle du bonheur, ce fut encore Genoude qu'il chargea d'en assumer la mise au point par une lettre fort précise, expédiée d'Avallon le 30 mars et s'achevant sur ces mots :

« Voyez donc si je ne pourrais pas vendre *Saül* cinq ou six cents francs, car je crois que je n'aurai plus le sol en arrivant à Naples. »

---

* Talleyrand annonçait à la princesse de Talmont, qui lui avait prêté le livre, qu'il n'avait pu dormir, qu'il l'avait « lu jusqu'à quatre heures du matin, pour le relire encore », et concluait : « Il y a là un homme : nous en reparlerons ! »

Il était en effet déjà impécunieux, comme il le serait toute sa vie, jusqu'à la banqueroute finale*, et s'efforçait de tirer parti de tout, à la faveur de son récent succès, mais, comme Panurge, il mangeait son blé en herbe (« On m'a avancé, sur la deuxième édition des *Méditations,* les douze cents francs que je voulais emprunter », mandait-il le 6 avril à Virieu). Plus heureux avec ses espoirs amoureux, il obtenait enfin le 12 de la redoutable mère de Marianne que leur mariage fût célébré dans un délai de six semaines et, en attendant, faisait une cure à Aix-les-Bains; le 26, il déclarait à Aymon :

« Ma seconde édition à quinze cents exemplaires est déjà partie. Le ministre de l'Intérieur s'est fait faire un rapport par Dussault sur mon talent et me donne comme marque d'encouragement, au nom du Gouvernement, la magnifique collection des Classiques français par Didot. Voilà-t-il un beau procédé ! Je ne sais à quoi je suis redevable de cet engouement auquel j'étais si loin de m'attendre pour si peu de chose. »

Une telle réussite avec une tragédie, ou une épopée, ne l'aurait pas surpris; mais, on s'en rend compte, il méconnaissait parfaitement son génie de lyrique et d'élégiaque ! Cependant — poésie, amour et finances ! — il comprenait parfaitement les avantages pécuniaires à tirer dans l'immédiat de sa récente gloire, comme il s'en explique sans ambages le 1er mai avec son factotum parisien :

« C'est la Providence la plus aimable pour moi, mon cher Genoude, qui m'a fait rencontrer un ami tel que vous... On me mande de ne pas faire de troisième édition parce que c'est assez et qu'un plus grand et plus long succès déchaînerait la critique. Qu'en dites-vous? Si la seconde s'était bien écoulée, on pourrait en faire une troisième telle quelle de cinq cents ou mille au plus qu'on vendrait tout de suite à la queue de l'autre et sans la faire annoncer davantage. Voilà mon avis. Ne changez rien à la seconde,

---

* Cf. Fernand Letessier, *Lamartine et ses dettes* (*Bulletin Guillaume Budé,* juin 1964, pp. 232-235).

mettez seulement 3e édition et ne le faites que dans la certitude d'un débit prompt et infaillible. Autrement reposons-nous.

« ... Dites-moi où j'en suis pécuniairement avec le libraire et vous; me revient-il quelque chose sur cette bonne vente de la seconde édition? Si cela était, envoyez-moi ce qui se pourra après vous être remboursé : jugez que j'ai un fier besoin de toutes mes ressources en me mariant tout seul; mon père ne me donne pas pour ma noce un sol... »

Fort de cette lettre, Genoude fit mettre en vente cette troisième édition immédiatement; une quatrième suivrait en juin, et d'autres encore, toutes identiques à la seconde; seule, la neuvième, en 1823, différerait des précédentes. Chacune devait — du moins Lamartine crut l'entendre ainsi, et la chose reste peu claire — lui rapporter douze ou quinze cents francs : providence inespérée pour un fiancé démuni*.

* Le contrat de mariage, signé le 25 mai, donnait au jeune ménage surtout des espérances à venir et des charges immédiates : Marianne apportait, en assurance, une dot de deux cent cinquante mille francs et cinq mille livres de rentes annuelles; lui recevait de son père le château de Saint-Point, évalué à cent mille francs, mais devait en payer vingt-quatre mille à chacune de ses deux sœurs mariées; ses oncles lui offraient l'hôtel de la famille située à Mâcon, et une somme de cent vingt-cinq mille francs, le tout, sauf dix mille francs, payable après le décès des donateurs. — Cependant, à Paris, Lamartine passait pour le héros d'un conte de fées : la gloire, l'amour, l'argent (son Anglaise devait avoir une dot d'au moins un million!), tout lui était échu à la fois. M. Levaillant cite une lettre de Balzac à sa sœur Laure de Surville, où le romancier, alors complètement inconnu, raconte avec une verve un peu grosse la merveilleuse aventure du poète : « ... je tâcherai de faire des poésies romantiques pour me faire épouser comme M. de Lamartine. Il a composé une rêverie intitulée *le Lac*, et tu sais qu'il était en Italie pour rétablir sa santé. Il tombe chez lui une Anglaise qui lui dit : « Voû aîtes Mau chieu de La Mertîne! ché vien aipousé vous, pâ ce que ché aîme peaucoupe vôtre Lâque, et ché daune à vou vin quât heûr por vou décidé, et che vou empaurte dan le Angleter por mon méri, si vou le foulez. » — Lamartine pour se débarrasser de cette folle, prit des chevaux de poste et s'en fut à Naples. L'Anglaise qui le guettait paya les postillons grassement et prit 3 chevaux et elle arriva à Naples avant lui; il se croyait délivré, quand (...) Milady reparaît, disant : « Avé vou réflaichis? Je ai 15 000 l[ivres] sterling de revenu, foulez

Et pour un époux qui ne le demeura pas moins ! Le lendemain même de son mariage, c'est-à-dire le 7 juin, il relançait Genoude en ces termes :

« Je me hâte encore, mon cher ami, de vous donner un nouvel ennui : pressé par le temps et les receveurs de l'Enregistrement de Chambéry, j'ai tiré sur vous une nouvelle lettre de change de quinze cents francs, à six semaines de date pour vous donner le temps de régler et de recevoir de Nicolle...

« Je comprends que je dois avoir incessamment trois mille francs chez Nicolle; c'est pourquoi j'ai tiré ces quinze cents francs à tout risque. S'il y a moyen de tirer les quinze cents autres, dites-le-moi vite; on m'a, pour comble de disgrâce, forcé à déposer à Chambéry deux mille francs pour une difficulté de l'Enregistrement au sujet d'un article de mon contrat... »

Enfin, tout parut arrangé. Le poète, à qui Genoude avait suggéré de publier un second recueil d'*Odes et Élégies,* remit celui-ci aux calendes et, le jeudi 15 juin, avec son épouse, sa belle-mère, le majordome de Mrs Birch, un cocher anglais, une femme de chambre, un carrosse et une voiture de bagages, il partit pour l'Italie à petites journées. Une nouvelle page de son existence commençait.

***

Les quelques mois de son séjour dans la péninsule comptent parmi les plus heureux que Lamartine ait connus. En effet, son mariage, qui aurait pu n'être qu'une affaire de conventions bourgeoises, est marqué par l'épanouissement d'une passion merveilleuse et réciproque, qui apporte à son âme une sérénité et une plénitude jusqu'alors ignorées de lui. « Mon unique amour, mon cher ange, ange céleste, objet unique de mon culte ici-bas, toi à qui

---

vous meu épousair?... » Ce qu'il fit. » (à Laure Surville, juin 1821, *Correspondance de Balzac,* éd. Roger Pierrot, I, pp. 102-103. À vingt et un ans, Balzac avait déjà beaucoup d'imagination !

je ne cesse de penser et de rêver, ange de ma vie »* : ces formules qui lui viennent lorsqu'il s'adresse à sa femme ne sont pas des clauses de style reprises de celles qu'il employait avec Julie Charles; elles doivent être entendues avec tout leur sens et, selon une heureuse expression de M. Guillemin, Marianne devint véritablement *la troisième Elvire*. Par ailleurs, Naples, sa région et son golfe sont pour le poète un cadre enchanteur au milieu duquel il voudrait terminer ses jours; si la situation est assez trouble au Royaume des Deux-Siciles et si, pour son goût, le nouveau secrétaire consacre de trop longues heures à rédiger d'insipides dépêches diplomatiques, l'amitié dont l'entoure son « patron », M. de Fontenay, lui permet de passer le meilleur des mois de l'été et de l'automne au *casino* qu'il a loué dans la charmante île d'Ischia. Vivant là dans l'extase, il conçoit alors et rédige de façon plus ou moins complète *Chant d'Amour*, *Ischia*, *Adieux à la Mer;* par souci de sa carrière, il compose aussi son *Ode sur la naissance du Duc de Bordeaux* et la politique lui inspire un poème sur *La Liberté*. Mais le climat l'épuise; dans un moment d'abattement, il trace ses *Adieux à la Poésie* et, pour des raisons de santé, aggravées par des soucis de finances, il sollicite un congé avec appointements, qu'il finira par obtenir.

Peu après la mi-janvier 1821, il quitte le pays napolitain et reprend la route du nord. En cheminant vers Rome, il pense vivre l'instant capital de sa carrière : toujours dédaigneux de ses créations lyriques, le samedi 20 janvier, à la sortie de Naples, « un rayon d'en-haut l'illumine » et il transmet la nouvelle à Virieu le 25 et à Genoude le 1er février :

« Je viens, il y a huit jours, d'être inspiré tout de bon. J'ai cherché, j'ai attendu, j'ai conçu. J'ai conçu l'œuvre de ma vie, si j'ai une vie : un poème immense comme la nature, intéressant comme le cœur humain, élevé comme le ciel;

---

* Ces expressions sont empruntées à des lettres écrites à Mme de Lamartine en janvier 1822 et citées par René Doumic, *Lamartine intime de 1820 à 1830* (*Revue des Deux Mondes,* 15 septembre 1907, pp. 330-360).

je n'ai donc plus qu'à attendre que le ciel me laisse écrire. Si je le fais jamais, je dirai avec confiance : *Exegi* et *Ce que j'ai fait est bon !* Je vous raconterai cela une fois. »

Ce vaste ensemble, sorte de *Légende des Siècles* avant la lettre, constitué par « douze ou vingt transfigurations... de deux âmes émanées le même jour, comme deux lueurs, du même rayon de Dieu, l'une mâle, l'autre femelle », se serait appelé *Les Visions :* il en subsiste d'importants fragments* et, à cette « hallucination contemplative », se rattachent étroitement *Jocelyn* et *La Chute d'un Ange,* grandes œuvres de la maturité du poète... Mais il nous faut ici nous en tenir à la genèse des *Méditations.*

A Rome, où il fut très cordialement accueilli par la duchesse de Devonshire, Lamartine demeura plus qu'il ne l'avait prévu par suite de la naissance prématurée de son premier enfant, le petit Alphonse (15 février). A Paris cependant, Genoude s'occupait toujours avec soin des affaires de son ami. A la fin d'octobre précédent, celui-ci lui avait réitéré son refus de faire paraître un nouveau volume de vers, car il était alors très monté contre son éditeur (qui ne servait pas les droits d'auteur escomptés) et « décidé à ne jamais (se) servir de lui dorénavant » : « Je veux, ajoutait-il, voir clair dans la conduite de ce M. Nicolle, que je ne peux pas trouver honnête à présent. » Ce mouvement d'humeur, dicté par l'impécuniosité, n'avait pas désarmé la bonne volonté de Genoude, qui poursuivit les tractations et reçut, le 1er février 1821, une lettre écrite sur un ton beaucoup plus conciliant :

« Laissez-moi vous remercier du service d'ami que vous venez de me rendre. Cela serait parfait si je pouvais un peu travailler, mais pour le moment je ne puis que souffrir. Je suis très content du marché et de toutes ses parties. Nicolle peut être sûr qu'à ce prix raisonnable je ne chercherai point ailleurs. J'aime mieux avoir affaire à d'honnêtes gens qu'à tous ceux que je ne connais pas. Je lui livrerai mon

* Cf. Henri Guillemin, « *Les Visions* », *édition critique avec une introduction et des notices,* Paris, Les Belles Lettres, 1936, 260 p.

second volume quand je l'aurai formé et léché. En attendant je vais retoucher *Saül* et le lui enverrai, quand il sera prêt, pour le prix convenu. Je suis content aussi des cent louis stipulés pour le reste de mon premier volume que je lui livre; vous me rendrez grand service de m'envoyer le premier terme des *cinquante*, dès que cela sera touchable... »

Tout ne nous est pas parfaitement intelligible dans ces marchandages et ces arrangements pécuniaires exposés de façon très allusive. Ce qui est clair, c'est que *Saül* ne parut pas, et que le *second volume* était encore bien loin d'être *formé !* En attendant, le libraire songeait à publier l'*Ode sur la naissance du Duc de Bordeaux*, ce qui alarmait fort son auteur, car la pièce avait déplu en haut lieu en raison des maladresses qu'elle renfermait. Au reste, les *Méditations poétiques*, dont la septième édition s'imprimait en janvier, continuaient d'intéresser l'opinion, ainsi que la duchesse de Broglie en informait Lamartine le 23 avril 1821 :

« Depuis votre départ, vos poésies ont encore beaucoup occupé tout Paris; elles ont eu un bien grand succès. *Le Moniteur* même, comme vous voyez, a consigné votre éloge dans la partie officielle; mais ce n'est pas le plus flatteur de tous les suffrages que vous avez obtenus. Il est certain que vous avez été généralement admiré et par les personnes qui étaient dignes de vous entendre et par bien d'autres aussi qui ne l'étaient pas et qui ont suivi la première impulsion donnée par les autres. Il n'y a que Mme de Genlis qui vous ait jugé avec une grande sévérité, mais c'est une âme si antipoétique que cela n'est pas extraordinaire*... »

Puis, après le retour d'Italie, ce fut une vingtaine de mois apparemment assez ternes. Si Alphonse travaille alors à plusieurs de ses *Méditations* à venir (*Les Préludes, Philosophie, Le Passé, L'Esprit de Dieu,* peut être aussi *Le Crucifix, Apparition, Les Étoiles,* etc.), ses lettres sont surtout remplies de menus détails quotidiens, regardant

---

* *Lettres à Lamartine, 1818-1865* (Paris, Calmann-Lévy, 1892), p. 19.

des questions d'argent ou de santé, et traduisent parfois un désir intense de renoncer à la pratique littéraire. Une d'elles, envoyée à Genoude, de Turin le 22 mai 1821 (le poète s'apprêtait à franchir la frontière française), traduit bien son état d'esprit au cours de cette période :

« ... Dites-moi si Nicolle à payé son dernier terme de cinquante louis des *Méditations*. Pressez-le... Ce voyage et ces maladies me ruinent... Pour écrire, je ne puis plus. Je m'en vais philosophiquement *ad patres* entre ma femme et mon enfant, prenant le temps comme il vient et n'ayant plus la sottise d'espérer mieux (en ce monde, s'entend)... Plus de vers, plus de prose, des soucis domestiques grands et petits absorbent le peu d'instants que les souffrances laissent. J'aspire à devenir un patriarche pur et simple, si je ne puis pas obtenir de rester dans un coin d'Italie avec cinq ou six mille francs, limite de toute mon ambition... Si vous vous mariez, vous êtes perdu pour la gloire et les lettres; mais qu'est-ce que la gloire encore une fois? Une bonne heure passée au soleil, à la campagne, près de ce qu'on aime, vaut mieux que tous les siècles d'un froid avenir qu'on ne sentira pas... »

Et ce sont de préoccupations plus matérielles que poétiques qu'il entretient sa femme le 26 juin de la même année :

« J'ai touché en arriéré près de 6 000 francs et j'ai fait marché ce matin pour deux nouvelles éditions, la septième finie. Je touche près de 5 000 francs de mes libraires. Voilà onze mille livres obtenues*. »

Rien ne semble changé au début de 1822. Si la huitième édition du livre de 1820 est sortie vers la mi-janvier, on ne remarque guère d'enthousiasme dans ces lignes au vicomte de Fontenay du 13 février 1822 :

« Si vous vous enquérez de ma situation privée, je suis toujours tel quel, fort heureux dans mon intérieur, attendant

* Lettre publiée par M. Guillemin, *Le Figaro littéraire,* 23 août 1958.

un second fils, empêtré dans les embarras de ménage et dans les filets de ma belle-mère, ne pouvant aller ni en avant ni en arrière, un homme coulé enfin, accrochant encore par indulgence une continuation d'appointements dont j'ai grand besoin, et fermant les yeux sur ce qui adviendra ensuite, tandis que vous monterez d'échelon en échelon au pinacle de la diplomatie. J'arrange un vieux château, je fais des vers quand le vent est au nord, je monte à cheval, et j'attends je ne sais quoi dans une inertie qui ne me pèse pas trop. C'est tout ce qu'on peut désirer de mieux dans le plus ennuyeux des mondes possibles* ... »

En fait, le temps était bien rempli pour Lamartine qui aménageait et transformait son manoir de Saint-Point, puis, après la naissance de sa fille (14 mai), prénommée Julia en mémoire de Mme Charles, fit un voyage en Angleterre (juillet-octobre); à son retour, la perte de son fils (4 novembre) lui infligea une profonde tristesse. Or, l'admiration provoquée par les *Méditations poétiques* ne se renouvelait pas; d'autres auteurs s'étaient fait avantageusement connaître, Vigny en mars par ses *Poèmes* et *Héléna,* Hugo en juin avec les *Odes et Poésies diverses.* Il était donc nécessaire pour Alphonse — ne fût-ce que du point de vue commercial auquel il était loin d'être indifférent — de réveiller l'intérêt du public. C'est pourquoi, aux derniers jours de décembre, le libraire Charles Gosselin, successeur de Nicolle, mit en vente la neuvième édition des *Méditations,* illustrées de six lithographies hors-texte et enrichie de quatre pièces inédites (*A Elvire, Ode, La Naissance du Duc de Bordeaux* en version abrégée, *Philosophie*). Malgré tout ce n'était pas encore le volume original que l'on était en droit d'attendre d'un écrivain de génie.

Lamartine, qui l'avait compris, se remit à la besogne avec un renouveau d'ardeur et, de Paris, il informait ainsi Virieu de ses intentions le 15 février 1823 :

---

* Lettre publiée par M. Levaillant, *Nouvelles lettres de Lamartine au vicomte de Fontenay*, (*Revue des Deux Mondes,* 15 septembre 1930, pp. 444-445).

« ... Je viens de vendre 14 000 francs comptant mon deuxième volume de *Méditations,* livrable et payable cet été. Cela me mettra au niveau de mes besoins présents. En sus le Roi m'a donné, dit-on, une pension de 2 000 francs (ceci entre nous); plus, mes appointements courront encore, je crois, cette année. Ainsi, si tout cela aborde, nous serons de force à finir Saint-Point...

« Ayant vendu mon livre, il a bien fallu le faire, et je m'y suis donc mis depuis quelques jours. Cela va grand train. J'ai déjà environ le nombre de vers spécifié, à peu de chose près. Je copierai ensuite, et te verrai pour revoir ensemble, car tu es seul ma muse.

« En ce moment je fais une chose que je méditais depuis six ans : un chant sur la mort de notre ami Socrate. Le *Phédon* m'y a fait repenser. Cela va comme de l'eau courante et, pour nous deux au moins, cela sera superbe... Je compte le terminer dans le mois. Cela aura cinq ou six cents vers... Ce n'est purement ni épique, ni lyrique, ni didactique, mais tous les trois à la fois. C'est neuf en un mot pour nous... »

A lire ces déclarations optimistes, on croirait volontiers que le livre était pour ainsi dire achevé ! Faute de savoir exactement *le nombre de vers spécifié,* on peut l'évaluer à quelque trois mille (le recueil édité en comprendra 2945) et il est certain que le poète, avec ses essais tragiques et épiques, avait alors dans ses portefeuilles cette quantité de matière utilisable, à condition de la mettre au point pour la publication. Mais, de toute évidence, l'auteur hésita longtemps sur l'exact contenu de son second volume : *La Mort de Socrate,* que primitivement il envisageait d'y incorporer, fut conduit à terme le 15 mars et plusieurs pièces importantes (comme *Bonaparte* ou *Le Poète mourant*) ne furent finies qu'en juin ou juillet; et, à Aix, dans les tout premiers jours d'août, il *improvisait* encore des vers sur *La Grande Chartreuse,* où il venait de faire une rapide excursion*.

* Il subsiste une grande part de conjecture dans ce qu'on peut avancer sur la constitution progressive des *Nouvelles Méditations* et les documents que nous possédons sont malaisés à interpréter. Par

Et le 6 août, il claironnait triomphalement à Virieu : « J'ai fini mon deuxième volume, je l'envoie ces jours-ci à Paris », en ajoutant, toujours hanté par la gloire du théâtre et par la nécessité : « Je vais faire ou refaire *César* en romantique pour m'amuser cet automne et gagner dix mille francs dont j'aurai besoin. » Sur quoi, il ne fit rien dans l'immédiat, puisque le 20 il s'adressait à Genoude :

---

exemple, sur la page de garde de l'album manuscrit de la Bibliothèque Nationale coté 13974, Lamartine a dressé cette liste :

A Virieu :	200	(= *Le Passé*)
Inspiration :	110	(= *L' Esprit de Dieu*)
Sapho :	200	
Socrate :	800	
Crucifix :	100	
Préludes :	400	
Le Poète :	150	(= *Le Poète mourant*)
Adieu :	125	(= *Adieux à la Mer* ou *Adieux à la Poésie ?*)
Beaumont :	80	(?)
Elégies :	100	(= *A El..., Élégie, Tristesse ?*)
Bonaparte :	180	
Ischia :	100	
Liberté :	150	
Sagesse :	100	
Papillon :	8	
L'Amandier :	40	
Marianne :	110	(*Chant d'Amour ?*)
	2953 vers	
Les Étoiles :	150	
	3103 vers. Total fini.	

Ce relevé est sûrement postérieur au 24 juin, date où fut achevé *Bonaparte*, et antérieur au 20 août, jour où il est question de vendre à part *La Mort de Socrate*. Ce fut alors que l'auteur dut introduire, pour compenser, *L'Ange*, *L'Apparition de l'Ombre de Samuel*, *Apparition*, etc. Mais on ne peut rien affirmer, car tous les chiffres qu'il donne sont étonnamment approximatifs ou faux : si brouillé qu'il fût avec le calcul, comment a-t-il compté huit vers dans *Le Papillon* qui en comporte dix? Comme on le voit aussi, les titres étaient encore en partie indécis; celui de *Beaumont* est même franchement mystérieux! — D'autre part, le classement des pièces n'était pas encore arrêté; sur le même folio, on lit cette autre liste inachevée : ORDRE — *Inspiration, Bonaparte, Sapho, Élégies, Liberté, Ischia, Étoiles, Sagesse...* — Ces diverses annotations, qui témoignent d'un esprit fort indécis, nous apprennent au total très peu de chose...

« J'ai un service à vous demander. C'est peu de chose, mais cela presse : faites dire à Ladvocat, libraire au Palais-Royal, de passer chez vous, et là demandez-lui de ma part combien il me donnerait comptant et tout de suite d'un petit poème intitulé *Le Phédon ou la Mort de Socrate*, formant 900 vers et susceptible, avec une gravure et une préface, de faire un joli petit volume de trois francs... Je vais porter mon deuxième volume de *Méditations*, et je travaille à deux belles tragédies... »

Venu à Paris à la fin du mois ou au début de septembre, il se livra finalement à des négociations fermes et put informer le 13 Aymon de Virieu : « J'ai vendu *Socrate* 6 000 francs et 15 000 francs les *Méditations*, mais cela n'est pas comptant ». Le *Journal de la Librairie* annonça le premier le 20 septembre et les secondes le 27. *La Mort de Socrate* parut chez Ladvocat, éditeur attitré de M. de Chateaubriand depuis 1809, et les *Nouvelles Méditations poétiques* sortirent, vers le 25, publiées par Urbain Canel et Audin.

Leurs vingt-six poèmes se présentaient dans l'ordre que voici : *L'Esprit de Dieu, Sapho, Bonaparte, Les Étoiles, Le Papillon, Le Passé, Tristesse, La Solitude, Ischia, La Branche d'Amandier, A El..., Elégie, Le Poète mourant, L'Ange, Consolation, Les Préludes, L'Apparition de l'Ombre de Samuël, Stances, La Liberté ou une Nuit à Rome, Adieux à la Mer, Le Crucifix, La Sagesse, Apparition, Chant d'Amour, Improvisée à la Grande-Chartreuse, Adieux à la Poésie*. Ainsi disposé, le recueil correspondait sans doute à un dessein réfléchi, encadré qu'il était entre un poème initial consacré à la nature de l'inspiration et un dernier évoquant un abandon, plus ou moins définitif, du commerce avec les Muses; *Bonaparte* y occupait une des premières places, ce qui risquait d'indisposer certains lecteurs monarchistes; la juxtaposition du très religieux *Crucifix* avec *La Sagesse*, fort épicurienne, pouvait sembler choquante*... C'est

* Voir sur cette question assez secondaire et sans solution les remarques de M.M.-Fr. Guyard dans l'édition de la Pléiade, pp. 1820-1821.

probablement pour des raisons de ce genre que la seconde édition, « revue et corrigée », signalée à la *Bibliographie de la France* du 27 décembre 1823, suit un arrangement bien différent du premier, et définitif, celui qui a été adopté dans le présent volume.

De toute manière, les *Nouvelles Méditations* n'ont pas plus d'unité que leurs aînées et même leur caractère composite est encore plus accentué. Plusieurs courants d'inspiration y convergent sans se fondre véritablement : pièces à peine postérieures au premier voyage en Italie; emprunts à *Saül,* à *Clovis,* à l' « opéra » qui se serait intitulé *Sapho;* derniers échos du cycle de la seconde Elvire dont *Le Crucifix* marque la pieuse et émouvante conclusion; poèmes d'accent politique; compositions qui traduisent le bonheur conjugal de l'auteur et sont parmi les plus ensorcelantes du livre. Dans celui-ci, les tons les plus divers, de la volupté physique au mysticisme religieux, se succèdent et se recoupent, pour exprimer les tendances contradictoires auxquelles l'âme de Lamartine avait pu céder tour à tour ou simultanément. Il en résulte une agréable variété, mais aussi une certaine impression de décousu, que les contemporains ne manquèrent de souligner, comme ils notèrent, souvent sans bienveillance aucune, certaines imperfections de forme dont le poète n'eut jamais souci de se débarrasser.

Généralement en effet la critique fut assez dure aux *Nouvelles Méditations**. Le parti classique et légitimiste regrettait, semble-t-il, le succès d'enthousiasme qu'il avait contribué à faire au livre de 1820 et passa son humeur sur le volume de 1823. Camille Jordan fils, dans les *Annales de la Littérature et des Arts,* reproche à Lamartine de « s'écarter des bons modèles et de s'affranchir des règles du goût », puis — en évoquant la haute autorité de Boileau

* Cf. Ch.-M. Des Granges, *La Presse littéraire sous la Restauration* (Paris, Mercure de France, 1907), pp. 265-276. C'est à cet ouvrage que nous empruntons les citations suivantes de C. Jordan, Trouvé, L. Thiessé, ainsi que les références au *Lycée français* et à *La Muse française.*

— se livre à une série de remarques grammaticales extrêmement scolaires sur un grand nombre de vers avant d'arriver à cette conclusion méchante :

« Ne dirait-on pas que déjà les admirateurs de cet écrivain sont tentés, pour le classer, de créer un nouveau genre de poésie, qu'ils appelleront le *genre rêveur ?* et ils ne s'aperçoivent pas que cette dénomination même est plutôt une censure qu'un éloge; que cette faculté *rêveuse* explique le défaut d'ordre, de liaison, de sens dans les idées, et rappelle trop le mot d'Horace : *aegri somnia.* Ils auraient beau faire, je doute qu'ils parviennent à faire prévaloir cette espèce de *cauchemar poétique.* »

Dans l'*Aperçu historique et littéraire sur l'année 1823,* le baron Trouvé fait un ample éloge d'Ancelot, de Guiraud, de Casimir Delavigne, puis en arrive à Lamartine :

« Pourquoi le talent, dont l'apparition avait été si éclatante dans ses *Premières Méditations,* s'est-il écarté de la route du vrai, du naturel dans laquelle il est si digne de marcher?... Jamais nous ne croirons commettre une injustice en rappelant à de jeunes écrivains qu'ils n'ont pas encore acquis le droit de faire autorité, et que nous préférons à d'ambitieuses innovations les vieilles lois consacrées par l'exemple de Corneille, de Racine, de Voltaire et de J.-B. Rousseau. »

Du côté libéral, L. Thiessé, rédacteur à la *Revue encyclopédique,* qui avait qualifié les *Premières Méditations* d' « essai estimable que l'on doit accueillir avec indulgence », juge les *Nouvelles* « plus fortes et d'une plus haute portée », mais se montre perfide en constatant que

« les défauts de l'auteur ont suivi la même progression que ses beautés; ce qui n'était que vague dans les premiers essais est obscur dans les seconds; ce qui ne fut que singulier est aujourd'hui bizarre... Tantôt l'auteur se perd dans les nues; tantôt il tombe dans une simplicité qui approche du vulgaire, je dirai même du trivial... Une monotonie soutenue règne plus encore dans le second ouvrage que dans le premier. »

Et, après avoir noté que « les fautes de toute espèce qui se rencontrent dans (ses) vers sont à peine concevables », le journaliste de souhaiter à Lamartine, pour qu'il devienne un grand poète, « un peu plus de philosophie, un peu plus d'estime pour son siècle, et surtout quelque indulgence pour la liberté ».

Un collaborateur anonyme du *Lycée français,* organe des doctrinaires, croit faire honneur au poète des *Nouvelles Méditations* en le plaçant immédiatement *au-dessous* de C. Delavigne, avant de lui reprocher le caractère trop désincarné de ses aspirations :

« Si (M. de Lamartine) s'élève dans la région de la prière ou de la contemplation de Dieu, il a peu de rivaux; mais il lui reste à apprendre à exprimer aussi bien des sentiments également naturels, et qui appartiennent intimement aux infirmités de nos affections terrestres. La poésie qui veut nous émouvoir pose quelquefois aussi un de ses pieds sur la terre; et la sienne réalise trop souvent l'image contraire à la lutte d'Antée. Il peut se consoler toutefois : car c'est ainsi que l'aigle qui marche sans grâce sur nos gazons reprend son nom quand il s'élance vers le ciel. »

Quant à *La Muse française,* revue quasi-officielle de la jeune école romantique, sous la signature d'Holmondurand, pseudonyme de Durand, un ami de Victor Hugo, elle dose subtilement les reproches et les louanges :

« La Muse qui n'invente pas renonce à l'un de ses grands privilèges; elle oublie une partie de sa mission dès qu'elle ne veut pas imprimer à ce qu'elle touche un caractère de création. Or, je le répète, le nouvel ouvrage de M. de Lamartine me semble défectueux à cet égard; on ne s'aperçoit pas qu'il ait songé à disposer savamment sa matière, à la présenter dans un cadre heureusement inventé; ses accords ressemblent trop à ceux que le vent arrache en passant à une lyre suspendue; mais aussi par intervalles, combien ne résonnent-ils pas sublimes et mélodieux... Lorsqu'on parle des hauteurs où s'est élancé M. de Lamartine, on ne doit point sacrifier l'unité d'une pensée profonde et sainte à la coquetterie du talent, à ce frivole plaisir de montrer qu'on peut déployer toutes les grâces et obtenir tous les succès... En général, la poésie de M. de Lamartine est pleine de la plus délicieuse rêverie; on ne peut l'entendre sans attendrissement et même sans larmes. Nul poète n'a su mieux exprimer cette étrange inquiétude, cette rêveuse souffrance qui pèse sur certains hommes dans les âges de décadence et de transition. Le vulgaire alors peut bien continuer de vivre comme il a toujours vécu; mais les âmes d'élite se dégoûtent de toutes choses matérielles sitôt qu'elles descendent de l'idéal. Je ne sais quelle prévoyante terreur les saisit. La gloire même, ce doux prix de la vertu, leur semble un mal parce qu'elle leur vient des hommes, et elles s'élancent dans le sein de Dieu avec une vague tristesse, un brillant amour et des espérances infinies. Ces *Méditations* offrent dans les détails, à côté de beaucoup d'imperfections, un grand nombre de ravissantes beautés*... »

Ces jugements qui émanent de folliculaires assez obscurs, pensera-t-on, sont peut-être entachés par une aigreur due à la conscience qu'ils éprouvaient de leur propre insuffisance. A la vérité, on retrouve les restrictions qu'ils formulent sous des plumes à notre sens infiniment plus autorisées. Ainsi, dans le feuilleton de *La Quotidienne* du samedi 4 octobre, Charles Nodier part de considérations générales sur la religion et la poésie :

« Chez les Anciens, ce sont les poètes qui ont fait les religions; chez les Modernes, c'est la religion qui crée enfin les poètes... Tant que la poésie n'a pas été chrétienne, le grand ouvrage de cette nouvelle loi qui a révélé à l'univers un ordre entier de pensées et de sentiments n'a pas été complet... Le Christianisme est arrivé accompagné de trois muses immortelles, qui règneront sur toutes les générations poétiques à l'avenir: la religion, l'amour et la liberté. »

Puis il en vient aux *Nouvelles Méditations* elles-mêmes et essaie d'expliquer pourquoi elles méritent la réussite

* Est-ce pour avoir été piqué par les réserves de cet article ou seulement par pure indépendance d'esprit que Lamartine écrira à Genoude, le 22 mars 1824 : « Je reçois quelquefois cette *Muse française* qui vous amuse tant; elle est en vérité fort amusante. C'est le délire au lieu du génie »?

par des remarques qui, d'ailleurs, sont également applicables aux *Premières* :

« (Ce succès) est dû sans doute en grande partie au talent prodigieux de l'auteur; mais l'auteur a trop d'esprit pour ne pas reconnaître qu'il doit lui-même beaucoup aux circonstances, à l'âge de création littéraire dans lequel il a paru... (Au lendemain des secousses révolutionnaires), le Christianisme se releva des ruines sanglantes sous lesquelles il avait paru enseveli et manifesta par la voix de ses éloquents interprètes qu'il était la religion immortelle... (Dès lors renaquit la poésie et, avec Lamartine) elle reprit une partie de l'empire qu'elle avait exercé dans les temps primitifs et, à l'époque où nous vivons, c'est le plus beau de ses triomphes. »

Ainsi,

« les *Nouvelles Méditations poétiques* sont dignes des *Premières,* c'est-à-dire du succès extraordinaire que nous venons de signaler. Elles ont comme les premières une teinte générale de mélancolie rêveuse, de tendresse et de mysticité qui deviendrait trop uniforme, sans doute, dans une même suite de compositions du même genre, mais elles s'en distinguent déjà par certains morceaux pleins de verve, d'énergie et de variété. »

Et Nodier cite, à l'appui de ce dire, des extraits de *Bonaparte*, des *Préludes*, de *La Liberté ou une Nuit à Rome*, et passe à des griefs que l'on a déjà entendus :

« Ce serait mal remplir le devoir d'une religieuse amitié que de ne pas mêler quelques critiques aux justes éloges que nous avons donnés à M. de Lamartine. L'auteur des *Méditations* et de *La Mort de Socrate,* préoccupé sans doute par la grandeur imposante de ses pensées, en a trop souvent négligé l'expression. On croirait que, jaloux d'un repos que l'envie et la haine laissent rarement au talent, il a jeté, comme une expiation de son génie, dans ses ouvrages les plus parfaits, des imperfections volontaires. »

Dans la lettre que, de Bordeaux, il expédiait à Victor Hugo le 3 octobre, Alfred de Vigny se montrait moins enveloppé et aussi plus dur; après avoir constaté, au sujet de *Socrate,* « quel parti notre grand Soumet eût tiré de ce grand sujet », le poète d'*Eloa* poursuit son propos avec une lucidité plutôt malveillante :

« Quant aux *Méditations,* certes, l'ensemble est fort inférieur aux premières, le ton est désuni et l'on a l'air d'avoir réuni toutes les rognures du premier ouvrage et les essais de l'auteur depuis qu'il est né. Je ne puis pas croire qu'il ait présidé à cet arrangement et, certes, il n'a pu penser qu'une scène de son *Saül* balançât celle de Soumet. Je ne vous parle pas des incroyables fautes qui se trouvent souvent, je veux les donner à l'imprimeur; mais *dans la danse céleste ils s'élancent* est un peu fort, et *le branle de ta lame,* et un rocher qui *surplombe.* Cependant, et je le dis avec vérité, je ne crois pas que M. de Lamartine ait rien fait qui égale *Les Préludes* et les dernières strophes surtout, *Bonaparte,* et le *Chant d'Amour.* Il y a en général dans tous ses ouvrages une verve de cœur, une fécondité d'émotion qui le feront toujours adorer, parce qu'il est en rapport avec tous les cœurs. Il ne lui reste plus qu'à l'être avec l'esprit par la pureté et avec les yeux dans les descriptions* ... »

Toutes ces restrictions n'empêchaient pas Lamartine de conserver la cohorte de ses partisans et de ses admiratrices, qui reportaient souvent leurs faveurs du recueil de 1820 sur celui de 1823; malgré les accents d'épicurisme qui dominent celui-ci, ils y prisaient les mêmes qualités que dans celui qui l'avait précédé et, par exemple, Mme de Broglie, le 28 octobre 1823, complimentait le poète pour la constance de ses sentiments pieux, en proclamant :

« Le sentiment religieux est la source la plus féconde de tout ce qui est beau quand il est sincère et sans intolérance comme le vôtre. Il prendra chaque jour plus racine dans votre âme et votre talent grandira dans son ombre**. »

---

* Publiée par Edmond Biré, *Victor Hugo avant 1830* (Paris, Gervais, 1883), p. 322. Représenté à l'automne de 1822, le *Saül* d'Alexandre Soumet avait remporté « un triomphe sans exemple », pour reprendre une expression d'Hugo, dans le feuilleton qu'il consacra dans *Le Moniteur* du 26 novembre 1822 à cette « grande apparition dramatique ».

** *Lettres à Lamartine,* p. 27.

De l'opinion personnelle de l'auteur au lendemain des *Nouvelles Méditations,* il existe deux échos contradictoires et complémentaires. Pour lui, ce fut d'abord une bonne affaire, ainsi qu'il le communiquait à sa femme, dès les derniers jours d'août :

« Nous voilà arrangés pour l'année prochaine assez bien d'ici au mois de janvier. Ta mère nous doit 8 400, les *Méditations* 14 000, *Socrate* 6 000. Appointements et pension 4 000, Saint-Point et Veydel 2 000. Chez Lahante 3 000, Naples 1 000. Total 38 400. Chez mon oncle 4 000. Cela fait 42 400, d'où, en payant d'ici là 10 000, il nous restera une trentaine de mille francs disponibles à cette époque pour Montculot et Paris. Nous n'avons vraiment qu'à remercier Dieu de ses soins miraculeux pour notre position et tu peux faire l'aumône sans te gêner*. »

Mais l'âpreté de certaines critiques lui inspira une amertume réelle, qui paraît dans ce qu'il disait le 5 décembre 1823 à sa protectrice Mme de Raigecourt :

« ... Je suis honteux d'être tombé de cheval, d'avoir mal aux nerfs, de ne pouvoir écrire, de ne pouvoir aller vous voir cet hiver. Je vous avoue toutes mes hontes comme à une mère indulgente et pitoyable. Je pourrais encore ajouter que je suis honteux des critiques et rebuffades qui pleuvent avec tant d'acharnement sur des vers que vous protégez**. Mais, hélas ! celle-ci est une honte volontaire, car je m'y attendais bien au fond de ma conscience. Prenez-en donc votre parti aussi fermement que moi, le temps prononcera sur tout ceci... »

Le temps en effet a prononcé. En dépit des zoïles, qui jamais ne désarment avec le génie (on le fit bien voir à

---

* Publiée par René Doumic, *art. cit.* (*Revue des Deux Mondes,* 15 septembre 1907, p. 336, note 1).

** Dès le 13 novembre, le poète mandait à V. Hugo son opinion sur « les petites diatribes » dont il était l'objet. « Cela ne mord guère sur mon impassibilité poétique », déclarait-il, sans que l'on soit obligé de le croire; car, piqué au vif, il ajoutait aussitôt : « Il ne faut plus écrire et c'est ce que je ferai bien sérieusement. » (Cité par Cécile Daubray, *Victor Hugo et ses correspondants,* Paris, A. Michel, 1947, pp. 104-105.)

Lamartine lorsqu'en décembre 1824 sa première candidature à l'Académie française aboutit à un échec), les *Nouvelles Méditations* en étaient en 1830 à leur septième édition séparée et parurent toujours à la suite des *Premières* dans les nombreuses publications collectives qui furent livrées aux nombreux et fidèles lecteurs de l'écrivain. Et, pour conclure à leur sujet, nous rapporterons simplement ces quelques phrases écrites au moment de leur premier centenaire par un excellent juge, Maurice Levaillant :

« Les *Nouvelles Méditations* représent nt, dans le magnifique développement de son génie lyrique, une œuvre de transition et une étape que ses ennemis, en vain, voulurent prendre pour un arrêt; sa jeunesse s'y prolonge; dans l'ivresse d'un bonheur inattendu, elle se repose de trop de doutes, d'ardeurs trompées, et d'amères résignations; mais sa maturité déjà s'y annonce et s'y dépeint; elle s'oriente vers les plus larges chants, vers un amour plus religieux de la nature et de Dieu qui dépassera les terrestres amours. »

***

Lamartine ne publia pas de nouvelles poésies intitulées *Méditations* avant l'édition de ses Œuvres dite des Souscripteurs qui parut en 1849, c'est-à-dire plus d'un quart de siècle après les *Nouvelles*. Entre temps, sa carrière d'écrivain et son existence d'homme furent très remplies d'activités fort diverses, de gloires et de malheurs. Après le volume de septembre 1823, il donna en 1825 *Le dernier Chant du Pèlerinage d'Harold,* tout imprégné de romantisme byronien, et surtout composa, pendant qu'il était chargé d'affaires de France en Toscane, les *Harmonies poétiques et religieuses,* que l'on peut considérer comme le prolongement véritable et l'épanouissement des deux séries de *Méditations*. Ce sont effet, comme le déclarait le fin lamartinien que fut René Doumic* :

« ce sont des *Méditations* encore, mais transposées dans

* *Revue des Deux Mondes,* 15 septembre 1907, p. 353.

un autre cadre de nature et baignées d'une autre atmosphère morale. Le génie est le même, mais les circonstances et le milieu extérieur ont changé. Les deux premiers recueils lyriques de Lamartine, enveloppés de nos brumes d'automne ou réchauffés par les brumes voluptueuses de Naples, et qui contiennent des pièces d'inspirations et d'époques si différentes, témoignent d'une conscience troublée et d'une destinée incertaine : au contraire, on sent partout l'unité de dessin à travers les *Harmonies* que le poète écrivait dans l'air pur de Toscane et dans la paix de son âme. »

Mais, à l'heure où les *Harmonies poétiques* furent connues (15 juin 1830), leur auteur commençait une évolution morale et religieuse essentielle. La mort tragique de sa mère, ébouillantée dans son bain sept mois plus tôt, avait été pour lui un écroulement dont les conséquences furent encore aggravées par la disparition de sa petite Julia à la fin de 1832. A ces deuils privés, vint s'ajouter l'influence d'amitiés nouvellement contractées, celle en particulier de l'anticlérical Dargaud, si bien que le chrétien de bonne volonté, mais indécis des années 1820, déçu par sa visite au Tombeau du Christ d'où il n'avait, en 1832, rapporté qu'une inquiète incertitude, devint un homme très différent de ce qu'il avait été jusque-là. Converti au rationalisme, mais toujours entraîné vers les hauteurs de l'idéal, il se lança — pour combler sa vie sevrée de ses affections les plus chères — dans la politique militante : député du Nord, puis de la Sâone-et-Loire, membre et président du conseil général de ce département, conseiller municipal de Mâcon*, il s'adonna fort sérieusement aux affaires publiques, et sa poésie fut tout imprégnée de préoccupations sociales, comme le montre *Jocelyn* (1836), sans qu'il ait pour autant renoncé à la verve épique de sa vingt-cinquième année, ainsi qu'il ressort de *La Chute d'un Ange* (1838), chef-d'œuvre souvent méconnu et mis à l'Index en raison des idées métaphysiques qui y sont

* Sur cet aspect peu connu de Lamartine politique, cf. Maurice Chervet, *Lamartine à l'Hôtel de Ville de Mâcon* (1840-1846) (*Activités, Ambiance, Échanges,* Mâcon, mars 1961, pp. 14-17).

développées. Cependant le lyrisme personnel qui avait marqué son entrée dans les Lettres se manifeste alors très rarement et même il en condamne de façon formelle le trop étroit particularisme, lorsqu'il s'écrie par exemple dans son poème à Félix Guillemardet (15 septembre 1837) :

Frère, le temps n'est plus où j'écoutais mon âme
Se plaindre et soupirer comme une faible femme
Qui de sa propre voix soi-même s'attendrit,
Où par des chants de deuils ma lyre intérieure
Allait multipliant, comme un écho qui pleure,
Les angoises d'un seul esprit...

Il semble même mettre un terme à son activité d'écrivain en vers lorsqu'il fait éditer, au mois de mars 1839, les *Recueillements poétiques,* ouvrage au titre quelque peu ambigu, où l'on voit à la fois une âme qui *se recueille* et un auteur qui *recueille* ensemble des pièces d'origines fort diverses ! A partir de cette époque, il affecte un véritable dédain pour la langue des Muses et il n'est pas malaisé de relever dans sa Correspondance des déclarations de ce genre :

A Béranger, 6 mars 1842 :

« Des vers? non, c'est à vous d'en faire maintenant. Vous avez vu mon commencement et ma fin comme poète, et moi je ne vous ai vu ni commencer, ni finir. »

A Mme de Girardin, Monceau, 23 novembre 1842 :

« Faites-vous des vers? j'y ai renoncé. C'est trop puéril pour le chiffre de mes années. La rime me fait rougir de honte. Sublime enfantillage dont je ne veux plus ! Philosophie et politique, je ne vois plus que cela, et cela se fait en prose. Ainsi, adieu sérieux non à la poésie, mais aux vers. »

Toutes ses lettres sont riches en détails sur les événements, les débats de la Chambre, les chevaux qu'il achète ou qu'il monte, les soucis et les joies que lui procurent ses vignobles; mais la littérature y occupe moins de place que jamais, sauf l'*Histoire des Girondins* qui se rattache étroitement à son action de parlementaire*. Durant une décennie, le public le connaîtra comme orateur. Certains l'en félicitèrent, tel Émile Deschamps qui lui dédiait ce quatrain en 1840 :

A chaque fois, ami, que vous ouvrez la bouche,
L'éloquence s'élève et l'Europe applaudit,
Et vous montrez, soleil qui jamais ne se couche,
Le spectacle étonnant d'un géant qui grandit** !

D'autres au contraire exprimaient des regrets, comme le Genevois J. Petit-Senn qui, la même année, terminait son *Épître à M. de Lamartine* sur ces mots :

Au Dieu qu'adorait ta jeunesse
Pour encens offre encor des vers;
Ote un orateur à Lutèce,
Rends un poète à l'Univers*** !

Au demeurant, l'abdication poétique de l'auteur des *Méditations* était moins absolue qu'il y peut paraître de prime abord. Si l'on en croit Henri de Lacretelle, qui l'a bien connu à cette époque, la loterie annuelle qu'Alphonse organisait dans son appartement parisien de la rue de l'Université lui plaisait avant tout parce qu'elle le forçait à reprendre un mode d'expression auquel, dans le fond du cœur, il demeurait plus attaché qu'il ne voulait le laisser paraître :

« Il donnait une loterie qui servait de prétexte aux charités de Mme de Lamartine. Mais sa raison secrète, c'était la nécessité pour le poète de faire des vers à cette occasion. Il n'en écrivait plus que quand il y avait urgence. L'urgence se produisait par cette loterie. Les strophes encadrées d'arabesques, et coquettement calligraphiées par Lamartine,

* Dans une lettre à Valentine de Cessiat, du 13 mars 1846, je note cette phrase curieuse : « Quelquefois, je griffonne des vers *en prose* pour ne pas me fatiguer et conserver traces de poésie. » (Comte de Chastellier, *Lamartine et ses nièces,* Paris, Plon, 1928, p. 80.)

** E. Deschamps, *Œuvres complètes* (Lemerre, 1872), t. I, p. 257.

*** Cité par Charles Fournet, *Lamartine et ses amis suisses* (Paris, H. Champion, 1928), p. 240, n. 1.

en étaient le principal attrait. L'or se répandait sur les rimes, et chaque hémistiche soulageait une misère.* »

Une bonne part des poèmes insérés un peu au hasard en 1849 parmi les *Premières Méditations* ou publiés sous le titre de *Méditations inédites* furent de ces pièces de circonstances; en général suggérées par des dessins de Mme de Lamartine, elles traduisent aussi certaines pensées de l'écrivain dans son âge mûr et ne sont pas sans compter de fort belles strophes.

De plus, du dernier voyage qu'il fit à Naples, à Ischia et à Rome en août et septembre 1844, il rapporta, outre son roman de *Graziella,* quelques poésies d'une inspiration heureuse, car l'Italie retrouvée avait momentanément ressuscité sa verve créatrice. Enfin, la dernière en date des *Méditations, A une jeune fille qui avait raconté un rêve,* fut écrite le 22 juillet 1847 et dédiée sur le manuscrit à Mlle Louise Duréault, une jeune Bourguignonne qui professait pour Lamartine une romantique admiration.

Tous ces vers gardés en portefeuille ou parfois confiés à des revues et des journaux, leur auteur n'avait, quoi qu'il en dît parfois, ni l'intention ni les moyens de les laisser perdre. Alors que sa grande affaire était la rédaction et la vente (fort lucrative) des *Girondins,* il confiait à Dargaud, le 12 août 1845, son intention de rééditer l'année suivante ses œuvres anciennes, pour lesquelles le libraire Furne était venu négocier à Saint-Point, et d'y ajouter « sept à huit volumes de commentaires, confidences, poésie, tragédies, mélanges politiques » : il espérait en tirer de quoi payer ses dettes ! Mais, bientôt, les événements accaparèrent tout son temps jusqu'à faire de lui, de février à juin 1848, le chef du Gouvernement Provisoire et de la Seconde République de France.[1] Éphémère triomphe, suivi en décembre d'un cuisant échec, puisque, candidat à la Présidence, il n'obtint que le chiffre dérisoire de

* H. de Lacretelle, *Lamartine et ses amis* (Paris, M. Dreyfous, 1878), p. 40.

17910 voix, alors que le prince Louis-Napoléon Bonaparte en recueillait près de cinq millions et demi!

A cet effondrement de ses ambitions politiques s'ajoutait la ruine matérielle. Afin de s'acquitter du fardeau énorme dont il était obéré, il se condamna pendant ses vingt dernières années à une tâche harassante de travaux littéraires forcés. Parmi les premiers auxquels il eut recours, il faut compter son Édition des Souscripteurs : elle ne contient pas la totalité de ce qu'il avait écrit, mais apporte assez de morceaux inédits pour attirer la curiosité de la clientèle. Il commença par fonder beaucoup d'espoir sur cette entreprise de librairie, comme il le disait en avril ou mai 1849 à sa nièce Valentine :

« Mon entreprise de publication par moi va très bien. Je reçois tous les jours régulièrement cinquante souscriptions en France et je crois que cela s'accroîtra dans un mois. A l'étranger, cela se présente encore mieux. L'Amérique m'en prendra deux mille, la Russie deux mille, l'Allemagne mille...»

Mais, rapidement, il dut déchanter et, quelques mois plus tard, il avouait à Valentine :

« Les souscriptions sont taries à quatre mille; javeis les commencer en Russie, et j'ignore leur succès en Amérique. Au mois de septembre, je publie les quatre volumes commençants. Je verrai si cela produit* ... »

Et tout optimisme avait disparu dans la lettre du 16 novembre à Émile de Girardin, directeur de *La Presse :*

« Mon édition par moi-même, ma seule fortune, a paru enfin. Voudriez-vous l'annoncer par un feuilleton que voici... tout arrangé par mon secrétaire dans la forme et dans l'ordre qui peuvent un peu attirer les lecteurs. Je n'ai plus que ce moyen de conjurer la fortune. Si cela manque, il faut m'exiler. »

---

* *Lamartine et ses nièces,* pp. 165 et 172. Le chiffre avancé de *quatre mille* paraît exagéré. La liste des souscripteurs, publiée à la suite des *Recueillements* qui ne sortirent qu'en 1850, comporte seulement quelque 2 273 noms; la bibliographie de Talvart et Place affirme que l'édition fut l'objet de 2 400 souscriptions.

Les *Méditations poétiques* formaient le premier tome de la collection* et leur nombre avait été porté à quarante et une; dans le second, les *Nouvelles* étaient augmentées de deux pièces, empruntées — on ne sait trop pourquoi — aux *Recueillements poétiques,* et le volume s'achevait sur seize *Méditations inédites* — dont certaines à la vérité avaient été déjà publiées ailleurs et que l'on appelle parfois *Troisièmes Méditations;* de ces dernières, la critique s'est bien rarement préoccupée. Ainsi était constitué d'une manière définitive le *corpus* des *Méditations* lamartiniennes; mais les nouveautés apportées en 1849, pas plus que *Le Désert,* paru en 1856 dans le *Cours familier de Littérature* avec, en sous-titre, le mot célèbre depuis 1820, n'ajoutèrent rien à la gloire de leur auteur, en dépit des beautés qu'on y pouvait rencontrer.

***

Le grand effet produit par l'originalité des premiers livres du poète s'était quelque peu affaibli avec le temps. Au début du Romantisme, après la désolante sécheresse des rimeurs élégants qui avaient fleuri au long du siècle précédent, Lamartine avait véritablement infusé un sang frais au lyrisme national, en alliant avec beaucoup de bonheur une sensibilité profonde aux enchantements d'une langue musicale. Comme l'écrivait Sainte-Beuve à Verlaine, le 19 novembre 1865 : « Non! ceux qui n'en ont pas été témoins ne sauraient s'imaginer l'impression vraie, légitime, ineffaçable que les contemporains ont reçue des premières *Méditations*** ». Mais le même Sainte-Beuve, avec la fine intuition qui était sienne, avait saisi le côté faible d'un art trop peu intellectuel au goût de certains; rendant compte des *Harmonies poétiques* dans *Le Globe* du 16 juin 1830, il formule cette remarque,

* Ce premier tome fut annoncé le 17 novembre 1849 sous le nº 6430 de la *Bibliographie de la France,* le second le 24 avec le nº 6585.

** Lettre citée par Mario Roustan, *Lamartine et les catholiques lyonnais* (H. Champion, 1906), p. 95.

valable aussi pour les œuvres antérieures de l'écrivain : « Le voile de poésie est si brillant chez M. de Lamartine que l'œil est tenté parfois de s'y arrêter, comme l'oreille à l'enchantement de sa mélodie, sans trop s'inquiéter de pénétrer au-delà. » Et cet *au-delà,* l'auteur des *Lundis* le jugeait peu de chose, à en croire ces lignes qui, en principe, n'étaient point destinées à la publication :

« Lamartine (...) n'a fait que redire la même chose sur tous les tons, ou plutôt il a redit *le même ton sur toutes les choses.* Même dans sa politique, il n'a fait que *transposer,* comme en musique; mais quant au fond, c'est toujours une Méditation ou une Harmonie. La chose même dont parle Lamartine est ce qui l'inquiète le moins; l'essentiel, pour lui, c'est la *note;* et partout chez lui cette note est merveilleuse de richesse et de brillant. Les gens qui n'y regardent pas de si près s'y trompent et croient tout de bon que le poète est devenu politique ou historien. C'est une illusion. La variété est dans les sujets qu'il traite et non dans le procédé qu'il y applique. C'est le même air sur toute sorte de paroles; et, pour qui a l'oreille fine, cela fait souvent l'effet de la même chanson*. »

Il y aurait beaucoup à dire et à redire sur cette prétendue indigence de pensée chez le poète : que ses conceptions métaphysiques aient été incertaines, personne ne saurait le nier; mais qu'elles soient sans valeur aucune, on ne peut l'admettre sans examen. Sans doute ses vers charment-ils (au sens latin du terme) les âmes surtout par leur forme harmonieuse; il n'en est pas moins vrai qu'ils expriment aussi des idées, celles qui ont toujours hanté l'esprit des hommes. Mais la mollesse et la douceur de ses rythmes en vinrent à passer de mode lorsqu'on vit triompher le verbe sonore de Victor Hugo, la philosophie hautaine d'Alfred de Vigny, l'émotion et l'ironie de Musset, la perfection sculpturale des Parnassiens, les troublantes incantations de Baudelaire et des Symbolistes qui prirent sa suite... Est-ce à dire qu'avec l'évolution du goût et l'apparition des nouvelles écoles le

* *Mes poisons,* cahiers inédits publiés par Victor Giraud (Paris, Plon, 1926), p. 87 et par H. Guillemin (Bibliothèque 10-18), p. 89.

chantre des *Méditations* ait perdu l'audience du public? On le croirait volontiers rien qu'à lire le titre de tel article qui fit en son temps un certain bruit : *Pourquoi on ne lit plus Lamartine,* titrait dans la *Revue Bleue* du 8 août 1891 Raoul Rosières, en prétendant montrer que le barde de 1820 ne faisait entendre sur sa lyre que des chants déjà entendus avant lui et n'avait été en somme que le plagiaire heureux des élégiaques ses prédécesseurs.

Or, des chiffres sont là pour démentir ces affirmations cruelles et injustes. Postérieurement à 1849, Lamartine publia encore deux fois l'ensemble de ses ouvrages et, naturellement, les *Méditations* y figuraient en première place. Après sa mort en 1869, la société qui exploitait ses œuvres, présidée par Émile Ollivier, continua avec succès à les maintenir dans le commerce : de 1869 à 1882, elle vendit 22626 exemplaires des *Premières Méditations* et un nombre égal des *Nouvelles;* dans la période 1882-1895, le chiffre des volumes écoulés fut respectivement de 16 000 et 14 000*. Je n'ai pas rencontré d'autres précisions numériques pour le quart de siècle suivant, pendant lequel l'érudition commença d'étudier avec ardeur le poète et ses livres : les *Méditations* et leur genèse bénéficièrent de recherches souvent passionnées, auxquelles demeurent attachés, pour ne citer que les principaux, les noms d'Anatole France**, Léon Séché, Pierre-Maurice Masson, René Doumic,

* Cf. M.-Th. Ollivier, *Valentine de Lamartine* (Paris, Hachette, 1908), p. 174. On n'abordera point ici les questions annexes de l'illustration des *Méditations,* des compositions qu'elles inspirèrent à des musiciens, de leur succès et de leur traduction à l'étranger; aux indications données à ces divers sujets par l'édition G. Lanson (pp. CLX-CLXXX) — qui cite des versions en allemand, anglais, espagnol, grec, hollandais, hongrois, italien, polonais, suédois — ajoutons : J.-H. Kool, *Les « Premières Méditations » en Hollande de 1820 à 1880* (L. Arnette, 1920) et H. Guillemin, *Lamartine en Russie* (*Revue de Littérature comparée,* 1934, pp. 646-660).

** A. France publia en particulier dans *Le Temps* des 4, 11, 21 et 25 septembre 1892 une série de feuilletons, intitulés *Elvire. M. et Mme Charles, d'après des documents inédits* et repris en volume l'année suivante dans *L'Elvire de Lamartine. Notes sur M. et Mme Charles* (Paris, H. Champion).

Gustave Lanson; les véhémentes discussions qui éclatèrent parfois prouvent qu'à la veille de 1914 Lamartine et ses vers n'avaient nullement sombré dans l'indifférence ou l'oubli. Et, quand ses œuvres furent tombées dans le domaine public, vers 1925, de nombreux éditeurs s'en sont emparés et, parmi elles, *Premières* et *Nouvelles Méditations poétiques* ont été les plus souvent réimprimées car, en dépit ou peut-être à cause des crises atroces qui ont déchiré et bouleversé notre siècle matérialiste, les cœurs des hommes, semble-t-il, restent toujours sensibles à l'attrait irrésistible et mystérieux de la pure poésie.

ESSAI DE CLASSIFICATION CHRONOLOGIQUE DES « MÉDITATIONS POÉTIQUES »

Le tableau qui suit récapitule les conclusions relatives aux dates de composition de chaque pièce, telles que nous avons cru pouvoir les établir dans le commentaire concernant les quatre-vingt-six morceaux ici publiés. Pour un grand nombre d'entre eux, il n'a été possible d'arriver qu'à des vraisemblances ou des probabilités; faute de toute indication précise, il nous a fallu, en certains cas, rester dans le doute absolu. Les renseignements les plus exacts sont ceux fournis par les lettres du poète, qui permettent, au jour ou à la semaine près, d'établir le moment qui vit naître telle ou telle méditation; mais ce cas le plus favorable ne se présente guère qu'une douzaine de fois. Les indications de temps portées sur les manuscrits qui ont été conservés paraissent a priori parfaitement dignes de créance; mais, très souvent, elles marquent seulement l'époque où le poème fut achevé ou bien encore celle où il fut reporté sur l'album ou le feuillet parvenu jusqu'à nous : ce ne sont donc que des *terminus ad quem* dont il faut se contenter faute de mieux, étant entendu que Lamartine a souvent écrit une même œuvre en s'y reprenant à plusieurs reprises. Quant aux affirmations du Commentaire donné dans l'Édition des Souscripteurs en 1849, elles sont en général sujettes à caution, bien que l'on doive en certaines circonstances en tenir compte, après examen et discussion, surtout lorsqu'elles se trouvent être des témoignages uniques. Enfin il est nécessaire de signaler qu'en préparant ses recueils en vue de leur édition, l'auteur revit en général les textes qu'il allait donner au public. Toutes ces réserves faites, voici la chronologie des *Méditations poétiques* qui nous a semblé la plus satisfaisante, en dépit de ses incertitudes évidentes, marquées par quelques répétitions de titres et par des points d'interrogation (?) qui se veulent prudents.

Été 1814 (?) :	*A Elvire - Le Golfe de Baya...*
Printemps 1815 (?) :	*La Solitude* (v. 47-fin).
1815 (?) :	*A El... - Élégie - Tristesse.*
Août-septembre 1815 :	*Adieu.*
20-fin octobre 1816 :	*Invocation.*
1816-1817 :	*Le Temple* (était entre les mains de Virieu en janvier 1818).
Juin-juillet 1817 :	*Hymne au Soleil* (lu à l'académie de Mâcon le 18 mars 1818).
29 août-début septembre 1817 :	*Le Lac.*
30 août-2 septembre 1817 :	*Le Génie.*
26 septembre-octobre 1817 :	*Ode (aux Français).*
Automne 1817 :	*L'Immortalité* (antérieure au 10 novembre) — *La Gloire* (lue à l'académie de Mâcon le 19 décembre).
1817-1818 :	*Chants Lyriques de Saül — Apparition de l'Ombre de Samuel* (la tragédie de *Saül,* à laquelle Lamartine avait travaillé activement surtout à partir de juin 1817, était terminée le 16 avril 1818).
Juillet-août 1818 :	*La Foi.*
22-24 septembre 1818 :	*L'Isolement.*
Novembre 1818 :	*Le Désespoir* (cette *Ode au Malheur* avait été projetée dès juillet).
1818-1819 :	*L'Ange — Les Préludes* (v. 159-274) (morceaux extraits de *Clo-*

	vis, épopée que le poète rêvait d'écrire dès 1813, mais à laquelle, semble-t-il, il se consacra principalement après l'achèvement de *Saül*).
Mars-avril 1819 :	*La Poésie sacrée.*
6-11 avril 1819 :	*La Semaine Sainte à La Roche-Guyon.*
Avril 1819 (?) :	*Le Chrétien mourant* (pourrait être aussi de janvier-février 1820).
Fin avril-début mai 1819 :	*Dieu.*
Fin avril-début mai 1819 (?) :	*Sapho* (cette élégie a souvent été datée de 1814 ou 1815; mais divers renseignements provenant de Lamartine lui-même et une certaine vraisemblance psychologique nous ont amené à la supposer du printemps 1819).
26 mai 1819 :	*La Providence à l'Homme.*
4 mai-6 juin 1819 :	*Le Soir — Souvenir — Les Étoiles* (première ébauche).
Fin août 1819 :	*La Retraite* (expédiée le 2 septembre à M. de Châtillon).
Septembre-octobre 1819 :	*Le Vallon* (peut-être projeté dès juin-juillet).
Mi-septembre-20 octobre 1819 :	*L'Homme.*
Octobre-novembre 1819 :	*La Prière — L'Automne — Stances* (hypothèse de F. Reyssié).
Début décembre 1819 :	*L'Enthousiasme* (à cette ode, qui reprend des vers de l'*Ode aux Français,* écrite en septembre-octobre 1817, Lamartine travaillait déjà en mars 1819).
Début avril 1820 :	*Consolation.*

Septembre 1820 :	*Chant d'Amour.*
Début octobre 1820 :	*Ischia* (début) — *Adieux à la Mer.*
Début-20 novembre 1820 :	*Ode sur la naissance du Duc de Bordeaux* (première version, la pièce ayant été remaniée et raccourcie postérieurement au 2 mars 1821).
Début décembre 1820 :	*Adieux à la Poésie* (remaniés pendant l'été 1823).
Fin novembre-décembre 1820 :	*La Liberté ou Une Nuit à Rome* (v. 88-fin).
Fin janvier-mars 1821 :	*La Liberté ou Une Nuit à Rome* (v. 1-87) (repris ultérieurement en Bourgogne).
Février (?) 1821 :	*La Branche d'Amandier.*
1820-1821 (?) :	*Les Étoiles* (reprise et achèvement de la pièce sous l'influence du beau ciel d'Italie).
Juillet-août 1821 :	*Les Préludes* (v. 300-370).
Août-septembre 1821 :	*Philosophie* (peut n'avoir été achevée que le 4 novembre pour être expédiée le 5 à M. de La Maisonfort).
1821-1822 (?) :	*Apparition* et *Le Crucifix* (ces deux poèmes peuvent être également de 1823, le second ayant été sans doute composé en plusieurs temps) — *La Solitude* (v. 1-46) (?).
26 février 1822 :	*Ischia* (achevé à cette date) — *Le Passé* (conçu dès la fin d'août 1821, repris au début de 1822, remanié ultérieurement).
Première quinzaine de mars 1822 :	*L'Esprit de Dieu.*
Printemps 1822 (?) :	*Les Préludes* (v. 104-137).
1822 (?) :	*Stances* (hypothèse de L. Séché).

1822-1823 (?) :	*La Sagesse.*
1er janvier 1823 :	*Les Préludes* (v. 21-85 : *Odula*).
Mai 1823 :	*Le Papillon.*
24 juin 1823 :	*Bonaparte.*
Juillet 1823 (?) :	*Le Poète mourant* (une autre ode du même titre, qui ne fut jamais publiée par Lamartine, avait été écrite en septembre 1817).
Début d'août 1823 :	*Improvisée à la Grande-Chartreuse — La Solitude* (v. 1-46) (hypothèse de M. Guillemin).
Décembre 1824 :	*Ode sur l'Ingratitude des Peuples.*
10 août 1829 :	*Prière de l'Indigent.*
1831 (?) :	*A un Enfant, Fille du Poète.*
25 octobre 1832 :	*Le Désert* (début : partie descriptive).
24 octobre 1836 :	*A Alix de V..., jeune fille qui avait perdu sa mère.*
13 novembre 1836 :	*A un Curé de village.*
Juin 1837 :	*A M. de Musset, en réponse à ses vers* (projet demeuré inachevé, remis au point en 1849 (?), en vue de l'Édition des Souscripteurs, selon une hypothèse de M. Guillemin).
Été 1839 :	*Sur une page peinte d'insectes et de plantes.*
Postérieurement à 1839 :	*La Pervenche — L'Idéal, sur une page représentant des Génies enfants* (ces deux poèmes, sur lesquels on ne possède aucun renseignement, peuvent être situés seulement dans la décennie qui sépare les *Recueillements poétiques* — mars 1839 — de l'Édition des Souscripteurs — 1849).
1840 :	*La Fenêtre de la maison paternelle* (peut-être juin, en tout cas antérieure au 30 août).

25 janvier 1841 :	*Les Oiseaux.*
30 avril 1841 :	*Sur un don de la Duchesse d'Angoulême.*
Première décade d'août 1841 :	*Ressouvenir du lac Léman.*
1841 (?) :	*A Laurence.*
23 mars 1842 :	*Le Coquillage au bord de la mer — Sultan, le cheval arabe.*
1842 ou mars-avril 1843 (?) :	*Le Pasteur et le Pêcheur, fragment d'églogue marine.*
25 mars 1843 :	*Les Fleurs.*
30 août 1844 :	*Le Lis du golfe de Santa Restituta, dans l'île d'Ischia.*
Août-septembre 1844 :	*Les Fleurs sur l'autel.*
6 septembre 1844 :	*Salut à l'île d'Ischia.*
9-10 octobre 1844 (?) :	*Ferrare. Improvisé en sortant du cachot du Tasse.*
1844 (?) :	*Adieu à Graziella* (on a pu supposer également que ces strophes pourraient être le remaniement d'un poème antérieur à mai 1816).
1846 (?) :	*Le Lézard sur les ruines de Rome* (M. Guillemin pense la pièce écrite à Rome à la fin de septembre 1844; mais nous croyons qu'elle fut écrite postérieurement au voyage en Italie).
Postérieurement à 1844 (?) :	*A une fleur séchée dans un album.*
Avril 1847 :	*Les Pavots.*
1847 (?) :	*Les Esprits des fleurs.*
1er mai 1847	*La Charité.*
22 juillet 1847 :	*A une jeune fille qui avait raconté un rêve.*
Septembre 1856 :	*Le Désert* (achèvement de la pièce).

LES MANUSCRITS DES « MÉDITATIONS POÉTIQUES »

LAMARTINE a laissé après lui un nombre assez considérable de manuscrits divers et disparates. Comme, à l'inverse de Victor Hugo par exemple, il n'était pas un homme de cabinet composant à sa table de travail, il emportait en général dans ses promenades à travers la campagne des albums à dessin, d'un genre fort répandu à l'époque romantique, et il y crayonnait selon l'inspiration les pièces auxquelles il avait rêvé chemin faisant. On devine qu'il laissait souvent ces esquisses en suspens pour les reprendre plus tard à loisir et au gré de sa fantaisie. Car, contrairement à ce qu'on a tendance à penser d'ordinaire, cet inspiré authentique connaissait des départs difficiles dont témoignent ses ébauches parfois informes, ses ratures fréquentes et ses multiples repentirs. Sur ses morceaux plus élaborés, on relève encore des corrections, qui d'ailleurs ne portent pas toujours la marque du meilleur goût, car il n'eut jamais rien du styliste, ce qui ne l'empêchait pas de travailler sa matière. Les autographes qui se présentent sans retouche sont en réalité des *mises au net* à peu près définitives, que l'on trouve aussi bien sur des carnets que sur des feuilles détachées, mais qui sont à coup sûr l'aboutissement de *premiers états* disparus. Au reste, semble-t-il, les manuscrits qui ont subsisté sont parvenus jusqu'à nous un peu par hasard et leur auteur ne devait pas leur attacher un grand prix, une fois livrée au public l'œuvre qu'ils représentaient*. Cela

* M. Ch. Morin, expert-libraire au Mans, m'a conté cette anecdote significative : il a eu l'occasion d'avoir à vendre une lettre de Marianne de Lamartine adressée à un fournisseur bourguignon; pour lui témoigner sa reconnaissance d'un service rendu, elle joignait à son billet d'affaires une page arrachée au manuscrit des *Girondins !*

explique que, de poèmes même importants, il n'existe pas la moindre ligne de la main de l'écrivain. Au contraire, on rencontre quelquefois plusieurs « autographes », en particulier de compositions postérieures à 1839, sans doute parce qu'elles sont plus récentes et aussi parce que le poète les reproduisait ou les faisait copier par sa femme et sa nièce, pour servir à des loteries de bienfaisance ou pour faire plaisir à des personnes amies. Pour nous en tenir aux seules *Méditations,* nous pensons utile de résumer ainsi les remarques éparses dans nos *Notes critiques.*

a) *Le Carnet de Maroquin Rouge ou Carnet Émile Ollivier*

Il s'agit du petit album in-12 oblong de soixante-dix folios, élégamment habillé de maroquin rouge à grain long et doré sur tranches, avec attaches à crayon, que Julie Charles avait donné, le 6 mai 1817, à Lamartine venu, avant de quitter Paris pour la Bourgogne, lui faire des adieux qui devaient être les derniers. Outre sept notes sentimentales qui éclairent les amours du poète avec Elvire et, de loin, la genèse de *Raphaël,* il contient la partie essentielle des manuscrits des *Premières Méditations* qui ont subsisté. Alphonse avait conservé pieusement cette émouvante relique de sa jeunesse. Après sa mort, elle passa des mains de Valentine de Cessiat, sa légataire universelle, à celles d'Émile Ollivier (1825-1913), l'ami de sa vieillesse et son successeur à l'Académie française; l'ancien président du Conseil de l'Empire libéral, attentif défenseur de la mémoire de l'écrivain, communiqua ce document avec beaucoup de générosité aux lamartiniens du début de ce siècle : Léon Séché, René Doumic, Gustave Lanson; celui-ci, assez pauvre en renseignements généraux sur le précieux album, en a donné les détails — où tout au moins l'essentiel — dans l'appareil critique de son édition, dont nous avons fait notre profit, puisque, comme on va le voir, le *Carnet Rouge* est maintenant inaccessible... Par la suite, le docteur et Mme Troisier, gendre et fille d'É. Ollivier, en héritèrent : ce furent eux qui autorisèrent le baron de Nanteuil à l'examiner et lui permirent d'en faire, à la *Revue Bleue* de 1938, la seule description d'ensemble qui existe et qui est, à ce titre, inestimable*. Puis, à une date que je n'ai pu établir, l'album d'Elvire devint la propriété de M. Maurice Goudeket, le troisième mari de la romancière Colette : lorsque, les 11 et 13 mars 1961, il fit procéder à la vente de sa riche collection de livres et de manuscrits, le recueil d'autographes lamartiniens (décrit sous le nº 144 du catalogue établi par l'expert-libraire parisien Pierre Bérès) fut acquis pour 120 000 F et prit la direction des U. S. A. On peut regretter que la Bibliothèque nationale ait semblé se désintéresser d'une pièce aussi rare; mais, par bonheur, il apparaît que — mise à part une esquisse au crayon relative à *Clovis* (fº 56 recto-57 verso) — le carnet ne recèle rien qui soit inédit. Nous relevons ci-après ce qu'il renferme concernant les *Méditations :*

Fº 1 recto : *Ode au lac de B.*, esquisse au crayon des vers 13-16.

Fºs 1 verso-9 verso : *Ode à M. de Bonald*, esquisse au crayon.

Fºs 10 recto-17 verso : *Ode aux Français,* esquisses et rédaction au crayon datées à la fin *Lemps, septembre 26-28 1817.*

Fºs 18 recto-28 verso : *Ode aux Français,* mise au net à l'encre, 28 strophes; en tête : *1817. A. J. C.;* à la fin : *Lemps - et octobre 1817.*

Fºs 37 recto-38 verso : *Stances à Virieu ou Méditation 3e,* mise au net de *L'Isolement,* datée à la fin : *Août — Milly — 1818.*

Fºs 39 recto-45 recto : *Le Malheur, ode à Virieu,* au crayon jusqu'au fº 41 verso, à l'encre ensuite; daté à la fin : *Nov. 818.* — C'est *Le Désespoir.*

Fºs 45 verso-48 verso : *Ode à M. R.,* au crayon. — C'est un état de *L'Enthousiasme.*

Fºs 53-55 verso : *Ode au Lac de B.,* mise au net à l'encre, datée à la fin : *Aix-en-Savoie, septembre 1817.*

---

* L'article de Léon Séché, *Le Carnet de Lamartine* (*Annales romantiques,* 1908, pp. 304-308) et celui de Rosa Baretta-Worms, *Le Carnet rouge de Lamartine* (*Revue Hebdomadaire,* 8 août 1931, pp. 220-227) sont pratiquement nuls, bien que ces auteurs aient eu la chance de consulter personnellement ce document sans prix !

F° 58 recto : Esquisse de cinq vers, cités à la variante du v. 105 de *La Poésie sacrée*.

F° 63 verso : Esquisse au crayon des cinq premiers vers de la *Méditation à V. (L'Isolement)*.

F^os^ 64 recto-70 recto : *Ode à M. de Bonald sur ses détracteurs*, esquisses au crayon aux f°s 64-65 recto, puis mise au net à l'encre à partir du f° 65 verso, avec la date à la fin : *Aix-en-Savoie, 2 septembre 1817*.

b) *Les manuscrits de la Bibliothèque nationale.*

Le Fonds Lamartine de la Bibliothèque Nationale comporte un ensemble de soixante-cinq albums, légués en 1897 par Émile Ollivier, leur détenteur depuis la mort de Valentine de Cessiat (1894); leur inventaire le plus récent a été établi par Mme Suzanne Solente dans *Nouvelles acquisitions latines et françaises du départements des manuscrits pendant les années 1951-1957* (Paris, 1960, in-8°, 165 p.). La possibilité de les consulter aisément rend inutiles les études faites — à propos de ceux qui, en tout ou en partie, intéressent les *Méditations* — par Léon Séché (pp. 164-200) et par Jean des Cognets (*Mélanges d'Histoire littéraire de la Faculté des Lettres de Paris*, publiés sous la direction de G. Lanson, Alcan, 1906, pp. 109-197); il y a encore au contraire à tirer parti des notes du même J. des Cognets sur les esquisses du *Vallon* (*Le Correspondant*, 10 juillet 1910, pp. 140-149, et *Revue d'Histoire littéraire de la France*, 1913, pp. 158-161) et surtout du travail de P.-M. Masson sur les ébauches très complexes et désordonnées du *Passé* au déchiffrement ardu (*Revue d'Histoire littéraire de la France*, 1905, pp. 51-83 et 203-206). Voici une analyse sommaire de ces divers manuscrits, limitée à ce qui y regarde les *Méditations* :

1° Album 13 973, maroquin violet foncé, 218 × 138 mm, 37 folios.

F^os^ 1-7 verso : esquisses du *Passé*.

F° 8 recto : esquisses des *Préludes*, v. 107-118, sous le titre *Tristesse, méditation 7e*.

F° 8 verso : un titre seul : *Sapho ou l'Amour, méditation 6e*.

F° 9 recto : vers 1-4 et 11-12 de *La Solitude.*

F^os 9 verso - 11 verso : autres esquisses des *Préludes,* v. 340-368.

F^os 20 verso-22 verso : esquisses du *Passé.*

F^os 23-26 : *L'Esprit de Dieu* (seconde version?), daté : *mars 1822.*

F^os 26 verso-27 : *La Liberté* (notes en prose).

F^os 34 verso : un titre seul : *Fragment III* : *Le Crucifix.*

2° Album 13 974, maroquin vert, 215×132 mm, 45 folios.

F^os 2-3 : vers du *Passé.*

F° 6 : *Notes du Poète* (en prose).

F^os 7-14 recto : *Le Tombeau du Guerrier* daté : *St Point, 24 juin 1823.* — C'est *Bonaparte.*

F° 14 verso : les deux premiers mots d'*Élégie (Cueillons, cueillons...),* inscrits comme aide-mémoire.

F° 16 verso : brouillon de l'Avertissement des *Nouvelles Méditations* (sans titre).

F° 20 : *Le Papillon,* daté : *S. P., mai 1823.*

F^os 21 recto-verso : *La Branche d'Amandier.*

F^os 22 verso-27 verso : *Le Poète.* — C'est *Le Poète mourant.*

F^os 28 verso-31 verso : *Adieux à la Lyre, Méditation dernière.* — Ce sont les *Adieux à la Poésie.*

F^os 32-33 : *A El..., méditation 9e,* datée : *1815.*

F° 33 : les quatre premiers vers de *Sapho, Méditation 7e.*

3° Album 13 975, maroquin brun, 243×171 mm, 139 folios.

F° 1 : vers du *Passé.*

F^os 2-3 : *Il Crucifisso* (en prose).

F° 4 : esquisse de la première strophe du *Crucifix,* sous le titre *Idea.*

F^os 18 verso-24 : esquisses du *Passé.*

F^os 27 verso-139 : *Saül, tragédie biblique.* — C'est un double du manuscrit 14 012.

F^os 139-137 : *L'Esprit de Dieu* (version initiale?), écrit au dos de *Saül* sur le carnet repris par la fin; daté : *12 mars 1822.*

4° Album 13 993, couverture moirée bordeaux, 209 × 104 mm, 64 folios.

F^os 3-4 : *Vers à Mme Capece Latro,* datés : *Ischia, 6 septembre 1844.* C'est *Salut à l'île d'Ischia.*

F^os 12-13 : *Les Lys Roses.* — Ce sont *Les Fleurs sur l'autel.*

5° Album 14 012, maroquin brun, 281 × 214 mm, 112 folios.

F^os 1-89 : *Saül, tragédie* (l'autographe le plus complet de la pièce, d'où ont été tirés *Chants lyriques de Saül* et *Apparition de l'Ombre de Samuël*).

F^os 89 verso-91 verso : *Les Étoiles,* esquisse au crayon sans titre des v. 25-48.

6° Album 14 013, maroquin rouge, 161 × 111 mm, 23 folios, donné à Lamartine par Julie Charles.

F^os 10-13 : esquisses au crayon du *Vallon.*

F^os 16-22 : *Méditation, A Julie,* mise au net à l'encre. C'est *L'Immortalité.*

c) *Les manuscrits des archives de Saint-Point.*

De nombreux documents lamartiniens sont demeurés au château de Saint-Point (Saône-et-Loire), à la garde des descendants de Suzanne de Montherot, quatrième sœur d'Alphonse. Ce sont en général des feuillets, ou séries de feuillets, triés et classés, vers 1925-1930, avec un soin pieux, par Mlle Jeanne Mariotte, qui en a dressé un catalogue manuscrit. Les pièces de poésie, non numérotées, sont conservées en quatre liasses; lorsque M. le comte de Noblet me permit d'accéder, après tant d'autres, à ses archives, l'un de ces dossiers se trouvait momentanément introuvable; je n'ai donc pu voir la totalité des autographes qu'il possède, mais j'ai constaté que certains de ceux qui m'étaient soumis n'avaient pas été signalés par G. Lanson. En tenant compte de ce que celui-ci et d'autres chercheurs, puis moi-même avons eu sous les yeux, il est possible (en suivant l'ordre des *Méditations* adopté dans la présente édition) de dresser la liste suivante des pièces existant dans l'ancienne demeure de Lamartine :

I - *Premières Méditations :*

Le Lis du golfe de Santa Restituta : deux brouillons complémentaires, portant la date : *Ischia, 30 août 1844.*

La Charité : vu par C. Latreille.

Invocation : sous le titre *A Madame Ch.*, mise au net avec corrections.

Le Génie : sous le titre *Ode, A M. le vicomte de Bonald, 1817*, copie de huit strophes à partir du v. 41.

Philosophie : copie de six pages, avec cette mention de la main de la femme de l'auteur : *Épître au Ms Lamaisonfort — 2es Méditations — copiée par ma mère (Mme Birch)* ; vue par G. Lanson.

Ferrare : copie de Mme de Lamartine, sous le titre *Improvisation en sortant du Cachot du Tasse*, avec la date : *Ferrare, octobre 1844.*

A un Enfant, Fille du Poète : copie dont le titre a disparu, mais datée : *1840.*

Les Fleurs : daté : *Paris, 25 mars 1843.*

Les Oiseaux : divers fac-similés, datés : *Paris, 25 janvier 1841.*

Le Coquillage au bord de la Mer : divers fac-similés datés *Paris, 23 mars 1842.*

II - *Nouvelles Méditations.*

Le Poète mourant : copie des v. 73-90.

Les Préludes : Odula à Marianne pour le 1er janvier 1823 (v. 21-90 de la pièce) — *La Chaumière* (v. 300-suiv.).

Stances : mise au net sous le titre *Psaume 3e.*

La Liberté : mise au net des soixante-quinze premiers vers sous le titre *Rome.*

Chant d'Amour : une ébauche, intitulée *A Marianne fragment.*

A un curé de village : brouillon très incomplet, au crayon, intitulé *Vers au curé de...* (ce titre n'est pas de la main de l'auteur).

A Alix de V... : sous le titre *A Alix de Vignet qui me regardait en pleurant en me demandant des vers pour elle seule*, daté *Saint-Point, 24 octobre 1836.*

III - *Troisièmes Méditations.*

Sultan, le Cheval arabe : fac-similés intitulés *Sultan ou le Cheval et les Armes du Voyageur,* datés *Paris, 23 mars,* et accompagnés de la notice qui parut avec le poème dans la *Revue des Deux Mondes* du 1er avril 1842.

Sur un don de la Duchesse d'Angoulême : sous le titre *Le Don de l'Exilée.*

A une jeune fille qui avait raconté un rêve: brouillon très élaboré.

Les Fleurs sur l'autel : sous le titre *Page des Lys Roses,* copie de Mme de Lamartine.

Sur une page peinte d'insectes et de plantes : brouillon sans titre.

Salut à l'île d'Ischia : sous le titre *Vers à Madame Capecelatro,* daté *Ischia, 6 7bre 1844.*

IV - *Le Désert.*

De la partie descriptive (v. 1-224), il existe deux états différents pour les v. 109-127 : c'est à elle que doit se rapporter la date : *25 octobre 1832* (surchargée en *1852*); — la partie philosophique (v. 225-370) se présente en deux versions également. Selon M. Guillemin, l'ensemble est une copie datant de 1856.

d) *L'ex-manuscrit Louis Barthou.*

Outre le *Carnet de Maroquin Rouge,* G. Lanson avait consulté chez Émile Ollivier un second album qu'il appelle dans son édition (p. CXLVIII) *Carnet de Valentine de Lamartine,* parce qu'il est constitué de copies réalisées par la nièce du poète; il les a utilisées pour quatre pièces parues dans l'Édition des Souscripteurs de 1849 *(Le Lis du Golfe de Santa-Restituta, Ferrare, Les Oiseaux, Le Coquillage au bord de la Mer)*; au reste, il ne fournit aucune précision sur ce document, dont je n'ai trouvé nulle autre mention après lui... Toutefois, en admettant que la courte pièce des *Pavots* ait échappé à son attention, j'ai l'impression que ce recueil doit être le même que celui ayant appartenu au président Louis Barthou et qui a été ainsi décrit, au no 1054 du catalogue établi lorsque fut vendue sa prestigieuse bibliothèque, quelques mois après son assassinat* (nous donnons en capitales les titres des *Méditations* qui, seules sur les trente morceaux du carnet, retiennent ici notre attention) :

Lamartine, *Recueil de poésies*, manuscrit autographe, in-8°, demi-maroquin tête de nègre, tranche jaspée (reliure d'époque). — Précieux cahier contenant certaines des plus belles poésies de Lamartine écrites de sa main à l'époque même où elles furent composées, ainsi qu'en témoigne ce titre autographe sur la première page : *Vers inédits, par Alphonse de Lamartine*. Voici le titre de ces pièces qui figurent presque toutes soit dans les *Troisièmes Méditations*, soit dans les *Secondes Harmonies poétiques* : L'IDÉAL, SULTAN LE CHEVAL ARABE, SALUT A L'ILE D'ISCHIA, LE LIS DU GOLFE DE SANTA RESTITUTA, LES OISEAUX, FERRARE (IMPROVISÉ EN SORTANT DU CACHOT DU TASSE), LA FENÊTRE DE LA MAISON PATERNELLE, LE LÉZARD SUR LES RUINES DE ROME, LES FLEURS SUR L'AUTEL, LES PAVOTS, A UNE JEUNE FILLE QUI AVAIT RACONTÉ UN RÊVE, LE COQUILLAGE AU BORD DE LA MER, SUR UNE PAGE PEINTE D'INSECTES ET DE FLEURS, *Le Grillon, Le Moulin de Milly, Sur des Roses sous la Neige, A une fiancée de quinze ans, Le Mont-Blanc, La Fleur des Eaux, Souvenir, Les Saisons, Une Fleur, L'Hirondelle, A Mlle B..., Les Voiles, Variante de Jocelyn, Pour l'Épigraphe* (sic) *de Madame Malibran, Sur le sable du Nil, Le Miroir,* LE CACHOT, CONTE ARABE.

Le mardi 5 novembre 1935, à l'Hôtel Drouot, ce riche album fut acquis par l'industriel Pierre-G. Latécoère (1883-1943) et, après la mort de celui-ci, il est resté dans

---

* *Bibliothèque de M. Louis Barthou, de l'Académie française* (Paris, Blaizot, 1935), seconde partie, pp. 286-287. Le catalogue comporte trois volumes, correspondant chacun à une des trois vacations qui furent nécessaires pour vendre l'importante collection (25-26-27 mars et 4-5-6 novembre 1935, 2-3-4 mars 1936). — On remarquera que l'auteur de la notice insiste sur l'authenticité du manuscrit, comme écrit par Lamartine lui-même, alors que Lanson parlait de copies faites par Valentine; on sait la difficulté qui existe à distinguer les écritures de l'oncle et de la nièce. Dans son article des *Lettres Classiques*, M. Guillemin ne formule pas d'avis sur ce point.

sa famille, à Toulouse. J'aurais aimé pouvoir l'examiner; mais, à mon humble requête, les héritiers de l'ancien patron de Saint-Exupéry ont répondu par une fin de non-recevoir. Ma déconvenue a du moins été atténuée en lisant l'étude de M. Guillemin sur *Lamartine et sa production poétique après 1839,* publiée en juillet 1956 dans la revue belge *Les Études Classiques :* grâce à la générosité de L. Barthou qui était un parfait humaniste et un collectionneur intelligent, l'historien de *Jocelyn* avait eu l'occasion d'analyser en 1934 le cahier des *Vers Inédits* et d'en extraire des remarques dont j'ai tiré parti; mais je reste convaincu que le manuscrit jalousement tenu sous le boisseau pourrait révéler des variantes de texte non dénuées d'intérêt.

e) *Manuscrits divers.*

On peut grouper sous cette rubrique des manuscrits isolés, faisant partie de collections publiques ou privées, ou mentionnés sur des catalogues de marchands d'autographes, ou publiés incidemment dans des revues; leur origine est souvent difficile à préciser, comme il est impossible de dire ce qu'ils sont devenus depuis la mention qu'on en a faite ici ou là; certains peuvent provenir de Saint-Point où, de l'avis de M. de Noblet, des fuites se sont produites à des moments indéterminés. — La liste qui suit est établie d'après le classement de notre édition :

A Elvire : autographe communiqué à G. Lanson par Guy de Cassagnac et intitulé *Méditation 3e, A E.*

Ode (aux Français) : copie autographe communiquée à G. Lanson par la baronne de Noirmont. — Un autre (?) manuscrit, décrit par le catalogue M. Loliée nº 80 (1952, p. 20), est sans doute celui qui avait servi à l'impression.

La Retraite : original aux archives de Châtillon, publié par M. G. Roth (pp. 198-200).

La Charité : manuscrit signalé par le catalogue Coulet, nº 102-1323, intitulé *Conte arabe* et daté *Paris,* 1er mai 1847.

Ode sur la naissance du Duc de Bordeaux : original aux archives de Fontenay, étudié et publié par M. Levaillant (*Lamartine et l'Italie en 1820*, pp. 146-151), avec en date *Naples, 20 novembre 1820.*

Ressouvenir du lac Léman : le manuscrit connu de Léon Séché (*Annales Romantiques,* 1910, p. 21) appartenait vers 1930, selon le témoignage de M. Ch. Fournet (*Huber-Saladin,* pp. 108-109) à Louis Barthou, mais il n'a pas figuré au catalogue de la vente de 1935-1936.

Le Génie : copie autographe communiquée à G. Lanson par la baronne de Noirmont. — Le catalogue Loliée n° 80 (1952, p. 21) signale un fragment de cinq strophes.

Philosophie : cette méditation, avec deux harmonies (*Pourquoi mon âme es-tu triste* et *La Perte de l'Anio*), figure au catalogue de la vente Louis Barthou (Première Partie) sous le n° 399, ainsi décrit : « Lamartine, *Deux Harmonies et une Méditation,* 20 pages autographes (recto et verso), reliées en un volume in 4°, maroquin bleu jans., dos sans nerfs, doublures du même maroquin, gardes de soie moirée gris-bleu, doubles gardes, tranches dorées. Beaux manuscrits autographes des trois pièces... Quelques corrections et variantes. Chaque page est montée sur une feuille de papier vélin blanc. Reliure doublée de Cretté, successeur de Marius Michel. » Cette pièce fut achetée, le mardi 26 mars 1935, par Mme Émile Prat, de Paris; je n'ai pu obtenir aucune autre précision à son sujet, ma lettre de demande de renseignements étant restée sans réponse.

Hymne au Soleil : manuscrit de la Bibliothèque municipale et universitaire de Genève (Suppl. 358, f° 263), sous le titre *Fragment d'une méditation : Hymne au Soleil.*

Les Oiseaux : manuscrit 443 (428) de la Bibliothèque municipale d'Angers, ayant appartenu à l'érudit François Grille.

Les Pavots : le Catalogue de la vente de la collection Alfred Dupont (4e partie, 22 novembre 1962) signale sous le n° 92, un manuscrit de ce poème, intitulé *Le Pavot.*

Le Papillon : le manuscrit signalé au catalogue M. Loliée n° 80 (1952, pp. 21-22) comporte aussi à son verso les dix-sept premiers vers du *Passé.*

La Fenêtre de la maison paternelle : copie au Musée de Dunkerque, publiée par H. Cochin (*Bulletin de l'Union Faulconnier,* 1921-1922, p. 113), signée et datée *Saint-Point, 1840.*

Sur un don de la Duchesse d'Angoulême : sous le titre *Le Don de l'Exilée,* avec la date *Saint-Point, 30 avril 1841,* Léon Séché a publié comme inédite (*Annales Romantiques,* 1912, p. 128) cette pièce qu'il avait trouvée dans un album de Mme Victor Hugo appartenant à Pierre Lefèvre-Vacquerie.

A une jeune fille qui avait raconté un rêve : original, écrit *Pour Mlle Louise Duréault* et daté *Saint-Point, 22 juillet 1847,* en possession de Mlle Y. de Montjamont, de Dijon. Un autre manuscrit, ayant appartenu à M. de Champvans, a été publié comme inédit en 1893 par Ch.-E. Thuriet (*Anecdotes inédites...,* p. 20).

Prière de l'Indigent : original dans le manuscrit des *Harmonies Poétiques* de la Bibliothèque Municipale de la ville d'Angers, *Cantate pour les Enfants d'une Maison de Charité,* datée *Saint-Point,* 10 août 1829.

Les Esprits des Fleurs : publié comme inédit par Léon Séché (*Annales Romantiques,* 1911, pp. 48-49), d'après un manuscrit intitulé *Bouquet des Prés,* sur lequel n'est donné aucun renseignement d'origine.

Malgré la longueur de la liste qui précède, on remarquera : 1° que, pour de multiples pièces, le manuscrit se borne à de très infimes fragments; — 2° qu'on n'en a signalé aucun pour vingt-neuf des quatre-vingt-six morceaux contenus dans le présent volume (seize parmi les *Premières Méditations : L'Homme, Le Soir, La Providence à l'Homme, Souvenir, La Gloire, La Prière, La Foi, Le Golfe de Baya, Le Temple, La Pasteur et le Pêcheur, A une Fleur séchée dans un Album, Adieu, La Semaine Sainte à La Roche-Guyon, Le Chrétien mourant, Dieu, L'Automne;* — huit parmi les *Nouvelles : Ischia, La Sagesse, Tristesse, Consolation, L'Ange, Adieux à la Mer, Apparition, Improvisée à la Grande-Chartreuse;* — cinq parmi les *Troisièmes : La Pervenche, A Laurence, A M. de Musset, Adieu à Graziella, Ode sur l'ingratitude des peuples.*

LES « MÉDITATIONS » ET LA CORRESPONDANCE

DEPUIS sa jeunesse jusqu'au moment où il se passionna pour la politique, c'est-à-dire jusqu'en 1830, Lamartine avait l'habitude d'entretenir ses correspondants, en particulier Aymon de Virieu, au sujet de ses travaux poétiques et de leur communiquer certains des vers qu'il venait d'écrire. Abstraction faite des simples allusions à des œuvres récemment composées, il est utile de relever dans ses lettres les citations qu'il a faites des *Méditations,* car elles complètent les données des manuscrits ou suppléent à l'absence de ces derniers :

A Virieu, Bourgoin, jeudi soir 2 octobre 1817 : *Ode (aux Français),* v. 111-120.

A Virieu, Milly, 11 août 1818 : *La Foi,* v. 165-176.

A Virieu, Milly, 24 août 1818 : *L'Isolement.*

A Virieu, 1re quinzaine de décembre 1818 : *Ode au Malheur (Le Désespoir),* v. 1-30, 37-90, 97-102.

A Mme de Raigecourt, Mâcon, 24 janvier 1819 : *La Foi,* v. 165-176.

A Virieu, Paris, 16 mars 1819 : *Ode à M. R. (L'Enthousiasme),* v. 21-50.

A M. de Saint-Mauris, Montculot, 27 mai 1819 : *Dieu,* v. 57-58.

A Rocher, Aix-les-Bains, 20 août 1819 : *Dieu,* v. 5-8.

A M. de Châtillon, Milly, 2 septembre 1819 : *La Retraite* (citée par M. G. Roth, pp. 197-200).

A Virieu, Milly, 20 octobre 1819 : *Méditation 17e, A Lord Byron (L'Homme),* très larges extraits.

A Miss Birch, Milly, 6 décembre 1819 }
A Virieu, Milly, 8 décembre 1819 } *La Prière*, v. 1-54.

A Genoude, Avallon, jeudi matin (30 mars 1820) : brèves citations du *Malheur, L'Homme, La Prière, Dieu* en vue de corrections à apporter à la seconde édition (M. Levaillant, *Lamartine et l'Italie en 1820*, pp. 76-78).

A Virieu, Ischia, 3 (ou 9) octobre 1820 : *Ischia*, v. 1-8.

A M. de La Maisonfort, Milly, 5 novembre 1821 : *Philosophie.*

A Virieu, Saint-Point, 1er décembre 1821 : *Philosophie*, v. 39-40.

A Virieu, Mâcon, 26 février 1822 : *Ode à Virieu (Le Passé)*, v. 51-60 et 171-180. — *Ischia*, v. 41-69.

A Genoude, Mâcon, 13 mars 1822 : *L'Esprit de Dieu*, v. 81-90.

A M. de La Maisonfort, Mâcon, 15 juin 1822 : *L'Esprit de Dieu*, v. 1-12, 21-40, 81-90.

A Victor Hugo, 14 janvier 1825 : *Ode sur l'Ingratitude des Peuples*, v. 21-30.

DE QUELQUES « MÉDITATIONS » PARUES EN PRÉORIGINALES

Certaines des pièces qui font partie des *Méditations poétiques,* avant d'être introduites dans les volumes qui portent cet intitulé, avaient paru ailleurs par les soins de leur auteur; en voici le relevé, établi en ordre chronologique :

I. — *La Gloire :* publiée, sous le titre *Stances, à un Poète portugais exilé,* dans les *Obras Completas* de Filinto Elysio (pseudonyme de Francisco Manuel do Nascimento) (Paris, A. Bobée), t. V, p. 6 : ce volume, daté de 1818, fut annoncé par la *Bibliographie* de la France du samedi 20 juin, sous le n° 2 379.

II. — *La Semaine Sainte à La R.-G.* et *L'Isolement :* dans ses lettres à Virieu (8, 13 et 21 avril 1819) et à Mlle de Canonge (25 avril), Lamartine annonce que ces deux pièces — et même une troisième dont il ne précise pas le titre — ont été confiées à l'imprimeur parisien Didot, pour qu'il les tire à dix ou vingt exemplaires, « tous retenus » : on n'a rien retrouvé de ce tirage confidentiel, dont le poète eut des épreuves.

III. — *Le Génie :* publié, sous le titre *Ode, A un Écrivain célèbre,* dans *Le Défenseur*, 2e livraison, 30 ou 31 mars 1820.

IV. — *Ode sur la Naissance du Duc de Bordeaux :* selon une lettre de Mme de Lamartine mère écrite à son fils le 2 mars 1821, peu de temps avant cette date, on avait fait imprimer la pièce à Forcalquier (Basse-Alpes) et on l'avait distribuée aux élèves du collège de cette ville : on ne connaît aucun exemplaire de ce tirage.

V. — *Prière de l'Indigent :* ces cinq strophes font partie de la *Cantate pour les Enfants d'une Maison de Charité,* parue en plaquette au début d'octobre 1829, puis reprise dans l'originale des *Harmonies poétiques* (15 juin 1830) et dans toutes leurs éditions successives.

VI. — *A un Curé de campagne :* sous le titre *Réponse à un Curé de campagne,* figure dans l'originale des *Recueillements poétiques,* pp. 85-91.

VII. — *A Alix de V..., jeune fille qui avait perdu sa mère :* sous le titre *A une jeune fille qui pleurait sa mère,* figure également dans l'originale des *Recueillements,* pp. 25-26.

VIII. — *Sur une Page peinte d'Insectes et de Fleurs :* publié par Jules Janin, en son article intitulé *La Nuit de Noël (L'Artiste,* 2e série, t. IV, p. 283, 29 décembre 1839).

IX. — *Ressouvenir du lac Léman :* publié dans *La Presse,* 18 août 1841; repris dans le *Journal de Saône-et-Loire,* 25 août, puis dans les *Œuvres complètes* de 1843 (Gosselin-Furne, t. VIII, pp. 439-448) et de 1845 (Gosselin, t. IV, p. 208).

X.— *Sur un don de la Duchesse d'Angoulême :* selon M. Guillemin (*Les Études Classiques,* juillet 1956, p. 212), ces vers furent certainement rendus publics en 1841, mais on n'a pu déterminer ni où ni quand.

XI. — *Le Coquillage au bord de la mer* et *Sultan, le cheval arabe :* publiés dans la *Revue des Deux Mondes,* 1er avril 1842, sous les titres *Le Coquillage* et *Le Cheval et les Armes du Voyageur,* puis repris respectivement dans le *Journal de Saône-et-Loire,* 16 et 20 avril.

XII. — *Les Oiseaux :* publiés dans les *Œuvres complètes* de 1843 (t. VIII, pp. 431-432) et de 1845 (t. IV, p. 200).

XIII. — *La Charité :* publié dans le journal mâconnais *La Mouche,* 26 juin 1847.

LES ÉDITIONS
DES « MÉDITATIONS »

Il n'est pas indispensable d'entrer dans le détail fort compliqué des diverses éditions des œuvres de Lamartine qui contiennent les *Méditations;* leur exacte description peut intéresser les bibliophiles (encore que ceux-ci ne semblent pas priser très fort les publications du poète mâconnais, faites en grand nombre et souvent à de forts tirages, sans que le papier, l'impression, l'illustration, etc. aient jamais fait l'objet de beaucoup de soin); elle n'apporte que fort peu de chose à l'historien littéraire.

a) *Les Méditations poétiques.*

1.— *Méditations / Poétiques, / A Jove principium /* Virg. / A Paris,/ Au dépôt de la Librairie / grecque-latine-allemande, / rue de Seine, nº 12 / MD CCC XX / (De l'Imprimerie de P. Didot l'aîné, chevalier de l'ordre royal de Saint-Michel, imprimeur du Roi). — In-8º, VI + 118 pages.

C'est l'originale, parue le 11 mars 1820, et annoncée dans le *Journal de la Librairie* du même jour; elle est anonyme et s'ouvre sur un *Avertissement de l'Éditeur,* signé E. G. Elle fut tirée à 500 exemplaires, vendus 3 francs l'un. La Librairie grecque-latine-allemande est la maison de l'éditeur Henri Nicolle. Ce volume comporte vingt-quatre méditations.

2. — *Méditations Poétiques.* / Par M. Alphonse de Lamartine. / Seconde édition / Revue et corrigée / *Ab Jove principium* / Virg. A Paris, / Au dépôt de la Librairie / grecque-latine-allemande, / rue de Seine, nº 12 (Henri Nicolle) (Imprimerie de P. Didot l'aîné), MD CCC XX. — In-8º, 156 pages.

Annoncée au *Journal de la Librairie* du 15 avril 1820, cette édition fut tirée à 1 500 exemplaires, vendus encore 3 francs l'un. Dans certains, l'*Avertissement de l'Éditeur* a cessé de figurer; parfois le nom de l'auteur est également absent. Ce volume, augmenté de *La Retraite* et du *Génie,* comporte vingt-six méditations.

3, 4, 5, 6, 7. — Quatre autres éditions sortirent de chez H. Nicolle en 1820 et une septième en 1821 ; toutes portent le nom de l'auteur et sont dépourvues de l'*Avertissement.* 3 et 4 forment un volume in-8º de 126 pages, — 5, 6 et 7 un volume in-8º de 156 pages. Toutes ont été imprimées par Didot et donnent le texte de la seconde.

8. — *Méditations / Poétiques.* / Par Alphonse de Lamartine. / Huitième édition / (Vignette) / Paris / Librairie de Charles Gosselin*, / rue de Seine nº 12. / MD CCC XXII. — In-18, 180 pages.

Sans *Avertissement,* cette édition — la première in-18 — parut en janvier 1822; elle reproduit le texte de la seconde; la vignette se rapporte à *L'Isolement.* Le volume valait encore 3 francs.

9. — *Méditations Poétiques.* / Par Alphonse de Lamartine. / Neuvième édition. / Paris / Librairie de Charles Gosselin, / rue de Seine, nº 12 (Imprimerie de Rignoux, rue des Francs-Bourgeois-Saint-Michel nº 8), 1823. — In-8º, II + 258 pages, avec 6 planches.

Annoncée le 28 décembre 1822, cette édition est la première illustrée. Augmentée d'*A Elvire,* d'*Ode,* de *La Naissance du Duc de Bordeaux* et de *Philosophie,* elle comporte donc trente méditations, nombre qui restera constant jusqu'en 1849. Elles s'ouvre sur un *Avis de l'Éditeur* anonyme. Six lithographies hors texte de C. Motte d'après Mendouze se réfèrent à *La Prière,* au *Soir,* à *L'Immortalité,* au *Lac,* à l'*Hymne au Soleil* et à *L'Automne;* elles sont fort appréciées et passent même pour être des plus réussies de l'époque romantique; elles déplurent pourtant au poète qui alla jusqu'à les arracher dans certains exemplaires qu'il eut à offrir (*Bulletin du Bibliophile,* 1er novembre 1925, pp. 543-546). Cette édition s'ouvre sur un *Avertissement* non signé, annonçant que déjà « plus de vingt mille » exemplaires des *Méditations* ont été antérieurement vendus; il en existe trois tirages différents : un sur papier superfin d'Annonay satiné en format ordinaire, à 7 francs le volume; le second sur le

* Ch. Gosselin avait obtenu « un brevet de libraire à la résidence de Paris en remplacement de M. Henri Nicolle démissionnaire », comme l'indique la *Bibliographie de la France* du 2 février 1822.

même papier, en format grand-raisin, à 12 francs; enfin un troisième tiré à 25, sur grand-raisin vélin, à 18 francs. Il semble que la vogue et la vente des *Méditations* ayant quelque peu faibli (deux éditions seulement en deux ans), Lamartine ait apporté tout son soin à la neuvième (la seule probablement depuis la seconde qu'il ait revue et corrigée lui-même à loisir) afin de relancer son livre.

10. — Cette édition reproduit la neuvième, sans ses lithographies; formant un volume in-18 de IV + 276 pages, elle est précédée d'un *Avis de l'Éditeur sur la dixième édition,* daté de *Paris, 1er octobre 1823* et signé *Ch. Gosselin.*

11. — *Premières Méditations,* Paris, Ch. Gosselin (Imprimerie de Rignoux), 1824. — In-8°, XVI + 262 pages.

Précédée de l'*Avis* de la dixième et d'un *Avis de l'Éditeur sur la onzième,* que suit une *Préface* de Charles Nodier, cette publication est ornée d'un titre gravé par H. F. Rose, de quatre figures de Alexandre Dessenne, gravées par W. Ensom, Pourvoyeur et J.-R. West, et de nombreuses vignettes en fin de pièces; sur grand papier vergé, avec titre et gravures sur chine, le volume était vendu 24 francs; sur grand-raisin vélin, avec double suite de l'illustration sur chine, il valait 40 francs.

12.— *Méditations poétiques,* Paris, Ch. Gosselin, 1825. — In-32, XV + 263 pages.

Précédé d'un *Avis de l'Éditeur sur cette douzième édition* signé *Ch. Gosselin* et reproduisant la *Préface* de Ch. Nodier, ce volume contient six illustrations médiocres. C'est la dernière édition séparée des *Premières Méditations* parue du vivant de l'auteur.

b) *Les Nouvelles Méditations poétiques.*

1. — *Nouvelles / Méditations / Poétiques, /* par Alphonse de Lamartine. / *Musae Jovis omnia plena !* Virg. / Paris / Urbain Canel, libraire, rue Hautefeuille, n° 5 ; / Audin, quai des Augustins, n° 24. MDCCCXXIII (Imprimerie de Rignoux). — In-8°, II + 179 pages.

C'est l'originale, parue entre le 22 et le 25 septembre 1823, annoncée dans le *Journal de la Librairie* du 27; elle s'ouvre sur un *Avertissement de l'Éditeur,* signé U. C. et daté de *Paris, le 20 septembre 1823.* Le volume comporte, comme 2 et 3, vingt-six méditations. Il était vendu 4 francs.

2.— *Nouvelles / Méditations / Poétiques,* / par Alphonse de Lamartine. / Deuxième édition, / revue et corrigée. / Paris / Urbain Canel, libraire, rue Hautefeuille, nº 5; / Audin, quai des Augustins, nº 25. / MD CCC XXIV (Imprimerie de Rignoux). — In-8º, 236 pages.

L'épigraphe virgilienne et l'*Avertissement* ont disparu; l'ordre des pièces a été bouleversé. De cette édition, annoncée au *Journal de la Librairie* du 27 décembre 1823, existent aussi des exemplaires ayant même pagination que la Première et où le nom de l'auteur est écrit *de La Martine,* selon Talvart et Place.

3.— *Nouvelles Méditations Poétiques,* par Alphonse de Lamartine... U. Canel-Audin, 1824. — In-18.

Annoncée par le *Journal de la Librairie* du 3 janvier 1824.

4, 5, 6, 7. — Canel et Audin redonnèrent trois éditions séparées de l'œuvre en 1825, 1826 et 1827, identiques à 2 et 3. Une septième édition parut en 1830 chez Ch. Gosselin, in-18, 268 pages.

c) *Éditions collectives. Les « Méditations inédites » de 1849.*

De très bonne heure dans sa carrière, Lamartine, auteur à succès, mais besogneux malgré sa fortune et les appréciables revenus que lui procuraient ses écrits, publia des recueils collectifs d'*Œuvres complètes,* enrichies d'année en année par l'appoint de ses productions nouvelles. Dans ces ensembles, les *Méditations* et les *Nouvelles Méditations* figurent toujours en tête, sans que l'auteur modifie leur texte; les minimes variantes qu'on y peut relever paraissent insignifiantes et ne sont probablement pas imputables à la volonté du poète. On ne citera donc que pour mémoire les éditions suivantes : Jules Boquet, Charles Gosselin et Urbain Canel (in-8º, 1826, 2 vol.); — Gosselin et Furne (in-8º, 1832, puis 1834, 4 vol.); — Beaujouan (in-32, 1836, 4 vol.); — Gosselin et Furne (in-8º cavalier, 1836-1840, 13 vol., — puis in-8º, 1842, 8 vol.); — Gosselin, Furne et Pagnerre (in-18, 1845, 8 vol.).

Au contraire, on attachera une importance particulière à celle qui est connue sous le nom d'Édition des Souscripteurs (Paris, Typographie de Firmin Didot frères, imprimeurs de l'Institut de France, rue Jacob, 56, MD CCC XLIX — MD CCC L, in-8º, 14 vol.). Elle recueillit

2400 souscriptions et était vendue 6 francs le volume. Elle est essentielle pour les *Méditations,* qui en occupent les tomes I et II et comportent un certain nombre de pièces inédites (ou données comme telles), ainsi que des Commentaires de l'auteur sur les morceaux de 1820-1823 et des Préfaces; en voici une sommaire analyse descriptive :

Tome I. — *Méditations poétiques.*—Pp. 1-26 : *Première préface des Méditations,* datée *du 2 juillet 1849* et signée *Lamartine;* pp. 27-74 : *Seconde préface. Des Destinées de la Poésie,* datée de *Paris, 11 février 1834* et déjà parue antérieurement à diverses reprises; pp. 75-363 : texte des poèmes et des commentaires; il y a en tout quarante et une méditations, soit onze morceaux de plus que dans les éditions précédentes *(Le Lis du golfe de Santa Restituta, La Charité, Ressouvenir du lac Léman, Le Pasteur et le Pêcheur, A une Fleur séchée dans un Album, Ferrare, A un enfant fille du poète, Les Fleurs, Les Oiseaux, Les Pavots, Le Coquillage au bord de la mer)*; — pp. 364-368 : table des matières.

Tome II. — *Nouvelles Méditations poétiques.* Pp. 1-8 : *Préface des Secondes Méditations. A M. Dargaud,* datée de *Paris, 3 juillet 1849,* et signée *Lamartine;* pp. 9-240 : texte des poèmes et des commentaires; il y a vingt-huit méditations, soit deux de plus que dans les éditions précédentes (XXVII : *A un Curé de campagne;*—XXVIII : *A Alix de V...*); pp. 241-295 : *Méditations poétiques inédites,* soit seize méditations, souvent appelées aussi *Troisièmes Méditations (La Pervenche, Sultan le cheval arabe, La Fenêtre de la maison paternelle, A Laurence, A M. de Musset, Sur un don de la Duchesse d'Angoulême, L'Idéal, Adieu à Graziella, A une jeune fille qui avait raconté un rêve, Prière de l'Indigent, Les Esprits des fleurs, Les Fleurs sur l'autel, Le Lézard sur les ruines de Rome, Sur une page peinte d'Insectes et de Plantes, Ode sur l'Ingratitude des Peuples, Salut à l'Ile d'Ischia)*; pp. 297-339 : Extraits de *La Chute d'un Ange;* pp. 341-344 : table des matières.

Après cette édition de 1849, le *corpus* des *Méditations* (hormis *Le Désert,* qui n'y fut jamais introduit bien qu'il en porte l'appelation en sous-titre*) était constitué d'une

---

* Parue pour la première fois dans l'entretien XI *(Job lu dans le*

façon définitive. Aussi bien figurent-elles sous une forme ne-varietur dans les *Œuvres complètes de M. A. de Lamartine* (Gosselin, Furne, Pagnerre, Dufour et Mulat, 1850, grand in-8°, 6 vol., édition illustrée de 34 gravures), comme dans les *Œuvres complètes de Lamartine publiées et inédites*, parues entre 1860 et 1863, « Paris, Chez l'Auteur, rue de la Ville-l'Évêque, 43 » et dont les quarante et un volumes in-8° sont la dernière collection d'écrits lamartiniens éditée du vivant du poète.

Les *Méditations* en occupent le tome I, qui a 556 pages et porte le millésime MD CCC LX.* Or, sans doute parce que ce volume dut s'écouler plus rapidement que d'autres, il en fut fait un second tirage, identique d'apparence au premier, mais qui en diffère d'une manière assez profonde; il ne semble pas qu'il ait jamais été remarqué; il n'existe pas à la Bibliothèque Nationale, mais j'ai pu l'étudier à la Bibliothèque Sainte-Geneviève (Z 8° 707. Suppl. Réserve) :

Œuvres complètes / de / Lamartine / publiées et inédites. / Méditations poétiques / avec Commentaires. / Tome premier / Paris / Chez l'Auteur, rue de la Ville l'Évêque, 43 / MD CCC LXII. — In-8°, 516 pages.

Ce volume, moins gros que l'autre, offre de ce fait une pagination différente de celui-ci, ce qui en soi ne présente aucun intérêt. Mais, il nous paraît essentiel de signaler que, *pour un certain nombre des pièces ajoutées dans l'Édition des Souscripteurs de 1849 et reprises telles quelles dans celle de 1860, il offre parfois des variantes de texte assez sensibles* : ces corrections, même si l'on peut les attribuer moins au poète qu'à son entourage, ont été relevées dans les *Notes critiques*.

Désert) du *Cours familier de littérature* (t. II, pp. 389-408), cette longue *méditation philosophique* a été reprise, avec quelques retranchements de détail, dans les *Œuvres complètes* de 1860-1863, t. VIII, pp. 437-456, en appendice au *Voyage en Orient*.

* Ce volume fut annoncé à la *Bibliographie de la France* du 14 juillet 1860, avec la mention « édition unique », qui se révéla fausse puisqu'elle reparut en 1862. Cependant ce tirage supplémentaire n'a pas été noté par la *Bibliographie*.

NOTE BIBLIOGRAPHIQUE

Il n'est pas ici question de dresser une bibliographie d'ensemble concernant les *Méditations poétiques;* on trouvera, dans les notes qui accompagnent chaque pièce, de très nombreuses références à des études (livres ou articles) dont nous avons fait notre profit; l'*État présent des études lamartiniennes,* dû à Jean Baillou et Ethel Harris (Paris, Les Belles-Lettres), bien sommaire déjà lorsqu'il parut en 1933, est évidemment dépassé aujourd'hui; la *Bibliographie des auteurs modernes* de Talvart et Place est beaucoup plus actuelle, puisque les pages consacrées à Lamartine figurent en son tome XI, publié en 1952; elle est à compléter pour la période récente par les dépouillements de M. René Rancœur dans la *Revue d'Histoire littéraire de la France.* La liste qui suit comporte seulement les titres de travaux auxquels nous avons eu l'occasion de nous reporter souvent sans juger utile d'alourdir le commentaire par des renvois multipliés ou que nous citerons d'une manière aussi abrégée que possible.

Blaizot (Georges) : *Flaubert et Lamartine (à propos d'un exemplaire des « Méditations » annoté par Flaubert), Revue de France,* septembre-octobre 1937, pp. 248-265.

Boeniger (Yvonne) : *Lamartine et le Sentiment de la Nature,* Préface de F. Strowski, Paris, Nizet et Bastard, 1934, IX + 287 p.

Bouchard (Marcel) : *Lamartine ou le sens de l'Amour. La Première Époque de la vie et de la pensée* (Annales de l'Est, Mémoires, XI), Paris, Les Belles-Lettres, 1940, in-8°, XIII + 196 p.

Canat (René) : *A. de Lamartine. Morceaux choisis,* Collection « La littérature française illustrée », Paris, Didier, et Toulouse, Privat, 1937, 1080 p.

CHARLIER (Gustave) : *Aspects de Lamartine,* Éditions Albert, 1937, 205 p. (Voir en particulier le chapitre intitulé *De Pope à Lamartine,* antérieurement paru dans la *Revue de Belgique,* décembre 1906, pp. 358-377.)

CHERVET (Maurice) : *Lamartine. Premières Méditations poétiques,* Paris, Bordas, 1965, 128 p.

CITOLEUX (Marc) : *La Poésie philosophique au XIX*e *siècle. Lamartine,* Paris Plon-Nourrit, 1906, XI + 403 p.

COGNETS (Jean des) : *La Vie intérieure de Lamartine, d'après les souvenirs de son plus intime ami J.-M. Dargaud et les travaux les plus récents,* Paris, Mercure de France, 1912, 468 p.

DESCHANEL (Émile) : *Lamartine,* Paris, Calmann-Lévy, 1893, 2 vol., XI + 327 et 337 p.

ESTÈVE (Edmond) : *Byron et le Romantisme français (1812-1850),* Paris, Hachette, 1907, XVI + 560 p.; 2e édition, Paris, Boivin, 1929.

FRÉJAVILLE (Gustave) : *Les « Méditations » de Lamartine,* « Les Grands Événements littéraires », Paris, S. F. E. L. T., 1947, 186 p.

GAULMIER (Jean) : *Sur un thème obsédant de Lamartine : la chevelure, Mercure de France,* mars 1957, pp. 545 et suiv.

GRILLET (Claudius) : *La Bible dans Lamartine,* Lyon-Paris, Emmanuel Vitte, 1938, 404 p.

GUILLEMIN (Henri) : *Le « Jocelyn » de Lamartine, étude historique et critique avec des documents inédits,* Paris, Boivin, 1936, 860 p.

« *Les Visions* », *édition critique avec une introduction et des notices,* Paris, Les Belles-Lettres, 1936, 260 p.

Lamartine. L'Homme et l'Œuvre, Collection « Le livre de l'Étudiant », Paris, Boivin, 1940, 168 p.

Connaissance de Lamartine, Fribourg (Suisse), Librairie de l'Université, 1942, 317 p. (Voir en particulier les chap. 3 : *La troisième Elvire,* 6 : *Un témoin du voyage en Orient,* 7 : *Ce que Lamartine écrivait en Terre Sainte,* et 9 : *Appendice : Vers retrouvés*).

Lamartine et sa production poétique après 1839, Les Études classiques, Facultés Universitaires N.-D. de la Paix, Namur, juillet 1956, pp. 209-234.

GUYARD (Marius-François) : *Lamartine,* Collection « Classiques du XIXe siècle », Paris, Éditions Universitaires, 1956, 125 p.

Lamartine, Œuvres poétiques complètes, Bibliothèque de la Pléiade, N. R. F., 1963, 2012 p.

JOUANNE (Pierre : *L'Harmonie lamartinienne,* Préface de F. Strowski, Paris, Jouve et Cie, 1927, 420 p.

LANSON (Gustave) : *Lamartine. Méditations poétiques.* Nouvelle édition, publiée d'après les manuscrits et les éditions originales, avec des variantes, une introduction, des notices et des notes, Collection des « Grands Écrivains de la France », deuxième série, Paris, Hachette, 1915, in-8°, CLXXX + 600 p. (un volume en deux tomes).

LEVAILLANT (Maurice) : *Le Centenaire des « Nouvelles Méditations », Revue des Deux Mondes,* 15 septembre 1923, pp. 385-419.

Lamartine. Œuvres choisies, Collection d'Auteurs Français dirigée par Ch.- M. Desgranges, Paris, Hatier, 2e édition, 1930, 1070 p.

Lamartine et l'Italie en 1820, *avec une méditation et des lettres inédites,* Paris, Flammarion, 1944, 314 p.

LUPPÉ (Marquis A. de) : *Les Travaux et les Jours d'Alphonse de Lamartine,* Paris, Albin-Michel, 1re édition, 1942, 468 p.; 2e édition, ouvrage revu et corrigé, 1948, 472 p.

MARÉCHAL (Christian) : *Lamennais et Lamartine,* Paris, Bloud, 1907, VIII + 380 p.

MATTLÉ (Robert) : *Lamartine voyageur,* Préface de M. Levaillant, Paris, E. de Boccard, 1936, XIV + 551 p.

NANTEUIL (Baron de) : *Essai d'une méthode pour établir un texte définitif des poésies de Lamartine, Revue d'Histoire littéraire de la France,* juillet-septembre 1936, pp. 364-386.

Les Mystères lamartiniens : le « Carnet Émile Ollivier », Revue Bleue, août-novembre 1938, pp. 284-288, 329-332, 373-376, 422-426 (article capital, car il renferme la seule description sérieuse et complète qui ait jamais été faite de *Carnet de Maroquin Rouge,* contenant l'essentiel des manuscrits des *Premières Méditations).*

POTEZ (Henri): *L'Élégie en France avant le Romantisme, de Parny à Lamartine (1778-1820),* Paris, Calmann-Lévy, 1898, XVI + 488 p.

POULET (Georges) : *Lamartine et le sentiment de l'espace, Nouvelle Revue Française,* 1961, juillet, pp. 27-40, et août, p. 249-261, article repris dans *Les Métamorphoses du Cercle,* VII, Paris, Plon, 1961.

REYSSIÉ (Félix) : *La Jeunesse de Lamartine, d'après des documents nouveaux et des lettres inédites,* Paris, Hachette, 1892, XII + 386 p.

ROSIÈRES (Raoul) : *Pourquoi on ne lit plus Lamartine, Revue Bleue,* août 1891, pp. 179-185 (article repris dans *Recherches sur la poésie contemporaine,* Paris, R. Laisney, 1896, pp. 167-196).

ROTH (Georges) : *Lamartine et la Savoie, extraits situés et commentés,* Chambéry, M. Dardel, 1927, x + 328 p.

SÉCHÉ (Léon) : *Lamartine de 1816 à 1830. Elvire et les « Méditations » (Documents inédits),* Paris, Mercure de France, 1905, 376 p.

STANLEY HINRICHS (Mary) : *Le « Cours familier de Littérature » de Lamartine,* Paris, Les Belles-Lettres, 1930, 144 p.

ZYROMSKI (Ernest) : *Lamartine poète lyrique,* Paris, A. Colin, 1897, 337 p.

CHRONOLOGIE DE LAMARTINE

1550. — Un Benoît Alamartine (ce nom patronymique subsista jusqu'aux environs de 1680) est cordonnier à Cluny.

1651. — Un de ses petits-fils, Estienne, juge-mage et capitaine de l'abbaye de Cluny, achète une charge de secrétaire du roi, qui lui assure la noblesse ainsi qu'à sa descendance. Son fils cadet, Jean-Baptiste est le premier à se faire appeler de Lamartine (ou de La Martine) : conseiller au bailliage de Mâcon, il reçoit en dot de sa femme le domaine de Monceau.

1705. — Jean-Baptiste de Lamartine fait construire la maison de Milly, bénite par le curé de la paroisse, le 15 juillet, à six heures du soir.

XVIIIe siècle. — Le petit-fils de Jean-Baptiste, Louis-François, né en 1711, sert dans l'armée royale et transforme en noblesse d'épée la noblesse de robe dont il a hérité. Par son riche mariage en 1749 avec la fille d'un conseiller au Parlement de Besançon, il devient propriétaire d'immenses domaines dans le Jura (dont celui de Pratz); il embellit Monceau et acquiert, près de Dijon, le château de Montculot, à Urcy; c'est un grand seigneur, qui rime agréablement. Il a trois fils : l'aîné François-Louis, célibataire, reste dans la famille craint et respecté (c'est « l'oncle terrible »); Jean-Baptiste, son cadet, entre dans les ordres sans vocation; au troisième, Pierre, chevalier de Pratz, né le 21 septembre 1751, est confié l'avenir de la race.

1790. — Le 7 janvier, Pierre de Lamartine épouse Mlle Alix des Roys. Elle appartient à une famille de robe, vivant au Puy dès le XVIe siècle et installée plus tard à Lyon. Son père, Jean-Louis des Roys, est intendant des domaines de la maison d'Orléans : née en 1766, elle connaît au chapitre noble de Saint-Martin-de-Salles en Beaujolais, où elle est élevée, la sœur de son futur mari, ce qui amène sa rencontre avec celui-ci.

1790-1802. — De cette union heureuse, bien que troublée par la Révolution et gênée par la médiocrité de ses ressources, sept enfants vont naître : Alphonse-Marie-Louis (Mâcon, 18, rue des Ursulines, 21 octobre 1790), — Cécile (1793-1862), — Eugénie (1796-1873), — Clémentine (1797-1798), — Césarine (1799-1824), — Suzanne (1800-1824), — Sophie (1802-1863).

1797. — Mort de Louis-François de Lamartine : l'aîné reçoit Monceau et l'hôtel de Mâcon; l'abbé de Lamartine recueille Montculot et la maison natale du futur poète; le chevalier de Pratz, malgré ses charges de famille, mais en tant que benjamin, hérite seulement de Milly et de ses vignes où il vient s'installer à l'automne avec les siens. Le petit Alphonse y mène une vie « paysannesque », recevant sa première éducation de sa mère, aimante et pieuse, puis suivant les leçons de l'abbé Dumont, curé du village voisin de Bussières, un prêtre dont la destinée, traversée par les orages révolutionnaires, sera par la suite la source principale de *Jocelyn*.

1801. — Alphonse entre comme pensionnaire à l'Institution Puppier, de Lyon, le 2 mars.

1802. — S'ennuyant fort, il fait une fugue le 9 décembre pour rentrer à Milly; ramené par les gendarmes, il achève l'année scolaire.

1803-1808. — Afin qu'il poursuive sérieusement ses études, Alphonse est placé par ses parents au collège de Belley, tenu par les Pères de la Foi (ex-Jésuites); entré le 27 octobre 1803, il en partira définitivement en janvier 1808, après avoir suivi d'une manière fort honorable les classes de troisième, seconde, rhétorique et philosophie. A Belley, où il compose ses premiers vers, il se lie d'amitié avec Prosper Guichard de Bienassis, Louis de Vignet et Aymon de Virieu. A la fin de 1808, il découvre l'œuvre de Jean-Jacques Rousseau et des principaux auteurs du XVIIIe siècle.

1808-1811. — Revenu en Bourgogne, Alphonse mène une vie désœuvrée, lit beaucoup, versifie dans les lettres qu'il adresse à ses amis, joue et danse. Il fait deux séjours assez dissipés à Lyon, où il prétend étudier le Droit (janvier-mars 1809 et janvier-mai 1810); il est reçu membre de l'académie de Mâcon (mars 1811). Entre temps, il a eu une idylle avec la jeune fille qu'il nomme Lucy dans ses *Confidences* (fin 1809) et il songe très sérieusement à se marier avec Henriette Pommier, une petite bourgeoise mâconnaise rencontrée dans un bal de salon.

1811-1812. — Pour le détourner de projets matrimoniaux qui leur déplaisent, ses parents décident de le faire voyager. Ayant quitté Mâcon (juillet 1811) en compagnie de ses cousins Haste, Alphonse gagne l'Italie du Nord, s'arrête à Livourne, puis à Rome et enfin à Naples : il réside dans cette ville du 30 novembre jusqu'au 6 ou 7 avril suivant; au début de janvier, il rencontre Antonia Iacomino, dont il fera l'héroïne de *Graziella*; vers la fin du même mois, il est rejoint par Aymon de Virieu. Retour en Bourgogne au commencement de mai 1812.

1812-1813. — Pour échapper à la conscription, Lamartine se fait élire maire de Milly. D'une liaison avec Nina de Pierreclau, il a un fils, Léon, né le 1er mars 1813. Il projette d'écrire une épopée, *Clovis,* et compose la première version de *Saül,* tragédie biblique. Séjour à Paris, (avril-septembre 1813).

1814. — Monarchiste comme tous les siens, Lamartine accueille favorablement la chute de Napoléon. Incorporé aux Gardes du Corps de Louis XVIII (15 juillet), il est envoyé en garnison à Beauvais, revient prendre du service aux Tuileries (septembre), puis demande un congé et rentre à Milly (novembre).

1815. — Durant les Cent-Jours, il traverse le Jura et s'exile en Suisse, puis en Savoie (séjour à Nernier en juin-juillet et idylle avec la batelière Geneviève Favre). Il passe par Chambéry (visite à Vignet et à la famille de Maistre). — Reprise de service aux Gardes du Corps (1er août) : il démissionne de l'armée (novembre). Sans situation, il songe à grouper et à publier les nombreuses « élégies » qu'il a composées jusqu'alors.

1816. — Année capitale : malade et désoccupé, Alphonse vient faire une cure à Aix-les-Bains (5-26 octobre); il y rencontre Julie Charles, qui devient sa maîtresse et restera son amie : cette aventure passionnée sera romancée dans *Raphaël.*

1817. — Du début de janvier à celui de mai, séjour à Paris; visites presque quotidiennes à Mme Charles, nouvelles amitiés (M. de Bonald, Mounier, etc.), désir d'entrer dans la diplomatie, séparation qui doit être définitive le 6 mai. — Julie, épuisée par la maladie, ne peut venir au rendez-vous qu'ils se sont fixé en Savoie : nouveau séjour d'Alphonse à Aix (août-septembre et composition du *Lac*). — Mme Charles meurt le 18 décembre et Lamartine en apprend la nouvelle avec désespoir le jour de Noël.

1818-1820. — Années de travail et d'incertitude : en octobre 1817, Talma refuse de jouer *Saül.* Alphonse songe à se marier avec Miss Marianne-Elisa Birch, une Anglaise rencontrée en Savoie; mais des raisons d'intérêts et de religions font traîner ce projet; de février à juin, Lamartine a d'ailleurs une liaison très sensuelle avec Léna de Larche, « la princesse italienne », mais fréquente aussi la société aristocratique et bien pensante du duc de Rohan, où les futures *Méditations* commencent d'être célèbres avant d'être publiées.

1820. — Année de la gloire et du bonheur : au début de mars, Lamartine a la certitude qu'il va être nommé secrétaire d'ambassade à Naples; quelques jours plus tard paraît la première édition (anonyme) des *Médita-*

tions poétiques, rapidement suivie de plusieurs autres; il épouse enfin Miss Birch, le 6 juin à Chambéry (rite catholique) et le 8 à Genève (rite protestant). — Installation à Naples (juillet) et vacances à l'île d'Ischia (septembre-octobre).

1821. — Sur sa demande de congé illimité, Lamartine quitte Naples (20 janvier) et conçoit dans une sorte d'illumination un vaste poème épique et cyclique, *Les Visions.* — Le 15 février lui naît à Rome un fils, Alphonse, qui vivra peu. — Retour en France, via Florence, Turin, Aix-les-Bains (mai-octobre).

1822. — Naissance à Mâcon, le 14 mai, de Julia de Lamartine. — Premier voyage en Angleterre (juillet-octobre) avec séjours à Richmond et à Londres. — Mort à Paris du petit Alphonse (fin d'octobre). — Neuvième édition des *Méditations* (28 décembre).

1823. — En mai, Lamartine s'installe au château de Saint-Point, acquis en 1801 par son père et qui lui reviendra à la mort de celui-ci. — Publication de *La Mort de Socrate* (20 septembre), puis des *Nouvelles Méditations Poétiques* (27 septembre) : ces œuvres n'obtiennent qu'un succès médiocre.

1824. — Année douloureuse : morts de Césarine de Lamartine (février), mariée à Xavier de Vignet, le frère de Louis, et de Suzanne de Lamartine (août), épouse de M. de Montherot. — Échec du poète dans sa canditadure à l'Académie française (4 décembre).

1825. — Lamartine est fait chevalier de la Légion d'Honneur, en même temps que Victor Hugo, au moment même où il fait paraître le *Dernier Chant du Pèlerinage d'Harold* (10 mai). Il publie aussitôt après, à l'occasion de l'intronisation de Charles X, *Le Chant du Sacre ou la Veillée des Armes* (28 mai), tiré à 20 000 exemplaires. — Nommé secrétaire de légation à Florence (3 juillet), il arrive en Toscane le 2 octobre.

1826-1828. — C'est le sommet de la carrière diplomatique de Lamartine et un des moments les plus heureux de sa vie : il compose en Italie des *Psaumes,* qui deviendront les *Harmonies.* Après un congé en France (mai-juillet 1826), il est nommé chargé d'affaires (15 octobre) et, en l'absence du ministre son chef, il gère pratiquement la légation de France jusqu'à ce qu'il obtienne un congé de disponibilité (août 1828).

1829. — En juin, séjour à Paris et rencontre avec Chateaubriand, Victor Hugo, Sainte-Beuve. Élu à l'Académie (5 novembre), il éprouve le second de ses plus grands deuils à la mort tragique de sa mère, ébouillantée dans un bain à Mâcon (16 novembre).

1830-1831. — Reçu à l'Académie par le savant Cuvier (1er avril 1830), il publie les *Harmonies Poétiques et Religieuses* (15 juin); mais, à la suite de la Révolution de Juillet, il donne sa démission de diplomate avec l'intention de se lancer dans la politique active. Son premier acte « engagé » est la publication de l'ode *Contre la peine de mort* (15 décembre). — Après un second voyage en Angleterre, où il espère recueillir l'héritage de sa bellemère, récemment décédée (juin 1831), il essuie un triple échec aux élections législatives à Bergues, Toulon et Mâcon (6 juillet). Il écrit alors diverses pièces de caractère politique : *Réponse à Némésis* (juillet), *Politique rationnelle* (octobre), *Ode sur les Révolutions* (décembre).

1832-1833. — En proie à l'anxiété religieuse et attiré par le mirage de l'Orient, Lamartine, avec sa femme et sa fille, s'embarque à Marseille sur le brick *Alceste* (10 juillet 1832), est déçu par la Grèce et arrive à Beyrouth (6 septembre), se rend à Jérusalem et visite le Saint-Sépulcre (20 octobre). Mais la mort de sa petite Julia (7 décembre) l'épouvante et porte un coup mortel à sa foi. Au début de 1833, il visite encore Balbek et Damas, puis revient par Constantinople (7 juin), traverse la Bulgarie (où son souvenir est resté vivace), la Serbie, Vienne, Salzbourg, Munich, Stuttgart. Il est à Mâcon le 18 octobre. — Élu député de Bergues (Nord) grâce à l'appui de son beau-frère, M. de Coppens, mari d'Eugénie de Lamartine

(7 janvier), il prend séance à la Chambre le 23 décembre 1833. Pendant quinze années, sa carrière politique passera à ses yeux avant ses activités d'écrivain.

1834. — Lamartine est élu au conseil général de Saône-et-Loire (qu'il présidera à partir de 1836). — Dans la *Revue des Deux Mondes* (15 mars), il publie son article *Des Destinées de la Poésie.*

1835. — Parution le 6 avril des *Souvenirs, Impressions, Pensées et Paysages pendant un Voyage en Orient* (4 volumes).

1836. — Parution le 20 février de *Jocelyn, épisode. Journal trouvé chez un curé de campagne.* — Le 22 septembre, la Cour de Rome met à l'Index *Jocelyn* et le *Voyage en Orient.*

1837-1839. — Lamartine, qui s'impose de plus en plus comme orateur parlementaire, fait un discours en faveur des études classiques (24 mars 1837). — Mort de Louis de Vignet (octobre). — Il est élu simultanément député de Bergues et de Mâcon (4 novembre), et il opte pour cette dernière circonscription (12 janvier 1838), qu'il représentera presque jusqu'à ce qu'il renonce à la politique. — Il publie *La Chute d'un Ange* (9 mai) et cette épopée prédiluvienne est condamnée par Rome (27 août). — Avec les *Recueillements Poétiques* (mars 1839), il donne son dernier volume de vers; il travaille à une tragédie moderne, *Les Noirs,* première version de *Toussaint Louverture* (été-automne).

1840. — Le 26 mai, il prononce son *Discours sur le retour des cendres de l'Empereur* et, le 30 août, il a la douleur de voir mourir son père, Pierre de Lamartine. — Il est élu cette année-là membre du conseil municipal de Mâcon et le restera jusqu'en 1846.

1841-1843. — De nouveaux deuils le frappent dans les personnes d'Aymon de Virieu, son plus vieil ami (7 avril 1841), et de Léon de Pierreclau, son fils naturel devenu son neveu par mariage avec Allix de Cessiat, fille de Cécile de Lamartine (28 juillet). — Il publie *La Marseille de la Paix* (15 juin) et intervient souvent à la Chambre, mais ne peut en être élu président (28 décembre). — En juin 1842 il refuse d'être nommé ambassadeur de France à Londres. — Le 27 janvier 1843, il prononce un discours qui marque sa complète rupture avec le gouvernement de Louis-Philippe, envers lequel il n'avait jamais cessé de garder ses distances. — Dès cette époque, il commence à connaître de graves ennuis financiers qui empoisonneront littéralement le reste de son existence. Au cours de l'été, il entreprend la rédaction de l'*Histoire des Girondins*.

1844-1847. — Parti de Marseille le 6 août 1844, avec sa femme et ses nièces de Cessiat, il passe un mois à Ischia (18 août-19 septembre) : il retrouve un renouveau d'inspiration et se met à écrire *Graziella*. Retour par Rome, Ferrare, Venise, Genève; arrivée au château de Monceau le 28 octobre. — Dès lors son temps est accaparé par les *Girondins* (signature du contrat d'impression le 11 août 1845). — Il intervient devant les députés une dernière fois avant 1848 au mois de juin 1846. — Mais son activité ne se ralentit pas : la publication de l'*Histoire des Girondins* en huit volumes (17 mars-19 juin 1847) — qui aura un succès extraordinaire et plusieurs éditions — a la portée d'un acte politique en faveur de la République; au cours d'un banquet donné à Mâcon en son honneur le 18 juillet, il prophétise « la révolution du mépris ». — Cependant il emploie ses loisirs à la rédaction des *Confidences* et de leur « suite » *Raphaël* (un manuscrit de ce dernier est daté de novembre et décembre 1847).

1848. — La Révolution chasse Louis-Philippe et, le 24 février, Lamartine, chef du Gouvernement Provisoire, proclame la République à l'Hôtel de Ville de Paris; en mars il devient en outre ministre des Affaires étrangères et apparaît comme le maître de la France : le 23 avril, il est élu député par dix départements avec 1 600 000 suffrages. Mais comme ni lui ni son équipe n'ont pu résoudre les graves difficultés sociales et économiques du moment, la Commission exécutive dont il fait partie abdique ses pouvoirs entre les mains du général Cavaignac le 24 juin. Candidat à la Présidence de la République le 10 décembre, il échoue lamentablement avec 17 910 voix obtenues dans le pays tout entier !

1849-1851. — Le 2 janvier, les *Confidences* avec *Graziella* commencent à paraître en feuilleton dans le journal *La Presse* et, le 20, est publié *Raphaël. Pages de la vingtième année.* — Rêvant d'éduquer la nouvelle République, il publie en avril le premier numéro du *Conseiller du Peuple,* qui vivra jusqu'au Coup d'État du 2 décembre 1851. — Battu aux législatives à Mâcon (13 mai 1849), il est élu péniblement dans le Loiret (8 juillet). — Le 14 juillet sort son *Histoire de la Révolution de 1848,* suivie du premier tome de l'Édition des Souscripteurs (7 novembre), qui comportera quatorze volumes (avec de rares inédits, telles les *Troisièmes Méditations*). — Le 6 avril 1850 *Toussaint Louverture,* drame en vers, est représenté au Théâtre de la Porte Saint-Martin. — Du 21 juin au 6 août, il fait un voyage en Turquie, où il voudrait s'installer en un immense domaine que lui a promis le Sultan de Constantinople... — Revenu en France, il publie *Geneviève, Histoire d'une Servante* (été 1850), puis les *Nouvelles Confidences, Le Tailleur de pierres de Saint-Point,* le *Nouveau Voyage en Orient* (1851), ainsi que le premier volume de l'*Histoire de la Restauration* (qui en aura huit et sera achevée en 1853). — Il parle une ultime fois à l'Assemblée le 15 mars 1851 et la brutale prise du pouvoir par le Prince-Président Bonaparte, devenu Napoléon III, met le point final à son rôle d'homme politique.

1852-1869. — Rendu complètement à la vie privée, Lamartine luttera perpétuellement contre d'inextricables difficultés financières : accablé de dettes qu'aggraveront sans cesse ses maladresses de propriétaire vigneron, son goût d'une existence fastueuse et son inépuisable générosité, il devra pour tenter de se libérer fournir un épuisant travail littéraire, écrivant d'innombrables volumes, généralement dédaignés, mais qui contiennent, à côté de fatras, des pages qui sont d'un grand prosateur. — Il partage alors son temps entre ses domaines de Bourgogne (Saint-Point, Monceau) et ses résidences parisiennes.

1852-1855. — Publication du *Civilisateur* ou *Histoire de l'Humanité par les Grands Hommes* (3 volumes). — *Histoire des Constituants* (4 volumes). — *Histoire de la Turquie* (8 volumes). — *Histoire de la Russie* (2 volumes). — *Vie des Grands Hommes* (5 volumes, en majeure partie repris du *Civilisateur*).

1856. — En mars, commence, sous forme d'« entretiens » mensuels, le *Cours familier de Littérature*, dont les vingt-huit volumes, publiés avec une régularité d'horloge, paraîtront jusqu'en 1869. — Il achève *Le Désert* (août) et compose *La Vigne et la Maison* (octobre), ses deux dernières œuvres en vers qui verront le jour respectivement dans les 12ᵉ et 15ᵉ entretiens du *Cours*.

1858-1860. — Une souscription nationale organisée pour secourir le poète obéré échoue presque totalement. — Milly est mis en vente et cédé le 18 décembre 1860.

1860-1863. — Lamartine édite « Chez l'Auteur, Paris, rue de la Ville l'Évêque, 43 », une collection de ses *Œuvres complètes... publiées et inédites* en quarante volumes; dans cet important ensemble, on relève des variantes dont on ne peut jamais dire si elles sont le fait de l'écrivain ou de sa femme et de ses secrétaires.

1863. — Mort à Paris de Mme de Lamartine (21 mai). Lamartine désormais reste seul avec sa nièce Valentine de Cessiat, à qui il voue depuis longtemps une profonde affection et dont la sollicitude rendra supportables ses dernières années. — La question de leur mariage (septembre 1867?) demeure mystérieuse. — Composition de *Fior d'Aliza*, roman, qui en 1866 constituera le quarante et unième tome des *Œuvres* « Chez l'Auteur ».

1864-1865. — Publication, par Louis Ulbach, de *La France parlementaire (1834-1851). Œuvres oratoires et écrits politiques* d'A. de Lamartine.

1866. — Tiré de *Fior d'Aliza,* un drame lyrique de ce nom est créé à l'Opéra-Comique le 5 février.

1867. — Le Corps Législatif vote le 11 avril, à titre de récompense nationale, une pension viagère de 25 000 francs au poète appauvri qui s'en ressent humilié. — Publication d'*Antoniella,* roman peu cohérent qui témoigne de la senilité du grand homme.

1869. — Amoindri par la maladie et la vieillesse, Alphonse de Lamartine vient contre son gré mourir à Paris le matin du 28 février et il est inhumé à Saint-Point le 4 mars.

Destinée posthume — Malgré le relatif oubli dans lequel est tombé Lamartine à sa mort, Valentine de Cessiat, aidée d'amis fidèles comme Louis de Ronchaud ou Émile Ollivier, entretient son culte. Ainsi paraissent, posthumes, ses *Mémoires inédits. 1790-1815* (1870), *Le Manuscrit de ma Mère* (1871), les *Poésies inédites* (1873, rééditées en 1881), la *Correspondance* (très incomplète) (6 volumes, 1873-1874, repris en quatre, 1882). Une partie de ses manuscrits est déposée à la Bibliothèque nationale vers 1897. Par ailleurs la « Société des Œuvres de Lamartine », exploitant ses droits d'auteur, continue de donner de très nombreux tirages et réimpressions des plus connues de celles-ci. — Études et livres de souvenirs ne tardent pas à être donnés au public ; des documents inconnus sont révélés, d'une manière partielle et souvent assez tendancieuse : les travaux d'Anatole France, René Doumic, Léon Séché éclairent ainsi l'épisode amoureux de 1816-1817. On doit leur ajouter ceux de Gustave Lanson (édition des *Méditations poétiques* 1915), de Jean des Cognets (édition de *Saül,* 1918), de Louis Barthou, etc. — Quand les œuvres de l'écrivain entrent dans le domaine public (1924), il en paraît de nombreux recueils choisis, procurés par J. des Cognets, R. Waltz, R. Canat,

G. Roth, M. Levaillant : ainsi Lamartine devient un véritable « classique ». — A partir de 1930, la critique la plus sérieuse s'empare de l'homme et de ses écrits, qui sont matière à thèses de doctorat : celle de M. Henri Guillemin sur *Jocelyn* (1936) marque une date capitale et un renouveau véritable des connaissance lamartiniennes. En Bourgogne, la mémoire du poète est conservée au château de Saint-Point par son arrière-neveu, qui possède de précieuses archives, par la vieille *académie de Mâcon* et le *Musée Lamartine,* enfin par le *Comité permanent d'Études lamartiniennes* : celui-ci a organisé en 1961 et 1965 d'importantes journées qui ont mis en relief l'actuelle renommée française et européenne de Lamartine comme poète, comme prosateur et comme penseur politique.

F. L.

PREMIÈRES MÉDITATIONS POÉTIQUES

Ab Jove principium *.

VIRG.

Nota. — Les indices d'appel en chiffres romains que l'on trouvera dans le texte renvoient aux variantes (pp. 373 sqq) et les astérisques aux notes (pp. 461 sqq).

Les rares notes de Lamartine sont appelées par des lettres et se trouvent en bas de page.

MÉDITATION PREMIÈRE

L'ISOLEMENT [1]*

Souvent sur la montagne [2]*, à l'ombre du vieux chêne,
Au coucher du soleil, tristement je m'assieds* ;
Je promène [3] au hasard mes regards sur la plaine,
Dont le tableau changeant se déroule à mes pieds*.

Ici, gronde [4] le fleuve aux vagues écumantes [5]*,
Il serpente, et [6] s'enfonce en un lointain obscur;
Là, le lac* immobile étend ses eaux dormantes
Où l'étoile du soir se lève dans l'azur [7]*.

Au sommet [8] de ces monts couronnés de bois sombres,
Le crépuscule encor jette [9] un dernier rayon;
Et le char vaporeux de la reine des ombres
Monte, et blanchit déjà les bords de l'horizon*.

Cependant, s'élançant de la flèche gothique*,
Un son religieux se répand dans les airs,
Le voyageur [10] s'arrête, et la cloche rustique
Aux derniers bruits du jour mêle de saints concerts*.

Mais à ces doux tableaux [11]* mon âme indifférente
N'éprouve devant eux ni charme [12] ni transports,
Je contemple la terre, ainsi qu'une ombre errante [13] :
Le soleil des vivants n'échauffe plus les morts.

De colline en colline en vain portant ma vue,
Du sud à l'aquilon, de l'aurore au couchant,
Je parcours tous les points [14] de l'immense étendue,
Et je dis : Nulle part le bonheur ne m'attend [15]*.

Que me font ces vallons, ces palais*, ces chaumières [16]?
Vains objets [17] dont pour moi le charme est envolé;
Fleuves, rochers, forêts, solitudes si chères [18],
Un seul être vous manque, et tout est dépeuplé*.

Que le tour [19] du soleil ou commence ou s'achève,
D'un œil indifférent [20] je le suis dans son cours;
En un ciel sombre ou pur qu'il [21] se couche ou se lève,
Qu'importe le soleil? je n'attends rien des jours*.

Quand je pourrais le suivre en sa vaste carrière,
Mes yeux verraient partout le vide et les déserts*;
Je ne désire rien de tout ce qu'il éclaire,
Je ne demande rien à l'immense univers*.

Mais peut-être au-delà des bornes* de sa sphère,
Lieux où le vrai soleil éclaire d'autres cieux,
Si je pouvais laisser ma dépouille à la terre,
Ce que j'ai tant rêvé [22]* paraîtrait à mes yeux?

Là, je m'enivrerais à la source où j'aspire*,
Là, je retrouverais et l'espoir et l'amour,
Et ce bien idéal que toute âme désire
Et qui n'a pas de nom au terrestre séjour*!

Que ne puis-je, porté sur le char [23] de l'aurore,
Vague* objet de mes vœux, m'élancer jusqu'à toi [24];
Sur la terre d'exil* pourquoi resté-je encore?
Il n'est rien de commun entre la terre et moi*.

Quand la feuille des bois tombe dans la prairie [25]*,
Le vent du soir se lève et l'arrache aux vallons [26];
Et moi, je suis semblable à la feuille flétrie :
Emportez-moi comme elle, orageux aquilons [27]*!

MÉDITATION DEUXIÈME

L'HOMME [1]*

A LORD BYRON

Toi, dont le monde encore ignore le vrai nom,
Esprit mystérieux, mortel, ange, ou démon*,
Qui que tu sois, Byron, bon ou fatal génie*,
J'aime de tes concerts* la sauvage harmonie,
Comme j'aime [2] le bruit de la foudre et des vents
Se mêlant dans l'orage à la voix des torrents!
La nuit est ton séjour [3], l'horreur est ton domaine*:
L'aigle, roi des déserts [4]*, dédaigne ainsi la plaine;
Il ne veut, comme toi*, que des rocs escarpés
Que l'hiver a blanchis, que la foudre a frappés;
Des rivages couverts [5] des débris du naufrage,
Ou des champs tout noircis des restes du carnage [6];
Et, tandis que l'oiseau qui chante ses douleurs*,
Bâtit aux bords [7] des eaux son nid parmi les fleurs,
Lui, des sommets d'Athos [8]* franchit l'horrible cime,
Suspend aux flancs des monts son aire sur l'abîme,
Et là, seul, entouré de membres palpitants,
De rochers d'un sang noir sans cesse dégouttants,
Trouvant sa volupté dans les cris de sa proie,
Bercé par la tempête, il s'endort dans sa joie*.

Et toi, Byron, semblable à ce brigand des airs,
Les cris du désespoir sont tes plus doux concerts*.
Le mal est ton spectacle [9], et l'homme est ta victime.
Ton œil, comme Satan, a mesuré l'abîme*,
Et ton âme, y plongeant loin du jour et de Dieu,
A dit à l'espérance un éternel adieu*!
Comme lui, maintenant, régnant dans les ténèbres,

Ton génie invincible éclate en chants funèbres;
Il triomphe, et ta voix, sur un mode infernal,
Chante l'hymne de gloire [10] au sombre dieu du mal*.

Mais que sert de lutter contre sa destinée?
Que peut contre le sort la raison mutinée?
Elle n'a, comme l'œil, qu'un étroit horizon.
Ne porte pas plus loin tes yeux ni ta raison :
Hors de là tout nous fuit, tout s'éteint, tout s'efface;
Dans ce cercle borné Dieu t'a marqué ta place*.
Comment? pourquoi? qui sait? De ses puissantes mains
Il a laissé tomber le monde et les humains*,
Comme il a dans nos champs répandu la poussière,
Ou semé dans les airs la nuit et la lumière [11]*;
Il le sait, il suffit : l'univers est à lui,
Et nous n'avons à nous que le jour d'aujourd'hui!

Notre crime est d'être homme et de vouloir connaître :
Ignorer et servir, c'est la loi de notre être*.
Byron, ce mot est dur : longtemps j'en ai douté;
Mais pourquoi reculer devant la vérité?
Ton titre devant Dieu c'est d'être son ouvrage [12]!
De sentir, d'adorer ton divin esclavage [13]*;
Dans l'ordre universel faible atome emporté*,
D'unir à ses desseins ta libre volonté*,
D'avoir été conçu par son intelligence,
De le glorifier par ta seule existence [14]!
Voilà, voilà ton sort. Ah! loin de l'accuser,
Baise plutôt le joug que tu voulais briser [15]*,
Descends du rang des dieux qu'usurpait ton audace*;
Tout est bien, tout est bon, tout est grand à sa place*;
Aux regards de celui qui fit l'immensité,
L'insecte vaut un monde : ils ont autant coûté [16]*!

Mais cette loi, dis-tu, révolte ta justice;
Elle n'est à tes yeux qu'un bizarre caprice,
Un piège où la raison trébuche à chaque pas*.
Confessons-la, Byron, et ne la jugeons pas!
Comme toi, ma raison en ténèbres abonde*,

Et ce n'est pas à moi de t'expliquer le monde.
Que celui qui l'a fait t'explique l'univers !
Plus je sonde l'abîme, hélas ! plus je m'y perds*.
Ici-bas, la douleur à la douleur s'enchaîne,
Le jour succède au jour*, et la peine à la peine.
Borné dans sa nature, infini dans ses vœux,
L'homme est un dieu tombé qui se souvient des cieux* ;
Soit que déshérité de son antique gloire,
De ses destins perdus il garde la mémoire ;
Soit que de ses désirs l'immense profondeur
Lui présage de loin sa future grandeur* :
Imparfait ou déchu, l'homme est le grand mystère*.
Dans la prison des sens enchaîné sur la terre*,
Esclave, il sent un cœur né pour la liberté ;
Malheureux, il aspire à la félicité ;
Il veut sonder le monde, et son œil est débile* ;
Il veut aimer toujours : ce qu'il aime est fragile* !
Tout mortel est semblable à l'exilé d'Éden :
Lorsque Dieu l'eut banni du céleste jardin,
Mesurant d'un regard les fatales limites,
Il s'assit en pleurant aux portes interdites.
Il entendit de loin dans le divin séjour
L'harmonieux soupir de l'éternel amour,
Les accents du bonheur, les saints concerts des anges
Qui, dans le sein de Dieu, célébraient ses louanges ;
Et, s'arrachant du ciel dans un pénible effort,
Son œil avec effroi retomba sur son sort*.

Malheur à qui du fond de l'exil de la vie*
Entendit ces concerts d'un monde qu'il envie !
Du nectar idéal sitôt qu'elle a goûté,
La nature répugne à la réalité* :
Dans le sein du possible en songe elle s'élance ;
Le réel est étroit, le possible est immense* ;
L'âme avec ses désirs s'y bâtit un séjour,
Où l'on puise à jamais la science et l'amour ;
Où, dans des océans de beauté, de lumière,
L'homme, altéré toujours, toujours se désaltère*,
Et de songes si beaux enivrant son sommeil,

Ne se reconnaît plus au moment du réveil*.

Hélas! tel fut ton sort, telle est ma destinée.
J'ai vidé comme toi la coupe empoisonnée;
Mes yeux, comme les tiens, sans voir se sont ouverts;
J'ai cherché vainement le mot de l'univers*.
J'ai demandé sa cause à toute la nature,
J'ai demandé sa fin à toute créature;
Dans l'abîme sans fond mon regard a plongé*;
De l'atome au soleil, j'ai tout interrogé*,
J'ai devancé les temps, j'ai remonté les âges.
Tantôt passant les mers pour écouter les sages,
Mais le monde à l'orgueil est un livre fermé*!
Tantôt, pour deviner [17] le monde inanimé,
Fuyant avec mon âme au sein de la nature,
J'ai cru trouver un sens à cette langue obscure.
J'étudiai la loi par qui roulent les cieux :
Dans leurs brillants déserts Newton guida mes yeux*,
Des empires détruits je méditai la cendre :
Dans ses sacrés tombeaux Rome m'a vu descendre;
Des mânes les plus saints troublant le froid repos,
J'ai pesé dans mes mains [18] la cendre des héros*.
J'allais redemander à leur vaine poussière
Cette immortalité [19] que tout mortel espère!
Que dis-je? suspendu sur le lit des mourants,
Mes regards la cherchaient dans des yeux expirants [20]*;
Sur ces sommets noircis par d'éternels nuages,
Sur ces flots sillonnés par d'éternels orages,
J'appelais, je bravais le choc [21] des éléments*.
Semblable à la sibylle en ses emportements*,
J'ai cru que la nature en ces [22] rares spectacles
Laissait tomber pour nous quelqu'un de ses oracles;
J'aimais à m'enfoncer dans ces sombres horreurs [23].
Mais en vain dans son calme, en vain dans ses fureurs,
Cherchant ce grand secret sans pouvoir le surprendre,
J'ai vu partout un Dieu sans jamais le comprendre [24]*!
J'ai vu le bien, le mal, sans choix et sans dessein,
Tomber comme au hasard, échappés de son sein*,
J'ai vu partout le mal où le mieux pouvait être*,

Et je l'ai blasphémé, ne pouvant le connaître;
Mais ma voix [25], se brisant contre ce ciel d'airain*,
N'a pas même eu l'honneur d'irriter le destin.

Mais, un jour que, plongé dans ma propre infortune,
J'avais lassé le ciel d'une plainte importune,
Une clarté d'en haut dans mon sein descendit,
Me tenta de bénir ce que j'avais maudit,
Et cédant sans combattre au souffle qui m'inspire,
L'hymne de la raison s'élança de ma lyre*.

— « Gloire à toi*, dans les temps et dans l'éternité!
« Éternelle raison, suprême volonté [26]!
« Toi, dont l'immensité reconnaît la présence,
« Toi, dont chaque matin [27] annonce l'existence*!
« Ton souffle créateur s'est abaissé sur moi*;
« Celui qui n'était pas a paru devant toi!
« J'ai reconnu ta voix avant de me connaître,
« Je me suis élancé jusqu'aux portes de l'être [28] :
« Me voici! le néant te salue [29] en naissant;
« Me voici! mais qui suis-je [30]? un atome pensant*!
« Qui peut entre nous deux mesurer la distance?
« Moi, qui respire en toi ma rapide existence*,
« A l'insu de moi-même à ton gré façonné,
« Que me dois-tu, Seigneur, quand je ne suis pas né?
« Rien avant, rien après : Gloire à la fin [31] suprême :
« Qui tira tout de soi se doit tout à soi-même*!
« Jouis, grand artisan, de l'œuvre de tes mains :
« Je suis*, pour accomplir tes ordres souverains,
« Dispose, ordonne, agis; dans les temps [32], dans l'espace,
« Marque-moi pour ta gloire et mon jour et ma place;
« Mon être, sans se plaindre, et sans t'interroger,
« De soi-même, en silence, accourra s'y ranger;
« Comme ces globes d'or qui dans les champs du vide
« Suivent avec amour ton ombre qui les guide*,
« Noyé dans la lumière, ou perdu dans la nuit,
« Je marcherai comme eux où ton doigt me conduit;
« Soit que, choisi par toi pour éclairer les mondes,
« Réfléchissant sur eux les feux dont tu m'inondes,

« Je m'élance entouré d'esclaves radieux*,
« Et franchisse d'un pas tout l'abîme des cieux;
« Soit que, me reléguant loin, bien loin de ta vue,
« Tu ne fasses de moi, créature inconnue,
« Qu'un atome oublié sur les bords du néant,
« Ou qu'un grain de poussière emporté par le vent,
« Glorieux de mon sort, puisqu'il est ton ouvrage*,
« J'irai, j'irai partout te rendre un même hommage,
« Et, d'un égal amour accomplissant ma loi [33],
« Jusqu'aux bords du néant murmurer : Gloire à toi [34]* !

— « Ni si haut, ni si bas* ! simple enfant de la terre,
« Mon sort est un problème, et ma fin un mystère;
« Je ressemble, Seigneur, au globe de la nuit
« Qui, dans la route obscure où ton doigt le conduit*,
« Réfléchit d'un côté les clartés éternelles,
« Et de l'autre est plongé dans les ombres mortelles.
« L'homme est le point fatal où les deux infinis*
« Par la toute-puissance ont été réunis.
« A tout autre degré, moins malheureux, peut-être
« J'eusse été... Mais je suis ce que je devais être,
« J'adore sans la voir ta suprême raison :
« Gloire à toi qui m'as fait ! ce que tu fais est bon* !

— « Cependant, accablé sous le poids de ma chaîne,
« Du néant au tombeau l'adversité m'entraîne*;
« Je marche dans la nuit par un chemin mauvais,
« Ignorant d'où je viens, incertain où je vais*,
« Et je rappelle en vain ma jeunesse écoulée*,
« Comme l'eau du torrent dans sa source troublée.
« Gloire à toi ! Le malheur en naissant m'a choisi;
« Comme un jouet vivant, ta droite m'a saisi :
« J'ai mangé dans les pleurs le pain de ma misère,
« Et tu m'as abreuvé des eaux de ta colère*.
« Gloire à toi ! J'ai crié, tu n'as pas répondu*;
« J'ai jeté sur la terre un regard confondu;
« J'ai cherché dans le ciel le jour de ta justice;
« Il s'est levé, Seigneur, et c'est pour mon supplice !
« Gloire à toi ! L'innocence est coupable à tes yeux*:

« Un seul être*, du moins, me restait sous les cieux;
« Toi-même de nos jours avais mêlé la trame,
« Sa vie était ma vie, et son âme mon âme;
« Comme un fruit encor vert du rameau détaché,
« Je l'ai vu de mon sein avant l'âge arraché* !
« Ce coup, que tu voulais me rendre plus terrible,
« La frappa lentement pour m'être plus sensible;
« Dans ses traits expirants, où je lisais mon sort*,
« J'ai vu lutter ensemble et l'amour et la mort;
« J'ai vu dans ses regards la flamme de la vie*,
« Sous la main du trépas par degrés assoupie,
« Se ranimer encore au souffle de l'amour !
« Je disais chaque jour : Soleil ! encore un jour !
« Semblable au criminel qui, plongé dans les ombres,
« Et descendu vivant dans les demeures sombres*,
« Près du dernier flambeau qui doive l'éclairer,
« Se penche sur sa lampe et la voit expirer,
« Je voulais retenir l'âme qui s'évapore*,
« Dans son dernier regard je la cherchais encore !
« Ce soupir, ô mon Dieu ! dans ton sein s'exhala;
« Hors du monde avec lui mon espoir s'envola* !
« Pardonne au désespoir un moment de blasphème,
« J'osai... Je me repens : Gloire au maître suprême* !
« Il fit l'eau pour couler, l'aquilon pour courir,
« Les soleils pour brûler, et l'homme pour souffrir* !

— « Que j'ai bien accompli cette loi de mon être* !
« La nature insensible obéit sans connaître;
« Moi seul, te découvrant sous la nécessité,
« J'immole avec amour ma propre volonté,
« Moi seul, je t'obéis avec intelligence;
« Moi seul, je me complais dans cette obéissance*;
« Je jouis de remplir, en tout temps, en tout lieu,
« La loi de ma nature et l'ordre de mon Dieu;
« J'adore en mes destins ta sagesse suprême,
« J'aime ta volonté dans mes supplices même*,
« Gloire à toi ! Gloire à toi ! Frappe, anéantis-moi !
« Tu n'entendras qu'un cri : Gloire à jamais à toi ! »

Ainsi ma voix monta vers la voûte céleste:
Je rendis gloire au ciel, et le ciel fit le reste*.
Fais silence [35], ô ma lyre! Et toi, qui dans tes mains
Tiens le cœur palpitant des sensibles humains,
Byron, viens en tirer des [36] torrents d'harmonie*:
C'est pour la vérité que Dieu fit le génie.
Jette un cri vers le ciel, ô chantre des enfers*!
Le ciel même aux damnés enviera [37] tes concerts!
Peut-être qu'à ta voix, de la vivante flamme
Un rayon descendra dans l'ombre de ton âme?
Peut-être que ton cœur, ému de saints transports,
S'apaisera soi-même à tes propres accords,
Et qu'un éclair d'en haut perçant ta nuit profonde*,
Tu verseras sur nous la clarté qui t'inonde*?

Ah! si jamais ton luth, amolli par tes pleurs,
Soupirait sous tes doigts l'hymne [38] de tes douleurs,
Ou si du sein profond des ombres éternelles,
Comme un ange tombé, tu secouais tes ailes*,
Et prenant vers le jour un lumineux essor,
Parmi les chœurs sacrés tu t'asseyais [39] encor;
Jamais, jamais l'écho de la céleste voûte,
Jamais ces harpes d'or que Dieu lui-même écoute,
Jamais des séraphins* les chœurs mélodieux,
De plus divins accords n'auraient ravi les cieux!
Courage! enfant déchu d'une race divine*!
Tu portes sur ton front ta superbe origine!
Tout homme en te voyant reconnaît dans tes yeux
Un rayon éclipsé de la splendeur des cieux*!
Roi des chants immortels, reconnais-toi toi-même!
Laisse aux fils de la nuit le doute et le blasphème [40];
Dédaigne un faux [41] encens qu'on t'offre de si bas :
La gloire ne peut être où la vertu n'est pas*.
Viens reprendre [42] ton rang dans ta splendeur première,
Parmi ces purs enfants de gloire et de lumière*,
Que d'un souffle choisi Dieu voulut animer,
Et qu'il fit pour chanter, pour croire et pour aimer [43]*!

MÉDITATION TROISIÈME *

A ELVIRE [1]*

Oui, l'Anio murmure encore
Le doux nom de Cinthie aux rochers de Tibur,
Vaucluse a retenu le nom chéri de Laure [2]*,
Et Ferrare au siècle futur
Murmurera toujours celui d'Éléonore* !
Heureuse la beauté que le poète adore* !
Heureux le nom qu'il a chanté !
Toi, qu'en secret son culte honore,
Tu peux, tu peux mourir ! dans la postérité
Il lègue à ce qu'il aime une éternelle [3] vie;
Et l'amante et l'amant, sur l'aile du génie,
Montent, d'un vol égal, à l'immortalité* !
Ah ! si mon frêle esquif, battu par la tempête,
Grâce à des vents plus doux, pouvait surgir au port* ?
Si des soleils plus beaux se levaient sur ma tête?
Si les pleurs d'une amante, attendrissant le sort,
Écartaient de mon front les ombres de la mort* ?
Peut-être?... oui, pardonne, ô maître de la lyre [4]* !
Peut-être j'oserais, et que n'ose un amant?
Égaler mon audace à l'amour qui m'inspire,
Et, dans des chants rivaux célébrant mon délire,
De notre amour aussi laisser un monument !
Ainsi le voyageur qui dans son court passage
Se repose un moment à l'abri du vallon,
Sur l'arbre hospitalier dont il goûta l'ombrage,
Avant que de partir, aime à graver son nom* !

Vois-tu comme tout change ou meurt dans la nature* ?
La terre perd ses fruits, les forêts leur parure;

Le fleuve perd son onde au vaste sein des mers;
Par un souffle des vents la prairie est fanée,
Et le char de l'automne, au penchant de l'année,
Roule, déjà poussé par la main des hivers* !
Comme un géant armé d'un glaive inévitable,
Atteignant au hasard tous les êtres divers [5],
Le temps avec la mort [6], d'un vol infatigable,
Renouvelle en fuyant ce mobile univers !
Dans l'éternel oubli tombe ce qu'il moissonne :
Tel un rapide été voit tomber sa couronne
Dans la corbeille des glaneurs !
Tel un pampre jauni voit la féconde automne*
Livrer ses fruits dorés au char des vendangeurs !
Vous tomberez ainsi, courtes fleurs de la vie* !
Jeunesse, amour, plaisir, fugitive beauté !
Beauté, présent d'un jour que le ciel nous envie,
Ainsi vous tomberez, si la main du génie
Ne vous rend l'immortalité* !

Vois d'un œil de pitié la vulgaire jeunesse,
Brillante de beauté, s'enivrant de plaisir !
Quand elle aura tari sa coupe enchanteresse*,
Que restera-t-il d'elle? à peine un souvenir :
Le tombeau qui l'attend l'engloutit tout entière*,
Un silence éternel succède à ses amours;
Mais les siècles auront passé sur ta poussière,
Elvire, et tu vivras toujours* !

MÉDITATION QUATRIÈME

LE SOIR [1]*

Le soir ramène le silence*.
Assis sur ces rochers déserts*,
Je suis dans le vague des airs
Le char de la nuit qui s'avance*.

Vénus se lève à l'horizon;
A mes pieds l'étoile amoureuse
De sa lueur mystérieuse
Blanchit les tapis de gazon*.

De ce hêtre* au feuillage sombre
J'entends frissonner les rameaux :
On dirait autour des tombeaux
Qu'on entend voltiger une ombre*.

Tout à coup, détaché des cieux,
Un rayon de l'astre nocturne*,
Glissant sur mon front taciturne,
Vient mollement* toucher mes yeux.

Doux reflet d'un globe de flamme*,
Charmant rayon, que me veux-tu?
Viens-tu dans mon sein abattu
Porter la lumière à mon âme?

Descends-tu* pour me révéler
Des mondes le divin mystère?
Ces secrets cachés dans la sphère
Où le jour va te rappeler?

Une secrète intelligence*
T'adresse-t-elle aux malheureux?
Viens-tu la nuit briller sur eux
Comme un rayon de l'espérance?

Viens-tu dévoiler l'avenir
Au cœur fatigué qui l'implore*?
Rayon divin, es-tu l'aurore
Du jour qui ne doit pas finir*?

Mon cœur à ta clarté s'enflamme,
Je sens des transports inconnus,
Je songe à ceux qui ne sont plus*:
Douce lumière, es-tu leur âme?

Peut-être ces mânes heureux*
Glissent ainsi sur le bocage?
Enveloppé de leur image,
Je crois me sentir plus près d'eux!

Ah! si c'est vous, ombres chéries*!
Loin de la foule et loin du bruit,
Revenez ainsi chaque nuit
Vous mêler à mes rêveries*.

Ramenez la paix et l'amour
Au sein de mon âme épuisée,
Comme la nocturne rosée
Qui tombe après les feux du jour*.

Venez!... Mais des vapeurs funèbres
Montent des bords de l'horizon*.
Elles voilent le doux rayon,
Et tout rentre dans les ténèbres*.

MÉDITATION CINQUIÈME

L'IMMORTALITÉ [1]*

Le soleil de nos jours pâlit dès son aurore,
Sur nos fronts languissants à peine [2] il jette encore
Quelques rayons tremblants qui combattent la nuit;
L'ombre croît, le jour meurt, tout s'efface et tout fuit* !

Qu'un autre à cet aspect frissonne ou s'attendrisse [3],
Qu'il recule en tremblant des bords du précipice [4],
Qu'il ne puisse de loin entendre sans frémir [5]
Le triste chant des morts tout prêt à retentir*,
Les soupirs étouffés d'une amante ou d'un frère
Suspendus sur les bords de son lit funéraire [6],
Ou l'airain gémissant, dont les sons éperdus [7]
Annoncent aux mortels qu'un malheureux n'est plus* !

Je te salue, ô mort ! Libérateur céleste*,
Tu ne m'apparais point sous cet aspect funeste
Que t'a prêté longtemps l'épouvante ou l'erreur;
Ton bras n'est point armé d'un glaive destructeur,
Ton front n'est point cruel, ton œil n'est point perfide [8],
Au secours des douleurs un Dieu clément te guide [9]*;
Tu n'anéantis pas, tu délivres ! ta main,
Céleste messager, porte un flambeau divin;
Quand mon œil fatigué se ferme à la lumière,
Tu viens d'un jour plus pur inonder ma paupière*;
Et l'espoir près de toi, rêvant sur un tombeau,
Appuyé sur la foi, m'ouvre un monde plus beau [10] !

Viens donc, viens détacher mes chaînes corporelles,
Viens, ouvre ma prison; viens, prête-moi tes ailes;

Que tardes-tu? Parais; que je m'élance enfin
Vers cet être inconnu [11], mon principe et ma fin* !

Qui m'en a détaché? Qui suis-je, et que dois-je être?
Je meurs et ne sais pas ce que c'est que de naître*.
Toi, qu'en vain j'interroge, esprit, hôte inconnu,
Avant de m'animer, quel ciel habitais-tu?
Quel pouvoir t'a jeté sur ce globe fragile?
Quelle main t'enferma [12] dans ta prison d'argile*?
Par quels nœuds étonnants, par quels secrets rapports,
Le corps tient-il à toi comme tu tiens au corps?
Quel jour séparera l'âme [13] de la matière?
Pour quel nouveau palais [14] quitteras-tu la terre?
As-tu tout oublié? Par delà le tombeau,
Vas-tu renaître encor dans un oubli nouveau?
Vas-tu recommencer une semblable vie*?
Ou dans le sein de Dieu, ta source* et [15] ta patrie,
Affranchi pour jamais de tes liens mortels,
Vas-tu jouir enfin de tes droits éternels?

Oui, tel est mon espoir, ô moitié de ma vie [16]* !
C'est par lui que déjà mon âme raffermie
A pu voir sans effroi sur tes traits enchanteurs
Se faner du printemps les brillantes couleurs;
C'est par lui que, percé du trait qui me déchire*,
Jeune encore, en mourant vous me verrez sourire [17],
Et que des pleurs de joie à nos derniers adieux,
A ton dernier regard brilleront dans mes yeux [18]*.

Vain espoir ! s'écriera le troupeau d'Épicure*,
Et celui dont la main disséquant la nature,
Dans un coin du cerveau nouvellement décrit,
Voit penser la matière et végéter* l'esprit;
Insensé ! diront-ils, que trop d'orgueil abuse,
Regarde autour de toi : tout commence et tout s'use*,
Tout marche vers un terme, et tout naît pour mourir;
Dans ces prés jaunissants tu vois la fleur languir [19];
Tu vois dans ces forêts le cèdre au front superbe
Sous le poids de ses ans tomber, ramper sous l'herbe;

Dans leurs lits desséchés tu vois les mers tarir;
Les cieux même, les cieux commencent à pâlir;
Cet astre dont le temps a caché la naissance,
Le soleil, comme nous, marche à sa décadence,
Et dans les cieux déserts les mortels éperdus
Le chercheront un jour et ne le verront plus* !
Tu vois autour de toi dans la nature entière
Les siècles entasser poussière sur poussière,
Et le temps, d'un seul pas confondant ton orgueil,
De tout ce qu'il produit devenir le cercueil [20].
Et l'homme, et l'homme seul, ô sublime folie* !
Au fond de son tombeau croit retrouver la vie,
Et dans le tourbillon au néant emporté,
Abattu par le temps, rêve l'éternité !

Qu'un autre vous réponde, ô sages de la terre* !
J'ai maudit votre erreur [21] : j'aime, il faut que j'espère;
Notre faible raison se trouble et se confond.
Oui, la raison se tait; mais l'instinct vous répond [22].
Pour moi, quand je verrais dans les célestes plaines*
Les astres s'écartant de leurs routes certaines,
Dans les champs de l'éther l'un par l'autre heurtés,
Parcourir au hasard les cieux épouvantés;
Quand j'entendrais gémir et se briser la terre;
Quand je verrais son globe errant et solitaire,
Flottant loin des soleils, pleurant l'homme détruit,
Se perdre dans les champs de l'éternelle nuit;
Et quand, dernier témoin de ces scènes funèbres,
Entouré du chaos, de la mort, des ténèbres [23],
Seul je serais debout : seul, malgré mon effroi,
Être infaillible et bon, j'espérerais en toi,
Et, certain du retour de l'éternelle aurore,
Sur les mondes détruits [24] je t'attendrais encore* !

Souvent, tu t'en souviens, dans cet heureux séjour*
Où naquit d'un regard notre immortel amour [25],
Tantôt sur les sommets [26] de ces rochers antiques,
Tantôt aux bords déserts des lacs mélancoliques,
Sur l'aile du désir, loin du monde emportés*,

Je plongeais avec toi dans ces obscurités.
Les ombres à longs plis descendant des montagnes*,
Un moment à nos yeux dérobaient les campagnes;
Mais bientôt s'avançant sans éclat et sans bruit,
Le chœur mystérieux des astres de la nuit*,
Nous rendant les objets voilés à notre vue,
De ses molles lueurs revêtait l'étendue*;
Telle, en nos temples saints par le jour éclairés,
Quand les rayons du soir pâlissent par degrés [27],
La lampe, répandant sa pieuse lumière,
D'un jour plus recueilli remplit le sanctuaire.

Dans ton ivresse alors tu ramenais mes yeux [28],
Et des cieux à la terre, et de la terre aux cieux;
Dieu caché*, disais-tu, la nature est ton temple!
L'esprit te voit partout quand notre œil la contemple;
De tes perfections, qu'il cherche à concevoir,
Ce monde est le reflet, l'image, le miroir [29]*;
Le jour est ton regard, la beauté ton sourire;
Partout le cœur t'adore et l'âme te respire;
Éternel, infini, tout-puissant et tout bon,
Ces vastes attributs n'achèvent pas ton nom;
Et l'esprit, accablé sous [30]* ta sublime essence,
Célèbre ta grandeur jusque dans son silence [31]*.
Et cependant, ô Dieu! par sa sublime loi [32]*,
Cet esprit abattu s'élance encore à toi[33],
Et sentant que l'amour est la fin de son être,
Impatient d'aimer, brûle de te connaître.

Tu disais; et nos cœurs unissaient leurs soupirs
Vers cet être inconnu qu'attestaient nos désirs [34]*;
A genoux devant lui, l'aimant dans ses ouvrages,
Et l'aurore et le soir lui portaient nos hommages*,
Et nos yeux enivrés [35] contemplaient tour à tour
La terre notre exil*, et le ciel son séjour.

Ah! si dans ces instants où l'âme fugitive
S'élance et veut briser le sein qui la captive*,
Ce Dieu [36], du haut du ciel répondant à nos vœux,

D'un trait libérateur nous eût frappés tous deux!
Nos âmes, d'un seul bond remontant [37] vers leur source,
Ensemble auraient franchi les mondes dans leur course,
A travers l'infini, sur l'aile de l'amour,
Elles auraient monté comme un rayon du jour*,
Et, jusqu'à Dieu lui-même arrivant éperdues,
Se seraient dans son sein pour jamais [38] confondues!
Ces vœux nous trompaient-ils? Au néant destinés,
Est-ce pour le néant que les êtres sont nés [39]*?
Partageant le destin du corps qui la recèle,
Dans la nuit du tombeau l'âme s'engloutit-elle?
Tombe-t-elle en poussière? ou, prête à s'envoler,
Comme un son qui n'est plus va-t-elle s'exhaler [40]*?
Après un vain soupir, après l'adieu suprême
De tout ce qui t'aimait, n'est-il plus rien qui t'aime?
Ah! sur ce grand secret n'interroge que toi!
Vois mourir ce qui t'aime, Elvire, et réponds-moi*!

MÉDITATION SIXIÈME

LE VALLON 1*

Mon cœur, lassé de tout, même de l'espérance*,
N'ira plus de ses vœux importuner le sort;
Prêtez-moi seulement, vallons 2* de mon enfance,
Un asile d'un jour pour attendre la mort *.

Voici l'étroit sentier de l'obscure vallée *:
Du flanc de ces coteaux pendent des bois épais
Qui, courbant sur mon front leur ombre entremêlée,
Me couvrent tout entier de silence et de paix.

Là, deux ruisseaux cachés sous des ponts de verdure,
Tracent en serpentant les contours du vallon;
Ils mêlent un moment leur onde et leur murmure,
Et non loin de leur source ils se perdent sans nom.

La source de mes jours comme eux s'est écoulée*,
Elle a passé sans bruit, sans nom et sans retour :
Mais leur onde est limpide, et mon âme troublée
N'aura pas réfléchi les clartés d'un beau jour.

La fraîcheur de leurs lits, l'ombre qui les couronne
M'enchaînent tout le jour sur les bords des ruisseaux;
Comme un enfant bercé par un chant monotone,
Mon âme s'assoupit au murmure des eaux *.

Ah! c'est là qu'entouré d'un rempart de verdure,
D'un horizon borné qui suffit à mes yeux,
J'aime à fixer mes pas, et, seul dans la nature,
A n'entendre que l'onde, à ne voir que les cieux*.

J'ai trop vu, trop senti, trop aimé dans ma vie*,
Je viens chercher vivant le calme du Léthé;
Beaux lieux, soyez pour moi ces bords où l'on oublie :
L'oubli seul désormais est ma félicité.

Mon cœur est en repos, mon âme est en silence!
Le bruit lointain du monde expire en arrivant,
Comme un son éloigné qu'affaiblit la distance,
A l'oreille incertaine apporté par le vent*.

D'ici je vois la vie, à travers un nuage,
S'évanouir pour moi dans l'ombre du passé;
L'amour seul est resté* : comme une grande image
Survit seule au réveil dans un songe effacé.

Repose-toi, mon âme, en ce dernier asile,
Ainsi qu'un voyageur, qui, le cœur plein d'espoir,
S'assoit [3] avant d'entrer aux portes de la ville,
Et respire un moment l'air embaumé du soir*.

Comme lui, de nos pieds secouons la poussière;
L'homme par ce chemin ne repasse jamais;
Comme lui, respirons au bout de la carrière
Ce calme avant-coureur de l'éternelle paix*.

Tes jours, sombres et courts comme des jours [4] d'automne,
Déclinent comme l'ombre* au penchant des coteaux;
L'amitié te trahit*, la pitié t'abandonne,
Et, seule, tu descends le sentier des tombeaux.

Mais la nature est là qui t'invite et qui t'aime;
Plonge-toi dans son sein qu'elle t'ouvre toujours;
Quand tout change pour toi, la nature est la même,
Et le même soleil se lève sur tes jours*.

De lumière et d'ombrage elle t'entoure encore;
Détache ton amour des faux biens que tu perds;
Adore ici l'écho qu'adorait Pythagore,
Prête avec lui l'oreille aux célestes concerts*.

Suis le jour dans le ciel, suis l'ombre sur la terre,
Dans les plaines de l'air vole avec l'aquilon*,
Avec les doux rayons [5] de l'astre du mystère
Glisse à travers les bois dans l'ombre du vallon*.

Dieu, pour le concevoir, a fait l'intelligence*;
Sous la nature enfin découvre son auteur!
Une voix à l'esprit parle dans son silence,
Qui n'a pas entendu cette voix dans son cœur*?

MÉDITATION SEPTIÈME

LE DÉSESPOIR [1]*

Lorsque du Créateur la parole féconde*,
Dans une heure fatale [2], eut enfanté le monde
Des germes du chaos,
De son œuvre imparfaite il détourna sa face,
Et d'un pied dédaigneux le lançant dans l'espace,
Rentra dans son repos*.

Va, dit-il, je te livre à ta propre misère;
Trop indigne à mes yeux d'amour ou de colère,
Tu n'es rien devant moi *.
Roule au gré du hasard [3] dans les déserts du vide;
Qu'à jamais loin de moi le destin soit ton guide,
Et le Malheur ton roi*.

Il dit. Comme un vautour qui plonge sur sa proie,
Le Malheur, à ces mots, pousse, en signe de joie,
Un long gémissement;
Et pressant l'univers dans sa serre [4] cruelle,
Embrasse [5] pour jamais de sa rage éternelle
L'éternel aliment*.

Le mal dès lors régna dans son immense empire*;
Dès lors [6] tout ce qui pense et tout ce qui respire
Commença de souffrir;
Et la terre, et le ciel, et l'âme, et la matière,
Tout gémit : et la voix de la nature entière
Ne fut qu'un long soupir*.

Levez donc vos regards vers les célestes plaines,
Cherchez Dieu dans son œuvre, invoquez dans vos peines
Ce grand consolateur :
Malheureux ! sa bonté de son œuvre est absente;
Vous cherchez votre appui? l'univers vous présente
Votre persécuteur [7*].

De quel nom te nommer, ô fatale puissance?
Qu'on t'appelle destin, nature, providence,
Inconcevable loi [8*] !
Qu'on tremble sous ta main, ou bien qu'on la blasphème [9],
Soumis ou révolté, qu'on te craigne ou qu'on t'aime [10],
Toujours, c'est toujours toi [11*] !

Hélas ! ainsi que vous j'invoquai l'espérance;
Mon esprit abusé but avec complaisance
Son philtre empoisonneur;
C'est elle qui, poussant nos pas [12] dans les abîmes,
De festons et de fleurs couronne les victimes
Qu'elle livre au Malheur [13*].

Tel, quand des dieux de sang voulaient en sacrifices [14]
Des troupeaux innocents les sanglantes prémices,
Dans leurs temples cruels,
De cent taureaux choisis on formait l'hécatombe,
Et l'agneau sans souillure ou la blanche colombe
Engraissaient leurs autels [15*].

Créateur, Tout-Puissant [16], principe de tout être !
Toi pour qui le possible existe avant de naître !
Roi de l'immensité,
Tu pouvais cependant, au gré de ton envie,
Puiser pour tes enfants le bonheur et la vie [17]
Dans ton éternité [18]?

Sans t'épuiser jamais, sur toute la nature
Tu pouvais à longs flots répandre sans mesure
Un bonheur absolu.
L'espace, le pouvoir [19], le temps, rien ne te coûte.

Ah! ma raison frémit; tu le pouvais sans doute,
Tu ne l'as pas voulu*.

Quel crime avons-nous fait [20] pour mériter de naître*?
L'insensible néant t'a-t-il demandé l'être,
Ou l'a-t-il accepté?
Sommes-nous, ô hasard, l'œuvre de tes caprices*?
Ou plutôt, Dieu cruel, fallait-il nos supplices
Pour ta félicité*?

Montez donc vers le ciel, montez, encens qu'il aime,
Soupirs, gémissements, larmes, sanglots, blasphèmes [21],
Plaisirs, concerts divins!
Cris du sang, voix des morts, plaintes inextinguibles [22],
Montez, allez frapper les voûtes insensibles
Du palais des destins!

Terre, élève ta voix; cieux, répondez; abîmes,
Noirs séjours [23] où la mort entasse ses victimes,
Ne formez qu'un soupir [24].
Qu'une plainte éternelle accuse la nature*,
Et que la douleur donne à toute créature
Une voix pour gémir.

Du jour où la nature, au néant arrachée,
S'échappa de tes mains comme une œuvre ébauchée*,
Qu'as-tu vu cependant?
Aux désordres du mal la matière asservie,
Toute chair gémissant, hélas! et toute vie
Jalouse du néant [25]*!

La vertu succombant sous l'audace impunie [26]*,
L'imposture en honneur, la vérité bannie;
L'errante liberté
Aux dieux vivants du monde* offerte en sacrifice;
Et la force, partout, fondant de l'injustice
Le règne illimité.

La valeur, sans les dieux*, décidant des batailles!
Un Caton libre encor déchirant ses entrailles
Sur la foi de Platon!
Un Brutus qui, mourant pour la vertu qu'il aime,
Doute au dernier moment de cette vertu même,
Et dit : Tu n'es qu'un nom [27]* !...

La fortune toujours du parti des grands crimes!
Les forfaits couronnés devenus légitimes!
La gloire au prix du sang!
Les enfants héritant [28]* l'iniquité des pères!
Et le siècle qui meurt racontant ses misères
Au siècle renaissant [29]!

Eh quoi! tant de tourments, de forfaits, de supplices [30],
N'ont-ils pas fait fumer d'assez de sacrifices*
Tes lugubres autels?
Ce soleil, vieux témoin des malheurs de la terre*,
Ne fera-t-il pas naître un seul jour qui n'éclaire
L'angoisse des mortels?

Héritiers des douleurs [31], victimes de la vie,
Non, non, n'espérez pas que sa rage assouvie
Endorme le Malheur,
Jusqu'à ce que la mort, ouvrant son aile immense,
Engloutisse à jamais dans l'éternel silence
L'éternelle douleur [32]* !

MÉDITATION HUITIÈME

LA PROVIDENCE A L'HOMME [1]*

Quoi ! le fils du néant* a maudit l'existence !
Quoi ! tu peux m'accuser* de mes propres bienfaits !
Tu peux fermer tes yeux à la magnificence
Des dons que je t'ai faits !

Tu n'étais pas encor, créature insensée,
Déjà de ton bonheur j'enfantais le dessein*;
Déjà, comme son fruit, l'éternelle pensée
Te portait dans son sein.

Oui, ton être futur vivait dans ma mémoire;
Je préparais les temps selon ma volonté.
Enfin ce jour parut; je dis : Nais pour ma gloire
Et ta félicité* !

Tu naquis : ma tendresse, invisible et présente*,
Ne livra pas mon œuvre aux chances du hasard*;
J'échauffai de tes sens la sève languissante
Des feux de mon regard.

D'un lait mystérieux je remplis la mamelle;
Tu t'enivras sans peine à ces sources d'amour.
J'affermis les ressorts, j'arrondis la prunelle
Où se peignit le jour.

Ton âme, quelque temps par les sens éclipsée,
Comme tes yeux au jour, s'ouvrit à la raison :
Tu pensas; la parole acheva ta pensée,
Et j'y gravai mon nom*.

En quel éclatant caractère*
Ce grand nom s'offrit à tes yeux!
Tu vis ma bonté sur la terre,
Tu lus ma grandeur dans les cieux!
L'ordre était mon intelligence;
La nature, ma providence;
L'espace, mon immensité!
Et de mon être ombre altérée,
Le temps te peignit ma durée [2],
Et le destin, ma volonté!

Tu m'adoras dans ma puissance,
Tu me bénis dans ton bonheur,
Et tu marchas en ma présence
Dans la simplicité du cœur*;
Mais aujourd'hui que l'infortune
A couvert d'une ombre importune
Ces vives clartés du réveil,
Ta voix m'interroge et me blâme,
Le nuage couvre ton âme,
Et tu ne crois plus au soleil*.

« Non, tu n'es plus qu'un grand problème
« Que le sort offre à la raison;
« Si ce monde était ton emblème,
« Ce monde serait juste et bon*. »
Arrête, orgueilleuse pensée;
A la loi que je t'ai tracée
Tu prétends comparer ma loi*?
Connais leur différence auguste :
Tu n'as qu'un jour pour être juste,
J'ai l'éternité devant moi*!

Quand les voiles de ma sagesse
A tes yeux seront abattus*,
Ces maux, dont gémit ta faiblesse,
Seront transformés en vertus.
De ces obscurités cessantes
Tu verras sortir triomphantes

Ma justice et ta liberté :
C'est la flamme qui purifie
Le creuset divin où la vie
Se change en immortalité* !

Mais ton cœur endurci doute et murmure encore;
Ce jour ne suffit pas à tes yeux révoltés,
Et dans la nuit des sens tu voudrais voir éclore
De l'éternelle aurore
Les célestes clartés* !

Attends; ce demi-jour, mêlé d'une ombre obscure,
Suffit pour te guider en ce terrestre lieu :
Regarde qui je suis, et marche sans murmure,
Comme fait la nature
Sur la foi de son Dieu*.

La terre ne sait pas la loi qui la féconde*;
L'Océan, refoulé sous mon bras tout-puissant,
Sait-il comment, au gré du nocturne croissant,
De sa prison profonde*
La mer vomit son onde,
Et des bords qu'elle inonde
Recule en mugissant?

Ce soleil éclatant, ombre de ma lumière[3]*,
Sait-il où le conduit le signe de ma main?
S'est-il tracé soi-même [4] un glorieux chemin?
Au bout de sa carrière,
Quand j'éteins sa lumière,
Promet-il à la terre
Le soleil de demain?

Cependant tout subsiste* et marche en assurance.
Ma voix chaque matin réveille l'univers !
J'appelle le soleil du fond de ses déserts :
Franchissant la distance,
Il monte en ma présence,
Me répond, et s'élance
Sur le trône des airs* !

Et toi, dont mon souffle est la vie*,
Toi, sur qui mes yeux sont ouverts,
Peux-tu craindre que je t'oublie,
Homme, roi de cet univers* ?
Crois-tu que ma vertu sommeille* ?
Non, mon regard immense veille
Sur tous les mondes à la fois !
La mer qui fuit à ma parole*,
Ou la poussière qui s'envole,
Suivent et comprennent mes lois.

Marche au flambeau de l'espérance
Jusque dans l'ombre du trépas,
Assuré que ma providence
Ne tend point de piège à tes pas*.
Chaque aurore la justifie*,
L'univers entier s'y confie,
Et l'homme seul en a douté !
Mais ma vengeance paternelle
Confondra ce doute infidèle
Dans l'abîme de ma bonté*.

MÉDITATION NEUVIÈME

SOUVENIR[1]*

En vain le jour succède au jour*,
Ils glissent* sans laisser de trace;
Dans mon âme rien ne t'efface,
O dernier songe de l'amour!

Je vois mes rapides années
S'accumuler derrière moi[2],
Comme le chêne autour de soi
Voit tomber ses feuilles fanées*.

Mon front est blanchi par le temps*;
Mon sang refroidi coule à peine,
Semblable à cette onde qu'enchaîne
Le souffle glacé des autans*.

Mais ta jeune et brillante image,
Que le regret vient embellir,
Dans mon sein ne saurait vieillir* :
Comme l'âme, elle n'a point d'âge.

Non, tu n'as pas quitté mes yeux;
Et quand mon regard solitaire
Cessa de te voir sur la terre,
Soudain je te vis dans les cieux*.

Là, tu m'apparais* telle encore
Que tu fus à ce dernier jour,
Quand vers ton céleste séjour
Tu t'envolas avec l'aurore*.

Ta pure et touchante beauté
Dans les cieux même t'a suivie;
Tes yeux, où s'éteignait la vie,
Rayonnent d'immortalité* !

Du zéphyr l'amoureuse haleine
Soulève encor tes longs cheveux;
Sur ton sein leurs flots onduleux
Retombent en tresses d'ébène*.

L'ombre de ce voile incertain
Adoucit encor ton image,
Comme l'aube qui se dégage
Des derniers voiles du matin*.

Du soleil la céleste flamme
Avec les jours revient et fuit*;
Mais mon amour n'a pas de nuit,
Et tu luis toujours sur mon âme.

C'est toi que j'entends, que je vois,
Dans le désert, dans le nuage;
L'onde réfléchit ton image;
Le zéphyr m'apporte ta voix.

Tandis que la terre sommeille,
Si j'entends le vent soupirer,
Je crois t'entendre murmurer
Des mots sacrés à mon oreille [3]*.

C'est ta main qui sèche mes pleurs,
Quand je vais, triste et solitaire,
Répandre en secret ma prière
Près des autels consolateurs *.

Quand je dors, tu veilles dans l'ombre;
Tes ailes reposent sur moi*;
Tous mes songes viennent de toi,
Doux comme le regard d'une ombre [4]*.

Pendant mon sommeil, si ta main
De mes jours déliait la trame*,
Céleste moitié de mon âme*,
J'irais m'éveiller dans ton sein !

Comme deux rayons de l'aurore,
Comme deux soupirs confondus,
Nos deux âmes ne forment plus
Qu'une âme, et je soupire encore* !

MÉDITATION DIXIÈME

ODE [1]*

Delicta majorum immeritus lues.
HORAT. Od. VI, lib. III*.

PEUPLE ! des crimes de tes pères [2]*
Le Ciel punissant tes enfants,
De châtiments héréditaires
Accablera leurs descendants !
Jusqu'à ce qu'une main propice
Relève [3] l'auguste édifice [4]
Par qui la terre touche aux cieux,
Et que le zèle et la prière [5]
Dissipent l'indigne poussière
Qui couvre l'image des dieux !

Sortez de vos débris antiques,
Temples que pleurait Israël;
Relevez-vous, sacrés portiques*;
Lévites, montez à l'autel !
Aux sons des harpes de Solime [6],
Que la renaissante victime
S'immole sous vos chastes mains !
Et qu'avec les pleurs de la terre
Son sang éteigne le tonnerre
Qui gronde [7] encor sur les humains !

Plein d'une superbe folie,
Ce peuple au front audacieux
S'est dit un jour : « Dieu m'humilie*;
Soyons à nous-mêmes nos dieux !

Notre intelligence sublime
A sondé le Ciel et l'abîme*
Pour y chercher ce grand esprit!
Mais ni dans les flancs de la terre,
Mais ni dans les feux de la sphère,
Son nom pour nous ne fut écrit [8]*.

« Déjà nous enseignons au monde
A briser le sceptre des rois;
Déjà notre audace profonde
Se rit du joug usé [9] des lois.
Secouez, malheureux esclaves,
Secouez d'indignes entraves,
Rentrez dans votre liberté!
Mortel [10]! du jour où tu respires,
Ta loi, c'est ce que tu désires;
Ton devoir, c'est la volupté*!

« Ta pensée a franchi l'espace,
Tes calculs précèdent [11] les temps,
La foudre cède à ton audace,
Les cieux roulent tes chars flottants*;
Comme un feu que tout alimente,
Ta raison, sans cesse croissante,
S'étendra sur [12] l'immensité!
Et ta puissance, qu'elle assure,
N'aura de terme [13] et de mesure
Que l'espace et l'éternité.

« Heureux nos fils! heureux cet âge
Qui, fécondé par nos leçons,
Viendra recueillir l'héritage
Des dogmes que nous lui laissons!
Pourquoi les jalouses années
Bornent-elles nos destinées
A de si rapides instants?
O loi trop injuste et trop dure!
Pour triompher de la nature [14]
Que nous a-t-il manqué? Le temps*. »

Eh bien! le temps sur vos poussières
A peine encore a fait un pas!
Sortez, ô mânes de nos pères,
Sortez de la nuit du trépas!
Venez contempler votre ouvrage!
Venez partager de cet âge [15]
La gloire et la félicité!
O race en promesses féconde,
Paraissez! Bienfaiteurs du monde,
Voilà votre postérité*!

Que vois-je? ils détournent la vue,
Et se cachant sous leurs lambeaux,
Leur foule, de honte éperdue,
Fuit et rentre dans les tombeaux*!
Non, non, restez, ombres coupables;
Auteurs de nos jours déplorables,
Restez! ce supplice est trop doux.
Le Ciel, trop lent [16] à vous poursuivre,
Devait vous condamner à vivre
Dans le siècle enfanté par vous [17]!

Où sont-ils, ces jours où la France,
A la tête des nations,
Se levait comme un astre immense
Inondant tout de ses rayons?
Parmi nos siècles, siècle unique,
De quel cortège magnifique
La gloire composait ta cour!
Semblable au dieu qui nous éclaire [18],
Ta grandeur étonnait la terre
Dont tes clartés étaient l'amour*!

Toujours les siècles du génie
Sont donc les siècles des vertus!
Toujours les dieux de l'harmonie
Pour les héros sont descendus!
Près du trône qui les inspire,
Voyez-les déposer la lyre

Dans de pures et chastes mains [19],
Et les Racine et les Turenne
Enchaîner les grâces d'Athène
Au char triomphant des Romains [20]* !

Mais, ô déclin ! quel souffle aride*
De notre âge a séché les fleurs [21] ?
Eh quoi ! le lourd compas d'Euclide
Étouffe nos arts enchanteurs ?
Élans de l'âme et du génie !
Des calculs la froide manie
Chez nos pères vous remplaça [22] :
Il posèrent sur la nature
Le doigt glacé qui la mesure,
Et la nature se glaça* !

Et toi, prêtresse de la terre,
Vierge du Pinde ou de Sion* !
Tu fuis ce globe de matière [23],
Privé de ton dernier rayon !
Ton souffle divin se retire
De ces cœurs flétris [24] que la lyre
N'émeut plus de ses sons touchants !
Et pour son Dieu qui le contemple,
Sans toi, l'univers est un temple [25]
Qui n'a plus ni parfums ni chants !

Pleurons donc, enfants de nos pères !
Pleurons ! de deuil couvrons nos fronts !
Lavons dans nos larmes amères
Tant d'irréparables affronts* !
Comme les fils d'Héliodore*,
Rassemblons du soir à l'aurore
Les débris du temple abattu !
Et sous ces cendres criminelles
Cherchons encor les étincelles
Du génie et de la vertu [26]* !

MÉDITATION ONZIÈME

LE LIS

DU

GOLFE DE SANTA RESTITUTA

DANS L'ILE D'ISCHIA [1]*

1842

DES pêcheurs [2], un matin, virent un corps de femme
Que la vague nocturne au bord avait roulé *;
Même à travers la mort sa beauté touchait l'âme [3].
Ces fleurs, depuis ce jour, naissent près de la lame [4]
Du sable qu'elle avait foulé.

D'où venait cependant cette vierge inconnue [5]
Demander une tombe aux pauvres matelots?
Nulle nef en péril sur ces mers n'était vue;
Nulle bague à ses doigts : elle était morte et nue [6],
Sans autre robe que les flots.

Ils allèrent chercher [7] dans toutes les familles
Le plus beau des linceuls dont [8] on pût la parer;
Pour lui faire un bouquet, des lis et des jonquilles [9];
Pour lui chanter l'adieu, des chœurs de jeunes filles [10];
Et des mères pour la pleurer.

Ils lui firent un lit de sable [11] où rien ne pousse,
Symbole d'amertume et de stérilité*;
Mais les pleurs de pitié [12] rendirent la mer douce,
Le sable de ses bords se revêtit de mousse,
Et cette fleur s'ouvre l'été [13]*.

Vierges*, venez cueillir ce beau lis solitaire,
Abeilles de nos cœurs dont l'amour est le miel!
Les anges* ont semé sa graine [14] sur la terre;
Son sol est le tombeau, son nom est un mystère [15],
Son parfum fait rêver du ciel.

MÉDITATION DOUZIÈME

L'ENTHOUSIASME [1]*

Ainsi [2], quand l'aigle du tonnerre
Enlevait Ganymède aux cieux,
L'enfant, s'attachant à la terre,
Luttait contre l'oiseau des dieux;
Mais entre ses serres rapides
L'aigle pressant ses flancs timides,
L'arrachait aux champs paternels;
Et, sourd à la voix qui l'implore,
Il le jetait, tremblant encore,
Jusques aux pieds des immortels [3]*.

Ainsi quand tu fonds sur mon âme,
Enthousiasme, aigle vainqueur*,
Au bruit de tes ailes de flamme
Je frémis d'une sainte horreur;
Je me débats sous ta puissance,
Je fuis, je crains que ta présence
N'anéantisse un cœur mortel*,
Comme un feu que la foudre allume,
Qui ne s'éteint plus, et consume
Le bûcher, le temple et l'autel [4]*.

Mais à l'essor de la pensée
L'instinct des sens s'oppose en vain [5];
Sous le dieu, mon âme oppressée
Bondit, s'élance, et bat mon sein.
La foudre en mes veines circule :
Étonné du feu qui me brûle,

Je l'irrite en le combattant,
Et la lave de mon génie
Déborde en torrents d'harmonie [6],
Et me consume en s'échappant*.

Muse, contemple ta victime !
Ce n'est plus ce front inspiré,
Ce n'est plus ce regard sublime [7]
Qui lançait [8] un rayon sacré :
Sous ta dévorante influence,
A peine un reste d'existence
A ma jeunesse est échappé [9].
Mon front [10], que la pâleur efface*,
Ne conserve plus que la trace
De la foudre qui m'a frappé.

Heureux le poète insensible !
Son luth n'est point baigné de pleurs [11],
Son enthousiasme paisible
N'a point ces tragiques fureurs*.
De sa veine féconde et pure
Coulent, avec nombre et mesure [12],
Des ruisseaux de lait et de miel;
Et ce pusillanime Icare,
Trahi par l'aile de Pindare,
Ne retombe jamais du ciel [13].

Mais nous, pour embraser les âmes,
Il faut brûler, il faut ravir
Au ciel jaloux ses triples flammes*.
Pour tout peindre, il faut tout sentir.
Foyers brûlants de la lumière,
Nos cœurs, de la nature entière
Doivent concentrer les rayons*;
Et l'on accuse notre vie !
Mais ce flambeau qu'on nous envie
S'allume au feu des passions*.

Non, jamais un sein pacifique
N'enfanta ces divins élans,
Ni ce désordre sympathique*
Qui soumet le monde à nos chants.
Non, non, quand l'Apollon d'Homère,
Pour lancer ses traits sur la terre,
Descendait des sommets d'Éryx,
Volant aux rives infernales,
Il trempait ses armes fatales
Dans les eaux bouillantes [14] du Styx*.

Descendez de l'auguste cime
Qu'indignent de lâches transports* !
Ce n'est que d'un luth magnanime
Que partent les divins accords.
Le cœur des enfants de la lyre
Ressemble au marbre qui soupire
Sur le sépulcre de Memnon*;
Pour lui donner la voix et l'âme,
Il faut que de sa chaste flamme
L'œil du jour* lui lance un rayon [15].

Et tu veux qu'éveillant encore
Des feux sous la cendre couverts [16]*,
Mon reste d'âme s'évapore
En accents perdus [17] dans les airs !
La gloire est le rêve d'une ombre*;
Elle a trop retranché le nombre
Des jours qu'elle devait charmer [18].
Tu veux que je lui sacrifie
Ce dernier souffle de ma vie !
Je veux le garder pour aimer*.

MÉDITATION TREIZIÈME

LA RETRAITE [1]*

A M. de C***

Aux bords de ton lac enchanté,
Loin des sots préjugés que l'erreur déifie [2],
Couvert* du bouclier de ta philosophie,
Le temps n'emporte rien de ta félicité;
Ton matin fut brillant, et ma jeunesse envie,
L'azur calme et serein du beau soir de ta vie* !

Ce qu'on appelle nos beaux jours
N'est qu'un éclair brillant dans une nuit d'orage,
Et rien, excepté nos amours*,
N'y mérite un regret du sage;
Mais que dis-je? on aime à tout âge :
Ce feu durable et doux, dans l'âme renfermé,
Donne plus de chaleur en jetant moins de flamme;
C'est le souffle divin dont tout l'homme [3] est formé,
Il ne s'éteint qu'avec son âme.

Étendre son esprit, resserrer ses désirs,
C'est là ce grand secret [4] ignoré du vulgaire :
Tu le connais, ami [5] ! cet heureux coin de terre*
Renferme tes amours, tes goûts et tes plaisirs;
Tes vœux ne passent point ton champêtre domaine*,
Mais ton esprit plus vaste étend son horizon,
Et, du monde embrassant la scène,
Le flambeau de l'étude éclaire ta raison.

Tu vois qu'aux bords du Tibre, et du Nil et du Gange,
En tous lieux, en tous temps, sous des masques divers,
L'homme partout est l'homme, et qu'en cet univers
Dans un ordre éternel tout passe, et rien ne change;
Tu vois les nations s'éclipser tour à tour
Comme les astres dans l'espace,
De mains en mains le sceptre passe,
Chaque peuple a son siècle, et chaque homme a son jour*;
Sujets à cette loi suprême,
Empire, gloire, liberté,
Tout est par le temps emporté* :
Le temps emporta les dieux même
De la crédule antiquité [6]*.

Au milieu de ce grand nuage,
Réponds-moi : que fera le sage
Toujours entre le doute et l'erreur combattu?
Content de peu de jours qu'il saisit au passage,
Il se hâte d'en faire usage,
Pour le bonheur et la vertu*.

J'ai vu ce sage heureux; dans ses belles demeures
J'ai goûté l'hospitalité;
A l'ombre du jardin que ses mains ont planté*,
Aux doux sons de sa lyre il endormait les heures
En chantant sa félicité.

Soyez touché, grand Dieu, de sa reconnaissance.
Il ne vous lasse point d'un inutile vœu;
Gardez-lui seulement sa rustique opulence*,
Donnez tout à celui qui vous demande peu.

Des doux objets de sa tendresse
Qu'à son riant foyer toujours environné,
Sa femme et ses enfants couronnent sa vieillesse,
Comme de ses fruits mûrs un arbre est couronné*.
Que sous l'or des épis ses collines jaunissent;
Qu'au pied de son rocher son lac soit toujours pur;
Que de ses beaux jasmins les ombres s'épaisissent [7];

Que son soleil soit doux, que son ciel soit d'azur,
Et que pour l'étranger toujours ses vins mûrissent.

Pour moi, loin de ce port de la félicité*,
Hélas ! par la jeunesse et l'espoir emporté,
Je vais tenter encore et les flots et l'orage;
Mais ballotté par l'onde et fatigué du vent,
Au pied de ton rocher sauvage,
Ami, je reviendrai souvent
Rattacher, vers le soir, ma barque à ton rivage*.

MÉDITATION QUATORZIÈME

LE LAC DE B...[1]*

Ainsi, toujours poussés vers de nouveaux rivages,
Dans la nuit éternelle emportés sans retour [2],
Ne pourrons-nous jamais sur l'océan des âges*
Jeter l'ancre un seul jour?

O lac [3]! l'année à peine a fini sa carrière*,
Et, près des flots chéris qu'elle devait revoir [4],
Regarde! je viens seul m'asseoir sur cette pierre
Où tu la vis s'asseoir*!

Tu mugissais ainsi sous ces roches profondes,
Ainsi tu te brisais sur leurs flancs déchirés,
Ainsi le vent jetait l'écume de tes ondes
Sur ses pieds adorés*.

Un soir, t'en souvient-il*? nous voguions en silence;
On n'entendait au loin, sur l'onde et sous les cieux,
Que le bruit des rameurs qui frappaient en cadence
Tes flots harmonieux [5].

Tout à coup des accents inconnus à la terre
Du rivage charmé frappèrent les échos*;
Le flot fut attentif*, et la voix qui m'est chère
Laissa tomber ces mots [6] :

« O temps! suspends ton vol*; et vous, heures propices!
« Suspendez votre cours :
« Laissez-nous savourer les rapides délices
« Des plus beaux de nos jours!

« Assez de malheureux ici-bas vous implorent*,
« Coulez, coulez pour eux;
« Prenez avec leurs jours les soins qui les dévorent,
« Oubliez les heureux.

« Mais je demande en vain quelques moments encore,
« Le temps m'échappe et fuit [7]*;
« Je dis à cette nuit : Sois plus lente; et l'aurore
« Va dissiper la nuit.

« Aimons donc, aimons donc* ! de l'heure fugitive,
« Hâtons-nous, jouissons !
« L'homme n'a point de port, le temps n'a point de rive;
« Il coule, et nous passons* ! »

Temps jaloux, se peut-il [8]* que ces moments d'ivresse,
Où l'amour à longs flots nous verse le bonheur,
S'envolent loin de nous de la même vitesse
Que les jours du malheur [9]?

Eh quoi ! n'en pourrons-nous fixer au moins la trace?
Quoi ! passés pour jamais ! quoi ! tout entiers perdus !
Ce temps qui les donna, ce temps qui les efface,
Ne nous les rendra plus* !

Éternité, néant, passé, sombres abîmes,
Que faites-vous des jours que vous engloutissez?
Parlez : nous rendrez-vous ces extases sublimes [10]
Que vous nous ravissez?

O lac ! rochers muets ! grottes ! forêt obscure [11]* !
Vous, que le temps épargne ou qu'il peut rajeunir [12],
Gardez de cette nuit, gardez, belle nature,
Au moins le souvenir !

Qu'il soit dans ton repos, qu'il soit dans tes orages,
Beau lac [13], et dans l'aspect de tes riants coteaux,
Et dans ces noirs sapins, et dans ces rocs sauvages
Qui pendent sur tes eaux*.

Qu'il soit dans le zéphyr qui frémit et qui passe,
Dans les bruits [14] de tes bords par tes bords répétés,
Dans l'astre au front d'argent qui blanchit ta surface
De ses molles clartés*.

Que le vent qui gémit, le roseau qui soupire,
Que les parfums légers de ton air embaumé,
Que tout ce qu'on entend, l'on voit ou l'on respire,
Tout dise : Ils ont aimé [15]* !

MÉDITATION QUINZIÈME

LA GLOIRE [1*]

A UN POÈTE EXILÉ

GÉNÉREUX favoris des filles de mémoire [2*],
Deux sentiers différents devant vous vont s'ouvrir [3] :
L'un conduit au bonheur, l'autre mène à la gloire*;
Mortels, il faut choisir.

Ton sort, ô Manoël [4], suivit la loi commune;
La muse [5] t'enivra de précoces faveurs;
Tes jours furent tissus de gloire et d'infortune,
Et tu verses des pleurs!

Rougis plutôt, rougis d'envier au vulgaire
Le stérile repos dont son cœur est jaloux :
Les dieux ont fait pour lui tous les biens de la terre,
Mais la lyre est à nous [6*].

Les siècles sont à toi, le monde est ta patrie*.
Quand nous ne sommes plus, notre ombre a des autels,
Où le juste avenir [7] prépare à ton génie
Des honneurs immortels*.

Ainsi l'aigle superbe au séjour du tonnerre*
S'élance; et, soutenant son vol audacieux,
Semble dire aux mortels : Je suis né sur la terre [8],
Mais je vis dans les cieux.

Oui, la gloire t'attend; mais arrête, et contemple
A quel prix on pénètre en ses parvis [9] sacrés;

Vois : l'infortune [10], assise à la porte du temple,
En garde les degrés *.

Ici, c'est ce vieillard [11] que l'ingrate Ionie
A vu de mers en mers promener ses malheurs :
Aveugle, il mendiait au prix de son génie [12]
Un pain mouillé de pleurs*.

Là, le Tasse, brûlé d'une flamme fatale*,
Expiant dans les fers sa gloire et son amour,
Quand il va recueillir la palme triomphale,
Descend au noir séjour.

Partout des malheureux, des proscrits, des victimes,
Luttant contre le sort ou contre les bourreaux;
On dirait que le ciel [13] aux cœurs plus magnanimes
Mesure plus de maux*.

Impose donc silence aux plaintes de ta lyre,
Des cœurs nés sans vertu l'infortune est l'écueil;
Mais toi, roi détrôné [14]*, que ton malheur t'inspire
Un généreux orgueil!

Que t'importe après tout que cet ordre barbare*
T'enchaîne loin des bords qui [15] furent ton berceau?
Que t'importe en quels lieux [16] le destin te prépare
Un glorieux tombeau?

Ni l'exil, ni les fers de ces tyrans du Tage
N'enchaîneront ta gloire aux bords [17] où tu mourras :
Lisbonne la réclame, et voilà l'héritage
Que tu lui laisseras*!

Ceux qui l'ont méconnu pleureront le grand homme;
Athène à des proscrits ouvre son Panthéon [18]*;
Coriolan expire, et les enfants de Rome
Revendiquent son nom*.

Aux rivages des morts avant que de descendre,
Ovide lève au ciel ses suppliantes mains :
Aux Sarmates grossiers il a légué sa cendre,
Et sa gloire aux Romains [19*].

MÉDITATION SEIZIÈME

LA CHARITÉ [1]*

Hymne oriental

1846

Dieu dit un jour à son soleil* :
« Toi par qui mon nom luit, toi que ma droite envoie
« Porter à l'univers ma splendeur et ma joie,
« Pour que l'immensité me loue à son réveil;
« De ces dons merveilleux que répand ta lumière,
« De ces pas de géant que tu fais dans les cieux,
« De ces rayons vivants que boit chaque paupière,
« Lequel te rend, dis-moi [2], dans toute ta carrière,
« Plus semblable à moi-même et plus grand à tes yeux? »

— Le soleil répondit, en se voilant la face* :
« Ce n'est pas d'éclairer l'immensurable* espace,
« De faire étinceler les sables des déserts*,
« De fondre du Liban la couronne de glace*,
« Ni de me contempler dans le miroir des mers,
« Ni d'écumer de feu sur les vagues des airs*;
« Mais c'est de me glisser aux fentes de la pierre
« Du cachot où languit le captif dans sa tour [3],
« Et d'y sécher des pleurs au bord d'une paupière
« Que réjouit dans l'ombre un seul rayon du jour! »

— « Bien! reprit Jéhovah*; c'est comme mon amour! »
Ce que dit le rayon au Bienfaiteur suprême,
Moi, l'insecte chantant*, je le dis à moi-même.
Ce qui donne à ma lyre un frisson de bonheur,

Ce n'est pas de frémir au vain souffle de gloire [4]*,
Ni de jeter au temps un nom pour sa mémoire,
Ni de monter au ciel dans un hymne vainqueur;
Mais c'est de résonner, dans la nuit du mystère,
Pour l'âme sans écho d'un pauvre solitaire*
Qui n'a qu'un son lointain pour tout bruit sur la terre,
Et d'y glisser ma voix par les fentes du cœur.

MÉDITATION DIX-SEPTIÈME

ODE

SUR LA NAISSANCE DU DUC DE BORDEAUX [1]*

Versez du sang ! frappez encore !
Plus vous retranchez ses rameaux,
Plus le tronc sacré voit éclore
Ses rejetons toujours nouveaux !
Est-ce un dieu qui trompe le crime?
Toujours d'une auguste victime
Le sang est fertile en vengeur;
Toujours, échappé d'Athalie,
Quelque enfant que le fer oublie
Grandit à l'ombre du Seigneur* !

Il est né, l'enfant du miracle* !
Héritier du sang d'un martyr,
Il est né d'un tardif oracle,
Il est né d'un dernier soupir !
Aux accents du bronze* qui tonne
La France s'éveille et s'étonne
Du fruit que la mort a porté !
Jeux du sort ! merveilles divines !
Ainsi fleurit sur des ruines
Un lis que l'orage a planté*.

Il vient, quand les peuples victimes
Du sommeil de leurs conducteurs
Errent aux penchants des abîmes
Comme des troupeaux sans pasteurs !

Entre un passé qui s'évapore,
Vers un avenir qu'il ignore,
L'homme nage dans un chaos !
Le doute égare sa boussole,
Le monde attend une parole,
La terre a besoin d'un héros* !

Courage ! c'est ainsi qu'ils naissent !
C'est ainsi que dans sa bonté
Un Dieu les sème ! Ils apparaissent
Sur des jours de stérilité* !
Ainsi, dans une sainte attente,
Quand des pasteurs la troupe errante
Parlait d'un Moïse nouveau,
De la nuit déchirant le voile,
Une mystérieuse étoile
Les conduisit vers un berceau* !

Sacré berceau ! frêle espérance
Qu'une mère tient dans ses bras !
Déjà tu rassures la France;
Les miracles ne trompent pas !
Confiante dans son délire,
A ce berceau déjà ma lyre
Ouvre un avenir triomphant;
Et, comme ces rois de l'Aurore,
Un instinct que mon âme ignore
Me fait adorer un enfant* !

Comme l'orphelin de Pergame,
Il verra près de son berceau
Un roi, des princes, une femme,
Pleurer aussi sur un tombeau !
Bercé sur le sein de sa mère,
S'il vient à demander son père,
Il verra se baisser leurs yeux [2] !
Et cette veuve inconsolée,
En lui cachant le mausolée,
Du doigt lui montrera les cieux* !

Jeté sur le déclin des âges*,
Il verra l'empire sans fin,
Sorti de glorieux orages,
Frémir encor de son déclin.
Mais son glaive aux champs de victoire
Nous rappellera la mémoire
Des destins promis à Clovis,
Tant que le tronçon d'une épée,
D'un rayon de gloire frappée,
Brillerait aux mains de ses fils* !

Sourd aux leçons efféminées
Dont le siècle aime à les nourrir,
Il saura que les destinées
Font roi, pour régner ou mourir;
Que des vieux héros de sa race
Le premier titre fut l'audace,
Et le premier trône un pavois*;
Et qu'en vain l'humanité crie :
Le sang versé pour la patrie
Est toujours la pourpre des rois !

Tremblant à la voix de l'histoire*,
Ce juge vivant des humains,
Français ! il saura que la gloire
Tient deux flambeaux entre ses mains !
L'un, d'une sanglante lumière,
Sillonne l'horrible carrière
Des peuples par le crime heureux;
Semblable aux torches des furies*
Que jadis les fameux impies
Sur leurs pas traînaient après eux !

L'autre, du sombre oubli des âges,
Tombeau des peuples et des rois,
Ne sauve que les siècles sages
Et les légitimes exploits;
Ses clartés immenses et pures,
Traversant les races futures,

Vont s'unir au jour éternel :
Pareil à ces feux pacifiques,
O Vesta ! que des mains pudiques
Entretenaient sur ton autel [3] !

Il saura qu'aux jours où nous sommes*,
Pour vieillir au trône des rois,
Il faut montrer aux yeux des hommes
Ses vertus auprès de ses droits;
Qu'assis à ce degré suprême,
Il faut s'y défendre soi-même,
Comme les dieux sur leurs autels,
Rappeler en tout leur image,
Et faire adorer le nuage
Qui les sépare des mortels !

Au pied du trône séculaire
Où s'assied un autre Nestor *,
De la tempête populaire
Le flot calmé murmure encor !
Ce juste, que le ciel contemple,
Lui montrera par son exemple
Comment, sur les écueils jeté,
On relève sur le rivage [4],
Avec les débris du naufrage,
Un temple à l'immortalité !

Ainsi s'expliquaient sur ma lyre
Les destins présents à mes yeux;
Et tout secondait mon délire,
Et sur la terre et dans les cieux !
Le doux regard de l'espérance
Éclairait le deuil de la France* :
Comme, après une longue nuit,
Sortant d'un berceau de ténèbres,
L'aube efface les pas funèbres
De l'ombre obscure qui s'enfuit.

MÉDITATION DIX-HUITIÈME

RESSOUVENIR DU LAC LÉMAN[1]*

A M. HUBER SALADIN*

1842[2]

ENCOR mal éveillé du plus brillant des rêves,
Au bruit lointain du lac qui dentelle tes grèves,
Rentré sous l'horizon de mes modestes cieux,
Pour revoir en dedans je referme les yeux,
Et devant mes regards flottent à l'aventure,
Avec des pans de ciel, des lambeaux de nature* !
Si Dieu brisait ce globe en confus éléments,
Devant sa face ainsi passeraient ses fragments[3]...

De grands golfes d'azur, où de rêveuses voiles
Répercutant le jour sur leurs ailes de toiles[4]*,
Passent d'un bord à l'autre avec les blonds troupeaux,
Les foins fauchés d'hier qui trempent dans les eaux;
Des monts aux verts gradins que la colline étage,
Qui portent sur leurs flancs les toits du blanc village,
Ainsi qu'un fort pasteur porte*, en montant aux bois,
Un chevreau sous son bras sans en sentir le poids;
Plus haut, les noirs sapins, mousses des précipices*,
Et les grands prés tachés d'éclatantes génisses*,
Et les chalets perdus pendant tout un été
Sur les derniers sommets de ce globe habité,
Où le regard, épris des hauteurs qu'il affronte,
S'élève avec l'amour, soupir qui toujours monte !...
Désert[5] où l'homme errant, pour leur lait et leur miel,
Trouve la liberté qu'il rapporta du ciel !...

Par-dessus ces sommets la neige blanche ou rose,
Fleur que l'été conserve et que la nue arrose;
Les glaciers suspendus, océans congelés*,
Pour la soif des vallons tour à tour distillés;
Dans l'abîme assourdi l'avalanche qui plonge;
Et sous la main de Dieu pressés comme une éponge,
Noyés dans son soleil, fondus à sa lueur,
Ces grands fronts de la terre exprimant sa sueur!...
Je vois blanchir d'ici, dans les sombres vallées,
Des torrents de poussière et des ondes ailées;
Leur sourd mugissement [6] tonne si loin de moi,
Que je n'entends plus rien du fracas que je voi!
. . . .
. . . .
Flèche d'eau du sommet dans le gouffre lancée,
La cascade en sifflant éblouit ma pensée;
Comme un lambeau de voile arraché par le vent,
Elle claque au rocher, rejaillit en pleuvant,
Et tombe en pétillant sur le granit qui fume
Comme un feu de bois vert que le pasteur allume.
A peine reste-t-il assez de ses vapeurs
Pour qu'un pâle arc-en-ciel y trempe ses couleurs
Et flotte quelque temps sur cette onde en fumée,
Comme sur un nom mort un peu de renommée!...
. . . .
. . . .
Notre barque s'endort, *ô Thoune** *!* sur ta mer,
Dont l'écume à la main ne laisse rien d'amer;
De tes flots, bleu miroir, ces Alpes sont la dune.
Il est nuit; sur ta lame on voit nager la lune :
Elle fait ruisseler sur son sentier changeant
Les mailles de cristal de son filet d'argent*,
Et regarde, à l'écart des bords d'un autre monde,
Les étoiles ses sœurs se baigner dans ton onde.
Son disque épanoui, de noyer en noyer,
De l'ondoiement des flots, pour nous, semble ondoyer;
Chaque arbre tour à tour la dévoile ou la cache.
D'un côté de l'esquif notre ombre étend sa tache,
Et de l'autre les monts, leurs neiges, leurs glaçons,

Plongent dans le sillage avec leurs blancs frissons !...
Diamant colossal enchâssé d'émeraudes,
Et le front rayonnant d'auréoles plus chaudes,
La rêveuse *Yungfrau** de son vert piédestal
Déploie aux vents des nuits sa robe de cristal...
A ce divin tableau, la rame lente oublie
De frapper sous le bord [7] la vague recueillie;
On n'entend que le bruit des blanches perles d'eau
Qui retombe au lac des deux flancs du bateau*,
Et le doux renflement d'un flot qui se soulève,
Sons inarticulés d'eau qui dort et qui rêve !...
O poétique mer ! il est dans cet esquif
Plus d'un cœur qui comprend ton murmure plaintif;
Qui, sous l'impression [8] dont ta scène l'inonde,
Pour soulever un sein, s'enfle comme ton onde,
S'ouvre pour réfléchir, à l'alpestre clarté,
La nature, son Dieu, l'amour, la liberté;
Et, ne pouvant parler sous le poids qui le charme,
Répand le dernier fond de toute âme... une larme* !

Huber ! heureux enfant de ces tribus de Tell*,
Que Dieu plaça plus près des Alpes, son autel !
Des splendeurs de ces monts doux et fier interprète,
Ame de citoyen dans un cœur de poète* !
Voilà donc ces sommets et ces lacs étoilés
Devant nos yeux ravis par ta main dévoilés !
Voilà donc ces rochers à qui ton amour crie
Le plus beau nom de l'homme à la terre : « O patrie !... »
Ah ! tu tiens à ce ciel par un double lien :
Qui chérit la nature [9] est deux fois citoyen !

Mais tu dis, dans l'orgueil de ta fière tendresse [10] :
« Ces monts sont trop bornés pour l'amour qui m'op-
[presse* :
« On voit la liberté sur leurs flancs resplendir;
« Mais, pour l'adorer plus, je voudrais l'agrandir.
« N'être qu'un poids léger de l'immense équilibre,
« C'est être respecté, ce n'est pas être libre :
« Dans sa force tout droit doit porter sa raison.

« Un grand peuple à ses pieds veut un grand horizon !
« Si la pitié des rois nous épargne l'offense,
« Le dédain des tyrans n'est pas l'indépendance* ;
« Il faut compter par masse et non par fractions,
« Pour jouer dans ce siècle au jeu des nations.
« La Suisse est l'oasis de mon âme attendrie ;
« J'y chéris mon berceau, j'y cherche une patrie !... »

— Adore ton pays, et ne l'arpente pas.
Ami, Dieu n'a pas fait les peuples au compas :
L'âme est tout* ; quel que soit l'immense flot qu'il roule,
Un grand peuple sans âme est une vaste foule !
Du sol qui l'enfanta la sainte passion
D'un essaim de pasteurs fait une nation ;
Une goutte de sang dont la gloire tient trace
Teint pour l'éternité le drapeau d'une race !
N'en est-il pas assez sur la flèche de Tell*
Pour rendre son ciel libre et son peuple immortel ?
Sparte vit trois cents ans d'un seul jour d'héroïsme*.
La terre se mesure au seul patriotisme.
Un pays ? c'est un homme*, une gloire, un combat !
Zurich ou Marathon, Salamine ou Morat* !
La grandeur de la terre est d'être ainsi chérie :
Le Scythe* a des déserts, le Grec une patrie !...
Autour d'un groupe épars de montagnes, d'îlots,
Promontoires noyés dans les brumes des flots,
Avec son sang versé d'une héroïque artère,
Léonidas mourant écrit du doigt, sur terre,
Des titres de vertu, d'amour, de liberté,
Qui lèguent un pays à l'immortalité* !
Qu'importe sa surface ? un jour, cette colline
Sera le Parthénon, et ces flots Salamine !
Vous les avez écrits, ces titres et ces droits,
Sur un granit plus sûr que les chartes des rois !
Mais ce n'est plus le glaive, Huber, c'est la pensée,
Par qui des nations la force est balancée*.
Le règne de l'esprit est à la fin venu.
Plus d'autres boucliers ! — l'homme combat à nu. —
La conquête brutale est l'erreur de la gloire.

Tu l'as vu, nos exploits font pleurer notre histoire.
De triomphe en triomphe, un ingrat conquérant
A rétréci le sol qui l'avait fait si grand* !...
Il faut qu'avec l'effort de l'orgueil en souffrance
Le génie et la paix reconquièrent la France,
Et que nos vérités, de leurs plus beaux rayons,
Dérobent notre épée à l'œil des nations,
Ainsi qu'Harmodius sous un faisceau de rose*
Cachait le saint poignard altéré d'autre chose !
Les serviteurs du monde en sont seuls les héros :
Où naquit un grand homme, un empire est éclos.
La terre qui l'enfante, illustrée et bénie,
Monte de son niveau, grandit de son génie :
Il conquiert à son nom tout ce qui le comprend.
O Léman*, à ce titre es-tu donc trop peu grand?
Jamais Dieu versa-t-il sur sa terre choisie,
De sa corne de dons, d'amour, de poésie,
Plus de noms immortels, sonores, éclatants,
Que ceux dont tu grossis le bruit lointain du temps?
L'amour, la liberté, ces alcyons du monde,
Combien de fois ont-ils pris leur vol sur ton onde,
Ou confié leur nid à tes flots transparents* ?
Je vois d'ici verdir les pentes de *Clarens**,
Des rêves de Rousseau fantastiques royaumes,
Plus réels, plus peuplés de ses vivants fantômes
Que si vingt nations sans gloire et sans amour
Avaient creusé mille ans leurs lits dans ce séjour;
Tant l'idée est puissante à créer sa patrie !
Voilà ces prés, ces eaux, ces rocs de *Meillerie**,
Ces vallons suspendus dans le ciel du Valais,
Ces soleils scintillants sur le bois des chalets,
Où, des simples des champs en cueillant le dictame*,
Dans leur plus frais parfum il aspira son âme !
Aussi le souvenir de ces félicités
Le suivit-il toujours dans l'ombre des cités.
Ses pieds rampants gardaient l'odeur des herbes hautes,
Son premier ciel brillait jusqu'au fond de ses fautes,
Comme une eau de cascade, en perdant sa blancheur,
Roule à l'Arve* glacé sa première fraîcheur.

. . . .
Voltaire ! quel que soit le nom dont on le nomme,
C'est un cycle vivant, c'est un siècle fait homme* !
Pour fixer de plus haut le jour de la raison,
Son œil d'aigle et de lynx choisit ton horizon;
Heureux si, sur ces monts où Dieu luit davantage,
Il eût vu plus de ciel à travers le nuage !
. . . .
Byron, comme un lutteur fatigué du combat,
Pour saigner et mourir, sur tes rives s'abat*;
On dit que, quand les vents roulent ton onde en poudre,
Sa voix est dans tes cris [11] et son œil dans ta foudre*.
Une plume du cygne enlevée à son flanc
Brille sur ta surface à côté du mont Blanc* !
. . . .
Mais mon âme, ô Coppet, s'envole sur tes rives,
Où *Corinne** repose au bruit des eaux plaintives.
En voyant ce tombeau sur le bord du chemin,
Tout front noble s'incline au nom du genre humain.
Colombe de salut pour l'arche du génie*,
Seule elle traversa la mer de tyrannie !
Pendant que sous ses fers [12] l'univers avili
Du front césarien étudiait le pli,
Ce petit coin de terre, oasis de vengeance,
Protestait pour le siècle et pour l'intelligence* :
Le poids du monde entier ne pouvait assoupir,
Liberté, dans ce cœur ton suprême soupir !
Ce soupir d'une femme alluma le tonnerre
Qui foudroya d'en bas le Titan de la guerre;
Il tomba, sur son roc par la haine emporté.
Vesta de la vengeance et de la liberté,
Sous les débris fumants de l'univers en flamme,
On retrouva leurs feux immortels [13] dans ton âme* !...

Ah ! que d'autres*, flatteurs d'un populaire orgueil,
Suivent leur servitude au fond d'un grand cercueil [14];
Qu'imitant des Césars [15] l'abjecte idolâtrie,
Pour socle d'une tombe ils couchent la patrie,
Et, changeant un grand peuple en servile troupeau,

Qu'ils lui fassent lécher la *botte* ou le *chapeau** !
D'autres tyrans naîtront de ces larmes d'esclaves :
Diviniser le fer, c'est forger ses entraves !
Avilir les humains, ce n'est pas se grandir;
C'est éteindre le feu dont on veut resplendir,
C'est abaisser sous soi le sommet où l'on monte,
C'est sculpter sa statue avec un bloc de honte !
Si le banal encens [16] qui brûle dans leurs mains
Se mesure au mépris qu'on a fait des humains,
Le colosse de fer dont ils fardent l'histoire
Avec plus de mépris aurait donc plus de gloire?
Plus bas, Séjans* d'une ombre ! admirez à genoux !
Il avait deviné des juges tels que vous.

Mais le temps est seul juge : ami, laissons-les faire;
Qu'ils pétrissent du sang à ce dieu du vulgaire;
Que tout rampe à ses pieds de bronze... excepté moi !
Staël, à lui l'univers ! — mais cette larme à toi ! —
. . . .
Huber, que ce grand nom, que ces ombres si chères
Agrandissent pour vous le pays de vos pères !
Rebandez le vieil arc que son poids détendit :
On resserre le nœud quand le faisceau grandit*.
Dans le tronc fédéral concentrez mieux sa sève [17];
La tribu devient peuple et l'unité l'achève !
Que Genève à nos pieds ouvre son libre port :
La liberté du faible est la gloire du fort*.
Que, sous les mille esquifs dont ses eaux sont ridées,
Palmyre* européenne au confluent d'idées,
Elle voie en ses murs l'Ibère et le Germain
Échanger la pensée en se donnant la main !
Nid d'aigles élevé sur toute tyrannie,
Qu'elle soit pour l'exil l'hospice du génie,
Et que ces grands martyrs de l'immortalité
Lui payent d'un rayon son hospitalité* !

Pour moi, cygne d'hiver égaré sur tes plages,
Qui retourne affronter son ciel chargé d'orages,
Puissé-je quelquefois, dans ton cristal mouillé,

Retremper, ô Léman, mon plumage souillé* !
Puissé-je, comme hier, couché sur le pré sombre
Où des grands châtaigniers d'Évian penche l'ombre [18],
Regarder sur ton sein la voile de pêcheur,
Triangle lumineux, découper sa blancheur,
Écouter attendri les gazouillements vagues
Que viennent à mes pieds balbutier tes vagues,
Et voir ta blanche écume, en brodant tes contours,
Monter, briller et fondre, ainsi que font nos jours [19]* !...

MÉDITATION DIX-NEUVIÈME

LA PRIÈRE [1]*

Le roi brillant du jour, se couchant dans sa gloire,
Descend avec lenteur de son char de victoire*.
Le nuage éclatant qui le cache à nos yeux
Conserve en sillons d'or sa trace dans les cieux,
Et d'un reflet de pourpre inonde l'étendue*.
Comme une lampe d'or*, dans l'azur suspendue,
La lune se balance aux bords [2] de l'horizon;
Ses rayons affaiblis [3] dorment sur le gazon*,
Et le voile des nuits* sur les monts se déplie :
C'est l'heure où la nature, un moment recueillie,
Entre la nuit qui tombe et le jour qui s'enfuit,
S'élève au Créateur du jour et de la nuit,
Et semble offrir à Dieu, dans son brillant langage,
De la création le magnifique hommage.

Voilà le sacrifice immense, universel!
L'univers est le temple, et la terre est l'autel*;
Les cieux en sont le dôme : et ces astres [4] sans nombre,
Ces feux demi-voilés, pâle ornement de l'ombre,
Dans la voûte d'azur avec ordre semés,
Sont les sacrés flambeaux pour ce temple [5] allumés :
Et ces nuages purs qu'un jour mourant colore,
Et qu'un souffle léger [6], du couchant à l'aurore,
Dans les plaines de l'air, repliant mollement,
Roule en flocons de pourpre aux bords du firmament*,
Sont les flots de l'encens qui monte et s'évapore
Jusqu'au trône du Dieu que la nature adore.

Mais ce temple est sans voix. Où sont les saints concerts*?
D'où s'élèvera l'hymne au roi de l'univers?
Tout se tait : mon cœur seul parle dans ce silence*.
La voix de l'univers, c'est mon intelligence*.
Sur les rayons du soir, sur les ailes du vent*,
Elle s'élève à Dieu comme un parfum vivant*,
Et, donnant un langage à toute créature,
Prête pour l'adorer * mon âme à la nature.
Seul, invoquant ici [7] son regard paternel,
Je remplis le désert du nom de l'Éternel*;
Et celui qui, du sein de sa gloire infinie,
Des sphères qu'il ordonne écoute l'harmonie,
Écoute aussi la voix de mon humble raison,
Qui contemple sa gloire et murmure son nom.

Salut, principe et fin de toi-même et du monde,
Toi qui rends d'un regard l'immensité féconde;
Ame de l'univers, Dieu, père, créateur,
Sous tous ces noms divers, je crois en toi, Seigneur*;
Et, sans avoir besoin d'entendre ta parole,
Je lis au front des cieux mon glorieux symbole.
L'étendue à mes yeux révèle ta grandeur,
La terre ta bonté, les astres ta splendeur.
Tu t'es produit toi-même en ton [8] brillant ouvrage;
L'univers tout entier réfléchit ton image,
Et mon âme à son tour réfléchit l'univers.
Ma pensée, embrassant tes [9] attributs divers,
Partout autour de soi [10] te découvre et t'adore,
Se contemple soi-même, et t'y découvre encore :
Ainsi l'astre du jour éclate dans les cieux,
Se réfléchit dans l'onde et se peint à mes yeux*.

C'est peu de croire en toi, bonté, beauté suprême;
Je te cherche partout, j'aspire à toi, je t'aime;
Mon âme est un rayon de lumière et d'amour
Qui, du foyer divin détaché pour un jour,
De désirs dévorants loin de toi consumée,
Brûle de remonter à sa source enflammée*.
Je respire, je sens, je pense, j'aime en toi*.

Ce monde qui te cache est transparent pour moi;
C'est toi que je découvre au fond de la nature,
C'est toi que je bénis dans toute créature.
Pour m'approcher de toi j'ai fui dans ces déserts*;
Là, quand l'aube, agitant son voile dans les airs*,
Entr'ouvre l'horizon qu'un jour naissant colore,
Et sème sur les monts les perles de l'aurore,
Pour moi c'est ton regard qui, du divin séjour,
S'entr'ouvre sur le monde et lui répand le jour* :
Quand l'astre à son midi, suspendant sa carrière,
M'inonde de chaleur, de vie et de lumière,
Dans ses puissants rayons, qui raniment mes sens,
Seigneur, c'est ta vertu, ton souffle que je sens*;
Et quand la nuit*, guidant son cortège d'étoiles,
Sur le monde endormi, jette ses sombres voiles,
Seul, au sein du désert, et de l'obscurité,
Méditant de la nuit la douce majesté,
Enveloppé de calme, et d'ombre, et de silence,
Mon âme, de plus près, adore ta présence;
D'un jour intérieur je me sens éclairer,
Et j'entends une voix qui me dit d'espérer*.

Oui, j'espère, Seigneur, en ta magnificence* :
Partout, à pleines mains, prodiguant l'existence,
Tu n'auras pas borné le nombre de mes jours
A ces jours d'ici-bas, si troublés et si courts.
Je te vois en tous lieux conserver et produire;
Celui qui peut créer dédaigne de détruire.
Témoin de ta puissance et sûr de ta bonté,
J'attends le jour sans fin de l'immortalité*.
La mort m'entoure en vain de ses ombres funèbres,
Ma raison voit le jour à travers ces ténèbres [11].
C'est le dernier degré qui m'approche de toi,
C'est le voile qui tombe entre ta face et moi*.
Hâte pour moi, Seigneur, ce moment que j'implore*;
Ou, si dans tes secrets tu le retiens encore,
Entends du haut du ciel le cri de mes besoins;
L'atome et l'univers sont l'objet de tes soins*,
Des dons de ta bonté soutiens mon indigence,

Nourris mon corps de pain*, mon âme d'espérance;
Réchauffe d'un regard de tes yeux tout-puissants
Mon esprit éclipsé par l'ombre de mes sens*;
Et, comme le soleil aspire la rosée,
Dans ton sein, à jamais, absorbe ma pensée*.

MÉDITATION VINGTIÈME

INVOCATION [1]*

O toi qui m'apparus* dans ce désert du monde,
Habitante du ciel*, passagère en ces lieux!
O toi qui fis briller dans cette nuit profonde
Un rayon d'amour [2] à mes yeux;

A mes yeux étonnés montre-toi tout entière,
Dis-moi quel est ton nom, ton pays, ton destin [3]*.
Ton berceau fut-il sur la terre?
Ou n'es-tu qu'un souffle [4] divin?

Vas-tu revoir demain [5] l'éternelle lumière?
Ou dans ce lieu [6] d'exil, de deuil, et de misère*,
Dois-tu poursuivre encor ton pénible chemin?
Ah! quel que soit ton nom, ton destin, ta patrie [7],
Ou fille [8] de la terre, ou du divin séjour,
Ah! laisse-moi, toute ma vie,
T'offrir mon culte ou mon amour*.

Si tu dois, comme nous, achever ta carrière [9],
Sois mon appui [10], mon guide, et souffre qu'en tous lieux,
De tes pas adorés je baise [11] la poussière*.
Mais si tu prends ton vol, et si, loin de nos yeux,
Sœur des anges*, bientôt tu remontes près d'eux [12],
Après m'avoir aimé quelques jours sur la terre,
Souviens-toi de moi dans les cieux [13]*.

MÉDITATION VINGT ET UNIÈME

LA FOI[1]*

O NÉANT* ! ô seul Dieu que je puisse comprendre !
Silencieux abîme où je vais redescendre,
Pourquoi laissas-tu l'homme échapper de ta main* ?
De quel sommeil profond je dormais dans ton sein !
Dans l'éternel oubli j'y dormirais encore ;
Mes yeux n'auraient pas vu ce faux jour que j'abhorre,
Et dans ta longue nuit, mon paisible sommeil
N'aurait jamais connu ni songes ni réveil.

— Mais puisque je naquis, sans doute il fallait naître*.
Si l'on m'eût consulté, j'aurais refusé l'être*.
Vains regrets ! le destin me condamnait au jour,
Et je vins[2], ô soleil, te maudire à mon tour.

— Cependant, il est vrai, cette première aurore,
Ce réveil incertain d'un être qui s'ignore,
Cet espace infini s'ouvrant devant ses yeux,
Ce long regard de l'homme interrogeant les cieux,
Ce vague enchantement, ces torrents d'espérance,
Éblouissent les yeux au seuil de l'existence*.
Salut, nouveau séjour où le temps m'a jeté !
Globe, témoin futur de ma félicité !
Salut, sacré flambeau qui nourris la nature !
Soleil, premier amour de toute créature* !
Vastes cieux, qui cachez le Dieu qui vous a faits !
Terre, berceau de l'homme, admirable palais* !
Homme, semblable à moi, mon compagnon, mon frère !
Toi plus belle à mes yeux, à mon âme plus chère !
Salut, objets, témoins, instruments du bonheur[3]* !
Remplissez vos destins, je vous apporte un cœur...

— Que ce rêve est brillant ! mais, hélas ! c'est un rêve*.
Il commençait alors ; maintenant il s'achève.
La douleur lentement m'entr'ouvre le tombeau :
Salut, mon dernier jour ! sois mon jour le plus beau !

J'ai vécu ; j'ai passé ce désert de la vie*,
Où toujours sous mes pas chaque fleur s'est flétrie ;
Où toujours l'espérance, abusant ma raison,
Me montrait le bonheur dans un vague horizon* ;
Où du vent de la mort les brûlantes haleines
Sous mes lèvres toujours tarissaient les fontaines*.
Qu'un autre*, s'exhalant en regrets superflus,
Redemande au passé ses jours qui ne sont plus,
Pleure de son printemps l'aurore évanouie,
Et consente à revivre une seconde vie :
Pour moi, quand le destin m'offrirait à mon choix*
Le sceptre du génie ou le trône des rois,
La gloire, la beauté, les trésors, la sagesse,
Et joindrait à ses dons l'éternelle jeunesse,
J'en jure par la mort ; dans un monde pareil,
Non, je ne voudrais pas rajeunir d'un soleil.
Je ne veux pas d'un monde où tout change, où tout
[passe* ;
Où, jusqu'au souvenir, tout s'use et tout s'efface ;
Où tout est fugitif, périssable, incertain ;
Où le jour du bonheur n'a pas de lendemain !

— Combien de fois ainsi, trompé par l'existence,
De mon sein pour jamais j'ai banni l'espérance* !
Combien de fois ainsi mon esprit abattu
A cru s'envelopper d'une froide vertu,
Et, rêvant de Zénon la trompeuse sagesse,
Sous un manteau stoïque a caché sa faiblesse !
Dans son indifférence un jour enseveli,
Pour trouver le repos il invoquait l'oubli.
Vain repos, faux sommeil ! — Tel qu'au pied des collines*
Où Rome sort du sein de ses propres ruines,
L'œil voit dans ce chaos, confusément épars,
D'antiques monuments, de modernes remparts,

Des théâtres croulants*, dont les frontons superbes
Dorment dans la poussière ou rampent sous les herbes,
Les palais des héros par les ronces couverts,
Des dieux couchés au seuil de leurs temples déserts,
L'obélisque éternel ombrageant la chaumière,
La colonne portant une image étrangère,
L'herbe dans les forum, les fleurs dans les tombeaux,
Et ces vieux panthéons peuplés de dieux nouveaux*;
Tandis que, s'élevant de distance en distance,
Un faible bruit de vie interrompt ce silence* :
Telle est notre âme, après ces longs ébranlements;
Secouant la raison jusqu'en ses fondements,
Le malheur n'en fait plus qu'une immense ruine,
Où comme un grand débris de désespoir domine!
De sentiments éteints silencieux chaos,
Éléments opposés, sans vie et sans repos,
Restes de passions [4] par le temps effacées,
Combat désordonné de vœux et de pensées,
Souvenirs expirants, regrets, dégoûts, remords [5]*.
Si du moins ces débris nous attestaient sa mort!
Mais sous ce vaste deuil l'âme encore est vivante;
Ce feu sans aliment soi-même s'alimente;
Il renaît de sa cendre, et ce fatal flambeau*
Craint de brûler encore au delà du tombeau.

Ame! qui donc es-tu? flamme qui me dévore,
Dois-tu vivre après moi? dois-tu souffrir encore?
Hôte mystérieux, que vas-tu devenir?
Au grand flambeau du jour vas-tu te réunir?
Peut-être de ce feu tu n'es qu'une étincelle,
Qu'un rayon égaré, que cet astre rappelle.
Peut-être que, mourant lorsque l'homme est détruit,
Tu n'es qu'un suc plus pur que la terre a produit,
Une fange animée, une argile pensante*...
Mais que vois-je? à ce mot, tu frémis d'épouvante :
Redoutant le néant, et lasse de souffrir,
Hélas! tu crains de vivre et trembles de mourir*.

— Qui te révélera, redoutable mystère?
J'écoute en vain la voix des sages de la terre* :

Le doute égare aussi ces sublimes esprits,
Et de la même argile ils ont été pétris.
Rassemblant les rayons de l'antique sagesse,
Socrate te cherchait aux beaux jours de la Grèce;
Platon à Sunium te cherchait après lui*;
Deux mille ans sont passés, je te cherche aujourd'hui;
Deux mille ans passeront, et les enfants des hommes
S'agiteront encor dans la nuit où nous sommes*.
La vérité rebelle échappe à nos regards,
Et Dieu seul réunit tous ses rayons épars [6]*.

— Ainsi, prêt à fermer mes yeux [7] à la lumière,
Nul espoir ne viendra consoler ma paupière :
Mon âme aura passé sans guide et sans flambeau
De la nuit d'ici-bas dans la nuit du tombeau,
Et j'emporte au hasard, au monde où je m'élance,
Ma vertu sans espoir, mes maux sans récompense*.
Réponds-moi, Dieu cruel! S'il est vrai que tu sois,
J'ai donc le droit fatal de maudire tes lois!
Après le poids du jour, du moins le mercenaire
Le soir s'assied à l'ombre, et reçoit son salaire :
Et moi, quand je fléchis sous le fardeau du sort,
Quand mon jour est fini, mon salaire est la mort*.
. . . .
. . . .
— Mais, tandis qu'exhalant le doute et le blasphème,
Les yeux sur mon tombeau, je pleure sur moi-même,
La foi, se réveillant, comme un doux souvenir,
Jette un rayon d'espoir sur mon pâle avenir,
Sous l'ombre de la mort me ranime et m'enflamme,
Et rend à mes vieux jours* la jeunesse de l'âme.
Je remonte, aux lueurs de ce flambeau divin*,
Du couchant de ma vie à son riant matin*;
J'embrasse d'un regard la destinée humaine;
A mes yeux satisfaits tout s'ordonne et s'enchaîne*;
Je lis dans l'avenir la raison du présent;
L'espoir ferme après moi les portes du néant,
Et rouvrant l'horizon à mon âme ravie,
M'explique par la mort l'énigme de la vie*.

Cette foi qui m'attend au bord de mon tombeau,
Hélas! il m'en souvient, plana sur mon berceau.
De la terre promise* immortel héritage,
Les pères à leurs fils l'ont transmis d'âge en âge*.
Notre esprit la reçoit à son premier réveil,
Comme les dons d'en haut, la vie et le soleil*;
Comme le lait de l'âme, en ouvrant la paupière,
Elle a coulé pour nous des lèvres d'une mère;
Elle a pénétré l'homme en sa tendre saison;
Son flambeau dans les cœurs précéda la raison.
L'enfant, en essayant sa première parole,
Balbutie au berceau son sublime symbole,
Et, sous l'œil maternel germant à son insu,
Il la sent dans son cœur croître avec la vertu*.

Ah! si la vérité fut faite pour la terre,
Sans doute elle a reçu ce simple caractère;
Sans doute dès l'enfance offerte à nos regards,
Dans l'esprit par les sens entrant de toutes parts,
Comme les purs rayons de la céleste flamme*
Elle a dû dès l'aurore environner notre âme,
De l'esprit par l'amour descendre dans les cœurs,
S'unir au souvenir, se fondre dans les mœurs*;
Ainsi qu'un grain fécond que l'hiver couvre encore,
Dans notre sein longtemps germer avant d'éclore,
Et, quand l'homme a passé son orageux été,
Donner son fruit divin pour l'immortalité*.

Soleil mystérieux [8]! flambeau d'une autre sphère,
Prête à mes yeux mourants ta mystique lumière,
Pars du sein du Très-Haut, rayon consolateur.
Astre vivifiant, lève-toi dans mon cœur*!
Hélas! je n'ai que toi; dans mes heures funèbres [9],
Ma raison qui pâlit [10] m'abandonne aux ténèbres*;
Cette raison superbe, insuffisant flambeau*,
S'éteint comme la vie aux portes du tombeau;
Viens donc la remplacer, ô céleste lumière!
Viens d'un jour sans nuage inonder ma paupière*;
Tiens-moi lieu du soleil que je ne dois plus voir [11],
Et brille à l'horizon comme l'astre du soir*.

MÉDITATION VINGT-DEUXIÈME

LE GÉNIE

A M. de Bonald [1]*

Impavidum ferient ruinæ [2]*.

Ainsi, quand parmi les tempêtes [3],
Au sommet brûlant du Sina,
Jadis le plus grand des prophètes [4]
Gravait les tables de Juda;
Pendant cet entretien sublime,
Un nuage couvrait la cime
Du mont inaccessible aux yeux [5],
Et, tremblant aux coups du tonnerre,
Juda [6], couché dans la poussière,
Vit ses lois descendre des cieux*.

Ainsi des sophistes célèbres*
Dissipant les fausses clartés,
Tu tires du sein [7] des ténèbres
D'éblouissantes vérités*.
Ce voile [8] qui des lois premières*
Couvrait les augustes mystères [9],
Se déchire et tombe à ta voix;
Et tu suis ta route assurée,
Jusqu'à cette source sacrée
Où le monde a puisé ses lois [10]*.

Assis sur la base immuable
De l'éternelle vérité,

Tu vois d'un œil inaltérable
Les phases de l'humanité [11].
Secoués de [12] leurs gonds antiques,
Les empires, les républiques
S'écroulent en débris épars;
Tu ris des terreurs où nous sommes :
Partout où nous voyons les hommes,
Un Dieu se montre à tes regards [13]* !

En vain par quelque faux système*
Un système faux est détruit;
Par le désordre à l'ordre même,
L'univers moral est conduit*.
Et comme autour d'un astre unique,
La terre, dans sa route oblique,
Décrit sa route dans les airs [14],
Ainsi, par une loi plus belle,
Ainsi la justice éternelle
Est le pivot de l'univers* !

Mais quoi ! tandis que le génie
Te ravit si loin de nos yeux [15],
Les lâches clameurs de l'envie
Te suivent jusque dans les cieux* !
Crois-moi, dédaigne d'en descendre,
Ne t'abaisse pas pour entendre
Ces bourdonnements détracteurs [16].
Poursuis ta sublime carrière,
Poursuis; le mépris du vulgaire
Est l'apanage des grands cœurs [17]*.

Objet de ses amours frivoles,
Ne l'as-tu pas vu [18] tour à tour
Se forger de frêles idoles*
Qu'il adore et brise en un jour?
N'as-tu pas vu son inconstance [19]
De l'héréditaire croyance
Éteindre les sacrés flambeaux*,
Brûler ce qu'adoraient ses pères*,

Et donner le nom de lumières
A l'épaisse nuit des tombeaux?

Secouant ses antiques rênes,
Mais par d'autres tyrans flatté [20],
Tout meurtri du poids de ses chaînes,
L'entends-tu crier : *Liberté ?*
Dans ses sacrilèges caprices,
Le vois-tu, donnant à ses vices [21]
Les noms de toutes les vertus;
Traîner Socrate aux gémonies,
Pour faire, en des temples impies,
L'apothéose d'Anitus*?

Si pour caresser sa faiblesse,
Sous tes pinceaux adulateurs,
Tu parais du nom de sagesse
Les leçons de ses corrupteurs [22],
Tu verrais ses mains avilies,
Arrachant des palmes flétries
De quelque front [23] déshonoré,
Les répandre sur ton passage,
Et, changeant la gloire en outrage [24],
T'offrir un triomphe abhorré* !

Mais loin d'abandonner la lice
Où ta jeunesse a combattu [25],
Tu sais que l'estime du vice
Est un outrage à la vertu !
Tu t'honores de tant de haine [26],
Tu plains ces faibles cœurs [27] qu'entraîne
Le cours de leur siècle égaré;
Et seul contre le flot rapide,
Tu marches d'un pas intrépide [28]
Au but que la gloire a montré [29]* !

Tel un torrent*, fils de l'orage,
En roulant du sommet des monts,
S'il rencontre sur son passage

Un chêne, l'orgueil des vallons [30];
Il s'irrite, il écume, il gronde,
Il presse des plis de son onde
L'arbre vainement menacé;
Mais debout parmi les ruines [31]*,
Le chêne aux profondes racines
Demeure; et le fleuve a passé!

Toi donc, des mépris de ton âge
Sans être jamais rebuté,
Retrempe ton mâle courage [32]
Dans les flots de l'adversité!
Pour cette lutte qui s'achève,
Que la vérité soit ton glaive,
La justice ton bouclier.
Va! dédaigne d'autres armures [33];
Et si tu reçois des blessures,
Nous les couvrirons de laurier *!

Vois-tu dans la carrière antique [34],
Autour des coursiers et des chars,
Jaillir la poussière olympique
Qui les dérobe à nos regards*?
Dans sa course ainsi le génie,
Par les nuages de l'envie [35]
Marche longtemps environné;
Mais au terme de la carrière,
Des flots de l'indigne poussière [36]
Il sort vainqueur et couronné [37]*.

MÉDITATION VINGT-TROISIÈME

PHILOSOPHIE [1]*

Au marquis de L. M. F. [2]

Oh ! qui m'emportera vers [3] les tièdes rivages*
Où l'Arno couronné de ses pâles ombrages,
Aux murs des Médicis [4]* en sa course arrêté,
Réfléchit le palais par un sage habité [5]*,
Et semble, au bruit flatteur de son onde plus lente,
Murmurer les grands noms de Pétrarque et du Dante [6]?
Ou plutôt, que ne puis-je, au doux tomber du jour,
Quand, le front soulagé du fardeau [7] de la cour,
Tu vas sous tes bosquets chercher ton Égérie*,
Suivre, en rêvant, tes pas de prairie en prairie;
Jusqu'au modeste toit par tes mains embelli [8],
Où tu cours [9] adorer le silence et l'oubli !
J'adore aussi ces dieux : depuis que la sagesse
Aux rayons du malheur a mûri ma jeunesse,
Pour nourrir ma raison des seuls fruits immortels,
J'y cherche [10] en soupirant l'ombre de leurs autels;
Et, s'il est au sommet de la verte [11] colline,
S'il est sur le penchant du coteau [12] qui s'incline,
S'il est aux bords déserts du torrent [13] ignoré
Quelque rustique abri, de verdure entouré,
Dont le pampre arrondi sur le seuil domestique
Dessine en serpentant le flexible portique*,
Semblable à la colombe errante sur les eaux,
Qui, des cèdres d'Arar découvrant les rameaux,
Vola sur leur sommet poser ses pieds de rose*,
Soudain mon âme errante y vole et s'y repose*.

Aussi, pendant qu'admis dans les conseils des rois [14]*,
Représentant d'un maître honoré par son choix*,
Tu tiens un des grands fils de la trame du monde;
Moi, parmi les pasteurs, assis aux bords de l'onde [15]*,
Je suis d'un œil rêveur les barques sur les eaux;
J'écoute les soupirs du vent dans les roseaux;
Nonchalamment couché près du lit des fontaines,
Je suis l'ombre qui tourne autour du tronc des chênes*,
Ou je grave un vain nom sur l'écorce des bois,
Ou je parle à l'écho qui répond à ma voix*,
Ou dans le vague [16] azur contemplant les nuages,
Je laisse errer comme eux mes flottantes images*;
La nuit tombe, et le Temps, de son doigt redouté [17],
Me marque un jour de plus que je n'ai pas compté!

Quelquefois seulement, quand mon âme oppressée
Sent en rythmes nombreux déborder ma pensée [18]*,
Au souffle inspirateur du soir dans les déserts [19],
Ma lyre abandonnée exhale encor des vers!
J'aime à sentir ces fruits d'une sève plus mûre,
Tomber sans qu'on les cueille, au gré de la nature,
Comme le sauvageon secoué par les vents,
Sur les gazons flétris, de ses [20] rameaux mouvants
Laisse tomber ses fruits que la branche abandonne*,
Et qui meurent au pied de l'arbre qui les donne!
Il fut un temps*, peut-être, où [21] mes jours mieux remplis,
Par la gloire éclairés, par l'amour embellis [22],
Et fuyant loin de moi sur des ailes rapides,
Dans la nuit du passé ne tombaient pas si vides.
Aux douteuses clartés de l'humaine raison,
Égaré dans les cieux sur les pas de Platon,
Par ma propre vertu je cherchais à connaître
Si l'âme est en effet un souffle du grand Être;
Si ce rayon divin, dans l'argile enfermé,
Doit être par la mort éteint ou rallumé;
S'il doit après mille ans revivre sur la terre;
Ou si, changeant sept fois de destins [23] et de sphère,
Et montant d'astre en astre à son centre divin,
D'un but qui [24] fuit toujours* il s'approche sans fin?

Si dans ces changements nos souvenirs [25] survivent?
Si nos soins, nos amours, si nos vertus nous suivent?
S'il est un juge assis aux portes des enfers,
Qui sépare à jamais [26] les justes des pervers*?
S'il est de saintes lois qui, du ciel émanées,
Des empires mortels prolongent les années,
Jettent un frein au peuple indocile à leur voix,
Et placent l'équité sous la garde des rois?
Ou si d'un dieu qui dort l'aveugle nonchalance
Laisse au gré du destin trébucher sa balance [27],
Et livre, en détournant ses yeux indifférents,
La nature au hasard, et la terre aux tyrans [28]*?
Mais ainsi que des cieux, où son vol se déploie,
L'aigle souvent trompé redescend sans sa proie [29],
Dans ces vastes hauteurs [30] où mon œil s'est porté,
Je n'ai rien découvert que doute et [31] vanité*!
Et las d'errer sans fin dans des champs [32] sans limite,
Au seul jour où je vis, au seul bord [33] que j'habite,
J'ai borné désormais ma pensée et mes soins :
Pourvu qu'un Dieu caché* fournisse à mes besoins!
Pourvu que dans les bras d'une épouse chérie
Je goûte obscurément les doux fruits de ma vie [34]*!
Que le rustique enclos [35] par mes pères planté
Me donne un toit l'hiver, et de l'ombre l'été;
Et que d'heureux enfants ma table couronnée
D'un convive de plus se peuple chaque année!
Ami! je n'irai plus ravir [36] si loin de moi,
Dans les secrets de Dieu, ces comment, ces pourquoi [37],
Ni du risible effort de mon faible génie,
Aider péniblement la sagesse infinie!
Vivre est assez pour nous; un plus sage l'a dit :
Le soin de chaque jour à chaque jour suffit*.
Humble, et du saint des saints* respectant les mystères,
J'héritai l'innocence et le Dieu de mes pères;
En inclinant mon front j'élève à lui mes bras,
Car la terre l'adore et ne le comprend pas [38] :
Semblable à l'Alcyon, que la mer dorme ou gronde,
Qui dans son nid flottant s'endort en paix sur l'onde*,
Me reposant sur Dieu du soin de me guider

A ce port [39] invisible où tout doit aborder,
Je laisse mon esprit libre d'inquiétude [40],
D'un facile bonheur faisant sa seule étude,
Et prêtant sans orgueil [41] la voile à tous les vents,
Les yeux tournés vers lui, suivre le cours du temps.

Toi, qui longtemps battu des vents et de l'orage,
Jouissant aujourd'hui de ce ciel sans nuage [42],
Du sein de ton repos [43] contemples du même œil
Nos revers sans dédain [44], nos erreurs sans orgueil;
Dont la raison facile et chaste sans rudesse,
Des sages de ton temps [45] n'a pris que la sagesse,
Et qui reçus d'en haut ce don mystérieux
De parler aux mortels dans la langue des dieux [46];
De ces bords enchanteurs où ta voix me convie,
Où s'écoule à flots purs l'automne de ta vie [47],
Où les eaux et les fleurs [48], et l'ombre, et l'amitié*,
De tes jours nonchalants [49] usurpent la moitié,
Dans ces vers [50] inégaux que ta muse entrelace,
Dis-nous [51], comme autrefois nous l'aurait dit Horace,
Si l'homme doit combattre ou suivre son destin [52]?
Si je me suis trompé de but ou de chemin?
S'il est vers la sagesse [53] une autre route à suivre?
Et si l'art d'être heureux n'est pas tout l'art de vivre*.

MÉDITATION VINGT-QUATRIÈME

LE GOLFE DE BAYA, PRÈS DE NAPLES [1]*

Vois-tu comme le flot paisible
Sur le rivage vient mourir!
Vois-tu le volage zéphir
Rider, d'une haleine insensible,
L'onde qu'il aime à parcourir*!
Montons sur la barque légère*
Que ma main guide sans efforts,
Et de ce golfe solitaire
Rasons timidement les bords*.

Loin de nous déjà fuit la rive.
Tandis que d'une main craintive*
Tu tiens le docile aviron,
Courbé sur la rame bruyante
Au sein de l'onde frémissante*
Je trace un rapide sillon.

Dieu! quelle fraîcheur on respire!
Plongé dans le sein de Thétis [2]*,
Le soleil a cédé l'empire
A la pâle reine des nuits*.
Le sein des fleurs demi-fermées
S'ouvre, et de vapeurs embaumées
En ce moment remplit les airs;
Et du soir la brise légère
Des plus doux parfums de la terre
A son tour embaume les mers*.

Quels chants sur ces flots retentissent*?
Quels chants éclatent sur ces bords?

De ces deux concerts [3] qui s'unissent
L'écho prolonge les accords.
N'osant se fier aux étoiles,
Le pêcheur, repliant ses voiles,
Salue, en chantant, son séjour;
Tandis qu'une folle jeunesse
Pousse au ciel des cris d'allégresse,
Et fête son heureux retour.

Mais déjà l'ombre plus épaisse
Tombe et brunit les vastes mers;
Le bord s'efface, le bruit cesse,
Le silence occupe les airs*.
C'est l'heure où la mélancolie [4]
S'assoit [5]* pensive et recueillie
Aux bords silencieux des mers,
Et, méditant sur les ruines,
Contemple au penchant des collines
Ce palais, ces temples déserts*.

O de la liberté vieille et sainte patrie* !
Terre autrefois féconde en sublimes vertus !
Sous d'indignes Césars [6]* maintenant asservie*,
Ton empire est tombé ! tes héros ne sont plus !
Mais dans ton sein l'âme agrandie
Croit sur leurs monuments respirer leur génie,
Comme on respire encor dans un temple aboli
La majesté du dieu dont il était rempli.
Mais n'interrogeons pas vos cendres généreuses,
Vieux Romains ! fiers Catons ! mânes des deux Brutus* !
Allons redemander à ces murs abattus
Des souvenirs plus doux, des ombres plus heureuses.

Horace, dans ce frais séjour,
Dans une retraite embellie
Par le plaisir et le génie,
Fuyait les pompes de la cour;
Properce y visitait Cinthie [7],
Et sous les regards de Délie

Tibulle y modulait les soupirs de l'amour*.
Plus loin, voici l'asile où vint chanter le Tasse,
Quand, victime à la fois du génie et du sort,
Errant dans l'univers, sans refuge et sans port,
La pitié recueillit son illustre disgrâce.
Non loin des mêmes bords, plus tard il vint mourir;
La gloire l'appelait, il arrive, il succombe :
La palme qui l'attend devant lui semble fuir,
Et son laurier tardif n'ombrage que sa tombe*.

Colline de Baya [8] ! poétique séjour !
Voluptueux vallon, qu'habita tour à tour
Tout ce qui fut grand dans le monde,
Tu ne retentis plus de gloire ni d'amour*.
Pas une voix qui me réponde,
Que le bruit plaintif de cette onde,
Ou l'écho réveillé des débris d'alentour !

Ainsi tout change, ainsi tout passe;
Ainsi nous-mêmes nous passons,
Hélas ! sans laisser plus de trace
Que cette barque où nous glissons
Sur cette mer où tout s'efface*.

MÉDITATION VINGT-CINQUIÈME

LE TEMPLE [1]*

QU'IL est doux, quand du soir l'étoile solitaire*,
Précédant de la nuit le char silencieux,
S'élève lentement dans la voûte des cieux,
Et que l'ombre et le jour se disputent la terre,
Qu'il est doux de porter ses pas religieux*
Dans le fond du vallon, vers ce temple rustique*
Dont la mousse a couvert le modeste portique,
Mais où le ciel encor parle à des cœurs pieux !

Salut, bois consacré ! Salut*, champ funéraire,
Des tombeaux du village humble dépositaire;
Je bénis en passant tes simples monuments.
Malheur à qui des morts profane la poussière !
J'ai fléchi le genou devant leur humble pierre*,
Et la nef a reçu mes pas retentissants.

Quelle nuit ! quel silence ! Au fond du sanctuaire
A peine on aperçoit la tremblante lumière
De la lampe qui brûle auprès des saints autels*.
Seule elle luit encor, quand l'univers sommeille :
Emblème consolant de la bonté qui veille
Pour recueillir ici les soupirs des mortels.

Avançons. Aucun bruit n'a frappé mon oreille;
Le parvis frémit seul sous mes pas mesurés;
Du sanctuaire enfin j'ai franchi les degrés.
Murs sacrés ! saints autels ! je suis seul, et mon âme
Peut verser devant vous ses douleurs et sa flamme,
Et confier au ciel des accents ignorés,
Que lui seul connaîtra, que vous seuls entendrez*.

Mais quoi ! de ces autels j'ose approcher sans crainte [2] !
J'ose apporter, grand Dieu ! dans cette auguste enceinte
Un cœur encor brûlant de douleur et d'amour !
Et je ne tremble pas que ta majesté sainte
Ne venge le respect qu'on doit à son séjour !
Non : je ne rougis plus du feu qui me consume :
L'amour est innocent quand la vertu l'allume.
Aussi pur que l'objet à qui je l'ai juré,
Le mien brûle mon cœur, mais c'est d'un feu sacré;
La constance l'honore et le malheur l'épure.
Je l'ai dit à la terre, à toute la nature*;
Devant tes saints autels je l'ai dit sans effroi :
J'oserais, Dieu puissant, la nommer devant toi.
Oui, malgré la terreur que ton temple m'inspire,
Ma bouche a murmuré tout bas le nom d'Elvire;
Et ce nom répété de tombeaux en tombeaux,
Comme l'accent plaintif d'une ombre qui soupire,
De l'enceinte funèbre a troublé le repos.

Adieu, froids monuments ! adieu, saintes demeures !
Deux fois l'écho nocturne a répété les heures
Depuis que devant vous mes larmes ont coulé* :
Le ciel a vu ces pleurs, et je sors consolé.

Peut-être au même instant, sur un autre rivage*,
Elvire veille ainsi [3], seule avec mon image,
Et dans un temple obscur, les yeux baignés de pleurs,
Vient aux autels déserts confier ses douleurs.

MÉDITATION VINGT-SIXIÈME

LE PASTEUR ET LE PÊCHEUR[1]*

FRAGMENT D'ÉGLOGUE MARINE

1826

C'ÉTAIT l'heure chantante où, plus doux que l'aurore,
Le jour en expirant semble sourire encore,
Et laisse le zéphyr dormant sous les rameaux
En descendre avec l'ombre et flotter sur les eaux;
La cloche* dans la tour, lentement ébranlée,
Roulait ses longs soupirs de vallée en vallée,
Comme une voix du soir qui, mourant sur les flots,
Rappelle avant la nuit la nature au repos.
Les villageois épars autour de leurs chaumières
Cadençaient à ses sons leurs rustiques prières,
Rallumaient en chantant la flamme des foyers,
Suspendaient les filets aux troncs des peupliers,
Ou, déliant le joug de leurs taureaux superbes,
Répandaient devant eux l'or savoureux des gerbes;
Puis, assis en silence au seuil de leurs séjours,
Attendaient le sommeil, ce doux prix de leurs jours.

Deux enfants du hameau, l'un pasteur du bocage,
L'autre jeune pêcheur de l'orageuse plage,
Consacrant à l'amour l'heure oisive du soir,
A l'ombre du même arbre étaient venus s'asseoir*;
Là, pour goûter le frais au pied du sycomore*,
Chacun avait conduit la vierge qu'il adore :
Néære et Næala*, deux jeunes sœurs, deux lis
Que sur la même tige un seul souffle a cueillis.
Les deux amants, couchés aux genoux des bergères*,

Les regardaient tresser les tiges des fougères.
Un tertre de gazon, d'anémones semé,
Étendait sous la pente[2] un tapis parfumé;
La mer le caressait de ses vagues plaintives*;
Douze chênes, courbant leurs vieux troncs sur ses rives,
Ne laissaient sous leur feuille entrevoir qu'à demi
Le bleu du firmament dans son flot endormi.
Un arbre dont la vigne enlaçait le feuillage*
Leur versait la fraîcheur de son mobile ombrage;
Et non loin derrière eux, dans un champ déjà mûr,
Où le pampre et l'érable entrelaçaient leur mur*,
Ils entendaient le bruit de la brise inégale
Tomber, se relever, gémir par intervalle,
Et, ranimant les airs par le jour assoupis,
Glisser en bruissant entre l'or des épis.

Ils disputaient entre eux des doux soins de leur vie[3]*;
Chacun trouvait son sort le plus digne d'envie :
L'humble berger vantait les doux soins des troupeaux,
Le pêcheur sa nacelle* et le charme des eaux;
Quand un vieillard leur dit, avec un doux sourire :
« Chantez ce que les champs ou l'onde vous inspire !
« Chantez ! Celui des deux dont la touchante voix
« Saura mieux faire aimer les vagues ou les bois,
« Des mains de la maîtresse à qui sa voix est chère
« Recevra le doux prix de ses accords : Néære,
« Offrant à son amant le prix des moissonneurs,
« A sa dernière gerbe attachera des fleurs;
« Et Næala, tressant les roses qu'elle noue,
« De l'esquif du pêcheur couronnera la proue,
« Et son mât tout le jour, aux yeux des matelots,
« De ses bouquets flottants parfumera les flots. »
Ainsi dit le vieillard*. On consent en silence;
Le beau pêcheur médite, et le pasteur commence.

LE PASTEUR

Qaund l'astre du printemps, au berceau d'un jour pur,
Lève à moitié son front dans le changeant azur;

Quand l'aurore exhalant sa matinale haleine
Épand les doux parfums dont la vallée est pleine,
Et, faisant incliner le calice des fleurs,
De la nuit sur les prés laisse épancher les pleurs[4],
Alors que du matin la vive messagère,
L'alouette, quittant son nid dans la fougère,
Et modulant des airs gais comme le réveil,
Monte, plane et gazouille au-devant du soleil* :
Saisissant mes taureaux par leur corne glissante,
Je courbe sous le joug leur tête mugissante;
Par des nœuds douze fois sur leurs fronts redoublés,
J'attache au bois poli leurs membres accouplés;
L'anneau brillant d'acier au timon les enchaîne;
J'entrelace à leur joug de longs festons de chêne,
Dont la feuille mobile et les flottants rameaux
De l'ardeur du midi protègent leurs naseaux*.

. . . .

MÉDITATION VINGT-SEPTIÈME

CHANTS LYRIQUES DE SAÜL[1]*

Imitation des psaumes de David*

Je répandrai mon âme au seuil du sanctuaire* !
Seigneur, dans ton nom seul je mettrai mon espoir* ;
Mes cris t'éveilleront *, et mon humble prière
S'élèvera vers toi, comme l'encens du soir* !

Dans quel abaissement ma gloire s'est perdue* !
J'erre sur la montagne ainsi qu'un passereau* ;
Et par tant de rigueurs mon âme confondue,
Mon âme est devant toi, comme un désert sans eau*.

Pour mes fiers ennemis ce deuil est une fête*.
Ils se montrent, Seigneur[2], ton Christ humilié*.
Le voilà, disent-ils : ses dieux l'ont oublié ;
Et Moloch en passant a secoué la tête
Et souri de pitié[3]* !

. . . .
. . . .
. . . .
. . . .

Seigneur, tendez votre arc ; levez-vous, jugez-moi[4] !
Remplissez mon carquois de vos flèches brûlantes* !
Que des hauteurs du ciel vos foudres dévorantes
Portent sur eux la mort qu'ils appelaient sur moi[5]* !

Dieu se lève, il s'élance, il abaisse la voûte
De ces cieux éternels ébranlés sous ses pas* ;
Le soleil et la foudre ont éclairé sa route ;
Ses anges devant lui font voler le trépas*.

Le feu de son courroux fait monter la fumée,
Son éclat a fendu les nuages des cieux*;
La terre est consumée
D'un regard de ses yeux*.

Il parle; sa voix foudroyante
A fait chanceler d'épouvante
Les cèdres du Liban, les rochers des déserts*;
Le Jourdain montre à nu sa source reculée [6]*;
De la terre ébranlée [7]
Les os sont découverts*.

Le Seigneur m'a livré la race criminelle
Des superbes enfants d'Ammon.
Levez-vous, ô Saül! et que l'ombre éternelle
Engloutisse jusqu'à leur nom [8]*!

. . . .
. . . .
. . . .
. . . .

Que vois-je? vous tremblez, orgueilleux oppresseurs!
Le héros prend sa lance,
Il l'agite, il s'élance;
A sa seule présence,
La terreur de ses yeux a passé dans vos cœurs*!

Fuyez!... il est trop tard! sa redoutable épée
Décrit autour de vous un cercle menaçant,
En tout lieu vous poursuit, en tout lieu vous attend,
Et déjà mille fois dans votre sang trempée,
S'enivre encor de votre sang*.

Son coursier superbe
Foule comme l'herbe
Les corps des mourants;
Le héros l'excite,
Et le précipite
A travers les rangs;

Les feux l'environnent,
Les casques résonnent
Sous ses pieds sanglants :
Devant sa carrière
Cette foule altière
Tombe tout entière
Sous ses traits brûlants,
Comme la poussière
Qu'emportent les vents*.

Où sont ces fiers Ismaélites*,
Ces enfants de Moab, cette race d'Édom [9]?
Iduméens, guerriers d'Ammon;
Et vous, superbes fils de Tyr et de Sidon,
Et vous, cruels Amalécites?

Les voilà devant moi comme un fleuve tari,
Et leur mémoire même avec eux a péri [10]* !

. . . .
. . . .
. . . .
. . . .

Que de biens le Seigneur m'apprête !
Qu'il couronne d'honneurs la vieillesse du roi* !
Éphraïm, Manassé, Galaad, sont à moi*;
Jacob, mon bouclier, est l'appui de ma tête*.
Que de biens le Seigneur m'apprête !
Qu'il couronne d'honneurs la vieillesse du roi !

Des bords où l'aurore se lève
Aux bords où le soleil achève
Son cours tracé par l'Éternel *,
L'opulente Saba, la grasse Éthiopie [11],
La riche mer de Tyr, les déserts d'Arabie,
Adorent le roi d'Israël*.

Peuples, frappez des mains, le roi des rois s'avance,
Il monte, il s'est assis sur son trône [12] éclatant*;

Il pose de Sion l'éternel fondement;
La montagne frémit de joie et d'espérance*.
Peuples, frappez des mains, le roi des rois s'avance,
Il pose de Sion l'éternel fondement.

De sa main pleine de justice,
Il verse aux nations l'abondance et la paix*.
Réjouis-toi, Sion*, sous ton ombre propice,
Ainsi que le palmier qui parfume Cadès,
La paix et l'équité fleurissent à jamais*.
De sa main pleine de justice,
Il verse aux nations l'abondance et la paix.

Dieu chérit de Sion les sacrés tabernacles
Plus que les tentes d'Israël*;
Il y fait sa demeure*, il y rend ses oracles,
Il y fait éclater sa gloire et ses miracles;
Sion, ainsi que lui ton nom est immortel.
Dieu chérit de Sion les sacrés tabernacles
Plus que les tentes d'Israël.

C'est là qu'un jour vaut mieux que mille*;
C'est là qu'environné de la troupe docile
De ses nombreux enfants, sa gloire et son appui,
Le roi vieillit, semblable à l'olivier fertile
Qui voit ses rejetons fleurir autour de lui*.

MÉDITATION VINGT-HUITIÈME

A UNE FLEUR [1]*

SÉCHÉE DANS UN ALBUM

1827

IL m'en souvient, c'était aux plages*
Où m'attire un ciel du midi,
Ciel sans souillure et sans orages,
Où j'aspirais sous les feuillages [2]
Les parfums d'un air attiédi.

Une mer qu'aucun bord n'arrête
S'étendait bleue à l'horizon;
L'oranger, cet arbre de fête,
Neigeait par moments sur ma tête*;
Des odeurs montaient du gazon.

Tu croissais près d'une colonne
D'un temple écrasé par le temps*;
Tu lui faisais une couronne,
Tu parais son tronc monotone
Avec tes chapiteaux flottants;

Fleur qui décore [3] la ruine
Sans un regard [4] pour t'admirer!
Je cueillis ta blanche étamine*,
Et j'emportai sur ma poitrine
Tes parfums pour les respirer.

Aujourd'hui, ciel, temple, rivage [5],
Tout a disparu sans retour :
Ton parfum est dans le nuage,
Et je trouve, en tournant la page,
La trace morte d'un beau jour*!

MÉDITATION VINGT-NEUVIÈME

HYMNE AU SOLEIL [1]*

Vous avez pris pitié de sa longue douleur* !
Vous me rendez le jour, Dieu que l'amour implore !
Déjà mon front couvert d'une molle pâleur,
Des teintes de la vie à ses yeux se colore* ;
Déjà dans tout mon être une douce chaleur
Circule avec mon sang, remonte dans mon cœur :
Je renais pour aimer encore !

Mais la nature aussi se réveille en ce jour !
Au doux soleil de mai* nous la voyons renaître [2] ;
Les oiseaux de Vénus* autour de ma fenêtre
Du plus chéri des mois proclament le retour !
Guidez mes premiers pas dans nos vertes campagnes* !
Conduis-moi, chère Elvire, et soutiens ton amant [3] :
Je veux voir le soleil s'élever lentement,
Précipiter son char du haut de nos montagnes,
Jusqu'à l'heure où dans l'onde il ira s'engloutir,
Et cédera les airs au nocturne zéphyr [4] !
Viens ! Que crains-tu pour moi ? le ciel est sans nuage !
Ce plus beau de nos jours passera sans orage ;
Et c'est l'heure où déjà sur les gazons en fleurs
Dorment près des troupeaux les paisibles pasteurs* !

Dieu [5] ! que les airs sont doux ! que la lumière est pure !
Tu règnes en vainqueur sur toute la nature,
O soleil ! et des cieux, où ton char est porté,
Tu lui verses la vie et la fécondité* !
Le jour où, séparant la nuit de la lumière [6]*,
L'Éternel te lança dans ta vaste carrière,

L'univers tout entier te reconnut pour roi [7];
Et l'homme, en t'adorant, s'inclina devant toi [8]!
De ce jour, poursuivant ta carrière enflammée,
Tu décris sans repos ta route accoutumée*;
L'éclat de tes rayons ne s'est point affaibli,
Et sous la main des temps ton front n'a point pâli!

Quand la voix du matin vient réveiller l'aurore,
L'Indien, prosterné, te bénit et t'adore *!
Et moi, quand le midi de ses feux bienfaisants
Ranime par degrés mes membres languissants,
Il me semble qu'un Dieu dans tes rayons de flamme,
En échauffant mon sein [9], pénètre dans mon âme*!
Et je sens de ses fers mon esprit détaché,
Comme si du Très-Haut le bras m'avait touché!
Mais ton sublime auteur [10] défend-il de le croire?
N'es-tu point, ô soleil! un rayon de sa gloire?
Quand tu vas mesurant l'immensité des cieux,
O soleil! n'es-tu point un regard de ses yeux*?

Ah! si j'ai quelquefois, aux jours de l'infortune,
Blasphémé du soleil la lumière importune*;
Si j'ai maudit les dons que j'ai reçus de toi,
Dieu, qui lis dans les cœurs [11]*, ô Dieu! pardonne-moi!
Je n'avais pas goûté la volupté suprême
De revoir la nature auprès de ce que j'aime*,
De sentir dans mon cœur, aux rayons d'un beau jour,
Redescendre à la fois et la vie et l'amour!
Insensé! j'ignorais tout le prix de la vie!
Mais ce jour me l'apprend, et je te glorifie*!

MÉDITATION TRENTIÈME

FERRARE[1]*

Improvisé[2] en sortant du cachot du Tasse

1844

Que l'on soit homme ou Dieu, tout génie est martyre[3]*:
Du supplice plus tard on baise l'instrument;
L'homme adore la croix où sa victime expire,
Et du cachot du Tasse enchâsse le ciment*.

Prison du Tasse ici, de Galilée à Rome,
Échafaud de Sidney*, bûchers, croix ou tombeaux,
Ah! vous donnez le droit de bien mépriser l'homme,
Qui veut que Dieu l'éclaire, et qui hait ses flambeaux!

Grand parmi les petits, libre chez les serviles,
Si le génie expire, il l'a bien mérité*;
Car nous dressons partout aux portes de nos villes[4]
Ces gibets de la gloire et de la vérité.

Loin de nous amollir, que ce sort nous retrempe!
Sachons le prix du don, mais ouvrons notre main.
Nos pleurs et notre sang sont l'huile de la lampe
Que Dieu nous fait porter devant le genre humain*!

MÉDITATION TRENTE ET UNIÈME

ADIEU[1]*

Oui, j'ai quitté ce port tranquille*,
Ce port si longtemps appelé,
Où loin des ennuis de la ville,
Dans un loisir doux et facile,
Sans bruit mes jours auraient coulé.
J'ai quitté l'obscure vallée*,
Le toit champêtre d'un ami;
Loin des bocages de Bissy,
Ma muse, à regret exilée,
S'éloigne triste et désolée
Du séjour qu'elle avait choisi.
Nous n'irons plus dans les prairies,
Au premier rayon du matin,
Égarer, d'un pas incertain,
Nos poétiques rêveries.
Nous ne verrons plus le soleil
Du haut des cimes d'Italie*
Précipitant son char vermeil,
Semblable au père de la vie*,
Rendre à la nature assoupie
Le premier éclat du réveil.
Nous ne goûterons plus votre ombre,
Vieux pins, l'honneur de ces forêts*,
Vous n'entendrez plus nos secrets;
Sous cette grotte humide et sombre
Nous ne chercherons plus le frais*,
Et le soir au temple rustique,
Quand la cloche mélancolique
Appellera tout le hameau,
Nous n'irons plus à la prière

Nous courber sur la simple pierre
Qui couvre un rustique tombeau*.
Adieu, vallons; adieu, bocages;
Lac azuré*, rochers [2] sauvages,
Bois touffus, tranquille séjour,
Séjour des heureux et des sages,
Je vous ai quittés sans retour.

Déjà ma barque fugitive
Au souffle des zéphyrs trompeurs
S'éloigne à regret de la rive
Que m'offraient des dieux protecteurs.
J'affronte de nouveaux orages;
Sans doute à de nouveaux naufrages
Mon frêle esquif est dévoué*;
Et pourtant à la fleur de l'âge,
Sur quels écueils, sur quels rivages [3]
N'ai-je déjà pas [4] échoué?
Mais d'une plainte téméraire
Pourquoi fatiguer le destin?
A peine au milieu du chemin,
Faut-il regarder en arrière?
Mes lèvres à peine ont goûté
Le calice amer de la vie,
Loin de moi je l'ai rejeté;
Mais l'arrêt cruel est porté,
Il faut boire jusqu'à la lie*!
Lorsque mes pas auront franchi
Les deux tiers de notre carrière*,
Sous le poids d'une vie entière
Quand mes cheveux auront blanchi,
Je reviendrai du vieux Bissy
Visiter le toit solitaire*
Où le ciel me garde un ami.
Dans quelque retraite profonde,
Sous les arbres par lui plantés*,
Nous verrons couler comme l'onde*
La fin de nos jours agités.
Là, sans crainte et sans espérance*,

Sur notre orageuse existence,
Ramenés par le souvenir,
Jetant nos regards en arrière*,
Nous mesurerons la carrière
Qu'il aura fallu parcourir.

Tel un pilote octogénaire*,
Du haut d'un rocher solitaire,
Le soir, tranquillement assis,
Laisse au loin égarer sa vue
Et contemple encor l'étendue
Des mers qu'il sillonna jadis.

MÉDITATION TRENTE-DEUXIÈME

LA SEMAINE SAINTE

A LA R.-G. [1]*

Ici viennent mourir les derniers bruits du monde*;
Nautoniers sans étoile, abordez ! c'est le port* :
Ici l'âme se plonge en une paix profonde,
Et cette paix n'est pas la mort.

Ici, jamais le ciel n'est orageux ni sombre;
Un jour égal et pur y repose les yeux*;
C'est ce vivant soleil*, dont le soleil est l'ombre,
Qui le répand du haut des cieux.

Comme un homme éveillé longtemps avant l'aurore*,
Jeunes, nous avons fui dans cet heureux séjour,
Notre rêve est fini, le vôtre dure encore;
Éveillez-vous ! voilà le jour*.

Cœurs tendres, approchez ! ici l'on aime encore;
Mais l'amour, épuré, s'allume sur l'autel.
Tout ce qu'il a d'humain, à ce feu s'évapore;
Tout ce qui reste est immortel* !

La prière qui veille en ces saintes demeures
De l'astre matinal nous annonce le cours*;
Et, conduisant pour nous le char pieux des heures,
Remplit et mesure nos jours*.

L'airain religieux* s'éveille avec l'aurore;
Il mêle notre hommage à la voix des zéphirs,
Et les airs, ébranlés sous le marteau sonore,
Prennent l'accent de nos soupirs.

Dans le creux du rocher*, sous une voûte obscure,
S'élève un simple autel : roi du ciel [2], est-ce toi?
Oui, contraint par l'amour*, le Dieu de la nature
Y descend, visible à la foi.

Que ma raison se taise*, et que mon cœur adore!
La croix à mes regards révèle un nouveau jour*;
Aux pieds d'un Dieu mourant, puis-je douter encore?
Non, l'amour m'explique l'amour*!

Tous ces fronts prosternés, ce feu qui les embrase,
Ces parfums, ces soupirs s'exhalant du saint lieu;
Ces élans enflammés, ces larmes de l'extase*,
Tout me répond que c'est un Dieu.

Favoris du Seigneur, souffrez qu'à votre exemple,
Ainsi qu'un mendiant aux portes d'un palais*,
J'adore aussi de loin, sur le seuil de son temple,
Le Dieu qui vous donne la paix.

Ah! laissez-moi mêler mon hymne à vos louanges!
Que mon encens souillé monte avec votre encens.
Jadis les fils de l'homme aux saints concerts des anges*
Ne mêlaient-ils pas leurs accents!

Du nombre des vivants chaque aurore m'efface,
Je suis rempli de jours, de douleurs, de remords*.
Sous le portique obscur venez marquer ma place,
Ici, près du séjour des morts!

Souffrez qu'un étranger veille auprès de leur cendre,
Brûlant sur un cercueil comme ces saints flambeaux*;
La mort m'a tout ravi*, la mort doit tout me rendre;
J'attends le réveil des tombeaux*!

Ah! puissé-je près d'eux, au gré de mon envie,
A l'ombre de l'autel, et non loin de ce port,
Seul, achever ainsi les restes de ma vie
Entre l'espérance et la mort*!

MÉDITATION TRENTE-TROISIÈME

LE CHRÉTIEN MOURANT [1]*

Qu'entends-je? autour de moi l'airain* sacré résonne!
Quelle foule pieuse en pleurant m'environne?
Pour qui ce chant funèbre et ce pâle flambeau*?
O mort, est-ce ta voix qui frappe mon oreille
Pour la dernière fois? Eh quoi [2]! je me réveille
Sur le bord du tombeau?

O toi! d'un feu divin précieuse étincelle,
De ce corps périssable habitante immortelle*,
Dissipe ces terreurs : la mort vient t'affranchir*!
Prends ton vol, ô mon âme! et dépouille tes chaînes*.
Déposer le fardeau des misères humaines,
Est-ce donc là mourir?

Oui, le temps a cessé de mesurer mes heures.
Messagers rayonnants des célestes demeures,
Dans quels palais nouveaux allez-vous me ravir?
Déjà, déjà je nage en des flots de lumière*,
L'espace devant moi s'agrandit, et la terre
Sous mes pieds semble fuir*!

Mais qu'entends-je? au moment où mon âme s'éveille,
Des soupirs, des sanglots ont frappé mon oreille?
Compagnons de l'exil*, quoi! vous pleurez ma mort?
Vous pleurez? et déjà dans la coupe sacrée
J'ai bu l'oubli des maux, et mon âme enivrée
Entre au céleste port*!

MÉDITATION TRENTE-QUATRIÈME

DIEU [1]*

A M. de L. M. [2]*

Oui, mon âme se plaît à secouer ses chaînes* :
Déposant le fardeau des misères humaines,
Laissant errer mes sens dans ce monde des corps,
Au monde des esprits je monte sans efforts.
Là, foulant à mes pieds cet univers visible,
Je plane en liberté dans les champs du possible*.
Mon âme est à l'étroit dans sa vaste prison*:
Il me faut un séjour qui n'ait pas d'horizon [3].

Comme une goutte d'eau dans l'Océan versée,
L'infini* dans son sein absorbe ma pensée;
Là, reine de l'espace et de l'éternité,
Elle ose mesurer le temps, l'immensité,
Aborder le néant, parcourir l'existence,
Et concevoir de Dieu l'inconcevable essence*.
Mais sitôt que je veux peindre ce que je sens,
Toute parole expire en efforts impuissants*;
Mon âme croit parler, ma langue embarrassée
Frappe l'air de vingt sons, ombre de ma pensée.

Dieu fit pour les esprits deux langages divers :
En sons articulés l'un vole dans les airs;
Ce langage borné s'apprend parmi les hommes,
Il suffit aux besoins [4] de l'exil où nous sommes*,
Et suivant des mortels les destins inconstants,
Change avec les climats ou passe avec les temps [5].
L'autre, éternel, sublime, universel, immense,

Est le langage inné de toute intelligence;
Ce n'est point un son mort dans les airs répandu,
C'est un verbe vivant dans le cœur entendu;
On l'entend, on l'explique, on le parle avec l'âme;
Ce langage senti touche, illumine, enflamme;
De ce que l'âme éprouve interprètes brûlants,
Il n'a que des soupirs, des ardeurs, des élans;
C'est la langue du ciel que parle la prière,
Et que le tendre amour comprend seul sur la terre*.

Aux pures régions où j'aime à m'envoler,
L'enthousiasme aussi vient me la révéler;
Lui seul est mon flambeau dans cette nuit profonde,
Et mieux que la raison il m'explique le monde.
Viens donc! il est mon guide, et je veux t'en servir.
A ses ailes de feu, viens, laisse-toi ravir*.
Déjà l'ombre du monde* à nos regards s'efface :
Nous échappons au temps, nous franchissons l'espace,
Et dans l'ordre éternel de la réalité,
Nous voilà face à face avec la vérité*.

Cet astre universel*, sans déclin, sans aurore,
C'est Dieu, c'est ce grand tout, qui soi-même s'adore!
Il est; tout est en lui : l'immensité, les temps,
De son être infini sont les purs éléments;
L'espace est son séjour, l'éternité son âge;
Le jour est son regard, le monde est son image;
Tout l'univers subsiste à l'ombre de sa main*;
L'être à flots éternels découlant de son sein,
Comme un fleuve nourri par cette source immense,
S'en échappe et revient finir où tout commence.
Sans bornes comme lui, ses ouvrages parfaits
Bénissent en naissant la main qui les a faits*!
Il peuple l'infini chaque fois qu'il respire*;
Pour lui, vouloir c'est faire, exister c'est produire [6]!
Tirant tout de soi seul, rapportant tout à soi,
Sa volonté suprême est sa suprême loi!
Mais cette volonté, sans ombre et sans faiblesse,
Est à la fois puissance, ordre, équité, sagesse.

Sur tout ce qui peut être il l'exerce à son gré;
Le néant jusqu'à lui s'élève par degré* :
Intelligence, amour, force, beauté, jeunesse,
Sans s'épuiser jamais, il peut donner sans cesse,
Et comblant le néant de ses dons précieux,
Des derniers rangs de l'être il peut tirer des dieux!
Mais ces dieux de sa main, ces fils de sa puissance,
Mesurent d'eux à lui l'éternelle distance,
Tendant par leur nature [7] à l'être qui les fit;
Il est leur fin à tous, et lui seul se suffit*!

Voilà, voilà le Dieu que tout esprit adore*,
Qu'Abraham a servi, que rêvait Pythagore,
Que Socrate annonçait, qu'entrevoyait Platon;
Ce Dieu que l'univers révèle à la raison,
Que la justice attend, que l'infortune espère,
Et que le Christ enfin vint montrer à la terre*!
Ce n'est plus là ce Dieu par l'homme fabriqué,
Ce Dieu par l'imposture à l'erreur expliqué,
Ce Dieu défiguré par la main des faux prêtres*,
Qu'adoraient en tremblant nos crédules ancêtres.
Il est seul, il est un*, il est juste, il est bon;
La terre voit son œuvre, et le ciel sait son nom!

Heureux qui le connaît! plus heureux qui l'adore*!
Qui, tandis que le monde ou l'outrage ou l'ignore,
Seul, aux rayons pieux des lampes de la nuit,
S'élève au sanctuaire où la foi l'introduit,
Et, consumé d'amour et de reconnaissance,
Brûle comme l'encens son âme en sa présence*!
Mais pour monter à lui, notre esprit abattu
Doit emprunter d'en haut sa force et sa vertu.
Il faut voler au ciel sur des ailes de flamme :
Le désir et l'amour sont les ailes de l'âme*.
Ah! que ne suis-je né dans l'âge où les humains*,
Jeunes, à peine encore échappés de ses mains*,
Près de Dieu par le temps, plus près par l'innocence,
Conversaient avec lui, marchaient en sa présence*?
Que n'ai-je vu le monde à son premier soleil?

Que n'ai-je entendu l'homme à son premier réveil*?
Tout lui parlait de toi, tu lui parlais toi-même;
L'univers respirait ta majesté suprême;
La nature, sortant des mains du Créateur,
Étalait en tous sens le nom de son auteur;
Ce nom, caché depuis sous la rouille des âges,
En traits plus éclatants brillait sur tes ouvrages;
L'homme dans le passé ne remontait qu'à toi;
Il invoquait son père, et tu disais : C'est moi.

Longtemps comme un enfant ta voix daigna l'instruire,
Et par la main longtemps tu voulus le conduire*.
Que de fois dans ta gloire à lui tu t'es montré,
Aux vallons de Sennar, aux chênes de Membré,
Dans le buisson d'Oreb, ou sur l'auguste cime
Où Moïse aux Hébreux dictait sa loi sublime*!
Ces enfants de Jacob, premiers-nés des humains,
Reçurent quarante ans la manne de tes mains* :
Tu frappais leur esprit par tes vivants oracles!
Tu parlais à leurs yeux par la voix des miracles!
Et lorsqu'ils t'oubliaient, tes anges descendus
Rappelaient ta mémoire à leurs cœurs éperdus!
Mais enfin, comme un fleuve éloigné de sa source,
Ce souvenir si pur s'altéra dans sa course!
De cet astre vieilli la sombre nuit des temps
Éclipsa par degrés les rayons éclatants;
Tu cessas de parler; l'oubli, la main des âges,
Usèrent ce grand nom empreint dans tes ouvrages;
Les siècles en passant firent pâlir la foi;
L'homme plaça le doute entre le monde et toi*.

Oui, ce monde, Seigneur, est vieilli pour ta gloire;
Il a perdu ton nom, ta trace et ta mémoire,
Et pour les retrouver il nous faut, dans son cours,
Remonter flots à flots le long fleuve des jours*!
Nature! firmament! l'œil en vain vous contemple;
Hélas! sans voir le Dieu, l'homme admire le temple*,
Il voit, il suit en vain, dans les déserts des cieux,
De leurs mille soleils le cours mystérieux!

Il ne reconnaît plus la main qui les dirige!
Un prodige éternel cesse d'être un prodige*!
Comme ils brillaient hier, ils brilleront demain!
Qui sait où commença leur glorieux chemin?
Qui sait si ce flambeau, qui luit et qui féconde*,
Une première fois s'est levé sur le monde?
Nos pères n'ont point vu briller son premier tour,
Et les jours éternels n'ont point de premier jour!

Sur le monde moral, en vain ta providence
Dans ces grands changements révèle ta présence!
C'est en vain qu'en tes jeux l'empire des humains
Passe d'un sceptre à l'autre, errant de mains en mains,
Nos yeux accoutumés à sa vicissitude *
Se sont fait de la gloire [8] une froide habitude;
Les siècles ont tant vu de ces grands coups du sort :
Le spectacle est usé, l'homme engourdi s'endort.

Réveille-nous, grand Dieu! parle et change le monde*;
Fais entendre au néant la parole [9] féconde*.
Il est temps! lève-toi! sors de ce long repos;
Tire un autre univers de cet autre chaos.
A nos yeux assoupis il faut d'autres spectacles*!
A nos esprits flottants il faut d'autres miracles!
Change l'ordre des cieux qui ne nous parle plus!
Lance un nouveau soleil à nos yeux éperdus!
Détruis ce vieux palais, indigne de ta gloire;
Viens! montre-toi toi-même et force-nous de croire!

Mais peut-être, avant l'heure où dans les cieux déserts
Le soleil cessera d'éclairer l'univers,
De ce soleil moral* la lumière éclipsée
Cessera par degrés d'éclairer la pensée;
Et le jour qui verra ce grand flambeau détruit
Plongera l'univers dans l'éternelle nuit.
Alors tu briseras ton inutile ouvrage!
Ses débris foudroyés rediront d'âge en âge :
Seul je suis*! hors de moi rien ne peut subsister!
L'homme cessa de croire, il cessa d'exister*!

MÉDITATION TRENTE-CINQUIÈME

L'AUTOMNE[1]*

Salut! bois couronnés d'un reste de verdure*!
Feuillages jaunissants sur les gazons épars!
Salut, derniers beaux jours! le deuil de la nature*
Convient à la douleur et plaît à mes regards!

Je suis d'un pas rêveur le sentier solitaire *,
J'aime à revoir encor, pour la dernière fois,
Ce soleil pâlissant, dont la faible lumière
Perce à peine à mes pieds l'obscurité des bois*!

Oui, dans ces jours d'automne où la nature expire,
A ses regards voilés* je trouve plus d'attraits,
C'est l'adieu d'un ami, c'est le dernier sourire
Des lèvres que la mort va fermer pour jamais*!

Ainsi prêt à quitter[2]* l'horizon de la vie,
Pleurant de mes longs jours l'espoir évanoui,
Je me retourne encore, et d'un regard d'envie
Je contemple ses biens[3] dont je n'ai pas joui!

Terre, soleil, vallons, belle et douce nature,
Je vous dois une larme, aux bords de mon tombeau;
L'air est si parfumé! la lumière est si pure!
Aux regards d'un mourant le soleil est si beau*!

Je voudrais maintenant vider jusqu'à la lie
Ce calice mêlé de nectar et de fiel!
Au fond de cette coupe où je buvais la vie,
Peut-être restait-il une goutte de miel*?

Peut-être l'avenir me gardait-il encore
Un retour de bonheur dont l'espoir est perdu?
Peut-être dans la foule, une âme que j'ignore
Aurait compris mon âme et m'aurait répondu*?...

La fleur tombe en livrant ses parfums au zéphire;
A la vie, au soleil, ce sont là ses adieux;
Moi, je meurs; et mon âme, au moment qu'elle expire,
S'exhale comme un son triste et mélodieux*.

MÉDITATION TRENTE-SIXIÈME

A UN ENFANT, FILLE DU POÈTE [1]*

1831

Céleste fille du poète*,
La vie est un hymne à deux voix.
Son front sur le tien se reflète,
Sa lyre chante sous tes doigts [2].

Sur tes yeux quand sa bouche pose
Le baiser calme et sans frisson,
Sur ta paupière blanche et rose
Le doux baiser a plus de son [3].

Dans ses bras quand il te soulève
Pour te montrer au ciel jaloux*,
On croit voir son plus divin rêve
Qu'il caresse sur ses genoux !

Quand son doigt te permet de lire
Les vers qu'il vient de soupirer,
On dirait l'âme de sa lyre
Qui se penche pour l'inspirer.

Il récite ; une larme brille
Dans tes yeux attachés sur lui.
Dans cette larme de sa fille
Son cœur nage ; sa gloire a lui [4] !

Du chant que ta bouche répète
Son cœur ému jouit deux fois*.
Céleste fille du poète,
La vie est un hymne à deux voix [5].

MÉDITATION TRENTE-SEPTIÈME

LA POÉSIE SACRÉE[1]*.

DITHYRAMBE

A M. EUGÈNE GENOUDE [2]*[a]

SON front est couronné de palmes et d'étoiles;
Son regard immortel que rien ne peut ternir,
Traversant tous les temps, soulevant tous les voiles,
Réveille le passé, plonge dans l'avenir!
Du monde sous ses yeux les fastes se déroulent,
Les siècles à ses pieds comme un torrent s'écoulent*;
A son gré descendant ou remontant leur cours,
Elle sonne aux tombeaux l'heure, l'heure fatale,
Ou sur sa lyre virginale
Chante au monde vieilli ce jour, père des jours*!

Écoutez! — Jéhovah s'élance
Du sein de son éternité.
Le chaos endormi s'éveille en sa présence,
Sa vertu le féconde, et sa toute-puissance
Repose sur l'immensité*!

---

a. M. Genoude [2], à qui ce dithyrambe est adressé, est le premier qui ait vraiment [3] fait passer dans la langue française la sublime poésie des Hébreux. Jusqu'à présent nous ne connaissions que le sens des livres de Job, d'Isaïe, de David; grâce à lui, l'expression, la couleur, le mouvement, l'énergie, vivent aujourd'hui dans notre langue. Ce dithyrambe est un témoignage de la reconnaissance de l'Auteur pour la manière nouvelle dont M. Genoude lui a fait envisager la poésie sacrée.

Dieu dit, et le jour fut; Dieu dit, et les étoiles
De la nuit éternelle éclaircirent les voiles;
Tous les éléments divers
A sa voix se séparèrent;
Les eaux soudain s'écoulèrent
Dans le lit creusé des mers;
Les montagnes s'élevèrent,
Et les aquilons volèrent
Dans les libres champs des airs* !

Sept fois de Jéhovah la parole féconde*
Se fit entendre au monde,
Et sept fois le néant à sa voix répondit ;
Et Dieu dit : Faisons l'homme à ma vivante image*.
Il dit, l'homme naquit; à ce dernier ouvrage
Le Verbe créateur s'arrête et s'applaudit* !

Mais ce n'est plus un Dieu ! — C'est l'homme qui soupire :
Éden a fui !... voilà le travail et la mort* !
Dans les larmes sa voix expire;
La corde du bonheur se brise sur sa lyre*,
Et Job en tire un son triste comme le sort.

Ah ! périsse à jamais le jour qui m'a vu naître !
Ah ! périsse à jamais la nuit qui m'a conçu !
Et le sein qui m'a donné l'être,
Et les genoux qui m'ont reçu* !

Que du nombre des jours Dieu pour jamais l'efface;
Que, toujours obscurci des ombres du trépas,
Ce jour parmi les jours ne trouve plus sa place,
Qu'il soit comme s'il n'était pas* !

Maintenant dans l'oubli je dormirais encore,
Et j'achèverais mon sommeil
Dans cette longue nuit qui n'aura point d'aurore,
Avec ces conquérants que la terre dévore,

Avec le fruit conçu qui meurt avant d'éclore
Et qui n'a pas vu le soleil*.

Mes jours déclinent comme l'ombre;
Je voudrais les précipiter.
O mon Dieu ! retranchez le nombre
Des soleils que je dois compter !
L'aspect de ma longue infortune
Éloigne, repousse, importune
Mes frères lassés de mes maux;
En vain je m'adresse à leur foule,
Leur pitié m'échappe et s'écoule
Comme l'onde au flanc des coteaux*.

Ainsi qu'un nuage qui passe,
Mon printemps s'est évanoui;
Mes yeux ne verront plus la trace
De tous ces biens dont j'ai joui.
Par le souffle de la colère,
Hélas ! arraché de la terre,
Je vais d'où l'on ne revient pas !
Mes vallons, ma propre demeure,
Et cet œil même qui me pleure,
Ne reverront jamais mes pas* !

L'homme vit un jour sur la terre
Entre la mort et la douleur;
Rassasié de sa misère,
Il tombe enfin comme la fleur;
Il tombe ! Au moins par la rosée
La racine fertilisée [4]
Peut-elle un moment refleurir !
Mais l'homme, hélas ! après la vie,
C'est un lac dont l'eau s'est enfuie :
On le cherche, il vient de tarir*.

Mes jours fondent comme la neige
Au souffle du courroux divin*;
Mon espérance, qu'il abrège,
S'enfuit comme l'eau de ma main*;
Ouvrez-moi mon dernier asile;

Là, j'ai dans l'ombre un lit tranquille,
Lit préparé pour mes douleurs !
O tombeau ! vous êtes mon père !
Et je dis aux vers de la terre :
Vous êtes ma mère et mes sœurs* !

Mais les jours heureux de l'impie
Ne s'éclipsent pas au matin;
Tranquille, il prolonge sa vie
Avec le sang de l'orphelin* !
Il étend au loin ses racines*;
Comme un troupeau sur les collines,
Sa famille couvre Ségor;
Puis dans un riche mausolée
Il est couché dans la vallée,
Et l'on dirait qu'il vit encor*.

C'est le secret de Dieu, je me tais et j'adore !
C'est sa main qui traça les sentiers de l'aurore,
Qui pesa l'Océan, qui suspendit les cieux !
Pour lui, l'abîme est nu, l'enfer même est sans voiles !
Il a fondé la terre et semé les étoiles !
Et qui suis-je à ses yeux [5]* ?

Mais la harpe a frémi sous les doigts d'Isaïe;
De son sein bouillonnant la menace à longs flots
S'échappe; un Dieu l'appelle, il s'élance, il s'écrie :
Cieux et terre, écoutez ! silence au fils d'Amos* !

Osias n'était plus : Dieu m'apparut; je vis
Adonaï vêtu de gloire et d'épouvante !
Les bords éblouissants de sa robe flottante
Remplissaient le sacré parvis* !

Des séraphins debout sur des marches d'ivoire
Se voilaient devant lui de six ailes de feux;
Volant de l'un à l'autre, ils se disaient entre eux :

Saint, saint, saint, le Seigneur, le Dieu, le roi des dieux!
Toute la terre est pleine de sa gloire*!

Du temple à ces accents la voûte s'ébranla,
Adonaï s'enfuit sous la nue enflammée :
Le saint lieu fut rempli de torrents de fumée.
La terre sous mes pieds trembla*!

Et moi! je resterais dans un lâche silence!
Moi qui t'ai vu, Seigneur, je n'oserais parler!
A ce peuple impur qui t'offense
Je craindrais de te révéler*!

Qui marchera pour nous? dit le Dieu des armées.
Qui parlera pour moi? dit Dieu. — Qui? moi, Seigneur [6]!
Touche mes lèvres enflammées!
Me voilà! je suis prêt!... malheur*!

Malheur à vous qui dès l'aurore
Respirez les parfums du vin!
Et que le soir retrouve encore
Chancelants aux bords du festin*!
Malheur à vous qui par l'usure
Étendez sans fin ni mesure
La borne immense de vos champs!
Voulez-vous donc, mortels avides,
Habiter dans vos champs arides,
Seuls, sur la terre des vivants*?

Malheur à vous, race insensée!
Enfants d'un siècle audacieux*,
Qui dites dans votre pensée :
Nous sommes sages à nos yeux :
Vous changez la nuit en lumière,
Et le jour en ombre grossière
Où se cachent vos voluptés!
Mais, comme un taureau dans la plaine,
Vous traînez après vous la chaîne
De vos longues iniquités*!

Malheur à vous, filles de l'onde!
Iles de Sidon et de Tyr*!

Tyrans ! qui trafiquez du monde
Avec la pourpre et l'or d'Ophyr* !
Malheur à vous ! votre heure sonne !
En vain l'Océan vous couronne,
Malheur à toi, reine des eaux,
A toi, qui, sur des mers nouvelles,
Fais retentir comme des ailes
Les voiles de mille vaisseaux !

Ils sont enfin venus les jours de ma justice;
Ma colère, dit Dieu, se déborde sur vous* !
Plus d'encens, plus de sacrifice
Qui puisse éteindre mon courroux* !

Je livrerai ce peuple à la mort, au carnage;
Le fer moissonnera comme l'herbe sauvage
Ses bataillons entiers !
— Seigneur ! épargnez-nous ! Seigneur ! — Non, point de [trêve,
Et je ferai sur lui ruisseler de mon glaive
Le sang de ses guerriers* !

Ses torrents sécheront sous ma brûlante haleine*;
Ma main nivellera, comme une vaste plaine,
Ses murs et ses palais*;
Le feu les brûlera comme il brûle le chaume*.
Là, plus de nation, de ville, de royaume;
Le silence à jamais* !

Ses murs se couvriront de ronces et d'épines;
L'hyène et le serpent peupleront ses ruines;
Les hiboux, les vautours,
L'un l'autre s'appelant durant la nuit obscure,
Viendront à leurs petits porter la nourriture
Au sommet de ses tours* !

Mais Dieu ferme à ces mots les lèvres d'Isaïe :
Le sombre Ézéchiel
Sur le tronc desséché de l'ingrat Israël
Fait descendre à son tour la parole de vie*.

L'Éternel emporta mon esprit au désert* :
D'ossements desséchés le sol était couvert;
J'approche en frissonnant; mais Jéhovah me crie :
Si je parle à ces os, reprendront-ils la vie?
— Éternel, tu le sais! — Eh bien! dit le Seigneur,
Écoute mes accents! retiens-les, et dis-leur :
Ossements desséchés! insensible poussière!
Levez-vous! recevez l'esprit et la lumière!
Que vos membres épars s'assemblent à ma voix!
Que l'esprit vous anime une seconde fois!
Qu'entre vos os flétris vos muscles se replacent!
Que votre sang circule et vos nerfs s'entrelacent!
Levez-vous et vivez, et voyez qui je suis!
J'écoutai le Seigneur, j'obéis et je dis :
Esprit, soufflez sur eux du couchant, de l'aurore*;
Soufflez de l'aquilon, soufflez!... Pressés d'éclore,
Ces restes du tombeau, réveillés par mes cris,
Entrechoquent soudain leurs ossements flétris;
Aux clartés du soleil leur paupière se rouvre,
Leurs os sont rassemblés, et la chair les recouvre!
Et ce champ de la mort tout entier se leva,
Redevint un grand peuple, et connut Jéhovah!

Mais Dieu de ses enfants a perdu la mémoire*;
La fille de Sion, méditant ses malheurs,
S'assied en soupirant, et, veuve de sa gloire*,
Écoute Jérémie et retrouve des pleurs*.

Le Seigneur, m'accablant du poids de sa colère,
Retire tour à tour et ramène sa main;
Vous qui passez par le chemin,
Est-il une misère égale à ma misère*?

En vain ma voix s'élève, il n'entend plus ma voix;
Il m'a choisi pour but de ses flèches de flamme,
Et tout le jour contre mon âme
Sa fureur a lancé les fils de son carquois*!

Sur mes os consumés ma peau s'est desséchée;
Les enfants m'ont chanté dans leurs dérisions;
Seul, au milieu des nations,
Le Seigneur m'a jeté comme une herbe arrachée*.

Il s'est enveloppé de son divin courroux;
Il a fermé ma route, il a troublé ma voie;
Mon sein n'a plus connu la joie,
Et j'ai dit au Seigneur : Seigneur, souvenez-vous*,

Souvenez-vous, Seigneur, de ces jours de colère;
Souvenez-vous du fiel dont vous m'avez nourri;
Non, votre amour n'est point tari :
Vous me frappez, Seigneur, et c'est pourquoi j'espère*.

Je repasse en pleurant ces misérables jours;
J'ai connu le Seigneur dès ma plus tendre aurore :
Quand il punit, il aime encore;
Il ne s'est pas, mon âme, éloigné pour toujours*.

Heureux qui le connaît! heureux qui dès l'enfance
Porta le joug d'un Dieu, clément dans sa rigueur!
Il croit au salut du Seigneur,
S'assied au bord du fleuve, et l'attend en silence*!

Il sent peser sur lui ce joug de votre amour;
Il répand dans la nuit ses pleurs et sa prière,
Et la bouche dans la poussière,
Il invoque, il espère, il attend votre jour*.

Silence*, ô lyre! et vous silence,
Prophètes, voix de l'avenir!
Tout l'univers se tait d'avance
Devant celui qui doit venir*!
Fermez-vous, lèvres inspirées;
Reposez-vous, harpes sacrées,
Jusqu'au jour où sur les hauts lieux
Une voix, au monde inconnue,
Fera retentir dans la nue :
Paix à la terre et gloire aux cieux [7]*!

MÉDITATION TRENTE-HUITIÈME

LES FLEURS[1]*

1837

O TERRE, vil monceau de boue [2]*
Où germent d'épineuses fleurs,
Rendons grâce à Dieu, qui secoue [3]
Sur ton sein ces [4] fraîches couleurs* !

Sans ces urnes où goutte à goutte
Le ciel rend la force à nos pas [5],
Tout serait désert, et la route
Au ciel [6] ne s'achèverait pas.

Nous dirions : A quoi bon poursuivre
Ce sentier qui mène au cercueil?
Puisqu'on se lasse en vain à vivre,
Mieux vaut s'arrêter sur le seuil.

Mais, pour nous cacher les distances,
Sur le chemin de nos douleurs
Tu sèmes le sol d'espérances [7],
Comme on borde [8] un linceul de fleurs !

Et toi, mon cœur, cœur triste et tendre,
Où chantaient de si fraîches voix;
Toi qui n'es plus qu'un bloc de cendre
Couvert de charbons noirs et froids*,

Ah ! laisse refleurir encore
Ces lueurs d'arrière-saison [9] !

Le soir d'été qui s'évapore [10*]
Laisse une pourpre à l'horizon.

Oui, meurs en brûlant, ô mon âme,
Sur ton bûcher d'illusions,
Comme l'astre éteignant sa flamme [11]
S'ensevelit dans ses rayons [12] !

MÉDITATION TRENTE-NEUVIÈME

LES OISEAUX[1]*

1842

ORCHESTRE du Très-Haut, bardes de ses louanges*,
Ils chantent à l'été des notes de bonheur;
Ils parcourent les airs avec des ailes d'anges
Échappés tout joyeux des jardins du Seigneur*.

Tant que durent les fleurs, tant que l'épi qu'on coupe
Laisse tomber un grain sur les sillons jaunis,
Tant que le rude hiver n'a pas gelé la coupe*
Où leurs pieds vont poser* comme aux bords de leurs nids[2],

Ils remplissent le ciel de musique et de joie :
La jeune fille embaume et verdit leur prison [3],
L'enfant passe la main sur leur duvet de soie,
Le vieillard les nourrit au seuil de sa maison.

Mais dans les mois d'hiver, quand la neige et le givre
Ont remplacé la feuille et le fruit, où vont-ils?
Ont-ils cessé d'aimer? ont-ils cessé de vivre?
Nul ne sait le secret de leurs lointains exils*.

On trouve au pied de l'arbre une plume souillée,
Comme une feuille morte où rampe un ver rongeur,
Que la brume des nuits a jaunie et mouillée,
Et qui n'a plus, hélas! ni parfum ni couleur.

On voit pendre à la branche un nid rempli d'écailles
Dont le vent pluvieux balance un noir débris;
Pauvre maison en deuil et vieux pan de murailles [4]
Que les petits, hier, réjouissaient de cris*.

O mes charmants oiseaux, vous si joyeux d'éclore!
La vie est donc un piège* où le bon Dieu vous prend?
Hélas! c'est comme nous. Et nous chantons encore!
Que Dieu serait cruel, s'il n'était pas si grand*!

MÉDITATION QUARANTIÈME

LES PAVOTS[1]*
1847

Lorsque vient le soir de la vie*,
Le printemps attriste le cœur :
De sa corbeille épanouie
Il s'exhale un parfum moqueur.
De toutes ces fleurs qu'il étale,
Dont l'amour ouvre le pétale,
Dont les prés éblouissent l'œil,
Hélas ! il suffit que l'on cueille
De quoi parfumer d'une feuille
L'oreiller du lit d'un cercueil*.

Cueillez-moi ce pavot sauvage
Qui croît à l'ombre de ces blés :
On dit qu'il en coule un breuvage
Qui ferme les yeux accablés*.
J'ai trop veillé; mon âme est lasse*
De ces rêves qu'un rêve chasse.
Que me veux-tu, printemps vermeil?
Loin de moi ces lis et ces roses* !
Que faut-il aux paupières closes?
La fleur qui garde le sommeil !

MÉDITATION QUARANTE ET UNIÈME

LE COQUILLAGE AU BORD DE LA MER[1]*

A UNE JEUNE ÉTRANGÈRE*

QUAND tes beaux pieds distraits errent, ô jeune fille,
Sur ce sable mouillé, frange d'or de la mer*,
Baisse-toi, mon amour, vers la blonde coquille
Que Vénus fait, dit-on, polir au flot amer*.

L'écrin de l'Océan n'en a point de pareille;
Les roses de ta joue ont peine à l'égaler;
Et quand de sa volute on approche l'oreille,
On entend mille voix qu'on ne peut démêler*.

Tantôt c'est la tempête avec ses lourdes vagues
Qui viennent en tonnant se briser sur tes pas,
Tantôt c'est la forêt avec ses frissons vagues,
Tantôt ce sont des voix qui chuchotent tout bas.

Oh! ne dirais-tu pas, à ce confus murmure
Que rend le coquillage aux lèvres de carmin,
Un écho merveilleux où l'immense nature
Résume tous ses bruits dans le creux de ta main?

Emporte-la, mon ange*! Et quand ton esprit joue
Avec lui-même, oisif, pour charmer tes ennuis,
Sur ce bijou des mers penche en riant ta joue,
Et, fermant tes beaux yeux, recueilles-en les bruits*.

Si dans ces mille accents dont sa conque fourmille
Il en est un plus doux qui vienne te frapper,

Et qui s'élève à peine aux bords de la coquille,
Comme un aveu d'amour qui n'ose s'échapper*;

S'il a pour ta candeur des terreurs et des charmes;
S'il renaît en mourant presque éternellement;
S'il semble au fond d'un cœur rouler avec des larmes;
S'il tient de l'espérance et du gémissement;...

Ne te consume pas à chercher ce mystère [2]!
Ce mélodieux souffle, ô mon ange, c'est moi!
Quel bruit plus éternel, et plus doux sur la terre,
Qu'un écho de mon cœur qui m'entretient de toi?

NOUVELLES MÉDITATIONS POÉTIQUES

Musae Jovis omnia plena!*
VIRG.

MÉDITATION PREMIÈRE

LE PASSÉ [1]*

A M. A. DE V*** [2]*

ARRÊTONS-NOUS sur la colline*
A l'heure où, partageant les jours,
L'astre du matin qui décline
Semble précipiter son cours!
En avançant dans sa carrière,
Plus faible il rejette en arrière
L'ombre terrestre qui le suit;
Et de l'horizon qu'il colore,
Une moitié le voit encore,
L'autre se plonge dans la nuit [3]!

C'est l'heure où, sous l'ombre inclinée,
Le laboureur dans le vallon
Suspend un moment sa journée,
Et s'assied aux bords du sillon*!
C'est l'heure où, près de la fontaine,
Le voyageur reprend haleine
Après sa course du matin!
Et c'est l'heure où l'âme qui pense
Se retourne et voit l'espérance
Qui l'abandonne en son chemin [4]*!

Ainsi notre étoile pâlie,
Jetant de mourantes lueurs
Sur le midi de notre vie,
Brille à peine à travers nos pleurs.

De notre rapide existence,
L'ombre de la mort qui s'avance
Obscurcit déjà la moitié!
Et, près de ce terme funeste,
Comme à l'aurore, il ne nous reste
Que l'espérance et l'amitié [5]*.

Ami qu'un même jour vit naître,
Compagnon depuis le berceau*,
Et qu'un même jour doit peut-être
Endormir au même tombeau,
Voici la borne qui partage
Ce douloureux pèlerinage
Qu'un même sort nous a tracé!
De ce sommet qui nous rassemble,
Viens, jetons un regard ensemble
Sur l'avenir et le passé [6]!

Repassons nos jours*, si tu l'oses!
Jamais l'espoir des matelots
Couronna-t-il d'autant de roses
Le navire qu'on lance aux flots?
Jamais d'une teinte plus belle
L'aube en riant colora-t-elle
Le front rayonnant du matin?
Jamais d'un œil perçant d'audace,
L'aigle* embrassa-t-il plus d'espace
Que nous en ouvrait le destin [7]?

En vain, sur la route fatale
Dont les cyprès tracent le bord,
Quelques tombeaux* par intervalle
Nous avertissaient de la mort;
Ces monuments mélancoliques
Nous semblaient, comme aux jours antiques,
Un vain ornement du chemin!
Nous nous asseyions sous leur ombre,
Et nous rêvions des jours sans nombre,
Hélas! entre hier et demain [8]!

Combien de fois, près du rivage
Où Nisida dort sur les mers,
La beauté crédule ou volage
Accourut à nos doux concerts!
Combien de fois la barque errante
Berça sur l'onde transparente
Deux couples par l'Amour conduits,
Tandis qu'une déesse amie
Jetait sur la vague endormie
Le voile parfumé des nuits [9*]!

Combien de fois, dans le délire
Qui succédait à nos festins,
Aux sons antiques de la lyre,
J'évoquai des songes divins!
Aux parfums des roses mourantes,
Aux vapeurs des coupes fumantes,
Ils volaient à nous tour à tour!
Et sur leurs ailes nuancées
Égaraient nos molles pensées,
Dans les dédales de l'Amour [10*]!

Mais, dans leur insensible pente,
Les jours qui succédaient aux jours*
Entraînaient comme une eau courante*
Et nos songes et nos amours :
Pareil à la fleur fugitive
Qui du front joyeux d'un convive
Tombe avant l'heure du festin,
Ce bonheur que l'ivresse cueille,
De nos fronts, tombant feuille à feuille,
Jonchait le lugubre chemin [11*]!

Et maintenant, sur cet espace
Que nos pas ont déjà quitté,
Retourne-toi! cherchons la trace
De l'amour, de la volupté!
En foulant leurs rives fanées,
Remontons le cours des années,

Tandis qu'un souvenir glacé,
Comme l'astre adouci des ombres*,
Éclaire encor de teintes sombres
La scène vide du passé [12] !

Ici, sur la scène du monde,
Se leva ton premier soleil !
Regarde ! quelle nuit profonde
A remplacé ce jour vermeil !
Tout sous les cieux semblait sourire :
La feuille, l'onde, le zéphire
Murmuraient des accords charmants !
Écoute ! la feuille est flétrie,
Et les vents sur l'onde tarie
Rendent de sourds gémissements !

Reconnais-tu ce beau rivage,
Cette mer aux flots argentés,
Qui ne fait que bercer l'image
Des bords dans son sein répétés ?
Un nom chéri vole sur l'onde* !...
Mais pas une voix qui réponde,
Que le flot grondant sur l'écueil !
Malheureux ! quel nom tu prononces !
Ne vois-tu pas parmi ces ronces
Ce nom gravé sur un cercueil [13] ?...

Plus loin, sur la rive où s'épanche
Un fleuve épris de ces coteaux,
Vois-tu ce palais qui se penche
Et jette une ombre au sein des eaux* ?
Là, sous une forme étrangère,
Un ange exilé de sa sphère
D'un céleste amour t'enflamma.
Pourquoi trembler ? quel bruit t'étonne ?
Ce n'est qu'une ombre qui frissonne
Aux pas du mortel qu'elle aima [14]*.

Hélas ! partout où tu repasses,
C'est le deuil, le vide ou la mort :
Et rien n'a germé sur nos traces
Que la douleur ou le remord*.
Voilà ce cœur où ta tendresse
Sema des fruits que ta vieillesse,
Hélas ! ne recueillera pas !
Là l'oubli perdit ta mémoire !
Là l'envie étouffa ta gloire* !
Là ta vertu fit des ingrats [15] !

Là l'illusion éclipsée
S'enfuit sous un nuage obscur [15 bis] !
Ici l'Espérance lassée
Replia ses ailes d'azur !
Là, sous la douleur qui le glace,
Ton sourire perdit sa grâce,
Ta voix oublia ses concerts !
Tes sens épuisés se plaignirent,
Et tes blonds cheveux* se teignirent
Au souffle argenté des hivers [16] !

Ainsi des rives étrangères,
Quand l'homme, à l'insu des tyrans,
Vers la demeure de ses pères
Porte en secret ses pas errants*,
L'ivraie a couvert ses collines,
Son toit sacré pend en ruines,
Dans ses jardins l'onde a tari ;
Et sur le seuil qui fut sa joie,
Dans l'ombre un chien féroce aboie
Contre les mains qui l'ont nourri !

Mais ces sens qui s'appesantissent
Et du temps subissent la loi,
Ces yeux, ce cœur qui se ternissent,
Cette ombre enfin, ce n'est pas toi* !
Sans regret, au flot des années,
Livre ces dépouilles fanées

Qu'enlève le souffle des jours,
Comme on jette au courant de l'onde
La feuille aride et vagabonde
Que l'onde entraîne dans son cours [17]* !

Ce n'est plus le temps de sourire
A ces roses de peu de jours,
De mêler aux sons de la lyre
Les tendres soupirs des amours*,
De semer sur des fonds stériles
Ces vœux, ces projets inutiles,
Par les vents du ciel emportés,
A qui le temps qui nous dévore
Ne donne pas l'heure d'éclore
Pendant nos rapides étés [18] !

Levons les yeux vers la colline
Où luit l'étoile du matin* !
Saluons la splendeur divine
Qui se lève dans le lointain* !
Cette clarté pure et féconde
Aux yeux de l'âme éclaire un monde
Où la foi monte sans effort !
D'un saint espoir ton cœur palpite :
Ami, pour y voler plus vite,
Prenons les ailes de la mort [19]* !

En vain, dans ce désert aride,
Sous nos pas tout s'est effacé !
Viens ! où l'éternité réside,
On retrouve jusqu'au passé* !
Là, sont nos rêves pleins de charmes,
Et nos adieux trempés de larmes,
Nos vœux et nos soupirs perdus !
Là, refleuriront nos jeunesses,
Et les objets de nos tristesses
A nos regrets seront rendus [20] !

Ainsi, quand les vents de l'automne
Ont dissipé l'ombre des bois,
L'hirondelle agile abandonne
Le faîte du palais des rois* !
Suivant le soleil dans sa course,
Elle remonte vers la source
D'où l'astre nous répand les jours,
Et sur ses pas retrouve encore
Un autre ciel, une autre aurore,
Un autre nid pour ses amours [21].

Ce roi*, dont la sainte tristesse
Immortalisa les douleurs,
Vit ainsi sa verte jeunesse
Se renouveler* sous ses pleurs.
Sa harpe, à l'ombre de la tombe,
Soupirait comme la colombe
Sous les verts cyprès du Carmel;
Et son cœur, qu'une lampe éclaire,
Résonnait comme un sanctuaire
Où retentit l'hymne éternel [22]* !

MÉDITATION DEUXIÈME

ISCHIA [1]*[a]

Le soleil va porter le jour à d'autres mondes;
Dans l'horizon [2] désert Phébé monte sans bruit*,
Et jette, en pénétrant les ténèbres [3] profondes,
Un voile transparent [4] sur le front de la nuit*.

Voyez [5] du haut des monts ses clartés ondoyantes*
Comme* un fleuve de flamme inonder les coteaux,
Dormir dans les vallons, ou glisser sur les pentes,
Ou rejaillir au loin du sein brillant des eaux*.

La douteuse lueur, dans l'ombre répandue,
Teint d'un jour azuré* la pâle obscurité,
Et fait nager au loin dans la vague étendue
Les horizons baignés par sa molle clarté* !

L'Océan amoureux de ces rives tranquilles
Calme, en baignant [6] leurs pieds, ses orageux transports*,
Et pressant dans ses bras ces golfes et ces îles,
De son humide haleine en rafraîchit les bords.

Du flot qui tour à tour s'avance et se retire
L'œil aime à suivre au loin le flexible contour* :
On dirait un amant qui presse en son délire*
La vierge qui résiste et cède tour à tour.

---

a. Ile de la Méditerranée, dans le golfe de Naples.

Doux comme le soupir d'un enfant [7] qui sommeille,
Un son vague et plaintif se répand dans les airs :
Est-ce un écho du ciel qui charme* notre oreille?
Est-ce un soupir d'amour de la terre et des mers?

Il s'élève, il retombe, il renaît, il expire,
Comme un cœur oppressé d'un poids de volupté;
Il semble qu'en ces nuits la nature respire,
Et se plaint comme nous de sa félicité*.

Mortel, ouvre ton âme à ces torrents de vie!
Reçois par tous les sens* les charmes de la nuit :
A t'enivrer d'amour son ombre te convie;
Son astre dans le ciel se lève, et te conduit.

Vois-tu ce feu lointain trembler sur la colline?
Par la main de l'Amour [8] c'est un phare allumé*;
Là, comme un lis penché, l'amante qui s'incline
Prête une oreille avide aux pas du bien-aimé.

La beauté [9], dans le songe où son âme s'égare,
Soulève un œil d'azur* qui réfléchit les cieux,
Et ses doigts au hasard errant sur sa guitare
Jettent aux vents du soir des sons mystérieux*.

« Viens : l'amoureux silence occupe au loin l'espace [10]*;
« Viens du soir près de moi respirer la fraîcheur;
« C'est l'heure : à peine au loin la voile qui s'efface [11]
« Blanchit, en ramenant le paisible pêcheur.

« Depuis l'heure où ta barque a fui loin de la rive,
« J'ai suivi tout le jour ta voile sur les mers,
« Ainsi que de son nid [12] la colombe craintive
« Suit l'aile du ramier, qui blanchit dans les airs*.

« Tandis qu'elle* glissait sous l'ombre du rivage,
« J'ai reconnu ta voix dans la voix des échos;
« Et la brise du soir, en mourant sur la plage,
« Me rapportait [13] tes chants prolongés* sur les flots.

« Quand la vague a grondé sur [14] la côte écumante,
« A l'étoile des mers j'ai murmuré ton nom;
« J'ai rallumé sa lampe [15], et de ta seule amante
« L'amoureuse prière a fait fuir l'aquilon [16]*.

« Maintenant sous le ciel tout repose, ou tout aime [17] :
« La vague en ondulant vient dormir sur le bord;
« La fleur dort sur sa tige [18], et la nature même
« Sous le dais de la nuit [19] se recueille et s'endort.

« Vois [20] : la mousse a pour nous tapissé la vallée;
« Le pampre s'y recourbe en replis tortueux [21]*,
« Et l'haleine de l'onde [22] à l'oranger mêlée,
« De ses fleurs qu'elle effeuille embaume mes cheveux*.

« A la molle clarté de la voûte sereine [23]
« Nous chanterons ensemble assis sous le jasmin,
« Jusqu'à l'heure où la lune, en glissant vers Misène [24]*,
« Se perd en pâlissant dans les feux du matin. »

Elle chante; et sa voix par intervalle expire [25],
Et, des accords du luth* plus faiblement frappés,
Les échos assoupis ne livrent au zéphire
Que des soupirs mourants, de silence coupés*.

Celui qui, le cœur plein de délire et de flamme,
A cette heure d'amour, sous cet astre enchanté,
Sentirait tout à coup le rêve de son âme
S'animer sous les traits d'une chaste beauté*;

Celui qui, sur la mousse, au pied du sycomore*,
Au murmure des eaux, sous un dais de saphirs*,
Assis à ses genoux, de l'une à l'autre aurore,
N'aurait pour lui parler que l'accent des soupirs;

Celui qui, respirant son haleine adorée,
Sentirait ses cheveux, soulevés par les vents*,
Caresser en passant sa paupière effleurée,
Ou rouler sur son front leurs anneaux ondoyants;

Celui qui, suspendant les heures fugitives*,
Fixant avec l'amour son âme en ce beau lieu,
Oublierait que le temps coule encor sur ces rives,
Serait-il un mortel, ou serait-il un dieu?...

Et nous, aux doux penchants de ces verts Élysées,
Sur ces bords où l'amour eût caché son Éden,
Au murmure plaintif des vagues apaisées,
Aux rayons endormis de l'astre élyséen [26]*,

Sous ce ciel où la vie, où le bonheur abonde,
Sur ces rives que l'œil se plaît à parcourir,
Nous avons respiré cet air d'un autre monde*,
Élyse [27]* !... et cependant, on dit qu'il faut mourir !

MÉDITATION TROISIÈME

SAPHO

ÉLÉGIE ANTIQUE [1]*

L'AURORE se levait, la mer battait la plage;
Ainsi parla Sapho debout sur le rivage,
Et près d'elle, à genoux, les filles de Lesbos
Se penchaient sur l'abîme et contemplaient les flots* :

Fatal rocher, profond abîme,
Je vous aborde sans effroi* !
Vous allez à Vénus dérober sa victime :
J'ai méconnu l'amour, l'amour punit mon crime*.
O Neptune ! tes flots seront plus doux pour moi !
Vois-tu de quelles fleurs j'ai couronné ma tête?
Vois : ce front, si longtemps chargé de mon ennui,
Orné pour mon trépas comme pour une fête,
Du bandeau* solennel étincelle aujourd'hui.
On dit que dans ton sein... mais je ne puis le croire,
On échappe au courroux de l'implacable Amour*;
On dit que, par tes soins, si l'on renaît au jour,
D'une flamme insensée on y perd la mémoire*.
Mais de l'abîme, ô dieu ! quel que soit le secours,
Garde-toi, garde-toi de préserver mes jours* !
Je ne viens pas chercher dans tes ondes propices
Un oubli passager, vain remède à mes maux !
J'y viens, j'y viens trouver le calme des tombeaux.
Reçois, ô roi des mers, mes joyeux sacrifices !
Et vous, pourquoi ces pleurs? pourquoi ces vains sanglots?
Chantez, chantez un hymne, ô vierges de Lesbos* !

Importuns souvenirs, me suivrez-vous sans cesse?
C'était sous les bosquets du temple de Vénus;
Moi-même, de Vénus insensible prêtresse,
Je chantais sur la lyre un hymne à la déesse* :
Au pied de ses autels, soudain je t'aperçus.
Dieux ! quels transports nouveaux ! ô dieux ! comment décrire
Tous les feux dont mon sein se remplit à la fois !
Ma langue se glaça, je demeurai sans voix*,
Et ma tremblante main laissa tomber ma lyre.
Non, jamais aux regards de l'ingrate Daphné*
Tu ne parus plus beau, divin fils de Latone;
Jamais le thyrse en main, de pampres couronné [2],
Le jeune dieu de l'Inde, en triomphe traîné,
N'apparut plus brillant aux regards d'Érigone.
Tout sortit... De lui seul je me souvins, hélas !
Sans rougir de ma flamme, en tout temps, à toute heure,
J'errais seule et pensive autour de sa demeure* :
Un pouvoir plus qu'humain m'enchaînait sur ses pas.
Que j'aimais à le voir, de la foule enivrée,
Au gymnase, au théâtre, attirer tous les yeux,
Lancer le disque au loin, d'une main assurée,
Et sur tous ses rivaux l'emporter dans nos jeux !
Que j'aimais à le voir, penché sur la crinière
D'un coursier de l'Élide aussi prompt que les vents,
S'élancer le premier au bout de la carrière*,
Et, le front couronné, revenir à pas lents !
Ah ! de tous ses succès que mon âme était fière !
Et si de ce beau front de sueur humecté
J'avais pu seulement essuyer la poussière...
O dieux ! j'aurais donné tout, jusqu'à ma beauté*,
Pour être, un seul instant, ou sa sœur ou sa mère* !
Vous, qui n'avez jamais rien pu pour mon bonheur,
Vaines divinités des rives du Permesse*,
Moi-même, dans vos arts, j'instruisis sa jeunesse;
Je composai pour lui ces chants pleins de douceur,
Ces chants qui m'ont valu les transports de la Grèce.
Ces chants, qui des enfers fléchiraient la rigueur,
Malheureuse Sapho ! n'ont pu fléchir son cœur,
Et son ingratitude a payé ta tendresse* !

Redoublez vos soupirs ! redoublez vos sanglots !
Pleurez ! pleurez ma honte, ô filles de Lesbos !

Si mes soins, si mes chants, si mes trop faibles charmes,
A son indifférence avaient pu l'arracher ;
Si l'ingrat cependant s'était laissé toucher ;
S'il eût été du moins attendri par mes larmes* ;
Jamais, pour un mortel, jamais la main des dieux
N'aurait filé des jours plus doux, plus glorieux.
Que d'éclat cet amour eût jeté sur sa vie !
Ses jours à ces dieux même auraient pu faire envie ;
Et l'amant de Sapho, fameux dans l'univers,
Aurait été, comme eux, immortel dans mes vers*.
C'est pour lui que j'aurais, sur tes autels propices,
Fait fumer en tout temps l'encens des sacrifices*,
O Vénus ! c'est pour lui que j'aurais nuit et jour
Suspendu quelque offrande aux autels de l'Amour*.
C'est pour lui que j'aurais, durant les nuits entières [3],
Aux trois fatales sœurs* adressé mes prières ;
Ou bien que, reprenant mon luth mélodieux,
J'aurais redit les airs qui lui plaisaient le mieux.
Pour lui j'aurais voulu dans les jeux d'Ionie
Disputer aux vainqueurs les palmes du génie.
Que ces lauriers brillants à mon orgueil offerts
En les cueillant pour lui m'auraient été plus chers !
J'aurais mis à ses pieds le prix de ma victoire,
Et couronné son front des rayons de ma gloire.

« Souvent [4] à la prière abaissant mon orgueil,
De ta porte, ô Phaon ! j'allais baiser le seuil*.
Au moins, disais-je, au moins, si ta rigueur jalouse
Me refuse à jamais ce doux titre d'épouse,
Souffre, ô trop cher Phaon, que Sapho, près de toi,
Esclave si tu veux, vive au moins sous ta loi* !
Que m'importe ce nom et cette ignominie,
Pourvu qu'à tes côtés je consume ma vie,
Pourvu que je te voie, et qu'à mon dernier jour
D'un regard de pitié tu plaignes tant d'amour !
Ne crains pas mes périls, ne crains pas ma faiblesse :

Vénus égalera ma force à ma tendresse.
Sur les flots, sur la terre, attachée à tes pas,
Tu me verras te suivre au milieu des combats*;
Tu me verras, de Mars affrontant la furie,
Détourner tous les traits qui menacent ta vie,
Entre la mort et toi toujours prompte à courir... »
Trop heureuse, pour lui si j'avais pu mourir [5]!

« Lorsque enfin, fatigué des travaux de Bellone,
Sous la tente au sommeil ton âme s'abandonne,
Ce sommeil, ô Phaon! qui n'est plus fait pour moi*,
Seule me laissera veillant autour de toi :
Et si quelque souci vient rouvrir ta paupière,
Assise à tes côtés durant la nuit entière,
Mon luth sur mes genoux soupirant mon amour,
Je charmerai ta peine en attendant le jour. »

Je disais, et les vents emportaient ma prière;
L'écho répétait seul ma plainte solitaire;
Et l'écho seul encor répond à mes sanglots*.
Pleurez! pleurez ma honte, ô filles de Lesbos!

Toi qui fus une fois mon bonheur et ma gloire,
O lyre! que ma main fit résonner pour lui,
Ton aspect que j'aimais m'importune aujourd'hui,
Et chacun de tes airs rappelle à ma mémoire
Et mes feux, et ma honte, et l'ingrat qui m'a fui.
Brise-toi dans mes mains, lyre à jamais funeste*!
Aux autels de Vénus, dans ses sacrés parvis*
Je ne te suspends pas* : que le courroux céleste
Sur ces flots orageux disperse tes débris!
Et que de mes tourments nul vestige ne reste!
Que ne puis-je de même engloutir dans ces mers
Et ma fatale gloire, et mes chants, et mes vers!
Que ne puis-je effacer mes traces sur la terre!
Que ne puis-je aux enfers descendre tout entière!
Et, brûlant ces écrits où doit vivre Phaon,
Emporter avec moi l'opprobre de mon nom*!

Cependant si les dieux que sa rigueur outrage,
Poussaient en cet instant ses pas vers le rivage*;
Si de ce lieu suprême il pouvait s'approcher;
S'il venait contempler sur le fatal rocher
Sapho, les yeux en pleurs, errante, échevelée*,
Frappant de vains sanglots la rive désolée,
Brûlant encor pour lui, lui pardonnant son sort*,
Et dressant lentement les apprêts de sa mort [6] !
Sans doute, à cet aspect, touché de mon supplice
Il se repentirait de sa longue injustice;
Sans doute, par mes pleurs se laissant désarmer,
Il dirait à Sapho : « Vis encor pour aimer* ! »
Qu'ai-je dit? Loin de moi quelque remords peut-être,
A défaut de l'amour, dans son cœur a pu naître :
Peut-être dans sa fuite, averti par les dieux,
Il frissonne, il s'arrête, il revient vers ces lieux;
Il revient m'arrêter sur les bords de l'abîme;
Il revient !... il m'appelle... il sauve sa victime !...
Oh ! qu'entends-je?... Écoutez... du côté de Lesbos
Une clameur lointaine a frappé les échos !
J'ai reconnu l'accent de cette voix si chère,
J'ai vu sur le chemin s'élever la poussière !
O vierges, regardez ! ne le voyez-vous pas
Descendre la colline et me tendre les bras*?...
Mais non ! tout est muet dans la nature entière,
Un silence de mort règne au loin sur la terre;
Le chemin est désert !... Je n'entends que les flots !
Pleurez ! pleurez ma honte, ô filles de Lesbos !

Mais déjà s'élançant vers les cieux qu'il colore,
Le soleil de son char précipite le cours*.
Toi qui viens commencer le dernier de mes jours,
Adieu* dernier soleil ! adieu suprême aurore !
Demain du sein des flots vous jaillirez encore;
Et moi je meurs ! et moi je m'éteins pour toujours !
Adieu champs paternels ! adieu douce contrée !
Adieu chère Lesbos à Vénus consacrée !
Rivage où j'ai reçu la lumière des cieux;
Temple auguste où ma mère, au jour de ma naissance,

D'une tremblante main me consacrant aux dieux,
Au culte de Vénus dévoua mon enfance*;
Et toi, forêt sacrée, où les filles du Ciel [7],
Entourant mon berceau, m'ont nourri de leur miel*,
Adieu ! Leurs vains présents que le vulgaire envie,
Ni des traits de l'Amour, ni des coups du destin,
Misérable Sapho, n'ont pu sauver ta vie !
Tu vécus dans les pleurs*, et tu meurs au matin !
Ainsi tombe une fleur avant le temps fanée*;
Ainsi, cruel Amour, sous le couteau mortel,
Une jeune victime à ton temple amenée,
Qu'à ton culte en naissant le pâtre a destinée,
Vient tomber avant l'âge au pied de ton autel.

Et vous qui reverrez le cruel que j'adore
Quand l'ombre du trépas aura couvert mes yeux,
Compagnes de Sapho, portez-lui ces adieux !
Dites-lui... qu'en mourant je le nommais encore* !...

Elle dit. Et le soir, quittant le bord des flots,
Vous revîntes sans elle, ô vierges de Lesbos* !

MÉDITATION QUATRIÈME

LA SAGESSE [1]*

O vous, qui passez comme l'ombre*
Par ce triste vallon des pleurs [2]*,
Passagers* sur ce globe sombre,
Hommes ! mes frères en douleurs*,
Écoutez : voici vers Solime*
Un son de la harpe sublime
Qui charmait l'écho du Thabor :
Sion en frémit sous sa cendre,
Et le vieux palmier croit entendre
La voix du vieillard de Ségor.

Insensé le mortel qui pense;
Toute pensée est une erreur* :
Vivez, et mourez en silence;
Car la parole est au Seigneur* :
Il sait pourquoi flottent les mondes;
Il sait pourquoi coulent les ondes,
Pourquoi les cieux pendent sur nous,
Pourquoi le jour brille et s'efface,
Pourquoi l'homme soupire et passe :
Et vous, mortels, que savez-vous?

Asseyez-vous près des fontaines*
Tandis qu'agitant les rameaux,
Du midi les tièdes haleines
Font flotter l'ombre sur les eaux :
Au doux murmure de leurs ondes
Exprimez vos grappes fécondes
Où rougit l'heureuse liqueur;

Et de mains en mains sous vos treilles
Passez-vous ces coupes vermeilles
Pleines de l'ivresse du cœur.

Ainsi qu'on choisit une rose
Dans les guirlandes de Sârons*,
Choisissez une vierge éclose
Parmi les lis de vos vallons*.
Enivrez-vous de son haleine;
Écartez ses tresses d'ébène,
Goûtez les fruits de sa beauté*.
Vivez, aimez, c'est la sagesse* :
Hors le plaisir et la tendresse
Tout est mensonge et vanité*.

Comme un lis penché par la pluie
Courbe ses rameaux éplorés*,
Si la main du Seigneur vous plie,
Baissez votre tête, et pleurez*.
Une larme à ses pieds versée
Luit plus que la perle enchâssée
Dans son tabernacle immortel*;
Et le cœur blessé qui soupire
Rend un son plus doux que la lyre
Sous les colonnes de l'autel*.

Les astres roulent en silence
Sans savoir les routes des cieux*;
Le Jourdain vers l'abîme immense
Poursuit son cours mystérieux;
L'aquilon, d'une aile rapide,
Sans savoir où l'instinct le guide,
S'élance et court sur vos sillons;
Les feuilles que l'hiver entasse
Sans savoir où le vent les chasse*,
Volent en pâles tourbillons*.

Et vous, pourquoi d'un soin stérile
Empoisonner vos jours bornés?

Le jour présent vaut mieux que mille
Des siècles qui ne sont pas nés.
Passez, passez, ombres légères*,
Allez où sont allés vos pères,
Dormir auprès de vos aïeux.
De ce lit où la mort sommeille,
On dit qu'un jour elle s'éveille
Comme l'aurore dans les cieux* !

MÉDITATION CINQUIÈME

LE POÈTE MOURANT [1]*

LA COUPE de mes jours s'est brisée encor pleine*;
Ma vie en longs soupirs s'enfuit [2] à chaque haleine;
Ni larmes, ni regrets [3], ne peuvent l'arrêter;
Et l'aile de la mort, sur l'airain qui me pleure*,
En sons entrecoupés frappe [4] ma dernière heure :
Faut-il gémir? faut-il chanter*?...

Chantons, puisque mes doigts sont encor sur la lyre [5]*;
Chantons, puisque la mort, comme au cygne*, m'inspire
Au bord d'un autre monde un cri mélodieux.
C'est un présage heureux donné par mon génie :
Si notre âme n'est rien qu'amour et qu'harmonie*,
Qu'un chant divin soit ses adieux!

La lyre en se brisant* jette un son plus sublime;
La lampe qui s'éteint tout à coup se ranime,
Et d'un éclat plus pur [6] brille avant d'expirer;
Le cygne voit le ciel à son heure dernière :
L'homme seul, reportant ses regards [7] en arrière,
Compte ses jours pour les pleurer.

Qu'est-donc que des jours pour valoir qu'on les pleure?
Un soleil, un soleil; une heure, et puis une heure;
Celle qui vient ressemble à celle qui s'enfuit [8]*;
Ce qu'une nous apporte, une autre nous l'enlève :
Travail, repos, douleur, et quelquefois un rêve [9],
Voilà le jour, puis vient la nuit.

Ah! qu'il pleure*, celui dont les mains acharnées
S'attachant comme un lierre aux débris des années,

Voit* avec l'avenir s'écrouler [10] son espoir.
Pour moi, qui n'ai point pris racine sur la terre,
Je m'en vais sans effort comme l'herbe légère
Qu'enlève le souffle du soir [11]*.

Le poète est semblable aux oiseaux de passage*
Qui ne bâtissent point leurs nids sur le rivage,
Qui ne se posent pas [12] sur les rameaux des bois;
Nonchalamment bercés sur le courant de l'onde,
Ils passent en chantant loin des bords [13]; et le monde
Ne connaît rien d'eux, que leur voix*.

Jamais aucune main sur la corde sonore
Ne guida dans ses jeux ma main novice encore*;
L'homme n'enseigne pas ce qu'inspire le Ciel :
Le ruisseau n'apprend pas à couler dans sa pente,
L'aigle à fendre les airs d'une aile indépendante,
L'abeille à composer son miel.

L'airain retentissant dans sa haute demeure*,
Sous le marteau sacré tour à tour chante et pleure
Pour célébrer l'hymen, la naissance ou la mort;
J'étais comme ce bronze épuré par la flamme,
Et chaque passion, en frappant sur mon âme,
En tirait un sublime accord.

Telle durant la nuit [14] la harpe éolienne*,
Mêlant au bruit des eaux sa plainte aérienne,
Résonne d'elle-même au souffle des zéphyrs.
Le voyageur s'arrête étonné de l'entendre,
Il écoute, il admire, et ne saurait comprendre
D'où partent ces divins soupirs.

Ma harpe fut souvent de larmes arrosée,
Mais les pleurs sont pour nous la céleste rosée*;
Sous un ciel toujours pur le cœur ne mûrit pas :
Dans la coupe écrasé, le jus du pampre coule,
Et le baume* flétri sous le pied qui le foule
Répand ses parfums sur vos pas [15].

Dieu d'un souffle brûlant avait formé mon âme;
Tout ce qu'elle approchait s'embrasait de sa flamme* :
Don fatal* ! et je meurs [16] pour avoir trop aimé !
Tout ce que j'ai touché [17] s'est réduit en poussière :
Ainsi le feu du ciel tombé sur la bruyère
S'éteint quand tout est consumé.

Mais le temps? — Il n'est plus [18]. — Mais la gloire*? — Eh ! [qu'importe
Cet écho d'un vain son qu'un siècle à l'autre apporte;
Ce nom, brillant jouet de la postérité*?
Vous qui de l'avenir lui promettez [19] l'empire,
Écoutez cet accord que va rendre ma lyre...
Les vents déjà l'ont emporté !

Ah ! donnez à la mort [20] un espoir moins frivole.
Eh quoi ! le souvenir de ce son qui s'envole
Autour d'un vain tombeau retentirait toujours?
Ce souffle d'un mourant, quoi ! c'est là de la gloire [21]?
Mais vous qui promettez les temps à sa mémoire,
Mortels, possédez-vous deux jours*?

J'en atteste les dieux ! depuis que je respire,
Mes lèvres n'ont jamais prononcé sans sourire
Ce grand nom, inventé par le délire humain;
Plus j'ai pressé ce mot, plus je l'ai trouvé vide,
Et je l'ai rejeté, comme une écorce aride
Que nos lèvres pressent en vain*.

Dans le stérile espoir d'une gloire incertaine*,
L'homme livre, en passant, au courant qui l'entraîne
Un nom de jour en jour dans sa course affaibli [22];
De ce brillant débris, le flot du temps se joue :
De siècle en siècle, il flotte, il avance; il échoue [23]
Dans les abîmes de l'oubli.

Je jette un nom de plus à ces flots sans rivage;
Au gré des vents, du ciel [24], qu'il s'abîme ou surnage,
En serai-je plus grand? Pourquoi? ce n'est qu'un nom*.

Le cygne* qui s'envole aux voûtes éternelles,
Amis, s'informe-t-il si l'ombre de ses ailes
Flotte encor sur un vil gazon [25]?...

Mais pourquoi chantais-tu? — Demande à Philomèle*
Pourquoi, durant les nuits, sa douce voix se mêle
Au doux bruit des ruisseaux sous l'ombrage roulant :
Je chantais, mes amis, comme l'homme respire*,
Comme l'oiseau gémit, comme le vent soupire,
Comme l'eau murmure en coulant.

Aimer, prier, chanter, voilà toute ma vie*.
Mortel, de tous ces biens qu'ici-bas l'homme envie,
A l'heure des adieux je ne regrette rien;
Rien, que l'ardent soupir qui vers le ciel s'élance,
L'extase de la lyre, ou l'amoureux silence
D'un cœur pressé contre le mien [26].

Aux pieds de la beauté* sentir frémir sa lyre,
Voir d'accord en accord l'harmonieux délire
Couler avec le son et passer dans son sein,
Faire pleuvoir les pleurs [27] de ces yeux qu'on adore,
Comme au souffle des vents les larmes de l'aurore
Pleuvent d'un calice [28] trop plein;

Voir le regard plaintif de la vierge modeste
Se tourner tristement [29] vers la voûte céleste,
Comme pour s'envoler avec le son qui fuit,
Puis retombant sur vous plein d'une chaste flamme [30],
Sous ses cils abaissés laisser briller son âme,
Comme un feu tremblant dans la nuit [31];

Voir passer sur son front l'ombre de sa pensée,
La parole manquer à sa bouche oppressée,
Et de ce long silence entendre enfin sortir
Ce mot qui retentit jusque dans le ciel même [32],
Ce mot, le mot des dieux et des hommes : ... Je t'aime [33]!
Voilà ce qui vaut un soupir.

Un soupir ! un regret* ! inutile parole !
Sur l'aile de la mort mon âme au ciel s'envole*,
Je vais où leur instinct emporte nos désirs;
Je vais où le regard voit briller l'espérance [34];
Je vais où va le son qui de mon luth s'élance,
Où sont allés tous mes soupirs [35] !

Comme l'oiseau qui voit dans les ombres funèbres [36]*,
La foi, cet œil de l'âme*, a percé mes ténèbres [37];
Son prophétique instinct m'a révélé mon sort.
Aux champs de l'avenir combien de fois mon âme,
S'élançant jusqu'au ciel sur des ailes de flamme,
A-t-elle devancé la mort !

N'inscrivez point de nom sur ma demeure sombre.
Du poids d'un monument ne chargez pas mon ombre :
D'un peu de sable, hélas [38] ! je ne suis point jaloux.
Laissez-moi seulement à peine assez d'espace*
Pour que le malheureux qui sur ma tombe passe
Puisse y poser ses deux genoux.

Souvent, dans le secret [39] de l'ombre et du silence,
Du gazon d'un cercueil la prière s'élance,
Et trouve l'espérance à côté de la mort.
Le pied sur une tombe* on tient moins à la terre,
L'horizon est plus vaste; et l'âme, plus légère,
Monte au ciel avec moins d'effort [40].

Brisez*, livrez aux vents, aux ondes, à la flamme,
Ce luth qui n'a qu'un son pour répondre à mon âme :
Celui des Séraphins [41]* va frémir sous mes doigts.
Bientôt, vivant comme eux d'un immortel délire,
Je vais guider, peut-être, aux accords de ma lyre,
Des cieux suspendus à ma voix [42].

Bientôt... Mais de la mort la main lourde et muette
Vient de toucher la corde; elle se brise, et jette
Un son plaintif et sourd dans le vague des airs.
Mon luth glacé se tait*... Amis, prenez le vôtre;
Et que mon âme encor passe d'un monde à l'autre
Au bruit de vos sacrés concerts [43]* !

MÉDITATION SIXIÈME

L'ESPRIT DE DIEU [1]*

A L. DE V**** *

LE FEU divin [2]* qui nous consume
Ressemble à ces feux indiscrets
Qu'un pasteur imprudent allume
Au bord des profondes forêts [3]*:
Tant qu'aucun souffle ne l'éveille,
L'humble foyer couve et sommeille;
Mais s'il respire l'aquilon*,
Tout à coup la flamme engourdie
S'enfle, déborde, et [4] l'incendie
Embrase un immense horizon.

O mon âme ! de quels rivages
Viendra ce souffle inattendu [5]?
Sera-ce un enfant des orages*,
Un soupir à peine entendu [6]?
Viendra-t-il, comme un doux zéphyre,
Mollement caresser ma lyre,
Ainsi qu'il caresse une fleur [7];
Ou sous ses ailes frémissantes
Briser ses cordes gémissantes
Du cri perçant de la douleur [8]?

Viens du couchant ou de l'aurore*,
Doux ou terrible au gré du sort :
Le sein généreux [9] qui t'implore*
Brave la souffrance ou la mort.
Aux cœurs altérés d'harmonie [10]

Qu'importe le prix du génie?
Si c'est la mort, il faut mourir...
On dit que la bouche d'Orphée,
Par les flots de l'Èbre [11] étouffée,
Rendit un immortel soupir*.

Mais soit qu'un mortel vive ou meure,
Toujours rebelle à nos souhaits,
L'esprit ne souffle qu'à son heure,
Et ne se repose jamais*.
Préparons-lui des lèvres pures,
Un œil chaste [12], un front sans souillures,
Comme, aux approches du saint lieu,
Des enfants, des vierges voilées,
Jonchent de roses effeuillées
La route où va passer un Dieu [13]*.

Fuyant les bords qui l'ont vu naître,
De Laban [14]* l'antique berger
Un jour devant lui vit paraître [15]
Un mystérieux étranger :
Dans l'ombre, ses larges prunelles
Lançaient de pâles étincelles [16],
Ses pas ébranlaient le vallon;
Le courroux gonflait sa poitrine,
Et le souffle de sa narine
Résonnait comme l'aquilon [17]*.

Dans un formidable silence
Ils se mesurent un moment;
Soudain l'un sur l'autre s'élance,
Saisi d'un même emportement [18] :
Leurs bras menaçants [19] se replient,
Leurs fronts luttent [20], leurs membres crient,
Leurs flancs pressent leurs flancs pressés*;
Comme un chêne qu'on déracine,
Leur tronc se balance et s'incline
Sur leurs genoux entrelacés.

Tous deux [21] ils glissent [22] dans la lutte,
Et Jacob enfin terrassé
Chancelle, tombe, et dans sa chute
Entraîne l'ange renversé :
Palpitant de crainte et de rage,
Soudain le pasteur se dégage
Des bras du combattant des cieux [23],
L'abat, le presse, le surmonte,
Et sur son sein gonflé de honte
Pose un genou victorieux !

Mais sur le lutteur qu'il domine,
Jacob encor mal affermi,
Sent à son tour sur sa poitrine
Le poids du céleste ennemi.
Enfin, depuis les heures sombres
Où le soir lutte avec les ombres [24]*,
Tantôt vaincu, tantôt vainqueur,
Contre ce rival qu'il ignore*
Il combattit jusqu'à l'aurore...
Et c'était l'esprit du Seigneur [25]* !

Attendons le souffle suprême [26]
Dans un repos silencieux;
Nous ne sommes rien de nous-même
Qu'un instrument mélodieux*;
Quand le doigt d'en haut se retire*,
Restons muets comme la lyre [27]
Qui recueille ses saints transports
Jusqu'à ce que la main puissante
Touche la corde frémissante [28]
Où dorment les divins accords [29]*.

MÉDITATION SEPTIÈME

BONAPARTE [1]*

SUR un écueil battu par la vague plaintive,
Le nautonier* de loin voit blanchir sur la rive
Un tombeau près du bord [2], par les flots déposé*;
Le temps n'a pas encor bruni l'étroite pierre,
Et sous le vert tissu de la ronce et du lierre
On distingue... un sceptre brisé!

Ici gît... Point de nom*!... demandez à la terre!
Ce [3] nom? il est inscrit en sanglant caractère
Des bords du Tanaïs au sommet du Cédar*,
Sur le bronze et le marbre, et sur le sein des braves,
Et jusque dans le cœur de ces troupeaux d'esclaves
Qu'il foulait tremblants sous son char.

Depuis les deux grands noms [4]* qu'un siècle au siècle
Jamais nom qu'ici-bas toute langue prononce [annonce,
Sur l'aile* de la foudre aussi loin ne vola;
Jamais d'aucun mortel le pied qu'un souffle efface
N'imprima sur la terre une plus forte trace*,
Et ce pied s'est arrêté là!...

Il est là!... Sous trois pas un enfant le mesure*!
Son ombre ne rend pas même un léger murmure.
Le pied d'un ennemi foule en paix son cercueil.
Sur ce front foudroyant le moucheron bourdonne,
Et son ombre [5] n'entend que le bruit monotone
D'une vague [6] contre un écueil*.

Ne crains pas, cependant, ombre encore inquiète,
Que je vienne outrager ta majesté muette.
Non. La lyre aux tombeaux n'a jamais insulté [7]*.
La mort fut de tout temps l'asile de la gloire [8].
Rien ne doit jusqu'ici poursuivre une mémoire [9];
Rien, excepté la vérité!

Ta tombe et ton berceau sont couverts d'un nuage,
Mais, pareil à l'éclair, tu sortis d'un orage;
Tu foudroyas le monde avant d'avoir un nom* :
Tel ce Nil dont Memphis boit les vagues fécondes
Avant d'être nommé fait bouillonner [10] ses ondes
Aux solitudes de Memnon*.

Les dieux étaient tombés, les trônes étaient vides;
La victoire te prit sur ses ailes rapides.
D'un peuple de Brutus* la gloire te fit roi.
Ce siècle dont l'écume entraînait dans sa course
Les mœurs, les rois, les dieux... refoulé vers sa source,
Recula d'un pas devant toi*.

Tu combattis l'erreur sans regarder le nombre;
Pareil au fier Jacob tu luttas contre une ombre*;
Le fantôme croula sous le poids d'un mortel;
Et de tous les [11] grands noms profanateur sublime,
Tu jouas avec eux, comme la main du crime
Avec les vases de l'autel.

Ainsi, dans les accès d'un impuissant délire
Quand un siècle vieilli de ses mains se déchire [12]
En jetant dans ses fers [13] un cri de liberté,
Un héros tout à coup de la poudre* se lève [14],
Le frappe avec son sceptre... Il s'éveille, et le rêve [15]
Tombe devant la vérité!

Ah! si, rendant ce sceptre à ses mains légitimes,
Plaçant sur ton pavois* de royales victimes,
Tes mains des saints bandeaux avaient lavé l'affront,

Soldat vengeur des rois, plus grand que ces rois même,
De quel divin parfum, de quel pur diadème,
La gloire aurait sacré ton front[16]* !

Gloire, honneur, liberté[17], ces mots que l'homme adore
Retentissaient pour toi comme l'airain sonore
Dont un stupide écho répète au loin le son[18] :
De cette langue en vain ton oreille frappée
Ne comprit ici-bas[19] que le cri de l'épée,
Et le mâle accord du clairon*.

Superbe, et dédaignant ce que la terre admire,
Tu ne demandais rien au monde, que l'empire.
Tu marchais... tout obstacle était ton ennemi.
Ta volonté volait comme ce trait rapide[20]
Qui va frapper le but où le regard le guide,
Même à travers un cœur ami[21].

Jamais, pour éclaircir ta royale tristesse,
La coupe des festins ne te versa l'ivresse;
Tes yeux d'une autre pourpre aimaient[22] à s'enivrer...
Comme un soldat debout qui veille sous les armes[23],
Tu vis de la beauté le sourire ou les larmes[24],
Sans sourire et sans soupirer*.

Tu n'aimais que le bruit du fer, le cri d'alarmes,
L'éclat resplendissant de l'aube sur les armes[25];
Et ta main ne flattait que ton léger coursier[26],
Quand les flots ondoyants de sa pâle crinière[27]
Sillonnaient, comme un vent[28], la sanglante poussière,
Et que ses pieds[29] brisaient l'acier*.

Tu grandis sans plaisir, tu tombas sans murmure.
Rien d'humain ne battait sous ton épaisse armure* :
Sans haine et sans amour, tu vivais[30] pour penser.
Comme l'aigle régnant[31] dans un ciel solitaire,
Tu n'avais qu'un regard pour mesurer la terre,
Et des serres pour l'embrasser[32]* !

S'élancer d'un seul bond au char de la victoire,
Foudroyer l'univers des splendeurs de ta gloire,
Fouler d'un même pied des tribuns et des rois;
Forger un joug trempé [33] dans l'amour et la haine,
Et faire frissonner sous le frein qui l'enchaîne
Un peuple échappé de ses lois*;

Être d'un siècle entier la pensée et la vie,
Émousser [34] le poignard, décourager l'envie,
Ébranler, raffermir l'univers [35] incertain;
Aux sinistres clartés de ta foudre [36]* qui gronde,
Vingt fois contre les dieux jouer le sort du monde,
Quel rêve ! ! ! et ce fut ton destin* !...

Tu tombas cependant de ce sublime faîte;
Sur ce rocher désert jeté par la tempête*,
Tu vis tes ennemis déchirer ton manteau;
Et le sort, ce seul dieu [37] qu'adora ton audace,
Pour dernière faveur t'accorda cet espace
Entre le trône et le tombeau*.

Oh ! qui m'aurait donné d'y sonder ta pensée,
Lorsque le souvenir de ta grandeur passée
Venait, comme un remords, t'assaillir loin du bruit,
Et que, les bras croisés sur ta large poitrine*,
Sur ton front chauve et nu [38], que la pensée incline,
L'horreur passait comme la nuit !

Tel qu'un pasteur debout sur la rive profonde
Voit son ombre de loin se prolonger sur l'onde
Et du fleuve orageux suivre en flottant [39] le cours*;
Tel, du sommet désert de ta grandeur suprême,
Dans l'ombre du passé te recherchant toi-même,
Tu rappelais tes anciens jours [40]*.

Ils coulaient devant toi [41] comme des flots sublimes
Dont l'œil voit sur les mers étinceler les cimes,
Ton oreille écoutait leur bruit harmonieux;
Et, d'un reflet de gloire éclairant ton visage,

Chaque flot t'apportait une brillante image
Que tu suivais longtemps des yeux.

Là sur un pont tremblant tu défiais la foudre,
Là du désert sacré tu réveillais la poudre;
Ton coursier frissonnait dans les flots du Jourdain.
Là tes pas abaissaient une [42] cime escarpée.
Là tu changeais en sceptre une invincible épée*.
Ici... Mais quel effroi soudain [43] !

Pourquoi détournes-tu ta paupière éperdue?
D'où vient cette pâleur sur ton front répandue [44]?
Qu'as-tu vu tout à coup dans l'horreur du passé?
Est-ce de vingt cités [45] la ruine fumante,
Ou du sang des humains quelque plaine écumante?
Mais la gloire a tout effacé.

La gloire efface tout... tout, excepté le crime*.
Mais son doigt me montrait le corps d'une victime,
Un jeune homme, un héros, d'un sang pur inondé.
Le flot qui l'apportait passait, passait sans cesse;
Et toujours en passant la vague vengeresse
Lui jetait le nom de Condé*...

Comme pour effacer une tache livide*,
On voyait sur son front passer sa main rapide [46];
Mais la trace de sang [47] sous son doigt renaissait :
Et comme un sceau frappé par une main suprême,
La goutte ineffaçable [48], ainsi qu'un diadème,
Le couronnait de son forfait [49] !

C'est pour cela, tyran, que ta gloire ternie
Fera par ton forfait [50] douter de ton génie*;
Qu'une trace de sang suivra partout ton char;
Et que ton nom, jouet d'un éternel orage,
Sera par l'avenir ballotté d'âge en âge
Entre Marius et César [51]*.

Tu mourus cependant de la mort du vulgaire*,
Ainsi qu'un moissonneur va chercher son salaire,
Et dort sur sa faucille avant d'être payé;
De ton glaive sanglant tu t'armas en silence,
Et tu fus demander justice ou récompense [52]
Au dieu qui t'avait envoyé.

On dit qu'aux derniers jours de sa longue agonie,
Devant l'éternité seul [53] avec son génie,
Son regard vers le ciel parut se soulever :
Le signe rédempteur toucha [54] son front farouche...
Et même on entendit [55] commencer sur sa bouche
Un nom... qu'il n'osait achever [56]*.

Achève... C'est le dieu qui règne et qui couronne;
C'est le dieu qui punit; c'est le dieu qui pardonne* :
Pour les héros et nous il a des poids divers.
Parle-lui sans effroi [57] : lui seul peut te comprendre.
L'esclave et le tyran ont tous un compte à rendre,
L'un du sceptre, l'autre des fers [58].

Son cercueil est fermé : Dieu l'a jugé. Silence* !
Son crime et ses exploits pèsent dans la balance :
Que des faibles mortels la main n'y touche plus !
Qui peut sonder, Seigneur, ta clémence infinie [59]* ?
Et vous, fléaux de Dieu [60], qui sait si le génie
N'est pas une de vos vertus [61]* ?...

MÉDITATION HUITIÈME

LES ÉTOILES [1]*

A Madame de P*** *

Il est pour la pensée une heure... une heure sainte*,
Alors que, s'enfuyant de la céleste enceinte,
De l'absence du jour pour consoler les cieux
Le crépuscule aux monts prolonge ses adieux*.
On voit à l'horizon sa lueur incertaine,
Comme les bords flottants d'une robe qui traîne,
Balayer lentement le firmament obscur
Où les astres ternis* revivent dans l'azur.
Alors ces globes d'or, ces îles de lumière*,
Que cherche par instinct la rêveuse paupière,
Jaillissent par milliers de l'ombre qui s'enfuit*
Comme une poudre d'or* sous les pas de la nuit [1 bis];
Et le souffle du soir, qui vole sur sa trace*,
Les sème en tourbillons dans le brillant espace.
L'œil ébloui les cherche et les perd à la fois;
Les uns* semblent planer sur les cimes des bois,
Tels qu'un céleste oiseau dont les rapides ailes
Font jaillir en s'ouvrant des gerbes d'étincelles*.
D'autres en flots brillants s'étendent dans les airs,
Comme un rocher blanchi de l'écume des mers*;
Ceux-là, comme un coursier volant dans la carrière,
Déroulent à longs plis leur flottante crinière*;
Ceux-ci, sur l'horizon se penchant à demi,
Semblent des yeux ouverts sur le monde endormi*;
Tandis qu'aux bords du ciel de légères étoiles
Voguent dans cet azur comme de blanches voiles*,

Qui, revenant au port, d'un rivage lointain,
Brillent sur l'Océan aux rayons du matin [2].

De ces astres de feu [3], son plus sublime ouvrage*,
Dieu seul connaît le nombre, et la distance et l'âge*:
Les uns, déjà vieillis, pâlissent à nos yeux,
D'autres se sont perdus dans les routes des cieux*,
D'autres, comme des fleurs que son souffle caresse,
Lèvent un front riant de grâce et de jeunesse,
Et, charmant l'Orient de leurs fraîches clartés,
Étonnent tout à coup l'œil qui les a comptés*.
Dans l'espace aussitôt ils s'élancent [4]*... et l'homme,
Ainsi qu'un nouveau-né, les salue et les nomme [5].
Quel mortel enivré de leur chaste regard,
Laissant ses yeux flottants les fixer au hasard,
Et cherchant le plus pur, parmi ce chœur suprême,
Ne l'a pas consacré du nom de ce qu'il aime?
Moi-même... il en est un, solitaire, isolé*,
Qui dans mes longues nuits m'a souvent consolé,
Et dont l'éclat, voilé des ombres du mystère,
Me rappelle un regard qui brillait sur la terre*.
Peut-être?... ah! puisse-t-il au céleste séjour
Porter au moins ce nom que lui donna l'Amour [6]!

Cependant, la nuit marche, et sur l'abîme immense,
Tous ces mondes flottants gravitent en silence,
Et nous-même, avec eux emportés dans leur cours,
Vers un port inconnu nous avançons toujours.
Souvent, pendant la nuit, au souffle du zéphire,
On sent la terre aussi flotter comme un navire*.
D'une écume brillante on voit les monts couverts
Fendre d'un cours égal le flot grondant des airs;
Sur ces vagues d'azur où le globe se joue,
On entend l'aquilon se briser sous la proue,
Et du vent dans les mâts les tristes sifflements,
Et de ses flancs battus, les sourds gémissements;
Et l'homme sur l'abîme où sa demeure flotte,
Vogue avec volupté sur la foi du pilote*!
Soleils! mondes errants qui voguez avec nous,

Dites, s'il vous l'a dit, où donc allons-nous tous*?
Quel est le port céleste où son souffle nous guide?
Quel terme assigna-t-il à notre vol rapide?
Allons-nous sur des bords de silence et de deuil,
Échouant dans la nuit sur quelque vaste écueil,
Semer l'immensité des débris du naufrage;
Ou, conduits par sa main sur un brillant rivage,
Et sur l'ancre éternelle à jamais affermis,
Dans un golfe du ciel aborder endormis*?

Vous qui nagez plus près de la céleste voûte,
Mondes étincelants, vous le savez sans doute!
Cet Océan plus pur, ce ciel où vous flottez,
Laisse arriver à vous de plus vives clartés;
Plus brillantes que nous, vous savez davantage*;
Car, de la vérité, la lumière est l'image*.
Oui : si j'en crois l'éclat dont vos orbes* errants
Argentent des forêts les dômes transparents,
Ou qui, glissant soudain[7] sur des mers irritées,
Calme en les éclairant les vagues agitées*;
Si j'en crois ces rayons qui, plus doux que le jour [8],
Inspirent la vertu, la prière, l'amour,
Et, quand l'œil attendri s'entrouvre à leur lumière,
Attirent une larme au bord de la paupière;
Si j'en crois ces instincts, ces doux pressentiments
Qui dirigent vers vous les soupirs des amants,
Les yeux de la beauté, les rêves qu'on regrette,
Et le vol enflammé de l'aigle et du poète,
Tentes du ciel, Édens! temples! brillants palais!
Vous êtes un séjour d'innocence et de paix*!
Dans le calme des nuits, à travers la distance,
Vous en versez sur nous la lointaine influence*.
Tout ce que nous cherchons, l'amour, la vérité,
Ces fruits tombés du ciel dont la terre a goûté,
Dans vos brillants climats que le regard envie
Nourrissent à jamais les enfants de la vie*,
Et l'homme, un jour peut-être à ses destins rendu,
Retrouvera chez vous tout ce qu'il a perdu*!
Hélas! combien de fois seul veillant sur ces cimes

Où notre âme plus libre a des vœux plus sublimes*,
Beaux astres ! fleurs du ciel dont le lys est jaloux*,
J'ai murmuré tout bas : Que ne suis-je un de vous* !
Que ne puis-je*, échappant à ce globe de boue,
Dans la sphère éclatante où mon regard se joue,
Jonchant d'un feu de plus les parvis [9] du saint lieu,
Éclore tout à coup sous les pas de mon Dieu,
Ou briller sur le front de la beauté suprême,
Comme un pâle fleuron de son saint diadème?

Dans le limpide azur de ces flots de cristal,
Me souvenant encor de mon globe natal,
Je viendrais chaque nuit tardif et solitaire*
Sur les monts que j'aimais briller près de la terre;
J'aimerais à glisser sous la nuit des rameaux,
A dormir sur les prés, à flotter sur les eaux;
A percer doucement le voile d'un nuage,
Comme un regard d'amour que la pudeur ombrage* :
Je visiterais l'homme; et s'il est ici-bas
Un front pensif, des yeux qui ne se ferment pas,
Une âme en deuil, un cœur qu'un poids sublime oppresse*,
Répandant devant Dieu sa pieuse tristesse;
Un malheureux au jour dérobant ses douleurs,
Et dans le sein des nuits laissant couler ses pleurs,
Un génie inquiet, une active pensée
Par un instinct trop fort dans l'infini lancée;
Mon rayon pénétré d'une sainte amitié,
Pour des maux trop connus* prodiguant sa pitié,
Comme un secret d'amour versé dans un cœur tendre,
Sur ces fronts inclinés se plairait à descendre.
Ma lueur fraternelle en découlant sur eux*
Dormirait sur leur sein, sourirait à leurs yeux :
Je leur révélerais dans la langue divine
Un mot du grand secret que le malheur devine*;
Je sécherais leurs pleurs; et quand l'œil du matin
Ferait pâlir mon disque à l'horizon lointain,
Mon rayon, en quittant leur paupière* attendrie,
Leur laisserait encor la vague rêverie,
Et la paix et l'espoir; et lassés de gémir,

Au moins avant l'aurore ils pourraient s'endormir.
Et vous brillantes sœurs, étoiles, mes compagnes,
Qui du bleu firmament émaillez les campagnes*,
Et, cadençant vos pas à la lyre des cieux,
Nouez et dénouez vos chœurs harmonieux*;
Introduit sur vos pas dans la céleste chaîne,
Je suivrais dans l'azur l'instinct que vous entraîne*;
Vous guideriez mon œil dans ce brillant désert [10]*,
Labyrinthe de feux où le regard se perd :
Vos rayons m'apprendraient à louer, à connaître
Celui que nous cherchons, que vous voyez peut-être*;
Et noyant dans son sein mes tremblantes clartés,
Je sentirais en lui... tout ce que vous sentez*.

MÉDITATION NEUVIÈME

LE PAPILLON [1]*

NAÎTRE avec le printemps, mourir avec les roses,
Sur l'aile du zéphyr nager dans un ciel pur;
Balancé sur le sein des fleurs à peine écloses,
S'enivrer de parfums, de lumière et d'azur;
Secouant, jeune encor, la poudre de ses ailes,
S'envoler comme un souffle aux voûtes éternelles;
Voilà du papillon le destin enchanté :
Il ressemble au désir, qui jamais ne se pose,
Et sans se satisfaire, effleurant toute chose,
Retourne enfin au ciel chercher la volupté.

MÉDITATION DIXIÈME

A EL... [1]*

Lorsque seul avec toi*, pensive et recueillie,
Tes deux mains dans la mienne, assis à tes côtés,
J'abandonne mon âme aux molles voluptés [2]
Et je laisse couler les heures que j'oublie;
Lorsqu'au fond des forêts je t'entraîne avec moi;
Lorsque tes doux soupirs charment seuls mon oreille,
Ou que, te répétant les serments de la veille,
Je te jure à mon tour de n'adorer que toi;
Lorsqu'enfin, plus heureux, ton front charmant repose
Sur mon genou tremblant qui lui sert de soutien,
Et que mes doux regards [3] sont suspendus au tien*
Comme l'abeille avide aux feuilles de la rose*;
Souvent alors, souvent, dans le fond de mon cœur
Pénètre comme un trait [4] une vague terreur;
Tu me vois tressaillir; je pâlis, je frissonne,
Et troublé tout à coup [5] dans le sein du bonheur*,
Je sens couler des pleurs dont mon âme s'étonne.
Tu me presses soudain dans tes bras caressants,
Tu m'interroges, tu t'alarmes,
Et je vois de tes yeux s'échapper quelques larmes
Qui viennent se mêler aux pleurs que je répands.
« De quel ennui secret ton âme est-elle atteinte?
« Me dis-tu* : cher amour, épanche ta douleur;
« J'adoucirai ta peine [6] en écoutant ta plainte,
« Et mon cœur versera [7] le baume dans ton cœur. »

Ne m'interroge plus, ô moitié de moi-même* !
Enlacé * dans tes bras, quand tu me dis : Je t'aime;
Quand mes yeux enivrés se soulèvent vers toi,

Nul mortel sous les cieux n'est plus heureux que moi !
Mais jusque dans le sein des heures fortunées
Je ne sais quelle voix que j'entends [8] retentir
        Me poursuit, et vient m'avertir
Que le bonheur s'enfuit sur l'aile des années*,
Et que de nos amours le flambeau doit mourir* !
D'un vol épouvanté, dans le sombre avenir
        Mon âme avec effroi se plonge,
        Et je me dis : Ce n'est qu'un songe
        Que le bonheur qui doit finir [9]*.

MÉDITATION ONZIÈME

ÉLÉGIE [1]*

Cueillons, cueillons la rose au matin de la vie*;
Des rapides printemps respire au moins les fleurs.
Aux chastes voluptés abandonnons nos cœurs;
Aimons-nous sans mesure, ô mon unique amie* !

Quand le nocher* battu par les flots irrités
Voit son fragile esquif menacé du naufrage,
Il tourne ses regards aux bords qu'il a quittés
Et regrette trop tard les loisirs du rivage*.
Ah ! qu'il voudrait alors au toit de ses aïeux,
Près des objets chéris présents à sa mémoire,
Coulant des jours obscurs, sans péril [2] et sans gloire,
N'avoir jamais laissé son pays ni ses dieux* !

Ainsi l'homme, courbé sous le poids des années,
Pleure son doux printemps qui ne peut revenir*.
Ah ! rendez-moi, dit-il, ces heures profanées;
O dieux ! dans leur saison j'oubliai d'en jouir.
Il dit : la mort répond; et ces dieux* qu'il implore
Le poussant au tombeau sans se laisser fléchir,
Ne lui permettent pas de se baisser encore
Pour ramasser ces fleurs qu'il n'a pas su cueillir.

Aimons-nous, ô ma bien-aimée !
Et rions des soucis qui bercent les mortels;
Pour le frivole appât d'une vaine fumée,
La moitié de leurs jours, hélas ! est consumée
Dans l'abandon des biens réels*.

A leur stérile orgueil ne portons point envie;
Laissons le long espoir* aux maîtres des humains!
Pour nous, de notre heure incertains,
Hâtons-nous d'épuiser la coupe de la vie*
Pendant qu'elle est entre nos mains.

Soit que le laurier nous couronne,
Et qu'aux fastes sanglants de l'altière Bellone*
Sur le marbre ou l'airain on inscrive nos noms;
Soit que des simples fleurs que la beauté moissonne
L'amour pare nos humbles fronts;
Nous allons échouer, tous, au même rivage* :
Qu'importe au moment du naufrage,
Sur un vaisseau fameux d'avoir fendu les airs;
Ou sur une barque légère
D'avoir, passager solitaire,
Rasé timidement le rivage des mers*?

MÉDITATION DOUZIÈME

TRISTESSE [1]*

Ramenez-moi, disais-je, au fortuné rivage*
Où Naples réfléchit dans une mer d'azur
Ses palais, ses coteaux, ses astres sans nuage*,
Où l'oranger fleurit sous un ciel toujours pur.
Que tardez-vous? Partons! Je veux revoir encore
Le Vésuve enflammé sortant du sein des eaux;
Je veux de ses hauteurs voir se lever l'aurore *;
Je veux, guidant les pas de celle que j'adore,
Redescendre en rêvant de ces riants coteaux [2].
Suis-moi dans les détours de ce golfe tranquille;
Retournons sur ces bords à nos pas si connus,
Aux jardins de Cinthie [3]*, au tombeau de Virgile*,
Près des débris épars du temple de Vénus* :
Là, sous les orangers, sous la vigne fleurie
Dont le pampre flexible au myrte se marie*,
Et tresse sur ta tête une voûte de fleurs,
Au doux bruit de la vague ou du vent qui murmure*,
Seuls avec notre amour [4], seuls avec la nature,
La vie et la lumière auront plus de douceurs.

De mes jours pâlissants le flambeau se consume,
Il s'éteint par degrés au souffle du malheur,
Ou, s'il jette parfois une faible lueur,
C'est quand ton souvenir dans mon sein le rallume [5]*.
Je ne sais si les dieux me permettront enfin
D'achever ici-bas ma pénible journée :
Mon horizon se borne, et mon œil incertain
Ose l'étendre à peine au delà d'une année*.
        Mais, s'il faut périr au matin,

S'il faut, sur une terre au bonheur destinée,
Laisser échapper de ma main
Cette coupe que le destin
Semblait avoir pour moi de roses couronnée*;
Je ne demande aux dieux* que de guider mes pas
Jusqu'aux bords qu'embellit ta mémoire chérie,
De saluer de loin ces fortunés climats,
Et de mourir aux lieux où j'ai goûté la vie*.

MÉDITATION TREIZIÈME

LA SOLITUDE [1]*

HEUREUX qui, s'écartant des sentiers d'ici-bas,
A l'ombre du désert allant cacher ses pas,
D'un monde dédaigné secouant la poussière,
Efface encor vivant ses traces sur la terre,
Et dans la solitude, enfin enseveli,
Se nourrit d'espérance et s'abreuve d'oubli* !
Tel que ces esprits purs qui planent dans l'espace*,
Tranquille spectateur de cette ombre qui passe,
Des caprices du sort à jamais défendu,
Il suit de l'œil ce char dont il est descendu !...
Il voit les passions, sur une onde incertaine,
De leur souffle orageux enfler la voile humaine.
Mais ces vents inconstants ne troublent plus sa paix ;
Il se repose en Dieu, qui ne change jamais* ;
Il aime à contempler ses plus hardis ouvrages,
Ces monts, vainqueurs des vents, de la foudre et des âges,
Où, dans leur masse auguste et leur solidité,
Ce dieu [2] grava sa force et son éternité.
A cette heure où, frappé d'un rayon de l'aurore,
Leur sommet enflammé que l'Orient colore,
Comme un phare céleste allumé dans la nuit,
Jaillit étincelant de l'ombre qui s'enfuit,
Il s'élance, il franchit ces riantes collines
Que le mont jette au loin sur ses larges racines,
Et, porté par degrés jusqu'à ses sombres flancs,
Sous ses pins immortels il s'enfonce à pas lents :
Là des torrents séchés le lit seul est sa route,
Tantôt les rocs minés sur lui pendent en voûte,
Et tantôt, sur leurs bords tout à coup suspendu,

Il recule étonné; son regard éperdu
Jouit avec horreur de cet effroi sublime,
Et sous ses pieds, longtemps, voit tournoyer l'abîme*.
Il monte, et l'horizon grandit à chaque instant;
Il monte, et devant lui l'immensité s'étend :
Comme sous le regard d'une nouvelle aurore,
Un monde à chaque pas pour ses yeux semble éclore,
Jusqu'au sommet suprême où son œil enchanté
S'empare de l'espace, et plane en liberté.
Ainsi, lorsque notre âme, à sa source envolée,
Quitte enfin pour jamais [3] la terrestre vallée*,
Chaque coup de son aile, en l'élevant aux cieux,
Élargit l'horizon qui s'étend sous ses yeux*;
Des mondes sous son vol le mystère s'abaisse,
En découvrant toujours, elle monte sans cesse
Jusqu'aux saintes hauteurs d'où l'œil du séraphin*
Sur l'espace infini plonge un regard sans fin.

Salut*, brillants sommets, champs de neige et de glace;
Vous qui d'aucun mortel n'avez gardé la trace;
Vous que le regard même aborde avec effroi,
Et qui n'avez souffert que les aigles et moi :
Œuvres du premier jour, augustes pyramides
Que Dieu même affermit sur vos bases solides;
Confins de l'univers, qui, depuis ce grand jour,
N'avez jamais changé de forme et de contour* :
Le nuage en grondant parcourt en vain vos cimes,
Le fleuve en vain grossi sillonne vos abîmes,
La foudre frappe en vain votre front endurci;
Votre front solennel, un moment obscurci,
Sur nous, comme la nuit, versant son ombre obscure,
Et laissant pendre au loin sa noire chevelure,
Semble, toujours vainqueur du choc qui l'ébranla,
Au Dieu qui l'a fondé, dire encor : Me voilà* !
Et moi, me voici seul sur ces confins du monde;
Loin d'ici, sous mes pieds la foudre vole et gronde;
Les nuages battus par les ailes des vents
Entrechoquant comme eux leurs tourbillons mouvants,
Tels qu'un autre Océan soulevé par l'orage,

Se déroulent sans fin dans des lits sans rivage,
Et devant ces sommets abaissant leur orgueil,
Brisent incessamment sur cet immense écueil*.
Mais, tandis qu'à ses pieds ce noir chaos bouillonne,
D'éternelles splendeurs le soleil le couronne :
Depuis l'heure où son char s'élance dans les airs,
Jusqu'à l'heure où son disque incline vers les mers,
Cet astre, en décrivant son oblique carrière*,
D'aucune ombre jamais n'y souille sa lumière,
Et déjà la nuit sombre a descendu des cieux,
Qu'à ces sommets encore il dit de longs adieux.

Là, tandis que je nage en des torrents de joie*,
Ainsi que mon regard, mon âme se déploie,
Et croit, en respirant cet air de liberté,
Recouvrer sa splendeur et sa sérénité*.
Oui, dans cet air du ciel, les soins lourds de la vie,
Le mépris des mortels, leur haine ou leur envie,
N'accompagnent plus l'homme et ne surnagent pas :
Comme un vil plomb, d'eux-même [4], ils retombent en bas*.
Ainsi, plus l'onde est pure, et moins l'homme y surnage [5];
A peine de ce monde il emporte une image.
Mais ton image, ô Dieu ! dans ces grands traits épars,
En s'élevant vers toi* grandit à nos regards.
Comme au prêtre habitant l'ombre du sanctuaire,
Chaque pas te révèle à l'âme solitaire.
Le silence et la nuit, et l'ombre des forêts,
Lui murmurent tout bas de sublimes secrets;
Et l'esprit, abîmé dans ces rares spectacles,
Par la voix des déserts écoute tes oracles*.
J'ai vu de l'Océan les flots épouvantés,
Pareils aux fiers coursiers dans la plaine emportés*,
Déroulant à ta voix leur humide crinière,
Franchir en bondissant leur bruyante barrière [6];
Puis soudain refoulés, sous ton frein tout-puissant*,
Dans l'abîme étonné rentrer en mugissant.
J'ai vu le fleuve, épris des gazons du rivage*,
Se glisser flots à flots, de bocage en bocage,
Et dans son lit voilé d'ombrage et de fraîcheur,

Bercer en murmurant la barque du pêcheur;
J'ai vu le trait brisé de la foudre qui gronde,
Comme un serpent de feu se dérouler sur l'onde*;
Le zéphyr embaumé des doux parfums du miel,
Balayer doucement l'azur voilé du ciel;
La colombe, essuyant son aile encore humide,
Sur les bords de son nid poser un pied timide,
Puis, d'un vol cadencé, fendant le flot des airs,
S'abattre en soupirant sur la rive des mers*.
J'ai vu ces monts voisins des cieux où tu reposes,
Cette neige où l'aurore aime à semer ses roses,
Ces trésors des hivers, d'où par mille détours
Dans nos champs desséchés multipliant leur cours,
Cent rochers de cristal, que tu fonds à mesure,
Viennent désaltérer la mourante verdure :
Et ces ruisseaux pleuvant de ces rocs suspendus,
Et ces torrents grondant dans les granits fendus*,
Et ces pics où le temps a perdu sa victoire...
Et toute la nature est un hymne à ta gloire*.

MÉDITATION QUATORZIÈME

CONSOLATION [1]*

Quand le Dieu qui me frappe*, attendri par mes larmes,
De mon cœur oppressé soulève un peu sa main,
Et, donnant quelque trêve à mes longues alarmes,
Laisse tarir mes yeux et respirer mon sein;

Soudain, comme le flot refoulé du rivage,
Aux bords qui l'ont brisé revient en gémissant*,
Ou comme le roseau, vain jouet de l'orage*,
Qui plie et rebondit sous la main du passant,

Mon cœur revient à Dieu, plus docile et plus tendre,
Et de ses châtiments perdant le souvenir,
Comme un enfant soumis n'ose lui faire entendre
Qu'un murmure amoureux pour se plaindre et bénir*.

Que le deuil de mon âme était lugubre et sombre!
Que de nuits sans pavots*, que de jours sans soleil!
Que de fois j'ai compté les pas du temps dans l'ombre,
Quand les heures passaient sans mener le sommeil!

Mais loin de moi ces temps! que l'oubli les dévore!
Ce qui n'est plus, pour l'homme a-t-il jamais été*?
Quelques jours sont perdus; mais le bonheur encore
Peut fleurir sous mes yeux, comme une fleur d'été*!

Tous les jours sont à toi [2]* : que t'importe leur nombre?
Tu dis : le temps se hâte, ou revient sur ses pas.
Eh! n'es-tu pas celui [3] qui fit reculer l'ombre
Sur le cadran rempli d'un roi que tu sauvas*?

Si tu voulais, ainsi le torrent de ma vie,
A sa source aujourd'hui remontant sans efforts*,
Nourrirait de nouveau ma jeunesse tarie,
Et de ses flots vermeils féconderait ses bords;

Ces cheveux dont la neige, hélas! argente à peine*
Un front où la douleur a gravé le passé,
L'ombrageraient [4] encor de leur touffe d'ébène,
Aussi pur que la vague où le cygne a passé ;

L'amour ranimerait l'éclat de ces prunelles;
Et ce foyer du cœur, dans les yeux répété,
Lancerait de nouveau ces chastes étincelles
Qui d'un désir craintif font rougir la beauté*.

Dieu! laissez-moi [5] cueillir cette palme féconde,
Et dans mon sein ravi l'emporter pour toujours,
Ainsi que le torrent emporte dans son onde
Les roses de Saron* qui parfument son cours.

Quand pourrai-je la voir sur l'enfant qui repose
S'incliner doucement dans le calme des nuits!
Quand verrai-je ses fils de leurs lèvres de rose
Se suspendre à son sein comme l'abeille aux lis*!

A l'ombre du figuier, près du courant de l'onde,
Loin de l'œil de l'envie et des pas du pervers,
Je bâtirai pour eux un nid* parmi le monde,
Comme sur un écueil l'hirondelle des mers.

Là, sans les abreuver à ces sources amères
Où l'humaine sagesse a mêlé son poison,
De ma bouche fidèle aux leçons de mes pères,
Pour unique sagesse ils apprendront ton nom*.

Là je leur laisserai, pour unique héritage,
Tout ce qu'à ses petits laisse l'oiseau du ciel [6] :
L'eau pure du torrent, un nid sous le feuillage,
Les fruits tombés de l'arbre, et ma place au soleil.

Alors le front chargé de guirlandes fanées,
Tel qu'un vieil olivier parmi ses rejetons*,
Je verrai de mes fils les brillantes années
Cacher mon tronc flétri sous leurs jeunes festons.

Alors j'entonnerai l'hymne de ma vieillesse,
Et, convive enivré des vins de ta bonté,
Je passerai la coupe aux mains de la jeunesse*,
Et je m'endormirai dans ma félicité*.

MÉDITATION QUINZIÈME

LES PRÉLUDES [1]*

La nuit, pour rafraîchir la nature embrasée,
De ses cheveux d'ébène exprimant la rosée,
Pose au sommet des monts ses pieds silencieux*,
Et l'ombre et le sommeil descendent sur mes yeux :
C'était l'heure où jadis... mais aujourd'hui mon âme,
Comme un feu dont le vent n'excite plus la flamme*,
Fait pour se ranimer un inutile effort,
Retombe sur soi-même, et languit et s'endort*.
Que ce calme lui pèse! O lyre! ô mon génie!
Musique intérieure*, ineffable harmonie,
Harpes [2], que j'entendais résonner dans les airs,
Comme un écho lointain des célestes concerts;
Pendant qu'il en est temps, pendant qu'il vibre encore,
Venez, venez bercer ce cœur qui vous implore.
Et toi, qui donnes l'âme à mon luth inspiré,
Esprit capricieux*, viens, prélude à ton gré!

✳

Il descend! il descend! la harpe obéissante
A frémi mollement sous son vol cadencé,
Et de la corde* frémissante
Le souffle harmonieux dans mon âme a passé.

✳

L'onde* qui baise ce rivage,
De quoi se plaint-elle à ses bords*?
Pourquoi le roseau sur la plage,
Pourquoi le ruisseau [3] sous l'ombrage
Rendent-ils de tristes accords*?

De quoi gémit la tourterelle
Quand, dans le silence des bois,
Seule auprès du ramier fidèle*,
L'Amour fait palpiter son aile,
Les baisers étouffent sa voix?

Et toi, qui mollement te livres [4]
Au doux sourire du bonheur [5],
Et du regard dont tu m'enivres
Me fais mourir, me fais revivre,
De quoi te plains-tu sur mon cœur*?

Plus jeune que la jeune aurore [6],
Plus limpide que ce flot pur,
Ton âme au bonheur vient d'éclore,
Et jamais aucun souffle encore
N'en a terni le vague* azur.

Cependant, si ton cœur soupire
De quelque poids mystérieux [7],
Sur tes traits si la joie expire,
Et si tout près de ton sourire
Brille une larme dans tes yeux*,

Hélas! c'est que notre faiblesse,
Pliant sous sa félicité
Comme un roseau qu'un souffle abaisse,
Donne l'accent de la tristesse
Même au chant de la volupté [8]*.

Ou bien peut-être qu'avertie
De la fuite de nos plaisirs,
L'âme en extase anéantie [9]*
Se réveille et sent que la vie
Fuit dans chacun de nos soupirs*.

Ah! laisse le zéphyr avide [10]*
A leur source arrêter tes pleurs;
Jouissons de l'heure rapide :

Le temps fuit*, mais son flot limpide
Du ciel réfléchit les couleurs.

Tout naît, tout passe, tout arrive
Au terme ignoré de son sort* :
A l'Océan l'onde plaintive,
Aux vents la feuille fugitive,
L'aurore au soir, l'homme à la mort.

Mais qu'importe, ô ma bien-aimée!
Le terme incertain de nos jours?
Pourvu que sur l'onde calmée*,
Par une pente parfumée*,
Le temps nous entraîne en son cours;

Pourvu que, durant le passage,
Couché dans tes bras à demi,
Les yeux tournés vers ton image,
Sans le voir, j'aborde au rivage
Comme un voyageur endormi.

Le flot murmurant [11] se retire
Du rivage qu'il a baisé,
La voix de la colombe [12]* expire,
Et le voluptueux zéphire
Dort sur le calice épuisé*.

Embrassons-nous, mon bien suprême*,
Et sans rien reprocher aux dieux,
Un jour de la terre où l'on aime
Évanouissons-nous de même
En un soupir mélodieux [13].

Non, non, brise à jamais cette corde amollie*!
Mon cœur ne répond plus à ta voix affaiblie.
L'amour n'a pas de sons qui puissent l'exprimer :
Pour révéler sa langue, il faut, il faut aimer*.
Un seul soupir du cœur que le cœur nous renvoie,
Un œil demi-voilé par des larmes de joie,

Un regard, un silence, un accent de sa voix*,
Un mot toujours le même et répété cent fois,
O lyre ! en disent plus que ta vaine harmonie.
L'amour est à l'amour, le reste est au génie*
Si tu veux que mon cœur résonne sous ta main,
Tire un plus mâle accord de tes fibres d'airain.

✳

J'entends, j'entends de loin comme une voix qui gronde;
Un souffle impétueux fait frissonner les airs,
Comme l'on voit frissonner l'onde,
Quand l'aigle, au vol pesant, rase le sein des mers*.

✳

Eh* ! qui m'emportera [14] sur des flots sans rivages*?
Quand pourrai-je, la nuit, aux clartés des orages,
Sur un vaisseau sans mâts, au gré des aquilons,
Fendre de l'Océan les liquides vallons !
M'engloutir dans leur sein, m'élancer sur leurs cimes,
Rouler avec la vague au fond des noirs abîmes !
Et revomi cent fois par les gouffres amers,
Flotter comme l'écume au vaste sein des mers* !
D'effroi, de volupté, tour à tour éperdue,
Cent fois entre la vie et la mort suspendue,
Peut-être que mon âme, au sein de ces horreurs,
Pourrait jouir au moins [15] de ses propres terreurs;
Et, prête à* s'abîmer dans la nuit qu'elle ignore,
A la vie un moment se reprendrait encore,
Comme un homme roulant des sommets d'un rocher,
De ses bras tout sanglants cherche à s'y rattacher*.
Mais toujours repasser par une même route*,
Voir ses jours épuisés s'écouler goutte à goutte;
Mais suivre pas à pas dans l'immense troupeau
Ces générations, inutile fardeau,
Qui meurent pour mourir, qui vécurent pour vivre,
Et dont chaque printemps la terre se délivre*,
Comme dans nos forêts, le chêne avec mépris
Livre aux vents des hivers ses feuillages flétris;
Sans regrets, sans espoir, avancer dans la vie

Comme un vaisseau qui dort sur une onde assoupie*;
Sentir son âme usée en impuissant effort,
Se ronger lentement sous la rouille du sort;
Penser sans découvrir, aspirer sans atteindre,
Briller sans éclairer, et pâlir sans s'éteindre :
Hélas ! tel est mon sort et celui des humains !
Nos pères ont passé par les mêmes chemins.
Chargés du même sort, nos fils prendront nos places.
Ceux qui ne sont pas nés y trouveront leurs traces*.
Tout s'use, tout périt, tout passe : mais hélas !
Excepté les mortels, rien ne change ici-bas !

*

Toi qui rendais la force à mon âme affligée,
Esprit consolateur, que ta voix est changée !
On dirait qu'on entend, au séjour des douleurs*,
Rouler, à flots plaintifs, le sourd torrent des pleurs.
Pourquoi gémir ainsi, comme un souffle d'orage,
A travers les rameaux qui pleurent leur feuillage?
Pourquoi ce vain retour vers la félicité*?
Quoi donc ! ce qui n'est plus a-t-il jamais été*?
Faut-il que le regret, comme une ombre ennemie,
Vienne s'asseoir sans cesse au festin de la vie*,
Et d'un regard funèbre, effrayant les humains,
Fasse tomber toujours les coupes de leurs mains?
Non : de ce triste aspect que ta voix me délivre !
Oublions, oublions* : c'est le secret de vivre.
Viens; chante, et du passé détournant mes regards,
Précipite mon âme au milieu des hasards !

*

De quels sons belliqueux mon oreille est frappée !
C'est le cri du clairon, c'est la voix du coursier;
La corde de sang trempée
Retentit comme l'épée
Sur l'orbe du bouclier*.

*

La trompette a jeté le signal des alarmes :
Aux armes ! et l'écho répète au loin : Aux armes* !

Dans la plaine soudain les escadrons épars,
Plus prompts que l'aquilon, fondent de toutes parts*;
Et sur les flancs épais des légions mortelles*,
S'étendent tout à coup comme deux sombres ailes.
Le coursier, retenu par un frein impuissant,
Sur ses jarrets pliés, s'arrête en frémissant*.
La foudre* dort encore, et sur la foule immense,
Plane, avec la terreur, un lugubre silence :
On n'entend que le bruit de cent mille soldats,
Marchant comme un seul homme au-devant du trépas;
Les roulements des chars, les coursiers qui hennissent,
Les ordres répétés qui dans l'air retentissent,
Ou le bruit des drapeaux soulevés par les vents*,
Qui, sur les camps rivaux flottant à plis mouvants,
Tantôt semblent, enflés d'un souffle de victoire,
Vouloir voler d'eux-même* au devant de la gloire,
Et tantôt retombant le long des pavillons*,
De leurs funèbres plis couvrir leurs bataillons.

Mais sur le front des camps déjà les bronzes* grondent,
Ces tonnerres lointains se croisent, se répondent;
Des tubes enflammés la foudre avec effort
Sort, et frappe en sifflant comme un souffle de mort;
Le boulet dans les rangs laisse une large trace.
Ainsi qu'un laboureur qui passe et qui repasse*,
Et sans se reposer déchirant le vallon,
A côté du sillon creuse un autre sillon* :
Ainsi le trait fatal* dans les rangs se promène
Et comme des épis les couche dans la plaine.
Ici tombe un héros moissonné dans sa fleur*,
Superbe, et l'œil brillant d'orgueil et de valeur.
Sur son casque ondulant, d'où jaillit la lumière,
Flotte d'un coursier noir[15bis] l'ondoyante crinière :
Ce casque éblouissant sert de but au trépas*;
Par la foudre frappé d'un coup qu'il ne sent pas,
Comme un faisceau d'acier il tombe sur l'arène*;
Son coursier bondissant qui sent flotter la rêne,
Lance un regard oblique à son maître expirant,
Revient, penche sa tête et le flaire en pleurant*.

Là tombe un vieux guerrier* qui, né dans les alarmes,
Eut les camps pour patrie, et pour amour, ses armes.
Il ne regrette rien que ses chers étendards,
Et les suit en mourant de ses derniers regards...
La mort vole au hasard dans l'horrible carrière :
L'un périt tout entier; l'autre, sur la poussière,
Comme un tronc dont la hache a coupé les rameaux,
De ses membres épars voit voler les lambeaux,
Et, se traînant encor sur la terre humectée,
Marque en ruisseaux de sang sa trace ensanglantée*.
Le blessé que la mort n'a frappé qu'à demi
Fuit en vain, emporté dans les bras d'un ami :
Sur le sein l'un de l'autre ils sont frappés ensemble
Et bénissent du moins le coup qui les rassemble.
Mais de la foudre en vain les livides éclats
Pleuvent sur les deux camps; d'intrépides soldats,
Comme la mer, qu'entr'ouvre une proue écumante*,
Se referme soudain sur sa trace fumante,
Sur les rangs écrasés formant de nouveaux rangs,
Viennent braver la mort sur les corps des mourants* !...

Cependant, las d'attendre un trépas sans vengeance*,
Les deux camps à la fois (l'un sur l'autre s'élance [16]),
Se heurtent, et du choc ouvrant leurs bataillons,
Mêlent en tournoyant leurs sanglants tourbillons.
Sous le poids des coursiers les escadrons s'entr'ouvrent,
D'une voûte d'airain* les rangs pressés se couvrent,
Les feux croisent les feux, le fer frappe le fer;
Les rangs entre-choqués lancent un seul éclair :
Le salpêtre, au milieu des torrents de fumée,
Brille et court en grondant sur la ligne enflammée*,
Et d'un nuage épais enveloppant leur sort,
Cache encore à nos yeux* la victoire ou la mort.
Ainsi quand deux torrents dans deux gorges profondes
De deux monts opposés précipitant leurs ondes,
Dans le lit trop étroit qu'ils vont se disputer
Viennent au même instant tomber et se heurter,
Le flot choque le flot, les vagues courroucées
Rejaillissent au loin par les vagues poussées,

D'une poussière humide obscurcissent les airs,
Du fracas de leur chute ébranlent les déserts,
Et portant leur fureur au lit qui les rassemble,
Tout en s'y combattant leurs flots roulent ensemble[17]*.
Mais la foudre se tait. Écoutez : ... des concerts
De cette plaine en deuil s'élèvent dans les airs :
La harpe, le clairon, la joyeuse cimbale[18],
Mêlant leurs voix d'airain, montent par intervalle,
S'éloignent par degrés, et sur l'aile des vents*
Nous jettent leurs accords, et les cris des mourants...
De leurs brillants éclats les coteaux retentissent,
Le cœur glacé s'arrête, et tous les sens frémissent,
Et dans les airs pesants que le son vient froisser
On dirait qu'on entend l'âme des morts passer* !
Tout à coup le soleil, dissipant le nuage,
Éclaire avec horreur la scène du carnage;
Et son pâle rayon, sur la terre glissant,
Découvre à nos regards de longs ruisseaux de sang,
Des coursiers et des chars brisés dans la carrière*,
Des membres mutilés épars sur la poussière,
Les débris confondus des armes et des corps*,
Et des drapeaux[19] jetés sur des monceaux de morts.

Accourez maintenant, amis, épouses, mères;
Venez compter vos fils, vos amants et vos frères;
Venez sur ces débris disputer aux vautours
L'espoir de vos vieux ans, les fruits de vos amours* !
Que de larmes sans fin, sur eux vont se répandre;
Dans vos cités en deuil, que de cris vont s'entendre,
Avant qu'avec douleur la terre ait reproduit,
Misérables mortels ! ce qu'un jour a détruit !
Mais au sort des humains la nature insensible*
Sur leurs débris épars suivra son cours paisible :
Demain, la douce aurore, en se levant sur eux,
Dans leur acier sanglant réfléchira ses feux;
Le fleuve lavera sa rive ensanglantée,
Les vents balayeront leur poussière infectée,
Et le sol engraissé de leurs restes fumants,

Cachera sous des fleurs leurs pâles ossements* !

✳

Silence, esprit [20]* de feu ! mon âme épouvantée
Suit le frémissement de ta corde irritée,
Et court en frissonnant sur tes pas belliqueux,
Comme un char emporté par deux coursiers [21] fougueux;
Mais mon œil attristé de ces sombres images
Se détourne en pleurant vers de plus doux rivages*;
N'as-tu point sur ta lyre un chant consolateur?
N'as-tu pas entendu la flûte du pasteur*,
Quand seul, assis en paix sous le pampre qui plie,
Il charme par ses airs les heures qu'il oublie,
Et que l'écho des bois, ou le fleuve en coulant,
Portent [22] de saule en saule un son plaintif et lent*?
Souvent pour l'écouter, le soir, sur la colline*,
Du côté de ses chants mon oreille s'incline,
Mon cœur, par un soupir soulagé de son poids,
Dans un monde étranger se perd avec la voix*;
Et je sens, par moments, sur mon âme calmée,
Passer avec le son une brise embaumée*,
Plus douce qu'à mes sens l'ombre des arbrisseaux,
Ou que l'air rafraîchi qui sort du lit des eaux.

✳

Un vent caresse ma lyre :
Est-ce l'aile [23] d'un oiseau?
Sa voix dans le cœur expire,
Et l'humble corde soupire*
Comme un flexible roseau.

✳

O vallons paternels* ! doux champs, humble chaumière,
Aux bords penchants des bois suspendus [24] aux coteaux,
Dont l'humble toit, caché sous des touffes de lierre*,
Ressemble au nid sous les rameaux;

Gazons entrecoupés de ruisseaux et d'ombrages,
Seuil antique où mon père, adoré comme un roi,
Comptait ses gras troupeaux rentrant des pâturages*,
Ouvrez-vous ! ouvrez-vous ! c'est moi.

Voilà du dieu des champs la rustique demeure.
J'entends l'airain frémir au sommet de ses tours*;
Il semble que dans l'air une voix qui me pleure
Me rappelle à mes premiers jours.

Oui, je reviens à toi, berceau de mon enfance*,
Embrasser pour jamais tes foyers protecteurs*;
Loin de moi les cités et leur vaine opulence,
Je suis né parmi les pasteurs* !

Enfant, j'aimais, comme eux, à suivre dans la plaine
Les agneaux pas à pas, égarés jusqu'au soir*;
A revenir, comme eux, laver leur tendre laine [25]
Dans l'eau courante du lavoir.

J'aimais à me suspendre aux lianes légères,
A gravir dans les airs de rameaux en rameaux,
Pour ravir, le premier, sous l'aile de leurs mères,
Les tendres œufs des tourtereaux*.

J'aimais les voix du soir dans les airs répandues,
Le bruit lointain des chars gémissant sous leur poids*,
Et le sourd tintement des cloches suspendues
Au cou des chevreaux, dans les bois*.

Et depuis, exilé* de ces douces retraites,
Comme un vase imprégné d'une première odeur,
Toujours loin des cités, des voluptés secrètes
Entraînaient mes yeux et mon cœur.

Beaux lieux, recevez-moi sous vos sacrés ombrages !
Vous qui couvrez le seuil de rameaux éplorés,
Saules contemporains*, courbez vos longs feuillages
Sur le frère que vous pleurez.

Reconnaissez mes pas, doux gazons que je foule,
Arbres, que dans mes jeux j'insultais autrefois*;
Et toi qui, loin de moi, te cachais à la foule,
Triste écho, réponds à ma voix*.

Je ne viens pas traîner, dans vos riants asiles [26],
Les regrets du passé, les songes du futur :

J'y viens vivre; et, couché sous vos berceaux fertiles [27]*,
Abriter mon repos obscur.

S'éveiller, le cœur pur, au réveil de l'aurore,
Pour bénir, au matin, le dieu qui fait les jours *;
Voir les fleurs du vallon sous [28] la rosée éclore
Comme pour fêter son retour;

Respirer les parfums que la colline exhale,
Ou l'humide fraîcheur qui tombe des forêts;
Voir onduler de loin l'haleine matinale
Sur le sein flottant des guérets*;

Conduire la génisse à la source qu'elle aime,
Ou suspendre la chèvre au cytise embaumé*,
Ou voir les blancs taureaux venir tendre d'eux-même*
Leur front au joug accoutumé [29],

Guider un soc tremblant dans le sillon qui crie,
Du pampre domestique émonder [30] les berceaux,
Ou creuser mollement*, au sein de la prairie [31],
Les lits murmurants des ruisseaux;

Le soir, assis en paix au seuil de la chaumière [32],
Tendre au pauvre qui passe un morceau de son pain*;
Et, fatigué du jour, y fermer sa paupière [33]
Loin des soucis du lendemain;

Sentir, sans les compter, dans leur ordre paisible [34],
Les jours suivre les jours, sans faire plus de bruit
Que ce sable léger dont la fuite insensible [35]
Nous marque l'heure qui s'enfuit*;

Voir, de vos doux vergers, sur vos fronts les fruits pendre;
Les fruits d'un chaste amour dans vos bras accourir* ;
Et, sur eux appuyé, doucement redescendre* :
C'est assez pour qui doit mourir [36].

Le chant meurt, la voix tombe : adieu, divin génie [37] !
Remonte au vrai séjour de la pure harmonie :
Tes chants ont arrêté les larmes dans mes yeux [38].
Je lui parlais encore... il était dans les cieux*.

MÉDITATION SEIZIÈME

LA BRANCHE D'AMANDIER [1]*

De l'amandier tige fleurie,
Symbole, hélas ! de la beauté,
Comme toi, la fleur de la vie
Fleurit et tombe avant l'été*.

Qu'on la néglige ou qu'on la cueille,
De nos fronts, des mains de l'Amour,
Elle s'échappe feuille à feuille*,
Comme nos plaisirs jour à jour.

Savourons ses courtes délices [2]*;
Disputons-les même au zéphir,
Épuisons ces riants calices [3]
De ces parfums qui vont mourir.

Souvent la beauté fugitive
Ressemble à la fleur du matin,
Qui, du front glacé du convive,
Tombe avant l'heure du festin [4].

Un jour tombe, un autre se lève*;
Le printemps va s'évanouir;
Chaque fleur que le vent enlève
Nous dit : Hâtez-vous d'en jouir [5]*.

Et, puisqu'il faut qu'elles périssent,
Qu'elles périssent sans retour !
Que les roses ne se flétrissent
Que sous les lèvres de l'amour [6] !

MÉDITATION DIX-SEPTIÈME

L'ANGE [1]*

FRAGMENT ÉPIQUE

DIEU se lève; et soudain sa voix terrible appelle*
De ses ordres secrets un ministre fidèle,
Un de ces esprits purs qui sont chargés par lui
De servir aux humains de conseil et d'appui,
De lui porter leurs vœux sur leurs ailes de flamme,
De veiller sur leur vie, et de garder leur âme;
Tout mortel a le sien : cet ange protecteur*,
Cet invisible ami veille autour de son cœur,
L'inspire, le conduit, le relève s'il tombe,
Le reçoit au berceau, l'accompagne à la tombe,
Et portant dans les cieux son âme entre ses mains,
La présente en tremblant au juge des humains :
C'est ainsi qu'entre l'homme et Jéhovah lui-même,
Entre le pur néant et la grandeur suprême,
D'êtres inaperçus une chaîne sans fin
Réunit l'homme à l'ange et l'ange au séraphin*;
C'est ainsi que, peuplant l'étendue infinie,
Dieu répandit partout l'esprit, l'âme et la vie.

Au son de cette voix qui fait trembler le ciel,
S'élance devant Dieu l'archange Ithuriel* :
C'est lui qui du héros* est le céleste guide,
Et qui pendant sa vie à ses destins préside :
Sur les marches du trône, où de la Trinité
Brille au plus haut des cieux la triple majesté*,
L'esprit [2], épouvanté de la splendeur divine,

Dans un saint tremblement soudain monte et s'incline,
Et du voile éclatant de ses deux ailes d'or*
Du céleste regard s'ombrage, et tremble encor [3].

Mais Dieu, voilant pour lui sa clarté dévorante,
Modère les accents de sa voix éclatante,
Se penche sur son trône* et lui parle : soudain
Tout le ciel, attentif au Verbe souverain,
Suspend les chants sacrés, et la cour immortelle
S'apprête à recueillir la parole éternelle*.
Pour la première fois, sous la voûte des cieux,
Cessa des chérubins* le chœur harmonieux :
On n'entendit alors, dans les saintes demeures,
Que le bruit cadencé du char léger des heures*,
Qui, des jours éternels mesurant l'heureux cours,
Dans un cercle sans fin fuit et revient toujours;
On n'entendit alors que la sourde harmonie
Des sphères poursuivant leur course indéfinie*,
Et des astres pieux le murmure d'amour*
Qui vient mourir au seuil du céleste séjour.

Mais en vain dans le ciel les chœurs sacrés se turent;
Autour du trône en vain tous les saints accoururent;
L'archange entendit seul les ordres du Très-Haut :
Il s'incline, il adore, il s'élance aussitôt*.

Telle qu'au sein des nuits, une étoile tombante*,
Se détachant soudain de la voûte éclatante,
Glisse, et d'un trait de feu fendant l'obscurité,
Vient aux bords des marais éteindre sa clarté :
Tel, d'un vol lumineux et d'une aile assurée,
L'ardent Ithuriel fend la plaine azurée.
A peine il a franchi ces déserts enflammés
Que la main du Très-Haut de soleils a semés*,
Il ralentit son vol, et comme un aigle immense*,
Sur son aile immobile un instant se balance :
Il craint que la clarté des célestes rayons
Ne trahisse son vol aux yeux des nations;
Et secouant trois fois ses ailes immortelles,

Trois fois en fait jaillir des gerbes d'étincelles*.
Le nocturne pasteur, qui compte dans les cieux
Les astres tant de fois nommés par ses aïeux,
Se trouble, et croit que Dieu de nouvelles étoiles
A de l'antique nuit semé les sombres voiles*.

Mais, pour tromper les yeux, l'archange essaye en vain
De dépouiller l'éclat de ce reflet divin,
L'immortelle clarté dont son aile est empreinte
L'accompagne au delà de la céleste enceinte;
Et ces rayons du ciel dont il est pénétré,
Se détachant de lui, pâlissent par degré.
Ainsi le globe ardent que l'ange des batailles*
Inventa pour briser les tours et les murailles,
Sur ses ailes de feu projeté dans les airs,
Trace au sein de la nuit de sinistres éclairs :
Immobile un moment au haut de sa carrière,
Il pâlit, il retombe en perdant sa lumière;
Tous les yeux avec lui dans les airs suspendus
Le cherchent dans l'espace et ne le trouvent plus.

C'était l'heure où la nuit de ses paisibles mains
Répand le doux sommeil*, ce nectar des humains [4].
Le fleuve*, déroulant ses vagues fugitives,
Réfléchissait les feux allumés sur ses rives,
Ces feux abandonnés, dont les débris mouvants
Pâlissaient, renaissaient, mouraient au gré des vents;
D'une antique forêt le ténébreux ombrage
Couvrait au loin la plaine et bordait le rivage :
Là, sous l'abri sacré du chêne, aimé des Francs*,
Clovis avait planté ses pavillons* errants.
Les vents, par intervalle agitant les armures*,
En tiraient dans la nuit de belliqueux murmures;
L'astre aux rayons d'argent*, se levant dans les cieux,
Répandait sur le camp son jour mystérieux,
Et, se réfléchissant sur l'acier des trophées,
Jetait dans la forêt des lueurs étouffées :
Tels brillent dans la nuit, à travers les rameaux,
Les feux tremblants du ciel, réfléchis dans les eaux.

Le messager divin s'avance vers la tente
Où Clovis, qu'entourait sa garde vigilante,
Commençait à goûter les nocturnes pavots* :
Clodomir et Lisois*, compagnons du héros,
Debout devant la tente, appuyés sur leur lance,
Gardaient l'auguste seuil, et veillaient en silence.
Mais de la palme d'or qui brille dans sa main*
L'ange en touchant leurs yeux les assoupit soudain :
Ils tombent; de leur main la lance échappe et roule,
Et sous son pied divin l'ange en passant les foule.

Du pavillon royal il franchit les degrés.
Sur la peau d'un lion, dont les ongles dorés
Retombaient aux deux bords de sa couche d'ivoire,
Clovis dormait, bercé par des songes de gloire.
L'ange, de sa beauté, de sa grâce étonné,
Contemple avec amour ce front prédestiné*.
Il s'approche, il retient son haleine divine,
Et sur le lit du prince en souriant s'incline.
Telle une jeune mère, au milieu de la nuit,
De son lit nuptial sortant au moindre bruit,
Une lampe à la main, sur un pied suspendue,
Vole à son premier-né, tremblant d'être entendue,
Et, pour calmer l'effroi qui la faisait frémir,
En silence longtemps le regarde dormir* !
Tel, des ordres d'en haut l'exécuteur fidèle,
Se penchant sur Clovis, l'ombrageait de son aile*.
Sur le front du héros il impose ses mains :
Soudain, par un pouvoir ignoré des humains,
Dénouant sans efforts les liens de la vie,
Des entraves des sens son âme se délie* :
L'ange qui la reçoit dirige son essor,
Et le corps du héros paraît dormir encor [5].

Dans l'astre au front changeant, dont la forme inégale,
Grandissant, décroissant, mourant par intervalle,
Prête ou retire aux nuits ses limpides rayons*,
L'éternel [6] étendit d'immenses régions,
Où, des êtres réels images symboliques,

Les songes ont bâti leurs palais fantastiques*.
Sortis demi-formés des mains du Tout-Puissant,
Ils tiennent à la fois de l'être et du néant;
Un souffle aérien est toute leur essence,
Et leur vie est à peine une ombre d'existence :
Aucune forme fixe, aucun contour précis,
N'indiquèrent jamais ces êtres indécis;
Mais ils sont, aux regards du Dieu qui les fit naître,
L'image du possible, et les ombres de l'être.
La matière et le temps sont soumis à leurs lois.
Revêtus tour à tour de formes de leur choix,
Tantôt de ce qui fut ils rendent les images;
Et tantôt, s'élançant dans le lointain des âges,
Tous les êtres futurs, au néant arrachés,
Apparaissent d'avance en leurs jeux ébauchés.

Quand la nuit des mortels a fermé la paupière,
Sur les pâles rayons de l'astre du mystère*
Ils glissent en silence, et leurs nombreux essaims
Ravissent au sommeil les âmes des humains,
Et, les portant d'un trait à leurs palais magiques,
Font éclore à leurs yeux des mondes fantastiques.
De leur globe natal les divers éléments,
Subissant à leur voix d'éternels changements,
Ne sont jamais fixés dans des formes prescrites,
Ne connaissent ni lois, ni repos, ni limites;
Mais sans cesse en travail, l'un par l'autre pressés,
Séparés, confondus, attirés, repoussés,
Comme les flots mouvants d'une mer en furie
Leur forme insaisissable à chaque instant varie* :
Où des fleuves coulaient, où mugissaient des mers,
Des sommets escarpés s'élancent dans les airs;
Soudain dans les vallons les montagnes descendent*,
Sur leurs flancs décharnés des champs féconds s'étendent
Qui, changés aussitôt en immenses déserts,
S'abîment à grand bruit dans des gouffres ouverts.
Des cités, des palais et des temples superbes
S'élèvent, et soudain sont cachés sous les herbes;
Tout change, et les cités, et les monts et les eaux,

S'y déroulent sans terme en horizons nouveaux :
Tel roulait le chaos dans les déserts du vide,
Lorsque Dieu séparant la terre du fluide,
De la confusion des éléments divers
Son regard créateur vit sortir l'univers*.

C'est là qu'Ithuriel, sur son aile brillante,
Du héros endormi portait l'âme tremblante.
A peine il a touché ces bords mystérieux,
L'ombre de l'avenir éclôt devant ses yeux :
L'ange l'y précipite; et son âme étonnée
Parcourt en un clin d'œil l'immense destinée [7]*.

MÉDITATION DIX-HUITIÈME

L'APPARITION DE L'OMBRE DE SAMUEL A SAÜL[1]*

Fragment dramatique

SAÜL, LA PYTHONISSE D'ENDOR

SAÜL, *seul* [2].

Peut-être... Puisqu'enfin je puis [3] le consulter*,
Le Ciel peut-être, est las de me persécuter?
A mes yeux dessillés la vérité va luire :
Mais au livre du sort*, ô Dieu ! que vont-ils lire [4]?...
De ce livre fatal qui s'explique trop tôt,
Chaque jour, chaque instant, hélas ! révèle un mot.
Pourquoi donc devancer le temps qui nous l'apporte?
Pourquoi, dans cet abîme, avant l'heure... ? N'importe,
C'est trop, c'est trop longtemps attendre dans la nuit
Les invisibles coups du bras qui me poursuit !
J'aime mieux, déroulant la trame infortunée*,
Y lire [5], d'un seul trait, toute ma destinée !

(La Pythonisse d'Endor entre sur la scène [6].*)*

Est-ce toi qui, portant l'avenir dans ton sein,
Viens, au roi d'Israël, annoncer son destin*?

LA PYTHONISSE

C'est moi.

SAÜL

Qui donc es-tu?

LA PYTHONISSE

La voix du Dieu suprême*.

SAÜL

Tremble de me tromper!

LA PYTHONISSE

Saül, tremble toi-même!

SAÜL

Eh bien! qu'apportes-tu?

LA PYTHONISSE

Ton arrêt!

SAÜL

Parle.

LA PYTHONISSE [7]

O Ciel!

Pourquoi m'as-tu choisie entre tout Israël?
Mon cœur est faible, ô Ciel [8]! et mon sexe est timide.
Choisis, pour ton organe, un sein plus intrépide*;
Pour annoncer au roi tes divines fureurs,
Qui suis-je?

SAÜL, *étonné* [9]

Eh quoi! tu tremble* et tu verses des pleurs!
Quoi! ministre du Ciel, tu n'es plus qu'une femme!

LA PYTHONISSE

Détruis donc, ô mon Dieu, la pitié dans mon âme!

SAÜL

Par tes feintes terreurs [10] penses-tu m'ébranler?

LA PYTHONISSE [11]

Mais ma bouche, ô mon roi [12] ! se refuse à parler.

SAÜL, *avec colère* [13]

Tes lenteurs, à la fin, lassent ma patience :
Parle, si tu le peux, ou sors de ma présence !

LA PYTHONISSE

Que ne puis-je sortir, emportant [14] avec moi
Tout ce qu'ici je viens prophétiser sur toi !
Mais un dieu me retient, me pousse, me ramène;
Je ne puis résister à son bras [15] qui m'entraîne.
Oui, je sens ta présence, ô dieu persécuteur !
Et ta fureur divine a passé dans mon cœur [16]*.

(Avec plus d'horreur.)

Mais quel rayon sanglant vient frapper ma paupière* !
Mon œil épouvanté cherche et fuit la lumière !
Silence !... l'avenir ouvre [17] ses noirs secrets !
Quel chaos de malheurs, de vertus, de forfaits !
Dans la confusion je les vois tous ensemble !
Comment, comment saisir le fil qui les rassemble?
Saül... Michol... David... Malheureux Jonathas !
Arrête ! arrête, ô roi ! ne m'interroge pas.

SAÜL, *tremblant*

Que dis-tu de David, de Jonathas? achève !

LA PYTHONISSE, *montrant une ombre du doigt* [18]

Oui, l'ombre se dissipe et le voile se lève :
C'est lui !...

SAÜL

Qui donc?

LA PYTHONISSE

David !...

SAÜL

Eh bien?

LA PYTHONISSE

Il est vainqueur [19] !
Quel triomphe ! O David ! que d'éclat t'environne !
Que vois-je sur ton front?

SAÜL

Achève !

LA PYTHONISSE

Une couronne !...

SAÜL

Perfide ! qu'as-tu dit? lui, David, couronné [20]?

LA PYTHONISSE, *avec tristesse*

Hélas ! et tu péris, jeune homme infortuné* !
Et pour pleurer ton sort, belle et tendre [21] victime,
Les palmiers de Cadès ont incliné leur cime* !...
Grâce ! grâce, ô mon Dieu [22] ! détourne tes fureurs !
Saül a bien assez de ses propres malheurs !...
Mais la mort l'a frappé, sans pitié pour ses charmes,
Hélas ! et David même en a versé des larmes* !...

SAÜL

Silence ! c'est assez : j'en ai trop écouté.

LA PYTHONISSE

Saül, pour tes forfaits ton fils est rejeté.
D'un prince condamné Dieu détourne sa face,
D'un souffle de sa bouche il dissipe sa race :
Le sceptre est arraché !...

SAÜL, *l'interrompant avec violence*

Tais-toi, dis-je, tais-toi !

LA PYTHONISSE

Saül, Saül, écoute un Dieu plus fort que moi !
Le sceptre est arraché de tes mains [23] sans défense;
Le sceptre dans Juda passe [24] avec ta puissance,
Et ces biens, par Dieu même, à ta race promis,

Transportés à David, passent tous à ses fils [25].
Que David est brillant ! que son triomphe est juste !
Qu'il sort de rejetons de cette tige auguste !
Que vois-je? un Dieu lui-même... ! O vierges du saint lieu !
Chantez, chantez David ! David enfante un Dieu* !...

SAÜL

Ton audace à la fin a comblé la mesure :
Va, tout respire en toi la fourbe et l'imposture.
Dieu m'a promis le trône*, et Dieu ne trompe pas.

LA PYTHONISSE

Dieu promet ses fureurs à des princes ingrats.

SAÜL

Crois-tu qu'impunément ta bouche ici m'outrage?

LA PYTHONISSE

Crois-tu faire d'un Dieu varier le langage?

SAÜL

Sais-tu quel sort t'attend? Sais-tu...?

LA PYTHONISSE

Ce que je sais,
C'est que ton propre bras va punir tes forfaits;
Et qu'avant que des cieux le flambeau* se retire,
Un Dieu justifiera tout ce qu'un Dieu m'inspire.
Adieu, malheureux père ! adieu, malheureux roi !

(Elle se retire, Saül la retient par force [26].)

SAÜL

Non, non, perfide, arrête ! écoute [27], et réponds-moi.
C'est souffrir trop longtemps l'insolence et l'injure :
Je veux convaincre ici ta bouche d'imposture.
Si le Ciel à tes yeux a su les révéler,
Quels sont donc ces forfaits dont tu m'oses parler?

LA PYTHONISSE

L'ombre les a couverts, l'ombre les couvre encore*,

Saül ! Mais le Ciel voit ce que la terre ignore.
Ne tente pas le Ciel.

SAÜL

Non : parle si tu sais.

LA PYTHONISSE

L'ombre de Samuel te dira ces forfaits [28]...

SAÜL

Samuel ! Samuel ! Eh quoi ! que veux-tu dire?

LA PYTHONISSE

Toi-même, en traits de sang, ne peux-tu pas le lire?

SAÜL

Eh bien, qu'a de commun ce Samuel et moi [29]?

LA PYTHONISSE

Qui plongea dans son sein ce fer sanglant?

SAÜL

Qui?

LA PYTHONISSE

Toi * !

SAÜL, *furieux et se précipitant sur elle avec sa lance* [30]*.

Monstre, qu'a trop longtemps épargné ma clémence,
Ton audace à la fin appelle ma vengeance [31] !

(Prêt à la frapper.)

Tiens ; va dire à ton Dieu, va dire à Samuel,
Comment Saül punit ton imposture...

(Au moment où il va frapper, il voit l'ombre de Samuel, il laisse tomber la lance, il recule* [32]*.)*

O Ciel !
Ciel ! que vois-je? C'est toi ! c'est ton ombre sanglante !
Quel regard !... Son aspect m'a glacé [33] d'épouvante !

Pardonne, ombre fatale ! oh ! pardonne ! oui, c'est moi,
C'est moi qui t'ai porté tous ces coups que je voi !
Quoi ! depuis si longtemps ! quoi ! ton sang coule encore !
Viens-tu pour le venger ?... Tiens...

(Il découvre sa poitrine et tombe à genoux [34]*.)*

Mais il s'évapore* !...

(La Pythonisse disparaît pendant ces derniers mots [35]*.)*

MÉDITATION DIX-NEUVIÈME

STANCES [1]*

Et j'ai dit dans mon cœur : Que faire de la vie?
Irai-je encor, suivant ceux qui m'ont devancé,
Comme l'agneau qui passe où sa mère a passé*,
Imiter des mortels l'immortelle folie?

L'un cherche sur les mers les trésors de Memnon*,
Et la vague engloutit ses vœux et son navire;
Dans le sein de la gloire où son génie aspire,
L'autre meurt enivré par l'écho d'un vain nom*.

Avec nos passions, formant sa vaste trame,
Celui-là fonde un trône, et monte pour tomber*;
Dans des pièges plus doux, aimant à succomber,
Celui-ci lit son sort dans les yeux d'une femme*.

Le paresseux s'endort dans les bras de la faim;
Le laboureur conduit sa fertile charrue;
Le savant pense et lit, le guerrier frappe et tue;
Le mendiant s'assied sur les bords[2] du chemin.

Où vont-ils cependant? Ils vont où va la feuille
Que chasse devant lui le souffle des hivers*.
Ainsi vont se flétrir dans leurs travaux divers
Ces générations que le temps sème et cueille.

Ils luttaient contre lui, mais le temps a vaincu;
Comme un fleuve engloutit le sable de ses rives,
Je l'ai vu dévorer leurs ombres fugitives.
Ils sont nés, ils sont morts : Seigneur, ont-ils vécu*?

Pour moi, je chanterai le maître que j'adore*,
Dans le bruit des cités, dans la paix des déserts,
Couché sur le rivage, ou flottant sur les mers,
Au déclin du soleil, au réveil de l'aurore.

La terre m'a crié : Qui donc est le Seigneur?
Celui dont l'âme immense est partout répandue*,
Celui dont un seul pas mesure l'étendue,
Celui dont le soleil emprunte sa splendeur*;

Celui qui du néant a tiré la matière,
Celui qui sur le vide a fondé l'univers,
Celui qui sans rivage a renfermé les mers,
Celui qui d'un regard a lancé la lumière*;

Celui qui ne connaît ni jour ni lendemain,
Celui qui de tout temps de soi-même s'enfante,
Qui vit dans l'avenir comme à l'heure présente,
Et rappelle les temps échappés de sa main* :

C'est lui, c'est le Seigneur : que ma langue redise
Les cent noms de sa gloire* aux enfants des mortels.
Comme la harpe d'or [3]* pendue à ses autels,
Je chanterai pour lui jusqu'à ce qu'il me brise*...

MÉDITATION VINGTIÈME

LA LIBERTÉ, OU UNE NUIT A ROME [1]*

A ÉLI..., DUCH. DE DEV...*

COMME l'astre adouci de l'antique Élysée*,
Sur les murs dentelés du sacré Colysée [2]*,
L'astre des nuits, perçant des nuages épars,
Laisse dormir en paix ses longs et doux regards [3]*,
Le rayon qui blanchit ses vastes flancs de pierre,
En glissant à travers les pans flottants du lierre,
Dessine dans l'enceinte [4] un lumineux sentier;
On dirait le tombeau [5] d'un peuple tout entier,
Où la mémoire, errant après des jours sans nombre,
Dans la nuit du passé viendrait chercher une ombre [6].

Ici, de voûte en voûte élevé dans les cieux,
Le monument debout défie encor les yeux;
Le regard égaré dans ce dédale oblique,
De degrés en degrés, de portique en portique,
Parcourt en serpentant [7] ce lugubre désert,
Fuit [8], monte, redescend, se retrouve et se perd.
Là, comme un front penché sous le poids des années*,
La ruine, abaissant ses voûtes inclinées,
Tout à coup se déchire en immenses lambeaux,
Pend comme un noir rocher sur l'abîme des eaux;
Ou des vastes hauteurs de son faîte superbe
Descendant [9] par degrés jusqu'au niveau de l'herbe,
Comme un coteau qui meurt [10] sous les fleurs d'un vallon,
Vient mourir à nos pieds sur des lits de gazon.

Sur les flancs décharnés de ces sombres collines [11],
Des forêts dans les airs ont jeté leurs racines :
Là le lierre, jaloux de l'immortalité,
Triomphe en possédant ce que l'homme a quitté;
Et, pareil à l'oubli, sur ces murs qu'il enlace,
Monte de siècle en siècle aux sommets qu'il efface.
Le buis, l'if immobile [12], et l'arbre des tombeaux,
Dressent en frissonnant leurs funèbres rameaux*;
Et l'humble giroflée, aux lambris suspendue,
Attachant ses pieds d'or dans la pierre fendue,
Et balançant dans l'air ses longs rameaux flétris,
Comme un doux souvenir fleurit sur des débris.
Aux sommets escarpés du fronton solitaire,
L'aigle à la frise étroite a suspendu son aire* :
Au bruit sourd de mes pas, qui troublent son repos,
Il jette un cri d'effroi, grossi par mille échos,
S'élance dans le ciel, en redescend, s'arrête [13],
Et d'un vol menaçant plane autour de ma tête.
Du creux des monuments, de l'ombre des arceaux,
Sortent en gémissant de sinistres oiseaux :
Ouvrant en vain dans l'ombre une ardente prunelle,
L'aveugle amant des nuits bat les murs de son aile*;
La colombe, inquiète à mes pas indiscrets,
Descend, vole et s'abat [14] de cyprès en cyprès,
Et sur les bords brisés de quelque urne isolée,
Se pose en soupirant comme une âme exilée.

Les vents, en s'engouffrant sous ces vastes débris,
En tirent des soupirs, des hurlements, des cris*;
On dirait qu'on entend le torrent des années
Rouler sous ces arceaux ses vagues déchaînées,
Renversant, emportant [15], minant de jours en jours
Tout ce que les mortels ont bâti sur son cours.
Les nuages flottants dans un ciel clair et sombre,
En passant sur l'enceinte y font courir leur ombre,
Et tantôt, nous cachant le rayon qui nous luit,
Couvrent le monument d'une profonde nuit;
Tantôt, se déchirant sous un souffle rapide,
Laissent sur le gazon tomber [16] un jour livide*,

Qui, semblable à l'éclair, montre à l'œil ébloui
Ce fantôme debout du siècle évanoui;
Dessine en serpentant ses formes mutilées,
Les cintres verdoyants des arches écroulées,
Ses larges fondements sous nos pas entr'ouverts [17],
Ses frontons menaçants suspendus dans les airs*,
Et l'éternelle croix qui, surmontant le faîte,
Incline comme un mât battu par la tempête*.

Rome, te voilà donc* ! O mère des Césars !
J'aime à fouler aux pieds tes monuments épars;
J'aime à sentir le temps, plus fort que ta mémoire,
Effacer pas à pas les traces de ta gloire [18].
L'homme serait-il donc de ses œuvres jaloux [19]* ?
Nos monuments sont-ils plus immortels que nous?
Égaux devant le temps, non, ta ruine immense
Nous console du moins de notre décadence.
J'aime, j'aime à venir rêver sur ce tombeau,
A l'heure où de la nuit le lugubre flambeau*
Comme l'œil du passé, flottant sur des ruines,
D'un pâle demi-deuil revêt tes sept collines,
Et, d'un ciel toujours jeune éclaircissant l'azur,
Fait briller les torrents sur les flancs de Tibur*.
Ma harpe, qu'en passant l'oiseau des nuits effleure,
Sur tes propres débris te rappelle et te pleure,
Et jette aux flots du Tibre un cri de liberté,
Hélas ! par l'écho même à peine répété.

« Liberté* ! nom sacré, profané par cet âge,
« J'ai toujours dans mon cœur adoré ton image,
« Telle qu'aux jours d'Émile* et de Léonidas
« T'adorèrent jadis le Tibre et l'Eurotas;
« Quand, tes fils se levant contre la tyrannie,
« Tu teignais leurs drapeaux du sang de Virginie*,
« Ou qu'à tes saintes lois glorieux d'obéir,
« Tes trois cents immortels s'embrassaient pour mourir*;
« Telle enfin que, d'Uri [20] prenant ton vol sublime,
« Comme un rapide éclair qui court de cime en cime,
« Des rives du Léman aux rochers d'Appenzell*,

« Volant avec la mort sur la flèche de Tell,
« Tu rassembles tes fils errants sur les montagnes,
« Et semblable au torrent qui fond sur leurs campagnes,
« Tu purges à jamais d'un peuple d'oppresseurs
« Ces champs où tu fondas ton règne sur les mœurs* !

« Alors... ! Mais aujourd'hui pardonne à mon silence;
« Quand ton nom, profané par l'infâme licence,
« Du Tage à l'Éridan* épouvantant les rois,
« Fait crouler dans le sang les trônes et les lois*;
« Détournant leurs regards de ce culte adultère,
« Tes purs adorateurs, étrangers sur la terre,
« Voyant dans ces excès ton saint nom s'abolir [21],
« Ne le prononcent plus... de peur de l'avilir.
« Il fallait t'invoquer, quand un tyran superbe
« Sous ses pieds teints de sang nous foulait comme [l'herbe*,
« En pressant sur son cœur le poignard de Caton*.
« Alors il était beau* de confesser ton nom :
« La palme des martyrs couronnait tes victimes,
« Et jusqu'à leurs soupirs, tout leur était des crimes.
« L'univers cependant, prosterné devant lui,
« Adorait, ou tremblait !... L'univers, aujourd'hui,
« Au bruit des fers brisés en sursaut se réveille.
« Mais qu'entends-je? et quels cris ont frappé mon oreille?
« Esclaves et tyrans, opprimés, oppresseurs,
« Quand tes droits ont vaincu, s'offrent pour tes vengeurs;
« Insultant sans péril la tyrannie absente,
« Ils poursuivent partout son ombre renaissante;
« Et, de la vérité couvrant la faible voix,
« Quand le peuple est tyran, ils insultent aux rois*.

« Tu règnes cependant sur un siècle qui t'aime,
« Liberté; tu n'as rien à craindre que toi-même.
« Sur la pente rapide où roule en paix ton char,
« Je vois mille Brutus... mais où donc est César [22]*? »

MÉDITATION VINGT ET UNIÈME

ADIEUX A LA MER [1]*

Naples, 1822*.

MURMURE autour de ma nacelle*,
Douce mer dont les flots chéris,
Ainsi qu'une amante fidèle,
Jettent une plainte éternelle
Sur ces poétiques débris*.

Que j'aime à flotter sur ton onde,
A l'heure où du haut du rocher
L'oranger, la vigne féconde,
Versent sur ta vague profonde
Une ombre propice au nocher* !

Souvent*, dans ma barque sans rame,
Me confiant à ton amour,
Comme pour assoupir mon âme,
Je ferme au branle de ta lame
Mes regards fatigués du jour.

Comme un coursier souple et docile
Dont on laisse flotter le mors*,
Toujours, vers quelque frais asile,
Tu pousses ma barque fragile
Avec l'écume de tes bords.

Ah ! berce, berce, berce encore ;
Berce pour la dernière fois,
Berce cet enfant qui t'adore,
Et qui depuis sa tendre aurore
N'a rêvé que l'onde et les bois* !

Le dieu [2] qui décora le monde
De ton élément gracieux,
Afin qu'ici tout se réponde
Fit les cieux pour briller sur l'onde,
L'onde pour réfléchir les cieux*.

Aussi pur que dans ma paupière,
Le jour pénètre ton flot pur,
Et dans ta brillante carrière*
Tu sembles rouler la lumière
Avec tes flots d'or et d'azur.

Aussi libre que la pensée,
Tu brises le vaisseau des rois,
Et dans ta colère insensée,
Fidèle au dieu qui t'a lancée,
Tu ne t'arrêtes qu'à sa voix*.

De l'infini sublime image,
De flots en flots l'œil emporté
Te suit en vain de plage en plage,
L'esprit cherche en vain ton rivage,
Comme ceux de l'éternité.

Ta voix majestueuse et douce
Fait trembler l'écho de tes bords,
Ou sur l'herbe qui te repousse,
Comme le zéphyr dans la mousse,
Murmure de mourants accords*.

Que je t'aime, ô vague assouplie* !
Quand, sous mon timide vaisseau,
Comme un géant qui s'humilie,
Sous ce vain poids l'onde qui plie
Me creuse un liquide berceau !

Que je t'aime quand le zéphire
Endormi dans tes antres frais*,

Ton rivage semble sourire
De voir dans ton sein qu'il admire
Flotter l'ombre de ses forêts* !

Que je t'aime quand sur ma poupe
Des festons de mille couleurs*,
Pendant au vent qui les découpe,
Te couronnent comme une coupe
Dont les bords sont voilés de fleurs* !

Qu'il est doux* quand le vent caresse
Ton sein mollement agité,
De voir, sous ma main qui la presse,
Ta vague qui s'enfle et s'abaisse
Comme le sein de la beauté*.

Viens à ma barque fugitive,
Viens donner le baiser d'adieux;
Roule autour une voix plaintive,
Et de l'écume de ta rive
Mouille encor mon front et mes yeux.

Laisse sur ta plaine mobile
Flotter ma nacelle à son gré;
Ou sous l'antre de la sibylle [3]*,
Ou sous le tombeau* de Virgile,
Chacun de tes flots m'est sacré.

Partout, sur ta rive chérie,
Où l'amour éveilla mon cœur*,
Mon âme, à sa vue attendrie,
Trouve un asile, une patrie,
Et des débris de son bonheur.

Flotte au hasard : sur quelque plage
Que tu me fasses dériver,
Chaque flot m'apporte une image;
Chaque rocher de ton rivage
Me fait souvenir ou rêver*...

MÉDITATION VINGT-DEUXIÈME

LE CRUCIFIX [1]*

Toi que j'ai recueilli sur sa bouche expirante*
Avec son dernier souffle et son dernier adieu,
Symbole deux fois saint*, don d'une main mourante,
Image de mon Dieu !

Que de pleurs ont coulé sur tes pieds que j'adore,
Depuis l'heure sacrée où, du sein d'un martyr*,
Dans mes tremblantes mains tu passas, tiède encore
De son dernier soupir !

Les saints flambeaux* jetaient une dernière flamme;
Le prêtre murmurait ces doux chants de la mort*,
Pareils aux chants plaintifs que murmure une femme
A l'enfant qui s'endort [2].

De son pieux espoir son front gardait la trace,
Et sur ses traits frappés d'une auguste beauté
La douleur fugitive avait empreint sa grâce,
La mort sa majesté*.

Le vent qui caressait sa tête échevelée
Me montrait tour à tour ou me voilait ses traits*,
Comme l'on voit flotter sur un blanc mausolée
L'ombre des noirs cyprès*.

Un de ses bras pendait de la funèbre couche,
L'autre, languissamment replié sur son cœur*,
Semblait chercher encore et presser sur sa bouche
L'image du Sauveur.

Ses lèvres s'entr'ouvraient pour l'embrasser encore,
Mais son âme avait fui dans ce divin baiser,
Comme un léger parfum que la flamme dévore
Avant de l'embraser*.

Maintenant tout dormait sur sa bouche glacée,
Le souffle se taisait dans son sein endormi,
Et sur l'œil sans regard la paupière affaissée
Retombait à demi*.

Et moi, debout, saisi d'une terreur secrète,
Je n'osais m'approcher de ce reste* adoré,
Comme si du trépas la majesté muette
L'eût déjà consacré.

Je n'osais!... mais le prêtre entendit* mon silence,
Et de ses doigts glacés prenant le crucifix :
« Voilà le souvenir, et voilà l'espérance* :
« Emportez-les, mon fils. »

Oui, tu me resteras, ô funèbre héritage!
Sept fois depuis ce jour l'arbre que j'ai planté
Sur sa tombe sans nom a changé son feuillage [3]* :
Tu ne m'as pas quitté.

Placé près de ce cœur, hélas! où tout s'efface,
Tu l'as contre le temps défendu de l'oubli,
Et mes yeux goutte à goutte ont imprimé leur trace
Sur l'ivoire amolli*.

O dernier confident de l'âme qui s'envole,
Viens, reste sur mon cœur, parle encore, et dis-moi
Ce qu'elle te disait quand sa faible parole
N'arrivait plus qu'à toi.

A cette heure douteuse, où l'âme recueillie,
Se cachant sous le voile épaissi sur nos yeux*,
Hors de nos sens glacés pas à pas se replie,
Sourde aux derniers adieux;

Alors qu'entre la vie et la mort incertaine*,
Comme un fruit par son poids détaché du rameau,
Notre âme est suspendue et tremble à chaque haleine
Sur la nuit du tombeau*;

Quand des chants, des sanglots, la confuse harmonie
N'éveille déjà plus notre esprit endormi,
Aux lèvres du mourant collé dans l'agonie,
Comme un dernier ami*;

Pour éclaircir* l'horreur de cet étroit passage,
Pour relever vers Dieu son regard abattu,
Divin consolateur, dont nous baisons l'image,
Réponds ! Que lui dis-tu?

Tu sais, tu sais mourir* ! et tes larmes divines,
Dans cette nuit terrible où tu prias en vain,
De l'olivier sacré baignèrent les racines
Du soir jusqu'au matin*.

De la croix, où* ton œil sonda ce grand mystère,
Tu vis ta mère en pleurs et la nature en deuil*;
Tu laissas comme nous tes amis sur la terre,
Et ton corps au cercueil !

Au nom de cette mort, que ma faiblesse obtienne
De rendre sur ton sein* ce douloureux soupir :
Quand mon heure viendra, souviens-toi de la tienne,
O toi qui sais mourir !

Je chercherai la place où sa bouche expirante
Exhala sur tes pieds l'irrévocable adieu,
Et son âme viendra guider mon âme errante
Au sein du même Dieu*.

Ah ! puisse, puisse alors sur ma funèbre couche*,
Triste et calme à la fois, comme un ange éploré,
Une figure en deuil recueillir sur ma bouche
L'héritage sacré* !

Soutiens ses derniers pas, charme sa dernière heure*,
Et, gage consacré d'espérance et d'amour,
De celui qui s'éloigne à celui qui demeure
Passe ainsi tour à tour !

Jusqu'au jour où, des morts perçant la voûte sombre*,
Une voix dans le ciel, les appelant sept fois,
Ensemble éveillera ceux qui dormaient [4] à l'ombre
De l'éternelle croix* !

MÉDITATION VINGT-TROISIÈME

APPARITION [1]*

Toi qui du jour mourant consoles la nature,
Parais, flambeau des nuits*, lève-toi dans les cieux;
Étends autour de moi, sur la pâle verdure,
Les douteuses clartés d'un jour mystérieux!
Tous les infortunés chérissent ta lumière*;
L'éclat brillant du jour repousse leurs douleurs :
Aux regards du soleil ils ferment leur paupière,
Et rouvrent devant toi leurs yeux noyés de pleurs.

Viens guider mes pas vers la tombe
Où ton rayon* s'est abaissé,
Où chaque soir mon genou tombe
Sur un saint nom presque effacé*.
Mais quoi! la pierre le repousse!...
J'entends!... oui! des pas sur la mousse!
Un léger souffle a murmuré*;
Mon œil se trouble, je chancelle :
Non, non, ce n'est plus toi : c'est elle*
Dont le regard m'a pénétré...

Est-ce bien toi, toi qui t'inclines
Sur celui qui fut ton amant?
Parle; que tes lèvres divines*
Prononcent un mot seulement;
Ce mot que murmurait ta bouche
Quand, planant sur ta sombre couche,
La mort interrompit ta voix*.
Sa bouche commence... Ah! j'achève :

Oui, c'est toi; ce n'est point un rêve :
Anges du ciel, je la revois* !...

Ainsi donc l'ardente prière *
Perce le ciel et les enfers.
Ton âme a franchi la barrière
Qui sépare deux univers.
Gloire à ton nom, Dieu qui l'envoie [2]* !
Ta grâce a permis que je voie
Ce que mes yeux cherchaient toujours.
Que veux-tu? faut-il que je meure?
Tiens, je te donne pour cette heure
Toutes les heures de mes jours*.

Mais quoi ! sur ce rayon déjà l'ombre s'envole* :
Pour un siècle de pleurs, une seule parole !
Est-ce tout?... C'est assez !... Astre que j'ai chanté,
Je bénirai [3] toujours ta pieuse clarté,
Soit que dans nos climats, empire des orages,
Comme un vaisseau voguant sur la mer des nuages*,
Tu perces rarement la triste obscurité;
Soit que sous ce beau ciel, propice à ta lumière,
Dans un limpide azur poursuivant ta carrière,
Des couleurs du matin tu dores les coteaux;
Ou que te balançant sur une mer tranquille,
Et teignant de tes feux sa surface immobile,
Tes rayons argentés se brisent dans les eaux* !

MÉDITATION VINGT-QUATRIÈME

CHANT D'AMOUR [1]*

Naples, 1822.

Si tu pouvais jamais égaler, ô ma lyre!
Le doux frémissement des ailes du zéphire
À travers les rameaux*,
Ou l'onde qui murmure en caressant ces rives,
Ou le roucoulement des colombes plaintives,
Jouant aux bords des eaux*;

Si, comme ce roseau* qu'un souffle heureux anime,
Tes cordes* exhalaient ce langage sublime,
Divin secret des cieux,
Que, dans le pur séjour où l'esprit seul s'envole*,
Les anges amoureux se parlent sans parole,
Comme les yeux aux yeux*;

Si de ta douce voix la flexible harmonie,
Caressant doucement une âme épanouie
Au souffle de l'amour,
La berçait mollement sur de vagues images,
Comme le vent du ciel qui berce les nuages [2]
Dans la pourpre du jour :

Tandis que sur les fleurs mon amante sommeille*,
Ma voix murmurerait tout bas à son oreille
Des soupirs, des accords,
Aussi purs que l'extase où son regard me plonge,
Aussi doux que le son que nous apporte un songe
Des ineffables bords.

Ouvre les yeux, dirais-je, ô ma seule lumière!
Laisse-moi, laisse-moi lire dans ta paupière
Ma vie et ton amour :
Ton regard languissant est plus cher à mon âme
Que le premier rayon de la céleste flamme
Aux yeux privés du jour [3]* !

✱

Un de ses bras fléchit sous son cou qui le presse,
L'autre sur son beau front retombe avec mollesse
Et le couvre à demi :
Telle, pour sommeiller, la blanche tourterelle,
Courbe son cou d'albâtre, et ramène son aile
Sur son œil endormi.

Le doux gémissement de son sein qui respire
Se mêle au bruit plaintif de l'onde qui soupire
A flots harmonieux*;
Et l'ombre de ses cils, que le zéphir soulève,
Flotte légèrement comme l'ombre d'un rêve*
Qui passe sur ses yeux.

✱

Laisse-moi [4] respirer sur ces lèvres vermeilles*
Ce souffle parfumé... Qu'ai-je fait? Tu t'éveilles :
L'azur voilé des cieux
Vient chercher doucement ta timide paupière;
Mais toi, ton doux regard, en voyant la lumière,
N'a cherché que mes yeux.

Ah! que nos longs regards se suivent, se prolongent,
Comme deux purs rayons l'un dans l'autre se plongent,
Et portent tour à tour
Dans le cœur l'un de l'autre une tremblante flamme,
Ce jour intérieur que donne seul à l'âme
Le regard de l'amour!

Jusqu'à ce qu'une larme aux bords de ta paupière,
De son nuage errant te cachant la lumière,
Vienne baigner tes yeux,
Comme on voit au réveil d'une charmante aurore*

Les larmes du matin qu'elle attire et colore,
L'ombrager dans les cieux*.

*

Parle-moi ! que ta voix me touche !
Chaque parole sur ta bouche
Est un écho mélodieux.
Quand ta voix meurt dans mon oreille,
Mon âme résonne et s'éveille,
Comme un temple à la voix des dieux*.

Un souffle, un mot, puis un silence,
C'est assez : mon âme devance
Le sens interrompu des mots,
Et comprend ta voix fugitive,
Comme le gazon de la rive
Comprend le murmure des flots.

Un son qui sur ta bouche expire,
Une plainte, un demi-sourire,
Mon cœur entend tout sans effort :
Tel, en passant par une lyre,
Le souffle même du zéphire
Devient un ravissant accord* !

*

Pourquoi sous tes cheveux me cacher ton visage* ?
Laisse mes doigts jaloux écarter ce nuage :
Rougis-tu d'être belle ? ô charme de mes yeux !
L'aurore, ainsi que toi, de ses roses s'ombrage.
Pudeur, honte céleste, instinct mystérieux [5],
Ce qui brille le plus se voile davantage ;
Comme si la beauté, cette divine image,
N'était faite que pour les cieux !

Tes yeux* sont deux sources vives*
Où vient se peindre un ciel pur,
Quand les rameaux de leurs rives
Leur découvrent son azur [6].
Dans ce miroir retracées,
Chacune de tes pensées

Jette en passant son éclair;
Comme on voit sur l'eau limpide
Flotter l'image rapide
Des cygnes qui fendent l'air.

Ton front, que ton voile ombrage
Et découvre tour à tour,
Est une nuit sans nuage
Prête à recevoir le jour;
Ta bouche, qui va sourire,
Est l'onde qui se retire
Au souffle errant du zéphyr,
Et sur ses bords [7] qu'elle quitte
Laisse au regard qu'elle invite
Compter les perles d'Ophyr [8]*.

Tes deux mains sont deux corbeilles
Qui laissent passer le jour;
Tes doigts de roses vermeilles
En couronnent le contour.
Sur le gazon qui l'embrasse
Ton pied se pose, et la grâce,
Comme un divin instrument,
Aux sons égaux d'une lyre
Semble accorder et conduire
Ton plus léger mouvement*.

✳

Pourquoi de tes regards percer ainsi mon âme?
Baisse, oh! baisse tes yeux pleins d'une chaste flamme;
Baisse-les, ou je meurs.
Viens plutôt, lève-toi! Mets ta main dans la mienne ;
Que mon bras arrondi t'entoure et te soutienne*
Sur ces tapis de fleurs.

✳

Aux bords d'un lac d'azur il est une colline*
Dont le front verdoyant légèrement s'incline
Pour contempler les eaux;
Le regard du soleil tout le jour la caresse,

Et l'haleine de l'onde y fait flotter sans cesse
Les ombres des rameaux.

Entourant de ses plis deux chênes qu'elle embrasse,
Une vigne sauvage à leurs rameaux s'enlace,
Et, couronnant leurs fronts,
De sa pâle verdure éclaircit leur feuillage,
Puis sur des champs coupés de lumière et d'ombrage
Court en riants festons.

Là, dans les flancs creusés d'un rocher qui surplombe,
S'ouvre une grotte obscure, un nid où la colombe
Aime à gémir d'amour;
La vigne, le figuier, la voilent, la tapissent*,
Et les rayons du ciel, qui lentement s'y glissent,
Y mesurent le jour.

La nuit et la fraîcheur de ces ombres discrètes
Conservent plus longtemps aux pâles violettes
Leurs timides couleurs;
Une source plaintive en habite la voûte,
Et semble sur vos fronts distiller goutte à goutte
Des accords et des pleurs.

Le regard, à travers ce rideau de verdure,
Ne voit rien que le ciel, et l'onde qu'il azure;
Et sur le sein des eaux
Les voiles du pêcheur, qui, couvrant sa nacelle*,
Fendent ce ciel liquide [9], et battent comme l'aile
Des rapides oiseaux.

L'oreille n'entend rien qu'une vague plaintive
Qui, comme un long baiser, murmure sur sa rive,
Ou la voix des zéphirs,
Ou les sons cadencés que gémit Philomèle*,
Ou l'écho du rocher dont un soupir se mêle
A nos propres soupirs*.

*

Viens, cherchons cette ombre propice*
Jusqu'à l'heure où de ce séjour
Les fleurs fermeront leur calice
Aux regards languissants du jour.
Voilà ton ciel, ô mon étoile !
Soulève, oh ! soulève ce voile,
Éclaire la nuit de ces lieux;
Parle, chante, rêve, soupire,
Pourvu que mon regard attire
Un regard errant de tes yeux.

Laisse-moi parsemer de roses*
La tendre mousse où tu t'assieds,
Et près du lit où tu reposes
Laisse-moi m'asseoir à tes pieds.
Heureux le gazon que tu foules,
Et le bouton dont tu déroules
Sous tes doigts les fraîches couleurs;
Heureuses ces coupes vermeilles
Que pressent tes lèvres, pareilles
A l'abeille amante des fleurs [10]* !

Si l'onde, des lis que tu cueilles [11]*
Roule les calices flétris,
Des tiges que ta bouche effeuille
Si le vent m'apporte un débris,
Si la boucle * qui se dénoue
Vient, en ondulant sur ma joue,
De ma lèvre effleurer le bord;
Si ton souffle léger résonne,
Je sens sur mon front qui frissonne
Passer les ailes de la mort*.

Souviens-toi de l'heure bénie
Où les dieux, d'une tendre main,
Te répandirent sur ma vie
Comme l'ombre sur le chemin.
Depuis cette heure fortunée,
Ma vie à ta vie enchaînée,

Qui s'écoule comme un seul jour,
Est une coupe toujours pleine,
Où mes lèvres à longue haleine
Puisent l'innocence et l'amour [12]*.

*

Un jour, le temps jaloux*, d'une haleine glacée,
Fanera tes couleurs comme une fleur passée
Sur ces lits de gazon;
Et sa main flétrira sur tes charmantes lèvres
Ces rapides baisers, hélas! dont tu me sèvres*
Dans leur fraîche saison.

Mais quand tes yeux, voilés d'un nuage de larmes,
De ces jours écoulés qui t'ont ravi tes charmes
Pleureront la rigueur;
Quand dans ton souvenir, dans l'onde du rivage
Tu chercheras en vain ta ravissante image,
Regarde dans mon cœur.

Là ta beauté fleurit pour des siècles sans nombre;
Là ton doux souvenir veille à jamais à l'ombre
De ma fidélité,
Comme une lampe d'or dont une vierge sainte*
Protège avec la main, en traversant l'enceinte,
La tremblante clarté.

Et quand [13] la mort viendra, d'un autre amour suivie,
Éteindre en souriant de notre double vie
L'un et l'autre flambeau,
Qu'elle étende ma couche à côté de la tienne*,
Et que ta main fidèle embrasse encor la mienne
Dans le lit du tombeau.

Ou plutôt puissions-nous passer sur cette terre,
Comme on voit en automne un couple solitaire
De cygnes amoureux
Partir, en s'embrassant, du nid qui les rassemble,
Et vers les doux climats qu'ils vont chercher ensemble
S'envoler deux à deux*.

MÉDITATION VINGT-CINQUIÈME

IMPROVISÉE

A LA GRANDE-CHARTREUSE[1]*

JÉHOVAH* de la terre a consacré les cimes;
Elles sont de ses pas le divin marchepied* :
C'est là qu'environné de ses foudres sublimes*
Il vole, il descend*, il s'assied.

Sina, l'Olympe* même, en conservent la trace;
L'Oreb, en tressaillant, s'inclina sous ses pas;
Thor entendit sa voix, Gelboé vit sa face;
Golgotha pleura son trépas.

Dieu que l'Hébron connaît, Dieu que Cédar* adore,
Ta gloire à ces rochers jadis se dévoila;
Sur le sommet des monts* nous te cherchons encore;
Seigneur, réponds-nous : es-tu là?

Paisibles habitants de ces saintes retraites,
Comme au pied de ces monts* où priait Israël[2],
Dans le calme des nuits, des hauteurs où vous êtes
N'entendez-vous donc rien du ciel?

Ne voyez-vous jamais les divines phalanges*
Sur vos dômes sacrés descendre et se pencher?
N'entendez-vous jamais des doux concerts des anges
Retentir l'écho du rocher?

Quoi! l'âme en vain regarde, aspire, implore, écoute;
Entre le ciel et nous, est-il un mur d'airain*?

Vos yeux, toujours levés vers la céleste voûte*,
Vos yeux sont-ils levés en vain?

Pour s'élancer, Seigneur, où ta voix les appelle*,
Les astres de la nuit ont des chars de saphirs*,
Pour s'élever à toi, l'aigle au moins a son aile* :
Nous n'avons rien que nos soupirs!

Que la voix de tes saints s'élève* et te désarme;
La prière du juste est l'encens des mortels.
Et nous, pécheurs, passons : nous n'avons qu'une larme
A répandre sur tes autels.

MÉDITATION VINGT-SIXIÈME

ADIEUX A LA POÉSIE [1]*

Il est une heure de silence
Où la solitude est sans voix,
Où tout dort, même l'Espérance [2];
Où nul zéphyr ne se balance
Sous l'ombre immobile des bois*.

Il est un âge où de la lyre
L'âme aussi semble s'endormir,
Où du poétique délire
Le souffle harmonieux expire
Dans le sein qu'il faisait frémir*.

L'oiseau qui charme le bocage,
Hélas ! ne chante pas toujours;
A midi, caché sous l'ombrage,
Il n'enchante de son ramage
Que l'aube et le déclin des jours*.

Adieu donc, adieu, voici l'heure,
Lyre aux soupirs mélodieux [3]*;
En vain, à la main qui t'effleure,
Ta fibre* encor répond et pleure :
Voici l'heure de nos adieux.

Reçois cette larme rebelle
Que mes yeux ne peuvent cacher.
Combien sur ta corde* fidèle
Mon âme, hélas ! en versa-t-elle [4]
Que tes soupirs n'ont pu sécher !

Sur cette terre infortunée,
Où tous les yeux versent des pleurs*,
Toujours de cyprès couronnée,
La lyre ne nous fut donnée
Que pour endormir nos douleurs.

Tout ce qui chante ne répète
Que des regrets ou des désirs;
Du bonheur la corde est muette* :
De Philomèle et du poète
Les plus doux chants sont des soupirs*.

Dans l'ombre, auprès d'un mausolée,
O lyre ! tu suivis [5] mes pas,
Et des doux festins exilée
Jamais ta voix ne s'est mêlée
Aux chants des heureux d'ici-bas*.

Pendue aux saules de la rive*,
Libre comme l'oiseau des bois,
On n'a point vu ma main craintive
T'attacher comme une captive
Aux portes des palais des rois*.

Des partis l'haleine glacée
Ne t'inspira pas tour à tour*;
Aussi chaste que [6] la pensée,
Nul souffle ne t'a caressée,
Excepté celui de l'Amour [7].

En quelque lieu qu'un sort sévère
Fît plier mon front sous ses lois,
Grâce à toi, mon âme étrangère
A trouvé partout sur la terre
Un céleste écho de sa voix.

Aux monts d'où le jour semble éclore*,
Quand je t'emportais avec moi
Pour louer celui que j'adore,

Le premier rayon de l'aurore
Ne se réveillait qu'après toi.

Au bruit des flots et des cordages,
Aux feux livides des éclairs,
Tu jetais des accords sauvages,
Et comme l'oiseau des orages
Tu rasais l'écume des mers*.

Celle dont le regard m'enchaîne
A tes soupirs mêlait sa voix,
Et souvent ses tresses d'ébène*
Frissonnaient sous ma molle haleine,
Comme tes cordes sous mes doigts [8].

*

Peut-être à moi, lyre chérie,
Tu reviendras dans l'avenir [9],
Quand de songes [10] divins suivie,
La mort approche, et que la vie
S'éloigne comme un souvenir [11].

Dans cette seconde jeunesse*
Qu'un doux oubli rend aux humains,
Souvent l'homme, dans sa tristesse [12],
Sur toi se penche et te caresse,
Et tu résonnes sous ses mains.

Ce vent qui sur nos âmes [13] passe,
Souffle à l'aurore, ou souffle tard;
Il aime à jouer avec grâce
Dans les cheveux qu'un myrte enlace,
Ou dans la barbe du vieillard.

En vain une neige glacée*
D'Homère ombrageait le menton;
Et le rayon de la pensée
Rendait la lumière éclipsée
Aux yeux aveugles de Milton :

Autour d'eux voltigeaient encore
L'amour, l'illusion, l'espoir,
Comme l'insecte amant de Flore [14]*,
Dont les ailes semblent éclore
Aux tardives lueurs du soir [15].

Peut-être ainsi [16] !... mais avant l'âge
Où tu reviens nous visiter,
Flottant de rivage en rivage,
J'aurai péri dans un naufrage,
Loin des cieux que je vais quitter*.

Depuis longtemps ma voix plaintive
Sera couverte par les flots,
Et, comme l'algue fugitive,
Sur quelque sable de la rive
La vague aura roulé mes os*.

Mais toi, lyre mélodieuse,
Surnageant sur les flots amers,
Des cygnes la troupe envieuse*
Suivra ta trace harmonieuse
Sur l'abîme roulant des mers [17]*.

MÉDITATION VINGT-SEPTIÈME

A UN CURÉ DE VILLAGE [1]*

1829 [2]*

Doux* pasteur du troupeau des âmes,
Qui conduis aux sources de Dieu*
Ces petits enfants et ces femmes*
Penchés aux coupes du saint lieu;

Semeur des célestes paroles*,
Qui sèmes la gerbe* du Christ,
Ce sénevé* des paraboles,
Dont le grain lève dans l'esprit;

Médecin d'intime souffrance [3],
Qui les retourne et les endort [4],
Qui guérit avec l'espérance
Et vivifie avec la mort*;

Barde* de la lyre infinie [5],
Qui, pour chanter dans le grand chœur,
N'as pas besoin d'autre génie
Que des battements de ton cœur :

Hé quoi ! tu craindrais que ma porte
A tes accents ne s'ouvrît pas,
Avec les anges pour escorte*
Et les prophètes sur tes pas [6]?

Ah ! viens, si ma route est ta voie,
De ton bâton de peuplier*,

Au nom de celui qui t'envoie*,
Presser mon sol hospitalier [7]!

Mes chiens, qui devinent leur maître*,
D'eux-même iront lécher tes doigts;
Les colombes de ma fenêtre*
Ne s'envoleront pas aux toits.

Mes oiseaux* même ont l'habitude
De voir monter par le chemin
Ces anges de la solitude [8]*;
Et le marteau connaît leur main.

Fils des champs*, j'aimai de bonne heure
Ces laboureurs vêtus de deuil,
Dont on voit la pauvre demeure*
Entre l'église et le cercueil;

Le jardin qui rit à leur porte,
Dans un buisson de noisetiers;
Leur seuil couvert de feuille morte,
Où le pauvre a fait des sentiers*;

La voix de leur cloche sonore*,
Qui dit aux vains enfants du bruit
Que le Seigneur est dans l'aurore,
Que le Seigneur est dans la nuit*;

Les longs bords de leur robe blanche*,
Par des troupes d'enfants suivis [9],
Qu'on voit balayer le dimanche
La poussière des vieux parvis [10];

Cette odeur de myrrhe et de roses
Qui s'exhale autour de leurs pas,
Et leur voix qui parle de choses
Que l'œil des hommes ne voit pas!

Quand le sillon courbe le reste,
Eux seuls travaillent de leurs mains

A l'œuvre du Père céleste*,
Pour un autre prix que du pain!

L'onde qu'ils versent désaltère
D'autres soifs que celle des sens [11]*,
Et de tous les dons de la terre
Ils ne moissonnent que l'encens!

Viens donc, détachant ta ceinture,
Au foyer des bardes t'asseoir.
Ils sont les voix de la nature [12],
Et vous en êtes l'encensoir*!

Que t'importe en quel caractère
Le nom du Seigneur est écrit*,
Pourvu qu'il soit lu par la terre,
Et qu'il remplisse tout esprit [13]?

Quand Jésus gravait sa pensée
Sur le sable avec un roseau*,
Pleurait-il la lettre effacée
Sous l'aile ou les pieds de l'oiseau [14]?

Quand l'Agneau victime du monde*,
Dont la laine a fait tes habits,
Aux flancs des collines sans onde
Paissait lui-même ses brebis [15],

Loin des piscines de son Père*,
Il n'écartait pas de la main
La pauvre brebis étrangère
Broutant aux ronces du chemin [16].

Et quand il glanait* en exemple
L'épi laissé dans le buisson,
Et portait, tout petit, au temple [17],
Les prémices de sa moisson*,

Ne liait-il pas dans sa gerbe*,
Pour l'offrir au Père commun,
Des brins verdoyants de toute herbe
Et des plantes de tout parfum [18]?

MÉDITATION VINGT-HUITIÈME

A ALIX DE V...,

JEUNE FILLE QUI AVAIT PERDU SA MÈRE [1]*

Que notre œil tristement se pose,
Enfant, quand nous nous regardons [2] !
Nous manque-t-il donc une chose,
Que du cœur nous nous demandons?

Ah ! je sais la pensée amère
Qui de tes regards monte aux miens :
Dans mes yeux tu cherches ta mère,
Je vois ma fille dans les tiens [3]* !

Du regard quels que soient les charmes [4],
Ne nous regardons plus ainsi :
Hélas ! ce ne sont que des larmes
Que les yeux échangent ici.

Le sort t'a sevré de bonne heure [5],
Toi de ton lait, moi de mon miel*.
Pour revoir ce que chacun pleure,
Pauvre enfant, regardons au ciel [6]* !

MÉDITATIONS POÉTIQUES INÉDITES

TROISIÈMES MÉDITATIONS

PREMIÈRE MÉDITATION

LA PERVENCHE [1]*

PALE fleur, timide pervenche,
Je sais la place où tu fleuris,
Le gazon où ton front se penche*
Pour humecter tes yeux flétris !

C'est dans un sentier qui se cache
Sous ses deux bords de noisetiers,
Où pleut sur l'ombre qu'elle tache
La neige des blancs églantiers*.

L'ombre t'y voile, l'herbe égoutte
Les perles de nos nuits d'été,
Le rayon les boit goutte à goutte*
Sur ton calice velouté.

Une source tout près palpite,
Où s'abreuve le merle noir*,
Il y chante, et moi j'y médite
Souvent de l'aube jusqu'au soir.

O fleur, que tu dirais de choses
A mon amour, si tu retiens
Ce que je dis à lèvres closes
Quand tes yeux me peignent les siens* !

DEUXIÈME MÉDITATION

SULTAN, LE CHEVAL ARABE[1]*

A M. de Champeaux[2]*

1838

Le soleil du désert ne luit plus sur ta lame,
O mon large yatagan* plus poli qu'un miroir,
Où Kaïdha mirait son visage de femme,
Comme un rayon sortant des ombres d'un ciel noir!

Tu pends par la poignée au pilier d'une tente,
Avec mon narghilé, ma selle et mon fusil;
Et, semblable à mon cœur qui s'use dans l'attente*,
La rouille et le repos te dévorent le fil!

Et toi, mon fier Sultan*, à la crinière noire,
Coursier né des amours de la foudre et du vent,
Dont quelques poils de jais tigraient la blanche moire,
Dont le sabot mordait sur le sable mouvant.

Que fais-tu maintenant, cher berceur de mes rêves?
Mon oreille aimait tant ton pas mélodieux,
Quand la bruyante mer, dont nous suivions les grèves,
Nous jetait sa fraîcheur et son écume aux yeux*!

Tu rengorgeais si beau ton cou marbré de veines,
Quand *celle*[3]* que ma main sur ta croupe élançait
T'appelait par ton nom, et, retirant tes rênes,
Marquetait de baisers ton poil qui frémissait!

Je la livrais sans peur à ton galop sauvage!
La vague de la mer, dans le golfe dormant,
Moins amoureusement berce près du rivage
La barque abandonnée à son balancement* :

Car, au plus léger cri qui gonflait sa poitrine,
Tu t'arrêtais tournant ton bel œil vers tes flancs,
Et, retirant [4] ton feu dans ta rose narine,
De l'écume du mors tu lavais ses pieds blancs*.

Penses-tu quelquefois, le front bas vers la terre [5],
A ce maître venu dans ton désert natal,
Qui parlait sur ta croupe une langue étrangère,
Et qui t'avait payé d'un monceau de métal*?

Penses-tu quelquefois à la jeune maîtresse
Qui pour parer ta bride, houri* d'un autre ciel,
Détachait les rubis ou les fleurs de sa tresse*,
Et dont la main t'offrait de blancs cristaux de miel?

Où sont-ils? que font-ils? quels climats les retiennent?
Les vaisseaux dont tu vois souvent blanchir les mâts,
Ces grands oiseaux des mers qui vont et qui reviennent*,
Sur ton sable doré ne les déposent pas.

Ne les hennis-tu pas* de ton naseau sonore?
Ton cœur dans ton poitrail ne bat-il pas d'amour,
Quand ton oreille entend dans les champs de l'aurore
Le nom, cher au Liban, de ce maître d'un jour [6]*?

Oh oui, car de ta selle, en détachant mes armes,
Tu me jetas tout triste un regard presque humain,
Je vis ton œil bronzé se ternir, et deux larmes*,
Le long de tes naseaux, glissèrent sur ma main!

TROISIÈME MÉDITATION

LA FENÊTRE DE LA MAISON PATERNELLE[1]

1816*

AUTOUR du toit qui nous vit naître*
Un pampre* étalait ses rameaux,
Ses grains dorés[2], vers la fenêtre,
Attiraient les petits oiseaux.

Ma mère étendant sa main blanche,
Rapprochait les grappes de miel,
Et ses enfants suçaient la branche,
Qu'ils rendaient aux oiseaux du ciel*.

L'oiseau n'est plus, la mère est morte[3]*;
Le vieux cep languit jaunissant,
L'herbe d'hiver croît sur la porte,
Et moi, je pleure en y pensant*.

C'est pourquoi la vigne enlacée
Aux mémoires* de mon berceau,
Porte à mon âme une pensée,
Et doit ramper sur mon tombeau.

QUATRIÈME MÉDITATION

A LAURENCE [1]*

Es-tu d'Europe? es-tu d'Asie?
Es-tu songe? es-tu poésie?
Es-tu nature, ou fantaisie,
Ou fantôme, ou réalité*?
Dans tes yeux l'Inde se décèle,
Sur tes cheveux le Nord ruisselle*;
Tout climat a son étincelle
Dans le disque de ta beauté!

Sœur des Psychés*, ou fille d'Ève!
Quand ma jeunesse avait sa sève,
C'était sous ces traits que le rêve
M'incarnait en un mille amours*;
Je leur disais : « Je vous adore!
« Ne disparaissez pas encore!... »
Mais ils fuyaient* avec l'aurore,
Et tu renais avec les jours!

Oh! pourquoi, divine inconnue,
Pourquoi si tard es-tu venue,
Du ciel, de l'air ou de la nue,
Passer et luire devant moi?
Du regard je t'aurais suivie!
O Dieu! qui me rendra ma vie?
Ma part de temps me fut ravie,
Puisque je vécus avant toi*.

Jour à jour, d'ivresse en ivresse,
Tu m'aurais conduit comme en laisse,

Sans autre chaîne qu'une tresse*,
Depuis l'aube jusqu'au trépas;
Sur tout l'univers dispersée,
Et dans mille coupes versée,
Ma vie, immobile pensée,
N'eût été qu'un pas sur tes pas!

. . . .
. . . .

Retour perdu vers l'impossible*!
Le Temps, sous son aile inflexible,
A passé ma vie à son crible,
Ainsi qu'un rude moissonneur*;
Un peu de terre amoncelée
Dira bientôt dans la vallée :
« De ses jours la gerbe est foulée,
« Et voilà la part du glaneur*! »

Ces heures, en cercle enchaînées,
Qui dansaient au seuil des années*,
Sortent du chœur découronnées,
Et leur aspect se rembrunit;
La dernière vers moi s'avance,
Et du doigt me montre en silence
La couche où le sommeil commence
Sur un oreiller de granit*.

Est-ce l'heure d'ouvrir son âme
A ces songes aux traits de femme,
Qui brûlent d'un poison de flamme
Les yeux d'abord, le cœur après,
Quand des jours l'espace et le nombre
Se borne au petit cercle d'ombre
Que décrit, sur un tertre sombre,
La flèche d'un jeune cyprès?

Mais toi, si tu viens jeune encore,
Au bras de l'époux qui t'adore*,

Voir une marguerite éclore
De ce gazon qui fleurit tard,
Dis, en marchant sur ma poussière :
« Celui qui dort sous cette pierre
« Conserve au ciel, dans sa paupière,
« Un rayon qui fut mon regard* ! »

CINQUIÈME MÉDITATION

A M. DE MUSSET,
EN RÉPONSE A SES VERS [1]*

Fragment de méditation

1840*

Maintenant qu'abrité des monts de mon enfance,
Je n'entends plus Paris ni son murmure immense,
Qui, semblable à la mer contre un cap écumant,
Répand loin de ses murs son retentissement*;
Maintenant que mes jours et mes heures limpides
Résonnent sous la main comme des urnes vides,
Et que je puis en paix les combler à plaisir
De contemplations, de chants et de loisir,
Qu'entre le firmament et mon œil qui s'y lève
Aucun plafond jaloux n'intercepte mon rêve,
Et que j'y vois surgir ses feux sur les coteaux,
Comme de blanches nefs à l'horizon des eaux*;
Rassasié de paix, de silence et d'extase,
Le limon de mon cœur descend au fond du vase*;
J'entends chanter en moi les brises d'autrefois*,
Et je me sens tenté d'essayer si mes doigts
Pourront, donnant au rythme une âme cadencée,
Tendre cet arc sonore* où vibrait ma pensée.
S'ils ne le peuvent plus, que ces vers oubliés
Aillent au moins frémir et tomber à tes piés!

Enfant aux blonds cheveux*, jeune homme au cœur de [cire,

Dont la lèvre a le pli des larmes ou du rire,
Selon que la beauté qui règne sur tes yeux
Eut un regard hier sévère ou gracieux;
Poétique jouet de molle poésie,
Qui prends pour passion ta vague fantaisie,
Bulle d'air coloré dans une bulle d'eau*
Que l'enfant fait jaillir du bout d'un chalumeau,
Que la beauté rieuse avec sa folle haleine
Élève vers le ciel, y suspend, y promène,
Pour y voir un moment son image flotter,
Et qui, lorsqu'en vapeur elle vient d'éclater,
Ne sait pas si cette eau dont elle est arrosée
Est le sang de ton cœur ou l'eau de la rosée;
Émule de Byron*, au sourire moqueur,
D'où vient ce cri plaintif arraché de ton cœur?
Quelle main, de ton luth* en parcourant la gamme,
A changé tout à coup la clef de ta jeune âme,
Et fait rendre à l'esprit le son du cœur humain*?
Est-ce qu'un pli de rose aurait froissé ta main*?
Est-ce que ce poignard d'Alep ou de Grenade*,
Poétique hochet des douleurs de parade,
Dont la lame au soleil ruisselle comme l'eau,
En effleurant ton sein aurait percé la peau,
Et, distillant ton sang de sa pointe rougie,
Mêlé la pourpre humaine au nectar de l'orgie?
Ou n'est-ce pas plutôt que cet ennui profond
Que contient chaque coupe et qu'on savoure au fond
Des ivresses du cœur, amère et fade lie,
Fit détourner ta lèvre avec mélancolie,
Et que le vase vide, et dont tes doigts sont las,
Tombe et sonne à tes pieds, et s'y brise en éclats*?...

Ah! c'est que vient le tour des heures sérieuses,
Où l'ironie en pleurs fuit les lèvres rieuses,
Qu'on s'aperçoit enfin qu'à se moquer du sort,
Le cœur le plus cynique est dupe de l'effort,
Que rire de soi-même en secret autorise
Dieu même à mépriser l'homme qui se méprise;

Que ce rôle est grimace et profanation;
Que le rire et la mort sont contradiction;
Que du cortège humain, dans sa route éternelle,
La marche vers son but est grave et solennelle*;
Et que celui qui rit de l'enfance au tombeau,
De l'immortalité porte mal le flambeau,
Avilit sa nature et joue avec son âme,
Et de son propre souffle éteint sa sainte flamme.
Est-ce un titre à porter au seuil du jugement,
Pour tout œuvre ici-bas qu'un long ricanement*?
L'homme répondra-t-il, quand le souverain maître
Lui criera dans son cœur : « Pourquoi t'ai-je fait naître?
« Qu'as-tu fait pour le temps, pour le ciel et pour moi?
« — J'ai ri de l'univers, de toi-même et de moi! »

Honte à qui croit ainsi jouer avec sa lyre*,
La vie est un mystère, et non pas un délire.

Après l'avoir nié, — toi-même tu le sens*.
Dans un des lourds réveils de l'ivresse des sens,
Sentant ton cœur désert, ton front brûlant et vide,
Tu tournes dans tes doigts le fer du suicide*;
Mais, avant de mourir, tu veux savoir de moi
Si j'ai souffert, aimé, déliré comme toi,
Et comment j'ai passé, par ces crises du drame,
Des tempêtes des sens aux grands calmes de l'âme,
Et comment sur les flots je me suis élevé,
Et quel phare divin mes doutes ont trouvé,
Et de quel nom je nomme et de quel sens j'adore
Ce Dieu que ma pensée en sa nuit vit éclore,
Ce Dieu dont la présence, aussitôt qu'il nous luit,
Comble tout précipice, éclaire toute nuit*.

Triste serait l'accent, et cette longue histoire
Remuerait trop de cendre au fond de ma mémoire.
Il est sur son sentier si dur de revenir,

Quand chaque pied saignant se heurte au souvenir!
Mais écoute tomber seulement cette goutte
De l'eau trouble du cœur, et tu la sauras toute!

Je vivais comme toi, vieux et froid à vingt ans,
Laissant les guêpes mordre aux fleurs* de mon printemps,
Laissant la lèvre pâle et fétide des vices
Effeuiller leur corolle et pomper leurs calices,
Méprisant mes amours et les montrant au doigt,
Comme un enfant grossier qui trouble l'eau qu'il boit.
Mon seul soleil était la clarté des bougies;
Je détestais l'aurore en sortant des orgies*.

A mes lèvres, où Dieu sommeillait dans l'oubli,
Un sourire ironique avait donné son pli;
Tous mes propos n'étaient qu'amère raillerie.
Je plaignais la pudeur comme une duperie;
Et si quelque reproche ou de mère ou de sœur,
A mes premiers instincts parlant avec douceur,
Me rappelait les jours de ma naïve enfance,
Nos mains jointes, nos yeux levés, notre innocence;
Si quelque tendre écho de ces soirs d'autrefois
Dans mon esprit troublé s'éveillant à leur voix,
D'une aride rosée humectait ma paupière,
Mon front haut secouait ses cheveux en arrière;
Pervers*, je rougissais de mon bon sentiment;
Je refoulais en moi mon attendrissement,
Et j'allais tout honteux vers mes viles idoles,
Parmi de vils railleurs, bafouer ces paroles!

Voilà quelle gangrène énervait mon esprit,
Quand l'amour, cet amour qui tue ou qui guérit,
Cette plante de vie au céleste dictame*,
Distilla dans mon cœur des lèvres d'une femme.
Une femme? Est-ce un nom qui puisse te nommer,
Chaste apparition* qui me forças d'aimer,

Forme dont la splendeur à l'aube eût fait envie,
Saint éblouissement d'une heure de ma vie;
Toi qui de ce limon m'enlevas d'un regard,
Comme un rayon d'en haut attire le brouillard,
Et, le transfigurant en brillant météore,
Le roule en dais de feu sous les pas de l'aurore?
Ses yeux, bleus* comme l'eau, furent le pur miroir
Où mon âme se vit et rougit de se voir,
Où, pour que le mortel ne profanât pas l'ange,
De mes impuretés je dépouillai la fange.
Pour cueillir cet amour, fruit immatériel,
Chacun de mes soupirs m'enleva vers le ciel.
Quand elle disparut derrière le nuage,
Mon cœur purifié contenait une image,
Et je ne pouvais plus, de peur de la ternir,
Redescendre jamais d'un si haut souvenir* !

Depuis ce jour lointain, des jours, des jours sans nombre
Ont jeté sur mon cœur leur soleil ou leur ombre;
Comme un sol moissonné, mais qui germe toujours,
La vie a dans mon cœur porté d'autres amours*;
De l'heure matinale à cette heure avancée,
J'ai sous d'autres abris rafraîchi ma pensée,
D'autres yeux ont noyé leurs rayons dans les miens* :
Mais du premier rayon toujours je me souviens,
Toujours j'en cherche ici la trace éblouissante,
Et mon âme a gardé la place à l'âme absente.
Voilà pourquoi souvent tu vois mon front baissé*,
Comme quelqu'un qui cherche où son guide a passé.

SIXIÈME MÉDITATION

SUR UN DON

DE LA DUCHESSE D'ANGOULÊME [1]* AUX INDIGENTS DE PARIS, EN 1841 [a]

POUR me précipiter de plus haut dans l'abîme*,
Le sort mit mon berceau sur les genoux des rois*.
La couronne à mon temps me marqua pour victime;
L'orage de mon front la fit tomber deux fois [2]*.

Le bourreau me jeta le bandeau* de ma mère;
De mes ans dans l'exil je vécus la moitié*;
Mon diadème fut une ironie amère [3],
Reine ici, reine là, mais par droit de pitié.

J'accepte ! Mais le ciel, en prenant mon royaume,
Comme pour ajouter un contraste moqueur,
Me fit une fortune à l'image du chaume [4]*,
Et ne me laisse rien de royal [5] que le cœur,

Ce cœur qu'il fait aux rois [6] dans sa magnificence*,
Où s'élève exaucé le vœu du suppliant,
Qui croit, même impuissant [7], à sa toute-puissance;
Qui s'ouvre comme un temple au doigt d'un mendiant.

De si loin qu'un malheur me jette une parole [8],
J'étends comme autrefois mon bras vers mon trésor [9];
J'ouvre ma main royale, il en tombe une obole !...
Mais on voit mon empreinte, et l'on dit : « C'est de l'or ! »

a. Mme la duchesse d'Angoulême avait envoyé, de l'exil, un don pour les indigents, à Mme Sophie Gay.

SEPTIÈME MÉDITATION

L'IDÉAL[1]

Sur une page représentant des génies enfants*

1827

Hôtes des jeunes cœurs, beaux enfants des Génies,
Allez jouer plus loin, allez sourire ailleurs!
Les cordes* de ma voix n'ont plus pour harmonies
Que des tristesses et des pleurs.

Chers anges du matin éclos dans les rosées,
Nos lèvres d'homme, hélas! pour vous n'ont plus de miel;
Et vos ailes d'azur, de larmes arrosées,
Ne nous porteraient plus au ciel*.

Il faut aux cœurs saignants des anges plus austères,
Pâles, vêtus de deuil, voilés de demi-jour,
Et plongeant en silence au fond de nos mystères
Un rayon doux comme l'amour.

Ces fantômes du cœur ont des accents de femme*;
Sous de longs cheveux noirs ils dérobent leurs traits;
Ils vous disent tout bas, dans la langue de l'âme,
De tristes et divins secrets*.

Nul ne connaît leur nom, nul n'a vu leur visage;
Ils s'attachent au cœur comme l'ombre à nos pas.
Est-ce un être réel? est-ce un divin mirage
Du bonheur qu'on pressent là-bas?

Qu'importe? Ciel ou terre, ange ou femme, ombre ou rêve*,
Quelque nom qui te nomme, il est divin pour moi.
Que la terre l'ébauche et que le ciel l'achève,
Le nom sublime qui dit : Toi*!

HUITIÈME MÉDITATION

ADIEU A GRAZIELLA[1]*

1813

Adieu ! mot qu'une larme humecte sur la lèvre;
Mot qui finit la joie et qui tranche l'amour;
Mot par qui le départ de délices nous sèvre;
Mot que l'éternité doit effacer un jour !

Adieu !... Je t'ai souvent prononcé dans ma vie *,
Sans comprendre, en quittant les êtres que j'aimais,
Ce que tu contenais de tristesse et de lie
Quand l'homme dit : Retour ! et que Dieu dit : Jamais !

Mais aujourd'hui je sens que ma bouche prononce
Le mot qui contient tout, puisqu'il est plein de toi;
Qui tombe dans l'abîme, et qui n'a pour réponse
Que l'éternel silence entre une image et moi !...

Et cependant mon cœur redit à chaque haleine
Ce mot qu'un sourd sanglot* entrecoupe au milieu,
Comme si tous les sons dont la nature est pleine
N'avaient pour sens unique, hélas ! qu'un grand adieu !

NEUVIÈME MÉDITATION

A UNE JEUNE FILLE
QUI AVAIT RACONTÉ UN RÊVE [1]*

1847

Un baiser sur mon front! un baiser, même en rêve [2]!
Mais de mon front pensif le frais baiser s'enfuit;
Mais de mes jours taris l'été n'a plus de sève;
Mais l'Aurore jamais n'embrassera la Nuit*.

Elle rêvait sans doute aussi que son haleine
Me rendait les climats de mes jeunes saisons,
Que la neige* fondait sur une tête humaine,
Et que la fleur de l'âme avait deux floraisons*.

Elle rêvait sans doute aussi que sur ma joue
Mes cheveux par le vent écartés de mes yeux,
Pareils aux jais flottants que sa tête secoue,
Noyaient ses doigts distraits dans leurs flocons soyeux*.

Elle rêvait sans doute aussi que l'innocence
Gardait contre un désir [3] ses roses et ses lis*;
Que j'étais *Jocelyn* et qu'elle était *Laurence*;
Que la vallée en fleurs [4] nous cachait dans ses plis*.

Elle rêvait sans doute aussi que mon délire
En vers mélodieux pleurait comme autrefois;
Que mon cœur, sous sa main, devenait [5] une lyre
Qui dans un seul soupir accentuait deux voix*.

Fatale vision! Tout mon être frissonne;
On dirait que mon sang veut remonter son cours [6]*.
Enfant, ne dites plus vos rêves à personne,
Et ne rêvez jamais, ou bien rêvez toujours*!

DIXIÈME MÉDITATION

PRIÈRE DE L'INDIGENT [1]*

1846 [2]

O toi dont l'oreille s'incline
Au nid du pauvre passereau*,
Au brin d'herbe de la colline
Qui soupire après un peu d'eau*;

Providence qui les console,
Toi qui sais de quelle humble main
S'échappe la secrète obole
Dont le pauvre achète son pain;

Toi qui tiens dans ta main diverse
L'abondance et la nudité,
Afin que de leur doux commerce
Naissent justice et charité*;

Charge-toi seule, ô Providence,
De connaître nos bienfaiteurs,
Et de puiser leur récompense
Dans les trésors de tes faveurs* !

Notre cœur, qui pour eux t'implore,
A l'ignorance est condamné;
Car toujours leur main gauche ignore
Ce que leur main droite a donné*.

ONZIÈME MÉDITATION

LES ESPRITS DES FLEURS[1]*

1847

VOYEZ-VOUS de l'or de ces urnes*
S'échapper ces esprits des fleurs,
Tout trempés de parfums nocturnes,
Tout vêtus de fraîches couleurs?

Ce ne sont pas de vains fantômes
Créés par un art décevant,
Pour donner un corps aux arômes
Que nos gazons livrent au vent.

Non : chaque atome de matière
Par un esprit est habité*;
Tout sent, et la nature entière
N'est que douleur et volupté!

Chaque rayon d'humide flamme
Qui jaillit de vos yeux si doux;
Chaque soupir qui de mon âme
S'élance, et palpite vers vous*;

Chaque parole réprimée
Qui meurt sur mes lèvres de feu,
N'osant même à la fleur aimée
D'un nom chéri livrer l'aveu*;

Ces songes* que la nuit fait naître
Comme pour nous venger du jour,

Tout prend un corps, une âme, un être,
Visibles, mais au seul amour!

Cet ange flottant des prairies,
Pâle et penché comme ses lis,
C'est une de mes rêveries
Restée aux fleurs que je cueillis.

Et sur ses ailes renversées
Celui qui jouit d'expirer*,
Ce n'est qu'une de mes pensées
Que vos lèvres vont respirer.

DOUZIÈME MÉDITATION

LES FLEURS SUR L'AUTEL [1]*

Ischia, 1846

QUAND sous la majesté du Maître qu'elle adore [2]
L'âme humaine a besoin de se fondre d'amour *,
Comme une mer dont l'eau s'échauffe et s'évapore,
Pour monter en nuage à la source du jour [3];

Elle cherche partout dans l'art, dans la nature,
Le vase le plus saint pour y brûler l'encens*.
Mais pour l'Être innommé* quelle coupe assez pure?
Et quelle âme ici-bas n'a profané ses sens?

Les vieillards ont éteint le feu des sacrifices *;
Les enfants laisseront vaciller son flambeau;
Les vierges ont pleuré le froid de leurs cilices* :
Comment parer l'autel de ces fleurs du tombeau*?

Voilà pourquoi les fleurs, ces prières écloses
Dont Dieu lui-même emplit les corolles de miel [4]*,
Pures comme ces lis, chastes comme ces roses*,
Semblent prier pour nous dans ces maisons du ciel*.

Quand l'homme a déposé sur les degrés du temple
Ce faisceau de parfum, ce symbole d'honneur*,
Dans un muet espoir* son regard le contemple;
Il croit ce don du ciel acceptable au Seigneur*.

Il regarde la fleur dans l'urne déposée
Exhaler lentement son âme au pied des dieux*,
Et la brise qui boit ses gouttes de rosée [5]*
Lui paraît une main qui vient sécher ses yeux [6]*.

TREIZIÈME MÉDITATION

LE LÉZARD

Sur les ruines de Rome [1]*

1846

Un jour, seul dans le Colisée,
Ruine de l'orgueil romain*,
Sur l'herbe de sang arrosée
Je m'assis, *Tacite* à la main*.

Je lisais les crimes de Rome,
Et l'empire à l'encan vendu,
Et, pour élever un seul homme,
L'univers si bas descendu*.

Je voyais la plèbe idolâtre,
Saluant les triomphateurs,
Baigner ses yeux sur le théâtre
Dans le sang des gladiateurs [2].

Sur la muraille qui l'incruste*,
Je recomposais lentement*
Les lettres du nom de l'Auguste
Qui dédia le monument.

J'en épelais le premier signe :
Mais, déconcertant mes regards,
Un lézard* dormait sur la ligne
Où brillait le nom des Césars.

Seul héritier des sept collines,
Seul habitant de ces débris,
Il remplaçait sous ces ruines
Le grand flot des peuples taris.

Sorti des fentes des murailles,
Il venait, de froid engourdi,
Réchauffer ses vertes écailles
Au contact du bronze attiédi*.

Consul, César, maître du monde,
Pontife, Auguste, égal aux dieux*,
L'ombre de ce reptile immonde
Éclipsait ta gloire à mes yeux!

La nature a son ironie :
Le livre échappa de ma main.
O Tacite, tout ton génie
Raille moins fort l'orgueil humain*!

QUATORZIÈME MÉDITATION

SUR UNE PAGE
PEINTE D'INSECTES ET DE PLANTES [1]*

INSECTES bourdonnants; papillons; fleurs ailées*;
Aux touffes des rosiers lianes enroulées;
Convolvulus tressés aux fils des liserons*;
Pervenches, beaux yeux bleus qui regardez dans l'ombre *;
Nénufars endormis sur les eaux; fleurs sans nombre;
Calices qui noyez les trompes des cirons* !

Fruits où mon Dieu parfume [2] avec tant d'abondance
Le pain de ses saisons et de sa providence;
Figue où brille sur l'œil* une larme de miel [3];
Pêches qui ressemblez aux pudeurs de la joue;
Oiseau qui fais reluire un écrin sur ta roue,
Et dont le cou de moire a fixé l'arc-en-ciel* !

La main qui vous peignit en confuse guirlande [4]*
Devant vos yeux, Seigneur, en étale l'offrande,
Comme on ouvre à vos pieds [5] la gerbe de vos dons*.
Vous avez tout produit [6], contemplez votre ouvrage [7]* !
Et nous, dont les besoins sont encore un hommage [8],
Rendons grâce toujours, et toujours demandons* !

QUINZIÈME MÉDITATION

SUR L'INGRATITUDE DES PEUPLES [1]*

Ode

1827

Un jour qu'errant de ville en ville*,
Et cachant sa lyre et son nom,
L'aveugle qui chantait Achille [2]
Montait au temple d'Apollon;
Ses rivaux, que sa gloire outrage,
Le reconnaissent à l'image [3]
Du dieu qu'on adore à Claros*,
Et chassent du seuil du génie
Ce mendiant, dont l'Ionie
Un jour disputera les os* !

A pas lents, la tête baissée,
Le vieillard reprend son chemin,
Seul, et roulant dans sa pensée
L'injustice du genre humain.
En marchant, sous son bras il presse
Sa lyre sainte et vengeresse,
Qui résonne comme un carquois;
Et sur un écueil de la plage
Il va s'asseoir près du rivage*,
Pleurant et chantant à la fois.

« Reptiles* qui vivez de gloire,
Disait-il, déchirez mes jours !

Souillez d'avance ma mémoire
D'un poison qui ronge toujours!
Sifflez, vils serpents de l'envie*!
De ma fortune et de ma vie [4]
Arrachez le dernier lambeau,
Jusqu'à ce que les Euménides*
Écrasent vos têtes livides
Sur la pierre de mon tombeau!

« Tel est donc le sort, ô nature,
Que tu gardes à tes favoris [5]?
De tout temps l'outrage et l'injure
Sont le pain dont tu les nourris*.
Sitôt qu'un des fils de Mémoire*
Élève ses mains vers la gloire,
Un cri s'élève : il doit périr [6]!
Semblable aux chiens de Laconie*,
La haine dispute au génie
Un seuil qu'elle ne peut franchir.

« Cependant j'ai courbé ma tête
Au niveau de vos fronts jaloux;
J'ai fui de retraite en retraite,
De peur d'être plus grand que vous!
Ma voix, sans écho sur la terre,
Montait sur un bord solitaire;
Et quand je vous tendais la main
(Les siècles le pourront-ils croire?)
Je ne demandais pas de gloire,
Ingrats! je mendiais du pain*!

« Mais le génie en vain dépouille
L'éclat dont il est revêtu :
Comme Ulysse qu'un haillon souille,
Il est trahi par sa vertu*.
De quelque ombre qu'il se recèle,
Dès qu'un être divin* se mêle
Aux enfants de ce vil séjour,
L'envie à sa trace s'enchaîne,

Et le reconnaît à sa haine,
Comme la terre à son amour.

« Si du moins, ô langues impures,
Contentes de boire mes pleurs,
Vos traits restaient dans mes blessures !...
Mais non : vous vivez, et je meurs !
Mes yeux, à travers leur nuage,
Vous voient renaître d'âge en âge.
O temps, que me dévoiles-tu* ?
Toujours le génie est un crime.
Toujours, quoi ! toujours un abîme
Entre la gloire et la vertu ?

« Race immortelle des Zoïle*,
Non, vous ne vous éteindrez plus !
Bavius* attend son Virgile,
Socrate meurt sous Anitus* !
Le Dante est maudit de Florence* ;
La mort dans sa dure indigence [7]
Surprend l'aveugle d'Albion* ;
Et l'Envie un jour se console
De marchander pour une obole
La gloire d'une nation [a] !

« Le chantre divin d'Herminie*,
Rongeant son cœur dans sa prison,
Sous les assauts de l'insomnie
Sent fléchir jusqu'à sa raison.
D'une haine injuste et barbare
Les sombres cachots de Ferrare
Éteignent-ils l'affreux flambeau ?
Non : la haine qui lui pardonne
Lui laisse entrevoir sa couronne,
Mais c'est plus loin que son tombeau !

a. Le *Paradis perdu,* vendu pour dix guinées.

« Et toi, chantre d'un saint martyre*,
Toi que Sion vit adorer,
Toi qu'en secret l'envie admire,
En s'indignant de t'admirer;
En vain, en rampant sur ta trace,
La Haine avec sa langue efface
Ta route à l'immortalité :
Trop grand pour un siècle vulgaire,
Ta gloire tristement éclaire
Son envieuse obscurité !

« En vain l'impure Calomnie
Lançant ses traits sur l'avenir,
Ne pouvant nier ton génie,
S'efforce au moins de le ternir :
Comme un vaisseau voguant sur l'onde
Traîne après soi la vase immonde
Qu'il a soulevée en son cours,
Ton nom, plus fort que l'injustice,
Traîne ton Zoïle au supplice
D'une honte qui vit toujours !

« Meute hideuse qu'un grand homme
Traîne sans cesse sur ses pas [8],
Toujours acharnés s'il vous nomme,
Honteux s'il ne vous nomme pas;
Je pourrais*... Mais que ce silence
Soit contre eux ma seule vengeance !
Les dieux nous vengent à ce prix.
Que l'oubli soit leur anathème;
Que leurs noms n'héritent pas même
L'immortalité du mépris !

« Vils profanateurs que vous êtes,
Aux yeux des siècles indignés [9]
Croyez-vous couronner vos têtes
Des rayons que vous éteignez?
Non ! la gloire par vous ternie
Ne couvre que d'ignominie

Un front que l'ombre aurait caché;
Et de ce front livide et blême
Le laurier tombe de lui-même,
Flétri dès qu'il vous a touché [10] ! »

Il se tut : sa lyre plaintive
Suspendit ses rythmes touchants,
Croyant que l'écho de la rive
Avait seul entendu ses chants.
Mais, par ses rivaux irritée,
Sur ses pas la foule ameutée
Suivait sa trace et l'entendit [11] :
Leurs cœurs de venin se gonflèrent,
Au lieu d'applaudir ils sifflèrent ;
Car ainsi l'envie applaudit.

Du sein de la foule offensée
De ces ennemis inhumains,
Soudain une pierre lancée
Va frapper sa lyre en ses mains.
L'aveugle en vain la presse encore,
Elle roule en débris sonore
Du sein qui veut la retenir;
Mais, en se brisant sous ce crime,
Elle jette un accord sublime*
Qui retentit dans l'avenir !

SEIZIÈME MÉDITATION

SALUT A L'ILE D'ISCHIA [1]*

1842

Il est doux d'aspirer, en abordant la grève,
Le parfum que la brise apporte à l'étranger,
Et de sentir les fleurs que son haleine enlève
Pleuvoir sur votre front du haut de l'oranger*.

Il est doux de poser sur le sable immobile
Un pied lourd, et lassé du mouvement des flots;
De voir les blonds enfants* et les femmes d'une île [2]
Vous tendre les fruits d'or sous leurs treilles éclos*.

Il est doux de prêter une oreille ravie
A la langue du ciel*, que rien ne peut ternir;
Qui vous reporte en rêve à l'aube de la vie,
Et dont chaque syllabe est un cher souvenir [3]*.

Il est doux, sur la plage où le monarque arrive [4],
D'entendre aux flancs des forts les salves du canon [5];
De l'écho de ses pas faire éclater la rive,
Et rouler jusqu'au ciel les saluts à son nom [6]*.

Mais de tous ces accents [7] dont le bord vous salue,
Aucun n'est aussi doux sur la terre ou les mers
Que le son caressant [8] d'une voix inconnue*,
Qui récite au poète un refrain de ses vers [a9]*.

---

a. En arrivant au port d'Ischia, l'auteur entendit une jeune fille réciter une strophe de ses vers.

Cette voix va plus loin réveiller son délire*
Que l'airain de la guerre ou l'orgue de l'autel.
Mais quand le cœur d'un siècle est devenu sa lyre,
L'écho s'appelle gloire, et devient immortel [10]*.

LE DÉSERT

LE DÉSERT

OU

L'IMMATÉRIALITÉ DE DIEU [1]*

MÉDITATION POÉTIQUE [2]

I

Il est nuit... Qui respire?... Ah! c'est la longue haleine*,
La respiration nocturne de la plaine!
Elle semble, ô désert! craindre de t'éveiller.

Accoudé sur ce sable, immuable oreiller,
J'écoute, en retenant l'haleine intérieure [3],
La brise du dehors, qui passe, chante et pleure [4];
Langue sans mots de l'air, dont seul je sais le sens*,
Dont aucun verbe humain n'explique les accents,
Mais que tant d'autres nuits sous l'étoile passées [5]
M'ont appris, dès l'enfance, à traduire en pensées.
Oui, je comprends, ô vent! ta confidence aux nuits :
Tu n'as pas de secret pour mon âme, depuis
Tes hurlements d'hiver dans le mât qui se brise,
Jusqu'à la demi-voix de l'impalpable brise
Qui sème, en imitant des bruissements d'eau,
L'écume du granit* en grains sur mon manteau.
. . . .

Quel charme de sentir la voile palpitante [6]
Incliner, redresser le piquet de ma tente,
En donnant aux sillons qui nous creusent nos lits
D'une mer aux longs flots l'insensible roulis*!
Nulle autre voix que toi, voix d'en haut descendue,
Ne parle à ce désert muet sous l'étendue.
Qui donc en oserait troubler le grand repos?
Pour nos balbutiements aurait-il des échos [7]?

Non; le tonnerre et toi, quand ton *simoun** y vole,
Vous avez seuls le droit d'y prendre la parole,
Et le lion, peut-être, aux narines de feu,
Et Job, lion humain, quand il rugit à Dieu* !...
. . . .

Comme on voit l'infini dans son miroir, l'espace* !
A cette heure, où, d'un ciel poli comme une glace [8],
Sur l'horizon doré la lune au plein contour
De son disque rougi réverbère un faux jour,
Je vois à sa lueur, d'assises en assises,
Monter du noir Liban les cimes indécises*,
D'où l'étoile, émergeant des bords jusqu'au milieu,
Semble un cygne* baigné dans les jardins de Dieu.
. . . .

II

Sur l'Océan de sable où navigue la lune*,
Mon œil partout ailleurs flotte de dune en dune;
Le sol, mal aplani sous ces vastes niveaux,
Imite les grands flux et les reflux des eaux.
A peine la poussière, en vague amoncelée,
Y trace-t-elle en creux le lit d'une vallée,
Où le soir, comme un sel que le bouc vient lécher,
La caravane boit la sueur du rocher*.
L'œil, trompé par l'aspect au faux jour des étoiles,
Croit que, si le navire, ouvrant ici ses voiles,
Cinglait sur l'élément où la gazelle a fui,
Ces flots pétrifiés s'amolliraient sous lui,
Et donneraient aux mâts courbés sur leurs sillages
Des lames du désert les sublimes tangages !
. . . .

Mais le chameau pensif, au roulis de son dos,
Navire intelligent, berce seul sur ces flots [9]*;
Dieu le fit, ô désert ! pour arpenter ta face,
Lent comme un jour qui vient après un jour qui passe,

Patient comme un but qui ne s'approche pas,
Long comme un infini traversé pas à pas,
Prudent comme la soif quarante jours trompée,
Qui mesure la goutte à sa langue trempée;
Nu comme l'indigent, sobre comme la faim,
Ensanglantant sa bouche aux ronces du chemin*;
Sûr comme un serviteur, humble comme un esclave,
Déposant son fardeau pour chausser son entrave,
Trouvant le poids léger, l'homme bon, le frein doux,
Et pour grandir l'enfant pliant ses deux genoux!
. . . .

III

Les miens, couchés en file au fond de la ravine,
Ruminent sourdement l'herbe morte ou l'épine*;
Leurs longs cous sur le sol rampent comme un serpent;
Aux flancs maigres de lait leur petit se suspend,
Et, s'épuisant d'amour, la plaintive chamelle
Les lèche en leur livrant le suc de sa mamelle.
Semblables à l'escadre à l'ancre dans un port,
Dont l'antenne* pliée attend le vent qui dort,
Ils attendent soumis qu'au réveil de la plaine
Le chant du chamelier leur cadence leur peine,
Arrivant chaque soir pour repartir demain,
Et comme nous, mortels, mourant tous en chemin!
. . . .

IV

D'une bande de feu l'horizon se colore*,
L'obscurité renvoie un reflet à l'aurore;
Sous cette pourpre d'air, qui pleut du firmament,
Le sable s'illumine en mer de diamant.

Hâtons-nous!... replions, après ce léger somme,
La tente d'une nuit semblable aux jours de l'homme*,

Et, sur cet océan qui recouvre les pas,
Recommençons la route où l'on n'arrive pas!

Eh! ne vaut-elle pas celles où l'on arrive?
Car, en quelque climat que l'homme marche ou vive,
Au but de ses désirs, pensé, voulu, rêvé,
Depuis qu'on est parti qui donc est arrivé?...
. . . .

Sans doute le désert, comme toute la terre,
Est rude aux pieds meurtris du marcheur solitaire,
Qui plante au jour le jour la tente de Jacob,
Ou qui creuse en son cœur les abîmes de Job*!
Entre l'Arabe et nous le sort tient l'équilibre;
Nos malheurs sont égaux... mais son malheur est libre!
Des deux séjours humains, la tente ou la maison*,
L'un est un pan du ciel, l'autre un pan de prison;
Aux pierres du foyer l'homme des murs s'enchaîne,
Il prend dans ses sillons racine comme un chêne :
L'homme dont le désert est la vaste cité
N'a d'ombre que la sienne en son immensité*.
La tyrannie en vain se fatigue à l'y suivre.
Être seul, c'est régner; être libre, c'est vivre.
Par la faim et la soif il achète ses biens;
Il sait que nos trésors ne sont que des liens.
Sur les flancs calcinés de cette arène avare
Le pain est graveleux, l'eau tiède, l'ombre rare;
Mais, fier de s'y tracer un sentier non frayé,
Il regarde son ciel et dit : Je l'ai payé!...

Sous un soleil de plomb la terre ici fondue [10]
Pour unique ornement [11] n'a que son étendue;
On n'y voit point bleuir, jusqu'au fond d'un ciel noir,
Ces neiges où nos yeux montent avec le soir [12];
On n'y voit pas au loin serpenter dans les plaines
Ces artères des eaux d'où divergent les veines
Qui portent aux vallons par les moissons dorés
L'ondoîment des épis ou la graisse des prés [13];
On n'y voit pas blanchir, couchés dans l'herbe molle,

Ces gras troupeaux que [14] l'homme à ses festins immole;
On n'y voit pas les mers dans leur bassin changeant
Franger les noirs écueils d'une écume d'argent [15],
Ni les sombres forêts à l'ondoyante robe [16]
Vêtir de leur velours la nudité du globe,
Ni le pinceau divers que tient chaque saison
Des couleurs de l'année y peindre l'horizon [17];
On n'y voit pas enfin, près du grand lit des fleuves,
Des vieux murs des cités sortir des cités neuves,
Dont la vaste ceinture éclate chaque nuit [18]
Comme celle d'un sein qui porte un double fruit!
Mers humaines d'où monte avec des bruits de houles
L'innombrable rumeur du grand roulis des foules*!
. . . .

V

Rien de ces vêtements, dont notre globe est vert,
N'y revêt sous ses pas la lèpre du désert [19];
De ses flancs décharnés la nudité sans germe
Laisse les os du globe en percer l'épiderme [20]*;
Et l'homme, sur ce sol d'où l'oiseau même a fui,
Y charge l'animal d'y mendier pour lui!
Plier avant le jour la tente solitaire,
Rassembler le troupeau qui lèche à nu la terre;
Autour du puits creusé par l'errante tribu
Faire boire l'esclave où la jument a bu*;
Aux flancs de l'animal, qui s'agenouille et brame*,
Suspendre à poids égaux les enfants et la femme;
Voguer jusqu'à la nuit sur ces vagues sans bords,
En laissant le coursier brouter à jeun son mors;
Boire à la fin du jour, pour toute nourriture [21],
Le lait que la chamelle à votre soif mesure*,
Ou des fruits du dattier ronger les maigres os*;
Recommencer sans fin des haltes sans repos [22]
Pour épargner la source où la lèvre s'étanche;
Partir et repartir jusqu'à la barbe blanche*...

Dans des milliers de jours, à tous vos jours pareils,
Ne mesurer le temps qu'au nombre des soleils [23];
Puis de ses os blanchis, sur l'herbe des savanes,
Tracer après sa mort la route aux caravanes...
Voilà l'homme !... Et cet homme a ses félicités !
Ah ! c'est que le désert est vide des cités*;
C'est qu'en voguant au large, au gré des solitudes,
On y respire un air vierge des multitudes !
C'est que l'esprit y plane indépendant du lieu*;
C'est que l'homme est plus homme et Dieu même plus Dieu !
Moi-même, de mon âme y déposant la rouille,
Je sens que j'y grandis de ce que j'y dépouille,
Et que mon esprit, libre et clair comme les cieux,
Y prend la solitude et la grandeur des lieux* !

VI

Tel que le nageur nu, qui plonge dans les ondes ,
Dépose au bord des mers ses vêtements immondes,
Et, changeant de nature en changeant d'élément,
Retrempe sa vigueur dans le flot écumant,
Il ne se souvient plus, sur ces lames énormes,
Des tissus dont la maille emprisonnait ses formes;
Des sandales de cuir, entraves de ses piés,
De la ceinture étroite où ses flancs sont liés,
Des uniformes plis, des couleurs convenues
Du manteau rejeté de ses épaules nues;
Il nage, et, jusqu'au ciel par la vague emporté,
Il jette à l'Océan son cri de liberté !
Demandez-lui s'il pense, immergé dans l'eau vive,
Ce qu'il pensait naguère accroupi sur la rive !
Non, ce n'est plus en lui l'homme de ses habits,
C'est l'homme de l'air vierge et de tous les pays.
En quittant le rivage, il recouvre son âme :
Roi de sa volonté, libre comme la lame* !...
. . . .

VII

Le désert donne à l'homme un affranchissement
Tout pareil à celui de ce fier élément;
A chaque pas qu'il fait sur sa route plus large,
D'un de ses poids d'esprit l'espace le décharge;
Il soulève en marchant, à chaque station,
Les serviles anneaux de l'imitation;
Il sème, en s'échappant de cette Égypte humaine*,
Avec chaque habitude, un débris de sa chaîne...
. . . .
Ces murs de servitude, en marbre édifiés,
Ces Balbeks* tout remplis de dieux pétrifiés [24],
Pagodes, minarets, panthéons, acropoles,
N'y chargent pas le sol du poids de leurs coupoles [25];
La foi n'y parle pas les langues de Babel*;
L'homme n'y porte pas, comme une autre Rachel,
Cachés sous son chameau, dans les plis de sa robe,
Les dieux de sa tribu que le voleur dérobe* !
L'espace ouvre l'esprit à l'immatériel.
Quand Moïse au désert pensait pour Israël,
A ceux qui portaient Dieu, de Memphis en Judée,
L'Arche ne pensait pas... car Dieu n'est qu'une idée* !
. . . .

VIII

Et j'ai vogué déjà, depuis soixante jours*,
Vers ce vague horizon qui recule toujours;
Et mon âme, oubliant ses pas dans sa carrière,
Sans espoir en avant, sans espoir en arrière [26],
Respirant à plein souffle un air illimité,
De son isolement se fait sa volupté.
La liberté d'esprit, c'est ma terre promise* !
Marcher seul affranchit, penser seul divinise !...
. . . .
La lune*, cette nuit, visitait le désert;
D'un brouillard sablonneux son disque recouvert

Par le vent du *simoun* qui soulève sa brume,
De l'océan de sable en transperçant l'écume,
Rougissait comme un fer de la forge tiré;
Le sol lui renvoyait ce feu réverbéré;
D'une pourpre de sang l'atmosphère était teinte,
La poussière brûlait, cendre au pied mal éteinte;
Ma tente, aux coups du vent, sur mon front s'écroula,
Ma bouche sans haleine au sable se colla;
Je crus qu'un pas de Dieu faisait trembler la terre,
Et, pensant l'entrevoir à travers le mystère,
Je dis au tourbillon : — O Très-Haut ! si c'est toi,
Comme autrefois à Job, en chair apparais-moi [27]* !
. . . .

IX

Mais son esprit en moi répondit : « Fils du doute [28],
« Dis donc à l'Océan d'apparaître à la goutte* !
« Dis à l'éternité d'apparaître au moment !
« Dis au soleil voilé par l'éblouissement [29]
« D'apparaître en clin d'œil à la pâle étincelle [30]
« Que le ver lumineux ou le caillou recèle !
« Dis à l'immensité, qui ne me contient pas,
« D'apparaître à l'espace inscrit dans tes deux pas [31] !

« Et par quel mot pour toi veux-tu que je me nomme?
« Et par quel sens veux-tu que j'apparaisse à l'homme?
« Est-ce l'œil, ou l'oreille, ou la bouche, ou la main?
« Qu'est-il en toi de Dieu*? Qu'est-il en moi d'humain?
« L'œil n'est qu'un faux cristal voilé d'une paupière,
« Qu'un éclair éblouit, qu'aveugle une poussière;
« L'oreille, qu'un tympan sur un nerf étendu,
« Que frappe un son charnel par l'esprit entendu [32],
« La bouche, qu'un conduit par où [33] le ver de terre
« De la terre et de l'eau [34] vit ou se désaltère;
« La main, qu'un muscle adroit, doué d'un tact subtil*;
« Mais quand il ne tient pas, ce muscle, que sait-il [35]?
« Peux-tu voir l'invisible ou palper l'impalpable?
« Fouler aux pieds l'esprit comme l'herbe ou le sable [36]?

« Saisir l'âme? embrasser l'idée avec les bras [37]?
« Ou respirer Celui qui ne s'aspire pas?

« Suis-je opaque, ô mortels! pour vous donner une [ombre [38]?
« Éternelle unité, suis-je un produit du nombre?
« Suis-je un lieu pour paraître à l'œil étroit ou court?
« Suis-je un son pour frapper sur l'oreille du sourd [39]*?
« Quelle forme de toi n'avilit ma nature?
« Qui ne devient petit quand c'est toi qui mesure [40]?
. . . .
« Dans quel espace enfin des abîmes des cieux [41]
« Voudrais-tu que ma gloire apparût à tes yeux [42]*?
« Est-ce sur cette terre où dans la nuit tu rampes?
« Terre, dernier degré de ces milliers de rampes [43]
« Qui toujours finissant recommencent toujours,
« Et dont le calcul même est trop long pour tes jours*?
« Petit charbon tombé d'un foyer de comète
« Que sa rotation arrondit en planète [44],
« Qui du choc imprimé continue à flotter,
« Que mon œil oublîrait aux confins de l'éther
« Si, des sables de feu dont je sème ma nue,
« Un seul grain de poussière échappait à ma vue?

« Est-ce dans mes soleils? ou dans quelque autre feu
« De ces foyers du ciel, dont le grand doigt de Dieu
« Pourrait seul mesurer le diamètre immense [45]?
« Mais, quelque grand qu'il soit, il finit, il commence.
« On calculerait donc mon orbite inconnu?
« Celui qui contient tout serait donc contenu [46]?
« Les pointes du compas, inscrites sur ma face,
« Pourraient donc en s'ouvrant mesurer ma surface?
« Un espace des cieux [47], par d'autres limité,
« Emprisonnerait donc ma [48] propre immensité?
« L'astre où j'apparaîtrais, par un honteux contraste,
« Serait plus Dieu que moi, car il serait plus vaste?
« Et le doigt insolent [49] d'un vil calculateur
« Comme un nombre oserait chiffrer son Créateur [50]?

« Du jour où de l'Éden* la clarté s'éteignit,
« L'antiquité menteuse en songe me peignit*;
« Chaque peuple à son tour, idolâtre d'emblème,
« Me fit semblable à lui pour s'adorer lui-même [51].

« Le Gange le premier*, fleuve ivre de pavots,
« Où les songes sacrés roulent avec les flots,
« De mon être intangible en voulant palper l'ombre,
« De ma sainte unité multiplia le nombre,
« De ma métamorphose éblouit ses autels,
« Fit diverger l'encens sur mille dieux mortels;
« De l'éléphant lui-même adorant les épaules,
« Lui fit porter sur rien le monde et ses deux pôles,
« Éleva ses tréteaux dans le temple indien,
« Transforma l'Éternel en vil comédien,
« Qui, changeant à sa voix de rôle et de figure,
« Jouait le Créateur devant sa créature [52] !

« La Perse, rougissant de cet ignoble jeu,
« Avec plus de respect m'incarna dans le feu
« Pontife du soleil, le pieux Zoroastre [53]*
« Pour me faire éclater me revêtit d'un astre.

« Chacun me confondit avec son élément :
« La Chine astronomique avec le firmament*;
« L'Égypte moissonneuse avec [54] la terre immonde
« Que le *dieu-Nil* arrose et le *dieu-bœuf* féconde*;
« La Grèce maritime avec l'onde et l'éther
« Que gourmandait pour moi Neptune ou Jupiter [55],
« Et, se forgeant un ciel aussi vain qu'elle-même,
« Dans la Divinité ne vit qu'un grand poème [56]* !

« Mais le temps soufflera sur ce qu'ils ont rêvé,
« Et sur ces sombres nuits mon astre s'est levé*.
. . . .

X

. . . .

« Insectes bourdonnants*, assembleurs de nuages,
« Vous prendrez-vous toujours au piège des images* ?
« Me croyez-vous semblable aux dieux de vos tribus ?
« J'apparais à l'esprit, mais par mes attributs !
« C'est dans l'entendement que vous me verrez luire,
« Tout œil me rétrécit qui croit me reproduire[57].
« Ne mesurez jamais votre espace et le mien[58],
« Si je n'étais pas tout je ne serais plus rien !

« Non, ce second chaos qu'un panthéiste* adore,
« Où dans l'immensité Dieu même s'évapore[59],
« D'éléments confondus pêle-mêle brutal[60]
« Où le bien n'est plus bien, où le mal n'est plus mal;
« Mais ce tout, *centre-Dieu* de l'âme universelle*,
« Subsistant dans son œuvre et subsistant sans elle[61] :
« Beauté, puissance, amour[62], intelligence et loi,
« Et n'enfantant de lui que[63] pour jouir de soi !...
« Voilà la seule forme où je puis t'apparaître !
« Je ne suis pas un être, ô mon fils ! Je suis l'Être[64] !
« Plonge dans ma hauteur et dans ma profondeur*,
« Et conclus ma sagesse en pensant ma grandeur !
« Tu creuseras en vain le ciel, la mer, la terre,
« Pour m'y trouver un nom; je n'en ai qu'un...MYSTÈRE*.
. . . .
« — O Mystère ! lui dis-je[65], eh bien ! sois donc ma foi...
« Mystère, ô saint rapport[66] du Créateur à moi !
« Plus tes gouffres sont noirs, moins ils me sont
[funèbres[67];
« J'en relève mon front ébloui de ténèbres !
« Quand l'astre à l'horizon retire sa splendeur[68],
« L'immensité de l'ombre atteste sa grandeur[69] !
« A cette obscurité notre foi se mesure,
« Plus l'objet est divin, plus[70] l'image est obscure.
« Je renonce à chercher des yeux, des mains, des bras,
« Et je dis : C'est bien toi, car je ne te vois pas[71] ! »
. . . .

XI

Ainsi dans son silence et dans sa solitude,
Le désert me parlait mieux que la multitude*.
O désert! ô grand vide où l'écho vient du ciel!
Parle à l'esprit humain, cet immense Israël [72]!
Et moi, puissé-je*, au bout de l'uniforme plaine [73]
Où j'ai suivi longtemps [74] la caravane humaine*,
Sans trouver dans le sable élevé sur ses pas [75]
Celui qui l'enveloppe et [76] qu'elle ne voit pas,
Puissé-je, avant le soir, las des *Babels* du doute*,
Laisser mes compagnons serpenter dans leur route [77],
M'asseoir au puits de Job [78]*, le front dans mes deux [mains,
Fermer enfin l'oreille à tous verbes humains [79]*,
Dans ce morne désert converser face à face
Avec l'éternité, la puissance et l'espace :
Trois prophètes muets, silences pleins de foi,
Qui ne sont pas tes noms, Seigneur! mais qui sont toi,
Évidences d'esprit qui parlent sans paroles,
Qui ne te taillent pas dans le bloc des idoles [80]*,
Mais qui font luire au fond de nos obscurités
Ta substance elle-même en trois vives clartés [81].
Père et mère à toi seul, et seul né sans ancêtre,
D'où sort sans t'épuiser la mer sans fond de l'Être [82],
Et dans qui rentre en toi jamais moins, toujours plus,
L'Être au flux éternel, à l'éternel reflux!
. . . .
Et puissé-je, semblable à l'homme plein d'audace
Qui parla devant toi, mais à qui tu fis grâce [83]*,
De ton ombre couvert, comme [84] de mon linceul,
Mourir seul au désert dans la foi du GRAND SEUL [85]*!

APPENDICE I

AVERTISSEMENTS ET PRÉFACES DES MÉDITATIONS

Extraits

I - PREMIÈRES MÉDITATIONS

ÉDITION ORIGINALE

Mise au point par E. Genoude, elle parut précédée de cet *Avertissement de l'Éditeur,* très certainement « suggéré ou dicté par le poète » et constituant « une sobre, habile et intelligente préface » au recueil* :

« Les morceaux dont se compose le Recueil que nous offrons au public sont les premiers essais d'un jeune homme qui n'avait point, en les composant, le projet de les publier. Vivement frappés du sentiment poétique qui y domine et de la teinte originale et religieuse de cette poésie*, nous avons pensé que le public les accueillerait avec intérêt; et sans nous dissimuler ce que le travail et le temps pourraient ajouter au mérite de ces ouvrages, nous avons demandé à l'auteur la permission d'en imprimer un certain nombre. Le nom de *Méditations* qu'il a donné à ces différents morceaux en indique parfaitement la nature et le caractère; ce sont en effet les épanchements tendres et mélancoliques des sentiments et des pensées d'une âme qui s'abandonne à ses vagues inspirations. Quelques-unes s'élèvent à des sujets d'une grande hauteur; d'autres ne sont, pour ainsi dire, que des soupirs de l'âme*. Nous n'en présentons qu'un très petit nombre à la fois, nous réservant, par l'effet qu'elles auront pu produire, d'en donner incessamment un second livre, ou de nous borner à cette épreuve*.

Nous sentons que le moment de cette publication n'est pas très heureusement choisi et que ce n'est pas au milieu des grands intérêts politiques qui les agitent* que les esprits conservent assez de calme et de liberté pour s'abandonner aux inspirations d'une poésie rêveuse et entièrement détachée des intérêts actifs de ce monde; mais nous savons aussi qu'il y a au fond de l'âme humaine un besoin imprescriptible d'échapper aux tristes réalités de ce monde, et de s'élancer dans les régions supérieures de la poésie et de la religion !

Non de solo pane vivit homo * !

E. G. »

NEUVIÈME ÉDITION

L'*Avertissement* de Genoude fut supprimé dès la seconde édition qui n'en comporte aucun autre, pas plus les suivantes, jusqu'à la neuvième. Celle-ci au contraire s'ouvrait sur l'*Avis de l'Éditeur* suivant, qui est anonyme, mais a peut-être été rédigé par Charles Gosselin :

« Les *Méditations* de M. de Lamartine n'ont plus besoin d'éloges : dans un siècle qui prétend n'être point barbare, et où la poésie est cependant plus dédaignée que dans les âges de la plus profonde barbarie, où les cris tumultueux des passions étouffent les voix harmonieuses et inspirées des nourrissons des Muses*, il a osé faire entendre la sienne; et, réalisant ce que la Fable nous raconte de ce chantre de Thrace* qui savait toucher ce que la nature a de plus dur et de plus sauvage, il a forcé les plus insensibles à écouter ses chants, et les plus dédaigneux à les applaudir.

C'est qu'à toutes ces qualités qui font le poète, à la grâce, à la flexibilité, à ce style en quelque sorte vivant d'images qui en est le principal et le plus frappant caractère, M. de Lamartine joint un esprit droit et un cœur religieux. Il a senti que le temps des vaines fictions était passé; que c'était dans le sein de l'éternelle Vérité que la poésie devait désormais chercher ses inspirations, par cela même que les esprits ne se nourrissent plus que de mensonges, et se consument à chercher dans l'erreur toutes les réalités. Aux tendres et aux pieux accents du jeune poète se sont réveillés dans les cœurs une foule de sentiments qui ne se peuvent entièrement éteindre, tant qu'il reste en nous quelque chose de l'homme; et M. de Lamartine a su intéresser et charmer son siècle, justement parce qu'il a su se garantir de ses corruptions.

Cette édition, que tant d'autres ont précédée*, est enrichie de quatre pièces nouvelles, dans lesquelles on retrouvera le même talent et les mêmes inspirations. Le public l'accueillera sans doute avec la même faveur.»

ÉDITIONS SUIVANTES

Charles Gosselin signa de son nom les *Avis de l'Éditeur* différents placés en tête des trois éditions suivantes. Celui de la dixième, daté du 1er octobre 1823, signale les *Méditations* « comme un ouvrage à part dans lequel les admirateurs de M. de Lamartine aimeront toujours à retrouver la première impression que leur causèrent ces vers harmonieux qui furent à la fois la promesse et le fruit d'un beau talent ». Les *Nouvelles Méditations* venant de paraître chez un concurrent, Gosselin remarque que « les nouvelles poésies de l'auteur, tout excellentes qu'elles sont par elles-mêmes, devront toujours quelque chose de leur succès à l'intérêt profond et général » qu'inspira le recueil de 1820 et ajoute que « les *Premières Méditations* expriment peut-être mieux que les secondes le caractère et la direction particulière du talent de l'auteur ». L'*Avis* de la onzième (15 décembre 1823) insiste sur « le luxe typographique » de celle-ci, les « élégants dessins de M. Alexandre Desenne, reproduits par d'habiles burins », les « ingénieuses vignettes sur bois que M. Thomson sait rendre dignes de rivaliser avec les gravures en taille-douce ». Gosselin achève sur ces mots : « Les amateurs apprendront avec plaisir que les *Secondes Méditations* vont être publiées par M. Urbain Canel en un volume semblable à cette onzième édition, et avec le même genre d'ornements. » A noter encore que la dite onzième édition comporte une *Préface* de Charles Nodier : mais celle-ci n'a rien d'original et reprend le texte du compte rendu que le bibliothécaire de l'Arsenal avait fait paraître dans *La Quotidienne* du 4 octobre 1823, avec quelques nécessaires arrangements et coupures. Enfin, l'*Avis* de la douzième (1er novembre 1824) reproduisait à peu de chose près celui de la dizième et était également suivi du texte de Nodier. Une note, ajoutée à celui-ci, indique que les *Méditations* atteignaient un total de 25 000 exemplaires avec la onzième édition et de 30 000 avec la douzième.

II - NOUVELLES MÉDITATIONS

Seule l'édition originale est précédée d'un *Avertissement de l'Éditeur** dont voici le texte :

« En donnant au public le second volume[1] des *Méditations Poétiques,* nous devons prévenir les lecteurs que les incorrections[2], ou même les vers et les strophes qui manquent dans quelques-uns des morceaux qui le composent, ne doivent point nous être imputés. Quelques-unes des pièces que l'on va lire appartiennent à de plus grandes compositions encore inédites*; celles-là ne sont pour ainsi dire que des fragments; d'autres n'ont pas été entièrement terminées : l'absence de l'auteur* ne nous a pas permis de les rétablir. Les manuscrits en ayant été égarés dans ses voyages, elles ne se sont plus retrouvées entières dans sa mémoire. On a indiqué par des points les morceaux ainsi tronqués. Les deux principales méditations de ce volume, *Les Chants** et le *Chant d'Amour,* sont imprimées d'après le manuscrit de l'auteur, dans une forme inusitée. Les étoiles* qui se trouvent placées entre chaque paragraphe n'indiquent pas une terminaison complète du sens, mais

1. *Ms. :* le *deuxième* volume
2. *Ms. :* les incorrections *fréquentes*

seulement un léger repos[1], une suspension momentanée du sens, un changement de rythme aussi favorable au poète qu'au lecteur, dans des chants d'un peu longue haleine[2].

Paris, le 20 septembre 1823.

U. C. »

III - ÉDITION DES SOUSCRIPTEURS

PREMIÈRE PRÉFACE DES MÉDITATIONS (1849)

Son volume initial s'ouvre sur la *Première Préface des Méditations (1849)* : nous donnons en entier ce texte où, tardivement à vrai dire, Lamartine raconte comment il fut formé à la poésie; comme pour ses Commentaires, il faut tenir compte, en lisant ces pages, de ce que son imagination a pu ajouter à la réalité de ses souvenirs :

« L'homme se plaît à remonter à sa source; le fleuve n'y remonte pas*. C'est que l'homme est une intelligence et que le fleuve est un élément. Le passé, le présent, l'avenir, ne sont qu'un pour Dieu. L'homme est dieu par la pensée. Il voit, il sent, il vit à tous les points de son existence à la fois. Il se contemple lui-même, il se comprend, il se possède, il se ressuscite, et il se juge dans les années qu'il a déjà vécu. En un mot, il revit tant qu'il lui plaît de revivre

---

1. *Ms. :* Quelques-unes des pièces que l'on va lire *n'ont pas été entièrement terminées* par l'auteur; celles-là sont *(sic)* pour ainsi dire que des fragments. (*D'autres :* raturé) *Le manuscrit et quelques autres* ayant été égarées *(sic)* dans ses voyages ne sont plus retrouvées entières *(sic)* dans sa mémoire *et des circonstances inutiles à spécifier ici l'ont empêché d'y retoucher. On les a indiquées* par des points. Le principal *morceau de ce volume, La Mort de Socrate, est imprimé* d'après le manuscrit de l'auteur dans une forme inusitée. (*Chaque :* raturé) Les étoiles qui se trouvent placées entre chaque *couplet* n'indiquent pas une suspension complète du sens, mais un léger repos.

2. *Ms. :* qu'au lecteur *dans un chant d'une aussi* longue haleine. *En avertissant ainsi nous-même le lecteur des défauts qui pourront choquer ses yeux ou ses oreilles, il ne nous reste qu'à formuler des vœux* (inachevé)...

par ses souvenirs. C'est sa souffrance quelquefois, mais c'est sa grandeur. Revivons donc un moment, et voyons comment je naquis avec une parcelle de ce qu'on appelle poésie dans ma nature, et comment cette parcelle de feu divin s'alluma en moi à mon insu, jeta quelques fugitives lueurs sur ma jeunesse, et s'évapora plus tard dans les grands vents de mon équinoxe et dans la fumée de ma vie.

J'étais né impressionnable et sensible. Ces deux qualités sont les deux premiers éléments de toute poésie. Les choses extérieures à peine aperçues laissaient une vive et profonde empreinte en moi; et quand elles avaient disparu de mes yeux, elles se répercutaient et se conservaient présentes dans ce qu'on nomme l'*imagination,* c'est-à-dire la mémoire, qui revoit et qui repeint en nous*. Mais de plus, ces images ainsi revues et repeintes se transformaient promptement en sentiment. Mon âme animait ces images, mon cœur se mêlait à ces impressions. J'aimais et j'incorporais en moi ce qui m'avait frappé. J'étais une glace vivante qu'aucune poussière de ce monde n'avait encore ternie, et qui réverbérait l'œuvre de Dieu! De là à chanter ce cantique intérieur qui s'élève en nous, il n'y avait pas loin*. Il ne me manquait que la voix. Cette voix que je cherchais et qui balbutiait sur mes lèvres d'enfant, c'était la poésie. Voici les plus lointaines traces que je retrouve au fond de mes souvenirs presque effacés des premières révélations du sentiment poétique qui allait me saisir à mon insu, et me faire à mon tour chanter des vers au bord de mon nid, comme l'oiseau.

J'avais dix ans*; nous vivions à la campagne. Les soirées d'hiver étaient longues. La lecture en abrégeait les heures. Pendant que notre mère berçait du pied une de mes petites sœurs dans son berceau, et qu'elle allaitait l'autre sur un long canapé de velours d'Utrecht rouge et râpé, à l'angle du salon, mon père lisait. Moi je jouais à terre à ses pieds avec des morceaux de sureau que le jardinier avait coupés pour moi dans le jardin; je faisais sortir la moelle du bois à l'aide d'une baguette de fusil. J'y creusais des trous à distances égales, j'en refermais aux deux extrémités l'orifice, et j'en taillais ainsi des flûtes que j'allais essayer le lendemain avec mes camarades les enfants du village, et qui résonnaient mélodieusement au printemps sous les saules au bord du ruisseau, dans les prés.

Mon père avait une voix sonore, douce, grave, vibrante*, comme les palpitations d'une corde de harpe, où la vie des entrailles auxquelles on l'a arrachée semble avoir laissé le gémissement d'un nerf animé. Cette voix, qu'il avait beaucoup exercée dans sa jeunesse en jouant la tragédie et la comédie dans les loisirs de ses garnisons*, n'était point déclamatoire, mais pathétique. Elle empruntait un attendrissement d'organe et une suavité de son de plus, de l'heure, du lieu, du recueillement de la soirée, de la présence de ces petits enfants jouant ou dormant autour de lui, du bruit monotone de ce berceau à qui le mouvement était imprimé par le bout de la pantoufle de notre mère, et par l'aspect de cette belle jeune femme qu'il adorait, et qu'il se plaisait à distraire des perpétuels soucis de sa maternité.

Il lisait dans un grand et beau volume relié en peau et à tranche dorée (c'était un volume des œuvres de Voltaire) la tragédie de *Mérope*. Sa voix changeait d'accents avec le rôle. C'était tantôt le tyran cruel, tantôt la mère tremblante, tantôt le fils errant et persécuté; puis les larmes de la reconnaissance, puis les soupçons de l'usurpateur, puis la fureur, la désolation, le coup de poignard, les larmes, les sanglots, la mort, le livre qui se refermait, le long silence qui suit les fortes commotions du cœur*.

Tout en creusant mes flûtes de sureau, j'écoutais, je comprenais, je sentais; ce drame de mère et de fils se déroulait précisément tout entier dans l'ordre d'idées et de sentiments le plus à la portée de mon intelligence et de mon cœur. Je me figurais Mérope dans ma mère; moi dans le fils disparu et reconnu retombant dans ses bras, arraché de son sein. De plus, ce langage cadencé comme une danse des mots dans l'oreille, ces belles images qui font voir ce qu'on entend, ces hémistiches qui reposent le son pour le précipiter ensuite plus rapide*, ces consonances de la fin des vers qui sont comme des échos répercutés où le même sentiment se prolonge dans le même son, cette symétrie des rimes qui correspond matériellement à je ne sais quel instinct de symétrie morale cachée au fond de notre nature, et qui pourrait bien être une contre-empreinte de l'ordre divin, du rythme incréé dans l'univers; enfin cette solennité de la voix de mon père, qui transfigurait sa parole ordinairement simple, et qui me rappelait l'accent religieux des psalmodies du prêtre le dimanche dans l'église de Milly; tout cela suscitait vivement mon attention, ma curiosité, mon émotion même. Je me disais intérieurement : « Voilà une langue que je voudrais bien savoir, que je voudrais bien parler quand je serai grand. » Et quand neuf heures sonnaient à la grosse horloge de noyer de la cuisine, et que j'avais fait ma prière et embrassé mon père et ma mère, je repassais en m'endormant ces vers, comme un homme qui vient d'être ballotté par les vagues sent encore, après être descendu à terre, le roulis de la mer, et croit que son lit nage sur les flots.

Depuis cette lecture de *Mérope,* je cherchais toujours de préférence les ouvrages qui contenaient des vers, parmi les volumes oubliés sur la table de mon père ou sur le piano de ma mère, au salon. La *Henriade,* toute sèche et toute déclamatoire qu'elle fût, me ravissait*. Ce n'était que l'amour du son, mais ce son était pour moi une musique. On me faisait bien apprendre aussi par cœur quelques fables de La Fontaine; mais ces vers boiteux, disloqués, inégaux, sans symétrie ni dans l'oreille ni dans la page, me rebutaient. D'ailleurs, ces histoires d'animaux qui parlent, qui se font des leçons, qui se moquent les uns des autres, qui sont égoïstes, railleurs, avares, sans pitié, sans amitié, plus méchants que nous, me soulevaient le cœur. Les fables de La Fontaine sont plutôt la philosophie dure, froide et égoïste d'un vieillard que la philosophie aimante, généreuse, naïve et bonne d'un enfant : c'est du fiel, ce n'est pas du lait pour les lèvres et pour les cœurs de cet âge. Ce livre me répugnait ; je ne savais pas pourquoi. Je l'ai su depuis : c'est qu'il n'est pas bon. Comment le livre serait-il bon? l'homme ne l'était pas. On dirait qu'on lui a donné par dérision le nom du *bon La Fontaine*. La Fontaine était un philosophe de beaucoup d'esprit, mais un philosophe cynique. Que penser d'une nation qui commence l'éducation de ses enfants par les leçons d'un cynique? Cet homme qui ne connaissait pas son fils, qui vivait sans famille, qui écrivait des contes orduriers en cheveux blancs pour provoquer les sens de la jeunesse, qui mendiait dans des dédicaces adulatrices l'aumône des riches financiers du temps pour payer ses faiblesses; cet homme dont *Racine, Corneille, Boileau, Fénelon, Bossuet,* les poètes, les écrivains ses contemporains, ne parlent pas, ou ne parlent qu'avec une espèce de pitié comme d'un vieux enfant, n'était ni un sage ni un homme naïf. Il avait la philosophie du sans-souci et la naïveté de l'égoïsme. Douze vers sonores, sublimes, religieux d'*Athalie,* m'effaçaient de l'oreille toutes les cigales, tous les corbeaux et tous les renards de cette ménagerie puérile. J'étais né sérieux et tendre; il me fallait dès lors une langue selon mon âme. Jamais je n'ai pu, depuis, revenir de mon antipathie contre les fables*.

Une autre impression de ces premières années confirma, je ne sais comment, mon inclination d'enfant pour les vers.

Un jour que j'accompagnais mon père à la chasse, la voix des chiens égarés nous conduisit sur le revers d'une montagne boisée, dont les pentes, entrecoupées de châtaigniers et de petits prés, sont semées de quelques chaumières et de deux ou trois maisonnettes blanchies à la chaux, un peu plus riches que les masures de paysans, et entourées chacune d'un verger, d'un jardin, d'une haie vive, d'une cour rustique. Mon père, ayant retrouvé les chiens et les ayant remis en laisse avec leur collier de grelots, cherchait de l'œil un sentier qui menait à une de ces maisons, pour m'y faire déjeuner et reposer un moment, car nous avions marché depuis l'aube du jour. Cette maison était habitée par un de ses amis, vieil officier des armées du roi*, retiré du service, et finissant ses jours dans ses montagnes natales, entre une servante et un chien. C'était une belle journée d'automne. Les rayons du soleil du matin, dorant de teintes bronzées les châtaigniers et de teintes pourpres les flèches de deux ou trois jeunes peupliers, venaient se réverbérer sur le mur blanc de la petite maison, et entraient avec la brise chaude par une petite fenêtre ouverte encadrée de lierre, comme pour l'inonder de lumière, de gaieté et de parfum. Des pigeons roucoulaient sur le mur d'appui d'une étroite terrasse, d'où la source domestique tombait dans le verger par un conduit de bois creux, comme dans les villages suisses. Nous appuyâmes le pouce sur le loquet, nous traversâmes la cour; le chien aboya sans colère, et vint me lécher les mains* en battant l'air de sa queue, signe d'hospitalité pour les enfants. La vieille servante me mena à la cuisine pour me couper une tranche de pain bis, puis au verger pour me cueillir des pêches de vigne. Mon père était entré chez son ami. Quand j'eus mon pain à la main et mes pêches dans mon chapeau, la bonne femme me ramena à la maison rejoindre mon père.

Je le trouvai dans un petit cabinet de travail, causant avec son ami. Cet ami était un beau vieillard à cheveux blancs comme la neige, à l'aspect militaire, à l'œil vif, à la bouche gracieuse et mélancolique, au geste franc, à la voix mâle, mais un peu cassée. Il était assis entre la fenêtre ouverte et une petite table à écrire, sur laquelle les rayons du soleil, découpés par les feuilles d'arbres, flottaient aux ondulations du vent, qui agitaient les branches du peuplier comme une eau courante moirée d'ombre et de jour. Deux pigeons apprivoisés becquetaient les pages d'un gros livre ouvert sous le coude du vieillard. Il y avait sur la table une écritoire en bois de rose avec deux petites coupes d'argent ciselé, l'une pour la liqueur noire, l'autre pour le sable d'or. Au milieu de la table on voyait de belles feuilles de papier vélin blanc comme l'albâtre, longues et larges comme celles des grands livres de plain-chant que j'admirais le dimanche à l'église sur le pupitre du sacristain. Ces feuilles de papier étaient liées ensemble par le dos avec des nœuds d'un petit ruban bleu de ciel qui aurait fait envie aux collerettes des jeunes filles de Milly. Sur la première de ces feuilles, où la plume à blanches ailes était couchée depuis l'arrivée de mon père, on voyait quelque chose d'écrit. C'étaient des lignes régulières, espacées, égales, tracées avec la règle et le compas, d'une forme et d'une netteté admirables, entre deux larges marges blanches encadrées elles-mêmes dans de jolis dessins de fleurs à l'encre bleue. Je n'ai pas besoin d'ajouter que ces lignes étaient des vers. Le vieillard était poète; et comme sa médiocrité n'était pas aussi dorée que celle d'Horace*, et qu'il ne pouvait pas payer à des imprimeurs l'impression de ses rêves champêtres, il se faisait à lui-même des éditions soignées de ses œuvres en manuscrits qui ne lui coûtaient que son temps et l'huile de sa lampe; il espérait confusément qu'après lui *la gloire tardive,* comme disent les anciens, la meilleure, la plus impartiale et la plus durable des gloires, ouvrirait un jour le coffret de *cèdre* dans lequel il renfermait ses manuscrits poétiques*, et le vengerait du silence et de l'obscurité dans lesquels la fortune ensevelissait son génie vivant. Mon père et lui causaient de ses ouvrages pendant que je mangeais mes pêches et mon pain, dont je jetais les miettes aux deux pigeons. Le vieillard, enchanté d'avoir un auditeur inattendu, lut à mon père un fragment du poème interrompu. C'était la description d'une fontaine sous des châtaigniers, au bord de laquelle des jeunes filles déposent leurs cruches à l'ombre, et cueillent des pervenches et des marguerites pour se faire des couronnes; un mendiant survenait, et racontait aux jeunes bergères l'histoire d'Aréthuse, de Narcisse, d'Hylas, des dryades, des naïades, de Thétis, d'Amphitrite et de toutes les nymphes qui ont touché à l'eau douce ou à l'eau salée. Car ce vieillard était de son temps, et en ce temps-là aucun poète ne se serait permis d'appeler les choses par leur nom. Il fallait avoir un dictionnaire mythologique sous son chevet, si l'on voulait rêver des vers. Je suis le premier qui ait fait descendre la poésie du Parnasse, et qui ait donné à ce qu'on nommait la muse, au lieu d'une lyre à sept cordes de convention, les fibres mêmes du cœur de l'homme, touchées et émues par les innombrables frissons de l'âme et de la nature*.

Quoi qu'il en soit, mon père, qui était trop poli pour s'ennuyer de mauvais vers au foyer même du poète, donna quelques éloges aux rimes du vieillard, siffla ses chiens, et me ramena à la maison. Je lui demandai en chemin quelles étaient donc ces jolies lignes égales, symétriques, espacées, encadrées de roses, liées de rubans, qui étaient sur la table. Il me répondit que c'étaient des vers, et que notre hôte était un poète. Cette réponse me frappa. Cette scène me fit une longue impression; et depuis ce jour-là, toutes les fois que j'entendais parler d'un poète, je me représentais un beau vieillard assis près d'une fenêtre ouverte à large horizon, dans une maisonnette au bord de grands bois, au murmure d'une source, aux rayons d'un soleil d'été tombant sur sa plume, et écrivant entre ses oiseaux et son chien des histoires merveilleuses, dans une langue de musique dont les paroles chantaient comme les cordes de la harpe de ma mère, touchées par les ailes invisibles du vent dans le jardin de Milly*. Une telle image, à laquelle se mêlait sans doute le souvenir des pêches, du pain bis, de la bonne servante, des pigeons privés, du chien caressant, était de nature à me donner un grand goût pour les poètes, et je me promettais bien de ressembler à ce vieillard et de faire ce qu'il faisait quand je serais vieux. Les beaux versets des psaumes de David, que notre mère nous récitait le dimanche en nous les traduisant pour nous remplir l'imagination de piété, me paraissaient aussi une langue bien supérieure à ces misérables puérilités de La Fontaine, et je comprenais que c'était ainsi qu'on devait parler à Dieu.

Ce furent là mes premières notions et mes premiers avant-goûts de poésie. Ils s'effacèrent longtemps et entièrement sous le pénible travail de traduction obligée des poètes grecs et latins qu'on m'imposa ensuite comme à tous les enfants dans les études de collège*. Il y a de quoi dégoûter le genre humain de tout sentiment poétique. La peine qu'un malheureux enfant se donne à apprendre une langue morte et à chercher dans un dictionnaire le sens français du mot qu'il lit en latin ou en grec dans *Homère,* dans *Pindare* ou dans *Horace,* lui enlève toute la volupté de cœur ou d'esprit que lui ferait la poésie même, s'il la lisait couramment en âge de raison. Il cherche, au lieu de jouir. Il maudit le mot sans avoir le loisir de penser au sens. C'est le pionnier qui pioche la cendre ou la lave dans les fouilles de Pompéi ou d'Herculanum pour arracher du sol, à la sueur de son front, tantôt un bras, tantôt un pied, tantôt une boucle de cheveux de la statue qu'il déterre, au lieu du voluptueux contemplateur qui possède de l'œil la Vénus restaurée sur son piédestal, dans son jour, dans sa grâce et dans sa nudité, parmi les divinités de l'art du Vatican ou du palais Pitti à Florence.

Quant à la poésie française, les fragments qu'on nous faisait étudier chez les jésuites consistaient en quelques pitoyables rapsodies du P. *Ducerceau* et de Mme Deshoulières*, dans quelques épîtres de Boileau* sur l'*Équivoque,* sur les bruits de Paris, et sur le mauvais dîner du restaurant Mignot. Heureux encore quand on nous permettait de lire l'épître à Antoine,

Son jardinier d'Auteuil
Qui *dirige* chez *lui* l'if et le chèvrefeuil,

et quelques plaisanteries de sacristie empruntées au *Lutrin !*

Qu'espérer de la poésie d'une nation qui ne donne pour modèle du beau dans les vers à sa jeunesse que des poèmes burlesques, et qui, au lieu de l'enthousiasme, enseigne la parodie à des cœurs et à des imaginations de quinze ans?

Aussi je n'eus pas une aspiration de poésie pendant toutes ces études classiques*. Je n'en retrouvais quelque étincelle dans mon âme que pendant les vacances, à la fin de l'année. Je venais passer alors six délicieuses semaines près de ma mère, de mon père, de mes sœurs, dans la petite maison de campagne qu'ils habitaient. Je retrouvais sur les rayons poudreux du salon la *Jérusalem délivrée* du Tasse et le *Télémaque* de Fénelon. Je les emportais dans le jardin*, sous une petite marge d'ombre que le berceau de charmille étend le soir sur l'herbe d'une allée. Je me couchais à côté de mes livres chéris, et je respirais en liberté les songes qui s'exhalaient pour mon imagination de leurs pages, pendant que l'odeur des roses, des giroflées et des œillets des plates-bandes m'enivrait des exhalaisons de ce sol, dont j'étais moi-même un pauvre cep transplanté !

Ce ne fut donc qu'après mes études terminées que je commençai à avoir quelques vagues pressentiments de poésie. C'est Ossian*, après le Tasse, qui me révéla ce monde des images et des sentiments que j'aimais tant depuis à évoquer avec leurs voix. J'emportais un volume d'Ossian sur les montagnes; je le lisais où il avait été inspiré, sous les sapins, dans les nuages, à travers les brumes d'automne, assis près des déchirures des torrents, aux frissons des vents du nord, au bouillonnement des eaux de neige dans les ravins. Ossian fut l'Homère de mes premières années; je lui dois une partie de la mélancolie de mes pinceaux. C'est la tristesse de l'Océan. Je n'essayai que très rarement de l'imiter; mais je m'en assimilai involontairement le vague, la rêverie, l'anéantissement dans la contemplation, le regard fixe sur des apparitions confuses dans le lointain. C'était pour moi une mer après le naufrage, sur laquelle flottent, à la lueur de la lune, quelques débris; où l'on entrevoit quelques figures de jeunes filles élevant leurs bras blancs, déroulant leurs cheveux humides sur l'écume des vagues; où l'on distingue des voix plaintives entrecoupées du mugissement des flots contre l'écueil. C'est le livre non écrit de la rêverie, dont les pages sont couvertes de caractères énigmatiques et flottants avec lesquels l'imagination fait et défait ses propres poèmes, comme l'œil rêveur avec les nuées fait et défait ses paysages.

Je n'écrivais rien moi-même encore*. Seulement quand je m'asseyais au bord des bois de sapins, sur quelque promontoire des lacs de la Suisse*, ou quand j'avais passé des journées entières à errer sur les grèves sonores des mers d'Italie*, et que je m'adossais à quelque débris de môle ou de temple pour regarder la mer ou pour écouter l'inépuisable balbutiement des vagues à mes pieds, des mondes de poésie roulaient dans mon cœur et dans mes yeux; je composais pour moi seul, sans les écrire, des poèmes aussi vastes que la nature, aussi resplendissants que le ciel, aussi pathétiques que les gémissements des brises de mer dans les têtes des pins-lièges et dans les feuilles des lentisques, qui coupent le vent comme autant de petits glaives, pour le faire pleurer et sangloter dans des millions de petites voix. La nuit me surprenait souvent ainsi, sans pouvoir m'arracher au charme des fictions dont mon imagination s'enchantait elle-même. Oh! quels poèmes, si j'avais pu et si j'avais su les chanter aux autres alors comme je me les chantais intérieurement! Mais ce qu'il y a de plus divin dans le cœur de l'homme n'en sort jamais, faute de langue pour être articulé ici-bas*. L'âme est infinie, et les langues ne sont qu'un petit nombre de signes façonnés par l'usage pour les besoins de communication du vulgaire des hommes. Ce sont des instruments à vingt-quatre cordes pour rendre les myriades de notes que la passion, la pensée, la rêverie, l'amour, la prière, la nature et Dieu font entendre dans l'âme humaine. Comment contenir l'infini dans ce bourdonnement d'un insecte au bord de sa ruche, que la ruche voisine ne comprend même pas? Je renonçais à chanter, non faute de mélodies intérieures, mais faute de voix et de notes pour les révéler.

Cependant je lisais beaucoup, et surtout les poètes. A force de les lire, je voulus quelquefois les imiter. A mes retours de voyages, pour passer les hivers tristes et longs à la campagne, dans la maison sans distraction de mon père, j'ébauchai plusieurs poèmes épiques, et j'écrivis en entier cinq ou six tragédies*. Cet exercice m'assouplit la main et l'oreille aux rythmes. J'écrivis aussi un ou deux volumes d'élégies amoureuses*, sur le mode de Tibulle, du chevalier de Bertin et de Parny. Ces deux poètes faisaient les délices de la jeunesse. L'imagination, toujours très sobre d'élans et alors très desséchée par le matérialisme de la littérature impériale, ne concevait rien de plus idéal que ces petits vers corrects et harmonieux de Parny, exprimant à petites doses les fumées d'un verre de vin de Champagne, les agaceries, les frissons, les ivresses froides, les ruptures, les réconciliations, les langueurs d'un amour de bonne compagnie qui changeait de nom à chaque livre. Je fis comme mes modèles, quelquefois peut-être aussi bien qu'eux. Je copiai avec soin, pendant un automne pluvieux, quatre livres d'élégies, formant ensemble deux volumes, sur du beau papier vélin, et gravées plutôt qu'écrites d'une plume plus amoureuse que mes vers. Je me proposais de publier un jour ce recueil quand j'irais à Paris, et de me faire un nom dans un des médaillons de cette guirlande de voluptueux immortels qui n'ont cueilli de la vie humaine que les roses et les myrtes, qui commencent à Anacréon, à Bion, à

Moschus, qui se continuent par Properce, Ovide, Tibulle, et qui finissent à Chaulieu, à La Fare, à Parny.

Mais la nature en avait autrement décidé. A peine mes deux beaux volumes étaient-ils copiés, que le mensonge, le vide, la légèreté, le néant de ces pauvretés sensuelles plus ou moins bien rimées m'apparut. La pointe de feu des premières grandes passions réelles n'eut qu'à toucher et à brûler mon cœur, pour y effacer toutes ces puérilités et tous ces plagiats d'une fausse littérature. Dès que j'aimai*, je rougis de ces profanations de la poésie aux sensualités grossières. L'amour fut pour moi le charbon de feu qui brûle, mais qui purifie les lèvres. Je pris un jour mes deux volumes d'élégies, je les relus avec un profond mépris de moi-même, je demandai pardon à Dieu du temps que j'avais perdu à les écrire, je les jetai au brasier*, je les regardai noircir et se tordre avec leur belle reliure de maroquin vert sans regret ni pitié, et j'en vis monter la fumée comme celle d'un sacrifice de bonne odeur à Dieu et au véritable amour.

Je changeai à cette époque de vie et de lectures. Le service militaire, les longues absences, les attachements sérieux, les amitiés plus saines, le retour à mes instincts naturellement religieux cultivés de nouveau en moi par la *Béatrice* de ma jeunesse, le dégoût des légèretés du cœur, le sentiment grave de l'existence et de son but, puis enfin la mort de ce que j'avais aimé, qui mit un sceau de deuil sur ma physionomie comme sur mes lèvres; tout cela, sans éteindre en moi la poésie, la refoula bien loin et longtemps dans mes pensées. Je passai huit ans sans écrire un vers*.

Quand les longs loisirs et le vide des attachements perdus me rendirent cette espèce de chant intérieur qu'on appelle poésie, ma voix était changée, et ce chant était triste comme la vie réelle. Toutes mes fibres attendries de larmes pleuraient ou priaient, au lieu de chanter. Je n'imitais plus personne, je m'exprimais moi-même pour moi-même. Ce n'était pas un art, c'était un soulagement de mon propre cœur, qui se berçait de ses propres sanglots*. Je ne pensais à personne en écrivant çà et là ces vers, si ce n'est à une ombre et à Dieu. Ces vers étaient un gémissement ou un cri de l'âme*. Je cadençais ce cri ou ce gémissement dans la solitude, dans les bois, sur la mer; voilà tout. Je n'étais pas devenu plus poète, j'étais devenu plus sensible, plus sérieux et plus vrai. C'est là le véritable art : être touché; oublier tout art pour atteindre le souverain art, la nature :

Si vis me flere, dolendum est
Primum ipsi tibi!...*

Ce fut tout le secret du succès si inattendu pour moi de ces *Méditations,* quand elles me furent arrachées, presque malgré moi, par des amis à qui j'en avais lu quelques fragments à Paris. Le public entendit une âme sans la voir, et vit un homme au lieu d'un livre. Depuis J.-J. Rousseau, Bernardin de Saint-Pierre et Chateaubriand, c'était le poète qu'il attendait. Ce poète était jeune, malhabile, médiocre; mais il était sincère. Il alla droit au cœur, il eut des soupirs pour échos et des larmes pour applaudissements.

Je ne jouis pas de cette fleur de renommée qui s'attacha à mon nom dès le lendemain de la publication de ce premier volume des *Méditations*. Trois jours après* je quittai Paris pour aller occuper un poste diplomatique à l'étranger. Louis XVIII, qui avait de l'*Auguste* dans le caractère littéraire, se fit lire, par le duc de *Duras,* mon petit volume, dont les journaux et les salons retentissaient. Il crut qu'une nouvelle *Mantoue* promettait à son règne un nouveau *Virgile*. Il ordonna à M. *Siméon,* son ministre de l'Intérieur, de m'envoyer, de sa part, l'édition des classiques de Didot, seul présent que j'aie jamais reçu des cours. Il signa le lendemain ma nomination à un emploi de secrétaire d'ambassade, qui lui fut présentée par M. *Pasquier,* son ministre des Affaires Étrangères. Le roi ne me vit pas. Il était loin de se douter qu'il me connaissait beaucoup de figure, et que le poète dont il redisait déjà les vers était un de ces jeunes officiers de ses gardes qu'il avait souvent paru remarquer, et à qui il avait une ou deux fois adressé la parole quand je galopais aux roues de sa voiture, dans les courses à Versailles ou à Saint-Germain*.

Ces vers cependant furent pendant longtemps l'objet des critiques, des dénigrements et des railleries du vieux parti littéraire classique, qui se sentait détrôné par cette nouveauté. *Le Constitutionnel* et *la Minerve**, journaux très illibéraux en matière de sentiment et de goût, s'acharnèrent pendant sept à huit ans contre mon nom. Ils m'affublèrent d'ironies, ils m'aguerrirent aux épigrammes. Le vent les emporta, mes mauvais vers restèrent dans le cœur des jeunes gens et des femmes, ces précurseurs de toute postérité. Je vivais loin de la France, j'étudiais mon métier*, j'écrivais encore de temps en temps les impressions de ma vie en méditations, en harmonies, en poèmes; je n'avais aucune impatience de célébrité, aucune susceptibilité d'amour-propre, aucune jalousie d'auteur. Je n'étais pas auteur, j'étais ce que les modernes appellent un *amateur,* ce que les anciens appelaient un *curieux* de littérature, comme je suppose qu'Horace, Cicéron, Scipion, César lui-même, l'étaient de leur temps. La poésie n'était pas mon métier; c'était un accident, une aventure heureuse, une bonne fortune dans ma vie. J'aspirais à tout autre chose, je me destinais à d'autres travaux. Chanter n'est pas vivre : c'est se délasser ou se consoler par sa propre voix. Heureux temps! bien des jours et bien des événements m'en séparent.

Et aujourd'hui je reçois continuellement des lettres d'inconnus* qui ne cessent de me dire : « Pourquoi ne chantez-vous plus? Nous écoutons encore ». Ces amis invisibles de mes vers ne se sont donc jamais rendu compte de la nature de mon faible talent et de la nature de la poésie elle-même? Ils croient apparemment que le cœur humain est une lyre toujours montée et toujours complète, que l'on peut interroger du doigt à chaque heure de la vie, et dont aucune corde ne se détend, ne s'assourdit ou ne se brise avec les années et sous les vicissitudes de l'âme? Cela peut être vrai pour des poètes souverains, infatigables, immortels ou toujours rajeunis par leur génie, comme Homère, Virgile, Racine, Voltaire*, Dante, Pétrarque, Byron, et d'autres que je nommerais s'ils n'étaient pas mes émules et mes contemporains*. Ces hommes exceptionnels ne sont que pensée, cette pensée n'est en eux que poésie, leur existence tout entière n'est qu'un développement continu et progressif de ce don de l'enthousiasme poétique que la nature a allumé en eux en les faisant naître, qu'ils respirent avec l'air, et qui ne s'évapore qu'avec leur dernier soupir. Quant à moi, je n'ai pas été doué ainsi. La poésie ne m'a jamais possédé tout entier. Je ne lui ai donné dans mon âme et dans ma vie seulement que la place que l'homme donne au chant dans sa journée : des moments le matin, des moments le soir, avant et après le travail sérieux et quotidien. Le rossignol lui-même, ce chant de la nature incarné dans les bois, ne se fait entendre qu'à ces deux heures du soleil qui se lève et du soleil qui se couche, et encore dans une seule saison de l'année. La vie est la vie, elle n'est pas un hymne de joie ou un hymne de tristesse perpétuel. L'homme qui chanterait toujours ne serait pas un homme, ce serait une voix*.

L'idéal d'une vie humaine a toujours été pour moi celui-ci : la poésie de l'amour et du bonheur au commencement de la vie; le travail, la guerre, la politique, la philosophie, toute la partie active qui demande la lutte, la sueur, le sang, le courage, le dévouement, au milieu; et enfin le soir, quand le jour baisse, quand le bruit s'éteint, quand les ombres descendent, quand le repos approche, quand la tâche est faite, une seconde poésie; mais la poésie religieuse alors, la poésie qui se détache entièrement de la terre et qui aspire uniquement à Dieu, comme le chant de l'alouette au-dessus des nuages. Je ne comprends donc le poète que sous deux âges et sous deux formes* : à vingt ans, sous la forme d'un beau jeune homme qui aime, qui rêve, qui pleure en attendant la vie active; à quatre-vingts ans, sous la forme d'un vieillard qui se repose de la vie, assis à ses derniers soleils contre le mur du temple, et qui envoie devant lui au Dieu de son espérance ses extases de résignation, de confiance et d'adoration, dont ses longs jours ont fait déborder ses lèvres. Ainsi fut David, le plus lyrique, le plus pieux et le plus pathétique à la fois des hommes qui chantèrent leur propre cœur ici-bas*. D'abord une harpe à la main, puis une épée et un sceptre, puis une lyre sacrée; poète au printemps de ses années, guerrier et roi au milieu, prophète à la fin, voilà l'homme d'inspiration complet ! Cette poésie des derniers jours, pour en être plus grave, n'en est pas moins céleste : au contraire, elle se purifie et se divinise en remontant au seul être qui mérite d'être éternellement contemplé et chanté, l'Être infini ! C'est encore la sève du cœur de l'homme, formée de larmes, d'amour, de délires, de tristesses ou de voluptés; mais ce cœur, mûri par les longs soleils de la vie, n'en est pas moins savoureux : il est comme l'arbre d'encens que j'ai vu dans les sables de la Judée, dont la sève en vieillissant devient parfum, et qui passe des jardins, où on le cueillait à l'ombre, sur l'autel, où on le brûle à la gloire de Jéhovah.

Une naïve et touchante image de ces deux natures de poésie et des deux natures de sons que rend l'âme du poète aux différents âges me revient de loin à la mémoire au moment où j'écris ces lignes.

Quand nous étions enfants, nous nous amusions quelquefois, mes petites sœurs et moi, à un jeu que nous appelions *la musique des anges*. Ce jeu consistait à plier une baguette d'osier en demi-cercle ou en arc à angle très aigu, à en rapprocher les extrémités par un fil semblable à la corde sur laquelle on ajuste la flèche, à nouer ensuite des cheveux d'inégale grandeur aux deux côtés de l'arc, comme sont disposées les fibres d'une harpe, et à exposer cette petite harpe au vent. Le vent d'été, qui dort et qui respire alternativement d'une haleine folle, faisait frissonner le réseau, et en tirait des sons d'une ténuité presque imperceptible, comme il en tire des feuilles dentelées des sapins. Nous prêtions tour à tour l'oreille, et nous nous imaginions que c'étaient les esprits célestes qui chantaient. Nous nous servions habituellement, pour ce jeu, des longs cheveux fins, jeunes, blonds et soyeux, coupés aux tresses pendantes, de mes sœurs; mais, un jour, nous voulûmes éprouver si les anges joueraient les mêmes mélodies sur des cordes d'un autre âge, empruntées à un autre front. Une bonne tante de mon père*, qui vivait à la maison, et dont les cachots de la Terreur avaient blanchi la belle tête avant l'âge, surveillait nos jeux en travaillant de l'aiguille, à côté de nous, dans le jardin. Elle se prêta à notre enfantillage, et coupa avec ses ciseaux une longue mèche de ses cheveux, qu'elle nous livra. Nous en fîmes aussitôt une seconde harpe, et, la plaçant à côté de la première, nous les écoutâmes toutes deux chanter. Or, soit que les fils fussent mieux tendus, soit qu'ils fussent d'une nature plus élastique et plus plaintive, soit que le vent soufflât plus doux et plus fort dans l'une des petites harpes que dans l'autre, nous trouvâmes que les esprits de l'air chantaient plus tristement et plus harmonieusement dans les cheveux blancs que dans les cheveux blonds d'enfant; et, depuis ce jour, nous importunions souvent notre tante pour qu'elle laissât dépouiller par nos mains son beau front.

Ces deux harpes dont les cordes rendent des sons différents selon l'âge de leurs fibres, mais aussi mélodieux à travers le réseau blanc qu'à travers le réseau blond de ces cordes vivantes, ces deux harpes ne sont-elles pas l'image puérile, mais exacte, des deux poésies appropriées aux deux âges de l'homme? Songe et joie dans la jeunesse; hymne et piété dans les dernières années. Un salut et un adieu à l'existence et à la nature, mais un adieu qui est un salut aussi! un salut plus enthousiaste, plus solennel et plus saint à la vision de Dieu qui se lève tard, mais qui se lève plus visible sur l'horizon du soir de la vie humaine!

Je ne sais pas ce que la Providence me réserve de sort et de jours. Je suis dans le tourbillon au plus fort du courant du fleuve, dans la poussière des vagues soulevées par le vent, à ce milieu de la traversée où l'on ne voit plus le bord de la vie d'où l'on est parti, où l'on ne voit pas encore le bord où l'on doit aborder, si on aborde; tout est dans la main de Celui qui dirige les atomes comme les globes dans leur rotation, et qui a compté d'avance les palpitations du cœur du moucheron et de l'homme comme les circonvolutions des soleils*. Tout est bien et tout est béni de ce qu'il aura voulu. Mais si, après les sueurs, les labeurs, les agitations et les lassitudes de la journée humaine, la volonté de Dieu me destinait un long soir d'inaction, de repos, de sérénité avant la nuit, je sens que je redeviendrais volontiers à la fin de mes jours ce que je fus au commencement : un poète, un adorateur, un chantre de sa création. Seulement, au lieu de chanter pour moi-même ou pour les hommes, je chanterais pour lui; mes hymnes ne contiendraient que le nom éternel et infini, et mes vers, au lieu d'être des retours sur moi-même, des plaintes ou des délires personnels, seraient une note sacrée de ce cantique incessant et universel que toute créature doit chanter, du cœur ou de la voix, en naissant, en vivant, en passant, en mourant, devant son Créateur*.

LAMARTINE

2 juillet 1849*. »

Dans l'édition de 1849, la préface qu'on vient de lire est immédiatement suivie d'une *Seconde Préface,* sous-titrée *Des Destinées de la Poésie.* Ce long texte, daté de Paris, 11 février 1834, n'était pas inédit. Des fragments en avaient paru dans la *Revue des Deux Mondes* du 15 mars 1834 (pp. 682-694) et, peu après, Ch. Gosselin l'avait publié entièrement sous forme d'une plaquette in-8° de 75 pages. Lamartine y traite de la Poésie en général et des « deux grands génies » qui ont dominé les débuts du XIXe siècle, Mme de Staël, « génie mâle dans un corps de femme », et Chateaubriand, « génie plus mélancolique et plus suave, mémoire enchantée et harmonieuse du Passé, imagination homérique jetée au milieu de nos convulsions sociales ». Il nomme aussi Job, Homère, Virgile, le Tasse, Milton, Rousseau, Ossian, *Paul et Virginie,* qui tous « (lui) parlaient dans la solitude la langue de (son) cœur ». Il s'attarde enfin avec complaisance sur les souvenirs du voyage qu'il avait récemment accompli en Orient (juillet 1832-octobre 1833) et conclut en vaticinant sur l'avenir de la Poésie, « qui ne sera plus lyrique dans le sens où nous prenons ce mot », mais « sera de la raison chantée » et « doit se faire peuple, et devenir populaire comme la religion, la raison et la philosophie ». Conception bien éloignée de celle des années 1820-1823! Par ailleurs, en annonçant cet écrit le 3 mai 1834, la *Bibliographie de la France* le présentait comme la préface de la nouvelle édition des *Œuvres complètes* de Lamartine, à paraître en quatre volumes chez Gosselin et Furne. Ainsi *Des Destinées de la Poésie* ne se rattache pas de façon particulière aux *Méditations Poétiques* et peut fort bien, à notre avis, être tenu à l'écart d'une édition de celles-ci.

Au contraire, il nous reste à reproduire les pages de prose qui servent d'introduction au second tome de l'Édition des Souscripteurs et qui ont été composées spécialement pour présenter les *Nouvelles Méditations.*

PRÉFACE
DES SECONDES MÉDITATIONS

A. M. DARGAUD*

DANS l'un des innombrables entretiens que nous avons ensemble depuis vingt ans, et dans lesquels je vous ai ouvert *péripatétiquement** toute mon âme, vous m'avez demandé pourquoi les secondes Méditations n'avaient pas excité d'abord le même enthousiasme que les premières, et pourquoi ensuite elles avaient repris leur rang à côté des autres. Je vous ai répondu : « C'est que les premières étaient les premières, et que les secondes étaient les secondes*. »

Il n'y a pas eu d'autre raison; mais cette raison en est une, bien qu'elle paraisse une puérilité. En effet, la nouveauté en tout est un immense élément de succès. L'étonnement fait partie du plaisir à l'apparition d'une beauté de l'art comme d'une beauté de la création, comme d'une beauté vivante. Une fois ce premier étonnement épuisé ou émoussé, la chose reste aussi belle, mais elle n'est plus aussi admirée. Le ravissement même devient une habitude; et l'habitude, comme dit Montaigne, « enlève sa primeur à toute *saveur** ». Croyez-vous que le premier rayon de soleil qui inonde le matin les yeux de l'homme qui s'éveille soit plus pur et plus éblouissant que les rayons qui le suivent, et dont on ne s'aperçoit plus? Non, mais il est le premier. Croyez-vous que les milliards de coups de canon qui se tirent par an dans le monde frappent l'oreille et l'imagination de l'homme de la même impression dont son oreille et son imagination furent frappées la première fois que, par l'invention de la poudre foulée dans le bronze, il crut voir et entendre le tonnerre descendre des nuages, s'allumer et retentir sous sa main? Croyez-vous que les milliers d'aérostats qui s'élèvent tous les ans au-dessus des dômes illuminés de nos capitales, dans leurs jours de fêtes, attirent, fascinent et éblouissent autant les yeux de la foule, que ce premier globe aérien emportant au ciel sa nacelle pliante sous le poids de ces deux pilotes que nos pères virent naviguer pour la première fois dans les cieux*? Non : le phénomène est le même, l'admiration s'est usée. L'invention vieillit comme toute chose ici-bas. S'il en était autrement, la vie se passerait en extases devant les merveilles du génie humain inventées par ceux qui nous ont précédés, et que nous foulons aux pieds. La nouveauté est une des conditions de l'enthousiasme.

En descendant du grand au petit, je l'éprouvai tout de suite à l'apparition de ce second volume de mes poésies. J'étais le même homme; j'avais le même âge ou un an de plus, la fleur de la jeunesse, vingt-six ans*; je n'avais ni gagné ni perdu une fibre de mon cœur, ces fibres avaient les mêmes palpitations; la plupart même des méditations qui composaient ce second recueil avaient été écrites aux mêmes dates et sous le feu ou sous les larmes des mêmes impressions que les premières. C'étaient des feuilles du même arbre, de la même sève, de la même tige, de la même saison; et cependant le public n'y trouva pas au premier moment la même fraîcheur, la même couleur, la même saveur. « Ce n'est plus cela, s'écriait-on de toutes parts; ce n'est plus le même homme, ce ne sont plus les mêmes vers ! » C'est que si mes vers étaient encore aussi neufs pour ce public, ce public n'était plus aussi neuf pour mes vers.

C'est aussi que l'envie littéraire, éveillée par un premier grand succès surpris à l'étonnement des lecteurs, avait eu le temps de s'armer contre une *récidive** d'admiration, et s'arma en effet de mon premier volume contre le second.

C'est enfin que mes admirateurs, même les plus bienveillants, étaient eux-mêmes en quelque sorte avares et jaloux de la vivacité d'impression qu'ils avaient éprouvée à la lecture de mes premières poésies, et que cette impression était si forte et si personnelle en eux, qu'elle les empêchait réellement d'éprouver une seconde fois une autre impression semblable; comme une première odeur, respirée jusqu'à l'enivrement, empêche l'odorat de sentir une corbeille des mêmes fleurs.

Je compris cela du premier coup. Je ne suis pas né impatient, parce que je ne suis pas né ambitieux, bien que je sois né très actif. J'attendis.

Il me fallut attendre à peu près quinze ans*. « Pourquoi quinze ans? » me dites-vous. Parce qu'il me fallut attendre une génération de lecteurs nouveaux, et qu'il faut à peu près quinze ans chez nous pour qu'une nouvelle génération en politique, en littérature, en idées, en goût, remplace une autre génération, ou s'y mêle du moins en proportion suffisante pour en modifier les sentiments. Les générations d'hommes ont trente-trois ans, les générations d'esprit ont quinze ans.

Or, du moment où une génération d'esprits nouveaux, d'enfants, de jeunes gens, de jeunes femmes, eurent lu, non pas mon premier volume seulement, comme la génération lisante de 1821*, mais mes deux volumes à la fois, sans acception de date, sans préférence d'impressions reçues, sans privilège d'âge, sans comparaison de souvenirs, ces nouveaux lecteurs impartiaux trouvèrent (ce qui était vrai) mes premiers et mes seconds vers parfaitement semblables d'âme, d'inspiration, de défauts ou de qualités. Les deux volumes ne furent plus qu'une seule œuvre dans leur esprit, et furent les Méditations poétiques.

J'ai éprouvé ensuite, dans tout le cours de ma vie littéraire, politique, oratoire ou poétique, le même phénomène. Toujours, et par une sorte d'intermittence aussi régulière que le flux et le reflux de l'Océan, le flux ou le reflux de l'opinion et du goût s'est caractérisé envers moi par une faveur ou par une défaveur alternative*. Toujours on s'est armé d'un volume contre un autre volume, d'un premier genre de mes poésies contre un nouveau genre, de l'approbation donnée à un de mes actes contre un second, de l'applaudissement soulevé par un de mes discours contre le discours qui suivait. Ainsi est faite l'opinion publique : elle ne veut pas reconnaître longtemps même son plaisir. Il faut qu'elle construise et qu'elle démolisse sans fin, pour reconstruire après, même les plus insignifiantes renommées. Elle finit par une suprême raison quand ses jouets sont morts, et qu'elle s'appelle la postérité; mais, pendant qu'ils vivent, elle n'est réellement pas encore l'opinion : elle est le caprice de la multitude,

Voilà ce que je vous disais un jour en descendant, nos fusils sous le bras, nos chiens sur nos talons, les pentes ravinées de sable rouge des hautes montagnes semées de châtaigniers qui font la toile peinte de la scène entre Saint-Point et le mont Blanc.

Où sont ces jours maintenant? Où sont ces pensées nonchalantes qui s'échangeaient entre nous alors en conversations interrompues, comme les bruissements des saules et des chênes alternaient doucement, sous les premières ombres des soirées, avec les babillages des eaux filtrant à nos pieds dans les rigoles de la montagne? Le rapide sillage du temps, qui court en changeant la scène et les spectateurs, nous a emportés tous deux sous d'autres latitudes de la pensée. Que d'autres entretiens aussi n'avons-nous pas eus depuis sur d'autres théâtres et sur de plus importants sujets? Nous avons vu s'agiter les peuples, crouler les trônes, surgir les républiques, bouillonner les factions, et l'esprit des sociétés désorientées chercher à tâtons la route vers l'avenir entre des ruines et des chimères*, jusqu'à ce qu'il trouve le vrai chemin que Dieu seul peut lui éclairer. Ces méditations d'un autre âge ne s'écrivent ni en vers ni en prose. Aucune langue ne contiendrait les actes de foi, les frissons de doute, les élans de courage, les abattements de tristesse, les cris de joie, les gémissements d'angoisses intérieures, les conjectures, les aspirations, les invocations que les hommes préoccupés du sort des peuples, et mêlés à ce mouvement des choses humaines, se révèlent dans l'intimité de leurs âmes pendant cette traversée des révolutions. Ce sont des mots, des syllabes, des points de vue, des horizons qui s'ouvrent et qui se referment devant l'esprit en un clin d'œil. Cela ne se note pas dans les livres, mais dans l'intelligence et dans le cœur d'un ami. Votre cœur et votre intelligence ont été, depuis vingt ans, les pages où j'ai jeté en courant ce que je ne me dis qu'à moi-même et ce qui n'a été feuilleté que par vous. Quand j'aurai cessé de causer, et que vous vous souviendrez encore; quand vous reviendrez en automne visiter cette vallée de Saint-Point où j'ai laissé tomber plus de rêveries dans votre oreille que les peupliers de mon pré ne laissent tomber de feuilles sur le grand chemin; le ravin desséché, le châtaignier creux, la source entre ses quatre pierres de granit grises, le tronc d'arbre couché à terre et servant de banc aux mendiants de la vallée, le tombeau peut-être où un lierre de plus rampera sur les moulures de l'arche sépulcrale* à l'extrémité des jardins, sur les confins de la vie et de la mort, vous rappelleront ce que nous nous sommes dit, ici ou là, assis ou debout, sous telle inclinaison de l'ombre, sous tel rayon du soleil, au chant de tel oiseau dans les branches sur nos têtes, aux aboiements de tel chien, au hennissement de tel cheval de prédilection dans l'enclos; vous vous arrêterez pour écouter encore et pour répondre, et vous serez, mieux que ce livre mort et muet, un souvenir vivant de ma vie écoulée. Cela m'est doux à penser. Ce n'est pas la postérité, c'est encore un crépuscule de la vie humaine après que notre court soleil est déjà éteint. L'homme n'est bien mort que quand tous ceux qui l'ont connu et aimé sur la terre se sont couchés à leur tour dans le tombeau qui ne parle plus d'eux aux nouvelles générations. Jusque-là l'homme vit encore un peu dans la vie de ceux qui survivent. C'est l'aurore boréale du tombeau.

Les Orientaux, qui ont tout dit parce qu'ils ont tout senti les premiers, ont un proverbe plein de ce sens exquis de l'amitié. « Pourquoi Dieu, disent-ils, a-t-il donné une ombre au corps de l'homme? C'est pour qu'en traversant le désert l'homme puisse reposer ses regards sur cette ombre, et que le sable ne lui brûle pas les yeux. » Vous avez été souvent pour moi comme une ombre de rafraîchissement, *umbra refrigerii**, et vous le serez encore pour ma mémoire, quand j'aurai passé.

LAMARTINE.

Paris, 3 juillet 1849*.

APPENDICE II

COMMENTAIRES DE LAMARTINE SUR LES MÉDITATIONS

NOTE

Les *Commentaires des Méditations* parurent pour la première fois dans l'*Édition des Souscripteurs,* en 1849. Ils avaient été écrits tardivement par Lamartine, en particulier au cours de son voyage italien de l'été 1844 durant lequel sa verve poétique se réveilla et qui vit naître *Graziella* et les *Confidences.* Cette rédaction de textes prétendument explicatifs, intervenue parfois plus d'un tiers de siècle après la composition des poésies dont ils devaient éclairer la genèse et les circonstances, entraîna fatalement, sous la plume d'un écrivain par nature enclin à l'inexactitude, de multiples et voyantes erreurs. Le baron de Nanteuil a dit excellemment à ce sujet* : « On n'a pas fini d'épiloguer sur ces fameux Commentaires qui firent le désespoir des lamartiniens contemporains du poète et qui, aujourd'hui encore, ne laissent pas d'irriter plus d'un lecteur par leur singulier mélange de charme et de puérilité; de vérités et de contre-vérités, — ces dernières, tantôt issues de sa délicieuse imagination, tantôt échappées à son incurable insouciance, tantôt hélas! visiblement intentionnelles. Malgré tout, c'est toujours du Lamartine. Et l'on ne peut plus s'en passer. »

L'éditeur des *Méditations* se doit donc de donner avec elles les gloses de l'auteur, en soulignant toutefois les fautes que celles-ci renferment. Mais, afin de ne pas alourdir ces *notes sur des notes,* nous insistons une fois pour toutes sur le point suivant : *lorsque les explications du poète sont en contradiction avec les indications que nous avons nous-même formulées à propos de chaque morceau, ce sont ces dernières qui contiennent la vérité, ou fondent définitivement une incertitude,* car nous les avons étayées sur la documentation la plus solide que nous avons pu réunir. Toutefois les problèmes posés par le commentaire lamartinien ne sont pas simples :

il est parfois la source unique de renseignements que nous possédions et, souvent, on se rend compte que tout n'y est pas de pure imagination, mais que la mémoire du rédacteur a été comme vivifiée par l'évocation d'événements ou de sentiments lointains. D'autre part, on notera avec curiosité que les pièces ajoutées aux *Méditations* postérieurement à 1823 ne sont accompagnées d'aucun commentaire*, alors que leur création, plus récente que celle de leurs illustres aînées, aurait dû laisser des traces plus précises dans le souvenir de leur auteur. Quoi qu'il en soit, les pages qui suivent ne doivent pas être considérées comme entièrement inutiles à la connaissance des poèmes contenus dans le présent volume et, *en règle générale, les indications qui n'ont pas été reprises dans nos notes personnelles, mais que nous n'avons pas pour autant rejetées formellement comme douteuses ou erronées, peuvent être tenues, en l'état actuel de notre information, pour véridiques ou, du moins, regardées comme vraisemblables.*

F. L.

COMMENTAIRES DES PREMIÈRES MÉDITATIONS

Page 3 L'ISOLEMENT

J'ÉCRIVIS cette première méditation un soir du mois de septembre 1819, au coucher du soleil, sur la montagne qui domine la maison de mon père, à Milly. J'étais isolé depuis plusieurs mois dans cette solitude. Je lisais, je rêvais, j'essayais quelquefois d'écrire, sans rencontrer jamais la note juste et vraie qui répondît à l'état de mon âme; puis je déchirais et je jetais au vent les vers que j'avais ébauchés. J'avais perdu, l'année précédente, par une mort précoce, la personne que j'avais le plus aimée jusque-là. Mon cœur n'était pas guéri de sa première grande blessure, il ne le fut même jamais. Je puis dire que je vivais en ce temps-là avec les morts plus qu'avec les vivants. Ma conversation habituelle, selon l'expression sacrée, était dans le ciel*. On a vu dans *Raphaël* comment j'avais été attaché et détaché soudainement de mon idolâtrie d'ici-bas.

J'avais emporté ce jour-là sur la montagne un volume de Pétrarque*, dont je lisais de temps en temps quelques sonnets. Les premiers vers de ces sonnets me ravissaient en extase dans le monde de mes propres pensées. Les derniers vers me sonnaient mélodieusement à l'oreille, mais faux au cœur. Le sentiment y devient l'esprit. L'esprit a toujours, pour moi, neutralisé le génie. C'est un vent froid qui sèche les larmes sur les yeux. Cependant j'adorais et j'adore encore Pétrarque. L'image de Laure, le paysage de Vaucluse, sa retraite dans les collines *euganéennes**, dans son petit village que je me figurais semblable à Milly, cette vie d'une seule pensée, ce soupir qui se convertit naturellement en vers, ces vers qui ne portent qu'un nom aux siècles, cet amour mêlé à cette prière, qui font ensemble comme un *duo* dont une voix se plaint sur la terre, dont l'autre voix répond du ciel; enfin cette mort idéale de Pétrarque la tête sur les pages de son livre, les lèvres collées sur le nom de Laure, comme si sa vie se fût exhalée dans un baiser donné à un rêve! tout cela m'attachait alors et m'attache encore aujourd'hui à Pétrarque. C'est incontestablement pour moi le premier poète de l'Italie moderne, parce qu'il est à la fois le plus élevé et le plus sensible, le plus pieux et le plus amoureux; il est certainement aussi le plus harmonieux : pourquoi n'est-il pas le plus simple? Mais la simplicité est le chef-d'œuvre de l'art, et l'art commençait. Les vices de la décadence sont aussi les vices de l'enfance des littératures. Les poésies populaires de la Grèce moderne, de l'Arabie et de la Perse sont pleines d'afféteries et de jeux de mots. Les peuples enfants aiment ce qui brille avant d'aimer ce qui luit; il en est pour eux des poésies comme des couleurs : l'écarlate et la pourpre leur plaisent dans les vêtements avant les couleurs modérées dont se revêtent les peuples plus avancés en civilisation et en vrai goût.

Je rentrai à la nuit tombante, mes vers dans la mémoire, et me les redisant à moi-même avec une douce prédilection. J'étais comme le musicien qui a trouvé un motif, et qui se le chante tout bas avant de le confier à l'instrument. L'instrument pour moi, c'était l'impression. Je brûlais d'essayer l'effet du timbre de ces vers sur le cœur de quelques hommes sensibles. Quant au public, je n'y songeais pas, ou je n'en espérais rien. Il s'était trop endurci le sentiment, le goût et l'oreille aux vers techniques de Delille, d'Esménard et de toute l'école classique de l'Empire, pour trouver du charme à des effusions de l'âme qui ne ressemblaient à rien, selon l'expression de M. D*** à Raphaël*.

Je résolus de tenter le hasard, et de les faire imprimer à vingt exemplaires sur beau papier, en beau caractère, par les soins du grand artiste en typographie, de l'*Elzévir* moderne, M. Didot. Je les envoyai à un de mes amis à Paris : il me les renvoya imprimés. Je fus aussi ravi, en me lisant pour la première fois, magnifiquement reproduit sur papier vélin, que si j'avais vu dans un miroir magique l'image de mon âme*. Je donnai mes vingt exemplaires à mes amis : ils trouvèrent les vers harmonieux et mélancoliques; ils me présagèrent l'étonnement d'abord, puis après, l'émotion du public. Mais j'avais moins de confiance qu'eux dans le goût dépravé, ou plutôt racorni, du temps. Je me contentai de ce public composé de quelques cœurs à l'unisson du mien, et je ne pensai plus à la publicité.

Ce ne fut que longtemps après, qu'en feuilletant un jour mon volume de Pétrarque, je retrouvai ces vers, intitulés *Méditation,* et que je les recueillis par droit de primogéniture* pour en faire la première pièce de mon recueil. Ce souvenir me les a rendus toujours chers depuis, parce qu'ils étaient tombés de ma plume comme une goutte de la rosée du soir sur la colline de mon berceau, et comme une larme sonore de mon cœur sur la page de Pétrarque où je ne voulais pas écrire, mais pleurer.

Page 5 L'HOMME

Je n'ai jamais connu lord Byron. J'avais écrit la plupart de mes méditations avant d'avoir lu ce grand poète. Ce fut un bonheur pour moi. La puissance sauvage, pittoresque et souvent perverse de ce génie aurait nécessairement entraîné ma jeune imagination hors de sa voie naturelle : j'aurais cessé d'être original, en voulant marcher sur ses traces. Lord Byron est incontestablement à mes yeux la plus grande nature poétique des siècles modernes. Mais le désir de produire plus d'effet sur les esprits blasés de son pays et de son temps l'a jeté dans le paradoxe. Il a voulu être le Lucifer révolté d'un *pandaemonium* humain. Il s'est donné un rôle de fantaisie dans je ne sais quel drame sinistre dont il est à la fois l'auteur et l'acteur. Il s'est fait énigme pour être deviné. On voit qu'il procédait de Gœthe, le Byron allemand; qu'il avait lu *Faust, Méphistophélès, Marguerite,* et qu'il s'est efforcé de réaliser en lui un *Faust* poète, un *don Juan* lyrique. Plus tard il est descendu plus bas; il s'est ravalé jusqu'à *Rabelais,* dans un poème facétieux*. Il a voulu faire de la poésie, qui est l'hymne de la terre, la grande raillerie de l'amour, de la vertu, de l'idéal, de Dieu. Il était si grand qu'il n'a pas pu se rapetisser tout à fait. Ses ailes l'enlevaient malgré lui de cette fange et le reportaient au ciel à chaque instant. C'est qu'en lui le poète était immense, l'homme incomplet, puéril, ambitieux de néants. Il prenait la vanité pour la gloire, la curiosité qu'il inspirait artificiellement pour le regard de la postérité, la misanthropie pour la vertu.

Né grand, riche, indépendant et beau, il avait été blessé par quelques feuilles de rose dans le lit tout fait de son aristocratie et de sa jeunesse. Quelques articles critiques contre ses premiers vers lui avaient semblé un crime irrémissible de sa patrie contre lui*. Il était entré à la Chambre des pairs; deux discours prétentieux et médiocres n'avaient pas été applaudis : il s'était exilé alors en secouant la poussière de ses pieds, et en maudissant sa terre natale*. Enfant gâté par la nature, par la fortune et par le génie, les sentiers de la vie réelle, quoique si bien aplanis sous ses pas, lui avaient paru encore trop rudes. Il s'était enfui sur les ailes de son imagination, et livré à tous ses caprices.

J'entendis parler pour la première fois de lui par un de mes anciens amis qui revenait d'Angleterre en 1819*. Le seul récit de quelques-uns de ses poèmes m'ébranla l'imagination. Je savais mal l'anglais alors, et on n'avait rien traduit de Byron encore. L'été suivant, me trouvant à Genève, un de mes amis qui y résidait me montra un soir, sur la grève du lac Léman, un jeune homme qui descendait de bateau et qui montait à cheval pour rentrer dans une de ces délicieuses *villas* réfléchies dans les eaux du lac. Mon ami me dit que ce jeune homme était un fameux poète anglais, appelé lord Byron. Je ne fis qu'entrevoir son visage pâle et fantastique à travers la brume du crépuscule. J'étais alors bien inconnu, bien pauvre, bien errant, bien découragé de la vie. Ce poète misanthrope, jeune, riche, élégant de figure, illustre de nom, déjà célèbre de génie, voyageant à son gré ou se fixant à son caprice dans les plus ravissantes contrées du globe, ayant des barques à lui sur les vagues, des chevaux sur les grèves, passant l'été sous les ombrages des Alpes, les hivers sous les orangers de Pise, me paraissait le plus favorisé des mortels. Il fallait que ses larmes vinssent de quelque source de l'âme bien profonde et bien mystérieuse pour donner tant d'amertume à ses accents, tant de mélancolie à ses vers. Cette mélancolie même était un attrait de plus pour mon cœur.

Quelques jours après, je lus, dans un recueil périodique de Genève, quelques fragments traduits du *Corsaire,* de *Lara,* de *Manfred.* Je devins ivre de cette poésie*. J'avais enfin trouvé la fibre sensible d'un poète à l'unisson de mes voix intérieures. Je n'avais bu que quelques gouttes de cette poésie, mais c'était assez pour me faire comprendre un océan.

Rentré l'hiver suivant dans la solitude de la maison de mon père à Milly, le souvenir de ces vers et de ce jeune homme me revint un matin à la vue du mont Blanc, que j'apercevais de ma fenêtre. Je m'assis au coin d'un petit feu de ceps de vigne, que je laissai souvent éteindre, dans la distraction entraînante de mes pensées; et j'écrivis au crayon, sur mes genoux, presque d'une seule haleine, cette méditation à lord Byron. Ma mère, inquiète de ce que je ne descendais ni pour le déjeuner ni pour le dîner de famille, monta plusieurs fois pour m'arracher à mon poème. Je lui lus plusieurs passages, qui l'émurent profondément, surtout par la piété de sentiments et de résignation qui débordait des vers, et qui n'était qu'un écoulement de sa propre piété. Enfin, désespérant de me faire abandonner mon enthousiasme, elle m'apporta de ses propres mains un morceau de pain et quelques fruits secs, pour que je prisse un peu de nourriture, tout en continuant d'écrire. J'écrivis en effet la méditation tout entière, d'un seul trait, en dix heures. Je descendis à la veillée, le front en sueur, au salon, et je lus le poème à mon père. Il trouva les vers étranges, mais beaux. Ce fut ainsi qu'il apprit l'existence du poète anglais et cette nature de poésie, si différente de la poésie de la France*.

Je n'adressai point mes vers à lord Byron. Je ne savais de lui que son nom, j'ignorais son séjour. J'ai lu depuis, dans ses Mémoires, qu'il avait entendu parler de cette méditation d'un jeune Français, mais qu'il ne l'avait pas lue. Il ne savait pas notre langue. Ses amis, qui ne la savaient apparemment pas mieux, lui avaient dit que ces vers étaient une longue diatribe contre ses crimes. Cette sottise le réjouissait. Il aimait qu'on prît au sérieux sa nature surnaturelle et infernale; il prétendait à la renommée du crime. C'était là sa faiblesse, une hypocrisie à rebours. Mes vers dormirent longtemps sans être publiés.

Je lus et je relus depuis, avec une admiration toujours plus passionnée, ceux de lord Byron. Ce fut un second Ossian pour moi, l'Ossian d'une société plus civilisée et presque corrompue par l'excès même de sa civilisation : la poésie de la satiété, du désenchantement et de la caducité de l'âge. Cette poésie me charma, mais elle ne corrompit pas mon bon sens naturel. J'en compris une autre, celle de la vérité, de la raison, de l'adoration et du courage.

Je souffris quand je vis, plus tard, lord Byron se faire le parodiste de l'amour, du génie et de l'humanité, dans son poème de *Don Juan*.

Je jouis quand je le vis se relever de son scepticisme et de son épicuréisme pour aller de son or et de son bras soutenir en Grèce la liberté renaissante d'une grande race. La mort le cueillit au moment le plus généreux et le plus véritablement épique de sa vie. Dieu semblait attendre son premier acte de vertu publique pour l'absoudre de sa vie par une sublime mort. Il mourut martyr volontaire d'une cause désintéressée. Il y a plus de poésie vraie et impérissable dans la tente où la fièvre le couche à Missolonghi*, sous ses armes, que dans toutes ses œuvres. L'homme en lui a grandi ainsi le poète, et le poète à son tour immortalisera l'homme.

Page 13 A ELVIRE

Cette méditation n'est qu'un fragment d'un morceau de poésie beaucoup plus étendu que j'avais écrit bien avant l'époque où je composai les Méditations véritables. C'étaient des vers d'amour adressés au souvenir d'une jeune fille napolitaine dont j'ai raconté la mort dans les *Confidences*.

Elle s'appelait *Graziella*. Ces vers faisaient partie d'un recueil en deux volumes de poésies de ma première jeunesse, que je brûlai en 1820. Mes amis avaient conservé quelques-unes de ces pièces* : ils me rendirent celle-ci quand j'imprimai les Méditations. J'en détachai ces vers, et j'écrivis le nom d'Elvire à la place du nom de Graziella. On sent assez que ce n'est pas la même inspiration.

Page 15 LE SOIR

J'avais perdu depuis quelques mois, par la mort, l'objet de l'enthousiasme et de l'amour de ma jeunesse. J'étais venu m'ensevelir dans la solitude chez un de mes oncles, l'abbé de Lamartine, au château d'Urcy*, dans les montagnes les plus boisées et les plus sauvages de la haute Bourgogne. J'écrivis ces strophes dans les bois qui entourent ce château, semblable à une vaste et magnifique abbaye. Mon oncle, homme excellent, retiré du monde depuis la Révolution, vivait en solitaire dans cette demeure. Il avait été, dans sa jeunesse, un abbé de cour, dans l'esprit et dans la dissipation du cardinal de Bernis*. La Révolution l'avait enchaîné et proscrit. Il l'aimait cependant, parce qu'elle lui avait permis d'abandonner sans scandale le sacerdoce, auquel sa famille l'avait contraint et auquel sa nature répugnait. Il s'était consacré à l'agriculture. Il cultivait ses vastes champs, soignait ses forêts, élevait ses troupeaux. Il m'aimait comme un père. Il me donnait asile toutes les fois que les pénuries ou les lassitudes de la jeunesse me saisissaient. Sa maison était mon port de refuge : j'y passais des saisons entières, tête à tête avec lui. Sa bibliothèque savante et littéraire me nourrissait l'esprit; ses bois couvraient mes rêveries, mes tristesses, mes contemplations errantes; sa gaieté tendre, sereine et douce me consolait de mes peines de cœur. Il planait philosophiquement sur toutes choses, comme s'il n'eût plus appartenu à la vie que par le regard. En mourant, il me légua son château et ses bois. Ils ont passé en d'autres mains. Mes souvenirs les habitent souvent, et cherchent sa tombe pour y couvrir sa mémoire de mes bénédictions*.

Page 17 L'IMMORTALITÉ

Ces vers ne sont aussi qu'un fragment tronqué d'une longue contemplation* sur les destinées de l'homme. Elle était adressée à une femme jeune, malade, découragée de la vie, et dont les espérances d'immortalité étaient voilées dans son cœur par le nuage de ses tristesses. Moi-même j'étais plongé alors dans la nuit de l'âme; mais la douleur, le doute, le désespoir, ne purent jamais briser tout à fait l'élasticité de mon cœur souvent comprimé, toujours prêt à réagir contre l'incrédulité et à relever mes espérances vers Dieu. Le foyer de piété ardente que notre mère avait allumé et soufflé de son haleine incessante dans nos imaginations d'enfant paraissait s'éteindre quelquefois au vent du siècle et sous les pluies de larmes des passions : la solitude le rallumait toujours. Dès qu'il n'y avait personne entre mes pensées et moi, Dieu s'y montrait, et je m'entretenais pour ainsi dire avec lui. Voilà pourquoi aussi je revenais facilement de l'extrême douleur à la complète résignation*. Toute foi est un calmant, car toute foi est une espérance*, et toute espérance rend patient. Vivre, c'est attendre.

Page 22 LE VALLON

Ce vallon est situé dans les montagnes du Dauphiné, aux environs du *Grand Lemps**; il se creuse entre deux collines boisées, et son embouchure est fermée par les ruines d'un vieux manoir qui appartenait à mon ami Aymon de Virieu*. Nous allions quelquefois y passer des heures de solitude, à l'ombre des pans de murs abandonnés que mon ami se proposait de relever et d'habiter un jour. Nous y tracions en idée des allées, des pelouses, des étangs, sous les antiques châtaigniers qui se tendaient leurs branches d'une colline à l'autre. Un soir, en revenant au *Grand Lemps,* demeure de sa famille, nous descendîmes de cheval, nous remîmes la bride à de petits bergers, nous ôtâmes nos habits, et nous nous jetâmes dans l'eau d'un petit lac qui borde la route. Je nageais très bien, et je traversai facilement la nappe d'eau; mais, en croyant prendre pied sur le bord opposé, je plongeai dans une forêt sous-marine d'herbes et de joncs si épaisse, qu'il me fut impossible, malgré les plus vigoureux efforts, de m'en dégager. Je commençais à boire et à perdre le sentiment, quand une main vigoureuse me prit par les cheveux et me ramena sur l'eau, à demi noyé. C'était Virieu, qui connaissait le fond du lac, et qui me traîna évanoui sur la plage. Je repris mes sens aux cris des bergers*.

Depuis ce temps, Virieu a rebâti en effet le château de ses pères sur les fondements de l'ancienne masure. Il y a planté des jardins, creusé des réservoirs pour retenir le ruisseau du vallon; il a inscrit une strophe de cette méditation sur un mur, en souvenir de nos jeunesses et de nos amitiés; puis il est mort, jeune encore, entre les berceaux de ses enfants*.

Page 25 LE DÉSESPOIR

Il y a des heures où la sensation de la douleur est si forte dans l'homme jeune et sensible, qu'elle étouffe la raison. Il faut lui permettre alors le cri et presque l'imprécation contre la destinée! L'excessive douleur a son délire, comme l'amour. Passion veut dire souffrance, et souffrance veut dire passion. Je souffrais trop; il fallait crier.

J'étais jeune, et les routes de la vie se fermaient devant moi comme si j'avais été un vieillard. J'étais dévoré d'activité intérieure, et on me condamnait à l'immobilité; j'étais ivre d'amour et j'étais séparé de ce que j'adorais : les tortures de mon cœur étaient multipliées par celles d'un autre cœur*. Je souffrais comme deux, et je n'avais que la force d'un. J'étais enfermé, par les suites de mes dissipations et par l'indigence, dans une retraite forcée à la campagne, loin de tout ce que j'aimais; j'étais malade de cœur, de corps, d'imagination; je n'avais pour toute société que les buis chargés de givre de la montagne en face de ma fenêtre, et les vieux livres d'histoire, cent fois relus, écrits avec les larmes des générations qu'ils racontent, et avec le sang des hommes vertueux que ces générations immolent en récompense de leurs vertus. Une nuit*, je me levai, je rallumai ma lampe, et j'écrivis ce gémissement ou plutôt ce rugissement de mon âme. Ce cri me soulagea : je me rendormis. Après, il me sembla que je m'étais vengé du destin par un coup de poignard.

Il y avait bien d'autres strophes plus acerbes, plus insultantes, plus impies*. Quand je retrouvai cette méditation, et que je me résolus à l'imprimer, je retranchai ces strophes. L'invective y montait jusqu'au sacrilège. C'était byronien; mais c'était Byron sincère et non joué.

Page 29

LA PROVIDENCE A L'HOMME

Cette méditation ne vaut pas la précédente. Voici pourquoi : la première est d'inspiration, celle-ci est de réflexion. Le repentir a-t-il jamais l'énergie de la passion?

Ma mère, à qui je montrai ce volume avant de le livrer à l'impression, me reprocha pieusement et tendrement ce cri de désespoir. C'était, disait-elle, une offense à Dieu, un blasphème contre la volonté d'en haut, toujours juste, toujours sage, toujours aimante, jusque dans ses sévérités. Je ne pouvais, disait-elle, imprimer de pareils vers qu'en les réfutant moi-même par une plus haute proclamation à l'éternelle sagesse et à l'éternelle bonté. J'écrivis, pour lui obéir et pour lui complaire, la méditation intitulée *la Providence à l'Homme**.

Page 33

SOUVENIR

Les grandes douleurs sont muettes, a-t-on dit. Cela est vrai. Je l'éprouvai après la première grande douleur de ma vie. Pendant six ou huit mois*, je me renfermai comme dans un linceul avec l'image de ce que j'avais aimé et perdu. Puis, quand je me fus pour ainsi dire apprivoisé avec ma douleur, la nature jeta le voile de la mélancolie sur mon âme, et je me complus à m'entretenir en invocations, en extases, en prières, en poésie même quelquefois, avec l'ombre toujours présente à mes pensées.

Ces strophes sont un de ces entretiens que je me plaisais à cadencer, afin de les rendre plus durables pour moi-même, sans penser alors à les publier jamais. Je les écrivis un soir d'été de 1819, sur le banc de pierre d'une fontaine glacée qu'on appelle *la fontaine du Hêtre,* dans les bois qui entourent le château de mon oncle à Urcy*. Que de vagues secrètes de mon cœur le murmure de cette fontaine, qui tombe en cascade, n'a-t-il pas assoupies en ce temps-là!

Page 36 ODE

Il ne faut pas chercher de philosophie dans les poésies d'un jeune homme de vingt ans*. Cette méditation en est une preuve de plus. La poésie pense peu, à cet âge surtout : elle peint et elle chante. Cette méditation est une larme sur le passé. Je venais de lire le *Génie du Christianisme,* de M. de Chateaubriand* : j'étais fanatisé des images dont ce livre, illustration de toutes les belles ruines, était étincelant. J'étais de l'opinion de *René,* de la religion d'*Atala,* de la foi du Père *Aubry*. De plus, j'avais eu toujours une indicible horreur du matérialisme, ce *squelette* de la création, exposé en dérision aux yeux de l'homme par des algébristes sur l'autel du néant, à la place de Dieu. Ces hommes me paraissaient et me paraissent encore aujourd'hui des aveugles-nés, des *Œdipes* du genre humain, niant l'énigme de Dieu parce qu'ils ne peuvent pas la déchiffrer. Enfin, j'étais né d'une famille royaliste qui avait gémi plus qu'aucune autre sur la chute du trône, sur la mort du vertueux et malheureux roi, sur les crimes de l'anarchie. J'eus un accès d'admiration pour tous les passés, une imprécation contre tous les démolisseurs des vieilles choses. Cet accès produisit ces vers et quelques autres : il ne fut pas très long. Il se transforma par la réflexion en appréciation équitable des vices et des avantages propres à chaque nature de gouvernement, et en spiritualisme religieux plein de vénération pour toutes les fois sincères, et plein d'aspiration pour le rayonnement toujours croissant du nom divin sur la raison de l'homme*.

Page 42 L'ENTHOUSIASME

Cette ode est du même temps*. C'est une goutte de la veine lyrique de mes premières années. Je l'écrivis un matin à Paris*, dans une mansarde de l'hôtel du maréchal de Richelieu, rue Neuve-Saint-Augustin, que j'habitais alors*. Un de mes amis entra au moment où je terminais la dernière strophe. Je lui lus toute la pièce; il fut ému. Il la copia, il l'emporta, et la lut à quelques poètes classiques de l'époque, qui encouragèrent de leurs applaudissements le poète inconnu*. Je la dédiai ensuite à cet ami, qui faisait lui-même des vers remarquables. C'est M. Rocher*, aujourd'hui une des lumières et une des éloquences de la haute magistrature de son pays. Nos routes dans la vie se sont séparées depuis; il a déserté la poésie avant moi. Il y aurait eu les succès promis à sa belle imagination. Nos vers s'étaient juré amitié : nos cœurs ont tenu la parole de nos vers.

Page 45 LA RETRAITE

Voici à quelle occasion j'écrivis ces vers :

Mes deux amis MM. de Virieu, de Vignet* et moi, nous nous embarquâmes, un soir d'orage, dans un petit bateau de pêcheurs sur le lac du Bourget. La tempête nous prit, et nous chassa au hasard des vagues à trois ou quatre lieues du point où nous nous étions embarqués. Après avoir été ballottés toute la nuit, les flots nous jetèrent entre les rochers d'une petite île*, à l'extrémité du lac. Le sommet de l'île était surmonté d'un vieux château flanqué de tours, et dont les jardins, échelonnés en terrasses unies les unes aux autres par de petits escaliers dans le roc, couvraient toute la surface de l'îlot. Ce château était habité par M. de Châtillon, vieux gentilhomme savoisien. Il nous offrit l'hospitalité; nous passâmes deux ou trois jours dans son manoir, entre ses livres et ses fleurs. M. de Châtillon menait, depuis quinze ou vingt ans, une vie d'ermite dans cette demeure. Il sentait son bonheur et il le chantait. Il avait écrit un poème intitulé *Mon lac et mon château**. C'était l'Horace rustique de ce Tibur sauvage. Ses vers ne manquaient ni de grâce, ni de sentiment; ils réfléchissaient la sérénité d'une âme calmée par le soir de la vie, comme son lac réfléchissait lui-même son donjon, festonné de lierre, d'espaliers et de jasmin. Il était loin de se douter qu'un de ses trois jeunes hôtes était lui-même poète sous ses cheveux blonds. Il fut heureux de trouver en nous des auditeurs et des appréciateurs de sa poésie : en trois séances, après le souper, il nous lut tout son poème. Quand notre bateau fut radoubé, nous prîmes congé du vieux gentilhomme. Nous étions déjà amis. Quelques jours après, je lui renvoyais pour carte de visite, par un batelier qui allait à Seyssel* et qui passait au pied de son île, ces vers.

Page 48 LE LAC

Le commentaire de cette méditation se trouve tout entier dans l'histoire de *Raphaël,* publiée par moi*.

C'est une de mes poésies qui a eu le plus de retentissement dans l'âme de mes lecteurs, comme elle en avait eu le plus dans la mienne. La réalité est toujours plus poétique que la fiction; car le grand poète, c'est la nature.

On a essayé mille fois d'ajouter la mélodie plaintive de la musique au gémissement de ces strophes. On a réussi une seule fois. *Niedermeyer* a fait de cette ode une touchante traduction en notes*. J'ai entendu chanter cette romance, et j'ai vu les larmes qu'elle faisait répandre.

Néanmoins, j'ai toujours pensé que la musique et la poésie se nuisaient en s'associant. Elles sont l'une et l'autre des arts complets : la musique porte en elle son sentiment, de beaux vers portent en eux leur mélodie*.

Page 51 LA GLOIRE

Cet ode est un des premiers morceaux de poésie que j'aie écrit*, dans le temps où j'imitais encore. Elle me fut inspirée à Paris en 1817 par les infortunes d'un pauvre poète portugais appelé Manoël*. Après avoir été illustre dans son pays, chassé par des réactions politiques, il s'était réfugié à Paris, où il gagnait péniblement le pain de ses vieux jours en enseignant sa langue. Une jeune religieuse, d'une beauté touchante et d'un dévouement absolu, s'était attachée d'enthousiasme à l'exil et à la misère du poète. Il m'enseignait le portugais, et m'apprenait à admirer Camoëns*.

Les poètes ne sont peut-être pas plus malheureux que le reste des hommes, mais leur célébrité a donné dans tous les temps plus d'éclat à leur malheur; leurs larmes sont immortelles; leurs infortunes retentissent, comme leurs amours, dans tous les siècles. La pitié s'agenouille, de génération en génération, sur leur tombeau. Le naufrage de Camoëns, sa grotte dans l'île de Macao, sa mort dans l'indigence, loin de sa patrie, sont le pendant des amours, des revers, des prisons du Tasse à Ferrare. Je ne suis pas superstitieux, même pour la gloire; et cependant j'ai fait deux cents lieues pour aller toucher de ma main les parois de la prison du chantre de *La Jérusalem,* et pour y inscrire mon nom au-dessous du nom de Byron, comme une visite expiatoire. J'ai détaché avec mon couteau un morceau de brique du mur contre lequel sa couche était appuyée, je l'ai fait enchâsser dans un cachet servant de bague, et j'y ai fait graver les deux mots qui résument la vie de presque tous les grands poètes : *Amour et Larmes*.*

Page 56

ODE SUR LA NAISSANCE DU DUC DE BORDEAUX

J'étais de famille royaliste; j'avais servi dans les gardes du roi; j'avais accompagné à cheval le duc de Berry, père du duc de Bordeaux, jusqu'à la frontière de France, quand il en sortit pour un second exil*. L'assassinat de ce prince, quelques années après, m'avait profondément remué. Le désespoir de sa jeune veuve, qui portait dans son sein le gage de son amour, avait attendri toute l'Europe. La naissance de cet enfant parut une vengeance du ciel contre l'assassin, une bénédiction miraculeuse du sang des Bourbons. J'étais loin de la France quand j'appris cet événement : il inspira ma jeune imagination autant que mon cœur. J'écrivis sous cette inspiration. Ces vers, je ne les envoyai point à la cour de France*, qui ne me connaissait pas; je les adressai à mon père et à ma mère, qui se réjouirent de voir leurs propres sentiments chantés par leur fils. J'ai été, comme la France entière à cette époque, mauvais prophète des destinées de cet enfant. Je n'ai jamais rougi des vœux très désintéressés que je fis alors sur ce berceau. Je ne les ai jamais démentis par un acte ingrat ou par une parole dédaigneuse sur le sort de ces princes. Quand les Bourbons que je servais ont été proscrits du trône et du pays en 1830, j'ai donné ma démission au nouveau souverain, pour n'avoir point à maudire ce que j'avais béni*. Depuis, cette seconde branche de la monarchie a été retranchée elle-même. J'ai été plus respectueux envers leur infortune que je ne l'avais été envers leur puissance*. Quand le trône s'est définitivement écroulé sous la main libre du peuple, je ne devais rien à celui qui l'avait occupé le dernier. J'ai pu prêter loyalement ma main à ce peuple pour inaugurer la république. Dix-huit ans d'indépendance absolue me séparaient des souvenirs et des devoirs de ma jeunesse envers une autre monarchie. Mon esprit avait grandi, mes idées s'étaient élargies; mon cœur était libre d'engagement, mes devoirs étaient tous envers mon pays. J'ai fait ce que j'ai cru devoir faire pour (le) sauver de grands malheurs, et pour préparer de grandes voies au peuple. Je fais pour lui maintenant les mêmes vœux que je faisais il y a trente ans pour une autre forme de souveraineté. Quant à ceux que j'adressais alors au ciel pour l'enfance du duc de Bordeaux, Dieu les a autrement exaucés; mais il les a mieux exaucés peut-être, pour son bonheur, dans l'exil que dans la patrie, dans la vie privée que sur un trône*.

Page 68 LA PRIÈRE

J'ai toujours pensé que la poésie était surtout la langue des prières, la langue parlée et la révélation de la langue intérieure. Quand l'homme parle au suprême Interlocuteur, il doit nécessairement employer la forme la plus complète et la plus parfaite de ce langage que Dieu a mis en lui. Cette forme relativement parfaite et complète, c'est évidemment la forme poétique*. Le vers réunit toutes les conditions de ce qu'on appelle la parole, c'est-à-dire le son, la couleur, l'image, le rythme, l'harmonie, l'idée, le sentiment, l'enthousiasme : la parole ne mérite véritablement le nom de Verbe ou de Logos*, que quand elle réunit toutes ces qualités. Depuis les temps les plus reculés les hommes l'ont senti par instinct; et tous les cultes ont eu pour langue la poésie, pour premier prophète ou pour premier pontife les poètes.

J'écrivis cet hymne de l'adoration rationnelle en me promenant sur une des montagnes qui dominent la gracieuse ville de Chambéry, non loin des Charmettes, ce berceau de la sensibilité et du génie de J.-J. Rousseau*.

Page 73 LA FOI

Ces vers furent écrits par moi dans cet état de convalescence qui suit les violentes convulsions et les grandes douleurs de l'âme, où l'on se sent renaître à la vie par la puissante sève de la jeunesse, mais où l'on sent encore en soi la faiblesse et la langueur de la maladie et de la mort.

Ce sont les moments où l'on cherche à se rattacher, par le souvenir et par l'illusion, aux images de son enfance; c'est alors aussi que la piété de nos premiers jours rentre dans notre âme pour ainsi dire par les sens, avec la mémoire de notre berceau, de notre prière du premier foyer, du premier temps où l'on a appris à épeler le nom que nos parents donnaient à Dieu. — Une femme de l'ancienne cour, amie de Madame Élisabeth, femme d'un esprit très distingué et d'un cœur très maternel pour moi, Mme la marquise de Raigecourt*, m'avait accueilli avec beaucoup de bonté à Paris. Très frappée de quelques vers que je lui avais confiés, et de la lecture d'une tragédie sacrée que j'avais écrite alors*, elle entretenait une correspondance avec moi. Elle avait rapporté du pied de l'échafaud de son amie, Madame Élisabeth, des cachots de la Terreur et des exils d'une longue émigration, ce sentiment de religion et de pieuse réminiscence des autels de sa jeunesse, que le malheur donne aux exilés. Elle m'entretenait sans cesse de Racine et de Fénelon, ces Homères et ces Euripides du siècle catholique de Louis XIV; elle me disait que j'avais en moi quelques cendres encore chaudes de leur foyer éteint; elle m'encourageait à chercher les mêmes inspirations dans les mêmes croyances. Moi-même, lassé de chercher dans la nature et dans la seule raison les lettres précises de ce symbole que tout homme sensible a besoin de se faire à soi-même, je m'inclinai vers celui que j'avais balbutié, avec mes premières paroles, sur les genoux d'une mère.

J'écrivis ces vers sous cette double impression, et je les envoyai à Mme de Raigecourt* : elle me les rendit plus tard, quand je me décidai, sur ses instances, à recueillir et à publier ces Méditations.

Page 78 LE GÉNIE

Je ne connaissais M. de Bonald que de nom*; je n'avais rien lu de lui. On en parlait à Chambéry, où j'étais alors, comme d'un sage proscrit de sa patrie par la révolution, et conduisant ses petits-enfants par la main sur les grandes routes de l'Allemagne*. Cette image d'un Solon moderne m'avait frappé; de plus, j'avais un culte idéal et passionné pour une jeune femme dont j'ai parlé dans *Raphaël,* et qui était amie de M. de Bonald. En sortant de chez elle un soir d'été, je gravis, au clair de lune, les pentes boisées des montagnes, qui s'élèvent derrière la jolie petite ville d'Aix en Savoie, et j'écrivis au crayon les strophes qu'on vient de lire*. Peu m'importait que M. de Bonald connût ou non ces vers : ma récompense était dans le sourire que j'obtiendrais, le lendemain, de mon idole. Mon inspiration n'était pas la politique, mais l'amour*. Je lus, en effet, cette ode le lendemain à l'amie de ce grand écrivain. Elle ne me soupçonnait pas capable d'un tel coup d'aile : elle vit bien que j'avais été soutenu par un autre enthousiasme que par l'enthousiasme d'une métaphysique inconnue. Elle m'en sut gré, elle fut fière de moi; elle envoya ces vers à M. de Bonald, qui fut bon, indulgent, comme il était toujours, et qui m'adressa l'édition complète de ses œuvres*. Je les lus avec cet élan de la poésie vers le passé, et avec cette piété du cœur pour les ruines, qui se change si facilement en dogme et en système dans l'imagination des enfants. Je m'efforçai de croire pendant quelques mois aux gouvernements révélés, sur la foi de M. de Chateaubriand et de M. de Bonald. Puis le courant du temps et de la raison humaine m'arracha, comme tout le monde, à ces douces illusions; et je compris que Dieu ne révélait à l'homme que ses instincts sociaux, et que les natures diverses des gouvernements étaient la révélation de l'âge, des situations, du siècle, des vices ou des vertus de l'espèce humaine.

Page 82 PHILOSOPHIE

Le marquis de La Maisonfort était un de ces émigrés français qui avaient suivi la cour sur la terre étrangère, et qui avaient ébloui, pendant dix ans, l'Europe de leur insouciance et de leur esprit. Il avait été l'ami de Rivarol, de Champcenetz*, et de tous ces jeunes et brillants écrivains des *Actes des Apôtres*, Satire Ménippée de 89, journal à peu près semblable au *Charivari* d'aujourd'hui, dans lequel ils décochaient à la révolution des flèches légères, pendant qu'elle combattait le trône avec la sape, et bientôt avec la hache.

Après le retour des Bourbons en 1814, le marquis de La Maisonfort avait été nommé, par Louis XVIII, ministre plénipotentiaire à Florence. En 1825, je fus nommé secrétaire de légation dans la même cour*. Le marquis de La Maisonfort était poète : il m'accueillit comme un père, et m'ouvrit plus de portefeuilles de vers que de portefeuilles de dépêches. Il vivait nonchalamment et voluptueusement dans ce doux exil des bords de l'*Arno*. C'était le plus naïf et le plus piquant mélange de philosophie voltairienne, épicurienne et sceptique de l'ancien régime, avec les théories officielles, et le langage assaisonné de trône et d'autel, de légitimité et de culte monarchique, dont il avait pris l'habitude à la cour d'Hartwell*; un Voltaire charmant, converti par l'exil, le malheur, la situation à la cour, mais conservant, sous son habit de diplomate et d'homme d'État, la sève, la grâce et l'incrédulité railleuse de sa première vie.

Il me priait souvent d'encadrer son nom dans mes vers, qui avaient, disait-il, plus d'ailes que les siens pour le porter au delà de sa vie. Je lui adressai ceux-ci, écrits, un soir d'automne, sous les châtaigniers de la sauvage colline de *Tresserves*, qui domine le lac du *Bourget* en Savoie*.

Le marquis de La Maisonfort mourut l'année suivante à Lyon, en revenant de Paris à Florence. Je le remplaçai en Toscane*. Sa mémoire me resta chère, douce comme ces souvenirs d'un entretien semi-sérieux qui font encore sourire, le lendemain, du plaisir d'esprit qu'on a eu la veille.

Cette race charmante de l'émigré français n'existe plus : elle s'est éteinte avec celle des abbés de cour, que j'ai encore entrevus dans ma jeunesse, et qu'on ne retrouve plus qu'en Italie. Les émigrés étaient les conteurs arabes de nos jours*. Le marquis de La Maisonfort fut un des plus spirituels et des plus intéressants.

Page 86 LE GOLFE DE BAYA

Ainsi que le dit la note du vers 48 (variante), ces vers, qui faisaient partie d'un recueil que je jetai au feu, avaient été écrits à Naples en 1813. J'allais souvent alors passer mes journées, avec le père de *Graziella* et *Graziella elle-même,* dans le golfe de *Baïa,* où le pêcheur jetait ses filets (voir les *Confidences,* épisode de *Graziella).* J'écrivais la côte, les monuments, les impressions de la rive et des flots, en vers, pendant que mon ami Aymon de Virieu les notait au crayon et au pinceau sur ses albums. Il avait, par hasard, conservé une copie de cette élégie, et il me la remit au moment où je faisais imprimer les *Méditations**. Je la recueillis comme un coquillage des bords de la mer qu'on retrouve dans une valise de voyage oubliée depuis longtemps*, et je l'enfilai, avec ses sœurs plus graves, dans ce chapelet de mes poésies.

Page 89 LE TEMPLE

Cette méditation n'est qu'un cri de l'âme jeté devant Dieu dans une petite église de village, où j'aperçus un soir la lueur d'une lampe et où j'entrai, plein de la pensée qui me poursuivait partout. Une image se plaçait toujours entre Dieu et moi : j'éprouvai le besoin de la consacrer. En sortant de ce recueillement dans ces murs humides de soupirs, j'écrivis cette méditation. Elle était beaucoup plus longue : j'en retranchai la moitié à l'impression*. La piété amoureuse a deux pudeurs : celle de l'amour et celle de la religion. Je n'osai pas les profaner.

Page 94 CHANTS LYRIQUES DE SAÜL

Cette méditation est tirée des chœurs de ma tragédie de *Saül,* qui n'a jamais été ni représentée ni imprimée. J'avais écrit ce drame en 1818, pour Mme de Raigecourt*, qui m'engageait à faire pour Louis XVIII ce que Racine avait fait pour Louis XIV. Mais il manquait un Racine et un Louis XIV.

Les chœurs de Racine, dans *Esther* et dans *Athalie,* furent mon modèle. On voit combien je restai loin de ce grand maître en harmonie et en images.

Page 99 HYMNE AU SOLEIL

Ces vers sont postdatés. Ils sont de mon premier temps. Je les écrivis à l'âge de dix-huit ans*, sous un beau rayon de soleil, après une légère maladie qui me faisait mieux sentir le prix de l'existence et la volupté d'être. Plus tard, je les retrouvai dans le portefeuille de ma mère, qui les avait conservés. J'y fis deux ou trois corrections, et je les insérai dans le volume des *Méditations.*

Page 102 ADIEU

Cette pièce est de 1815. En revenant de la Suisse après les Cent Jours, je m'arrêtai dans la vallée de Chambéry, chez l'oncle d'un de mes plus chers amis, le comte de Maistre. Le comte de Maistre était le frère cadet du fameux écrivain qui a laissé un si grand nom dans la philosophie et dans les lettres*. Je passai quelques jours heureux dans cette charmante retraite de Bissy, enseveli sous l'ombre des noyers et des sapins du mont du Chat. Je voyais de ma fenêtre la nappe bleue de ce beau lac où je devais aimer et chanter plus tard. Je commençais à peine à crayonner de temps en temps quelques vers à l'ombre de ces sapins, au bruit monotone de ces eaux*.

La vie que l'on menait chez mes hôtes était une vie presque espagnole : une douce oisiveté, des entretiens rêveurs, des promenades nonchalantes entre les hautes vignes et les hêtres des collines de Savoie, des lectures, des chapelets. A la nuit tombante, aux sons de l'Angélus, on s'acheminait en famille vers la petite église du hameau, cachée, avec son toit de chaume et son clocher de bois noirci par la pluie. On y faisait la prière du soir. Ces habitudes régulières et saintes de cette maison m'attendrissaient et me charmaient, bien que je fusse alors dans les premiers bouillonnements et dans les dissipations de l'adolescence. Je suivais la famille dans tous ses actes de piété. L'esprit éminent et original, la bonté, la sérénité de caractère de toute cette maison de Maistre, me captivaient. Des jeunes personnes* simples, vertueuses, charmantes, nièces de Mme de Maistre, répandaient leur rayonnement sur cette gravité de la famille. Je quittai avec peine cette *oasis** de paix, d'amitié, de poésie, pour revenir à Beauvais reprendre l'uniforme, le sabre, le cheval, le tumulte de la garnison. En arrivant à mon corps, j'écrivis ces adieux, et je les envoyai à mon ami Louis de Vignet, neveu du comte de Maistre.

Page 105 LA SEMAINE SAINTE

C'était en 1819.

Je vis un jour entrer dans ma chambre haute du grand et bel hôtel de Richelieu, rue Neuve-Saint-Augustin, que j'habitais pendant mon séjour à Paris, un jeune homme d'une figure belle, gracieuse, noble, un peu féminine. Il était introduit par le duc Mathieu de Montmorency*, depuis ministre, et gouverneur du duc de Bordeaux. M. Mathieu de Montmorency, célèbre par son rôle dans la Révolution de 1789, puis par son amitié pour Mme de Staël, enfin par son dévouement à la maison de Bourbon, m'honorait d'une bienveillance qui ne coûtait rien à son caractère surabondant de tendresse d'âme et de grâce aristocratique : égalité qu'il voulait bien établir de si haut et de si loin entre lui et moi, la plus charmante des égalités, parce qu'elle est un don du cœur, et non une exigence de l'infériorité sociale.

Ce jeune homme était le duc de Rohan, depuis archevêque de Besançon et cardinal.

Le duc de Rohan était alors un brillant officier des mousquetaires rouges, admiré et envié pour l'élégance de sa personne*, pour l'éclat de ses uniformes, pour la beauté de ses chevaux, pour la magnificence de ses palais et de ses jardins aux environs de Paris, et surtout pour la splendeur de son nom. Il aimait les vers : M. Mathieu de Montmorency lui avait récité quelques strophes de moi, retenues dans sa mémoire. Il avait désiré me connaître : il me plut au premier coup d'œil. Nous nous liâmes d'amitié, sans qu'il me fît sentir jamais, et sans que je me permisse d'oublier moi-même, par ce tact naturel qui est l'étiquette de la nature, la distance qu'il voulait bien franchir, mais qui existait néanmoins entre deux noms que la poésie seule pouvait un moment rapprocher.

Le duc de Rohan rêvait déjà le sacerdoce : il était né pour l'autel comme d'autres naissent pour le champ de bataille, pour la tribune ou pour la mer. Il aspirait au moment de consacrer à Dieu son âme, sa jeunesse, son grand nom. Il possédait à La Roche-Guyon, sur le rivage escarpé de la Seine, une résidence presque royale de sa famille. Le principal ornement du château était une chapelle creusée dans le roc, véritable catacombe affectant, dans les circonvolutions caverneuses de la montagne, la forme des nefs, des chœurs, des piliers, des *jubés* d'une cathédrale. Il m'engagea à aller y passer la semaine sainte avec lui. Il m'y conduisit lui-même. J'y trouvai une réunion de jeunes gens distingués qui sont devenus, pour la plupart, des hommes éminents dans le clergé, dans la diplomatie, ou des hommes célèbres dans les lettres, depuis cette époque. Le service religieux, volupté pieuse du duc de Rohan, se faisait tous les jours dans cette église souterraine avec une pompe, un luxe et des enchantements sacrés qui enivraient de jeunes imaginations. J'étais très religieux d'instinct, mais très indépendant d'esprit. Seul, de toute cette jeunesse, je n'avais aucun goût pour les délices mystiques de la sacristie. Le duc de Rohan et ses amis me pardonnaient mon indépendance de foi en faveur de mes ardentes aspirations vers l'infini et vers la nature. J'étais à leurs yeux une sorte d'instrument lyrique, sur les cordes duquel ne résonnaient encore que des hymnes profanes, mais qu'on pouvait porter dans le temple pour y chanter les gloires de Dieu et les douleurs de l'homme.

C'est au retour de cette hospitalité du duc de Rohan à La Roche-Guyon que j'écrivis ces vers.

Depuis, nous suivîmes, chacun de notre côté, la route diverse que la destinée trace à chaque existence : lui, vers le sanctuaire et vers le ciel, où il se réfugia jeune*, aux premiers orages de la révolution de 1830; moi, vers l'inconnu.

Page 107 LE CHRÉTIEN MOURANT

Ces strophes jaillirent de mon cœur, et furent écrites un matin, au pied de mon lit, par un de mes amis, M. de Montchalin*, qui me soignait comme un frère dans une longue et dangereuse maladie dont je fus atteint à Paris en 1819.

M. de Montchalin vit encore, et je l'aime toujours de la même amitié. J'aurais dû lui dédier ces vers.

Page 108 DIEU

J'avais connu M. de Lamennais par son *Essai sur l'indifférence.* Il m'avait connu par quelques vers de moi que lui avait récités M. de Genoude, alors son ami et le mien*. L'*Essai sur l'indifférence* m'avait frappé comme une page de J.-J. Rousseau retrouvée dans le XIXe siècle*. Je m'attachais peu aux arguments, qui me paraissaient faibles; mais l'argumentation me ravissait. Ce style réalisait la grandeur, la vigueur et la couleur que je portais dans mon idéal de jeune homme. J'avais besoin d'épancher mon admiration. Je ne pouvais le faire qu'en m'élevant au sujet le plus haut de la pensée humaine, *Dieu.* J'écrivis ces vers en retournant seul à cheval de Paris à Chambéry, par de belles et longues journées du mois de mai. Je n'avais ni papier, ni crayon, ni plume. Tout se gravait dans ma mémoire à mesure que tout sortait de mon cœur et de mon imagination. La solitude et le silence des grandes routes à une certaine distance de Paris, l'aspect de la nature et du ciel, la splendeur de la saison, ce sentiment de voluptueux frisson que j'ai toujours éprouvé en quittant le tumulte d'une grande capitale pour me replonger dans l'air muet, profond et limpide des grands horizons, tout semblable, pour mon âme, à ce frisson qui saisit et raffermit les nerfs quand on se plonge pour nager dans les vagues bleues et fraîches de la Méditerranée; enfin, le pas cadencé de mon cheval, qui berçait ma pensée comme mon corps, tout cela m'aidait à rêver, à contempler, à penser, à chanter*. En arrivant, le soir, au cabaret de village où je m'arrêtais ordinairement pour passer la nuit, et après avoir donné l'avoine, le seau d'eau du puits, et étendu la paille de sa litière à mon cheval, que j'aimais mieux encore que mes vers, je demandais une plume et du papier à mon hôtesse, et j'écrivais ce que j'avais composé dans la journée. En arrivant à *Urcy,* dans les bois de la haute Bourgogne, au château de mon oncle, l'abbé de Lamartine, mes vers étaient terminés*.

Page 113 L'AUTOMNE

Cette pièce ne comporte aucun commentaire. Il n'y a pas une âme contemplative et sensible qui n'ait, à certains moments de ses premières amertumes, détourné la lèvre de la coupe de la vie, et embrassé la mort souriante sous ce ravissant aspect d'une automne expirante* dans la sérénité des derniers jours d'octobre; et puis qui, prête à mourir, n'ait repris à l'existence par le regret, et voulu confondre au moins un dernier murmure d'adieu avec les derniers soupirs du vent du soir dans les pampres, ou avec la lueur du dernier rayon de l'année sur les sommets rosés de neige des montagnes.

Ces vers sont cette lutte entre l'instinct de tristesse qui fait accepter la mort, et l'instinct de bonheur qui fait regretter la vie. Ils furent écrits en 1819, après les premiers désenchantements de la première adolescence. Mais ils font déjà allusion à l'attachement sérieux que le poète avait conçu pour une jeune Anglaise qui fut depuis la compagne de sa vie.

Page 116 LA POÉSIE SACRÉE

J'avais peu lu la Bible*. J'avais parcouru seulement, comme tout le monde, les strophes des psaumes de David ou des Prophètes, dans les livres d'heures de ma mère. Ces langues de feu m'avaient ébloui*. Mais cela me paraissait si peu en rapport avec le genre de poésie adapté à nos civilisations et à nos sentiments d'aujourd'hui, que je n'avais jamais pensé à lire de suite ces feuilles détachées des sibylles bibliques*.

Il y avait en ce temps, à Paris, un jeune homme d'une figure spirituelle, fine et douce, qu'on appelait M. de Genoude. Je l'avais rencontré chez son ami le duc de Rohan. Il cultivait aussi M. de Lamennais, M. de Montmorency, M. de Chateaubriand. Il me témoigna un des premiers une tendre admiration pour mes poésies, dont il ne connaissait que quelques pages. Nous nous liâmes d'une certaine amitié. Ce jeune homme traduisait alors la Bible. Il arrivait souvent chez moi le matin, les épreuves de sa traduction à la main, et je lui faisais lire des fragments qui me révélaient une région plus haute et plus merveilleuse de poésie.

Ces entretiens et ces lectures m'inspirèrent l'idée de rassembler dans un seul chant les différents caractères et les principales images des divers poètes sacrés. J'écrivis ceci en cinq ou six matinées, au bruit des causeries de mes amis, dans ma petite chambre de l'hôtel de Richelieu. J'en fis hommage à M. de Genoude, par reconnaissance de son affection pour moi.

Il m'aida, quelque temps après, à trouver un éditeur pour mon premier volume des *Méditations*. Il fut constamment plein d'obligeance et de grâce amicale pour moi. Il se destinait alors à l'état ecclésiastique. Quelques années plus tard, il renonça à cette pensée, rencontra dans le monde une jeune personne d'une grâce noble et d'une âme plus noble encore : il l'épousa; elle lui laissa des fils. Le veuvage et la tristesse le ramenèrent à ses premières vocations. Il entra au séminaire et se fit prêtre; mais il voulut, et je m'en affligeai pour lui, avoir un pied dans le sanctuaire, un pied dans le monde politique. Fausse attitude. Dieu est jaloux, et le monde est logique. Le prêtre, dans aucune religion, ne peut combattre. M. de Genoude resta journaliste, et devint député. La politique ne rompit pas notre ancienne amitié, mais elle rompit nos opinions et nos rapports. Il mourut les armes à la main. J'aurais voulu qu'il les déposât au pied de l'autel avant l'heure du tombeau. N'importe! Nous nous trompons tous : quelle est donc la vie qui n'ait pas de fausses routes? Une larme les efface, une intention droite les redresse : Dieu est grand! — Il reste de M. de Genoude une mémoire sans tache, d'immenses travaux qui ont vulgarisé le sentiment de la liberté en greffant ce sentiment sur des idées ou sur des préjugés monarchiques, et de l'estime dans tous les partis. Sa mort laisse un vide dans mes souvenirs. Je le voyais peu dans le présent, mais je l'aimais dans son passé.

COMMENTAIRES DES NOUVELLES MÉDITATIONS

Page 133 LE PASSÉ

Cette méditation était adressée au comte Aymon de Virieu, l'ami le plus cher de mes premières années. J'ai parlé de lui dans le premier volume des *Confidences*. C'est de lui aussi qu'il est fait mention dans *Raphaël*. C'est lui qui me donna asile pendant l'hiver de 1817, que j'étais venu passer à Paris pour y voir un moment chaque soir la personne que j'ai célébrée sous le nom d'Elvire.

Virieu m'aimait comme un frère. Bien que nous n'eussions pas les mêmes caractères, nous avions les mêmes sentiments. Il avait sur moi la supériorité de l'âge, de la naissance, de la fortune, de l'éducation. Il aimait le grand monde, où son esprit prompt et brillant le faisait distinguer et applaudir. Ces tournois de conversation m'étaient insupportables : ils me fatiguaient l'esprit sans me nourrir le cœur. La fumée d'un narghilé*, s'évaporant dans un ciel pur, m'a toujours paru moins inutile et plus voluptueuse que ces gerbes pétillantes d'esprits inoccupés, brillant pour s'éteindre sous les lambris d'un salon. Je n'aimais la conversation qu'à deux; je fuyais le monde. Le sentiment s'évapore à ce vent et à ce bruit. Ma vie était dans mon cœur, jamais dans mon esprit.

Cependant Virieu m'introduisit pour ainsi dire par force dans deux ou trois salons où il était adoré. Il y parlait sans cesse de son ami le sauvage et le mélancolique; il récitait quelques-uns de ses vers; il donnait envie de me connaître. Il me conduisit ainsi chez Mme de Sainte-Aulaire, sa cousine, chez Mme de Raigecourt, chez Mme de la

Trémouille, chez Mme la duchesse de Broglie*. Mme de Sainte-Aulaire et son amie Mme la duchesse de Broglie étaient, à cette époque, le centre du monde élégant, politique et littéraire de Paris. Le siècle des lettres et de la philosophie y renaissait dans la personne de M. Villemain, de M. Cousin, des amis de Mme de Staël, enlevée peu d'années avant à la gloire, de tous les orateurs, de tous les écrivains, de tous les poètes du temps. C'est là que j'entrevis ces hommes distingués qui devaient tenir une si haute place dans l'histoire de leur pays : M. Guizot, M. de Montmorency, M. de La Fayette, Sismondi, Lebrun, les Américains, les Anglais célèbres qui venaient sur le continent; mais je ne fis que les entrevoir. J'étais moi-même comme un étranger dans ma patrie. Je regardais, j'étais quelquefois regardé; je parlais peu, je ne me liais pas. Deux ou trois fois on me fit réciter des vers. On les applaudit, on les encouragea. Mon nom commença sa publicité sur les lèvres de ces deux charmantes femmes. Elles me produisaient avec indulgence et bonté à leurs amis; mais je m'effaçais toujours. Je rentrais dans l'ombre aussitôt qu'elles retiraient le flambeau.

La nature ne m'avait pas fait pour le monde de Paris. Il m'offusque et il m'ennuie. Je suis né oriental et je mourrai tel*. La solitude, le désert, la mer, les montagnes, les chevaux, la conversation intérieure avec la nature, une femme à adorer, un ami à entretenir, de longues nonchalances de corps pleines d'inspirations d'esprit, puis de violentes et aventureuses périodes d'action comme celles des Ottomans ou des Arabes, c'était là mon être : une vie tour à tour poétique, religieuse, héroïque, ou rien.

Virieu n'était pas ainsi. Il causait avec une abondance et une grâce intarissables. Il savait tout; il s'intéressait à tout. Il se consumait des nuits entières en conversations avec les hommes ou avec les femmes d'esprit du temps. Il revenait se coucher quand je me levais. Il était épuisé de paroles et fatigué de succès. Il en jouissait, et je le plaignais. J'aimais mieux mon poêle, mon livre, mon chien, mes courses solitaires dans les environs de Paris, et, le soir, une heure d'entretien passionné avec une femme inconnue de ce monde*, que ces vertiges d'amour-propre et ces applaudissements de salons. Virieu les appréciait bien comme moi à leur juste valeur; mais il se laissait séduire lui-même par l'admiration qu'on lui témoignait. J'étais ensuite son repos. Nous passions des demi-journées entières à répandre ensemble notre esprit sur les cent mille sujets qui jaillissent de deux jeunes intelligences qui s'entrechoquent, comme les étincelles jaillissaient du foyer quand nos pincettes remuaient au hasard le feu. Nous avons dépensé ainsi tête à tête ensemble, pendant dix ans, plus de paroles qu'il n'en faudrait pour résoudre tous les problèmes de la nature.

Plus tard, Virieu entra dans la diplomatie. Nous ne cessions alors de nous écrire. Il a brûlé mes lettres*, j'ai brûlé les siennes. Les siennes étaient pleines d'idées, les miennes ne contenaient que des sentiments. Au retour de ses voyages, il se maria; il se retira dans ses terres. Il passa de l'excès du monde dans l'excès de la solitude, du scepticisme dans la servitude volontaire de l'esprit. Il abdiqua sa philosophie dans sa foi. Il se consacra tout entier à sa femme, à ses enfants, à ses champs. Notre amitié n'en souffrit pas. Ce fut à ce moment de sa carrière que, revenant moi-même un jour sur la mienne, je lui adressai ces vers. Ils avaient pris, en s'adressant à lui, l'accent de son propre découragement. Quant à moi, je n'étais pas aussi découragé de la vie que ces vers semblent l'indiquer, ou plutôt mes découragements étaient fugitifs et passagers comme les sons de ma lyre. Un chant, c'était un jour. Ce jour-là j'étais à terre; le lendemain j'étais au ciel. La poésie a mille notes sur son clavier. Mon âme en a autant que la poésie; elle n'a jamais dit son dernier mot.

SECOND COMMENTAIRE DE LA PREMIÈRE MÉDITATION

Cette ode est adressée au plus intime et au plus cher de mes amis le comte Aymon de Virieu, dont j'ai beaucoup parlé dans les *Confidences,* et surtout dans l'histoire de

Graziella. J'ai fait là son portrait; je ne le referai pas. Vers l'âge de trente ans, nos jeunesses finies, nous nous séparâmes pour prendre chacun nos routes diverses dans la vie. Nous entrâmes l'un et l'autre dans la diplomatie. Il alla à *Rio-de-Janeiro*, ce Constantinople du nouveau monde, avec l'ambassade du duc de Luxembourg; j'allai à Naples avec l'ambassade de M. de Narbonne*, homme aussi modeste qu'excellent. Mais nous restâmes aussi liés après la séparation que nous l'avions été depuis le collège. Notre correspondance formerait des volumes d'intimités et d'excursions de cœur et d'esprit sur tous les sujets. Nous aiguisions nos intelligences l'une contre l'autre. Il était la meule, moi le tranchant.

Dans un de ces moments où la vie devient sombre sous le passage de quelque nuée, et où l'on fait involontairement des retours sur le passé, jonché déjà de tombeaux et de feuilles mortes, je lui adressai ces vers. Lui seul me comprenait bien; il avait été le confident de toutes mes plus secrètes émotions d'esprit et de cœur. Il m'entendait à demimot; sa pensée achevait la mienne.

Cela fut écrit en Italie, en 1824*.

Page 140 ISCHIA

C'est l'île de mon cœur, c'est l'oasis de ma jeunesse, c'est le repos de ma maturité. Je voudrais que cela fût le recueillement de mon soir, s'il vient un soir. On a vu et on verra dans les *Confidences* pourquoi.

J'ai décrit les îles du golfe de Naples dans l'épisode de *Graziella*. La première fleur d'oranger qu'on a respirée en abordant, presque enfant, un rivage inconnu, donne son parfum à tout un long souvenir.

En 1821* je passai un nouvel été dans l'île d'Ischia avec la jeune femme que je venais d'épouser. J'étais heureux; j'avais besoin de chanter, comme tout ce qui déborde d'émotions calmes. J'écrivis beaucoup de vers sous les falaises de cette côte, en face de la mer antique et du cap Misène, qu'Horace, Virgile, Tibulle, avaient contemplés de cette même rive avant moi. La plupart de ces vers, écrits par moi à cette époque, n'ont jamais paru et n'existent même plus*. Les soupirs n'ont pas de corps. Ces vers se sont exhalés avec les parfums de l'île; ils se sont éteints avec les reflets de lune sur les murs blancs des pêcheurs de Procida; ils se sont évanouis avec les murmures des vagues que je comptais à mes pieds*. Je suis retourné bien des fois depuis à Ischia*; j'y ai déposé les plus chères reliques, larmes ou félicités de ma jeunesse. Le brillant soleil de ce climat rassérène tout, même la mort.

Page 144 SAPHO

C'était en 1816. Je n'avais pas encore écrit vingt vers de suite*. J'étais à Paris, livré à la dissipation et surtout au jeu, qui a dévoré tant de jours et tant de nuits de mon adolescence. Mes amis partageaient mes égarements; mais ils étaient tous cependant des jeunes gens d'élite, lettrés, rêveurs, penseurs, jaseurs, poètes ou artistes, comme moi*. Dans les intervalles de loisir et de réflexion que le jeu nous laissait, nous nous entretenions de sujets graves, philosophiques, poétiques, dans les bois de Saint-Cloud, d'Ivry, de Meudon, de Viroflay, de Saint-Germain. Nous y portions des poètes, surtout des poètes sensibles, élégiaques, amoureux, selon nos âges et selon nos cœurs. Nous les lisions à l'ombre des grands marronniers de ces parcs impériaux.

Un soir, en rentrant d'une de ces excursions, pendant laquelle nous avions relu la strophe unique, mais brûlante, de Sapho, sorte de Vénus de Milo pareille à ce débris découvert par M. de Marcellus*, qui contient plus de beauté dans un fragment qu'il n'y en a dans tout un musée de statues intactes, je m'enfermai, et j'écrivis le commencement grec de cette élégie ou de cette *héroïde*. Je me couchai, je me relevai avec la même fièvre et la même obstination de volonté d'achever enfin un morceau quelconque ayant un commencement, un milieu, une fin, et digne d'être lu à mes amis d'une haleine. Je passai ainsi trois jours sans sortir de ma chambre, oubliant le jeu et le théâtre, et me faisant apporter à manger par la portière de mon hôtel, pour ne pas évaporer ma première longue inspiration.

L'élégie terminée (et elle était beaucoup plus longue), j'ouvris ma porte à mes amis, et je leur lus mon premier soi-disant chef-d'œuvre. Aussi jeunes, aussi novices et aussi amoureux de poésie que moi, ils me couvrirent d'applaudissements, ils copièrent mes vers, ils les apprirent par cœur, ils les récitèrent de mémoire, tantôt à moi-même, tantôt à leurs autres amis. Ce fut mon baptême poétique.

Huit jours après, nous n'y pensions plus. Le jeu nous avait repris dans son vertige, et nous consumions les plus belles heures de notre jeunesse à entasser sur le tapis du hasard des monceaux d'or que le râteau du banquier amenait devant nous, et qu'il balayait par un autre coup, comme dans un rêve.

Après avoir perdu tout ce que je possédais, je partis de Paris, n'emportant pour tout trésor que cette élégie de Sapho. J'avais acheté un cheval arabe avec les débris de ma fortune de joueur : je le montais, et je faisais ma route à petites journées pour le ménager*. Je me récitais à moi-même mes propres vers pour m'abréger les heures, et j'oubliais mes adversités de joueur malheureux dans l'entretien de mon cheval, de mon chien, et de mon pauvre et douteux génie, qui commençait à balbutier en moi.

Page 150 LA SAGESSE

Le mot *sagesse* est pris ici en dérision. La sagesse est de faire effort et de souffrir, pour perfectionner en soi le type imparfait de l'homme que la nature a mis en nous. Nous naissons ébauche, nous devons mourir statue. Le travail est la loi humaine; la volupté n'est que l'égoïsme des sens.

Je savais bien tout cela quand j'écrivis cette ode en 1826, à Florence*; mais l'âme s'énerve dans le bonheur, comme le corps s'énerve dans les climats trop tempérés de l'Orient. J'étais heureux. Je fis comme Salomon, je m'enivrai de mon bonheur, et je dis : Il n'y a pas d'autre sagesse*.

Je n'ai pas besoin de dire au lecteur que c'est là un

paradoxe en vers dont Horace ou Anacréon auraient pu faire des strophes bien plus assoupissantes que les miennes, mais dont Platon aurait rougi. Il y a plus de philosophie dans une larme ou dans une goutte de sang versée sur le Calvaire que dans tous les proverbes* de Salomon.

Page 153 LE POÈTE MOURANT

A l'âge de seize ans*, j'avais lu dans le poète anglais Pope trois strophes qui m'étaient restées depuis dans le souvenir, et que j'avais essayé de traduire en vers, avec l'aide de mon maître de langue.

En 1825*, étant allé à Lyon pour consulter, sur des langueurs dont j'étais atteint, un des fameux médecins que cette ville possède toujours, comme Genève ou Bologne, et croyant que j'étais condamné à mourir jeune, j'éprouvai la même mélancolie, et je retrouvai en moi les mêmes images que Pope avait rêvées, et qu'il avait essayé de peindre.

J'étais seul dans une chambre d'auberge, dont les fenêtres ouvraient sur la Saône lente, terne et voilée de brumes, sous la sombre colline de *Fourvières,* au sommet de laquelle s'élevèrent les premiers temples du christianisme dans les Gaules. La religion de ma mère et de mon enfance se présentait, dans ces années-là, à ma tristesse avec toutes les tendresses du berceau, avec toutes les perspectives dont elle a embelli l'autre côté de la tombe. J'écrivis ces strophes avec les larmes du souvenir et de l'espérance.

Le soir, je les portai à mon ami M. de Virieu, qui résidait alors dans le voisinage de Lyon*. Il était lui-même malade. Je m'assis près de son lit, aux derniers rayons du soleil sur ses rideaux, et je lui lus les strophes, échos tristes, mais sereins, de deux vies qui finissent. Je vis, aux larmes de mon ami, que ces vers venaient du cœur, puisqu'ils y reproduisaient une si vive impression. Je les laissai à Virieu, qui me les rendit quelques mois après, pour l'impression.

Page 158 L'ESPRIT DE DIEU

J'écrivis cette ode à Paris*, dans un de ces moments de sécheresse où l'âme se torture sans pouvoir enfanter sa pensée. Cette belle image de Jacob luttant avec l'ange, qui m'avait toujours paru inexpliquée, se révéla alors à moi. C'était évidemment l'inspiration de Dieu combattant contre la volonté aveugle et rebelle de l'homme. Cette idée me frappa tellement un matin à mon réveil, que je la chantai d'une seule haleine; et que l'ode était écrite avant que le fils de la portière de mon hôtel, qui me servait de page, et dont j'ai parlé dans les *Confidences**, m'eût apporté mes habits et allumé le feu de ma cheminée.

Page 161 BONAPARTE

Cette méditation fut écrite à *Saint-Point,* dans la petite tour du nord, au printemps de l'année 1821, peu de mois après qu'on eut appris en France la mort de Bonaparte à Sainte-Hélène. Elle fit une immense impression dans le temps. Je n'aimais pas Bonaparte : j'avais été élevé dans l'horreur de sa tyrannie. L'inquisition de cet homme contre la pensée était telle que, la police de Paris ayant été informée qu'un jeune homme de Mâcon, âgé de dix-sept ans, prenait des leçons de langue anglaise d'un prisonnier de guerre en résidence dans cette ville, le préfet vint chez le père de ce jeune homme lui signifier, au nom de l'empereur, de faire cesser cette étude de son fils, s'il ne voulait pas porter ombrage au gouvernement. En écrivant cette ode, qu'on a trouvée quelquefois trop sévère, je me trouvais donc moi-même trop indulgent : je me reprochais quelque complaisance pour la popularité posthume de ce grand nom. La dernière strophe surtout est un sacrifice immoral à ce qu'on appelle la gloire. Le génie par lui-même n'est rien moins qu'une vertu; ce n'est qu'un don, une faculté, un instrument : il n'expie rien, il aggrave tout. Le génie mal employé est un crime plus illustre : voilà la vérité en prose*.

La circonstance dans laquelle j'appris la nouvelle de la mort de Bonaparte est trop remarquable pour que je ne la consigne pas ici.

J'étais à Aix, en Savoie*. Mme de Saint-Fargeau, fille de Lepelletier de Saint-Fargeau, assassiné par *Pâris* le jour de la condamnation de Louis XVI, en expiation de son vote, m'avait invité à dîner chez elle*. Je me rendis à son hôtel. J'y trouvai le maréchal Marmont; il ignorait encore, comme tout le monde, la mort de son compagnon de jeunesse et de son empereur. Un moment après, entra M. de Lally-Tollendal. La conversation s'engagea sur des choses indifférentes. On attendit longtemps un quatrième convive : c'était le duc Dalberg, ambassadeur à Turin. Comme il n'arrivait pas, on se mit à table. L'entretien était serein, gai, très intéressant pour moi, jeune homme obscur, assis entre les représentants de deux siècles. Enfin, au milieu du dîner, arriva le duc Dalberg. Il paraissait ému. Il s'excusa sur la nécessité où il avait été d'ouvrir son courrier et de lire des dépêches importantes. « Il y a une bien grande nouvelle, dit-il à Mme de Saint-Fargeau avant de s'asseoir; *il* est mort ! » *Il* voulait dire l'homme du siècle. Tout le monde le comprit. Le duc raconta alors l'événement et les détails.

J'étais en face du maréchal Marmont. Je surpris la nature avant qu'elle eût le temps de s'arranger ou de se voiler. Je vis dans la pâleur subite de la physionomie, dans le pli involontaire des lèvres, dans l'accent brisé de la voix, et bientôt dans les larmes montant du cœur aux yeux sous les larges sourcils noirs du soldat, la douleur non simulée, mais profonde et déchirante, de l'homme et de l'ami. Tous ceux qui étaient là détestaient Bonaparte : le duc Dalberg, comme ami de M. de Talleyrand; M. de Lally-Tollendal, comme émigré rentré, voué au culte des Bourbons; Mme de Saint-Fargeau, comme fille de son père, ayant eu la république pour marraine; moi, comme poète. Le maréchal n'avait donc aucun intérêt à feindre. D'ailleurs, il n'aurait pas eu le temps de composer son visage. Il fut atterré. Il se leva de table et marcha longtemps dans la salle, les yeux levés au ciel, et les lèvres balbutiant des mots que nous n'entendions pas.

Non, un tel homme n'était pas un traître! Il avait été placé dans une circonstance terrible entre sa patrie et son ami, bourrelé, surpris, indécis, entraîné. Mais il y avait eu étourdissement dans sa pensée; il a subi une fatalité, il a perdu une heure plus tôt, il n'a pas vendu son bienfaiteur. L'attachement dans le cœur ne survit pas à la trahison. L'histoire peut chercher les clauses du pacte infâme et imaginaire dans lequel il aurait vendu son compagnon de jeunesse. Quant à moi, j'ai vu les larmes de l'ami. Je ne crois pas au traître.

Page 167 LES ÉTOILES

La nuit est le livre mystérieux des contemplateurs, des amants et des poètes. Eux seuls savent y lire, parce qu'eux seuls en ont la clef. Cette clef, c'est l'infini. Le ciel étoilé est la révélation visible de cet infini. L'œil n'y cherche pas seulement la vérité, mais il y cherche l'amour, surtout l'amour évanoui ici-bas. Ces lueurs sont des âmes, des regards, des silences pleins de voix connues. Qui n'a pas senti cela n'a jamais aspiré, aimé, regretté dans sa vie.

J'écrivis cette méditation sur un étang des bois de Montculot*, château de ma famille, dans ces hautes montagnes de Bourgogne, à quelque distance de Dijon, pendant ces belles nuits de l'été où l'ombre immobile des peupliers frissonne de temps en temps au bord de l'eau transparente, comme au passage d'une ombre. Je détachais la barque du rivage, et je me laissais dériver au hasard, ou échouer au milieu des ajoncs*. Ce lieu, que j'ai été obligé de vendre, m'est resté sacré. J'y ai tant lu, tant rêvé, tant soupiré, tant aimé, depuis l'âge de onze ans jusqu'à l'âge d'homme! J'ai vendu le château, mais pas les mémoires; les bois, mais pas l'ombre; les eaux, mais pas les murmures. Tout cela est dans mon cœur et ne mourra qu'avec moi.

Page 173 A EL...

Cette élégie se rattache au temps dont j'ai donné, sous un autre nom, le récit dans *Raphaël**.

Il n'y a pas de commentaire à ces effusions du premier amour, qui chantent ou pleurent en nous sous un regard limpide, ou sous un regard assombri de pressentiments. Le roseau chante aussi sous le vent qui le courbe ou sous le vent qui le relève. Mais demandez lui ce qu'il chante : il n'en sait rien*. Tout est chant dans la nature, parce que tout est voix. Le poète note quelques-unes de ces voix confuses et perdues, voilà tout : le sentiment n'est qu'un écho des sensations*.

Page 175 ÉLÉGIE

On voit assez, par les formes un peu mythologiques de cette élégie, qu'elle est d'une date très antérieure aux *Méditations*. Elle est du temps où j'écrivis *Sapho,* où j'imitais au lieu de sentir par moi-même. C'est la philosophie voluptueuse et sensuelle d'Horace, d'Anacréon, d'Épicure : ce n'est pas la mienne. Le génie grave et infini du christianisme poétique n'a point passé par là.

Page 177 TRISTESSE

Lisez *Graziella,* dans les *Confidences*. C'est la clef de ces vers.

J'avais vingt ans*; j'avais quitté Naples et la maison du pêcheur; j'avais laissé sur le bord de cette mer la jeune fille que j'aimais. J'ignorais encore qu'elle fût morte de mon absence. J'étais à Paris, dans la dissipation et dans le jeu. Je me promenais un jour, seul, dans le jardin désert du Luxembourg, le long de ce petit mur à hauteur d'appui qui séparait ce jardin du terrain alors inculte des Chartreux. Je m'accoudai sur ce mur. Je cherchais des yeux la mer de Naples, du cœur l'image de Graziella. J'avais le pressentiment de sa mort sans savoir sa maladie. Je restai là longtemps anéanti dans sa vision. Quand je me relevai, la pierre était tachetée de mes larmes. Je rentrai dans ma chambre, pour rêver et regretter plus seul. J'écrivis ces vers. Je ne passe jamais au Luxembourg sans m'approcher de ce petit mur, et sans regarder si le vent de tant de printemps et la pluie de tant d'hivers n'ont pas effacé toutes mes larmes d'enfant.

Page 179 LA SOLITUDE

Cette méditation de mes meilleurs jours est un cri d'admiration longtemps contenu qui m'échappa en apercevant le bassin du lac Léman et l'amphithéâtre des Alpes, en y plongeant pour la centième fois* mon regard du sommet du mont Jura.

J'étais seul; je voyageais à pied dans ces montagnes. Je m'arrêtai dans un chalet, et j'y passai trois jours dans une famille de bergers*; j'aurais voulu y passer trois ans. Plus je montais, plus je voyais Dieu. La nature est, surtout pour moi, un temple dont le sanctuaire a besoin de silence et de solitude. L'homme offusque l'homme; il se place entre notre œil et Dieu. Je comprends les solitaires. Ce sont des âmes qui ont l'oreille plus fine que les autres, qui entendent Dieu a travers ses œuvres, et qui ne veulent pas être interrompues dans leur entretien.

Aussi voyez! tous les poètes se font une solitude dans leur âme, pour écouter Dieu.

Page 183 CONSOLATION

Cette méditation est de 1820. Elle se lie à l'époque où, ayant perdu très jeune les premiers attachements de ma vie*, je commençai à connaître et à aimer d'un sentiment grave et tendre la femme à laquelle je désirais consacrer mes jours.

Les perspectives d'un chaste amour, de la vie domestique,

du bonheur de famille, de la prolongation de l'existence dans des enfants, multipliant autour de nous et après nous l'amour et la vie, s'ouvraient devant moi. Tous mes vers de cette époque ont un caractère de repos et de piété heureuse, reflet et retentissement de mon cœur.

Page 186 LES PRÉLUDES

J'avais vingt-neuf ans*; j'étais marié et heureux. J'avais demandé un congé au ministre des Affaires étrangères, et je passais l'hiver de 1822 à Paris*.

La poésie n'était plus pour moi qu'un délassement littéraire : ce n'était plus le déchirement sonore de mon cœur. J'écrivais encore de temps en temps, mais comme poète, non plus comme homme. J'écrivis *Les Préludes* dans cette disposition d'esprit. C'est une sonate de poésie. J'étais devenu plus habile artiste; je jouais avec mon instrument. Dans ce jeu j'intercalai cependant une élégie réelle, inspirée par l'amour pour la compagne que Dieu m'avait donnée :

L'onde qui baise ce rivage, etc.

Page 197 LA BRANCHE D'AMANDIER

Un jour, en revenant de Terracine à Rome, je m'arrêtai à *Albano*. C'était au mois de février : les collines étaient roses de fleurs de pêchers et d'amandiers. Une jeune fille de *Laricia,* village voisin d'*Albano,* passa auprès de moi; et, détachant de sa tête une couronne de ces fleurs que ses compagnes lui avaient tressées, elle me la jeta en me souhaitant bonheur. Elle était plus belle que ce printemps, et plus rose que ces fleurs. Je pris le rameau en souriant, et je l'attachai à la voiture.

Le soir, j'écrivis au crayon ces strophes. Arrivé à Paris, je les donnai à une charmante jeune femme, pour qui ces vers furent un triste présage : elle mourut dans l'année. C'était Mme de Genoude*.

Page 198 L'ANGE

Ceci est un fragment d'un poème épique de *Clovis,* que j'avais ébauché dans mon enfance*, et que j'ai brûlé depuis avec tant d'autres ébauches indignes de la lumière. Un de mes amis avait copié ce fragment et le fit insérer dans je ne sais quelle feuille littéraire après la publication des premières *Méditations**. Je le recueillis dans les secondes, comme un enfant qui demandait asile dans la famille légitime de mes premiers vers.

Page 204

L'APPARITION DE L'OMBRE DE SAMUEL

C'est encore un fragment de cette tragédie biblique de *Saül* que j'avais écrite en 1818, que j'avais lue à Talma*, pour la donner, sous les auspices de ce grand et excellent artiste, au théâtre, et que mes absences de Paris et mes entraînements m'avaient empêché de faire représenter. Dans ce temps-là, elle aurait eu peut-être un certain succès : c'était encore le temps des imitations en tout genre. Maintenant, elle n'en aurait plus. On cherche le drame moderne. Je sais bien où on le trouvera; c'est dans l'histoire mieux étudiée et mieux comprise*. La France a un génie dramatique qui fera cette découverte. Quant à moi, je m'en sens incapable. La poésie n'est pour moi que du chant ou du récit, l'hymne ou l'épopée. Le drame veut trop d'art, et je ne suis pas assez artiste.

Page 211 STANCES

C'est encore et toujours le même cri d'adoration jaillissant en vers du cœur de l'homme. Il s'en est échappé de pareils de ma poitrine presque à chacune de mes respirations. Ils n'ont pas été notés, voilà tout. Ce sentiment naturel, constant, passionné, de la présence, de la grandeur, de l'ubiquité de Dieu, est la base fondamentale de cet instrument que la nature, en me formant, a mis dans ma poitrine; harpe ou âme, c'est la même chose. Ce sentiment, cet hymne perpétuel qui chante involontairement en moi, ne m'a pas rendu plus vertueux. La vertu est un effort, et je n'aime pas l'effort; mais il m'a rendu plus adorateur. Adorer, selon moi, c'est vivre. Au fond, je ne crois pas que l'homme ait été créé pour autre chose. L'adoration est le retour de l'âme à son centre divin; c'est la gravitation morale, c'est l'univers intellectuel.

Si Dieu me garde des jours libres et sereins au coucher de mon soleil, je les emploierai à chercher dans la nature de plus sublimes notes pour contenir son nom*.

Page 213 LA LIBERTÉ

Je passai à Rome l'hiver de 1821 à 1822. La duchesse de Devonshire, qu'on appelait *la reine des Romains,* et qui était l'amie du cardinal *Consalvi,* premier ministre, réunissait chez elle tous les hommes remarquables de l'Europe, et faisait de son palais, sur la place Colonne, un salon du siècle de Léon X. Rome lui appartenait par droit d'amour et de culte. On pouvait la comparer à une de ces saintes femmes de Jérusalem venant interroger le sépulcre et trouvant le Dieu remonté au ciel*.

Je connaissais la duchesse de Devonshire depuis longtemps. Elle m'accueillit à Rome comme si elle eût été l'hospitalité souveraine de ces ruines. Je vivais dans son intimité toujours gracieuse, si enivrante autrefois. Nous parcourions le matin les villas, les musées, les sites classiques de *Tusculum* ou de Tibur. Le soir, je retrouvais chez elle le chevalier de Médici, longtemps premier ministre de Naples, et le cardinal Consalvi, ce véritable Fénelon romain. Les conversations étaient douces, sereines, érudites, enjouées, comme des entretiens de vieillards au bord de la vie, qui ne se passionnent plus, mais qui s'intéressent encore. *Canova* y venait aussi presque tous les jours. C'était le Praxitèle du siècle. Du fond de son atelier, il régnait sur l'empire des arts dans toute l'Europe. Les rois, les princes, les ministres, obtenaient comme une faveur de venir le voir travailler. Cette existence rappelait celle de Raphaël refusant le cardinalat*.

En quittant Rome, j'adressai cette méditation à la duchesse de Devonshire.

Elle mourut peu de temps après. En ouvrant son testament, ses exécuteurs trouvèrent mon nom parmi ceux des amis particuliers à qui elle avait voulu laisser une trace de son affection après la vie. Elle me léguait un des monuments qu'elle avait élevés à la gloire de l'Italie, la patrie de ses derniers jours.

Page 217 ADIEUX A LA MER

Cette méditation est de 1820. Elle fut écrite dans l'île d'Ischia, dont j'ai déjà tant parlé, et dont j'aurai à parler encore. J'aurais dû la jeter dans la mer, comme on brise d'impatience un miroir qui ternit, rapetisse et défigure un objet. Je sens que je chanterais mieux maintenant ce ciel liquide qui console la terre de n'avoir pas l'autre ciel. Mais le temps est loin des jours nonchalants passés au pied d'une roche concave, sur un lit tiède de sable fin, à compter des vagues et à noter des frissons de l'eau. S'ils reviennent jamais, je ferai ce que j'ai toujours rêvé de faire, des *Marines* en vers, des églogues de l'Océan. J'avais écrit quelques chants d'un poème des *Pêcheurs*. J'ai perdu le manuscrit*.

Page 220 LE CRUCIFIX

Ceci est une méditation sortie avec des larmes du cœur de l'homme, et non de l'imagination de l'artiste. On le sent; tout y est vrai.

Les lecteurs qui voudront savoir sous quelle impression réelle j'écrivis, après une année de silence et de deuil, cette élégie sépulcrale, n'ont qu'à lire dans *Raphaël* la mort de Julie. Mon ami M. de V...*, qui assistait à ses derniers moments, me rapporta, de sa part, le crucifix qui avait reposé sur ses lèvres dans son agonie.

Je ne relis jamais ces vers : c'est assez de les avoir écrits.

Page 224 APPARITION

C'est la même date et la même pensée que dans *Le Crucifix;* mais c'est une mélancolie déjà moins poignante. Le temps avait interposé des années entre la mémoire et la mort*.

Page 226 CHANT D'AMOUR

Cette méditation fut écrite encore dans l'été de 1820, à Ischia. C'est un *Cantique des Cantiques,* mais avec des notes moins pénétrantes et des couleurs moins orientales que le chant nuptial de Salomon. C'est un défi à la poésie, qui n'a jamais su exprimer le bonheur comme elle exprime la douleur*, sans doute parce que le bonheur est un secret que Dieu a réservé au ciel; et que l'homme, au contraire, connaît la douleur dans toute son intensité.

Page 233

IMPROVISÉE A LA GRANDE-CHARTREUSE

C'est une inspiration complète.

Une femme des plus ravissantes par la beauté et par le charme de l'âme, devenue depuis une des plus éminentes par la vertu active et par la prodigalité de sa vie à toutes les misères humaines, la marquise de B..., me rencontra en Savoie en allant à Turin, et me pria de l'accompagner à la Grande-Chartreuse. J'acceptais avec bonheur. Je l'admirais depuis longtemps, et mon attachement pour elle avait ce vague indéterminé entre le respect et l'attrait, qui fait qu'on ne se définit pas à soi-même ce qu'on éprouve, de peur de le faire évanouir en le regardant de trop près. Son imagination ardente, tendre et pieuse, était le cristal le plus limpide et le plus coloré à la fois à travers lequel l'œil et le cœur d'un poète pussent contempler ces montagnes, monuments de la nature, et ce monastère, monument de l'homme. La saison était brûlante et donnait plus d'attrait aux sens pour les ombrages, les murmures et les fraîcheurs des bois, des neiges et des torrents.

Nous soupâmes dans le jardin ombragé de noyers et de pampres gigantesques d'une petite auberge de village, au pied de la montagne*. Nous passâmes une partie de la nuit accoudés à la fenêtre de cette chaumière, écoutant les bruits d'eaux, de chutes de rochers, de roulement d'avalanches qui sortaient des gorges où nous devions entrer le lendemain; respirant les brises nocturnes qui faisaient palpiter les feuilles de vigne sur les treilles et frissonner les cheveux sur nos tempes. Le lendemain, au lever du soleil, nous gravissions à cheval les pentes de la montagne. Il n'y a pas de coupures de rochers plus profondes, de détours de route plus inattendus, de ponts plus hardis et plus tremblants sur des abîmes d'écume, de torrents plus verdâtres endormis au fond des puits de granit luisants que les tourbillons d'eau se creusent au bord de leur lit en hiver, d'écumes plus bouillonnantes et plus laiteuses pulvérisées par leur chute et saupoudrant les branches étendues des hêtres et des sapins, dans toutes les Alpes ou dans tous les Apennins*. Après trois heures d'extase, nous arrivâmes en vue du couvent. C'est un immense cloître assis sur les flancs inégaux de l'avant-dernière croupe de la montagne, au bord des neiges, et suivant, comme un manteau jeté sur le sol, les ondulations du terrain. J'entrai seul, pendant que Mme de B..., reçue à l'hospice des étrangers, en dehors du couvent, se reposait de la lassitude de la matinée. Le couvent me fit peu d'impression. Je comprends l'ermite; je n'ai jamais compris ces solitudes peuplées d'hommes ou de femmes fuyant un monde pour en retrouver un autre*. C'est rétrécir le monde, ce n'est pas l'éviter. Il est encore là avec toutes ses importunités, ses vices ou ses faiblesses : on n'a fait que changer ses ennuis.

Le soir, pendant que nous redescendions, un orage* se forma sur les cimes des sapins : il éclata avec ses foudres, ses ruissellements de feu et d'eau, ses tonnerres d'en haut répercutés par ses tonnerres d'en bas, ses mugissements dans les sapins, ses arbres renversés sur les abîmes. Les guides avaient abrité Mme de B... sous la concavité d'une roche élevée de quelques pieds au-dessus de la route : on eût dit une de ces niches où la piété des paysans de Savoie et du Tyrol place la statue coloriée de la Vierge, pour protéger les passants dans les pas dangereux. J'étais descendu de cheval, et je m'étais laissé glisser jusqu'au fond du lit du torrent où l'arche d'un pont de bois m'abritait de la pluie. L'orage à demi passé et converti en pluie fine semblable à une vapeur d'écume que le vent sème autour d'une chute d'eau, un immense arc-en-ciel se dessina comme une arche céleste au-dessus de la roche concave où Mme de B..., collée à la muraille de granit gris, déroulait ses cheveux au vent pour les sécher. Je n'ai jamais si bien compris l'auréole que la piété fait rayonner autour de la figure des Vierges, des anges ou des saintes. Dieu lui-même avait dessiné et coloré celle-là.

Cette image m'inspira ces strophes et d'autres vers sur le même sujet*, que j'écrivis sur mon genou.

Page 235 ADIEUX A LA POÉSIE

J'étais sincère quand j'écrivis ces adieux à la poésie en 1824*, à Saint-Point, au moment de quitter ma patrie pour les résidences à l'étranger. Je n'avais jamais écrit de vers que dans mes heures perdues. J'étais et je suis resté toute ma vie *amateur* de poésie plus que poète de métier. Je ne comptais plus rien écrire en vers, ou du moins plus rien imprimer. Les hasards de la pensée et du cœur, les sentiments, les circonstances, les bonheurs, les larmes de la vie, m'ont fait mentir souvent à ces adieux. Peut-être y mentirai-je encore à la dernière extrémité de mes jours; car je n'ai jamais compris la poésie qu'à deux époques de la vie humaine : jeune pour chanter, vieux pour prier. Une lyre dans la jeunesse, une harpe dans les jours avancés, voilà pour moi la poésie : chant d'ivresse au matin, hymne de piété le soir; l'amour partout*.

VARIANTES

PREMIÈRES MÉDITATIONS POÉTIQUES

L'ISOLEMENT

Page 3

1. L'Isolement *figure en tête de toutes les éditions successives.* Méditation première *jusqu'en 1826, elle devient par la suite* Première méditation *(Cette transposition se continue dans tout le recueil à partir de cette date). — Sous le titre* MÉDITATION HUITIÈME. STANCES, *Lamartine adressait une première version de la pièce à son ami Virieu le 24 août 1818* (V.). *D'autre part, le* Carnet de Maroquin Rouge (Ms.) *contient : 1° une double esquisse au crayon des cinq premiers vers (f° 63 verso); — 2° une rédaction complète à l'encre (f° 37-38), mise au net postérieure au texte de la lettre, car elle est plus proche de celui de l'édition.*
2. Ms. : (Souv.) Au sommet du rocher (raturé et remplacé par le texte définitif.
3. V. : Et promène
4. V. : mugit; Ms. : roule.
5. *Voici les deux versions au crayon de ce début :*

   1° Je suis assis sur la
   Au sommet du   au pied d'un chêne
   Au coucher du soleil souvent je vais m'asseoir
   Je promène au hasard mes regards sur la plaine
   Dont le (vas) tableau changeant se déroule à mes pieds

   2° Souvent sur l
   Sur la cime des monts, à l'ombre du vieux chêne,
   Au coucher du soleil   je m'assieds
   Je promène au hasard mes regards sur la plaine
   Dont le tableau changeant se déroule à mes pieds!
   Ici le (vaste) fleuve en paix roule ses eaux dormantes
6. V. Ms. : Il blanchit et
7. V. : Et le pâle Vesper tremble dans son azur
   Ms. : (Où) Et l'étoile du soir brille dans son azur.
   En outre, V. et Ms. *donnent, après la deuxième strophe, une stance supprimée :*

   Au-dessus des hameaux la rustique fumée
   Ou s'élève en colonne, ou plane sur les toits;
   Plus loin, dans les chaumières une flamme allumée
   Semble un astre nouveau se levant sur les bois

(Ms. : Ressemble aux feux trompeurs qui tremblent dans les bois).

8. V. : Aux sommets
9. V., Ms. : lance
10. V. : Le laboureur
11. V., Ms. : ces grands tableaux
12. V. : N'éprouve en les voyant. Ms. *orthographie* charmes.
13. *Les éditions à partir de 1836 donnent :* âme errante.
14. V., Ms. : Je fixe chaque point
15. V. *et* Ms. *donnent, après cette sixième strophe, une stance supprimée :*
    Et qu'importe à mon cœur (Ms. mes yeux) ce spectacle [sublime,
    Ces aspects enchantés de la terre et des cieux !
    L'univers est muet, rien pour moi ne l'anime,
    Et sa froide beauté lasse bientôt mes yeux.
16. V., Ms. : ces îles, ces chaumières
17. V. : Froids objets
18. V. : Fleuves, coteaux; — V., Ms. : ombres jadis si chères
19. *Les éditions à partir de 1836 donnent :* Quand le tour
20. V., Ms. : D'un œil insoucieux
21. V., Ms. : Qu'en un ciel pur et sombre il
22. V. : pleuré; — Ms. : cherché
23. Ms. : Porté sur le char, *raturé, est remplacé par :* empruntant les ailes
24. Ms. : O céleste patrie, arriver jusqu'à toi.
25. V., Ms. : a jonché la prairie
26. V. : Le tourbillon se lève et; — Ms. : Le vent siffle et l'enlève au sein d'un tourbillon. — *La leçon* s'élève, *qui est donnée dans les éditions à partir de 1836, n'est peut-être pas due à Lamartine.*
27. Ms. : Emporte-moi... Aquilon ! — *Après ce vers, on lit :* Août — Milly — 1818.

L'HOMME

Page 5

1. *Cette méditation dont aucun manuscrit n'a été signalé, occupe la même place dans toutes les éditions successives. — Sous le titre* MÉDITATION DIX-SEPTIÈME, A LORD BYRON, *Lamartine en communiquait à Virieu, le 20 octobre 1819, l'état quasi-définitif* (V.) *des passages suivants : v. 1-30, 43-44, 36-42, 47-52, 53-58 (ces quatre groupes dans un rdre différent de la version imprimée et séparés par des lignes de points), 103-126, 127-136 (séparés par deux lignes de points), 148-186, 253-286; dans cette lettre, les parties supprimées sont remplacées par de brèves analyses. — E. Estève (p. 349, n. 1) signale que,*

redonnant L'HOMME dans la revue Lectures pour Tous (Paris 1854), *Lamartine modifia ainsi sa dédicace :* A LORD BYRON, POÈTE ANGLAIS, ALORS IRRÉLIGIEUX, *ce qui tend à faire supposer qu'il crut à la conversion ultérieure de l'écrivain britannique : le caractère du héros du* Dernier Chant du Pèlerinage d'Harold (1825) *semble s'expliquer par cette croyance.*

2. V. : Comme on aime
3. V. : est ton palais,
4. *Édition de 1860 :* loin des déserts *(coquille ?)*
5. V. : Des rivages semés
6. *Édition de 1836 et suiv. :* de carnage
7. *A partir de la seconde, toutes les éditions orthographient :* au bord.
8. V. : sommets glacés
9. V. : est ton autel
10. V. : Chante l'hymne éternel au sombre dieu du mal.

   ....

   Gloire à toi, fier Titan, j'ai partagé ton crime, etc...

   Et Lamartine résume ainsi dans sa lettre les v. 31-42 : « J'entre ici dans ses idées pendant un moment et, tout à coup, je lui demande : Qu'est-ce qu'un homme devant Dieu pour oser parler et se plaindre de l'ordre universel? Je conviens avec lui que sa place est mauvaise, mais enfin elle est ainsi, il n'y a rien à faire qu'à plier. »
11. *Édition de 1866 :* la vie et la lumière;
12. V. : Son seul titre, ô mon Dieu ! c'est d'être ton ouvrage,
13. V. : son divin esclavage;
14. V. : à tes desseins sa libre volonté... / ... conçu par ton intelligence, De te glorifier par sa seule existence.
15. V. : que tu ne peux briser. — *L'édition de 1849 et les suivantes donnent :* voudrais.
16. *La lettre analyse ensuite le contenu des v. 59-102 :* « Il y a ici une description du déplorable sort de l'homme dans sa condition présente, surtout de l'homme pensant qui, dégoûté du monde réel, rêve un monde parfait d'où il retombe sans cesse, et qui cherche en vain dans la science et dans la nature la clef de sa destinée. »
17. V. : pour consulter
18. V. : dans ma main
19. V. : interroger cette vaine poussière / Sur l'immortalité que
20. V. : dans leurs yeux expirants;
21. V. : Sur ces monts couronnés par... / Sur ces flots gémissants sous... / Je cherchais, j'appelais le choc...
22. V. : en ses rares
23. V. : à me plonger dans ses vastes horreurs.

24. *Dans la lettre, une seule phrase résume les v. 137-147* : « Je l'ai blasphémé, mais en vain!... Enfin, lassé du blasphème, un jour je m'avisai de le bénir, et L'hymne de la raison... »

25. *6e édition et suiv.* : Et ma voix. — *Dans sa lettre adressée d'Avallon le 30 mars 1820, Lamartine demandait à Genoude, par une correction que celui-ci ne fit pas, de donner aux vers 139-142 la forme suivante :*
Mes yeux dans l'univers n'ont vu qu'un grand peut-être,
J'ai blasphémé ce Dieu, ne pouvant le connaître,
Et ma voix se brisant contre ce ciel d'airain
N'a pas même eu l'honneur d'arrêter le destin.

26. V. : Toi dont le néant même a fait la volonté!

27. V. : dont chaque soleil

28. *Édition de 1849* : de l'Être

29. V. : te rend gloire

30. V. : *2e édition et suiv.* : mais que suis-je?

31. V. : à ta fin

32. V. : dans le temps,

33. *9e édition et suiv.* : accomplissant ta loi,

34. *Dans la lettre à Virieu, les v. 187-252 manquent et on lit à leur place :* « L'hymne continue, j'y écris quelques-uns de mes propres malheurs, et tout finit par Gloire à toi! Je reprends alors quelques mots à lord Byron pour l'engager à essayer d'en faire autant. »

35. *8e édition et suiv.* : Mais silence, *(« coquille heureuse », selon Nanteuil).*

36. V. : Tires-en à ton tour des

37. V. : envierait

38. V. : Soupirait vers ton Dieu l'hymne

39. V. : *Édition de 1836 et suiv.* : tu t'essayais

40. V. : la gloire du blasphème,

41. V. : Rejette un faux

42. V. : Et viens prendre

43. *La lettre à Virieu fait suivre ce dernier vers de la remarque que voici :* « Si je n'avais la vue si altérée, je t'aurais tout copié. Cela a trois cent cinquante vers. Dis-moi ce que tu en penses. Cela m'ennuie à présent. »

A ELVIRE

Page 13

1. *Cette méditation fut ajoutée à cette place, qu'elle conserva, dans la neuvième édition. — G. Lanson en eut en mains une mise au net autographe qui appartenait à M. Guy de Cassagnac* (C) *et s'intitulait* Méditation troisième. A. E...

2. C. : L'aurore, *inadvertance corrigée en* Laure.
3. C. : immortelle (*raturé et remplacé par* éternelle).
4. C. : pardonnez, ô maîtres *(corrigé par surcharge).*
5. *Dans* C, *ce vers, d'abord oublié, a été rétabli en interligne; ce qui explique qu'après avoir, selon une habitude qui lui était familière, compté le nombre des vers de son poème, Lamartine a porté* (in fine) *le nombre 53, puis l'a remplacé par 54.*
6. *Édition de 1849 :* Le Temps avec la Mort

LE SOIR

Page 15

1. *Cette méditation est la troisième dans les huit premières éditions. On n'en a signalé aucun manuscrit et son texte ne présente pas de variante.*

L'IMMORTALITÉ

Page 17

1. *Cette méditation est la quatrième dans les huit premières éditions. — Le manuscrit 14013 de la Bibl. Nat., f*[os] *16-22, contient une première rédaction de cette pièce, intitulée* Méditation. A Julie, *et qui a été publiée dans les* Poésies Inédites *de Lamartine (Paris, Hachette, 1885, pp. 283-290) (P. I).*
2. P. I. : O ma chère Julie! à peine
3. P. I. : ou recule ou frémisse. — *L'édition de 1836 et toutes les suivantes donnent :* frissonne et s'attendrisse.
4. P. I. : Qu'il craigne de fixer le fond du précipice
5. P. I. : entendre sans pâlir
6. P. I. : *remplace les v. 9-10 par ceux-ci :*
   Le bruit du fossoyeur qui, d'un bras mercenaire,
   Pour un prochain cercueil creuse, en sifflant, la terre
7. P. I. : dont les accents confus
8. P. I. : ni ton regard perfide
9. P. I. : La nuit n'est pas ta sœur, ni le hasard ton guide.
10. P. I. : De l'avenir caché déchire le rideau.
11. P. I. : Vers ce tout inconnu
12. P. I. : Quelle main t'a jeté
13. P. I. : séparera l'esprit
14. P. I. : nouveau séjour
15. P. I. : Dieu, ton centre et

16. P. I. : ô ma chère Julie !

17. P. I. : ma bouche peut sourire

18. P. I. *donne, après le v. 52, un développement qui fait double emploi avec les v. 53-56 définitifs et que Lamartine supprima :*

> Vain espoir ! s'écriera ce docteur au front blême,
> Qui croit par A plus B résoudre ce problème,
> Et qui, soumettant tout à son étroit compas,
> Rejette hardiment ce qu'il ne comprend pas*.
> Vain espoir !...

19. P. I. : la fleur pâlir

20. P. I. : De tout ce qu'il enfante est le vaste cercueil.

21. *9e édition et suivantes :* Laissez-moi mon erreur : *(Nanteuil préfère cette variante, « avec son allure primesautière, son ironique dédain »).*

22. P. I. *donne à la place des v. 77-80 :*

> Philosophes rêveurs, je ne puis vous répondre.
> Ma raison aisément se laisserait confondre.
> Pour saper notre esprit jusqu'en son fondement,
> Vous avez l'univers, je n'ai qu'un sentiment.
> Mais moi, quand...

23. P. I. : de chaos, de mort et de ténèbres

24. P. I. : Sur les débris du tout

25. P. I. : notre éternel amour,

26. P. I. : sur le sommet — *Par ailleurs, les 5e et 9e éditions portent :* ces roches.

27. P. I. : s'éteignent par degrés,

28. P. I. : tu promenais tes yeux,

29. P. I. : l'image et le miroir;

30. P. I. : accablé par

31. P. I. : par son silence.

32. P. I. : par sa première loi,

33. P. I. : Cet esprit imparfait s'élève jusqu'à toi,

---

*. Ces quatre vers supprimés relatifs aux mathématiques ont suggéré à Ch. Maréchal (p. 99) la remarque que voici : « Ces vers font dans une certaine mesure double emploi avec ceux qui suivent; mais aussi, depuis l'*Essai sur l'Indifférence,* il est devenu très apparent que le conflit entre la science et la foi oppose moins, comme sous le Premier Empire, les mathématiques que les sciences physiques au dogme et qu'en face des doctrines les plus spirituelles ce ne sont pas les raisonnements des mathématiciens, mais le seul matérialisme, flétri par Lamennais, qui demeure aujourd'hui debout. »

34. P. I. : que cherchaient nos désirs;

35. P. I. : Et nos yeux humectés

36. P. I. : Ah ! si dans cet instant, renversant les barrières
Dont les sens captivaient nos âmes prisonnières,
Ce Dieu...

37. *3e et 4e éditions :* à l'instant remontant

38. P. I. : à jamais

39. *Après ce vers 144, P. I. donne la conclusion suivante :*

Non, cet être parfait, suprême intelligence,
A des êtres sans but n'eût pas donné naissance;
Non, ce but est caché, mais il doit s'accomplir,
Et ce qui peut aimer n'est pas fait pour mourir !
— Et cependant, jeté dans les déserts du monde,*
L'homme, pour s'éclairer dans cette nuit profonde,
N'a qu'un jour incertain, qu'un flambeau vacillant
Qui perce à peine l'ombre et meurt au moindre vent.
Et, tel qu'aux sombres bords l'ombre des Danaïdes**
S'efforce de remplir des urnes toujours vides,
Poussé par son esprit, tourmenté par son cœur,
L'un cherche la lumière, et l'autre le bonheur;
L'un, sans cesse entouré de nuages funèbres,
Creusant autour de soi ne trouve que ténèbres,
Et, suivant vainement la lueur qui le fuit,
De la nuit échappé, retombe dans la nuit;
L'autre, altéré d'amour, enivré d'espérance,
Vers un but fugitif incessamment s'élance;
Toujours près de l'atteindre et toujours abusé,
Sur lui-même à la fin il retombe épuisé.
Ainsi l'homme flottant de misère en misère
Du berceau vers la tombe achève la carrière,
Et, du temps et du sort jouet infortuné,
Descendant au tombeau, dit : Pourquoi suis-je né?***

---

*. *Déserts du monde :* cf. *Invocation,* v. 1. Ainsi, dans la dernière pièce qu'il adresse à Julie, Lamartine retrouve une expression qui figurait à la première ligne qu'il ait écrite à son intention.

**. La légende des *Danaïdes,* condamnées pour le meurtre de leurs époux à remplir aux Enfers un tonneau sans fond se vidant à mesure qu'elles y versaient le contenu de leurs amphores, est très connue, bien qu'elle soit de formation tardive; les littératures grecque et latine y font maintes allusions (cf. en particulier Horace, *Odes,* III, II, v. 24-27; — Ovide, *Métamorphoses,* IV, v. 462; — etc.)

***. Cf. la question posée au *Livre de Job,* III, 11 : « Pourquoi ne suis-je pas mort dans le sein de ma mère? »

— Pourquoi pour mériter, pour expier peut-être.*
Et puisque tu naquis, il était bon de naître ! **

40. *Pour les v. 147-148, nous admettons avec Lanson la ponctuation de l'édition de 1849 et des suivantes, celle des douze premières* (prête à s'envoler / Comme un son qui n'est plus, va-t-elle s'exhaler ?) *n'étant guère défendable.*

LE VALLON

Page 22

1. *Cette méditation est la cinquième dans les huit premières éditions. Le manuscrit 14013 de la Bibl. Nat.,* f^{os} *10-13, contient des esquisses au crayon fort hésitantes réutilisées dans cette pièce ; ces vers ébauchés, surchargés, raturés et incomplets ont été l'objet de deux études de déchiffrement publiées par Jean des Cognets (Correspondant,* 10 juillet 1910, *et Revue d'Histoire littéraire de la France,* 1913, pp. 150-151). *De l'analyse scrupuleuse de ces lambeaux, l'auteur et, après lui, G. Lanson ont reconstitué trois strophes complètes que voici :*

La pensée en ces lieux, plus lente et plus limpide,

---

*. *Pour expier :* Julie Charles, dans sa lettre du lundi 10 novembre 1817, fait une allusion très nette à cette expression quand elle écrit : « Je crois qu'après ces longues souffrances, je vivrai. Je vivrai *pour expier.* » La jeune femme, convertie, éprouve de légitimes scrupules de conscience sur sa conduite passée. — Le dogme chrétien de la chute et de la rédemption hanta toujours la pensée de Lamartine : c'est autour de ces deux idées qu'aurait tourné le vaste ensemble des *Visions ;* cf. aussi *L'Homme,* v. 70-75 ; *La Mort de Socrate,* v. 223-224 :

La vie est le combat, la mort est la victoire,
Et la terre est pour nous l'autel expiatoire.

En 1856, l'écrivain notera encore : « Nous sommes convaincus, sans pouvoir le démontrer ni l'expliquer, qu'il y a eu une déchéance, une éclipse de Dieu sur l'homme, un éden perdu, une mystérieuse dégradation de la première humanité » *(Cours familier de Littérature,* t. II, p. 484).

**. Cf. *La Foi,* v. 92. Cette première version était, on le voit, plus intime et aussi plus poignante. Comme le remarquait déjà F. Reyssié (pp. 209-211), « l'interrogation y est plus amère. La plainte qui va avoir toute son intensité dans *Le Désespoir* et dans l'épître à Byron, se fait timidement entendre ici. Déjà la blessure saigne ; l'amant va perdre tout ce qu'il aime et il a bien de la peine à s'y résigner. » Lors de l'édition, s'apercevant que cette méditation consacrée à sa foi en l'immortalité s'achevait, sinon sur un doute, du moins sur une incertitude et une angoisse, l'auteur en modifia la fin et raccourcit sensiblement la pièce.

Respirant par degrés la paix de ce séjour,
Dort comme un lac d'azur qu'aucun souffle ne ride
Et qui ne réfléchit que le ciel et le jour.

Mon cœur est en repos, mon âme est en silence,
La voix des passions expire en arrivant,
Comme ces sons lointains qu'affaiblit la distance,
A l'oreille incertaine apportés par le vent.

Le jour où je la vis, nos regards s'entendirent.
L'âme comprend un geste, un regard, un soupir!
Sans nous être parlé, nos cœurs se confondirent,
Je sentis qu'il fallait ou parler ou mourir.

La tonalité apaisée de la première de ces stances se retrouve dans les sept premières du Vallon *et son quatrième vers laisse un écho précis au v. 16 de celui-ci; la seconde est reprise (v. 29-32) avec quelques variantes; la troisième n'a laissé aucune trace.*

2. *12e édition et suivantes :* Vallon

3. *2e édition et suivantes :* S'assied

4. *Édition de 1849 et suivantes :* comme les jours

5. *Édition de 1836 et suivantes :* Avec le doux rayon

LE DÉSESPOIR

Page 25

1. *Cette méditation est la sixième dans les huit premières éditions. Sous le titre* Le Malheur. Ode à Virieu, *le* Carnet de Maroquin Rouge *contient : 1° une esquisse au crayon des neuf premières strophes, avec une dixième ébauchée (fos 39-41) ; — 2° une mise au net à l'encre du reste à partir du v. 49 (fos 42-45)* (Ms). *D'autre part, durant l'année 1818, le poète parle à diverses reprises de sa pièce, qu'il nomme généralement* Ode au Malheur, *dans ses lettres à Virieu : une d'elles (première quinzaine de décembre) contient une version quasi-définitive de dix-sept strophes* (V). *L'ode est citée aussi dans le* Cours familier *(t. II, p. 338), sans nulle variante.*

2. Ms., V. : Par un désir fatal,

3. V. : du destin (Ms. *donne* hasard).

4. Ms., V. : sous sa serre

5. Ms. *hésite entre* embrassa *et* étreignit.

6. Ms. *hésite entre* Alors *et* dès lors, *comme au vers suivant entre* gémir *et* souffrir.

7. Ms. *contient de cette strophe deux esquisses (une est biffée), dont le variantes peuvent se résumer ainsi :*

Cherchez Dieu dans le ciel, implorez dans vos peines
Votre consolateur.

Non, sa divinité de son œuvre est absente
Et la terre et le ciel, tout à vos yeux présente
Votre persécuteur.

8. Ms. : Que l'on te nomme Dieu, qu'on te nomme destin,
Être inconnu de moi !

— *L'édition de 1849 et les suivantes orthographient :* Destin, Nature, Providence, *de même* Espérance au v. 37.

9. Ms. *porte en première leçon :* te blasphème.

10. *Sur* Ms., *le second hémistiche est incomplet :* qu'on te prie ou qu'on

11. *Cette strophe manque dans V. — A sa suite,* Ms. *donne une strophe esquissée, dont voici l'essentiel :*

Tel dans l'affreux séjour où l'on punit le crime
L'habitant des enfers rêve encor dans l'abîme
La céleste clarté;
Et toujours s'élançant de sa demeure affreuse
Toujours à ses regards la prison ténébreuse
Offre l'obscurité* !

12. Ms. *contient de cette strophe deux esquisses (une est biffée), dont les variantes peuvent se résumer ainsi :*

v. 37 { Crédule ainsi que vous, / Hélas, comme eux aussi, } j'écoutai l'espérance

v. 38-39 { Mon esprit abusé crut avec complaisance
Son charme empoisonneur
Et mon cœur abusé but avec complaisance
Son filtre empoisonneur
(V. *donne :* Mon esprit abusé crut... / Son langage imposteur).

v. 40 guidant nos pas.

13. V. *donne ici une strophe, absente de* Ms. *comme de la première édition (Placée en erratum dans la seconde, elle fut définitivement intégrée au texte à partir de la troisième, à la suite de la demande que l'auteur fit à Genoude dans sa lettre du 30 mars 1820) :*

Si du moins au hasard il décimait les hommes,
Ou si sa main tombait sur tous tant que nous sommes
Avec d'égales lois !

---

*. L'*affreux séjour* évoqué dans cette strophe esquissée était vraisemblablement un souvenir du début du *Paradis perdu,* chant I, où Satan précipité du Ciel contemple l'Enfer : « Il promène autour de lui ses funestes regards... D'un seul coup d'œil, ... il voit un lieu triste, dévasté et désert... Une grande fournaise flamboyait. De ces flammes, point de lumière; mais des ténèbres visibles servent seulement à découvrir des vues de malheur; région de chagrin, obscurité plaintive, où la paix, où le repos ne peuvent jamais habiter, l'espérance jamais venir, elle qui vient à tous ! »

Mais les siècles ont vu les âmes magnanimes,
La beauté, les vertus ou les talents sublimes,
Victimes de son choix*.

(Dans les éditions, le cinquième vers est :

La beauté, le génie ou les vertus sublimes).

14. Ms. *indique d'abord le thème de cette strophe :*

Tels quand des dieux de sang, par la voix de leurs prêtres
....
L'holocauste cruel !

Suivent deux esquisses (une est biffée), assez hésitantes et dont voici l'essentiel :

Des troupeaux de Jacob les sanglantes prémices;
Les aveugles mortels
De cent taureaux sans tache ils formaient l'hécatombe
Et le sang des agneaux et des pures colombes
Rougissait leurs autels
v. 47-48 Et l'agneau sans souillure ou la blanche colombe
Mouraient sur les autels

(*A noter qu'au v. 43,* V. *donne :* des dieux charnels).

15. *Interrompant ici la citation de son ode dans la lettre à Virieu de décembre 1818, Lamartine écrit :* « Ici il y a une description en quelques strophes des malheurs qui atteignent partout les hommes. » *Or, aucune de ces strophes ne nous est parvenue ni ne figure dans le* Carnet de Maroquin Rouge.

16. *L'édition de 1849 et les suivantes affaiblissent l'expression en :* Créateur tout puissant.

17. Ms. : Ne pouvais-tu puiser, au gré de ton envie,
La matière et le temps, le bonheur et la vie
V. : Puiser pour les humains le bonheur

18. Ms. *donne ici l'esquisse d'une strophe incomplète :*

Tu portes tout en toi ! ....
....
De ton bonheur complet.
Mais à te voir ainsi le verser goutte à goutte
On dirait ! dieu terrible ! ou que le bien te coûte
Ou que le mal te plaît !

19. Ms. : L'espace, le bonheur,

20. Ms., V. : avions-nous fait

---

*. Reprise de l'idée jobienne signalée à la note du v. 19. — Cf. aussi *La Gloire,* v. 33-36, *La Foi,* v. 117-118 et Young, *Nuits,* I : « Encore si le malheur ne saisissait que le vice; mais ni la prudence, ni la vertu ne peuvent nous défendre de ses aveugles mains. »

21. Ms. : Sanglots, gémissements, haine, fureur, blasphèmes,

22. Ms. : soupirs inextinguibles,

23. *Édition de 1849 et suivantes :* Noir séjour

24. Ms. : Rendez un long soupir *(raturé et remplacé par la version définitive).*

25. Ms. *et* V. *donnent ici une strophe, absente de la première édition, rétablie dans la seconde et les suivantes, conformément à la demande de Lamartine à Genoude le 30 mars 1820 :*

Des éléments rivaux les luttes intestines;
Le temps, qui ronge tout, assis sur les ruines
Qu'entassèrent ses mains,
Attendant sur le seuil tes œuvres éphémères;
Et la mort étouffant, dès le sein de leurs mères,
Les germes des humains!

(*Au second vers,* Ms. *écrit :* qui détruit tout — *et les éditions, sauf la seconde, identique à* V. : qui flétrit tout.)

26. *Avant cette strophe,* Ms. *porte cette note en prose :* « Enfin, écoutez la froide et morte sagesse, retranchez de votre âme tous les désirs! Éteignez ce feu sacré! un ennui secret vous rongera encore, semblable au ver rongeur qui dévore encore les morts dans leur tombeau. » *Lamartine avait ébauché au crayon une stance inachevée sur ce thème :*

... de la vie
Éteignez le flambeau,
Quand vous ne vivrez plus, vous souffrirez encore :
{N'est-il donc pas un ver qui souille et qui dévore
{Et l'ennui qui surgit, c'est le ver qui dévore*
Les morts dans le tombeau.

27. *Sur* Ms., *la rédaction définitive de cette strophe, conforme à l'imprimé, est la sixième, et l'on peut déchiffrer les hésitations du poète sous ses nombreuses ratures, notamment :*

v. 92 : Dans Utique Caton, *remplacé par :* Un Caton qui, vaincu, déchire

v. 93-95 : Et digne de Caton
Un Brutus qui mourant pour la vertu qu'il aime
Doute encor en mourant de cette vertu même.

Au vers 91, l'édition de 1849 donne les batailles.

28. V. : Les enfants expiant

---

*. Cette image du *ver* avait peut-être été suggérée par un passage de Young, *Nuits,* X : « Au milieu de ces hautes espérances et de ces transports, le *ver* nous appelle sous la poussière où il rampe. »

29. *Des quatre strophes finales, celle-ci est la seule qui figure dans* V., *où manquent les v. 91-96 et 103-114 du texte imprimé, absence que Lamartine explique ainsi dans sa lettre :* « Il y a encore trois strophes qui sont à Milly, et dont le sens est que tout cela n'aura de changement et de terme que lorsque la destruction finale de tout aura fait succéder l'éternel silence à l'éternelle douleur. »

30. Ms. : Quoi? vingt siècles de maux, de tourments, de supplices,

31. Ms. : Enfants de la douleur

32. Ms. *porte, au-dessous du dernier vers :* Fin. Nov. 818.

LA PROVIDENCE A L'HOMME

Page 29

1. *Cette méditation, dont aucun manuscrit n'a été signalé, est la septième dans les huit premières éditions. — Dans la seconde, on lit, sur la page blanche qui la sépare du* Désespoir, *l'avis que voici :* « La Méditation suivante est la Réponse de la Providence à l'Homme. Ces deux Méditations forment donc un tout. C'est le plan du poème de Job. » *Dans la 3ᵉ, le titre devient :* Réponse de la Providence à l'Homme *et, dans la 7ᵉ :* Réponse de Dieu; *la 9ᵉ et les suivantes reviennent à l'intitulé primitif.*

2. *1ʳᵉ édition :* Et de mon être, ombre altérée,
Le temps te peignit la durée,

Nous adoptons, après Lanson, la leçon de toutes les éditions ultérieures, en supprimant, comme celle de 1849, la virgule (à simple valeur métrique) qui jusqu'à cette date suivait le mot être.

3. *Maintes éditions, à la suite de celles de 1826 impriment :* de la lumière, *véritable non-sens.*

4. *Édition de 1826 et suivantes :* lui-même.

SOUVENIR

Page 33

1. *Cette méditation, dont aucun manuscrit n'a été signalé, est la huitième dans les huit premières éditions.*

2. *3ᵉ et 4ᵉ éditions :* autour de moi *(sans doute étourderie d'un prote).*

3. *A partir de la seconde édition, Lamartine introduit après le v. 48 les deux strophes suivantes :*

Si j'admire ces feux épars
Qui des nuits parsèment le voile,
Je crois te voir dans chaque étoile
Qui plaît le plus à mes regards.

Et si le souffle du zéphire
M'enivre du parfum des fleurs,

Dans ses plus suaves odeurs
C'est ton souffle que je respire.

M. Levaillant (Lamartine et l'Italie en 1820, *pp. 48, 77 et 284-285) explique ainsi ce changement, grâce à un billet inédit du poète à Genoude, son correcteur. Ces deux quatrains existaient bien sur le manuscrit primitif destiné à l'impression; mais le scrupuleux Genoude y remarqua la reprise du mot* zéphire *figurant déjà au v. 44; il demanda de supprimer cette redite à l'écrivain qui lui répondit :* « Je changerai ce zéphire répété », *mais oublia d'en rien faire... Alors, de sa propre autorité, en révisant les épreuves suivantes, pour faire disparaître le mot malencontreux à son goût, le trop zélé ami ôta toute la strophe qui le contenait, ce qui amena la disparition de la précédente, car il s'agissait de quatrains à rimes embrassées qui, par la loi de l'alternance des rimes masculines et féminines, s'assemblent nécessairement deux par deux... Mais, ultérieurement, alors qu'il partait pour Naples, Alphonse exigea le rétablissement des deux stances qu'il ne corrigea pas* (Avallon, jeudi 30 mars 1820).

4. *Le billet à Genoude cité par M. Levaillant* (ibidem) *nous apprend que Lamartine avait d'abord écrit :*

Plus léger que la main d'une ombre !

Mais il corrigea son vers, à l'invite de son réviseur, pour éviter la répétition de main *qu'on lit au v. 57 (et aussi au v. 49).*

ODE

Page 36

1. *Cette méditation fut ajoutée à cette place, qu'elle conserva, dans la neuvième édition. — La pièce était primitivement conçue pour être beaucoup plus longue que dans le texte imprimé. Le* Carnet de Maroquin Rouge *contient : 1° des esquisses au crayon de neuf de ses strophes (fos 10-17)* (Ms. I); *2° une mise au net à l'encre comprenant vingt-huit strophes (fos 18-28)* (Ms. II). *D'autre part, G. Lanson eut en mains un autographe, appartenant à la baronne de Noirmont et (à une variante près), conforme à l'imprimé* (N) : *peut-être est-ce le même que celui décrit dans le catalogue M. Loliée (n° 80, 1952, p. 20) et qui sans doute servit à l'impression. Enfin, dans une lettre à Virieu, datée de* « Bourgoin, jeudi soir, octobre 1817 », *l'auteur adressait à son ami* « une nouvelle strophe de l'Ode aux Français » *qu'il venait de composer et qui correspond aux v. 111-120 de l'édition* (V.).

2. *Ms. I et II sont intitulés* Ode aux Français, *et Ms. II ajoute au titre la date de 1817; de l'autre côté de la page, le poète a écrit* A J. C. *(Julie Charles évidemment) ; l'épigraphe est plus longue :*

Delicta majorum immeritus lues,
Romane, donec templa refeceris,
Aedesque labentes deorum et
Foeda nigro simulachra fumo.
Horace, 3e livre.

Elle est suivie de deux strophes qui ont été réemployées au début de L'Enthousiasme (cf. p. 134) *et d'une troisième que voici (les stances restées inédites sont données dans le texte de Ms. II, avec les principales variantes de Ms. I en marge) :*

Str 3.

Mais en vain... déjà fuit la terre,	
Mes yeux n'ont plus rien de mortel !	Silence ! profanes mortels !
Déjà dans la céleste sphère	
J'assiste au conseil éternel !	aux conseils éternels !
Aux yeux des Parques étonnées,	
J'arrache aux mains des destinées	
Les clés du terrible avenir !	
Et ce luth, fécond en miracles,	... entre mes mains
Dont les accents sont des oracles,	Remet la lyre prophétique
Entre mes mains va retentir* !	Qui rend les arrêts du destin !

3. Ms. I *donne de cette strophe (la quatrième) cette première ébauche biffée :*

Peuple autrefois l'amour du monde !
Peuple ! tu porteras la peine
Des crimes d'un siècle insensé !
....
Peuple ! les crimes de tes pères
Retomberont sur tes enfants !
Par des fléaux héréditaires
Rien ne tarira les torrents
Jusqu'à ce que tes mains tremblantes (fidèles)
Relève la ...

4. Ms. II : Restaure
5. Ms. II : Et qu'un repentir salutaire
6. Ms. I : Aux sons de la harpe sublime
7. Ms. I et II : Qui fume. *On lit au bas de cette strophe,* dans Ms. I, *l'indication :* Lemps, septembre 26-28 1817.
8. *Pour cette strophe,* Ms. II *diffère de l'imprimé assez sensiblement :*

Enflé d'un savoir téméraire,
Ce peuple contempteur des cieux
A dit : Affranchissons la terre !
....
A scruté le ciel et l'abîme,
Sur ce dieu, trop longtemps rêvé !
Mais ni dans le sein de la terre
....
Son nom par nous ne fut trouvé !

---

*. Accent du poète inspiré, du *vates* antique : cf. *Ode sur la Naissance du duc de Bordeaux,* v. 121-124 et 95-97 de l'originale.

9. Ms. II : du joug vieilli.
10. Ms. II : Homme !
11. Ms. II : Tes calculs devancent
12. Ms. II : S'étendra dans
13. Ms. II : N'aura de borne
14. Ms. II : Pour être dieux de la nature
15. Ms. II : de notre âge
16. Ms. II : Et le ciel, lent
17. Ms. II, *après ce vers, donne les quatre strophes suivantes qui ne furent pas publiées :*

Str. 12.

Qu'est devenu ce sceptre antique
Qui, ferme dans la main des rois,
Tenait dans un pouvoir unique
Un peuple docile à ses droits?
Il n'est plus : sous les mains rivales
De trois puissances inégales*
L'État cherche en vain son repos !
Simulacre de monarchie,
Source d'éternelle anarchie,
D'où sort un éternel chaos !

Str. 13.

Au bruit des clameurs populaires,
Que vois-je? Un turbulent sénat**
S'arrache et pousse, en sens contraires
Le timon banal de l'État. Le timon brisé
Principes, vérité, justice,
Tout change, au gré de son caprice !
Et sous ces Solons inconstants,
La France ressemble au navire
Hélas ! qu'un pilote en délire
Gouvernerait au gré des vents !

---

*. Le *pouvoir unique,* c'est la monarchie absolue, telle qu'elle existait notamment sous Louis XIV; les *trois puissances inégales* désignent probablement les trois ordres : Noblesse, Clergé, Tiers État (surtout bourgeoisie parlementaire) qui toujours s'efforcèrent de limiter et d'affaiblir l'absolutisme, mais il faut reconnaître que cette expression n'est pas absolument claire.

**. Ce *turbulent sénat*, ce sont les assemblées de la Révolution, dont les membres sont appelés des *Solons inconstants* parce qu'ils imitaient les Anciens et que leur législation fut souvent incertaine et contradictoire. — L'image de la France, comparée à un *navire*

Str. 14.

Par nos discordes intestines
Le trône et le temple abattus
Ont couvert des mêmes ruines
Et les vainqueurs et les vaincus !
Mais, de tant de débris funestes
Deux partis s'arrachant les restes Les partis
Se combattent encore entre eux :
Et sûrs du sort qui les menace
Semblent se disputer la place
Qui va les engloutir tous deux.

Str. 15.

Cependant, l'Europe attentive,
A nos plus légers mouvements,
Craint de voir fondre sur sa rive
Nos orageux débordements* !
Ainsi, la Sicile ébranlée
Se réveillant, pâle et troublée,
Aux moindres bruits de l'Etna,
Voit déjà ses bouches béantes
Vomir ses entrailles fumantes
Sur les champs paisibles d'Enna.

18. Ms. II : La gloire environnait ta cour !
Comme le dieu qui nous éclaire

19. Ms. II : déposer leur lyre
Aux pieds de nos chantres divins.

20. Ms. II : Réunir les grâces d'Athènes
Aux fiers triomphes des Romains !

21. Ms. II : Quel changement ! quel souffle aride
Du monde a desséché les fleurs.

---

en détresse, a pu être suggérée par Horace, *Odes,* I, 14, où le poète s'adressait au vaisseau de l'État romain battu par les tempêtes de la guerre civile et confié à un marin apeuré *(timidus navita).*

*. La strophe 14 paraît faire allusion à l'époque du Directoire, écrasée par les ruines de toutes sortes et divisée entre Jacobins et Modérés qui finirent par disparaître devant la force de Bonaparte; mais on peut songer aussi aux divisions de la Convention où Girondins et Robespierristes, Robespierristes et Thermidoriens s'entrégorgèrent successivement. — Les *orageux débordements* sont les guerres étrangères de la Révolution et de l'Empire, qui effrayèrent et dévastèrent l'Europe durant plus de vingt ans. — La *Sicile,* l'*Etna,* la plaine d'*Enna* étaient déjà évoqués dans la strophe initiale, sacrifiée, de *L'Enthousiasme* (voir la seconde variante de cette méditation).

N. *et certaines éditions (en particulier celle de 1849) donnent également* avide *au lieu* d'aride; *les deux leçons sont également admissibles.*

22. Ms. II : Des calculs la triste manie
Chez les Français vous remplaça.

23. Ms. II, V. : Fille du Pinde et de Sion !
Tu fuis ce globe de poussière

24. Ms. II, V. : De ces cœurs glacés

25. Ms. II, V. : Sans son Dieu qui la contemple,
Hélas ! la nature est un temple

26. *Cette dernière strophe, composée sans doute lorsque l'*Ode *fut remaniée et raccourcie, manque dans* Ms. II. *On y lit, à sa place, les neuf stances suivantes :*

Str. 20.

Je disais ! Mais un cri stupide*
Part et s'élève jusqu'à moi.
L'Europe à ce bruit s'intimide
Et répond par un cri d'effroi !
O France ! c'est la voix guerrière
De tes fils, vainqueurs de la terre !
Ils s'indignent de tes douleurs :
Nous n'adorons que la victoire !
Chantez, disent-ils, notre gloire
Qui nous absout de tes malheurs !

Str. 21.

La gloire** ! insensés que vous êtes !
Ce prix des généreux travaux,
La gloire, mortels ! sur vos têtes
Entre ses mains tient deux flambeaux !
L'un, d'une sanglante lumière
Éclaire l'horrible carrière
Des peuples, dans le crime heureux !
Semblable aux torches des Furies
Que jadis les fameux impies
Sur leurs pas laissaient après eux !

La gloire, insensés que nous [sommes
Pour guider les pas des héros
La gloire, sur l'œuvre des [hommes,

*. Ce *cri stupide* est celui de la France révolutionnaire ou impériale s'élançant dans une suite de guerres insensées.

**. Sur le sentiment de Lamartine envers la *gloire* et sa vanité, cf. *Le Poète mourant,* notes des v. 67 et 69.

Str. 22.

L'autre, du sombre oubli des âges,
Tombeau des peuples et des rois,
Ne sauve que les siècles sages
Et les légitimes exploits !
Ses clartés immenses et pures,
Traversant les races futures,
Vont s'unir au jour éternel !
Pareil à ces feux pacifiques
O Vesta ! que des mains pudiques
Entretenaient sur ton autel* !

Tirant les peuples et les rois
N'éclaire que des siècles sages

Str. 23.

Par tous ces monuments de gloire
Élevés dans les champs français,
Peut-être l'implacable histoire
Un jour comptera vos forfaits !
Ces lauriers qui ceignent vos têtes,
Prix de tant d'injustes conquêtes,
Sécheront sur vos fronts altiers !
La vérité les met en poudre :
Craignez le temps ! craignez la foudre
La foudre frappe ces lauriers** !

Str. 24.

Colonne*** dont le front sublime
Semble braver un ciel vengeur,
Quel dieu portes-tu sur ta cime?

Et toi, colonne !
Quelles mains t'ont élevée?
Celles d'un tyran !

---

*. Ces strophes 21 et 22 ont été réutilisées dans l'*Ode sur la Naissance du duc de Bordeaux,* v. 83-100.

**. Telle est l'incertitude de la gloire, surtout si elle a été mal acquise. Mais les héros authentiques sont au contraire protégés par leurs *lauriers,* car on ne saurait sévir contre eux après les services éminents qu'ils ont rendus : c'est le cas de Rodrigue après sa victoire sur les Maures, et d'Horace, vainqueur d'Albe et meurtrier de sa sœur, dont le vieil Horace déclare (*Horace*, scène dernière) :

> Lauriers, sacrés rameaux qu'on veut réduire en poudre,
> Vous qui mettez sa tête à couvert de la foudre,
> L'abandonnerez-vous à l'infâme couteau
> Qui fait choir les méchants sous la main du bourreau?

***. Aux strophes 24 et 25, le poète apostrophe la *Colonne Vendôme,* édifiée en vertu d'un décret du 1er octobre 1803, construite avec le bronze des 1 200 canons pris lors de la campagne d'Austerlitz et inaugurée seulement en 1810. Bien qu'il fasse allusion au *superbe triomphateur* qu'elle porte sur sa cime, on sait que la statue de Napoléon qui la couronnait avait été retirée en 1814 et ne fut rétablie qu'en 1834. Le monument a inspiré deux odes à V. Hugo, l'une, libérale, parue

— Un superbe triomphateur.
— Quel fut son titre? — Vingt [batailles.
— Qu'attestes-tu? — Des funérailles.
— D'où vient ce bronze précieux?
— Il fut dans d'injustes querelles
Conquis sur des peuples fidèles
Défendant leurs lois et leurs dieux!

Quel sang l'a payé?
Celui de tes enfants?
Sur qui cet airain a-t-il été [conquis?
Sur des peuples défendant [leur sainte liberté
Et dans les temples du Dieu [vengeur!

Str. 25.

Tombe donc, témoin redoutable
Des exploits d'un peuple oppresseur!
Affranchis la terre coupable
De ton aspect accusateur!
Français! en passant sous son ombre,
N'entendez-vous pas gémir l'ombre
Des peuples tombés sous vos coups?
Ne voyez-vous pas la vengeance
Monter, et planer en silence
Sur vos monuments, et sur vous?

Monter et rouler en silence
Des yeux pleins d'un divin [courroux?

Str. 26.

Mais déjà tu portes les peines
Des triomphes, de ton orgueil!
Déjà, de tes grandeurs hautaines
Ta grandeur même fut l'écueil!
Jour mémorable! jour horrible
Où du Seigneur la main terrible
Écrasa la dent des lions*!
Où le ciel, vengeur de la terre,

---

au *Journal des Débats* le 9 février 1827 et reprise dans *Odes et Ballades,* III, 7, la seconde, bonapartiste, datée de juillet 1831 et publiée dans *Les Chants du Crépuscule,* 1, 2 (1835). Quant au vœu de destruction formulé ici par Lamartine en 1817 et auquel il n'aurait sans doute plus souscrit dès 1820, on sait que — provisoirement et pour un motif politique tout autre — il se trouva réalisé par les membres de la Commune sous la responsabilité du peintre Courbet (16 mai 1871).

*. La strophe 26 s'adresse à Napoléon, victime de sa propre démesure. — Dans le *Livre de Job,* IV, 10, Éliphaz rappelle à Job la justice de Dieu et la punition des méchants, illustrée entre autres exemples par celui-ci : « Le rugissement du lion et la voix de la lionne ont été étouffés, et *les dents des lionceaux ont été brisées.* » Au *Livre de Joël,* 1, 6, le conquérant qui désole momentanément Israël pour le punir de son impiété est ainsi décrit : « Un peuple fort est venu fondre sur ma terre; *ses dents sont comme les dents d'un lion,* et ses mâchoires sont comme celles d'un lionceau. »

Te frappa du même tonnerre
Dont tu frappais les nations !

Str. 27.

Relève-toi, chère patrie !
Presse tes enfants sur ton sein !
Que sur ta couronne flétrie
Un dieu sauveur pose sa main !
Pleine d'un espoir prophétique,
Ressaisis l'oriflamme antique*
Qui devait triompher des ans !
Et qu'il soit, dans ta main guerrière,
Un signe d'effroi pour la terre
Et d'union pour tes enfants !

Str. 28.

Ainsi, fléchi par nos prières,
Le dieu juste, le dieu vengeur**
Fera veiller sur tes frontières
Et sa justice et sa terreur !
Ainsi, sur sa base éternelle,
Sa main d'une France nouvelle
Raffermira les fondements !
Et, comme un fleuve intarissable,
Versera la race innombrable
De tes fortunés descendants !

Lemps — et, octobre 1817
(28 strophes, 280 vers).

---

*. Cette *oriflamme antique* est celle de Saint-Denis, bannière des anciens rois de France chère aux monarchistes de la Restauration; cf. Chateaubriand, *De Buonaparte et des Bourbons* (30 mars 1814), *Des Bourbons* : « Cette noble résolution fut la cause de la gloire et de la grandeur de la France : l'oriflamme fut déchirée aux champs de Crécy, de Poitiers et d'Azincourt; mais ces lambeaux triomphèrent enfin de la bannière d'Édouard III et d'Henry V, et le cri de *Montjoie-Saint-Denis* étouffa celui de toutes les factions. » On en trouve la description dans l'*Itinéraire de Paris à Jérusalem*, 7e partie (à propos de la croisade de Louis IX à Tunis) : « Cette bannière, que l'on commence à voir paraître dans nos armées sous le règne de Louis le Gros, était un étendard de soie attaché au bout d'une lance : il était *d'un vermeil samit, à guise de gonfanon à trois queues, et avait autour des houppes de soie verte.* On le déposait en temps de paix sur l'autel de l'abbaye de Saint-Denis, parmi les tombeaux des rois. »

**. *Dieu juste* et *Dieu vengeur* sont les deux aspects majeurs du Dieu de l'Ancien Testament, et aussi de l'*Athalie* de Racine (par ex. v. 233-234).

LE LIS DU GOLFE DE SANTA RESTITUTA

Page 40

1. *Cette méditation parut pour la première fois en 1849, dans l'Édition des Souscripteurs. Elle figure dans l'ex-manuscrit* L. Barthou (Ms.). *Deux brouillons qui se complètent sont conservés à Saint-Point* (S.-P.); *ces divers documents sont datés :* Ischia, 30 août 1844.
2. Ms. : Les pêcheurs
3. S.-P. : frappait l'âme.
4. Ms. *et* S.-P. : Et l'on sentait monter un odorant dyctame; *Édition de 1862 :* Des lis, depuis ce jour,
5. *Édition de 1862 :* Qui dira d'où venait cette vierge inconnue
6. Ms. : Point de bagues *(sic)* à ses doigts : elle était blanche et nue,
7. Ms. *et* S.-P. : Ils allèrent quêter; *Édition de 1862 :* On alla lui chercher
8. Ms. : Un linceul où *(le vers est inachevé)*
9. Ms. *et* S.-P. : un bouquet d'iris et de jonquilles;
10. Ms. : de belles jeunes filles; S.-P. : des belles jeunes filles
11. S.-P. : un lit du sable; *Édition de 1862 :* On lui donna pour lit le sable
12. SP. *et l'Édition de 1862 donnent la leçon* pleurs *que nous adoptons; on lit* fleurs *dans l'Édition des Souscripteurs et dans celle de 1860, véritable non-sens reproduit par Lanson.*
13. Ms. *et* S.-P. : y croît l'été!
14. *Édition de 1862 :* Un ange en a semé la graine
15. Ms. : Il croît sur une tombe, il vit dans le mystère;

L'ENTHOUSIASME

Page 42

1. *Cette méditation est la neuvième dans les huit premières éditions, la onzième à partir de la neuvième jusqu'à celle de 1849 exclue. — Le* Carnet de Maroquin Rouge *(f°s 45-48) en contient une rédaction complète au crayon* (Ms.) *et la lettre à Virieu du 16 mars 1819 en cite quatre strophes (une première, non reprise dans les éditions, et les v. 21-50)* (V.). Ms. *et* V. *portent pour titre* ODE A M. R.
2. Ms. *et* V. *débutent par la strophe suivante :*

   Tel, quand la flamme qui consume
   Les flancs sulfureux de l'Etna
   Au souffle inconnu qui l'allume
   Frémit sous le vallon d'Enna,
   Comme une fougueuse bacchante
   On voit la cime haletante

Déchirer ses flancs entrouverts
Et, parmi des flots de fumée,
Vomir une lave enflammée
Jusqu'au sein bouillonnant des mers !*

*Mais Lamartine renonça, lors de l'impression, à cette stance initiale, qui fut remplacée par les deux premières de l'*Ode aux Français, *lesquelles demeuraient inemployées, puisque leur auteur avait résolu d'en amputer le texte publié de son* Ode. *Les vingt vers sur quoi s'ouvrit finalement* l'Enthousiasme *avaient beaucoup coûté à Lamartine lorsqu'il les composa, ainsi qu'en témoigne le* Carnet de Maroquin Rouge *(f°s 12-16) : on y trouve en effet quatre états successifs de la première strophe, et sept de la seconde. Nous ne donnons ci-après qu'une sélection de ces variantes, en renvoyant à Lanson (pp. 128-130) pour tout le fastidieux détail :*

3. Ms. : Tel quand le sommet solitaire
De l'Ida fréquenté des dieux
Vit l'oiseau qui tient le tonnerre
Enlever Ganymède aux cieux !
L'aigle dans ses serres puissantes...

Ainsi, quand l'oiseau du tonnerre
Vint ravir Ganymède aux cieux,
L'enfant s'attachant à la terre
Pressait des bras l'oiseau des dieux !
Mais, ouvrant ses ailes pesantes,
L'aigle dans ses serres puissantes
L'enlevait aux champs paternels
Et, sourd à la voix qui l'implore,
Il l'apportait...

---

*. *Etna* et *Enna,* avec évocation d'éruption volcanique, se retrouvent dans la strophe 15 de l'*Ode aux Français,* version originale. — Cette stance inutilisée de *L'Enthousiasme* avait peut-être pour point de départ la description de l'Etna en furie dans *L'Énéide,* III, v. 571 et suiv.; ou bien encore Ovide (*Métamorphoses,* XV, v. 340-348 : « Sulfureis ardet fornacibus Aetna ») expliquerait l'adjectif *sulfureux,* et le *souffle inconnu* correspondrait à l'hypothèse d'un vent qui, selon le poète latin s'amasse dans les cavernes du volcan pour en chasser les matières incandescentes. Mais, outre ces souvenirs antiques, Lamartine avait sûrement en tête ce passage de l'*Ode XII* de Nascimento : « Quand les traits échappés de la foudre fermentent dans le sein de l'Etna, et dévorent ses entrailles, le volcan tremble et mugit : déjà grandissent, bouillonnent et grondent avec fracas, sur la cime embrasée, les horribles tourbillons, enveloppés de feux et d'une ardente fumée; la flamme aiguë s'élance avec colère et va frapper les nues; les fleuves fumants des métaux liquéfiés précipitent en sifflant leurs ondes fumantes à travers les flancs brisés de la montagne. »

4. Ms. : Ainsi sur tes ailes de flamme
Enthousiasme ! dieu vainqueur !
Ainsi, quand tu fonds sur mon âme,
Mon cœur tressaille de terreur !
Mon esprit qui craint ta présence
Se débat sous ton influence
Et de ton ascendant vainqueur
Il craint que la flamme céleste *(inachevé)*.
. . . .
Ainsi, quand tu fonds sur mon âme,
Mes cheveux se dressent d'horreur !
Mon esprit qui craint la présence
D'un Dieu dans un cœur mortel
. . . .
Il craint que ce feu céleste
Ne le consume et qu'il ne reste
Ni dieu, ni temple, ni l'autel !

5. Ms., V. : Tel, quand une verve insensée
Commence à m'agiter soudain,
Sous le dieu...

6. Ms., V. : Mais la lave de mon génie
Se déborde en flots d'harmonie,

7. Ms., V. : Est-ce là ce front inspiré,
Est-ce là ce regard sublime

8. Ms. : D'où jaillit

9. V. : Au sombre Érèbe est échappé.

10. Ms. : Ce front

11. Ms. : mouillé de pleurs.

12. Ms., V. : De sa veine libre et féconde
Coulent pour le charme du monde.

13. Ms., V. : Et cet Icare pacifique
Trahi par l'aile pindarique
N'est jamais retombé du ciel.

14. Ms. : les eaux brûlantes

15. Ms. : lui darde un rayon.

16. Ms. *donne cette première esquisse des deux premiers vers :*
Et tu veux que j'agite encore
Ce flambeau qui m'a consumé?

17. Ms. : En accords perdus.

18. Ms. : Elle a trop raccourci le nombre
Des jours { qu'on ne peut rallumer, / prêts à se consumer.

LA RETRAITE

Page 45

1. *Cette méditation fut ajoutée dans la seconde édition, où elle était la dixième; à partir de la neuvième jusqu'à celle de 1849 exclue, elle devint la douzième. M. Georges Roth* (Lamartine et la Savoie, *pp. 196-200) a publié le texte original qui fut adressé par Lamartine au marquis de Châtillon : il comporte quelques menues différences avec celui de 1820* (Ms.).
2. Ms. : que l'orgueil déifie; — *Édition de 1849 et suivantes :* que tout homme déifie.
3. Ms., *Édition de 1849 et suivantes :* dont tout homme
4. Ms., *Édition de 1860 et suivantes :* le grand secret.
5. Ms. : Tu le sais, Châtillon!
6. Ms., *puis la 9e édition et toutes les suivantes donnent, après le mot* antiquité, *ces deux vers :*

   Et ce que des mortels dans leur orgueil extrême
   Osaient nommer vérité!

   (*Chez M. Roth, puis à partir de 1845, on lit :* les mortels.)
7. Ms., *Édition de 1849 et suivantes :* les ombres épaisissent;

LE LAC DE B...

Page 48

1. *Cette méditation est la dixième dans la première édition, la onzième dans les sept suivantes, la treizième à partir de la neuvième jusqu'à celle de 1849 exclue. Dans le* Carnet de Maroquin Rouge, *on trouve : 1o au fo 1, recto, une esquisse tracée au crayon et très hésitante des v. 13-16; — 2o aux fos 53-55, une mise au net de la pièce entière, écrite à l'encre et qui a été publiée dans les* Poésies Inédites *de Lamartine (Paris, Hachette, 1885, pp. 291-294) (P. I.). Sur les deux passages manuscrits, le titre est* Ode au lac de...; *P. I. le reproduit en corrigeant* DE *en* DU. *La 3e édition et toutes les suivantes intitulent plus simplement et d'une manière définitive* Le Lac.
2. P. I. : Sans pouvoir rien fixer, entraînés sans retour
3. P. I. : Beau lac,
4. P. I. : qu'elle voulait revoir
5. *Dans son esquisse au crayon, très raturée et précédée de la mention 2e Stro., on voit que Lamartine avait d'abord écrit :*

   Un soir, t'en souvient-il? nous voguions en silence
   Sur le sein de tes flots par la lune argentés
   Au seul bruit des rameurs qui frappaient en cadence;

   puis il remplaça le second de ces vers, corrigea le troisième et trouva celui qui devait terminer sa strophe :

   On n'entendait dans l'air, sur l'onde et dans les cieux

Que le bruit des rameurs qui frappaient en cadence
Tes flots harmonieux.

Sur cette même page, on remarque en outre deux vers qui ne furent pas repris :

De la reine des nuits le char mélancolique
Éclairait faiblement tes rivages déserts,

et cette indication :

Chant.
Poursuis, poursuis ton cours, ô barque fugitive.

6. P. I. : Chanta ces tristes mots :

7. m'écoute et fuit *(texte du manuscrit; P. I. donnent le texte définitif).*

8. P. I. *donnent ici deux strophes supplémentaires :*

Elle se tut : nos cœurs, nos yeux se rencontrèrent;
Des mots entrecoupés se perdaient dans les airs;
Et dans un long transport nos âmes s'envolèrent
Dans un autre univers.

Nous ne pûmes parler : nos âmes affaiblies
Succombaient sous le poids de leur félicité;
Nos cœurs battaient ensemble, et nos bouches unies
Disaient : Éternité*.

Juste ciel! se peut-il...

*. On peut se demander pourquoi Lamartine supprima ces deux strophes lors de l'édition. « Parce qu'il estima avec raison qu'elles profanaient par leur accent trop réaliste le souvenir de celle qui les avaient inspirées », jugeait Léon Séché (p. 117); le mot *réaliste* paraît un peu fort ici : cette émotion des *âmes envolées dans un autre univers,* ces *bouches unies,* non par un baiser, semble-t-il, mais par un cri commun *(« Éternité ! »)* n'ont en soi rien de bien compromettant; et *les âmes affaiblies succombant sous le poids de leur félicité* sont une expression qui n'est en rien plus scandaleuse que celle des v. 37-38. Il n'y a pas de sensualité véritable dans les huit vers retranchés, mais tout au plus un trouble légitime et véniel, qui ne permet absolument pas de conclure quoi que ce soit sur la nature même de la liaison d'Alphonse et d'Elvire, si nous n'étions pas renseignés par ailleurs. F. Reyssié (p. 201) avait senti juste, en déclarant que « le grand intérêt » de ces strophes était d'« expliquer le caractère vrai de l'amour de Lamartine et de Julie » : « Ce ne sont pas les deux êtres séraphiques, creux, les deux ombres qui promènent leur silhouette vague, éthérée dans *Raphaël*... C'est l'amour vrai parce qu'il est humain. » En tout cas, on ne voit point de *profanation* dans ce passage, que son auteur sacrifia peut-être surtout afin de lier directement ses réflexions personnelles à celles prêtées à son amie, les unes et les autres se complétant de manière parfaite, alors que les deux strophes supplémentaires en rompaient quelque peu le rythme.

9. *Édition de 1849 et suivantes :* de malheur.
10. P. I. : ces délices sublimes
11. P. I. : rochers muets ! imposante verdure !
12. P. I. : qu'il sait rajeunir
13. P. I. : O Lac,
14. P. I. : Dans les chants
15. P. I. *ajoute cette date :* Aix en Savoie, septembre 1817. — *Le baron de Nanteuil* (Revue Bleue, *1938, p. 375) a remarqué que sur le* Carnet de Maroquin Rouge, *le chiffre 7 a été ajouté après coup; étant donné la chronique amnésie des dates chez le poète, on ne peut rien en déduire de certain; mais, transcrivant sur le précieux album ces strophes probablement écrites sur un autre, aujourd'hui perdu, Lamartine dut hésiter sur le millésime exact.*

LA GLOIRE

Page 51

1. *Cette méditation, dont aucun manuscrit n'a été signalé, est la onzième dans la première édition, la douzième dans les sept suivantes, la quatorzième à partir de la neuvième, jusqu'à celle de 1849 exclue. Sous le titre* Stances, à un poète portugais exilé, *elle avait paru pour la première fois parmi des pièces liminaires des* Obras completas *de Filinto Elysio (pseudonyme de Fr.-M. do Nascimento) (Paris, A. Bobée, 1818, vol. V, p. 6) : cette pré-originale offre quelques variantes, désignées ci-après par l'abréviation* St.
2. *Édition de 1849 :* Mémoire.
3. St. : vont s'offrir.
4. St. : Ton destin, ô Manoel *(ce prénom est alors dissyllabe, comme en portugais).*
5. St. : Ta Muse
6. St. : Le ciel a fait pour lui les trésors de la terre
   Mais le Pinde est à nous.
7. St. : C'est là qu'est ton séjour, c'est là qu'est ta patrie.
   C'est là, divin Manoel, que seront tes autels,
   C'est là que l'avenir...
8. *Édition de 1849 et suivantes :* né de la terre
9. *2e édition et suivantes :* ces parvis.
10. *Édition de 1849 :* L'Infortune
11. *Édition de 1849 et suivantes :* un vieillard

12. St. : mendiait pour soutenir sa vie
13. St. : Il semble que le ciel
14. St. : Mais toi, fils d'Apollon,
15. St. : Te chasse loin des lieux qui
16. St. : en quels bords
17. St. : aux lieux
18. St. : Athène à ses proscrits ouvre le Panthéon.
19. St. : *La pièce est signée* Alphonse de Lamartine.

LA CHARITÉ

Page 54

1. *Cette méditation, parue la première fois dans* La Mouche, *journal de Mâcon, le 28 juin 1847, fut reprise en 1849, dans l'Édition des Souscripteurs; sous le titre* Le Cachot, conte arabe, *elle a paru ensuite, sans variante, dans* Les Foyers du Peuple. — *Elle figure, avec ce même intitulé, dans l'ex-manuscrit* L. Barthou. *Par ailleurs, un autre manuscrit de la pièce, appelée simplement* Conte Arabe *et datée : Paris, 1er mai 1847, figure au* Catalogue Coulet, *nº 102, sous la référence 1323, et est passé en vente en 1949, 1950 et 1952. — Enfin, C. Latreille avait vu le manuscrit à Saint-Point.*
2. *Édition de 1862 :* Dis-moi ce qui te rend,
3. *Édition de 1862 :* Jusqu'au pauvre captif languissant dans sa tour,
4. *Édition de 1862 :* au souffle de la gloire,

ODE SUR LA NAISSANCE DU DUC DE BORDEAUX

Page 56

1. *Cette méditation fut ajoutée dans la neuvième édition, à la quinzième place, qu'elle conserva jusqu'à celle de 1849 exclue; à deux menues variantes près le texte de 1823 fut définitif; à partir de 1849, le titre fut très légèrement modifié :* La Naissance du duc de Bordeaux, Ode. — *Mais, M. Maurice Levaillant a retrouvé, dans les archives de la famille de Fontenay, des esquisses et une première version de cette ode, qu'il a éditée et commentée dans* Lamartine et l'Italie en 1820, *pp. 146-151 et 291-296 : on trouvera ce document, et tous renseignements le concernant, à la première note de notre commentaire.*
2. *Édit. 1826 et suiv. :* se baisser les yeux !
3. *Les v. 83-100 sont une réutilisation et un arrangement des strophes 21 et 22 de la première version de l'* « Ode aux Français », *qu'on trouvera ci-dessus, pp. 392-393.*
4. *Édit. 1826 et suiv. :* On élève sur le rivage

RESSOUVENIR DU LAC LÉMAN

Page 60

1. *Avant de paraître en 1849, dans l'Édition des Souscripteurs, cette épître en vers avait été publiée pour la première fois, le 18 août 1841, dans* La Presse, *le journal d'Émile de Girardin; Lamartine reprit son poème d'abord dans le* Journal de Saône-et-Loire *(25 août), puis dans ses* Œuvres complètes *de 1842 (Gosselin-Furne, t. VIII, pp. 439-448;* Mélanges en prose et en vers) *et de 1845 (Gosselin, t. IV, p. 208 :* Recueillements poétiques). *On trouvera ici le texte de 1849 (figurant tel quel dans les* Foyers du Peuple) *puisque c'est à cette date que le* Ressouvenir *fut appelé méditation. Léon Séché possédait le manuscrit qui servit à l'impression et portait, de la main de l'auteur, d'ultimes corrections laissant voir, pour quelques vers, un état antérieur : il a donné ces variantes dans les* Annales Romantiques, *1910, p. 21* (Lamartine et Mme de Girardin); *elles ont été reproduites dans le livre intitulé* Huber-Saladin *(pp. 108-109) et publié en 1932 par M. Ch. Fournet : selon ce dernier, à cette date, le manuscrit appartenait à Louis Barthou, mais il n'a pas figuré au catalogue établi en 1936 après la mort de ce dernier* (Ms.).
2. *Cette date manque dans les éditions antérieures à celle des Souscripteurs.*
3. *Édition de 1862 :* passeraient les fragments.
4. *Édition de 1862 :* De grands golfes d'azur, où quelque blanche voile
   Répercutant le jour sur ses ailes de toile,
5. *Édition de 1845 :* Déserts où
6. *Édition de 1862 :* Dont le mugissement
7. Ms. : De frapper sous l'esquif
8. *Édition de 1862 :* Qui, sous l'émotion dont
9. Presse, *éditions de 1842 et 1845 :* Qui chérit sa nature
10. Presse : « Dirais-tu, dans l'orgueil de ta mâle tendresse ! *Éditions de 1842 et 1845 :* « Diras-tu... ! — *Dans ces trois textes, ce vers, au lieu d'être une réflexion de Lamartine, était inclus par des guillemets dans le discours d'Huber-Saladin, et, malgré son tour, non terminé par un point d'interrogation, — ce qui n'avait guère de sens.*
11. Ms. : Sa voix est dans tes bruits
12. Ms. : Pendant que sous ses pieds. — *Je ne sais où, après Léon Séché, M. Ch. Fournet a trouvé que la « version définitive » de ce vers est :* Pendant que sous sa gloire un empire avili
13. Ms. : leurs feux éternels
14. Ms. : Suivent la servitude au fond de leur cercueil;
15. Ms. : Qu'imitant des tyrans
16. Ms. : Si le grossier encens
17. Ms. : concentrez plus sa sève;

18. *Nous adoptons pour ce vers le texte de l'édition de 1862 (gauche certes par suite de l'inversion forcée :* l'ombre des châtaigniers, *mais compréhensible), car toutes celles qui l'ont précédée donnent, par suite de la persistance d'une coquille non corrigée, ce pur galimatias :*

    Où les grands châtaigniers d'Évian penchent l'ombre

19. Ms., La Presse, *les éditions de 1842 et 1845 portent après ce vers la date de la dernière mise au net du poème :* Saint-Point, 12 août 1841.

LA PRIÈRE

Page 68

1. *Cette méditation, dont aucun manuscrit n'a été signalé, est la douzième dans la première édition, la treizième dans les sept suivantes, la seizième à partir de la neuvième jusqu'à celle de 1849 exclue. Dans sa lettre du 8 décembre 1819, Lamartine adressait à Virieu les cinquante-quatre premiers vers de cette pièce* (V.). *Après le titre, les 2e et 3e éditions portent une dédicace :* À M. LE DUC DE ROHAN.
2. *Édition de 1866 :* au bord.
3. V. : Ses rayons amortis
4. V. : les astres; — *édition de 1849 et suivantes :* ses astres.
5. V. : pour le temple. — *Après le v. 20,* V. *donne quatre vers :*

    Brillant seul au milieu du sombre sanctuaire,
    L'astre des nuits, jetant son éclat sur la terre,
    Balancé devant Dieu comme un vaste encensoir,
    Fait monter jusqu'à lui les saints parfums du soir.

    On ne les retrouve que dans les 3e et 4e éditions, rétablis sur la demande de l'auteur, avec une menue variante : versant son éclat*.
6. V. : Et qu'un léger zéphyr
7. V. : invoquant la nuit
8. V. : Tu t'es produit partout dans ton
9. V. : Ma raison, concevant tes
10. *Toutes les éditions donnent un texte inintelligible :* autour de toi, *sauf la 9e, qui corrige :* autour de moi. *On a retenu ici la leçon de* V.

---

*. Lamartine avait supprimé ces quatre vers de la version primitive sans doute parce qu'ils développaient à l'excès la minutieuse comparaison des lignes précédentes entre l'univers et une cérémonie religieuse; ils faisaient aussi redondance avec les v. 25-26. Cependant, dans sa lettre adressée d'Avallon à Genoude le 30 mars 1820, le poète lui demandait de les rétablir (M. Levaillant, *Lamartine et l'Italie en 1820,* p. 77) ; ils figurèrent ainsi dans les troisième et quatrième éditions, puis furent ensuite retranchés définitivement.

11. *8e édition et quelques autres (dont celle de 1849) :* ses ténèbres; *édition de 1866 :* les ténèbres.

INVOCATION

Page 72

1. *Cette méditation est la treizième dans la première édition, la quatorzième dans les sept suivantes, la dix-septième à partir de la neuvième jusqu'à celle de 1849 exclue. — Un manuscrit de cette pièce (mise au net avec corrections) est conservé à Saint-Point; il porte en tête la dédicace :* A MADAME CH...
2. Ms. : Un rayon d'espoir
3. Ms. : ton pays et ton sort *(surchargé par la version définitive).*
4. Ms. : Naquis-tu d'un souffle
5. Ms. : Dois-tu revoir ce soir
6. Ms. : dans ces lieux
7. Ms. : ton sort, ton nom et ta patrie
8. *Édition de 1826 et suivantes :* O fille
9. Ms. : comme nous voyager sur la terre; — *9e édition seule :* parmi nous poursuivre ta carrière
10. Ms. : Sois mon soutien
11. Ms. : De tes pas révérés j'adore
12. Ms. : Ange échappé du ciel, tu retournes près d'eux.
13. Ms. : Tu retournes parmi tes frères *(raturé et remplacé par le texte définitif). La pièce porte le mot FIN. Le v. 22 d'*Invocation *fut inscrit par Lamartine sur la page de garde du* Carnet de Maroquin Rouge.

LA FOI

Page 73

1. *Cette méditation, dont aucun manuscrit n'a été signalé, est la quatorzième dans la première édition, la quinzième dans les sept suivantes, la dix-huitième à partir de la neuvième jusqu'à celle de 1849 exclue. — Lamartine cite la fin de cette pièce (v. 165-176) à la fois dans sa lettre à Virieu du 11 août 1818* (V.) *et dans celle à Mme de Raigecourt du 24 janvier 1819* (R).
2. *8e édition et suivantes :* je viens.
3. *Édition de 1849 et suivantes :* instruments de bonheur.
4. *8e édition et suivantes :* Restes des passions
5. *11e édition et suivantes :* remord *(Tardif recours, afin de mieux rimer « pour l'œil », à une licence poétique fort classique : cf. la note du v. 134 du* Passé*).*

6. *Édition de 1860 :* Dieu seul en réunit tous les fragments épars.
7. *Édition de 1860 :* fermer les yeux.
8. R. : Mystérieux soleil,
9. V. : dans ces heures funèbres
10. V. : qui décroît
11. V. : que je ne vais plus voir,

LE GÉNIE

Page 78

1. *Cette méditation, parue dans* Le Défenseur *à la fin de mars 1820, fut ajoutée dans la seconde édition, où elle était la seizième ; à partir de la neuvième jusqu'à celle de 1849 exclue, elle devint la dix-neuvième. — On peut en signaler quatre manuscrits : 1° On ne mentionnera que pour mémoire la copie, conservée à Saint-Point, des huit dernières strophes, sous le titre* Ode / A. M. Le Vicomte de Bonald / *1817, et qui est conforme au texte imprimé ; — 2° G. Lanson eut en mains un autographe, appartenant à la baronne de Noirmont et copié sans doute à la suite de la lettre écrite le 24 septembre 1817 à Mme Charles par Bonald lui-même : ce document* (N.) *était peut-être destiné à ce dernier ; — 3° Surtout, le* Carnet de Maroquin Rouge *contient du poème des esquisses au crayon (f°s 1-9 et 64-65)* (Ms. I) *et une mise au net à l'encre (f°s 65-70)* (Ms. II), *qui montrent les nombreuses hésitations de l'auteur et les difficultés d'inspiration qu'il rencontra en composant son ode : on trouvera ici l'essentiel de ces variantes.* Ms. I *a pour titre* Ode à Mr de Bonald *(comme* N.*), mais on y trouve aussi les mentions* Pour Julie *et* Pour Julie à M. de B. ; *l'intitulé devient dans* Ms. II : A Mr de Bonald sur ses Détracteurs. *— 4° On notera seulement pour mémoire cinq strophes figurant au catalogue M. Loliée n° 80 (1952, p. 21).*
2. *L'épigraphe latine (dont la référence :* Horat., Od. V, lib. II, *sera donnée à partir de l'édition de 1849) manque dans les manuscrits.* Ms. II *porte sous le titre ces deux vers :*

   Al suon di questi voci, arde lo sdegno
   E cresce in lui, quasi commossa face.
   (*Jerusalem* — Canto quinto)

   et, in fine, après la date, ceux-ci :

   Che nascer dèe, quando corrotto e veglio,
   Povero fia d'uomini illustri, il mondo.
   (*Jerusalem* — Canto decimo quinto)

   Dans N., *ces deux derniers figurent seuls, suivis du nom de l'auteur :* Tasso, *sous le titre de l'ode, avec leur traduction :*

   ... il doit naître quand le monde vieilli
   et corrompu sera épuisé d'hommes illustres.
   Le Tasse.

3. Ms. I. : Ainsi, lorsque dans la tempête

4. Ms. I et II. : Jadis un illustre prophète

5. Ms. I. : Du mont invisible aux yeux — invisible à ses yeux.

6. N. : L'Hébreu couché

7. Ms. I. : Tu fais luire au sein

8. Ms. I et II. : Ce rideau

9. Ms. I. : Couvrait la source et les mystères. — N *remplace* couvrait *par* cachait.

10. Ms. I. : D'où découlent toutes les lois — Ms. II : Où la terre a puisé

11. Ms. I. *donne trois ébauches incomplètes de cette strophe; Lamartine la débutait d'abord ainsi :*

> En vain l'orgueil humain murmure !
> Assis sur le sommet tranquille...

puis il amorça le mouvement finalement retenu par :

> Assis sur la base (solide) durable...

Pour le v. 24, il hésita :

> Ce globe par l'homme habité
> Ce globe à nos erreurs livré

12. Ms. I et II, N. : Secoués sur

13. Ms. I *portait d'abord* : Sans te créer de vains fantômes,
Tu vois les rois maîtres des hommes,
Tu vois les dieux maîtres des rois !

puis : ... bornés que nous sommes,
Nous croyons voir l'œuvre des hommes
Un dieu se montre à tes regards

enfin : Tu ris de l'erreur où nous sommes
Nous voyons là l'œuvre etc.

14. Ms. I : Le monde moral est conduit.
Et tels qu'autour de l'astre unique
La sphère et ce globe physique *(en marge :* oblique*)*
Tournent dans le cercle des airs.

15. Ms. I : Quand sur les ailes du génie
Tu t'élèves loin de nos yeux

Ms. II : Mais quoi ? tandis que le génie
T'élève bien loin (au-dessus) de nos yeux.

16. Ms. I : La faible voix } des détracteurs
Le murmure }

17. Ms. I : Va, poursuis ta vaste (noble) carrière
Poursuis, le mépris du vulgaire
Est le signe des plus grands cœurs !

Ms. II., *donne le texte définitif, mais a essayé ensuite de le changer en :*

Va ! poursuis ta noble carrière;
Marche ! et méprise le vulgaire :
C'est là le signe des grands cœurs.

18. Ms. I. : Eh quoi ! dans ses amours frivoles
Ne l'a-t-on pas vu

19. Ms. I et II. : Se forger de lâches idoles
Qu'il élève et brise en un jour?
N'a-t-on pas vu son ignorance

20. Ms. I. : Par ses propres tyrans flatté

21. Ms. I. : prodiguant aux vices

22. Ms. I. : Ses plus méprisables erreurs

23. Ms. I et II. : Arracher des... / A quelque front

24. Ms. I. : Et te proclamant grand et sage

25. Ms. I. *amorçait d'abord ainsi cette strophe :*
Mais leur éloge est un outrage
Que l'on doit trembler d'obtenir.

26. Ms. I. : Tu t'enorgueillis de sa haine.

27. Ms. I. : les faibles cœurs; — Ms. II. : les cœurs faibles.

28. Ms. I. : Et contre le courant rapide
Seul tu vas d'un pas intrépide.

29. Ms. I. : que l'honneur t'a montré. — *Dans* Ms. I et Ms. II *se plaçait ici une strophe non retenue et dont voici la dernière version :*

Ainsi parmi les feux célestes
Lorsque la comète à nos yeux
Fait briller ses clartés funestes
Dans les champs étonnés des cieux !
Des cieux interrogeant la voûte
Le pilote loin de sa route
S'égare à sa fausse lueur !
Le vulgaire tremble et s'écrie !
L'intrépide enfant d'Uranie*
Rejette cet astre trompeur !

Au sujet de cette stance, M. de Bonald écrivait à Mme Charles : « Je pense comme vous qu'elle peut être supprimée » *et Lamartine a noté marginalement sur* Ms. II : « Strophe supprimée par M. de Bonald. »

30. Ms. I. : Tel qu'un torrent fils de l'orage
Qui roulant du sommet des monts
Entraîne au loin sur son passage

---

*. *L'intrépide enfant d'Uranie : l'astronome, Uranie* étant la muse de l'astronomie.

Les humbles plantes des vallons
Un chêne l'honneur des vallons

Ms. II. : Ou tel un torrent que l'orage
Fait rouler du sommet des monts

31. Ms. I. : Vain courroux ! Entouré de ruines
Ms. II : Mais seul debout sur tant de ruines

32. Ms. I. : Mais par les mépris de son âge
Le sage n'est point rebuté !
Retrempe donc ton courage

33. Ms. I. : Méprise les autres armures

34. Ms. I. *témoigne d'autres tâtonnements de l'auteur, par exemple pour ce début :*

Vois-tu dans les champs olympiques
Tel dans la carrière olympique
Vois-tu dans la carrière antique
Sous les pas des coursiers... chars

35. Ms. I. : Ainsi de nos jours le génie
Par la poussière de l'envie

36. Ms. I. : de la vile poussière

37. Ms. I. : *donne l'esquisse d'une douzième strophe inachevée et non retenue :*

Ton âme n'est point alarmée
....
....
La voix imposante des âges,
Ce n'est point ces clameurs volages
Que la foule fait retentir.

Ms. II date la pièce : Aix en Savoie, 2 septembre 1817, *et donne ici la seconde épigraphe tirée du Tasse.*

PHILOSOPHIE

Page 82

1. *Cette méditation fut ajoutée dans la neuvième édition, où elle occupait la vingtième place. — Une première rédaction de cette pièce figure dans la lettre du 5 novembre 1821 écrite par Lamartine à M. de La Maisonfort* (M.); *on en conserve d'autre part au château de Saint-Point une copie manuscrite (six pages), intitulée* Épître au Marquis de La Maisonfort, *sur laquelle l'épouse du poète a noté :* « Épître au Ms. Lamaisonfort, *2e Méditations — copiée par ma mère (Mme Birch).* » (S.-P.). *Il est probable que* M. et S.-P. *sont sensiblement contemporains et ont été corrigés séparément, si bien que tantôt l'un et tantôt l'autre sont plus près du texte imprimé. — Je n'ai pu obtenir aucune précision sur le manuscrit de* Philosophie *qui, ayant appartenu à Louis Barthou, figurait au nº 399 du catalogue de sa vente et fut acquis par Mme Émile Prat de Paris.*

2. *Édition de 1832 et suivantes :* Au marquis de La Maisonfort.
3. M. : Ah! qui m'emportera sur
4. *Édition de 1826 et suivantes :* de Médicis
5. M. : par la muse; — S.-P. : par ta muse habité
6. S.-P. : de Dante
7. S.-P. : soulagé des soucis
8. M., S.-P. : au champêtre toit; — M. : par tes mains ennobli
9. M., S.-P. : Où tu vas
10. M., S.-P. : Je cherche
11. M. : d'une verte
12. M. : d'un coteau
13. M., S.-P. : d'un torrent
14. M., S.-P. : assis à la table des rois
15. M. : au bord
16. S.-P. : dans un vague
17. *Citant ce vers (et le suivant) de mémoire dans sa lettre à Virieu du 1er décembre 1821, Lamartine y remplace* et le Temps *par* et la Mort.
18. M. : sa pensée
19. M. : du vent dans les déserts
20. M., S.-P. : Au souffle des hivers, de ses
21. S.-P. : un temps sans doute où
22. S.-P. : Par l'étude occupés, par la gloire embellis,
23. M. : changeant toujours; S.-P. : changeant sans fin de destin
24. M. : D'un point qui
25. S.-P. : Et montant d'astre en astre au dernier rang des cieux,
    Homme, il s'élève à l'Ange, Ange il s'unit aux Dieux?
    Si dans ce doux réveil nos souvenirs
26. M. : Qui choisit pour jamais
27. M., S.-P. : Ou si de nos destins l'arbitre juste et sage
    Après l'avoir formé s'endort sur son ouvrage,
28. M., S.-P. : et le monde aux tyrans
29. M. : sur sa proie
30. S.-P. : vastes déserts
31. M., S.-P. : Je n'ai trouvé partout; — S.-P. : qu'erreur et
32. M., S.-P. : dans ces champs
33. M. : aux seuls bords

34. M., S.-P. : Je goûte innocemment des doux fruits de la vie
35. S.-P. : le champêtre enclos
36. M. : Je n'irai plus en vain ravir
37. M., S.-P. : ses comment, ses pourquoi,
38. M., et S.-P. *ne contiennent pas les v. 97-100.*
39. S.-P. : Jusqu'au port
40. S.-P. : bercé par l'habitude,
41. M., S.-P. : prêtant sans efforts
42. M. : Toi qui longtemps, hélas ! ballotté par l'orage,
Possesseur aujourd'hui de ce calme du sage,
S.-P. : Toi qui longtemps, hélas ! battu par tant d'orages,
Possesseur aujourd'hui du ciel serein des sages,
43. S.-P. : Du haut de ton repos
44. S.-P. : Nos malheurs sans dédain
45. *Édition de 1826 et suivantes :* de son temps *(correction d'une « cacophonie difficilement supportable », selon Nanteuil).*
46. M. : Et dont la voix connaît cet art noble et flatteur
De fixer notre oreille en nous parlant au cœur;
47. M., S.-P. : le reste de ta vie
48. M. : Où les bois et les fleurs — S.-P. : Où les bois et les eaux
49. M. : De tes jours partagés; — S.-P. : De tes jours trop étroits
50. S.-P. : Dans tes vers
51. M., S.-P. : Dis-moi
52. S.-P. *(où l'ordre des v. 123 et 124 est interverti) :* le destin?
53. S.-P. : vers le bonheur

LE GOLFE DE BAYA, PRÈS DE NAPLES

Page 86

1. *Cette méditation, dont aucun manuscrit n'a été signalé, est la quinzième dans la première édition, la dix-septième dans les sept suivantes, la vingt et unième à partir de la neuvième jusqu'à celle de 1849 exclue. Les huitième et dixième éditions, ainsi que les suivantes, suppriment les mots* Près de Naples.
2. *Éditions de 1826 et suivantes :* Téthys.
3. *Édition de 1849 et suivantes :* ces doux concerts.
4. *Édition de 1849 et suivantes :* la Mélancolie.
5. *10e édition et suivantes :* S'assied *(« Bonne correction de goût », selon Nanteuil).*

6. *Dans les 3e et 4e éditions, Lamartine, après le mot* Césars, *ajouta cette note :* « Cette méditation a été composée en 1813 ». *Elle disparut dans la 5e, puis fut rétablie dans la 6e et toutes les suivantes sous la forme :* « Ceci était écrit en 1813 ».
7. *Édition de 1849 et suivantes :* Cynthie.
8. *A partir de 1849, Lamartine, ici comme dans le titre, orthographie* Baïa.

LE TEMPLE

Page 89

1. *Cette méditation, dont aucun manuscrit n'a été signalé, est la seizième dans la première édition, la dix-huitième dans les sept suivantes, la vingt-deuxième à partir de la neuvième jusqu'à celle de 1849 exclue.*
2. *Édition de 1860 :* je m'approche sans crainte !
3. *Édition de 1836 et suivantes :* veille aussi,

LE PASTEUR ET LE PÊCHEUR

Page 91

1. *Cette méditation inachevée, dont aucun manuscrit n'a été signalé, parut pour la première fois en 1849, dans l'Édition des Souscripteurs.*
2. *Édition de 1862 :* Étendait sur la pente
3. *Édition de 1882 :* entre eux des travaux de leur vie;
4. *Édition de 1862 :* Épanche les parfums dont la vallée est pleine
   Et, d'un souffle inclinant le calice des fleurs,
   De la nuit sur les prés fait découler les pleurs,

CHANTS LYRIQUES DE SAÜL

Page 94

1. *Cette méditation est la dix-septième dans la première édition, la dix-neuvième dans les sept suivantes, la vingt-troisième à partir de la neuvième jusqu'à celle de 1849 exclue. Le texte est composé des vers 1000-1013, 1015-1036, 1039-1070, 1081-1117 de la tragédie de* Saül; *dans celle-ci, ils sont prononcés par Micol, la fille de Saül qui les récite avec inspiration; les lignes de pointillé représentent les paroles de ce dernier, que nous donnons, à titre de curiosité, parmi les variantes. Ces variantes sont le texte du manuscrit 14012 de la Bibl. Nat., reproduit par M. Jean des Cognets, en son édition critique de* Saül (Société des Textes Français Modernes, 1918).
2. *Saül :* Ils se montrent, entre eux,
3. *Saül :* SAÜL, se levant, furieux.

Que dis-je? quoi, Moloch? Va, je les brave encore!
Où sont ces ennemis que mon glaive dévore?
(On entend de nouveau le son des instruments. Le roi se calme).
MICOL, reprend :

4. *Édition de 1879 :* levez-vous, ô mon Roi!
5. *Saül :* qu'ils conspiraient sur moi!
6. *Saül :* sa source révérée *(avec, sur le* ms., *une variante :* si cachée*)*.
7. *Saül :* De la terre altérée.
8. *Saül :* SAÜL, se levant avec joie.
Me voici! Me voici! Seigneur, venge ta gloire!
C'est ainsi que ta voix m'annonçait la victoire!
(La musique fait entendre quelques accords belliqueux).
MICOL.
9. *Saül :* de Moab et de la race d'Edom,
10. *Saül :* SAÜL, avec transport.
Les voilà devant moi comme un fleuve tari,
Et leur mémoire même avec eux a péri!
C'est Saül! oui, c'est moi! Que ces chants de victoire
Sont doux à mon oreille et chers à ma mémoire!
Que ces jours étaient beaux, où le fils d'Isaï
Partageait mon triomphe et le chantait ainsi!
Mais que ces temps sont loin, hélas! et combien l'âge
A depuis énervé ce superbe courage!
Que le fer pour mon bras est un pesant fardeau,
Et que le soir est sombre après un jour si beau!
(La musique se fait entendre sur un mode plus doux).
MICOL.
11. *Saül :* la fertile Éthiopie
12. *Saül :* sur un trône

A UNE FLEUR SÉCHÉE DANS UN ALBUM

Page 98

1. *Cette méditation parut pour la première fois en 1849, dans l'Édition des Souscripteurs; on n'en a signalé aucun manuscrit.*
2. *Édition de 1862 :* Je respirais sous les feuillages
3. *Édition de 1860, 1862 et 1866 :* qui décores
4. *L'Édition des Souscripteurs porte ici une fâcheuse coquille que nous rectifions :* Sous un regard.
5. *Édition de 1862 :* Aujourd'hui, ciel, temple et rivage,

HYMNE AU SOLEIL

Page 99

1. *Cette méditation est la dix-huitième dans la première édition, la vingtième dans les sept suivantes, la vingt-quatrième à partir de la neuvième jusqu'à celle de 1849 exclue : dans celle-ci, apparaît en-dessous du titre une pseudo-date de composition (1825), complètement absurde puisque l'*Hymne au Soleil *fut publié en 1820 ! La Bibliothèque publique et universitaire de Genève, sous la cote* Ms. Suppl. 358, f° 263, *possède un manuscrit autographe de cette pièce, non daté et intitulé* Fragment d'une Méditation : Hymne au Soleil; *bien qu'il contienne le texte in-extenso, il débute par deux lignes de points. Ce document, qui fait partie d'une collection privée léguée par un amateur genevois à la bibliothèque de sa ville, a été signalé par M. Charles Fournet* (Lamartine et ses amis suisses, *p. 249, n. 1*), *mais on en trouvera ici les variantes pour la première fois* (Ms.).
2. Ms. : vous la voyez renaître,
3. Ms. : Soutiens-moi, chère Elvire, et conduis ton amant !
4. Ms. : à l'humide zéphir !
5. Ms. : Dieux ! que les airs
6. Ms. : Le jour où de la nuit séparant la lumière
7. Ms. : L'univers étonné te
8. Ms. : se courba devant toi !
9. Ms. : En échauffant mes sens,
10. *Édition de 1849 :* Mais... ton sublime auteur
11. *Édition de 1849 et suiv. :* qui lis dans nos cœurs,

FERRARE

Page 101

1. *Cette méditation parut pour la première fois en 1849 dans l'Édition des Souscripteurs. Elle figure dans l'ex-manuscrit* L. Barthou, *avec le sous-titre* Vers improvisés en sortant du... *et l'indication* (in fine) : A Ferrare, octobre 1844. — *Une copie par Mme de Lamartine est conservée à Saint-Point, intitulée* Improvisation en sortant du cachot du Tasse, *avec la même référence de lieu et de temps. — Lamartine cite la pièce comme inédite dans son* Cours familier de Littérature, *entretien XCI consacré au Tasse, juillet 1863 (t. XVI, p. 20), après l'avoir reprise, sous sa forme de 1849, mais sans date, dans* Les Foyers du Peuple.
2. *Édition de 1860 :* Improvisée *(accord fait avec méditation).*
3. *Cours familier* et *Édition de 1862 :* Homme ou Dieu, tout génie est promis au martyre.
4. *Édition de 1862 :* Il voit dresser partout aux portes de nos villes

ADIEU

Page 102

1. *Cette méditation, dont aucun manuscrit n'a été signalé, est la dix-neuvième dans la première édition, la vingt et unième dans les sept suivantes, la vingt-cinquième à partir de la neuvième jusqu'à celle de 1849 exclue.*
2. *Édition de 1826 et suivantes :* roches.
3. *Édition de 1849 et suivantes :* quel rivage *(correction « pour l'œil », en dépit de l'indifférence ordinaire de Lamartine envers ces subtilités de la versification !)*
4. *Onzième édition et suivantes :* Déjà n'ai-je pas

LA SEMAINE SAINTE A LA R.-G.

Page 105

1. *Cette méditation, dont aucun manuscrit n'a été signalé, est la vingtième dans la première édition, la vingt-deuxième dans les sept suivantes, la vingt-sixième à partir de la neuvième jusqu'à celle de 1849 exclue. Dès la seconde, et dans toutes les autres, la deuxième ligne du titre est écrite en entier* : A LA ROCHE-GUYON.
2. *Édition de 1849 :* Roi du ciel

LE CHRÉTIEN MOURANT

Page 107

1. *Cette méditation, dont aucun manuscrit n'a été signalé, est la vingt et unième dans la première édition, la vingt-troisième dans les sept suivantes, la vingt-septième à partir de la neuvième jusqu'à celle de 1849 exclue.*
2. *Édition de 1849 :* Hé quoi !

DIEU

Page 108

1. *Cette méditation, dont aucun manuscrit n'a été signalé, est la vingt-deuxième de la première édition, la vingt-quatrième des sept suivantes, la vingt-huitième à partir de la neuvième jusqu'à celle de 1849 exclue.*
2. *2e à 9e édition :* A M. DE LA MENNAIS; — *10e édition et suivantes :* A M. L'ABBÉ F. DE LAMENNAIS.
3. *On lit ces v. 5-8, transposés à la première personne du pluriel pour les adapter au contexte, dans la lettre du 20 août 1819, adressée d'Aix-les-Bains à M. Rocher.*
4. *Édition de 1860 :* au besoin.

5. *9e édition :* avec le temps.
6. *Les v. 57-58 sont cités tels quels dans la lettre au comte de Saint-Mauris, datée de Montculot, 27 mai 1819.*
7. *Édition de 1849 et suivantes :* par la nature.
8. *Toutes les éditions portent* de la gloire; *or, dans sa lettre écrite à Avallon le 30 mars 1820, le poète recommandait à Genoude de remplacer cette leçon par* de ta gloire; *ce qui aurait donné un sens beaucoup plus satisfaisant, mais, par suite sans doute d'une inadvertance, cette correction ne fut jamais faite (M. Levaillant,* Lamartine et l'Italie en 1820, *pp. 77 et 287).*
9. *2e édition et suivantes :* ta parole. — *Ici, Genoude avait tenu compte d'une demande formulée également dans la lettre ci-dessus (M. Levaillant,* ibidem).

L'AUTOMNE

Page 113

1. *Cette méditation, dont aucun manuscrit n'a été signalé, est la vingt-troisième dans la première édition, la vingt-cinquième dans les sept suivantes, la vingt-neuvième à partir de la neuvième jusqu'à celle de 1849 exclue.*
2. *Édition de 1860 :* près de quitter
3. *Éditions de 1860 et 1866 :* ces biens

A UN ENFANT, FILLE DU POÈTE

Page 115

1. *Cette méditation parut pour la première fois en 1849 dans l'Édition des Souscripteurs. Un manuscrit en est conservé à Saint-Point : le haut de la page est déchiré et le titre a ainsi disparu, mais il subsiste une date : 1840; sans doute s'agit-il de celle où fut exécutée cette copie, car le contenu de la pièce exclut qu'elle ait été écrite postérieurement à la mort de Julia de Lamartine. D'autre part, lorsque j'ai vu ce manuscrit, il était contenu dans une chemise portant en suscription :* Lettre à M. de Foudras; *une telle lettre n'existe pas dans ce dossier; peut-on penser que ces vers furent envoyés à ce personnage? On ne sait... — Il s'agit probablement du marquis Théodore-Louis-Auguste de Foudras, né en émigration en 1800, mort à Chalon-sur-Saône en 1872, donc compatriote de Lamartine, romancier très fécond, mais connu surtout pour ses ouvrages sur la chasse; en 1862, il fut un des quelques amis qui prirent l'initiative d'une pétition au Sénat pour faire accorder au poète ruiné une récompense nationale* (De Luppé, p. 411).
2. Ms. : Heureuse fille du poète,
   Ta vie est un hymne à deux voix.
   Son front rayonnant te reflète
   Ton matin qui brille deux fois.

L'édition de 1862 donne aussi au vers 2 : Ta vie.

3. Ms. : Sur ta joue humectée et rose
   Ses lèvres rendent plus de son.
4. Ms. : Dans une larme de sa fille
   Le monde est sa gloire — Son cœur nage *(ébauche raturée)*
5. Ms. : *Ces deux vers offrent les mêmes différences que les deux premiers.*

LA POÉSIE SACRÉE

Page 116

1. *Cette méditation, dont aucun manuscrit n'a été signalé, est la vingt-quatrième et dernière dans la première édition, la vingt-sixième et dernière dans les sept suivantes, la trentième et dernière à partir de la neuvième jusqu'à celle de 1849 exclue.*
2. *9ᵉ édition et suivantes :* A M. Eugène de Genoude *(celui-ci, attaché à la fortune de Villèle, ayant été anobli par Louis XVIII le 28 juin 1822).*
3. *Cet adverbe est supprimé à partir de la seconde édition.*
4. *9ᵉ édition et suivantes :* Des fleurs la racine arrosée
5. *Les v. 36-105 sont cités littéralement dans le* Cours familier de Littérature, *entretien XII, t. II, p. 447. Après ce développement, inspiré du* Livre de Job, *et avant le suivant, imité du prophète Isaïe, Lamartine avait peut-être songé à introduire ici un couplet sur Salomon et le* Cantique des Cantiques; *c'est à cette intention, finalement abandonnée, que Lanson rattachait ces quelques vers, esquissés dans* le Carnet de Maroquin Rouge, *f° 58, recto :*

   Mais quel roi revêtu de sagesse et de gloire
   Sous les palmes de la victoire
   Soupire de saintes amours.
   Sous les bois que le Jourdain arrose
   . . . .
   et la colombe aux pieds de rose.
6. *Le tiret n'apparaît que dans la 12ᵉ édition, mais il y reste précédé des deux points qui figuraient dans les onze précédentes et qui ne se justifient pas.*
7. *L'édition de 1849 imprime ce dernier vers en petites capitales.*

LES FLEURS

Page 124

1. *Cette méditation, parut pour la première fois en 1849 dans l'Édition des Souscripteurs. Un manuscrit, daté Paris, 25 mars 1843, en est conservé à Saint-Point; mais, contrairement à ce que dit une note portée sur celui-ci, la pièce n'a pas été reprise dans* Les Foyers du Peuple.
2. *Édition de 1862 :* La terre est un monceau de boue

3. Ms. : O terre, vil monceau de boue
Où germent quelques courtes fleurs,
Oh ! que tu fais bien de répandre

(*Ce dernier vers est raturé et remplacé par :*
Oh ! qu'il est bon que Dieu secoue)

4. *Édition de 1866 :* ses fraîches couleurs !

5. *Édition de 1862 :* Sans ces urnes d'où goutte à goutte
Coule la force sous nos pas,

6. Sur le Ms., *avant d'écrire* Au ciel, *Lamartine a hésité entre* Au port *et* Sans but, *raturés l'un et l'autre.*

7. *Édition de 1862 :* Le sol est semé d'espérances

8. *Édition de 1862 :* on brode

9. *Édition de 1862 :* Laisse s'épanouir encore
Ces fleurs de l'arrière-saison !

Comme on lit aussi sur le Ms. : Une fleur d'arrière-saison, *on peut se demander légitimement si* lueurs *n'est pas une simple coquille.*

10. *Sur le* Ms., *Lamartine hésite entre deux versions :*
Comme un beau soir qui s'évapore
ou
Un jour d'été qui s'évapore

11. *Édition de 1862 :* L'astre quand il éteint sa flamme

12. *Le* Ms. *est daté après le dernier vers :* Paris, 25 mars 1843.

LES OISEAUX

Page 126

1. *Bien que donnée comme* inédite *par la table des matières de l'Édition des Souscripteurs, cette méditation se trouve déjà, sous la même forme, dans celle de 1843 (Gosselin-Furne, t. VIII, pp. 431-432) et de 1845 (Gosselin, t. IV, p. 200), parmi les* Recueillements poétiques. *Elle figure dans l'ex-manuscrit* L. Barthou. *Il en existe également des fac-similés conservés à Saint-Point. Ces divers documents, identiques entre eux, sont datés* (in fine) : Paris, 25 janvier 1841. *Enfin, la Bibliothèque municipale d'Angers, sous la cote Manuscrits 443 (428), possède une copie autographe des* Oiseaux, *entièrement conforme au texte de l'édition et signée* A. de Lamartine : *elle avait été adressée à François Grille, bibliothécaire de la ville, polygraphe et collectionneur, qui l'avait obtenue du poète grâce à l'intermédiaire de M. et Mme Dareste*, parents de celui-ci, comme en fait foi une lettre par eux écrite le 13 février 1842.*

---

* Je pense que ces Dareste sont le fils et la belle-fille du Dareste de la Chavanne hôte du jeune Alphonse à Naples, en 1811-1812.

2. Ms. : au bord de leurs nids
3. *Édition de 1862 :* Ils bâtissent leur nid à l'ombre du buisson;
4. Ms. : vieux pans de murailles

LES PAVOTS

Page 128

1. *Cette méditation, parut pour la première fois en 1849 dans l'Édition des Souscripteurs. Elle figure dans l'ex-manuscrit* L. Barthou *et a été reprise sans variante dans* Les Foyers du Peuple. *D'autre part, le catalogue de la collection Alfred Dupont (4e partie, 22 novembre 1962) donne sous le nº 92 :* A. de Lamartine. Poème autographe signé « Le Pavot », Paris, avril 1847, 20 vers sur une page grand in-folio. Le poème est encadré d'un large bandeau enluminé à gauche et en bas avec des fleurs de pavots. *Suit la citation des v. 1-4 et 11-14, conformes à l'édition.*

LE COQUILLAGE AU BORD DE LA MER

Page 129

1. *Cette méditation figure dans l'ex-manuscrit* L. Barthou. *Des fac-similés en sont conservés à Saint-Point. Sous le titre* Le Coquillage *et sans dédicace, la pièce fut publiée une première fois dans la* Revue des Deux Mondes, *1er avril 1842, pp. 134-145, et reproduite dans le numéro du 16 avril suivant du* Journal de Saône-et-Loire; *avec cet intitulé abrégé, elle fut reprise dans* Les Foyers du Peuple. *Tous ces textes, identiques entre eux, sont datés :* Paris, 23 mars 1842.
2. Revue des Deux Mondes : le mystère !

NOUVELLES MÉDITATIONS POÉTIQUES

LE PASSÉ

Page 133

1. *Méditation sixième dans la première édition et première dans les autres. Manuscrit : Bibl. Nat., 13973, fos 1-7 et 20-22; 13974, fos 2-3; 13975, fos 1-7 et 20-22 : ces divers fragments, fort désordonnés, parfois peu lisibles et comportant de nombreuses reprises ou répétitions, ont été étudiés et publiés d'une manière exhaustive par Pierre-Maurice Masson dans la* Revue d'Histoire littéraire de la France *(1905, pp. 51-83) : l'appareil de variantes qui suit résume ce précieux travail, auquel nous renvoyons nos lecteurs soucieux d'une plus ample information.*

2. Ms. : *nom du dédicataire en entier, avec une épigraphe empruntée à Virgile* (Bucoliques, *I, v. 84*) : Majoresque cadunt altis de montibus umbrae.

3. *V. 3 :* L'astre céleste qui; le char céleste qui; *v. 5-6 :* Plus faible au bout de sa carrière, / Il rejette à peine en arrière; Vois comme il rejette en arrière; Plus pâle il rejette; *v. 7 :* L'ombre qui tombe des forêts; *v. 8-9 :* Et de la nature (montagne) plus sombre / Une moitié se plonge dans l'ombre; Et des bords d'où partit l'aurore; Et de la scène qu'il colore; *v. 10 :* L'autre s'efface dans

4. *V. 11-14 :* C'est l'heure où sous le doux ombrage / Avant de songer au retour / Le laboureur après l'ouvrage / Respire un peu du poids du jour !; C'est l'heure où le pasteur, / Laissant reposer l'aiguillon, / Laisse le taureau domestique / Respirer au bout du sillon; *v. 14 :* Et respire au bout du sillon; *à partir de l'édition de 1830 :* au bord; *v. 17 :* Après les sueurs du matin; Après la course; *v. 20 :* La laisser seule en

5. *V. 21-23 :* Ainsi le flambeau de la vie / Jetant d'inégales lueurs / Sur le couchant de notre vie; Ainsi l'astre de notre vie; *v. 25 et suiv. :* Ne rouvrons plus notre paupière / Vers ce berceau de la lumière... Mais recouvrons des yeux de l'âme / Vers cette pure et chaste flamme...; De notre existence abrégée / L'ombre de la mort prolongée / Obscurcit déjà l'horizon...; *v. 28-29 :* Et de ce naufrage funeste / Comme au départ il ne nous reste

6. *V. 34 :* Clore dans un même; Réunir au même; *v. 36 :* Le douloureux

7. *V. 44 :* qu'il lance; *v. 45 et suiv. :* Jamais aux sommets de l'Épire / L'aigle que le soleil attire / S'arrêtant au sommet des airs / D'un

regard... / Embrassa-t-il autant d'espace / Que n'en dévoraient nos désirs?; Jamais l'aigle aux champs de l'Aurore / Du sommet qui le vit éclore / Volant pour ne plus revenir / De son œil enflammé d'audace / Embrassa-t-il autant d'espace / Que nous en ouvrait l'avenir?; L'aigle qui plane sur la nue / D'un œil que rien ne peut ternir / Brûlant d'une invincible audace / Embrassa-t-il...

8. *V. 51-52 :* En vain sur les bords de la route / Où l'espoir entraînait nos pas...; *v. 52 :* les cyprès bordent le bord; *v. 53 :* Les tombeaux semés sur la route; *v. 55 :* Et ces bornes mélancoliques; Hélas ! ces bornes prophétiques. *Cette strophe figure dans la lettre à Virieu du 26 février 1822, avec deux variantes : v. 56 :* comme aux temps antiques; *v. 60 :* Sans être sûrs du lendemain. *Après le v. 60, Ms. donne diverses ébauches d'une strophe 6 bis, dont voici la plus avancée :*

Mais quand la jeunesse colore
Le vague horizon du matin,
Quand le fantôme qu'on adore
Nous apparaît dans le lointain,
Quand une maîtresse adorée
Murmure à l'oreille ennuyée
Le doux nom de gloire et d'amour,
Dieu, pardonnez ! Qui pourrait croire
Qu'un cœur plein d'amour et de gloire
Ne possède pas même un jour?...

9. *V. 61-64 :* Combien de fois sur les rivages / Où Nisida brise les mers / L'amoureux écho des bocages / Répéta nos avides concerts; *v. 64 :* Vola (Tomba) dans nos bras entrouverts !; *v. 66-67 :* Berça sur l'onde caressante / Ou nos songes ou nos amours; Berça sur la vague attirante / Des couples d'amants fortunés; *v. 70 :* Le voile argenté de la nuit; Le voile transparent des nuits.

10. *V. 73-74 :* N'ai-je pas aux sons de la lyre / Évoqué des songes divins; Aux sons attirants de ma lyre / J'évoquai...; *v. 78-80 :* Et lassés du monde visible / Dans les régions du possible / Ils nous ravissaient jusqu'au jour; *v. 80 :* Dans les régions de

11. *V. 82 :* Les heures poursuivant leur cours; *v. 88-90 :* Ces fleurs que la jeunesse cueille / ... / Jonchaient...

12. *V. 93 :* Retournons-nous; *v. 94 :* De nos rapides voluptés; *v. 100 :* Les vains fantômes du passé

13. *V. 112 :* aux flots veloutés; *v. 118 :* Insensé ! quel

14. *V. 122 :* Un fleuve parmi les coteaux,

15. *V. 134 :* ou; *v. 135-140 :* Tel quand des rives étrangères / Vers la demeure de ses pères / L'exilé reporte ses pas. / Il voit de loin sur ses collines / Un amas confus de ruines / Que son cœur ne

reconnaît pas ! *(Le thème exprimé dans ces six vers est repris dans la rédaction définitive de la strophe 16).*

15. bis. *V. 142 : Édition de 1849 :* S'enfuit sur un nuage obscur !

16. *V. 147 :* L'oreille oublia; Et ton oreille ses concerts. *Ms. indique, après le v. 150, le projet d'une strophe 15 bis par ces deux vers :* Tu as été dans les deux mondes : Est-on mieux sous cet autre ciel?

17. *Pas de variantes dans Ms. pour les v. 151-170. Après le v. 170, Ms. donne l'ébauche d'une strophe 17 bis d'une lecture assez difficile :*

> Ce corps que la tombe réclame,
> Ce cœur de désirs épuisé,
> C'est un vêtement que notre âme
> Rejette après l'avoir usé !
> Mais, sous ces lambeaux jeune encore,
> Au feu divin qui la dévore,
> A sa jeunesse, à ses transports,
> Je sens que mon âme immortelle,
> Au moment où son corps chancelle,
> Pourrait user un autre corps !

18. *Nombreuses ébauches, hésitations et repentirs de l'auteur sur Ms.; on en retrouve l'essentiel dans l'état de cette strophe telle que Lamartine l'adressa à Virieu dans sa lettre du 26 février 1822 :*

> Ce n'est plus le temps de répandre
> Notre âme en désirs superflus,
> De compter, d'appeler, d'attendre
> Des jours qui ne renaîtront plus;
> De semer de nos mains tardives
> Tant d'espérances fugitives
> Vains jouets des vents ou du sort
> A qui l'heure qui nous dévore
> Ne laisse pas le temps d'éclore
> Entre la naissance et la mort !

19. *V. 182 :* Où brille l'astre du matin; *v. 183-184 :* Contemplons la splendeur divine / Qui n'a ni zénith ni déclin; *v. 185 :* Cette clarté sainte et; *v. 187 :* Que la mort viendra nous ouvrir; Que la foi va nous découvrir; *v. 188 :* Quittant la terre qui nous quitte, / Ami...

20. *V. 191-193 :* En vain sur cette terre aride / Ton court bonheur est effacé / Le passé n'est rien qu'un mot vide / Au sein du...; *v. 195-197 :* Là sont mes rêves pleins de charmes, / Là de l'amour les douces larmes, / Ces soupirs que l'on croit perdus.

21. *Indication en marge :* Partons ! Faisons comme l'hirondelle ! Prions ! *v. 202 :* Balayent l'ombre de nos bois; *1re édition :* ont balayé; *v. 209 :* Une autre terre, une

22. *V. 212 : 1re édition :* ses douleurs *(coquille ?)*; *v. 215 :* aux bords de la tombe; *v. 216 :* Sous les ... torrents du Carmel; *v. 217 :* que l'espoir éclaire

ISCHIA

Page 140

1. *Méditation neuvième dans la première édition, deuxième dans les autres. Lamartine cite des strophes de cette pièce dans deux lettres à Virieu : Ischia, 3 (ou 9) octobre 1820 (v. 1-8) et Mâcon, 26 février 1822 (v. 41-69 compris) (V.). On n'en a pas signalé de manuscrit.*
2. V. : Sur l'horizon
3. V. : Pénètre pas à pas les ténèbres
4. V. : Et jette un voile d'or
5. V. : Vois-tu...?
6. *1re édit. :* en baisant; *Édition de 1849 :* en voyant
7. *Édition de 1849 :* le soupir de l'enfant
8. *Édition de 1849 :* l'amour
9. *1re édit. :* La vierge,
10. V. : au loin la plaine
11. V. : Tout rentre : à peine encor une voile lointaine
12. V. : Comme de son doux nid. *Diverses éditions (5e, 1834) remplacent* nid *par* lit *(coquille ?)*
13. V. : Me rapporta
14. V. : a blanchi sur
15. V. : ma lampe
16. V. : a calmé l'aquilon.
17. V. : et tout aime :
18. V. : Le vent dort sur la fleur
19. V. : Dans les bras de la nuit
20. V. : Viens !
21. V. : en berceaux tortueux,
22. V. : Et l'haleine du soir
23. V. : A la douce clarté de la route sereine,
24. V. : inclinant vers Misène,
25. *La citation de la lettre du 26 février 1822 s'achève sur ce vers.*
26. *1re édit. :* élysien
27. *Édition de 1849 et suivantes :* Élise !

SAPHO

Page 144

1. *Méditation deuxième dans la première édition, troisième dans les autres. Manuscrits : Bibl. Nat. 13973, fo 8 : simple titre :* Sapho ou l'Amour, Méditation 6e *(Lamartine avait probablement projeté de recopier son*

élégie et n'a pas donné suite à son intention) ; 13974, f° 33 : Sapho, Méditation 7e, *titre suivi des quatre premiers vers, avec une variante au second :* Ainsi chanta Sapho. *Pratiquement, le texte de l'originale n'a jamais été modifié par la suite.*

2. *L'édition de 1849 et les suivantes orthographient* pampre.

3. *Édition de 1849 et suivantes :* durant des nuits entières.

4. *Les premières éditions ne comportent pas de guillemets : pour plus de clarté, nous en mettons ici, ainsi qu'aux vers 107, 109, 116 et 148, d'après l'édition de 1849.*

5. *L'édition de 1849 et les suivantes suppriment le blanc après le vers 108, ainsi qu'après le vers 116.*

6. *Ce point d'exclamation donne aux* si *qui précèdent la valeur optative* (si seulement !...). *A partir de l'édition de 1849, il est remplacé par une simple virgule et, sans qu'on puisse affirmer que le changement ait été le fait de Lamartine, le sens est légèrement modifié, les conjonctions des vers 137, 138 et 139 reprenant leur sens conditionnel ordinaire.*

7. *Édition de 1849 et suivantes :* du ciel.

LA SAGESSE

Page 150

1. *Méditation vingt-deuxième dans la première édition, quatrième dans les autres. Aucun manuscrit n'en a été signalé.*

2. *Édition de 1849 :* Vallon de pleurs,

LE POÈTE MOURANT

Page 153

1. *Méditation treizième dans la première édition, cinquième dans les autres. — Manuscrits : 1° Bibl. Nat., 13974, f° 6 verso (*Notes du poète, *que l'on trouvera par ailleurs, p. 733) et surtout fos 22-27, avec en titre* Le Poète (Ms.); — *2° Archives de Saint-Point : strophes XIII, XIV et XV (vers 73-90)* (S.P.)

2. Ms. : Ma vie hors de mon sein s'écoule; *1re édition :* Ma vie hors de mon sein s'enfuit

3. Ms. : Ni larmes, ni sanglots; *1re édition :* Ni baisers, ni soupirs

4. Ms. : Amis, en sons plaintifs, frappe

5. Ms. : sur ma lyre

6. Ms. : plus vif

7. Ms. : rejetant ses regards

8. Ms. : L'heure qui vient ressemble à l'heure qui s'enfuit; *1re édition :* L'heure qui vient ressemble à celle qui s'enfuit.
9. Ms. : Peines, soucis, travail, court sommeil, quelque rêve!
10. *Édition de 1849 et suivantes :* s'écouler.
11. *Cette strophe, dont on peut rapprocher partiellement les* Notes du poète, *citées p. 733, manque dans* Ms.
12. Ms. : qui ne bâtissent pas..., qui ne se posent point..., — *édition de 1849 et suivantes :* qui ne bâtissent point..., qui ne se posent point...
13. Ms. : *rature indéchiffrable :* loin des bords *est écrit en interligne.*
14. Ms. : Telle pendant la nuit
15. *Cette strophe manque dans* Ms., *où Lamartine a noté en marge :* Ici la strophe sur l'infortune.
16. Ms. : elle meurt
17. Ms. : Tout ce qu'elle a touché
18. Ms. : Mais le temps? Insensés! Mais — *A remarquer que l'édition de 1849 et les suivantes écrivent* Hé! *ici comme au vers 74.*
19. Ms. : me promettez
20. S.P. : Ah! donnez aux mourants un
21. S.P. : quoi! c'est donc là la gloire?
22. S.P. : par le temps affaibli;
23. S.P. : Et la gloire au hasard flotte, puis elle échoue; — Ms. : il flotte et, tôt ou tard, s'échoue
24. Ms. : Au gré des vents légers,
25. Ms. : Flotte { longtemps / sous lui } sur le gazon!
26. Ms. : D'un cœur qui répondait au mien.
27. Ms. : Faire tomber des pleurs
28. *1re édition :* Tombent d'un calice
29. Ms. : Se tourner lentement
30. Ms. : plein d'une humide flamme. *Les premières éditions orthographient fautivement* pleins.
31. Ms. : de la nuit.
32. Ms. : *les vers 3, 4 et 6 portent des ratures indéchiffrables remplacées par le texte définitif.*
33. Ms. : Cet ineffable mot que notre âme ravie : Je t'aime *(sic).*
34. Ms. : *Rature indéchiffrable et texte définitif.*

35. Ms. : *Note marginale :* Strophe du char et de la vertu, *qui ne fut pas suivie d'effet. — Sur* Ms., *la strophe XXVI fait immédiatement suite à la XXIIe, mais Lamartine a écrit en marge :* Transposer.

36. Ms. : Comme l'oiseau de nuit qui voit dans les ténèbres *(après rature, texte définitif).*

37. Ms. : *Rature sur le second hémistiche, et :* a percé les ténèbres

38. Ms. : Du conquérant mortel *(après rature, texte définitif). — Au début de la strophe, en marge :* Nota : avant les deux précédentes.

39. Ms. : *Premier hémistiche raturé, puis texte définitif.*

40. Ms *contient après ce vers une strophe complète qui est demeurée inédite :*

> Aux cendres des pasteurs que ma cendre mêlée
> Repose obscurément dans la sombre vallée !
> Plantez la croix de bois, fragile souvenir !
> En voyant s'y poser les blanches tourterelles
> Vous direz : C'est d'ici qu'un cygne aux blanches ailes
> A pris son vol pour l'avenir.

41. *L'édition de 1849 et les suivantes écrivent* séraphins *et à l'inverse, au vers 157,* Mort.

42. Ms. : Des mondes flottants à ma voix.

43. *Après ce dernier vers, on lit sur* Ms FIN S. P., *et, en marge, ce calcul de vers :*

Étoiles	150
Poète	170
Ischia	100
Vig.	100
Vir.	200
Lib.	150
Amandier	40
Stances	60
Socrate	800
Préludes	400
Sagesse	100
Élégie	100
	2370

L'ESPRIT DE DIEU

Page 158

1. *Méditation première dans la première édition, sixième dans les autres. Manuscrits : Bibl. Nat., 13973, f° 23-26 et 13975, f° 139-137 (écrit au dos d'une copie de* Saül, *sur un album repris par sa fin). De ces deux manuscrits, le second semble donner une version* (Ms. I) *anté-*

rieure à celle contenue dans l'autre (Ms. II). Ms. I, *qui ne porte pas de titre, est daté* (in fine) : Mâcon, 12 mars 1822. Ms. II, *d'abord intitulé* L'Inspiration *(raturé), porte la suscription* L'Esprit de Dieu, Méditation 8e de la 2e partie, A Vignet *et la date* (in fine) : Mars 1822, *suivie de la mention* 110 vers *(fautive, puisque le poème ne comporte que 10 strophes de 10 vers chacune !). Le texte définitif se rapproche plutôt de* Ms. II, *avec des reprises faites cependant à* Ms. I. *Enfin, le poète adresse à Genoude, le 13 mars 1822, la dernière strophe de ce poème, et à M. de La Maisonfort, le 15 juin, la strophe 1, les deux premiers vers de la seconde, les strophes III, IV et dernière : le texte est à peu près celui de* Ms. I.

2. Ms. II. : Le feu sacré

3. Ms. I. : des immenses forêts

4. Ms. I. : S'enfle, (s'irrite : raturé), palpite et ; Ms. II. : S'enfle, s'élance et

5. Ms. I. : *Mention marginale, en face des premiers vers de la strophe II :* Nota : à changer. *Le texte est, pour les v. 2 et 4 :*

Viendra ce souffle harmonieux?...
Sera-ce une bise des cieux?

Dans la lettre de M. de La Maisonfort, le v. 2 dit souffle inspirateur.

6. Ms. II. : Un soupir dans l'air entendu?

7. Ms. I. : Embaumer les sons de la lyre
Du suave parfum des fleurs?

8. *L'auteur a beaucoup hésité, semble-t-il, pour ces trois derniers vers.*

Ms. I. : Ou de ses ailes haletantes
Briser ses cordes palpitantes
Aux cris déchirants des douleurs?

Ms. II. : Ou de ses ailes (frémissantes : *raturé*) palpitantes
Briser tes cordes (palpitantes : *raturé*) haletantes
Du cri perçant de la douleur?

Certaines éditions, comme la cinquième, écrivent : ces ailes, ces cordes, *celle de 1849 et ses dérivés donnent :* ses ailes, ses cordes.

9. Ms. I. : Le cœur généreux; Ms. II. : Le (cœur : *raturé*) sein généreux

10. Ms. I. : De son sein la crainte est bannie! — *Lettre à M. de La Maisonfort :* Au noble amant de l'harmonie

11. *L'édition 1849 et ses dérivés orthographient :* Hèbre.

12. Ms. I. : Un sein chaste — *Lettre à M. de La Maisonfort :*

Un sein chaste, un cœur sans souillure.

13. Ms. I. : *Après cette strophe :* Nota : Ici une strophe *(indication qui ne fut pas suivie d'effet).*

14. Ms. I, Ms. II *et première édition :* De Jethro l'antique berger,

15. Ms. I. : Sur son chemin vit apparaître

16. Ms. I. : Dans la nuit, ses larges prunelles
Lançaient de sombres étincelles

17. Ms. I *donne trois versions possibles de ces trois derniers vers; outre la définitive (marge de droite) on lit au centre :*

Et dans sa poitrine irritée
Son haleine précipitée
Résonnait comme l'aquilon

et dans la marge de gauche :

Et de sa narine gonflée
Sortait une haleine essoufflée
Plus rapide que l'aquilon.

18. Ms. I et Ms. II. : Saisi d'un saint emportement
La deuxième édition et quelques-unes de celles qui la suivirent écrivent saisis : *il s'agit sans doute d'une coquille d'orthographe plutôt que d'une syllepse, car l'auteur revint plus tard à* saisi.

19. Ms. II *donne* menaçants *en remplacement d'une rature indéchiffrable qui recouvre peut-être cet adjectif lui-même, puisqu'il figure dans* Ms. I.

20. Ms. I et Ms. II. : Leurs pieds luttent

21. Ms. I *donne de cette strophe une version assez différente :*

Tous deux ils tombent dans la lutte;
Par son ennemi terrassé.
Jacob entraîne dans sa chute
L'ange par le choc renversé;
Palpitant de honte et de rage,
Soudain le pasteur se dégage
Des bras de l'habitant des cieux,
Surmonte sa masse accablante
Et sur sa gorge haletante
Pose un genou victorieux !

22. Ms. II. : Mais leurs pieds glissent

23. Ms. II. : de l'habitant des cieux

24. Ms. I. : Enfin depuis l'heure où les ombres
Descendent de leurs sommets sombres,
Ms. II. : Où le jour lutte

25. *Au vers 80 (comme au vers 33), l'édition de 1843 orthographie :* Esprit. — *Entre cette strophe et la dernière, la première édition en donne une autre, toujours supprimée par la suite :*

Ainsi dans les ombres du doute
L'homme, hélas ! égaré souvent,
Se trace à soi-même sa route
Et veut voguer contre le vent;
Mais dans cette lutte insensée,

Bientôt notre aile terrassée
Par le souffle qui la combat,
Sur la terre tombe essoufflée
Comme la voile désenflée
Qui tombe et dort le long du mât.

Le texte manuscrit différait de l'imprimé en quelques points : -V. 2 : Ms. I : Le poète abusé; - v. 4-7 : Ms. I. :

Et veut lutter (Ms. II. : voler) contre le vent;
Mais dans cette lutte perdue
Bientôt son (Ms. II. : notre) aile en vain tendue
Que le souffle vainqueur abat
(Ms. II. : Contre l'esprit qui la combat)

26. Ms. I et Ms. II. : ce souffle suprême

27. Ms. I. : Quand le doigt divin se retire
Soyons muets comme la lyre

28. Ms. I. : Jusqu'à ce qu'une main sacrée
Ébranle la corde inspirée

29. *Après le dernier vers et avant la date, Lamartine a écrit sur* Ms. I. Ultima. *Le texte de cette strophe, adressé par le poète à son ami Genoude dans sa lettre du 13 mars 1822, est conforme à celui de* Ms. I.

BONAPARTE

Page 161

1. *Méditation troisième dans la première édition, septième dans les autres. — Manuscrit : Bibl. Nat., 13974, fos 7-14, intitulé* Le Tombeau d'un Guerrier, Ode *et daté* (in fine) : St P. 24 juin 1823.
2. Ms. : Un tombeau sur les bords
3. Ms. : Ce *est écrit en surcharge à* Son. — *L'édit. 1849 est les suivantes ponctuent :* Ce nom, il est inscrit
4. Ms. : Depuis ce nom sacré; *1re édition :* Depuis ces deux grands noms
5. Ms. : Et son ombre *remplace* Et ses oreilles *(raturé).*
6. Ms. : De la vague
7. Ms. : *Une rature, indéchiffrable, couvre une première version de ces trois premiers vers, qui ont été récrits en leur état définitif.*
8. *Constatant que, dans la tardive édition Furne-Hachette-Pagnerre de 1863, ce vers devient*

La mort de tout temps fut l'asile de la gloire,

Deschanel (I, p.157) formule cette remarque : « Erratum typographique ou modification volontaire de l'auteur ou d'un de ses secrétaires?...

Déjà, à cette époque, commençait la révolte contre la césure, qui devait de nos jours (en 1893) aller jusqu'à l'insanité. La césure ou les césures ne sont pas moins indispensables au vers français que la rime. Elles en sont *les vertèbres*, a dit avec justesse M. Anatole France. Aujourd'hui, c'est le glorieux règne des invertébrés. »

9. Ms. : Et rien ne doit si loin poursuivre ta mémoire,

10. Ms. : fait adorer ses ondes (adorer *remplace* bouillonner, *raturé*).

11. Ms. *et 1re édition : Lamartine écrit* ses, *par une faute qui lui est assez familière; les éditions ultérieures donnent* Ces.

12. Ms. : qui soi-même se déchire

13. Ms. : En jetant sur le monde un cri

14. *Édition de 1849 et suivantes :* de la poudre s'élève

15. Ms. : Frappe pour l'éveiller de son sceptre ! et le rêve

16. *Cette strophe X manque dans* Ms. *: on y lit, à sa place, en marge des strophes XI et XII, une note (en petites lignes coupées comme des vers) qui esquisse plusieurs thèmes repris par la suite :* Tu ne rêvas jamais / ta pensée allait / droit au but / comme la flèche / à travers le sein même / d'un ami ! // Jamais la coupe / des festins, ni / les larmes de la beauté ! // Tu verses le / sang comme / une liqueur, etc. / Tu n'aimais que / ton coursier etc, etc. / Rien d'humain / ne battait en toi ! / Tu n'avais comme ton / aigle ni pitié ni / amour ! qu'un regard pour / juger le monde / et des serres / pour le déchirer.

17. Ms. : *rature, indéchiffrable à ce premier hémistiche; au-dessus de la ligne :* Gloire, amour, liberté (amour *a été raturé et remplacé par* honneur).

18. Ms. : comme un airain sonore
Dont le stupide écho répète en vain le son.

19. Ms. : Ici-bas *remplace* jamais rien, *raturé.*

20. Ms. : volait comme un trait homicide

21. Ms. : A travers le cœur d'un ami !

22. Ms. : Ton cœur d'une autre pourpre aimait

23. Ms. : Comme un soldat muet. — *1re puis. 5e édit. et suivantes :* sous ses armes.

24. *Quelques éditions ultérieures donnent :* et les larmes

25. Ms. : sur des armes;

26. Ms. : qu'un sauvage coursier,

27. Ms. : *Rature indéchiffrable au premier hémistiche, remplacé par le texte définitif, après que Lamartine eut écrit :* sa légère crinière.

28. Ms. : Sillonnaient en courant

29. Ms. : Et que ses fers brisaient l'acier.

30. Ms. : Vivais *est écrit en surcharge à* veillais.

31. Ms. : Comme ton aigle errant

32. *Après ce vers,* Ms. *et la 1re édition donnent quatre lignes en pointillé. En marge, on lit sur* Ms. : Tu répandis le / sang comme l'eau / mais une seule / goutte pour toi / Tu tombas!

33. Ms. : un joug plus fort que, *raturé et remplacé par le texte définitif. — Au vers 92, toutes les éditions autres que la 2e donnent* sa gloire.

34. Ms. : Émousser *(en marge) remplace* défaire *(raturé).*

35. Ms. : Ébranler d'un seul mot l'univers

36. Ms. : de la foudre

37. Ms. : Et le destin seul dieu

38. Ms. : chauve et nu *remplace* surchargé *(raturé).*

39. Ms. : flottant *est écrit en surcharge à* grondant.

40. Ms. : Tu rappelais à toi tes jours.

41. *Toutes les autres éditions, y compris la première, donnent :* Ils passaient devant toi

42. Ms. : *Le texte définitif remplace* Ici ton pied foulait *(raturé).*

43. Ms. : Ici *remplace* Plus loin *(raturé). — En marge des strophes XXII et XXIII, on lit :* Tu vis la / mort venir / lentement / Tu la reçus avec / indifférence / comme un / moissonneur / qui après / avoir coupé / les épis va / recevoir son / salaire / Quel sera-t-il? / Qui sait si le génie / n'est pas aussi de la vertu? / On dit : Repose en paix / Fin *(Cf. les vers 157-159 et 179-180).*

44. Ms. : *Ces deux vers sont inversés et commencent tous les deux par* Pourquoi.

45. *1re édition :* Est-ce d'une cité

46. Ms. : une trace sanglante... sa main tremblante.

47. *Édition de 1849 :* La trace du sang *(correction qui évite une répétition avec le v. 153, selon Nanteuil).*

48. Ms. : Cette goutte brillante

49. *Entre cette strophe et la suivante,* Ms. *donne l'ébauche d'une strophe inachevée :*

> Au sommet escarpé de la grandeur suprême
> En montant par degrés, tu descendis de même.
> La fortune escarpée eut pour toi des degrés

50. Ms. : Fera par tes forfaits

51. *Après ce vers, la première édition donne trois lignes de pointillé.*

52. Ms. *et la première édition donnent de ces deux vers le texte suivant, auquel reviendront celle de 1849 et ses dérivées :*

Tu ceignis en mourant ton glaive sur ta cuisse,
Et tu fus demander récompense ou justice

53. Ms. : Luttant contre la mort seul. — *Le texte définitif a été raturé sur* Ms.

54. Ms. : *Le texte définitif (en interligne) remplace* Que le signe sacré toucha *(raturé).*

55. Ms. : Et que l'on entendit

56. Ms. : *Deux vers ont été recouverts d'une rature indéchiffrable. On lit en marge :* Déjà le bien / le mal sont / dans la balance ! / Taisons nous / Dieu le juge ! / Silence ! / Repose en paix.

57. Ms. : Parle-lui sans terreur !

58. *Après ce vers, la première édition donne une ligne en pointillé.*

59. Ms. : Qui peut juger du ciel la justice infinie?

60. Ms. *et première édition* : fléau de Dieu

61. Ms. *s'achève sur le mot* Fin, *suivi de la date. — Postérieurement à l'édition de 1849, sous prétexte que cette dernière strophe* « est un sacrifice immoral à ce qu'on appelle la gloire » (Commentaire de Lamartine), *les deux derniers vers furent remplacés par ceux-ci :*

Et vous, peuples, sachez le vain prix du génie
Qui ne fonde pas des vertus !

LES ÉTOILES

Page 167

1. *Méditation quatrième dans la première édition, huitième dans les autres. — Le manuscrit 14012 de la Bibl. Nat., qui renferme une mise au net à l'encre de* Saül *(f*os *1-89 recto), comporte à sa suite (f*os *89 verso - 91 verso), esquissés ou proches de leur état définitif, les v. 25-48 de la pièce; écrits au crayon sur un papier à dessin grisâtre, ils sont souvent d'une lecture difficile.*

1 bis. *Édition de 1849 :* sur les pas de la nuit.

2. *Les v. 25-28 figurent au* Ms., *avec une simple variante au premier :*
Tandis qu'au bord du ciel de plus vives étoiles...

3. *1*re *édition :* astres brillants. — *La leçon* brillants *fut rétablie définitivement à partir de la troisième édition; le verbe* briller, *qui revient quatorze fois en 152 vers, a par sa répétition la valeur d'un leitmotiv (baron de Nanteuil).*

4. *1*re *édition :* Dans la danse céleste ils s'élancent.

5. Ms. *donne les v. 29-38 sous la forme suivante :*

De ces astres lointains son plus brillant ouvrage
Dieu seul connaît le nombre et la mesure et l'âge,
Les uns en vieillissant pâlissent à nos yeux,
D'autres se sont perdus dans l'abime des cieux,
D'autres, comme des fleurs que son souffle caresse,
Lèvent un front brillant (riant ?) de grâce et de jeunesse
S'avançant dans le ciel avec timidité,
Étonnent tout à coup le regard enchanté.
Dans les danses (?) Dieu leur fait place... Et l'homme
Ainsi qu'un nouveau-né les salue et les nomme !

Le feuillet précédent porte divers essais, retenus ou non, concernant ce passage, par exemple la version presque définitive du v. 32 :

Les uns se sont perdus dans les routes des cieux !

un troisième état du v. 30 :

Dieu seul connaît leur nom et leur nombre et leur âge

un bel alexandrin inemployé, qui résume le thème de la pièce :

Ces mondes lumineux semés dans l'étendue

Et tout en tâtonnant, le poète avait dessiné en bas, à droite, un profil d'homme, tourné vers la gauche et portant un nez bourbonien.

6. Ms. *donne, suivie d'un dessin assez enfantin qui représente un bateau mâté parmi des vagues, une ébauche des v. 39-48 :*

Quel mortel enivré de leur brillant regard
Laissant ses yeux ravis les   au hasard
La nuit seul devant eux dans un transport suprême
Ne les a pas nommés du nom de ce qu'il aime?
Ah ! puisse ce doux nom inspiré par l'amour...

puis une seconde, plus étoffée et faite en deux temps :

Quel mortel enivré de leur chaste regard
Laissant ses yeux flottants les fixer au hasard
Choisissant le plus pur parmi ce chœur suprême
Ne l'a pas consacré du nom de ce qu'il aime?
Et puissent-ils garder au céleste séjour
Ce doux nom qu'ici bas leur a donné l'amour !

Ces deux derniers vers ont été raturés et on lit en dessous :

Toi qui
Mais il en est un ! Solitaire, isolé,
Dont le rayon pensif m'a souvent consolé !
à travers   la lumière
Par un instinct secret vient chercher ma paupière (?)
Peut-être? Ah ! puisse-t-il au céleste séjour
Garder au moins le nom que lui donna l'amour !

7. *Les premières éditions donnent du v. 81 une leçon qui est une grossière incorrection :*

Ou glissant tout à coup sur les mers irritées...

On rectifie en donnant le texte adopté en 1849.

8. *On adopte ici encore le texte de 1849; celui des premières éditions :*

Si j'en crois ces rayons dont le sensible jour
Inspire la vertu...

rendait parfaitement incorrect le v. 86 dont le verbe attirent *(au pluriel) se trouvait sans sujet exprimé par manque d'un* qui *au v. 85.*

9. *Édition de 1849 :* le parvis.

10. *Certaines éditions tardives donnent :* ce vaste désert.

LE PAPILLON

Page 172

1. *Méditation cinquième dans la première édition, neuvième dans les autres. Manuscrit : Bibl. Nat., 13974, f° 20 : il n'offre que des variantes d'orthographe et de ponctuation, mais porte une date :* S. P. mai 1823. *Un autre autographe de ce dizain (différent également du précédent pour la ponctuation) était inséré en fac-similé dans la première édition des* Œuvres d'Alphonse de Lamartine *(Paris, Boquet, Gosselin et Canel, 1826), t. I, p. XII : il est reproduit dans les éditions scolaires de R. Canat (p. 235) et de M. Levaillant (pp. 250-251); selon ce dernier, il devait s'agir d'une page du manuscrit sur lequel furent imprimées les* Nouvelles Méditations *et qui semble être celui décrit par un catalogue du libraire parisien M. Loliée (n° 80, 1952, pp. 21-22) : au recto,* Le Papillon, *au verso, les dix-sept premiers vers du* Passé; *dans l'originale, les deux pièces se suivaient effectivement selon cet ordre.*

A EL...

Page 173

1. *Méditation onzième dans la première édition, dixième dans les autres. — Manuscrit : Bibl. Nat., 13974, f°s 32-33, intitulé :* A El..., Méditation 9e.
2. Ms. : aux chastes voluptés
3. *Édition de 1849 et suivantes :* mes lents regards
4. Ms. : Pénètre tout à coup
5. Ms. : Et troublé malgré moi
6. Ms. : J'adoucirai tes maux
7. Ms. : Mes lèvres verseront

8. Ms. : que j'entends *a été écrit en interligne, au-dessus de* de loin vient, *raturé.*
9. Ms. : *Après le dernier vers, on lit :* 1815 40 vers.

ÉLÉGIE

Page 175

1. *Méditation douzième dans la première édition, onzième dans les autres. Dans le manuscrit 13974 de la Bibl. Nat., f° 14 verso, on lit le titre et les deux premiers mots de la pièce, inscrits en 1823, soit que l'auteur ait eu l'intention de la recopier en cet endroit, soit simplement pour ne pas oublier d'introduire dans le recueil des* Nouvelles Méditations *ce texte qu'il devait conserver dans un autre album.*
2. *1re édition, édition de 1849 :* sans périls

TRISTESSE

Page 177

1. *Méditation septième dans la première édition, douzième dans les autres. Le manuscrit Bibl. Nat., 13973, f° 8 recto, intitulé* Tristesse, Méditation 7e, *ne comporte que douze vers, qui ont en fait été repris dans* Les Préludes, *vers 107-118.*
2. *L'édition de 1849 met un espace blanc après le vers 9, mais supprime celui qui suit le vers 19.*
3. *Édition de 1849 et suivantes :* Cynthie.
4. Notre amour *est la leçon de toutes les éditions, sauf de la deuxième qui donne* mon amour, *incorrection véritable (que nous rectifions) à côté de* seuls.
5. *La leçon* se rallume *de la deuxième édition paraît une simple coquille, corrigée ici d'après l'originale et celle de 1849 en particulier.*

LA SOLITUDE

Page 179

1. *Méditation huitième dans la première édition, treizième dans les autres. Le manuscrit 13973 de la Bibl. Nat., f° 9 verso, donne au crayon les vers 1-4 et 11-12 de la pièce.*
2. *Édition de 1849 et suivantes :* Ce Dieu
3. *Édition de 1849 :* quitte enfin pour toujours.
4. *La 1re édition écrivait* d'eux-mêmes, *ce qui est conforme à l'orthographe régulière, mais fausse le vers.*
5. *La 1re édition fait suivre le vers 87 d'une ligne en pointillé, — le vers 88 de deux, — le vers 96 de quatre.*
6. *Édition de 1849 et suivantes :* leur bruyante carrière;

CONSOLATION

Page 183

1. *Méditation quinzième dans la première édition, quatorzième dans les autres. On n'en a pas signalé de manuscrit.*
2. *Édition de 1849 et suivantes :* à TOI :
3. *1re édition :* Et n'es-tu pas. — *Édition de 1849 et suivantes :* CELUI
4. *Toutes les premières éditions donnent* S'ombrageraient, *ce qui est un véritable non-sens, corrigé à partir de la sixième (en réalité 7e), qui parut chez Fournier en 1828 (baron de Nanteuil).*
5. *Édition de 1849 :* laisse-moi
6. *Édition de 1849 et suivantes :*

   Là je leur laisserai le modeste héritage
   Qu'aux petits des oiseaux Dieu donne à leur réveil,

LES PRÉLUDES

Page 186

1. *Méditation seizième dans la première édition, quinzième dans les autres. — Les trois premières ne comportent pas de dédicace; dans la quatrième (1825) on lit sous le titre :* A M. V. H., *puis, à partir de celle de 1826 :* A M. Victor Hugo. — *Manuscrits : 1° Les archives de Saint-Point conservent, sous le titre* La Chaumière, *une copie des v. 300 et suiv., et surtout, intitulée* Odula à Marianne pour le 1er janvier 1823, *la première partie du poème (v. 21-90) : elle a été étudiée par M. H. Guillemin dans* La Troisième Elvire. Documents inédits (Mercure de France, *1er août 1934, pp. 479-497, article repris dans* Connaissance de Lamartine, *pp. 117-143) ; 2° Bibl. Nat., 13973, f° 8 recto, sous le titre* Tristesse, Méditation 7e, *v. 107-118 (début de la seconde partie, destiné initialement — sans doute — à faire partie de la douzième méditation de ce recueil) et fos 10-11 (six strophes de la quatrième et dernière partie, soit les v. 340-368).*
2. *Édition de 1849 et suivantes :* Harpe,
3. Ms. : Pourquoi le zéphyr
4. *A l'inverse de la seconde édition, les autres (dont l'originale et celle de 1849) orthographient* qui te livre / tu m'enivre; *car, à la rime, comme le remarque M. Levaillant, Lamartine supprime presque toujours le s final de la deuxième personne de l'indicatif présent.*
5. Ms. : Aux doux transports de ton vainqueur,
   Qui du regard

   (*Au vers 34, toutes les premières éditions donnent fautivement* me fait)
6. *Édition de 1849 et suivantes :* Aurore

7. Ms. : Dans un trouble mystérieux,

8. *1re édition :* Même au cri de la volupté.

9. Ms. : Sur mon sein ton âme endormie

10. Ms. : Ah ! laisse mes lèvres avides

11. Ms. : Le flot replié se retire

12. Ms. : Le chant de la colombe

13. Ms. : Aimons-nous, ô mon bien suprême,
Et sans murmure et sans adieux
De ce rivage où tout aime
Évanouissons-nous de même
En un soupir harmonieux.

(*Sur le manuscrit, qui est un brouillon, cette strophe est biffée; on y lit une seconde version du troisième vers, plus proche du texte imprimé :*

Un soir de la terre où l'on s'aime)

14. Ms. : Oh ! qui m'emportera

15. Ms. : Y jouirait du moins

15 bis. *Édition de 1849 :* d'un noir coursier.

16. *Ce vers inachevé et incorrect* (*on peut supposer avec M. Levaillant que, rimant seulement pour l'oreille, Lamartine avait écrit sur son manuscrit* s'élancent), *fut corrigé en 1834 et devint :*

Les deux camps, animés d'une même vaillance,

17. *La 1re édition après ce vers, et après le vers 263, donnait une ligne en pointillé. — Au vers 236, l'édition de 1849 donne* rejaillissant.

18. *Édition de 1849 et suivantes :* cymbale

19. *Édition de 1849 et suivantes :* Et les drapeaux, — *et au vers 262 :* le fruit.

20. *Édition de 1849 et suivantes :* Silence, Esprit

21. *Édition de 1849 et suivantes :* par des coursiers

22. *Édition de 1849 et suivantes :* Porte

23. *1re édition :* Comme l'aile

24. *Édition de 1849 et suivantes :* Au bord penchant des bois suspendue aux coteaux

25. *Édition de 1849 et suivantes :* baigner leur blanche laine

26. Ms. : Je ne viens pas porter sous vos { abris tranquilles / riants asiles }

27. Ms. : sous vos berceaux tranquilles

28. Ms. : S'éveiller comme   au réveil de l'aurore
Pour bénir avec lui le dieu qui fait le jour
Voir les fleurs du matin sous

(*L'édition de 1849 et les suivantes écriront :* le Dieu qui fait le jour.)

29. *Sur* Ms. *cette strophe se réduit à :*

Ouvrir à ses agneaux le
Ou voir de blancs taureaux liés sous
Leurs fronts au joug accoutumés

Nous corrigeons la leçon fautive ses blancs taureaux *des premières éditions d'après le texte de 1849.*

30. Ms. : Ou du pampre flexible émonder
31. Ms. : sur le sein des prairies
32. Ms. : en paix sur le tronc d'un vieux chêne *(raturé et remplacé par le texte définitif)*
33. Ms. : *Lamartine avait commencé par écrire* s'endormir, *qu'il a raturé aussitôt.*
34. Ms. : dans un travail paisible (travail *raturé et remplacé par* ordre)
35. Ms. : dont la chute insensible
36. *La 1re édition donnait, après le v. 372, quatre lignes de pointillé, figurant une strophe supprimée.*
37. *Édition de 1849 et suivantes :* divin Génie
38. *Édition de 1849 et suivantes :* de mes yeux.

LA BRANCHE D'AMANDIER

Page 197

1. *Méditation dixième dans la première édition, seizième dans les autres. — Manuscrit : Bibl. Nat., 13974, f° 21 recto et verso.*
2. *Édition de 1849 et suivantes :* ces courtes délices.
3. Ms. : ces charmants calices. — *Cinquième édition et suivantes, y compris celle de 1849 et ses dérivés :* les riants calices
4. *Sur* Ms., *la strophe quatrième est placée après la cinquième du texte imprimé; Lamartine a du reste noté en marge :* A transposer.
5. Ms. : Hâtez-vous de jouir!
6. Ms. : *La dernière strophe est suivie du mot* FIN. — *Au vers 25,* Ms. : ces roses.

L'ANGE

Page 198

1. *Méditation quatorzième dans la première édition, dix-septième dans les autres. On n'en a pas signalé de manuscrit.*
2. *Édition de 1849 et suivantes :* L'Esprit,
3. *L'édition de 1849 et les svivantes suppriment le blanc qui suit ce vers.*

4. *1re édition :* C'était l'heure où la nuit fait descendre du ciel
Le silence et l'oubli, compagnons du sommeil;
5. *L'édition de 1849 et les suivantes suppriment le blanc qui suit ce vers.*
6. *Édition de 1849 et suivantes :* L'Éternel
7. *La première édition donne après ce dernier vers trois lignes en pointillé.*

L'APPARITION DE L'OMBRE DE SAMUEL A SAÜL

Page 204

1. *Méditation dix-septième dans la première édition, dix-huitième dans les autres. Ce texte est composé des vers 523-625 de la tragédie de* Saül, *acte II. Les variantes sont le texte du manuscrit 14012 de la Bibl. Nat., reproduit par M. Jean des Cognets dans son édition critique de la pièce* (Société des Textes Français Modernes, *1918*).
2. *Saül :* Scène II — SAÜL, seul.
3. *Édition de 1879 :* Puisqu'enfin en ce jour je puis
4. *Édition de 1879 :* qu'ont-ils à lire?
5. *Saül :* J'aime mieux dérouler... / Et lire,
6. *Saül :* Pendant ces derniers vers, la Pythonisse entre, sans être aperçue de Saül.

Scène III — SAÜL, LA PYTHONISSE

SAÜL, se retournant et apercevant la Pythonisse immobile au fond de la scène.

7. *Saül :* LA PYTHONISSE, avec douleur.
8. *Saül :* Oh! ciel, et. *Édit. 1879 :* Seigneur, mon cœur est faible et
9. *Saül :* Tu frémis et tu verses. — *La forme* tu tremble, *licence poétique tout à fait insolite, sera supprimée dans l'édition de 1849, qui donne :* Ta main tremble et tu verses, *mais reparaîtra ultérieurement. Par ailleurs, l'indication* étonné *manque.*
10. *Saül :* Par ces lâches terreurs,
11. *Saül :* LA PYTHONISSE, avec effort.
12. *Saül :* ô mon Dieu,
13. *Saül :* avec colère *manque.*
14. *Saül :* Que ne puis-je en sortant emporter
15. *Saül :* à sa main
16. *1re édition : après ce vers, figurent deux lignes de pointillé qui simulent une coupure inexistante du texte primitif.*
17. *Saül :* Le Destin m'ouvre
18. *Saül :* LA PYTHONISSE, toujours inspirée.

19. *Ce vers 45 ne rime avec aucun autre : cette anomalie existe dans* Saül *et dans toutes les éditions des* Nouvelles Méditations. *Celle de 1860 corrige :*

LA PYTHONISSE, *toujours inspirée.*

Oui, l'ombre se dissipe et le voile se lève !
Ciel ! de ce que je vois faut-il percer son cœur ?
Vous le voulez, ô roi ?

SAÜL.

Dis tout.

LA PYTHONISSE

Il est vainqueur.

20. *Saül :* que dis-tu ? David est couronné ?
21. *Saül :* jeune et tendre
22. *Saül :* Épargne-le, grand Dieu ! — *Lamartine avait d'abord écrit sur le manuscrit :* O ciel, épargne-le !
23. *Les premières éditions donnent, par une surprenante coquille :* ses mains.
24. *Saül :* Le sceptre chez David passe
25. *Saül :* passeront à ses fils !
26. *Saül :* Elle veut s'éloigner, Saül la retient.
27. *Saül :* perfide, reste, écoute
28. *Saül :* tes forfaits
29. *Saül :* Eh bien ! qu'a de commun Samuel avec moi ?
30. *Saül :* SAÜL, hors de lui.
31. *Saül :* appelle la vengeance.
Il lève sa lance et la poursuit.
32. *Saül :* il aperçoit l'ombre de Samuel; il laisse tomber le fer, il recule.
33. *Saül :* me glace
34. *Saül :* Il découvre sa poitrine et la présente à Samuel.
35. *Saül :* pendant ces derniers vers.

STANCES

Page 211

1. *Méditation dix-huitième dans la première édition, dix-neuvième dans les autres. — Il n'y a pas d'enseignement à tirer du manuscrit conservé à Saint-Point et intitulé* Psaume 3e.
2. *Édition de 1849 :* sur le bord

3. *Le baron de Nanteuil a relevé, dans la première édition collective des* « Œuvres » *de Lamartine (Paris, Jules Boquet, 1826) la variante* Comme la lampe d'or, *qui n'est peut-être qu'un lapsus d'imprimerie. Une lampe ne chante pas, constate le commentateur, mais il n'y a pas de harpe* pendue aux autels; *on peut admettre que la lampe allumée symbolise l'adoration perpétuelle et, en ce sens, chante la gloire de Dieu. Quoi qu'il en soit, cette leçon n'apparaît dans aucune autre édition ultérieure.*

LA LIBERTÉ OU UNE NUIT A ROME

Page 213

1. *Méditation dix-neuvième dans la première édition, vingtième dans les autres. Les archives de Saint-Point, sous le simple titre* Rome *et sans dédicace, conservent un manuscrit autographe des soixante-quinze premiers vers de cette pièce. D'autre part, le manuscrit de la Bibl. Nat., 13973, f*os *26 v.-27, contient un projet de plan du poème que nous publions par ailleurs, p. 827.*
2. Ms. : du vaste Colysée,
3. Ms. : Laissait dormir...
Son rayon blanchissant ses larges flancs de pierre,
4. Ms. : Se frayait dans l'enceinte
5. Ms. : On eût dit le tombeau
6. Ms. : venait chercher une ombre!
7. *La 4*e *édition imprime fautivement* Parcourt en rampant. « *Coquille psychologiquement explicable par l'analogie chez un typographe distrait, note avec bon sens le baron de Nanteuil, qui ajoute :* « *À notre avis, dans les* « Méditations », *quantité de variantes apparentes ne sont pas autre chose que des lapsus d'imprimerie* ».
8. Ms. : Court, monte, redescend
9. Ms. : S'abaissant par degrés
10. Ms. : Comme un large coteau *(raturé)* Comme un coteau mourant
11. Ms. : de ces sombres ruines (collines *a été raturé).*
12. Ms. : Ici le buis immobile
13. Ms. : grossi par les échos,
S'élance dans l'azur, tend ses ailes, s'arrête,
14. Ms. : Accourt, vole, s'abat
15. Ms. : Renversant, ruinant, minant
16. Ms. : Laissent sur ces débris tomber
17. Ms. : sous mes pas entrouverts
18. Ms. : Effacer pas à pas les cendres et la gloire
19. Ms. : L'homme de ses œuvres jaloux
(Le Ms. *de Saint-Point finit sur ce vers incomplet).*

20. *Les premières éditions orthographient* Ury.

21. *1re édit.* : ton saint nom se flétrir,

22. *Dans la 1re édit., suivent quatre lignes en pointillé, comme si la pièce n'eût pas été donnée intégralement.*

ADIEUX A LA MER

Page 217

1. *Méditation vingtième dans la première édition, vingt et unième dans les autres. On n'en a pas signalé de manuscrit.*

2. *Édition de 1849 et suivantes :* Le Dieu *(de même au vers 39).*

3. *Édition de 1849 et suivantes :*

   Et sous l'antre de la Sibylle
   Ou sur le tombeau de Virgile :

   A noter aussi que la première édition met une virgule après à son gré *et deux points après* Virgile.

LE CRUCIFIX

Page 220

1. *Méditation vingt et unième dans la première édition, vingt-deuxième dans les autres. Manuscrits : Bibl. Nat. : 1° 13973, f° 34 verso : un simple titre* Fragment III : Le Crucifix; *2° 13975, fos 2 et 3 : fragment en prose, peut-être avant-projet de la méditation, intitulé* Il Crucifisso, *publié d'autre part, p. 840; 3° Id., f° 4, esquisse de la première strophe :*

   IDEA

   Héritage sacré de celle que je pleure
   Toi que j'ai recueilli
   Avec son dernier souffle et son dernier adieu
   Symbole deux fois saint ! dons d'une main mourante !
   Image de mon Dieu !

   Cette esquisse est suivie de projets de budget, assez sordides, concernant l'année 1822.

2. *Après le vers 12, la première édition comporte quatre lignes en pointillé, figurant, de manière sans doute fictive, une strophe supprimée.*

3. *Édition de 1849 :* changé de feuillage

4. *Édition de 1849 :* qui dorment

APPARITION

Page 224

1. *On n'a pas signalé de manuscrit de cette méditation.*

2. *Édition de 1849 et suivantes :*

   Béni soit le Dieu qui l'envoie!
   Sa grâce a permis

3. *Première édition et édition de 1849 :* J'en bénirai

CHANT D'AMOUR

Page 226

1. *Il existe aux archives de Saint-Point un manuscrit intitulé :* A Marianne, fragment, *qui n'apprend rien.*
2. *1re édition :* fait flotter les nuages
3. *Dans la 1re édition, ici comme pour le reste de la pièce, il y a deux lignes en pointillé au lieu d'un astérisque.*
4. *Avant cette strophe, la 1re édition donnait la suivante :*

   Que ton sommeil est doux, ô vierge* ! ô ma colombe !
   Comme d'un cours égal ton sein monte et retombe
   Avec un long soupir !
   Deux vagues que blanchit le rayon de la lune,
   D'un mouvement moins doux viennent l'une après l'une
   Murmurer et mourir !

   Ce couplet, « sacrifié à la pudeur britannique » de Mme de Lamartine qui « sans doute ne put subir un éloge public et trop détaillé de ses attraits » (baron de Nanteuil), fut néanmoins rétabli à partir de l'édition de 1834.

5. *La 1re édition ponctuait :* Pudeur ! honte céleste ! instinct mystérieux !
6. *Édition de 1860 :* Leur en découvre l'azur.
7. *Édition de 1849 et suivantes :* sur ces bords
8. *Après cette strophe, la 1re édition donnait celle-ci :*

   Ton cou, penché sur l'épaule,
   Tombe sous son doux fardeau,
   Comme les branches du saule

---

* A propos de cette apostrophe *ô vierge !* adressée par le poète à son épouse, le rédacteur des *Tablettes universelles, journal politique et littéraire* (18 octobre 1823) ironisait : « Singulière distraction, étrange éloge pour le couple tout entier ! Et ne serait-ce pas le cas de rappeler qu'il faut des bornes à la pudeur du style et à l'invraisemblance d'une vertu qui ne peut pas nous édifier? Que dirait le jeune écrivain s'il entendait le lecteur mêler un peu de pitié à l'image de ses félicités platoniques et si quelque lectrice allait lui conseiller, dans son cœur, de déroger un peu au respect qu'il semble avoir pour le sommeil? » (cité par A. Chesnier du Chesne, *Le poète humilié, Mercure de France,* 1er août 1947, pp. 782-783). Est-ce cette remarque qui amena la suppression de la strophe? Il est possible de se le demander.

Sous le poids d'un passereau;
Ton sein, que l'œil voit à peine
Soulevant à chaque haleine
Le poids léger de ton cœur,
Est comme deux tourterelles
Qui font palpiter leurs ailes
Dans la main de l'oiseleur.

Supprimé pour les mêmes raisons que celui cité plus haut, ce couplet reparut seulement dans certaines éditions postérieures à la mort du poète.

9. *Édition de 1849 et suivantes :* ce ciel limpide,

10. *1re édition :* Aux frelons qui tètent les fleurs.

11. *Pour les vers 179-186, qui ne sont guère satisfaisants dans la deuxième édition, nous avons cru pouvoir retenir le texte de l'originale, mieux accordé avec ce qui précède et ce qui suit. Voici l'essentiel des différences à noter : v. 179, 2e édition et suivantes :* des lis qu'elle cueille; *v. 181, édition de 1849 et suivantes :* que sa bouche effeuille ; *v. 183, édition de 1849 et suivantes :* Si sa boucle *(M. F.-M. Guyard suppose que, dans l'originale, Lamartine avait voulu écrire* Si ta boucle); *v. 186, 2e édition et suivantes :* Si son souffle.

12. *La 1re édition donnait ici une strophe inachevée :*

Ah ! lorsque mon front qui s'incline
Chargé d'une douce langueur,
S'endort bercé sur ta poitrine
Par le mouvement de ton cœur,
....
....
....
....

13. *1re édition :* Ah ! quand

IMPROVISÉE A LA GRANDE-CHARTREUSE

Page 233

1. *On n'a signalé aucun manuscrit de cette méditation.*

2. *1re édition :* Comme l'ont entendu les guides d'Israël,

ADIEUX A LA POÉSIE

Page 235

1. *Manuscrit : Bibl. Nat., 13974, fos 28-31, qui porte pour titre :* Adieux à la Lyre, Méditation dernière.

2. *Édition de 1849 et suivantes :* l'espérance

3. *Édition de 1860 :* aux accords mélodieux !
4. Ms. : Ma paupière en regarda-t-elle *(en marge et en face du texte qui devait être définitif).*
5. Ms. : tu suivais
6. Ms. : Aussi pure que
7. *Édition de 1849 et suivantes :* Hormis le souffle de
8. *Les v. 56-70 ne figurent pas dans* Ms. *La première édition donne, après le v. 65, deux séries de quatre lignes en pointillé, figurant fictivement deux strophes supprimées; ce pointillé est remplacé, dans la seconde édition, par un astérisque, qui disparut ensuite.*
9. Ms. : Peut-être, un jour, lyre chérie,
   A moi tu pourras revenir,

   Première édition : Peut-être à moi, lyre chérie,
   Un jour tu pourras revenir.
10. Ms. : des songes
11. Ms. : N'est plus qu'un lointain souvenir *(le texte définitif figure en marge).*
12. Ms. : Souvent l'homme *(le reste du vers manque).*
13. Ms. : dans nos âmes
14. Ms. : Les beaux songes, le doux espoir
    Comme ces amants de Flore
15. Ms. : Au rayon coloré du soir.
16. Ms. : Peut-être {ainsi / alors}
17. Ms. : *Sous le dernier vers :* FIN St P.

A UN CURÉ DE VILLAGE

Page 239

1. *Ces strophes parurent dans les* Nouvelles Méditations *en 1849 (Éditions des Souscripteurs, t. II, pp. 233-238) : c'est le texte donné ici. Mais Lamartine en avait publié un premier état dans l'originale des* Recueillements poétiques *(1839), pp. 85-91, sous le titre :* Réponse / A un curé de campagne. *On conserve, aux archives de Saint-Point, un brouillon autographe au crayon, très incomplet, de cette pièce : ce manuscrit est évidemment antérieur aux* Recueillements, *mais sans date; la chemise qui le renferme porte un titre :* Vers au curé de..., *qui n'est pas de la main du poète et date de l'époque ou furent classés ses papiers.*
2. *Date fictive : celle donnée par les* « Recueillements » *(in fine) :* 13 novembre 1836 *est plus plausible.*
3. Ms. : Médecin de toute souffrance.

4. *Recueillements :* Qui la retourne et qui l'endort,

5. *Recueillements :* Poète à la lyre infinie

6. Ms. : Et l'ombre d'un bruit sur tes pas.

7. *Au lieu de cette strophe, les* Recueillements *donnent celle-ci :*

Homme d'amour et de prière,
Ah! loin de craindre un froid accueil,
Viens en paix, et que la poussière
De tes pieds s'attache à mon seuil.

Lamartine avait écrit sur Ms. :

De tes pieds *bénisse* mon seuil.

8. Ms. : Ces hôtes de la solitude,

9. *Recueillements :* Par des groupes d'enfants suivis,

10. *Recueillements :* La poussière du vieux parvis.

11. *Recueillements :* D'autres soifs que la soif des sens

12. *Recueillements :* Ils sont l'hymne de la nature

13. *Au lieu de cette strophe, les* Recueillements *donnent celle-ci :*

Que t'importe si mes symboles
Sont les symboles que tu crois,
J'ai prié des mêmes paroles,
J'ai saigné sur la même croix!

(Ce quatrain figure sur Ms., *suivi du mot* Fin *et d'un projet de strophe indéchiffrable; son premier vers est d'ailleurs faux :*

Qu'importe si mes symboles).

14. *Cette strophe, absente des* « Recueillements », *n'apparaît qu'en 1849.*

15. *Recueillements :* Paissait lui-même les brebis,

16. *Recueillements :* Trouvée aux ronces du chemin

17. *Recueillements :* Et portait, humble enfant, au temple,

18. *Recueillements :* Il mêlait pour grossir la gerbe
Qu'il offrait au père commun
Des brins verdoyants de chaque herbe
Et des tiges de tout parfum.

A ALIX DE V... JEUNE FILLE QUI AVAIT PERDU SA MÈRE

Page 242

1. *Cette pièce, parue dans les* Nouvelles Méditations *en 1849 (t. II, pp. 239-240), comme la précédente, avait aussi été publiée dans l'originale des* Recueillements poétiques, *pp. 25-26, sous le titre* A une

jeune fille / qui pleurait sa mère. *Le manuscrit autographe conservé à Saint-Point et intitulé* A Alix de Vignet / qui me regardait en pleurant en me demandant des vers pour elle seule, *donne le même texte que les* Recueillements.

2. Ms. et *Recueillements :* Que notre œil l'un dans l'autre pose
Triste, quand nous nous regardons !
3. Ms. et *Recueillements :* Je vois mon ange dans les tiens.
4. Ms. et *Recueillements :* Quoique ta tristesse ait des charmes,
5. Ms. et *Recueillements :* La mort nous sevra de bonne heure,
6. Ms. et *Recueillements : portent* (in fine) *la date :* Saint-Point, 24 octobre 1836.

MÉDITATIONS POÉTIQUES INÉDITES (TROISIÈMES MÉDITATIONS)

LA PERVENCHE

Page 245

1. *On n'a signalé aucun manuscrit de cette pièce.*

SULTAN, LE CHEVAL ARABE

Page 246

1. *Cette pièce figure dans l'ex-manuscrit* L. Barthou. — *Par ailleurs, des fac-similés sont conservés à Saint-Point, intitulés* A Sultan, ou le Cheval et les Armes des voyageurs *et datés* (in fine) : Paris, 23 mars : *c'est le texte qui parut dans la* Revue des Deux Mondes, *1er avril 1842, pp. 131-133, sous le titre* Le Cheval et les Armes du voyageur, *suivi de la pièce* Le Coquillage, *qu'accompagne la date :* Paris, 23 mars 1842. *Le texte de la* Revue, *qui parut aussi dans le* Journal de Saône-et-Loire *du 20 avril, est repris dans* Les Foyers du Peuple *(1851 et 1866). avec un titre légèrement modifié :* Sultan ou Le Cheval du voyageur,
2. Ms. et R.D.M. : *la dédicace manque.*
3. Ms. et R.D.M. : Quand celle que
4. *Édition de 1860 :* Et retenant ton feu
5. Ms. et R.D.M. : l'œil baissé vers la terre
6. Ms. et R.D.M. : Résonner les doux mots qu'ils t'apprirent un jour?

LA FENÊTRE DE LA MAISON PATERNELLE

Page 248

1. *Cette pièce figure dans l'ex-manuscrit* L. Barthou. *Elle a été reprise, sans date, dans* Les Foyers du Peuple, *sous sa forme de 1849. Par ailleurs, Henry Cochin* (Bulletin de l'Union Faulconnier, *t. XVIII, fasc. I, 1920-1921, pp. 105-116 :* Deux documents lamartiniens au Musée de Dunkerque) *en a étudié un manuscrit (D), signé* Alph. de Lamartine *et daté* Saint-Point, 1840; *il offre seulement deux différences avec le texte publié.*
2. D. : Les grains dorés
3. D. : ma mère est morte

A LAURENCE

Page 249

1. *On n'a signalé aucun manuscrit de cette pièce.*

A M. DE MUSSET, EN RÉPONSE A SES VERS

Page 252

1. *Ce texte, dont on n'a signalé nul manuscrit, ne présente aucune variante d'édition en édition; les cinquante premiers vers, cités dans l'entretien XIX du* Cours familier de Littérature *(t. IV, pp. 67-68), y figurent sous leur forme de 1849 et portent, comme ici, la date de 1840.*

SUR UN DON DE LA DUCHESSE D'ANGOULÊME

Page 257

1. *Manuscrit conservé à Saint-Point, sous le titre* Le Don de l'exilée. *Par ailleurs Léon Séché, dans les* Annales Romantiques, *1912, p. 128, a publié ce poème comme inédit, sous le titre de Saint-Point; son texte était extrait d'un album de Mme Victor Hugo, offert en 1843 à Mme Lefèvre, mère de Pierre Lefèvre-Vacquerie, qui lui avait permis d'en prendre copie : il ne comporte qu'une variante minuscule (me* fait, *au v. 11), mais il est daté :* Saint-Point, 30 avril 1841.
2. Ms. : le détacha deux fois.
3. Ms. : Tout mon destin ne fut qu'une ironie amère,
4. Ms. : M'enleva ma richesse hélas! bénie au *(raturé)* — Me fit une richesse à l'image du chaume,
5. *Édition de 1860 :* Et ne me laissa rien. *L'édition de 1862 remplace* royal *par* loyal, *ce qui est une simple coquille.*
6. *Édition de 1862 :* Ce qu'il donne aux rois
7. Ms. : Qui croit, même en exil, à
8. Ms. : Dès qu'un vent de malheur m'apporte *(verbe raturé)* me jette
9. Ms. : J'entrouvre par instinct mon antique trésor. *Le vers définitif est écrit en marge et en interligne.*

L'IDÉAL

Page 258

1. *Cette pièce figure dans l'ex-manuscrit* L. Barthou, *sous le titre* L'Idéal.

ADIEU A GRAZIELLA

Page 259

1. *On n'a signalé aucun manuscrit de cette pièce.*

A UNE JEUNE FILLE QUI AVAIT RACONTÉ UN RÊVE

Page 260

1. *On connaît quatre manuscrits de cette méditation. Elle figure dans l'ex-manuscrit* L. Barthou. *Il en existe un brouillon conservé dans les archives de Saint-Point* (Ms.). *Ch.-E. Thuriet* (Anecdotes inédites ou peu connues sur Lamartine, *Besançon, P. Jacquin, 1893, p. 20) a publié ces strophes, qu'il croyait inédites, d'après un autographe que lui avait communiqué M. de Champvans, ami du poète : son texte diffère de l'imprimé par une seule variante, quatre fois répétée, aux v. 5, 9, 13, 17 :* Sans doute elle rêvait. *Enfin, Mlle Y. de Montjamont, de Dijon, possède le véritable original de la pièce, en tout point conforme à l'Édition des Souscripteurs, mais sur lequel le v. 1 de la version de Saint-Point a été raturé et remplacé par l'alexandrin définitif; ce document porte la signature* A. de L., *suivie de la mention* A Mlle Louise Duréault *et de la date* St-Point, 22 juillet 1847.
2. Ms. : Et moi donc ! si j'osais rêver ce qu'elle rêve !...
3. Ms. : Gardait contre un soupir
4. Ms. : Que la prairie en fleurs
5. Ms. : Que mon cœur, à son nom, devenait
6. Ms. : Fatale vision dont mon être frissonne
   Et qui d'un sang glacé précipite le cours

PRIÈRE DE L'INDIGENT

Page 261

1. *Ces cinq strophes ne sont pas inédites, mais constituaient les v. 126-145 de la* Cantate pour les enfants d'une maison de charité, *dans les* Harmonies poétiques, *pièce datée du 10 août 1829 sur le manuscrit de cette œuvre conservé à la Bibliothèque municipale d'Angers.*
2. La date fictive de 1846 est supprimée dans l'édition de 1862.

LES ESPRITS DES FLEURS

Page 262

1. *Sous le titre* Bouquet des prés, *cette pièce a été publiée comme « inédite » par Léon Séché, dans les* Annales Romantiques, *1911, pp. 48-49, d'après un manuscrit sur lequel il ne fournit aucune précision et qui ne contient aucune variante.* Les Esprits des fleurs *ont été repris dans* Les Foyers du Peuple *sous leur forme de 1849.*

LES FLEURS SUR L'AUTEL

Page 264

1. *Cette pièce figure dans l'ex-manuscrit* L. Barthou. *Une mise au net,*

non datée, mais placée entre le Salut à l'île d'Ischia *(6 septembre 1844) et* Les Voiles *(septembre 1844), figure, avec le titre* Les Lys roses, *à la Bibl. Nat., 13993, f*[os] *12-13 (Ms.). Une copie de Mme de Lamartine, intitulée* Page des lys roses, *est conservée à Saint-Point, avec la date de 1845 : peut-être cette année-là le poème servit-il à une loterie de bienfaisance.*

2. Ms. : de son dieu qu'elle adore
3. Ms. : en nuage autour l'œil du jour *(sic)*
4. Ms. : emplit la coupe de son miel
5. Ms. : sa goutte de rosée
6. *Édition de 1862 :* Et la brise qui vient y boire la rosée
   Lui paraît une main qui lui sèche les yeux.

LE LÉZARD

Page 266

1. *Cette pièce figure dans l'ex-manuscrit* L. Barthou, *avec le même titre qu'ici. Elle a été reprise, sans date, dans* Les Foyers du Peuple, *sous sa forme de 1849.*
2. *Édition de 1862 :* Je l'entendais sur le théâtre
   Exciter les gladiateurs.

SUR UNE PAGE PEINTE D'INSECTES ET DE PLANTES

Page 268

1. *Cette pièce, parue sous sa forme de 1849 dans la revue* L'Artiste *(2*[e] *série, t. IV, p. 283) du 29 décembre 1839, figure dans l'ex-manuscrit* L. Barthou, *avec un titre légèrement différent :* Sur une page peinte d'insectes et de fleurs. *Sous cet intitulé, il en existe aussi une copie à Saint-Point* (Ms.). *Ce texte a été repris, sans aucune variante, dans* Les Foyers du Peuple.
2. *Édition de 1862 :* Fruits mûrs où Dieu parfume
3. Ms. : Et vous, fruits embaumés avec tant d'abondance
   Des senteurs de la vie et de la Providence,
   Figue où pend à l'œil d'or une larme de miel,
4. Ms. : en vivante guirlande
5. Ms. : Seigneur, vous étale en offrande
   Comme on jette à vos pieds...
6. Ms. : Vous avez fait beaucoup, contemplez
7. *Édition de 1862 :* Au regard du Seigneur vous étale en offrande
   Comme on ouvre à ses pieds la gerbe de ses dons.
   Que lui qui produit tout contemple son ouvrage !
8. Ms. : sont notre seul hommage (encore *a été raturé*)

SUR L'INGRATITUDE DES PEUPLES

Page 269

1. *Cette ode, dont on n'a pas signalé de manuscrit connu, est assez retouchée dans l'édition de 1862.*
2. *Édition de 1862 :* Le vieux chantre aveugle d'Achille
3. *Édition de 1862 :* sous l'image
4. *Édition de 1862 :* De ma substance et de ma vie
5. *Édition de 1862 :* Tel est donc, marâtre nature,
 Le sort de tes grands favoris?
6. *Édition de 1862 :* Un cri de mort vient l'assaillir!
7. *Édition de 1862 :* dans une âpre indigence
8. *Édition de 1862 :* Attire en tout lieu sur ses pas,
9. *Édition de 1862 :* Sous l'œil des siècles indignés
10. *Édition de 1862 :* Vos fronts que l'ombre aurait cachés;
 De vos fronts livides et blêmes
 Les lauriers s'écartent d'eux-mêmes,
 Flétris dès qu'ils vous ont touchés! »
11. *Édition de 1862 :* Mais, par ses rivaux ameutée,
 Sur ses pas la foule irritée
 Accourait : elle l'entendit :

SALUT A L'ILE D'ISCHIA

Page 274

1. *Il existe de cette pièce trois manuscrits connus : l'un est conservé à Saint-Point, un second à la Bibl. Nat., 13993, fos 3-4, un troisième figure dans le recueil ayant appartenu à* L. Barthou : *celui-ci en a publié le texte dans* Autour de Lamartine *(Paris, Payot, 1925, p. 192), mais en négligeant d'en reproduire le titre primitif :* A Madame la baronne Capece Latro, en réponse à ses vers; *les deux premiers sont intitulés simplement* Vers à Madame Capecelatro; *tous sont datés* (in fine) : Ischia, 6 septembre 1844. *Il s'agit de mises au net, la première peu différente des autres, qui sont rigoureusement identiques entre elles. Cette méditation a été reprise dans* Les Foyers du Peuple, *sous sa forme de 1849.*
2. Ms. : *(sauf celui de Saint-Point, qui donne le texte de 1849) :*
 Et de voir les pêcheurs et les femmes d'une île
3. Ms. : A la langue aux doux sons que l'on parlait amant,
 Qui vous reporte en rêve à la fleur de la vie
 Et qui résonne au cœur, musique et sentiment.

Au premier de ces vers, le texte de Saint-Point est : au son doux.

4. Ms. : *(sauf celui de Saint-Point qui donne le texte de 1849) :*
Il est doux pour un roi quand vainqueur il arrive

5. Ms. *de Saint-Point (seul) :* les salves des canons

6. Ms. : Du premier (*Saint-Point :* des premiers) de ses pas faire [trembler la rive
Et porter jusqu'au ciel les échos de son nom !

7. Ms. : tous les accents

8. Ms. *(sauf celui de Saint-Point qui donne le texte de 1849) :* le son attendri

9. Ms. : Qui parle au barde errant la langue de ses vers.

10. Ms. : Multiplier son cœur par les cœurs qu'on inspire,
C'est le sort du poète et le rêve des rois;
Mais quand un sentiment chante comme une lyre,
L'écho s'appelle gloire en prenant votre voix !

Le Ms. *de Saint-Point donne, après cette strophe, une seconde forme de ses deux derniers vers :*

L'homme est le seul être que Dieu fit pour la lyre,
Cet être prend la vie en passant par sa voix.

A noter que le Ms. *de la Bibl. Nat. est signé, à côté de la date :* Lamartine.
Dans l'édition de 1862, la strophe finale et la note de Lamartine sont supprimées.

LE DÉSERT

Page 279

1. Le Désert *a été publié dans le* Cours familier de Littérature, entretien XI, Job lu dans le désert, *en novembre 1856. M. Henri Guillemin a retrouvé aux archives de Saint-Point le manuscrit autographe de ce poème et l'a étudié dans la* Revue d'Histoire littéraire de la France, *1938, pp. 69-85, (article repris dans* Connaissance de Lamartine, *chap. VII) : pour la partie contenant les descriptions (v. 1-224), les variantes entre le manuscrit et l'œuvre publiée sont peu nombreuses, sauf aux v. 109-127, dont il existe deux états; de la partie philosophique (qui commence au v. 225), on a également deux versions différentes, l'une et l'autre intitulées* Bonne note du discours de Dieu. *Nous appelons* A *la rédaction la plus ancienne,* B *la seconde.*
2. *Titre du* Ms. : Méditation philosophique.
3. Ms. : retenant la brise intérieure
4. Ms. : qui rêve, chante et pleure
5. Ms. : sous la voile passées
6. Ms. : la t(oile) palpitante
7. Ms. : lui fit-il des échos
8. Ms. : d'un ciel profond comme une glace
9. Ms. : vogue seul sur ces flots.
10. Ms. : La terre sous ce ciel en poussière fondue
11. A. : Pour toute volupté; — *B* Pour toute majesté
12. A. : On n'y voit pas les eaux, en rubans, en miroirs,
    Refléter dans l'azur les matins et les soirs

    B. : On n'y voit pas monter, de colline en coteaux,
    Ces monts frangés de neige au bord de leur manteaux
13. *Les vers 113-116 manquent sur A. — B donne au v. 114* : eaux ramifiées en veines; — *au v. 115 :* aux vallons, de duvets diaprés; — *au v. 116 :* Le sucre des épis
14. B. : Ces victimes que
15. B. : On n'y voit pas les lacs arrondis en miroirs
    Réfléchir dans l'azur les feux tremblants des soirs

16. B. : à la changeante robe

17. A. : Et variant la teinte au flanc des horizons
Donner même aux regards la scène des saisons

Les vers 125-128 manquent sur A.

18. *Au lieu des v. 123-127, on lit dans B :*

On n'y voit pas des mois le changeant horizon
Varier aux regards la scène des saisons;
On n'y voit pas transluire à travers les feuillages
Nos blancs hameaux, ces nids de chaume des villages,
Ni ces palais des champs, solitudes des rois,
Éblouir les soleils des reflets de leurs toits;
On n'y voit pas enfin, près des mers ou des fleuves
De nos vieilles cités sortir des cités neuves,
Celle dont la ceinture éclate chaque nuit

19. Ms. : N'y décore à ses yeux la lèpre du désert.

20. *Entre les vers 134-135 du texte imprimé, le manuscrit présente six vers non retenus :*

L'homme, indigent glaneur de ce champ moissonné,
Y vanne un duvet vide au vent abandonné;
De la même saison le retour monotone
Aux pieds de ce glaneur n'y répand point d'automne,
Et le voyage humain qui ne se hâte pas
N'est pour ce lent pasteur qu'un pas après un pas.

21. Ms. : Lécher à traits comptés pour toute nourriture

22. Ms. : Abréger en partant des haltes sans repos

23. Ms. : Ne compter que ses pas entre hier et demain;
Comme des étrangers mourir tous en chemin;

24. Ms. : Ces palais de mensonge, en marbre édifiés,
Ces cieux terrestres, pleins de dieux pétrifiés

25. Ms. : N'y tachent pas le sol de l'ombre des coupoles

26. Ms. : Et mon âme, oubliant sa trop vaine carrière,
Sans regret de ses pas, sans retour en arrière

27. Ms. : Comme autrefois à Job, Seigneur, apparais-moi! *A la place de* Seigneur, *Lamartine avait d'abord écrit* en verbe, *qu'il a raturé.*

28. A. : Et l'esprit, voix de Dieu, me dit : « O Sourd, écoute! *(En dessus et en dessous, on lit deux autres leçons :* O poudre *et* poussière*).*

B. : *donne deux versions de ce vers :*

Et l'esprit répondit comme à Job : « Fils du doute,
Une voix, en raillant, me dit : « Enfant du doute,

29. A. : Au soleil qui revêt mon éblouissement
B. : Dis au feu des soleils, mon éblouissement,

30. A. : D'apparaître absorbé dans la pâle étincelle
B. : D'apparaître sans voile à la pâle étincelle

31. *Au lieu des v. 231-232, on lit dans* B. :

Dis à l'immensité, débordant tout compas,
D'apparaître à la nuit et de lui dire : Vois!
La durée au clin d'œil, l'univers à l'atome,
L'esprit à la matière et l'être au vain fantôme,
A la lumière enfin, mon éternel éclair,
D'apparaître au flambeau qu'éteint un souffle d'air.

(*En face de ces quatre derniers vers, à la syntaxe mal assurée, Lamartine a écrit :* A effacer, je crois.)

32. A. : L'oreille, qu'un tympan sur un tambour tendu
Qui réveille un écho par un son entendu;

B. : L'oreille, qu'un tympan sur un vide étendu,
Qui réveille l'esprit par le bruit entendu;

33. B. : qu'un suçoir par où

34. B. : De la fange ou de l'eau

35. B. : La main, qu'un instrument de chair, servant la chair,
Qui ne peut rien savoir que ce qu'il peut toucher;

36. B. : Sucer l'être incréé comme l'onde ou le sable?

37. B. : *donne deux versions de ce vers :*

Entendre sans écho marcher l'être sans pas?
Voir l'esprit? embrasser l'idée avec les bras?

38. B. : Suis-je un corps pour donner en paraissant une ombre?

39. B. : Suis-je un temps pour paraître, à l'œil, immense ou court?
Suis-je un son pour mourir dans l'oreille d'un sourd?
Suis-je un morceau de chair pour qu'une chair me touche?
Suis-je un vil aliment à broyer dans la bouche?
Suis-je un flot d'air vital, du vaste éther tiré,
Pour rentrer dans l'air, mort, quand il est respiré?

Ces quatre derniers vers du manuscrit n'ont pas été retenus dans l'imprimé; à la place du premier, on lit dans A :

Suis-je terre ou granit pour que ton pied me touche?

40. *Les vers 249-254 figurent seulement dans le* Cours familier; *les éditions ultérieures (Œuvres complètes, édit. de 1860-1863, t. VIII,* Le Désert *paraît en appendice au* Voyage en Orient, *pp. 437-456; etc.) les suppriment constamment.*

41. A. : des espaces des cieux

42. B. : que ma face apparût à tes yeux?

43. B. : degré des flamboyantes rampes

44. B. : Petit globe ébréché du choc d'une comète
Dont un débris fumant devint une planète
Qui, du choc, en tournant continue de flotter

(*En face de ces vers, une main qui n'est pas celle de Lamartine a noté sur le manuscrit :* A revoir, ce n'est pas vrai en physique).

45. B. : Est-ce dans mes soleils? ou bien plus loin, là-bas,
Dans quelque astre géant des cieux dont nul compas
N'embrasse en cent mille ans le diamètre immense?

(*Pour le premier de ces trois vers,* B *donne une seconde leçon de l'hémistiche final :* ou plus haut ou plus bas?)

46. B. : Par ses bornes, dis-moi, je serais donc borné?
Le flot contiendrait donc la mer dont il est né?

47. B. : Un orbite des cieux

48. B. : Contiendrait donc en lui ma

49. B. : Et le chiffre insolent

50. *Les vers 277-280 figurent seulement dans le* Cours familier; *les éditions ultérieures les suppriment constamment. — Après le vers 280 du texte imprimé, le manuscrit présente deux vers qui n'ont pas été retenus :*

Insensés qui couvrez le ciel de vos nuages,
Serez-vous toujours idolâtres d'images?

Leur idée et leurs rimes seront reprises plus loin (v. 311-312); mais leur suppression entraîne la succession de quatre rimes masculines.

51. B. : Du jour où ma clarté s'obscurcit sur vos fronts,
Vous m'avez fait partout ces ignobles affronts,
Partout le ver superbe, adorateur d'emblèmes,
Me rapprocha de lui pour s'adorer lui-même

(*De l'avant dernier de ces vers,* B *donne une seconde leçon :*
Partout le ver de terre idolâtre d'emblèmes).

Au v. 284, le Cours familier *donne* pour m'adorer lui-même : *coquille évidente !*

52. B. : Contrefit mon essence en symboles sans nombre,
Multiplia sur moi les profanations,
Se fit de dieux humains des générations,
Dieux naissants, dieux vivants, dieux mourants pour renaître,
Métamorphose impie où le souverain être*
En mortel déguisé pour flatter les mortels
Passait du ciel au trône et du trône aux autels,
Portait sur un lotus le globe et ses deux pôles,
Changeait d'être, de nom, de costume, de rôles,
Travesti par le brahme en vil comédien,

* A. : Pieuse parodie où le souverain être

Faisait tenir le ciel dans le temple indien,
Et d'homme en éléphant dégradant sa nature,
Jouait, acteur divin, devant sa créature*.

53. A. : le pensif Zoroastre

54. B. : L'Égypte industrieuse avec

55. B. : La Grèce poétique avec son Jupiter,
Son Destin, son Saturne avec l'onde et l'éther,

A *présente ici un schéma qui révèle les procédés de travail du poète pour l'élaboration de ses vers :*

Chaque prêtre avec son élément
La Chine avec de fureur écumant
L'Égypte avec la terre ou celui qui féconde
le bœuf qui la féconde — monde
Les Grecs Jupiter

56. B. : Et, se forgeant un culte aussi vain qu'elle-même,
De ma divinité construisit un poème.

57. B. : Ainsi l'homme, altéré par la soif de me voir,
Se contemple partout dans son propre miroir.
Brise ce faux miroir d'argile, ô mon insecte,
Cesse de m'adorer dans une image abjecte,
Renonce à me chercher où jamais je ne fus !
Je n'apparais à rien que dans mes attributs
C'est dans ton esprit seul que tu me verras luire;
M'incorporer pour toi ce serait me détruire;

B. : *donne une autre version de deux de ces vers :*
Pour refléter l'esprit toute chair est abjecte.
Tu m'anéantirais en voulant me réduire.

Après le vers 316 du texte imprimé, le manuscrit présente quatre vers non retenus :

Je me disparaîtrais, homme, en t'apparaissant;
J'abdiquerais mon être en le rapetissant,
Le néant reprendrait ma place dans le vide,
Ma personnalité serait mon suicide.

Au premier de ces vers, B donne œil *comme variante d'*homme; — *en face des deux derniers, on y lit d'une main qui n'est pas celle de Lamartine :* A éclaircir : un Dieu non personnel devient le Dieu panthéiste, le Dieu-nature.

58. B. : N'assimile jamais aucun nom avec le mien

59. A. : Non ce tout, Dieu chaos de l'obscur panthéisme,
De qui fit la pensée absurde idiotisme.

---

* A. : Jouait la brute et dieu devant sa créature

B. : Non ce tout qu'à ma place un panthéiste adore,
Où la divinité dans le mot s'évapore

60. B. : De matière et d'esprit pêle-mêle brutal

61. B. : Mais ce tout de beauté, de force et de génie,
Auteur quoique isolé de son œuvre infinie,

62. B. : Ordre, justice, amour,

63. B. : Et qui ne sort de lui que

64. B. : Je ne suis pas un être, aveugle, je suis l'Être !
— *Après le vers 328 du texte imprimé, le manuscrit présente quatre vers non retenus :*

Je n'ai ni corps, ni temps, ni pieds, ni mains, ni lieu;
Quel espace et quel temps incarneraient un Dieu?
Je ne suis ni lueur, ni vent, ni bruit, ni flamme;
Je ne suis que pensée et je ne suis que l'âme.

65. B. : O Mystère ! criai-je,

66. B. : Mystère, seul rapport du

67. B. : Plus tes bords sont profonds et moins ils sont funèbres;

68. B. : *donne deux versions de ce vers :*

De l'inconnu caché dans sa noire splendeur
De l'inconnu caché sous ta morne splendeur

69. A. *et* B. : atteste la grandeur

70. B. : Plus l'être est infini, plus

71. B. : Et je dis : C'est bien lui, car je ne le vois pas ! — *Après le vers 342 du texte imprimé, le manuscrit présente quatre vers non retenus :*

Et j'aborde sans peur ces terreurs du mystère
Qui sont l'ombre de Dieu sur le jour de la terre,
Et je redeviens humble et, comme le chameau,
Je m'agenouille en Dieu pour porter mon fardeau.

72. A. : O désert ! ô silence où parle l'infini !
Où l'espace agrandit l'homme et Dieu, sois béni !
B. : O désert ! grande mer où l'on voit l'infini,
Où l'espace élargit l'âme et Dieu, sois béni !

73. B. : Ah ! puissé-je à la fin de l'uniforme plaine

74. B. : Où je suis trop longtemps

75. B. : dans la poudre où s'impriment ses pas

76. B. : Celui qui l'éblouit et

77. B. : Laisser mes compagnons suivre leur fausse route

78. B. : M'asseoir découragé,

79. B. : l'oreille aux prophètes humains

80. B. : *donne deux versions de ce vers :*

Qui ne t'incarnent pas dans le bloc des idoles
Qui ne te prêtent pas le miroir des idoles

81. B. : en flagrantes clartés

82. B. : Du temps et de toi-même inexplicable ancêtre
D'où sort sans te vider la mer sans bords de l'être,

83. B. : Avec qui, en ces lieux, tu parlas face à face

84. A. : M'envelopper de toi comme — B. : Couvert de ta pitié comme

85. *Ces quatre vers figurent seulement dans le* Cours familier ; *les éditions ultérieures les suppriment constamment. — Le manuscrit est signé :* Lamartine.

NOTES

PREMIÈRES MÉDITATIONS POÉTIQUES

Page 1

* *Ab Jove principium.* Formule empruntée à Virgile, *Bucoliques,* III, v. 60 :

Ab Jove principium, Musae; Jovis omnia plena !

« Commençons par Jupiter, ô Muses; Jupiter est partout ! », s'écrie le berger Damète au début des chants amébées du poète latin, qui semble traduire ici le vers initial de l'*Éloge de Ptolémée* par Théocrite (*Églogues,* XVII), reprenant peut-être lui-même le commencement des *Phénomènes* d'Aratos. — Cette épigraphe figure dans toutes les éditions séparées des *Méditations.*

MÉDITATION PREMIÈRE. — L'ISOLEMENT

Page 3

* L'ISOLEMENT. — Durant l'été 1818, Lamartine connut une longue période de dépression morale : encore sous le coup de la disparition de Mme Charles, il était malade physiquement et fort inquiet sur son avenir, tant au point de vue littéraire que matériel; il rêvait de lointains et improbables voyages... Sa meilleure consolation était les lettres qu'il recevait de son ami Aymon de Virieu : « Elles me font le même bien, lui mandait-il de Milly le 24 août, que tu me dis que te font les miennes... J'en jouis surtout quand elles m'arrivent ici où je suis seul... La dernière est délicieuse... Elle m'est arrivée ici avant hier, elle m'a secoué de mon engourdissement moral. Je la reçus en sortant de table; je montai pour te répondre sur la montagne de Milly, avec mon album et mon crayon; et tout ce que tu me dis dans ta dernière page, joint au spectacle que j'avais sous les yeux, m'inspira une méditation de plus... Comme ces vers-là ne sont que pour moi et pour vous dans le monde, je t'envoie les stances dernières, telles qu'elles sont tombées sur l'album, et sans avoir le temps d'en faire les vers. Cela n'est que pour toi, ce n'est qu'un croquis. » Suit, sous le titre *Méditation huitième. Stances,* un premier état de *L'Isolement,* dont on peut avec certitude, d'après ce qu'on vient de lire, fixer la date de composition à l'après-midi du 22 et aux 23-24 août 1818. Sur quel album le poète avait-il

noté le fruit de son inspiration ? On ne saurait le dire : il avait sans doute emporté le *Carnet de Maroquin Rouge,* puisque on y trouve (f° 63) une double ébauche de la première strophe; mais il devait en avoir un autre, qui ne nous est pas parvenu et où il rédigea le texte adressé à Virieu; après quoi, à une date impossible à préciser, il reporta sur le fameux carnet dont Elvire lui avait fait présent une version de son poème plus proche de celle de l'édition que ne l'est celle envoyée à son ami. D'autre part, malgré le caractère fort confidentiel de la méditation (« Cela n'est que pour toi... »), Lamartine la laissa publier, en pré-originale, en même temps que *La Semaine sainte à La R.-G.*, ainsi qu'il l'annonçait à Virieu le 13 avril 1819 : « Didot imprime [mes stances religieuses] dans ce moment-ci, avec d'autres stances du même genre que je t'ai une fois envoyées : *Souvent sur la montagne, etc.* Je ne les laisse imprimer qu'à une vingtaine d'exemplaires tous retenus. C'est seulement pour voir l'effet de mes vers imprimés sur les yeux... Je suis à corriger les épreuves dans ce moment-ci. C'est difficile, mais combien cela vaut mieux qu'écrit à la main. C'est autre chose, c'est mieux. » On ne connaît aucun exemplaire de cette publication.

L'Isolement, par sa place en tête du recueil, comme par son accent profond, a naturellement connu une grande renommée, qui fit de lui, avec *Le Lac* et peut-être *L'Automne,* le type même de la méditation. Sa structure est fort nette : évocation d'un spectacle de la nature, déjà très élaborée par le poète (quatre premières strophes); développement sentimental dont le thème est contenu dans le v. 28 (strophes 5-9); mouvement final d'envolée mystique (quatre dernières strophes). Les critiques qui ont étudié la pièce se sont efforcés d'en dégager les origines proches ou lointaines, en oubliant peut-être un peu qu'elle est l'expression des sentiments intensément éprouvés par l'auteur à un moment douloureux de son existence... Ainsi, F. Reyssié, Raoul Rosières (*Pourquoi on ne lit plus Lamartine, Revue Bleue,* 8 août 1891), E. Zyromski, Léon Séché, R. Doumic, avant eux, Sainte-Beuve (*Lundis,* X, p. 453), après, G. Lanson et d'autres encore, ont évoqué les antécédents littéraires possibles du poème : de Pétrarque à l'obscur Ramond, vingt noms ont été cités et cent rapprochements formulés, sous lesquels la part personnelle de Lamartine est quelque peu offusquée... Il nous a paru toutefois indispensable de tenir grand compte de la *Note sur l'Isolement,* publiée par F. Page dans la *French Quarterly Review* (1919, pp. 104-112) et dont l'auteur développe une thèse convaincante : pour lui, il est légitime de considérer Chateaubriand comme le seul écrivain envers qui Lamartine soit redevable de quelque chose; et d'établir d'une manière pertinente les ressemblances ou identités qui existent entre la méditation et des passages écrits par le *Sachem du Romantisme* : la première partie de la confession de René dans le roman qui porte son nom et deux fragments du *Génie du Christianisme,* première partie, liv. V, chap. 12 : *Deux perspectives de la nature* et surtout deuxième partie, liv. IV, chap. 1 : *Que la mythologie rapetissait la nature.* Dans les alinéas qui terminent ce dernier, à partir de *Pénétrez dans ces forêts américaines,* on peut distinguer trois idées maîtresses correspondant aux parties de *L'Isolement* : description romantique de la forêt à la chute du jour, — rêverie sur la nature, — élan mystique. F. Page achève sa démonstration sur une sage réflexion de méthodologie littéraire qui vaut d'être citée : « Lorsqu'un seul ouvrage, et — qui plus est — l'ouvrage d'un auteur favori, suffit à rendre compte de presque tous les éléments d'un poème, on a le droit de conclure que le poète s'en est inspiré. Certaines réminiscences, souvenirs littéraires ou impressions éprouvées, ont pu contribuer à déterminer le choix des détails; quand même il serait étrange que tant d'analogies entre *L'Isolement* et ces passages du *Génie* ne fussent que des rencontres fortuites. » Étant bien entendu que Lamartine conserve son originalité, celle de l'harmonie de la versification.

* *Vers 1.* La description panoramique du spectacle repose sur trois sources différentes, fondues ensemble par le poète en un « paysage intérieur » (E. Zyromski) selon un procédé de surimpression qui fait songer à certaines techniques du cinématographe : 1° Lamartine s'inspire de la vision réelle qu'il a du Mâconnais; 2° il se souvient d'Aix-les-Bains et de son cadre alpestre; 3° il garde dans son esprit, d'une manière plus ou moins inconsciente, des souvenirs littéraires et principalement chateaubrianesques. La *montagne,* c'est le Craz (déformation dialectale du mot *crêt*), qui domine à l'ouest le village de Milly et se dresse exactement derrière la maison et les vignobles de Lamartine; ce mot de *montagne* ne doit pas surprendre, car on l'emploie usuellement dans la région pour désigner des hauteurs qui cependant culminent rarement au-dessus de cinq cents mètres.

* *Vers 2.* Si le sommet du Craz est effectivement planté d'un taillis de *chênes,* on lit également dans le *Génie du Christianisme (Que la mythologie...)* : « La nuit s'approche... Le voyageur s'assied sur le tronc d'un chêne, pour attendre le jour... La lune semble suivre tristement vos yeux. »

* *Vers 4.* Attitude contemplative bien naturelle chez un homme, et surtout un poète, placé sur un merveilleux belvédère. Mais cf. encore un mouvement et des observations, analogues jusque dans les termes, chez Chateaubriand : « Il regarde tour à tour l'astre des nuits, les ténèbres, le fleuve; il se sent inquiet, agité... » *(Que la mythologie...)* et : « Ces mobiles paysages changeaient d'aspect à toute minute » *(Deux perspectives...)*.

* *Vers 5.* La variante *Ici le fleuve en paix roule ses eaux dormantes* prouve que Lamartine pensait d'abord effectivement à la Saône, souvent appelée *fleuve* en Mâconnais, visible de son observatoire et célèbre (au moins depuis César, *Guerre des Gaules,* I, 12, 1) pour la lenteur de son cours; mais il a dû substituer à sa vision réelle un souvenir du torrent fougueux qu'est le Rhône, tout proche du lac du Bourget. Enfin, dans le *Génie,* « un fleuve inconnu coule » *(Que la mythologie...)* et « les coups de foudre font *mugir* les forêts » *(Deux*

perspectives...), comme, dans la version adressée à Virieu, *mugit* le fleuve, lequel finira par *serpenter,* peut-être à l'imitation d'une de ses sœurs américaines : « La rivière qui coulait à mes pieds, tour à tour se perdait..., tour à tour reparaissait... » *(ibid.) !*

* *Vers 7.* Il n'existe aucun *lac* aux environs de Milly, et tous les commentateurs estiment que Lamartine songe ici à celui du Bourget, cher à son souvenir. Mais il n'est pas interdit de se rappeler que Chateaubriand montre l'âme se plaisant, dans les déserts du Nouveau-Monde, « à méditer au bord des lacs » *(Deux perspectives...)* et que René, avec sa sœur, « aimaient... à voguer sur le lac » proche du château paternel.

* *Vers 8.* Le lever de l'étoile du soir est un thème ossianique (comme aussi du reste le lac ou le personnage assis sous un chêne). La strophe supprimée, qui reposait peut-être sur une observation réelle, pouvait également avoir été suggérée par *René* : le héros était ému par « une cabane dont la fumée s'élevait dans la cime dépouillée des arbres » et, ailleurs, « regardait les lumières qui brillaient dans les demeures des hommes ».

* *Vers 12.* Cette troisième strophe pourrait n'être que la transposition d'un passage des *Deux perspectives...* du *Génie :* « Une heure après le coucher du soleil, la lune se montra au-dessus des arbres... Cette reine des nuits... monta peu à peu dans le ciel... (Elle) reposait sur des groupes de nues qui ressemblaient à la cime de hautes montagnes... Ces nues... se déroulaient en zones diaphanes de satin blanc, se dispersaient en légers flocons d'écume, etc. » — L'image mythologique du *char* revient fréquemment sous la plume de Lamartine : cf. v. 45 ; — *Le Soir,* v. 4; — *Le Temple,* v. 2; — *La Prière,* v. 1-2; *La Semaine sainte,* v. 19; — *Harmonies Poétiques, Hymne du Matin,* v. 63-65; — *Ode sur les Révolutions,* v. 99; — etc. La lune est souvent l'objet de périphrases poétiques : cf. *Le Vallon,* v. 59-60; *Le Lac,* v. 58-60.

* *Vers 13.* Reyssié (p. 41) suggère que cette flèche peut être celle du « clocher gothique de Saint-Sorlin (La Roche-Vineuse depuis 1909) qui jure avec l'aspect méridional de ce village »; mais le même critique (p. 261) déclare que le poète entend « l'angélus sonnant à Sologny et que la flèche gothique n'a jamais existé ». En réalité, l'influence de Chateaubriand est encore sensible ici : cf. *Génie,* troisième partie, liv. 1, chap. 8 (chapitre intitulé : *Des églises gothiques*); — *René :* « J'ai souvent entendu... les sons de la cloche lointaine qui appelait l'homme des champs; j'écoutais le pieux murmure... L'heure venait frapper à coups mesurés dans la tour de la cathédrale gothique... Le clocher du hameau, s'élevant au loin dans la vallée, a souvent attiré mes regards... »

* *Vers 16.* Cf. Jocelyn, *neuvième époque,* v. 555-558 :

> C'est l'Angélus qui tinte...
> A ce pieux appel le laboureur s'arrête;
> Il se tourne au clocher, il découvre sa tête...

— Lamartine emploie souvent le pluriel *concerts* (et aussi *accords*) pour désigner un son musical quelconque, provenant même d'un seul instrument : cf. *L'Homme,* v. 4, 22, 87, 258; — *Le Désespoir,* v. 69; — *La Prière,* v. 27; — *La Semaine sainte,* v. 43. — A remarquer encore que Chateaubriand, dans les deux passages du *Génie* auxquels nous nous référons couramment, note les *bruits* qui résonnent à travers la solitude.

* *Vers 17.* Lamartine avait d'abord écrit *ces grands tableaux,* et on lit aussi dans *Deux perspectives...* : « La grandeur... de ce tableau... » — Quant à *l'ombre errante* du v. 19, c'est un cliché ossianique, qui paraît dans *René :* « ... un de ces guerriers errant au milieu des vents, des nuages et des fantômes... »

* *Vers 24.* Pour le mouvement contemplatif, cf. v. 3-4, et aussi déjà *Saül,* v. 184-186 :

Je gravissais les monts qui dominent ces lieux
Et, parcourant de loin cette immense étendue,
Je revoyais la terre à mes yeux si connue.

— Pour le sentiment, cf. *René :* « Je songeais que, sous tant de toits habités, je n'avais pas un ami. » — La strophe retranchée a pu, quant à elle, être inspirée par « la scène ravissante » décrite dans les *Deux perspectives...* du *Génie,* dont la remarque : « Tout est muet » *(Que la Mythologie...)* explique *L'univers est muet* de Lamartine.

* *Vers 25.* Il n'y a évidemment, dans le pays que l'on découvre du Craz, ni de *palais* (à moins de songer à l'imposante forteresse féodale de Berzé-le-Châtel) ni d'*îles.* A propos de celles-ci, indiquées dans la version initiale, on retiendra cette remarque de Reyssié (pp. 264-265) : « Le poète voit de véritables îles. A l'heure du crépuscule, en fin d'été, une brume envahit la base des montagnes dont le sommet se dresse comme des îles dominant une mer de vapeur. »

* *Vers 28.* Ce vers, qui contient l'idée essentielle de *L'Isolement,* est un des plus connus qu'ait écrits Lamartine : il traduit à coup sûr un sentiment qui lui est très personnel (« Combien le magnifique spectacle qui se déroule à ses yeux serait encore plus beau s'il pouvait le contempler avec celle que la mort lui a ravie ! »). Mais les commentateurs se sont acharnés à lui trouver des sources livresques ! Certains rapprochements sont du reste suggestifs, car ils traduisent la profonde solidarité des cœurs humains ; sans retenir de très nombreux *poetae minores* (Léonard, Bonnard, P. Lebrun, etc.), ou l'*Agathoclès* de Mme de Montolieu (roman traduit de l'allemand, qu'Alphonse avait lu en 1814 et où M. Jean des Cognets (p. 55, n. 1), a relevé cette phrase : « Tu m'as quitté et je crois être seul dans l'immensité du monde »), on citera avec intérêt Pétrarque (*Rime,* II, 37) :

Ogni loco m'attrista, ov'io non veggio
Que' begli occhi soavi...

(« Tout lieu est triste pour moi, où je ne vois pas ses beaux doux yeux »), — Racine, *Bérénice,* v. 234 :

Dans l'Orient désert quel devint mon ennui !

— Rousseau, *Nouvelle Héloïse* (4e partie, lettre 6,) où Saint-Preux songe à Julie d'Étanges : « Le monde n'est jamais divisé pour moi qu'en deux régions : celle où elle est, et celle où elle n'est pas... Elle est à présent bornée aux murs de sa chambre. Hélas ! ce lieu seul est habité; tout le reste de l'univers est vide ! » — Chateaubriand, *René :* « Hélas ! j'étais seul sur la terre ! » Mais, dans ces divers exemples, il s'agit de séparations consécutives à l'absence, et non à la mort : il y a donc plus de profondeur dans le cri de Lamartine. Ce qui n'a pas empêché le spirituel Jean Giraudoux, au cours d'une tirade de *La guerre de Troie n'aura pas lieu* (I, 4) consacrée à ce qu'il y a d'exaltant dans les ruptures amoureuses, de le parodier d'une manière piquante et de faire dire à Pâris : « Un seul être vous manque, et tout est repeuplé ».

* *Vers 32.* Sentiments analogues chez Saint-Preux (*Nouvelle Héloïse,* 2e partie, lettre 13 : « Le soleil se lève et ne me rend plus l'espoir de te voir; il se couche, et je ne t'ai point vue; mes jours, vides de plaisir et de joie, s'écoulent dans une longue nuit ») et naturellement aussi chez René. Cf. également *Hymne au Soleil,* v. 46-47 et note du v. 47.

* *Vers 34.* Le mot *désert,* surtout au pluriel, est très fréquent chez Lamartine pour désigner de vastes étendues indéterminées de la terre ou du ciel (cf. *L'Homme,* v. 8). Ce substantif était déjà dans *La Nouvelle Héloïse,* 2e partie, lettre 14 (« ce vaste désert du monde ») et dans *René* (« la foule, vaste désert d'hommes »).

* *Vers 36.* Si *univers* signifie *monde matériel,* on peut, avec Zyromski (p. 122), rapprocher ce vers de Pétrarque, sonnet V *In morte di Laura :*

Cerchiamo 'l ciel, se qui nulla ne piace

(« Cherchons le ciel, puisque rien ne nous plaît »).

* *Vers 37.* Le mot *bornes* est dans *René :* « Est-ce ma faute si je trouve partout des bornes, si ce qui est fini n'a pour moi aucune valeur ? » — Si la connaissance de la Vérité est déjà dans l'Antiquité symbolisée par le soleil (cf. Platon, *République,* 514-517 : mythe de la caverne), l'idée du v. 38 est plutôt inspirée de l'*Imitation de Jésus-Christ,* III, 48. (« O dies aeternitatis clarissima quam... summa veritas semper irradiat ») et *le vrai soleil* du poète, c'est sans doute le *Verus Sol* de l'Hymne chanté à Laudes du lundi dans le *Bréviaire romain.*

* *Vers 40.* Avant d'écrire *j'ai rêvé,* Lamartine a hésité entre *j'ai pleuré* et *j'ai cherché.* De même, René « cherche un bien inconnu, dont l'instinct (le) poursuit », et qui est pour lui source de rêves et de pleurs.

* *Vers 41.* *Source* évoque encore un passage de *René :* « Qui n'a senti quelquefois le besoin de ... se rajeunir aux *eaux du torrent,* de retremper son âme à la *fontaine de vie ?* » Le héros de Chateaubriand est lui

aussi hanté par une vague aspiration et, dans sa quête du « bien inconnu » cité à la note précédente, « (il) appelle de toute la force de (ses) désirs (l')idéal objet d'une flamme future ». Cette aspiration très romantique se retrouve également dans l'*Essai sur l'Indifférence* de Lamennais, qui signale (Introduction, p. 8) « ces élans vers un bien immense, infini, que le cœur pressent, quoique l'esprit ne le comprenne pas encore » et mentionne (I, p. 258) « celui qui, selon saint Augustin (*Confessions*, II, 10), se désaltère délicieusement à la source du souverain bien ».

* *Vers 44*. Sainte-Beuve, le premier semble-t-il, a eu l'idée, dans ses *Nouveaux Lundis* (XIII, pp. 296 et suiv., *Œuvres françaises de J. du Bellay*), de rapprocher cette strophe des tercets du sonnet CXIII de *L'Olive* :

> Là est le bien que tout esprit désire,
> Là le repos où tout le monde aspire,
> Là est l'amour, là le plaisir encore;
>
> Là, ô mon âme, au plus hault ciel guidée,
> Tu y pourras reconnaître l'Idée
> De la beauté qu'en ce monde j'adore.

Sans doute y a-t-il une analogie de forme et une communauté d'inspiration « pétrarquisante » qui ne peuvent manquer de frapper; mais la rencontre doit être purement fortuite, car il paraît improbable que Lamartine, en 1818, ait connu du Bellay, remis à la mode seulement en 1827 par le *Tableau de la Poésie française au XVIe siècle*.

* *Vers 46*. Le mot *vague* appartient au vocabulaire de Chateaubriand, dont on connaît le chapitre du *Génie* intitulé *Du vague des passions*, — chapitre illustré par *René* où le terme revient deux fois. — La notion d'envol vers un monde meilleur est exprimée dans *René* dont le héros entend « une voix du ciel » lui dire : « Homme, la saison de ta migration n'est pas encore venue; attends que le vent de la mort se lève, alors tu déploieras tes ailes vers ces régions inconnues que ton cœur demande. »

* *Vers 47*. *Terre d'exil* traduit une idée qu'on rencontre aussi chez Chateaubriand, chez Lamennais (*Essai sur l'Indifférence*, I, p. 220 : « L'homme est dans un état de passage et cherche le lieu de son repos comme un voyageur égaré dans des régions étrangères cherche avec anxiété sa patrie ») et chez Lamartine; E. Zyromski (p. 214) a écrit : « Les *Méditations* qui sont pénétrées de ce sentiment pourraient être intitulées les *Chants de l'Exil* ». Cf. par ex. *L'Homme*, v. 81, 91-92; *L'Immortalité*, v. 132; *La Foi*, v. 33; *Les Étoiles*, v. 99-100; *Harmonies poétiques*, *Hymne de la Mort* :

> Qu'est-ce que la vie? Exil, ennui, souffrance,
> Un holocauste à l'espérance.

Sur l'appel naturel que Lamartine ressentait vers l'infini, on lira les considérations de Zyromski (pp. 200-205) et cette remarque de M. G. Poulet (p. 257) : « Lamartine est celui qui s'en va à la poursuite de ce dont il rêve, sachant dès le départ et quelle que soit la longueur de la course, qu'il est battu d'avance et, comme on dit, *laissé au poteau*... Il y a chez lui, non pas seulement une fuite des choses, une fuite des êtres, — mais encore une fuite de Dieu. »

* *Vers 48.* Analysant des sentiments pourtant analogues, Chateaubriand *(Que la mythologie...)* formule une opinion opposée, de portée très générale : « Il y a dans l'homme un instinct qui le met en rapport avec les scènes de la nature. » Mais le héros de *Saül,* v. 1299, disait à David de manière analogue :

Il n'est rien de commun entre ton ciel et moi.

* *Vers 49.* L'image de la feuille tombée, dont l'origine est biblique (*Psaumes,* LXXXII, 14 et surtout *Livre de Job,* XIII, 25 : « contra folium quod vento rapitur »), était un lieu commun chez les écrivains du temps; mais elle figure avant tout dans *René :* « Qu'il fallait peu de chose à ma rêverie : une feuille séchée que le vent chassait devant moi... »

Cf. aussi *Harmonies poétiques, Pensée des Morts,* v. 1-4 :

Voilà les feuilles sans sève
Qui tombent sur le gazon;
Voilà le vent qui s'élève
Et gémit dans le vallon...

* *Vers 52.* La chute de *L'Isolement* est très évidemment une nouvelle et dernière réminiscence de *René :* « Levez-vous vite, orages désirés, qui devez emporter René dans les espaces d'une autre vie! » Chez Chateaubriand, le mot *aquilon* se trouve à l'alinéa qui suit le souhait du triste héros. — Louis de Vignet (qui fut pourtant un romantique à la Werther) donnait à son ami les sages conseils que voici : « *Emportez-moi, comme elle, orageux aquilons !* Cela est bon dans la vie du pauvre René, cela ne vaut rien pour toi... La mélancolie, les songes, les dégoûts de la vie présente, le désir de la mort, voilà les cordes funestes auxquelles je te conjure à genoux de ne jamais toucher! » (cité par Latreille, *La Jeunesse de Lamartine, Le Correspondant,* 10 mai 1922, p. 442).

Note complémentaire

M. Fernand Cauët (*Mercure de France,* 15 octobre 1932, p. 481) a signalé que Victor Hugo, dans la pièce fameuse *A Villequier (Contemplations),* s'est, inconsciemment ou non, souvenu de quelques passages de *L'Isolement* lamartinien :

{ *Lam. :* Je ne désire rien de tout ce qu'il éclaire
{ *V.H. :* Je ne résiste plus à tout ce qui m'arrive
(« Rencontre de rythme et de sonorités »)

{ *Lam. :* Mais peut-être au-delà des bornes de sa sphère...
{ *V.H. :* Dans vos cieux, au-delà de la sphère des nues,
Peut-être faites-vous...

Lam. : Que me font ces vallons...
Fleuves, rochers, forêts, solitudes si chères...
V.H. : Plaine, forêts, rochers, vallons, fleuve argenté...

Et l'auteur de l'article ajoute un autre rapprochement avec *A Elvire* :

Lam. : La terre perd ses fruits, les forêts leurs parures...
V.H. : Je sais que le fruit tombe au vent qui le secoue,
Que l'oiseau perd sa plume et la fleur son parfum...

MÉDITATION DEUXIÈME. — L'HOMME

Page 5

* L'HOMME. — Avec ses deux cent quatre-vingt-six vers, cette pièce est la plus longue du recueil de 1820 et, parmi les *Méditations*, elle sera, en importance matérielle, dépassée seulement par *Les Préludes* (375 vers) et par *Le Désert* (370). — Il ne semble pas que Lamartine ait connu Byron de très bonne heure; alors que sa Correspondance donne de nombreuses précisions sur les lectures qu'il faisait, la première mention qu'on y trouve du poète anglais date du 10 octobre 1818, dans une lettre à Virieu consacrée à *Saül* et dans laquelle on lit : « Pourquoi ce Michelot, le plus commun des esprits du théâtre, a-t-il mis son nez pointu dans une chose comme *Saül ?* C'est comme si je faisais juger lord Byron par N°°°, qui s'amuse aux périodes. » Dès le 23 mars précédent, Mme de Montcalm lui nommait Byron en le rapprochant de Lamennais (*Lettres à Lamartine*, p. 3); c'est donc au cours de cette année-là qu'Alphonse dut s'initier au grand écrivain britannique dont la renommée commençait à se répandre à Paris et à y faire un certain scandale (Estève, pp. 65-72). Il semble que Lamartine commença par lire *Manfred*, car c'est à ce drame paru en 1817 que se réfère l'épître que nous étudions ici. Sur celle-ci, nous possédons deux renseignements fort précis. Le 16 septembre 1819, racontant de Mâcon à Virieu les difficultés qu'il rencontrait dans son projet de mariage avec Miss Birch, il déclarait : « Je fais, à travers tout mon tumulte ma méditation à Lord Byron. » L'expression *ma méditation* implique que son correspondant connaissait au moins déjà l'intention qu'il avait de l'écrire, ce qui n'est pas pour surprendre, les deux amis ne s'étant guère quittés durant les mois de juin, juillet et août, tant au Grand-Lemps qu'à Aix-les-Bains. Par ailleurs, le 20 octobre, de Milly, le poète envoyait à Virieu une grande partie du poème, achevé à cette date, avec ce commentaire : « Si je n'avais pas la vue altérée, je t'aurais tout copié. Cela a trois cent cinquante vers. Dis-moi ce que tu en penses. Cela m'ennuie à présent. » Ce chiffre de trois cent cinquante vers est supérieur à celui de l'édition, mais peut reposer sur une erreur de calcul dont le poète était coutumier; il est possible cependant qu'il ait opéré quelques retranchements, notamment après le v. 30,

la phrase de sa lettre : « J'entre ici dans ses idées durant un moment » n'ayant rien qui lui corresponde dans la version imprimée.

Même abrégée, la méditation *L'Homme* conserve une belle envolée et, sans que sa composition soit d'une rigueur extrême, il est aisé d'en marquer les moments essentiels : 1° v. 1-30 : Apostrophe à Byron, homme d'orgueil et prêtre du Dieu du mal, en révolte contre Dieu; 2° v. 31-42 : Transition : inutilité de cette révolte; 3° v. 43-102 : La destinée de l'homme « dieu tombé qui se souvient des cieux » : son infinie faiblesse et sa misère sont incompréhensibles; il faut les admettre; 4° v. 103-148 : Comme Byron, Lamartine a souffert du mal universel; il a senti souffler en lui-même un vent de rébellion, puis il s'est soumis; 5° v. 149-252 : Sa « raison » entonne un « hymne » à la « gloire » de Dieu (la créature, égale au néant, salue la toute-puissance du Créateur — v. 149-198 —; quelles que soient les misères qu'il a endurées, notamment en amour, le poète s'engage solennellement à ne plus désespérer — v. 199-238; car « la loi de son être » est d'adorer la « sagesse suprême » « avec intelligence »); 6° v. 253-286 : Solennelle invite à Byron : que, prenant la même voie que Lamartine, il mette son immense génie à chanter la Providence divine, la soumission de l'homme et les nobles sentiments du cœur.

* *Vers 2.* L'hémistiche *Mortel, ange ou démon* servit de titre à un recueil de vers romantiques (Paris, Spackman, 1836, 2 vol.), dont l'auteur, E. Magnien, était un arrière-cousin de Stéphane Mallarmé (cf. Luigi de Nardis, *L'influence de Lamartine sur... Mallarmé, Actes du Congrès II des Journées lamartiniennes,* 1965, p. 36).

* *Vers 3.* Ce jugement porté sur Byron correspond à celui de l'Abbé sur le héros de *Manfred* (III, 1) : « Ce devait être une noble créature : il a toute l'énergie qui aurait fait une merveilleuse combinaison d'éléments glorieux s'ils avaient été mêlés avec sagesse : tel qu'il est, c'est un chaos effrayant, lumière et ténèbres, esprit et matière, passion et pensée pure, tout cela pêle-mêle et en conflit, sans fin et sans ordre. »

* *Vers 4. Concerts :* sur ce mot qui reviendra aux v. 22, 87, 92 et 258, cf. *L'Isolement,* v. 16 et note.

* *Vers 7.* C'est dans un décor farouche que se complaît Manfred, réfugié dans les Alpes : « Mes plaisirs étaient d'aller au milieu des déserts respirer l'air vif des montagnes de glace, sur la cime desquelles les oiseaux n'auraient pas osé bâtir leur nid... J'aimais à fendre les vagues du torrent furieux ou à voler sur les flots de l'océan courroucé... Je fixais les éclairs pendant les orages... ou j'écoutais la chute des feuilles lorsque les vents d'automne venaient dépouiller les forêts. Tels étaient mes plaisirs, tel était mon amour de la solitude » (II, 2). On notera d'ailleurs ici une indiscutable influence d'Ossian, chez qui *vents, orages, torrents* sont des accessoires courants.

* *Vers 8. Déserts :* cf. *L'Isolement,* v. 34 et note du v. 34. Si l'*aigle* est cité dans le *Livre de Job*, XXXIX, 30-33, en des termes dont Lamar-

tine a pu se souvenir (« A ta voix, l'aigle s'élèvera-t-il jusqu'aux nues? Et placera-t-il son nid sur le sommet des rochers? Il habite le creux de la pierre, il demeure dans les rocs escarpés. Et de là il contemple sa proie, ses yeux la découvrent de loin... Ses petits boivent le sang et ils paraissent soudain là où gît un cadavre »), il semble s'être également inspiré de *Manfred* (I, 2) : « O toi, ministre ailé qui fends les nuages, toi dont le vol puissant va le plus haut dans le ciel, tu peux bien descendre près de moi. Je serais ta proie, je repaîtrais tes aiglons. Tu t'es enlevé dans les hauteurs où l'œil ne peut te suivre : mais ton regard perce toutes les profondeurs, au-dessous, au-dessus... »

* *Vers 9. Comme toi* fait nettement allusion à ces mots prononcés par Manfred : « Et vous, vous, cimes escarpées, je suis debout sur votre arête, apercevant au bord du torrent, tout en bas, les grands pins comme des broussailles, dans l'éloignement vertigineux qui les rapetisse ! » (I, 2.)

* *Vers 13. L'oiseau qui chante ses douleurs,* c'est le rossignol, évoqué par Virgile (*Géorgiques,* IV, v. 511-512) :

> Qualis populea maerens Philomela sub umbra
> Amissos queritur fetus, quos durus arator
> Observans nido implumes detraxit...

L'idée de *nid bâti au bord de l'eau* doit être suggérée par l'adjectif latin *populea,* les peupliers bordant ordinairement les rivières; mais certains commentateurs ont pensé au *cygne,* qui loge aux bords des eaux, à terre *(parmi les fleurs)* et chante au moment de mourir. — L'antithèse entre l'aigle et l'autre oiseau est virtuellement contenue dans les deux passages de *Manfred* (II, 2 et I, 2), cités aux notes des v. 7 et 8.

* *Vers 15. D'Athos,* pour *de l'Athos,* est un tour classique, la langue du XVIIe siècle supprimant volontiers l'article devant les noms propres, là où celle du XXe le mettrait. Le mont *Athos,* qui se trouve dans la presqu'île macédonienne de Chalcidique, n'a que 2 060 mètres d'altitude, mais les Anciens le citent toujours comme une de leurs plus impressionnantes montagnes, sans doute parce qu'il était proche de la mer (cf. *Iliade,* XIV, v. 229; Virgile, *Géorgiques,* I, v. 332; *Énéide,* XII, v. 701). Le mot désigne ici un quelconque sommet important; le poète avait d'abord écrit *des sommets glacés,* sous l'influence de *the iced-mountain's top* de *Manfred* (II, 2).

* *Vers 20.* Ce vers n'est pas sans faire penser à celui qui termine *Le Sommeil du Condor (Poèmes Barbares) :*

> Il dort dans l'air glacé, les ailes toutes grandes.

Mais il est impossible d'affirmer que Leconte de Lisle se soit ici inconsciemment souvenu de Lamartine, bien qu'il l'ait beaucoup admiré au début de sa carrière poétique. D'autre part, Alfred de

Musset paraît s'être remémoré les v. 17-20, dans sa *Nuit de Mai,* quand il décrit les petits du pélican au retour de leur père :

> Déjà, croyant saisir et partager leur proie,
> Ils courent à leur père avec des cris de joie.

* *Vers 22.* On notera le tour anacoluthique des v. 21-22; des libertés de ce genre sont familières à Lamartine. Le mot *désespoir* (« *My despair* ») est dans Manfred (II, 4). — Cf. encore *Nuit de Mai :* Les plus désespérés sont les chants les plus beaux.

* *Vers 24.* Manfred (I, 2), monté sur la Jungfrau, contemple les *abîmes* réels qui s'étendent à ses pieds; mais la comparaison *comme Satan* est une allusion au passage de Milton, *Paradis perdu,* II, où Satan, en compagnie de la Mort et du Péché, sonde l'immensité séparant le Paradis et l'Enfer : « Devant leurs yeux apparaissent soudain les secrets du vieil abîme : sombre et illimité océan, sans borne, sans dimension... Dans ce sauvage abîme, berceau de la nature, et peut-être son tombeau, ... dans ce sauvage abîme, Satan, le prudent ennemi, arrêté sur le bord de l'Enfer, regarde quelque temps... »

* *Vers 26.* Ce vers fait sans doute allusion à *Manfred* (III, 1), où le héros, sermonné par l'Abbé, lui répond : « It is too late » (« Il est trop tard »). — La rime *Dieu-adieu* est faible.

* *Vers 30.* Cf. *Manfred* (II, 4) : le héros du drame se rend à la cour d'Arimane, dieu persan du mal, qui trône sur un globe de feu, entouré des Esprits; ceux-ci chantent la néfaste divinité : « Salut à notre Maître !... Gloire à Arimane !... » — Dans la version initiale de *L'Homme,* Lamartine devait transposer leur hymne en un chant en l'honneur de Byron lui-même et qui commençait ainsi : « Gloire à toi, fier Titan, j'ai partagé ton crime ... », mais qu'il retrancha finalement (cf. la variante : sans doute craignait-il, en exprimant avec trop d'âpreté le pessimisme du lyrique anglais, d'avoir l'air de parler en son nom personnel; mais on peut, avec M. Levaillant, regretter la suppression de « cet hymne à la gloire du Prométhée moderne », qui eût donné plus de force à « l'hymne de la raison » (v. 149 et suiv.) et ajouté au poème une forte antithèse.

* *Vers 36.* Ce *cercle borné,* c'est en somme *l'étroit cachot où nous sommes logés,* dont parle Pascal (*Pensées, Les deux infinis*) mais, dans ces vers qui constatent l'impuissance de la *raison,* Lamartine est sans doute influencé par la lecture récente qu'il a faite de Lamennais, *Essai sur l'indifférence en matière de religion,* I, p. 319 : « Dieu nous a départi la mesure précise de lumière dont nous avons besoin dans notre condition présente, mais rien de plus. En accordant à l'homme tout ce qui lui est nécessaire pour parvenir à sa fin, il lui refuse ce qui ne servirait qu'à satisfaire une vaine curiosité... Il y a un ordre de connaissance que notre nature ne comporte pas » et p. 213 : « Notre devoir est d'obéir à l'Être infini qui a créé, comme en se jouant, l'univers et tout ce qu'il renferme. »

* *Vers 38.* Sur l'expression *laisser tomber,* cf. *Le Désespoir,* v. 80, et *La Foi,* v. 3.

* *Vers 40.* Dans son article du *Journal des Débats* (1er avril 1820), le critique de Feletz, tout en admirant dans *L'Homme* « l'alliance d'une haute poésie à une haute philosophie », recommandait à l'auteur de « se défier un peu plus de ses réminiscences » et rapprochait, avec raison semble-t-il, les v. 39-40 d'un « des plus célèbres morceaux du *Poème de la Religion* de Racine le fils » :

> O cieux, que de grandeur et quelle majesté !
> J'y reconnais un maître à qui rien n'a coûté
> Et qui, dans vos déserts, a semé la lumière
> Ainsi que dans nos champs il semait la poussière.

* *Vers 44.* Les théologiens, et notamment Bossuet dans son *Traité de la Concupiscence,* ont souvent dénoncé chez l'homme la *libido sciendi,* la passion de tout connaître; Rousseau, dans la *Profession de foi du Vicaire savoyard* (*Émile,* IV), constate de son côté : « Nous voulons tout pénétrer... La seule chose que nous ne savons point est d'ignorer ce que nous ne pouvons savoir »; le Manfred byronien était lui-même habité par le démon de la connaissance absolue et se refusait à toute soumission (II, 4 : « La patience ! et toujours la patience ! ce mot fut créé pour des animaux dociles et non pour les oiseaux de proie ! »). Enfin, l'idée d'humilité et d'obéissance est maintes fois exprimée par Lamennais (cf. note au v. 36 et *Premiers Mélanges,* pp. 418, 421, 574 : « La loi de notre être est la loi d'obéissance à la destinée même de l'homme... Obéir au pouvoir légitime, voilà tout l'ordre religieux, social, domestique... Ne cherchons pas à sonder les impénétrables conseils de Dieu. Lui seul connaît ses desseins... »).

* *Vers 48. Esclavage :* cf. au v. 44, *servir.* Cette soumission est un thème de la théologie chrétienne, qui considère le *non serviam* comme la cause de la révolte de Satan et de sa damnation. L'auteur de l'*Imitation de Jésus-Christ* (III, 10) s'étend longuement sur la douceur du service de Dieu et s'écrie : « O amplectandum et semper optabile servitium ! » Et Lamennais adopte cette même thèse : « La nature, ordre immuablement voulu par Dieu, impose à l'homme des lois immuables comme elle, lois nécessaires, lois hors desquelles on ne trouve ni paix, ni félicité, parce que, hors d'elles, il n'y a que désordre. »

* *Vers 49. Atome :* cf. v. 158; *La Prière,* v. 100; *L'Infini dans les Cieux (Harmonies poétiques),* v. 148 (le mot, pour désigner l'homme en langage poétique, est dans Voltaire, *Poème sur le désastre de Lisbonne,* v. 208 : « atomes pensants » et dans le *Discours sur l'Homme,* II). L'expression *ordre universel* appartient au vocabulaire de Stoïciens *(cosmos),* mais elle fut reprise par Malebranche et par les déistes du XVIIIe siècle.

* *Vers 50.* Cf. Lamennais, *Essai,* I, p. 405 : « Il dépend de la volonté d'aimer le bien, d'obéir aux lois de l'ordre »; — *Premiers Mélanges,* p. 467 : « L'homme doit obéir aveuglément aux lois physiques ». Mais cette attitude soumise se retrouve aussi chez beaucoup de philosophes (Voltaire, Rousseau). L'adjectif *libre* donne une couleur orthodoxe au passage. Sur cette question du libre arbitre de l'homme, la position de Lamartine n'était sûrement pas très nette : le 27 mai 1819, dans une lettre au comte de Saint-Mauris, à propos d'une certaine « méditation politico-littéraire sur Rome » qu'il avait décidé de ne pas publier par raison d'opportunité et qui doit être perdue, car en tout état de cause il ne peut s'agir à cette date de *La Liberté ou Une nuit à Rome,* il écrivait : « J'y montre que le monde est gouverné par une grande force inconnue, aveugle, incontestable, tyrannique de sa nature, et non jamais par nos pauvres idées métaphysiques sur les gouvernements plus ou moins bons. C'est mon idée, je ne dis pas que soit la bonne, mais elle est vraie pour moi... »

* *Vers 54.* Manfred (II, 4) effectivement se révoltait contre Dieu et le destin (texte cité à la note du v. 44).

* *Vers 55.* Même idée et expression très proche dans l'*Essai sur l'Indifférence,* I, p. 233 : « O homme, qui parles avec tant d'orgueil de ta dignité et de ta grandeur, descends donc du trône que tu t'élèves dans ta pensée, descends... » Dans sa lettre du 27 mai 1819, le poète opposait son fatalisme politique à l'ambition de son époque « où les hommes veulent se faire Dieux », en prenant à leur compte le mot de Satan à Ève : « Eritis sicut Dei » (*Genèse,* III, 5).

* *Vers 56.* Ce vers, au total optimiste, est à la fois déiste et chrétien; on y peut voir encore l'influence mennaisienne : « La religion ne méprise rien, mais ... met chaque chose à sa place... Tout est bon pourvu qu'il soit à son rang » (*Premiers Mélanges,* pp. 414-415); mais G. Charlier écrit à son sujet (*Aspects de Lamartine,* p. 84) : « On l'a déjà reconnu, c'est un vers de Pope. Et c'est mieux qu'un trait isolé : c'est en quelque sorte le résumé et la conclusion de l'*Essay on Man,* où il revient, à la finale de chaque développement avec l'insistance d'un leitmotiv :

One truth is clear : whatever is right. »

Cf. *La Chute d'un Ange,* 8e Vision *(Fragment du Livre Primitif) :*

Et le sage comprit que le mal n'était pas
Et dans l'œuvre de Dieu ne se voit que d'en bas.

Comme le notait J. des Cognets (*Les Idées morales de Lamartine,* Bloud, 1909, p. 26), pour le poète « le mal n'est qu'une question de niveau; quand on étudie l'univers *sub specie aeternitatis,* en cherchant à emprunter le regard de Dieu, le mal disparaît dans l'harmonie universelle ».

* *Vers 58.* Pour l'idée, cf. *La Prière,* v. 100. — Louis Racine, dans son *Poème de la Religion,* souvent réédité entre 1800 et 1830, compare

aussi l'homme à l'*insecte* (I, v. 149 et suiv.) et cite en note ses devanciers qui ont employé la même comparaison (Galien, Pline, Pope, le cardinal de Polignac) : elle était donc devenue classique.

* *Vers 61.* Sur l'image jobienne du *piège*, cf. *La Providence à l'Homme*, v. 109, et *Le Désert*, v. 312.

* *Vers 63. Comme toi : comme la tienne* (anacoluthe). La faiblesse de la raison et ses trébuchements ont été maintes et maintes fois dénoncés par les penseurs de toutes confessions religieuses ou philosophiques (Pascal, Voltaire, Rousseau, L. Racine, Pope) ; Lamennais, le dernier en date, leur fait écho : « La raison ne comprend rien pleinement. Une faible et vacillante lueur marque à peine quelques contours, quelques légers traits des objets qu'elle considère... D'épaisses ombres arrêtent ses regards » (*Essai*, I, p. 382).

* *Vers 66. Je sonde :* cf. la même image aux v. 24, 79, 109. Sur son origine biblique, et son emploi par Lamartine, voir la note du v. 329 du *Désert*. — M. G. Poulet (p. 260) rapproche ce v. 66 de *L'Enthousiasme*, v. 83-84 :

Mon reste d'âme s'évapore
En accents perdus dans les airs !

et ajoute cette remarque : « Telle est l'expérience finale de Lamartine. Après la perte de tous les objets, voici la perte du sujet. L'évaporation de l'âme est, en effet, la conséquence de l'évaporation des choses. Il devient impossible de maintenir quelque distinction entre le moi et le non-moi, comme entre le monde et l'outre-monde. »

* *Vers 68.* Voir la note du v. 1 du *Souvenir*.

* *Vers 70.* Ces deux vers, qui sont parmi les plus connus de Lamartine, résument en une formule saisissante le dogme (chrétien et même universel) de la chute et rendent compte des aspirations de l'homme vers l'infini, telles en particulier que les ressentit l'âme romantique. Sans vouloir chercher une « source » précise à la formule du poète, il est possible de citer un grand nombre d'écrits où la même idée, véritable lieu commun, a été exprimée : M. Citoleux (p. 84) voit ici une adaptation de l'idée de la réminiscence selon Platon; Marc Aurèle : « Notre âme raisonnable est un dieu exilé » (cité par Bernardin de Saint-Pierre, *Harmonies*, IV, t. II. p. 244, et *Études*, t. I, p. 638); Pascal : « Misères de roi dépossédé... Qui se trouve malheureux de n'être pas roi, sinon un roi dépossédé ? » (*Pensées*, édit. Brunschvicg, nº 409); Voltaire : « Tes destins sont d'un homme et tes vœux sont d'un dieu » (*Discours sur l'Homme*, II); M. Marteau : « Son esprit est borné, ses vœux sont infinis » (*Ode sur l'Homme, Mercure de France*, janvier 1776); L. Racine, *La Gloire*, I, v. 139-144 :

Malgré l'épaisse nuit sur l'homme répandue,
On découvre un rayon de sa gloire perdue;
C'est du haut de son trône un roi précipité

Qui garde sur son front un trait de majesté.
Une secrète voix à toute heure lui crie
Que la terre n'est point son heureuse patrie...

Chateaubriand, *Génie du Christianisme* (première partie, liv. VI, chap. I) : « Notre âme demande éternellement; à peine a-t-elle obtenu l'objet de sa convoitise, qu'elle demande encore : l'univers entier ne la satisfait point. L'infini est le seul champ qui lui convienne »; Mme de Staël, *Delphine :* « C'est un ange tombé, mais il lui reste encore quelque chose de son origine »; Byron, *Manfred* (I, 2) : « Nous, qui nous nommons nous-mêmes les souverains du monde, créatures de boue et demi-dieux tout ensemble, incapables de tomber plus bas ou de s'élever, respirant à la fois la bassesse et l'orgueil, indécis entre leurs ignobles besoins et leurs désirs superbes... »; Lamennais, *Essai,* I, p. 379 : « L'homme qui sent en lui un désir infini de connaître parce qu'il peut et doit connaître la vérité infinie... n'est point tourmenté d'un désir infini d'agir parce que son action, comme son être physique, est naturellement et nécessairement bornée » et, surtout, article du *Conservateur,* 9 octobre 1819, *Sur le suicide :* « Déchu d'un plus haut état, l'instinct de sa grandeur le tourmente sans cesse... Il aspire à recouvrer son rang; et il y a en lui, malgré lui, quelque chose qui s'indigne quand on mutile ses destinées ». On remarquera que le thème de la chute inspirera à Vigny *Éloa* (1824) et que Lamartine lui-même le remploiera dans *La Chute d'un Ange;* Mme de Girardin, après avoir lu cette épopée antédiluvienne qui devait être le premier épisode d'un ensemble beaucoup plus vaste, lui écrivait le 18 août 1838 : « Que votre poème sera beau ! Comme je le comprends bien ! Quelle sublime pensée ! Quand votre ange aura achevé ses dix expiations, vous donnerez au poème général cette épigraphe, n'est-ce pas?

L'homme est un dieu tombé qui se souvient des cieux.

Pourquoi cet ange ne serait-il pas lord Byron? » (*Lettres à Lamartine,* p. 167.)

* *Vers 74. Soit que... soit que :* ces deux hypothèses successives placent tour à tour l'idéal dans le passé et dans l'avenir pour expliquer la contradiction humaine; Lamartine semble hésiter à choisir entre le dogme chrétien de la chute (v. 71-72) et la conception philosophique de la perfectibilité chère au XVIIIe siècle (v. 73-74), ou plutôt cherche-t-il peut-être à concilier les deux théories, l'homme *déchu* essayant de réparer sa nature *imparfaite* et de remonter vers sa splendeur originelle.

* *Vers 75. Mystère :* le mot appartient à la tradition chrétienne. Cf. Pascal, *Pensées :* « Monstre incompréhensible »; Bossuet, *Sermon sur la Mort :* « Un si grand énigme »; — Young, *Nuits,* I : « Quel étrange mystère l'homme est pour lui-même ! »; — Lamennais, *Premiers Mélanges,* p. 566 : « La vie est une sorte de mystère triste dont la foi seule a le secret. »

* *Vers 76*. L'image de la *prison* (cf. *L'Immortalité*, v. 25, 34, 134; *Dieu*, v. 7) vient de la *République* de Platon *(mythe de la caverne)* et fut vulgarisée par le *Songe de Scipion* (XIV et XV) du *De Republica* de Cicéron : « E corporum vinculis tanquam e carcere... Nisi deus istis te corporis custodiis liberaverit... » — Au vers suivant, l'idée que l'homme est *né pour la liberté* est une de celles que Rousseau développe le plus volontiers (*Contrat social*, début : « L'homme est né libre, et partout il est dans les fers »; *Émile*, IV, *(Profession de foi du vicaire savoyard)* : « Conscience!... guide assuré d'un être ignorant et borné, intelligent et libre »).

* *Vers 79*. Les v. 78 et 79 rappellent Pascal, *Pensées* : « Nous cherchons le bonheur et ne trouvons que la misère; nous cherchons la vérité et nous ne trouvons en nous que l'incertitude » (cité par Lamennais, *Essai*, I, p. 241). Mais l'expression *son œil est débile* peut faire songer à Voltaire, *Discours sur l'Homme*, IV :

> Pourquoi donc m'affliger si *ma débile vue*
> Ne peut percer la nuit sur mes yeux répandue?

* *Vers 80*. Cf. encore Lamennais, *Essai*, I, p. 228 : « Il s'aime d'un amour infini. Mais cet amour, loin de le rendre heureux, le tourmente... (car il est) évidemment disproportionné à son objet ». G. Lanson voit avec raison dans le v. 80 « la formule abstraite où se résume *Le Lac* ». E. Zyromski (p. 36) cite les v. 78-80 en raison de leur « expression martelée » : « C'est le rythme même de la Bible, où la pensée est souvent exprimée par antithèses. »

* *Vers 90*. Les v. 81-90 sont inspirés par *Le Paradis perdu* de Milton, XII, au moment où Adam et Ève sont chassés du Paradis Terrestre, après la faute originelle : « De front ils s'avançaient; devant eux le glaive brandissant du Seigneur flamboyait furieux comme une comète... Ils regardèrent derrière eux, et virent toute la partie orientale du Paradis, naguère leur heureux séjour, ondulée par le brandon flambant; la porte était obstruée de figures redoutables et d'armes ardentes. Adam et Ève laissèrent tomber quelques naturelles larmes qu'ils essuyèrent vite. Le monde entier était devant eux pour y choisir le lieu de leur repos, et la Providence était leur guide. Main en main, à pas incertains et lents, ils prirent à travers l'Eden leur chemin solitaire. » Les *saints concerts des anges* (cf. *La Semaine sainte*, v. 43) retentissent à diverses reprises dans l'épopée miltonienne (par ex. au chant VII).

* *Vers 91*. Sur la vie considérée comme un *exil*, cf. *L'Isolement*, v. 47 et note.

* *Vers 94*. Cf. *Le Vallon*, v. 56. — Lamartine avait réellement vécu le sentiment de désillusion amère qu'il analyse dans ce passage : « Rien n'est parfait dans ce monde très imparfait, et avec des agents aussi imparfaits que le sont les hommes. Il en coûte de convenir de ces tristes vérités : on ressemble à l'homme qui redescend des régions imaginaires, et qui retombe avec douleur sur la dure réalité... » (A Mlle de Canonge, 28 janvier 1819).

* *Vers 96.* Cette opposition du *possible* et du *réel* reparaît dans *Dieu, v.* 5-6.

* *Vers 100. Se désaltère :* voir la note 20 de *L'Isolement* et cf. les *Premiers Mélanges,* p. 515, où Lamennais peint l'homme ayant goûté « à cette source immense et intarissable d'amour, où l'âme, haletante de désir et altérée de bonheur, vient se régénérer, se vivifier et puiser l'avant-goût d'une félicité immortelle ».

* *Vers 102.* Encore des sentiments intimement éprouvés par le poète, qui écrivait dans une lettre : « Ce sont les rêves que l'homme fait éveillé qui lui sont funestes... Je me repaissais du fol espoir de trouver ici le bonheur, lorsque tout à coup je me suis éveillé... »

* *Vers 106.* Dans cette tirade, Lamartine prend à son compte l'attitude de Manfred : « Philosophie, connaissances humaines, secrets merveilleux, sagesse du monde, j'ai tout essayé, et mon esprit peut tout embrasser; je puis tout soumettre à mon génie. Inutiles études ! » (I, 1) « Je consacrais mes nuits à apprendre les sciences secrètes oubliées depuis longtemps... Avec ma science s'accrut ma soif d'apprendre. » (II, 2.) Sans doute avait-il lui-même beaucoup lu et beaucoup réfléchi, mais sa quête spirituelle et intellectuelle n'avait pas été, semble-t-il, aussi vaste, exigeante et systématique qu'il le laisse entendre en s'adressant au poète anglais.

* *Vers 109.* Cf. ci-dessus note du v. 9.

* *Vers 110.* « Ni le cours des étoiles et des planètes, comme le remarquait Pascal, ni le spectacle des affaires humaines ne confondent l'incrédulité et ne réduisent la raison à reconnaître dans l'ordre du monde la main d'une divinité toute-puissante et présente », note en citant le v. 110 M. Bouchard (*Lamartine ou le sens de l'amour,* p. 91).

* *Vers 113.* Si *remonter les âges* signifie clairement *se tourner vers le passé, étudier l'histoire,* le sens de *devancer les temps* est plus ambigu : on peut comprendre *prévoir les fins dernières* de l'homme ou bien (par-delà l'histoire, dont on connaît la chronologie) *étudier les lointaines origines* du monde qui se perdent dans un passé pour ainsi dire intemporel. *Passer les mers pour écouter les sages* doit se comprendre au figuré : le poète, à cette date, n'a étudié les philosophes (c'est le sens du mot *sages* chez maints penseurs du XVIIIe siècle) que dans les livres, aussi bien ceux de la Grèce ou de l'Orient que ceux de l'Angleterre; mais on sait que, dans l'Antiquité, les voyages lointains étaient indispensables à qui voulait s'instruire et l'on peut citer les exemples du Pythagore, de Solon, d'Hérodote, d'Anacharsis, de Platon, etc. — L'*orgueil* de ceux qui cherchent à savoir leur a souvent été reproché; cf. Lamennais., *Essai,* I, p. 405 : « L'erreur naît de la raison orgueilleuse. »

* *Vers 118.* Les v. 114-116 rappellent un mouvement de pensée qui se retrouve dans *L'Immortalité,* v. 131-136, mais en un contexte

différent. — *Newton* évoque la science astronomique, pour laquelle Lamartine éprouvait un intérêt passionné : cf. *Les Étoiles,* en particulier note initiale.

* *Vers 122.* La méditation historique, philosophique et lyrique sur les restes du passé avait été mise à la mode par *Les Ruines* de Volney (1791), puis par les écrits de Chateaubriand *(René, Itinéraire de Paris à Jérusalem, Les Martyrs).* Dans les v. 119-122, Lamartine contamine deux réminiscences : 1° *Manfred,* II, 2 : « Dans mes promenades rêveuses, je descendais au fond des caveaux de la mort pour étudier sa cause dans ses effets »; 2° *René :* « Je m'en allais m'asseyant sur les débris de Rome et de la Grèce; pays de forte et d'ingénieuse mémoire où les palais sont ensevelis dans la poudre et les mausolées des rois cachés sous les ronces... Je méditais sur ces monuments... Mais je me lassais de fouiller dans les cercueils, où je ne remuais trop souvent qu'une poussière criminelle. » L'expression *J'ai pesé la cendre* rappelle un trait fameux du Juvénal (*Satires,* X, v. 147-148) :

> Expende Hannibalem; quot libras in duce summo
> Invenies?...

On doit se souvenir, que lors de son voyage de 1811, le poète avait personnellement visité les ruines de l'ancienne Rome, ainsi que le tombeau du Tasse au couvent de Saint-Onuphre (lettre à Virieu, 18 novembre 1811, et R. Mattlé, pp. 33-35) : l'adjectif *saints* fait songer aux sépultures chrétiennes des Catacombes, le substantif *héros* aux tombeaux de la Via Appia, par exemple.

* *Vers 126.* Allusion vraisemblable à la mort de Mme Charles, à laquelle il n'avait pas assisté, mais qui le hantait et qu'il évoque ici comme il le fera dans *Le Crucifix.* — D'une manière analogue, mais plus positive, le René chateaubrianesque, au trépas de son père, « apprend à connaître la mort sur les lèvres de celui qui lui a donné la vie ».

* *Vers 129.* Ici, plutôt que des exploits personnels, Lamartine prend encore à son compte ceux de ses héros, René gravissant l'Etna et « assis sur la bouche d'un volcan » et surtout Manfred (II, 2) : « J'ai affronté la mort; mais, dans la guerre des éléments, les eaux se retiraient de moi, et je traversai impunément les mortels périls. »

* *Vers 130.* La *Sibylle* de Cumes est peinte au milieu de son délire prophétique par Virgile, *Énéide,* VI, v. 46 et 77; en 1811-1812, le poète avait vu les lieux où l'auteur latin situe sa prophétesse, comme le rappelleront les v. 53-56 de l'harmonie *Milly ou la Terre natale :*

> J'ai visité ces bords et ce divin asile
> Qu'a choisis pour dormir l'ombre du doux Virgile,
> Ces champs que la Sibylle à ses yeux déroula,
> Et Cume et l'Elysée : et mon cœur n'est pas là !

— On remarquera que, par une construction très libre, l'adjectif *semblable* se rapporte au nom *nature.*

* *Vers 136.* Avec les v. 131-132 et 135-136, on comparera, pour les opposer les v. 112-116 de *L'Immortalité,* 64-66 de *La Prière,* 14 de *Dieu.* — Pour l'idée comme pour la forme, le v. 136 rappelle un mot de Micol dans *Saül,* v. 145 :

J'adore sa justice et ne puis la comprendre.

C'est à ce vers que songeait Alfred de Musset, voulant « regarder le ciel sans s'en inquiéter », mais forcé d'avouer dans *l'Espoir en Dieu,* v. 9-12 :

Je ne puis; — malgré moi l'infini me tourmente.
Je n'y saurais songer sans crainte et sans espoir;
Et, quoi qu'on en ait dit, ma raison s'épouvante
De ne pas le comprendre et pourtant de le voir.

Quoi qu'on en ait dit s'adresse à Lamartine qui, à la fin de *L'Homme,* finira par entendre l'« hymne de la raison » et adhérera à l'ordre établi par Dieu, tandis qu'en dépit des affirmations apaisantes de son grand aîné, Musset poursuivra une anxieuse recherche. — A noter que Lamennais (*Essai,* I, p. 391) évoque l'homme qui nie Dieu « sur le fondement de sa raison qui ne saurait le comprendre ».

* *Vers 138. Échappés de son sein :* cf. *Le Désespoir,* v. 80 et *La Foi,* v. 3.

* *Vers 139.* Ce vers (auquel fait écho le v. 213) reprend un des thèmes essentiels du *Désespoir,* v. 19, 85-90, 100 et notes des v. 19, 85 et 100. Au v. 140, dans *je l'ai blasphémé,* le pronom *l'* renvoie à *Dieu* dont l'idée domine le passage; mais la construction est, une fois de plus, assez relâchée.

* *Vers 141. Ciel d'airain* est peut-être une réminiscence de Racine, *Athalie,* v. 122 :

Les cieux par lui fermés et devenus d'airain.

M. Levaillant remarque ici sous la plume de Lamartine « le même sentiment d'irritation douloureuse contre le silence opposé par le ciel aux interrogations de l'homme qui, chez Alfred de Vigny, aboutit au désespoir dédaigneux et serein de la strophe finale du *Mont des Oliviers :*

Le juste opposera le dédain à l'absence
Et ne répondra plus que par un froid silence
Au silence éternel de la divinité.

« Les deux poètes constatent également la carence apparente de Dieu; mais, au lieu que le silence de Vigny est une révolte, Lamartine entonne l'hymne de la résignation. »

* *Vers 148.* Le mouvement des v. 143-148 est tout à fait analogue à celui des v. 125-130 de *La Foi.* Sur le *souffle qui inspire,* image fréquente chez Lamartine, cf. *L'Esprit de Dieu,* v. 12, 33, 81 et note du v. 1. Le sens du mot *raison* (v. 148 et 150) demande à être précisé : il ne s'agit pas de la faculté logique, mais de la raison pénétrée de

sentiment qui faisait tenir à Rousseau, dans la *Profession de foi du Vicaire savoyard,* des propos tels que celui-ci : « Le plus digne usage de ma raison est de s'anéantir devant toi » (*Émile,* IV); mais le terme peut aussi s'entendre, selon Ch. Maréchal (pp. 114-115), « au sens mennaisien de *raison individuelle* ou *raison générale;* il ne faut pas parler de *rationalisme,* bien que le poète ait commis cette erreur en revenant plus tard sur ces poèmes des années 1819-1820 ». En fait, Lamartine, qui n'eut jamais de système métaphysique très solide, concilie à l'époque des *Méditations* les idées des philosophes déistes avec celles du Christianisme. — Le participe *cédant* est construit absolument (sujet sous-entendu *moi*) comme en latin ou en français classique.

* *Vers 149. Gloire à toi :* cette exclamation, qui reviendra comme un leitmotiv une dizaine de fois dans la tirade des v. 149-250, rappelle à la fois le cri des anges la nuit de la Nativité : *Gloria in altissimis Deo* (*Saint Luc,* II, 14) et le *Gloria in excelsis Deo* de l'Ordinaire de la Messe. Éternité, volonté et raison souveraines, omniprésence sont des attributs de Dieu, aussi bien pour les déistes que pour les chrétiens.

* *Vers 152.* Cf. *La Providence à l'Homme,* v. 88-95. Lamartine orchestrera le thème, indiqué ici en passant, dans l'*Hymne du Matin (Harmonies poétiques).*

* *Vers 153. Ton souffle créateur :* cf. *Genèse,* I, 2 : « Spiritus Dei » et surtout II, 7 : « Et inspiravit in faciem ejus spiraculum vitae ». — *Abaissé* ne convient guère au *souffle;* implicitement, le poète a dû penser au *regard* de Dieu.

* *Vers 158.* L'idée est la même aux v. 156-158 qu'au v. 64 de *Dieu.* — *Atome pensant :* voir la note du v. 49.

* *Vers 160.* Cf. la parole de saint Paul, rapportée dans les *Actes des Apôtres,* XVII, 28 : « In ipso enim vivimus, et movemur, et sumus ».

* *Vers 164.* Cf. *La Prière,* v. 41 et *Dieu,* v. 72. — On peut rapprocher ce passage de Lamennais, *Essai,* I, pp. 205, 375, 404 : « Je ne sais ... ce que c'est que le monde, ni moi-même... Lorsque Dieu créa, ne devant rien qu'à lui, puisqu'il n'existait que lui, il ne put se proposer qu'une fin relative à lui-même, c'est-à-dire à sa gloire, ou à la manifestation de ses perfections infinies... Dieu n'agit que pour lui-même, pour faire éclater sa gloire. » A dire vrai, ces conceptions et celles par lesquelles plus loin seront commentés l'idée de Dieu et le dogme de la Création sont communes à tous les théologiens : elles devaient être familières à Lamartine depuis qu'il avait reçu une formation religieuse auprès de sa mère et au collège de Belley.

* *Vers 166. Je suis : être* est employé absolument pour *exister,* comme dans la formule de Descartes : « Je pense, donc je suis ». Les v. 166-186 semblent la paraphrase de l'*Imitation de Jésus-Christ,* III, 15-17, où se trouve développée la pensée chrétienne de la conformité intérieure de la volonté humaine à la souveraine volonté de Dieu :

« Seigneur vous savez ce qui est le plus avantageux... Donnez-moi ce qu'il vous plaît et dans le temps qu'il vous plaît... Je suis dans votre main; tournez-moi, retournez-moi comme il vous plaira... Si vous voulez que je sois dans les ténèbres, soyez béni; et si vous voulez que je sois dans la lumière, soyez encore béni... » (cette dernière phrase est peut-être plus particulièrement à la source du v. 173). Vers la fin de la *Première Préface des Méditations* (2 juillet 1849), Lamartine développera le même thème : « Tout est dans la main de Celui qui dirige les atomes comme les globes dans leur rotation, et qui a compté d'avance les palpitations du cœur du moucheron et de l'homme comme les circonvolutions des soleils. Tout est bien et tout est béni de ce qu'il aura voulu. »

* *Vers 172. Ton ombre* désigne *le soleil,* considéré comme une sorte d'image réduite et symbolique de la splendeur et de la majesté divines; dans son *Histoire des Constituants* (1855), Lamartine rapporte ce trait de Mirabeau au moment de mourir : « Il fit rouler son lit près de la fenêtre et dit à son secrétaire Frochot, en lui montrant le soleil dans toute la splendeur d'un jour de printemps : — *Si ce n'est pas Dieu, c'est à coup sûr son ombre !* » Dans les v. 171-178, le poète s'imagine qu'il est changé en astre : cette idée étrange reparaîtra dans *Les Étoiles,* v. 104-110; dans *Souvenir* (première strophe ajoutée à la seconde édition), il se représentera Elvire ayant subi la même métamorphose : comme *L'Homme,* ces deux pièces furent conçues en 1819.

* *Vers 177.* La périphrase *esclaves radieux* désigne les planètes asservies au soleil par l'universelle gravitation; dans *Le Génie de l'Homme,* I, Chênedollé les avait déjà nommées « esclaves éclatants » et faisait des comètes « les fiers vassaux du soleil », comme V. Hugo prêtera quelque part à l'astre du jour ce propos orgueilleux : « Planètes mes vassales... »

* *Vers 183.* Même soumission à Dieu en ce v. 183 qu'aux v. 147, 174 et plus loin v. 196-198.

* *Vers 186.* M. Ch. Bruneau (*Histoire de la langue française* de F. Brunot, XII, pp. 157-158) cite la suite des v. 165-186 comme exemple de phrase « informe et femelle » qu'on peut rencontrer chez Lamartine; mais il assortit ce jugement (qu'on peut du reste discuter) de cette remarque suggestive : « Il serait sans doute imprudent de comparer Marcel Proust à Lamartine; mais nous avons l'impression dans les deux cas d'écrivains qui cherchent à plier la syntaxe aux impulsions de leur pensée, ou de leur rêverie, au lieu de la couler dans un moule préexistant. »

* *Vers 187. Ni si haut, ni si bas,* c'est-à-dire : je ne suis ni soleil ni atome. — *Enfant de la terre* : cf. *Manfred,* V, 2 : « Son of earth ».

* *Vers 190.* Par suite d'une négligence de forme, le v. 190 reprend de très près le v. 174. Le *globe de la nuit,* pour désigner *la lune* est une nouvelle périphrase d'origine astronomique (cf. v. 171, 174).

* *Vers 193.* Lamartine, dans ce passage, adopte les idées et jusqu'aux expressions du plus fameux fragment des *Pensées* de Pascal, auteur que d'ailleurs il avait pratiqué, comme le montre cette phrase tirée d'une de ses lettres : « Les méditations de Pascal me feraient mal au cœur à présent » (au duc de Rohan, 30 mai 1819).

* *Vers 198.* Cf. *Imitation de Jésus-Christ,* III, 50 : « Seigneur mon Dieu, Père saint, soyez béni maintenant et dans toute éternité, parce qu'il a été fait comme vous l'avez voulu, et que ce que vous faites est bon. »

* *Vers 200.* On retrouve ici l'idée romantique, chère à Chateaubriand et à Byron, de l'homme naturellement voué au malheur *(du néant au tombeau : de la naissance à la mort)* ; mais on lit aussi dans l'*Imitation,* III, 55 : « Accablé du poids de ma corruption, je ne m'élève à rien de parfait. »

* *Vers 202.* Cf. Pascal (cité du reste par Lamennais, *Essai,* I, p. 206) : « Comme je ne sais d'où je viens, aussi ne sais-je où je vais. »

* *Vers 203.* Sur ce sentiment, cf. *Élégie,* v. 13-14; *Consolation,* v. 25-28; *A Laurence,* v. 33-40. La comparaison de la vie avec les *torrents* et les *sources* est familière à la Bible (*Livre de Job,* VI, 15; *Psaumes,* XXI, 15; LVII, 8 etc.); cf. *Le Vallon,* v. 13, et *La Poésie sacrée,* v. 78-79.

* *Vers 208.* Le v. 205 énonce le thème central du *Désespoir* et aussi du *Livre de Job. La droite du Seigneur (dextra Domini)* est une expression qui revient sans cesse dans l'Écriture. — Le v. 207 suit de près les *Psaumes,* XLI, 4 (« Fuerunt mihi lacrimae meae panes die et nocte ») et LXXIX, 6 (« Cibabis nos pane lacrimarum »); la même image sera reprise au figuré dans *Une larme (Harmonies poétiques)* :

... l'amertume des larmes
Est le seul goût de notre pain

et au propre dans *Jocelyn,* Première époque, v. 396 :

Les pleurs se faisaient route et coulaient sur le pain.

Ce v. 208 a également des références scripturaires : *Livre de Job,* XXI, 20 (« De furore Omnipotentis bibet »); *Psaumes,* XLI, 8 (« Abyssus abyssum vocat in voce cataractarum tuarum et fluctus tui super me transierunt »). Cf. lettre à Vignet, 1814 : « Reste où tu es... plutôt que de venir nous ressembler et t'abreuver des mêmes eaux, des mêmes ennuis... »

* *Vers 209.* Cf. *Livre de Job,* XXX, 20 : « Clamo ad te, Domine, et non exaudis me. » — L'idée des v. 211-212 que la justice de Dieu est souvent dure et peu compréhensible à ceux qui ne se croient pas coupables est diffuse en maints passages de l'Ancien Testament, en particulier dans le *Livre de Job;* mais ces deux vers ont surtout un accent biblique, tant par leur vocabulaire *(le jour de ta justice, se lever)* que par leur rythme, qui montre l'action divine représentée

dans ses soudaines manifestations (cf. *Exode,* XV, 9-10 : « L'ennemi a dit : — Je poursuivrai... Tu as soufflé et la mer les a couverts... »).

* *Vers 213.* Voir ci-dessus la note du v. 139.

* *Vers 214.* Les v. 214-236, les plus touchants de la pièce, sont voués à la mémoire d'Elvire et, malgré les fictions qu'ils peuvent contenir, une émotion vécue les anime. Au v. 215, conformément à l'orthodoxie du Romantisme et non à celle de la religion catholique, le poète imagine que l'amour l'unissant à Julie Charles fut une sorte de mariage consacré par Dieu lui-même.

* *Vers 218.* Sur cette comparaison, cf. *La Poésie Sacrée,* v. 48-49 et note. — Ces beaux vers inspiraient à un critique d'inspiration classique ce cri d'admiration : « Sublime comparaison ! expression énergique et pleine de sentiment ! Nous soutenons que celui qui a écrit ces vers est étranger à l'école du Romantisme ! » (J.-B. Perrier, *Journal grammatical et didactique de la langue française,* Paris, 1827, p. 152, rapporté par Ch. Bruneau, *op. cit.,* XII, pp. 152-153.)

* *Vers 221. Mon sort :* « On attendrait *son sort;* les traits d'Elvire, déformés par la maladie, présageaient sa mort prochaine; mais, avec elle, c'est sa douleur à lui que le poète y lisait d'avance » (M. Levaillant). A partir d'ici s'esquisse le mythe du *Crucifix* (cf. plus haut la note du v. 126 et ci-après les v. 231-233).

* *Vers 223. La flamme de la vie :* sur cette image, voir *La Foi,* note du v. 87. *Sous la main du trépas :* cf. *A Elvire,* v. 32 : « par la main des hivers ».

* *Vers 228.* Comparaison assez obscure : G. Lanson voyait « une vague allusion au supplice des Vestales », enterrées vives quand elles avaient manqué à leur vœu de chasteté (mais alors on attendrait *la criminelle*); peut-être peut-on songer plutôt aux exécutions capitales romaines qui avaient lieu dans la prison souterraine du Tullianum. Il est possible que Lamartine se soit ici souvenu de quelque gravure non identifiée.

* *Vers 231. L'âme qui s'évapore :* cette expression, qui correspond en somme au latin *animam efflare,* est à rapprocher du v. 2 du *Poète mourant.*

* *Vers 234.* « Ce v. 234 résume le thème commun à toutes les *Méditations;* chacune est une tentative d'évasion *hors du monde* terrestre » (M. Levaillant).

* *Vers 236. J'osai :* nouvelle réticence (cf. v. 197), inspirée par l'esprit de soumission; le poète veut dire qu'il osa maudire Dieu et la destinée, faisant une allusion précise au *désespoir* qu'il connut après la mort d'Elvire et qui lui inspira en particulier la méditation blasphématoire en portant le titre.

* *Vers 238.* Paraphrase du *Livre de Job,* V, 7 : « Homo nascitur ad laborem, et avis ad volatum. » — On peut comparer l'acceptation

résignée de Lamartine avec celle de V. Hugo après la mort de sa fille :

Les mois, les jours, les flots des mers, les yeux qui pleurent,
Passent sous le ciel bleu;
Il faut que l'herbe pousse et que les enfants meurent,
Je le sais, ô mon Dieu!

Dans vos cieux, au-delà de la sphère des nues,
Au fond de cet azur immobile et dormant,
Peut-être faites-vous des choses inconnues
Où la douleur de l'homme entre comme élément.

(*Les Contemplations, A Villequier*, v. 69-76.)

* *Vers 239*. Certains commentateurs ont rapproché ce vers de ceux qu'Oreste adresse au Destin à la fin de l'*Andromaque* de Racine, v. 1617-1620 :

J'étais né pour servir d'exemple à ta colère,
Pour être du malheur un modèle accompli.
Hé bien! je meurs content, et mon sort est rempli.

Mais Oreste est un révolté, au bord de la folie, alors que Lamartine se résigne.

* *Vers 244*. Cf. Lamennais, *Premiers Mélanges*, p. 567 : « L'univers matériel obéit aveuglément aux lois physiques... L'homme doit obéir librement aux lois de l'intelligence »; par ailleurs, l'*Essai sur l'indifférence* (pp. 405-406) recommande la soumission complaisante au Créateur et la bonne volonté de la créature comme un gage assuré de paix intérieure : « En cédant aux impressions de Dieu, en consommant le sacrifice de toute notre âme à son Auteur, la volonté termine le combat de la chair contre l'esprit. » — L'accent orgueilleux de ces vers *(Moi seul...)* rappelle Pascal proclamant la supériorité de l'homme sur reste de la Création : « Quand l'univers l'écraserait, l'homme serait encore plus noble que ce qui le tue, parce qu'il sait qu'il meurt... Toute notre dignité consiste donc en la pensée. » (*Pensées*, édit. Brunschvicg, nº 347.)

* *Vers 248*. Nouvelle profession de soumission totale, qui fait songer à l'*Imitation de Jésus-Christ* : III, 50 : « Je vous rends grâce, mon Dieu, qui ne m'avez pas épargné, mais qui m'avez brisé de douleur! » — Au v. 249, *frappe, anéantis-moi* répète un autre mot de la même *Imitation, ibid.* : « Frappez, frappez encore, afin que je réforme selon votre gré tout ce qu'il y a d'imparfait en moi! »

* *Vers 252. Et le ciel fit le reste* : « Qu'est-ce que Lamartine entend par ces mots? Et surtout que veut-il donner à entendre?... Sa Correspondance prouve qu'en octobre 1819 il n'en était encore qu'au *désir de la croyance** et aux sentiments qu'il avait exprimés en août 1818

* Cf. lettre à Mme de Raigecourt, 18 octobre 1819 : « Ce n'est pas le désir de la foi et du repos d'esprit qui me manque ainsi qu'à tant

dans sa méditation sur *La Foi.* Sans doute veut-il indiquer que *le ciel* lui a accordé au moins la résignation du cœur et la paix de l'esprit » (M. Levaillant).

* *Vers 255. En : de ma lyre;* le poète français met celle-ci, symboliquement, à la disposition de son confrère anglais, en espérant que, dans son repentir, il en tirera des accents calmes et sereins, radicalement opposés à la « sauvage harmonie de ses concerts » antérieurs (v. 4), c'est-à-dire aux hymnes révoltés et amers de sa manière habituelle.

* *Vers 257. Chantre des enfers :* cette périphrase reprend l'idée des v. 29-30. — Sur l'impression que cette appellation produisit sur Byron, voir la *Note complémentaire* qui suit.

* *Vers 263.* Cet *éclair d'en haut* est biblique et désigne souvent dans l'Écriture le regard de Dieu qui, dans sa colère, foudroie la Création. Cf. *Psaumes,* LXXVI, 19 : « Vos éclairs ont lui sur la terre; la terre s'est émue et elle a tremblé. » Voir *A M. de Genoude sur son ordination (Recueillements poétiques) :*

> Les fantômes sacrés d'Oreb et de Sina
> Pâlirent aux éclairs des nouvelles paroles...

— *La Chute d'un Ange,* 14e Vision :

> Son œil était l'éclair et son geste tuait.

Parfois le mot *regard* remplace effectivement *éclair* : cf. *Chants Lyriques de Saül,* v. 40; *Stances,* v. 36.

* *Vers 264. Qui t'inonde : qui t'inondera.* — On ne saurait, sous peine de fastidieuses répétitions, noter toutes les fois où Lamartine emploie le présent au lieu d'un autre temps exigé par les rigueurs de la syntaxe, mais gênant pour la rime ou la mesure du vers.

* *Vers 268.* Cf. *L'Ange,* v. 61. — Le poète a pu se rappeler ici le moment où, à la fin du chant II du *Paradis perdu,* Satan remonte vers la lumière : « Satan, avec moins de peine, et bientôt avec aisance, glisse par une douteuse lumière sur la vague calmée. Et, dans l'espace plus vide qui ressemble à l'air, il balance ses ailes étendues. »

* *Vers 273. Séraphins :* voir la note du v. 16 de *L'Ange.* Cette évocation céleste est nettement inspirée de Milton, *Paradis perdu,* III, en un passage où les anges adorent le Fils de Dieu : « Le ciel retentit de bénédictions, et d'éclatants hosannas remplirent les régions éternelles... Les anges saisissent leurs harpes d'or toujours accordées.. Par le doux prélude d'une symphonie charmante, ils introduisent leurs chants sacrés et éveillent l'enthousiasme sublime... Pas une

---

d'autres comme moi, c'est le principe de la foi et du repos, c'est la conviction absolue et puissante. Ce grain de foi qui emporte les montagnes..., où le trouve-t-on? La foi n'est pas comme le salut, on ne la ravit pas par force, elle est un pur don d'en-haut... »

voix qui ne puisse facilement se joindre à la mélodie, tant l'accord est parfait dans le ciel... Les plus brillants séraphins ne s'approchent qu'en voilant leurs yeux de leurs deux ailes... »

* *Vers 275.* Ce vers a le mouvement de Virgile, *Énéide,* IX, v. 640 :

Macte animo, generose puer ! Sic itur ad astra !

* *Vers 278.* Cf. le portrait de Satan dans *Le Paradis perdu,* I : « Sa forme n'avait point encore perdu toute sa splendeur originelle; il ne paraissait rien moins qu'un archange tombé; comme lorsque le soleil... derrière la lune, dans une sombre éclipse, répand un crépuscule funeste sur la moitié des nations... : ainsi obscurci brillait encore, au-dessus de tous ses compagnons, l'archange... »

* *Vers 282.* Ce vers d'allure cornélienne, dont l'idée est à rapprocher de la variante des v. 179-180 de *Bonaparte,* a peut-être son origine dans le *Dom Juan* de Molière (acte IV, scène 4), en un alexandrin blanc que Don Louis décoche à son mécréant de fils : « Qu'avez-vous fait dans le monde pour être gentilhomme? (...) Non, non *la naissance n'est rien où la vertu n'est pas !* »

* *Vers 284.* Réminiscence de *Manfred,* II, 2 : « Bel et fier esprit à la chevelure de lumière, aux yeux de gloire étincelants... »

* *Vers 286.* Depuis le v. 257 jusqu'à la fin de *L'Homme,* Lamartine aborde, en le limitant au cas particulier de Byron, le thème que Victor Hugo développera sur un registre épique et métaphysique dans *La Fin de Satan,* celui de la rédemption du Maudit par Dieu lui-même :

L'archange ressuscite et le démon finit
J'efface la nuit sinistre, et rien n'en reste :
Satan est mort; renais, ô Lucifer céleste !

— *Chanter, croire, aimer :* ces trois verbes traduisent, à défaut de l'idéal de Byron qui n'entendit jamais les éloquentes objurgations proférées par l'auteur de *L'Homme,* celui de Lamartine qui répétera dans *Le Poète mourant,* v. 103 :

Aimer, prier, chanter, voilà toute ma vie.

Note complémentaire

L'important ouvrage d'Edmond Estève sur *Byron et le Romantisme français (1812-1850)* apporte de nombreux renseignements relatifs à l'influence essentielle exercée par le poète anglais sur Lamartine. Celui-ci, pour sa part, s'est évidemment inspiré de l'illustre lord dans *L'Homme* et dans *Le Dernier Chant du Pèlerinage d'Harold* (mai 1825), appendice au *Childe Harold Pilgrimage* conçu aussitôt après que l'auteur de ce dernier fut mort en luttant pour la libération de la Grèce; mais le génie éclatant de l'écrivain britannique a fait aussi ressentir son effet sur les *Nouvelles Méditations,* sur les *Harmonies poétiques* et sur *Jocelyn;* après la lecture de cette œuvre, Jules de Rességuier pouvait écrire à l'auteur en 1836 :

> A Byron, barde anglais, toi, poète français,
> On te compare, ainsi que la belle espérance
> Au sombre désespoir, et c'est avec raison
> Que l'univers a fait cette comparaison.

Mais, par la suite, Lamartine revint encore sur la personne et l'œuvre de Byron : en 1849, dans le Commentaire des *Méditations poétiques;* en 1856, dans l'Entretien X du *Cours familier de Littérature* (t. II, pp. 259-265) (au cours de cet immense ouvrage, « le plus grand poète des temps modernes » est souvent nommé et commenté par ailleurs); — en 1865 enfin, dans une série d'articles du *Constitutionnel* (entre le 26 septembre et le 2 décembre), intitulés *Vie de Byron* et qui n'ont jamais été repris en volume. Ces divers textes, non exempts de contradictions entre eux, posent plus de problèmes qu'ils n'en résolvent, mais méritent à ce titre même d'être examinés avec attention.

1° Selon le Commentaire de 1849, la première et unique fois où Lamartine vit Byron, ce fut sur le quai de Genève, durant l'été de 1819, alors que celui-ci descendait de bateau et montait à cheval pour regagner sa villa au bord du lac. Mais, dans le *Cours familier,* il raconte qu'en 1815, lors de son exil volontaire à Nernier, où il passa les mois de juin et juillet, il aperçut le poète d'outre-Manche, qu'il ne connaissait pas encore, luttant avec son yacht au milieu d'une tempête entre Évian et Thonon : quelques jours plus tard, il aurait appris son nom par le *Journal de Genève*... Malheureusement, Byron ne quitta point l'Angleterre avant avril 1816 et, en 1819, il était en Italie; s'il résida à Genève, en la Villa Diodati, c'était de mai à septembre 1816, année où l'on ignore absolument si Alphonse se rendit sur les bords du Léman. De la vision saisissante de 1815, il est troublant qu'il ne soit question ni dans *Le Constitutionnel,* ni dans les *Mémoires inédits* (1870) qui relatent longuement les semaines de Nernier. Peut-être en 1849 Lamartine se rappela-t-il avoir lu le récit de la tempête sur le Léman décrite au chant III de *Childe Harold* (str. 92-93) et, victime d'une sorte d'hallucination, prit-il un souvenir littéraire pour une scène qu'il avait réellement vécue... De fait, en l'état actuel de notre documentation, il est impossible d'affirmer avec certitude qu'il ait jamais *vu de ses yeux* l'écrivain qui littéralement le fascina.

2° Une autre difficulté existe, celle de savoir quand il eut connaissance des écrits byroniens et par lesquels il commença. On a vu ci-dessus, dans la note 1, que, vraisemblablement, c'est en 1818 que dut avoir lieu ce premier contact, et que *Manfred* *, seule œuvre de Byron

* Ce drame en vers s'inspire visiblement du *Faust* de Gœthe. Bourrelé de remords pour avoir tué de sa main celle qu'il aimait, Manfred

ayant laissé des traces assurées dans *L'Homme,* en fut l'occasion. C'est ce que permet de penser l'étude interne du texte; mais les tardives affirmations du poète seraient de nature à infirmer cette conclusion, du moins à la nuancer. Le Commentaire de 1849 prétend qu'il entendit parler de Byron seulement en 1819, année où il lut, venus de Suisse, des fragments du *Corsaire*, de *Lara*, de *Manfred;* mais le feuilleton du *Constitutionnel* donne un autre son de cloche : « Les poèmes de lord Byron me trouvèrent dans une de ces dispositions préexistantes qui préparent au poète l'auditoire silencieux de tous les sens et de toute l'imagination. C'était en 1818; j'écoutais le silence du siècle, et je n'entendais aucune voix selon mon cœur, quand celle-là vibra tout à coup dans l'air assoupi. Je me souviens du lieu, de la saison, du jour, de la chambre, de l'heure où ce livre tomba comme du ciel dans ma solitude. C'était dans les derniers beaux jours d'octobre 1818. » Et le poète, qui avait alors soixante-quinze ans, poursuit son récit. Une lettre de Louis de Vignet, alors à Évian et qui avait été à Genève, vint, dit-il, le surprendre à Milly : « Il avait entendu parler d'un jeune lord anglais dont la vie était un mystère qu'on osait à peine sonder, mais dont les vers était un prodige qu'on ne pouvait se lasser d'admirer... Louis m'adressait tout ce que le libraire européen de Genève, Paschoud, avait pu lui procurer du poète anglais. » Puis, après avoir déclaré qu'il avait lui-même « entendu confusément parler en Italie » — c'est-à-dire en 1811 ou 1812, ce qui semble fort invraisemblable — de cet écrivain génial et scandaleux, il continue : « Les premières pages de Byron qui tombèrent du ciel dans ma mansarde, le premier poème que je connus de lui, ce fut *Childe Harold* », œuvre qu'il ne nomme pas ailleurs à cette date de 1818, mais qu'il lut d'un trait, en une nuit, s'il faut l'en croire. « L'aube du jour, quoique tardive à cette saison, me trouva anéanti d'émotion sur ces pages. Toutes les fibres de ma propre imagination tremblaient à l'unisson de celles du poète. Je m'endormis de lassitude quelques heures, la tête sur le volume, comme sur le sein d'un ami. A mon réveil, j'écrivis presque d'un seul jet... » Et qu'écrivit-il alors? L'apostrophe « Malheur à qui du fond de l'exil de la vie » (v. 91 et suiv. de *L'Homme*) et aussi la tirade qui commence au v. 265 (« Ah! si jamais ton luth... »). En 1865, il avait seulement oublié que la *Méditation à lord Byron* datait de 1819... Tout ceci donc est bien fuligineux et, au total, la lumière n'est guère possible à faire parmi tant de ténèbres.

---

vit seul comme un maudit au cœur des Alpes. Les Esprits de l'univers qu'il évoque lui refusent la seule chose qu'il cherche : l'oubli. Après avoir essayé vainement de se jeter du haut d'un pic, il visite Arimane, divinité du mal : par une évocation surnaturelle, apparaît Astarté, la femme qu'il a fait mourir; celle-ci lui prédit sa mort imminente. A l'heure fixée, des démons arrivent pour s'emparer de lui : Manfred leur dénie tout pouvoir sur sa personne, mais à peine sont-ils disparus qu'il meurt.

3° On sait avec plus de précision l'effet que *L'Homme* produisit sur celui qui en était le dédicataire; si Lamartine ne lui adressa point la pièce, rien n'est moins surprenant, car il aurait certainement été bien en peine de joindre l'éternel errant qu'était devenu lord Byron lorsque parurent les *Méditations*. Celui-ci fut quelque temps même avant de savoir que l'épître existait; il en eut connaissance par son ami Wedderburn Webster, qui se trouvait alors à Paris, ainsi qu'il le mande au poète Thomas Moore le 1er juin 1820 : « Webster asks me if I have heard of my « laureat » at Paris, — somebody who has written a most sanguinary « Epître » against me; but whether in French, or Dutch, or on what score, I know not, and he don't say — except that (for my satisfaction) he says it is the best thing in the fellow's volume. If there is anything of the kind that I ought to know, you will doubtless tell me. I suppose it to be something of the usual sort; — he says he don't remember the author's name. » Moore dut fournir quelques renseignements complémentaires à son correspondant, qui fut piqué d'avoir été qualifié de *chantre de l'enfer* (v. 30) par un jeune homme inconnu; le 13 juillet suivant, il s'écriait dans une nouvelle lettre à Moore : « Not actionable ! — *Chantre de l'enfer !* — By Jove, that's a speech, and I won't put up with it ! A pretty title to give a man for doubting if there be any such place ! » Cependant, en 1821 ou 1822, Byron lut enfin le texte de Lamartine et son opinion définitive est rapportée par Medwin dans ses *Conversations avec lord Byron à Pise :* « Il y a, dit celui-ci à l'auteur de *Manfred*, une de mes connaissances qui a traduit un passage de Lamartine qui vous concerne; je vous le montrerai; il vous compare à un aigle qui se nourrit de cœurs humains et s'abreuve de sang, etc... » — « Ah ! nous avons ici de la poésie harmonieuse, dit Lord Byron. Je n'ai jamais lu les *Méditations poétiques*. Je serai bien aise de les voir. Apportez-les moi demain. « Le lendemain, je lui fis la traduction qu'il compara à l'original. Il dit que les vers étaient admirables et qu'au total, il les trouvait très flatteurs pour lui. « Dites-le à votre ami, me dit-il, et priez-le de ma part de faire mes compliments à M. de Lamartine et de lui dire que je le remercie de ses vers. » Paroles aimables qui furent rapportées à l'intéressé : il fit en 1823 hommage de ses œuvres à Byron, dont la mort tragique l'accabla.

4° A ces remarques ajoutons deux témoignages contemporains. Si la renommée de Byron ne cessa de croître, il était néanmoins mal jugé par les milieux pieux que fréquentait Lamartine; c'est ce qui ressort de ces lignes, extraites de l'article de Genoude, écrit dans *Le Conservateur* (mi-mars 1820) pour rendre compte des *Méditations :* « Malheur au poète s'il entre dans la voie des ténèbres, si, comme lord Byron en Angleterre, il appartient aux doctrines du mal !... Lord Byron est incontestablement poète par l'expression; mais son génie brille comme un sinistre météore; son talent, qui avait été donné pour conduire, égare. Au lieu d'être ce phare élevé au milieu des ténèbres, il ressemble à ces lueurs qui s'élèvent au-dessus des précipices. Il a peint la nature telle que l'athéisme nous l'a faite, et dans ses ouvrages le système de la fatalité s'est reproduit d'une manière plus sombre que chez les Anciens... Dans la poésie de lord Byron, le ciel est d'airain, la terre stérile, la vie est le rêve d'une ombre, la mort est une espèce de sommeil agité de terreurs... Ce n'est plus la passion qui entraîne au crime : le crime est devenu une passion, un état singulier fait pour toutes les grandes âmes. On peut dire à ceux qui ouvrent ses ouvrages : — Laissez toute espérance. » Cependant, dans le monde des lettres, les noms de Byron et de Lamartine devaient être rapidement associés, ainsi qu'en témoigne une lettre de Stendhal écrite à Romain Colomb le 29 décembre 1821 pour lui relater une conversation avec un Américain sur l'état de la littérature en France : « Et les poètes? Après M. de Béranger, qui avez-vous? — Je suis en peine de vous répondre, à vous qui lisez Byron, Moore, Crabbe, Walter Scott; en y réfléchissant, je trouve M. Baour-Lormian... Nous avons aussi M. de Lamartine. — Ce jeune homme si prôné par les journaux *ultra?* Nous l'avons fait venir en Amérique; c'est fort joli; c'est lord Byron peigné à la française ! » On ne saurait dire si ce jugement ironique aurait agréé à Lamartine. Quoi qu'il en puisse être, il conserva toujours à Byron des sentiments admiratifs, nuancés de la réprobation morale exprimée dans *L'Homme*; c'est ce qui ressort des derniers mots de l'étude parue au *Constitutionnel :* « Il y a des hommes qui trouvent dans ces impassibilités, dans ces blasphèmes, dans ces ironies, le signe d'un esprit supérieur, un sublime et intrépide défi à la nature, au sort, à Dieu; nous n'y trouvons qu'un seul défi à la raison... En résumé, lord Byron restera dans l'esprit des hommes comme un de ces êtres fantastiques qui semblent créés par la magie plutôt que par la nature, qui éblouissent l'imagination, qui passionnent le cœur, mais qui ne satisfont ni la raison ni la conscience. »

MÉDITATION TROISIÈME. — A ELVIRE

Page 13

* MÉDITATION TROISIÈME. — Cette méditation, qui fut seulement ajoutée à la neuvième édition, est pourtant une des plus anciennement écrites par Lamartine. Ainsi qu'il le déclare, dans son Commentaire de 1849, elle compte parmi les pièces que lui inspirèrent le souvenir de son voyage en Italie de 1811-1812 et l'aventure sentimentale qu'il a idéalisée beaucoup plus tard dans *Graziella.* Mais il est malaisé de lui assigner une date de composition précise : 1° Virieu la désigne clairement dans sa lettre du 28 janvier 1818: « Je viens de relire presque toutes tes élégies... Il y a des morceaux tels qu'on ne fera jamais rien de plus beau, et certes tu ne te sens pas encore épuisé. A cette occasion, je me suis persuadé de nouveau qu'il ne fallait plus pardonner qu'à ce qui est excellent. Il ne faut

tolérer que les morceaux comme *L'Église de campagne,* le morceau *Au Soleil, Vois-tu comme tout change,* etc., *Lorsque seul avec toi* *, et bien d'autres; il n'y a plus de bonne poésie que la divine. » (cité par R. Doumic, *Lettres d'Elvire à Lamartine,* Hachette, 1905, p. 96.) *Vois-tu comme tout change,* c'est l'hémistiche initial du v. 27 d'*A Elvire :* faut-il croire qu'au début de 1818, le commencement de la pièce n'existait pas encore ? On ne saurait l'affirmer et il est possible d'admettre qu'en son entier elle appartenait au recueil que le poète mentionne dans sa lettre à M. de Vaugelas, le 28 juin 1816 : « Je compte faire imprimer incessamment... quatre petits livres d'élégies dans un petit volume... : ce ne sont encore que des études, des bagatelles, *juvenilia ludibria...* » 2° En serrant de plus près la question, P.-M. Masson (*Lamartine et les deux Éléonore, Revue d'Histoire Littéraire de la France,* 1913, pp. 249-268) a cru déceler une certaine communauté de pensée entre les v. 13-17 du poème, « plainte d'un convalescent qui se demande s'il retrouvera la santé », et les lettres d'Alphonse des 1er et 27 mars, 9 novembre 1813; il a noté surtout les ressemblances de tonalité et de métrique entre *A Elvire* et les vers adressés à Virieu les 26 juillet et 3 août 1814 : « C'est un état sentimental analogue, le goût de la volupté, une mélancolie toute païenne et sans profondeur; c'est en tout cas la même manière, une forme libre facile, un peu lâche ». Ces diverses remarques permettaient à Masson de conclure que notre méditation « paraît appartenir à l'été 1814 », passé par le poète à Beauvais et à Paris, ses garnisons comme garde du Corps. Cette hypothèse paraît acceptable.

* A ELVIRE. Le nom d'*Elvire* devait être immortalisé par Lamartine, qui l'a employé pour chanter trois héroïnes : 1° la jeune Napolitaine de l'hiver 1811-1812, inspiratrice de la plupart de ses *juvenilia ludibria* dans lesquels elle était ainsi appelée (et non encore Graziella), comme en témoigne formellement Mme Charles dans sa lettre du 1er janvier 1817 : « J'ai lu vos vers, cher Alphonse, ou plutôt je les ai dévorés... Oh ! mon Alphonse, qui vous rendra jamais Elvire? qui fut aimée comme elle?... Mais, depuis que je vois tout ce qu'était pour vous Elvire, je vois bien aussi que ce n'est pas sans réflexion que vous avez senti que vous ne pouviez être que mon enfant... » (R. Doumic, *op. cit.,* pp. 29-30) : c'est la dédicataire de la présente méditation; — 2° Julie Charles, la bien-aimée d'Aix-les-Bains, dont on peut dire qu'elle est devenue la titulaire officielle de l'illustre pseudonyme; — 3° Mme de Lamartine elle-même, ainsi que l'a montré M. H. Guillemin en publiant 41 vers inédits d'un album de Saint-Point, écrits en 1823, portant la suscription *A Elvire* et indubitablement destinés à l'épouse du poète (*La Troisième Elvire,*

* C'est-à-dire, outre *A Elvire, Le Temple, L'Hymne au Soleil* et *A El...* .

Mercure de France, 1er août 1934, pp. 479-497, article repris dans *Connaissance de Lamartine*, pp. 128 et suiv.).

Mais la critique s'est demandé où l'écrivain avait trouvé ce surnom poétique, appellation élégante à la façon du XVIIIe siècle, comme Emma, Cloris, Églé, etc... D'origine espagnole, il est porté par la confidente de Chimène dans *Le Cid* de Corneille, par la femme infortunée du *Dom Juan* de Molière; Jean des Cognets (p. 75, note) pensait à une confidente de l'*Hamlet* de Ducis qui se prénomme Elvire; Léon Séché (pp. 137-138) rappelait qu'Ossian avait épousé une fille de Branno, nommée *Evirallin* et que « la distance n'est pas grande d'Evirallin à Elvire », — mais, sans se tenir à cette supposition, il remarquait aussitôt qu'une poésie légère d'Ecouchard-Lebrun est intitulée *Elvire et Azor*, et M. Guillemin signale chez le même auteur une autre Elvire dans l'*Avis essentiel à Mme de ...*; toutefois, P.-M. Masson croyait, avec plus de vraisemblance selon nous, à un emprunt fait à Parny (*Amours*, III, 1 : *Coup d'œil sur Cythère)* :

> Écoutez-moi, prudente Elvire,
> Vous désolez par vos lenteurs
> L'amant qui brûle, qui soupire,
> Et qui mourra de vos rigueurs !

On peut aussi rapporter l'opinion plus récente de G. Charlier (*Aspects de Lamartine*, p. 28, n. 2) qui, après avoir rejeté les hypothèses de ses prédécesseurs, ajoute : « Pourquoi *Elvira* n'aurait-il pas été le véritable prénom de la jeune Napolitaine? Il est très fréquent depuis la domination espagnole dans l'ancien Royaume des Deux-Siciles. » Nous savons maintenant que la future Graziella s'appelait en réalité Antoniella (De Luppé, pp. 31-39) ou, plus exactement Mariantonia (Abel Verdier, *Les Amours italiennes de Lamartine*, pp. 78-89); mais il est permis de retenir comme vraisemblable l'origine italo-hispanique du célèbre pseudonyme lamartinien.

* *Vers 3*. Ces trois vers n'offrent aucune difficulté. — Les deux premiers sont inspirés des *Élégies* de Properce, IV, 7, v. 85-86 (qui reproduisent l'épitaphe imaginaire de la femme aimée du poète) :

> Hic Tiburtina jacet aurea Cynthia terra;
> Accessit ripae laus, Aniene, tuae.

(« Ci-gît en terre tiburtine la belle Cynthie; Anio, c'est une gloire de plus pour tes bords »). — Quant à la renommée de la *Laure* de Pétrarque, attachée à la Fontaine de Vaucluse, Lamartine la connaissait de longue date et avait songé à la chanter, comme en témoigne sa lettre du 12 décembre 1810.

* *Vers 5*. Deux *Éléonore* ont connu la gloire poétique : Éléonore d'Este, princesse de Ferrare, chantée par Le Tasse qui dut lui vouer un amour sans espoir, et l'Éléonore, héroïne des *Élégies* du chevalier de Parny; celle-ci jouissait au début du XIXe siècle d'une renommée bien supérieure à celle de son homonyme italienne et Lamartine la citait déjà dans une lettre du 28 mars 1810; mais il est inutile de

supposer, avec P.-M. Masson, qu'ici, le poète avait d'abord dû songer à elle, qu'il avait peut-être écrit primitivement :

Et Bourbon (= île de la Réunion) au siècle futur
Murmurera toujours celui d'Éléonore...

en effet, même si *A Elvire* date de 1814, son auteur n'ignorait sûrement pas à cette date les malheurs amoureux du Tasse, dont il avait avec beaucoup d'émotion, visité le tombeau au couvent romain de Saint-Onuphre dès son premier passage dans la Ville Éternelle (cf. sa lettre à Virieu du 18 novembre 1811).

* *Vers 6.* Ce vers renferme l'idée centrale de la méditation; c'est en vérité un lieu commun (« le poète dispense l'immortalité »), fréquemment développé depuis Pindare; on le retrouve chez Horace (*Odes,* III, 30; — IV, 9), mais on a encore ici une réminiscence de Properce, III, 2, v. 16-17 et 25-26 :

Fortunata meo si qua est celebrata libello!
Carmina erunt formae tot monumenta tuae...
At non ingenio quaesitum nomen ab aevo
Excidet : ingenio stat sine morte decus.

« Heureuse celle que j'aurai célébrée dans mon livre! Mes poèmes seront autant de monuments élevés à ta beauté... Le nom que l'on s'est acquis par le génie échappera au Temps : la gloire du génie demeure immortelle »). — Cette pensée était de longtemps familière à Lamartine qui, le 10 juin 1809, écrivait à son ami Guichard de Bienassis, à propos d'une amie de celui-ci : « Aime-t-elle les vers et les poètes?... Comprend-elle ce que c'est que la gloire et l'immortalité du talent? »

* *Vers 12.* L'image de l'*aile* et de l'envol est assez banale en poésie (Horace, *Odes,* II, 20, v. 1-4; IV, 2, v. 25-27). Dans *L'Immortalité* (v. 135-142), Lamartine reprend et développe la matière des v. 11-12.

* *Vers 14.* L'image du navire ballotté par le vent, symbole de la vie, et le mot *esquif* appartiennent à la langue classique et post-classique; on la retrouve dans *La Retraite,* v. 61-67 et aussi, christianisée, dans *La Semaine sainte...,* v. 2, et *Le Chrétien mourant,* v. 24. — Sur son origine latine, cf. Horace, Ovide, Properce et l'emploi métaphorique qu'ils font constamment des termes *cymba, navis, ventus, vela dare* ou *contrahere,* etc.

* *Vers 17.* Le thème de ces deux vers est développé dans l'*Hymne au Soleil,* v. 1-7, méditation où reparaît une Elvire.

* *Vers 18.* L'absence d'élision dans *Peut-être?... oui* peut s'expliquer par l'arrêt qu'impose la suspension du sens entre les deux mots; on connaît des exemples classiques de non-élision devant *oui* (Molière, *Femmes savantes,* v. 5; — La Fontaine, *Clymène,* v. 431). L'expression *maître de la lyre* fait difficulté : au pluriel (voir la variante), elle renverrait aux trois poètes implicitement désignés par les v. 1-5 : Properce, Pétrarque, Le Tasse; pour P.-M. Masson, le vrai *maître* (au singulier) de Lamartine, le seul à qui il pût sans outrecuidance

opposer des « chants rivaux » (v. 21), c'est Parny, dont la mort lui inspira une *Élégie,* lue à l'Académie de Mâcon, rapportée dans la lettre à Virieu du 3 mars 1815 et dont certaines expressions, du reste, ne sont pas sans rappeler *A Elvire,* telles celles-ci :

Jamais les bords de l'Anio jaloux
Jamais les bois de Tibur, de Blanduse
N'ont répété des soupirs aussi doux...
Oh ! que tes ans ont fui d'un vol rapide !
Ah ! que le Temps effeuille promptement
Ces fleurs d'un jour sur le front d'un amant !...
Hier encore, le front chargé de roses,
Comme un convive aux pompes du festin,
Tu défiais l'inflexible Destin...
Non, tu n'es plus, mais ton nom vit encore,
Mais dans ces vers l'amant d'Éléonore
Vivra toujours pour la postérité,
Mais les amants conserveront la gloire...

* *Vers 26.* Si les v. 23-24 semblent contenir en germe une strophe du *Vallon* (v. 37-41), le geste rapporté au v. 26 est un cliché de la poésie érotique française, qu'on retrouve au moins deux fois chez le seul Parny (IV, 3 et 6), *Vers gravés sur un oranger* et :

Bel arbre, pourquoi conserver
Ces deux noms qu'une main trop chère
Sur ton écorce solitaire
Voulut elle-même graver ?...
Rejette ces chiffres menteurs :
Le temps a désuni les cœurs
Que ton écorce unit encore...

Cf. aussi *Philosophie,* v. 35 et *Raphaël,* LXXXVI.

* *Vers 27.* Le thème de l'instabilité des choses d'ici-bas et de la vie semble appartenir au fonds commun de la pensée humaine : depuis le Mahabharata hindou, la Bible (*Psaumes, Livre de Job,* etc.) et Héraclite, il a été développé par les poètes latins (Lucrèce; Horace, *Odes,* I, 4; II, 9; IV, 7; *Art poétique,* v. 60-suiv.; Catulle, 5 ; — etc.) et repris à satiété par les élégiaques du XVIIIe (Parny, Bertin) dont Lamartine avait fait ses délices de jeunesse. Aussi est-il assez vain d'assigner une origine aux expressions dont il use dans ce développement. Toutefois, comme on le taxe parfois d'être diffus, il est intéressant, de signaler, avec P.-M. Masson, que le beau vers 29 est « comme du Parny condensé » et « résume la pensée » de deux passages des *Poésies érotiques* (IV, 6 et I, 36) :

Je vois naître à mes pieds ces ruisseaux différents
Qui, changés tout à coup en rapides torrents,
Traversent à grands bruits les ravines profondes,
Roulent avec leurs flots le ravage et l'horreur,
Fondent sur le rivage et vont avec fureur

Dans l'océan troublé précipiter leurs ondes

et

Des ruisseaux argentés roulent sous la verdure
Et vont en serpentant se perdre au sein des mers.

— L'idée de l'universelle mutabilité sera particulièrement développée dans *L'Immortalité*, v. 58-suiv. et le poète, dans *La Foi*, v. 49-52, aspirera à quitter un monde où elle règne en souveraine. Voir aussi *La Poésie sacrée*, v. 69-70.

* *Vers 32*. Sur le cliché classique du *char*, cf. *L'Isolement*, v. 11, 45; sur celui de la *main*, cf. *L'Homme*, v. 224. Tout ce passage est plein d'allégories traditionnelles en vers : celle du Temps ailé, armé d'un glaive, reparaît dans *L'Immortalité*, v. 13-18.

* *Vers 40*. *Automne*, au féminin, n'est pas rare chez les classiques : Littré en cite des exemples empruntés à O. de Serres, Mme de Sévigné, Fénelon, Gresset, J.-B. Rousseau, — et traite « de subtilités et de complications » les tentatives des grammairiens pour imposer à ce substantif l'un ou l'autre genre, car « il n'y a aucun mal à ce qu'un mot reste des deux », puisque, par le fait, il est ainsi « d'après l'usage des auteurs ». Sur l'automne, saison de l'abondance, cf. *L'Automne*, note initiale.

* *Vers 42*. La *fleur* (ou l'herbe) qui meurt, symbole de la vie brève, est avant tout une image biblique : cf. *Livre de Job*, VIII, 12; XIV, 1-2 (« Homo natus de muliere brevi vivens tempore, qui quasi flos egreditur et conteritur »); *Psaumes*, CII, 15 (« Homo, tanquam flos agri, sic efflorebit »). On la retrouve dans *L'Immortalité*, v. 60; dans *La Poésie sacrée*, v. 73, et même dans *Sapho*, v. 183.

* *Vers 46*. Reprise de l'idée du début (v. 7-12). Horace (*Odes*, IV, 9, v. 26-28) n'avait-il pas dit que bien des hommes illustres sont tombés dans l'éternel oubli, faute d'un chantre sacré (« carent quia vate sacro »)?

* *Vers 49*. L'image de la *coupe* (ou du *calice*), qui peut représenter les plaisirs ou l'amertume, héritée aussi bien de la Bible que des épicuriens tels qu'Horace, est une de celles qui reparaissent le plus fréquemment sous la plume de Lamartine et, ce, durant toute sa carrière : Cl. Grillet (pp. 102-103, 134-137, 233-234, 253, 339-346) a pu établir une longue liste d'exemples empruntés à l'ensemble des œuvres du poète; pour ce qui est des *Méditations*, bornons-nous à citer ici *L'Automne*, v. 21-24; *Adieu*, v. 52-56; *Le Chrétien mourant*, v. 22-23; *Le Poète mourant*, v. 1; *Le Passé*, v. 86; *Élégie*, v. 29; *Tristesse*, v. 30-32; *La Branche d'amandier*, v. 11; *Les Préludes*, v. 80; etc.

* *Vers 51*. C'est, prise à rebours, la fameuse affirmation d'Horace (*Odes*, III, 30, v. 6) : « Non omnis moriar ».

* *Vers 54*. Ces derniers vers et leur chute ne manquent pas de vigueur dans leur harmonie. Mais il n'est peut-être pas nécessaire d'y voir une imitation de Bertin (*Amours*, III, 1), qui avait traité le même sujet, comme le montrent ces quelques vers :

Heureux, cent fois heureux, l'objet aimable
Dont le doux nom couronnera mes vers !
Mes vers seront un monument durable
De sa beauté qu'encensa l'Univers...
O charme heureux de mes derniers beaux jours !
Regardez-vous et songez qui vous aime;
Du ciel le Temps a chassé les dieux même;
Ils sont tombés; *mais vous vivrez toujours !*

MÉDITATION QUATRIÈME. — LE SOIR

Page 15

* LE SOIR. — Par son fond, par sa tonalité générale et par son mètre (quatrain octosyllabique qui fut une des formes favorites de la poésie sentimentale au XVIIIe siècle : Voltaire, Léonard, Bernis, Parny, Millevoye, Fontanes en ont usé fréquemment), *Le Soir* semble inséparable de *Souvenir*. Aussi bien, le Commentaire de 1849 — unique document d'information qui existe sur ces deux pièces — nous apprend-il qu'elles furent l'une et l'autre écrites au château d'Urcy, c'est-à-dire de Montculot (Côte-d'Or), chez l'oncle paternel du poète, l'abbé Jean-Baptiste de Lamartine. Mais un problème de date se pose à leur propos. — En effet, pour *Le Soir*, à plus de vingt-cinq ans de distance, le poète note : « J'avais perdu depuis quelques mois, par la mort, l'objet de l'enthousiasme et de l'amour de ma jeunesse... (quand) j'écrivis ces strophes. » Or, Elvire étant décédée le 18 décembre 1817, cette affirmation laisse supposer que l'élégie est de 1818; mais cette année-là, la Correspondance ne signale qu'un rapide passage en Bourgogne. Déçu par Talma qui venait de refuser *Saül*, Lamartine annonçait de Paris le 20 octobre à Virieu : « Je m'en vais dans cette semaine premièrement à Montculot huit jours, à Milly une quinzaine... » C'était donc à un moment assez tardif de l'automne et l'on voit mal le poète s'attardant la nuit dans les bois d'une contrée au climat rude... D'autre part, le Commentaire de *Souvenir* déclare très explicitement : « J'écrivis (ces strophes) un soir d'été de 1819 » et l'on sait avec certitude qu'Alphonse séjourna alors chez son oncle au moins du 4 mai jusqu'au 6 juin (donc, sinon en été, du moins à un époque avancée du printemps); les sept lettres qu'il écrivit alors à ses amis parlent des *Méditations* en général sans en mentionner de particulière; toutefois il est possible de noter quelques menus détails sur les activités du poète, qui se plaint souvent et comme toujours de sa mauvaise santé et de ses troubles cardiaques : « Je suis dans le pur isolement... Je fais quelques méchants vers, que je n'écris pas, en me promenant tout le long du jour dans les bois les plus sauvages et les plus pittoresques du monde » (à la marquise de Raigecourt, 21 mai); — « Je me lève, je déjeune, je me promène dans les bois, je dîne, je me promène, et je me couche sans variation aucune. Tout cela entremêlé de la lecture de Mon-

taigne et de Saint-Évremont, et de quelques vers, bien rarement, quand ils me tourmentent » (au comte de Saint-Mauris, 27 mai). Ces longues promenades sylvestres ne font-elles pas penser au cadre évoqué tant par *Le Soir* que par *Souvenir*, « ces deux moments de la même rêverie », comme disait G. Lanson? Et le poète, qui projetait toujours d'écrire des tragédies ou une épopée en sonores et nobles alexandrins, ne pouvait-il pas appeler « méchants vers » les modestes octosyllabes qu'il imaginait alors? Par ailleurs, dix-huit mois après le trépas de Mme Charles, l'immense douleur de son ami s'était calmée et l'on s'explique ainsi l'accent apaisé des deux méditations parallèles, dont en définitive et avec beaucoup de vraisemblance on peut dater la composition de mai-juin 1819.
Quant au thème développé dans chacun des poèmes, il est à la fois identique et différent. Selon les fines remarques de M. Levaillant (*Œuvres choisies de Lamartine*, p. 132), « Quoi d'étonnant que le fantôme d'Elvire soit revenu le hanter? Il a cru mourir lui-même. Sa douleur est toujours vive; mais elle s'est spiritualisée. Elvire survit en lui à l'état d'image familière; il la mêle à tous les paysages, à toutes les sensations les plus immatérielles; *Souvenir* repeuple ainsi l'univers que *L'Isolement* (v. 28) avait montré subitement dépeuplé. Quant au *Soir*, il présente une forme encore plus spiritualisée de la rêverie; le fantôme d'Elvire n'y apparaît plus que comme un frissonnement dans le feuillage d'un arbre, comme un rayonnement dans la lueur d'un astre. »

* *Vers 1.* Le *silence du soir* est noté par Ossian dans *Les Chants de Selma* ou encore dans *l'Élégie écrite dans un cimetière de campagne* du poète anglais Gray (Potez, p. 309). Ici l'impression silencieuse fait l'ouverture de la pièce et, quand la lueur qui provoque la rêverie de l'auteur se sera éteinte, le silence à nouveau clora le poème comme il en a marqué le début.

* *Vers 2. Ces rochers* sont ceux qui environnaient Montculot (*Nouvelles Confidences*, I, 47); mais le personnage solitaire et *assis* sur un roc est une image spécifiquement ossianique. Cf. *L'Infini dans les Cieux (Harmonies poétiques)*, v. 9 : « Je m'assieds en silence... ».

* *Vers 4.* Le *vague de l'air* est une expression toute faite de la langue poétique du XVIIIe (Millevoye, Delille, Baour-Lormian), et l'image mythologique du *char*, chère à Lamartine (cf. *L'Isolement*, v. 11), appartient à la même époque.

* *Vers 8. Vénus*, l'étoile du soir (*Vesper* chez les Romains), dont le lever est noté au v. 8 de *L'Isolement*, est tout naturellement appelée *l'étoile amoureuse* (c'est-à-dire de l'amour). L'invocation à cet astre est un thème ossianique (elle ouvre les *Chants de Selma* et sera adaptée en 1830 par A. de Musset dans le passage fameux du *Saule* commençant par les mots *Pâle étoile du soir, messagère lointaine*...). L'épithète *mystérieux* était commun pour qualifier la lumière nocturne (Millevoye, Fontanes, etc.) : cf. *L'Immortalité*, v. 105; — *Le Vallon*,

v. 59. — L'éclairage de cette strophe est analogue à celui de *L'Isolement,* v. 11-12.

* *Vers 9.* C'est le *foyard* (forme bourguignonne de *fayard,* du latin *fagus*) mentionné dans les *Nouvelles Confidences*, I, 47 : « ... Un *hêtre* séculaire qui ombrage la source et qui couvre un demi-arpent de ses branches et de sa nuit ». Plus tard, Lamartine a consacré à la fontaine du Foyard *La Source dans les Bois (Harmonies poétiques),* où il dit :

Tu n'as plus, pour temple et pour ombre
Que ces *hêtres* majestueux
Qui penchent leur tronc vaste et sombre
Sur tes flots dépouillés comme eux...

Plus tard, battu par la tempête,
Déplorant l'absence ou la mort,
Que de fois j'appuyai ma tête
Sur le *rocher* d'où ton flot sort!

* *Vers 12.* Ossian, dans *Témora,* chant V, évoque de pareilles ombres : « Épine fleurie de la colline des fantômes..., n'est-il point dans les airs quelque ombre dont la robe en passant fasse frémir ton feuillage? Souvent on voit les âmes des morts voyager dans les tourbillons des vents, quand la lune part de l'Orient et roule dans les cieux. » Ce genre de détails était à la mode et Mme de Staël, par exemple, écrit à la fin de *Delphine :* « Il me semblait qu'au clair de lune je voyais leurs ombres légères passer au travers des feuilles sans les agiter... » — A noter qu'il ne s'agit pas ici de l'ombre d'Elvire, laquelle prendra plus subtilement la forme d'un rayon de lumière et restera innommée. Ces trois premières strophes ne forment qu'une introduction : la lueur qui paraît dans les ténèbres va soudain (« *Tout à coup...* ») déclencher la rêverie active du poète.

* *Vers 14.* Bien que jusqu'ici Vénus ait seule été nommée, il semble bien qu'*astre nocturne* désigne la lune qui paraît pour éclairer la scène.

* *Vers 16. Mollement* : voir la note du v. 106 de *L'Immortalité.*

* *Vers 17.* Le sens de ce vers est assez ambigu : si *reflet* est apposé à *rayon* il faut considérer *globe de flamme* comme synonyme de lune (ce qui est une hérésie astronomique, fort excusable chez un poète!). Mais on a souvent pris les deux vers indépendamment l'un de l'autre, et fait du premier une périphrase désignant la lune, reflet d'un globe de flamme qui est le soleil. Les deux interprétations semblent possibles.

* *Vers 21.* De cette invocation à la lune, on rapprochera celle de *Poésie ou Paysage dans le golfe de Gênes (Harmonies poétiques)*, v. 29-34 :

Astre aux rayons muets, que ta splendeur est douce,
Quand tu cours sur les monts, quand tu dors sur la mousse...
Mais pourquoi t'éveiller quand tout dort sur la terre?
Astre inutile à l'homme, en toi tout est mystère...

* *Vers 25. Intelligence : sympathie.* — Dans *Les Étoiles,* le poète exprime la même idée d'une sorte de communication entre les astres du ciel et les habitants de la terre.

* *Vers 30. Implorer* à souvent chez Lamartine le sens un peu spécial de *souhaiter, désirer ardemment :* cf. *Le Lac,* v. 25; *La Prière,* v. 97; *L'Esprit de Dieu,* v. 23; *Les Préludes,* v. 14; *La Mort de Socrate,* v. 179 (« ... celui qui touchant au terme qu'il *implore...* »); *Le Chêne (Harmonies poétiques),* v. 86; etc.

* *Vers 32.* Ce *jour qui ne doit pas finir* est celui de la résurrection des morts; on retrouve la même idée dans *Milly ou la Terre natale,* v. 305-suiv. :

> Et, quand *du jour sans soir* la première étincelle
> Viendra m'y réveiller *pour l'aurore éternelle,*
> En ouvrant mes regards je reverrai des lieux
> Adorés de mon cœur et connus de mes yeux...

* *Vers 35.* A l'inverse des idées qu'il développera en 1826 dans l'harmonie intitulée *Pensée des Morts,* pièce où, dans un décor d'automne, il évoque d'une manière générale tous les défunts, connus ou inconnus, amis, ou parents, Lamartine ne pense ici qu'à Julie Charles et (peut-être) à celle qui deviendra Graziella.

* *Vers 37.* Ces *mânes heureux* et ce *bocage* semblent une réminiscence du passage de l'*Énéide,* VI, v. 637 et suiv., où Virgile décrit les champs Élysées et leurs habitants :

> Devenere locos laetos et amoena virecta
> Fortunatorum nemorum sedesque beatas...

* *Vers 41. Ombres chéries* est une expression qui revient souvent chez Ossian (*Temora, Chants de Selma,* etc.).

* *Vers 44.* Cf. Pétrarque, *Rime,* II, sonnet 283 :

> Alma felice che sovente torni
> A consolar le mie notti dolenti...

(« Ame heureuse qui reviens souvent consoler mes nuits douloureuses... »). — P. van Tieghem (*Ossian en France,* t. II, p. 316) rapproche les v. 35-44 du *Soir* d'un passage du *Fingal* d'Ossian (chant III) : « Et toi, ô Agandecca, si tu es assise sur un nuage, au-dessus des mâts et des voiles de Loclin, viens me visiter dans mes songes. Belle qui me fus si chère, viens réjouir mon âme du doux aspect de ta beauté... »

* *Vers 48.* Les v. 47-48, s'ils peuvent correspondre à une observation d'un phénomène naturel, sont peut-être aussi une réminiscence biblique. Cf. *Ecclésiastique,* XVIII, 16 : « Nonne ardorem refrigerabit ros? » ou XLIII, 22 : « Ros obvians ab ardore venienti... »

* *Vers 50.* Pour l'expression, cf. *L'Isolement,* v. 12.

* *Vers 52.* Ce décor final des *ténèbres* est ossianique : chez le barde écossais, la lune et les étoiles apparaissent souvent derrière la brume

et les nuées sombres qui voilent leurs rayons. — La conclusion du poème est d'un accent pessimiste et inquiet; Y. Boeniger (p. 57) commente ainsi ces derniers vers : « Nous y (voyons) un élan mystique de son âme dégagée du flot de la vie, solitaire sur une rive lointaine qu'a conquise sa recherche obstinée du bonheur. Mais le fleuve roulant ressaisit l'âme dans ses vagues profondes, et tant qu'elle n'aura pas trouvé en elle la lueur qui émane de l'Éternel, elle connaîtra la souffrance des séparations. »

MÉDITATION CINQUIÈME. — L'IMMORTALITÉ.

Page 17

* L'IMMORTALITÉ. — Cette méditation, dédiée nommément à Julie Charles dans le manuscrit, fut composée à Milly durant l'automne 1817, quelques semaines avant la mort d'Elvire. J'ignore sur quoi se fondait L. Séché (p. 118) pour affirmer que la pièce fut inspirée à Lamartine « aux abords de la Toussaint ». Ce qui est sûr, c'est que la destinataire l'avait en main au début de novembre, puisque, dans sa lettre du lundi 10 de ce mois, elle y fait une allusion assez claire.

Très malade lui-même et surtout mortellement inquiet du trépas imminent de celle qu'il aimait, Lamartine ne voulait pourtant pas que leur amour s'anéantît avec eux; pour la consoler et pour se consoler personnellement, il se réfugie dans l'idée que leur séparation ne saurait être que provisoire et que même elle les introduira bientôt dans une éternelle union, celle des âmes immortelles. Ce sentiment qui a présidé à l'éclosion du poème se retrouve dans la lettre écrite à Mlle de Canonge le 8 novembre 1817, c'est-à-dire à l'époque où *L'Immortalité* venait sans doute d'être achevée : « Ne redoutez rien de mon désespoir, j'ai été formé au malheur par le malheur même, et je crois qu'il faut subir son sort et ne pas se le faire à soi-même. Ma résignation pour tous les événements de ce monde, quelque affreux qu'ils soient, est complète, parce que mes espérances dans un avenir inconnu, mais meilleur, sont une conviction pour moi : la vie sans cela serait un supplice auquel il serait trop facile de se soustraire. Je ne la regarde que comme une épreuve par laquelle il faut passer jusqu'au terme, et ce terme arrive bientôt quand on a perdu tout ce qui attache à la vie. »

Ainsi le thème de cette « contemplation sur les destinées de l'homme », selon une expression qu'il emploiera en 1849, était profondément personnel au poète. Beaucoup plus tard (*Souvenirs et Portraits*, III, p. 15 et *Cours familier de Littérature*, t. II, p. 247), il remarquera en parlant de son ami Rocher : « Il écrivait alors... un poème sur *L'Immortalité de l'Ame* qu'il me récitait dans nos promenades. Ce poème n'a jamais été publié, mais ces vers me sont restés toute la vie dans l'oreille comme un tintement sonore et sensible. » En réalité, ces promenades avaient lieu en 1816, et l'œuvre de Rocher fut couronnée en 1821 par l'Académie des Jeux Floraux de Toulouse, qui la fit paraître dans son recueil de l'année; elle a été redonnée par L. Séché (*Annales Romantiques,* 1906, pp. 41-48), mais n'a aucun rapport avec le texte lamartinien, titre mis à part. Par ailleurs, dans un article du *Mercure de France* (15 octobre 1932, pp. 477-482), intitulé *A propos du bicentenaire du poète Thomas,* M. Fernand Cauët a cru déceler des analogies de forme entre la présente méditation et *l'Ode au Temps* de cet écrivain clermontois (1732-1785), mais il peut ne s'agir que de rencontres d'expressions purement fortuites. Plus consistants sont les rapprochements que le chanoine Cl. Grillet (pp. 307-309) établit avec le *Livre de Job,* dont les profonds accents viennent ennoblir la sincère émotion du poète. Enfin, étudiant les variantes qui existent entre le texte soumis à Elvire et celui édité en 1820, après des remaniements et corrections intervenus probablement en mai-juin 1819, Ch. Maréchal (pp. 96-100) a montré l'approfondissement du sentiment chrétien chez l'auteur de *L'Immortalité* depuis la rédaction primitive de la pièce, sous l'influence vraisemblable de l'abbé de Lamennais (cf. en particulier v. 17-18, 24, 28, 33, 37, 42, 127).

* *Vers 4.* En employant le possessif *nos* aux v. 1 et 2, Lamartine (qui, au reste, éprouvait alors de réelles inquiétudes sur sa santé personnelle, ainsi qu'en fait foi sa Correspondance) use de délicatesse envers sa moribonde amie, en feignant que ce soit elle qui doive craindre pour lui et que l'ombre de la mort plane sur sa propre tête; cf. aussi le v. 152 : « Vois mourir ce qui t'aime, Elvire... » G. Poulet (p. 29) accompagne ces quatre vers de cette glose : « Amortissement du son, retrait de la vie sonore, adieu qui se confond avec le silence et, en même temps, diminution correspondante de l'éclairage, pâlissement de la lumière. » — Des notations analogues se trouvent déjà au *Livre de Job,* XVII, 1 et 11-12 : « Mon esprit s'éteint, mes jours sont abrégés, et il ne me reste que le tombeau... Mes jours ont fui; le jour n'est plus pour moi qu'une nuit sombre, la lumière n'est plus que ténèbres... » On peut comparer le v. 3 avec *L'Esprit de Dieu,* v. 75-76.

* *Vers 8.* Sur l'emploi indécis de *prêt à* et *près de* (qui reparaît au v. 147), cf. *L'Automne,* note du v. 13. Ces v. 7-8 semblaient à G. Lanson « obscurs et contradictoires » : en effet, si le chant des morts est seulement *prêt à retentir,* on ne peut encore l'entendre, surtout *de loin;* cette locution adverbiale ne peut être prise au sens concret; elle correspond à ce qu'imagine le mourant et doit s'interpréter par *à l'avance* (M. Levaillant).

* *Vers 12.* Il ne faut point prendre trop à la lettre les v. 9-10 qui ont une valeur générale (Certains commentateurs, voyant dans le *lit funéraire* celui de Lamartine lui-même, ont compris aisément que l'*amante* éplorée était Elvire, mais se sont trouvés embarrassés pour identifier le *frère* que le poète n'avait pas : ils ont cru que celui-ci avait pu songer à Aymon de Virieu, son intime ami; mais l'expli-

cation semble très forcée). En fait, l'ensemble des v. 7-11 paraît avoir été suggéré par un passage du *René* de Chateaubriand : « Amélie, accablée de douleur (par la mort de son père) était retirée au fond d'une tour d'où elle entendit retentir sous les voûtes du château gothique le chant des prêtres du convoi et les sons de la cloche funèbre... » Sur la métonymie classique *airain* pour *cloche*, cf. *La Semaine Sainte...*, note du v. 21.

* *Vers 13.* Dans *Un héritier rebelle de Lamartine : Lautréamont (Actes du Congrès II..., 1965)*, M. M.-Fr. Guyard a montré comment l'auteur des *Chants de Maldoror (Chant II)* s'est approprié cette invocation et l'adresse parodiquement au pou : « Je te salue, soleil levant, libérateur céleste, toi, l'ennemi invisible de l'homme. » (Édition du Livre de Poche, p. 129.)

* *Vers 18.* La personnification effrayante de la *Mort* revient fréquemment chez des auteurs bien connus de Lamartine (Milton, *Paradis perdu*, chant II : « Elle était noire comme la Nuit, féroce comme dix furies, terrible comme l'Enfer; elle brandissait un effroyable dard; ce qui paraissait sa tête portait l'apparence d'une couronne royale »; Young, *Nuits*, V : « Nous formons un fantôme, nous lui donnons des traits menaçants, et bientôt, oubliant qu'il est notre ouvrage, nous frissonnons à ses pieds »; Manoël, Ode IV). L'idée que le trépas *libère* l'âme et l'appelle à la vraie vie est déjà dans le *Livre de Job*, XXXIII, 28-30 : « Le Seigneur a délivré mon âme qui marchait vers la mort, et mes yeux voient encore la lumière. Telles sont les voies de Dieu sur l'homme : rappeler son âme de la mort, rendre ses yeux à la lumière »; elle est très familière au Christianisme et constitue le fond du *Chrétien mourant* et l'un des thèmes de *La Mort de Socrate*, v. 171 et suiv. :

> Qu'est-ce donc que mourir? Briser ce nœud infâme,
> Cet adultère hymen de la terre avec l'âme,
> D'un vil poids à la tombe enfin se décharger.
> Mourir n'est pas mourir, mes amis, c'est changer...

Libérateur, masculin apposé à Mort, peut surprendre; mais Lamartine écrira d'une façon analogue dans *Le Dernier Chant du Pèlerinage d'Harold*, v. 80, en s'adressant à la Liberté personnifiée :

> Viens donc, dernier vengeur du destin des mortels!

On rapprochera l'image du v. 16 d'*A Elvire*, v. 33.

* *Vers 22.* Cf. *La Foi*, v. 173-174.

* *Vers 28.* Le mouvement du v. 25 est comparable à celui du vers de La Fontaine, *Fables*, *La Mort et le Malheureux* :

> Viens vite, viens finir ma fortune cruelle!

Mais ici le sentiment est nettement platonicien : l'image de la *prison* qui reparaît au v. 34 (cf. *République*, 514-517 : mythe de la caverne) se retrouve dans *L'Homme*, v. 76, et sera reprise par Alfred de Vigny, *Le Mont des Oliviers*, v. 106. Elle avait été employée par maints écrivains familiers à Lamartine : Pétrarque, *Triomphe de la mort,* II : « La mort pour les âmes nobles, est la fin d'une longue prison »; Young, *Nuits,* V : « La mort n'ensevelit point le corps; elle élargit l'âme de sa prison, dissipe devant elle tous les nuages, lui rend le jour et les ailes pour voler »; Voltaire, *Quest. sur l'Encyclopédie,* art. *Art dramatique,* trad. d'un monologue de *Caton* par Addison :

> Du monde et de mes sens je vais briser la chaîne,
> Et m'ouvrir loin d'un corps dans la fange arrêté
> Les portes de la vie et de l'éternité...
> Hâtons-nous de sortir d'une prison funeste!
> Je te verrai sans ombre, ô vérité céleste!
> Tu te caches de nous dans nos jours de sommeil.
> La vie est un songe, et la mort un réveil.

Toutes ces pensées étaient la monnaie courante des idéalistes et revenaient spontanément sous leur plume. On notera la faiblesse de la rime *fin-enfin* aux v. 27-28.

* *Vers 30.* Ces vers et les suivants résument, en une série pressée d'interrogations, les problèmes posés par les religions et les philosophies sur la nature de l'âme et ses rapports avec le corps. Voltaire (monologue de *Caton :* « Qui suis-je? où suis-je? où vais-je? et d'où suis-je tiré? »), Young (*Nuits,* XX : « Qui suis-je, et d'où suis-je tiré? »), Louis Racine (*La Religion,* chant II, *passim :* « Je demande où l'on va, d'où l'on vient, qui nous sommes... Qui suis-je? qui pourra me le développer?) s'étaient posé les mêmes questions en des termes voisins de ceux de Lamartine; ils ne faisaient que répéter ce que Pascal avait énoncé dans ses *Pensées* (Édit. Brunschvicg, n° 194, p. 419) : « Je ne sais qui m'a mis au monde, ni ce que c'est que le monde, ni moi-même... Comme je ne sais d'où je viens, aussi je ne sais où je vais... » En fait, ce sont des thèmes très généraux que, tant par sa formation d'enfance et de jeunesse que par ses lectures, le poète avait eu souvent occasion de voir développer et d'assimiler...

* *Vers 34.* Image de la *prison* (cf. v. 26), avec une possible réminiscence du *Livre de Job,* X, 9 : « Vous m'avez fait comme un vase d'*argile (sicut lutum)* ».

* *Vers 41.* Aux v. 39-41, Lamartine semble tenté de croire à la théorie de la métempsycose; les doctrines de la réminiscence et des existences successives sont exposées en particulier par Platon dans *Phédon,* 80 et suiv., et Virgile y fait allusion dans l'*Énéide,* VI, v. 748-752; le poète reviendra sur ces idées dans *Philosophie,* v. 60-64; en 1821, il conçut un vaste poème qui conterait « les promenades astrales des âmes échappées à la vie terrestre » et qu'il appellerait *Les Visions* (édit. H. Guillemin, p. 35-36); arrivé en Terre Sainte, il se posait incidemment la question : « Avons-nous vécu deux fois ou mille fois? » *(Voyage en Orient);* et, à l'aube de sa vieillesse, « il inclinait vers la vraisemblance... des incarnations sans fin dans les humanités renouvelées et des épurations successives » (H. de Lacretelle, *Lamartine et ses Amis,* p. 270).

* *Vers 42.* L'expression *le sein de Dieu* est biblique (cf. *Livre des Nombres,* XI, 12; *Psaumes,* LXXIII, II; *Livre d'Isaïe,* XL, II; *Saint Jean,* I, 18). Le mot *source* est dans *L'Isolement,* v. 41, en un endroit dont l'idée est analogue à celle du présent passage. On peut rapprocher les v. 42-44 de certaines formules panthéistes de J.-J. Rousseau, *Émile,* IV *(Profession de foi du Vicaire savoyard)* : « Être des êtres, c'est m'élever à ma source que de te méditer sans cesse... »; *Nouvelle Héloïse,* 6e partie, lettre 2 : « Être éternel, suprême intelligence, source de vie et de félicité, créateur... »

* *Vers 45.* Formule traduite d'Horace pensant à Virgile, *Odes,* I, III, v. 8 : « Animae dimidium meae ». Cette tendre périphrase désigne ici Elvire; bien que celle-ci, de six ans l'aînée de Lamartine et minée par la maladie, ait été vieillie prématurément, on peut trouver les v. 47-48 un peu trop dépourvus d'élémentaire galanterie.

* *Vers 49.* Cf. *Livre de Job,* VI, 4; XVI, 13; XXXIV, 6, où le Lépreux se plaint d'être percé par les traits et les flèches du Tout-Puissant.

* *Vers 52. A ton dernier regard :* c'est sa propre mort que Lamartine évoque; ce regard n'est pas le dernier qu'Elvire lui lancera en trépassant, mais le dernier qu'il percevra d'elle avant d'expirer lui-même.

* *Vers 53.* Le *troupeau d'Épicure* (cf. Horace, *Épîtres,* I, IV, v. 16 : « Epicuri de grege porcum ») désigne ici globalement tous les philosophes matérialistes et négateurs de l'immortalité dont les v. 53-76 expose les théories. — Aux v. 54-56, le poète pense non plus aux vils jouisseurs épicuriens, mais à des savants conduits au matérialisme par l'observation désintéressée des phénomènes naturels, aux idéologues, tels que Cabanis et ses disciples, et aux médecins de l'école physiologique, comme Pinel et Broussais; l'adverbe *nouvellement* porte à croire qu'il songe plus spécialement à l'allemand Gall, inventeur de la phrénologie et dont le célèbre traité *Anatomie et physiologie du système nerveux en général et du cerveau en particulier* était en cours de publication depuis 1810.

* *Vers 56. Végéter :* « Vivre d'une vie végétale : l'esprit est comme une plante dont le cerveau est l'humus » (M. Levaillant).

* *Vers 58. Abuse - use :* nouvelle rime faible. — On a souvent prétendu que l'argumentation des négateurs de l'immortalité, résumée dans les v. 57 et suiv., est inspirée de Lucrèce, *De rerum natura,* II, v. 1144-1174; on a voulu voir également dans ce passage des réminiscences de Young, *Nuits,* X, d'Ossian traduit par Letourneur *(Carthon)* ou adapté par Baour-Lormian *(Hymne au Soleil);* il semble probable que Lamartine s'est aussi souvenu de divers passages du *Livre de Job* (VIII, 12 : « Cette fleur, sans être arrachée, sèche avant l'herbe des champs »; XIV, 1-2 : « L'homme vit peu de jours... Comme la fleur, il s'élève et il est foulé aux pieds »; XIV, 7-12 : « L'arbre qu'on a coupé n'est pas sans espérance; mais quand il est mort, l'homme, où est-il? L'eau s'écoule du lac, les fleuves

tarissent; ainsi l'homme... ») ou des *Psaumes* (LXXXIX, 5-6 : « L'homme est comme un torrent qui s'écoule... Le matin, il s'élève comme l'herbe des champs; le matin, il fleurit; le soir, il se dessèche et tombe... »). — Ces diverses images reparaissent ailleurs : *A Elvire,* v. 27 et suiv.; — *Souvenir,* v. 5-12 ; — *La Poésie sacrée,* v. 70 et suiv.

* *Vers 68.* Dans l'*Hymne au Soleil,* dans *Les Étoiles,* dans *L'Infini dans les Cieux (Harmonies poétiques),* le poète chantera au contraire le renouvellement incessant des astres. — Ce vers a pu trouver son mouvement dans divers passages de l'Écriture, appliqués à l'homme (*Livre de Job,* VII, 21 : « Si vous me cherchez dès le matin, je ne serai plus »; — *Psaumes,* XXXVI, 10 : « Encore un peu de temps et il ne sera plus; et vous chercherez sa place, et vous ne le trouverez plus »). L'idée, lucrétienne et aussi johannique (*Apocalypse,* VI) de la *décadence* de l'astre du jour était d'ailleurs familière à Lamartine; il n'est pas nécessaire d'en chercher l'origine dans *L'Ode du Temps* de Thomas :

> Le soleil épuisé de sa brûlante course
> De ses feux par degrés verra tarir sa source...

On la remarque dans le *Génie du Christianisme,* Première partie, liv, IV, chap. 4 : « Le soleil, qui n'éclairait plus que la mort au travers des nues livides, se montrait terne et violet comme un énorme cadavre noyé dans les cieux. »

Elle sera développée amplement au début de la première des *Visions :*

> Et l'esprit m'emporta sur le déclin des âges :
> « Quel est cet astre obscur qui, du sein des nuages,
> Laissant glisser un jour plus morne que la nuit,
> Écarte à peine l'ombre où ta main me conduit?
> — C'est le soleil, mon fils, ce roi brillant des sphères !...

et reparaîtra dans les *Harmonies :*

> Un soleil sans rayons, de ses reflets funèbres,
> Ne pouvait que pâlir ces flottantes ténèbres;
> Rien n'y réfléchissait l'aurore ni le soir...
> C'était un point obscur dans le vide de l'air,
> Un cadavre flottant sur les flots de l'éther...

(*Hymne de l'Ange de la Terre après la Destruction du Globe,* v. 61 et suiv.)

> Et tu meurs? Et ta foi dans un lit de nuages
> S'enfonce pour jamais sous l'horizon des âges,
> Comme un de ces soleils que le ciel a perdus,
> Dont l'astronome dit : — C'était là qu'il n'est plus !

(*Hymne au Christ,* v. 269-272).

* *Vers 73.* L'adjectif *sublime* ne peut être compris ici avec un sens laudatif, qui contredirait le caractère agressif et méprisant du passage; il faut comprendre : *suprême folie, comble de la folie.*

* *Vers 77.* Lamartine refuse de s'engager dans une controverse avec les matérialistes; il en laisse le soin à des professionnels de la philosophie, car il a peu de confiance dans sa dialectique personnelle et n'oppose que des suggestions sentimentales (voir la variante, plus explicite que le texte définitif). Il adopte en cela une attitude comparable à celle du vicaire savoyard de Rousseau, déclarant à son disciple : « Je vous ai déjà dit que je ne voudrais pas philosopher avec vous... Quand tous les philosophes du monde prouveraient que j'ai tort, si vous sentez que j'ai raison, je n'en veux pas davantage... » (*Émile,* IV.) Cette manière de raisonner n'est pas sans faiblesse : « Faire dépendre ainsi la croyance, ou plutôt la philosophie de l'univers, notait le critique Mabilleau (cité par F. Reyssié, p. 208), d'un sentiment aussi contingent que l'amour, c'est compromettre l'espèce de preuve que paraissait fournir l'instinct. Si Lamartine n'aimait pas, n'aurait-il plus ni foi, ni espérance? On regrette de voir glisser en madrigal un poème d'une aussi incontestable beauté. » Sans doute; mais les incertitudes mêmes du poète sont émouvantes : « Qu'est-ce en effet au fond que cet instinct du v. 80, sinon l'horreur du néant, l'impossibilité d'admettre que la mort finit tout, que nous ne devons rien attendre après les joies courtes et pauvres d'ici-bas? » (H. Bouchard, *Lamartine ou le sens de l'amour,* p. 101.)

* *Vers 81.* L'ample période que constituent les v. 80-94 est la paraphrase magnifique d'Horace, évoquant la sérénité du sage dans ses *Odes,* III, 3, v. 7-8 :

Si fractus illabitur orbis,
Impavidum ferient ruinae.

(Lamartine connaissait bien ces vers du poète latin, dont il prend le second comme épigraphe de son ode à M. de Bonald, *Le Génie.*) Young, *Nuits,* IX, offre un développement analogue : « Si le Tout-Puissant l'ordonne ainsi, que la terre se dissolve en poussière, que ces globes suspendus sur ma tête tombent de leurs sphères et m'écrasent, l'âme est en sûreté. Elle sort triomphante des ruines de l'univers... L'homme sourit au spectacle de la destruction générale de la matière; la foudre impuissante, en s'attachant à lui pour le consumer, lui apprend que son âme est indestructible... » L'évocation de l'univers détruit aux v. 80-suiv. complète l'image des v. 65-68. Cf. aussi *Dieu,* v. 163-164 et la note du v. 96 du *Crucifix.*

* *Vers 94.* Attitude de confiance qui reparaîtra aux derniers vers de l'*Hymne au Christ :*

Plus la nuit est obscure, et plus mes faibles yeux
S'attachent au flambeau qui pâlit dans les cieux;
Et quand l'autel brisé que la foule abandonne
S'écroulerait sur moi... temple que je chéris,
Temple où j'ai tout reçu, temple où j'ai tout appris,
J'embrasserais encore ta dernière colonne,
Dussé-je être écrasé sous tes sacrés débris!

Éternelle aurore, synonyme d'*immortalité de l'âme* (v. 93) fait antithèse à *éternelle nuit* (où sera plongée la matière) (v. 88).

* *Vers 95.* Cet *heureux séjour,* c'est évidemment Aix-les-Bains, où Alphonse et Julie s'étaient aimés en octobre 1816. Sur cet amour né d'un *regard,* cf. la première esquisse du *Vallon :* Le jour où je la vis, nos regards s'entendirent. — Le paysage en est évoqué d'une manière un peu floue, mais très suggestive. L'adjectif *antiques* (v. 97) est littéraire (cf. Chateaubriand, *Atala :* « les rivages *antiques* des mers »), mais correspond peut-être à une connaissance des notions de la géologie moderne. Le pluriel *lacs mélancoliques* (v. 98), appliqué au seul lac du Bourget, confère à l'expression une valeur de généralité; Sainte-Beuve a porté sur l'épithète deux jugements différents; dans les *Pensées de Joseph Delorme,* XV, il avait d'abord écrit : « Au lieu du mot vaguement abstrait, métaphysique et sentimental, employer le mot propre et pittoresque; ainsi par exemple, au lieu de *ciel en courroux* mettre *ciel noir et brumeux;* au lieu de *lac mélancolique* mettre *lac bleu* »; mais, se reprenant, il ajouta plus tard en note à cette glose : « Tout ceci est trop tranché et devient inexact. Lamartine a dit admirablement : — Assis au bord désert des lacs mélancoliques. Il n'y a pas de *lac bleu* qui équivaille à cela. »

* *Vers 99.* L'image de l'*aile* était chère à Lamartine; cf. plus loin v. 139; *A Elvire,* v. 11; *Bonaparte,* v. 15; *Le Papillon,* v. 2; etc. — Le tour : *emportés, je plongeais avec toi* est qualifié de solécisme par M. Ch. Bruneau, car « ce pluriel dépasse les bornes permises par l'accord par syllepse » (F. Brunot, *Histoire de la Langue française,* XII, p. 161, note 1). Les *obscurités* du v. 100 désignent les mystères philosophiques que la foi éclaire et dont le poète et Elvire s'entretenaient à Aix (cf. *Raphaël,* XXI, etc.)

* *Vers 101.* Souvenir précis de Virgile, *Bucoliques,* I, v. 83 :

Majoresque cadunt altis de montibus umbrae.

Les *plis* des ombres suggèrent l'image classique des *voiles* de la nuit (*La Prière,* v. 9).

* *Vers 104.* Le *chœurs des astres* reparaîtra dans *Les Étoiles,* v. 37 et 41; l'image est platonicienne et peut-être aussi biblique (*Livre de Job,* XXXVIII, 31 : « Gyrum Arcturi »; *Livre de la Sagesse,* XIII, 2 : « Gyrum stellarum »; *Livre de Jérémie,* XXXI, 35 : « Ordinem stellarum; etc.). Sur l'adjectif *mystérieux,* cf. *Le Soir,* note du v. 8.

* *Vers 106. Molles lueurs :* Lamartine affectionnait cette épithète en parlant de la lumière des astres : cf. *Le Soir,* v. 16; *Ischia,* v. 12 et 65. La périphrase *temples saints,* pour *églises,* appartient à la langue noble (cf. le titre de la vingt-cinquième des *Premières Méditations* et la note du v. 6). Sur la *lampe du sanctuaire,* allumée devant le Saint-Sacrement, comparée avec un astre, cf. *La Prière,* v. 6-7; on trouve ici, aux v. 107-110, une impression que développeront les harmonies *La Lampe du Sanctuaire* et l'*Hymne du Soir dans les Temples.*

* *Vers 113. Dieu caché :* c'est l'expression *Deus absconditus* du *Livre d'Isaïe,* XLV, 15, souvent citée par les moralistes chrétiens et notamment par Chateaubriand (*Génie du Christianisme,* première partie, liv. VI, chap. I). L'héroïne de *Raphaël,* XXI, déclarera : « Je ne crois qu'au Dieu invisible qui a écrit son symbole dans la nature, sa loi dans nos instincts, sa morale dans notre raison. » *La nature est ton temple :* c'est l'idée de *La Prière* et de *Dieu;* elle avait été développée souvent. Cf. Pope, *Prière Universelle,* traduite par Le Franc de Pompignan :

> Ton temple est en tous lieux : tu remplis la Nature,
> Tout l'univers est ton autel...

Young, *Nuits,* XX : « L'univers est le temple... L'homme voit Dieu dans ses ouvrages... »

* *Vers 116.* L'idée que la Création n'est que le *reflet* de la perfection divine est d'origine platonicienne (cf. *L'Isolement,* v. 37 et suiv. et les notes). Au v. 117, le poète s'est peut-être souvenu d'Young, *Nuits,* XXIII : « Le jour est ton sourire, et cette obscurité majestueuse dont la riche et superbe horreur est étoilée de mondes lumineux tombe du froncement de ton sourcil. » On comparera avec *La Mort de Socrate,* v. 383-384, où le jour est présenté comme un rayonnement issu du regard de Dieu.

* *Vers 122.* Les quatre épithètes rapportées à Dieu au v. 119 correspondent à des idées de J.-J. Rousseau, qui fait dire au vicaire savoyard : « Être immense... Dieu est éternel... Dieu peut ce qu'il veut... Dieu est bon. » Celui-ci ajoute l'intelligence et la justice; mais son attitude est la même que celle de Lamartine; car plus « il s'efforce de contempler l'essence infinie » de la divinité, moins il la conçoit, et il « s'anéantit » enfin devant elle, « accablé de sa grandeur ». On peut s'étonner d'entendre Elvire employer les termes de la terminologie métaphysique tels qu'*attribut* et *essence :* le poète lui prête des termes qu'il avait pu apprendre dès son passage au collège de Belley, mais qui appartiennent à n'importe quel parler déiste ou spiritualiste.

* *Vers 123.* Cette *sublime loi* est celle de l'amour, qui habite l'*esprit* de l'homme. *A toi : vers toi* (sens du latin *ad*). En écrivant ces vers, Lamartine semble avoir eu présent à la mémoire le passage du *Génie* où Chateaubriand mentionne le *Deus absconcitus* et déclare : « Il est certain que notre âme demande éternellement...; l'univers entier ne la satisfait point; elle se précipite dans le sein de Dieu... Elle se plonge dans la divinité... Loin de nous plaindre que le désir de félicité ait été placé dans ce monde et son but dans l'autre, admirons en cela la bonté de Dieu. Puisqu'il faut tôt ou tard sortir de la vie, la Providence a mis au-delà du terme un charme qui nous attire, afin de diminuer nos terreurs du tombeau. »

* *Vers 128. Cherchaient* est remplacé par *attestaient;* le mot était juste auparavant, il ne l'est plus; éclairé par Lamennais, Lamartine sait,

d'après l'*Essai sur l'Indifférence* (I, pp. 247-248) que *si nos désirs ne sont pas trompeurs, si notre existence a un but, une fin, nous ne saurions évidemment parvenir à cette fin que par la Religion* » (Ch. Maréchal).

* *Vers 130.* Le participe *aimant* a pour sujet le pronom personnel *nous* qu'il faut déduire du possessif *nos* au v. 130 : anacoluthe fréquente chez Lamartine, mais qui constitue une véritable incorrection.

* *Vers 132. Exil :* cf. *L'Isolement,* v. 47. L'aspiration idéaliste du second hémistiche, platonicienne et pétrarquiste, était exprimée aussi par Young, *Nuits,* XXII : « L'âme est faite pour voyager dans les cieux. Au milieu des astres, elle se reconnaît dans son séjour. »

* *Vers 134. Captive : retient prisonnière;* sens étymologique, appartenant à l'usage classique; on retrouve ce verbe dans *La Chute d'un Ange,* 4e Vision :

> Semblable, en son instinct, à la biche sauvage...
> Flairant si les barreaux qui *captivent* ses pas
> Sous le poil de ses flancs ne s'élargiront pas...

* *Vers 140.* Pour l'idée et le mouvement, cf. *L'Isolement,* v. 39; *A Elvire,* v. 11-12; *La Prière,* v. 59-62; *Dieu,* v. 1-8 et 35-44. La *confusion* des amants dans le sein de l'éternité sera réalisée dans l'*Épilogue* de *Jocelyn.*

* *Vers 144.* Idée comparable chez Young, *Nuits,* X : « Il faut que l'homme survive à la poussière... La nature gravite-t-elle vers le néant? »

* *Vers 148.* Même image dans *L'Automne,* v. 32. La comparaison de l'âme qui s'évade du corps avec le son d'une lyre vient de Platon, *Phédon,* 85-86 (si le dialogue du philosophe grec ne fut traduit par Victor Cousin qu'en 1822, Lamartine le connaissait auparavant par son ami Fréminville); cf. *La Mort de Socrate,* v. 287-294 et 319-328.

* *Vers 152. N'interroge que toi,* c'est-à-dire : *n'interroge que ton sentiment.* Cette argumentation, purement affective et dont on a vu la faiblesse à la note du v. 77, fait songer aux dernières paroles de Julie à Saint-Preux : « Mon âme existerait-elle sans toi? sans toi quelle félicité goûterais-je? Non, je ne te quitte pas, je vais t'attendre. La vertu qui nous sépara sur la terre nous unira dans le séjour éternel. Je meurs dans cette douce attente... » (*Nouvelle Héloïse,* 6e partie, lettre 12).

MÉDITATION SIXIÈME. — LE VALLON

Page 22

* LE VALLON. — Connu autant que *L'Isolement* ou *Le Lac, Le Vallon* a été reproduit et commenté aussi fréquemment qu'eux. Cependant, les nombreuses gloses dont cette méditation a été l'objet

sont parfois contradictoires entre elles et les documents la concernant avec précision sont au total assez rares.

a) Le manuscrit 14 013 de la Bibl. Nat., f° 10-13, contient des esquisses au crayon, d'une lecture difficile, et dont on trouvera l'essentiel dans la première variante du texte; ces ébauches sont précédées de cette note : « *8 août. Suis assis sur la pointe des rochers qui bordent le lac du côté du Mont du Chat. L'œil plonge dans les eaux bleuâtres du lac.* » Cette date — évidemment celle où furent tracés ces vers inachevés — ne peut correspondre qu'à l'année 1819 (en 1817, Alphonse s'était rendu à Aix pour le 21 août et il n'y vint pas en 1818); arrivé au début d'août dans la ville d'eaux et songeant déjà sérieusement à se marier avec Miss Birch, le poète était cependant encore tout plein du souvenir de Julie Charles, dont le fantôme sembla lui apparaître, ainsi qu'il le rappellera dans *Raphaël*, XCV; c'est alors qu'il conçut les premiers linéaments de ce qui aurait pu devenir un second *Lac*, — plus serein que le premier — mais n'alla pas au-delà d'un vague projet (cf. J. des Cognets, *La Vie intérieure de Lamartine*, pp. 101-105; G. Roth, pp. 192-195). Cependant, écrivain souvent économe des miettes de son génie, il allait réemployer quelques-uns des vers primitivement consacrés au rappel de sa première rencontre avec Elvire dans un poème d'une tout autre inspiration, *Le Vallon.*

b) Une phrase de la lettre écrite à Aymon de Virieu, de Milly, le 20 octobre 1819 (celle où Lamartine expédiait à son ami de larges extraits de *L'Homme*), permet d'établir qu'à cette date *Le Vallon* était à peu près terminé : « Je vous enverrai, par la première, *La Vallée Férouillat,* où il n'est guère question de Férouillat *. » C'est par ce titre tout provisoire que l'auteur désigne sa méditation. Comme il ne tardait jamais à communiquer à son habituel confident ses productions nouvelles, il semble que celle-ci devait être toute récente le 20 octobre 1819. Sans doute déclarera-t-il sur le tard dans ses *Confidences,* XI, 21 : « Ce fut en Dauphiné, dans les ruines du vieux château de sa famille, appelé Pupetières, que j'écrivis pour (Virieu) la méditation poétique intitulée *Le Vallon.* » Comme il vécut chez d'Aymon en juin et juillet 1819, F. Reyssié (pp. 290-291) date la pièce de ce séjour; nous croyons qu'il put alors la projeter, l'esquisser peut-être, mais sans plus. C'est très probablement une fois revenu en Mâconnais, c'est-à-dire dans le courant de septembre ou au début d'octobre, qu'il composa effectivement le poème (il put ainsi y incorporer les vers inutilisés du 8 août, ce qu'il aurait eu plus de peine à faire avec des strophes antérieurement achevées); ainsi *Le Vallon* serait exactement contemporain de *L'Homme,* élaboré dans la première partie de septembre et auquel nous le trouvons associé à deux reprises, d'abord dans la lettre que nous avons citée, ensuite dans *Les Nouvelles Confidences,* I, 45, où l'auteur rappelle l'émotion de son père à la lecture des deux œuvres, « un soir, au

---

* *Férouillat* était le nom d'un ancien propriétaire de cette vallée (P. Berret, *act. cit*).

coin du feu de Milly », — cette dernière indication évoquant bien la saison automnale.

* *Vers 1.* H. Potez (p. 478) rapproche ce vers de Parny, *Jamsel :*

J'ai tout perdu, tout, jusqu'à l'espérance.

Cet état de lassitude morale est au moins vieux comme le *Livre de Job* (X, 1 : « Taedet animam meam vitae meae ») et constitue un des éléments essentiels du sentiment romantique, défini notamment par Chateaubriand dans *René*. Cf. *L'Isolement*.

* *Vers 3.* Le pluriel *vallons de mon enfance* (tardivement corrigé en *vallon*) est-il une simple faute de l'imprimeur, longtemps passée inaperçue, ou bien faut-il, avec M. Levaillant, croire qu' « évoquant tous les vallons où joua l'enfance rêveuse du poète, il donne au prélude plus de largeur et de généralité » ? Il est malaisé d'en décider; ce qui est sûr, c'est que le vallon évoqué ici n'a rien à voir avec ceux de l'aride pays de Milly, puisqu'il évoque, de l'aveu même du poète, un paysage dauphinois; mais comment Lamartine, qui vint au Grand-Lemps et dans la vallée Férouillat pour la première fois en octobre 1804 (*Mémoires inédits,* p. 123), pouvait-il logiquement l'appeler *vallon de son enfance,* même s'il y passa souventes fois? En réalité, par une transposition de sentiment curieuse et assez rare chez l'égocentrique qu'il était, il exprime ici les émotions de son ami Virieu, alors malade et mélancolique, psychologiquement très proche du poète qui peut ainsi parler en leurs noms à tous deux (cf. lettres des 26 et 27 juin 1819, ainsi que *Confidences,* XI, 19 : « Des peines secrètes altérèrent sa santé »).

* *Vers 4.* D'après Deschanel (I, p. 114), le littérateur Ximénès Doudan (1800-1872) citait ce vers en disant que Lamartine *attendait* surtout « un fauteuil à l'Académie et un siège à la Chambre ». Ironie facile ! En vérité, mode romantique ou influence « jobienne » mises à part, Lamartine était effectivement un perpétuel égrotant et se croyait sans cesse à la veille d'une mort prochaine : il suffit de feuilleter sa Correspondance des années 1818-1820 pour suivre les étapes de ce calvaire moral et physique; cf. aussi *La Poésie sacrée,* v. 80-89; *L'Automne,* v. 13-20 et 29-31; *Le Chrétien mourant,* v. 1-6; *L'Immortalité,* début; etc.

* *Vers 5.* La description proprement dite du vallon, avec sa fraîcheur, ses feuillages et ses ombres, a quelque chose de virgilien; les « sourciers » (E. Zyromski, p. 264; R. Rosières, *Revue Bleue,* 8 août 1891, p. 182) ont signalé des analogies des v. 5-16 avec *Le Retour à la Solitude* de Pierre Lebrun (1807) :

Vieille tour que de bois couronne Tancarville,
Solitude à mes yeux si pleine de douceur,
Je viens redemander à ton séjour tranquille
La paix qui n'est plus dans mon cœur.

Couvre-moi tout entier de tes muettes ombres,
Rassemble autour de moi *des bois les plus épais*

Des plus limpides eaux, des voûtes les plus sombres,
La nuit, la fraîcheur et *la paix*...

et aussi avec *La Vallée* du même poète élégiaque (1809) :

(Que ne puis-je) voir ma tranquille vie
Couler sans bruit, compagne du ruisseau
Qui n'a pas même un nom dans la prairie,
Qu'on n'entend pas, qui se cache...
Comme il est calme et que du firmament
L'azur est beau dans son onde limpide...

Rencontre probablement fortuite d'expressions somme toute banales, traduisant des impressions voisines éprouvées par des sensibilités comparables. Le caractère fort général du paysage évoqué est tel que Gabriel Faure se croyait fondé à écrire : « Virieu ne trouverait qu'une bien vague description de son vallon natal. C'est tout au plus, en effet, si deux strophes (la seconde et la troisième) ont une apparence de couleur locale... Que de vallons, en Dauphiné et par toute la France, répondent à cette peinture ! Ces ombrages pourraient être aussi bien les platanes d'une combe de Provence ou les sapins d'un val alpestre. Ne cherchons en ces vers aucun des détails pittoresques chers aux poètes d'aujourd'hui !... » (*Dans le Vallon de Lamartine,* article de la *Revue Hebdomadaire,* 1916, pp. 346-358, repris dans *Paysages Littéraires,* 1re série, Charpentier, 1917, pp. 113-139.) Au contraire, M. Paul Berret, le spécialiste de V. Hugo et de *La Légende des Siècles,* après une visite rendue au manoir de Pupetières et à la vallée Férouillat, texte en main, s'écriait avec enthousiasme : « Ce fut une surprise, mêlée d'une émotion croissante de constater à chaque pas l'étonnante précision de la vision évoquée par Lamartine... Depuis plus de cent ans, le décor n'a pas changé; seuls les arbres sont devenus plus majestueux... Les deux ruisseaux coulent encore à la même place; ils dévalent de la pente du coteau, l'un sous le feuillage, l'autre à l'orée du bois; ils se rejoignent devant moi et s'engagent sous de larges pierres recouvertes de végétation. Rien n'est plus exact et plus précis... Plus encore que la réalité visuelle, ce qui nous émeut, c'est la persistance de l'impression auditive. Le murmure alterné des deux ruisseaux semblait bercer et rythmer chacun des hémistiches; les vers de Lamartine se remplissaient à nouveau de cette harmonie fluide au son de laquelle ils étaient nés. Combien il a été imprudent d'écrire que le décor du *Vallon* était celui d'une vallée imaginaire et indéterminée !... Le paysage de la vallée Férouillat est demeuré ce qu'il était. De ce bois, de ces ruisseaux, de cette solitude où l'on n'entend que le murmure de la brise et de l'onde, Lamartine pouvait écrire comme des rochers du lac du Bourget : *Vous que le temps épargne et qu'il peut rajeunir*. Par une grâce singulière, le vallon de Pupetières n'a pas changé d'aspect. » (« *Le Vallon* » *de Lamartine, Mercure de France,* 1er août 1933, pp. 609-619.)

* *Vers 13.* Sur l'origine biblique (*Livre de Job,* XIV, 11) de l'image

contenue au v. 13, voir *La Poésie sacrée,* note du v. 79. Comme on lit également dans les *Psaumes,* XXI, 15 : « Sicut aqua effusus sum », on a fait remarquer que Lamartine lisait ceux-ci dans la traduction de Genoude lors de son séjour chez Virieu en 1819 (cf. lettre du 26 juin). Au v. 14, *sans nom* correspond à la réalité : arrivé à près de trente ans, Lamartine était à peu près inconnu en dehors d'un petit cercle d'amis. *Troublée* (formant antithèse avec *limpide*) se dit aussi bien de l'eau que de l'âme : cf. *L'Homme,* v. 204. Au v. 16, comprendre : *d'un (seul) beau jour.*

* *Vers 20.* La douleur de la première strophe s'apaise; au v. 28, il sera question d'*oubli :* influence apaisante de l'eau (à comparer avec ce qu'en dit Rousseau dans la cinquième des *Rêveries du Promeneur solitaire,* à propos de son séjour dans l'île de Saint-Pierre sur le lac de Bienne) et de la nature entière (cf. *Dernier Chant du Pèlerinage d'Harold,* v. 1537-1558).

* *Vers 24.* Ce goût de la solitude dans la nature fait songer évidemment à Rousseau ou à Chateaubriand; H. Potez (p. 359) citait *La Retraite* de M.-J. Chénier :

> Il ne veut que l'ombre et le frais,
> Que le silence des forêts,
> Que le bruit d'un ruisseau paisible...

* *Vers 25,* Parny (cité par H. Potez, p. 478) avait dit de même (*Élégies,* IV, 14) :

> Hélas ! *j'ai trop aimé;* dans mon cœur épuisé
> Le sentiment ne peut renaître.

Mais le cri de Lamartine est personnel et fait écho au v. 1 de la pièce. Dans le *Léthé,* fleuve des Enfers, les âmes des défunts allaient boire l'oubli; cf. Virgile, *Énéide,* VI, v. 715 : « et longa oblivia potant ».

* *Vers 32.* Les v. 29-32 ont été écrits à Aix. — Autre rencontre de termes avec Parny, *Élégies,* IV, 6 :

> Caché dans ces forêts dont l'ombre est éternelle,
> J'ai trouvé le *silence,* et jamais le *repos.*

Le v. 32 est à rapprocher de *La Semaine sainte...,* v. 1. L'image du *son éloigné* est d'origine biblique : *Psaumes,* LXXXIX, 9 : « Notre vie a passé *comme la parole qui n'est plus.* » Commentant cette strophe, M. Georges Poulet (p. 27) y voit « simplement l'inertie initiale d'une âme que rien n'absorbe, où rien ne demeure, d'où tout, semble-t-il, se retire afin de la laisser à sa vacuité, comme un voile qui, en s'écartant, découvrirait l'étendue ». Et, à propos des v. 33-34, le même critique ajoute (pp. 30-31) : « L'ennuagement est la métamorphose du monde en nuages. Aussitôt que les choses apparaissent chez Lamartine, elles s'embrument... Comme la cause précède la conséquence, l'ennuagement précède l'évanouissement. »

* *Vers 35.* S'il est assez vain de constater que, avant Lamartine, Rousseau avait écrit (*Nouvelle Héloïse,* 3ᵉ partie, lettre 16) : « L'amour

seul reste » et aussi Parny (*Élégies,* IV, 11) : « J'ai tout perdu : l'amour seul est resté », il est plus intéressant de préciser quel est ici l'exact sentiment exprimé : comme cet amour semble l'unique survivance du passé enfui, on peut y voir celui que le poète éprouva pour Elvire; mais le verbe employé au présent autorise à penser au sentiment très fort qui le portait alors vers Miss Birch; en fait les deux passions se recouvrent et sont l'une et l'autre un avatar de l'éternel Amour. — Lamartine reprendra la comparaison des v. 35-36 en un passage de ses *Souvenirs et Portraits :* « Sa figure nous était restée gravée dans la mémoire, comme un de ces songes qui passent devant notre esprit dans la nuit et qu'on ne peut chasser de ses yeux après de longs jours. »

* *Vers 40.* L'image du *voyageur (viator),* comme l'attitude *assise (sedere),* se rencontre à diverses reprises dans la Bible; lecteur de Milton dès sa vingtième année (à Guichard de Bienassis, 1er mars 1810), peut-être s'est-il plus ou moins inconsciemment rappelé, aux v. 37-38, le début de douzième chant du *Paradis perdu :* « Comme un voyageur qui, dans sa route, s'arrête à midi, quoique pressé d'arriver... »; on pourra rapprocher ce passage d'*A Elvire,* v. 23-24, et penser aussi que le v. 40 a trouvé un écho chez V. Hugo, *Hernani,* v. 1956 :

Viens, respire avec moi l'air embaumé de rose!

Si l'*espoir* qui emplit le cœur du poète est celui de l'immortalité, *les portes de la ville* sont sans doute celles, symboliques, de la Jérusalem céleste.

* *Vers 44.* L'image du v. 41 est évangélique : Jésus recommande à ses disciples de *secouer la poussière de leurs pieds (« Excutite pulverem de pedibus vestris »)* en sortant des villes où ils ont été mal accueillis *(Saint Matthieu,* X, 14; etc.); mais, ici, Lamartine n'exprime pas le dédain : il veut dire que cette poussière, symbolique du voyage accompli, doit être secouée puisqu'il n'est pas question de refaire le voyage de la vie une seconde fois. Au v. 42 on comparera le *Livre de Job,* XVI, 22 : « Et semitam, per quam non revertar, ambulo »; mais la même idée est également exprimée par Virgile, *Énéide,* VI, v. 128-129 et 425 (« ripam irremeabilis undae »). Pour l'accent général, cf. le v. 44 avec la fin du *Crucifix.*

* *Vers 46.* Cf. *Psaumes,* CI, 12 : « Dies mei sicut umbra declinaverunt ».

* *Vers 47.* Cf. *Livre de Job,* XIX 14 : « Dereliquerunt propinqui mei ». Cette référence biblique permet de donner au vers un sens général (cf. *La Poésie sacrée,* v. 50-59); pourtant, après J. des Cognets (p. 111) et Gabriel Faure *(art. cit.),* M. Levaillant a voulu voir une claire allusion à la rivalité délicate qui, en septembre 1819, faillit compromettre l'amitié du poète et de Louis de Vignet, celui-ci s'étant un instant épris de Miss Birch; mais n'est-ce pas un peu forcer le sens de l'hémistiche? En 1829, dans *Une larme ou consolation (Harmonies poétiques),* une plainte analogue reparaîtra en des termes voisins :

Qu'importe à ces hommes mes frères
Le cœur brisé d'un malheureux?
Trop au-dessus de mes misères,
Mon infortune est trop loin d'eux!...

Eh bien! ne cherchons plus sans cesse
La vaine pitié des humains...

* *Vers 52.* Confiance du poète dans une nature aimante et infinie : cette strophe et surtout son premier vers ont beaucoup contribué à répandre la conception d'un Lamartine optimiste; cette idée demande à être infiniment nuancée : voir la note du v. 49 du *Lac.*

* *Vers 56. Concerts :* cf. *L'Isolement,* note du v. 16. La signification des v. 55-56 est claire : le poète invite l'homme (et lui-même, et aussi Virieu) à être attentif, dans le silence de la nature, aux harmonies qui émanent du mouvement des mondes : cette musique des sphères (cf. *L'Ange,* note du v. 43) a été célébrée par la doctrine pythagoricienne; Pope, dans l'*Essai sur l'Homme,* I, v. 202, fait une allusion à « the music of the spheres » (G. Charlier, *Aspects de Lamartine,* p. 85), avant Chateaubriand, rappelant, dans le *Génie du Christianisme* (Deuxième partie, liv. III, chap. 4) « cette harmonie des choses célestes que Pythagore entendait dans le silence de ses passions ». Mais l'expression *Adore l'écho* est en elle-même assez obscure; Ed. Estève l'a expliquée dans une note de la *Revue Universelle* (1920, p. 288). intitulée *Sur un vers de Lamartine :* une des maximes pythagoriciennes ordonne : *Adore l'écho dans la tempête,* ce qui signifie, selon l'interprétation courante (reprise notamment par Voltaire dans le *Dictionnaire Philosophique*) *: Pendant les troubles civils, réfugie-toi dans la solitude.* Ici, il n'est question ni de révolution ni de politique; mais Lamartine, qui connaît à la fois la maxime et la théorie de l'universelle harmonie, les rattache toutes deux au nom de Pythagore et les associe d'une manière assez vague : l'*écho,* dans ce vers, désigne le retentissement lointain de l'harmonie des mondes à laquelle Dieu préside et le tout revient à dire : *adore Dieu dans l'harmonieux concert de l'univers.*

* *Vers 58.* Vers à l'accent ossianique : cf. *L'Isolement,* v. 52.

* *Vers 60. L'astre du mystère :* la lune; cf. *Le Soir,* v. 7 et note du v. 8.

* *Vers 61. Pour le concevoir :* pour qu'on le conçoive (tour de la langue classique, où le sujet de l'infinitif n'est que très vaguement suggéré). L'idée de cette strophe reprend le fameux *Cœli narrant gloriam Dei* des *Psaumes,* XVIII, 2; d'autre part, Lamartine adopte ici une attitude opposée à celle de Pascal, effrayé par le *silence éternel* de l'*univers muet* (*Pensées,* édit. Brunschvicg, n°s 206 et 693). Cf. *La Prière, passim* et *L'Immortalité,* v. 113-126. Sur cette invocation à Dieu s'achève le mouvement de la méditation, qui n'a cessé d'aller en s'amplifiant : le poète mélancolique se réfugie dans un site bien déterminé, puis sa rêverie l'entraîne à réfléchir sur la Nature entière et, enfin, sur le Créateur de celle-ci.

* *Vers 64.* Cette méditation, que Virieu dut faire apprendre par cœur à son épouse au lendemain de leur mariage (lettre du 14 décembre 1822 : « Je suis fier que ta femme sache *Le Vallon* »), devint très vite une des pièces les plus connues de Lamartine; il pouvait écrire plus tard à son ami : « Tu es donc à Pupetières. Tu dois être heureux dans le vallon célèbre, dont l'ombre est à toi et le bruit à moi » (cité par G. Faure, *art. cit.)*

MÉDITATION SEPTIÈME. — LE DÉSESPOIR

Page 25

* LE DÉSESPOIR. — « Parmi ces crises de révolte qui altéraient par moments la limpidité de son âme, écrivait Ed. Estève (pp. 316-317), celle qui a laissé dans l'œuvre de Lamartine la trace la plus profonde se place en 1817-1818. Il est à cette époque sous la domination d'influences déprimantes : *Werther, Les Dernières Lettres de Jacopo Ortis, René,* Ossian, Young... Il sent fuir sa jeunesse sans qu'il ait encore assuré son avenir; sa santé est languissante... La mort de Julie en décembre 1817 lui porte le dernier coup. » Cet événement en effet, trop prévu cependant, peut être considéré comme la source psychologique de *L'Ode au Malheur* qui devait finalement s'intituler *Le Désespoir.* A l'annonce de « la fatale nouvelle d'où dépendait le sort de sa vie » (à Mlle de Canonge, 12 janvier 1818), vinrent s'ajouter les misères de la maladie dont la Correspondance du printemps et de l'été suivants a conservé les échos affligés. « Cet acharnement de la Destinée contre lui le désole et chasse pour un temps toutes ses dispositions chrétiennes; il se révolte contre la Providence » (Ch. Maréchal, p. 58). C'est de Mâcon, en juillet, qu'il informe Virieu de son intention de composer la pièce qui nous occupe : « Je me suis tellement remué, il m'a tellement passé d'idées dans la tête, depuis ces derniers quinze jours, qu'il m'est venu une ode intitulée *Le Malheur.* Je l'écrirai, si je puis en avoir la force, et je l'enverrai, car je vois avec reconnaissance que tu aimes et que tu sens fièrement, non seulement les vers, mais ce je ne sais quoi qu'on appelle Poésie. » Mais, le mois suivant, on le voit s'occuper d'une *Ode sur le rétablissement de la statue d'Henri IV* (à Virieu, 8 août) et de *La Foi* (11 août), puis de *L'Isolement* (24 août); ce n'est qu'après un voyage à Paris (septembre-octobre) qu'il mandera de Milly à Virieu, le 13 novembre : « Je ne fais rien que l'*Ode au Malheur,* et je te l'enverrai dès qu'elle sera recopiée. » Sur le *Carnet de Maroquin Rouge,* f°s 39-45, la méditation est effectivement datée *in fine Nov. 818* et elle est intitulée *Le Malheur, ode à Virieu.* C'est à celui-ci que le poète écrira encore le 1er décembre : « J'ai une seconde fois dit adieu à la vie, et j'attends paisiblement la fin tardive de tous mes maux, j'ai fait l'*Ode au Malheur,* mais c'est un blasphème d'un bout à l'autre, et je ne te l'envoie pas à cause de cela, je veux même l'anéantir. » Cependant, il ne put se résigner à un tel sacrifice et,

quelques jours plus tard, il expédiait à Aymon son œuvre dans sa version quasi-intégrale, avec ces remarques : « *L'Ode au Malheur* dont tu parles est trop impie pour les yeux vulgaires, car elle ne l'est pas dans mon idée : ce n'est qu'une interrogation de désespoir, une vue de l'univers prise du mauvais côté. Cela m'a cependant arrêté, car, croyant fermement à la Providence, il aurait été doublement mal à moi d'en faire douter les autres. En voici quelques strophes pour toi seul, elles ne sont qu'ébauchées... Si ces strophes te donnent du goût pour le reste, je te les enverrai quand j'aurai été à Milly. Brûle toujours tout cela dans tous les cas. »

Si cette méditation n'est vraiment *pas dans son idée,* pourquoi l'a-t-il écrite? Les psychanalystes diraient que c'est pour « se défouler » de sentiments profonds qu'il avait peine à reconnaître vraiment comme siens. La pieuse Mme de Lamartine ne note-t-elle pas, dans *Le Manuscrit de ma Mère,* CI, à la date du 15 août 1818 : « L'oisiveté d'Alphonse me ronge... Je l'ai retrouvé seul à Milly où il était resté, ... plus que jamais vivant dans les livres, *et quelquefois écrivant des vers qu'il ne montre jamais.* » Parmi ces vers, figuraient peut-être déjà ceux du *Désespoir :* le poète éprouvait en somme en les traçant une sorte de complexe de culpabilité qui le poussait à les dissimuler.

Et pourtant, « ce gémissement ou plutôt ce rugissement de (son) âme », comme il l'écrira en 1849, il n'était pas le premier à les pousser. Comme le remarque Cl. Grillet (p. 310), « le sujet appartient à toutes les littératures et à tous les âges. Dépouillé de la rhétorique assez verbeuse qui le recouvre, il se réduit au thème de la destinée aveugle ». Et ce critique, se fondant du reste sur diverses assertions de l'écrivain lui-même, a montré avec raison que *Le Livre de Job* peut être regardé comme l'archétype littéraire de *L'Ode au Malheur.*

* *Vers 1.* L'expression *parole féconde* revient dans *Dieu,* v. 154, et dans *La Poésie sacrée,* v. 25.

* *Vers 6.* La *Genèse,* au contraire, dit à cinq reprises (I, 11, 12, 18, 21 et 25) que Dieu considéra son œuvre et vit qu'elle était bonne (« Et vidit quod esset bonum »). Mais cette satisfaction du Créateur est évidemment en contradiction avec le pessimisme de Lamartine. Celui-ci a pu se souvenir du *Livre de Job,* XXII, 12-14 : « Dieu habite par delà les étoiles. Que peut-il voir ici-bas? Les nuées sont sa demeure; il ne considère pas ce qui est de nous et il marche sur la voûte des cieux. » L'expression *détourner sa face* (v. 4) est biblique (*Psaumes,* L, 11 : « Averte faciem tuam a peccatis meis ») comme *rentrer dans son repos* (v. 6) (*Genèse,* II, 2 : « Requievit Deus die septimo). Mais, réminiscence possible de Young, que le poète connaissait depuis l'âge de vingt ans (lettres à Virieu, 30 septembre 1810 et 24 mars 1811), on peut faire un rapprochement avec *Les Nuits,* XI : « Est-ce donc dans un transport de colère que l'Éternel ... s'est levé pour se déshonorer par la création d'un semblable univers? » et surtout III : « Jusqu'à ce que le pied du Tout-Puissant renversant ce frêle univers... » (Cf. v. 5.) Mais les *germes du Chaos* (v. 3) font penser à Ovide, *Métamorphoses,* I, v. 7-9 : « Chaos... semina rerum ».

* *Vers 9.* Cf. *Livre de Job,* XIV, 1-3 : « L'homme... est rassasié de misères... Est-il digne de votre puissance d'ouvrir les yeux sur ce je ne sais quoi? » et VII, 17 : « Qu'est-ce que l'homme pour être honoré de vos regards, pour devenir l'objet de votre amour? »

* *Vers 12.* Au v. 9, par une théologie assez étrange, Lamartine distingue nettement *Dieu* (celui de la Bible et des chrétiens) du *Destin,* dont il fait une puissance indépendante (les Anciens au contraire, en particulier les stoïciens, le confondaient avec la divinité). Le v. 12 constitue la clef du poème tout entier; Lamartine avait pu lire chez Ugo Foscolo, *Les Dernières Lettres de Jacopo Ortis,* des phrase stelles que celle-ci : « Du jour où la race humaine a commencé de fourmiller ici-bas, je crois que le Destin écrivit sur les livres éternels : — L'homme sera malheureux. »

* *Vers 18. Il dit :* formule fréquente chez les auteurs épiques. — L'allégorie du *Malheur* figuré par un *vautour* appartient elle aussi à l'épopée : on peut songer, par exemple, à la représentation de la Mort et du Péché au chant II du *Paradis perdu* de Milton, ou — sur un registre différent — à celle de la Discorde dans *Le Lutrin :* à noter que le v. 15 se retrouve au chant III, v. 159 du poème héroï-comique de Boileau (« L'orgue même en pousse *un long gémissement* »), mais la rencontre est peut-être simplement due au hasard. On pourra comparer le vol du vautour avec celui de l'aigle au début de *L'Enthousiasme.* Il faut signaler que, dans *Le Malheur,* (pièce écrite en 1820), le pessimiste Vigny use également d'une personnification :

Le Malheur rôde, il nous épie,
Près de nos seuils épouvantés.
Alors il demande sa proie...
Où fuir? Sur le seuil de ma porte,
Le Malheur, un jour, s'est assis...
En tous lieux ses ailes funèbres
Me couvrent comme un noir manteau...

Mais, dans *Les Destinées* (27 août 1849), on rencontrera l'image du vautour auquel sont assimilées les « tristes divinités » :

Comme un vol de vautours sur le sol abattues...
Elles avaient posé leur ongle sans pitié
Sur les cheveux dressés des races éperdues...
Les filles du Destin, ouvrant avec effort
Leurs ongles qui pressaient nos races désolées...
Et le chœur descendit vers sa proie éternelle.

On ne saurait toutefois dire s'il y a eu une influence de la méditation lamartinienne.

* *Vers 19.* L'idée du v. 19 reviendra plus loin (v. 85-86, 89-90, 100 et strophe ajoutée après le v. 42) : ce thème de l'iniquité triomphante est un leitmotiv du *Livre de Job,* IX, 22-24 : « Dieu frappe également le juste et l'impie. La terre est livrée aux pervers... Mais du moins qu'il ne rie pas des maux de l'innocent! »; XXI, 7-8 et

30-31 : « Pourquoi donc vivent les impies? Pourquoi sont-ils élevés et affermis dans l'abondance?... Le méchant échappe au jour de la ruine, il est épargné au jour de la vengeance. Qui lui a reproché ses crimes? Qui l'a puni du mal qu'il a fait?... »

* *Vers 24.* Comme le remarque Y. Boeniger (p. 66), « son désespoir est si violent qu'il ne perçoit plus la musique harmonieuse des sphères assemblées »; il semble annoncer ici la désespérance orientale de Leconte de Lisle dans *Bhagavat (Poèmes antiques)* :

Les Brahmanes pleuraient en proie aux noirs ennuis.
Une plainte est au fond de la rumeur des nuits,
Lamentation large et souffrance inconnue
Qui monte de la terre et roule dans la nue;
Soupir du globe errant dans l'éternel chemin,
Mais effacé toujours par le soupir humain...

* *Vers 30.* Le v. 25 est peut-être une réminiscence de Byron, *Childe Harold,* chant II, str. 4 :

Bound to the earth, he lifts his eye to heaven.

Mais l'origine lointaine de la strophe est probablement dans les doléances du *Livre de Job,* V, 1 : « Appelle maintenant quelqu'un pour te répondre; invoque le secours des esprits célestes! »; XXVII, 9-10 : « Le Seigneur entendra-t-il les cris de l'homme, lorsque l'adversité viendra sur lui? Pourra-t-il l'invoquer dans ses malheurs?... » — La onzième des *Nuits* d'Young peut avoir également été présente à l'esprit de Lamartine : « J'aimais à contempler un Créateur généreux... Je voulais découvrir quelques-uns des traits augustes de mon bienfaiteur... Qu'ai-je vu? Un tyran farouche... Vous serez tous mortels et tous malheureux!... Dieu puissant, je ne vois plus que ton pouvoir... » — Dans *Saül,* v. 101-108, la triste Micol n'a pas des accents moins désespérés :

Toi que j'invoque en vain, Toi dont la main puissante
A semé de ses feux la voûte étincelante,
Toi de qui la parole a formé les humains
Pour servir de spectacle à tes regards divins,
O Dieu! si de ce trône ardent, inaccessible,
Où se cache à nos yeux ta majesté terrible,
Tu daignes abaisser tes regards jusqu'à nous,
Vois une amante en pleurs tombant à tes genoux!...

Cette conception de Dieu est évidemment aux antipodes de la doctrine chrétienne et du dogme consolateur de la Rédemption; l'*Évangile de saint Jean,* III, 16, affirme par exemple : « Dieu a tant aimé le monde qu'il a donné son Fils unique afin que quiconque croit en lui ne périsse pas, mais possède la vie éternelle. »

* *Vers 33.* La fatalité est appelée *destin* dans le langage des stoïciens, *nature* dans celui des épicuriens, *Providence* par le Christianisme. Lamartine hésitait souvent entre ces diverses appellations, ce qui correspondait chez lui à de profondes incertitudes métaphysiques.

Cf. lettres des 4 mars 1819 : « Je crois que tout est soumis, dans l'univers physique et moral, à une toute-puissante Providence que je nomme quelquefois fatalité »; 27 mai : « Le monde est gouverné par une grande force inconnue, aveugle, incontestable, tyrannique de sa nature, et non jamais par nos pauvres idées »; 30 mai : « Je sais bien ce que sont les hommes, les aveugles machines de la Providence »; 10 décembre : « La vive foi que j'ai dans la Fatalité ou Providence est un grand repos »; 18 avril 1822 : « Je me repose donc sur ma bienheureuse fatalité, fatalité divine et sage comme l'entendent les vrais disciples de la vérité éternelle »; 18 février 1826 : « Je m'en rapporte à la Providence : vous savez que je suis fataliste en ce point ». E. Deschanel (II, p. 248) voyait dans cette attitude d'esprit « quelque chose d'aventureux » et « une sorte de fatalisme religieux à la Turque ».

* *Vers 36.* Citant les v. 34-36, et les détachant d'ailleurs de leur contexte pessimiste, J. des Cognets les commentait dans *Les Idées morales de Lamartine* (Bloud, 1909, p. 23) : « Ainsi Dieu remplit l'univers : la nature le reflète et l'annonce, l'homme solitaire entend sa voix secrète, s'élance vers lui par les degrés de l'amour, de la joie ou de la douleur, et les peuples conduits par lui marchent vers lui. Le poète ayant cherché Dieu l'a trouvé partout. » Oui certes, mais dans *Le Désespoir,* c'est pour constater avec amertume que ce Dieu est toute hostilité pour la créature qui l'implore.

* *Vers 42.* Cf. Young, *Nuits,* XI : « Des devoirs? En est-il d'autres que de repousser ces illusions trompeuses, ces flatteuses espérances, ces séduisants désirs qui agitaient mon sein et m'enflaient d'un noble orgueil?... Fantômes vains, éloignez-vous!... Pourquoi m'égarer si loin pour ne rapporter que le désespoir? »

* *Vers 48.* L'expression *Dieu de sang* (tour biblique pour *Dieu sanguinaire*) se retrouve dans *Saül,* v. 1752. — Le mot *prémices (primitiae)* est fréquent dans l'Écriture pour désigner les premiers produits de la terre offerts en sacrifice au Très-Haut; la même remarque peut être formulée pour *agneau sans souillure* (*Exode,* XII, 5 : « agnus absque macula ») et pour *blanche colombe* (*Lévitique,* I, 14, etc. : « Oblatio de turturibus vel pullis columbae »). — *Hétacombe,* employé ici avec son sens étymologique de *sacrifice de cent boeufs,* appartient au langage païen et évoque spécialement les fêtes religieuses d'Athènes célébrées au mois de juillet ou *hécatombaïon.*

* *Vers 60.* Les v. 49-60 sont remplis d'angoisse et, malgré tout, de respect envers la divinité cruelle et incompréhensible, que le poète voudrait du fond de son cœur différente de ce qu'elle est. Young se lamentait dans la onzième de ses *Nuits* avec moins de pathétique : « (Dieu) regorge de biens, et il ne laisse pas échapper sur moi un seul rayon de félicité pour m'empêcher du moins de le maudire! Il peut tout, et sous ses yeux cruels je reste malheureux. » Aux v. 59-60, Lamartine rencontre, ou plutôt paraît reprendre à son compte, un vers du *Poème sur le désastre de Lisbonne* (1756), où

Voltaire fait le procès de la Providence et déclare, parlant du mal sur la terre que Dieu avait possibilité d'empêcher :

Il le pouvait, dit l'autre, et ne l'a point voulu.

* *Vers 61.* L'idée de ce vers, reprise dans *La Foi,* v. 9-10, et contredite par *L'Immortalité,* v. 170 (retranché) (cf. aussi *La Poésie sacrée,* v. 36-37), a son origine également au *Livre de Job,* III, 3 : « Périsse le jour où je suis né! » ou X, 18 : « Pourquoi m'avez-vous tiré du sein de ma mère? » Mais ces cris douloureux du vieillard biblique se sont répercutés à travers maintes œuvres que Lamartine avait lues; cf. *Paradis perdu,* chants X et XI : « T'avais-je requis, ô Créateur, de me mouler en homme?... O malheureuse espèce humaine, mieux vaudrait n'être pas née!... Pourquoi la vie nous a-t-elle été donnée?... Plutôt pourquoi nous a-t-elle été imposée? » Young, *Nuits,* XI : « Je ne t'avais pas demandé de me faire naître!... Au lieu de m'arracher à la paix du néant pour me tourmenter de l'existence, que ne me laissas-tu avec les êtres possibles qui n'en sortirent jamais? » Baour-Lormian, *4e Veillée :*

O Dieu, que trop longtemps mon cœur voulut connaître,
Impitoyable Dieu, pourquoi m'as-tu fait naître?

* *Vers 64.* Le héros de *Saül,* v. 264-270, se plaignait d'avoir été le jouet de semblables *caprices,* dans un passage de la tragédie non imité d'Alfieri :

On ne le fléchit pas :
Inexorable, au gré de son ordre suprême,
Il conduit les mortels, les peuples, les rois même,
Aveugles instruments de ses secrets desseins.
Tout tremble devant nous, nous tremblons dans ses main!
Sous les doigts du potier l'argile est moins soumise,
Et Dieu, quand il lui plaît, nous rejette et nous brise.
Il m'a brisé, mon fils...

* *Vers 66.* Même apostrophe dans la bouche du roi d'Israël (*Saül,* v. 1752) :

Dieu cruel, Dieu de sang, je te brave et t'outrage!

La question de ce vers sera reposée, avec encore plus d'âpreté dans *La Chute d'un Ange,* 15e vision, au moment où Cédar et Daïddha vont mourir sous les regards apparemment indifférents des hôtes du ciel :

Pour l'incompréhensible et sainte volonté,
La ruine de l'homme est-elle volupté?

Nombre des penseurs et des écrivains qui se sont penchés sur le problème du mal dans l'univers se sont interrogés de la même façon; cf. Young, *Nuits,* XI : « Dieu a-t-il, comme les tyrans, des raisons d'État que ses sujets ne puissent pénétrer?... Mais, si dans ton plan tu avais besoin de nos douleurs, pourquoi insulter encore à notre misère? »; Foscolo, *Jacopo Ortis :* « O Père, prends-tu donc plaisir aux gémissements de l'humanité? » M. Jean Gaudon (*Lamartine lecteur de Sade, Mercure de France,* novembre 1961, pp. 420-438) a remarqué que le poète semble « ainsi rejoindre l'étrange hypothèse d'un sadisme divin » que le marquis énonce ainsi par la bouche de Saint-Fond, héros de *Juliette ou les Prospérités du Vice* : « Il existe un Dieu; une main quelconque a nécessairement créé ce que je vois, mais elle ne l'a créé que pour le mal, elle ne se plaît que dans le mal. » Malgré l'étendue de sa douleur, V. Hugo conservera plus de confiance en Dieu quand il dira dans *A Villequier,* v. 75-76 :

Peut-être faites-vous des choses inconnues
Où la douleur de l'homme entre comme élément.

* *Vers 76.* Ce vers est à l'opposé du v. 49 du *Vallon.*

* *Vers 80.* Pour l'expression, cf. *L'Homme,* v. 37-38 et *La Foi,* v. 3.

* *Vers 84.* Cf. Young, *Nuits,* XI : « Quelle perspective épouvantable? Un monde gémissant, un Dieu dévorant; la terre un champ de carnage où le Tout-Puissant ne fait que détruire; où il n'a créé des millions d'êtres que pour leur faire sentir les transes et l'horreur de l'anéantissement. »

* *Vers 85.* Dans ces vers reparaît le thème jobien de l'injustice victorieuse signalé à la note du v. 19. Cf. aussi Young, *Nuits,* X : « Celui qui mérite le moins le malheur est souvent le plus malheureux. Dieu juste, serait-il vrai que tu visses avec indifférence le crime triomphant et la vertu souffrante? » Dans *Saül,* v. 1758-1771, le vieux roi s'en prend de même à l'iniquité incompréhensible de Jéhova :

C'est toi qui de mes jours constant persécuteur,
As semé sous mes pas le piège du malheur;
Et si l'excès des maux a produit l'injustice,
Tu fus de mes forfaits la cause et le complice!
Tu les punis pourtant. — Tu les punis en moi,
Mais je les vois ailleurs récompensés par toi!
Ce qui fut crime en l'un, chez un autre est justice :
Ta vertu n'est qu'un nom, ta loi n'est qu'un caprice;
Et ton pouvoir cruel n'a formé les humains
Que pour persécuter l'ouvrage de tes mains!...

* *Vers 88.* Ces *dieux vivants du monde* sont les tyrans et les despotes qui, se faisant adorer comme des divinités durant leur vie, semblent par leurs attentats contre la liberté de leurs sujets les agents d'exécution du Dieu impitoyable.

* *Vers 91. La valeur sans les dieux* (= sans avoir les dieux pour elle) : cette formule paraît la réminiscence, et le contre-pied, d'une expression d'Horace, *Odes,* III, 4, v. 20 : « Non sine dis animosus infans ».

* *Vers 96.* Sur la mort de *Caton,* cf. la note du v. 125 de *La Liberté ou une Nuit à Rome.* — J.-J. Rousseau évoqua ce trépas fameux dans *La Nouvelle Héloïse,* 3e partie, lettre 22, et dans *Émile,* IV *(Profes-*

sion de foi du Vicaire savoyard) : « Pourquoi voudrais-je être Caton qui déchire ses entrailles plutôt que César triomphant? » — Sur *Marcus Brutus,* meurtrier de César, cf. *Bonaparte,* note du v. 39; le mot qu'il prononça, après sa défaite par Octave et Antoine, a été rapporté par les historiens Dion Cassius, XLVII, 49, et Florus, IV, 7, et rappelé notamment dans la *Profession de foi du Vicaire savoyard :* « O Brutus ! ô mon fils ! pourquoi dis-tu : La vertu n'est rien...? »

* *Vers 100. Hériter,* construit directement, appartient à la langue classique (exemples de Corneille, La Bruyère, Gilbert cités par Littré); mais il semble qu'ici le sens du terme soit un peu spécial et doive s'entendre : *expier injustement* (les crimes commis par les générations précédentes). L'idée rappelle celle exprimée par l'épigraphe latine de l'*Ode aux Français,* mais vient du *Livre de Job,* XXI, 19 : « Dieu gardera aux fils le châtiment du père. »

* *Vers 104.* L'image du *sacrifice* reprend celle des v. 43-48, 74 et 88.

* *Vers 106.* Sur la *vieillesse du soleil* (mais dans un contexte sentimental tout différent), cf. *Hymne au Soleil,* v. 26-33.

* *Vers 114.* Cf. *Livre de Job,* XVII, 13 : « J'attends que le tombeau soit ma demeure; j'ai un lit préparé dans les ténèbres. » Cette idée, reprise par *La Poésie sacrée,* v. 84-88, est également exprimée par Byron, *Childe-Harold,* chant II, str. 7 : « La paix nous attend sur les rivages de l'Achéron. Là, le convive rassasié n'est plus forcé de s'asseoir à un banquet, mais le silence prépare la couche du repos après lequel nous soupirons... »
En dépit des professions de foi qu'il énoncera ultérieurement en l'honneur de la Providence divine, Lamartine ne se départira jamais complètement du pessimisme blasphématoire dont il a marqué *Le Désespoir;* en 1856, dans l'Entretien XI du *Cours familier de Littérature,* intitulé *Job lu dans le désert,* il reviendra avec passion et douleur sur les idées essentielles de sa méditation du second semestre de 1818. Qu'on en juge par ces quelques citations : « Quel est donc cet odieux contrat où l'on suppose le consentement d'une des deux parties qui ne peut ni refuser ni consentir et où l'on condamne à un supplice qu'aucune langue n'exprima jamais un être innocent de sa naissance, un être qui n'était pas?... Je le dirai en toute sincérité et avec l'audace de Job : tout pesé, tout balancé, tout calculé, la vie humaine (si on soustrait Dieu, c'est-à-dire l'infini) est le supplice le plus divinement ou le plus infernalement combiné pour faire rendre dans un espace de temps donné à une créature pensante la plus grande masse de souffrances physiques ou morales, de gémissements, de désespoirs, de cris, d'imprécations, de blasphèmes qui puisse être contenue dans un corps de chair et dans une âme de... Nous ne savons même pas le nom de cette essence par qui nous sommes ! Jamais un homme, quelque cruel qu'on le suppose, n'aurait pu arriver à cette infernale et sublime combinaison de supplices; il a fallu un Dieu pour l'inventer... Il faut respecter les

larmes quand elles coulent, car elles ont été données à l'homme par la nature comme elle a donné la rosée aux nuits des climats plus chauds pour amollir la dureté d'un ciel de feu... »

MÉDITATION HUITIÈME. LA PROVIDENCE A L'HOMME

Page 29

* LA PROVIDENCE A L'HOMME. — La lettre écrite le 27 mai 1819 au comte de Saint-Mauris, neveu de Mme de Raigecourt, et expédiée de Montculot (où Lamartine séjournait depuis le début du mois) renseigne sur la date de cette pièce : « Si je pouvais écrire avec moins de fatigue de cœur, j'enverrais aujourd'hui par vous à Mme de Beufvier une petite ode en réponse à une sur *Le Malheur* que je lui ai lue une fois. Je l'ai faite hier à contre cœur pour y justifier la Providence que j'accusais ailleurs. Je pourrai ainsi mettre la première au rang de mes *Méditations* et, sans réponse, je ne pouvais pas. » Il y a une certaine désinvolture dans ces lignes : on comprend mal *à contre cœur* si l'on se souvient de la phrase adressée à Virieu en décembre précédent et dans laquelle Alphonse se montrait « croyant fermement à la Providence », ce qu'il répétera maintes autres fois. Pour avoir pris au sens littéral la déclaration faite à M. de Saint-Mauris, Ch. Maréchal (p. 321) voit dans la composition de *La Providence* « une rouerie d'auteur qui ne veut rien laisser perdre », ce qui est faire bon marché de la sincérité du poète, et de la complexité de son âme. En réalité, cette méditation et *Le Désespoir* sont en formelle contradiction l'une avec l'autre parce que cette contradiction était consubstantielle à l'esprit de Lamartine et c'est ici une obligation de rappeler l'une des plus profondes formules de M. H. Guillemin parlant (*Connaissance de Lamartine*, p. 253) « du grand balancement tragique » qui caractérise l'œuvre entier de l'écrivain, attiré tour à tour par les pôles opposés d'une sorte de machine infernale, tiraillé sans rémission entre l'espoir et la désespérance, entre la foi et l'impossibilité de croire.
Comme l'a montré Cl. Grillet (pp. 314-315), *La Providence* « paraphrase la partie apologétique du *Livre de Job,* à savoir les réponses faites aux lépreux par ses amis et par Jéhovah ». Par ailleurs, Ch. Maréchal (pp. 92-96) a souligné l'influence de la pensée mennaisienne sur les idées de la présente méditation; pour Lamennais, Dieu n'est pas seulement toute-puissance et omniprésence; « il est aussi la Providence, cette raison générale et supérieure qui se joue des raisons individuelles et les entraîne suivant des lois inflexibles jusqu'aux dernières conséquences des principes qu'ils ont admis comme règles de leur existence, des situations dans lesquelles ils se sont placés et des actes qu'ils ont accomplis. Que faire en présence de cette logique divine, de cette « terrible logique », sinon se résigner

et espérer? S'abandonner à la Providence, telle est, selon Lamennais, la véritable force du chrétien. » — C'est en effet une théorie de ce genre que Lamartine développe en écrivant, le 15 mai 1818, à Mlle de Canonge : « La nécessité est un grand maître, il faut souffrir, il faut languir, il faut s'attendre à mourir; nous sommes nés pour cela, pourquoi nous étonner? Il n'y a qu'un baume à tout cela, c'est la patience et l'espérance dans un avenir meilleur, dans une meilleure vie... Nous ne pouvons rien sur nous-mêmes, les circonstances sont tout dans nos destinées, et les circonstances, qu'est-ce qui les amène, si ce n'est une volonté et une force supérieures à nous? » Au total, cette Providence n'est pas très différente de l'aveugle destin du *Malheur;* mais l'optique du poète a changé : il se résigne à l'acceptation et à une certaine confiance en la bonté divine.

* *Vers 1. Le fils du néant* (expression qu'on trouve aussi chez Young, *Nuits,* I) semble inspirée directement du *Livre de Job,* XVII, 14 : « J'ai dit au néant : — Tu es mon père! »; c'est en III, 1 et 11, que Job « maudit le jour de sa naissance » et exprime son regret d'exister.

* *Vers 2. Livre de Job,* XL, 3 : « Oseras-tu anéantir ma justice et me condamneras-tu pour te justifier? » Pour l'idée, cf. v. 42.

* *Vers 6. Livre de Job,* XXXVIII, 4 : « Où étais-tu quand je jetais les fondements de la terre? dites-le-moi, si vous avez de l'intelligence... » Au v. 7, le mot *fruit* a le sens d'*enfant,* comme dans *Saint Luc,* I, 42 : « fructus ventris tui ». *L'éternelle pensée,* c'est Dieu et sa Providence.

* *Vers 12.* Le v. 9 peut, de prime abord, paraître étrange : cependant, l'éternité, attribut de Dieu, étant d'une essence radicalement différente du temps, il n'est pas impossible de parler d'une *mémoire* qui se souvient d'un *être futur,* tout étant éternelle présence aux yeux du Créateur. Le mot *ma gloire* est biblique, l'Écriture fournissant de fort nombreux exemples de la locution *gloria Dei* (ou *Domini*). *Mais pour ta félicité* traduit un optimisme total; en fait, si Dieu plaça le premier homme dans un *jardin de délices* (*paradisus* ou *locus voluptatis, Genèse,* II, 8-10), la faute d'Adam entraîna pour l'humanité déchue une condition infirme, moins heureuse que ne le laissent entendre ces vers et les suivants.

* *Vers 13.* Rencontre d'expression, probablement fortuite, avec Racine, *Britannicus,* v. 95-96 :

> Et que derrière un voile, *invisible et présente,*
> J'étais de ce grand corps l'âme toute-puissante.

* *Vers 24.* Cf. au contraire *Le Désespoir,* v. 7-10. — Les v. 13-20 développent fort librement ce que dit la *Genèse,* I, 26-31, et II, de la création de l'homme « *ad imaginem et similitudinem Dei* ».

* *Vers 25. Éclatant caractère :* représentation visible et incontestable. Cette strophe commente la pensée des *Psaumes,* XVIII, 2 : « Coeli enarrant gloriam Dei » (cf. surtout v. 28).

* *Vers 38. Marcher en la présence de Dieu :* cf. *Genèse,* XXIV, 40 et

XLVIII, 15 : « Deus, in cujus conspectu ambulaverunt. » — *Dans la simplicité du cœur :* cf. *Genèse,* XX, 5 et *Livre de la Sagesse,* I, 1 : « In simplicitate cordis quaerite Dominum. »

* *Vers 44.* Reprise de l'idée des v. 2-3. — Cf. *Livre de Job,* XX, 26 : « Les ténèbres ont couvert tes paupières » et XXXVIII, 2 : « Quel est celui qui obscurcit la sagesse par des discours insensés? »

* *Vers 48.* Les v. 45-48 constituent une objection de la créature humaine aux paroles de la Providence : puisque le monde est mauvais, il ne peut être l'*emblème,* ou le reflet (cf. v. 32 : De mon être ombre altérée) d'un Dieu bon. C'est ici comme un écho affaibli du *Désespoir,* v. 25-30.

* *Vers 51.* Cf. *Livre de Job,* XXXIV, 33 : « Dieu te prendra-t-il pour règle de sa justice? Doit-il haïr ce que tu hais, choisir ce que tu choisis? Parle! »

* *Vers 54.* Selon Ch. Maréchal, « ce vers commente le fameux *patiens quia aeternus* de saint Augustin, qui explique par cette formule la patience du Tout-Puissant devant le mal universel. »

* *Vers 56.* La *sagesse* divine *voile* les réalités métaphysiques aux *yeux* des hommes, à qui elles seront révélées seulement après la mort (cf. *La Prière,* v. 95-96) et en un monde meilleur : l'idée est mennaisienne et platonicienne à la fois (voir la note du v. 41 de *L'Isolement*). Chateaubriand (*Génie du Christianisme,* première partie, livre VI, chap. 1) remarquait : « Cette Divinité est pleine de ténèbres, *Deus absconditus.* Si (notre âme) en obtenait une vue distincte, elle la dédaignerait, comme tous les objets qu'elle mesure » et ajoutait, à propos du besoin de félicité qui préoccupe les humains durant toute leur existence : « Loin de nous plaindre que le désir de félicité ait été placé dans ce monde, et son but dans l'autre, admirons en cela la bonté de Dieu. Puisqu'il faut tôt ou tard sortir de la vie, la Providence a mis au-delà du terme un charme qui nous attire, afin de diminuer nos terreurs du tombeau : quand une mère veut faire franchir une barrière à son enfant, elle lui tend de l'autre côté un objet agréable, pour l'engager à passer. »

* *Vers 64.* Cf. Lamennais, *Essai sur l'Indifférence en matière de religion,* I, p. 251 : « (Les souffrances de la vie) sont des épreuves passagères dont une immortelle félicité sera le terme et la récompense. »

* *Vers 69.* Cette insatisfaction humaine et cette aspiration aux *célestes clartés* sont à rapprocher des sentiments exprimés dans *L'Isolement,* en particulier v. 37-48.

* *Vers 74.* Pour les v. 70-71, cf. Lamennais, *Essai,* I, p. 379 : « Dieu nous a départi la mesure précise de lumière dont nous avons besoin dans notre condition présente, mais rien de plus. En accordant tout ce qui lui est nécessaire pour parvenir à sa fin, il lui refuse ce qui ne servirait qu'à satisfaire une vaine curiosité. » Quant aux v. 72-74, ils reprennent une idée du même auteur dans ses *Premiers Mélanges,*

p. 56 : « L'univers matériel obéit aveuglément aux lois physiques; l'homme doit obéir librement aux lois de l'intelligence. »

* *Vers 75.* Cette idée sera reprise dans *La Sagesse,* v. 51-60.

* *Vers 78.* Cf. *Livre de Job,* VII, 12 : « Suis-je comme la mer... pour m'enfermer comme dans une prison ? » Pour l'ensemble de la strophe, voir *ibidem,* XXXVIII, 8-11 : « Qui a enfermé la mer en ses digues quand elle rompait ses liens?... Je lui ai marqué ses limites, je lui ai opposé des portes et des barrières. Et j'ai dit : — Tu viendras jusque-là, et tu n'iras pas plus loin; ici tu briseras l'orgueil de tes flots ! » Voir *Jocelyn,* seconde époque, v. 216-218 :

> Qui peut dire où finit son œuvre commencée?
> Des mondes à venir lui dérober le soin?
> Lui dire comme aux flots : — Tu n'iras pas plus loin !

* *Vers 82.* Sur le *soleil, ombre de la lumière* divine, cf. *L'Isolement,* v. 38 et *La Semaine sainte,* v. 7 ; l'idée est plutôt platonicienne que biblique; Lamartine s'est-il ici souvenu ici de Chênedollé, *Génie de l'Homme,* III, disant de Dieu : « Ce soleil est son ombre »? Peut-être; enfin, il avait dû lire dans le *Manfred* byronien (III, 2) ces vers adressés à l'astre du jour :

> ... Thou, material God
> And representative of the Unknown,
> Who chose thee for his shadow...

(« Et toi, Dieu matériel, représentant du Dieu Inconnu, qui t'a choisi pour son ombre... »). Au reste, cette expression mise à part, la strophe est inspirée par le *Livre de Job,* XXXVIII, *passim :* « Quel est le sentier de la lumière et le lieu des ténèbres, en sorte que tu puisses les conduire à leur terme?... Par quelle voie se répand la lumière?... Est-ce toi qui montres à l'aurore le lieu où elle se lève? » (Ces paroles sont adressées à Job par Dieu.)

* *Vers 89. Tout subsiste :* cf. *Dieu,* v. 51. — Lamartine reprend ici l'argument scolastique et cartésien dit de la *création continuée,* action par laquelle Dieu conserve le monde dans l'existence et qui est identique à celle par laquelle il l'a primitivement produit (cf. *Discours de la Méthode,* 5e partie, § 3).

* *Vers 95.* Cf. *Livre de Job,* XXXVIII : « Est-ce toi qui, depuis tous les jours, commandes à l'étoile du matin...? Appelleras-tu dans leur temps des signes dans les cieux?... Enverras-tu la foudre, et elle ira, et revenant, te dira-t-elle : Me voici ! » Même idée dans *L'Homme,* v. 152-157, et, plus tard, dans *Pensée des Morts (Harmonies poétiques),* v. 209-210 :

> Tu dis au soleil d'éclore,
> Et le jour ruisselle encore...

* *Vers 96. Genèse,* II, 7 : « Il répandit sur son visage un souffle de vie et l'homme eut une âme vivante. »

* *Vers 99.* Le titre de *roi de l'univers* (qui est traditionnel) ne paraît pas avoir été employé dans l'Écriture pour désigner l'homme (au *Second Livre des Maccabées,* VII, 9, *rex mundi* est appliqué à Dieu); cependant, le Créateur lui-même avait doté Adam et sa descendance d'une place éminente en lui déclarant (*Genèse,* I, 28) : « Replete terram, et subjicite eam, et dominamini piscibus maris et volatilibus cœli et universis animantibus quæ moventur super terram. »

* *Vers 100.* La Bible fait parfois allusion au *sommeil* de Dieu et à son *réveil* (*Psaumes,* LXXVII, 65 : « Et excitatus est tanquam dormiens Dominus »); mais sa vigilance, qui se confond avec sa Providence, y est signalée comme toujours en alerte (*ibid.,* CXX, 4 : « Ecce non dormitabit, neque dormiet qui custodit Israël »).

* *Vers 103.* Écho de l'idée développée aux v. 76-81. Cf. *Psaumes,* XLV, 7 : « Il a fait entendre sa voix, et la terre a été ébranlée » et CXIII, 3 : « La mer le vit et elle a fui. »

* *Vers 109.* Sur l'image du *piège,* voir *L'Homme,* v. 61; *Le Désert,* v. 312 et note. Cf. aussi *Livre de Job,* XIII, 27 et XXXIII, II : « Tu as mis mes pieds dans les fers ».

* *Vers 110.* Cf. v. 82-88 et note du v. 82, ainsi que *La Poésie sacrée,* v. 101.

* *Vers 115.* Ch. Maréchal (p. 96) porte sur *La Providence* ce jugement d'ensemble : « Depuis la méditation sur *La Foi* (août 1818), le progrès religieux est sensible dans l'œuvre de Lamartine; le XVIIIe siècle négateur et sceptique perd du terrain dans son esprit : il ose aborder l'infini; guidé par Lamennais, il lit dans l'univers et commente en chrétien et en mennaisien le nom divin. Enfin, ce qui vaut mieux encore, Dieu lui apparaît comme une Providence sans cesse agissante dans le monde et devant laquelle l'homme doit s'incliner avec résignation, la pensée constamment tendue vers sa véritable existence, la vie future. » Ces remarques, valables pour la pièce prise en elle-même, sont plus contestables en ce qui concerne un *progrès* du poète vers une orthodoxie catholique, ainsi qu'il a été indiqué à la première note de cette *Méditation.*
On remarquera la variété des strophes employées dans ce poème : six quatrains, six stances de dix octosyllabes, deux de cinq vers et trois de sept (ces dernières écrites sur deux rimes seulement); compte tenu de cette irrégularité formelle et de l'accent impétueux de la méditation, celle-ci répond assez bien à la définition du *dithyrambe,* telle qu'elle est rappelée à la première note de *La Poésie sacrée.*

MÉDITATION NEUVIÈME — SOUVENIR

Page 33

* SOUVENIR. — Sur la date et les circonstances vraisemblables de la composition de cette pièce, voir la première note du *Soir.*

* *Vers 1.* Formule qui résume le thème spécifiquement lamartinien de la fuite du temps et qu'on retrouve mot pour mot ailleurs. Cf. notamment lettre à Guichard de Bienassis, 8 décembre 1811 : « Un jour succède à l'autre, une souffrance à une autre... »; *L'Homme* v. 68; *Le Passé,* v. 82; *Jocelyn,* quatrième époque, fin :

Le jour succède au jour, le mois au mois, l'année
Sur sa pente de fleurs déjà roule entraînée...

* *Vers 2.* *Ils* est au pluriel, conformément au sens (syllepse), bien que la stricte grammaire eût exigé le singulier.

* *Vers 8.* L'accent général de cette strophe est biblique. Cf. *Livre de Job,* IX, 25 : « Dies mei velociores fuerunt cursore »; *Livre d'Isaïe,* I, 30 : « Fueritis velut quercus defluentibus foliis ». Sur l'image de la *feuille séchée,* cf. aussi *L'Isolement,* notes des v. 49 et 52. Lamartine use d'images analogues dans *L'Immortalité,* v. 58-63; *La Poésie sacrée,* v. 70-74; *A Elvire,* v. 27-32. Il s'agit d'un lieu commun et, par exemple, J.-B. Rousseau écrivait dans ses *Odes,* I, 10 :

J'ai vu mes tristes journées
Décliner vers leur penchant;
Au midi de mes années,
Je touchais à mon couchant
....
Et votre souffle m'enlève
De la terre des vivants
Comme la feuille séchée...

* *Vers 9.* Lamartine n'a que vingt-neuf ans quand il écrit ces vers; il se vieillit par idéalisation, selon un usage fréquent chez tous les poètes : que l'on songe seulement à maintes œuvres de la jeunesse de Ronsard, ou à Victor Hugo, intitulant *Feuilles d'automne* un recueil antérieur de quelques mois à sa trentième année !

* *Vers 12.* Réminiscence probable de la fameuse élégie de Millevoye, *La Chute des feuilles :*

Et je meurs ! De leur froide haleine
M'ont touché les sombres autans.

L'image du cours d'eau gelé est également traditionnelle. Cf. Saint-Lambert, *Les Saisons, L'Hiver,* v. 120 et 129 :

Des chaînes de cristal ont chargé la nature...
Ce fleuve est enchaîné dans sa course rapide...

* *Vers 15.* Ce vers reprend l'idée, indiquée déjà au v. 3-4, de la pérennité de l'amour au-delà de la mort; cf. également v. 37 et suiv. Avec beaucoup de pudeur discrète, dans ce poème qui est tout rempli de son souvenir, le poète ne nommera pourtant point Elvire. E. Zyromski (pp. 121-122) rapprochait cette strophe de Pétrarque, *In morte di Laura,* sonnet XIV :

Cogli occhi tuoi che Morte non ha spenti
Ma sovra 'l mortal modo fatti adorni

(« ... avec tes yeux que la Mort n'a pas éteints, mais qui au contraire sont devenus plus beaux que toute beauté mortelle »).

* *Vers 20.* Autre souvenir probable de Pétrarque, *Rime,* II, sonnet 302 :

Levommi il mio pensier in parte ov' era
Quella ch'io cerco e non ritrovo in terra

(« Ma pensée m'a enlevé là où était celle que je cherche et ne trouve plus sur la terre »).

* *Vers 21.* Ce mot fait penser au titre *Apparition (Nouvelles Méditations),* pièce dont l'inspiration rappelle *Souvenir.*

* *Vers 24.* Lamartine ne vit pas Elvire à son *dernier jour* et Julie Charles s'éteignit à l'heure de midi, et non à l'*aurore :* mais ce mot évoque symboliquement, ici comme au v. 45 de *L'Isolement,* une idée d'illumination et de clarté renouvelée.

* *Vers 28.* M. Levaillant voit dans ces vers une inspiration possible de ceux qui terminent *Les Yeux* de Sully Prudhomme :

Ouverts à quelque immense aurore,
De l'autre côté des tombeaux
Les yeux qu'on ferme voient encore.

* *Vers 32.* Sans qu'il soit nécessaire d'évoquer la chevelure noire de certaines héroïnes d'Ossian, on reconnaît ici celle d'Elvire : cf. la note du v. 18 du *Crucifix.* Les v. 17-18 du *Crucifix* doivent être rapprochés de la présente strophe.

* *Vers 36. Ombre, voile, aube :* autant d'éléments qui appartiennent à la tradition ossianique (voir aussi dans les strophes ajoutées à la seconde édition : *nuit, étoile, zéphyre*). E. Zyromski (pp. 99-104) rapporte des phrases comparables sous la plume du barde écossais : « Elle s'enfuit, comme un rayon de lune à travers une vallée nocturne »; « Ses yeux étaient deux étoiles de lumière »; « (Elle était) brillante comme l'arc-en-ciel, comme la lune sur les vagues de l'Occident », etc.

* *Vers 38.* Cf. Catulle, V, 4 : « Soles occidere et redire possunt »; mais, tandis que le poète latin oppose le retour perpétuel du jour et de la nuit à la mort de l'homme qui est éternelle, Lamartine prend le contre-pied de l'auteur ancien.

* *Vers 48.* Sur ces âmes qui flottent dans l'air et se mêlent aux songes des vivants, cf. *Le Soir,* v. 9-12 et *Apparition,* v. 14-16. Cette image a une double source possible : 1° Encore Ossian (cité par Zyromski) : « Je crois entendre une faible voix. Le rayon du soleil aime luire sur la tombe de Carthon; je le sens tiède autour de moi »; 2° Surtout Pétrarque, *Rime,* I, 129 (« Bien des fois, dans l'eau transparente, sur l'herbe verte, dans le tronc d'un hêtre, je l'ai vue vivante, et aussi dans la nuée blanche »), 175 (« Il me semble l'entendre, lorsque j'entends les branches, les vents, les feuilles, les oiseaux se plaindre, et les

eaux fuir en murmurant ») et II, 279 (« Si un doux gazouillement d'oiseaux, si un suave frémissement de vertes feuilles à la brise de l'automne, si un sourd murmure d'ondes limpides, je viens à entendre..., dans quelque lieu que je me repose..., celle que le ciel nous fit voir et que la terre nous dérobe, je la vois et je l'entends »). Bien entendu, plutôt que d'imitation, il s'agit, en pareils cas, d'identité d'inspiration chez des esprits profondément idéalistes les uns et les autres.

* *Vers 52.* « Ainsi, ce n'est pas Dieu qui le console au pied des autels, c'est Elvire. Et de quoi le console-t-elle? De sa propre mort, — à peu près comme le Dante est consolé de la mort de Béatrice par Lucie, qui en est la transfiguration. Béatrice l'a initié à la *vita nuova,* Lucie à la *vita eterna.* De même le désespoir de Lamartine se transforme en pieuse effusion, en foi, en immortelle vie » (Deschanel, I, pp. 95-96). Éternelle illusion des amants : ainsi, dans la *Phèdre* de Racine (v. 287-288), quand l'héroïne sacrifie aux Immortels, le dieu auquel elle pense, c'est Hippolyte !

* *Vers 54.* Réminiscence possible des *Psaumes,* XVI, 10 : « Sub umbra alarum tuarum protege me ».

* *Vers 56.* Idée pétrarquisante : cf. *Le Soir,* v. 43-44 et note du v. 58. Tandis que pour V. Hugo, par exemple, l'ombre est plutôt tourmentée et sinistre, évocatrice de fantômes irrités, elle a, pour Lamartine, une attitude calmée, un regard bienveillant qui se pose doucement sur les choses.

* *Vers 58.* L'image de la *trame* vient du *Livre de Job,* VII, 6 : « Le fil de mes jours a été tranché plus promptement que la trame » (« velocius quam tela succiditur »).

* *Vers 59.* L'adjectif *céleste* idéalise et christianise l'expression toute païenne d'Horace (*Odes,* I, 3, v. 8) *animae dimidium meae* (cf. *L'Immortalité,* v. 45 ; *A El***,* v. 26).

* *Vers 64.* Le poète se reproche de *soupirer encore :* il ne devrait plus en effet se lamenter ni se plaindre, puisqu'un souvenir immortel l'unit étroitement, par une sorte de communion mystique, à celle qu'il a aimée et qui a perdu seulement son apparence terrestre. En dépit de ces derniers mots, qui traduisent une certaine inquiétude dans l'âme du poète, la conclusion de *Souvenir* est moins sombre que celle du *Soir* et peut être rapprochée de celle d'*Apparition,* ainsi que de la *Vision* qui termine le *Nouvel Épilogue* de *Jocelyn.*

MÉDITATION DIXIÈME. — ODE

Page 36

* ODE. — Le titre complet de cette pièce, dans la Correspondance et sur le manuscrit (*Carnet de Maroquin Rouge,* f°s 10-28) était *Ode aux Français;* sur ce dernier, les dates de composition sont portées :

26 septembre, 26-28 septembre, octobre 1817. A ce moment, revenu d'Aix-les-Bains, où il avait connu l'amère désillusion de ne pas rencontrer Julie Charles, Lamartine séjournait au Grand-Lemps, chez Aymon de Virieu, mais c'est à son amie qu'il avait intention de dédier le poème, ainsi qu'en témoigne la mention *A J. C.* portée en tête de la mise au net de celui-ci. En route vers Lyon, il écrivait de Bourgoin, le jeudi 2 octobre, à Virieu qu'il venait de quitter : « Je ne suis pas fatigué, j'ai même composé une nouvelle strophe de l'*Ode aux Français* dont nous parlions, inspirée par l'abbé mon compagnon... » (Il s'agit des v. 111-120 de la version publiée). C'est, selon toute vraisemblance, une fois réinstallé à Milly, vers le 10 octobre, qu'il dut achever la mise au point de l'œuvre, mais il la gardait sans doute pour lui, puisque, le lundi 10 novembre, Mme Charles lui mandait de Paris : « Envoyez-moi l'*Ode aux Français* et tout ce que vous me faites attendre si longtemps d'Aix et d'ailleurs. » La rédaction primitive comptait 280 vers. F. Reyssié (pp. 204-205) en dit excellemment : « Cette ode est en politique ce que l'*Ode au Génie* est en religion : l'apologie des siècles passés. C'est de Lamartine du droit divin, de Lamartine garde du Corps, ami des Rohan et des Montmorency. » Ami de M. de Bonald surtout : l'auteur s'y révélait un virulent contempteur des idées du XVIIIe siècle, de l'Empire, un détracteur de la colonne Vendôme qu'il vouait à la destruction. Quand les *Méditations* parurent en 1820, elle aurait fait passer son auteur pour un ultra (ce qu'il n'était plus) et alors il la laissa dans ses portefeuilles. Lorsqu'au début de 1822, il eut traité avec l'éditeur Gosselin d'une édition augmentée de son recueil (la neuvième), l'*Ode aux Français* fut une des additions qu'il envisagea. Mais, comme le note M. Levaillant (*Lamartine et l'Italie*, p. 206), « à les relire, il trouva ses vers bien dangereusement hyperboliques et tendus; il résolut de les réduire aux proportions d'un éloquent appel pour la restauration des idées chrétiennes et pour l'indépendance de l'Église ».
Quant à la forme adoptée, c'est celle de *L'Enthousiasme*, du *Génie*, de l'*Ode sur la Naissance du duc de Bordeaux*, et, plus tard, de l'*Ode sur l'Ingratitude des Peuples*, à savoir la strophe de dix octosyllabes, sèche, mais nette, recommandée par Malherbe et assez généralement adoptée par les « lyriques » du classicisme, en particulier Jean-Baptiste Rousseau et Écouchard-Lebrun, dit Lebrun-Pindare; son rythme très traditionaliste convenait parfaitement à chanter la Tradition devant des auditoires tout épris d'elle...

* *Delicta majorum immeritus lues.* HORAT. Od. VI, lib. III. Dans cette strophe initiale, Lamartine paraphrase éloquemment celle d'Horace à laquelle est empruntée l'épigraphe : « Tu expieras, innocent, les fautes de tes aînés, Romain, tant que tu n'auras pas relevé les temples, les demeures croulantes des dieux et leurs images que souille une noire fumée... » Le livre III des *Odes* du poète latin comporte des pièces civiques où, atteignant au plus haut de son inspiration, il donne à la nouvelle génération une leçon de morale politique au

lendemain des troubles et des guerres civiles : l'impiété et l'impudicité ont été la cause des malheurs de Rome, qui doit se délivrer d'elles. La transposition était aisée à faire pour un royaliste après la Révolution et l'Empire. — Cf. aussi *Le Désespoir,* v. 100.

* *Vers 1.* On estime souvent que le Concordat de 1802 et la publication du *Génie du Christianisme* ont marqué en France le relèvement de l'Église, cet *auguste édifice.* Mais, après le retour des Bourbons, le clergé et le parti catholique voulaient retrouver la situation privilégiée d'avant 1789 et formulaient de nombreuses revendications (restitution de biens nationaux vendus, droit de recevoir des dotations, restitution de la tenue de l'état civil, pairie conférée aux hauts prélats, reprise en main de tous les enseignements, interdiction du divorce, etc.) : elles sont formulées par exemple chez Chateaubriand, *Monarchie selon la Charte* (2e partie, chap. 44 et 50) et *Opinion sur la résolution relative au Clergé,* discours prononcé à la Chambre des Pairs le 10 février 1816; nul doute qu'en 1817 les idées de Lamartine étaient sensiblement les mêmes.

* *Vers 13.* Réminiscence probable du *Livre d'Isaïe,* LXI, 4, où le prophète annonce à Israël abattu la Jérusalem future : « Ils rempliront d'édifices les lieux déserts depuis plusieurs siècles, ils relèveront les anciennes ruines, et ils rétabliront les villes abandonnées... » Aux vers suivants, si *les harpes de Solime* (Jérusalem) apparaissent souvent dans les *Psaumes,* il n'est pas interdit de croire que les *lévites* officiant ont été suggérés par le *Livre de Jérémie,* XXXIII, 18, où Dieu déclare à son peuple : « On ne verra point la race des prêtres et des lévites manquer d'un seul homme qui offre les holocaustes en ma présence, qui allume le feu de mon sacrifice et qui égorge des victimes devant moi dans tous les temps. »

* *Vers 23.* Condamnation analogue de l'orgueil humain dans *La Poésie sacrée,* v. 141-144. Ce mouvement de révolte est déjà dans le *Livre de Job,* XXXIV, 5-9 : « Job a dit : — Je suis innocent. Le Tout-Puissant m'a refusé la justice... Que sert à l'homme d'accomplir la loi de Dieu? » Mais le héros biblique n'a pas les prétentions de connaissance qui furent celles des philosophes du XVIIIe siècle.

* *Vers 26.* Sur l'image de l'esprit qui *sonde* les abîmes, cf. la note du v. 329 du *Désert.*

* *Vers 30.* Ces vers constatent et condamnent le matérialisme et l'agnosticisme du siècle philosophique. Le *Livre de Job,* à diverses reprises, exprime ce désespoir de l'homme incapable de concevoir et d'atteindre Dieu; cf. XXIII, 3-9 : « Qui me donnera d'arriver jusqu'à Dieu?... Mais si je vais à l'Orient, il ne paraît pas; si je m'avance à l'Occident, je ne l'aperçois point. Je me tourne vers le nord, je ne puis l'atteindre; vers le midi, je ne le vois pas! » En 1817, Lamartine « bien pensant » condamne cette attitude de doute; plus tard il la fera sienne, notamment dans *Le Désespoir* et aussi

dans les plaintes de *Pourquoi mon âme est-elle triste (Harmonies poétiques)* :

> J'ai cherché le Dieu que j'adore
> Partout où l'instinct m'a conduit,
> Sous les voiles d'or de l'aurore,
> Chez les étoiles de la nuit...
> Je disais : « Un mystère encore !
> Voici son ombre, son aurore,
> Mon âme ! il va paraître enfin ! »
> Et toujours, ô triste pensée !
> Toujours quelque lettre effacée
> Manquait, hélas ! au nom divin.

* *Vers 40*. Les sept premiers vers de cette strophe s'en prennent à la politique de ceux qui s'étaient faits les apôtres de la liberté, comme Rousseau écrivant au début du *Contrat social :* « L'homme est né libre, et partout il est dans les fers »; les trois derniers condamnent la morale du bonheur et du plaisir, qui avait été celle de tout le siècle précédent (voir P. Hazard, *La Pensée européenne de Montesquieu à Lessing,* I, pp. 17-33); qui n'avait pas alors fait siens ces vers de Pope, *Essay on Man :*

> O Happiness ! Our being's end and aim !
> Good, Pleasure, Ease, Content ! Whatever thy name !

(« O bonheur ! Fin et but de notre être ! Bien, Plaisir, Aise, Contentement, et quel que soit ton nom ! »)?

* *Vers 44*. Les v. 41-42 font allusion à la prévision des phénomènes naturels grâce à la connaissance des lois physiques qui les régissent, le v. 43 à l'invention du paratonnerre par l'Américain Franklin en 1746-1747, le v. 44 aux ballons sphériques. A ce propos, Deschanel (II, pp. 274-276, note) se demandait si Lamartine n'avait point pensé au physicien Charles, époux d'Elvire, dont cette périphrase célébrait une invention : il avait pris l'initiative de gonfler à l'hydrogène l'aérostat qu'utilisèrent Pilâtre de Rozier et le marquis d'Arlandes lors de la première ascension libre du 21 novembre 1783, et il était monté lui-même à sept mille pieds, dix jours plus tard, dans un ballon de soie imperméabilisée, comportant soupape et nacelle d'osier.

* *Vers 60*. Les v. 45-60 traduisent la confiance illimitée de certains philosophes dans le progrès : la théorie de la perfectibilité indéfinie avait été synthétisée par Condorcet dans son *Esquisse d'un tableau historique des progrès de l'esprit humain* (1794) : pour ce penseur optimiste (bien qu'il fût à la veille de monter sur l'échafaud et se trouvât poursuivi par la police lors de la rédaction de son œuvre), non seulement les connaissances théoriques ou techniques, mais encore les valeurs morales ne peuvent cesser de se développer; pour lui la faiblesse et la finitude humaines, sur lesquelles se fondent les dogmes religieux eux-mêmes voués à disparaître, ne sont qu'une déficience transitoire, qui doit être nécessairement surmontée dans l'avenir (*Dictionnaire des œuvres,* II, pp. 221-222).

* *Vers 70.* Dans cette strophe de transition, Lamartine s'adresse avec ironie aux *mânes* de tous les Français du XVIIIe, solidairement responsables des événements qui suivirent leur époque; mais il songe sans doute plus spécialement aux penseurs qui avaient été leurs mauvais guides. En les appelant *bienfaiteurs du monde,* il n'ignore sans doute pas que le mot de *bienfaisance* avait été mis à la mode par l'abbé de Saint-Pierre (1658-1743), prêtre-philosophe, et qu'il avait eu grand succès auprès de tous les esprits « éclairés ».

* *Vers 74.* Ce mouvement de recul n'est pas sans évoquer un passage du *Génie du Christianisme* (Quatrième partie, liv. II, chap. 9), où Chateaubriand s'imagine voir, dans la crypte de Saint-Denis, des générations de monarques de France « jetant à l'écart le drap mortuaire qui les couvre... se dresser dans leurs sépulcres » : « Eh bien, s'écrie-t-il à leur adresse, peuple royal de fantômes, dites-le-nous : voudriez-vous revivre maintenant au prix d'une couronne? Le trône vous tente-t-il encore?... Mais d'où vient ce profond silence? D'où vient que vous êtes tous muets sous ces voûtes? Vous secouez vos têtes royales, d'où tombe un nuage de poussière; vos yeux se referment, et vous vous recouchez lentement dans vos cercueils ! »

* *Vers 90.* Évocation du XVIIe siècle; la comparaison avec le *dieu qui nous éclaire* paraît avoir été inspirée par la célèbre médaille gravée en 1674 par F. Varin à l'effigie de Louis XIV, entourée de rayons comme le soleil, et portant l'orgueilleuse devise *Nec pluribus impar*. Dire que les *clartés* de la France du Grand Siècle étaient l'*amour* de la terre est discutable, car le pays fut alors l'objet de jalousies et de haines tenaces.

* *Vers 100.* Cet enthousiasme méconnaît évidemment ce qu'on a nommé l'*envers du Grand Siècle* et s'exprime non sans gaucherie aux v. 98-100 : *Racine* correspond à *Athènes* et *Turenne* à *Rome* et c'est la présence des deux hommes en un même âge qui a, métaphoriquement, enchaîné les *grâces* de l'hellénisme au *char* triomphal des Romains.

* *Vers 101.* Sur la méfiance et le mépris de Lamartine envers la sécheresse des hommes de science, cf. *Bonaparte,* note du v. 86. Avant lui, Chateaubriand avait écrit, dans le *Génie du Christianisme,* de mordantes invectives contre les mathématiciens et leur esprit contraire à celui de la poésie (Troisième partie, liv. II, chap. 1 : *Astronomie et Mathématiques* et 2 : *Chimie et Histoire naturelle;* — liv. IV, chap. 5 : *Que l'incrédulité est la principale cause de la décadence du goût et du génie*); on trouve dans ces pages maintes idées, voire expressions, analogues à celles exprimées aux v. 101-120 : « Il y a eu dans notre âge, à quelques exceptions près, une sorte d'avortement général des talents... Nécessairement encore l'incrédulité introduit l'esprit raisonneur, les définitions abstraites, le style scientifique, et avec lui le néologisme, choses mortelles au goût et à l'éloquence... Rien ne dérange le compas du géomètre... Nous avouons qu'il nous fait quelque peine de voir l'esprit d'analyse et

de classification dominer dans les sciences aimables, où l'on ne devrait rechercher que la beauté et la bonté de la divinité... On flétrit alors tout ce qu'on touche... Les parfums, l'éclat des couleurs, l'élégance des formes disparaissent dans les plantes pour le botaniste qui n'y attache ni moralité, ni tendresse... »

* *Vers 109.* Cf. *Livre de Job,* XXXVII, 10 : « La glace se forme au souffle de Dieu » et XXXVIII, 30 : « Les eaux se durcissent comme la pierre et la surface de l'abîme se presse et devient solide... »

* *Vers 111.* Cette *vierge,* c'est l'*inspiration lyrique* qui souffla aussi bien pour les poètes de la Grèce (le *Pinde,* montagne de Thrace, était consacré aux Muses et à Apollon) que pour l'auteur des *Psaumes* ou du *Cantique des Cantiques,* à *Sion* ou Jérusalem. — Les v. 115-116 peuvent avoir été suggérés par une réminiscence *Livre de Job,* XXXIV, 14-15 : « Si Dieu retire à soi la vie et l'esprit qui anime l'homme, toute chair aussitôt périra et retournera en poussière. »

* *Vers 124. Deuil, larmes, affronts* appartiennent au vocabulaire de la Bible *(luctus, fletus, lacrimae, contumelia)* ; mais c'est ordinairement de cendre que les Israélites *se couvraient le front* en signe de tristesse (*Livre d'Esther,* IV, 1 : « spargens cinerem capiti »).

* *Vers 125.* Cf. *Second Livre des Maccabées,* III : Vers 185 av. J.-C. Séleucus IV, roi de Syrie (187-175), ayant appris par un traître que le trésor du Temple de Jérusalem renfermait de grandes richesses, envoya son ministre Héliodore avec mission de s'en emparer; comme les prières du grand-prêtre Onias ne pouvaient le détourner de son action impie, Dieu envoya contre le sacrilège trois anges qui le terrassèrent et le forcèrent à renoncer dans son entreprise tout en reconnaissant la puissance du Très-Haut *. — Il n'est pas question dans l'Écriture des *enfants d'Héliodore;* cette locution peut s'expliquer ainsi : les philosophes et les révolutionnaires se sont comportés envers l'Église comme Héliodore dans le Temple d'Israël, en la pillant et en cherchant à la détruire; leurs enfants doivent s'appliquer à réparer les méfaits qu'ils ont commis.

* *Vers 130.* Transposition de l'expression d'Horace, *Odes,* II, I, v. 7-8 : « Incedis per ignes suppositos cineri doloso. »

MÉDITATION ONZIÈME. — LE LIS DU GOLFE DE SANTA RESTITUTA

Page 40

* *LE LIS DU GOLFE DE SANTA RESTITUTA.* — Le millésime de 1842, qui figure dans toutes les éditions, est absurde et

---

* La mésaventure d'Héliodore a inspiré à Raphaël une fresque du Vatican et à Delacroix une peinture murale dans la chapelle des Saints-Anges, à l'église parisienne de Saint-Sulpice (1861).

provient sans doute d'une faute d'imprimerie, provoquée peut-être par un chiffre mal écrit et non corrigée par la suite. On peut au contraire admettre sans réserve la date des manuscrits : *Ischia, 30 août 1844*. En effet, le 6 août, Alphonse annonçait à son ami Dargaud : « Nous sommes, ma femme, Mme de Cessiat, son fils, ses filles et moi, à Marseille... Nous nous décidons à partir par le bateau à vapeur de Naples, demain... » Les voyageurs restèrent peu de temps à Naples; un carnet, conservé à Saint-Point, a permis au P. Robert Mattlé (p. 126) de reconstituer en partie la suite de leurs pérégrinations : « Arrivés à Ischia le 18; logement à 80 piastres à partir du 19; payé jusqu'au 19 septembre sur reçu... » Ce séjour dans une île qui lui était chère par tant de souvenirs provoqua chez le poète un renouveau d'inspiration dont *Le Lis* est un des témoignages.

Si la datation de ce poème ne pose pas de difficulté, il est moins aisé de découvrir sa source d'inspiration : 1° Une indication, contenue dans le Commentaire du *Premier Regret (Harmonies poétiques)*, pourrait faire croire à une communauté d'origine entre cette pièce et *Le Lis :* « C'était en 1830... au printemps. J'étais en congé à Paris... Un jour ma femme me pria de l'accompagner à vêpres à Saint-Roch... Je me tenais à l'ombre d'un pilier auquel était suspendu un tableau représentant l'exhumation d'une vierge. A la place du cercueil, on trouve des lis. » 2° Mais plus consistante apparaîtra l'idée de la mise en vers d'une pieuse tradition, recueillie à Ischia même par Lamartine peut-être dès 1820 et ranimée dans sa mémoire par la villégiature de l'été 1844 : U. Mengin esquisse à peine la question dans *Lamartine à Naples et à Ischia (Revue de Littérature comparée*, 1924, pp. 614-615), mais j'ai pu obtenir quelques précieux renseignements, glanés sur place, grâce à l'obligeante entremise de mon collègue et ami Antoine Fongaro, professeur agrégé à l'Institut français de Florence.

D'après diverses encyclopédies religieuses se fondant sur des *Passiones* légendaires, Santa Restituta faisait partie du groupe des martyrs d'Abitinæ (ville de la province romaine d'Afrique), mis à mort à Carthage et dont les chrétiens emmenèrent par mer les vénérées reliques en fuyant devant l'invasion des Vandales : les restes de Restituta furent ainsi transportés, et l'on comprend sans peine qu'à partir de ce fait historique ait pris naissance le récit imaginaire de son corps rendu par la mer, — pareille interprétation étant du reste suggérée par son nom lui-même. Quoi qu'il en ait été, cette sainte est honorée le 17 mai en Corse, dans un oratoire proche de Calvi, en Sardaigne (où elle passe pour la mère de saint Eusèbe), à Sora (Italie Centrale), à Naples où une église est à son invocation, enfin à Ischia. Dans la partie N.-O. de la petite île, dominé par le Monte Vico (116 m d'altitude), se trouve le village de Lacco Ameno, avec une chapelle ancienne que Lamartine put voir et, depuis le séisme de 1883, une église, la chapelle et l'église sont dédiées l'une et l'autre à Restituta, dont la fête est célébrée chaque année, avec procession et feu d'artifice; la baie et la plage où son corps aurait touché miraculeusement terre sont situées à quelque distance, vers le nord et à l'abri d'un cap, la Punta di Monte Vico; sur le sable marin, depuis que la dépouille de la vierge avait été apportée par les flots, poussaient, disait-on, les fleurs qui ont inspiré Lamartine.

* *Vers 2.* Le rapprochement, établi par Lanson, entre ce début et deux vers d'André Chénier dans *La Jeune Tarentine* :

> Elle est au sein des flots, la jeune Tarentine :
> Son beau *corps* a *roulé* sous la *vague* marine,

ne paraît pas s'imposer, la rencontre des mots que nous soulignons pouvant être fortuite.

* *Vers 17. Sable, amertume, stérilité* : ces mots, fréquents dans l'Écriture, confèrent au passage une manière d'accent biblique, bien qu'on ne puisse lui trouver aucune référence précise dans les textes sacrés.

* *Vers 20.* Sur cette fleur, le lis, qui ne sera nommé qu'au vers suivant, cf. ces remarques d'U. Mengin, formulées en 1924 : « Les lis chantés par Lamartine ont disparu, mais depuis une dizaine d'années seulement, de la petite plage de Santa Restituta. On trouve encore la même fleur sur les bords du golfe de Pouzzoles, sur la plage en face du lac Lucrin. C'est un petit lis blanc, en réalité un amaryllidée, le *Pancratium maritimum,* vulgairement *narcisse marin,* aux sépales vert foncé, longs et minces, et sans feuilles. La fleur au parfum très suave sort du sable tout près de la mer. Lamartine... a traduit en belle et vague poésie la légende de la plante miraculeuse. Il l'avait certainement vue fleurir au mois d'août sur la plage de l'étroit et charmant petit golfe, où l'on regrette de ne plus la retrouver aujourd'hui... » On notera une autre allusion à cette plante dans *Graziella,* IV, 26 : « Bien que mon cœur fût de sable alors, cette fleur de mer s'y enracinait pour plus d'une saison comme les lis miraculeux de la petite place s'enracinent sur la grève de l'île d'Ischia. »

* *Vers 21.* On ne saurait ni infirmer ni confirmer cette hypothèse d'U. Mengin : « Les vierges qu'il invite à cueillir ces lis sont probablement ses nièces. » En effet, Lamartine semble avoir, à cette époque de sa vie, souvent rêvé de jeunes filles fort mystérieuses ou réelles (cf. par exemple *A Laurence, A une jeune fille qui avait raconté un rêve*), que ses biographes ont fréquemment, sans raison péremptoire, identifiées avec Valentine de Cessiat.

* *Vers 23.* Si les *anges* n'apparaissent point sous les traits de semeurs dans la Bible, on y rencontre du moins des expressions comme *posuit in terra pro semine* (*Ézéchiel,* XVII, 5) ou *seminare semen in agro* (*Saint Matthieu,* XIII, 24; etc.) dont ce vers contient peut-être un écho.

MÉDITATION DOUZIÈME. — L'ENTHOUSIASME

Page 42

* L'ENTHOUSIASME. — Les deux strophes initiales de cette pièce, coulée dans le même moule ultra-classique que l'*Ode aux Français,* sont précisément empruntées à un premier état de celle-ci et datent, comme elle, du dernier trimestre 1817. Le 16 mars 1819, Lamartine envoyait à Virieu des strophes de *L'Enthousiasme* (une restée en manuscrit et les v. 21-50 du poème édité), en disant : « Je m'en vais commencer par t'envoyer quatre strophes que je viens de faire, en m'éveillant ce matin, en réponse à une jolie épître qu'on m'a adressée pour me détourner de renoncer à la poésie. Voici le début. Tu ne sauras pas encore cette fois où j'en veux venir... » Le titre *Ode à M. R.* indique qu'à ce moment le poème devait être dédié à M. Joseph Rocher (sur lui, voir la note 5 du Commentaire de 1849), en qui l'on peut reconnaître l'auteur de l'épître (perdue) destinée à encourager l'auteur dans la poursuite de la carrière des Muses; l'ode dut être reprise dans le cours de l'année et achevée à l'automne, puisque le poète la lut « à la clôture de la séance de l'académie de Mâcon du 9 décembre 1819 » (Reyssié, p. 281) : alors se présentait-elle sans doute en l'état où elle figure sur le *Carnet de Maroquin Rouge.* L'inspiration prend deux formes bien distinctes chez Lamartine : l'inspiration impérieuse et tyrannique ou la création spontanée, au sein de la rêverie mélancolique et douce; (cf. *Le Poète mourant,* note du v. 100 et la lettre à M. de la Maisonfort du 5 novembre 1821); c'est cette dernière qui nous a valu les méditations les plus originales et, au goût moderne, les meilleures; mais c'est par l'autre que le poète, disciple des Anciens aspirant à se distinguer dans la tragédie et l'épopée, espérait conquérir la renommée : cette conception est celle du *vates* gréco-latin, interprète douloureux de la pensée du dieu qui le possédait, comme la Pythie delphique transmettait le message d'Apollon au milieu d'un délire qui la torturait. Telle est l'idée centrale de *L'Enthousiasme* (étymologiquement : *un dieu à l'intérieur de l'homme).* Les clichés traditionnels ne manquent pas dans cette ode et l'on verra ci-après maints rapprochements possibles avec des lyriques grecs, romains ou français; mais on doit une mention spéciale au portugais Francisco-Manuel do Nascimento (voir *La Gloire,* première note) dont le *Choix de Poésies* traduit en 1808 par Sané contenait diverses odes sur ce sujet et dont l'une était précisément intitulée *Ao Estro (A l'Enthousiasme).* Rappelons enfin que Lamartine reprendra le thème de l'inspiration comparée à une âpre lutte dans *L'Esprit de Dieu.*

* *Vers 10.* Les deux strophes initiales, dont on a vu la commune origine, forment chacune les deux membres d'une ample comparaison, introduit par *ainsi... ainsi* (ce balancement correspond au

latinisme *ut... ita,* bien connu en rhétorique). Le premier vers et le mouvement du début sont pris à Horace, *Odes,* IV, 4, v. 1-4 :

Qualem ministrum fulminis alitem,
Cui rex deorum regnum in aves vagas
Permisit expertus fidelem
Juppiter in Ganymede flavo...

(« Tel l'animal ailé, ministre de la foudre, à qui le roi des Dieux Jupiter confia la royauté sur les oiseaux vagabonds, parce qu'il avait éprouvé sa fidélité au sujet de Ganymède... »). L'expression *aigle du tonnerre* (malgré son allure vaguement biblique) semble la traduction de *fulminis alitem,* Lamartine n'ayant pas vu que le génitif se rattache à *ministrum. Ganymède,* fils de Tros, roi éponyme des Troyens, fut enlevé par Jupiter, métamorphosé en aigle, ou par un aigle envoyé du roi des dieux, alors qu'il gardait les troupeaux paternels sur le mont Ida, proche d'Ilion (cf. v. 7 : *champs paternels*) ; cette légende est bien connue (*Iliade,* XX, v. 232-235 ; Virgile, *Énéide,* V, v. 252-257; Ovide, *Métamorphoses* X, v. 155-161) : l'originalité de Lamartine est d'avoir utilisé celle-ci d'une manière symbolique, et d'avoir imaginé la lutte de l'enfant contre l'aigle, ce que les poètes anciens n'ont pas fait avant lui. Au v. 5, *rapides* peut être pris au sens étymologique : *qui saisit et enlève* (latin *rapere)* à moins qu'il que faille voir un raccourci poétique : *les serres de l'oiseau rapide;* la brachylogie n'est pas douteuse au vers suivant, où *flancs timides* signifie *flancs de l'enfant effrayé* (latin *timere : craindre*).

* *Vers 12.* L'*enthousiasme,* mot qui appartient au vocabulaire de Mme de Staël (*De l'Allemagne,* IV, 10-13). est ici personnifié, comme chez Nascimento, *Ode I, Ao Estro :* « Enthousiasme, fils d'Apollon, quand sur des nuages de feu tu descends de la cime verdoyante du Pinde, tel qu'un torrent impétueux, tu fonds sur le génie... » L'image des *ailes de flamme* appartient à la langue noble; cf. J.-B. Rousseau, *Ode au comte du Luc :*

... Ces traits de vive flamme
Et ces ailes de feu qui ravissent une âme
Au céleste séjour.

M. Souriau (*Histoire du Romantisme,* p. 80-81) cite (sans référence précise) ces vers de Lamartine où reparaît la même idée qu'ici :

N'écouterais-tu pas pendant l'éternité
Le bruit mélodieux de ces ailes de flamme
Que fait l'aigle invisible en traversant ton âme?

Pour l'idée exprimée dans cette strophe, cf. *L'Esprit de Dieu,* note du v. 1.

* *Vers 17.* Virgile, *Énéide,* VI, v. 48-49 et 78-79, représente la Sybille de Cumes dans un tel état de transes douloureuses (« Sa poitrine est haletante, son cœur gonflé d'une rage farouche... La devineresse se débat comme une bacchante pour chasser de son sein le dieu puissant... »); Nascimento, *Ode XX,* s'écriait aussi, se souvenant de

l'auteur latin : « Voilà, voilà le Dieu... Une sainte fureur se glisse dans mes veines... » Et J.-B. Rousseau avait également proclamé son angoisse d'inspiré dans l'*Ode au comte du Luc :*

Tel au premier accès d'une sainte manie
Mon esprit alarmé redoute du génie
L'assaut victorieux;
Il s'étonne, il combat l'ardeur qui le possède,
Et voudrait secouer du démon qui l'obsède
Le joug impérieux...

* *Vers 20.* Ce *feu* dévorant est peut-être celui de la Bible (*Deutéronome,* V, 26-27, XVIII, 16) : Dieu se révèle au sein d'un brasier et l'homme qui l'entend en de telles conditions peut mourir. Cette comparaison appartient aussi à la langue du lyrisme noble; cf. Écouchard-Lebrun, *Ode Exegi monumentum;*

Comme l'encens qui s'évapore
Et des dieux parfume l'autel,
Le feu sacré qui me dévore
Brûle ce que j'ai de mortel.

* *Vers 30.* Cette strophe est encore tout imprégnée de Virgile, *Énéide,* VI, v. 71-101 : « La prêtresse est encore rebelle à Phébus... Il n'en tourmente que plus sa bouche furieuse; il dompte son cœur farouche; il s'abat sur elle et la maîtrise... Apollon éperonne sa fureur et lui retourne l'aiguillon dans le cœur. » Nascimento, de son côté, disait dans son *Ode XX :* « Les feux d'un soleil inconnu pénètrent, embrasent mon sein », expression à rapprocher des v. 25-26. L'image de la *lave* (v. 28-30) rappelle celle du volcan dans la strophe initiale abandonnée; mais, par suite de la suppression de celle-ci, elle peut paraître trop brusque et insolite.

* *Vers 37.* La construction *Mon front que la pâleur efface* est un raccourci assez audacieux, à peine correct même; il faut comprendre : *Mon front dont la pâleur fait disparaître l'éclat; effacer,* dans la langue classique, a fréquemment le sens de *faire oublier* ou *éclipser.* En évoquant son *front inspiré* et son *regard sublime,* Lamartine songeait probablement à sa beauté personnelle, dont on sait qu'elle était grande.

* *Vers 44.* Le critique Féletz, dans le *Journal des Débats* du 1er avril 1820, rapprochait ces vers de ceux de J.-B. Rousseau, dans l'*Ode au comte du Luc :*

Je n'ai point l'heureux don de ces esprits faciles
Pour qui les doctes sœurs, caressantes, faciles,
Ouvrent tous leurs trésors;
Et qui, dans la douceur d'un tranquille délire,
N'éprouvèrent jamais, en maniant la lyre,
Ni fureurs, ni transports.

« M. de Lamartine, ajoutait-il sans bienveillance aucune, a visiblement imité cet endroit dans la cinquième strophe de son ode sur

L'Enthousiasme; il en avait le droit, sans doute; mais il aurait dû faire des efforts pour approcher plus près de son modèle. » Le reproche est peut-être sans fondement : en effet, tandis que Rousseau se moque ironiquement des poètes sans génie « à la Pindare », Lamartine proclame le bonheur de ceux qui ont une inspiration plus facile et plus douce; s'il a imité quelqu'un ici, c'est peut-être son ami Louis de Vignet, qui écrivait dans son *Dithyrambe* du 20 octobre 1816 (cf. *Invocation,* première note) :

Quel poète jamais a pu toucher la lyre
Sans la mouiller de pleurs?

Cette *veine féconde et pure, aux ruisseaux de lait et de miel,* c'est au fond celle du véritable Lamartine, quand il consent à s'abandonner simplement à son harmonieuse mélancolie. Aux v. 48-50, il s'est sans conteste souvenu, pour en prendre le contrepied, de l'*Ode Exegi monumentum* où Écouchard-Lebrun souhaite :

... sur les ailes de Pindare
Sans craindre le destin d'Icare
Voler jusqu'à l'astre du jour.

* *Vers 53.* Ainsi, tel Prométhée, le poète doit voler au ciel le feu de la foudre, nommée au v. 40 et désignée ici par la périphrase *triples flammes,* explicable d'après le passage de l'*Énéide,* VIII, v. 429-430, où Virgile montre les Cyclopes au travail :

Tres imbris torti radios, tres nubis aquosae
Abdiderant, *rutuli tres ignis* et rapidi austri

(« Ils avaient ajouté (à cette foudre) trois rayons de grêle, trois de pluie, *trois de feu rutilant* et trois de rapide vent » — la foudre étant conçue comme une arme à douze pointes, groupées trois à trois, qui sont les phénomènes accompagnateurs de l'orage).

* *Vers 57.* Ces vers sont dans le style du XVIIIe siècle : après la sentence du v. 54, une image empruntée à l'optique est exprimée à l'aide de termes techniques *(foyer, concentrer, rayons).*

* *Vers 60.* L'on n'en est plus, au sujet de ces vers, à se demander avec G. Lanson « ce qu'il peut y avoir de personnel en 1819 dans cette apologie des passions et de la vie intense pour les poètes ». Au moment où il composait *L'Enthousiasme,* nous savons, grâce aux travaux de M. Guillemin (*Les Visions,* p. 133, et *La Princesse Italienne,* in *Connaissance de Lamartine,* pp. 85-116), que Lamartine en était au moment le plus aigu de sa liaison avec Maria-Maddalena-Carolina del Mazza, née à Florence en avril 1788, remariée en 1812 à M. de Larche et qu'il avait connue à Mâcon où son mari, officier, se trouvait en garnison depuis 1817 : cette femme sensuelle avait accaparé Alphonse; son trouble transparaît ici et il cherche, dans la destinée des poètes et la condition même de leur génie, l'excuse du désordre où il vit et que ses pieux amis du cercle du duc de Rohan ne devaient pas manquer de lui reprocher (v. 58); cf. aussi *La Semaine Sainte à la R.-G.,* première note.

* *Vers 63. Sympathique :* au sens étymologique de *qui crée la communauté des sentiments,* par-delà l'ordre rationnel. Ce *désordre,* c'est-à-dire l'inspiration incontrôlée, est le mode même de l'expression lyrique, selon Boileau qui, dans son *Art poétique,* II, v. 71-72, déclarait de l'ode :

> Son style impétueux souvent marche au hasard;
> Chez elle un beau désordre est un effet de l'art.

* *Vers 70.* La mythologie qui rehausse les v. 65-70 est assez confuse. On voit *Phébus-Apollon descendre* sur la terre et lancer ses *traits* meurtriers contre les Grecs pour punir l'offense faite à son prêtre Chrysès au chant I de l'*Iliade,* v. 44-46. Mais il venait alors de l'Olympe, et non du *mont Éryx;* celui-ci, à l'extrémité nord-ouest de la Sicile (aujourd'hui Monte San-Giuliano), était célèbre par son temple de Vénus, fondé par Énée (*Énéide,* V, v. 759-761). Enfin, les *armes* d'Apollon n'avaient point été *trempées* dans le *Styx :* le poète s'est probablement souvenu de la légende post-homérique d'Achille plongé par sa mère à sa naissance dans les ondes de ce fleuve qui le rendirent invulnérable (cf. par exemple Stace, *Achilléide,* I, v. 134, 269). — *Styx* et *Éryx* ont probablement été rapprochés pour des besoins de rime.

* *Vers 72.* L'*auguste cime* est celle du Pinde, du Parnasse ou de l'Hélicon, sièges ordinaires des Muses et la haute poésie; ceux qu'animent de *lâches transports* (et non de *divins élans,* v. 62) n'y ont point de place. *Indigner une cime,* comme *enfanter des élans* (v. 62) ou *éveiller des feux* (v. 81) sont des alliances de mots inattendues et appartenant à la langue noble, comme aussi *luth magnanime* (v. 73).

* *Vers 77.* Dans la statue colossale du pharaon Aménophis III, en Haute-Égypte, les Grecs avaient voulu voir celle de *Memnon,* fils de l'Aurore, parce qu'elle émettait des sons harmonieux au lever du soleil; simple phénomène de dilatation de la pierre humide de rosée et chauffée par les premiers rayons du jour, mais que la croyance antique interprétait comme un oracle : cf. Pline l'Ancien, *Histoires Naturelles,* XXXVI, II (« ... Memnonis statuae, quem quotidiano solis ortu contactum radiis crepare dicunt... »); Tacite, *Annales,* II, 61; Juvénal, *Satires,* XV, v. 5. Dans *Le Malade imaginaire,* II, 5, Molière prête cette comparaison au ridicule Thomas Diafoirus s'adressant à Angélique : « Mademoiselle, ne plus ne moins que la statue de Memnon rendait un son harmonieux, lorsqu'elle venait à être éclairée des rayons du soleil : tout de même me sens-je animé d'un doux transport à l'apparition du soleil de vos beautés »; en fait, en 1673, c'était une figure fort usée et dont on trouve maints exemples au début du XVIIe siècle (Mesnard et Despois, dans l'édition des *Grands Écrivains* de Molière, IX, p. 351, n. 4, citent Mathurin Régnier, *Épître Liminaire au Roi,* 1608; Ch. Sorel, *Anti-Roman ou Histoire du Berger Lysis,* 1633; abbé d'Aubignac, *Dissertation sur l'Œdipe de Corneille,* 1663; discours du directeur des finances M. d'Aligre à l'Assemblée du clergé, 1665). Cependant ce cliché

classique plaisait à Lamartine qui fait encore allusion à Memnon dans *Bonaparte,* v. 36, dans *Le Dernier Chant du pèlerinage d'Harold,* v. 20, dans *Les Visions,* I, v. 116 et 194 (*Nouvelles Confidences,* III) :

Comme on dit qu'à l'aspect de la céleste flamme
Le marbre de Memnon résonne et prend une âme... ;

dans l'*Adieu à l'académie de Marseille,* v. 80. V. Hugo ne l'a pas non plus dédaigné :

Nous t'avons oublié. Ta gloire est dans la nuit.
Nous faisons bien encor toujours beaucoup de bruit;
Mais plus de cris d'amour, plus de chants, plus de culte,
Plus d'acclamations pour toi dans ce tumulte !
Le bourgeois ne sait plus épeler ton grand nom :
Soleil, tu t'es couché, tu n'as plus de Memnon !

* *Vers 80. Œil du jour :* périphrase pour désigner le *soleil* et qui appartient à un langage relevé (cf. *oeil de la nature* chez La Fontaine, *œil du monde* chez Montaigne, Voltaire, etc.).

* *Vers 82.* Cf. Horace, *Odes,* II, I, v. 7-8 (cité à la note du v. 130 de l'*Ode*). A propos des v. 83-84, voir aussi *L'Homme,* note du v. 66.

* *Vers 85.* Lamartine écrira à Genoude, le 26 juin 1819 : « Vous qui sentez ce que c'est que la vie, vous sentez assez ce que c'est que la gloire. C'est là le véritable rêve d'une ombre de Shakespeare. » Cette phrase est une allusion à *Hamlet* (acte II, scène 2), où Guildenstern déclare au héros : « The very substance of the ambitious is merely *the shadow of a dream* » « La vraie substance dont se repaît l'ambitieux n'est que *l'ombre d'un rêve* * ». Le poète avait pris connaissance du dramaturge anglais sans doute vers sa vingt et unième année (lettre à Virieu, 24 mars 1811) et éprouva pour lui une admiration qui dura autant que sa vie, à en juger notamment par maints passages du *Cours familier de Littérature.* Sur sa méfiance envers la *gloire,* cf. *La Gloire,* première note, et *Le Poète mourant,* notes des v. 67 et 69.

* *Vers 90.* Même accent dans cette fin qu'aux v. 55-60 : Lamartine songe évidemment encore à la belle Léna de Larche; il écrivait d'ailleurs à Mlle de Canonge, le 28 janvier 1819, en lui mandant ses misères physiques et morales, cette phrase caractéristique : « Il n'y a dans l'âme que la faculté d'aimer qui n'ait pas de limites, c'est qu'elle a été créée pour cela dans ce monde et dans l'autre; tout le reste n'est rien. » Ainsi, *L'Enthousiasme* après avoir commencé sur un mode assez ampoulé et froid s'achève avec des accents beaucoup plus personnels; c'est ce que F. Reyssié (p. 281) avait senti en

* Pindare (*Pythiques,* VIII, v. 99), en définissant l'homme *le songe d'une ombre,* employait exactement la formule de Lamartine, mais la rencontre doit être purement fortuite entre les deux lyriques.

constatant que la pièce « débute à la façon de Pindare et finit en soupir anacréontique ».

Note complémentaire

Louis de Vignet eut connaissance de *L'Enthousiasme* et, comme le remarquait C. Latreille (*La Jeunesse de Lamartine, Le Correspondant*, 10 mai 1922, p. 442), « il mit sans doute cette méditation en bonne place dans son estime avec ces poèmes sur lesquels il tenait déjà le langage de la postérité », lorsqu'il écrivait le 5 mai 1820 : « Ta méditation religieuse est superbe. Je conçois que d'aussi belles pages, écrites avec tant de mouvement et de chaleur, raniment un peu des cœurs tièdes et des imaginations qui s'éteignent. Cela te fatigue sans doute comme travail. Mais au moins le sujet est bon et profitable. C'est Dieu, la religion, la foi, l'espérance surtout, c'est-à-dire tout ce qu'il y a de beau et de grand dans ce monde et dans l'autre. Mais la mélancolie, les songes, le dégoût de la vie présente, le désir de la mort, voilà des cordes funestes auxquelles je te conjure à genoux de ne jamais toucher. »

MÉDITATION TREIZIÈME. — LA RETRAITE

Page 45

* *LA RETRAITE.*— Cf. Georges Roth, *Lamartine et la Savoie*, pp. 196-200, qui suit un article de M. Paul Humbert sur *Lamartine et Châtillon*, paru dans *L'Avenir d'Aix-les-Bains* du 29 septembre 1925. — Lamartine, arrivé avec Virieu dans les premiers jours d'août 1819 à Aix-les-Bains, où il devait rester jusqu'au 22 ou 23, avait conçu les premiers linéaments du *Vallon* le 8; quelques jours plus tard, le 10 ou le 11, au cours d'une promenade en barque qui avait entraîné les deux amis jusqu'à l'extrémité nord du lac du Bourget, ils furent pris par une tempête et durent relâcher, à quelque quinze kilomètres de leur point de départ, près du promontoire rocheux que domine le château de Châtillon, sur la commune et à un quart d'heure de Chindrieux. Ils y reçurent l'hospitalité du maître du lieu, qu'ils ne connaissaient apparemment point, s'il faut en croire le Commentaire de 1849. Hyacinthe Rambert, né en 1758, avait été lieutenant au régiment de Piémont-Cavalerie; appelé baron de Châtillon à partir de 1783, il était devenu en 1791 seigneur de la Chautagne, où se dresse son manoir; devenu le citoyen Rambert aux temps troublés de la Révolution, il continua de vivre en paix dans sa demeure qu'il embellit. Il taquinait la muse à ses heures de loisir, et ses descendants ont conservé un recueil manuscrit de ses vers, où l'on relève notamment une agréable épître intitulée *Mon Roc et mon Château*. Quand Lamartine débarqua chez le vieux gentilhomme, il avait dans sa poche le manuscrit de *Saül* et « il eut la complaisance de lire à son hôte cette belle tragédie », après lui avoir récité « divers autres morceaux de poésie » : ces détails permettraient de douter du carac-

tère fortuit de sa visite, comme de la réalité de la tempête évoquée sur le tard... Quoi qu'il en ait été, l'accueil dut être charmant et Alphonse se sentit obligé d'adresser des remerciements à M. de Châtillon; il ne le fit pas de suite, ni n'envoya ses vers à leur destinataire par un providentiel batelier se rendant à Seyssel sur le Rhône. C'est après son retour en Bourgogne qu'il adressa de Milly, le 2 septembre, une lettre pour lui exprimer ses remerciements :

« Je trouve un vif plaisir à m'acquitter de ce devoir et à me reporter en esprit dans la retraite si poétique dont vous nous avez fait les honneurs avec tant d'amabilité. Mais comme il faut parler à chacun sa langue, je laisse là la vile prose et je vous envoie dans leur négligé naturel quelques vers que Châtillon et vous nous inspiraient... N'y cherchez pas de poésie, mais voyez-y notre seul souvenir...

(Suivait le texte original de *La Retraite.*)

« Adieu, Monsieur, je fais bien sincèrement, en prose, les vœux que vous venez de lire mal rimés. J'espère vous les répéter de vive voix dans quelque autre visite, et je vous prie de compter en moi un ami de plus. »

Je ne sais si jamais Lamartine revit M. de Châtillon, la seule trace ultérieure de leurs relations étant une lettre de celui-ci au poète, datée du 14 octobre 1819 et dans laquelle était évoquée leur rencontre d'août. Mais il semble bien que l'auteur, dans son poème, ait effectivement *parlé la langue* de son hôte occasionnel : celui-ci devait être un « philosophe » à la mode du XVIIIe siècle et c'est le ton de cette époque qui domine dans la pièce; le souple talent de Lamartine, épistolier en vers, savait s'adapter au goût de ceux à qui il s'adressait et, en 1821, il n'en usera pas différemment dans *Philosophie,* destinée au sceptique M. de la Maisonfort.

* *Vers 3.* Le participe *couvert* est construit absolument et ne se rapporte pas au sujet *(le temps)* du verbe principal : c'est là une tournure de la langue classique, encore fréquente au début du XIXe siècle. On notera que les mots *préjugés, erreur, philosophie,* comme plus loin *flambeau de l'étude, raison* (v. 23), *crédule antiquité* (v. 36), *bonheur* et *vertu* (v. 42) sont autant de termes qui auraient été parfaitement à leur place sous la plume d'un contemporain de Voltaire.

* *Vers 6.* Le *matin* et le *soir de la vie* sont des métaphores employées par la poésie française depuis la Renaissance. Cf. par exemple, La Fontaine, *Philémon et Baucis :*

> Approche-t-il du but, quitte-t-il ce séjour,
> Rien ne trouble sa fin : c'est le soir d'un beau jour.

Saint-Lambert, *Les Saisons,* I :

> Il embellit l'aurore et le soir de la vie.

* *Vers 9. Nos amours :* le mot est la clef du thème épicurien indiqué dans les v. 7-15. Mais, à l'inverse de maints auteurs du XVIIIe, pour qui l'amour n'était que passagère fantaisie, Lamartine croit à sa durée et à son caractère *divin.*

* *Vers 18.* Idéal renouvelé des Anciens, en particulier d'Horace, qui conseillait de *resserrer* ses espoirs (*Odes,* I, II, v. 7 : « Longam spem *resèces* »), de vivre dans un petit *coin de terre* (*Ibid.,* II, VI, v. 13 : « Ille *terrarum* mihi... *angulus* ridet »), tout en professant le mépris du *vulgaire* (*Ibid.,* III, I, v. I : « Odi profanum *volgus* »).

* *Vers 20.* Goût de la solitude partagé également par les Anciens (que l'on songe encore à Horace, *Satires,* II, VI : « Hoc erat in votis : modus agri non ita magnus... »; à Virgile, *Géorgiques,* IV, v. 125-146 : *Le Vieillard de Tarente;* à Claudien, *Le Vieillard de Vérone*) ; mais la passion de l'*étude* et le goût de la *raison* ont un accent plus moderne, bien que l'*otium* des Romains impliquât lecture et réflexion.

* *Vers 31.* L'évocation de *Rome,* de l'*Égypte* et de l'*Inde* par l'énumération de leurs fleuves (v. 24), introduit un développement général sur la fragilité des fondations de l'homme qui disparaissent pour se renouveler. Thème au demeurant banal et souvent repris par les apologistes; G. Lanson citait à ce propos un passage de Bossuet, *Discours sur l'Histoire Universelle,* III, I : « Quand vous voyez passer comme en un instant devant vos yeux, je ne dis pas les rois et les empereurs, mais ces grands empires qui ont fait trembler tout l'univers; quand vous voyez les Assyriens anciens et nouveaux, les Mèdes, les Perses, les Grecs, les Romains, se présenter devant vous successivement, et tomber, pour ainsi dire, les uns sur les autres, ce fracas effroyable vous fait sentir qu'il n'y a rien de solide parmi les hommes, et que l'inconstance et l'agitation est le propre partage des choses humaines. » Par ailleurs, en face de ces vers, Gustave Flaubert avait écrit, sur son exemplaire des *Méditations : Vico.* Ce penseur italien (dont le romancier annotait, en 1837, les *Principes de la Philosophie de l'Histoire*) avait insisté sur la forme cyclique du temps qui, tournant et retournant sur lui-même *(corsi e ricorsi)*, amène un éternel recommencement des phénomènes historiques; un de ses chapitres s'intitule : *D'une république éternelle fondée dans la nature par la Providence divine et qui est la meilleure possible dans chacune de ses formes diverses;* ces idées ne sont pas très différentes de celles énoncées au v. 31 de *La Retraite;* mais on ne saurait conclure de cette rencontre que le poète ait lu Vico chez M. de Châtillon ou ailleurs à cette époque (cf. G. Blaizot, *Flaubert et Lamartine (à propos d'un exemplaire des « Méditations » annoté par Flaubert), Revue de France,* septembre-octobre 1937, pp. 248-265) *.

* *Vers 34.* Le thème de la fuite du temps est spécifiquement lamartinien. Sur celui de la vanité de la gloire, voir *Le Poète mourant,* notes des v. 67 et 69.

* *Vers 36.* Est-ce par hasard que les deux vers suivant le v. 36 furent omis des éditions jusqu'à la neuvième? ou bien Lamartine ou plutôt

---

* Il s'agit d'un exemplaire de la 10e édition, paru chez Gosselin en 1823; outre *La Retraite,* Flaubert a annoté l'*Ode sur la Naissance du duc de Bordeaux* et *L'Automne.*

ses amis bien-pensants les jugèrent-ils trop entachés de scepticisme pour les publier en 1820? En 1823 ,le poète, devenu célèbre, eut sans doute moins de scrupules...

* *Vers 42.* G. Flaubert avait souligné les v. 40-42 (G. Blaizot, *art. cit.),* qui traduisent encore un idéal commun à Horace et aux sages du XVIIIe siècle.

* *Vers 45.* Planter des arbres de ses propres mains, surtout pour un grand, fut toujours considéré comme un signe de sagesse : le Lacédémonien Lysandre en félicitait déjà le prince perse Cyrus le Jeune, au témoignage de Xénophon dans son *Économique !* Cf. *Adieu,* v. 65 et note du v. 64.

* *Vers 50. Rustique opulence* est encore une expression que n'eussent désavouée ni Horace ni les philosophes du XVIIIe (que l'on pense à Voltaire seigneur de village !).

* *Vers 55.* Image à rapprocher de *Philosophie,* v. 89-90, *Chants lyriques de Saül,* v. 102-104, *Consolation,* v. 57-58.

* *Vers 61. Port :* cf. *Adieu,* v. 1; *A Elvire,* v. 13-14; etc. L'origine de cette image est peut-être à chercher dans Horace, *Odes,* I, XIV, v. 1-3 (le poète s'adresse symboliquement au navire de l'État) :

O navis, referent in mare te novi
Fluctus. O quid agis? Fortiter occupa
Portum...

Toute la métaphore marine qui suit *(flots, orage, ballotté par l'onde et le vent, barque)* est renouvelée parce qu'elle s'accorde effectivement avec la situation réelle du château de Châtillon.

* *Vers 67.* En face de ces derniers vers, G. Flaubert avait écrit deux brèves remarques : 1° *Racine : cons(truction) :* il soulignait ainsi les analogies de forme existant entre cette méditation et la langue classique; 2° *Lamartine, l'homme, l'ami :* Flaubert est généralement dur pour Lamartine; mais « cette brève annotation est émouvante; c'est un aveu direct, un geste de sympathie vers le poète et vers l'homme qui chante ainsi la sainte amitié » (G. Blaizot, *art. cit.).*

MÉDITATION QUATORZIÈME. — LE LAC DE B...

Page 48

* *LE LAC DE B...* — Voici la plus célèbre de toutes les *Méditations,* sans doute aussi un des poèmes les plus connus de la littérature française et universelle. Les commentateurs n'ont naturellement pas manqué à cette pièce fameuse qui figure dans toutes les anthologies et reste à jamais inséparable du roman d'amour de Lamartine avec Elvire.

Le 21 août 1817 très probablement (le 20 il datait une lettre de Chambéry), Alphonse arrivait à Aix-les-Bains pour la seconde fois;

il y venait faire une cure et surtout espérait s'y rencontrer bientôt avec Mme Charles qu'il y avait connue l'année précédente. Mais le rendez-vous qu'ils s'étaient donné à Paris au mois de mai ne se produisit point, la maladie ayant retenu Julie à Viroflay. Son ami en conçut une douloureuse déception. Il avait avec lui le précieux *Carnet de Maroquin Rouge* qu'elle lui avait offert lors de leur séparation et où l'on trouve (f° 3, verso) l'écho de sa tristesse dans cette double note :

Assis sur le rocher à la fontaine intermittente, le 29 août 1817. — pensant à Toi (Julie)
Abbaye d'Hautecombe à pic sur le lac ! — séjour à choisir si nous — Passé la journée du 29 dans les bois d'Hautecombe sur le lac de B. avec cinq personnes bonnes et aimables — Souvenir de notre journée du mois de septembre (en réalité : octobre) passée sur le lac avec elle !

L'abbaye de Hautecombe se trouve, on le sait, au nord-ouest d'Aix, sur la rive opposée du lac; parmi les amis qui accompagnaient Lamartine ce jour-là, il n'est pas invraisemblable que se trouvait Mlle Éléonore de Canonge, dont il venait de faire la connaissance. Par ailleurs, comme sur le même *Carnet Rouge* figure (f° 1) la toute première ébauche du *Lac* (reproduite par nous à la variante du v. 16), M. Levaillant *(Œuvres choisies,* pp. 86-88) s'est plu à imaginer que la méditation fut conçue le jour même de l'excursion à Hautecombe; G. Lanson, tenant compte du fait que l'ébauche précède les notes du touriste mélancolique, pensait qu'elle pouvait être un peu antérieure ou avoir été tracée, au plus tard, le matin du 29; précision fort incertaine, quand on connaît dans quel inimaginable désordre le poète écrivait sur ses albums ! La mise au net de la pièce (f°s 53-55) est datée d'*Aix, septembre 1817* et le poète quitta la ville le 17 : *Le Lac* fut donc écrit durant la première quinzaine du mois*.
Quant au lieu exact où la pièce fut composée, une incertitude plane; on a nommé Hautecombe, mais les parages de la célèbre abbaye virent au maximum naître ses premiers linéaments; sur l'autre rive du lac, on a songé à la pointe de Saint-Innocent, au sud d'Aix; mais, en général, on opte pour la colline de Tresserve, faubourg méridional de la ville : R. Michaud Lapeyre a apporté en faveur de ce

* Cette certitude comporte une réserve. Le baron de Nanteuil a remarqué justement que toutes les pièces du *Carnet Rouge* étaient destinées à être communiquées à Mme Charles; mais *Le Lac,* « qui était par anticipation un sanglot d'amour pour Julie morte n'était pas fait pour être montré à Julie vivante »; de l'avis de ce critique, seule la courte esquisse crayonnée figura sur l'album tant qu'Elvire ne fut pas morte; la pièce fut élaborée sur un carnet disparu, puis reportée sur l'autre tardivement, peut-être en 1820 : en tout cas, le poète semble avoir hésité au moment d'écrire le 7 de 1817 (*Revue Bleue,* 1938, pp. 274-276). Il est probable que la célèbre méditation, en septembre 1817, était dans un état encore assez éloigné de sa forme définitive.

site des arguments qui ont semblé décisifs (*Lamartine à Aix-les-Bains. La colline de l'Inspiration, Revue des Deux Mondes,* 15 juillet 1925, pp. 408-420) et une stèle commérative y a été inaugurée le 6 septembre 1927 : cf. Henry Bordeaux, *Lamartine à Tresserve,* article du *Journal des Débats,* 12 septembre 1937, écrit pour célébrer le cent vingtième anniversaire du *Lac* et le dixième de l'érection du monument à l'emplacement où le poème fut rédigé. Il va sans dire que, si ce belvédère offre sur le lac du Bourget une vue immense, la méditation n'est pas une description précise, mais une synthèse de souvenirs fondus une fois de plus en un *paysage intérieur* qu'il est vain de vouloir localiser avec une précision excessive.

A cette pièce profondément originale, où plusieurs thèmes (la solitude, la promenade en barque, la nature, la fuite du temps) s'enlacent avec une harmonie toute musicale et suivant trois mouvements marqués par le changement de rythme dans la versification, les exégètes ont naturellement trouvé des antécédents littéraires plus ou moins vraisemblables : les notes qui suivent rappelleront l'essentiel de ces découvertes. On voudrait ici signaler l'interprétation psychanalytique qu'on a pu proposer de cet illustre morceau. M. Jean Gaulmier (*Sur un thème obsédant de Lamartine : la chevelure, Mercure de France,* mars 1957, pp. 541-546) rappelle que l'*eau* est l'élément de la mort et le symbole profond de la femme (qui ne sait que *pleurer* ses peines et dont les yeux sont *noyés* de larmes); cette eau (dont une chevelure dénouée est un symbole élémentaire) communique avec les puissances de la nuit et du trépas (dans *L'Eau et les Rêves,* G. Bachelard a parlé à ce propos de *complexe d'Ophélie*) : « Chez Lamartine, n'est-ce pas là la signification profonde du *Lac,* si nettement mise en évidence par ces lignes des *Confidences* (XI, II et IV, 2) : « Je « n'ai jamais tant étudié les murmures, les plaintes, les colères, les « tortures, les gémissements et les ondulations des eaux que pendant « ces nuits et ces jours passés ainsi tout seul dans la société mono- « tone d'un lac. J'aurais fait le poème des eaux sans en omettre la « moindre note... L'eau est l'élément triste. *Super flumina Babylonis* « *sedimus et flevimus.* Pourquoi? C'est que l'eau pleure avec tout le « monde... » Et M. Gaulmier d'ajouter : « Tout *Raphaël* est ainsi le roman de l'eau triste. » Tant il est vrai que les grandes œuvres prêtent sans cesse à commentaires nouveaux... — A ces remarques on pourra joindre celles de M. A.-J. Steele dans *Lamartine et la poésie vitale* (*Actes du Congrès II,* pp. 56-58) sur « l'image lamartinienne par excellence, celle du lac », lequel « alimenté par les eaux vivantes de Dieu fait partie du circuit vital de l'univers ».

* *Vers 3. Rivages, océan des âges, jeter l'ancre* associent le spectacle aquatique que le poète a sous les yeux à l'idée centrale du texte, celle du temps qui s'enfuit, comparé à l'eau qui s'écoule au moins depuis le Grec Héraclite; l'image sera reprise aux v. 35-36. Cependant, on a cherché la source de l'expression *océan des âges,* qui n'a rien d'exceptionnel et sort naturellement du contexte; on l'a trouvée dans la description de l'été, au second chant des *Saisons* de Léonard (texte

cité à la note du v. 25 de l'*Hymne au Soleil*); M. P. Moreau (*Le Classicisme des Romantiques*, p. 139) la relève dans une lettre de jeunesse de Lamennais : « Au milieu de ce vaste océan des âges, quoi de mieux à faire que de se coucher comme Ulysse au fond de sa petite nacelle? »; Lamartine pu se souvenir de deux passages du poète portugais Manoël (à qui est dédiée *La Gloire*), traduit par Sané, *Ode XXIV* : « Lancés sur cet océan de la vie, tourmenté d'orages et de vicissitudes éternelles, hérissé de tant d'écueils, qui de nous peut dire avec assurance : —J'ai jeté deux ancres inébranlables au fond de l'abîme? » et *Ode XVI* : « Dans ce vaste océan des siècles, cent années ne sont qu'un peu de temps ». Mais il faut remarquer aussi que, dans ses *Adieux au Collège de Belley* (1808), Alphonse écrivait déjà :

Ainsi dans la vertu ma jeunesse formée
Y trouvera toujours un appui tout nouveau,
Sur l'océan du monde une route assurée...

et qu'en 1831 il reprendra la même image et les mêmes termes dans l'*Ode sur les Révolutions*, v. 282 :

Passagers ballottés dans vos siècles flottants,
Vous croyez reculer *sur l'océan des âges*,
Et vous vous remontrez, après mille naufrages,
Plus loin sur la route des temps!

On relève aussi dans l'*Hymne à la Mort (Harmonies poétiques)*, v. 91, l'expression *ce pur océan de vie*, qui désigne le séjour des cieux. Voir aussi la fin de la note du v. 252 du *Ressouvenir du lac Léman*.

* *Vers 5*. Ce tour noble est aussi employé à deux reprises dans *Saül*, v. 97 et 217 :

L'astre des nuits à peine a fini sa carrière...
Quand le flambeau des cieux va finir sa carrière...

— Ce vers est exact, puisque les deux amants s'étaient rencontrés pour la première fois en octobre 1816.

* *Vers 8*. Le héros préromantique et ossianique est souvent représenté assis sur une pierre ou un rocher. Cf. *Nouvelle Héloïse*, 4e partie, lettre 17 : « Voilà la pierre où je m'asseyais pour contempler au loin ton heureux séjour »; *Corinne*, XV, 2 : « Oswald aperçut de loin Corinne à genoux devant le rocher sur lequel ils s'étaient assis ». Mais, comme l'a remarqué Nanteuil avec beaucoup de bon sens (*art. cit.*, p. 286), le poète consigne dans ce vers un fait réel, dont témoigne la note portée sur le *Carnet Rouge*, fº 5, recto : « 30 août (1817). Au bout de l'allée des petits peupliers sur les restes d'un petit mur, assis à la place même qu'elle occupait le premier soir où nous nous promenâmes au clair de lune, premier aveu, premier baiser. » On a pu localiser approximativement cet endroit sur l'ancienne avenue de Tresserve.

* *Vers 12.* Cette strophe comporte maints détails qui conviennent parfaitement au lac du Bourget, à ses sites et à ses possibles tempêtes. Mais le paysage est tout à fait romantique, si l'on se souvient de la définition de J.-J. Rousseau, *Rêveries du Promeneur solitaire,* 5e Promenade : « Les rives du lac de Bienne sont plus sauvages et romantiques que celles du lac de Genève, parce que les rochers et les bois y bordent l'eau de plus près. » On a pu comparer ces vers avec tel passage des *Lettres de Jacopo Ortis* «(On entendait en un faible clapotis le gémissement des flots »), de *Corinne,* XV, 2 (« Et la même mer brisait ses flots sur le même rocher »), de *Childe Harold,* ch. III, str. 101 :

> ... the bowed waters meet him and adore
> Kissing his feet with murmur...

(« ... les eaux s'inclinent pour l'atteindre et baise ses pieds avec un murmure d'adoration... » Il n'est pas sûr que Lamartine ait connu Byron en 1817).

* *Vers 13.* La question *T'en souvient-il ?* (tour impersonnel classique) posée au lac introduit le thème du souvenir et traduit la préoccupation du poète, reprise aux v. 49 et suiv. Cette strophe rapporte encore des impressions sûrement éprouvées personnellement par Lamartine, sans doute au cours de la « journée passée sur le lac avec elle » que rappelle la phrase du *Carnet Rouge* rapportée à la première note. Mais elles ont pu être affermies, sans doute inconsciemment, par des réminiscences littéraires; cf. encore *Nouvelle Héloïse,* 4e partie, lettre 17 (promenade de Saint-Preux et Julie sur le Léman) : « Nous gardions un profond silence. Le bruit égal et mesuré des rames m'excitait à rêver... »; *Atala, Les Chasseurs* : « Rien n'interrompait ses plaintes, hors le bruit insensible de notre canot sur l'onde... » Ce thème était dans l'air; en 1818, Pierre Lebrun évoquerait dans *Golfe de Naples :*

> Ce calme solennel qu'interrompt pour tout bruit
> L'accord des avirons qui tombent en cadence
> Et, du sein des rameurs se hâtant en silence,
> Le chant du matelot qui monte dans la nuit.

Cf. *Le Golfe de Baya...,* v. 10-15; *Ressouvenir du lac Léman,* v. 47 et suiv., où sont longuement orchestrées des impressions de navigation nocturne; *Raphaël,* XXII, XXXIV, XCI; *Graziella,* Épisode, IV.

* *Vers 18,* Il n'est pas impossible que Lamartine ait entendu Julie Charles fredonner quelque romance lors de leur navigation sur le lac du Bourget (l'héroïne de *Raphaël,* XXII, chante ainsi une ballade écossaise); mais on peut voir une suggestion d'*Atala, Les Chasseurs,* où l'héroïne de Chateaubriand, naviguant sur le Tenase avec Chactas, « tout à coup fit éclater dans les airs une voix pleine d'émotion et de mélancolie » pour chanter sa patrie absente, cependant que les deux personnages « joignent leur silence au silence... du monde primitif ».

* *Vers 19.* Selon le critique Féletz, *(Journal des Débats,* 1er avril 1820), « *Le flot fut attentif* est un hémistiche de Quinault »... Ren-

contre évidemment fortuite ! Le *flot* (comme le *rivage* au vers qui précède) est personnalisé; faut-il songer ici, avec G. Lanson, au thème de la nature ensorcelée par le chant d'Orphée? On pourrait aussi bien croire à une influence biblique; cf. par exemple *Psaumes,* CVI, 29 : « Et siluerunt fluctus » ou les divers prophètes qui s'adressent à l'attention des éléments (*Livre d'Isaïe,* I, 2; etc.)

* *Vers 21.* Selon le même Féletz, « *O temps ! suspens ton vol* est un hémistiche de Thomas », académicien du XVIIIe siècle complètement oublié. La formule est en elle-même assez banale et le sentiment qu'elle exprime très profondément enraciné dans le cœur de Lamartine : on peut donc penser l'expression venue spontanément sous la plume du poète. Dès le 3 août 1814, dans une lettre à Virieu, il esquissait gauchement certes, mais identique en son essence, le futur thème du chant d'Elvire :

Coulez, jours fortunés, coulez plus lentement,
Pressez moins votre course, heures délicieuses,
Laissez-moi savourer ce bonheur d'un moment;
Il est si peu d'heures heureuses !
Faut-il les voir fuir si rapidement !

Les derniers vers du *Golfe de Baya*... semblaient aussi annoncer *Le Lac.* Dans *Raphaël,* XXI, Julie comprend en une sorte d'illumination et d'extase ce que serait pour une âme humaine la « suspension » du temps : « l'éternité dans une minute et l'infini dans une sensation ». A propos du vœu initial d'Elvire, M. Georges Poulet note dans ses *Études sur le Temps humain* (Plon, 1950, t. I, p. 179) : « Ce moment d'équilibre, auquel la parfaite conjonction de la sensation et du moi donnait une valeur d'éternité, est dépassé par l'excès même du bonheur qu'il procure, par la qualité même de la pensée qu'il éveille. Le souhait seul, le souhait faustien ou lamartinien que *le temps suspende son vol* indique déjà que ce moment n'est plus, qu'on est au-delà, qu'il est devenu du passé. » La fuite du temps et l'impermanence universelle, qui a retenu l'attention de nombreux penseurs et demeure un des grands sujets de toutes les littératures, est l'objet de remarques suggestives du philosophe Gaston Berger, traitant du *temps existentiel* dans l'*Encyclopédie française* (Tome XX, 3e partie, section A, 1959) : « Quand Lamartine supplie le temps de *suspendre son vol,* il ne demande pas en réalité le prolongement de l'extase, mais son retour. Il est sorti de l'éblouissement et le temps l'a repris. Il vit une de ces déchirantes minutes où la joie est toute proche, et presque savoureuse encore, et où pourtant elle a déjà pris la forme précise et douloureuse de l'absence : c'est cela même qui est la conscience du temps la plus aiguë... Celui qui s'interroge, qui discute, qui implore, a déjà perdu la plénitude. C'est déjà trop, pour l'âme comblée, que de chercher à défendre son silence intérieur et de dire avec Paul Claudel : — Chut ! si nous faisons du bruit, le temps va recommencer ! — Le temps est revenu avec le langage. »

* *Vers 25*. Sur le sens d'*implorer* chez Lamartine, cf. *Le Soir,* note du v. 30. Au v. 27, *soins* a le sens classique de *soucis.*

* *Vers 30*. C'est en somme le « Dum loquimur, fugerit invida aetas » (« Pendant que nous parlons, le temps jaloux — cf. v. 37 — se sera enfui ») d'Horace, *Odes,* I, II, v. 7-8.

* *Vers 33*. Catulle, V, v. I, invitait de même sa maîtresse : « Vivamus, mea Lesbia, atque amemus. »

* *Vers 36*. Les deux citations qui précèdent suffisent à souligner le caractère païen, et plus exactement épicurien, des couplets d'Elvire. Léon Séché (pp. 91-92) justifiait ces accents en rappelant qu'elle était créole, poitrinaire et contemporaine de la Révolution : « Toutes les femmes, disait-il, qui ont vécu cette époque tragique de notre histoire avaient une âme de feu. L'emphase du langage correspondait merveilleusement à la surexcitation de leur esprit... Dans *Le Lac,* Lamartine traduit fidèlement le cri du cœur, le sentiment impérieux de la plupart d'entre elles. Elles avaient vu tomber tant de têtes chéries sous le couperet de la guillotine qu'elles se hâtaient d'aimer comme si elles avaient encore été menacées par l'échafaud. » Cette remarque ne manque pas de pertinence, mais elle s'applique, mieux encore qu'à Julie, née en 1784, à *La Jeune Captive* de Chénier, qui s'écrie pathétiquement :

Je ne veux point mourir encore...
O mort ! tu peux attendre ; éloigne, éloigne-toi ;
Va consoler les cœurs que la honte, l'effroi
Le pâle désespoir dévore...,

aux merveilleuses ou aux belles amies de Chateaubriand. En fait, Lamartine partageait avec son amie l'ardeur de vivre qu'il lui prête dans son poème et, dans les v. 21-36, il s'exprime comme il le faisait dans les œuvres de sa première manière.

Cette conception de la vie n'est pas spécifiquement gréco-latine. On la retrouve dans les *Poésies érotiques* de Parny (par exemple livre III, *A mes Amis*) ou chez J.-J. Rousseau (*Nouvelle Héloïse,* 1re partie, lettre 26; *Confessions,* livre VI : « Moments précieux et si regrettés ! Ah ! recommencez pour moi votre aimable cours, coulez plus lentement dans mon souvenir, s'il est possible, que vous ne le fîtes réellement dans votre fugitive succession... »). On lui a trouvé aussi des références au *Livre de la Sagesse,* II, 1-6 : « Le temps de notre vie est court... Personne ne garde la mémoire de nos œuvres. Notre vie est le passage d'une ombre ; après notre fin point de retour... Venez donc, hâtons-nous d'user des biens qui sont, et jouissons de la créature, parce que la jeunesse est rapide... » ; Racine a transposé ces versets dans un chœur d'*Athalie,* v. 823-826 :

Sur l'avenir, insensé qui se fie !
De nos ans passagers le nombre est incertain :
Hâtons-nous aujourd'hui de jouir de la vie,
Qui sait si nous serons demain ?

Et le pieux Bossuet lui-même, à des fins d'édification, a souvent médité sur la brièveté de la vie humaine et telles phrases de son *Panégyrique de saint Bernard* (1653), par exemple, semblent par avance annoncer la pensée de Lamartine : « Le temps passe et nous passons avec lui, et ce qui passe à mon égard par le moyen du temps qui s'écoule entre dans l'éternité qui ne passe pas... Notre vie est toujours emportée par le temps qui ne cesse de nous échapper... » Dans son étude sur *Lamartine diplomate* (*Le Correspondant,* 10 novembre 1891, pp. 528-529, note), le comte Édouard Frémy rapporte un passage du *Sermon pour le saint jour de Pâques* (1685) encore plus frappant : « Il faut marcher, il faut courir et *les heures se précipitent.* On rencontre sur le chemin des objets qui divertissent, des eaux courantes, des fleuves qui passent; on voudrait s'arrêter... *Heures rapides, passez pour ceux qui pleurent ! Oubliez les heureux !* » Par ces divers rapprochements, il ne s'agit pas de montrer que l'auteur du *Lac* a subi d'innombrables influences, mais qu'il a développé, avec sobriété et émotion, un des sujets qui s'enracine le plus profondément aux cœurs des hommes.

* *Vers 37.* La dernière partie du poème, qui constitue la méditation proprement dite, comporte deux mouvements, dont le premier (v. 36-48) est une apostrophe véhémente, une imprécation haletante et angoissée contre le temps avide et destructeur du bonheur humain. Saint-Preux exprimait avec une ardeur à peine moindre le même sentiment au terme de sa promenade sur le Léman : « C'en est fait, disais-je en moi-même; ces temps, ces temps heureux ne sont plus; ils ont disparu pour jamais. Hélas ! ils ne reviendront plus... » (*Nouvelle Héloïse,* 4e partie, lettre 17). Mme de Staël avait aussi éprouvé d'analogues émotions : « Si le temps n'avait pas pour antidote l'éternité, on s'attacherait à chaque moment pour le retenir, à chaque son pour le fixer, à chaque regard pour en prolonger l'éclat, et les jouissances n'existeraient que l'instant qu'il nous faut pour sentir qu'elles passent, et pour arroser de larmes leurs traces que l'abîme des jours doit aussi dévorer. » E. Zyromski (pp. 206-208) a remarqué que, si le poète du *Lac* s'attriste de « l'inconsistance des choses » et « reproche au temps sa voracité », « d'ordinaire cette instabilité ne lui donne que le mépris de ce qui passe et le goût de l'éternel » (cf. *Harmonies poétiques, Hymne au Christ,* v. 143 et suiv.) et que, d'autre part, « au fond du cœur se dressent des images sur lesquelles le temps est sans force » (cf. *Souvenir,* v. 13-16).

* *Vers 44.* Le poète s'était déjà écrié dans son *Élégie sur la mort de Parny,* lue à l'académie de Mâcon le 7 janvier 1815 :

> Oh ! que tes ans ont fui d'un vol rapide !...
> Quoi ! ce soleil levé sur tes beaux jours,
> Quoi ! ce printemps, témoin de tes amours,
> A tes regards sont voilés pour toujours !

* *Vers 49.* Avec ce vers, commence le morceau le plus original du poème, celui où la nature est conjurée de garder les souvenirs

humains, qui ainsi participeront à sa durée : thème majeur du romantisme, qui sera repris en particulier par V. Hugo dans *Tristesse d'Olympio,* par A. de Musset dans *Souvenir,* par A. de Vigny dans *La Maison du berger.* Malgré leur envolée, ces vers furent mal accueillis par certains critiques; dans *La Minerve française* de 1821, pp. 246 et suiv., le littérateur E. Dupaty formulait ces remarques qu'il vaut mieux ne pas qualifier : « Ces poètes prétentieux et bizarres ne se comprennent pas eux-mêmes; chacun de leurs hémistiches exigerait un commentaire. Qu'a voulu dire M. de Lamartine dans cette strophe : *Éternité, néant...?* Qu'est-ce que l'*éternité,* le *néant,* êtres abstraits, que l'on prie de parler? Quand le poète parle de la sorte, *on cherche ce qu'il a dit après qu'il a parlé.* Et que direz-vous, plus loin, de l'invitation faite au *Lac* de garder le souvenir d'une nuit? *Qu'il soit dans ton repos, qu'il soit dans tes orages, dans l'aspect de tes riants coteaux, dans l'astre au front d'argent !...* Je ne sais si ce souvenir restera dans la lune; mais je serais bien trompé s'il restait dans la mémoire des gens de goût. » Et le sot auteur de ces lignes affligeantes de condamner *ces colifichets dont le bon sens murmure* pour leur préférer les *vers simples* d'un obscurissime M. Pillet!

On ne saurait méconnaître davantage le sens de la poésie lyrique, dont l'une des missions est de formuler et d'approfondir les grands mystères qui se posent à la conscience : et précisément les rapports de l'homme et de la nature constituent l'un de ceux-ci. Dans la conclusion du *Lac,* Lamartine ne déborde pas de l'optimisme qui s'étale aux v. 49 et suiv. du *Vallon* (« Mais la nature est là qui t'invite et qui t'aime »); la divinisation du souvenir mystiquement conservé par les objets extérieurs est son souhait le plus cher et la réalisation de celui-ci ne lui apparaît pas impossible, si l'on en juge par l'accent apaisé des dernières strophes en opposition avec la violence de celles qui les précèdent. Mais, d'une manière générale, le poète fait montre d'un pessimisme qui annonce celui de Vigny et la croyance de celui-ci à l'indifférence d'une nature éternellement sereine; cf. *Dernier Chant du pèlerinage d'Harold,* v. 1473 et suiv. :

> Triomphe, disait-il, immortelle nature,
> Tandis que devant toi ta faible créature,
> Élevant ses regards de ta beauté ravis,
> Va passer et mourir; triomphe, tu survis...
> Le temps s'épuise en vain à te compter des jours,
> Le siècle meurt et meurt, et tu renais toujours!
> Quoi donc? n'aimes-tu pas au moins celui qui t'aime?
> N'as-tu point de pitié pour notre heure suprême?...

ibid., v. 447, 673-674; *Jocelyn,* neuvième époque, v. 1417-1496 : après les funérailles de Laurence, long couplet dont le sens se résume par ces vers :

> La terre en peu de jours nous avait oubliés!...
> Dans ce séjour de paix, d'amour, d'affection,
> Tout n'était plus que ruine et profanation...

* *Vers 56.* Ces vers descriptifs ont une valeur assez générale (les *noirs sapins* (déjà présents chez Rousseau, *Nouvelle Héloïse,* 4e partie, lettre 17) reparaîtront dans le *Ressouvenir du lac Léman,* v. 17), mais le lac du Bourget est effectivement bordés tour à tour d'à-pic rocheux et de *riants coteaux*, ceux-ci en particulier sur la rive sud et aux abords d'Aix.

* *Vers 60.* Ce clair de lune rappelle celui de *L'Isolement,* v. 11-12; le style est ici classique. L'expression *molle clarté* (employée par Baour-Lormian traducteur d'Ossian) se retrouve dans *L'Immortalité,* v. 106, et dans *Ischia,* v. 12 et 65. Chateaubriand (*Génie du Christianisme,* première partie, liv. V, chap. 12) parle aussi des nues éclairées par la lune et dont l'œil croit ressentir « la *mollesse* et l'élasticité ».

* *Vers 64.* Le cri qui termine *Le Lac* était devenu encore plus émouvant lorsque le poème fut publié, puisque la mort de Julie donnait à ce passé sa pleine et définitive valeur. Il paraît assez vain de rapprocher cette conclusion de celle d'un poème de Parny, *Le Raccommodement :*

Et l'on dira, quand nous ne serons plus :
Ils ont aimé, voilà toute leur vie.

H. de Lacretelle (*Lamartine et ses amis,* p. 228) rapporte une anecdote qui montre à quels expédients Lamartine en était réduit à la fin de sa vie : « Il avait eu la faiblesse de gâter le dernier vers de son admirable *Lac.* Au lieu de : *Tout dise : Ils ont aimés !* il venait d'écrire pour une édition de famille : *Tout dise : Ils ont passé !* Ce qui inspira un mot à Mme de Girardin, qui proposa de mettre : *Tout dise : Ils ont fumé !* Je lui demandai de rétablir le texte, et je lui fis presque honte de sa concession. Que voulez-vous? me répondit-il, Mme de Lamartine a revu l'épreuve; elle prétend que je vendrai ainsi cinquante exemplaires de plus en Angleterre. Mes dettes m'ont fait faire bien des lâchetés ! » Léon Séché (p. 241) a pensé, non sans quelque vraisemblance, que Victor Hugo a repris et « développé à plaisir comme pour faire éclater sa puissance verbale » le mouvement des trois dernières strophes du *Lac* dans la pièce XXIV des *Chants du Crépuscule* (datée d'Enghien, 19 septembre 1834) :

Que tout ce que tu vois, les coteaux et les plaines,
Les doux buissons de fleurs aux charmantes haleines,
La vitre au vif éclair,
Le pré vert, le sentier qui se noue aux villages,
Et le ravin profond débordant de feuillages
Comme d'ondes la mer;

Que le bois, le jardin, la maison, la nuée,
Dont midi ronge au loin l'ombre diminuée;
Que tous les points confus qu'on voit là-bas trembler;
Que la branche aux fruits mûrs, que la feuille séchée;

Que l'automne, déjà par septembre ébauchée;
Que tout ce qu'on entend ramper, marcher, voler;

Que ce réseau d'objets qui t'entoure et te presse,
Et dont l'arbre amoureux qui sur ton front se dresse
Est le premier chaînon;
Herbe et feuille, onde et terre, ombre, lumière et flamme,
Que tout prenne une voix, que tout devienne une âme
Et te dise mon nom!

Ce rapprochement permet d'apprécier la différence foncière existant entre la poésie, intime et harmonieuse, de Lamartine et celle, exubérante et sonore, de V. Hugo.

MÉDITATION QUINZIÈME. — LA GLOIRE

Page 51

* *LA GLOIRE.* — Ce *poète exilé* est le Portugais Francisco-Manoel do Nascimento. Né à Lisbonne le 23 décembre 1734, de parents riches, il se passionna pour la musique et la poésie. Lecteur de Pindare, Horace, Tibulle, Cicéron, etc., il traduisit dans sa langue des auteurs anciens, anglais (Milton, Pope) et français (*Fables* de La Fontaine, *Andromaque, Tartuffe, Vert-Vert* de Gresset, etc.) Dénoncé pour hérésie à l'Inquisition, il fut arrêté, mais put s'enfuir (1778) et vint se réfugier en France : il vécut à Paris jusqu'en 1792, puis alla résider à La Haye, avant de se réinstaller dans la capitale en 1797; il mourut à Versailles le 25 février 1819. Ses œuvres furent partiellement mises en français par Sané en 1808, sous le titre *Poésie portugaise ou Choix des Odes de François-Manoel.* F. Reyssié (pp. 242-247) signale que le futur auteur des *Méditations,* lors de ses passages à Paris, allait souvent rendre visite au vieil écrivain lusitanien dans son petit logement du Roule et le faisait parler de Camoëns. Il n'est pas étonnant qu'il lui ait consacré des vers : le 19 décembre 1817 (à l'heure même où le corps de Julie Charles, décédée la veille, était présenté à l'église Saint-Germain-des-Prés), Lamartine lisait *La Gloire* à l'académie de Mâcon (il devait encore y communiquer une notice sur Nascimento le 26 mars 1818) et cette ode, très classique de fond et de forme, fut publiée une première fois au t. V des *Obras completas* du poète portugais, paru en 1818 à Paris, chez l'éditeur A. Bobée.

Son thème, selon lequel la gloire et le bonheur sont incompatibles (cf. v. 3-4), s'accordait bien avec le pessimisme de celui qui composait vers la même époque *Le Désespoir;* Lamartine développerait des idées analogues dans l'*Ode sur l'Ingratitude des Peuples.* Mais peut-être s'est-il souvenu initialement de Nascimento lui-même qui est fréquemment revenu sur l'antithèse existant entre la réussite matérielle et le mérite ou la vertu; dans son Ode I, strophes 29-30, par exemple, le dieu Apollon déclare à Camoëns : « L'enthousiasme, il est vrai donne la gloire, mais non pas des trésors. Tu mourras pauvre... Cette même destinée, je la réserve inexorablement aux poètes qui suivront ces routes escarpées et qui, enivrés de l'harmonie de tes vers hardis et sonores, seront tes émules et sur la lyre et dans le malheur. » La forme de la strophe adoptée ici (trois vers longs, un court) est familière au poète portugais.

* *Vers 1.* Périphrase usuelle pour désigner les Muses, filles de Mnémosyne, déesse grecque de la *mémoire.*

* *Vers 3.* Cette alternative fait songer à l'allégorie d'Héraclès hésitant entre le vice et la vertu, telle qu'elle est notamment contée sous le nom de Prodicos par le Socrate de Xénophon (*Mémorables,* II, I, 21-34).

* *Vers 12.* Même idée dans l'Ode XIV de Nascimento sur le *Bonheur de la Médiocrité :* « Je ne demande au ciel qu'une heureuse médiocrité, un doux repos, une santé joyeuse, et une lyre pour chanter les louanges de l'amitié. » C'est un développement inspiré d'Horace, *Odes,* II, 18. Le v. 12 possède un certain accent d'orgueil, à comparer avec celui qu'on trouve dans *A Elvire,* v. 6 et note.

* *Vers 13.* Sénèque (*Lettres à Lucilius,* CII) s'exprime de manière analogue : « Patria est animo quodcumque suprema et universa circuitu suo cingit... Omnes, inquit, anni mei sunt; nullum saeculum magnis ingeniis clusum est. »

* *Vers 16.* Idée comparable chez Nascimento, Ode XV : « Mais sitôt que la valeur a triomphé des plus durs obstacles, la Renommée se lève, et proclame un nom dont la gloire fut si héroïquement conquise. » Lamartine se souvient probablement aussi d'Horace, *Épîtres,* II, 1, évoquant (v. 6) les anciens héros grecs et latins,

Post ingentia facta deorum in templa recepti,

Hercule qui « mort sera encore aimé » (« exstinctus amabitur idem ») (v. 14), et Auguste à qui, encore vivant, on dresse des autels (« ponimus aras ») (v. 16).

* *Vers 17.* L'*aigle* est une image traditionnelle de la poésie élevée; on le retrouve dans *L'Enthousiasme,* v. 1-10 et dans *L'Homme,* v. 8.

* *Vers 24.* Les *parvis sacrés* évoquent le traditionnel temple de la Gloire, qu'on rencontre sur maintes gravures et qui figurera dans l'*Apothéose d'Homère* par Ingres (1827); la *gloire* et l'*infortune* sont des allégories morales, héritées de la poésie classique et qui ont leurs homologues chez Nascimento, par exemple dans son Ode X : « J'ai vu la Pauvreté, la Faim aux dents aiguës qui me tendaient leurs bras décharnés... »

* *Vers 28.* Cette strophe sur Homère semble comme une brève esquisse de l'*Ode sur l'Ingratitude des Peuples* (cf. en particulier v. 1, 3, 9, 12, 50).

* *Vers 29.* Dans l'*Ode* qu'on vient de citer (v. 81-90), le Tasse est également associé à Homère; cf. aussi la pièce intitulée *Ferrare.* Le v. 29 fait allusion à l'amour du poète italien pour Elléonore d'Este (voir *A Elvire,* note du v. 3), passion qui lui valut d'être enfermé à l'asile Sainte-Anne de Ferrare; il fut finalement accueilli à Rome par le pape Clément VIII, qui s'apprêtait à lui décerner la couronne de laurier, honneur suprême réservé au génie, quand il mourut au couvent de Saint-Onufre (avril 1594). Cf. *Le Golfe de Baya,* v. 60-72.

* *Vers 36.* C'est-à-dire : le ciel réserve d'autant plus de maux aux hommes qu'ils ont un génie plus grand. Cette idée se retrouve en particulier dans la strophe du *Désespoir* citée en variante après le v. 42 de cette pièce.

* *Vers 39.* Expression qui traduit l'orgueil bien connu des poètes. Le v. 70 de *L'Homme* exprime une idée voisine, mais sur le plan métaphysique.

* *Vers 41.* La décision du gouvernement portugais qui contraint Nascimento à vivre en exil.

* *Vers 48.* Dans son Ode XXVIII *A l'Amitié,* Nascimento se promettait un retour triomphal, de son vivant, dans la ville de Lisbonne : « Tu les verras, ces jours fortunés qui effaceront les noires traces d'un injuste exil... Jours charmants où, dans la triomphante Lisbonne, nous célébrerons sa fuite prudente et victorieuse, sa pauvreté digne encore d'envie, et ces revers affreux qu'il supporta sans perdre l'honneur. » En réalité, les restes du poète n'y furent ramenés qu'en 1842.

* *Vers 50.* En grec, le mot *panthéon* désigne un temple consacré à tous les dieux; ici Lamartine entend le terme au sens qu'il a pris pour désigner le Panthéon de Paris, ex-église Sainte-Geneviève, laïcisée par la Révolution pour abriter les tombeaux des grands hommes. Un tel usage n'existait point à Athènes : ce vers n'a donc qu'un sens fort vague. On peut penser à certains Athéniens, tel Socrate, condamnés, puis considérés ensuite comme faisant honneur à leur cité, — ou à Phocion (fin du IVe siècle av. J.-C.), accusé à tort de trahison, condamné à boire la ciguë, mais dont les concitoyens, repentants, « ensépulturèrent honorablement les os aux dépens de la chose publique » (Plutarque, *Vie de Phocion,* L-LII).

* *Vers 52.* Dans son Ode X, Nascimento citait en exemple d'exilé le fameux *Coriolan,* « contraint à porter chez les Lares étrangers des vertus si regrettables pour Rome ». L'histoire de Caïus Marcius Coriolanus, connue par Tite-Live (II, 34-40) et par la *Vie de Coriolan* de Plutarque, est considérée par les modernes comme une légende poétique : patricien intransigeant, il avait proposé des mesures défavorables à la plèbe, à la suite desquelles il fut contraint de se retirer chez les Volsques, ennemis de sa patrie; à leur tête, il marcha contre elle et ne renonça à ses projets militaires que sur l'inter-

vention de sa mère Véturie. Il ne revint jamais à Rome, dont on ne saurait dire que « *les enfants revendiquent son nom* » : tout au plus, selon Plutarque *(op. cit.*, LXIII), « les Romains, sa mort ouïe, n'en firent autre démonstration ni d'honneur, ni de courroux, sinon qu'ils permirent aux dames ce qu'elles leur requirent, de porter le deuil de sa mort l'espace de dix mois, autant comme elles avaient accoutumé de le porter pour la mort de leurs pères, de leurs frères ou de leurs maris ».

* *Vers 56.* Le poète Ovide (43 av. J.-C. - 17 ou 18 ap. J.-C.) fut exilé de Rome par l'empereur Auguste pour des raisons demeurées obscures et passa les dix dernières années de sa vie à Tomes (Constantza), sur la mer Noire et près du Danube, qui servait de frontière entre l'Empire romain et les barbares sarmates; c'est là qu'il composa *Les Tristes* et *Les Pontiques,* poèmes nostalgiques qui consacrèrent sa réputation à Rome.

MÉDITATION SEIZIÈME. — LA CHARITÉ

Page 54

* *LA CHARITÉ.* — Pourquoi Lamartine, dans l'Édition des Souscriptions, accompagne-t-il, du millésime 1846 une pièce datée sur le manuscrit : *Paris, 1er mai 1847* (cf. *Catalogue Coulet,* n° 102, référence 1323) et publiée le 28 juin 1847 dans le journal de Mâcon *La Mouche ?* Sans doute par inadvertance. Le titre initial *Le Cachot, conte arabe,* semblait mieux approprié à un *hymne oriental,* car le mot *charité* a une consonance toute chrétienne; mais il faut remarquer que le poète avait retrouvé cette vertu chez les sectateurs de l'Islam, comme le prouve cette phrase du *Voyage en Orient (Les ruines de Balbek) :* « Il faut rendre justice au culte de Mahomet : ce n'est qu'un culte très philosophique, qui n'a imposé que deux grands devoirs à l'homme : la prière et la charité. Ces deux grandes idées sont en effet les plus hautes vérités de toute religion. » Aussi bien Lamartine était-il personnellement l'homme le plus *charitable* qui fût (cf. *Prière de l'Indigent,* première note) et il a prêté ce trait essentiel de son caractère au héros de *Jocelyn.* D'autre part, hanté par le mirage de l'Orient, qu'il avait puisé dans la Bible et dans d'innombrables œuvres traitant de la proche Asie (cf. R. Mattlé, pp. 306-452), on pourrait croire qu'il a trouvé dans quelqu'une de ses lectures l'idée d'un dialogue entre le soleil et Dieu (v. 1-19); l'intitulé primitif du poème inviterait à chercher une source livresque, anecdotique, voire iconographique à *La Charité.* D'après M. Guillemin (*Les Études classiques,* juillet 1956, p. 228), paraissant se référer à C. Latreille qui avait étudié à Saint-Point un manuscrit du *Cachot,* daté du 1er mai 1847 (est-ce le même que celui passé chez Coulet?), Lamartine écrivait le 2 mai à un certain M. Chevillard, élève de l'École Normale Supérieure, en lui affirmant qu'il devait l'inspi-

ration de la pièce aux lignes émouvantes que ce jeune homme lui avait adressées.

* *Vers 1. Son soleil : son,* puisque Dieu en est le créateur (cf. *Genèse,* I, 16). Pour les idées et pour certains détails de la forme, on comparera les v. 2-9 avec l'*Hymne au Soleil,* v. 24-33. Dans ce couplet, Lamartine développe une fois de plus le thème du *Coeli enarrant gloriam Dei* (*Psaumes,* XVIII, 2) qui lui était familier.

* *Vers 10.* Le soleil, assimilé ici à un habitant des cieux, ne peut supporter de regarder face à face Dieu qui est la lumière suprême : cf. *L'Ange,* v. 25-28. Notons d'autre part que dans *Jocelyn,* neuvième époque, v. 995-1016, Lamartine imaginera un dialogue entre l'aigle et le soleil.

* *Vers 11. Immensurable (qui ne peut être mesuré)* est un adjectif fort rare, dont Littré cite un seul exemple, pris chez *La Bruyère, Caractères, Des Esprits forts,* 43 : « On ne connaît point la hauteur d'une étoile; elle est, si j'ose ainsi parler, *immensurable.* » Ce vieux mot, qu'on trouvait encore au XIVe siècle, avait disparu de l'usage au XVIIe et le moraliste ne put le ressusciter; Voltaire *(Dictionnaire philosophique,* art. *Cohérence)* le remplaça par *immesurable,* qui ne vécut pas, Lamartine, qui n'était pas un spécialiste du langage, semble bien avoir ici reforgé un terme qui avait existé avant lui sans que, probablement, il le sût !

* *Vers 12.* L'idée de ce vers sera reprise, sur un mode désolé, dans *Le Désert,* v. 109 et suiv.

* *Vers 13.* Lamartine connaissait bien le Liban pour l'avoir visité en avril 1833 : cf. *Voyage en Orient (Paysages et Pensées : en Syrie)* et R. Mattlé (pp. 365-366); il note par exemple : « Le Sannin, la cime la plus élevée et la plus pyramidale du Liban... forme, avec sa neige presque éternelle, le fond majestueux, doré, violet, rose, de l'horizon des montagnes... » Il avait traversé des champs de neige pour aller voir les fameux cèdres de Salomon, dont il a écrit le *Chœur* dans *La Chute d'un Ange,* 1re vision.

* *Vers 15. Écumer de feu* est une expression assez étrange, employée pour *jeter une écume de feu* (c'est-à-dire une pluie de lumière).

* *Vers 20. Jéhovah,* Dieu de l'Ancien Testament, généralement autoritaire et jaloux, exprime ici, pour les humbles et les opprimés, un sentiment de tendresse et de pitié digne du Père céleste dans l'Évangile, il est ici « Le Dieu qui du même œil voit l'opale et l'argile » *(La Fille du pêcheur,* v. 45).

* *Vers 22.* L'*insecte chantant* pour faire songer à la cigale, symbole de la poésie pour les Grecs et, en particulier, pour Platon *(Phèdre)*; mais il semble que le substantif désigne ici, avec humilité et mépris, l'homme en général par opposition au soleil et à Dieu : cf. *Le Désert,* v. 311 et note.

* *Vers 24.* Sur la vanité de la gloire, présente et posthume, cf. *La Gloire,* première note; *Le Poète mourant,* v. 67 et suiv. et notes; *Bonaparte,* v. 61-63.

* *Vers 28.* C'est aussitôt après la composition des *Harmonies poétiques* soit dès 1829, que Lamartine en était venu à l'idée d'une poésie plus simple et plus « intime », capable d'être comprise par les humbles : *Jocelyn* fut composé dans cette intention, qui alla se précisant à mesure que l'écrivain s'engageait davantage dans une politique démocratique et sociale (cf. H. Guillemin, *Jocelyn,* pp. 60-69, 744-747). En février 1847, quelques mois avant d'écrire *La Charité,* il offrait un volume de *Jocelyn* précisément à un « ouvrier de campagne » du Pas-de-Calais qui, trop pauvre pour en faire l'acquisition, lui en avait demandé l'envoi, et il accompagnait son présent de ces lignes qui illustrent parfaitement les derniers vers : « Votre lettre m'a vivement touché. Je n'ai jamais reçu de témoignage d'estime qui ait donné plus de prix à mes faibles ouvrages. Nourrir et consoler une famille pauvre, isolée et honnête, être en communication intime avec les pensées qui s'élèvent de la chaumière à Dieu, avoir son nom dans les souvenirs et les bénédictions de l'homme de bien qui ne nous connaît pas mais qui nous aime, c'est, selon moi, la véritable gloire, et vous m'en avez donné le sentiment... »

MÉDITATION DIX-SEPTIÈME. ODE SUR LA NAISSANCE DU DUC DE BORDEAUX

Page 56

* *ODE SUR LA NAISSANCE DU DUC DE BORDEAUX.* — Cette ode, type parfait de la pièce dictée par les circonstances, adopte la forme traditionnelle du lyrisme classique, c'est-à-dire la strophe de dix octosyllabes employée aussi dans l'*Ode aux Français,* dans *L'Enthousiasme* et dans *Le Génie.* A ce double titre, elle est assurément une des moins originales du recueil des *Méditations poétiques,* où elle n'entra qu'à sa neuvième édition, on verra comment par la suite. Mais le hasard a voulu qu'elle soit un des poèmes lamartiniens sur lesquels nous sommes le mieux renseignés : outre les mentions que l'auteur en a faites dans plusieurs de ses lettres, M. Levaillant a pu, grâce à de précieux documents par lui découverts dans les archives de la famille de Fontenay, en éclairer pleinement la genèse et la publication en divers passages de son *Lamartine et l'Italie en 1820,* pp. 128-153, 168-171, 188-192, 201-222. Tout le commentaire qu'on va lire s'inspire des révélations contenues dans ce livre.

Désigné dès mars 1820 par le gouvernement du roi Louis XVIII comme attaché à l'ambassade de Naples, Lamartine n'avait rejoint son poste qu'au début de juillet; l'ambassadeur était le comte Gabriel de Fontenay, qui devint rapidement son ami; le prince qui régnait à Naples, le vieux Ferdinand Ier (ou IV), roi des Deux-

Siciles, avait de solides attaches avec les Bourbons : sa femme, Marie-Caroline, était la propre sœur de la reine Marie-Antoinette et sa petite-fille (née de celui qui lui succéderait sous le nom de François Ier) avait épousé en 1816 le duc de Berry, héritier présomptif de la couronne de France. C'est pourquoi l'émotion avait été presque aussi grande qu'à Paris à la cour de Naples lorsque ce dernier fut assassiné, le 14 février 1820, par l'ouvrier Louvel, voulant ainsi anéantir la famille royale qui n'avait pas d'héritier mâle en bas âge. Quelques jours après cet assassinat, Chateaubriand écrivait dans *Le Conservateur* du 18 : « Qui rendra la vie à Mgr le duc de Berry? et, avec cette vie précieuse, qui nous rendra les espérances que la gloire et l'amour y avaient attachées? Un jeune lis, nourri dans une terre étrangère, verra-t-il éclore la tendre fleur que la foudre semble avoir respectée?

Si du sang de nos rois quelque goutte échappée *...
Que la Providence vienne à notre secours !... »

Ces lignes énigmatiques cachaient à peine une révélation que le duc avait faite au moment de mourir : sa femme attendait un enfant... Un espoir restait donc encore aux légitimistes, parmi lesquels il fallait alors compter Lamartine; celui-ci, sans doute à la lecture de l'article de Chateaubriand selon les dires de M. Levaillant, sentit monter en lui l'inspiration et il a conservé, sur le *Carnet de Maroquin Rouge*, f°s 49 recto-50 verso, ces deux *Strophes détachées de l'Ode du 13 (février)* :

Versez, versez du sang ! Versez, versez encore !
Plus vous en répandrez, plus il en doit éclore !
Toujours le sang versé fut fertile en vengeur !
Toujours quelque Joas que le poignard oublie,
Échappé d'Athalie,
Garde au tronc de David un rejeton vainqueur !
ou
Grandit pour la vengeance à l'ombre du Seigneur !

Dans son bonheur d'un jour, l'Iniquité sommeille,
Mais, la foudre à la main, la Vengeance l'éveille.
Le néant engloutit tant de crimes perdus !
Et, comme un astre fixe allumé par Dieu même,
La Justice suprême
Se lève sur le monde et ne se couche plus !

Mais l'enthousiasme royaliste ne se contint plus lorsque la duchesse de Berry, le 29 septembre, eut donné le jour à un garçon, Henri-Charles-Ferdinand-Marie-Dieudonné, duc de Bordeaux (et plus tard comte de Chambord). La nouvelle de l'heureux événement parvint à Naples le dimanche 8 octobre. Le prince héréditaire, duc de Calabre, grand-père de l'enfant, convoqua aussitôt Lamartine

* Racine, *Athalie*, v. 144.

pour requérir ses bons offices de poète; il lui communiqua alors un certain *Songe de son Altesse Royale Mme la duchesse de Berry,* composition en vers écrite quelques semaines plus tôt par une muse parisienne, nommée Jenny Pomaret : celle-ci y faisait annoncer par Saint Louis en personne à la future mère la naissance d'un fils et la chance avait fait que cette prédiction se trouvait vérifiée! On espérait évidemment à la cour napolitaine que l'auteur célèbre des *Méditations poétiques* chanterait dignement l'illustre naissance; sur le moment, il ne trouva à écrire, avec la collaboration de M. de Fontenay, qu'une stance impromptue :

A son Altesse Royale le Duc de Calabre
en lui renvoyant
Le Songe de S.A.R. Madame la Duchesse de Berry.

Ce songe était divin; Dieu le prouve à la terre.
Des Français, des Bourbons, le patron et le père,
Louis, du haut des cieux a veillé sur les lis :
Il nous donne des rois en te donnant un fils.
La fille des héros doit en être la mère.

Naples, 10 octobre.

Se borner à ces cinq vers pour célébrer la venue au monde de l'héritier du trône de France aurait été insuffisant de la part de l'ambassade de France à Naples, surtout au moment où elle comptait un Lamartine parmi son personnel. C'est ce que comprit Fontenay et ce qu'il fit comprendre à Lamartine; celui-ci commença par reprendre son ébauche de février et en dicta une nouvelle à son chef hiérarchique :

Versez, versez du sang, frappez, frappez encore
Plus vous en répandrez, plus il en doit éclore.
Toujours le sang versé fut fertile en vengeur;
Toujours quelque Joas que le poignard oublie
Échappé d'Athalie
Garde au tronc de David un rejeton vainqueur.

Bercé sur les genoux de ton heureuse mère,
Cher enfant, si jamais tu demandais ton père,
Tu verrais, à ce nom, se baisser tous les yeux,
Et ta mère, témoin du bonheur de la France,
Te cachant sa souffrance
Se tairait et du doigt te montrerait les cieux.

Tous les Français
les drapeaux de la Ligue
et ceux du vainqueur d'Ivri
S'uniront pour veiller au berceau d'un enfant.

Et toi, roi couronné de gloire et d'infortune,
Au-dessus de la terreur commune
Comme le vieux Priam dans la nuit égaré
Tu sors de ton palais à ces clameurs funèbres

Et viens dans les ténèbres
Chercher le corps sanglant de ton fils massacré.

Les cieux se sont ouverts, le héros de Carthage,
Louis, qui du divin séjour
Sur sa postérité veille d'un œil d'amour
Aux enfants de la France en donne un nouveau gage !
La race de nos rois *...

En vérité la verve créatrice n'y était guère ! L'intervention de Saint Louis rappelait par trop les vers de Mme Pomaret et, pour glorifier la nativité posthume du fils, le poète se libérait mal de son intention initiale de pleurer le trépas du père.

A ce moment-là, il rêvait surtout d'aller jouir des derniers beaux jours dans le cadre enchanteur de l'île d'Ischia : le 12 octobre, il annonçait à sa cousine Mme Pernéty son intention d'y rejoindre sa femme et sa belle-mère « ce soir » ! Quand il revint définitivement à Naples, une quinzaine plus tard, il fut accaparé par la besogne diplomatique. « Je travaille ferme à présent sous le rigide et très aimable Fontenay, écrivait-il le 29 à Virieu; voilà deux jours sans désemparer de pupitre ! » Mais il s'agissait de dépêches et non de vers... Et cependant, à Paris, Mme Pomaret, récidivant, venait de faire paraître au *Journal des Débats* du 26 octobre une pièce en l'honneur du jeune duc de Bordeaux; d'autre part, dans *Le Défenseur* du 28, M. de Bonald se livrait pour sa part à une effusion de lyrisme en prose : « Salut au noble enfant qui nous est né : *Béni soit celui qui vient au nom du Seigneur !* Si le berceau qui renferme vos destinées est encore exposé à la fureur des flots, comme celui du législateur des Hébreux, il ne sera pas englouti; une main puissante soutiendra sur les flots ce précieux dépôt, et la fille des rois l'élèvera pour être le chef d'un grand peuple. Nous n'avons point besoin de recourir aux fictions et cet enfant royal trouvera tout dans l'exemple de ses illustres parents... »

On retrouve là quelques-unes des idées que Lamartine allait enfin se mettre à développer; abandonnant le rythme de ses premiers projets, il revint à la grande strophe malherbienne et, peu après la mi-novembre, acheva un poème de cent quatre-vingts vers, dont il offrit à M. de Fontenay un exemplaire calligraphié, sur un grand

* Les documents Fontenay ne permettent de connaître que cet état fort sommaire de l'ode commémorative de la mort du duc de Berry. Mais celle-ci ne fut-elle pas effectivement élaborée plus avant? et l'auteur ne communiqua-t-il pas son projet beaucoup plus avancé à Louis de Vignet? C'est ce que laisse croire au moins le fragment de lettre écrit par ce dernier à Lamartine le 24 octobre 1820 et publié par M. H. Guillemin (*Lamartine. L'Homme et l'Œuvre,* Hatier, pp. 18-19) : « Finis cette *Ode sur le duc de Berry,* vraiment admirable et, par reconnaisance pour les honnêtes gens qui te protègent si fort, parle aussi de son jeune fils. »

papier de Hollande dont un ruban bleu assemblait les feuillets : M. Levaillant pensait avec beaucoup de vraisemblance que ce manuscrit est le double de la copie d'apparat adressée à Louis XVIII; il en a publié des variantes tirées de brouillons écrits par M. de Fontenay lui-même et qui sont sans doute la mise au net d'un premier jet. Voici cet original de l'*Ode sur la naissance du Duc de Bordeaux :*

LA NAISSANCE D'UN ROI
ODE

Tu Marcellus eris * !	Variantes des brouillons Fontenay
Grand Dieu ! quand d'un Roi qui va naître,	
Tu tiens le cœur entre tes mains,	Tu pétris le cœur dans tes mains,
Des humains pour former le maître	
Prends-tu l'argile des humains?	
De ton éternelle balance	De ton immortelle balance
Vois-tu d'un œil d'indifférence	
Tomber Néron, Claude ou Titus?	
Vas-tu livrer dans tes caprices	
Un siècle au fléau de leurs vices,	
L'autre au hasard de leurs vertus?	
Non : l'ange de la destinée	
Garde dans les trésors des cieux	
L'argile impure ou couronnée	
Qui fait les monstres ou les dieux !	
Là, ton amour ou ta colère	
Prend ces Rois, Vautours de la terre,	Prend les rois vautours de la terre
Prend ces Rois, Pasteurs des humains;	Prend les rois pasteurs des humains
Confident de ta fin profonde,	
Le Ciel voit le destin du monde	L'ange voit les destins du monde
Tomber avec eux de tes mains ** !	Tomber avec eux de ta main.

* Épigraphe empruntée à Virgile, *Énéide,* VI, v. 883. Cette citation était d'une insigne maladresse; car, si Marcellus, neveu et gendre de l'empereur Auguste, et son héritier désigné, était un prince doué des vertus les plus remarquables, sa destinée fut brève et malheureuse puisqu'il mourut à dix-huit ans. Bel exemple à invoquer devant le berceau du petit-neveu de Louis XVIII, roi dont on connaît les qualités de très fin lettré !

** Cette forte vision de Dieu, fabricateur souverain d'êtres qui, pour le bien ou pour le mal, dépassent la commune mesure, pouvait choquer de bons esprits; Lamartine supprima ces vers, mais on en retrouve l'idée dans les derniers mots de *Bonaparte :*

Et vous, fléaux de Dieu, qui sait si le génie
N'est pas une de vos vertus?

Il est né l'Enfant des miracles !
Du ciel par nos cris arraché,
Voilà ce Roi que nos oracles
A notre espoir avaient caché.
Quoi donc? La moderne Athalie
Ne voit pas qu'au fer qui l'oublie
Un faible enfant vient d'échapper?
Dans sa pourpre elle se contemple,
Mais déjà dans l'ombre du temple
Un Roi grandit pour la frapper !

Ses yeux n'auront pas vu son père.
Orphelin à peine conçu,
Hélas ! des genoux de sa mère
Un autre Priam l'a reçu !
Ainsi du héros du Scamandre
Sous les murs qu'il devait défendre
Lorsque le sang fumait encor,
Ce vieux père, assis devant Troie,
Pleurait de douleur et de joie
En recevant le fils d'Hector* !

Comme l'Orphelin de Pergame
Il verra près de son berceau
Un Roi, des Princes, une femme
Pleurer aussi sur un tombeau.
Bercé sur le sein de sa mère
S'il vient à demander son père.
Il verra se baisser leurs yeux
Et cette veuve inconsolée
En lui cachant le mausolée
Du doigt lui montrera les Cieux.

Au bruit de la foudre qui tonne,
Doutant de sa félicité
L'Europe s'éveille et s'étonne
Du fruit que la France a porté.
De cœur en cœur l'ivresse vole;
Les drapeaux de Lens et d'Arcole**

Voilà ce Roi que vos oracles
O monstres... vous avaient
[caché.
Ainsi la moderne Athalie
Ne sait pas qu'au fer qui
[l'oublie
Quelque David vient d'échap-
[per.
En souriant elle contemple
Tant de sang... mais l'ombre du
[temple
Cache un roi qui doit la frapper.

Tel, quand de l'époux d'Andro-
[maque
Moissonné par l'horrible Parque
Le sang sacré fumait encor,

Pleurant aussi sur un tombeau

* Autres allusions maladroites, quand on se remémore les malheurs de *Priam* et ceux du *fils d'Hector,* Astyanax, précipité du haut des murs de Troie lors de la prise de la ville par les guerriers grecs...

** Cette image des *drapeaux* se trouvait déjà dans les vers inachevés de l'esquisse tracée en octobre; mais est-il habile d'associer ceux de Lens, rappelant

Descendent des voûtes de Mars,
Et les vieux vengeurs de la France
Regardent dormir l'innocence
Sous l'ombre de leurs étendards.

Que cette ombre lui soit propice!
Que du haut des divins parvis
Une main terrible bénisse
Le front du dernier de ses fils!
Que le cri du coursier l'anime;
Que, rempli d'un élan sublime,
Son cœur s'indigne du repos!
Qu'il s'éveille au bruit du tonnerre!
Que son nom ébranle la terre!
La terre a besoin d'un Héros!

Courage!... C'est ainsi qu'ils naissent!
C'est ainsi que dans sa bonté
Un Dieu les sème : ils apparaissent
Sur des jours de stérilité!
Ainsi le gland tombe du chêne
Au sommet d'une tour prochaine
Porté par l'aile des autans
Grandit sur le débris des âges
Et de ses éternels ombrages
Couronne ces restes du temps!

Il naît! Quand les peuples victimes
Du sommeil de leurs conducteurs
Errent au penchant des abîmes
Comme des troupeaux sans pasteurs!
Entre l'avenir près d'éclore
Et le passé qui s'évapore,
Leur œil cherche un astre nouveau;
Et des nuits déchirant le voile
Une mystérieuse étoile
Les guides encore vers un Berceau!

Après une lacune, le brouillon reprend sur ces trois vers d'une strophe incomplète :
De la nuit déchirant le voile
Une mystérieuse étoile
Les conduisit vers un berceau.

Sacré Berceau! frêle espérance
Qu'une mère tient dans ses bras!
Déjà tu rassures la France;

---

la victoire de Condé sur les Espagnols en 1648, et ceux d'Arcole, évoquant un triomphe des armées révolutionnaires devant les Autrichiens en 1796, dans une œuvre destinée à chanter la naissance d'un enfant né orphelin précisément à cause des idées de la Révolution? et *les vieux vengeurs de la France* ne font-ils pas malencontreusement penser aux grognards de l'Empire, devenus les demi-soldes hostiles à la Restauration?

Les miracles ne trompent pas !
Confiante dans son délire
A tes destins déjà ma lyre
Ouvre un avenir triomphant !
L'hydre des factions recule
Et le monstre pressent Hercule
Où notre œil ne voit qu'un enfant !

A ce berceau déjà ma lyre

Écoutez ! Un nouveau prodige
M'enlève au-dessus de mes sens.
Mon œil troublé d'un saint vertige
Plonge sur l'abîme des temps :
Devançant le vol des années
J'arrache aux mains des destinées
Les clés du terrible avenir !
Et ce luth fécond en miracles
Dont les accents sont des oracles
Sur sa tête va retentir !

Jeté sur le déclin des âges
Il verra l'Empire sans fin
Sorti de glorieux orages
Frémir encor de son déclin.
Mais son glaive aux jours de victoire
Nous rappellera la mémoire
Des destins promis à Clovis,
Tant que le tronçon d'un épée
D'un rayon de gloire frappée
Charmera les yeux de ses fils.

Sourd aux vertus efféminées
Dont le siècle aime à les nourrir
Il saura que les destinées
Font Roi pour régner ou mourir ;
Que des vieux héros de sa race
Le premier titre fut l'audace
Et le premier trône un pavois,
Et qu'en vain l'humanité crie :
Le sang versé pour la patrie
Est toujours la pourpre des rois !

Il étendra sur l'innocence
L'ombre de son bras protecteur ;
Il fera tonner sa vengeance
Sur le front du profanateur !
Dans la lutte de la Justice
Si les dieux veulent qu'il périsse
Il aura du moins combattu.
D'une entreprise peu commune

Dans le brouillon, cette strophe est placée après la suivante (« Il saura qu'au siècle où nous sommes... »), — *laquelle y vient immédiatement après le vers* Où notre œil ne voit qu'un enfant.

Le succès est à la fortune
Mais la gloire est à la vertu *!

Il saura qu'au siècle où nous sommes,
Pour vieillir au trône des Rois
Monarque et soldat à la fois
Il faut montrer aux yeux des hommes
Ses vertus, auprès de ses droits!
Qu'assis à ce degré suprême
Il faut s'y défendre soi-même
Comme les dieux sur leurs autels;
Rappeler en tout leur image
Et faire adorer le nuage
Qui les sépare des mortels!

Au pied du trône séculaire
Où s'assied un autre Nestor,
De la tempête populaire
Le flot calmé murmure encor.
Ce juste que le Ciel contemple
Lui montrera par son exemple
Comment sur les écueils jeté
On élève sur le rivage
Avec les débris du naufrage
Un temple à l'immortalité.

Sors donc de ces voiles funèbres
Qui couvrent ton premier séjour!
N'est-ce pas du sein des ténèbres
Que s'élance l'astre du jour?
Mais comme son char dans l'espace
N'emporte pas la sombre trace
De la nuit qui vient de finir,
Ainsi du deuil de ta naissance,
Le front rayonnant d'espérance,
Élance-toi vers l'avenir!

Ainsi s'expliquaient sur ma lyre
Les Destins ouverts à mes yeux;
Ainsi s'expliquait sur ma lyre
L'avenir ouvert à mes yeux
Et tout partageait mon délire
Et sur la terre, et dans les Cieux!
Une âme seule... — était-ce une âme? —

---

* Le poète paraît envisager sans trop d'effroi la mort de l'enfant dont il chante la naissance : n'était-ce pas aller un peu vite? On comprend qu'il ait finalement sacrifié cette strophe et la suivante, qui semblait donner des conseils moins au futur souverain qu'au roi régnant.

Sortant de l'éternelle flamme
Semblait souffrir de ce bonheur,
Et s'enveloppant de son crime
Se précipitait dans l'abîme
En poussant un cri de douleur. En jetant un cri de douleur

Naples, 20 novembre 1820.

Lorsque l'ode fut ainsi terminée, restait à l'acheminer vers son royal destinataire; dès le 17 novembre, dans une dépêche officielle, Fontenay en annonçait au baron Pasquier, ministre des Affaires étrangères, l'expédition prochaine : « M. de Lamartine, sans négliger le service du Roi, vient d'être encore inspiré par un événement bien fait pour réveiller les Muses françaises. J'espère avoir l'honneur d'envoyer bientôt à Votre Excellence ces vers dignes de son beau talent et du motif qui les a dictés. » En fait, ce fut sans doute par une lettre privée que Lamartine dut transmettre son ode, ainsi qu'il l'apprenait à Genoude, le 29 novembre : « Je viens de faire une mauvaise ode sur le duc de Bordeaux. Je l'envoie au Roi. Je vous l'enverrai. Vous verrez si cela pourrait se lire et se vendre séparément. »

Le poète allait être assez longtemps sans savoir l'impression produite. Les mouvements révolutionnaires qui se déroulaient alors à Naples, joints à de graves ennuis de santé et à des difficultés financières, l'empêchèrent sans doute de se préoccuper par trop de ce retard. Il dut être satisfait lorsqu'il reçut ces lignes écrites le 3 décembre par sa mère : « Je suis enchantée que tu fasses quelque chose pour M. le duc de Bordeaux. Je le désirais : il me semble que tu lui dois un hommage, et ce sera un hommage utile pour toi. » (C. Latreille, *La Mère de Lamartine,* pp. 69-70) et, s'il eut connaissance de ce que Fontenay mandait à la sienne, le 17, en lui déclarant que l'ode était « sublime », il conserva sûrement la confiance qu'il pouvait avoir. Néanmoins, le 20, oublieux sans doute de ce qu'il lui avait écrit déjà trois semaines plus tôt, il relançait Genoude : « J'ai envoyé au Roi une ode sur la naissance. Je ne sais ce qu'on en fera. Si on ne l'imprime pas, et qu'elle vous tombe entre les mains, proposez-la à Nicolle pour cinq cents francs comptant; s'il les donne, donnez-la-lui en supprimant la dernière strophe. Sinon gardez-la et ne la laissez pas imprimer dans *Le Défenseur* ni aucun journal... M. de Rayneval pourrait savoir ce qu'on a fait de l'ode si vous en êtes curieux. J'en ai une à moitié faite pour le Roi lui-même. »
Le voile continuerait à envelopper le sort du poème jusqu'en janvier 1821, alors que le poète aurait quitté Naples pour venir, malade, s'installer à Rome. Ce fut là qu'il apprit la catastrophe. « La duchesse de Narbonne, raconte M. Levaillant, s'était informée; hélas ! on ne lui avait pas mâché les mots : au Ministère comme au Château, l'*Ode* avait été jugée avec une inexorable sévérité; elle avait été

trouvée médiocre, mauvaise, voire détestable, sans que l'on motivât autrement cette condamnation. D'autres amis sincères — Mme de Raigecourt sans doute et M. de Bonald — confirmaient l'arrêt et le commentaient. On s'étonnait à Paris de respirer dans ces vers on ne savait quels relents de libéralisme; l'atmosphère de Naples, alourdie par les émanations du Vésuve et du carbonarisme, avait-elle corrompu la pure inspiration du poète? Bref, si on ne lui avait rien fait savoir de son ode, c'est qu'on n'avait rien de bon à lui en dire; mieux valait ensevelir ce péché pudiquement dans l'oubli. Le triomphe que Fontenay avait escompté tournait au désastre... » Mais Lamartine n'en voulut pas à son « patron »; dans la lettre très affectueuse qu'il lui adressait le 1er février, il se contentait de lui dire comme en plaisantant : « On me mande que mon *Ode* est détestable : je m'en doutais : que tout cela retombe sur votre tête! » Et le même jour, il recommandait vigoureusement à Genoude : « Si mon *Ode sur le Duc de Bordeaux* vous tombe entre les mains par malheur, oubliez mes avis et cachez-la à l'univers entier. De vrais amis qui l'ont vue me mandent qu'elle est mauvaise, médiocre au moins. Je les crois. Ne révélez pas ma nudité. » L'avis s'imposait, car le fidèle factotum avait dû remettre, ou du moins promettre, le manuscrit à l'éditeur Nicolle; sur la couverture de la septième édition des *Méditations,* parue en janvier, ce dernier n'avait-il pas indiqué :

On trouve à la librairie
Ode sur la naissance de Mgr le Duc de Bordeaux,
dédiée au Roi par M. Alphonse de Lamartine,
in 4°, papier vélin satiné ....1 fr.50.

Ainsi, au début de 1821, le poète semblait résigné à ne jamais faire paraître la fameuse ode. Et pourtant elle devait voir le jour moins de deux années après, dans la neuvième édition, procurée par Ch. Gosselin, successeur de Nicolle, en décembre 1822, avec le millésime de l'année suivante : le contrat qui avait été signé le 15 janvier précédent en vue de cette publication prévoyait l'addition de quatre pièces nouvelles; l'*Ode* fut l'une d'entre elles. En effet, la pièce n'avait pas eu que des détracteurs; dès le 2 mars 1821, Mme de Lamartine écrivait à son fils : « M. de V. (?) a trouvé de grandes beautés dans ton *Ode,* et il me semble qu'il est bon juge. On l'a fait imprimer à Forcalquier où il était et on l'a distribuée aux élèves du collège. Nous l'avons relue avec lui et je t'assure qu'elle est belle » (C. Latreille, *op. cit.,* p. 70). Fort de tels encouragements, le poète diplomate reprit son œuvre et, faisant preuve d'une utile prudence (la tendance ultra se réaffirmait avec l'accession au pouvoir du comte de Villèle en décembre), il la corrigea, l'allégea de ses maladresses, l'épura de tout ce qui pouvait prêter à des interprétations perfides ou tendancieuses; afin de compenser les retranchements jugés nécessaires par lui-même et par ses amis, il procéda à quelques additions; mais au total l'ode définitive eut cinquante vers de moins que l'originale.

Refondue et très sensiblement améliorée, emportée par un mouvement très régulier, elle exprimait les nobles idées non d'un fanatique du droit divin, mais d'un interprète du bon sens et de la sagesse. Telle quelle, elle apparut aux contemporains comme le principal témoignage poétique d'un événement d'importance auquel elle réussit à survivre; et son souvenir effaça même celui de l'ode brillante écrite sous le même titre par le jeune Victor Hugo et parue dès le 21 octobre 1820 (Paris, Boucher) avant d'être reprise, en juin 1822 dans *Odes et Poésies diverses* *.

* *Vers 10.* Cette strophe reprend l'essentiel de la première stance de ce qui aurait été l'*Ode sur la mort du Duc de Berry* (ou *du 13 février*) déjà utilisée aux v. 25-30 de la *version Fontenay*. L'histoire d'Athalie et de Joas est rapportée au *Quatrième Livre des Rois,* XI, mais il a suffi à Lamartine de se souvenir ici de la tragédie de Racine qui porte le nom de la cruelle reine de Juda.

* *Vers 11.* Ce vers reprend le v. 21 de la *version Fontenay,* mais le changement du pluriel *des miracles* en un singulier donne à l'expression une force beaucoup plus grande. Il est possible que le poète ait été influencé par le ressouvenir du Noël populaire *Il est né le divin enfant !* Lorsque le duc de Bordeaux vint au monde, il fut appelé *l'enfant de l'Europe* par le nonce du pape, venu féliciter Louis XVIII; l'expression *l'enfant miraculeux, l'enfant des miracles* (ou *du miracle*) semble avoir été alors courante dans les salons légitimistes aussi bien que parmi le peuple; mais c'est Lamartine qui lui donna sa forme définitive et littéraire. M. Levaillant s'est demandé si, dans cette strophe, le poète n'a pas été influencé par V. Hugo, qui écrivait en son *Ode sur la Naissance :*

O joie ! ô triomphe ! ô mystère !
Il est né, l'Enfant glorieux,
L'Ange que promit à la terre
Un Martyr partant pour les cieux !
L'avenir voilé se révèle.
Salut à la flamme nouvelle
Qui ranime l'ancien flambeau !
Honneur à ta première aurore,
O jeune lis qui viens d'éclore,
Tendre fleur qui sors d'un tombeau !...

* *Vers 15. Bronze* pour *canon* est une métonymie appartenant à la langue noble; cf. *Les Préludes,* v. 179. Les v. 15-16 rappellent les v. 51-54 de la *version Fontenay.*

---

* La naissance du duc de Bordeaux avait particulièrement inspiré les rimeurs monarchistes : sans parler des pièces de vers parues dans les journaux, M. Levaillant a relevé, durant le seul mois d'octobre 1820, trente-six odes, hymnes ou chansons consacrées à l'auguste naissance et signalées par la *Bibliographie de la France !*

* *Vers 20*. Comparaison qui rappelle celle des v. 75-80 de la *version Fontenay;* mais le poète a remplacé le *chêne* par le *lis,* fleur royale dont parlait déjà Chateaubriand dans son article du 18 février 1820 au *Conservateur,* puis V. Hugo.

* *Vers 30*. Cette strophe reprend l'essentiel des v. 80-90 de la *version Fontenay* (ajoutant la comparaison avec la *boussole*), mais le v. 30 est le v. 70 de l'ode originale.

* *Vers 34*. Reprise littérale de la *version Fontenay,* v. 71-74. L'expression *jours de stérilité* est un tour imité de la langue biblique; le mot *sterilitas* revient huit fois dans l'Écriture.

* *Vers 40*. La *version Fontenay,* v. 89-90, contenait une allusion à *une mystérieuse étoile;* ici le poète précise sa pensée dans un sens religieux, mais non sans confusion : à la naissance du *Moïse nouveau,* c'est-à-dire de Jésus-Christ, les *pasteurs* voisins de Bethléem reçurent la visite d'un ange qui les convia à aller adorer l'Enfant-Dieu (*Saint Luc,* II, 8-18), mais ce furent les Mages d'Orient qu'une *étoile* conduisit vers lui (*Saint Matthieu,* II, 1-12). Sur son exemplaire personnel, G. Flaubert avait écrit en face de ces vers : « *Poésie bien chrétienne !* », sans doute avec une intention ironique (G. Blaizot, *art. cit.*, p. 264).

* *Vers 50*. Les v. 41-47 reprennent mot pour mot la *version Fontenay,* v. 91-97; mais il a supprimé l'allusion mythologique à Hercule et la menace contre les *factions,* en les remplaçant par une nouvelle évocation des Mages; *rois de l'Aurore* est inspiré de *Saint Matthieu,* II, 1 : « Ecce Magi ab Oriente venerunt Jerosolym ». G. Flaubert avait souligné sur son exemplaire des *Méditations rois* et *adorer* (v. 48 et 50), sans qu'il soit possible de deviner son exacte intention.

* *Vers 60*. Strophe exactement reprise de la *version Fontenay,* v. 41-50, mais partiellement inspirée par la seconde stance du projet initial d'octobre 1820. *L'orphelin de Pergame,* c'est le petit Astyanax, Pergame étant chez Homère la citadelle de Troie *(Iliade,* IV, v. 508; V, v. 446, 460, etc.); le *Roi* du v. 43 désigne à la fois Priam et Louis XVIII, la *femme* la duchesse du Berry et Andromaque, celle-ci s'abandonnant aux lamentations sur le corps d'Hector son époux qu'on va mettre au tombeau *(Iliade,* XXIV, v. 723-suiv.). On a vu que, primitivement, Lamartine développait d'une manière plus longue et trop lourde la comparaison entre les malheurs des Troyens et ceux des Bourbons.

* *Vers 61*. Les v. 61-80 reprennent, avec des variantes, les v. 111-130 de la *version Fontenay.* Ils ne sont pas exempts de détails peu adroits : le poète semble prédire au futur roi des difficultés *(Il verra l'empire... frémir encor de son déclin)*; les *glorieux orages* du v. 63 ne peuvent être que les guerres de la Révolution et de l'Empire, où les Bourbons ne s'étaient illustrés que par leur absence; en rappelant à leur dernier rejeton que la gloire des armes est la seule qui soit digne des monarques, le poète commet un pas de clerc, car les royalistes eux-mêmes avaient souvent déploré que les Princes ne se fussent pas

davantage exposés pour la défense de leur propre cause; seul le duc d'Enghien avait effectivement versé son sang, non sur un champ de bataille, mais à la suite d'un assassinat légal; et Louis XVIII était tout sauf un foudre de guerre : pendant de longues années, il s'était paré de son titre de roi, sans *régner* ni *mourir* (v. 74) !

* *Vers 70. Clovis* considéré comme « le véritable fondateur de la monarchie française », c'est une idée de Marchangy dans *La Gaule poétique*. Dans l'épopée que longtemps il avait rêvé de consacrer au chef mérovingien, Lamartine avait certainement envisagé de dévoiler les *destins promis* à celui-ci : cf. *L'Ange,* première note et note du v. 184.

* *Vers 77. Pavois :* lorsque les Germains élisaient un chef, ils l'élevaient sur un bouclier (ce fut, par exemple, ce qui, au témoignage de Grégoire de Tours, II, 40, arriva à Clovis lorsqu'il devint roi des Francs); le mot *pavois,* apparu dans la langue au XIVe siècle pour désigner une *sorte de bouclier* et dont l'origine est obscure (peut-être de *Pavie,* ville italienne où ces armes défensives auraient été fabriquées), ne fut employé qu'au XVIIe siècle dans l'expression *monter sur le pavois;* Mézeray, en son *Histoire de France,* écrit à propos de Pharamond : « Quand les seigneurs avaient élu les rois, ils les élevaient sur un grand pavois et les faisaient porter dans le camp, où le peuple, étant assemblé en armes, confirmait le choix. » En affirmant que, pour les rois des temps lointains, *le premier titre fut l'audace,* le poète portait, sans peut-être s'en apercevoir, un coup au principe du droit divin en fondant la monarchie sur la force sans scrupules.

* *Vers 81.* Sans doute en compensation des nombreux retranchements opérés sur la *version Fontenay,* les v. 81-100 de la pièce publiée ont été empruntés, avec des arrangements de détail, aux strophes 21 et 22 de l'*Ode aux Français,* largement amputée lors de sa parution : dans le contexte de celle-ci, ce passage était une nette condamnation de la gloire insensée et meurtrière de l'Empire napoléonien opposée à la sagesse d'un règne pacifique; dans l'*Ode sur la Naissance du Duc de Bordeaux,* il apparaît (surtout en sa première partie) comme un conseil de modération adressé au futur souverain après qu'il lui a été recommandé de ne pas être ménager de son sang : il n'y a pas de contradiction, mais un noble souci des nuances. L'idée que *l'Histoire juge les humains* et leur apporte des leçons est un lieu commun souvent développé par les historiens, les prédicateurs et les philosophes.

* *Vers 88.* Les *Furies* romaines (et leurs équivalentes grecques, les *Érinnyes)* poursuivaient les criminels dont elles symbolisaient le remords; elles brandissaient dans leurs mains des serpents et aussi des *torches* ou des glaives. *Vesta,* au contraire (v. 99), déesse du foyer, était une divinité pacifique; le feu de la cité était, à Rome, entretenu par des prêtresses astreintes à la virginité du célibat; d'où l'expression *mains pudiques.*

* *Vers 101.* Les v. 101-120 reprennent, avec les variantes habituelles la *version Fontenay,* v. 141-160. La leçon, exprimée particulièrement aux v. 101-104 est celle d'un esprit libéral, qui paraît admettre implicitement qu'un roi peut bien ne pas *vieillir* sur son trône s'il n'a pas assez de *vertus* (n'est-ce pas légitimer par avance certaines révolutions?); au reste, en recommandant de faire *adorer le nuage* qui sépare le souverain du commun de ses sujets, le poète ne paraît-il pas au contraire reconnaître les bienfaits de l'étiquette de l'ancienne cour de Versailles qui grandissait le roi, mais impliquait une mise en scène permanente et quelque peu hypocrite?

* *Vers 112. Nestor,* roi de Pylos, apparaît chez Homère comme un guerrier sage et pondéré, qui ne ménage jamais aux Grecs ligués contre Troie ses avis pleins de raison et d'expérience; Louis XVIII, qui connaissait bien ses classiques, fut certainement très flatté de se voir comparer à ce vieillard « au doux langage » et dont les accents « coulaient plus suaves que le miel » *(Iliade,* I, v. 247-248).

* *Vers 126.* Si les quatre premiers vers de cette strophe finale sont repris à peu près littéralement de la *version Fontenay,* v. 171-174, les derniers sont originaux, mais la rime *France-espérance* est déjà employée aux v. 41-43. La comparaison finale ne manque pas de beauté : si le poète a souvent chanté l'éclat du soleil, le soir qui tombe, le clair de lune, la nuit étoilée, il n'était pas insensible à la grandeur du matin qui paraît (cf., dans les *Harmonies poétiques, Hymne du Matin, Hymne de l'Enfant à son réveil;* dans *Jocelyn,* neuvième époque, v. 283-326, le prologue à l'épisode des *Laboureurs,* etc.)

MÉDITATION DIX-HUITIÈME. — RESSOUVENIR DU LAC LÉMAN

Page 60

* *RESSOUVENIR DU LAC LÉMAN.* — Les renseignements fournis par G. Lanson sur ce long poème dans son édition (pp. 479-498 et 589-596) doivent être complétés et parfois rectifiés par les travaux de M. Charles Fournet : *Lamartine et ses amis suisses* (Paris, Champion, 1928), pp. 97-133 *(Un patricien libéral : le colonel Huber-Saladin)* et *Un Genevois cosmopolite : Huber-Saladin* (Champion, 1932), pp. 91-120 *(Huber-Saladin, Lamartine et le « Ressouvenir du lac Léman).* C'est à ces études que les notes qui suivent doivent l'essentiel de leur matière.

* A. M. Huber-Saladin. — Jean-Marie-Salvator-Joseph-François Huber-Saladin (1798-1881) était issu d'une ancienne famille suisse d'origine tyrolienne. Né à Rome (sa mère était une princesse Ludovisi), il reçut le baptême catholique, mais vint à deux ans à Lausanne où sa grand-mère maternelle l'éleva dans la religion protestante. Il eut une éducation et une formation intellectuelle fort dis-

tinguées; cousin de Necker et de Mme de Staël, il fréquenta Coppet durant son enfance. Il se voua à la carrière des armes et, après des études militaires en Hollande, entra dans l'armée suisse, où il devait accéder au grade de lieutenant-colonel fédéral; comme son métier ne l'accaparait pas, il cultiva son esprit, et, modéré par nature, cet aristocrate libéral fonda en 1832 à Genève le journal *Le Fédéral;* il participa à une mission spéciale auprès de l'armée française qui conquérait l'Algérie; il faisait de fréquents séjours en France : même, rebuté par la situation politique de son pays dont il souffrait dans son cœur de patriote, il se retira à Paris (1847). En 1857, il reprit du service en Suisse et fut attaché militaire à la légation de Paris; en 1868, il prit part à la création de la Croix-Rouge et joua un rôle très bienfaisant lors de la guerre franco-prussienne de 1870-1871. Comme littérateur, outre de nombreux articles de journaux, il publia des études d'histoire, de politique, quelques poésies et un roman, *Le Blessé de Novare*. Esprit cosmopolite, il avait une grande admiration pour l'Angleterre, l'Italie et surtout la France; d'un conservatisme prudent et généreux, il rêvait déjà d'une Europe unie et fraternelle.

C'est à Paris, peu après le retour de son voyage en Orient (début de 1833,) que Lamartine se lia avec Huber-Saladin dans les salons où ils fréquentaient l'un et l'autre. Ces deux gentilshommes aux idées politiques très larges « étaient faits pour s'entendre : Lamartine aimait la Suisse démocratique et Huber adorait la France au point de provoquer les murmures des Genevois » (R. Mattlé, p. 208). En 1841, le poète était dans une situation financière difficile et espérait trouver à Genève une issue à ses embarras : pour entrer en relations avec un banquier suisse, il s'adressa à Huber, qui l'invita dans sa résidence de Montfleury, à Versoix. Parti de Mâcon le 17 juillet avec ses nièces et son beau-frère, M. de Ligonnès, Alphonse arriva le lendemain sur les bords du Léman; il passa deux jours dans la demeure de son ami, qu'il trouva charmante : « On a de la terrasse... une vue inoubliable du lac, des coteaux mesurés qui s'inclinent vers Genève, des Alpes de Savoie, inscrivant dans un ciel tendre leurs sommets de granit... » Le 21, toute la compagnie s'embarquait à Genève pour gagner l'extrémité orientale du Léman, Alphonse ayant un rendez-vous avec un financier à Lavey-les-Bains, près de Saint-Maurice, en Pays de Vaud, où il ne s'attarda point, puisque le mercredi 23, il écrivait de Vevey à sa femme les résultats de ce déplacement : « J'en augure bien selon tes désirs... L'homme d'affaires ne revient à Genève que dimanche. Lundi matin, il voit ses clients et me fera réponse définitive lundi soir... Pour passer ces quatre jours vides, M. Huber-Saladin, qui ne nous quitte pas et qui est admirable, nous mène demain à Thoune d'où un bateau à vapeur conduit en vingt minutes à Interlaken... Nous reviendrons à Genève dimanche au plus tôt... » Le projet se réalisa point par point et le spectacle des Alpes bernoises enthousiasma les voyageurs; Huber, alpiniste éprouvé, fit admirer au poète la Jungfrau dont il avait autrefois fait l'ascension, ainsi qu'il le lui rappellera quelques semaines plus tard *(Réponse,* v. 61-66) :

> Couchés sur le gazon, sous le dais du feuillage,
> Mollement enivrés de fraîcheur et d'ombrage,
> Sur nos têtes, les rocs, les sapins, à nos pieds,
> Les torrents, dans la plaine en sillons repliés,
> Je te montrais de loin entre deux dents de glace
> Les neiges où mes pas ont imprimé des traces...

Le retour fut rapide de l'Oberland à Lausanne : Lamartine et ses compagnons de là passèrent à Évian (ce qui explique les v. 245-246 du *Ressouvenir)* puis revinrent à Genève, d'où le mardi 27 Alphonse apprenait à sa femme l'échec de ses tractations financières, mais lui renouvelait l'expression de son émerveillement : « Superbe, superbe. Guéri à jamais des Pyrénées. Ce sont des taupinières sublimes. Celles-ci seules sont des montagnes, nos compagnes et notre compagnon sont dans l'ivresse... » Cette joie allait être éphémère : dès le 30 ou 31, il fallait d'urgence rejoindre Mâcon, où la mort de Léon de Pierreclau, son neveu chéri et fils naturel, rappelait le poète et les siens.

Pour se consoler de ce deuil et aussi remercier Huber-Saladin de son accueil, Lamartine composa en quelques jours le *Ressouvenir du lac Léman;* dès le 10 août, il mandait de Saint-Point à Mme de Girardin : « Je viens d'écrire pour soulager ma tristesse 250 vers environ que j'avais promis d'adresser à notre ami Huber-Saladin de Genève. C'est une allusion politique dont il était flatté d'être l'objet. C'est, au fond, une apostrophe poétique à la Suisse. Cela s'appelle *Ressouvenir, à M. Huber-Saladin.* Si un feuilleton de *La Presse* peut contenir 250 vers environ, dites-le-moi, et je vous l'enverrai. Dites-moi aussi, mais ceci entre nous, si *La Presse,* comme journal et non comme confident de nos pensées, donnerait une rétribution à ces vers... » Le poème, ainsi qu'en témoigne le manuscrit, fut achevé le 12 août 1841 (la date de 1842 qui figure dans l'Édition des Souscripteurs est donc absurde). Inquiet sur la valeur de son poème, ainsi qu'il lui arrivait souvent, il mandait à Martin-Doisy le 14 août : « Vous devez lire dans un journal, je crois, *La Presse,* des vers de moi sur la Suisse, dont je vous demanderai votre avis. Je les ai écrits hier et avant-hier dans la tristesse, et comme on chante pour se consoler. Ce matin, je les trouve encore passables. C'est bon signe... » Mais, en l'absence du directeur de *La Presse* et de sa femme, un administrateur commença par répondre négativement à la proposition de l'auteur qui relança sa correspondante en ces termes, le 15 : « J'ai malheureusement fait partir hier mes 300 *(sic)* vers pour vous. Ne vous en occupez que pour les envoyer à M. de Champvans..., qui les remettrait à la *Revue des Deux Mondes.* Vous avez bien autre chose à penser qu'à imprimer et à corriger ma poésie !... Demandez seulement qu'on maintienne les alinéas et ponctuations et lignes de points, indiquant les interruptions de ma pensée... » Cette dernière recommandation prouve que Lamar-

tine s'intéressait plus qu'on le pourrait penser à la forme de ses œuvres; d'autre part, en mentionnant la *Revue,* publication rivale de *La Presse,* il ne manquait pas d'habileté; finalement, le journal de Girardin fit paraître l'épître à Huber, sous son titre définitif, le 18, en l'accompagnant de cette note : « Nous recevons de Genève *(en fait de Saint-Point)* une épître que M. de Lamartine vient d'adresser à M. Huber-Saladin, quelques jours après un voyage en Suisse, où M. Huber avait accompagné M. de Lamartine. Nos lecteurs liront avec le plus vif intérêt ces beaux vers, qui rappellent les anciennes habitudes d'esprit du poète et qui échappent encore, de temps en temps, aux préoccupations de l'homme politique. » Par ailleurs, Delphine de Girardin adressa 1 000 francs à l'auteur pour prix de son œuvre. Ajoutons qu'Huber fit paraître un important fragment du *Ressouvenir* dans le numéro du 24 août du *Fédéral* et qu'il acheva le 26, à Montfleury, une composition de 290 vers, laborieuse, mais intéressante : *A Monsieur A. de Lamartine. Réponse à un Ressouvenir du lac Léman* (grand in-8°, 20 p., Genève, Gruaz, 1841).
En traitant en vers de la montagne, Lamartine abordait un sujet qui avait un passé littéraire remontant au milieu du XVIIIe siècle et particulièrement à Rousseau (cf. Guillemin, *Jocelyn,* pp. 477-491); il avait déjà traité des Alpes dans ses vers *A Mademoiselle Delphine Gay* (Saint-Point, 29 juillet 1829) et surtout dans *Jocelyn.* On a pu dire que, dans le *Ressouvenir,* il n'atteint qu'à une honnête médiocrité; du moins, le poème a-t-il une structure très nette, sinon harmonieusement équilibrée : *1re partie : évocation à larges traits du paysage lémanique et alpestre* (v. 1-78); si les 47 premiers vers sont assez vagues, la description du lac de Thoune au clair de lune possède le charme et la vigueur d'un spectacle vécu; *2e partie : commentaire lyrique des conversations de Lamartine et d'Huber sur la Suisse* (v. 79-147); c'est une nouvelle méditation qui pourrait s'intituler *La Liberté; 3e partie : éloge des grands libéraux qui vécurent sur les bords du Léman* (v. 148-224); Rousseau, Voltaire et Byron sont quelque peu sacrifiés à Mme de Staël; *4e partie : avenir de la Suisse* (v. 225-252).

* *Vers 6.* Citant ces deux vers, M. Georges Poulet (p. 34) note avec subtilité : « Un instant avant qu'elles ne disparaissent, l'on peut voir encore se détacher sur le fond où elles vont se perdre les formes condamnées. Quelque caractéristique dernière permet de les reconnaître, tels ces débris que Lamartine voyait flotter sur les eaux. Car c'est bien en effet à une espèce de flottaison suprême que nous assistons. » Ce début est tout à fait dans la manière habituelle des descriptions du poète : il ne va point retracer son itinéraire suisse avec exactitude, mais recomposer, selon l'expression d'E. Zyromski, « un paysage intérieur » formé de la juxtaposition synthétique des plus beaux paysages qu'il vient de visiter et dont le souvenir continue de vivre mystérieusement dans son âme comme le « plus brillant des rêves »... On peut ajouter que les v. 7-8 sont bien dignes

de l'auteur des *Visions* ou de l'harmonie intitulée *Hymne de l'Ange de la Terre après la destruction du Globe.*

* *Vers 10.* Dans le tableau qui suit, on trouvera plus d'un détail qui fait songer à certains passages de *La Nouvelle Héloïse* (notamment lettre 17 de la 4ᵉ partie du roman de Rousseau), mais — sans qu'il s'agisse de réminiscences — on peut admettre que deux artistes, placés devant un même paysage — celui d'une région de moyenne montagne et de lacs, entourés au loin par de hauts sommets —, aient trouvé indépendamment l'un de l'autre des expressions comparables, compte tenu de certaines modes de langage. Cf. aussi les *Vers à Mlle Delphine Gay,* (Édition des Souscripteurs, t. VIII, p. 329).

* *Vers 15.* Vision réelle ou réminiscence de représentations du Bon Pasteur de l'Évangile *(Saint Jean,* X, 11-16), figurant un berger qui porte une de ses bêtes? On ne saurait le dire.

* *Vers 17.* Cf. Byron, *Manfred,* I, 2 :

> Behold the tall pines dwindled as to shrubs
> In dizziness of distance...

(« Regarde les grands pins : on dirait des broussailles, dans l'éloignement qui les rapetisse »). Voir également *Le Lac,* v. 55.

* *Vers 18.* M. Fournet trouve l'image de ce vers « malheureuse » et la range parmi « les calamités qui tombent parfois de la plume la mieux inspirée »; au goût de ce critique, l'évocation de la montagne se signale, dans le développement qui suit, « par le manque de vigueur dans la description et l'absence du tragique et du mystérieux qu'on éprouve sur l'Alpe » : c'est que le poète ne l'a vue que de loin, sans jamais s'y aventurer!

* *Vers 27.* Cf. Byron, *Manfred,* II, 3 :

> The glassy ocean of the mountain ice

(« L'océan de cristal des glaces de la montagne »).

* *Vers 47.* Le lac de *Thoune* (canton de Berne), au nord de l'Oberland, est traversé par l'Aar. Avant Lamartine, il avait déjà inspiré André Chénier, *Élégie* XXXVIII, dédiée aux frères Trudaine :

> O lac, fils des torrents! O Thoune, onde sacrée!
> Salut! monts chevelus, verts et sombres remparts,
> Qui contenez ses flots pressés de toutes parts! ...

Sainte-Beuve l'a également chanté, dans une pièce des *Pensées d'août,* adressée à J.-J. Ampère :

> A Thoune, miroir si pur, de granit encadré,
> Je voguais, à la main tenant mon cher André,
> Négligemment, sans but...

En général, on considère que ce passage est l'un des mieux venus du *Ressouvenir,* et il doit sa variété et sa délicatesse à ce que l'auteur dut son inspiration à un spectacle réel et véritablement senti.

* *Vers 52.* Ce vers, comme quelques autres de ce passage, a par avance un accent parnassien. Byron, dans *Childe Harold* (chant III, strophe 68) évoquait aussi les reflets nocturnes sur le Léman :

Lake Leman woos me with its crystal face,
The mirror where the stars and mountains wiew
The stillness of their aspect in each trace
Its clear depth yields of their far height and hue.

(« Le lac Léman me sourit de sa face de cristal, miroir où les étoiles et les monts mirent leur immobile sérénité dans tous les reflets que sa limpide profondeur renvoie de leur hauteur et de leurs couleurs lointaines »).

* *Vers 63.* La *Yung-frau* (ou plutôt *Jungfrau : Jeune Fille*), avec une altitude de 4 166 m, est un des sommets principaux de l'Oberland bernois, à une trentaine de kilomètres au sud-est du lac de Thoune.

* *Vers 68.* S'il n'est pas indispensable de rapprocher, avec Lanson, ce vers de celui de Byron, *Childe Harold* (chant III, strophe 86) :

... on the ear
Drops the light drip of the suspended oar

(« L'oreille est frappée du bruit léger de l'eau qui s'égoutte de la rame soulevée »), il faut remarquer ici le retour du thème fameux noté dans *Le Lac,* v. 14-16.

* *Vers 78.* A la romantique rêverie que représentent les vers 47-78 du *Ressouvenir,* Huber-Saladin, dans sa *Réponse,* répliquait par des idées et des images analogues (v. 43-56), mais, en évoquant sa patrie dans son cadre alpestre, il songeait tristement à elle (car, pour lui les idées nouvelles précipitaient la ruine de son pays et de ses traditions) :

Tu sais le saint amour que je porte en mon cœur
Aux heures où l'encens s'épanche de la fleur,
Où les flots, les vallons, qu'un dernier rayon dore,
De leur charme rêveur s'embellissaient encore,
Où la reine des monts, sur leurs flancs vaporeux,
Pour se montrer à toi se dévoilait aux cieux.
Alors que notre voile au mât presque immobile
Effleurait les rochers sur une onde tranquille,
Dans le profond azur du limpide miroir
Qui réfléchit la neige et les teintes du soir,
En ce calme repos, respecté par la rame,
Comme dans mon regard, tu lisais dans mon âme
Et sur ces lacs couverts de silence et de paix,
A de grands souvenirs tristement je rêvais...

* *Vers 79.* *Guillaume Tell* est le héros (en réalité légendaire) de l'indépendance suisse au XIVe siècle : originaire, dit-on, du canton d'Uri, il s'opposa de toutes ses forces à l'orgueil tyrannique et aux brimades du gouverneur autrichien Gessler, qu'il finit par tuer : ce geste fut le signal d'une guerre qui affranchit la Suisse de la domination

étrangère. Les exploits de G. Tell étaient familiers à Lamartine : il y faisait déjà allusion dans *La Liberté,* v. 99-100, et, dans *Le Civilisateur* (1854), il publiera un *G. Tell, régénérateur de la liberté de l'Helvétie :* l'évocation qu'il y donne de la Suisse reprend maints traits pittoresques qui figurent dans le *Ressouvenir.*

* *Vers 82.* En 1841, mise à part sa collaboration au journal genevois *Le Fédéral,* la production littéraire d'Huber était assez mince et se réduisait à une dizaine de plaquettes en prose; mais Lamartine avait pu apprécier la valeur de son ami au cours des conversations qu'ils avaient eues ensemble. Ces vers touchèrent profondément leur destinataire, comme le prouve sa *Réponse,* v. 7-8 et 35-42 :

L'hommage trop brillant, je l'accepte à demi :
Mais je presse la main que tu me tends, ami...
Ah! tu l'as dit : Heureux, heureux les fils de Tell;
Partout de leur bonheur brille un gage immortel,
Des plaines aux coteaux, des chalets aux vallées
Et de la cime vierge aux ondes étoilées.
Nature, pour toi ceux dont le cœur ne bat pas
Sur le sein maternel sont des enfants ingrats.
Honte, honte et malheur à celui qui s'écrie
Sans larmes dans les yeux : O liberté, patrie!

* *Vers 90.* Huber n'était pas partisan de l'expansionnisme helvétique que lui prête Lamartine dans ce vers et dans les suivants; il déclare nettement dans sa *Réponse,* v. 105-106 :

Non, je ne souffre point de son étroite place;
Tout sol est assez grand dont on conquit l'espace...

* *Vers 98.* Les Suisses souffraient en général de la bienveillance hautaine des puissances étrangères, qui ressemblait à un protectorat déguisé; ils en voulaient aux membres du Congrès de Vienne qui les avaient privés de la Valteline sans leur donner le Chablais en compensation : c'est probablement ce que Lamartine avait appris de la bouche même de son ami, mais celui-ci n'avait plus guère d'illusions sur l'avenir de sa patrie.

* *Vers 105.* Mais, cette *âme,* Huber ne la retrouvait plus chez ses contemporains et il devait écrire à Lamartine, le 23 juin 1842 : « Malheureusement rien n'est grand, rien n'est complet sans pensée, sans grandeur morale. L'âme pourrait s'élever au milieu de ces jeux guerriers d'un peuple jadis héroïque à la conquête de sa liberté... Mais hélas! où en sommes-nous dans cette décomposition de nos vieilles républiques?... »

* *Vers 111.* Pour avoir refusé d'exécuter un ordre de Gessler, G. Tell fut condamné à percer d'une *flèche* une pomme placée sur la tête de son propre fils : archer réputé, il réussit cet exploit qui fut à l'origine de sa renommée. Mais la flèche à laquelle fait allusion ce vers est celle dont finalement, embusqué dans un buisson et pour défendre sa femme et ses enfants, il perça le cœur de leur commun ennemi. Cf. aussi *La Liberté,* v. 100.

* *Vers 113.* Allusion au sacrifice des trois cents spartiates morts au défilé des Thermopyles (cf. *La Liberté,* v. 91 et 96), sous le commandement de Léonidas, qui sera nommé au v. 122. Dans sa lettre du 23 juin 1842, Huber songera aussi au héros de Sparte mais s'exprimera sur un tout autre ton : « Dans ce drame qui se prépare pour nous, il reste encore un rôle de Léonidas, et de Léonidas probablement massacré, comme d'Erlach, par ses trois cents qui prendront la fuite. » (Charles-Louis d'Erlach, issu d'une illustre famille, commandait en 1798 l'armée bernoise qui chercha à résister à l'invasion française et, vaincu, il fut massacré par ses propres soldats.)

* *Vers 115.* Lamartine reprendra cette idée dans ses *Confidences,* VII, 7. : « Les pays ont toujours été pour moi des hommes. Naples, c'est Virgile et Le Tasse. Il me semblait qu'ils avaient vécu hier, et que leur cendre était encore tiède. »

* *Vers 116.* Byron, dans *Childe Harold* (chant III, strophe 64) s'était exprimé en termes analogues :

> Morat and Marathon twin names shall stand,
> They were true Glory's stainless victories

(« Morat et Marathon resteront des noms jumeaux : ils furent les victoires sans tache de la vraie Gloire »). A Marathon et à Salamine (490 et 480 av. J.-C.), les Athéniens et leurs alliés sauvèrent la liberté de la Grèce, menacée par les Perses. Zurich, déclarée en 1210 ville libre impériale, s'allia vers la fin du XIIIe siècle aux cantons d'Uri, Schwyz et Unterwald pour lutter contre la domination de l'Autriche. Charles le Téméraire, en 1476, fut vaincu à Morat par les Suisses dont il avait attaqué le territoire pour l'annexer à son duché de Bourgogne. A cette évocation du passé glorieux, Huber désabusé opposera dans sa *Réponse,* v. 108 et suiv., une opinion sceptique :

> Non, je ne pleure point une gloire effacée;
> Chaque peuple a son heure, et la nôtre est passée...

* *Vers 118.* Le *Scythe* symbolise ici le peuple indépendant, mais barbare et errant à travers des immensités auxquelles il n'est pas réellement attaché.

* *Vers 124.* Byron (*Childe Harold,* chant II, strophe 88) pensait que le Temps viendrait à bout des temples de la Grèce, mais qu'il épargnerait la plaine de Marathon, vouée à un impérissable souvenir.

* *Vers 130.* Comme adjudant-général de l'armée fédérale suisse, Huber-Saladin était préoccupé d'augmenter la valeur de celle-ci, non qu'il crût à un éventuel succès des armes helvétiques en cas d'un conflit, mais seulement parce qu'il faisait consciencieusement son métier de soldat. Pour Lamartine, les idées désormais conduiront le monde et ces idées sont celles des penseurs qui ont été si nombreux autour du Léman et dont l'éloge commencera au v. 147. Le poète avait développé la même inspiration pacifiste deux mois plus tôt dans *La Marseillaise de la Paix* (28 mai 1841).

* *Vers 136.* On retrouve dans ces vers le thème antinapoléonien, qui sera repris et développé aux v. 185-224.

* *Vers 141. Harmodius,* aidé de son ami Aristogiton, tua le fils de Pisistrate, Hipparque, qui avec son frère Hippias maintenait Athènes sous un régime tyrannique (514 av. J.-C.) : à la gloire de cet exploit, fut composée une chanson débutant par ces mots : « Je porterai mon épée couverte de feuilles de myrte, comme firent Harmodius et Aristogiton quand ils tuèrent le tyran... » (texte conservé par Athénée, cité par l'abbé Barthélemy, *Voyage du jeune Anacharsis,* Introduction, 2e partie, section I, note 4, et par Chateaubriand, *Essai sur les Révolutions,* 1re partie, chap. XXIII).

* *Vers 148.* Déjà Byron (*Childe Harold,* chant III, strophes 68-109) avait célébré les grands noms qui ont immortalisé par leur présence ou par leurs œuvres les bords du Léman. Dans ses *Mémoires inédits* (p. 298), Lamartine reprendra le thème de la beauté historique du lac.

* *Vers 155.* Oiseau fabuleux, l'*alcyon* est fréquemment cité par les poètes anciens (Théocrite, VII, 59; Virgile, *Géorgiques,* I, 399; etc.). Fille d'Éole et épouse de Céyx, la nymphe Alcyone avait été transformée en un oiseau qui construit son nid et couve sur les flots mêmes, ainsi que le rapporte Ovide, *Métamorphoses,* XI, 742-743 :

Perque dies placidos hiberno tempore septem,
Incubat Alcyone pendentibus aequore nidis.

Cf. *Philosophie,* v. 102-103, et aussi *Jocelyn,* troisième époque, v. 225-226, ainsi que les remarques de A. J. Steele dans les *Actes du Congrès II,* p. 47-48.

* *Vers 156. Clarens,* à l'est de Vevey, près de l'extrémité orientale du lac, est cité par Byron (*op. cit.,* strophe 99 : « Clarens! sweet Clarens!... »); c'est dans ce village suisse que se déroulent les quatrième et cinquième parties de *La Nouvelle Héloïse.* Dans ce passage, Lamartine retrouve pour Jean-Jacques l'enthousiasme de sa jeunesse et toute son indulgence (cf. en particulier le v. 170) pour l'initiateur de ses premiers ans; il se montrera plus dur pour le théoricien politique du *Contrat social* que pour le rénovateur de la sensibilité moderne dans son *Cours familier de Littérature* (t. XI, pp. 346-487); car « l'âme est la muse des écrivains modernes; même si leurs idées sont fausses, leur sentiment les sauve et les immortalise ». Glosant ces vers, E. Zyromski (pp. 219-220) remarquait : « Le génie laisse, comme l'amour, sur les contrées où il s'est déployé des couleurs éternelles... Pensée qui témoigne bien de la prédominance de l'esprit sur le monde, de la fécondité de ses créations. »

* *Vers 162.* Dans *La Nouvelle Héloïse,* le héros Saint-Preux s'arrête une première fois à *Meillerie,* sur la côte savoyarde du Léman, en face de Vevey (1re partie, lettre 23); plus tard (4e partie, lettre 17) il est, avec Julie son amante, contraint par la tempête de débarquer en ce site rocheux. D'autre part (1re partie, lettre 23), il visite le *Valais* et en fait une description enthousiaste.

* *Vers 165*. Sur le mot *dictame*, cf. *A M. de Musset*, v. 121. Il est inutile de rappeler longuement la passion de Rousseau pour l'herborisation, mais il semble qu'elle fut chez lui assez tardive et ne commença guère que vers 1764 (cf. *Confessions*, livre XII; *Rêveries*, 5e Promenade, édition de la Pléiade, pp. 631, 1040, 1042, 1594) : il est peu probable qu'il ait jamais cueilli des simples sur les bords du Léman.

* *Vers 172*. L'*Arve*, important torrent issu du massif du Mont-Blanc, arrose Chamonix, Sallanches, Cluses, Bonneville et, après un cours de cent kilomètres, se jette dans le Rhône en aval de Genève.

* *Vers 174*. Byron loue *Voltaire* (*op. cit.*, strophe 106). Influencé par son ami Dargaud, Lamartine admirait dans le philosophe des Délices et de Ferney le champion de la raison, mais n'approuva jamais son scepticisme total et son goût de la plaisanterie souvent inconvenante; il parle de lui à diverses reprises dans le *Cours familier* (t. II, pp. 160-182; t. VIII, pp. 407-408; surtout t. XXVIII, pp. 193-312) et énonce à son sujet des formules à comparer avec le v. 174 : « C'est l'incarnation de la France même... Voltaire est la médaille de son pays. »

* *Vers 180*. A propos de ce passage, E. Estève (p. 333) constatait : « L'évocation de Byron est le témoignage de la fidélité conservée par Lamartine à Byron dans son souvenir. » (Sur les rapports des deux poètes, cf. *L'Homme*). On ne peut que noter le caractère fantaisiste des v. 179-180 : si Byron vécut sur les bords du Léman, à Cologny, en la Villa Diodati, il n'y mourut point et Lamartine ne pouvait ignorer sa fin glorieuse devant Missolonghi; et ce distique ne peut s'interpréter au sens figuré en pensant à une mort de son inspiration puisqu'il écrivit en Suisse quelques-uns de ses plus beaux vers (*Le Prisonnier de Chillon*).

* *Vers 182*. Vents, onde furieuse, cris, foudre sont des éléments habituels de la poésie ossianique. D'autre part, le poète de *Childe Harold* (chant III, strophe 93) formulait le vœu de participer à la nature de la nuit et de se confondre avec la tempête (« Most glorious night! ... Let we be ... a portion of the tempest and of thee! »).

* *Vers 184*. La comparaison de Byron avec le *cygne* est assez inattendue (celle du poète avec l'aigle — *L'Homme*, v. 21 — semble plus admissible). Cf. toutefois la remarque d'E. Zyromski (p. 183) : « L'image du cygne se mêle ici à celle du Mont Blanc pour représenter magnifiquement l'immortalité poétique. » Voir aussi la note du v. 244.

* *Vers 186*. L'éloge de *Mme de Staël*, qu'on ne saurait, avec M. Souriau (*Histoire du Romantisme*, I, 2e partie, pp. 48-51), taxer de « froideur », peut, par sa longueur sembler disproportionné avec ceux des génies nommés précédemment; l'importance qu'il prend s'explique : 1° par le fait qu'il tourne vite au pamphlet antinapoléonien et que sa majeure partie est une nouvelle critique du régime tyrannique de l'Empereur (cf. *Bonaparte*, première note); 2° par l'admiration réelle que Lamartine éprouvait pour la dame de Coppet (sur cette question,

cf. lettres du 1er juin 1809 — enthousiasme après la première lecture de *Corinne;* du 19 mai 1814 et du 27 mai 1818 —, jugement plus réservé sur *De l'Allemagne);* le poète entrevit Mme de Staël en 1815 près de son château du Léman — *Mémoires inédits,* pp. 316-321; dans les *Nouvelles Confidences,* IV, 3, 4 et 22, il énonce sur elle son opinion de 1850 et développe les mêmes idées que dans le *Ressouvenir;* enfin, il consacre à la romancière et écrivain politique un passage de l'*Histoire de la Restauration,* XV, 22, et les entretiens CLIII et CLIV du *Cours familier de Littérature* (t. XXVI, pp. 81-287).

* *Vers 189.* Cette image, inspirée par la *Genèse* (VIII, 8-12) constitue, selon E. Zyromski (p. 34), « une alliance de mots hardie » et, par des expressions de ce genre, « Lamartine a donné à son style une vigueur qui a soutenu l'harmonie un peu molle de ses périodes »; car, « pour rendre l'originalité de la pensée avec l'énergie du texte, on est obligé de renouveler les tours de style ».

* *Vers 194.* Sous l'Empire, après qu'en 1807, à la suite de son fameux article du *Mercure de France,* Chateaubriand fut contraint de renoncer à une résistance active contre le régime, Mme de Staël et ses amis de Coppet furent pratiquement les seuls « intellectuels » à tenir tête au maître de l'Europe et à défendre les droits de la liberté; Napoléon Ier en prit ombrage avec raison, fit surveiller, persécuta et força à l'exil la femme courageuse dont l'action eut une part non négligeable dans la chute de l'Empereur (cf. Paul Gautier, *Mme de Staël et Napoléon,* Paris, Plon, 1903, *passim*).

* *Vers 202.* Les vers 148-202 du *Ressouvenir* sont comme résumés par Huber dans sa *Réponse,* v. 197-204 :

> Tous ouvriers divers à la trame inconnue,
> Rousseau vient y pleurer la vérité perdue,
> Voltaire sous les fleurs y cache le tison,
> Byron entend gémir les pleurs d'une prison,
> Et Corinne à son tour, tu nous l'as dit encore,
> Garde le feu sacré qui féconde et dévore.
> Prêtresse de l'Idée et de l'Humanité,
> Elle a seule un tombeau près du flot argenté...

* *Vers 203.* Ces *autres,* ce sont ceux qui, comme Thiers et ses partisans, exploitaient à des fins de politique intérieure la légende posthume de Napoléon et avaient contribué, en 1840, au retour de ses cendres inhumées aux Invalides. Dans le discours qu'il prononça à la Chambre le 26 mai 1840, Lamartine émettait les mêmes réserves qu'ici : « Je ne me prosterne pas devant cette mémoire; je ne suis pas de cette religion napoléonienne, de ce culte de la force que l'on veut, depuis quelque temps, substituer dans l'esprit de la nation à la religion sérieuse de la liberté. Je ne crois pas qu'il soit bon de déifier ainsi sans cesse la guerre, de surexciter ces bouillonnements déjà trop impétueux du sang français... » Quand ils reparurent en 1849, alors qu'on pouvait déjà pressentir les ambitions de Louis-Napoléon Bonaparte, les v. 209-210 prenaient un accent prophétique.

* *Vers 208. Lécher la botte,* pour *flatter bassement,* semble une expression ancienne dans la langue; mais *lécher... le chapeau* est une alliance de mots insolite et probablement involontaire. Faut-il voir là une allusion au *petit chapeau* de Napoléon, objet essentiel du culte impérial? Peut-être. Mais on peut songer aussi au couvre-chef du gouverneur Gessler : « Il fit planter sur la place publique du bourg d'Altorf un sapin, au sommet duquel il ordonna de placer son chapeau, couronné de la couronne d'Autriche. Il enjoignit à tous les paysans ou bourgeois qui passeraient devant ce signe de la souveraineté de l'empereur de se découvrir la tête et de saluer le chapeau. Ses gardes, postés au pied de l'arbre sur la place, devaient enchaîner tous ceux qui se déclareraient rebelles en refusant cet hommage servile au chapeau du gouverneur. » C'est ainsi que Lamartine rappelle les faits dans sa *Vie de Guillaume Tell :* ce dernier fut seul à refuser de se soumettre et son geste fut à l'origine de la libération des Suisses.

* *Vers 219. Ælius Séjan* fut le préfet du prétoire, le favori et l'âme damnée de l'empereur Tibère, qui finalement le fit mettre à mort parce qu'il conspirait contre son maître. Sous la plume de Lamartine, le mot prend le sens de *vil adulateur.*

* *Vers 228.* Lamartine, dans son *Manifeste à l'Europe* de mars 1848, retrouvera cette image : « Si la Suisse était ... menacée dans le mouvement de croissance qu'elle opère chez elle pour *prêter une force de plus au faisceau* des gouvernements démocratiques, ... la République française se croirait en droit d'armer elle-même pour protéger ces mouvements légitimes de *croissance et de nationalité des peuples...* » Dans son journal *Le Fédéral,* Huber-Saladin préconisait, depuis 1832, une centralisation plus poussée des administrations helvétiques (postes, finances, douanes, armée); dans sa *Réponse,* il exprime (v. 123) son regret de voir

Au faisceau désuni tout lien impuissant.

En fait, la Constitution fédérale définitive des vingt-deux cantons suisses date seulement du 29 mai 1874.

* *Vers 232.* La Suisse et Genève, terres indépendantes et seules républiques de l'Europe, étaient traditionnellement des lieux d'asile pour les proscrits des autres nations : depuis 1815, elles inspirèrent souvent des inquiétudes aux monarchies leurs voisines.

* *Vers 234.* L'antique ville de *Palmyre,* dans le désert de Syrie, à mi-chemin entre la Méditerranée et l'Euphrate, connut une histoire prestigieuse depuis le roi Salomon jusqu'à sa prise par les Romains, vainqueurs de sa dernière reine, Zénobie (272 ap. J.-C.) : par sa position, elle était un important centre de commerce et un lien entre l'Orient et l'Occident. Lamartine avait dû avoir l'attention attirée sur cette cité lors de sa visite à lady Esther Stanhope, en septembre 1832 (voir *Voyage en Orient).*

* *Vers 240.* Le vœu formulé dans ces derniers vers fut réalisé lorsqu'en 1918 Genève fut choisie comme siège permanent de la Société des Nations, organisme qui eût certainement été accueilli d'enthousiasme par Lamartine, idéaliste et pacifiste. Huber, dans sa *Réponse,* v. 145-suiv., partageait les espérances de son ami sur ce point :

> Tu crois à l'avenir, ami, ta voix appelle
> Sur les bords du Léman son aurore nouvelle...
> Tu voudrais, sans briser les antiques frontières,
> Qu'un frère tende ici la main à d'autres frères.
> Oui, Dieu, près du beau lac, pour resserrer ces nœuds,
> Sembla prédestiner ce centre lumineux.

* *Vers 244.* L'image du *cygne,* qui débute le couplet d'adieu adressé au Léman par le poète et par l'homme politique, semble bien avoir été suggérée à Lamartine par l'impromptu qu'il avait reçu, le 28 juillet, d'un étudiant, membre de l'académie de Lausanne, ému comme ses compatriotes par le passage du grand homme dans leur ville :

> Comme un cygne du Nord à l'éclatant plumage
> Égaré sur ces bords, souriant à la plage
> De notre lac aux flots d'azur,
> Illustre voyageur, tu viens voir nos montagnes,
> Nos chalets, nos glaciers et nos libres campagnes
> S'épanouir sous leur ciel pur.
> Voudrais-tu t'envoler sans laisser à la rive
> Qui chante en te berçant sur son onde plaintive
> La plume du blanc voyageur?...

(Ce dernier vers est peut-être aussi à l'origine du v. 183 du *Ressouvenir.*) Au souhait d'Alphonse de revenir sur les bords du lac, Huber répliquait ainsi dans sa *Réponse,* v. 280-284 :

> Et si peut-être, un jour, las d'effort ou de gloire,
> Quelques rêves d'azur traversent ta mémoire,
> Reviens, reviens, ami, sur ce paisible bord,
> Réjouir des regards qui t'y cherchent encor...

Lamartine devait revenir pour affaires sur les rives du Léman vers le 18 septembre suivant et deux jours à la fin d'octobre 1844; il fit encore un bref passage à Genève en 1848 et peut-être un voyage thérapeutique en Suisse durant l'été 1867 (R. Mattlé, p. 210 et p. 211, n. 2).

* *Vers 252.* Sur le *Ressouvenir,* citons en conclusion deux jugements, écrits par des critiques suisses. Ch. Fournet, *Huber-Saladin,* pp. 117-118 : « Le poème n'est pas entièrement réussi. Il est loin d'être du meilleur Lamartine. Il n'existe, sans doute, pas de forme précise de l'épître en vers : une trop grande liberté que le poète a prise a nui, cependant, à l'harmonie de l'ensemble, dont le dessin n'apparaît pas nettement... Ce poème reste intéressant parce qu'il marque un moment curieux de l'évolution poétique de Lamartine. Il confirme

l'attitude démocratique qui sera, de plus en plus, celle de l'orateur à la Chambre; il donne, enfin, à la littérature, le poème le plus justement pensé qui ait été écrit sur la Suisse par un poète romantique français. Il vaut plus par les idées qu'il expose que par la forme dans laquelle il est écrit. » — R. Mattlé, pp. 227-228 : « A relire le *Ressouvenir du lac Léman,* on y trouve un résumé symbolique de tout son helvétisme. Qu'importe un certain déséquilibre dans la composition; il faut se contenter ici de la logique des beaux rêves. L'évocation du paysage lémanique qui commence le poème peut mécontenter le lecteur qui attend une description; il plaît à qui ne veut voir dans les détails précis que des *forti* d'un développement mélodique tempéré et coupé de silences... C'est un rêve intérieur riche de sentiments et de souvenirs. »

Dans son édition des *Œuvres poétiques complètes* de Lamartine (Gallimard, « La Pléiade », 1963, p. 1793), M. M.-Fr. Guyard publie ces quatre vers inédits, non datés, retrouvés par lui à Saint-Point et qui pourraient être « un fragment abandonné du *Ressouvenir* » :

O Léman ! où flotta jadis mon premier rêve *,
Roule encore quelquefois mon nom mort sur ta grève
Comme un débris du cœur sur l'océan des jours **
Que l'onde apporte au bord et remporte toujours.

MÉDITATION DIX-NEUVIÈME. — LA PRIÈRE

Page 68

* *LA PRIÈRE.* — Si l'on en croit le Commentaire de 1849, ces vers furent écrits à Chambéry, durant une promenade en montagne qu'on ne peut situer qu'au mois de juillet 1819, alors que Lamartine séjournait chez sa sœur Césarine de Vignet. Mais, comme durant ce même mois, et en août, il eut occasion de rencontrer aussi Aymon de Virieu (lettres des 27 juillet et 19 août), il semble impossible qu'il ait devant son plus cher confident gardé le secret au sujet d'une pièce qui aurait été achevée. Or c'est seulement le 20 octobre, en lui transmettant la méditation *L'Homme,* qu'il annonçait de Milly à son ami : « J'en ai fait une autre, intitulée *La Prière,* qui me plaît plus que tout ce que j'ai fait en ce genre. Je vous l'enverrai. » Cet envoi, ou plutôt celui des cinquante-quatre premiers vers, ne fut effectué que le 8 décembre. Il semble donc au total que, si l'auteur eut l'idée du poème en juillet, celui-ci fut écrit seulement

*. Lamartine fait-il allusion ici à son séjour à Nernier au cours duquel il aima la batelière du Léman, Geneviève Favre (juin-juillet 1815)? (Cf. Charles Fournet, *Lamartine et ses amis suisses,* Paris, Champion, 1928, pp. 9-37 : *Un chapitre mal connu de la jeunesse de Lamartine; Confidences,* XI, II; *Mémoires inédits,* XI, 12-18).

** Expression à rapprocher du *Lac,* v. 3 et note.

en octobre, et probablement terminé en novembre, non sans subir encore des retouches lors de la mise en volume *.

Par sa composition, d'une rigueur classique, *La Prière* est une des méditations philosophiques les mieux venues du recueil et peut-être la plus typique : 1° Le spectacle magnifique du soleil couchant est un sacrifice offert par la Nature à son Créateur (v. 1-26 : description d'un paysage); — 2° Mais la Nature est muette et le poète sera son interprète auprès de Dieu (en une série d'invocations qui seront un commentaire des trois vertus théologales) (v. 27-40 : transition); — 3° Invocation de la Foi : le spectacle du monde prouve la grandeur de Dieu à l'esprit de l'homme (v. 41-57); — 4° Invocation de la Charité (ou de l'Amour) : par son cœur la créature aspire à Dieu et l'aime (v. 58-84); — 5° Invocation de l'Espérance : par la Foi et l'Amour, l'être espère de s'absorber un jour en Dieu (v. 85-106 : cette aspiration suprême élève encore la méditation et achève le mouvement ascendant qui s'est manifesté tout au long de la pièce).

Le thème de la prière avait été souvent traité par les déistes du XVIIIe siècle; leur source principale était l'*Universal Prayer* de Pope, publiée en 1738 et traduite dès 1739 par Lefranc de Pompignan (cf. Ph. Van Tieghem, *La Prière universelle de Pope et le déisme français au XVIIIe*, *Revue de Littérature comparée,* 1923, pp. 190-212); le poète anglais avait eu de nombreux imitateurs et Lamartine connaissait maints d'entre eux : on verra dans les notes qui suivent des rapprochements assez frappants. Mais l'âme de Lamartine était spontanément tournée vers l'oraison, où elle trouvait l'occasion de s'apaiser et de s'épanouir. En l'expédiant à Virieu, le poète accompagnait son œuvre de ces remarques : « Ce qu'il y a de plus parfait, c'est de penser, mais de penser avec résignation et en Dieu, pour me servir d'une expression mystique, de se contempler en lui, de le voir dans tout, et de se reposer sur lui de nous-mêmes. Mais, pour cela, il faudrait outre l'enthousiasme une ferme vertu, et nous n'en avons point. Il y a un peu de cet état de l'âme dans *La Prière*... » La ferveur orante de Lamartine reparaîtra plus tard en ces lignes du *Voyage en Orient* (11 juillet 1832, en mer) : « Quel monde que ce monde de la prière ! quel lien invisible, mais tout-puissant, que celui d'êtres connus ou inconnus les uns aux autres, et priant ensemble ou séparés les uns pour les autres ! Il m'a toujours semblé que la prière, cet instinct si vrai de notre impuissante nature, était la seule force réelle, ou du moins la plus grande force de l'homme ! L'homme ne conçoit pas son effet; mais que conçoit-il? Le besoin qui pousse l'homme à respirer lui prouve seul que l'air est nécessaire à sa vie ! L'instinct de la prière prouve aussi à l'âme l'efficacité de la prière :

---

* Le 6 décembre, Alphonse, alors à Milly, écrivait à sa fiancée, miss Birch : « J'écris de temps en temps quelques *Méditations* dans le genre de celles que vous connaissez. Voilà le commencement de la dernière faite... » Et il reproduit les cinquante premiers vers de *La Prière* (*Revue des Deux Mondes,* 15 août 1905, p. 847).

prions donc ! Et vous qui nous avez inspiré cette merveilleuse communication avec vous, avec les êtres, avec les mondes invisibles, vous, mon Dieu, exaucez-nous beaucoup, exaucez-nous au-delà de nos désirs ! » Enfin on n'oubliera pas que beaucoup d'*Harmonies poétiques* sont des prières (par exemple l'*Hymne de l'enfant à son réveil*) et l'on se rappellera les v. 563-602 de *Jocelyn,* neuvième époque :

> Prière, ô voix surnaturelle
> Qui nous précipite à genoux !
> Instinct du ciel qui nous rappelle
> Que la patrie est loin de nous !...

Est-ce à dire que la prière telle que la conçoit Lamartine dans sa méditation de 1819 ait un accent tout à fait chrétien? Peut-être pas. Lui-même, (converti — il est vrai — au rationalisme) la définira en 1849 un « hymne de l'adoration rationnelle ». Sur cette question délicate, nous croyons bon de rapporter le jugement nuancé formulé par Mgr J. Calvet (*Les Poètes du XIXe siècle. Extraits,* De Gigord, p. 37) : « La prière de Lamartine manque de précision et de couleur chrétienne. Pour s'en rendre compte, il n'y a qu'à la comparer à ce *Pater* dont il prend un mot au passage. La prière est plus philosophique que filiale; elle ne suppose aucun effort de perfection morale et elle ne contient ni le repentir, ni la notion de péché. Cela ne l'empêche pas d'être sincère, ni même de s'élever à la ferveur théologique, puisqu'elle englobe les vertus de Foi, d'Espérance et de Charité. Surtout elle a de l'élan, de l'envol, et dans son ampleur elle renferme le monde; elle s'insère dans le sacrifice universel dont elle devient la voix intelligente. »

* *Vers 2.* Comme le *char* (cf. *L'Isolement,* v. 11), *le roi brillant du jour* est un cliché de la langue post-classique (on retrouve, par exemple, cette périphrase dans l'*Hymne au Soleil* traduit d'Ossian par Baour-Lormian, ou chez Roucher, *Les Mois,* chant VII). On a pu citer aussi de nombreux auteurs ayant traité, au XVIIIe, du lever et du coucher du soleil; pour ne retenir que des noms illustres, on rappellera Rousseau *(Émile,* IV : *Vicaire savoyard),* Bernardin de Saint-Pierre (*Voyage à l'Ile de France : Études de la Nature,* X; *Harmonies,* III), Chateaubriand (*Génie du Christianisme,* première partie, liv. V, chap. 12,) *Deux perspectives de la nature :* « Le globe du soleil, prêt à se plonger dans les flots, apparaissait... au milieu des espaces sans bornes... On eût dit, par les balancements de la poupe, que l'astre radieux changeait à chaque instant d'horizon. Quelques nuages étaient jetés sans ordre dans l'orient, où la lune montait avec lenteur; le reste du ciel était pur *... » L'idée de *gloire,* ajoutée par Lamartine,

* Il semble que cette page du *Génie* fut très présente à l'esprit de Lamartine quand il écrivit sa méditation : les deux inspirations sont fort identiques et les deux écrivains ont choisi, pour peindre la beauté de la prière, un admirable cadre naturel.

vient peut-être de Byron, *Manfred* (III, 2) : « Glorious orb... Most glorious orb... Thou dost rise and shine and set in glory... » Cf. aussi *Hymne du Matin (Harmonies poétiques)*, v. 60-65 :

> Dans les sentiers de pourpre aux pas du jour ouverts,
> Les monts, les flots, les déserts,
> Ont pressenti la lumière,
> Et son axe de flamme, aux bords de sa carrière,
> Tourne, et creuse déjà son éclatante ornière
> Sur l'horizon roulant des mers.

* *Vers 5.* A. de Vigny a dû, au début de son *Moïse* (1822), avoir de ce passage les réminiscences que nous soulignons :

> Le soleil prolongeait sur la cime des tentes
> Ces obliques rayons, ces flammes *éclatantes,*
> Ces larges *traces* d'or qu'il laisse dans les airs,
> Lorsqu'en un lit de sable il *se couche* aux déserts.
> La *pourpre* et l'*or* semblaient revêtir la campagne...

* *Vers 6.* Sans remonter à Pascal qui, dans *les Deux Infinis,* compare le soleil à une *lampe éternelle,* ou à Young, disant de la lune qu'« elle fut une *lampe* allumée par le Créateur pour la veille des sages » (*Nuits,* XII), on rapprochera cette comparaison de *L'Immortalité,* v. 109-110, et de l'*Hymne de l'Enfant à son réveil,* v. 5-8 :

> On dit que ce brillant soleil
> N'est qu'un jouet de ta puissance;
> Que sous tes pieds il se balance
> Comme une lampe de vermeil.

Leconte de Lisle, lamartinien dans ses jeunes ans, écrira dans *Les Hurleurs (Poèmes Barbares) :*

> Seule, la lune pâle, en éclairant la nue,
> Comme une morne lampe, oscillait tristement.

* *Vers 8.* Le second hémistiche du v. 7 répète *L'Isolement,* v. 12. Si l'expression *rayons affaiblis* (c'est-à-dire *faibles encore*) est sans doute une rencontre fortuite avec Young, *Nuits,* XX, l'origine du v. 8 est à chercher dans le *Génie du Christianisme, ibidem :* « La clarté de la lune dormait sans mouvement sur les gazons. »

* *Vers 9.* Le *voile des nuits* appartient à la langue noble la plus traditionnelle : Corneille employait déjà l'expression dans sa traduction des *Hymnes du Bréviaire romain* (« L'épaisseur de la nuit dessous un sombre voile... »); elle se retrouve dans *La Henriade,* VI et VII (« La nuit vient sur Paris porter ses sombres voiles... ») et on en multiplierait les exemples empruntés à des poètes mineurs (Louis Racine, Bernis, Millevoye, Young, *Nuits,* XX, Parny; Bernardin de Saint-Pierre était allé jusqu'à dire : *le crêpe de la nuit* (*Harmonies,* IX). L'image de l'étoffe qui *se plie, se déplie, se replie,* familière à Lamartine, reparaîtra au v. 23 (cf. *L'Immortalité,* v. 101; *Hymne du Matin (Harmonies poétiques),* v. 70-72; *Jocelyn,* neuvième époque

(*Les Laboureurs*), v. 397); elle a peut-être son origine dans le *Génie du Christianisme, ibidem* : « Ces nues, *ployant et déployant leurs voiles*, se déroulaient en zones diaphanes de satin blanc... »

* *Vers 16.* Les v. 15-20 paraphrasent de près l'*Universal Prayer* : « Père de l'Univers, à qui l'espace entier sert de Temple, et dont la Terre, la Mer et les Cieux sont l'autel ! que tous les êtres célèbrent ta gloire ! Reçois les hommages, l'encens de tout ce qui respire ! » G. Charlier (*Aspects de Lamartine*, p. 87) cite le texte de Pope en anglais :

To Thee, whose Temple is all space,
Whose altar Earth, Sea, Skies,
One chorus let all being raise,
All Nature's incense ride !

et constate : « Ce que Pope avait concentré entre les arêtes vives et nettes de sa phrase trapue, nerveuse et sobre, Lamartine le développe magnifiquement dans l'abondance facile et la molle cadence de ses vers mélodieux et coulants. » On rapprochera le v. 16 de *L'Immortalité*, v. 113. V. Hugo s'est peut-être souvenu de ces vers de *La Prière* dans la pièce des *Contemplations*, VI, 20, intitulée *Religio.*

* *Vers 24.* R. Rosières (*Revue Bleue*, 8 août 1891, p. 182) établit un rapprochement fort curieux entre les v. 21-24 et un passage du chant III de *Chalon-sur-Saône*, poème de Fabre d'Églantine :

Sur l'horizon grisâtre un point qui se *colore*
Prolonge en un circuit la *pourpre* de l'*aurore;*
En *legères* vapeurs le serein repompé
Dans les plaines de l'air se condense groupé.
Ses volutes d'argent dont la cime s'éclaire
Par *flocons* entassés couronnent l'atmosphère.

Lamartine connaissait-il ces médiocres vers, consacrés à une ville de Saône-et-Loire? et s'en est-il souvenu? On ne saurait l'affirmer. Depuis Bernardin de Saint-Pierre et Chateaubriand, les nuages étaient à la mode et l'on avait souvent célébré leurs couleurs et leur aspect mouvant... *Du couchant à l'aurore* (v. 22) : cf. *L'Isolement*, v. 22 et *L'Esprit de Dieu*, v. 21.

* *Vers 27. Saints concerts* : cf. *L'Isolement*, v. 16 et note.

* *Vers 29.* Cf. *Le Vallon*, v. 63. Ce *silence* de la nature avait été noté souvent depuis Pascal; cf. L. Racine, *La Religion*, V, v. 317-319 :

Le temple inanimé sans le prêtre est muet.
Cet immense univers, de la main qui l'a fait,
Doit par la voix de l'homme adorer la puissance.

Chênedollé, *Génie de l'Homme*, III :

Homme, salut ! sans toi, la nature muette
Pour célébrer son Dieu manquerait d'interprète
Le monde n'est sans toi qu'un grand palais désert.

L'idée de Lamartine est très voisine, et contredit en partie le thème des *Psaumes*, XVIII, 2 : « Coeli enarrant gloriam Dei » que pourtant il fait souvent sien, et notamment au v. 41-57.

* *Vers 30.* « Il ne faut pas se tromper sur le sens que Lamartine donne ici au mot *intelligence*. Ce n'est pas du tout la raison raisonnante, c'est l'intelligence du cœur, la lumière du sentiment » (M. Bouchard, *Lamartine ou le sens de l'Amour*, p. 105, note 26).

* *Vers 31.* L'image de l'*aile* est une de celles qui reviennent le plus fréquemment sous la plume de Lamartine (cf. *A Elvire*, v. II et note du v. 12; *L'Enthousiasme*, v. 13 et note du v. 12; *L'Immortalité*, v. 99 et 139; *Dieu*, v. 40 et 92-93; *Bonaparte*, v. 15; *Le Papillon*, v. 2; *La Solitude*, v. 41; *Chant d'Amour*, v. 2; à ces exemples, on peut ajouter *Dernier Chant du Pèlerinage d'Harold*, v. 736 : *aux ailes de la nuit; Hymne du Matin*, v. 158 — *aile de l'aurore* — et 236 — *les ailes des heures*). L'expression *ailes du vent* reparaîtra dans *Les Préludes*, v. 245; dans les *Harmonies poétiques* (*Hymne du Matin*, v. 36; *Le Chêne*, v. 12); *Jocelyn*, deuxième époque, v. 138-139 :

...le vent
Vous prêtant un instant ses impalpables ailes...

La Chute d'un Ange, 15ᵉ vision, v. 341-342 :

Que le vent, qui te touche à regret de ses ailes,
De nos corps consumés disperse les parcelles!

* *Vers 32.* L'*âme* est associée à l'idée de *parfum* dans la *Réponse à Némésis* (1831), v. 111-112 :

Car mon âme est un feu qui brûle et qui parfume
Ce qu'on jette pour la ternir.

* *Vers 34.* *Pour l'adorer :* tour assez amphibologique; comprendre : *pour adorer Dieu.*

* *Vers 36.* Ce vers a un indéniable accent biblique : il rappelle à la fois les *Psaumes* (par ex. CI, 22 : « ut annuntient nomen Domini ») et *Saint Matthieu*, III, 3 : « Vox clamantis in deserto ». Sur l'*harmonie des sphères* (v. 38), cf. *Le Vallon*, note du v. 56, et *L'Ange*, note du v. 42.

* *Vers 44.* Ces vers traduisent l'éclectisme religieux de Lamartine : *âme de l'univers* est panthéiste ou stoïcien, *père* a un accent chrétien, *créateur* appartient à la langue des déistes. Le poète est très près de la conception énoncée par Pope dans l'*Universal Prayer :*

Father of all! in ev'ry age,
In ev'ry clime ador'd,
By Saint, by Savage, and by Sage,
Jehovah, Jove or Lord,
Thou, great first cause, least understood!

En ses *Hours of Idleness*, Byron, selon Ed. Estève (p. 336, n. 2), adoptait une attitude spirituelle semblable en s'écriant : « Père, je ne m'attache aux lois d'aucun prophète. Tes lois, elles se manifestent dans les ouvrages de la nature. » La position exacte de Lamartine, qui n'était ni philosophe ni théologien de profession, est assez difficile à cerner avec précision : en écrivant *La Prière* il était indubitablement désireux de traduire l'orthodoxie catholique et, dans les vers qui suivent, il va paraphraser avec ferveur le texte canonique du *Psaume* fameux cité à la note 10. Cependant, en proclamant aux v. 45-46 qu'il n'a *pas besoin d'entendre la parole* de Dieu, puisqu'*il lit dans les cieux* son *symbole* (c'est-à-dire son *formulaire de dogmes :* cf. le *Symbole des Apôtres* ou *Credo*), il paraît légitimer le jugement de M. Guillemin (*Jocelyn,* p. 228), constatant que la présente méditation « laissait trop bien paraître que la Révélation ... ne lui paraissait pas nécessaire ». En fait, en sa période de foi, il était tenté par le rationalisme, comme après sa conversion à celui-ci (vers 1832) il demeurera sentimentalement attiré par les croyances de sa jeunesse. Au total, il resta toujours le disciple de Rousseau et de la doctrine énoncée par le Vicaire savoyard (*Émile,* IV) : « J'aperçois Dieu partout dans ses œuvres; je le sens en moi, je le vois tout autour de moi... Les plus grandes idées de la divinité nous viennent par la raison seule. Voyez le spectacle de la Nature, écoutez la voix intérieure. Dieu n'a-t-il pas tout dit à nos yeux, à notre conscience, à notre jugement? » Ce qui n'empêche pas l'interprète de Jean-Jacques de reconnaître ailleurs : « Je vous avoue que la sainteté de l'Évangile est un argument qui parle à mon cœur... Si la vie et la mort de Socrate sont d'un sage, la vie et la mort de Jésus sont d'un Dieu. » Le pauvre curé de Valneige fondera sur ces mêmes théories l'enseignement qu'il dispensera aux petits montagnards (*Jocelyn,* neuvième époque, v. 793-1016).

* *Vers 56.* Cf. P. Jouanne (pp. 175-176) : « Lamartine représente volontiers l'univers comme un système de *miroirs* et d'échos, où chaque être s'admire et s'écoute dans tous les autres. La prédominance des images visuelles apparaît très nette. » Le critique cite, outre les v. 52-56 de *La Prière,* 45-46 de *Dieu* et 29-30 du *Désert,* les *Recueillements poétiques :*

L'azur où sa cime nage
A balayé son *miroir*
(*Cantique sur un rayon de Soleil*)

... le bruit des vagues élancées
Te fait rêver pensif à ce vaste *miroir*
Où Dieu peint l'infini pour le faire entrevoir
(*Épître à M. Dumas*)

Son dogme où la lumière abonde...
N'est que l'image immense et pure
Que le *miroir* de la nature
Fait rayonner dans la raison
(*Utopie*)

(Nous nous mirons)
Dans la postérité, froide et pâle interprète,

Miroir terne et glacé comme vos lacs du Nord !
(*A une jeune Polonaise*).

Jocelyn, neuvième époque, v. 103-104 :

Ah ! mon pauvre Fido...
(Quand) comme un clair *miroir*, ma joie ou mon chagrin
Rend ton œil fraternel inquiet ou serein...

On peut aussi se référer aux *Harmonies poétiques :*

C'est une nuit d'été...
Qui, ravivant le ciel comme un *miroir* terni,
Permet à l'œil charmé d'en sonder l'infini
(*L'Infini dans les cieux*)

* *Vers 62.* Cette aspiration, platonicienne ou pétrarquiste, de l'âme vers un monde meilleur et vers Dieu est souvent exprimée par Lamartine : cf. les rapprochements établis à la note du v. 140 de *L'Immortalité*. Mais l'idée du passage est christianisée par le *je t'aime* du v. 58, — le chrétien seul en effet, et non le panthéiste, conçoit l'idée d'aimer Dieu. C'est à sa mère que le poète devait cette disposition de l'âme : « Quant au sentiment et aux idées, elle en suivait le développement naturel chez moi en le dirigeant sans que je m'en aperçusse... Son système n'était point un art, c'était un amour... Ce qui l'occupait par-dessus tout, c'était de tourner sans cesse mes pensées vers Dieu et de vivifier tellement ces pensées par la présence et par le sentiment continuel de Dieu dans mon âme que ma religion devint un plaisir et ma foi un entretien avec l'invisible » (*Confidences*, IV, 9). Voir encore cette strophe de l'harmonie *Pourquoi mon âme est-elle triste*, v. 173-182 :

J'ai cherché le Dieu que j'adore
Partout où l'instinct m'a conduit,
Sous les voiles d'or de l'aurore,
Chez les étoiles de la nuit.
Le firmament n'a point de voûtes,
Les feux, les vents n'ont point de routes
Où mon œil n'ait plongé cent fois;
Toujours présent à ma mémoire,
Partout où se montrait sa gloire,
Il entendait monter ma voix.

* *Vers 63.* Paraphrase de la parole de saint Paul s'adressant aux Athéniens : « In illo vivimus, movemur et sumus » (*Actes des Apôtres*, XVII, 28).

* *Vers 67.* Le mot *désert(s)*, employé aux v. 36 et 79, revient souvent chez Lamartine, qui aimait pour sa résonance large et vague ce terme désignant de *vastes étendues*. Cependant l'idée exprimée ici sera le thème essentiel de la « dernière méditation », *Le Désert*, l'immensité vide suggérant mieux que tout à l'esprit du poète l'idée

de l'infini et de Dieu. Cf. aussi *A M. de Beauchesne, (Recueillements poétiques) :*

J'aime mieux la maison du pêcheur sur la grève...
J'aime mieux la maison du pâtre sous la neige...
J'aime mieux cet esquif, maison frêle et flottante...
Que ces palais minés moins stables qu'une tente
Où le bruit des humains couvre ces bruits de Dieu!

La Chute d'un Ange, 8e vision *(Fragment du Livre Primitif) :*

Vous ne bâtirez point de villes dans vos plaines...
Mais vous élèverez vos maisons ou vos tentes
Au milieu de vos champs, et des autres distantes,...
(Pour) que, sur votre tête, un grand morceau des cieux
Des merveilles du ciel entretienne vos yeux.

* *Vers 68.* Les v. 68 et suiv. développent le même thème que *L'Immortalité,* v. 112-118, et *Dieu,* v. 45-72. Sur l'image du *voile,* qui reparaît au v. 78, cf. le v. 9 et la note. Les *perles de l'aurore* (v. 70) pour désigner les *gouttes de rosée* appartiennent aussi à la langue classique comme le prouvent ces vers de Saint-Lambert (*Les Saisons,* chant I), admirant les beautés du jour levant :

Et le jeu des rayons dans ces *perles* liquides
Que dépose la nuit sur les vallons humides.

Noter la négligence des v. 69-70, qui reprennent les rimes des v. 25-26.

* *Vers 72. Lui répand le jour* est une construction un peu hasardée, car on ne dit pas correctement *répandre à.* De même on peut trouver faible la rime *mes sens — je sens* (v. 75-76) et trop libre le tour *seul... mon âme* (v. 79-82).

* *Vers 76.* On rapprochera les v. 73-76 de l'*Hymne au Soleil,* v. 36-45. Les périphrases *astre du jour, astre qui nous éclaire,* et le mot *astre* employé absolument pour désigner le *soleil* sont très classiques (exemples de Racine et de Voltaire dans Littré); cf. *Pensée des Morts (Harmonies poétiques) :*

L'astre à peine vient d'éclore
Qu'il va terminer son tour.

Il y a une ressemblance sans doute fortuite, mais assez frappante, entre les v. 73-74 et *Le Midi,* de Bernis :

Ce grand *astre* dont la *lumière*
Enflamme la voûte des cieux
Semble au milieu de sa *carrière*
Suspendre son cours glorieux.

Au v. 76, *vertu* a le sens du latin *virtus : force essentielle d'une chose,* qu'on retrouve encore en botanique ou en médecine *(la vertu des plantes, d'un remède).*

* *Vers 77.* L'apaisement religieux et fécond apporté par la *nuit* avait déjà été signalé par Young (*Nuits,* XII : « C'est avec la nuit que la pensée s'éveille. C'est au milieu des ténèbres que l'âme reçoit ses plus vives illuminations. Les passions se calment dans la paix du silence... Dans ces instants d'un calme parfait, l'âme commerce librement avec les cieux et correspond avec Dieu ») et par Chateaubriand (*Génie du Christianisme,* première partie, liv. VI, chap. 1 : « ... Dans le calme de la nuit, je m'élance dans les espaces pour y trouver l'Ordonnateur de tant de mondes »).

* *Vers 84.* Ce *jour intérieur* et cette *voix* sont bien connus des mystiques; on se souviendra seulement de certaines formules de l'*Imitation de Jésus-Christ,* I, 1 : « Qui sequitur me non ambulat in tenebris, dicit Dominus »; III, 1 : « Audiam quid loquatur Dominus Deus in me ». Les v. 77-84 ont inspiré des remarques à E. Zyromski (pp. 172-173) : « Quelquefois Lamartine subissait l'éblouissement d'une lumière d'apothéose éclairant la masse embrumée des paysages intimes... Ce monde lui paraissait si beau dans le déploiement de ses chimères qu'il suffisait souvent à satisfaire son besoin d'agir » — et à Y. Boeniger (p. 74) : « La magnificence des nuits, l'ombre qui efface les détails et spiritualise la matière, le creux silence tandis que s'endort l'activité des hommes, rassurent l'homme. *Cette ombre sacrée et cette solitude,* interrogeait Young (*Nuits,* V), *qu'est-ce donc ? C'est la présence sensible de la divinité* ». Au v. 83, on notera le tour : *je me sens éclairer,* où l'usage du XXe siècle exigerait *éclairé;* il s'agit d'une construction de la langue classique, élargie par Lamartine : au XVIIe l'infinitif précédé d'une préposition s'employait à l'actif dans beaucoup de cas où nous mettrions le passif; cf. *Polyeucte,* v. 743-744 : Une honte... prête à recevoir = prête à être reçue.

* *Vers 85.* *Magnificence* doit être pris en son sens étymologique : faculté de faire de grandes choses, *générosité créatrice.*

* *Vers 92.* Ici, *la foi en l'immortalité* semble infiniment plus solide que dans la méditation qui porte ce titre (cf. la note ** des var. de *L'Immortalité,* p. 382). « Elle est présentée comme la conclusion d'un raisonnement fondé sur la constatation de la grandeur et de la bonté de Dieu; dans *L'Immortalité,* elle n'était affirmée qu'au nom du sentiment, et comme une sorte d'intuition de l'amour. Entre 1817 et 1819, Lamartine a tenté de faire des progrès dans le sens d'une croyance chrétienne plus orthodoxe : néanmoins, dans toute cette méditation, il ne dépasse guère le spiritualisme sentimental de Rousseau » (M. Levaillant).

* *Vers 96.* Sur le *voile* qui empêche l'homme de voir les réalités transcendantes, cf. la note du v. 56 de *La Providence à l'Homme.*

* *Vers 97.* *Que j'implore :* cf. *Le Soir,* v. 30 et note.

* *Vers 100.* Idée très voisine de celle exprimée au v. 58 de *L'Homme,* où le mot *atome* est aussi employé (v. 49 et 158).

* *Vers 102.* Réminiscence du *Pater :* « Panem nostrum quotidianum da nobis hodie »; mais, dans le second hémistiche, la pensée du poète s'élève; il s'est peut-être souvenu de la parole de Jésus à Satan, rapportée dans *Saint Matthieu,* IV, 4 : « Scriptum est : — Non in solo pane vivit homo, sed in omni verbo quod procedit de ore Dei ».

* *Vers 104.* Des critiques pointilleux prétendirent qu'*éclipsé,* qui va avec l'idée d'*ombre,* ne convient pas avec *réchauffe :* à tort, semble-t-il, parce que toute éclipse amène à la fois un assombrissement et un refroidissement.

* *Vers 106.* Ce dernier vers (cf. *Dieu,* v. 10) a peut-être un accent panthéiste; cependant l'aspiration qu'il exprime est-elle essentiellement différente de celle énoncée au v. 63, dont on a vu qu'il est inspiré de saint Paul? Dans le domaine mystique, il est des nuances délicates à évaluer. E. Estève (p. 336, n. 2) rapproche cette conclusion de Byron, *Hours of Idleness :* « Vers toi j'exhale mes humbles accents, reconnaissant de toutes tes miséricordes passées, et j'espère, ô mon Dieu, que cette vie errante pourra à la fin revoler vers Toi ! »

MÉDITATION VINGTIÈME. — INVOCATION

Page 72

* *INVOCATION.* — Dans un article du *Mercure de France* (15 janvier 1934, pp. 302-314), intitulé *La Dernière Soirée d'Elvire avec Lamartine et Vignet (documents inédits),* le baron de Nanteuil a établi lumineusement les circonstances qui furent à l'origine de cette brève méditation, la première en date de toutes celles inspirées à Lamartine par Mme Charles. C'était à Aix-les-Bains, dans la chambre de Julie, au cours de la soirée du 20 octobre 1816 : les deux amants étaient en compagnie de Louis de Vignet qui allait les quitter le lendemain; pour commémorer pieusement le souvenir de leur séparation, tous trois copièrent en mêlant leurs écritures le passage des *Martyrs,* (Livre V), où saint Augustin s'adresse à Eudore pour lui dire adieu et qui commence par ces mots : « Je ne sais si nous nous reverrons jamais. Hélas ! mon ami, telle est la vie... » Cette belle page pouvait s'appliquer au sort incertain, ou trop prévu, qui attendait chacun d'eux. Vignet, qui était poète, écrivit alors, s'inspirant au début du texte de Chateaubriand, les vers suivants, recueillis plus tard par Alphonse dans le *Carnet de Maroquin Rouge,* f°s 64-65, sous le nom de *Dithyrambe :*

Hélas ! dans l'immense univers
Quel être a pu jamais changer sa destinée?
Un dieu dit au roseau : Tu vivras une année;
Il dit au chêne altier : Tu vivras cent hivers !
Il a fait l'aigle pour les airs,
Les ruisseaux pour les bois, les autans pour les mers,
Les rois et les tyrans pour la terre étonnée.

Il donne à la beauté les amours et les fleurs,
Ornements de la vie.
Il réserve au génie
Les chants mélodieux, la gloire et la douleur.
Quel poète jamais a pu toucher la lyre
Sans la mouiller de pleurs?

Et, cependant que Vignet gardait précieusement la copie des *Martyrs* signée de la main des trois amis, il traçait sur un carnet appartenant à Julie les lignes que voici :

Il est des femmes dont le seul regard prouve un Dieu et *une vie à venir. Anges exilés sur la terre,* on voit qu'*elles y sont des étrangères :* c'est *au ciel* qu'est *la patrie* de la vertu.
Louis de V. Aix en Savoie
20 oct. 1816.

Si l'on compare les expressions que nous avons soulignées dans cette phrase avec les v. 2, 10, 12, 20, et 22 d'*Invocation,* il apparaît évident qu'elle fut la source du poème lamartinien, et l'on ne peut que souscrire à la remarque de M. de Nanteuil : « De cette belle pensée de Vignet écrite par lui sur le carnet d'Elvire vont jaillir les premiers vers qu'aura inspirés à Lamartine cette déesse de l'amour idéal. Premiers vers pour elle, disons-nous; mais nous sommes tentés d'y voir encore quelque chose de plus. C'est pour nous *la première méditation,* si différente des anciennes élégies que le poète recueillera plus tard à côté de ses grands chefs-d'œuvre. » On aimerait préciser avec plus de rigueur la date exacte où fut composée *Invocation :* si l'on en croit le témoignage tardif de *Raphaël* XXXII, la pièce naquit aussitôt après les vers de Vignet, dans la chambre même de Julie; mais le roman ne parle pas de la note jetée par Louis sur le carnet d'Elvire et qui nous paraît avoir déclenché l'inspiration d'Alphonse : celui-ci l'eut-il immédiatement sous les yeux? n'en prit-il connaissance que plus tard? On ne saurait dire ; mais, comme il quitta Aix le 26 octobre avec Elvire qui l'accompagna jusqu'à Mâcon, on ne saurait reculer le moment où le poème fut rédigé au-delà de celui qui les vit se séparer, c'est-à-dire de la fin du mois, car rien dans le ton général de ces vers ne suppose l'absence de celle qui les a suggérés à leur auteur.

* *Vers 1. Toi qui m'apparus :* Lamartine retrouvera le même mot dans *Raphaël,* VIII : « Qui était cette femme? Était-ce un être comme moi ou une de ces *apparitions,* un de ces météores vivants qui traversent le ciel de notre imagination sans y laisser autre chose qu'un rapide éblouissement de l'œil...? » *Désert du monde :* cf. *L'Isolement* v. 34.

* *Vers 2.* Conception angélique de la femme chère au poète et qu'on retrouve, par exemple, dans *Saül,* v. 788-792, où Jonathas montre sa sœur Micol au chevet du vieux roi :

Elle attend le réveil et, de sa tendre main,
Essuyant de son front la sueur enflammée,

Rafraîchit du vieillard la paupière fermée,
L'écoute, lui sourit, et semble à tous les yeux
Un ange qui pour lui vient de quitter les cieux !

* *Vers 6.* Cette question, purement « littéraire », n'implique aucune réponse possible; elle est là seulement pour introduire le thème : « *Es-tu femme ou ange ?* » et apparaît comme une possible réminiscence du thème épique développé par Virgile, *Énéide,* I, v. 327-328 :

O, quam te memorem? virgo; namque haud tibi vultus
Mortalis, nec vox hominem sonat; o dea certe.

* *Vers 10.* Idée amorcée au v. 2 (« passagère en ces lieux ») et qui reparaît dans celle de *L'Isolement*, v. 47.

* *Vers 15.* Il semble peu orthodoxe d'*offrir un culte* à un ange; mais les Anciens promettaient des offrandes à l'apparition dont ils ne savaient si elle était une forme humaine ou divine : ainsi fait Énée, en s'adressant à la belle jeune fille qu'il vient de rencontrer et qui n'est autre que Vénus travestie en chasseresse (*Énéide,* I, v. 330-334) :

Sis felix, nostrumque leves quaecumque laborem...
Multa tibi ante aras nostra cadet hostia dextra.

* *Vers 18. Baiser la poussière des pas* (ou *des pieds),* en signe de soumission et d'adoration, est un cliché de la langue classique (cf. Racine, *Esther,* v. 662; *Athalie,* v. 1169; Delille, *Paradis perdu,* IX : « De ses pas adorés il baise la poussière »); son modèle semble devoir être cherché dans le *Livre d'Isaie,* XLIX, 23 : « Adorabunt te, et pulverem pedum tuorum lingent. »

* *Vers 20.* Dans les lettres qu'elle adressait à son ami, Elvire à son tour l'appelait souvent *mon ange, mon cher ange;* ce vocabulaire *angélique* était à la mode du temps, mais Lamartine contribua largement à le répandre et à le faire adopter par la génération romantique.

* *Vers 22.* H. Potez (p. 477) souligne la ressemblance de rimes et de mouvement entre ces deux derniers vers et la fin du *Tombeau du Poète persan,* par Millevoye :

Mais ce doux chant, commencé sur la terre,
Devait hélas ! s'achever dans les cieux !

Invocation sera le titre de la première des *Harmonies poétiques :* le poème de 1830 s'amorce d'une manière analogue à la méditation de 1816 (« *Toi qui* donnas sa voix à l'oiseau de l'aurore... »), mais il a une tout autre ampleur (149 vers) et le poète s'y adresse non plus à une femme idéalisée, mais à Dieu lui-même : avec les années son mysticisme était allé grandissant.

MÉDITATION VINGT ET UNIÈME. — LA FOI

Page 73

* *LA FOI.* — Sur la date où fut composée cette pièce, il est permis de formuler des conjectures non exemptes de solidité. Dans sa lettre

à Virieu datée des 8 et 11 août 1818, Lamartine exprime son enthousiasme pour l'*Essai sur l'Indifférence* (voir la deuxième note de *Dieu*) et, d'autre part, cite les douze derniers vers de *La Foi*. Comme il ne tardait guère à transmettre à son ami d'élection ses impressions de lectures et ses œuvres nouvelles, il est probable qu'à cette date il venait de lire depuis peu le livre de Lamennais et que *La Foi,* fort influencée, comme on va le voir, par l'œuvre de l'abbé, était elle-même de composition récente. Sans doute, lorsque le 24 janvier 1819, il enverra à Mme de Raigecourt ces mêmes douze vers, « fin d'une contemplation poétique sur la foi », les déclarera-t-il « pris dans un morceau » qu'il a fait « il n'y a pas longtemps » : nous pensons voir là une clause de style polie, le poète ne voulant pas avoir l'air de communiquer à une grande dame qu'il connaissait encore peu un fragment de poème déjà vieux de quelque six mois. Nous croyons en effet pouvoir situer l'élaboration de cette méditation au mois de juillet ou au début d'août 1818 : certes l'*Essai* mennaisien avait été signalé à Lamartine par Mme de Montcalm dès le 23 mars; mais sa Correspondance nous le montre en avril, mai et juin uniquement préoccupé de *Saül* et d'autres projets de tragédies *(Médée, Zoraïde, La Bataille de Pharsale) ;* en juillet, il revient au lyrisme et parle d'un projet d'*Ode au Malheur,* mais celui-ci ne sera poursuivi qu'en novembre (voir *Le Désespoir,* première note) : cependant tout le début de *La Foi* développera le même thème du doute lancinant et de la misère de l'homme, qui assaillait l'esprit de l'écrivain au début de l'été 1818.

L'œuvre comporte deux mouvements complémentaires et contradictoires : dans le premier, qui est aussi le plus long (v. 1-124), l'auteur expose son pessimisme, en écho à celui de Job (le non-être vaut mieux que la vie; le bonheur n'est qu'un rêve illusoire; tout n'est que ruine ici-bas; l'âme est un mystère et Dieu, cruel, donne à la créature le seul salaire de la mort); puis, se reprenant dans la seconde partie (v. 125-176), il dit son espoir en un renouvellement de la foi de son enfance, seul flambeau capable d'éclairer les faiblesses du cœur et les ténèbres de la raison. Ne retrouve-t-on pas là, suivant la remarque de Ch. Maréchal (p. 63), « l'antithèse fondamentale sur laquelle est construit l'*Essai sur l'Indifférence* et qui, s'adaptant exactement à l'état d'âme de Lamartine, devait éclairer à ses yeux son destin »? « Jusqu'ici, continue ce critique, n'est-ce pas avec une raison insoumise qu'il a, de tous côtés, recherché le bonheur? N'en éprouve-t-il pas ce dégoût et ce découragement qui suit — Lamennais l'a montré — la vaine recherche d'un bien qu'on ne trouve pas ici-bas par ces voies? Et que lui reste-t-il donc, sinon s'en informer avec une raison soumise et dans les sentiers de la foi?... Ainsi l'opposition générale qui domine la méditation sur *La Foi* entre la raison individuelle, impuissante à produire autre chose que des doctrines philosophiques, *les doctrines du Néant*, et la foi vivante et salutaire manifeste hautement l'influence de Lamennais. » Mais cette influence n'était pas définitive, car l'âme de Lamartine continuerait toujours à battre au double tempo du doute qui la harcèle et de la croyance à laquelle elle aspire.

* *Vers 1*. Le mot ***néant*** appartient au vocabulaire de Lamennais; cf. *Essai,* I, pp. 298, 305, 372 : en triomphant, la philosophie de la raison individuelle « réaliserait le ***néant*** qui fait le fond de ses doctrines » et entraînerait sciences, lois, morale « dans le même abîme »; en s'éloignant de Dieu, on s'approche « du ***néant,*** domaine propre de tous les êtres finis et leur unique souveraineté »; les incroyants succombent sous « le fardeau des doctrines du ***néant*** ». C'est par ***néant*** que Genoude traduit le ***putredo*** du *Livre de Job,* XVII, 14 (« J'ai dit au néant « Tu es mon père ! »); les lamentations qui remplissent les v. 1-12 sont du reste inspirées par cette œuvre biblique : « Périsse le jour où je suis né ! » (III, 3); « Maintenant je dormirais dans le silence et je reposerais dans mon sommeil... Pourquoi ne suis-je point mort dans le sein de ma mère?... Je n'aurais point paru dans le monde, non plus que le fruit avorté dans le sein de sa mère, l'enfant qui n'a pas vu le jour ! » (III, 11-13); « Pourquoi m'avez-vous tiré du sein de ma mère? Plût à Dieu que l'œil ne m'eût jamais vu ! » (X, 18-19.)

* *Vers 3*. ***Échapper de ta main :*** cf. *L'Homme,* v. 138; *Le Désespoir,* v. 80. On comparera tout ce passage avec *La Poésie sacrée,* v. 36-49.

* *Vers 9*. Cf. *L'Immortalité,* v. 170.

* *Vers 10*. Cf. *Le Désespoir,* v. 61-63.

* *Vers 18*. Ces aspirations de l'âme nouvelle rappelle ce que dit Lamennais (*Essai,* I, p. 235) de l'existence et de son inconnu semblant calmer les avidités du cœur : « Tout ce que nous n'avons pas encore éprouvé, tout ce qui nous est inconnu devient pour nous une sorte d'infini que l'âme saisit avidement, comme un objet proportionné à l'étendue de ses désirs... » Mais, dans la poétique évocation de cette ***première aurore,*** Lamartine s'est peut-être plus ou moins consciemment souvenu des impressions d'Ève à sa naissance, telles que les rapporte le chant IV du *Paradis perdu* de Milton : « Souvent je me rappelle ce jour où je m'éveillai du sommeil pour la première fois; je me trouvai posée à l'ombre sur les fleurs, ne sachant, étonnée, ce que j'étais, où j'étais, d'où et comment j'avais été portée là. »

* *Vers 22*. Cf. *Hymne au Soleil,* v. 22-25; *Dieu,* v. 141. Ce ***salut*** au soleil et à la nature peut encore faire songer au *Paradis perdu,* III :

> Hail, holy Light ! offspring of Heaven first-born,
> Or of the Eternal co-eternal beam...

(« Salut, Lumière sacrée, fille du Ciel, née la première, ou de l'Éternel rayon co-éternel »).

* *Vers 24*. G. Lanson signale l'identité de rythme et d'épithète de ce vers avec celui de Gilbert, *Ode imitée de plusieurs Psaumes :*

> Ciel, pavillon de l'homme, admirable nature.

* *Vers 27*. *Objets* désigne le monde extérieur, ***témoins*** les êtres humains,

instruments du bonheur les sens. Ce salut d'une jeunesse impatiente aux cieux, à la terre, aux créatures, n'assure rien de durable; en traitant en effet l'univers comme un *instrument de bonheur,* l'impie « qui s'est choisi comme l'objet d'un amour infini... se fait centre de toutes choses... et se fait Dieu »; mais il ne tardera pas à s'apercevoir que tous ces objets ardemment convoités « sont incapables d'apaiser la faim de son cœur »; car « il existe entre les biens d'ici-bas et les besoins de notre cœur une disproportion qu'aucun art ne saurait faire disparaître » (*Essai sur l'Indifférence,* I, pp. 228-235).

* *Vers 29. Ce rêve... un rêve :* Lamennais nomme les biens de ce monde « ces doux rêves, ces illusions charmantes dont nous nous berçons dans le jeune âge » (*Essai,* I, p. 234).

* *Vers 33. J'ai vécu :* Lamartine reprend ici le thème du jeune mourant (cf. *L'Automne, Le Poète mourant*), qui reparaîtra aux v. 113-114, 125-130 et au terme de la méditation; à la fin imminente de sa vie, il consigne ici son expérience pessimiste. *Le désert de la vie :* cf. *L'Immortalité,* v. 149 de la var. 39 et surtout l'*Essai,* I, p. 228, où Lamennais évoque le misérable tableau de l'homme « parcourant l'aride désert de la vie pour y chercher son bien et son repos ». Au v. 34, l'image de la *fleur flétrie* vient du *Livre de Job*, XIV, 2 (« Qui quasi flos egreditur et conteritur... ») ou des *Psaumes,* CII, 15 (« Tanquam flos agri, sic efflorebit »).

* *Vers 36.* Le mot *horizon* venait sous la plume de Lamennais dans un contexte analogue où il dénonce les illusions humaines : « Ce prétendu bonheur des grands, des riches, des heureux du siècle... ressemble de loin à ces palais magiques, à ces jardins enchantés que l'on croit découvrir à l'horizon des mers qui baignent les rivages de Naples » (*Essai,* I, p. 236).

* *Vers 38.* Cf. *Livre de Job,* XIV, 11 : « Quomodo si recedant aquae de mari... et fluvius vacuefactus arescat, sic homo, cum dormierit, non resurget... »

* *Vers 39.* Cet *autre* pourrait être Young qui, dans les *Nuits,* I, s'écrie : « Je déplore les richesses évanouies de mes premières années; je gémis sur les débris épars de mon bonheur;... et chacun de mes plaisirs passés enfonce un trait dans mon cœur... » La période qui commence au v. 39 a un rythme analogue à celle de *L'Immortalité,* v. 77 et suiv.

* *Vers 43.* Horace, *Satires,* I, 6, v. 93 et suiv., énonce une hypothèse comparable formulée en un semblable mouvement de phrase :

Si natura juberet
A certis annis aevum remeare peractum...

(« Si la nature m'invitait, à partir d'un nombre déterminé d'années, à remonter le cours de ma vie écoulée... »); mais le poète latin se borne à dire ensuite qu'il recommencerait sa vie telle qu'elle fut et ne voudrait pas naître dans une condition sociale supérieure à la sienne. Les avantages énumérés aux v. 44-46 sont de ceux que condamnait Lamennais (*Essai,* I, p. 229), aux yeux de qui « le désir de la gloire, la passion de l'étude, l'amour des richesses, les vertus même purement morales » ne sont que des tentations de l'orgueil pour écarter de l'homme le sentiment de son imperfection.

* *Vers 49.* Ce même refus de ce qui est périssable est formulé à diverses reprises dans l'*Essai sur l'Indifférence,* I, pp. 8, 235, 237 : « Qu'on rassemble toutes les jouissances, qu'on les diversifie, qu'on les multiplie sans fin, on ne tardera pas d'en sentir l'insuffisance et le vide... Le prix des biens ne dépend pas seulement de leur nature, mais de leur durée. On jouit peu de ce qui échappe ou peut échapper à chaque instant... Tout passe et ne laisse après soi que le dégoût, le regret et cet inexorable ennui qui fait le fond de la vie humaine... L'homme éprouve un dégoût insurmontable pour tout ce qui passe...» Ce sentiment était déjà répandu dans le *Livre de Job* (par exemple, IX, 25 et X, 1 : « Mes jours sont plus rapides qu'un coursier; ils ont fui et n'ont pas vu le bonheur. Ils ont passé comme un vaisseau qui fend les mers... Je suis las de la vie... ») et c'est sur lui que s'ouvre l'*Imitation de Jésus-Christ,* I, I : « Vanitas est diligere quod cum omni celeritate transit, et illuc non festinare ubi sempiternum gaudium manet. » E. Zyromski (p. 212) commente avec une poétique profondeur le v. 49 : « Épris des joies permanentes qu'il entrevoyait dans ses rêves et que l'exaltation de la solitude lui permettait de sentir, il ne trouvait aucun goût aux joies qui passent, aux spectacles et aux agitations de notre vie... De là le caractère particulier de sa mélancolie inspirée par le désir d'infinies satisfactions, la mélancolie d'un contemplateur qui sait l'inutilité de l'effort avant d'avoir même agi, la mélancolie d'un dieu égaré parmi les hommes. »

* *Vers 54.* Cf. *Livre de Job,* VII, 16 : « Desperavi ». Dans l'*Essai,* I, p. 228, Lamennais, après avoir constaté que « toutes les théories philosophiques du bonheur se réduisent aux systèmes d'Épicure et de *Zénon* », analyse les déceptions de l'homme à leur contact : « Quand l'âme vient bientôt à s'apercevoir de son erreur..., elle tombe dans une tristesse profonde ; irritée contre l'*espérance,* elle cherche dans la stupeur qui suit les longues souffrances une image du *repos.* Vaine ressource, la maladie va croissant. »

* *Vers 61.* L'ample comparaison de l'âme ébranlée par le malheur et des ruines de la Rome antique (v. 61-78) paraît une amplification de celle faite par Chateaubriand dans *René :* « Quelquefois une haute colonne se montrait seule debout dans un désert, comme une grande pensée s'élève par intervalles dans une âme que le temps et le malheur ont dévastée. » Mais Lamartine renverse l'ordre des termes par rapport à son prédécesseur. Au reste, il avait passé à Rome tout le mois de novembre 1811 et en avait reçu une forte impression (R. Mattlé, pp. 32-37), ce qui n'avait pu que vivifier le souvenir de ses lectures de *René* (cf. *L'Homme,* v. 119-124 et la note).

* *Vers 65. Des théâtres :* tels ceux de Marcellus ou de Pompée, voire même le Colisée. Le mot *chaos* (v. 63) était très justifié au début du

XIXe siècle, époque à laquelle les restes de l'ancienne capitale du monde étaient encore dans un état de grand abandon.

* *Vers 72. L'obélisque :* apporté d'Héliopolis (Égypte) et haut de quarante mètres, il avait été placé par Caligula au milieu du Circus Vaticanus, sur le mont Janicule; en 1586, le pape Sixte Quint le fit transférer au centre de la place Saint-Pierre où il se trouve toujours. *La colonne :* la colonne Trajane, élevée au début du second siècle pour commémorer la victoire romaine sur les Daces, porte depuis 1587 une statue de saint Pierre en remplacement de celle de l'empereur qui l'avait érigée. *Ces vieux panthéons :* plusieurs temples païens ont été convertis en sanctuaires chrétiens, par exemple celui de Vesta, devenu Santa Maria del Sole, ou le Panthéon d'Agrippa, primitivement dédié aux sept divinités planétaires et transformé en église par le pape Boniface IV au commencement du VIIe siècle. L'orthographe *les forum,* malgré son apparence insolite, était admise par Littré. Cf. aussi *Hymne du Soir dans les Temples (Harmonies poétiques),* v. 62.

* *Vers 74. Bruit ... silence :* P. Jouanne (p. 363) rapproche cette antithèse du passage fameux du *Génie du Christianisme* (première partie, liv. V, chap. 12) sur la nuit américaine : « Auprès tout aurait été silence et repos...; au loin par intervalles, on entendait les sourds mugissements de la cataracte du Niagara... » Il s'agit, chez les deux artistes, d'un même procédé d'*alternance,* lequel reparaît souvent dans les poèmes de Lamartine sous des formes diverses (alternance de perceptions et de souvenirs : *Le Soir;* — de réflexions générales et de méditation personnelle : *La Poésie Sacrée;* — de thèmes : *Les Préludes;* — de descriptions et de discours; *La Mort de Socrate;* — de tableaux et développements philosophiques : *Jocelyn;* — etc.). R. Doumic rapprochait les v. 61-74 d'un passage du *Carnet de Voyage* tenu par Lamartine en 1811 : « Quel beau coup d'œil nous reste encore à Rome, le soir, au coucher du soleil!... Que d'idées ne réveille pas cette magnificence, dont il ne reste que des témoignages! Quel beau rêve on peut faire sur la grandeur, la beauté, la puissance de Rome antique! Avec quelle facilité on peut rebâtir toute cette immense étendue! Voilà le plus bel amphithéâtre qu'aient pu bâtir les hommes. Voilà les voûtes et les ruines du palais d'or de Néron; à droite, voilà l'antique palais des Césars; à mes pieds, le temple de la Concorde et l'Arc de Septime-Sévère; plus loin, l'arc de Titus et celui de Constantin, à ma gauche, s'ouvrent les trois superbes voûtes du temple de la Paix, qui disait autrefois le sort de l'univers. Ici est une belle colonne isolée, qui semble pleurer ses sœurs. Là, une urne de fontaine antique; là le temple de Faustine; une foule d'autres ruines sont confondues dans les fabriques modernes; de singuliers accidents, des jeux bizarres du hasard, de sublimes contrastes frappent, à chaque instant, les yeux. » (*Le Correspondant,* 25 juillet 1908, p. 273.)

* *Vers 83.* Lamennais (*Essai,* I, pp. 224 et 235-236) décrit le déchirement intime des âmes en y associant aussi l'idée de ruines : « Il

s'établit entre la raison et les penchants une guerre terrible qui bouleverse et dévaste l'âme; c'est le remords avec ses terreurs et ses angoisses intolérables... L'âme gémit d'avoir été trompée, et regrette de n'être pas trompée encore, repousse la dure réalité qui la pousse de toutes parts, se fatigue à poursuivre des chimères qui la fuient et, lasse enfin de ses vains efforts, désabusée de tout..., se nourrit avec une joie morne de ses propres angoisses... et, partout malheureuse parce qu'elle se rencontre partout, tourmentée de ses souvenirs, plus tourmentée de ses prévoyances, se dérobe à la pensée même, et se creuse, en quelque sorte, au fond de sa solitaire douleur, un lugubre et dernier asile... L'âme, privée de tout bien, essaie de s'ensevelir sous les ruines du corps, comme un roi dépouillé s'ensevelit sous les débris de son palais... »

* *Vers 87.* L'image de la *flamme,* pour traduire la notion abstraite d'*âme* ou de *foi,* revient ci-après aux v. 115, 131, 148, 157, 165, 168, 171; cf. aussi *L'Homme,* v. 223, 229; *La Prière,* v. 59.

* *Vers 97.* Les v. 92-94 reprennent, sur la nature et les fins dernières de l'âme, les conceptions de l'école stoïcienne, pour qui elle est un fragment de l'éther, chaude et immortelle comme l'être dont elle émane; nourrie des effluves du sang pendant qu'elle est incarnée, elle retournera vers son principe après la mort et sera confondue avec lui. Les v. 95-97 sont dans la ligne de l'épicurisme, pour qui l'âme est matérielle, formée seulement d'atomes plus subtils que le corps et appelée, comme lui, à retourner au néant originel.

* *Vers 100.* Les v. 99-100 ont une grande vigueur antithétique et, dans le second d'entre eux, passe comme un écho cornélien de vers fameux du *Cid :*

Es-tu si las de vivre? — As-tu peur de mourir?

* *Vers 102.* Lamennais constate que « la philosophie ne présente que des doutes, des incertitudes et brise toutes les espérances » (*Essai,* I, p. 265). Dans l'*Émile,* IV (début de la *Profession de foi du Vicaire savoyard*), Rousseau avait également insisté sur les contradictions des philosophes et leur incapacité à connaître la vérité. Le *Livre de Job* revient souvent aussi sur l'infirmité de la sagesse humaine — et il a pu fournir l'image du v. 104 *(pétris de la même argile)* ; cf. X, 9 : « Souvenez-vous que vous m'avez fait comme un vase d'argile » (« Memento... quod sicut lutum feceris me »).

* *Vers 107.* Cf. *Dieu,* v. 73-75 et note du v. 73. C'est l'abbé Barthélemy, dans le *Voyage du Jeune Anacharsis,* chap. LIX, qui montre Platon et ses disciples s'entretenant des secrets de la divinité au cours d'une promenade au *cap Sunium* (pointe méridionale extrême de l'Attique); on sait que ce roman archéologique, paru pour la première fois en 1788 et souvent réédité, était connu de tous les jeunes Français au temps de la Révolution et de l'Empire.

* *Vers 110.* Cf. *Essai, ibidem :* « Que d'obscurités ! que d'incertitudes !

que de contradictions ! Autant de philosophes, autant de systèmes aussi vagues, aussi fugitifs que les rêves de la nuit ! »

* *Vers 112.* Lamennais, *Essai,* I, p. 247 : « Toute vérité émane de Dieu, qui est la vérité infinie et, où Dieu n'est pas, dit Tertullien, il n'existe aucune vérité... La vie, c'est la vérité, c'est Dieu. »

* *Vers 118.* On peut noter, dans les termes des v. 113-118, une double influence possible : 1° Celle du *Livre de Job,* XVII, 12-16 : « Le jour n'est plus pour moi qu'une nuit sombre, la lumière n'est plus que ténèbres... Le tombeau sera ma maison... Où sont mes espérances? Elles descendront avec moi dans le tombeau. » — 2° Celle de Lamennais, *Essai,* I, pp. 226 et 344 : « Malheur à qui le doute ouvre les portes du tombeau ! Il conduit en discourant ses disciples jusqu'aux portes du tombeau et les abandonne sur le seuil... La philosophie ravit à la vertu jusqu'à l'espérance. » On comparera l'idée du v. 118 avec *Le Désespoir,* v. 85-90, notes du v. 19 et * de la variante 13.

* *Vers 124.* Même remarque qu'à la note qui précède. Cf. 1° *Livre de Job,* VII, *passim* : « Les jours de l'homme sont comme ceux du mercenaire. Comme l'esclave désire l'ombre, comme le mercenaire attend la fin de son labeur, ainsi je ne vois dans la vie que des mois vides... Mes jours ne sont rien... Pourquoi suis-je un fardeau pour moi-même?... Voilà que maintenant je dormirai dans la poussière et, si vous me cherchez le matin, je ne serai plus... » — 2° *Essai,* I, p. 223 : « Cette triste et vaine philosophie vient se briser contre l'écueil de la mort... Doctrine barbare et désespérante, qui dit hommes misérables et soumis aux douleurs de toute espèce : — Souffrez et mourez ! Tel est votre partage, n'en attendez point d'autre ! — La force des plus hautes âmes (consiste) à ployer sous le fardeau de ces temps effroyables... » L'image du *mercenaire* et du *salaire* revient dans *Bonaparte,* v. 158-159.

* *Vers 130.* Même si l'on admet l'hypothèse de la mort prochaine du poète, l'expression *mes vieux jours* appliquée à un homme de vingt-huit ans paraît une exagération que justifie mal l'antithèse avec le mot *jeunesse.*

* *Vers 131.* Parlant de la foi, Lamennais (*Essai,* I, pp. 6 et 251) montre l'esprit humain « éclairé d'une lumière nouvelle », « lumière plus vive que notre vacillante raison ». — On rapprochera le mouvement des v. 125-132 de celui des v. 143-148 de *L'Homme.*

* *Vers 134.* L'ordre du monde, preuve de l'existence de Dieu et garant de notre foi en lui, est un argument traditionnel; on le trouve chez Pascal, chez Bossuet, chez tous les apologistes; Lamennais l'a repris en montrant l'assurance du croyant qui a renoncé à s'en remettre à sa raison : « L'homme dès lors n'a plus rien à chercher; il connaît sa place dans l'ordre des êtres; il connaît Dieu; il se connaît lui-même... » (*Essai,* I, p. 251.)

* *Vers 138.* Cf. encore *Essai, ibidem* : « Dans les vicissitudes inséparables de cette vie passagère, (je ne vois) que de courtes épreuves dont une immortelle félicité sera le terme et la récompense. »

* *Vers 141. La terre promise :* l'expression est prise ici au sens figuré et désigne le ciel promis aux chrétiens; sur sa signification littérale et son origine biblique, cf. *Le Désert,* note du v. 209.

* *Vers 142.* Selon une expression de Ch. Maréchal (p. 74, note 4), « ce vers est l'expression parfaite du traditionalisme mennaisien ». Ch. Bruneau (*Histoire de la Langue Française* de F. Brunot, XII, p. 161, n. 1) cite le tour *l'ont transmis* comme un exemple de solécisme, car « il est impossible de considérer que *transmis,* par *l'*intermédiaire, se rapporte à *héritage* » *:* ce pronom élidé ne peut être mis que pour *la* et représenter *la foi* (*la* se lit aux v. 143 et 152, *elle* aux v. 146 et 147).

* *Vers 144.* Cf. *Essai,* I, p. 250 : « Le Christianisme, investi d'une autorité divine et la prouvant aux sens mêmes par d'incontestables titres (voir v. 156), dépose dans l'esprit des hommes, au premier moment où il s'ouvre, la vérité tout entière, pour être leur lumière, leur bien, leur règle. »

* *Vers 152.* Sans doute Lamennais note-t-il dans l'*Essai,* I, p. 250, que la foi porte une force infinie à la raison même de l'enfant; mais les v. 145-152 (annoncés par les v. 127 et surtout 140) ont une source personnelle très profonde : c'est la pieuse Mme de Lamartine mère qui avait initié ses enfants à la foi religieuse, comme le rappellera l'harmonie *Milly ou la Terre natale,* v. 173 et suiv. :

> Voilà la place vide où ma mère à toute heure
> Au plus léger soupir sortait de sa demeure...
> Nous montions sur sa trace à l'autel du Seigneur
> Offrir deux purs encens, innocence et bonheur!
> C'est ici que sa voix pieuse et solennelle
> Nous expliquait un Dieu que nous sentions en elle...
> Nous enseignait la foi par la reconnaissance
> Et faisait admirer à notre simple enfance
> Comment l'astre et l'insecte invisible à nos yeux
> Avaient, ainsi que nous, leur père dans les cieux.

Ces vers sont confirmés par les *Confidences,* IV, 8-10 (« Sa piété était la part d'elle-même qu'elle désirait le plus ardemment nous communiquer. Faire de nous des créatures de Dieu en esprit et en vérité, c'était sa pensée la plus maternelle... Les genoux de notre mère avaient été longtemps notre autel familier ») et par maints passages du *Manuscrit de ma Mère.*

* *Vers 157. Céleste flamme :* pour Lamennais, la foi est un « sentiment céleste » (*Essai,* I, p. 81). Sur la rime *âme-flamme,* cf. *Le Poète mourant,* note du v. 62.

* *Vers 160.* Cf. *Essai,* I, p. 223 : « L'intelligence est le principe de l'amour... L'amour dérive de l'intelligence » et p. 265 : « La foi règle les actions privées et les mœurs par des lois qui, pénétrant jusque dans le cœur de l'homme, établissent l'ordre de ses pensées et de ses affections... Le bonheur n'est que la vérité réalisée par les mœurs. »

* *Vers 164.* L'image du *grain qui germe* a pu naître spontanément dans l'imagination du paysan bourguignon que Lamartine ne cessa jamais d'être; mais on peut penser qu'elle lui a été suggérée plus ou moins consciemment par une réminiscence de la parabole du *grain de sénevé.* (Cf. *A un curé de village,* note du v. 7.)

* *Vers 168.* Cet *astre vivifiant,* c'est le *vrai soleil* de *L'Isolement,* v. 38.

* *Vers 170.* Lamennais constate que « notre esprit abandonné à lui-même se fatigue, s'éblouit, se perd dans ses propres pensées » (*Essai,* I, p. 249). Ce sentiment était assez profondément ancré dans l'âme de Lamartine et il n'avait pas besoin d'un intercesseur pour l'y découvrir; il écrivait notamment en août 1818 : « J'avoue que la foi croît ou faiblit en moi en suivant les phases de ma destinée et de mes souffrances, qu'irrésistible dans les moments de bonheur et de lucidité, elle disparaît presque totalement quand le malheur m'accable, et que le désespoir l'éteint tout à fait » (*Lettres de Lamartine à Virieu,* publiées par le R. P. du Lac, *Jésuites,* 1901, p. 384). Cf. A Mlle de Canonge, septembre 1819 : « Ma patience n'est pas encore à bout, je la puise à sa source, dans ma philosophie impassible et un peu religieuse que le malheur et le temps m'ont un peu enseignée. Cependant il y a des moments où cette philosophie même est comme un roseau qui se brise sous la main et qui la perce. »

* *Vers 171. Cette raison..., insuffisant flambeau :* sur cette idée rebattue, cf. *L'Immortalité,* v. 79-80 et 151 bis (var. 39); *La Sagesse,* v. 11-12. Lorsque Lamartine « se convertira » au rationalisme, il s'exprimera d'une tout autre façon; dans le *Voyage en Orient,* la raison deviendra pour lui « le soleil de l'humanité », « l'infaillible et perpétuelle révélation des lois divines »; « rien, proclamera-t-il, n'est impénétrable au jour progressif de la raison, cette révélation graduelle et incessante de l'humanité » (cité par H. Guillemin, *Jocelyn,* p. 218). Mais cet enthousiasme ne l'empêchera pas de se poser toujours le problème métaphysique (voir notre commentaire du *Désert*).

* *Vers 174.* Cf. *L'Immortalité,* v. 21-22. Lamennais renonce de même à la raison individuelle et fait appel à la foi, s'écriant : « C'est vous, c'est vous seules que je veux, ô justice, ô innocence, qu'environne une pure et brillante lumière » (*Essai,* I, p. 258). Toute cette fin apaisée de la méditation est à rapprocher des derniers vers de *La Poésie sacrée,* dont elle est comme la paraphrase anticipée : Je me tais et j'adore, tout dépend de Dieu aux yeux de qui je ne suis que néant (Grillet, p. 318).

* *Vers 176. L'astre du soir :* la Vesper des Anciens, l'étoile du berger, annonciatrice de beau temps; cf. *Le Soir,* note du v. 8. Si l'on est surpris de voir cet astre cher à Ossian paraître au terme d'une pièce qui ne doit rien au barde écossais, il est permis de remarquer qu'il est cité aussi, associé à une idée d'éclat, dans le *Livre de Job,* XI, 17 : « Meridianus fulgor consurget tibi ad vesperem » (« L'éclat de midi se lèvera pour vous à l'heure du couchant »), en un passage qui

invite le juste à espérer en Dieu s'il met en lui sa confiance soumise.

MÉDITATION VINGT-DEUXIÈME. — LE GÉNIE

Page 78

* *LE GÉNIE. — A M. DE BONALD.* Louis-Gabriel-Ambroise, vicomte de Bonald (1754-1840), né à Millau, devait peut-être à son origine cévenole son caractère entier et rude. Mousquetaire du roi, il avait émigré et ne s'était rallié qu'à contrecœur au régime napoléonien. A son retour en France, il fréquentait la société de Mme de Beaumont, où il connut Chateaubriand, Joubert, Molé, Pasquier, Chênedollé et Fontanes; il était déjà l'auteur de *La Théorie du Pouvoir politique et religieux dans la Société civile* (1796) et il publia coup sur coup l'*Essai analytique sur les Lois naturelles de l'Ordre social* (1801) et surtout *La Législation primitive* (1802) dont Chateaubriand rendit compte dans *Le Mercure* (18 nivôse an XI-8 janvier 1803) et à propos duquel il écrivait : « Heureux les États qui possèdent encore des citoyens comme M. de Bonald; hommes que les injustices de la fortune ne peuvent décourager, qui combattent pour le seul amour du bien, lors même qu'ils n'ont pas l'espérance de vaincre ! » Bonald acquit en effet la réputation d'un penseur et la conserva durant de longues années. L'auteur des *Mémoires d'outre-tombe* (édition Flammarion, II, p. 30) le jugeait en 1837 avec le recul du temps : « M. de Bonald avait l'esprit délié; on prenait son ingéniosité pour du génie; il avait rêvé sa politique métaphysique à l'armée de Condé, dans la Forêt-Noire, de même que ces professeurs d'Iéna et de Goettingen qui marchèrent depuis à la tête de leurs écoliers et se firent tuer pour la liberté de l'Allemagne. Novateur, quoiqu'il eût été mousquetaire de Louis XVI, il regardait les Anciens comme des enfants en politique et en littérature; et il prétendait, en employant le premier la fatuité du langage actuel, que le Grand-Maître de l'Université *n'était pas encore assez avancé pour entendre cela.* » Quoi qu'il en pût être, il devint pourtant conseiller de l'Université impériale en 1810 par la grâce de Fontanes et, sous la Restauration, il fit figure de philosophe quasi-officiel de la royauté rétablie sur le trône; il fit partie, avec Chateaubriand, Lamennais, Vitrolles, Corbières, de l'équipe du *Conservateur* dont la devise était *Le Roi, la Charte et les Honnêtes Gens.* En fait, il était d'un ultra-royalisme intégral, partisan d'abolir tout ce qu'avait apporté la Révolution et de revenir au droit divin et au Christianisme le plus intransigeant : il faisait ainsi figure de *prophète* (cf. la comparaison des deux strophes initiale et v. 3 du *Génie*) d'un avenir ressemblant singulièrement au passé. Il fréquentait néanmoins le salon du physicien Charles, voltairien, et de sa femme, indifférente en matière de religion, chez qui il rencontrait des monarchistes plus libéraux que lui-même, le marquis de Lally-Tollendal, le vicomte Lainé, le baron Mounier, etc... Surtout il entreprit, en catholique convaincu, de ramener à la

foi la maîtresse de maison et, selon une heureuse expression de Léon Séché (p. 77), « il remplit auprès de la jeune malade le rôle si délicat de médecin de l'âme ». Julie Charles avait beaucoup d'admiration pour ce directeur de conscience et, lorsqu'elle eut fait la connaissance de Lamartine, elle voulut que le jeune poète écrivît quelque chose en l'honneur du grand homme, qu'elle lui avait présenté au printemps 1817.

Elle insista tout particulièrement durant l'été de 1817 où les deux amants ne purent se retrouver à Aix-les-Bains; pour lui être agréable, alors qu'il ne connaissait guère l'œuvre de Bonald que de renommée, il composa *Le Génie*. Le baron de Nanteuil (*Revue Bleue,* 1938, pp. 422-423), d'un examen très scrupuleux du *Carnet de Maroquin Rouge* qui contient esquisses en désordre et mise au net de l'ode, a montré que celle-ci ne fut pas improvisée en quelques heures, comme le prétendra le Commentaire de 1849, mais demanda à son auteur un peu plus de temps : « La composition a commencé, déclare le critique, au plus tard le 30 août, et la mise au net porte la date finale du 2 septembre. D'une date à l'autre, il y a quatre jours à compter, en y comprenant ces deux journées. Le poète employa-t-il tout ce temps à l'élaboration de son ode? C'est possible, mais on ne saurait l'affirmer. Il paraît au moins probable que, si Lamartine n'a pu la terminer que le 2 septembre, c'est qu'il lui a fallu deux ou trois jours pour cette élaboration, quatre peut-être, comme on l'a vu, ou même cinq ou six, à supposer que les pages 8 et 9 du *Carnet* aient été écrites avant le 30 août, date de la page 10. »

Aussitôt qu'il l'eut achevé, Lamartine dut expédier *Le Génie* à Mme Charles, qui communiqua la pièce à M. de Bonald. Dès le 24 septembre, dans une lettre publiée par R. Doumic (*Lettres d'Elvire à Lamartine,* Hachette, 1905, pp. 77-81), le philosophe répondit à son amie sur un ton assez protecteur : « Je vous sais bien bon gré de m'avoir transmis le témoignage d'amitié de votre excellent jeune homme. Marquez-lui bien que je l'accepte comme gage d'amitié, et non comme élan d'admiration, quelque flatté que je sois de son suffrage. Il est pour moi une preuve de plus que ces vérités germent avec une grande facilité dans les cœurs droits, les esprits justes, les âmes affranchies des viles passions de l'orgueil, de l'ambition, de la cupidité, qu'elles y produisent même un vif sentiment d'adhésion; et j'ai eu plusieurs fois l'occasion d'en faire la remarque, pas souvent cependant sur des esprits aussi distingués que M. de Lamartine, parce qu'ils ne sont pas communs; et il me prouve encore ce que j'ai toujours cru, qu'il y a bien d'autres semences de bien, de beau, de grand dans l'esprit d'un poète que dans celui d'un géomètre. Je le remercie bien sincèrement d'avoir pensé à moi et d'avoir mis ses pensées en si beaux vers; je crois lui prouver l'intérêt que j'attache à la perfection de son ouvrage, en osant lui envoyer les petits changements que j'y ai faits et dont vous-même, Madame, qui avez le goût si sûr et si juste, aviez proposé les principaux. » M. de Bonald ajoutait qu'il ne voulait pas entendre parler de l'impression de l'ode, car il refusait qu' « on le soupçonnât de mendier les éloges ». Julie envoya cette lettre à Alphonse qui, d'ailleurs, n'y répondit pas : il est probable qu'il n'appréciait guère les remarques de l'écrivain (dont on trouvera le détail aux notes suivantes), car il devait finalement n'en tenir qu'assez peu compte. Et le 10 novembre, Mme Charles devait le relancer : « M. de Bonald est ici... Écrivez-moi vite sur lui et pour lui. Il m'a demandé presque en arrivant ce que vous pensiez de ses observations et lorsque je lui ai dit que vous étiez prêt à les adopter, il m'a dit : — Vous me ferez voir sa lettre, je vous en prie. — Or, comme je n'ai rien à lui montrer, écrivez-moi à présent... M. de Bonald est dans une grande admiration de votre ode. Il m'a dit qu'il ne lui appartenait pas de la louer, mais qu'elle lui apparaissait d'une beauté admirable... » Sans doute le conservateur en politique devait-il l'être aussi en poésie, car il avait apprécié une pièce écrite selon la tradition du lyrisme le plus classique.

Cependant, on comprend pourquoi *Le Génie* ne figura point dans l'édition originale des *Méditations :* Bonald probablement eût été peu satisfait de voir son illustre nom figurer dans le recueil d'un débutant qui pouvait échouer... Mais, quand le succès fut acquis, le poète ne ressentit plus de scrupule à publier la pièce; celle-ci parut, les derniers jours de mars ou les premiers d'avril 1820, dans la seconde livraison du *Défenseur,* p. 91 *, sous le titre *Ode. A un écrivain célèbre* et fut reprise presque aussitôt dans la seconde édition du recueil, avec une dédicace nominale. Le 10 avril, M. de Bonald en écrivit à Mme de Sèze ces lignes assez irritées : « Il se trouve dans la deuxième édition des *Méditations* une ode à votre serviteur que je connaissais depuis longtemps, et que je ne voulais pas qu'il publiât, et qu'il a publiée sans mon aveu » (L. Séché, *Les Amitiés de Lamartine,* 2e édition, Mercure de France, 1911, p. 49).

* *Impavidum ferient ruinae.* Horace, *Odes,* III, 3, v. 8 : « Les ruines (du monde qui s'écroule) frapperont sans l'effrayer (l'homme juste et résolu). » Selon É. Deschanel (I, p. 88), cette épigraphe « voulait dire qu'au milieu du cataclysme de la Révolution l'auteur de *La Législation primitive* maintenait inébranlable la foi de nos pères et portait la lumière de sa dialectique dans les mystères de la Révélation ». En fait, dans l'exemplaire de l'ode adressé à Bonald, l'épigraphe n'était sûrement pas en latin, mais sans doute en italien (cf. variante), car Bonald écrivait à Mme Charles : « Envoyez-moi la traduction de l'épigraphe. Je vous avoue mon ignorance. »

* *Vers 10.* La remise des Tables de Loi à Moïse occupe plusieurs chapitres de l'*Exode.* Lamartine s'est souvenu avec exactitude de certains versets, par exemple XIX, 16-19, où il est fait mention de

---

* *Le Défenseur,* qui prit la suite du *Conservateur* et parut du 1er mars 1820 au 27 octobre 1821, compta parmi ses collaborateurs Lamennais, Bonald, Genoude, Lamartine et Vignet.

tonnerre, d'éclairs et de tremblements de terre et XXIV, 15-16 : « Moïse étant monté, la nuée couvrit la montagne, la gloire du Seigneur reposa sur le Sinaï, l'enveloppant d'une nuée pendant six jours; et le septième, Dieu appela Moïse du milieu de la nuée. Ce qui paraissait de cette gloire du Seigneur était comme un feu ardent qui brûlait au plus haut de la montagne, et qui se faisait voir à tous les enfants d'Israël. Et Moïse, passant au travers de la nuée, monta sur la montagne... Le Seigneur parla donc à Moïse et lui dit... » Mais il est dit explicitement à quatre reprises que c'est l'Éternel lui-même qui écrivit la Loi de sa main (XXIV, 12; XXXI, 18 : « Deditque duas tabulas scriptas digito Dei »; XXXIV, 1 et 28). D'autre part, il n'est pas fait mention dans ce passage que le peuple *se couche dans la poussière* (on lit seulement en XX, 21 : « stetitque populus de longe »), mais c'est Moïse et aussi des vieillards que l'on voit invités à se prosterner ou en adoration (XXIV, I; XXXIV, 8); toutefois, il est dit en XII, 27 (avant le départ d'Égypte) : « Incurvatusque populus adoravit Dominum », ce qui peut se traduire : « Se prosternant contre terre, le peuple adora le Seigneur ». Il n'est pas impossible de compter cette strophe parmi les « sources » du *Moïse* d'Alfred de Vigny, écrit en 1822. A propos du v. 9, Bonald notait : « A la place de *Juda,* je mettrais *l'Hébreu* ce qui est aussi noble et évite la répétition du mot *Juda* dans la même strophe. » (La variante de *N* montre que Lamartine avait un moment acquiescé à cette remarque.)

* *Vers 11.* Par *sophistes* et en donnant au mot le sens péjoratif qu'il avait déjà en grec classique, Lamartine désigne les *philosophes* du XVIIIe siècle, dont Bonald avait entrepris de réfuter les théories.

* *Vers 14.* « Au lieu d'*éblouissantes* qui peut se prendre en mauvaise part, je mettrais *radieuses* ou tout autre mot » (Bonald.)

* *Vers 15.* Lamartine, qui avait d'abord écrit *rideau,* a obéi à une suggestion de Bonald : « *Voile* vaudrait peut-être mieux que *rideau* ». L'expression *lois premières* est une allusion assez vague aux titres de deux œuvres majeures de Bonald, *Essai analytiques sur les Lois naturelles de l'Ordre social* et *La Législation primitive considérée dans les derniers temps par les seules lumières de la Raison.*

* *Vers 20.* Cette périphrase vigoureuse désigne *Dieu,* qui, dans la philosophie politique, morale et sociale de Bonald, est la source unique et la fin dernière de toutes choses, car la création de l'homme à son image et à sa ressemblance conduit fatalement à penser que la société se trouve essentiellement fondée sur des principes qui ne sont pas simplement naturels, mais inspirés par la Providence elle-même. Les deux stances qui suivent résument assez bien ces conceptions.

* *Vers 30.* « 3e strophe. Rien à changer. » (Bonald.)

* *Vers 31.* « Je reviens à la 4e strophe. *Quelque* n'est pas très poétique

à moins qu'il ne soit employé en terme de mépris. Je préférerais :

Tandis que par un faux système
Un système faux est détruit, etc.

et la strophe marche également » (Bonald). Pour l'idée exprimée aux v. 31-32, Chateaubriand avait déjà dit : « Les systèmes succéderont éternellement aux systèmes, et la vérité restera toujours inconnue » (*Génie du Christianisme,* troisième partie, liv. II, chap. 1).

* *Vers 34.* Cf. Bonald, *Essai analytique sur les Lois naturelles de l'Ordre social,* Préface : « Les révolutions, ces grands scandales du monde social, résultat nécessaire des passions humaines que le pouvoir néglige de réprimer, deviennent entre les mains de l'Ordonnateur suprême des moyens de perfectionner la constitution de la société et rentrent ainsi dans les lois générales de sa conservation, comme les comètes, malgré l'excentricité de leur orbite, l'apparente irrégularité de leurs mouvements et le long intervalle de leurs apparitions, rentrent dans les lois générales du système planétaire. » Ainsi les troubles de la Révolution avaient provoqué un retour à l'autorité et à la religion sous l'Empire (*Législation primitive,* Discours préliminaire).

* *Vers 40.* La comparaison contenue dans les v. 35-40, empruntée à la langue de l'astronomie, est dans le goût de la poésie scientifique du XVIIIe siècle; la strophe supprimée après le v. 90 était écrite dans le même style; v. 39 : « Au lieu de *justice éternelle,* je mettrais *raison éternelle.* La raison est la théorie, la justice l'application » (Bonald).

* *Vers 44.* La force des théories théocratiques de Bonald reposait sur le fait que, pour combattre les philosophes du siècle précédent, il leur avait emprunté leurs méthodes d'argumentation serrée; mais sa doctrine trop absolue lui avait valu les critiques de nombreux adversaires; Chateaubriand, qui l'avait beaucoup admiré, finirait lui-même par écrire dans la Préface de ses *Études historiques* (1831) : « Dans la *Théorie du Pouvoir civil et religieux* de M. de Bonald, il y a eu du génie; mais c'est une chose qui fait peine de reconnaître combien les idées des cette théorie sont déjà loin de nous. Avec quelle rapidité le temps nous entraîne! L'ouvrage de M. de Bonald est comme ces pyramides, palais de la mort, qui ne servent au navigateur sur le Nil qu'à mesurer le chemin qu'il a fait avec les flots. » On pourra comparer, pour les idées, pour l'accent général et pour la forme même, ce passage consacré aux ennemis de Bonald avec l'*Ode sur l'ingratitude des Peuples* où Lamartine exprime pour son propre compte des doléances d'un ordre analogue.

* *Vers 50.* Lamartine reprend ici le fameux *Odi profanum vulgus et arceo* d'Horace (*Odes,* III, I, v. 1), souvent adopté par les poètes, ceux notamment de la Pléiade. Bonald n'approuvait pas ce sentiment : « 5e strophe. Je n'en aime pas les deux derniers vers. Le vulgaire est aujourd'hui moins méprisable que des gens qui ne se croient pas du vulgaire. J'aimerais autant :

Et que ton âme noble (ou calme) et fière
Dédaigne ces vaines clameurs

ou tout autre. »

* *Vers 53.* V. 51 et 53 : Lamartine a corrigé la version originale de ces vers (cf. variantes) d'après les remarques de Bonald : « La 5e strophe commence par *Mais quoi !*; la 6e *Eh quoi !* Il faudrait éviter cela... Au lieu de *lâches idoles,* je mettrais *viles,* ou *frêles,* etc. »

* *Vers 57.* Allusion à la politique antireligieuse de la Révolution, conduite quelquefois par d'anciens prêtres ou par leurs ex-élèves. Le mot *flambeaux* appartient à la langue noble et a, en poésie, maints emplois figurés (voir les nombreux exemples donnés par Littré).

* *Vers 58.* Réminiscence du mot prononcé par saint Rémi au baptême de Clovis et qui avait été notamment rappelé par Chateaubriand dans *La Monarchie selon la Charte,* 2e partie, chap. 44 : « Le premier apôtre des Français dit au premier roi des Français montant sur le trône : — Sicambre, adore ce que tu as méprisé; brûle ce que tu as adoré ! »

* *Vers 70.* Lamartine reviendra sur l'idée de *liberté tyrannique* dans *La Liberté ou Une nuit à Rome,* v. 105-132 et notes des v. 128 et 132. Sur *Socrate* et *Anitus,* cf. *Sur l'ingratitude des Peuples,* v. 74 et note; l'idée est ici que les bons sont persécutés et les méchants glorifiés. Mais, si Socrate fut poursuivi par ses compatriotes, c'est qu'ils lui reprochaient la nouveauté subversive de ses idées; il en allait tout autrement pour M. de Bonald, critiqué surtout à cause de conceptions qu'on jugeait réactionnaires et rétrogrades. On pourrait critiquer au v. 68 l'emploi du mot *gémonies,* puisqu'il désigne un escalier du mont Capitolin à Rome, où étaient exposés les corps de certains suppliciés avant d'être traînés jusqu'au Tibre, et que rien d'équivalent n'existait à Athènes. V. 69 : « 7e strophe : rien à changer, sinon à l'avant-dernier vers, *fêtes* au lieu de *temples.* Une fête peut-être impie, et non pas un temple » (Bonald.).

* *Vers 80.* Peut-être le poète songeait-il ici aux *triomphes* qui, sous la Révolution, avaient accompagné le transfert au Panthéon, des cendres de Voltaire, J.-J. Rousseau ou Marat.

* *Vers 90.* Cette strophe renouvelle l'allusion aux hostilités auxquelles M. de Bonald était en butte (cf. v. 43-44); dans sa lettre à Mme Charles du 24 septembre 1820, le philosophe revenait sur les haines que ses œuvres lui avaient values et disait ne pas vouloir associer à son impopularité personnelle le jeune auteur du *Génie.*

* *Vers 91.* Le *torrent* et ses méfaits étaient sûrement bien connus par le poète, qui avait fait de nombreux séjours dans les Alpes. Mais l'idée de cette comparaison peut être d'origine littéraire; on lit au *Livre de Job,* VI, 15 : « Sicut torrens qui raptim transit in convallibus... » et l'image du torrent est familière aux Prophètes; Virgile, *Énéide,* VII, v. 566-567, décrit celui de la vallée d'Ampsanctus :

medioque fragosus
Dat sonitum saxis et torto vertice torrens;

Horace a souvent parlé de l'Aufide qui arrosait sa Venouse natale comme d'un redoutable cours d'eau (*Odes,* III, 30, v. 10 : « violens obstrepit Aufidus »; IV, 9, v. 2 : « sonantem natus ad Aufidum »; IV, 14, v. 25-28 :

Sic tauriformis volvitur Aufidus
Qui regna Dauni praefluit Apuli,
Cum saevit horrendamque cultis
Diluviem meditatur agris;

Satires, I, 1, v. 58 : « Cum ripa simul avolsos ferat Aufidus acer »); dans sa jeunesse (lettre à Virieu, 1er juin 1809), il avait lu l'*Orlando Furioso* de l'Arioste et avait pu être frappé par ce passage (XXXVII, v. 110) : « Comme un torrent qui, plein d'orgueil, grossi par de longues pluies ou par la fonte des neiges, va semant la ruine et s'élance du haut des montagnes, entraînant arbres, rochers, récoltes... » Enfin, en faisant résister victorieusement le *chêne,* Lamartine semble avoir voulu prendre le contrepied de La Fontaine dans la fable *Le Chêne et le Roseau.* — « En supprimant la strophe précédente, il faut changer *Ou tel* qui commence celle-ci, et mettre *semblable.* Cependant il faut penser que le poète ne veut pas me comparer au torrent, mais au chêne, — et que le mot *semblable* ne serait peut-être pas juste. Alors on fait la comparaison sans l'indiquer, ce qui est même plus conforme à la marche libre et brusque de l'ode. Ainsi on pourrait dire :

Un fougueux torrent que l'orage
Fait rouler... » (Bonald.)

* *Vers 98.* Ce vers paraît se référer à l'épigraphe de l'ode.

* *Vers 110.* La strophe, qui compare Bonald à un combattant, en dépit de la banalité de l'image, ne manque pas d'envolée, car la métaphore y est filée habilement grâce à l'emploi de nombreux termes empruntés à la langue et aux usages militaires *(mâle courage, lutte, glaive, bouclier, blessures, laurier).*

* *Vers 114.* Souvenir d'Horace, *Odes,* I, 1, v. 3-4 :

Sunt quos curriculo pulverem olympicum
Collegisse juvat.

Sans doute M. de Bonald estimait-il que cette nouvelle comparaison, empruntée aux jeux de l'arène, avait moins de valeur et de noblesse que celle des v. 101-110, car il écrivait au sujet de la stance finale : « A supprimer. Je crois que l'ode se termine mieux à la précédente. »

* *Vers 120.* Cet enthousiasme de légitimiste s'atténua singulièrement par la suite. En octobre 1831, alors qu'il est encore monarchiste constitutionnel, mais destiné à devenir républicain, dans son écrit *Sur la politique rationnelle* (Gosselin, 132 p.), il désavoue ses idées anciennes et développe ce que sera « le règne futur et parfait du Christianisme rationnel »; s'opposant ouvertement aux thèses bonal-

diennes, il déclare : « Non, ce règne matériel, cet empire palpable et universel du principe catholique prédominant de fait sur tous les pouvoirs politiques, asservissant le monde même à la vérité religieuse et donnant ainsi un démenti à la sublime parole de son auteur : *Mon royaume n'est pas de ce monde,* cette doctrine de politique religieuse réalisée dans des formes sociales, doctrine que quelques hommes de foi et de talent réchauffent en vain aujourd'hui, n'a jamais eu l'assentiment de ma raison. C'est chercher dans un mysticisme couronné, dans une théocratie posthume, dans une aristocratie sacerdotale, un principe et une règle du pouvoir humain qui n'y existeraient pas plus que dans le despotisme ou l'aristocratie politique. » Commentant ces lignes, É. Deschanel (I, pp. 238-239) remarquait fort pertinemment : « La rétractation est forte; et voilà un *jamais* bien hardi! Il oublie l'ode à M. de Bonald, *Le Génie,* cette ode glorifiant la Révélation, maudissant la Révolution; il oublie que l'auteur de *La Législation primitive,* autrement dit des « lois premières », des vérités catholiques, fondement de la société humaine, y était comparé à Moïse recevant de Dieu même ses lois au milieu des éclairs et du tonnerre sur le Sinaï; il oublie qu'en saluant en lui « le génie », il jetait l'anathème au siècle de la libre pensée philosophique... Quoi! tout cela était-il donc écrit sans l'assentiment de sa raison? uniquement pour plaire à Elvire? O mobilité de l'imagination poétique! » De fait, par la suite, il ne cessera de minimiser l'importance de son ode et de son enthousiasme pour celui à qui il l'avait dédiée : son Commentaire de 1849 et les affirmations du *Cours familier de Littérature* le montrent amplement; et, dans son *Histoire de la Restauration,* XV, 12 (1851-1852), il se montrera assez dédaigneux pour M. de Bonald, « talent bien inférieur, mais caractère bien supérieur à M. de Chateaubriand » : « C'était, à cette époque, un nom sans égal; mais sa popularité mystérieuse ne dépassait pas les limites d'une école et d'une secte; c'était le législateur religieux du passé renfermé dans le sanctuaire des temps. Il rendait des oracles pour les croyants, il ne se répandait pas sur le peuple... Il n'était pas seulement pour la France d'alors un grand publiciste, c'était le pontife de la religion et de la monarchie » (texte repris dans les *Nouvelles Confidences,* IV, 12).

MÉDITATION VINGT-TROISIÈME. — PHILOSOPHIE

Page 82

* *PHILOSOPHIE.* — Secrétaire diplomatique à Naples, Lamartine avait obtenu un congé illimité au début de 1821 et, sur le chemin du retour, se lia avec le représentant de la France à Florence; de cette ville, il confiait à Virieu le 2 mai : « Je m'arrête deux jours ici pour faire la connaissance de M. de La Maisonfort, à laquelle je tenais beaucoup. J'espère en tirer même un jour quelque agrément

pour ma position diplomatique. » De cette rencontre au départ intéressée allait naître une amitié, car l'accueil avait été charmant, comme le rappelle le poète à son hôte, le 25 juillet suivant : « Monsieur le Marquis, Vous souvenez-vous encore de ces pauvres voyageurs que vous avez comblés de tant de bontés à leur passage à Florence et à qui vous avez laissé le droit de vous aimer toujours et de vous écrire quelquefois? J'use un peu tard de cette permission, mais je l'ai regardée comme une faveur dont je ne devais pas abuser; je sais trop combien un ministre du Roi doit redouter les correspondances nouvelles... »

L'ambassadeur de Louis XVIII en Toscane avait, à vrai dire, une activité fort réduite et cet aimable gentilhomme, dont les *Mémoires politiques* (I, pp. 187 et suiv.) devaient plus tard évoquer la personne, était l'image même de la courtoisie. Né en 1763, capitaine de dragons, il avait émigré en 1791 : à Brunswick, il fonda une imprimerie où il publia *L'Abeille,* journal politique et littéraire, puis une autre à Hambourg, où il fit paraître deux volumes *De l'état réel de la France à la fin de 1795 et de la situation politique des puissances d'Europe à la même époque;* jusqu'à la Restauration, il resta à l'étranger, intriguant beaucoup, et après 1814 il devint maréchal de camp, conseiller d'État, député, directeur du domaine extraordinaire de la Couronne, enfin ambassadeur; par sa fidélité, il avait su plaire au roi, qui partageait avec lui des goûts hérités du XVIIIe siècle : scepticisme voltairien, philosophie épicurienne, passion des vers agréables et légers. A Florence, en marge de ses fonctions officielles, écrivant et rêvant, il menait dans sa villa une vie de dilettante avec sa maîtresse, Mme Esmangart, femme « de famille distinguée et de relations équivoques, qui continuait à tenir sa maison d'ambassadeur et à exercer un rude empire sur sa volonté; il l'imposait à la cour et à la ville ». Secrétaire à l'ambassade de Florence en octobre 1826, Lamartine servit très peu de jours sous les ordres de M. de La Maisonfort, qui partit presque aussitôt en congé et qu'il remplaça durant son absence avec le titre de chargé d'affaires; il ne devait pas revoir son ami, qui mourut en 1827, au cours de son voyage de retour vers son poste, et à qui succéda M. de Vitrolles.

Durant l'été de 1821, que l'écrivain passa tout entier avec sa femme à Aix-les-Bains, pour rétablir sa santé, il écrivit à son nouvel ami, le 25 juillet : « Je réveille de temps en temps une muse bien endormie. J'aspire à vous en envoyer quelque fruit moins indigne de vous (qu'une simple lettre). » Peut-être élabora-t-il au bord du lac du Bourget (où il s'attarda jusqu'après le 15 septembre) l'épître qui devait s'intituler *Philosophie* et dont il dira, en 1849, qu'elle fut écrite « sous les châtaigniers de la sauvage colline de Tresserves »; ce qui est sûr, c'est qu'il reçut en Savoie de l'ambassadeur toscan « une charmante prose entremêlée de vers », mais qu'il lui adressa sa composition de Milly et seulement le 5 novembre suivant, en lui déclarant : « Il y a bien longtemps que je n'ai usé de la permission de vous écrire... Me voilà (au repos) depuis deux jours seulement...

Je ne sais si c'est cet air poétique ou la pensée que j'avais à écrire à un poète qui m'a un peu réveillé de mon sommeil éternel; quoi qu'il en soit, j'ai senti hier couler facilement, trop facilement peut-être, quelques gouttes de cette veine depuis longtemps tarie. Je vous les envoie bien vite... » Ainsi *Philosophie* serait une production de l'arrière-automne 1821; mais la facilité qui présida à la naissance du poème vient sans doute de ce que l'auteur le portait en lui depuis un certain temps déjà.

Le marquis reçut la pièce le 18 novembre et en remercia Lamartine seulement le 20 décembre : « Vos vers nous ont charmés, lui mandait-il alors. Ils sont dignes de l'épître à lord Byron, de la pièce au duc de Rohan, et de ces vers à l'immortalité qui vont droit à leur adresse; ils m'ont à tel point échauffé que, comme Saül, je me suis mis au son de la harpe à danser devant l'arche... Voilà (mes vers) sans prétention, comme sans honte; je ne sais pas mieux; mes vignes de Coirin n'ont pas un ciel plus chaud pour embraser leurs coteaux... » (*Lettres à Lamartine,* pp. 24-25). M. Levaillant (*Lamartine en Italie,* p. 232) avait retrouvé, dans les archives de la famille de Fontenay, une copie de la réponse de M. de La Maisonfort, « tressant d'une main souple les décasyllabes voltairiens dont le rythme lui était familier »; il invitait Alphonse à ne point se livrer trop paresseusement

Aux vains loisirs d'un sort doux et privé,

mais à s'abandonner à l'élan inspirateur pour triompher dans la haute poésie :

C'est à ces vœux qu'il faut que tu réponde
En combattant sur la scène du monde,
En méritant, après avoir vaincu,
Le droit, un jour de dire : — J'ai vécu !

Si *Philosophie* avait provoqué l'enthousiasme de son destinataire, parce que cette épître « où revivaient la nonchalance élégante d'Horace et la sagesse désabusée de Salomon, éclairées par un reflet de l'épicurisme distingué en cours à la fin du XVIIIe siècle » (M. Levaillant, *op. cit.,* p. 214) s'adaptait parfaitement au caractère de M. de La Maisonfort, la pièce scandalisa en l'alarmant Mme de Lamartine mère lorsqu'elle en prit connaissance dans la neuvième édition des *Méditations poétiques;* elle se crut alors tenue d'écrire à son fils cette lettre émouvante de sincérité publiée par Pierre de Lacretelle (*Les Origines et la Jeunesse de Lamartine,* p. 110) : « Ton père, mon cher Alphonse, me lit sa lettre. Je vois avec plaisir qu'il te dit aussi mon opinion. Oui, cette pièce à M. de Maisonfort *(sic)* m'a beaucoup tourmentée. J'ai une si grande horreur de cette abominable philosophie que je frémis de tout ce qui en a l'apparence, venant de toi surtout. Tu es né pour être religieux, essentiellement religieux, ton talent n'est beau que parce qu'il vient de là. Ne le profane point, mon enfant; que ta reconnaissance pour les grâces dont Dieu te comble rappelle toujours toutes tes pensées à lui, ne travaille que pour sa gloire, ne transige point avec l'esprit et les passions du monde, dédaigne ce moyen de succès, comme tu le fais sûrement dans ton âme. O mon enfant, tu éteindrais dans la *boue* le brillant flambeau que le ciel t'a donné pour répandre la vraie lumière; n'écris rien de ce que tu jugeras bien sévèrement un jour, et que tu voudras peut-être effacer au prix de tout ton sang, quand il ne sera plus temps. Adieu, j'en ai assez dit. »

Le ton de cette lettre maternelle peut surprendre par sa gravité : la pieuse vieille dame dramatisait sans doute un peu trop en portant un jugement aussi sévère. Ne voulait-elle donc connaître que le poète bien-pensant accueilli par les salons très catholiques de la Restauration? N'avait-elle jamais lu *Adieu,* ou *La Retraite,* ou maints autres poèmes de ce qu'on appelle la première manière de Lamartine, celle d'avant Elvire? Et cette mère ignorait-elle (au moins en traçant les lignes qu'on vient de lire) le caractère de « son enfant » au point de méconnaître tout ce que le cœur de celui-ci renfermait de sensualité, de doute et d'inquiétude? Probablement pas, et c'est ce qui l'effrayait; car, au fond, elle savait que le mal datait de loin. Il n'est, pour nous en mieux convaincre, que de lire la lettre en vers qu'au mois d'avril 1809 il envoyait à Virieu, sous le titre *La Sagesse humaine :*

J'avais pris de vingt ans le teint frais, le cœur tendre;
J'aimais le jeu, la table et de plus doux plaisirs :
Richesse, amour, beauté s'offraient à mes désirs.
Hélas! d'un peu d'erreur pouvais-je me défendre?
Dans mes goûts inconstants, je cherchai le bonheur;
Je fus dissipateur, amoureux et volage,
Puis je me repentis, puis je pris de l'humeur,
Et je dis : — A trente ans, je fais vœu d'être sage...

Alors, il cède à l'ambition, puis les années passent :

Je voyais à grands pas s'avancer la vieillesse :
— Bon, disais-je, voici l'âge de la sagesse,
Et je vais, grâce aux dieux, profiter des moments!
Qu'arrive-t-il? Je suis enfant en cheveux blancs :
Tandis qu'au coin du feu, je regrette sans cesse
Les trompeuses erreurs de ma verte jeunesse,
Je m'érige en censeur des usages du temps;
Modéré par besoin, vertueux par faiblesse,
De tous nos jeunes gens, je fronde les travers,
Je gronde mes neveux et, pour comble d'ivresse,
D'une tremblante main, je crayonne ces vers.

Il imagine ensuite l'histoire d'un vieillard, le bonhomme Cliton, ne rêvant que plaisir et bonne chère :

Et parmi ces dehors de l'humaine folie
Cliton aux conviés parlait philosophie.

Cliton fait ainsi l'éloge du passé et de la vertu des Anciens, puis celui de la simplicité; il condamne les trésors superflus, mais se met en colère contre un valet qui brise un flacon de cristal; puis il s'enivre :

Notre docteur enfin déraisonne et s'endort...

— Fort bien ! me dira-t-on; mais qu'en concluez-vous?
Que les grands raisonneurs ne sont pas les moins fous !

Ne semble-t-il pas, après que l'on a lu ces vers impertinents, que l'auteur de *Philosophie* ne faisait que retrouver, avec un talent grandi, la verve de ses dix-neuf ans?

* *Vers 1.* Vœu analogue, formulé en prose dans la lettre à M. de La Maisonfort du 25 juillet 1821 : « Quand pourrai-je encore à l'ombre de vos vignes, dans le jardin de votre villa, entendre (des vers) de votre bouche? » — Trop occupé par ses fonctions de secrétaire d'ambassade, Lamartine écrivait déjà à Virieu, le 8 décembre 1820 : « Oh ! qui me portera sur les bords de la mer de Naples, sous l'oranger de Sorrente, sous le laurier du Pausilippe ! Qui me laissera rêver à loisir !... » — Cf. le même mouvement au début de *Tristesse* et au v. 102 des *Préludes* (voir la note).

* *Vers 3.* Les *pâles ombrages* sont ceux des oliviers, aux feuilles d'un vert fort peu soutenu. Les *murs des Médicis* désignent Florence, où les princes de ce nom exercèrent le pouvoir comme ducs et grands-ducs de Toscane du XIIIe au XVIIIe siècle. *Dante* (1265-1321) naquit dans cette ville et y passa sa vie jusqu'en 1302, date où il fut exilé; quant à *Pétrarque* (1304-1374), il était né d'un père florentin banni lui aussi de sa patrie en 1302, et il ne vécut jamais dans la cité de ses ancêtres.

* *Vers 4.* Ce *sage* est M. de La Maisonfort lui-même.

* *Vers 9.* *Égérie* était, suivant Tite-Live (I, XIX, 5), la déesse qui donnait des avis au second roi de Rome, Numa Pompilius. Couramment, le mot désigne une conseillère. Ce vers peut signifier soit que le marquis va chercher l'inspiration dans la solitude des bois, soit qu'il va rejoindre à la campagne son amie Mme Esmangart. Le *modeste toit* du v. 11 était la villa que le diplomate possédait aux portes de Florence.

* *Vers 22.* Idéal de vie rustique et simple, renouvelé des Anciens et des sages du XVIIIe siècle : Lamartine l'a exprimé antérieurement dans *Adieu* et dans *La Retraite*.

* *Vers 25.* Cf. *La Solitude*, v. 111-114; *Chant d'Amour*, v. 5-6 (et les notes), ainsi que la variante qui suit le v. 105 de *La Poésie sacrée*. La *colombe* lamartinienne est à la fois celle de l'arche de Noé (*Genèse*, VIII, 8 et 11) et celle du *Cantique des Cantiques*, V, 12. Le mot *Arar* ne figure point dans la Bible; il est évidemment tiré de *Ararat*, nom que l'on rencontre seulement deux fois dans l'Écriture (*Livre d'Isaïe*, XXXVII, 38, et *Livre de Jérémie*, LI, 25), mais par lequel les commentateurs désignent couramment la montagne d'Arménie où se posa l'arche du Déluge. Enfin, malgré son aspect biblique, l'expression *pieds de rose* est en réalité une création gracieuse de Lamartine, fondée sur l'observation de la réalité.

* *Vers 26.* Les aspirations exprimées dans les vers qui précèdent ne sont pas, seulement, le développement d'un thème rebattu; elles

étaient vraiment celles de Lamartine à l'époque où il écrivit *Philosophie,* ainsi qu'en témoignent diverses de ses lettres. Cf. 22 mai 1821 : « J'aspire à devenir un patriarche pur et simple, si je ne puis pas obtenir de rester dans un coin d'Italie avec cinq ou six mille francs, limite de toute mon ambition. » 7 septembre : « Faisons-nous ermites et cultivons. Laissons le monde imbécile qui se fait un jouet de nous par ses préjugés. Vivons selon nous et non selon lui. » 1er décembre : « Pour moi, je suis dépris tout à fait de tout, hors de ma vieille passion pour les champs et les prés, mes chevaux et mes chiens. »

* *Vers 27.* É. Deschanel (I, pp. 178-179) commente non sans finesse ces v. 27-40 : « Les trois premiers semblent quelque épître de Boileau à M. de Guilleragues, les cinq autres de La Fontaine; le reste sent encore l'alexandrin de Voltaire, tout cela fondu ensemble dans une molle et douce harmonie. » Ici, Lamartine parle le plus gravement du monde des occupations de M. de La Maisonfort à l'ambassade de Florence; plus tard, dans ses *Mémoires politiques,* il dira au contraire : « Ses fonctions n'avaient rien de trop sérieux alors dans les cours de Modène, de Parme, de Lucques, de Florence où il résidait. » Elles se bornaient en effet, selon lui, à amuser Louis XVIII par les anecdotes qu'il contait dans ses dépêches et à recevoir les grands personnages qui passaient en Toscane.

* *Vers 28.* Comprendre : *un maître* (le roi de France) *qui s'est honoré en choisissant un ambassadeur tel que toi.*

* *Vers 30.* Les v. 30-40, remplis de sentiments personnels au poète (cf. la note du v. 22), évoquent un « paysage intérieur » composite formé de souvenirs vécus et de réminiscences littéraires : les *pasteurs* font songer à Milly, les *barques,* aux bords du lac du Bourget; *nonchalamment couché* rappelle l'attitude du Tityre virgilien *(« recubans »,* « *lentus in umbra* »*)* qui, lui aussi, fait retentir les bois de ses chants *(« resonare doces Amaryllida sylvas »)* dans un cadre qui comporte des roseaux et des fontaines *(« limoso junco », « fontes sacros »)* (*Bucoliques,* I, v. 1, 4, 5, 48, 52). L'opposition entre la paix des campagnes et l'agitation de la vie politique se retrouve aussi chez Virgile (*ibid.*, v. 46-78 et *Géorgiques*, II, v. 455-539 et IV, v. 116-148).

* *Vers 34.* Remarquant chez Lamartine « quelque chose de l'habitude homérique dans la reprise fréquente des mêmes beautés, des mêmes images, et quelquefois presque des mêmes vers », Sainte-Beuve, dans la *Revue des Deux Mondes* du 1er mars 1836 (article repris dans *Portraits contemporains,* I), rapprochait les v. 33-34 de *Jocelyn,* troisième époque, v. 157-158 :

> L'heure ainsi s'en allait l'une à l'autre semblable,
> L'ombre tournait autour des troncs noueux d'érable...

* *Vers 36.* Sur l'habitude des amants de graver leurs noms sur l'écorce des arbres, cf. *A Elvire,* v. 26 et aussi les v. 10-14 de la pièce citée à la note du v. 21 des *Préludes;* on rapprochera d'autre part les v. 338-339 de ceux-ci du v. 35 de *Philosophie.*

* *Vers 38.* Cf. une notation analogue dans *Ressouvenir du lac Léman,* v. 4-6.

* *Vers 42.* Dans sa lettre du 5 novembre 1821, Lamartine définit son inspiration comme la « douce végétation de la pensée qui produit des vers ». La ressemblance de ce distique avec Millevoye, *Plaisirs du Poète :*

Et de longs souvenirs l'âme encore oppressée
Je marchais au hasard, seul avec ma pensée

n'est probablement qu'une fortuite rencontre de rimes. Sur le *souffle inspirateur,* voir *L'Esprit de Dieu.*

* *Vers 49.* Ch. Bruneau (*Histoire de la Langue,* XII, p. 154) cite les v. 45-49 comme définissant bien la conception de Lamartine poète inspiré vu par lui-même (avec des renvois à ses lettres du 30 novembre 1814 et 13 mars 1822, ainsi qu'à Ch. de Pomairols, *Lamartine,* p. 107). Mais on sait que cette prétendue spontanéité naturelle de création, retrouvée dans la solitude, s'accompagnait d'un nécessaire effort de travail.

* *Vers 51.* Dans les v. 51-76, Lamartine revient sur son passé intellectuel, consacré à la méditation philosophique, alors que maintenant il ne rêve plus que d'une vie rustique, heureuse et calme : attitude peut-être calquée sur celle de Virgile, *Géorgiques,* II, v. 475-495, qui développe une semblable antithèse. Le *temps* évoqué est probablement celui où il élaborait ses grandes méditations *(L'Homme, L'Immortalité, La Foi, la Prière, Dieu) :* elles devaient lui assurer la *gloire;* quant aux *jours par l'amour embellis,* ce sont ceux de sa passion pour Elvire (il avait d'abord parlé simplement d'*étude,* peut-être par égard pour sa nouvelle épouse). Ce passage contient des allusions assez précises à la doctrine de Platon : les sept *sphères* du v. 62 sont celles parcourues par les sept astres (soleil, lune et planètes) nommés dans le *Timée,* dialogue qui, d'autre part, avec le *Phédon* expose la théorie de la migration des âmes (on trouve une autre allusion à cette métempsycose dans *L'Immortalité,* v. 39-41); les *souvenirs qui survivent* sont une allusion à la thèse de la réminiscence du *Ménon.*

* *Vers 64.* Sur *ce but qui fuit toujours,* voir les notes des v. 319 et 323 du *Désert.*

* *Vers 68.* Ce *juge assis aux portes des enfers,* c'est évidemment Minos, tel que le représentaient les Anciens (cf. par exemple, Properce *Élégies,* III, 27, v. 17 : « Minos *sedet arbiter* Orci »); mais, en ne nommant pas le personnage, Lamartine pose sur un plan général la question des peines et des récompenses éternelles.

* *Vers 76.* G. Lanson voyait dans ce vers (surtout sous sa première forme) un rappel du « vers connu » de Voltaire :

Ciel ! à quels plats tyrans as-tu livré le monde?

* *Vers 80.* Constatant la vanité de nos sciences et de nos travaux, le poète se fait ici l'écho de Salomon dans l'*Ecclésiaste,* notamment I, *passim :* « Vanité des vanités, tout est vanité. Qu'a de plus l'homme de tout le labeur dont il se consume sous le soleil?... Et je me suis appliqué à connaître la sagesse et la science... et j'ai compris qu'en cela étaient un travail et une affliction d'esprit... » et VII, 1 : « Qu'a besoin l'homme de chercher ce qui est au-dessus de lui, dans ce temps qui passe comme l'ombre? » Cf. aussi v. 91-94.

* *Vers 84.* L'expression *Dieu caché,* qui a son origine au *Livre d'Isaïe,* XLV, 15 (« Vere tu es *Deus absconditus* ») a souvent été reprise pour désigner Dieu présent dans l'Eucharistie ou, plus vaguement, la Providence et ses mystères. Faut-il l'entendre ici avec ce second sens? Peut-être. Mais, s'adressant au sceptique lettré qu'était M. de La Maisonfort, Lamartine s'est peut-être souvenu une fois de plus de Virgile, dont le Tityre appelle *dieu* son impérial protecteur (*Bucoliques,* I, v. 6 : « *Deus* nobis haec otia fecit ») : il ferait alors allusion à Louis XVIII, dont il espérait sans doute une protection discrète, mais efficace, pour l'accomplissement des ambitions (pension et diplomatie) manifestées dans sa Correspondance en 1821 (25 janvier, 30 août, 23 décembre, etc.).

* *Vers 86.* Sentimentalement, Lamartine était heureux entre sa femme et le jeune fils qui lui était né le 15 février précédent (et devait vivre jusqu'en octobre 1822) : ses lettres (22 mai, 23 et 30 août, 1er et 2 décembre) témoignent de sa « grande félicité intime et spirituelle ». Le *rustique enclos* désigne Milly ou Saint-Point, domaines dans lesquels il songeait parfois sérieusement à se retirer de façon définitive *(ibid.)* Pour l'image des v. 89-90, cf. *La Retraite,* v. 52-55, et *Chants lyriques de Saül,* v. 102-105. La poète exprimera encore son rêve de vie rustique et ses espoirs de progéniture dans ses *Visions,* I, v. 171-176 :

> Là je voyais jouer sur le gazon des prés
> De nos chastes amours les présents adorés !
> Là je plantais pour eux le chêne au large ombrage,
> Dont le dôme éternel, élargi d'âge en âge,
> Devait, prêtant son ombre aux fêtes du vallon,
> Porter de fils en fils mes bienfaits et mon nom !

* *Vers 96.* Ici, Lamartine juxtapose l'adage populaire *Primum vivere* et une parole du Sermon sur la Montagne : « *Sufficit diei malitia sua* » (*Saint Matthieu,* VI, 34).

* *Vers 97.* Le *saint des saints (sanctum* ou *sancta sanctorum)* désignait, dans les textes bibliques, la partie la plus profonde et la plus sacrée du Tabernacle, puis, à partir de Salomon, l'endroit du Temple où l'Arche était renfermée. Ici, c'est le domaine des mystères impénétrables à l'esprit humain et que la foi accepte sans les discuter. La profession formulée aux v. 97-100 à l'adresse du voltairien qu'était La Maisonfort peut surprendre : en fait, elle ne figurait point dans la pièce primitive; sans doute ajouta-t-il ces lignes pour tranquil-

liser les scrupules de ses proches, sans y parvenir, ainsi qu'on l'a vu, en ce qui concernait sa pieuse mère.

* *Vers 102. Alcyone,* fille d'Éole épouse de Céyx, était tellement heureuse en mariage que les dieux jaloux la transformèrent en un oiseau marin, l'*alcyon,* construisant son nid sur les flots et y couvant ses œufs à l'époque du solstice d'hiver (Ovide, *Métamorphoses,* XI). La sérénité intérieure exprimée ici se retrouve dans la lettre écrite à Virieu le 7 septembre 1821 (un mois avant que fût achevée *Philosophie*) et le poète « y joint la résignation, vieille vertu acquise par habitude, et l'acceptation, nouvelle vertu que la bonne religion préfère à toutes ». Cf. la note du v. 155 du *Ressouvenir du lac Léman.*

* *Vers 119.* La tirade finale de *Philosophie* évoque élégamment la figure du marquis de La Maisonfort, avec des allusions aux difficultés qu'il avait rencontrées durant l'émigration (v. 109), à ses talents d'auteur en vers (v. 116, 121-122), à la vie agréable qu'il a su se ménager en Toscane, à son *amitié* (v. 110) pour Mme Esmangart.

* *Vers 126.* Lamartine, en vérité, n'en était pas absolument sûr; il hésitait alors entre l'ambition et la retraite, celle-ci n'excluant pas un renouveau de celle-là. Il écrivait à Virieu, de Saint-Point, le 1er décembre 1821, en l'invitant à venir s'installer en Bourgogne : « Crois-moi : le bruit des villes, les veilles échauffantes, la multiplicité des impressions factices ne valent plus rien à des esprits et à des organes fatigués comme les nôtres. Il nous faut détendre nos ressorts dans un repos un peu monotone et nous rafraîchir à l'ombre comme des plantes brûlées par le soleil. Après quelques années de ce repos nécessaire, ou nous reprendrons notre élan, ou nous continuerons ce doux repos rendu plus cher par l'habitude... »

MÉDITATION VINGT-QUATRIÈME. — LE GOLFE DE BAYA, PRÈS DE NAPLES

Page 86

* *LE GOLFE DE BAYA, PRÈS DE NAPLES.* — Lamartine avait été définitivement conquis par Naples et ses environs, dès le premier séjour qu'il y fit du 1er décembre 1811 jusqu'en avril suivant. Il se déplaça alors beaucoup autour de l'immense et prestigieuse baie; le 8 décembre, à Guichard de Bienassis, il annonçait : « Je vais demain matin à Pouzzoles, à Baïa, à la Solfatare... » et le 28, à Virieu : « Demain je vais seul à Baïa. »; lorsque celui-ci l'eut rejoint durant la dernière décade de janvier 1812, les deux amis excursionnèrent ensemble et s'adonnèrent aussi aux joies de la navigation; nul doute que le beau golfe de Pouzzoles, alors désigné par les guides sous le nom de *golfe de Baïa,* n'ait reçu plus d'une de leurs visites. Mais, il n'est nulle part question de vers inspirés sur place par le site enchanteur. Aussi bien, la note qui accompagne le v. 48 à partir de la 3e édition est-elle formelle : « *Cette méditation a*

été composée en 1813 ». Cette année-là, Alphonse partagea son temps entre le Mâconnais et Paris, où il résida d'avril à septembre, tour à tour malade ou menant une vie fort dissipée. Dans un moment de nostalgie, n'aurait-il pas alors écrit cette pièce en mémoire des jours heureux et révolus de son premier hiver italien? Cette hypothèse n'a rien en soi d'absurde; mais il est cependant permis de n'avoir pas une confiance absolue dans un millésime indiqué après plus de sept ans, surtout avec Lamartine dont on connaît la perpétuelle fantaisie en matière de dates... G. Lanson remarquait l'analogie d'inspiration du *Golfe de Baya...* avec la pièce *A Elvire :* mais, comme il rapportait cette dernière à 1816 ou, au plus tôt, à 1815, il estimait que l'autre pouvait être de 1815; selon lui (d'après une conjecture du normalien et futur ministre Yvon Delbos), le séjour de Narnier, en juin-juillet de cette année-là avait pu réveiller, à la vue du Léman, les souvenirs de la baie de Naples; il allait même jusqu'à écrire : « Les 45 premiers vers conviennent aussi bien au lac Léman qu'au golfe de Naples. » Voire ! Ni G. Roth *(Lamartine et la Savoie)* ni Ch. Fournet *(Lamartine et ses amis suisses)* n'ont pris en considération cette supposition... Par ailleurs, on a vu que P.-M. Masson situe avec vraisemblance la composition d'*A Elvire* durant l'été de 1814. Pourquoi, au total, *Le Golfe de Baya...* ne serait-il pas de cette même période? Garde du Corps en garnison à Beauvais, le 3 août 1814, Alphonse racontait en effet à Virieu comment il se consolait, « dans cet ennuyeux séjour et plus ennuyeux métier », en se promenant à la campagne, en composant des vers et en s'abandonnant à la rêverie : « Ainsi, concluait-il, se passent mes plus beaux jours, dans un beau pays, sous un beau ciel, sous le ciel de Naples par exemple, et à l'ombre de ses orangers. »

* *Vers 5.* On trouvera des notations marines analogues dans *Ischia,* v. 13-18; *Les Préludes,* v. 20-21; *Adieux à la Mer,* v. 51-55. *Volage zéphyr* semble une expression héritée du XVIIIe siècle; cf. Chênedollé, *Le Génie de l'Homme,* II :

> Phoebé s'y réfléchit, et le zéphyr volage
> Caresse tour à tour et brise son image.

* *Vers 6.* Le thème littéraire de la *promenade en barque* date en France de J.-J. Rousseau (*Nouvelle Héloïse,* 4e partie, lettre 17, et *Rêveries du promeneur solitaire,* V); on le trouve repris en particulier au livre V des *Martyrs* et dans la *Corinne* de Mme de Staël (XIII, 5) : dans les deux cas, le golfe de Naples est le théâtre du récit; mais ici Lamartine se fonde sur des souvenirs personnels, qui reviendront dans *Le Passé,* v. 61-70, et dans *Graziella.*

* *Vers 9.* Même expression dans *Élégie,* v. 41.

* *Vers 11.* A qui appartenait cette *main craintive?* Le témoignage du *Passé (loc. cit.)* permet de croire qu'il s'agit de celle d'une femme — la future Graziella — ainsi que l'a pensé G. Charlier (*Aspects de Lamartine,* p. 29) : « Oui, elle est là, elle tient *d'une main craintive le docile aviron,* mais c'est bien tout ce que nous apprenons d'elle.

Ni un détail physique, ni un trait qui accuse la personnalité de l'amoureuse... » L'indication est en effet fort vague et (tellement tout est flou, quand il s'agit de Lamartine!), un autre critique, U. Mengin (*Lamartine à Naples et à Ischia, Revue de Littérature comparée,* 1924, p. 608) a cru sentir que « l'ensemble montre qu'il s'agit de Virieu »; en effet, « sa main qui prend des croquis sur des albums n'est probablement pas habituée à manier les rames assez lourdes dont on se sert sur le golfe, même pour conduire une *barque légère.* Il semble bien que le poète soit seul, ce soir là, avec Virieu. S'il avait une amoureuse, il ne dirait pas au *poétique séjour* (v. 73 et 76) : *Tu ne retentis plus de gloire ni d'amour.* Il envie le sort de Properce et de Tibulle; il regrette assurément de n'avoir ni Cynthie, ni Délie. » La remarque ne manque point de pertinence, mais faut-il exiger d'un poète, surtout du nôtre, une parfaite logique?

* *Vers 14.* Cf. *Le Lac,* v. 14-16.

* *Vers 17.* *Thétis,* épouse de Pélée et mère d'Achille, était, en tant que Néréide, une divinité marine; mais *Téthys* (cf. la variante) convient mieux pour désigner métaphoriquement *la mer,* car cette divinité primordiale, fille du Ciel et de la Terre, épousa Océan et devint la mère des fleuves et des Océanides (Hésiode, *Théogonie,* v. 137 et 337-370). U. Mengin (*art. cit.,* p. 607) constate l'impression de printemps qui ressort de ce passage et, comme de novembre à février, le golfe de Baïa montre « un aspect d'hiver caractérisé », il en conclut que le poème repose sur des impressions réellement éprouvées en mars, au cours d'une promenade, le soir; s'appuyant sur les v. 18-19 et 36-37, qui évoquent le coucher du soleil, puis le lever de la lune qui est fort peu de temps visible, il se livre à de savantes considérations astronomiques : « Cela veut dire que la lune est nouvelle et qu'elle a disparu assez peu de temps après le soleil, derrière les collines de Baïa. Un calendrier de 1812 nous apprend qu'en mars la nouvelle lune commençait le 13. Le soleil, ce jour-là, se couchait à 5 h 51 et la lune à 6 h 18, mais les heures du 14 conviendraient mieux : le soleil s'y couchait à 5 h 52, la lune à 7 h 39. Dans les jours qui suivent, l'intervalle est trop grand pour l'impression si bien rendue par le poète. » Ces remarques révèlent chez leur auteur autant de science que de conscience, mais n'emportent point l'adhésion totale; il n'est pas du tout prouvé que le poème ait été composé sur place et l'on pourra voir qu'il a tous les caractères composites d'un « paysage intérieur », refait après coup.

* *Vers 19.* La périphrase *reine des nuits* appartient au style empire : elle est dans la traduction d'Ossian par Baour-Lormian et surtout dans le *Génie du Christianisme* (première partie, liv. V, chap. 12). Cf. *L'Isolement,* v. 9 et note du v. 12.

* *Vers 25.* Notations olfactives analogues dans *Corinne,* XI, I : « Corinne et lord Nelvil se promenèrent lentement et avec délices dans la campagne de Naples. Chaque pas, en pressant les fleurs, faisait sortir des parfums de leur sein. » Chez Chateaubriand également

(loc. cit.) « une brise embaumée » précède la lune dans les forêts « comme sa fraîche haleine ».

* *Vers 26.* Sur le thème musical qui vient compléter le tableau, cf. *Le Lac,* v. 17 et la note. Ici, Lamartine a pu être influencé plus particulièrement par le souvenir des *Martyrs,* livre V * : Eudore, avec le prince Constantin, « faisait dans un esquif le tour du golfe de Baïes » et, revenu pour le banquet du soir, « entendait au loin sur la mer la chanson du pêcheur napolitain », cependant avec ses amis « il chantait ensuite sur la lyre (des) passions criminelles » : ainsi, dans le roman de Chateaubriand, peut-on retrouver aussi *deux concerts.* Au reste, Alphonse avait pu constater par lui-même la passion du peuple italien pour le chant et aussi relever dans les *Lettres de Jacopo Ortis,* par Ugo Foscolo, qu'il avait lues à Naples avec Virieu (cf. lettre du 26 janvier 1813), des phrases comme celle-ci : « Nous étions attentifs aux feux lointains des pêcheurs et au chant du gondolier qui, de sa rame, rompait le silence et le calme de la lagune obscure. »

* *Vers 39.* Impressions analogues notées dans la strophe initiale du *Soir. Occupe* est employé au sens figuré du latin *occupat (s'empare de).*

* *Vers 41.* La représentation symbolique de la *Mélancolie,* depuis Albert Dürer, a souvent inspiré les artistes, tels l'Italien Feti au XVIe siècle et le Français Lagrenée au XVIIIe; mais c'est surtout chez les poètes que l'on retrouve ce cliché : H. Potez (pp. 38 et 351) cite Pope : « La noire Mélancolie siège et jette autour d'elle un silence semblable au trépas » et E. Legouvé :

Ah ! si l'art à nos yeux veut tracer ton image,
Il doit peindre une vierge assise sous l'ombrage,
Qui, rêveuse et livrée à de vagues regrets,
Nourrit au bruit des flots un chagrin plein d'attraits.

On peut nommer aussi La Harpe :

C'est là, c'est dans l'obscurité,
Que, fuyant le tumulte et dans soi recueillie,
Vient s'asseoir la Mélancolie
Pour y rêver en liberté.

L. Delaruelle (*Lamartine lecteur de Delille, Revue d'Histoire littéraire de la France,* 1911, pp. 417-418) croyait voir ici une réminiscence de l'auteur des *Jardins,* chant II :

Viens, je me livre à toi, tendre Mélancolie,
Viens, non le front chargé de nuages affreux
Dont marche enveloppé le chagrin ténébreux,
Mais l'œil demi-voilé, mais tel qu'en automne

* Sur la prédilection que Lamartine devait porter particulièrement à ce livre de l'ouvrage de Chateaubriand, voir la première note d'*Invocation.*

A travers des vapeurs un jour plus doux rayonne;
Viens, le regard pensif, le front calme, et les yeux
Tout prêts à s'humecter de pleurs délicieux...

Ces citations permettent surtout de voir comment un sentiment préromantique peu à peu s'imposait à tous. On notera que, dans l'*Hymne de l'Ange de la Terre après la destruction du globe (Harmonies poétiques)*, Lamartine, avec l'attitude et aux lieux mêmes où il représente ici la Mélancolie, montrera l'archange son héros

Assis sur un coteau de ce divin rivage
Où jadis Parthénope avait devant ses yeux
Réfléchi dans les mers comme un morceau des cieux.

* *Vers 45. Ce palais, ces temples déserts* introduisent un thème nouveau dans la pièce : celui des ruines, mis à la mode par Volney et orchestré par Chateaubriand; mais il semble qu'abandonnant le paysage de Naples, le poète se transporte plutôt en pensée à Rome; il avait en effet noté sur son *Carnet de Voyage* de 1811-1812, conservé à Saint-Point : « Je suis arrivé à Rome la nuit du 1er novembre; il faisait le plus beau clair de lune... Le plus parfait silence régnait dans tous les environs *déserts* de cette belle et triste ville; à droite et à gauche, j'apercevais quelques débris de *temples* ou de *palais,* quelques fûts de colonnes renversées, et partout l'image effrayante et sublime d'une grandeur qui n'est plus. » Et le mot *collines* (v. 44) force à penser à la Ville Éternelle.

* *Vers 46.* L'évocation des anciens monuments de l'Italie amenait inévitablement celle du temps où Rome était grande et libre; ce thème se trouvait, par exemple, déjà dans des vers de Bertin adressés à l'abbé Delille pour rappeler

Ces monuments et ces marbres épars
Où des Romains respire le génie;

dans *Corinne,* IV, 46 : « Après avoir vu les ruines romaines, on croit aux antiques Romains comme si on avait vécu de leur temps »; dans les *Lettres de Jacopo Ortis,* où reviennent souvent des plaintes sur l'esclavage de la péninsule et le regret de l'indépendance antique. Les v. 46-55 du *Golfe de Baya* préfigurent en quelque sorte à la méditation *La Liberté ou Une nuit à Rome,* ainsi qu'à divers passages des *Visions* et du *Dernier Chant du Pèlerinage d'Harold* (v. 430-442 en particulier).

* *Vers 48. Sous d'indignes Césars...* Qui sont ces *indignes Césars?* Si la pièce fut écrite, ou du moins conçue, en 1813, l'expression ne peut désigner que Murat, roi de Naples, Eugène de Beauharnais, vice-roi d'Italie, et Napoléon, qui avait réuni Rome et le nord du pays à l'Empire français depuis 1808; il est remarquable que la Correspondance écrite durant le voyage de 1811-1812, soit par prudence, soit par indifférence, ne contient aucune allusion aux maîtres temporaires de la péninsule. Mais, si le poème est postérieur à 1814 (ce que nous ne croyons guère), il faudrait songer à Ferdinand

de Naples et aux autres princes rétablis sous l'égide de la Sainte Alliance, qui se montrèrent souvent des souverains *indignes;* mais le nom de *Césars* convient mieux à la famille Bonaparte et, au reste, Lamartine a pu, en esprit, se reporter au temps où ses membres gouvernaient la presqu'île (sur l'antibonapartisme foncier du poète, cf. *Bonaparte,* première note).

* *Vers 48 : ... maintenant asservie.* En 1811, Lamartine notait combien les Italiens modernes pouvaient être déchus : « Au milieu (de toutes ces ruines) circule une population nouvelle, diamétralement opposée à l'ancienne : les hommes, dans cet étonnant pays, ont plus encore changé que les édifices; on ne retrouve plus de traces du caractère romain sur les bords du Tibre, et tout y est mort, jusqu'à ce fier orgueil républicain, qui s'est changé en une vile et servile vanité, le seul trait prononcé du caractère romain. » (R. Doumic, *Le Carnet de voyage de Lamartine en Italie,* dans *Le Correspondant,* 25 juillet 1908, pp. 273-274.) Cf. aussi *La Liberté ou Une nuit à Rome,* v. 84 et suiv.

* *Vers 55.* Sur les *deux Brutus,* cf. *Bonaparte,* v. 39 et *La Liberté,* v. 132; sur *Caton,* cf. *La Liberté,* v. 125. Le souvenir de ces héros de la liberté latine, toujours cités conjointement, était devenu un cliché, et l'on sait que, quelques années plus tard, Lamartine entreprit d'écrire une tragédie, *César ou La Veille de Pharsale* (lettre du 10 juin 1818).

* *Vers 64. Horace,* entre autres séjours d'été, cite Baïes *(liquidae Baiae)* (*Odes,* III, 4, v. 24); il y fuyait au reste plutôt les chaleurs de la Canicule à Rome que les *pompes de la cour;* les *plaisirs* sont une allusion aux amours qu'il a chantées, le *génie,* à ses travaux poétiques. Sur *Properce* et *Cynthie,* cf. *A Elvire,* v. 2, et surtout *Tristesse,* v. 12 et note. *Tibulle* n'a signalé nulle part qu'il ait séjourné sur le golfe de Baïes, mais Lamartine associe spontanément aux autres lyriques latins le nom du poète *qui soupire;* cf. *La Perte de l'Anio (Harmonies poétiques et religieuses),* v. 39 :

> Toi qui vis sur tes bords...
> Tibulle *soupirer* les délices du cœur.

Déjà, dans son *Carnet de voyage* de 1811, le poète associait les mêmes gracieuses pensées : « J'ai visité sur les bords (de l'Anio) la petite villa d'Horace; un couvent de franciscains a remplacé dans sa retraite l'aimable chantre de Glycère et du falerne, des belles et des héros; plus haut, dans la montagne, et plus solitaire encore est la villa de Catulle; celle de Tibulle était auprès; celle de Cynthie, un peu plus loin sur le même coteau, vis-à-vis de celle de Mécène. Properce y venait souvent. Quelle délicieuse société a habité ce Tibur! » (*Le Correspondant,* 25 juillet 1908, p. 275.)

* *Vers 72.* Sur *Le Tasse,* voir les notes d'*A Ferrare.* Au début de ses malheurs, en 1577, Torquato Tasso, fuyant Ferrare, s'était momentanément réfugié auprès de sa sœur Cornélia, à Sorrente, sa ville

natale, sur la rive sud du golfe de Naples, en face de Baïes (v. 65-68); mais il mourut à Rome (*non loin des mêmes bords* est donc une locution assez approximative); sur l'allusion contenue dans les v. 70-72, cf. *La Gloire,* v. 29-32 et note du v. 29.

* *Vers 76. Tout ce qui fut grand dans le monde,* c'est-à-dire les poètes, en particulier ceux qui chantèrent *l'amour,* et aussi les empereurs romains qui avaient à Baïes leur séjour d'été. Mme de Staël (*Corinne,* XIII, 4) et surtout Chateaubriand *(René)* avaient développé le thème du passé aboli, dont le néant n'est plus rappelé que par les *débris* des anciens monuments.

* *Vers 84.* L'origine lointaine de la comparaison finale (parfaitement adaptée au sujet, puisqu'elle reprend l'idée du v. 6) doit être cherchée au *Livre de la Sagesse,* V, 9-10 : « Transierunt illa omnia... tanquam navis qui pertransit fluctuantem aquam. » Le rapprochement, fait par É. Deschanel (I, pp. 63-64) avec ces vers de Parny sur la mort d'une jeune fille :

> Ainsi le sourire *s'efface,*
> Ainsi meurt sans laisser de *trace*
> Le chant d'un oiseau dans les bois

semble fondé sur une fortuite rencontre de rimes. En fait la conclusion du *Golfe de Baya* semble annoncer *Le Lac :* Lamartine a fait de la fuite du temps un des thèmes essentiels de sa pensée et l'on pourrait ici multiplier les rapprochements de textes (cf. *A Elvire,* v. 27 et suiv. et, dans les *Harmonies poétiques, La Perte de l'Anio :*

> J'avais rêvé jadis au bruit de ses cascades...
> Hélas ! ces bruits divers ont passé sans retour...

Épitre à M. de Sainte-Beuve :

> Tandis que nous parlons, une vague éternelle
> S'enfle sous le navire et l'emporte avec elle :
> Sur les mers de ce monde il n'est jamais de port...)

Y. Boeniger (pp. 55-56) a insisté avec juste raison sur la douleur que le poète éprouve devant l'écoulement de toutes choses (« La mobilité de la vie lui fait mal ») et montré que, par là, il s'apparente aux plus grands penseurs de l'humanité, de l'auteur du *Mahabharata* à Pascal et à W. Blake.

MÉDITATION VINGT-CINQUIÈME. — LE TEMPLE

Page 89

* *LE TEMPLE.* — On ne possède sur cette méditation qu'un seul et unique témoignage daté : la lettre de Virieu à Lamartine du 28 janvier 1818, citée à la première note d'*A Elvire.* Ce document permet de savoir avec certitude qu'alors la pièce était terminée et qu'elle s'intitulait plus simplement *L'Église de campagne.* Pour le

reste, et en particulier pour identifier l'*Elvire* des v. 42 et 51, on en est réduit à des hypothèses.

a) Si l'on admet qu'il s'agit de la première Elvire, c'est-à-dire de la future Graziella, dont le nom véritable était Antoniella, on notera que l'expression du v. 50 *(sur un autre rivage)* peut à la lettre s'appliquer à la Napolitaine de 1812; comme ce vers et ceux qui le suivent supposent une amante encore en vie et que Lamartine connut seulement en avril 1816 le trépas d'Antoniella (survenu quinze mois plus tôt) (Marquis de Luppé, p. 35), il faut supposer *Le Temple* antérieur à la date où lui parvint la fatale nouvelle et, d'autre part, remarquer, d'après les v. 34-37, que le poète a fortement idéalisé son aventure italienne; à l'ordinaire, dans les pièces à coup sûr inspirées par son idylle de Naples *(A Elvire, A El***, Le Golfe de Baya..., Élégie, Tristesse)*, il adopte un accent très épicurien.

b) Au contraire, si Elvire est Mme Charles, le ton de ces quelques vers est infiniment plus plausible : après un début de liaison très charnelle, Alphonse et sa maîtresse s'étaient rapidement résolus à une platonique union des âmes. Ainsi *Le Temple* pourrait être de la fin de 1816 (Alphonse et Julie s'étaient quittés aux derniers jours d'octobre pour se retrouver à Paris la première semaine de janvier suivant) ou encore postérieur au 6 mai 1817 (jour qui vit leur séparation définitive alors qu'ils pensaient se retrouver à Aix durant l'été). Cette identification d'Elvire peut être corroborée par le mot *douleur* du v. 30, qui serait une allusion au chagrin ressenti par le poète en songeant à la maladie de son amie; mais on objectera la difficulté soulevée par le *rivage* du v. 50 et aussi par le fait qu'on ne sait pas si Mme Charles fréquentait les *temples obscurs* et les *autels déserts* pour y venir *confier ses douleurs,* attitude cependant admissible si l'on pense à sa fin chrétienne.

c) En conclusion, il est difficile, avec un être aussi imprécis que Lamartine, de savoir à quoi s'en tenir. Cependant, la solution bâtarde, adoptée par G. Lanson, du *Temple* écrit dans l'automne 1816 et « consacré à celle qui fut Graziella quand le poète ne pense plus qu'à Mme Charles » ne paraît plus guère valable maintenant que l'on sait le moment précis où il connut la mort de la première Elvire.

* *Vers 1.* Sur le thème ossianique de l'*étoile du soir,* cf. la note du v. 8 du *Soir.* Au v. 2, l'image du *char* appliquée à un astre est banale (voir *L'Isolement,* v. 9 et note du v. 12) et la rencontre paraît probablement fortuite avec Baour-Lormian, traducteur d'Ossian, montrant

De la reine des nuits *le char silencieux.*

* *Vers 5. Pas religieux :* pour l'alliance du concret et de l'abstrait, cf. *L'Automne,* v. 5.

* *Vers 6. Temple :* « Dans le style soutenu, église consacrée au culte catholique », note Littré, avec des exemples de tous les grands auteurs classiques. Selon F. Reyssié (p. 210), il s'agirait ici de la petite église de Bussières, proche de Milly; quel que soit ce monument, une tradition littéraire voulait que les églises de campagne

fussent envahies de *mousse;* cf. Baour-Lormian, *Vue d'un cimetière de campagne au mois de mai :*

... ce temple rustique
Dont la mousse et les ans ont noirci le portique.

Fontanes, *Le Jour des morts :*

Ce temple dont la mousse a couvert le portique...

* *Vers 9.* L'exclamation *Salut !* adressée à des objets s'était vulgarisée chez les poètes du XVIIIe siècle : de ce tour, qui appartenait à « la langue élevée et poétique », Littré cite des exemples de Gilbert et de Delille; cf. *La Prière,* v. 41; *L'Automne,* v. 1 et 3. L'origine en est probablement chez Virgile, *Géorgiques,* II, v. 172 : « *Salve,* magna parens frugum... »

* *Vers 13.* Le thème du *cimetière de campagne* avait été mis à la mode par l'Anglais Gray (1716-1771) dans son *Elegy in a Country Church-Yard,* qui eut de nombreux traducteurs et adaptateurs en France; parmi ceux-ci, il faut citer Chateaubriand (qui en tira *Les Tombeaux champêtres,* pièce de vers écrite et publiée à Londres en 1796); mais celui-ci vulgarisa le sujet par le *Génie du Christianisme* (quatrième partie, liv. II, chap. 7 : *Cimetières de campagne*) : « Les Anciens n'ont point eu de lieux de sépulture plus agréables que nos cimetières de campagne : des prairies, des champs, des eaux, des bois... mariaient leurs simples images avec les tombeaux des laboureurs... Au milieu des paisibles monuments, le temple villageois élevait sa tour surmontée de l'emblème rustique de la vigilance... Le pauvre et le pèlerin... allaient prier le Dieu des miracles... L'indifférent ou le riche ne passait point sur ces tombeaux... »

* *Vers 17.* Lamartine a repris la lampe symbolique qui brûle devant l'autel comme sujet d'une de ses *Harmonies, La Lampe du Temple ou l'Ame présente devant Dieu* (pièce datée de Saint-Point, 1er août 1829, dans le manuscrit d'Angers, mais inspirée par une chapelle des environs de Livourne, s'il faut en croire le Commentaire de 1849) :

Pâle lampe du sanctuaire,
Pourquoi, dans l'ombre du saint lieu,
Inaperçue et solitaire,
Te consumes-tu devant Dieu?...

* *Vers 27.* Le développement qui précède semble annoncer une autre des *Harmonies poétiques,* l'*Hymne du Soir dans les Temples* (composé à Florence en mars 1826, en un temps où le poète « allait souvent errer dans ces belles nefs de San-Spirito, de Santa-Maria et du Duomo ») :

Salut, ô sacrés tabernacles...
Quand la dernière heure des jours
A gémi dans tes vastes tours...,
Que la nef est déserte et que, d'un pas tardif,
Aux lampes du saint lieu le lévite attentif

A peine la traverse encore,
Voici l'heure où je viens, à la chute des jours,
Me glisser sous ta voûte obscure...
O ténèbres du sanctuaire,
L'œil religieux vous préfère
Au bois par la brise agité...
De ton temple aujourd'hui j'aime l'obscurité;
C'est une île de paix sur l'océan du monde...

* *Vers 38.* Commentant ces v. 28-45, qui développent le thème de l'amour pur, Ch. Maréchal (p. 51) notait : « Il ne confie son amour aux autels, cet « amour innocent » puisque « la vertu l'allume », qu'après l'avoir « dit à la terre, dit à toute la nature »; le Vicaire savoyard n'aurait pas autrement parlé. » De fait, dans la plupart de ces vers à forme sentencieuse, on sent une influence philosophique de Rousseau; cf. *La Nouvelle Héloïse,* première partie, lettre 50 : « C'est (le véritable amour), c'est son feu divin qui sait épurer nos penchants naturels... Sa flamme honore et purifie toutes nos caresses » et 2ᵉ partie, lettre 24 : « Les lois les plus sévères ne peuvent imposer (aux amants) d'autre peine que le prix même de leur amour; la seule punition de s'être aimés est l'obligation de s'aimer à jamais ». Au reste, Lamartine et Mme Charles n'avaient-ils pas voulu, en idéalisant leur passion, imiter Jean-Jacques et sa « maman » Mme de Warens, ou Julie et Saint-Preux? S'il fut écrit à la fin de 1816 ou à celle du premier semestre 1817, *Le Temple* serait (*Invocation* mise à part) un des tout premiers textes portant témoignage de cette idéalisation qui, après divers avatars, aboutirait bien plus tard à la conception de *Raphaël* et laisserait maintes traces dans des œuvres encore postérieures; cf. par exemple, en 1857, cette phrase de l'entretien consacré à Musset dans le *Cours familier de Littérature :* « J'aimais *avec la pure ferveur de l'innocence passionnée* une personne *angélique* d'âme et de forme, *qui me semblait descendre du ciel* pour m'y faire à jamais lever les yeux quand elle y remonterait avant moi » ou ce mot des *Mémoires Inédits :* « Ma vie retirée, mon silence enveloppé de mystère laissaient-ils deviner (à mes parents) un attachement dont ils ne pouvaient connaître *la pureté ?* »

* *Vers 48.* Périphrase dans le goût du XVIIIᵉ siècle, pour dire qu'il est resté deux heures à prier et à pleurer.

* *Vers 50. Rivage :* sur la signification littérale qu'on donnerait à ce mot, cf. première note, *a.* Mais, on peut songer aussi au sens étendu de *contrée, pays,* comme pour le latin *ora* ou le classique *bords;* toutefois, les exemples que cite Littré (y compris celui du *Lac,* v. 1) impliquent la proximité de l'eau. Appliqué à Paris, le terme semble un peu étrange, malgré la présence de la Seine! Quant au rapprochement, suggéré par Lanson, avec Saint-Preux réfugié à Meillerie et se représentant ce que peut faire Julie dont il est séparé (*Nouvelle Héloïse,* 1ʳᵉ partie, lettre 26), il ne paraît pas s'imposer, bien que la scène se déroule sur le... rivage du Léman.

MÉDITATION VINGT-SIXIÈME. LE PASTEUR ET LE PÊCHEUR

Page 91

* *LE PASTEUR ET LE PÊCHEUR.* — Cette *églogue marine* inachevée et qui, terminée, aurait eu, semble-t-il, une ampleur certaine, se rattache à l'une des énigmes de la carrière poétique de Lamartine, celle posée par l'œuvre qui se serait intitulée *Les Pêcheurs*. A première vue, ce fragment de 76 vers dont le sujet se situe incontestablement dans un cadre italien aurait pu être écrit à la date sous laquelle il a été publié : en 1826, l'écrivain était en poste diplomatique à Florence et il passa à Livourne au bord de la mer la fin de juillet, le mois d'août et la moitié de septembre : il composait alors les *Harmonies poétiques et religieuses,* d'inspiration chrétienne, et, en manière de délassement, il aurait ébauché une œuvre où reparaissait la veine païenne de ses jeunes années : mais, comme la pièce marquait une forte dissonance avec les *Harmonies,* il renonça à l'achever et à la faire figurer dans son recueil de 1830.

Telle est l'hypothèse de G. Lanson; mais avant lui, F. Reyssié (pp. 162-163), se fiant apparemment à de simples impressions, en avait formulé une autre et rattachait le morceau au séjour napolitain de 1811-1812 : « A côté des chants d'amour, écrivait-il, naissent des accents plus mâles. Le souffle du poète est plus touché de la vivifiante influence homérique. C'est Virgile, c'est Théocrite qui l'inspire cette fois. Sous cette impulsion, il entreprend un poème des *Pêcheurs*. Ce poème est perdu; nous n'en avons qu'un fragment, *Le Pasteur et le Pêcheur.* » Et de rapprocher ce morceau de *Sapho,* dans les *Nouvelles Méditations :* « Ce fragment de poème et cette élégie, tous deux frappés au coin grec le plus pur, aux vers alexandrins impeccables..., rapprochent le Lamartine de Naples du grec de Byzance André Chénier : même amour de la forme, même adoration de l'antique... Tous deux ont le même culte : l'éternelle beauté. » Remarques non exemptes de finesse; mais, à vingt-deux ans, le jeune Alphonse ne faisait point de vers d'une pareille fluidité et cette simple constatation invite à leur assigner une date bien postérieure.

Celle de 1826 conviendrait certes mieux; mais il nous paraît légitime de descendre encore plus bas dans la carrière du poète, en nous fondant sur les travaux de MM. Aimé Lafont (*Le Poème des « Pêcheurs » de Lamartine est-il retrouvé ?, Revue Bleue,* 15 août 1925, pp. 531-534) et H. Guillemin (*Les Visions,* pp. 251-253), qui se sont l'un et l'autre attaqués à l'irritante question des *Pêcheurs.*

Lamartine, on le sait, rêvait d'écrire un « grand poème » résumant l'histoire de l'Humanité : *Jocelyn* en fut un épisode, à laquelle fit suite la publication de *La Chute d'un Ange;* l'*Avertissement* de cette épopée antédiluvienne, daté du 1er mai 1838, annonçait, comme devant paraître à sa suite *Les Pêcheurs;* mais le 28 juillet suivant, il mandait à Virieu que, sous titre de *L'Ouvrier,* il allait écrire « l'épopée populaire de la chaumière et du grenier » et il ajoutait : « Puis viendront *Les Pêcheurs* que j'ajourne. » A cette œuvre projetée, on connaît quatre allusions ultérieures de Lamartine, qui en parle alors comme d'un manuscrit malencontreusement perdu (cf. Commentaire des *Adieux à la Mer; Nouveau Voyage en Orient :* « J'avais ébauché et commencé quelques chants d'un poème maritime intitulé *Les Pêcheurs,* inspiré par mes longs séjours dans les îles et par ma fréquentation avec les familles des matelots. Ce poème qui ne consistait qu'en trois chants a été égaré par moi dans un de mes voyages »; *Cours familier de Littérature,* t. III, p. 366 (1857) et t. VII, p. 219 (1859) : dans ce dernier passage, il précise qu'il s'agissait d'un ouvrage « à moitié fini et perdu sans retour dans un voyage aux Pyrénées »; mais on sait que lors d'un déplacement dans le Sud-Ouest, en 1840, c'est en réalité l'ébauche de sa pièce *Toussaint Louverture* qui fut momentanément égarée puis retrouvée). Une fois, à Henri de Lacretelle (*Les Amis de Lamartine,* p. 33), il précisait que cet ouvrage, « laissé au fond d'une malle dans un grenier de Saint-Point ou de Monceau », comportait « douze mille vers, très supérieurs à ceux de *Jocelyn* »...

Tout cela reste bien vague; mais on a heureusement un document plus précis. Si la lettre du 22 mars 1842 à Valentine de Cessiat (Chastellier, *Lamartine et ses nièces,* p. 11 : « Je m'en vais faire *Les Pêcheurs* ces deux années-ci, si Dieu me les donne saines et libres; après cela, plus rien en vers : on ne chante pas en toutes les saisons ») peut témoigner encore d'une passagère velléité, Charles Alexandre, qui fut son secrétaire intime et tint un journal, écrit d'une manière fort nette (*Souvenirs sur Lamartine,* p. 28) : « Paris, 24 mars-2 avril 1843. Il a commencé un poème qui sera un souvenir de sa vie de jeunesse à Naples, *Les Pêcheurs.* Plusieurs fragments sont écrits. Il rêve de reprendre son poème à Saint-Point, pendant l'automne. L'hiver est la saison de l'orateur, l'automne est la saison du poète. » Ces affirmations nous semblent décisives : le poème des *Pêcheurs* fut mis en chantier au début du printemps 1843; quelques morceaux en furent élaborés; comme Lamartine laissait rarement se perdre ce qui était tombé de sa plume, il publia plus tard deux d'entre eux : *Le Pasteur et le Pêcheur,* églogue inachevée, dans l'Édition des Souscripteurs de 1849, et *La Fille du Pêcheur* (avec le sous-titre surajouté de *Graziella*) dans l'Entretien XXIII du *Cours familier de Littérature* (1857), puis dans les *Recueillements poétiques* (1860). Quant à l'œuvre prise dans son ensemble, elle resta interrompue : à l'automne 1843, Alphonse se lançait dans *Les Girondins* qui, avec l'action politique, allaient l'accaparer durant de longues années. *Les Pêcheurs* en vers avaient déjà vécu; l'évocation de la jeunesse napolitaine serait faite en prose et nous vaudrait le roman de *Graziella.*

* *Vers 5.* Bien que la suite de l'églogue, par maints détails, évoque une scène digne de l'Antiquité grecque ou romaine, cette *cloche* sonnant l'angélus et invitant les paysans à la prière du soir (v. 10) situe le poème dans un cadre chrétien et moderne; de même, dans

La Fille du Pêcheur, le poète « contamine » les deux grandes sources d'inspiration et croit voir (v. 41)

> Une apparition d'Homère ou de la Bible

quand la jeune Napolitaine, venant de puiser l'eau d'une source dans sa cruche s'arrête pour donner à boire à un vieillard,

> Un frère mendiant qui glane sur la terre
> (Et) rapportait le pain et l'huile au monastère.

* *Vers 20.* Citant les v. 15-20, L. Bertrand (*La Fin du Classicisme,* pp. 384-385) « y sent la phraséologie du XVIIIe siècle »; en vérité, cette phraséologie, avec ses périphrases et ses adjectifs préposés à valeur morale, est toujours présente chez Lamartine et se concilie fort bien avec son harmonieuse mollesse. On notera aussi, dans le même ordre d'idées, la présence ici de nombreux mots de la langue classique et noble : *taureaux* (v. 13 et 69) pour *bœufs; séjours* (v. 15) pour *maisons; vierges* (v. 22); *pampres* (v. 36) pour *vignes, soins* (v. 41 et 43), *onde* (v. 46), *esquif* (v. 54), etc.

* *Vers 21. Sycomore :* cf. la note du v. 77 d'*Ischia.*

* *Vers 23. Néaere* (ou *Néère*) est un nom féminin attesté par l'*Odyssée,* XII, v. 133, Virgile, *Bucoliques,* III, v. 3, Tibulle, *Élégies,* III, 1, v. 6, etc., Horace, *Odes,* III, 14, v. 21; Chénier l'emploie à diverses reprises. Quant à *Naeala,* malgré sa consonance ancienne, je ne l'ai trouvé dans aucun dictionnaire et il me paraît vraisemblable que Lamartine l'ait forgé (voir par comparaison à ce sujet la note du v. 20 de *L'Ange*).

* *Vers 25.* Ces vers font songer à quelque *bergerie* du XVIIIe, dans le style de Watteau et de son école.

* *Vers 29.* E. Zyromski (pp. 158-159) cite ce vers, avec d'autres empruntés notamment aux *Harmonies,* et à *Ischia,* pour montrer comment Lamartine « a chanté surtout la mer aux mouvements doux, la mer qui berce, comme une confidente, les inquiétudes ». Dans *Le Pasteur et le Pêcheur,* ainsi que ce titre lui-même l'indique, le poète a intimement mêlé deux thèmes qui lui tenaient également à cœur : celui de la vie marine et celui de la campagne.

* *Vers 33.* Sur l'usage italien de *marier* la vigne à des arbres qui lui servent de supports, cf. v. 36, *Tristesse,* v. 15, et la note du v. 8 de *Salut à l'île d'Ischia.*

* *Vers 36.* Les arbres et la vigne, mariés ensemble, forment une sorte de haie, que Lamartine appelle assez gauchement un *mur.* Cf. *La Fille du Pêcheur,* v. 29-30 :

> Moi, cependant, *caché par la vigne et l'érable,*
> Je regardais, muet, la scène d'Orient...

* *Vers 41.* Après les quarante premiers vers, qui évoquent le cadre naturel de l'églogue, celle-ci se serait poursuivie selon la tradition des poètes bucoliques anciens sous la forme d'un chant amébée (ou

alterné) donnant lieu à récompenses (cf. v. 50-56), en présence d'un auditoire réduit (ici, le vieillard du v. 45 et les deux jeunes bergères) qui écoute un débat plus ou moins amical (v. 41 : « Ils disputaient entre eux... »); sans qu'il soit question d'assigner des sources à un développement où Lamartine aurait sûrement continué à mettre beaucoup de lui-même et de sa passion pour les choses de la terre et de la mer, son œuvre, même simplement ébauchée, peut être comparée avec certaines *Idylles* de Théocrite (IV : *Les Pâtres;* V : *Chevrier et Berger;* VI, VIII et IX : *Les Bucoliastes*) et avec les *Bucoliques* III et VII de Virgile. On a pu se demander dans quelle mesure l'inspiration de Lamartine doit quelque chose à André Chénier dans cette pièce; question sans doute insoluble! On a vu à la première note la pensée de F. Reyssié. L. Bertrand (*op. cit.*, p. 386) opinait par la négative : « Ce qu'il y a de plus frappant, notait-il, c'est qu'aucun des procédés de style et de versification tant vantés par Sainte-Beuve n'ont été employés par Lamartine : pas d'enjambements, pas de coupes irrégulières, rien qui rappelle les raffinements d'expression, les « beautés » pénibles de Chénier. C'est la grande phrase lamartinienne, ondoyante et un peu molle, toute d'un jet. » M. Guillemin, au contraire, trouve ici « visible l'influence de Chénier », que d'ailleurs Alphonse « découvrit » très tardivement (*Les Visions*, p. 253) : en effet, c'est seulement dans le *Cours familier de Littérature*, donc après 1856, qu'il fait des allusions littérales au poète victime de la Terreur.

* *Vers 44. Nacelle :* cf. *Chant d'Amour*, v. 150 et note.

* *Vers 57.* Formule fréquemment employée dans l'épopée en conclusion des discours.

* *Vers 68.* Évocation gracieuse d'une aurore printanière : les accents en ont plus de naturel que les vers de l'*Hymne au Soleil* et s'apparenteraient plutôt à ceux de *Jocelyn*, quatrième époque, v. 103 et suiv., décrivant le printemps sur la montagne.

* *Vers 76.* Les v. 69-76 font songer inévitablement au fameux épisode des *Laboureurs* dans *Jocelyn*, neuvième époque, en particulier v. 339 et suiv. :

> Il rattache le joug, sous la forte courroie,
> Aux cornes qu'en pesant sa main robuste ploie.
> Les enfants vont cueillir des rameaux découpés,
> Des gouttes de rosée encore tout trempés,
> Au joug avec la feuille en verts festons les nouent,
> Que sur leur front voilés les fiers taureaux secouent,
> Pour que leur flanc qui bat et leur poitrail poudreux
> Portent sous le soleil un peu d'ombre avec eux.
> Au joug de bois poli le timon s'équilibre...

MÉDITATION VINGT-SEPTIÈME. — CHANTS LYRIQUES DE SAÜL

Page 94

* *CHANTS LYRIQUES DE SAÜL.* — Durant toute sa jeunesse, Lamartine rêva d'être poète épique et auteur dramatique : c'est la seconde de ces aspirations qui l'amena à écrire la tragédie de *Saül.* Il en parle pour la première fois en 1812 à Virieu : « Je sens ma tête pleine d'idées et de verve;... je me sauve à travers champs, un Alfieri sous le bras... Tu me verrais avant deux mois accoucher de quelque chose qui ressemblerait à *Mérope* ou à *Saül*... Je te parlais hier de *Mérope* et de *Saül,* je viens d'en concevoir un, de *Saül.* Alfieri m'en a donné l'idée... » (29 et 31 octobre.) Le dramaturge Vittorio Alfieri (1749-1803) avait en effet écrit en 1782 les cinq actes d'un *Saül* qui passe pour le meilleur consacré à ce sujet dans la péninsule italienne. Lamartine travailla à sa pièce durant l'hiver 1812-1813 et le printemps suivant; le 8 juin 1813, il annonçait même à son ami qu'il lui avait fait « depuis un mois une belle dédicace » de sa tragédie : faut-il croire qu'elle était alors achevée? On ne saurait l'affirmer... Les événements politiques, d'autres projets (une *Médée* notamment), des maladies et des aventures détournèrent longtemps le poète de son drame biblique.

Ce n'est qu'en 1817 qu'il y songea de nouveau, en un temps où Mme Charles lui a redonné confiance en lui-même, mais il semble qu'il s'agisse d'une composition sans rapport avec la précédente, puisqu'il déclare à Virieu, le 3 juin : « Je redeviens un homme à peu près, et tellement que j'ai enfin conçu un *Saül* dont j'ai même *verseggié* une première scène. Je vous l'enverrai acte par acte, si ce noble feu se soutient, c'est-à-dire si ma santé le souffre. » Après la mort d'Elvire, et au milieu du deuil qui s'ensuivit, Lamartine se remit au travail pour oublier sa douleur. « Je viens de finir pour l'instant un acte entier de *Saül,* celui-là est du Shakespeare, l'autre sera du Racine, si je peux, et ainsi tour à tour du pathétique au terrible et du terrible au lyrique jusqu'à la fin qui se présente nettement à mon esprit; et le tout sera fait le 1er mai. » (23 janvier 1818.) Et le 16 avril il annonce triomphalement : « *Saül* est complètement terminé. » Dès lors, pendant quelques mois, il allait s'efforcer de faire jouer sa tragédie, tout en continuant de la mettre au point selon les avis et les critiques de ses proches : sa Correspondance est, à cette époque, toute pleine de ses scrupules, de sa bonne volonté, de ses espoirs aussi. Enfin, grâce à l'inépuisable obligeance de Virieu, puis à l'intercession d'un autre ami, Laurent-Pierre de Jussieu (1792-1866), il obtint l'entrevue qu'il souhaitait depuis longtemps avec l'illustre Talma : elle eut lieu au mois d'octobre, sans doute le 11. Après la lecture de l'œuvre par son auteur, le tragédien fit beaucoup de compliments au poète, déclarant même « que *Moïse* de M. de Chateaubriand était beau et que *Saül* était fort au-dessus », mais il opposa le non le plus catégorique à l'idée de faire représenter la pièce au

Théâtre-Français. C'en était fait de l'avenir de Lamartine dramaturge : *Saül* refusé le fit renoncer à poursuivre *Médée, Zoraïde* et *César ou la Veille de Pharsale,* qu'il avait alors sur le chantier. Cependant, comme il gardait une secrète tendresse pour un ouvrage qui n'était pas dénué de tout mérite, il en détacha les *Chants lyriques* pour les *Méditations poétiques,* puis *L'Apparition de l'ombre de Samuel* pour les *Nouvelles Méditations;* plus tard, *La Mort de Jonathas, fragment d'une tragédie biblique,* fut donnée à la suite des *Harmonies poétiques.* La pièce en son entier ne devait paraître qu'en 1860, dans le troisième des quarante et un volumes des *Œuvres complètes,* « chez l'auteur, rue de la Ville-l'Évêque 43 ». L'éditeur Michel Lévy en fit une édition séparée en 1879 et M. Jean des Cognets la publia, d'après le manuscrit autographe de la Bibliothèque Nationale 14012, avec introduction, variantes et commentaire, à la Société des Textes français modernes (Hachette, 1914 et 1918); il reproduit l'épigraphe empruntée par Lamartine à Mme de Staël (*De l'Allemagne,* deuxième partie, chap. xv) et qui pourrait s'appliquer à l'ensemble des *Méditations :* « On aime à voir comment la créature semblable à nous se débat avec la souffrance, y succombe, en triomphe, s'abat ou se relève sous la puissance du sort. » Sur les *Chants lyriques,* on verra aussi Grillet, pp. 19-22 et surtout 289-294.

* Imitation des psaumes de David. — Après avoir eu un accès de folie furieuse, causé par la jalousie et la haine que lui inspire David, son gendre et son rival, Saül revient à lui et, cependant que son involontaire ennemi est parti au combat, le roi exprime le désir de l'entendre jouer sur « la harpe dont les sons (le) calmaient autrefois » et ajoute :

> Pourquoi se cache-t-il? Pourquoi me faire attendre
> Ces chants libérateurs que j'ai besoin d'entendre?

Alors la douce Micol, sa fille, demande au ciel l'inspiration :

> Que ton souffle descende au sein d'une humble femme,
> O Dieu ! viens éclairer, viens embraser mon âme !
> Rappelle à mes esprits ces sublimes accents
> Dont autrefois David entremêlait ses chants.

Exaucée, elle se met à réciter les strophes constituant la méditation, qui se divise en trois parties : la misère d'Israël (v. 1-13); Dieu vient au secours des siens (v. 14-67); les espérances de Sion (v. 68-104). A la manière des chœurs d'*Esther* et d'*Athalie,* ou encore de la prophétie de Joad dans la seconde de ces tragédies raciniennes (v. 1139-1174), la pièce est essentiellement formée de réminiscences bibliques, en particulier des *Psaumes* davidiens (notamment le dix-septième); c'est à une inspiration analogue que Lamartine devra *La Poésie sacrée.*

* *Vers 1.* Cf. *Psaumes,* XLI, 5 : « Et effudi in me animam meam... et transibo in locum tabernaculi admirabilis. » Dans le *Cours familier de Littérature* (Entretien XXVIII, § 25), Lamartine cite huit versets du *Premier Livre des Rois* où se rencontre l'expression *J'ai répandu*

mon âme devant Dieu (« Effudi animam meam in conspectu Domini ») et insiste sur celle-ci. Cf. aussi *Jocelyn,* deuxième époque, v. 42 : « Je répands à ses pieds mon âme dans la nuit. »

* *Vers 2.* Cf. *Psaumes,* XXXII, 21 : « In nomine sancto ejus speravimus. »

* *Vers 3.* Cette idée se retrouve dans maints passages des *Psaumes,* par exemple III, 5 (« Voce mea ad Dominum clamavi »). Quant à Dieu qui s'éveille, cf. XLIII, 24 ; LXXVII, 65 : « Excitatus est tanquam dormiens Dominus ».

* *Vers 4. Psaumes,* CXL, 2 : « Dirigatur oratio mea sicut incensum in conspectu tuo. » Image reprise et développée dans les *Harmonies poétiques, Hymne de l'enfant à son réveil,* v. 69-72 :

Et que ma voix s'élève à toi
Comme cette douce fumée
Que balance l'urne embaumée
Dans la main d'enfants comme moi !

et aussi dans l'*Invocation* des *Visions,* v. 45-48 (édition H. Guillemin) :

Que ce feu dont la flamme éclaire et purifie,
Ce charbon qui brûla les lèvres d'Isaïe
D'une bouche mortelle épure les accents
Et que mes chants vers Dieu montent comme l'encens !

* *Vers 5.* Cf. *Psaumes,* LXXXVII, 16 : « Exaltatus antea humiliatus sum et conturbatus. »

* *Vers 6. Psaumes,* X, 1 : « Quomodo dicitis animae meae : — Transmigra in montem sicut passer ! » et CI, 8. — Cf. *Harmonies poétiques, Cantate pour les enfants d'une maison de charité,* v. 79-80 :

Nous sommes l'hirondelle errante et sans asile...
Le passereau de l'Évangile.

* *Vers 8.* Cf. *Psaumes,* CI, 5 : « Percussus sum ut foenum et aruit cor meum » et surtout CXLII, 6 : « Anima mea sicut terra sine aqua tibi. »

* *Vers 9.* Cette expression n'est pas dans la Bible, mais elle a pu être inspirée par celle-ci : *dies festos in luctum convertere,* qui s'y rencontre à plusieurs reprises (*Livre de Tobie,* II, 6; etc.). — Pour l'idée de ce vers, cf. *La Poésie sacrée,* v. 222.

* *Vers 10. Psaumes,* II, 2 : « Et principes convenerunt in unum, adversus Dominum et adversus Christum ejus » et LXXXVIII, 52 : « Exprobraverunt inimici tui, Domine,... commutationem Christi tui. »

* *Vers 13.* Le mouvement général des vers 9-13 est assez fréquent dans les *Psaumes;* cf. pourtant surtout, XXI, 7-8 : « Omnes videntes me deriserunt me; locuti sunt labiis et moverunt caput, dicentes : Speravit in Domino, eripiat eum... » *Moloch,* idole des Ammonites dans l'Écriture, désigne ici les ennemis d'Israël et du vrai Dieu.

* *Vers 15. Psaumes,* VII, 7-16 : « Exsurge, Domine... Deus judex... judica me, Domine... Deus arcum suum tetendit et paravit illum... Sagittas suas ardentes effecit. » Il est question de *carquois* en X, 3 : « (Peccatores) paraverunt sagittas suas in pharetra. » Cf. encore *La Poésie sacrée,* v. 218-220.

* *Vers 17.* Cf. *Psaumes,* XVII, 15 : « Fulgura multiplicavit et conturbavit eos » et CXLIII, 6-7 : « Fulgura coruscationem et dissipabis eos... Emitte manum tuam de alto. »

* *Vers 19.* L'image *Dieu se lève* est fréquente dans la Bible (cf. surtout *Psaumes,* LXVII, 2 : « Exsurgat Deus et dissipentur inimici ejus »). Pour la suite, cf. *Psaumes,* XVII, 10 : « Inclinavit caelos et descendit » ; etc.

* *Vers 21. Psaumes,* XCVI, 3-4 : « Ignis ante ipsum praecedit et inflammabit in circuitu inimicos ejus. Illuxerunt fulgura ejus orbi terrae. » Les *anges* sont ajoutés par Lamartine.

* *Vers 23. Psaumes,* XVII, 9 et 14 : « Ascendit fumus in ira ejus, et ignis a facie ejus exarsit... Prae fulgore in conspectu ejus nubes transierunt. »

* *Vers 25. Psaumes,* XCVI, 5 : « Vidit, et commota est terra. » Cf. aussi XVII, 8, et maints autres passages où la toute-puissance divine est traduite par des séismes et des perturbations météorologiques. L'orage divin se déchaîne aussi dans les *Harmonies poétiques,* en particulier dans celle intitulée *Jéhovah ou l'Idée de Dieu.*

* *Vers 28.* Cf. *Psaumes,* XVIII, 3-8 : « Vox Domini confringentis... cedros Libani... et concutientis desertum Cades. » Sur *Cadès,* cf. v. 89.

* *Vers 29. Psaumes,* CXIII, 3 et 5 : « Jordanis conversus est retrorsum... Et tu, Jordanis, quia conversus es retrorsum? » Sur l'image du fleuve remontant miraculeusement vers sa source, voir la note du v. 42 de *Bonaparte.*

* *Vers 31. Psaumes,* XVII, 16 : « Et revelata sunt fundamenta orbis terrarum. » L'expression *terre altérée* de la variante semble être un souvenir d'*Isaïe,* LIII, 2 (« de terra sitienti »).

* *Vers 35. Psaumes,* XVII, 41 : « Inimicos meos dedisti mihi dorsum et odientes me disperdidisti » et IX, 6 : « Periit impius et nomen eorum delevisti in aeternum. » Les *fils d'Ammon,* ou Ammonites, sont une ancienne nation établie sur la rive orientale du bas Jourdain : ils furent combattus par Jephté et vaincus par Saül (*Premier Livre des Rois,* XI, 11-12).

* *Vers 40.* L'Écriture évoque à différentes reprises un guerrier armé de sa lance (par exemple *Premier Livre des Rois,* XVII, 45 ; XXII, 6 ; etc.); ici il produit sur ses adversaires un effet comparable à celui provoqué par le Seigneur sur les ennemis de Sion, dans les *Psaumes,* XLVII, 5-7 : « Reges terrae ipsi videntes sic admirati sunt, conturbati sunt, commoti sunt; tremor apprehendit eos. »

* *Vers 45.* L'image du glaive menaçant est souvent invoquée dans la Bible; voir en particulier *Genèse,* III, 24 (« gladium flammeum et versatilem »), *Deutéronome,* XXXII, 42 (« gladius meus devorabit carnes »), *Isaïe,* XXXIV, 5-6 (« inebriatus est in caelo gladius meus... ; gladius Domini repletus est sanguine); etc.

* *Vers 60.* Dans cette tirade en vers de cinq pieds (mètre dont le poète usera fréquemment dans les *Harmonies poétiques*), Lamartine suit particulièrement les suggestions du dix-septième des *Psaumes* (versets 31-46) : « Et in Deo meo transgrediar murum... Perfecit pedes meos tanquam cervorum... Persequar inimicos meos et comprehendam... Confringam illos, nec poterunt stare : cadent subter pedes meos... Et comminuam eos sicut pulverem ante faciem venti... » L'idée du *coursier superbe* (locution de la langue classique la plus traditionnelle) a dû se présenter tout naturellement à Lamartine, cavalier émérite comme l'on sait, et l'accent épique du passage ne surprend pas sous la plume de celui qui travaillait à *Clovis.*

* *Vers 61.* « Dans les strophes qui suivent, le poète accumule comme à plaisir les noms propres bibliques. Il se tire à lui-même un feu d'artifice où ces noms pittoresques jettent de superbes fusées » (Grillet, p. 293, n. 1). Aux v. 61-65, il s'est d'ailleurs souvenu une fois de plus des *Psaumes,* LXXXII, 7-8, dont il imite une énumération : « Tabernacula tua Idumaeorum et Ismaëlitae, Moab et Agareni, Gebal, et Amon, et Amalec, aliegenae cum habitantibus Tyrum... »

* *Vers 67.* Cf. *Psaumes,* LVII, 8 : « Ad nihilum devenient tanquam aqua decurrens »; LXXIII, 15; et IX, 7 : « Periit memoria eorum »; CVIII, 14.

* *Vers 69.* Cf. *Psaumes,* XX, 5-7 : « Tribuisti regi longitudinem dierum... Gloriam et magnum decorem impones super eum. »

* *Vers 70. Psaumes,* LIX, 9 : « Meus est Galaad et meus est Manasses et Ephraïm fortitudino capitis mei. »

* *Vers 71.* Grillet voit, en ce vers, « une image d'une belle couleur biblique », qu'il explique à partir des *Psaumes,* XVII, 31 : « Dominus est protector omnium sperantium in se »; mais traduire *protector* par *bouclier,* n'est-ce pas forcer le sens et vouloir à tout prix trouver une source au texte lamartinien?

* *Vers 76.* Antithèse suggérée peut-être par les *Psaumes,* LXXIV, 7 : « neque ab Oriente, neque ab Occidente... »

* *Vers 79. Psaumes,* LXXI, 9-11 : « Coram illo procident Aethiopes... Reges Arabum et Saba dona adducent... Et adorabunt eum omnes reges terrae. » *Illo* et *eum* désignent le roi d'Israël qui se conforme aux lois de la justice.

* *Vers 81.* Si l'expression *rex regum* désigne Dieu dans l'*Apocalypse,* XIX, 16, ces deux vers s'inspirent cependant des *Psaumes,* XLVI,

2 et 9 : « Omnes gentes, plaudite manibus... Deus sedet super sedem sanctam suam. »

* *Vers 83. Psaumes,* XLVII, 2 et 9 : « Fundatur exultatione universae terrae mons Sion... Deus fundavit eam in aeternum. » Cf. aussi CXIII, 4 : « Montes exultaverunt ut arietes. »

* *Vers 87. Psaumes,* XLVII, 11 : « Justitia plena est dextera tua » et LXXI, 7 : « Orietur in diebus ejus justitia et abundantia pacis. »

* *Vers 88. Psaumes,* XLVII, 12 : « Laetetur mons Sion ! »

* *Vers 90.* Sur l'origine des *palmiers de Cadès,* cf. *L'Apparition de l'ombre de Samuel à Saül,* v. 51 et note. Lamartine se rappelle peut-être ici deux autres passages des *Psaumes,* XCI, 13 : « Justus ut palma florebit » et LXXXIV, 11 : « Justitia et pax osculatae sunt. »

* *Vers 94. Psaumes,* LXXXVI, 2 : « Diligit Dominus portas Sion super omnia tabernacula Jacob. »

* *Vers 95. Psaumes,* LXXV, 3 : « Et habitatio ejus in Sion. »

* *Vers 100. Psaumes,* LXXXIII, 11 : « Quia melior est dies una in atriis tuis super millia. »

* *Vers 104.* L'image de l'olivier est fréquente dans la Bible; ici, Lamartine a plus précisément en tête deux versets des *Psaumes,* LI, 10 : « Sicut oliva fructifera in domo Dei speravi » et CXXVII, 3 : « Filii tui sicut novellae olivarum in circuitu mensae tuae. » Le poète use de la même comparaison dans *Consolation,* v. 58-60; on peut aussi faire le rapprochement avec *La Retraite,* v. 52-55 et *Philosophie,* v. 89-90. Dans la pièce, ce chant de Micol calme entièrement Saül qui s'écrie :

> Que ces accents divins dissipent mes alarmes !
> Mon œil se mouille encore : mais quelles douces larmes !
> C'est ainsi qu'autrefois David, David, mon fils,
> Me racontait les biens que Dieu m'avait promis !...

Apaisement tout momentané, puisque le vieux roi retombera dans sa folie, fera exécuter le grand-prêtre Achimélech, menacera de tuer David et finalement, après le trépas glorieux de son fils Jonathas. se suicidera sur le corps de celui-ci.

MÉDITATION VINGT-HUITIÈME.
A UNE FLEUR SÉCHÉE DANS UN ALBUM

Page 98

* *A UNE FLEUR SÉCHÉE DANS UN ALBUM.* — Cette courte pièce peut être rattachée à l'inspiration florale qu'on retrouvera dans *Les Fleurs, Les Pavots, La Pervenche, Les Esprits des fleurs, Sur une page peinte...,* etc. Mais, tandis que ces poèmes étaient généralement destinés à accompagner quelque dessin ou aquarelle,

la présente méditation a, comme son titre l'indique, un point de départ plus réel : on ne peut douter qu'elle fut écrite alors que Lamartine venait de retrouver vraiment une fleur entre les feuillets d'un des innombrables albums qu'il emportait toujours avec lui, à la promenade et en voyage; et la vue de cette fleur fanée lui rappela l'Italie où il avait dû la cueillir un jour. On aimerait savoir exactement le moment où ces cinq strophes furent composées : la date de 1827 (l'écrivain passa cette année entière en Toscane, comme secrétaire à l'ambassade de Florence) paraît fictive; si elle était exacte, il s'agirait alors d'une fleur récoltée bien des années plus tôt (cf. le premier vers), c'est-à-dire en 1820-1821; ce qui en soi n'est pas invraisemblable; mais on se demande pourquoi le morceau parut seulement en 1849 et, d'autre part, son accent général empêche de croire qu'il fut tracé en Italie même. Alors, 1827 pourrait être la date à laquelle l'écrivain ramassa cette fleur anonyme : pour être sûr que le millésime n'est pas erroné, il aurait fallu qu'Alphonse l'eût noté sur son carnet; mais ces précisions à la Stendhal étaient-elles dans son usage? Il est permis d'en douter... Il peut s'agir aussi d'une cueillette beaucoup plus tardive, c'est-à-dire faite lors du voyage de 1844 au cours duquel la verve du poète connut un renouveau; les stances seraient du reste postérieures au retour en France, à une heure où Alphonse avait la nostalgie de la terre et du ciel italiens. Et, au moment de les faire paraître dans l'Édition des Souscripteurs, il les data de 1827, chiffre qui lui rappelait son séjour le plus long et le plus heureux dans un pays toujours très cher à son cœur.

Il est à remarquer avec H. Potez (p. 463) qu'il existait, chez les petits lyriques antérieurs à Lamartine, un thème de la fleur fanée, traité notamment par Millevoye « en un très gracieux lied, dont le début est fort aimable en son chantonnement triste » :

Fleur charmante et solitaire
Qui fus l'orgueil du vallon,
Tes débris jonchent la terre,
Dispersés par l'aquilon.
La même faux nous moissonne;
Nous cédons au même Dieu;
Une feuille t'abandonne,
Un plaisir nous dit adieu...

Ajoutons enfin qu'en avril 1841, Lamartine traçait sur l'album de Mme de Girardin ce sizain d'une inspiration voisine de celle de la présente méditation :

Cachez-vous quelquefois dans les pages d'un livre
Une fleur du matin, cueillie aux rameaux verts?
Quand vous rouvrez la page après de longs hivers,
Aussi pur qu'au jardin son parfum vous enivre.
Après ces jours bornés qu'ici mon nom doit vivre,
Qu'une odeur d'amitié sorte encore de ces vers!

(*Poésies inédites,* 1873, p. 245. Cf. Léon Séché, *Delphine Gay. Madame de Girardin,* Mercure de France, 1910, p. 83.)

* *Vers 1.* Les détails des dix premiers vers évoquent à l'esprit le paysage de Naples ou d'Ischia (cf. *Ischia, passim; Tristesse,* début).

* *Vers 9.* Image analogue dans *Salut à l'île d'Ischia,* v. 3-4.

* *Vers 12.* Il y a trop de ruines de temples en Italie pour qu'il soit possible de proposer la moindre identification à celui-ci. Il y a une certaine incohérence dans cette strophe : si la fleur poussait *près d'une colonne,* comment pouvait-elle en même temps *parer son tronc* d'un *chapiteau,* c'est-à-dire en orner le sommet? Mais le poète est plus musicien qu'épris de logique...

* *Vers 18. Étamine* est une grave impropriété, puisque le mot ne désigne jamais que l'organe mâle des végétaux, très petit filet renflé à son sommet et situé au cœur même de la fleur; on attendrait ici *corolle,* mise à part les obligations de la rime!

* *Vers 25.* Un simple objet — la fleur séchée — suffit à rappeler à l'âme du poète un souvenir aboli, un paysage, des parfums (v. 5 et 10); sans doute l'évocation est-elle fort sommaire, et l'on n'y relève guère de prolongements sentimentaux; mais le processus est, au fond, analogue à celui décrit par J.-J. Rousseau dans les *Confessions,* livre VI, à propos de la pervenche en fleur, par Chateaubriand dans *Mémoires d'outre-tombe,* (première partie, livre III, début) au sujet de la grive de Montboissier, par Marcel Proust en sa page célèbre sur la madeleine : il s'agit ici et là du phénomène de mémoire affective et involontaire.

MÉDITATION VINGT-NEUVIÈME. — HYMNE AU SOLEIL

Page 99

* *HYMNE AU SOLEIL.* — Dans l'Édition des Souscripteurs de 1849, Lamartine ajouta sous le titre *1825* comme date de composition de ce texte : c'est une assez ahurissante énormité pour un poème publié en 1820! Mais, simultanément, il prétendait dans son commentaire qu'il avait écrit ces vers « à l'âge de dix-huit ans », c'est-à-dire en 1808... On possède heureusement au sujet de cet hymne deux renseignements précis qui permettent de le situer dans le temps d'une manière un peu moins vague : 1° Le 28 janvier 1818, Virieu, dans une lettre à son ami, cite « le morceau *Au Soleil* » parmi d'autres *(Le Temple, A Elvire, A El...)* qu'il vient de « relire avec plus de plaisir que jamais »; 2° le poète en fit une lecture le 18 mars suivant à une séance de l'académie de Mâcon, qui d'ailleurs ne le goûta guère, si l'on en croit le compte rendu du secrétaire perpétuel, M. Cortambert, cité par F. Reyssié (pp. 136-138) : « La critique qui doit éclairer ne peut pas toujours éviter d'exercer quelque rigueur lorsqu'elle ne veut pas trahir la cause du goût. Si, même lorsqu'elle a l'intention d'être indulgente, elle a eu à remarquer plus de défauts que de beautés, quel parti doit

prendre votre secrétaire? Ne point rappeler les jugements qu'elle a rendus, quelque mesure qu'elle y aura mise, quelque déférence qu'elle y aura apportée, quelque esprit qu'elle aura fait briller. Je me tairai donc sur (cette production) de M. de Lamartine et il applaudira à mon silence, sacrifiant facilement à des égards un de ses succès. » On ignore quels furent les motifs des réticences exprimées par la docte compagnie provinciale; mais Lamartine avait dû lui réserver la primeur d'une œuvre écrite récemment, ou du moins pas trop ancienne : si l'Elvire du v. 13 est Julie Charles, on s'étonnera sans doute que, trois mois après sa mort, son amant ait pu lire en public des vers où il exprime sa personnelle joie de vivre; mais les poètes ont de ces inconséquences et Alphonse, en son cœur, avait peut-être l'intention de rendre un discret hommage à la disparue en faisant connaître des vers dont elle avait été l'inspiratrice et qui, dans leur généralité un peu banale, restaient cependant discrets sur une idylle ignorée des académiciens mâconnais.

Quoi qu'il en ait été, Lamartine avait passé le printemps 1817 à Paris, près de celle qu'il aimait, et il avait eu à se plaindre de sa santé, alors comme toujours; ils avaient fait ensemble des promenades à Meudon, à Saint-Cloud grâce aux premiers beaux jours (De Luppé, pp. 58-63) : ces données biographiques s'accordent assez bien avec maints détails du poème, qui aura pu être conçu à ce moment-là. Cependant, une fois revenu en Bourgogne (vers la mi-mai), Alphonse toujours dolent eut encore des malaises (à Virieu, 3 juin) : il n'est pas impossible que, l'âme toute pleine de sa « chère Elvire », il ait alors imaginé la présence de celle-ci auprès de lui et écrit l'hymne qui, par endroits, semble évoquer Milly et sa région.

Les critiques, et notamment G. Lanson, se sont plu à remarquer ce qu'il y a de commun dans le thème de cette méditation : Ossian-Macpherson l'avait lancé; Saint-Lambert, Léonard, Roucher, J.-M. Chénier, Baour-Lormian, Chênedollé, etc... lui avaient emboîté le pas et, sacrifiant à la mode, avaient écrit leurs *Hymnes au Soleil;* ces lyriques, que Lamartine pratiquait assidûment dans sa jeunesse, avaient aussi parfois montré le jeune malade ranimé par la douce chaleur de l'astre du jour. On trouvera, dans les notes qui suivent, divers rapprochements plausibles de cette méditation de tradition classique avec des œuvres qui l'avaient précédée.

Cependant, en composant un *Hymne au Soleil,* l'écrivain n'a pas seulement développé un sujet rebattu et usé; il a certainement obéi à une tendance profonde de son être. On a pu écrire qu' « il ressemble aux Grecs par l'amour de la lumière » : P. Jouanne, à qui est empruntée cette formule, a relevé dans la Correspondance écrite en Toscane (1827-1830) de nombreux passages où s'exprime la passion solaire du poète (pp. 45-46 et 57-58); mais on la retrouve aussi dans ses œuvres : cf. par exemple, *Les Visions,* I, v. 5-16 (édit. Guillemin, p. 100) (Il imagine « le déclin des âges » où l'astre est devenu « obscur ») :

Quoi ! c'est là le soleil qu'ont adoré nos pères?

C'est là ce dieu du jour qui, du sommet des cieux,
D'un seul de ses rayons éblouissait nos yeux;
Qui, le front rayonnant de jeunesse et d'audace,
Et des portes du jour s'élançant dans l'espace,
De son premier regard éclipsait dans les airs
Ses rivaux pâlissants du feu de ses éclairs,
De la terre éblouie illuminait les cimes,
Comme un torrent de flammes inondait ses abîmes,
Faisait monter l'encens, faisait naître les fleurs
Jetait sur l'océan ses flottantes lueurs
Et, mêlant sa lumière aux vagues de ses plages,
D'une brillante écume éclairait les rivages?
Se peut-il qu'à ce point cet astre ait défailli?...

La Mort de Socrate, début; *Harmonies poétiques (Hymne du Matin, Hymne de l'enfant à son réveil, Impressions du matin et du soir)*; *Jocelyn,* Neuvième époque, v. 995-1016; *Recueillements poétiques (Cantique sur un rayon de soleil)*. Et il est indispensable de citer encore cette profession de foi si éloquente du *Voyage en Orient* (10 juillet 1832) : « Toute ma vie l'Orient avait été le rêve de mes jours de ténèbres dans les brumes d'automne et d'hiver de ma vallée natale. Mon corps, comme mon âme, est fils du soleil; il lui faut la lumière; il lui faut ce rayon de vie que cet astre darde, non pas du sein déchiré de nos nuages d'Occident, mais du fond de ce ciel de pourpre qui ressemble à la gueule de la fournaise; ces rayons qui ne sont pas seulement une lueur, mais qui pleuvent tout chauds, qui calcinent, en tombant, les roches blanches, les dents étincelantes des pics des montagnes, et qui viennent teindre l'Océan de rouge, comme un incendie flottant sur ses lames ! »

* *Vers 1. Sa longue douleur :* expression obscure. On pourrait penser à une amélioration constatée chez la malheureuse phtisique qu'était Julie Charles; mais, plus banalement, il s'agit du long chagrin éprouvé par l'amante durant la maladie de son amant et qui s'atténue lorsque celui-ci revient à la santé.

* *Vers 4.* Rapprocher ces notations d'*A Elvire,* v. 15-17.

* *Vers 9.* Une note du *Carnet de Maroquin Rouge* (f° 71, verso) rappelle qu'en mai, Alphonse et Julie s'étaient en effet promenés ensemble : « 16 octobre 1818, matin, revu les allées, l'arbre au pied duquel pour la dernière fois nous nous assîmes le 3 mai 1817, à Saint-Cloud, au bout de l'allée qui suit la lanterne. »

* *Vers 10.* L'*oiseau de Vénus,* pour désigner la *tourterelle,* est un cliché qu'on rencontre, par exemple, dans *Les Quatre Saisons* de Bernis.

* *Vers 12.* Cf. Saint-Lambert, *Les Saisons,* I :

Et l'astre lumineux, s'élançant des montagnes,
Jetait ses rayons d'or sur les vertes campagnes.

Par ailleurs, Roucher, dans *Les Mois,* chant III, disait sa joie d'apprendre, étant convalescent, « à mieux voir la campagne », en se promenant « appuyé sur sa belle compagne ». Ces *montagnes* n'ont rien à voir avec la région parisienne : sans doute sont-ce celles du Mâconnais, voire le Jura et les Alpes qui bornent l'horizon; mais, comme le paysage évoqué dans cette méditation est, une fois de plus, tout « intérieur », il est malaisé, d'après cettte simple remarque, de rien conclure avec certitude sur le lieu de composition du poème.

* *Vers 21.* Ce thème virgilien, à peine indiqué ici, sera développé dans la dernière partie des *Préludes* et dans l'églogue *Le Pasteur et le Pêcheur.*

* *Vers 25.* La *fécondité* du soleil, sa royauté dans l'univers, l'éternité de sa course sont autant de lieux communs de la poésie lyrique du XVIIIe siècle. M. Souriau (*Histoire du Romantisme,* I, seconde partie, p. 39), par exemple, cite les v. 22-33, « les douze plus beaux de la pièce », en constatant comme avec regret qu'ils sont « non seulement tirés d'Ossian, mais de la traduction de celui-ci par Baour-Lormian »; Chênedollé, dans le premier chant du *Génie de l'Homme,* célèbre la *fécondité* du soleil et lui donne le nom de *roi,* en s'écriant :

Et ton front, toujours calme, éclaire les tombeaux
Des peuples dont tu vis s'élever les berceaux...

R. Rosières (*Revue Bleue,* 8 août 1891, p. 181) rapprochait l'*Hymne au Soleil* du second chant des *Saisons* de Léonard :

Le voyez-vous paraître au bord de sa carrière?
Prosternez-vous, mortels! Des torrents de clarté
Tombent en un instant de son char de lumière :
Il lance les rayons de la fécondité,
Donne l'être au néant, le souffle à la matière,
Et l'espace est rempli de son immensité.
Miroir éblouissant de la divinité!
Le temps jette à nos pieds le cèdre des montagnes,
Le temps couche les monts au niveau des campagnes.
Mais toi! rien ne flétrit ton antique beauté :
Ta chevelure d'or flotte sur les nuages.
Et ton astre, emporté sur l'océan des âges,
Au milieu d'un ciel pur roule avec majesté!
O père des saisons, que le nuage implore!
Qu'aux champs péruviens, aux rivages du More,
Le peuple adorateur rende un culte à tes feux!...

Il n'est évidemment pas question de revendiquer pour Lamartine une originalité qu'il ne possédait point; mais on ne saurait chercher des « sources » là où se sont produites de simples rencontres d'expressions, étant entendu qu'à chaque époque il existe des manières de parler (et de sentir) communes à tous.

* *Vers 26.* Réminiscence de la *Genèse,* I, 4 : « Deus... divisit lucem a tenebris » et 16 : « Fecit Deus duo luminaria magna, luminare majus ut praeesset diei » (ainsi était fondé le règne du soleil sur le jour).

* *Vers 31.* Cf. Ossian, traduit par Baour-Lormian : « Quelle main traça dans l'azur *ta route accoutumée ?...* »

* *Vers 35.* Les Indiens, adorateurs du soleil, étaient à la mode au XVIIIe siècle, au moins depuis *Les Incas* de Marmontel !

* *Vers 39.* Analogue impression de mieux-être chez le convalescent de Saint-Lambert, *Les Saisons,* I :

> J'allais me pénétrer des rayons de l'aurore...
> O toi qui m'as rendu la pensée et les sens,
> Marche, éclaire le monde...
> Mes sens étaient charmés, et mon âme ravie
> Croyait sentir la sève et respirer la vie...

* *Vers 45.* L'idée de ces quatre vers est reprise dans *la Prière,* v. 71-76. Le second hémistiche du v. 44 se retrouve dans le quatrième chant des *Mois* de Roucher (« Soleil, tu remplis seul *l'immensité des cieux* »), mais il n'y a, une fois plus, rien de définitif à tirer d'une semblable constatation.

* *Vers 47.* Le triste héros de *Saül,* v. 217-218, formule un tel blasphème :

> Quand le flambeau des cieux va finir sa carrière,
> Je crains l'ombre. — Il revient, *et je hais la lumière !*

Sentiment qu'on retrouvera, mué en indifférence, dans *L'Isolement,* v. 29-36.

* *Vers 49.* Formule sans doute inspirée par le souvenir du *Livre de Jérémie,* XX, 12 (« Probator justi, *qui vides cor* et renes ») ou des *Psaumes,* VII, 10 (« *Scrutans corda* et renes Dominus »).

* *Vers 51. Ce que j'aime :* ce tour neutre s'appliquait couramment à des personnes dans la langue élégante du XVIIe et aussi du XVIIIe avec une nuance de superlatif *(la femme que j'aime le plus)* ; cf. par exemple, Racine, *Mithridate,* v. 150, 642, 660 :

> C'est peu de voir un père épouser *ce que j'aime;*

La Bruyère, *Caractères,* IV, 20 : « Il est triste d'aimer sans une grande fortune, et qui nous donne les moyens de combler *ce que l'on aime...* »

* *Vers 55.* La pièce s'achève ainsi sur une formule qui revient souvent dans la Bible; cf. *Exode,* XV, 2 : « Iste Deus meus, et *glorificabo eum* »; etc.

MÉDITATION TRENTIÈME. — FERRARE

Page 101

* *FERRARE.* — Cette pièce est l'une de celles inspirées à Lamartine par son voyage en Italie de 1844. La date d'octobre, portée sur le manuscrit, est de prime abord parfaitement admissible. Grâce à un carnet et à des feuilles volantes conservées à Saint-Point, R. Mattlé

(pp. 129-135) a pu reconstituer l'itinéraire du poète, qu'accompagnaient sa femme et ses nièces : partis d'Ischia le 19 septembre, les voyageurs durent séjourner à Rome les 28, 29 et 30 septembre; le 1er octobre, ils visitaient la cascade de Terni; par Spoleto, Foligno, ils rejoignirent la côte de l'Adriatique à Fano (au plus tard le 3) et la remontèrent par Rimini jusqu'à Ravenne, où ils s'arrêtèrent trois ou quatre jours : c'est donc le 7 ou le 8 qu'ils gagnèrent, via Lugo, la ville de Ferrare. Mme de Lamartine notait à propos de cette étape : « Cathédrale gothique très belle..., musée, garofolo, jardin des oliviers, Saint-Jean..., prison du Tasse ! maison de l'Arioste... » On peut sans grand risque d'erreur fixer aux environs du 10 octobre l'improvisation des vers inspirés par la visite au cachot du poète italien... si toutefois ils furent réellement improvisés (cf. la note du v. 1).

De longue date, Lamartine s'intéressait à l'auteur de la *Jérusalem Délivrée* et à ses malheurs. Dès son premier voyage en Italie, il avait à Rome visité son tombeau du monastère de Saint-Onuphre (lettre à Virieu, 18 novembre 1811); lors de ses séjours à Naples (1811, 1820), il s'était fréquemment rendu à Sorrente, où le Tasse avait vu le jour; il parle de lui dans une lettre de 1814 à Louis de Vignet, auteur d'un poème *Le Dernier Chant du Tasse* (publié par Léon Séché, *Les Amitiés de Lamartine,* pp. 29-30); en poste diplomatique à Florence (1825-1828), il s'intéressait aux manuscrits du Tasse conservés dans la bibliothèque du grand-duc; en 1849, il lui consacre un développement dans le commentaire de *La Gloire* (cf. *infra,* note du v. 4), et trois entretiens sans parler de maintes allusions, du *Cours familier de Littérature* (t. XVI, pp. 16-224) vanteront « ce trouvère immortel de la religion et de l'amour », dont l'œuvre est « un rêve chanté en vers immortels ».

Il faut remarquer enfin que l'incarcération du Tasse à l'hôpital Sainte-Anne de Ferrare en 1579 à 1586 est demeurée célèbre : le poète devint fou, non sans doute à cause de ses amours contrariées pour les princesses de Ferrare, mais à la suite d'un surmenage intellectuel qui dégénéra en délire de persécution, ce qui amena le duc, son ancien protecteur, à le faire enfermer et mettre aux fers selon les méthodes du temps; les contemporains eux-mêmes furent émus du tragique destin de l'artiste et Montaigne, le visitant en novembre 1580, eut « compassion de le voir (...) en si piteux état, survivant à soi-même, méconnaissant et soi et ses ouvrages » (*Essais,* II, 12); mais c'est surtout le Romantisme qui s'empara de son cas pour en faire un exemple du génie persécuté : à côté de Lamartine, on doit citer *Les Veillées du Tasse* de Giuseppe Compagnoni (1799-1800); *Torquato Tasso,* drame en cinq actes de Goethe; *The Lament of Tasso* de Byron (1817), monologue du poète dans sa cellule, qui connut plusieurs traductions françaises (Estève, p. 156, n. 4 et 5); les *Mémoires d'outre-tombe* (édition Flammarion, t. IV, pp. 413-426) de Chateaubriand, qui lui aussi visita la geôle du Tasse en septembre 1833.

* *Vers 1.* Mise à part l'allusion au Dieu crucifié sur le Calvaire, (reprise au v. 3), l'idée est celle qui servit de thème à *La Gloire* et à l'*Ode sur l'ingratitude des peuples*.

* *Vers 4.* Ce vers s'éclaire à la lecture du commentaire de *La Gloire :* « J'ai détaché avec mon couteau un morceau de brique du mur contre lequel la couche (du Tasse) était appuyée; je l'ai fait enchâsser dans un cachet servant de bague et j'y ai fait graver les deux mots qui résument la vie de presque tous les grands poètes. » Comme l'exécution de cette bague fut forcément postérieure au retour de Lamartine en France (il rentra chez lui le 28 octobre 1844), ce vers ne put être écrit qu'après cette date, et même après que l'écrivain eut passé commande du cachet en question. Alors que reste-t-il de l'*improvisation* du vers, et même de tout le poème — qui a peut-être été antidaté? A moins que le poète n'ait eu sur-le-champ idée de faire enchâsser le petit fragment arraché à la muraille par son pieux vandalisme?

* *Vers 6.* Le savant *Galilée* (1564-1642), en raison de ses conceptions héliocentriques de notre univers, fut en 1633 condamné comme hérétique par l'Inquisition romaine à une peine de prison de durée indéterminée, mais (en dépit d'une certaine tradition) il est faux qu'il ait été torturé et même incarcéré, puisque, dès le lendemain de son procès, on lui assigna, comme résidence obligée, le palais de l'ambassadeur de Toscane, aujourd'hui la Villa Médicis, d'où il fut autorisé après deux semaines à se retirer dans son domaine d'Arcetri, près de Florence. Ayant participé avec le duc de Monmouth à un complot dirigé contre le roi Charles II, *Algernon Sidney*, comte de Leicester (1622-1682), fut condamné à mort et exécuté; il était l'auteur de quelques œuvres remarquables, dont un *Discours concerning government* traduit à plusieurs reprises en français; comme écrivain, il est toutefois bien moins connu que son oncle, le poète *Philip Sidney* (1554-1586), qui composa les sonnets *Astrophel et Stella* et le fameux roman pastoral de *L'Arcadie :* il ne paraît pas impossible que Lamartine ait confondu les deux personnages en un seul!

* *Vers 10. Il l'a bien mérité :* remarque d'une amère ironie sous la plume du poète et traduisant l'opinion du vulgaire, à laquelle il ne se rallie évidemment pas.

* *Vers 16.* Conception romantique du poète guide des hommes, laquelle avait engagé Lamartine dans la voie de l'action politique et sociale. A propos de ces deux beaux vers, « son bon sens bourguignon se ravisa et il fit cette remarque » dans le *Cours familier :* « Les poètes ne sont peut-être pas plus malheureux que les autres hommes; mais leur célébrité a donné de tous les temps plus d'éclat à leurs malheurs : leurs larmes sont immortelles; leurs infortunes retentissent, comme leurs amours, dans tous les siècles. » Rapportant ce propos, É. Deschanel (t. II, p. 270) ajoutait : « Les poètes et les artistes poussent à l'effet leurs impressions les plus

sincères et y mêlent inconsciemment nombre d'éléments étrangers, pour la plus grande gloire de leur génie. »

MÉDITATION TRENTE ET UNIÈME. — ADIEU

Page 102

* *ADIEU.* — Sur cette pièce, cf. Georges Roth, pp. 48-67. Il n'y a pas lieu de mettre en doute la date de 1815 que donne le Commentaire de 1849 comme celle où furent composés ces vers. Exilé volontaire durant les Cent-Jours en Suisse, puis à Nernier, sur la rive savoyarde du Léman, Lamartine s'apprêtait sans hâte à revenir en France après la défaite de Napoléon à Waterloo (18 juin); vers la mi-juillet, il reçut de Louis de Vignet (qui séjournait alors à Bissy, à la sortie nord-ouest de Chambéry), une invitation à lui rendre visite sur le chemin du retour : « Ma tante Nicolas de Maistre, lui mandait son ami, a déjà fait dresser un lit pour toi dans la chambre que j'occupe. » Le château de Bissy était la propriété du colonel François-Nicolas de Maistre (1756-1836), frère des écrivains Joseph et Xavier et de la mère de Vignet. Alphonse arriva chez ses hôtes vers le 18 ou 20 juillet et il reçut un accueil charmant, qu'il évoqua plus tard en ces termes dans ses *Mémoires inédits,* p. 364 : « En arrivant, Vignet appela son oncle le colonel. Celui-ci... vint m'embrasser... C'était un petit homme, d'une figure cordiale, gaie et sensible, qui portait encore un vestige d'habit bleu, sans épaulettes, mais dont la forme indiquait l'habitude militaire... » Le séjour fut plein d'agrément : « Tous nos jours étaient semblables à Bissy. Vignet me traitait en frère, le colonel de Maistre en fils, les nièces en cousin; nous passions les journées à nous promener dans les pelouses, dans les bois de sapins, dans les sillons cultivés, dans les prairies qui se déroulaient entre le lac du Bourget et la vallée de Chambéry. A la nuit tombante,... le vieux curé venait leur dire le chapelet dans une petite chapelle rustique. Nous y assistions, Vignet et moi, avec régularité et dévotion. L'exemple de cette adorable famille, le bonheur de rentrer bientôt dans mon pays près de mon père et de ma mère... me rendaient à moi-même les sentiments de mon enfance. Enfin ma mère m'écrivit que... je pouvais revenir à Mâcon pour rejoindre les Gardes du Corps rétablis. Je dis un joyeux adieu au colonel, à la société de famille de cette maison qui ressemblait tant à la nôtre, et je montai dans la diligence de Savoie pour me rendre à Lyon, et de là à Mâcon. » Dès le 1er août, il avait regagné son unité, où il s'ennuya fort (il devait démissionner au début de novembre) : c'est alors qu'il regretta tout à fait les heureux et trop brefs moments passés à Bissy et qu'il composa son *Adieu,* dont Louis de Vignet lui accusait réception en ces termes, le 12 septembre : « C'est dans le salon de Bissy, quelques instants avant la prière, que j'ai reçu tes vers : il m'a fallu les répéter souvent pour que tes nouveaux amis de Savoie puissent les goûter à plaisir. Sais-tu que tu n'as rien

fait de mieux, rien de plus chaud, de plus gracieux, de plus élégant? je te remercie. Tu m'as attaché davantage encore à ma petite retraite; elle me paraît bien plus douce depuis que tu l'as habitée avec moi, je l'aime bien mieux aussi depuis que tu l'as chantée. »

En vérité, le jugement de Louis peut paraître bien favorable; il est vrai que Lamartine lui communiquait rarement ses créations, Virieu étant son habituel confident; *Adieu,* formé d'octosyllabes aux rimes très librement disposées, est coulé dans le même moule que maints poèmes légers de Parny ou de ses contemporains; Alphonse pratiquait ce genre facile dès sa prime jeunesse (voir les vers à Guichard de Bienassis cités à la note du v. 128 de *L'Ange*) et continua d'y sacrifier longtemps encore (voir la pièce *Elvire,* rapportée à la note du v. 21 des *Préludes*).

* *Vers 1. Port :* image très banale d'une calme retraite (cf. *A Elvire,* v. 13-14); la comparaison marine sera reprise aux v. 38 *(barque),* 42 *(orage),* 43 *(naufrages),* 44 *(esquif),* 46 *(écueils, rivages),* 69 *(orageuse);* on trouverait plus d'une expression comparable chez les Anciens, qui se sont complu à développer le thème de la *retraite* (cf., par exemple, Horace, *Épodes,* 11).

* *Vers 6. Obscure* peut s'entendre aussi bien au figuré (*ignorée,* donc paisible et heureuse) qu'au propre : la vallée de Bissy est très boisée et Lamartine parlera, dans ses *Mémoires inédits,* de « cette charmante retraite ensevelie sous l'ombre des noyers et des sapins du mont du Chat ».

* *Vers 17.* Les *cimes d'Italie* désignent les Alpes de Savoie, qui alors n'étaient pas encore françaises.

* *Vers 19.* Cf. *Hymne au Soleil,* v. 23-25 :

> Tu règnes en vainqueur sur toute la nature,
> O soleil! et des cieux, où ton char est porté,
> Tu lui verses la vie et la fécondité!

Sur l'image banale du *char,* cf. la note du v. 12 de *L'Isolement.* Il est maladroit de dire que le soleil *précipite* son char *des cimes,* car, à son lever, il ne descend pas de celles-ci, mais s'élève au-dessus d'elles.

* *Vers 23. Honneur,* avec le sens *d'ornement,* et la périphrase *honneur des forêts* (appliquée par Fénelon aux hêtres dans *Télémaque*) appartiennent à la langue classique.

* *Vers 26.* Il est impossible d'identifier *cette grotte;* peut-être Lamartine s'est-il souvenu ici de Virgile, *Bucoliques,* I, v. 53-56 : « ... frigus captabis opacum... Hinc alta sub rupe... »

* *Vers 32.* On a vu qu'Alphonse participait avec la famille de Maistre aux exercices de la prière du soir; mais ici il banalise ses souvenirs en usant de clichés : *temple rustique, cloche mélancolique, rustique tombeau.*

* *Vers 34. Mémoires inédits* VII, 27 : « On me donna une chambre, d'où

j'embrassais d'un regard la ravissante vallée de Nivolet, le village de Servolex..., et enfin, au bout de l'horizon, à gauche, le lac bleu du Bourget, où je devais connaître... un amour plus pur et plus fidèle que celui de J.-J. Rousseau... »

* *Vers 44. Dévoué :* destiné. Il y a une gaucherie dans l'emploi de ce composé au lieu du simple *voué*.

* *Vers 56.* Sur l'image de la *coupe*, cf. la note du v. 49 d'*A Elvire*. On rapprochera plus particulièrement ces vers de *L'Automne*, v. 21-24.

* *Vers 58.* Pourquoi *les deux tiers ?* On se le demande, sans comprendre à quel âge exact ce calcul (?) pouvait correspondre dans l'esprit du jeune poète !

* *Vers 62.* Cet espoir de *revenir* à Bissy est en légère contradiction avec le v. 37. Habitué des bords du lac du Bourget jusqu'en 1830, Lamartine eut occasion de revoir le château des de Maistre : on sait avec certitude qu'il y séjourna du 17 au 21 septembre 1817, après avoir composé *Le Lac* à Aix où Elvire n'avait pu venir le retrouver (G. Roth, pp. 152-160); peut-être rencontra-t-il alors le comte Joseph de Maistre. On le retrouve à Chambéry durant une huitaine de jours, au début de juillet 1819, en visite chez sa sœur Césarine, devenue la belle-sœur de Louis de Vignet, puis à la fin du même mois : il n'est pas impossible qu'il soit alors allé saluer l'aimable famille qui deux fois déjà l'avait accueilli.

* *Vers 65.* Vivre à l'ombre d'arbres que l'on a plantés soi-même fait partie du rêve de retraite chanté par les Anciens; voir *La Retraite*, v. 45 et cf. Claudien, *Le Vieillard de Vérone*, v. 15-16 :

> Ingentem meminit parvo qui germine quercum
> Aequaevumque videt consenuisse nemus.

* *Vers 66.* Image biblique, qu'on relève notamment dans les *Psaumes*, XXI, 15 : « Sicut aqua effusus sum »; LVII, 8. Cf. *Le Vallon*, v. 13 et la note du v. 79 de *La Poésie sacrée*.

* *Vers 68. Espérance* et *crainte* étaient ensemble dénoncées par les Anciens comme des obstacles au bonheur des hommes. Cf. Horace, *Odes*, II, 16, v. 15-16 :

> Nec leves somnos *timor* aut *cupido*
> Sordidus aufert.

Épîtres, I, 6, v. 9-10 :

> Qui *timet* his adversa, fere miratur eodem
> Quo *cupiens* pacto.

* *Vers 71.* Ce *regard jeté en arrière* sera le thème même du *Passé*, en 1821-1822; voir la note du v. 41 de cette pièce.

* *Vers 74.* Cette comparaison finale est du même ordre que celles relevées à la note du v. 1 et les complète; on ne saurait donc lui chercher une source précise; dans l'*Odyssée*, XII, 251 et suiv., Homère représente un homme « sur un promontoire élevé », mais

il s'agit d'un pêcheur et non d'un vieillard; on pourrait aussi songer au début du livre II du *De rerum natura* de Lucrèce *(Suave mari magno...)*, mais si la perspective est analogue, le ton est tout différent.

MÉDITATION TRENTE-DEUXIÈME : LA SEMAINE SAINTE A LA R.-G.

Page 105

* *LA SEMAINE SAINTE A LA R.-G.* — Louis-François-Auguste de Rohan-Chabot (1788-1833), duc de Rohan, prince de Léon, était issu d'une des plus illustres familles de France, tirant son origine des anciens rois de Bretagne. Né à Paris, chambellan de Pauline Bonaparte, puis de la princesse Murat, il avait rendu au pape Pie VII, prisonnier à Fontainebleau, une visite qui le contraignit à s'exiler. Pair de France en 1816, il perdit sa femme dans de tragiques circonstances (elle mourut brûlée vive au cours d'un bal); veuf inconsolable, il refusa de se remarier avec une princesse de Saxe, ainsi que le souhaitait Louis XVIII, et vécut dans son château de La Roche-Guyon, sur la Seine, à dix kilomètres à l'est de Vernon, puis, décidé à entrer dans les ordres, il se retira à Saint-Sulpice (fin de mai 1819) et fut ordonné prêtre le 1er juin 1822; sa très noble origine lui assura une brillante carrière ecclésiastique : grand-vicaire de Paris, il devint archevêque d'Auch en 1828, puis de Besançon l'année suivante; il reçut le chapeau de cardinal en 1830, mais fidèle aux Bourbons, il resta dans son diocèse, où il mourut prématurément. Sur ses relations avec Lamartine, voir, outre la Correspondance personnelle du poète, le *Cours familier de Littérature,* t. IX, p. 128, et surtout t. XXVII, pp. 260-276; les *Souvenirs et Portraits,* t. I, p. 341; les *Lettres à Lamartine,* pp. 6-10; Léon Séché, pp. 214-220 et 350-354; Mgr Ch. Bellet, *Souvenirs dauphinois sur Lamartine* (Valence, 1916), pp. 149-153.

Arrivé à Paris vers la mi-février 1819, Alphonse de Lamartine y avait rencontré la belle Italienne Léna de Larche (la Régina des *Nouvelles Confidences*) et, comme l'écrit le marquis de Luppé (p. 73), « cette nouvelle liaison fut un curieux mélange d'envoûtement physique et de dégoût moral ». Mais, parallèlement à ces amours impures, il fréquentait aussi la meilleure société « bien pensante », celle de Mathieu de Montmorency, Genoude, Rocher, Lamennais, et c'est vers le début de mars qu'il dut rencontrer Rohan pour la première fois, puisque, le 4 mai, il l'appelle, dans une lettre à Virieu « mon ami de deux mois ». Le duc avait été séduit par des vers inédits de Lamartine que lui avait lus Montmorency, ou Genoude, et il avait désiré connaître leur auteur, car — aurait-il déclaré à M. Rocher — « le grand seigneur est celui qui a le plus de parenté avec Racine » et il n'hésita pas à le prouver en venant lui-même chez le poète inconnu solliciter son amitié; leur commerce devint tout de suite très affectueux et, quand ils s'écrivaient, ils s'appe-

laient « mon cher Auguste » et « mon cher Alphonse ». Rien d'étonnant donc à ce que ce dernier ait été invité à venir passer la Semaine Sainte à La Roche-Guyon. Pâques, cette année-là, tombait le 11 avril : une lettre, datée du 8 dans la Correspondance, annonce à Virieu que le lendemain le duc de Rohan emmène le poète en Normandie; mais il est peu vraisemblable que le 9, jour du Vendredi Saint, ce pieux personnage ait été sur les routes et il semble plausible de rectifier le chiffre 8 en 6, ou même 5, puisque le 13, une nouvelle épître à Virieu contiendra cette phrase : « J'arrive de La Roche-Guyon où nous avons passé une semaine des plus paisibles et des plus agréables. » C'est au cours de ces quelques journées, vécues dans le recueillement avec Rohan, Montmorency, Genoude, Rocher, les abbés Dupanloup et Gerbet, que Lamartine composa sa méditation. Cette société était sereine, mais fort distinguée : Victor Hugo, qui fit un bref séjour à La Roche-Guyon en 1821, trouvait même trop mondaine et princière l'existence que menait en sa riche demeure le duc-séminariste (*V. Hugo raconté par un témoin de sa vie,* années 1818-1821, chap. xxxv); Alphonse fut certainement heureux d'y rencontrer un entracte de calme dans son aventure avec Léna, que pourtant il rejoignit bien vite dès qu'il fut de retour à Paris.
Du moins, en assistant avec une profonde sympathie aux nombreux offices de la Semaine Sainte (dont les textes sacrés semblent, ainsi que ceux du Bréviaire romain, avoir largement nourri son inspiration), sut-il traduire les sentiments des chrétiens pratiquants ses hôtes (exprimés par une sorte de chœur comprenant les six premières strophes), avant de dire (huit dernières strophes) ses aspirations religieuses personnelles et ses inquiétudes intérieures : pécheur indigne, il n'avait pas osé durant le temps pascal aborder les sacrements (H. Guillemin, *Les Visions,* p. 133).

* *Vers 1.* Citant ce vers M. Georges Poulet (p. 28) écrit d'une manière subtile : « Si quelque bruit parvient jusqu'à l'oreille, c'est moins pour rappeler l'existence de la réalité extérieure que pour annoncer son retrait. La rumeur du dehors arrive atténuée, à demi vidée de sa substance; et, dès qu'elle est arrivée, elle expire, elle ne se manifeste que pour trahir l'immatérialité de sa non-présence. »

* *Vers 2.* Selon Léon Séché (p. 210, n. 2). Sainte-Beuve avait écrit sur son exemplaire personnel des *Méditations :* « Ce second vers est du duc de Rohan (depuis archevêque et cardinal de Besançon) chez qui Lamartine fit cette pièce. Il avait fait les vers de la strophe, moins le deuxième, et il disait : — Et mon second? — L'abbé de Rohan lui dit : Le voici : Nautoniers sans étoiles, etc... » Si ce renseignement est exact, l'abbé s'était souvenu apparemment de deux hymnes du Bréviaire romain, l'Ave, maris *stella,* bien connu, de l'Office de la Vierge, et le chant de la Passion, dans l'Office de la Semaine Sainte :

Crux, sola digna tu fuisti
... *portum* praeparare,
Arca mundo naufrago.

Nautonier, pour marin, « est usité surtout en poésie ou dans le style élevé » (Littré).

* *Vers 6.* Cf. *Imitation*, III, 48 : « O dies aeternitatis clarissima quam nox non obscurat... Dies semper laeta, semper serena... Lucet quidem sanctis, perpetua claritate splendida. »

* *Vers 7.* Sur ce *soleil*, cf. *L'Isolement*, v. 38; *La Providence à l'Homme*, v. 82. Ces v. 7 et 8 sont inspirés de l'Office de la Semaine Sainte (dimanche des Rameaux, sexte, — et lundi, laudes) :

> Tu, Christe, qui mundum novas,
> Sol verus, accendis face.
>
> Lux, lucis, et fons luminis,
> Diem dies illuminans,
> Verusque sol : illabere.

* *Vers 9.* Ce vers n'est-il pas comme suggéré par une réminiscence des *Psaumes*, CXXVI, 2 : « Vanum est vobis *ante lucem surgere* » ?

* *Vers 12.* Cf. Office de la Semaine Sainte (mardi, laudes) :

> Ales diei nuntius...
> Jam Christus ad vitam vocat :
> Vigilate : jam sum proximus...

* *Vers 16.* L'*Imitation*, II, 7 et 8, développe l'opposition entre l'amour terrestre et l'amour divin : « ... L'amour de la créature est trompeur et inconstant, l'amour de Jésus fidèle et persévérant. Qui s'attache à la créature tombera avec ce qui glisse, qui embrasse Jésus restera ferme dans l'éternité. Aime, garde-toi cet Ami qui ne t'abandonnera pas quand tous les autres se retireront... »

* *Vers 18.* Cf. Office de la Semaine Sainte (dimanche des Rameaux, prime) :

> Jam lucis orto sidere,
> Deum precemur supplices.

* *Vers 20.* Cf. Bréviaire romain (hymne du samedi, vêpres) :

> Te mane laudum carmine,
> Te deprecamur vespere.

Sur l'image du *char* au v. 19, cf. *L'Isolement*, v. 11.

* *Vers 21.* *Airain* pour *cloche* est une métonymie néo-classique : elle fut employée par Chénier (« les accents de l'airain lent et sombre »), par Chateaubriand, qui mit à la mode en France l'harmonie des cloches (*Génie du Christianisme*, quatrième partie, liv. I, chap. 1 : « l'airain magique »), par Fontanes *(La Chartreuse de Paris)*, par Casimir Delavigne (*Vêpres siciliennes*, I, 4). Cf. *L'Immortalité*, v. 11-12. Pour l'idée exprimée dans cette strophe, elle est à comparer avec celles de Chateaubriand en son chapitre *Des cloches*, où il énumère les divers sentiments humains qui s'attachent à leurs tintements.

* *Vers 25.* Comme maintes résidences de cette région, constituée par les falaises calcaires qui bordent la partie concave des méandres de la Seine (cf. Boileau, *Épître VI,* v. 14-16), la chapelle de La Roche-Guyon était creusée dans la craie. Cf. Le Commentaire, de 1849, que confirme le *V. Hugo raconté* : « La chapelle était sous terre et taillée dans le roc. En s'enfonçant dans la crypte, il entendit un bruit d'harmonica. Il poussa une porte et vit une chapelle splendidement illuminée. Un Christ de grandeur naturelle cherchait à faire l'illusion complète de la réalité; un jet de vermillon jaillissait de ses plaies; le bois des linges était peint en blanc, le corps en couleur de chair; les yeux étaient d'émail, et la couronne de véritable épine. Derrière, une nuée de séraphins en ronde-bosse comme ceux de Saint-Roch projetaient des rayons de bois doré. » Voir plus loin les v. 47-48.

* *Vers 27.* Lamartine exprime ici le dogme catholique de la Présence Réelle de Jésus dans l'Eucharistie, en se souvenant peut-être du Bréviaire romain (office de l'Ascension, vêpres) :

Jesu, nostra Redemptio,
Quae te vicit clementia?...
Ipsa te cogat pietas...

* *Vers 29.* Commentant l'*Imitation,* IV, 18 (« Plus valet Deus operari quam homo intelligere potest... Subde te Deo et humilia sensum tuum fidei »), Lamennais écrira de même : « Que la raison superbe et contentieuse se taise donc... »

* *Vers 30.* « Vois, tout consiste en la Croix », écrit l'auteur de l'*Imitation,* II, 12, 18, au chapitre intitulé *De regia via Sanctae Crucis,* — cette Croix qui est au centre même de la méditation chrétienne et que célèbre l'hymne du dimanche des Rameaux (vêpres, office du Saint-Sacrement) :

Fulget Crucis mysterium...
O Crux, ave, spes unica!

* *Vers 32.* Ce *Dieu mourant,* le poète l'avait eu réellement sous les yeux en contemplant la statue (d'un goût contestable!) dont l'existence est signalée par V. Hugo (cf. n. du v. 25). Quant au v. 32, il résume encore un point capital de la doctrine, la réciprocité surnaturelle de l'Amour qui enflamme le croyant et le Christ (cf. par exemple *Imitation,* III, 5 : *De l'admirable effet de l'Amour divin;* pour cette idée, voir aussi *Dieu,* v. 85-94.).

* *Vers 35.* Cette association des larmes et des ardeurs de la foi est dans la ligne apologétique de Chateaubriand, dont on se rappelle la formule résumant les raisons de sa conversion quand il apprit les morts de sa mère et d'une de ses sœurs : « J'ai pleuré et j'ai cru » (Préface de la première édition du *Génie du Christianisme*).

* *Vers 38.* Cette image, assez banale et vieille comme la poésie (dans l'*Odyssée,* chants XVII et suivants, Ulysse se tient à la porte de son

palais, déguisé en mendiant, avant de se faire reconnaître des siens), traduit pourtant bien l'indigence spirituelle de Lamartine, qui reste en dehors des croyants, tout en enviant un bonheur et une sérénité d'âme qu'il voudrait sincèrement partager avec eux.

* *Vers 43.* Cf. *L'Isolement,* v. 16; *Improvisé à la Grande Chartreuse,* v. 19 et note du v. 17.

* *Vers 46. Rempli de jours :* Lamartine, qui n'avait que vingt-neuf ans, assimile sa lassitude à la vieillesse et emploie une expression du *Livre de Job,* XLII, 16 : « Mortuus est senex et *plenus dierum* ». *Douleurs :* cf. v. 51. *Remords :* ce mot (comme la locution *encens souillé* du v. 42) s'explique par le climat moral où Alphonse était alors plongé : ému par la profonde piété de ses amis, aspirant de tout cœur mais en vain à y participer, il regrette à cet instant les excès sensuels où le plonge sa liaison avec Léna de Larche.

* *Vers 50.* Inversion assez obscure : *ces flambeaux brûlant sur...* C'est une réminiscence vraisemblable du *Discours préliminaire* des *Nuits* d'Young, traduites par Le Tourneur (1770, t. I, p. x) : « Semblable à ces lampes sépulcrales, le génie d'Young brûla dix ans sur les tombeaux de ses amis ». (Le poète anglais Young avait été une des admirations de jeunesse de Lamartine, qui le lisait notamment en 1810-1811.)

* *Vers 51.* Claire allusion au trépas de Julie Charles.

* *Vers 52.* Réminiscence des derniers mots du *Credo :* « Et exspecto resurrectionem mortuorum et vitam venturi saeculi. »

* *Vers 56.* Quand il eut composé ce poème, Lamartine en fut très satisfait, ainsi qu'il l'exprime, avec un orgueil assez naïf, dans sa lettre à Virieu du 13 avril : « J'ai fait des enthousiastes au-delà de tout ce que tu peux imaginer. Le duc de Rohan, Mathieu de Montmorency sont du nombre. Je viens de faire pour eux, à La Roche-Guyon, pendant la Semaine Sainte, les plus ravissantes stances religieuses que tu puisses imaginer. C'est original, pur comme l'air, triste comme la mort et doux comme du velours. J'ai été bien heureux d'avoir là si à propos cette inspiration qui répondait juste à ce qu'ils me demandaient. Didot les imprime dans ce moment-ci... » Ce tirage confidentiel « à une vingtaine d'exemplaires » devait aussi comporter *L'Isolement* (cf. la première note de celui-ci). Quelques mois plus tard, l'auteur avait fortement déchanté en voyant que l'on critiquait ses couplets pieux, comme le prouvent des propos adressés le 20 août à M. Rocher : « Ne me parlez donc plus de mes vers sur La Roche-Guyon, et brûlez tout ce que vous pourrez en accrocher, je vous en prie. Tout le monde, amis et ennemis, les trouve détestables, et j'y consens. J'ai fait, en quittant Paris, cinq ou six *Méditations* meilleures. » Toutefois, il se ravisa en composant son volume pour l'édition et les strophes qu'il avait vouées à l'autodafé y trouvèrent place, car elles contribuaient à donner à l'ensemble la tonalité religieuse qui en est un des aspects majeurs. On peut citer sur

cette méditation le jugement de M. Bouchard (p. 118) : « Les beaux vers que lui ont inspirés les exercices religieux de la Semaine Sainte à La Roche-Guyon ne sont pas du tout un compliment de circonstance en remercîment d'une hospitalité princière : il a été sincèrement touché par le recueillement d'une vie quasi-monastique, loin des bruits du monde et du tumulte des passions, par le calme écoulement des heures dont chacune est marquée par un office et sanctifiée par une prière, par la contemplation des fronts prosternés. » Émotion et sincérité certes, mais aussi, à l'arrière-plan, comme toujours, incertitude et insatisfaction du cœur.

MÉDITATION TRENTE-TROISIÈME. — LE CHRÉTIEN MOURANT

Page 107

* *LE CHRÉTIEN MOURANT*. — Si l'on s'en rapporte au bref Commentaire de 1849, cette méditation fut écrite à Paris durant une maladie du poète en 1819 : d'après sa Correspondance d'avril, il se plaignit alors de palpitations cardiaques, mais celles-ci ne l'empêchèrent point de se rendre durant la Semaine Sainte chez le duc de Rohan à La Roche-Guyon, ni de se partager entre de pieuses préoccupations et sa très charnelle liaison avec Léna de Larche. Au début de 1820 au contraire, à Paris encore, il se crut mortellement atteint et sa lettre à Virieu du 19 février est un véritable testament : « Je t'écris peut-être pour la dernière fois pour te dire adieu selon toute apparence... Je reconnais te devoir douze et quinze cents francs et plus... Il y a un *meilleur asile* que la mort, c'est le sein de Dieu et sa religion ici-bas... » Mais, il ne parle pas de vers écrits à ce moment et les *Mémoires politiques* (pp. 108-109) qui, on doit le dire, ne parurent qu'en 1863, datent aussi d'avril 1819 une grave maladie de Lamartine : « J'allais repartir pour Milly quand une maladie grave, suite de la perte que j'avais faite, de la douleur qui me rongeait* et de l'oubli dans lequel le gouvernement laissait s'user ma jeunesse, me retint quelques semaines dans mon lit.... Dire les tendres soins dont je fus entouré par mes amis qui se relayaient pour me veiller toutes les nuits dans ma mansarde, par les femmes du plus haut rang qui se métamorphosaient le jour en sœurs grises pour s'asseoir autour de mon foyer... serait impossible... » Si donc, de préférence à janvier ou février 1820, on retient cette date d'avril 1819, *Le Chrétien mourant* serait contemporain de *La Semaine Sainte :* hypothèse qu'appuierait peut-être aussi leur proximité immédiate dans les diverses éditions.

*. Ces deux formules n'ont plus guère de sens à cette date, car elles ne peuvent être que des références à la mort de Mme Charles, disparue depuis seize mois et bien oubliée auprès de Léna !

Mais il est fort difficile d'admettre que, spontanément, « ces strophes jaillirent du cœur » de Lamartine, car, comme l'ont montré notamment Ed. Estève (p. 339) et G. Charlier (*Aspects de Lamartine*, pp. 383-398), la présente méditation s'inspire de l'ode fameuse de l'Anglais Pope (1688-1744), intitulée *The dying Christian to his Soul*, écrite en 1713 et dont les trois strophes peuvent se traduire ainsi :

« Vitale étincelle de céleste flamme, quitte, oh ! quitte cette enveloppe mortelle ! Trembler, espérer, s'attarder, s'envoler, ô douleur ! ô félicité de mourir ! Cesse, nature insensée, cesse la lutte, et laisse-moi dépérir pour vivre !

« Écoute ces murmures : — Viens, âme sœur, disent les anges. Qu'est-ce qui absorbe mon être, me dérobe mes sens, clôt mes yeux, noie mon esprit, aspire mon souffle? Dis, ô mon âme, est-ce donc là la mort?

« Le monde recule; il s'évanouit. Le ciel s'ouvre à mes yeux; mes oreilles s'emplissent d'accords séraphiques. Prêtez-moi, prêtez-moi vos ailes ! Je monte ! Je m'envole ! O tombe, où est ta victoire? O mort, où est ton aiguillon? »

Lamartine, qui pratiquait Pope au moins depuis 1808 et qui l'admirait grandement, a d'ailleurs reconnu tardivement sa dette, mais en l'imputant à tort, dans le Commentaire du *Poète mourant*, au compte de cette pièce de son second recueil. D'autre part, Ch. Maréchal (p. 125) a cru pouvoir discerner dans *Le Chrétien mourant* quelques traces de l'influence de l'*Essai sur l'Indifférence en matière de Religion*. Le mouvement général de la pièce est à la fois ample et simple : le poète imagine qu'il voit ses propres funérailles (strophe 1); il invite son âme à prendre son essor et assiste à celui-ci (strophes 2 et 3), puis engage ses amis à ne pas le pleurer puisqu'il possède maintenant la paix du ciel (strophe 4).

* *Vers 1.* Cf. *La Semaine Sainte*, v. 21.

* *Vers 3.* *Pâle flambeau :* cierge. Cf. *La Semaine Sainte*, v. 50.

* *Vers 8.* Ces v. 7-8 paraphrasent assez exactement la première strophe de Pope.

* *Vers 9.* Ce vers, comme les v. 11-12, exprime une idée développée dans l'*Essai sur l'Indifférence*, I, p. 254 : « La mort, si terrible pour l'incrédule, met le comble aux vœux du chrétien... Il la désire pour commencer de vivre, pour être délivré du poids de ses organes, des liens matériels qui le retiennent sur la terre, où les pures jouissances qu'il goûte ne sont qu'une ombre légère de la félicité qu'il pressent. » Même notion dans *L'Immortalité*, v. 13-24.

* *Vers 10.* Cf. *Essai*, I, p. 255 : « — Pars, dit la religion, âme chrétienne, sors de ce monde ! — et, au milieu des bénédictions, l'âme ravie brise ses entraves. »

* *Vers 16.* Si l'ensemble de la strophe rappelle Pope, ces *flots de lumières* semblent bien suggérés par l'*Essai, ibidem :* « La mort est le dernier trait de lumière qui le vient frapper : lumière si vive qu'elle rend

presque imperceptible le passage de la foi à la claire vision de son objet. »

* *Vers 18.* Cf. *Harmonies poétiques, Hymne du soir dans les temples,* v. 98-102 :

> Il me semblait, mon Dieu, que mon âme, oppressée,
> Devant l'immensité, s'agrandissait en moi,
> Et sur les vents, les flots ou les feux élancée,
> De pensée en pensée,
> Allait se perdre en toi !

Faisant ce rapprochement, M. Georges Poulet y ajoute ce commentaire (p. 255) : « L'âme s'épanche d'elle-même dans un milieu éthéré. S'agrandir est pour elle chose aussi naturelle que pour l'eau de se répandre. Donnez-lui l'immensité, et elle devient l'immensité. »

* *Vers 21.* Cf. *L'Isolement,* v. 47 et note.

* *Vers 22.* Sur la *coupe,* cf. la note du v. 49 d'*A Elvire.* L'*oubli des maux* bu dans une coupe semble ici une transposition chrétienne de l'image pythagoricienne signalée à la note du v. 17 de *Sapho.*

* *Vers 24.* Cf. *La Semaine Sainte,* v. 2. Une question peut se poser au sujet de ce *Chrétien mourant.* Si le poète l'écrivit en avril 1819, dans quelle mesure son détachement de la vie et les aspirations de son âme vers le « céleste port » sont-ils sincères? Dans quelle mesure tente-t-il avant tout à charmer le groupe de ses pieux amis? Ne déclarait-il pas à Virieu, le 13 de ce mois, avec un air visiblement satisfait : « On me demande des vers partout. On me cherche, on me recherche. Je devais dîner hier chez le duc de Rohan. Je dîne dimanche avec M. de Montmorency, M. de Bonald, l'abbé de Lamennais, etc..., et on y lit *Saül* et des odes... Je reçois force cadeaux et livres que les auteurs, *mes confrères,* me font. Je suis vraiment ici dans un assez joli moment pour l'amour-propre, si j'en avais... » Une dissonance existe entre le texte de cette lettre confidentielle et celui de la méditation.

MÉDITATION TRENTE-QUATRIÈME. — DIEU.

Page 108

* *DIEU.* — Venant de passer à Paris plusieurs semaines qu'il avait partagées entre la société du duc de Rohan et les caresses de Léna de Larche, (voir la première note de *La Semaine Sainte à La R.-G.*), Lamartine, malade, écrivait de la capitale à Mlle de Canonge le 25 avril 1819 pour lui annoncer son départ vers Mâcon « dans cinq ou six jours »; mais, ajoutait-il, « je ne sais encore comment je ferai mon voyage, car la voiture est pour moi un supplice. Peut-être le ferai-je à cheval ou par eau ». C'est le cheval qu'il choisit et il était à Montculot, près de Dijon, le 4 mai; il s'y attarda un long

mois et c'est de là qu'il mandait, le 27, au comte de Saint-Mauris : « Je pourrais encore envoyer (à Mme Beufvier) une longue *Méditation sur Dieu* que j'ai finie en faisant mon voyage romantique de Paris ici. » Dans le Commentaire de 1849, il donnera des détails complémentaires, dont on ne saurait préciser le degré d'exactitude ou de fantaisie, mais qui confirment en gros la phrase de sa lettre : conçue probablement dès la fin du séjour à Paris, la pièce était achevée dans le courant du mois de mai.

* *A M. de L. M.* — Sur les relations de Lamartine avec Lamennais, voir le livre de Ch. Maréchal, en particulier pp. 59-64 et 83-91. C'est la marquise de Montcalm, qui la première dut signaler à Lamartine l'*Essai sur l'indifférence en matière de religion,* lorsqu'elle lui écrivit le 23 mars 1818 : « Un seul ouvrage me paraît hors de ligne par l'extravagance des idées et par l'admirable beauté du style, c'est celui de M. de Lamennais. Si vous ne l'avez pas lu, procurez-vous-le; il mérite d'être lu et même relu. La folle franchise de ses opinions ultramontaines est exprimée avec une vérité, une chaleur tout à fait remarquables... On peut lui reprocher, comme à lord Byron de n'avoir qu'une corde à sa disposition, mais cette corde est admirable, et il est déplorable qu'il en fasse un si mauvais usage. » (*Lettres à Lamartine,* pp. 2-3.) Ce jugement mitigé traduisait les sentiments du noble faubourg Saint-Germain; mais, piqué, Lamartine lut l'ouvrage et en éprouva une forte impression qu'il exprima le 8 août suivant en s'adressant à Virieu : « Tous les livres m'ennuient ou m'exaspèrent, je dis les livres du jour. Cependant félicite-moi, je suis enfin tombé sur un bon, même sur un beau, même sur un sublime. Cela s'appelle *Essai sur l'Indifférence en matière de religion.* Cela est fait, dit-on, par un très jeune abbé. C'est magnifique... » Cette lecture enthousiasmante allait évidemment influencer la vie et l'œuvre du poète, qui devait chercher à connaître l'abbé en personne, ce qui ne lui serait guère difficile puisqu'ils fréquentaient l'un et l'autre la même société parisienne, celle de Montmorency et de Rohan, de Mmes de Raigecourt, Beufvier, Boscary, Sainte-Aulaire, etc. Des témoignages tardifs et contradictoires du *Cours familier de Littérature* (t. II, p. 269 et t. XXIV, p. 804), il ressort que l'officieux Genoude lut au prêtre déjà célèbre des vers de l'écrivain encore inconnu, au début du printemps 1819, lecture qui précéda de peu la rencontre des deux hommes : ils dînaient ensemble chez le duc de Rohan — sans doute le dimanche 18 avril — avec Bonald et Mathieu de Montmorency (à Virieu, 13 avril); Lamartine devait lire *Saül* à cette occasion. Et le 26 juin suivant, à Genoude qui avait accompagné Lamennais en Bretagne, il déclarait : « Je vous envie d'être avec M. de Lamennais et, si Saint-Malo n'était qu'à cinquante lieues, j'irais certainement vous y voir et achever avec votre hôte célèbre une connaissance à peine ébauchée et que je désirerais si fort cultiver davantage. Je ne le connais que par son génie, par cette partie de lui-même qu'il a livrée aux disputes ou à l'admiration du siècle; mais je serais bien plus fier et plus heureux de le connaître par cette

partie la plus intime qu'un grand homme ne communique qu'à ses amis... » Ces phrases, où perce le regret, semblent justifier l'affirmation de l'écrivain disant dans sa vieillesse que « cette liaison qui fut assez constante ne fut jamais tendre* »; on doit noter aussi que, dans cette même lettre, Alphonse parle de « quelques nouvelles *Méditations* qu'il voudrait bien soumettre à M. de Lamennais » et à son correspondant, mais il n'indique pas que l'une d'entre elles fût spécialement destinée à l'auteur de l'*Essai :* sans doute l'idée de lui dédier *Dieu* ne vint-elle que plus tard à l'esprit du poète.

Parmi les divers jugements qu'il a formulés sur l'illustre abbé, nous retiendrons celui qui figure dans les *Nouvelles Confidences,* IV, 15 : « M. de Lamennais était un jeune prêtre inconnu jusque-là au monde, né dans la Bretagne, grandi dans la solitude et la rêverie, jeté par le dégoût des passions et par l'impétuosité infinie des désirs dans le sanctuaire, et voulant précipiter l'esprit de son siècle par la force de la persuasion au pied des mêmes autels où il avait cru trouver la foi et la paix. Il n'y avait trouvé ni l'une ni l'autre et sa vie devait être plus tard le long pèlerinage de son âme en mille autres cultes d'idées; mais alors, il était convaincu, ardent, implacable, et son zèle le dévorait sous la forme de son génie. Ce génie rappelait à la fois Bossuet et Jean-Jacques Rousseau; logique comme l'un, rêveur comme l'autre, plus poli et plus acéré que les deux. Son *Essai sur l'Indifférence* était un des plus éloquents appels qui pût sortir du temple pour y convoquer la jeunesse par la raison et par le sentiment. On s'arrachait ces pages comme si elles étaient tombées du ciel sur un siècle désorienté et sans voie. M. de Lamennais était plus qu'un écrivain alors, c'était l'apôtre jeune qui rajeunissait une foi. »

Le livre de cet apôtre produisit un grand effet sur Lamartine alors fort inquiet en matière de foi. Lamennais, en prouvant à la raison individuelle son impuissance et en la forçant à s'incliner devant une raison plus haute, exclusive des passions qui égarent, forçait les hommes à reconnaître l'existence de Dieu et ramenait les incrédules à l'autel. C'est de cette façon qu'il agit sur l'âme d'Alphonse, en proie à tous les désespoirs après la mort d'Elvire. Mais, cette influence signalée, on se doit d'ajouter que la méditation *Dieu,* par sa forme et par son fond, n'est pas sans rappeler des pièces écrites par les déistes et les panthéistes du XVIIIe siècle, et É. Deschanel (I, p. 83), qui la trouvait « assez faible », n'y voyait qu'« une longue pièce

---

*. Quand Lamennais eut rompu avec Rome et que Lamartine fut devenu rationaliste, les deux auteurs professèrent des idées très voisines (cf. H. Guillemin, *Jocelyn,* p. 191-196); ils eurent occasion de se rencontrer sous la monarchie de Juillet : voir le curieux récit d'une entrevue qu'ils auraient eue en 1847 avec Chateaubriand et Béranger dans H. de Lacretelle, *Lamartine et ses amis,* pp. 202-204, — texte que nous avons présenté et commenté dans le *Bulletin Chateaubriand,* année 1961, pp. 52-54.

d'alexandrins dans la manière de Voltaire » : dans ce morceau qui se rattache au genre didactique, par essence assez froid, on rencontre cependant quelques-uns des plus beaux vers par lesquels la poésie philosophique a tenté, en se fondant sur une inspiration ardente, de définir et de peindre la toute-puissance divine.

* *Vers 1.* Si le *oui* initial fait songer au début de plusieurs tragédies de Racine (*Andromaque, Iphigénie, Athalie*) ou à celui des *Épîtres III* et *VI* de Boileau, le mouvement d'envol marqué aux v. 1-8 (à rapprocher notamment de *L'Immortalité,* v. 139-140 et de *La Prière,* v. 59-62) possède un certain accent platonicien, mais paraît suggéré par Lamennais, *Essai,* I, p. 373 : « Arrachons-nous à ce monde des corps, fermons les yeux, dérobons un moment notre âme aux impressions des objets extérieurs qui, la remplissant de vains fantômes, la détournent de la contemplation des réalités intellectuelles et lui font oublier jusqu'à sa propre nature, en l'égarant dans le monde des corps, fugitive patrie des illusions qui nous abusent sur notre état véritable, nos devoirs et nos destinées. Comprenons que les organes ne sont pas l'homme, que la création matérielle n'est que l'ombre d'une création plus noble. »

* *Vers 6.* Le *possible* est opposé au *réel* dans *L'Homme,* v. 95-96. G. Poulet (p. 254) commente ainsi le v. 6 : « L'espace est une plaine s'ouvrant aux ébats de l'esprit... Si les champs du possible sont plus spacieux que ceux du réel, c'est que précisément ils sont débarrassés de toute réalité : ils sont pure vacance. » Ce mouvement d'âme est familier à Lamartine; cf. *La Solitude,* v. 35-42 et note du v. 42, et *L'Humanité (Harmonies poétiques) :*

> (L'homme) de l'infini par la pensée est maître
> Et, reculant sans fin les bornes de son être,
> S'étend dans tout l'espace et vit dans tous les temps !

* *Vers 7.* Cette *vaste prison* ne désigne pas le corps, mais le monde sensible tout entier, limité malgré sa grandeur. Pour l'image, cf. *L'Immortalité,* v. 26.

* *Vers 10.* La hantise de l'*infini,* qu'on retrouve aussi bien chez Rousseau que chez Chateaubriand, était innée à Lamartine; mais il avait pu être sensibilisé à l'importance de cette notion par l'influence de Virieu, attaché d'ambassade à Munich. « Tu es heureux d'être forcé d'apprendre l'allemand, déclarait-il à son ami; tout considéré, il n'y a plus que cette nation qui pense... Toute l'Europe recule, et ils avancent; mais ils iront plus loin que nous n'avons été, parce qu'ils fondent tout sur un principe vrai et sublime : Dieu et l'infini » (juillet 1818); et encore : « Nous parlons de ta métaphysique qui est bien à peu près la mienne. Tu as trouvé en effet le vrai mot, *l'infini.* Je l'avais dit souvent sans m'y fixer; je l'avais dans l'esprit, et tu l'as produit : c'est cela, il faut le mettre en réserve, tout est là. C'est l'âme de l'homme tout entière... Je t'avais bien dit que l'Allemagne te creuserait » (10 octobre 1818). Le v. 10 reproduit presque mot pour mot le v. 106 de *La Prière.*

* *Vers 14*. Sur le caractère *inconcevable* de la nature de Dieu, cf. *L'Homme*, v. 136 et la note.

* *Vers 16*. Dans son *Essai d'un système de philosophie catholique*, p. 71, ouvrage datant de 1830-1831, mais publié après sa mort, Lamennais dénoncera aussi « la désolante imperfection du langage ». Lamartine revient à diverses reprises sur cette idée; cf. le cri de *Jocelyn :*

Mon âme cherche en vain des mots pour se répandre

et aussi ce passage de la Préface de 1849 aux *Méditations :* « Ce qu'il y a de plus divin dans le cœur de l'homme n'en sort jamais, faute de langue pour être articulé ici-bas. L'âme est infinie, et les langues ne sont qu'un petit nombre de signes façonnés par l'usage pour les besoins de communication du vulgaire des hommes. Ce sont des instruments à vingt-quatre cordes pour rendre les myriades de notes que la passion, la pensée, la rêverie, l'amour, la prière, la nature et Dieu font entendre dans l'âme humaine. » Voir aussi la note du v. 7 du *Désert*. Cette impossibilité constatée de ne pouvoir traduire l'ineffable suggère ces remarques à M. G. Poulet : « Avec Lamartine on arrive à une *poésie de l'informe*. Mais une poésie qui s'enfonce dans l'informe devient rapidement inexprimable. A force de diluer son chant, Lamartine ne peut plus rien chanter, ne peut plus chanter. L'impuissance de Lamartine n'est pas si différente qu'il semble à première vue de la stérilité de Mallarmé. Leur tourment est le même. »

* *Vers 22*. *Exil :* lieu d'exil. Cf. *L'Isolement*, v. 47; *L'Immortalité*, v. 132.

* *Vers 34*. Au cours des v. 19-34, Lamartine énonce une théorie suivant laquelle l'homme a reçu de Dieu deux formes de langage : l'un *borné*, c'est-à-dire limité aux besoins de la vie courante, (mais cependant d'origine divine, ce qui est une idée de Bonald), l'autre *senti*, ce qui signifie saisi directement par l'âme sans l'intermédiaire des mots et des organes corporels. Dans cette conception, on peut voir une transposition d'idées plus spécifiquement chrétiennes : saint Paul (*Première Épître aux Corinthiens*, XIV), oppose à la connaissance des différentes langues du monde le langage inspiré de la prophétie, qui seul atteint les esprits et par lequel parle la charité; d'ailleurs, l'*Imitation de Jésus-Christ* (II, I et III, 1, 2 et 3) insiste sur la notion mystique de *conversation intérieure :* « Frequens Christo visitatio cum homine interno... Beatae plane aures quae non vocem foris sonantem, sed intus auscultant veritatem loquentem et docentem... Possunt quidem verba sonare, sed Spiritum non conferunt... »

* *Vers 40*. Cet *enthousiasme* dont les *ailes de feu ravissent* l'esprit loin de ce bas-monde, c'est l'inspiration, définie ici en des termes qui rappellent ceux de la méditation intitulée précisément *L'Enthousiasme :* ainsi les vérités du ciel et le mystère de l'infini sont également accessibles à l'âme par le truchement de la poésie.

* *Vers 41*. Le *monde* sensible n'est que l'*ombre* de la vraie réalité : idée

platonicienne souvent énoncée par Lamartine (voir *L'Isolement*, v. 37 et suiv.) Le v. 42 est à rapprocher du *Chrétien mourant*, v. 15-18.

* *Vers 44*. Cf. Lamennais, *Essai sur l'Indifférence*, I, p. 246 : « Toute vérité en effet émane de Dieu qui est la vérité infinie » et II, p. 67 : « La vérité est l'Être et, hors d'elle, il n'y a que le néant ». Les quarante-quatre premiers vers de la pièce en constituent une ample introduction, où l'auteur exprime son aspiration vers Dieu et déplore l'infirmité du langage humain pour la traduire dignement; mais, grâce au secours de l'inspiration, il va tenter cependant de définir l'Être des Êtres aux v. 45-72.

* *Vers 45*. Voir la note du v. 56 de *La Prière*. H. Potez (p. 342) semble penser que l'expression *astre universel* pour désigner Dieu vient de Fontanes, *Essai sur l'Astronomie* :

> Soleils multipliés, soleils, escortez-vous
> Cet astre universel qui vous anime tous ?

En tout cas, les v. 45-54 sont dans leur ensemble une ample paraphrase de Lamennais, *Essai*, I, p. 324 et 374 : « De toute éternité, l'Être souverainement parfait, s'aimant d'un amour infini, jouissait dans son immense repos d'une félicité sans bornes... Il est celui qui est, c'est-à-dire l'Être par excellence, sans restrictions et sans bornes. Et, quand il s'est résolu à produire, la création tout entière n'a été qu'une magnifique manifestation d'une partie des vérités que renferme l'Esprit divin. » On fera d'utiles rapprochements entre ce passage « d'allure franchement métaphysique et affirmative » (P. Jouanne, p. 177) et *L'Immortalité*, v. 116-117, *Philosophie*, v. 63-65, *Le Désert*, v. 323-326, *La Chute d'un Ange*, huitième vision *(Fragment du Livre Primitif)* :

> Quel est le ciel des cieux habité, plein de Dieu?
> Il n'est pour Jéhovah ni distance, ni lieu :
> Ce qui n'a point de corps ne connaît point d'espace;
> De ce qui remplit tout ne cherchez point la place;
> Contemplez-le par l'âme, et non pas par vos yeux :
> L'ignorer ou le voir, c'est l'enfer ou les cieux!

* *Vers 51*. *Subsiste* : même idée et même expression dans *La Providence à l'Homme*, v. 89 et note. Aux v. 51-54, Lamartine a, semble-t-il, eu des réminiscences de Young, *Nuits*, XXIII : « L'univers n'est qu'un point du trône de l'Être ineffable dont un coup d'œil fit naître la nature. L'ombre de son bras la soutient... Sa main embrasse l'immensité... Tu es la source universelle d'où la vie et le bonheur découlent et se distribuent dans tous les êtres... »

* *Vers 56*. Ces deux vers (dont la rime *parfaits - faits* est des plus faibles) sont une variation sur le thème *Coeli enarrant gloriam Dei* (*Psaumes*, XVIII, 2), qui sera développé plus loin (v. 101-106).

* *Vers 57*. Ce vers, à la fois étrange et puissant, permet de voir ce qui sépare Lamartine du panthéisme : Dieu n'est nullement confondu avec la nature, mais il la crée à chaque moment (théorie de la *création*

continuée). G. Lanson pense que Lamartine, lecteur enthousiaste de Pope dès l'âge de dix-huit ans (voir ses lettres du 4 janvier 1808, 10 juin 1809, etc.), a pu faire passer dans ses vers quelque chose de l'*Essai sur l'Homme,* I, du poète anglais :

> De ce Tout étonnant la Nature est le corps;
> L'Éternel en est l'âme, en conduit les ressorts...
> En tous lieux il s'étend sans avoir d'étendue;
> Sans être divisé, partout il s'insinue;
> Des esprits et des corps c'est l'invisible appui,
> Et tout être vivant respire, agit en lui.
> Il donne et ne perd rien; il produit, il opère,
> Sans que jamais sa force ou se perde ou s'altère...
> Le faible ou le puissant, le grand ou le petit,
> Tout devant ses regards tombe, s'anéantit.
> Sa substance pénètre et le ciel et la terre,
> Les remplit, les soutient, les joint et les resserre...

(Traduction de l'abbé Resnel, 1779.)

* *Vers 64.* Cf. *L'Homme,* v. 153-157. Le singulier *par degré* (pour rimer avec *gré*) serait justifié par des exemples de la langue classique qui emploie volontiers au singulier des mots évoquant l'idée de pluriel (Bossuet dit de même *bagage, légume, loisir, épreuve.*) Cf. *La Mort de Socrate,* v. 795-796 :

> Un faux rayon de vie, errant *par intervalle,*
> D'une pourpre mourante éclairait son front pâle.

* *Vers 72.* Cf. *L'Homme,* v. 163-164.

* *Vers 73.* Au cours des v. 73-94, Lamartine va formuler un éloge du Dieu unique, qui constitue la troisième partie de la méditation. En nommant le prophète biblique *Abraham* et les grands inspirés du spiritualisme païen, *Pythagore, Socrate* et *Platon,* Lamartine cite les principaux adeptes du monothéisme antérieurs au Christianisme et en fait les précurseurs de celui-ci. Cette idée, déjà présente dans *La Foi,* v. 105-107, sera amplement orchestrée dans *La Mort de Socrate,* v. 703-766, où le philosophe mourant vaticine la venue du Messie en des termes tels que ceux-ci, adressés aux dieux grecs :

> Encore un peu de temps, et votre auguste foule,
> Roulant avec l'erreur de l'Olympe qui croule
> Fera place au Dieu saint, unique, universel,
> Le seul Dieu que j'adore et qui n'a point d'autel...

Cette conception, commune aux rationalismes chrétien et déiste, avait été familière au penseurs du XVIIIe siècle (Rousseau faisait, dans la *Profession de foi du Vicaire savoyard,* un parallèle entre Socrate et Jésus); Chateaubriand nommait Pythagore dans le *Génie* (Première partie, liv. I, chap. 3). Mais, comme le note Ch. Maréchal (p. 91) le Dieu lamartinien « est celui que voit et démontre Lamennais, l'Être éternel en faveur duquel le consentement commun du genre humain témoigne, que les sages de l'Antiquité ont entrevu et que le Christ, concentrant les rayons épars de la sagesse antique, est venu surnaturellement révéler ».

* *Vers 78. Raison, justice, infortune :* aux preuves traditionnelles et populaires de l'existence de Dieu — preuve cosmologique, tirée de l'ordre de l'univers perçu par l'esprit, et preuve morale, fondée sur l'exigence d'une compensation aux injustices de ce monde —, le poète en ajoute une troisième, sentimentale, développée aussi dans *L'Immortalité* et *La Foi :* « J'aime, donc il faut que j'espère... »

* *Vers 81.* Ces *faux prêtres* (c'est-à-dire non inspirés par le vrai Dieu), ce sont ceux des religions antiques; l'idée était familière aux philosophes du siècle des lumières, qui souvent l'étendaient implicitement au Christianisme. Le qualificatif *crédules* fait penser, par exemple, aux v. 951-952 de l'*Œdipe* de Voltaire :

Nos prêtres ne sont point ce qu'un vain peuple pense;
Notre *crédulité* fait toute leur science.

Enfin, la conception d'une religion fondée sur la terreur des fidèles *(en tremblant)* a des racines chez les Anciens, tels que Lucrèce (*De rerum natura,* I, v. 62-63) :

Humana ante oculos foede cum vita jaceret
In terris, oppressa gravi sub religione...

ou Stace (*Thébaïde,* III, v. 661, repris par Pétrone, *Fragments,* XXVII):

Primus in orbe deos fecit timor.

On lira une condamnation des religions établies dans *Le Désert,* v. 281-310.

* *Vers 83. Seul, un :* pléonasme par lequel Lamartine affirme sa foi monothéiste, sans avoir certainement l'intention, à cette époque de sa vie, de critiquer le dogme de la Sainte Trinité. Dieu est appelé le *Grand Seul* au dernier vers de *Désert* (voir la note). *Juste* et *bon* sont des épithètes chrétiennes.

* *Vers 85.* Dans sa lettre à Virieu du 8 août 1818, Lamartine s'écriait de même, mais avec un regret : « *Heureux l'homme qui croit ! heureux celui qui espère,* seulement comme je croyais, comme j'espérais avant un malheur sans remède! Je donnerais mon reste de jours pour un grain de foi, non pas pour soulever les montagnes, mais pour soulever le poids de glace qui pèse sur mon âme. » *Le monde qui outrage et ignore Dieu,* c'est celui, héritier du XVIIIe siècle, pour et contre qui Chateaubriand avait composé le *Génie du Christianisme* et Lamennais l'*Essai sur l'Indifférence.*

* *Vers 90.* Les *lampes de la nuit* (sur l'apaisement que procure celle-ci, voir la note du v. 77 de *La Prière*) désignent les astres. Pour les sentiments, on comparera ce passage avec *Le Temple,* v. 15 et suiv., et *La Semaine Sainte,* v. 32. Le v. 90 traduit les *Psaumes,* CXL, 2 : « Dirigatur oratio mea sicut incensum in conspectu suo ».

* *Vers 94.* Sur l'image de l'*aile* (déjà employée au v. 40). Cf. *La*

Prière, note du v. 31. Pour l'idée, cf. Lamennais, *Essai,* I, p. 36 : « Otez le désir ou l'amour, vous détruisez la volonté. »

* *Vers 95.* Les v. 95-128, quatrième partie de la méditation, sont une sorte de rêverie où le poète exhale, en s'inspirant de l'Écriture Sainte, son regret des âges lointains durant lesquels l'homme se sentait tout proche de Dieu. De ce *thème édenique,* M. H. Guillemin (*Les Visions,* p. 123-126) a signalé les illustres précédents littéraires (Fénelon et la Bétique, Bernardin de Saint-Pierre et l'Arcadie, Gessner et ses *Idylles,* Bougainville et sa description de Tahiti); mais le rêve d'un retour à l'aurore de la Création hantait l'esprit de Lamartine, et reparaît souvent sous sa plume : cf. *L'Homme,* v. 81-90; *Les Visions,* I, v. 8-19; II, v. 159 et suiv.; *Hymne de l'Ange de la Terre après la destruction du globe (Harmonies poétiques) :*

Est-ce-toi, terre inanimée?
Est-ce toi que j'ai vue, hélas! il n'est qu'un jour!
Des doigts de Jéhovah t'élancer enflammée?...
Oh! qui pouvait te voir sans palpiter d'extase,
Sans tomber à genoux devant ton créateur?...

Voyage en Orient : « Depuis mon enfance, je me suis représenté souvent ce Paradis terrestre, cet Éden... »; *Chute d'un Ange,* première vision, v. 49-56 :

Qu'était-ce quand du mal le funèbre génie
N'avait du globe encor qu'effleuré l'harmonie,
Que ce monde terrestre était encor celui
Où l'ordre et la beauté dans la force avaient lui?
Que tout, sortant d'Éden, s'y souvenait encore
De l'immortalité de sa première aurore,
Et que dans l'univers toute chose et tout lieu,
De jeunesse exultants, se sentaient pleins de Dieu?

* *Vers 96. Échappés de ses mains :* cf. *L'Homme,* v. 138.

* *Vers 98.* Cf. *Genèse,* II, 8-20, où est évoquée la vie de l'homme dans le Paradis terrestre; l'expression *ambulare in conspectu Domini* se lit *ibidem,* XVII, 1; XXIV, 40; XLVIII, 15; etc.

* *Vers 100.* L'idée de ce vers peut sembler bizarre : bien qu'il soit un homme, Lamartine rêve d'avoir été présent à la création même de l'homme par Dieu, ou du moins au *premier réveil* d'Adam, celui sans doute qui suivit le sommeil où le plongea le Tout-Puissant pour façonner la première femme (*Genèse,* II, 21-23).

* *Vers 110.* Cf. *Psaumes,* LXXVI, 21 : « *Deduxisti* sicut oves *populum tuum* in manu Moysi et Aaron. » L'Écriture insiste beaucoup sur les bienfaits de Dieu pour son peuple.

* *Vers 114. Sennar* (ou *Sennaar*) : plaine où s'installèrent les descendants de Noë et où ils entreprirent de construire la tour de Babel (*Genèse,* XI, 2). *Membré* (ou plutôt *Mambré*) : vallée, proche d'Hébron, où Abraham vint s'installer sur l'ordre de Jéhovah et où celui-ci

lui apparut à trois reprises (*Genèse,* XIII, 18, et XVIII, 1); les commentateurs de la Bible enseignent que ce site était planté de *chênes.* *Oreb* (en réalité *Horeb*) : montagne d'Arabie, où l'Éternel apparut à Moïse dans un buisson ardent (*Exode,* III). *L'auguste cime :* le *Sinaï,* où Moïse reçut de Dieu les Tables de la Loi (*Exode,* XIX).

* *Vers 116. La manne* nourrit les Hébreux pendant les quarante ans qu'ils vécurent au désert, depuis leur fuite d'Égypte jusqu'à leur arrivée en vue de la Terre Promise (*Exode,* XVI, 13-36). Si les *vivants oracles* désignent probablement les paroles que Moïse adressait aux Hébreux sous l'inspiration de Jéhovah, les *miracles* signalés au v. 118 ne font aucun doute : il s'agit de l'eau sortie du rocher sous la verge de Moïse, de la traversée de la mer Rouge, de la colonne de feu qui guidait les Juifs, etc. (*Exode,* XIII, 21-22; XIV; XVII). Les *anges* jouent un rôle dans la Bible : deux d'entre eux visitent Sodome avant qu'elle ne soit détruite par le feu en punition de ses crimes (*Genèse,* XIX, 1-26); un autre empêche Abraham de tuer son fils Isaac ainsi que le Très-Haut le lui avait commandé (*Genèse,* XXII, 11-18); le héros du *Livre de Tobie* est escorté par l'archange Raphaël; Jacob lutta avec un ange (voir *L'Esprit de Dieu*).

* *Vers 128.* Les v. 121-128 montrent comment l'impiété s'installa peu à peu dans le monde vieillissant : c'est un résumé poétique de la thèse mennaisienne sur le progrès de l'indifférence religieuse qui a envahi le monde moderne; ce développement forme une transition (voir la correspondance entre les v. 121 et 132) avec la cinquième et dernière partie de la pièce, qui montre l'humanité matérialiste et désabusée et s'achève sur une prière pleine d'ardeur autant que d'inquiétude.

* *Vers 132.* Dans l'*Histoire de la Langue française* de F. Brunot, XII, p. 159, M. Ch. Bruneau relève l'allitération *flots, flots, fleuves* et croit y voir « une des jeux chers de Delille ». Au v. 129, *vieilli pour ta gloire :* trop vieux pour te glorifier.

* *Vers 134.* Aux v. 46-64 de *La Prière,* Lamartine dit à peu près le contraire; il exprime alors ses propres sentiments, tandis qu'ici il traduit ceux du matérialisme scientifique moderne, en particulier de l'astronomie issue de Copernic et de Newton, pour qui l'univers se réduit à un système d'équations.

* *Vers 138.* Ce beau vers est aussi un vers très profond : l'homme est ainsi fait qu'il s'habitue à tout, même à l'extraordinaire; cette constatation est peut-être encore plus actuelle au XXe siècle qu'au XIXe.

* *Vers 141. Flambeau :* cf. *La Foi,* v. 21. Sur cette *fécondité,* cf. *Hymne au Soleil,* v. 25 et note. Les v. 140-142 traduisent le scepticisme d'une époque indifférente à la Création du monde et même très proche de nier sa réalité.

* *Vers 149. Vicissitude* est employé au singulier d'après l'usage classique signalé à la note du v. 64; cf. Racine, *Les Plaideurs,* v. 676 :

« L'inconstance du monde et sa vicissitude ». Après avoir dénoncé l'indifférence aux prodiges de la nature, le poète s'en prend à celle de ses contemporains devant les miracles que révèle l'histoire de l'humanité : le thème du bouleversement des empires comme manifestation de la Providence divine est banal; on en trouverait la source dans la Bible même et Bossuet l'a très largement exploité dans son *Discours sur l'Histoire Universelle;* mais l'évêque de Meaux semblait redouter que la multiplication éventuelle des miracles n'engendrât l'indifférence déplorée par Lamennais et par Lamartine quand il écrivait (*op. cit.*, II, 31) : « Attendons-nous que Dieu fasse toujours de nouveaux miracles; qu'il les rende inutiles en les continuant; qu'il y accoutume nos yeux comme ils le sont au cours du soleil et à toutes les autres merveilles de la nature? »

* *Vers 153.* Dans les v. 153-162, Lamartine reprend à son compte des formules et l'idée des *Psaumes,* où la prière se fait très pressante et sollicite de Dieu une intervention plus efficace (XLIII, 23 et 26 : « Exurge, Domine, quia obdormis... Exurge, adjuva nos... »; LXXVII, 65 : « Et excitatus est tanquam dormiens Dominus »; LXXIX, 3 : « Excita potentiam tuam, et veni... »; LXXXI, 8 : « Surge, Deus, judica terram... »; CXVIII, 126 : « Tempus faciendi, Domine : dissipaverunt legem tuam »; etc.). *Change le monde* peut s'entendre à double sens : change le cœur des hommes en leur redonnant la foi ou change un peu l'univers par quelque miracle, cette seconde interprétation étant plus conforme à ce qui suit (v. 157-162).

* *Vers 154. Parole féconde :* cf. *Le Désespoir,* v. 1, et *La Poésie sacrée,* v. 25.

* *Vers 157. Spectacles :* cf. v. 152. En principe, Lamartine réclame des *miracles* pour convertir les incrédules; mais, par l'emploi réitéré de pronoms de la première personne *(nous* et *nos)*, il paraît se compter au nombre de ceux-ci : n'est-ce pas, dans une pièce où il veut se montrer un sincère adepte de la foi, un signe involontaire de la fragilité de celle-ci et du drame qui ne cessait jamais de déchirer son âme?

* *Vers 165. Ce soleil moral :* il est en même temps le symbole de Dieu et celui de la foi en Dieu; cf. *L'Isolement,* v. 38; *La Providence à l'Homme,* v. 82; *La Foi,* v. 165-169; *La Semaine Sainte,* v. 7.

* *Vers 171. Seul je suis :* écho vraisemblable de la parole du Très-Haut à Moïse : « Ego sum qui sum » (*Exode,* III, 14). Cf. aussi la note du v. 83.

* *Vers 172.* Sur ces cataclysmes que donne à prévoir la vieillesse impie de la terre, cf. *L'Immortalité,* note du v. 81 et *Le Crucifix,* note du v. 96. « A ces sombres eschatologies se rattache étroitement l'inspiration de la future *Chute d'un Ange,* mais d'abord, et plus près de la date où nous sommes, l'inspiration dantesque de l'œuvre immense intitulée *Les Visions,* épopée analogue à *La Légende des*

Siècles », mais dont ne furent écrits que des fragments (Grillet, p. 26). Si l'univers est détruit, on peut se demander à qui *ses débris foudroyés rediront* quoi que ce soit; puissance de l'imagination poétique : de même qu'aux v. 99 et suiv. (voir note du v. 100). Lamartine se voyait aux heures de la Création, de même il suppose ici que quelqu'un pourra encore entendre, une fois l'homme anéanti, le néant proférer une suprême affirmation de la toute-puissance divine.

MÉDITATION TRENTE-CINQUIÈME. — L'AUTOMNE

Page 113

* *L'AUTOMNE.* — La claire allusion des v. 25-28 à Miss Birch, que le poète espérait épouser, confirme ce qu'il dira dans le Commentaire de 1849 sur ces vers « écrits en 1819 ». Ce projet de mariage n'allait pas sans difficultés matérielles, qui retentissaient sur le moral du prétendant. Ayant quitté sa fiancée anglaise et Aix-les-Bains le 22 août, il avait gagné la Bourgogne à la fin du mois pour y demeurer, à Mâcon et à Milly, jusqu'au terme de l'année. Tout d'abord son état physique resta convenable : « La santé m'est revenue par torrents cet été et cet automne », déclarait-il le 29 octobre; il ne paraît pas s'être plaint en novembre; puis — soudain — en décembre son pessimisme reprit et il mandait à Virieu le 8 : « Me voilà replongé dans la fièvre, les inflammations répétées de l'estomac, la langueur, les noirceurs et, de plus, une impossibilité de lire qui met le comble à mon ennui », puis le 10 à Mme de Raigecourt : « J'ai des palpitations si terribles dans l'estomac que je ne sais si je serai de ce monde au printemps. »

Cette dernière phrase s'accorde bien avec les v. 18-20 de la méditation et autoriserait à dater celle-ci d'environ la première quinzaine de décembre 1819, à cette restriction près qu'on peut se demander si, à ce moment de l'année, les bois sont encore *couronnés d'un reste de verdure* (v. 1) détail qui ferait plutôt songer à la fin d'octobre ou à novembre... Comme toujours, il convient avec Lamartine d'être extrêmement circonspect et, dans le cas présent, de ne pas trop chercher à éclairer par des données biographiques rigoureuses une pièce qui développe des thèmes ayant un long passé littéraire.

Tout d'abord, mineur ici, celui du *Poète mourant,* qui donnera son titre à une méditation du recueil de 1823 et qui, depuis le Romain Tibulle (*Élégies,* III, 5), avait été souvent traité par les élégiaques, spécialement par ceux qui précédèrent immédiatement Lamartine, tels Gilbert, Millevoye ou Charles Loyson.

Surtout, l'automne a, de tout temps, largement inspiré les poètes lyriques, ainsi que l'ont montré notamment MM. M. Hervier (*Le Thème initial de « L'Automne » de Lamartine chez quelques poètes plus anciens, French Quarterly Review,* 1923, pp. 133-144) et Paul Van Tieghem (*L'Automne dans la poésie ouest-européenne de Brockes à Lamartine, Mélanges F. Baldensperger,* t. II, pp. 327-343, Paris, Champion, 1930). Une tradition, remontant à l'Antiquité gréco-latine (Théocrite, VII; Ovide, *Métamorphoses,* II, v. 29 : « pomifer autumnus »), n'a d'abord voulu voir que la saison des fruits, de l'abondance et des joies consécutives à une plantureuse fécondité : Ronsard dans son *Hymne à l'Automne* (1564), Pope dans sa pastorale *Autumn* (1709), le Hambourgeois Brockes dans *Der Herbst* (1748) ont suivi la veine illustrée par l'Écossais James Thomson, dont *Les Saisons* (1730) ont fixé définitivement la forme du poème automnal fréquemment imité par la suite. Cependant, vers 1760, les écrivains se sont tournés vers l'époque plus triste de la chute des feuilles, des arbres dénudés, de la nature perdant peu à peu vie et couleurs, de la campagne mélancolique : Macpherson-Ossian adopta cet automne qui convenait à la Calédonie de ses poèmes; Saint-Lambert (*Les Saisons,* 1766), Léonard *(Idylles),* Roucher (*Les Mois,* 1799), Fontanes, Delille, Legouvé, âmes sensibles et préromantiques, puis Chateaubriand dans *René,* se complurent à évoquer non plus l'automne de septembre, riche et lumineux, mais celui de novembre, annonciateur du grand deuil hivernal. C'est ce dernier que chante Lamartine, à son tour; on a pu faire de très nombreux rapprochements de son texte avec ceux de ses prédécesseurs : réminiscences peut-être, identité d'inspiration sûrement dans un même contexte psychologique et poétique. Quoi qu'il en soit, s'il y eut imitation, *L'Automne* des *Méditations* a relégué dans l'oubli tous les poèmes qui l'ont précédé parce que son auteur a su lui-même être inimitable dans son émouvante sobriété.

* *Vers 1. Salut :* cf. *Le Temple,* v. 9; *La Prière,* v. 41. Baour-Lormian, traduisant *Lorma* d'Ossian, avait montré l'automne

Dépouillant les coteaux *d'un reste de verdure.*

Gilbert *(Ode imitée de plusieurs psaumes,* souvent appelée *Adieux à la Vie),* s'écriait de son côté :

Salut, champs que j'aimais, et vous, douce verdure,
Et vous, riant exil des bois !
Ciel, pavillon de l'homme, admirable nature,
Salut pour la dernière fois !

* *Vers 3.* Les feuillages *jaunissants* se retrouvent, et pour cause, chez tous les poètes de l'automne; mais on peut, avec L. Delaruelle (*Lamartine lecteur de Delille, Revue d'Histoire littéraire de la France,* 1911, p. 417-418), relever ici cette rencontre avec le chant II des *Jardins :*

J'aime à mêler mon deuil *au deuil de la nature.*

Fontanes avait dit également dans *La Chartreuse de Paris :*

Sous ces *bois jaunissants* j'aime à m'ensevelir.

Ce sentiment était aussi celui de Mme de Lamartine qui notait en septembre 1807 (*Le Manuscrit de ma Mère,* LXXIII) : « Je jouis de ma solitude. Je suis seule à Milly... J'aime le temps d'automne et les promenades sans autre entretien qu'avec mes impressions... La nature me fait monter au cœur mille réflexions et une espèce de mélancolie qui me plaît... »

* *Vers 5.* Y a-t-il dans ce vers une autre réminiscence inconsciente des *Jardins* de Delille :

... la feuille sur la terre
En tombant interrompt *le rêveur solitaire ?*

On peut rapprocher le *pas rêveur* (alliance du concret et de l'abstrait) du *pas mélancolique* du *Dernier Chant du Pèlerinage d'Harold,* v. 1509.

* *Vers 8.* Cette *dernière fois,* déjà relevée chez Gilbert (note du v. 1), se rencontre aussi chez Millevoye, *La Chute des Feuilles :*

Tu m'as dit : — Les feuilles des bois
A tes yeux jauniront encore;
Mais c'est *pour la dernière fois...*

N'y avait-il pas là comme une rime obligée? comme sont également de rigueur certains jeux de lumière et d'ombre; cf. par exemple Saint-Lambert, *Les Saisons,* III :

Les rayons du soleil, sans force et sans chaleur,
Ne percent plus des airs la sombre profondeur.

Notations au demeurant fort justes et que Lamartine retrouvera lui-même au début du *Manuscrit de ma Mère,* II : « Pendant cette courte et frissonnante journée d'automne (du 2 novembre),... je m'égare à plaisir dans les sentiers les plus ténébreux des bois, qui conservent encore assez de feuilles jaunissantes pour intercepter les pâles rayons du soleil, et qui en laissent pleuvoir assez de mortes sous les pas pour nous signifier que tout est mort, que tout meurt, que tout va mourir. »

* *Vers 10.* Delille (*Les Jardins,* II) s'adressait ainsi à la Mélancolie :

Viens, non le front chargé de nuages affreux,
Mais *l'œil demi voilé...*

* *Vers 12.* La nature meurt en souriant, mais elle meurt; à cette conception s'oppose celle de son éternité et de la caducité de l'homme, développée par exemple dans *Le Dernier Chant du pèlerinage d'Harold,* v. 1473-1527, ou dans les *Harmonies poétiques (Éternité de la Nature, Brièveté de l'Homme).* L'image de l'*adieu d'un ami* est un cliché préromantique; cf. Fontanes, *Le Jour des Morts :*

D'un ami qui n'est plus la voix longtemps chérie
Me semble murmurer dans la feuille flétrie...

Mme de Staël, *De l'Allemagne,* II, 28 : « ... le coucher du soleil dont il sent les rayons doux et purs dans l'atmosphère comme l'adieu d'un ami ». On la rencontre aussi, au chant II de *L'Homme des champs* de Delille, en un passage dont Albert Chérel (*Un souvenir de « L'Homme des champs » dans les « Méditations », Revue d'Histoire de la France,* 1910, pp. 617-618) faisait la source — une de plus — des trois premières strophes de *L'Automne :*

Si du printemps nouveau l'on chérit les faveurs,
Les beaux jours *expirants* ont aussi leurs délices :
Au printemps de l'année, on bénit les prémices;
Dans l'automne, ces *bois,* ces *soleils pâlissants*
Intéressent notre âme en attristant nos sens...
On revoit les beaux jours avec ce vif transport
Qu'inspire un tendre ami dont on pleurait la mort;
Leur départ, quoique triste, à jouir nous invite :
Ce sont les doux adieux d'un ami qui nous quitte;
Chaque instant qu'il accorde, on aime à le saisir
Et le regret lui-même augmente le plaisir...

* *Vers 13.* Comme les auteurs classiques, Lamartine ne distingue pas *prêt à* et *près de* (cf. *L'Immortalité,* v. 8). Le v. 14 doit se comprendre : *pleurant de voir s'évanouir l'espoir que j'avais de vivre de longs jours.* Au v. 16, le possessif *ses* renvoie à *la vie* du v. 13; la correction tardive *ces biens* semble heureuse. Cette strophe rappelle le ton et certaines expressions de *La Poésie sacrée,* v. 60-69, dont l'origine est au *Livre de Job.*

* *Vers 20.* Cet *adieu à la terre et au soleil* fait songer à celui que, dans le théâtre grec, prononçaient les héros sur le point de mourir; mais, sans non plus recourir à l'exemple de Gilbert (cf. note du v. 1), Lamartine traduit sans doute ici des sentiments qui lui étaient très personnels.

* *Vers 24.* Sur l'image de la *coupe* (qui sous-entend peut-être celle du *banquet de la vie :* voir la première note du *Poète mourant*), cf. la note du v. 49 d'*A Elvire.* Le *calice* vient du langage des Évangiles (*Saint Matthieu,* XXVI, 39 : « Transeat a me calix iste »; etc.). *Nectar* et *miel* d'une part, *fiel* de l'autre traduisent bien l'union des sentiments contradictoires qui sont au fond de la méditation : instinct de tristesse et instinct du bonheur.

* *Vers 28. Une âme que j'ignore* est une périphrase inexacte, mais pleine de discrétion délicate pour désigner Miss Elisa Birch; *peut-être* répété traduit les incertitudes où Alphonse se trouvait à propos de son mariage auquel la mère de sa fiancée était encore opposée et qui ne fut définitivement décidé qu'en mars 1820. La présente strophe est comme un écho assourdi de la lettre qu'il adressait à sa future femme, le 19 août précédent, quelques jours après qu'il lui eut avoué ses tendres sentiments : « Je suis rentré moi-même mille fois plus heureux, car je sens qu'à présent et à jamais je n'aurai plus d'autre bonheur que le vôtre !... Je le sens, il y a une voix dans mon cœur qui me le répète à toutes les minutes, j'ai assez souffert, le ciel me garde enfin du bonheur, et tout bonheur désormais pour moi ne peut être qu'en vous, par vous et avec vous ! Oui, nous triompherons sans aucun doute, si l'amour triomphe, dans votre

cœur, des persécutions de tout genre dont on va vous entourer! » (*Revue des Deux Mondes,* 15 août 1905, p. 835.)

* *Vers 32.* Le jeu des rimes, certains mots et l'expression finale permettent de rapprocher ces derniers vers (sans pouvoir rien conclure) de Millevoye, *Le Bûcher de la Lyre :*

> Elle a cessé. Les feux qu'allume le *zéphire*
> A travers les *parfums* emporte ses *adieux.*
> Et toutefois, dit-on, des cendres de la lyre
> S'*exhala* jusqu'au soir *un son mélodieux.*

Sur la comparaison platonicienne de l'âme du mourant avec le son d'une lyre, cf. *L'Immortalité,* v. 147. — Sur son exemplaire personnel des *Méditations,* G. Flaubert avait écrit, à la fin de *L'Automne,* ces simples mots : *Homme de la douleur et de la tristesse.* Cette formule semble une définition assez sensible et profonde du génie lamartinien, auquel l'auteur de *Madame Bovary* se montrait ordinairement fort hostile, condamnant en particulier (lettre du 7 juin 1844) « la phrase femelle » du poète et du prosateur (G. Blaizot, *art. cit.,* p. 265).

MÉDITATION TRENTE-SIXIÈME. — A UN ENFANT FILLE DU POÈTE

Page 115

* *A UN ENFANT, FILLE DU POÈTE.* — On connaît l'affection passionnée que Lamartine vouait à sa fille Julia, née en novembre 1822 et qui devait mourir à Beyrouth, entre les bras de son père, au cours du voyage en Orient (7 décembre 1832). La date de 1831 pour ces vers est admissible; à cette époque, l'enfant, douée d'une extraordinaire gentillesse et d'une grande précocité intellectuelle, souffrait déjà du mal pulmonaire qui devait l'emporter; mais il est normal que, dans un poème à elle dédié, il ne soit fait aucune allusion aux inquiétudes que pouvait susciter son état de santé. Ces six strophes sont comme un cri du cœur, poussé peut-être à l'occasion de la fête ou de l'anniversaire de la fillette; l'auteur y exprime sa tendresse et montre comme il aimait associer son enfant à son travail poétique (tout comme il la faisait participer à ses activités sportives : cf. la note du v. 18 de *Sultan, le cheval arabe*). Voici quelques lignes de la lettre adressée à Virieu le 20 décembre 1832 et dans laquelle Alphonse lui faisait part de l'atroce nouvelle : « ... Je la retrouvais brillante en apparence de santé, ravissante de caractère et d'âme... Elle était adorable de sensibilité et de vertu et de tendresse pour nous, et d'intelligence supérieure. J'avais pris toutes les précautions humaines pour remettre sa poitrine toujours menacée depuis deux ans... Elle était grasse et fraîche, le pouls seulement ne me satisfaisait pas depuis plus d'un an... »

* *Vers 1. Céleste :* ce qualificatif devait être courant dans la bouche de Lamartine pour parler de Julia. Cf. sa lettre à Virieu : « Nous

n'avons plus d'enfant ! L'ange *céleste* qui fut le nôtre vient de nous être enlevé en cinq jours... »

* *Vers 10.* Comment comprendre que le ciel soit *jaloux ?* Deux interprétations semblent possibles : il envie à un mortel de posséder un tel trésor, et aussi il aspire à le lui ravir; peut-être ici le poète laisse-t-il transparaître un peu de son angoisse?

* *Vers 22.* Lamartine écrira dans *Gethsémani ou la Mort de Julia,* v. 153-168 :

C'était le seul anneau de ma chaîne brisée,
Le seul coin pur et bleu dans tout mon horizon;
Pour que son nom sonnât plus doux dans la maison,
D'un nom mélodieux nous l'avions baptisée *.
C'était mon univers, mon mouvement, mon bruit,
La voix qui m'enchantait dans toutes mes demeures,
Le charme ou le souci de mes yeux, de mes heures;
Mon matin, mon soir et ma nuit.

Le miroir où mon cœur s'aimait dans son image,
Le plus pur de mes jours sur ce front arrêté,
Un rayon permanent de ma félicité,
Tous les dons rassemblés, Seigneur, sur un visage;
Doux fardeau qu'à mon cou sa mère suspendait,
Yeux où brillaient mes yeux, âme à mon sein ravie,
Voix où vibrait ma voix, vie où vivait ma vie,
Ciel vivant qui me regardait...

Le poète a trouvé pour parler de sa fille morte des accents infiniment plus forts que ceux dont il usait pour la chanter vivante; mais certains thèmes se recoupent.

MÉDITATION TRENTE-SEPTIÈME. — LA POÉSIE SACRÉE

Page 116

* *LA POÉSIE SACRÉE.* — La paraphrase en vers de la Bible a été fort pratiquée en France depuis la Renaissance et il est normal que Lamartine, nourri d'Écriture Sainte dès l'enfance, se soit livré à ce noble exercice littéraire : la composition de *Saül,* et singulièrement celle des passages qu'il devait publier dans les *Méditations (Chants lyriques* et *Apparition de Samuel)* l'y avait d'ailleurs entraîné. Ce qui est sûr, c'est que le commerce d'amitié qu'il entretint avec la pieuse société du duc de Rohan est à l'origine même de *La Poésie sacrée.*

---

*. Le prénom de *Julia* rappelait intentionnellement celui de *Julie* Charles; Lamartine déclarait d'ailleurs quelques vers plus haut :

Tous mes amours s'étaient noyés dans cet amour;
Elle avait remplacé ceux que la mort retranche...

Du Commentaire de 1849, il ressort que cette méditation, « rassemblant dans un seul chant les différents caractères et les principales images des divers poètes sacrés », fut composée à Paris, au cours du séjour qu'y fit Lamartine, en mars-avril 1819. Il est assez malaisé de donner une plus grande précision de date au sujet d'une pièce dont la Correspondance ne dit mot. Selon un passage du *Cours familier de Littérature* (t. XXIV, p. 805), Genoude lut la pièce à l'abbé de Lamennais malade et celui-ci, enthousiasmé, aurait quitté aussitôt son lit pour aller faire la connaissance de l'auteur; or, la lettre du 13 avril à Virieu parle de Lamennais comme d'une personne connue et Alphonse passa la Semaine Sainte (5-13 avril) à La Roche-Guyon : sa première rencontre avec l'abbé doit donc être du tout début du mois, ou de la fin de mars. Mais un autre passage du *Cours* (t. II, p. 269) prétend que l'élan de Lamennais fut provoqué par *L'Enthousiasme*. Il n'y a donc rien à tirer de témoignages aussi incertains que tardifs !
Le sous-titre de *dithyrambe* s'accorde bien avec la définition du mot telle qu'elle se lit dans le *Dictionnaire de l'Académie* (édition de 1835) : « Espèce de poème lyrique qui se distingue de l'ode par un enthousiasme plus impétueux et par l'irrégularité des mesures et des stances. » La composition de *La Poésie sacrée* est en effet fort libre, tant pour la variété des vers et la forme des strophes que pour l'organisation du fond : v. 1-10 : introduction (personnification de cette poésie); v. 11-30 : création du monde (d'après la *Genèse,* I); v. 31-35; transition; v. 36-105 : plaintes et résignation de Job; v. 106-109 : transition; v. 110-182 : vision et malédictions d'Isaïe; v. 183-186 : transition; v. 187-208 : Ézéchiel et la résurrection des morts; v. 209-212 : transition; v. 213-244 : lamentations et espoir de Jérémie; v. 245-254 : conclusion. Sans doute cette méditation est-elle loin de résumer tous les caractères essentiels de la Bible : s'il est assez normal qu'elle ne fasse aucun emprunt aux livres historiques, on est surpris qu'elle ne doive pour ainsi dire rien aux *Psaumes* ou au *Cantique des Cantiques*. Mais, il faut en convenir, le poète était en droit de sélectionner à son gré les passages qu'il voulait pour écrire cette revue lyrique du prophétisme hébreu, achevée sur un accent chrétien. La tonalité religieuse de l'ensemble devait plaire à ses amis et l'on comprend que les premières éditions des *Méditations* se soient terminées sur cette pièce; elle traduisait bien l'état d'esprit de Lamartine, choisissant essentiellement dans l'Écriture des pages imprégnées de pessimisme, sans toutefois omettre de laisser transparaître les espoirs d'une foi que, tout le premier, il aurait voulue moins chancelante. — *La Poésie sacrée* a été sérieusement étudiée par Grillet, pp. 71-76 et 298-304 notamment.

* *A M. Eugène Genoude.* — Sur les relations de Lamartine avec Genoude, cf. en particulier outre la Correspondance du poète, son *Cours familier de Littérature* (t. XXVII, pp. 263-269, et t. XXVIII, pp. 80-81), son *Histoire de la Restauration* (t. VI, pp. 236-238), ses *Mémoires politiques* (t. I, pp. 249-250), Léon Séché, pp. 214-220 et 225-226;

Grillet, pp. 37-44; Mgr Ch. Bellet, *Souvenirs dauphinois sur Lamartine* (Valence, 1916), pp. 167-214; M. Levaillant, *Lamartine et l'Italie en 1820*, pp. 200-204. Issu d'une famille d'origine savoyarde, Antoine-Eugène Genoud (qui transforma plus tard son patronyme en Genoude) naquit à Montélimar le 9 février 1792; ses parents vinrent s'installer à Grenoble et y exploitèrent un café que fréquenta Stendhal; lui-même fut élève au lycée de la ville, où il eut Champollion comme condisciple; il acheva sa rhétorique en 1809. Sceptique et voltairien, la lecture de Rousseau le ramena au théisme. Il vint à Paris : bien accueilli par le poète Fontanes, il entrevit Chateaubriand et applaudit Talma. L'abbé de Teyseyre, ex-polytechnicien, le ramena à la foi et lui fit connaître le duc de Rohan et la société de La Roche-Guyon. Ayant appris l'hébreu, Genoude entreprit de traduire la Bible en français : il édita le *Livre d'Isaïe* dès octobre 1815 et le *Livre de Job* fut publié en avril ou mai 1818; Lamartine put donc recourir à des volumes parus pour écrire les vers 36-182 de *La Poésie sacrée;* mais, pour les autres parties de sa méditation, il dut avoir en main les projets du traducteur. Celui-ci lui avait en effet été présenté par le Dauphinois Joseph Rocher (cf. première note de *L'Enthousiasme*), sans doute en 1817, et rapidement l'amitié s'établit entre Genoude et le poète; dans la Correspondance de celui-ci, qui contient quelque vingt-trois lettres au traducteur de l'Écriture, le *cher Genoude* du début devient vite *cher ami, ami in aeternum et ultra* ou, plus simplement, *Eugène*. On sait le rôle important que Genoude joua dans la publication des *Méditations* et, même après 1823, il continua d'être l'intendant littéraire de Lamartine, pour le compte de qui notamment il percevait ses droits d'auteur lorsque Alphonse était éloigné de Paris. La Bible traduite (elle ne fut achevée qu'en 1824) valut à Genoude d'être anobli en juin 1822 par Louis XVIII, grâce à l'appui de Villèle; par ailleurs, étant attaché d'ambassade à Naples en 1820-1821, Lamartine fit intervenir ses hautes relations romaines et notamment la duchesse de Devonshire pour que le pape créât son ami chevalier de l'Ordre de l'Éperon d'Or. Le pieux Genoude avait longtemps songé à entrer dans les ordres, mais il épousa, le 21 avril 1821, Mlle Léontine Caron de Fleury, lointaine descendante de Racine : quatre enfants naquirent de cette union. Nommé maître des requêtes au Conseil d'État, M. de Genoude adopta une attitude ultra-royaliste, mais il ne put entraîner dans cette voie Lamartine qui refusa de s'associer avec lui à la politique du prince de Polignac. Sous la monarchie de Juillet, le malheur accabla Genoude dont la femme mourut prématurément le 28 avril 1834; veuf inconsolable, le dédicataire de *La Poésie sacrée* se fit prêtre en décembre 1835; ces événements inspirèrent à Lamartine deux pièces qui figurent dans les *Recueillements poétiques : A M. de Genoude, sur son ordination* et *Aux enfants de Mme Léontine de Genoude*. A vrai dire, dès le lendemain de la révolution de 1830, les relations des deux hommes s'étaient fort relâchées : influencé par le rationaliste et anticlérical Dargaud, l'écrivain désapprouvait l'action militante que Genoude poursuivait comme journaliste dans *La Gazette de*

France; élu député de Toulouse en 1846, il fut un des premiers à réclamer le suffrage universel en 1848 : mais battu aux élections, il fut profondément touché par son échec et mourut découragé à Hyères, le 19 avril 1849. Et Lamartine traça alors, dans l'*Entretien avec le lecteur* qui ouvre les *Recueillements,* ces lignes émouvantes : « Je ne voyais plus que rarement cet ancien ami de mes premiers vers. Nous nous aimions néanmoins à distance, et à travers des opinions politiques et religieuses très dissemblables. Tous ces dissentiments de la terre sont ensevelis dans la terre; les âmes dépouillent ces costumes du pays et du temps en entrant au tombeau. »

* *Vers 6.* Si cette évocation de la Poésie Sacrée personnifiée n'est pas pure invention de Lamartine, elle a pu lui être suggérée par la vue de quelque statue ou image pieuse. On peut relever dans ce début deux réminiscences possibles de l'Écriture : v. 1 : cf. *Ézéchiel,* XL, 34 : « Et palmae caelatae in fronte ejus » (il s'agit d'ailleurs du fronton d'un temple); v. 6 : *Psaumes* LVII, 8 : « Ad nihilum devenient tanquam aqua decurrens » (le mot *torrens* est fréquent dans la Bible). En décembre 1823, en écrivant l'*Invocation* qui devait ouvrir *Les Visions* (édit. Guillemin), le poète retrouve un mouvement analogue en s'adressant à l'Esprit :

Qu'importe à tes regards la distance ou l'espace?
Au signe de tes yeux le temps naît ou s'efface,
Et l'avenir tremblant, à ta voix enfanté,
Passe derrière toi comme un siècle compté.

* *Vers 10.* C'est-à-dire le *jour de la Création,* évoquée brièvement d'après le début de la *Genèse* dans les v. 11-30.

* *Vers 15.* Cf. *Genèse,* I, 2 : « Et spiritus Dei ferebatur super aquas. » Le mot *chaos* du v. 13 n'est pas biblique, mais se trouve notamment chez Ovide, *Métamorphoses,* I, v. 7, où est décrit un état de l'univers assez comparable à celui évoqué par les versets initiaux de la *Genèse.*

* *Vers 24. Genèse,* I, 3 : « Dixitque Deus : — Fiat lux —, et facta est lux ». Lamartine suit très approximativement le texte sacré : les *étoiles* ne sont créées que le quatrième jour (versets 16-17) après la séparation des divers éléments : le verbe *dividere* (v. 19 : *se séparèrent*) revient cinq fois (versets 4, 6, 7, 14, 18); le partage des *eaux (aquae)* d'avec le firmament a lieu aux versets 6-7 (deuxième jour), puis celui des eaux d'avec le sec *(arida)* amène l'apparition des *mers (maria,* (versets 9-10); le sec reçoit le nom de *terre* (troisième jour), mais il n'est fait nulle mention des *montagnes,* ni des *aquilons :* sur ce point, Lamartine ne se serait-il point souvenu d'Ovide, *Métamorphoses,* I, v. 44 (lapidosos surgere montes) et v. 56 (Et cum fulminibus facientes fulgore ventos)?

* *Vers 25.* Bien que la Création n'ait duré que six jours, l'expression *Deus dixit, Deus ait* revient une dizaine de fois au premier chapitre de la *Genèse;* au second, le chiffre *sept* se trouve dans « Requievit

septimo die » Lamartine emploie aussi la locution *parole féconde* dans *Le Désespoir,* v. 1, et dans *Dieu,* v. 154.

* *Vers 28. Genèse,* I, 26-27 : « Et ait : Faciamus hominem ad imaginem et similitudinem nostram... et creavit Deus hominem. »

* *Vers 30.* La satisfaction de Dieu devant sa Création est exprimée aux versets 4, 11, 13, 19, 21, 25, 31 : « Viditque Deux cuncta quae fecerat, et erant bona. » Le *Verbe créateur* vient de *Saint Jean,* I, 1 et 4.

* *Vers 32.* Après avoir été placés par Dieu dans un jardin de délices en Éden, l'homme et la femme en sont chassés pour avoir désobéi à Dieu (*Genèse,* II, 15 et III, 23-24), qui leur impose la dure loi du travail et de la mort en déclarant : « In sudore vultus tui vesceris pane et, quia pulvis es, in pulverem reverteris.»

* *Vers 34.* Sur cette image, cf. *Les Préludes,* v. 19.

* *Vers 39. Livre de Job,* III, 3 et 12 : « Périsse le jour où je suis né et la nuit dans laquelle il a été dit : Un homme a été conçu... Pourquoi ne suis-je pas mort dans le sein de ma mère? Pourquoi ai-je été reçu sur les genoux d'une femme? » (Traduction de Genoude, comme les citations qui suivent.)

* *Vers 43. Livre de Job,* III, 4-6 : « Que ce jour soit changé en ténèbres. Que les ténèbres et l'ombre de la mort l'obscurcissent... Que cette nuit ne soit pas comptée dans les jours de l'année. » Le v. 43 semble aussi un souvenir précis d'*Isaïe,* XL, 17 : « Quasi non sint, sic sunt coram eo. »

* *Vers 49. Ibid.,* 13-16 : « Maintenant je dormirais dans le silence, et je reposerais dans mon sommeil... avec les princes qui possèdent des trésors, avec le fruit avorté dans le sein de sa mère, avec l'enfant qui n'a pas vu le jour. » Au v. 46, *la longue nuit qui n'aura point d'aurore* paraît à Grillet (p. 24) la réminiscence d'un passage de l'*Essai sur l'Indifférence,* de Lamennais, évoquant cet « abîme sans fond où l'athée va descendre, cette solitude morne, ce silence éternel, ce sommeil glacé, *cette nuit qui n'aura jamais d'aurore.* » On rapprochera les v. 48-49 de *L'Homme,* v. 217-218.

* *Vers 59.* Si le premier vers de cette strophe est inspiré des *Psaumes,* CI, 12 (« Dies mei sicut umbra declinaverunt »), le reste vient du *Livre de Job,* XVII, 1-7 et VI, 15-21 : « Mes jours sont abrégés... Le jour n'est plus pour moi qu'une nuit sombre... Je n'ai autour de moi que des amis cruels... Je suis devenu la fable des mortels et le jouet de tous les mépris... » « Mes frères ont eu horreur de mes maux... Ils ont passé devant moi comme le torrent qui traverse rapidement la vallée. » Cf. *Le Vallon,* v. 46-47; Lamartine développera aussi des idées analogues dans les *Harmonies poétiques :*

Presse à ton gré, ralentis l'ombre
Qui mesure nos courts instants !

Ajoute ou retranche le nombre
Que ton doigt impose à nos ans !

(*Pour le premier jour de l'année*, v. 117-120.)

Qu'importe à ces hommes mes frères
Le cœur brisé d'un malheureux !
Trop au-dessus de mes misères,
Mon infortune est si loin d'eux !...
Eh bien ! ne cherchons plus sans cesse
La vaine pitié des humains...

(*Une larme ou Consolation*, v. 9-12 et 21-22.)

* *Vers 69. Ibid.*, VII, 9-10 : « Comme un nuage se dissipe et passe, (ainsi celui qui descend dans l'abîme ne remontera plus)... Mes yeux ne verront plus les biens dont j'ai joui... Celui qui descend dans l'abîme... ne rentrera plus dans sa demeure, et le lieu qu'il habitait ne le connaîtra plus. Le regard de l'homme ne l'apercevra plus. » *Le souffle de la colère de Dieu* rappelle aussi le *Livre de Job*, IX, 13; XX, 23. Les v. 60-64 font penser aux v. 13-16 de *L'Automne* comme les *vallons* du v. 67 évoquent le titre de la Méditation VI, le sens du v. 68 ne laissant pas d'être assez obscur. Le v. 66 semble un écho de Catulle, III, v. 11-12 : « Qui nunc it... Illuc unde negant redire quemquam. » La fin de la strophe peut être rapprochée de *Jocelyn* :

Ainsi tout ce que j'aime est arraché de terre :
Ainsi, si je cherchais la maison de mon père,
Mes yeux ne verraient plus qu'un pan de mur noirci...

(Deuxième époque, v. 347-349)

J'entrai sans respirer dans la grotte déserte,
Comme un mort, dont les siens ont oublié la perte,
Rentrerait inconnu dans sa propre maison,
Dont les murs qu'il bâtit ne savent plus son nom...

(Neuvième époque, v. 1449-1452).

V. Hugo reprendra la même image dans *La Tristesse d'Olympio*, v. 80 :

Ma maison me regarde et ne me connaît plus.

* *Vers 79. Livre de Job*, XIV, 1-12 : « L'homme vit peu de jours et il est rassasié de misère. Comme la fleur, il s'élève et il est foulé aux pieds. L'arbre qu'on a coupé n'est pas sans espérance;... quand sa racine aurait vieilli dans la terre,... il germerait à l'approche de l'eau et ses feuilles renaîtraient. Mais, quand l'homme est mort, où est-il? L'eau s'écoule d'un lac, les fleuves tarissent; ainsi l'homme, lorsqu'il a passé, ne revient pas. » — Pour l'idée des v. 70-71, cf. *L'Homme*, v. 204; — *Le Vallon*, v. 13; *Adieu*, v. 66; — *L'Immortalité*, v. 58-62; *A Elvire*, v. 27-32. — Un mouvement antithétique comparable à celui des v. 74-79 pour traduire la misérable condition de l'homme se rencontre dans *La Foi*, v. 121-124. L'image du *tarissement* peut encore être signalée dans *Le Voyage en Orient* (« Immense lit d'un

fleuve où la vague a tari », vers écrit à Balbek le 29 mars 1833), *La Chute d'un Ange,* onzième vision (« Le peuple avait coulé tout entier comme un fleuve »), *La Marseillaise de la Paix,* v. 100.

* *Vers 81.* Pour le *courroux divin,* cf. note du v. 69. Pour la *neige qui fond,* cf. *Livre de Job,* XXIV, 19 : « Comme les feux de l'été dissipent la neige, la mort emporte les impies. »

* *Vers 83. Ibid.,* VII, 16 : « J'ai perdu l'espérance, je ne vivrai plus longtemps, car mes jours ne sont rien. » *Abrège* semble suggéré par XVII, 1 : « Dies mei breviabuntur. » *L'eau qui s'enfuit* rappelle le v. 6, mais est suggéré par les *Psaumes,* XXI, 15 : « Sicut aqua diffusus sum. »

* *Vers 89. Ibid.,* XVII, 13-14 : « J'attends, j'attends que le tombeau soit ma demeure; j'ai un lit préparé dans les ténèbres... J'ai dit au néant : — Tu es mon père; à la corruption (le texte latin dit *vermibus*) : — Tu es ma mère et ma sœur. »

* *Vers 93. Ibid.,* XXI, 9 et 17; XXIV, 9 : « Voit-on souvent s'éteindre le flambeau de l'impie?... Leur maison est sûre et paisible... Il arrache l'orphelin à la mamelle... » (Le texte dit : *Vim fecerunt depraedantes pupillos.*)

* *Vers 94. Livre de Job,* XV, 29 : « Nec mittet in terra radicem suam » (il s'agit encore de l'impie, jugé par Éliphaz, contradicteur de Job et qui soutient que Dieu empêche les méchants de prospérer).

* *Vers 99. Ibid.,* XXI, 11 et 32-33 : « Leurs petits enfants sortent comme un troupeau... Il est conduit en pompe au mausolée... Il repose tranquillement dans la vallée... et il semble vivre encore. » *Ségor,* ville proche de la mer Morte, n'est pas citée dans le *Livre de Job,* mais dans celui d'*Isaïe,* XV, 5.

* *Vers 105.* Cette strophe est constituée d'emprunts, faits à des passages assez divers du *Livre de Job :* « Que puis-je répondre au Seigneur? J'adore et je me tais. » (XXXIX, 35.) — « Est-ce toi qui montres à l'aurore le lieu où elle se lève? » (XXXVIII, 12.) — « Il étend sur le vide la voûte des cieux, et il suspend la terre sur le néant... L'enfer est nu devant ses yeux; l'abîme pour lui n'a point de voiles. » (XXVI, 6-7.) — « La sagesse des hommes est néant à ses yeux » (XXXVII, 24). — Grillet (p. 265) cite les v. 100 et 105 comme témoignage que « le demi-agnosticisme du *Désert* plonge par bien des racines dans le fidéisme jobien des premières *Méditations* ».

* *Vers 109.* Le début de la prophétie d'Isaïe est en effet l'annonce des menaces que le Seigneur fait peser sur Israël en raison de son ingratitude; les premiers mots en sont (I, 1 et 2) : « Visio Isaiae. filii Amos, quam vidit... Audite, coeli, et auribus percipe, terra »,

* *Vers 113. Livre d'Isaïe,* VI, 1 : « Dans l'année de la mort du roi Ozias, je vis Adonaï assis sur un trône élevé; le bord de sa robe emplissait le temple. » — Genoude traduit le mot *Dominum* de la Vulgate par *Adonaï,* qui en est l'équivalent en hébreu. Cf. aussi

Psaumes, CIII, 1-2 : Confessionem et decorem induisti, amictus lumine sicut vestimento. »

* *Vers 118. Ibid.* VI, 2-3 : « Des séraphins étaient debout au-dessus du trône : ils avaient six ailes; deux voilaient leur visage, deux recouvraient leurs pieds, et deux leur servaient pour voler. Ils criaient l'un à l'autre : — Saint, saint, saint est le Seigneur, le Dieu des armées : toute la terre est pleine de sa gloire. »

* *Vers 122. Ibid.,* VI, 4 : « A leur voix, les portes du temple s'ébranlèrent et le temple fut rempli de fumée. » Le v. 120 est une invention de Lamartine; le v. 122 semble une adaptation du prophète, XXIV, 19-20 : « Concutientur fundamenta terrae..., commotione commovebitur terra. »

* *Vers 126. Ibid.,* VI, 5 : « Et j'ai dit : — Malheur à moi à cause de mon silence ! Mes lèvres sont impures, j'habite au milieu d'un peuple souillé; et j'ai vu le roi, le Seigneur des armées, de mes propres yeux. »

* *Vers 130. Ibid.,* VI, 6-9 : « Alors j'entendis la voix d'Adonaï : — Qui enverrai-je? Qui ira pour moi? — Me voici, répondis-je... Et un des séraphins vola vers moi. Dans sa main était un charbon de feu... Et il l'approcha de mes lèvres et dit : — Le charbon a purifié ta bouche. » Le mot *malheur* — *Vae !* — revient au moins vingt-deux fois chez Isaïe.

* *Vers 134. Livre d'Isaïe,* V, 11 : « Malheur à vous qui, dès le matin, vous livrez à la volupté, et ne cessez jusqu'au soir de vous enivrer des vapeurs du vin ! »

* *Vers 140. Ibid.,* V, 8 : « Malheur à vous, qui joignez maison à maison, et qui ajoutez terres à terres, jusqu'à ce qu'enfin le lieu vous manque ! Serez-vous donc les seuls qui habiterez sur la terre? » Le mot *usure (usura)* n'apparaît pas chez Isaïe, mais se rencontre au *Livre d'Ézéchiel,* XVIII, 8, 13, 17, où cette pratique est condamnée.

* *Vers 142. Ibid.,* V, 20-21 : « Malheur à vous... qui donnez aux ténèbres le nom de lumière, et à la lumière le nom de ténèbres... Malheur à vous qui êtes sages à vos propres yeux, et qui vous croyez prudents... » Ce passage rappelle le ton sur lequel Lamartine parle à ses contemporains, incrédules héritiers du XVIIIe siècle, qu'il compare du reste aux enfants d'Israël en révolte contre Dieu, dans son *Ode aux Français,* v. 21-22, etc.

* *Vers 150. Ibid.,* V, 18 : « Malheur à vous qui traînez l'iniquité comme de longues chaînes, et le péché comme les traits d'un char... » L'image du *taureau* n'apparaît point dans ce passage, mais cet animal est nommé à diverses reprises chez les prophètes.

* *Vers 152.* Cette strophe est inspirée par la prophétie d'Isaïe contre Tyr et Sidon, *ibid.,* XXIII, 1 et 10 : « O Sidon, fille des mers... Malheur à la terre qui fit retentir les voiles de ses vaisseaux comme

des ailes ! » Le texte de la Vulgate dit exactement : « Ululate, naves maris quia vastata est domus unde venire consueverant » et Genoude ajoute dans sa traduction l'image des *ailes*, que Lamartine recueille parce qu'il la trouve gracieuse.

* *Vers 154*. Lamartine enrichit ici le texte d'Isaïe en rattachant, par analogie de sens, à ce passage qui condamne deux villes célèbres par leur activité maritime, un passage du *Troisième Livre des Rois*, X, 11, relatif à un trafic commercial portant sur des matières de luxe : « Sed et classis Hiram, quae portabat aurum de Ophir, attulit ex Ophir ligna thyina multa nimis. » Il substitue la *pourpre* (souvent nommée dans les textes sacrés) au bois de santal; *Ophir* est une région mal localisée (Yémen ou Afrique).

* *Vers 162*. Tout le *Livre d'Isaïe* retentit de la colère de Dieu. Cf. en particulier XXXIV, 8 : « Car le jour de la vengeance du Seigneur est venu et le temps de faire justice à Sion » (« Quia dies ultionis Domini, annus retributionum judicii Sion ») et XXX, 28 : « Spiritus ejus velut torrens inundans ».

* *Vers 164. Ibid.*, I, 11-13 : « Holocausta arietum nolui... Ne offeratis ultra sacrificia frustra... Incensum abominatio est mihi. »

* *Vers 170. Ibid.*, XXXIV, 2-6 : « L'indignation du Seigneur va fondre sur toutes les nations; sa fureur se répandra sur toutes leurs armées : il les passera au fil de l'épée... Toute leur armée tombera comme les feuilles tombent de la vigne et du figuier... Car mon épée s'est enivrée... L'épée du Seigneur est pleine de sang... Il y aura un grand carnage dans la terre d'Édom. » Le v. 168 a pu être suggéré par une réminiscence du *Livre de Jérémie*, XIII, 14 : « Ait Dominus : — Non parcam, et non concedam. »

* *Vers 171. Livre d'Isaïe*, XXXIV, 9 : « Convertentur torrentes ejus in picem... et erit terra ejus in picem ardentem. »

* *Vers 173. Ibid.*, XXV, 2 : « Posuisti urbem fortem in ruinam ». Cf. aussi XIV, 17 : « Posuit orbem desertum et urbes ejus destruxit. » La *main* menaçante est au *Livre d'Ézéchiel*, VI, 14 : « Et extendam manum meam super eos et faciam terram desolatam et destitutam. »

* *Vers 174. Livre d'Isaïe*, V, 24 : « Sicut devorat stipulam lingua ignis. »

* *Vers 176. Ibid.*, XXXIV, 10 : « A generatione in generationem desolabitur, in saecula saeculorum non erit transiens... » Menaces analogues en XVII, 1 et 9 : « Ecce Damascus desinet esse civitas... »

* *Vers 182. Ibid.*, XXXIV, 13-15 : « Les épines couvriront les palais, les ronces croîtront dans les citadelles; là se traîneront les serpents; là s'entendra le hibou. Les vautours et les hyènes s'appelleront... Les oiseaux de nuit s'y retireront... Le hérisson y nourrira ses petits... » — Lamartine a suivi de très près ici l'adaptation de Genoude; voici l'original dans le texte de la Vulgate : « Et orientur in domibus ejus spinae..., et paliurus in munitionibus ejus; et erit cubile draconum... Et occurrent daemonia onocentauris, et pilosus

clamabit alter ad alterum. Ibi cubavit lamia et invenit sibi requiem... Ibi habuit foveam ericius et enutrivit catulos... Illuc congregati sunt milvi alter ad alterum... » La traduction varie suivant les auteurs... Genoude paraît rendre par *vautours* et par *hyènes daemonia* et *onocentauri; pilosus (satyre* ou *bouc?)* devient sous sa plume *hibou,* à moins que ce mot ne soit le correspondant de *lamia (loup-garou, fantôme, chouette?)*; les *milans (milvi)* sont-ils alors devenus les *oiseaux de nuit?* Qui oserait l'affirmer?

* *Vers 186. Ézéchiel* (troisième des grands prophètes que Lamartine place en second, avant Jérémie qu'il suit dans l'ordre habituel de la Bible) mérite le qualificatif de *sombre* tant à cause des obscurités de son texte qu'au caractère sinistre de ses prédictions. L'image du *tronc desséché* peut avoir été suggérée par un passage de celles-ci, XXVII, 24 : « Scient omnia ligna regionis quia ego Dominus... siccavi lignum viride. » Quant à l'ingratitude d'Israël, elle est un des thèmes capitaux de l'Ancien Testament et Ézéchiel ne fait pas faute de la rappeler en XXII, 12 (« Mei oblita es, ait Dominus Deus ») et XXIII, 35 (« Quia oblita es mei et projecisti me »). Pour *la parole de vie,* cf. v. 25 et note.

* *Vers 187.* Dans cette tirade, Lamartine suit de très près les treize premiers vers du chapitre XXXVII du *Livre d'Ézéchiel,* dont voici la traduction par Genoude : « Le Seigneur m'emporta en esprit et il me déposa au milieu d'un champ, et ce champ était plein d'ossements. Et il me dit : — ... Ces os vivront-ils? — Et je dis : — Seigneur Dieu, tu le sais. — Et il dit : — Prophétise sur ces os et dis-leur : « Os arides, écoutez la parole du Seigneur... Moi, j'enverrai « l'esprit et vous vivrez. Et je mettrai sur vous des nerfs, et je ferai « croître sur vous des chairs, et j'étendrai la peau sur vous. Et je « vous donnerai l'esprit, et vous vivrez, et vous saurez que moi « je suis le Seigneur ! » Et je prophétisai comme il me l'avait ordonné... Et voilà que tout s'ébranle : et les os s'approchent des os, chacun à sa jointure... et voilà les nerfs et les chairs qui recouvraient les os, et la peau qui s'étendait sur les os... (Et je dis au nom du Seigneur) : « Viens, Esprit, des quatre vents et souffle sur ces mortels, et qu'ils « vivent ! »... Et en même temps l'esprit rentra en eux, et ils reprirent la vie, et une armée innombrable se leva sur ses pieds. Et le Seigneur me dit : — Fils de l'Homme, ces os sont la maison d'Israël; ils disent : « Nos os ont séché, notre espérance s'est évanouie, et nous « avons été moissonnés. » C'est pourquoi prophétise et dis-leur : «Voici les paroles du Seigneur Dieu : J'ouvrirai vos tombeaux, « et je vous tirerai de vos sépulcres, et je vous conduirai dans la « terre d'Israël. Et vous saurez que je suis le Seigneur ! » Cette page impressionnante avait été paraphrasée par Le Franc de Pompignan (1709-1784), sous le titre *La Résurrection des Morts* (*Poésies sacrées,* livre III) et elle devait également inspirer Victor Hugo dans les v. 520-550 des *Mages* (*Les Contemplations,* VI, 23).

Vers 201. Cf. *L'Esprit de Dieu,* v. 21.

* *Vers 209.* Cet oubli est déploré notamment par les *Lamentations de Jérémie,* V, 20, où le prophète, rappelant la misère d'Israël, demande à Dieu : « Quare in perpetuum oblivisceris nostri? »

* *Vers 211. Ibid.,* I, 1 et 6 : « Quomodo sedet sola civitas plena populo? Facta est quasi vidua domina gentium... Egressus est a filia Sion omnis decor ejus. »

* *Vers 212. Ibid.,* II, 18 : « Deduc quasi torrentem lacrimas per diem et noctem. »

* *Vers 216. Ibid.,* III, 3 : « (Dominus) in me convertit manum suam tota die » et I, 12 : « O vos omnes qui transitis per viam, attendite et videte si est dolor sicut dolor meus; vindemiavit me ut locutus est Dominus in die irae furoris sui. »

* *Vers 220. Ibid.,* III, 8 et 12-13 : « En vain je crierai vers lui et je le prierai : il a rejeté ma prière... Il m'a fait le but de ses flèches; il a envoyé contre moi les fils de son carquois. » Cf. *Chants lyriques de Saül,* v. 14-15.

* *Vers 224. Ibid.,* III, 4, 14, 45 : « Il a fait vieillir ma peau et ma chair, il a brisé mes os... Je suis devenu la raillerie de tout un peuple, le sujet de ses chants... Comme une plante arrachée et rejetée, vous m'avez mis au milieu des peuples... » Pour le v. 222, on se reportera aussi à la note du v. 59.

* *Vers 228. Lamentations de Jérémie,* III, 43, 9 et 17-18 : « Vous vous êtes enveloppé de votre fureur... Il a semé ma route de pierres tranchantes; il a détruit mes sentiers... Et j'ai oublié la joie. Et j'ai dit : — Mon espérance est dans les cieux. »

* *Vers 232. Ibid.,* V, 1 et III, 19-22 : « Souvenez-vous, Seigneur, de ce qui nous est arrivé... Souvenez-vous de mes afflictions en même temps que de ma révolte, du fiel et de l'absinthe dont je suis nourri... J'espérais parce que l'amour du Seigneur n'est pas tari. »

* *Vers 236. Ibid.,* III, 21-25 et 31-32 : « En repassant le souvenir des jours mauvais dans mon cœur, j'espérai... J'ai connu le Seigneur au matin... Il est bon... Il ne s'éloigne pas à jamais; il nous a rejetés, mais il aura pitié. »

* *Vers 240. Ibid.,* III, 26-28 : « Heureux l'homme qui porte le joug dès sa jeunesse,... qui attend en silence le salut de Dieu. Il s'assiéra solitaire et il se taira, parce que Dieu a posé ce joug sur lui. » Il n'est point de *fleuve* dans les *Lamentations de Jérémie,* mais Lamartine s'est visiblement souvenu au v. 240 d'un passage fameux des *Psaumes,* CXXXVI, 1 : « Super flumina Babylonis, illic sedimus. »

* *Vers 244. Ibid.,* I, 2 : « (Jérusalem) a pleuré... durant la nuit » et III, 29 : « Il mettra sa bouche dans la poussière et il espérera. » (Cet *espoir* est aussi exprimé aux versets 21, 24, etc.)

* *Vers 245.* Cette invitation au silence respectueux est comme un écho du v. 100; mais, dans les derniers vers de *La Poésie sacrée,* s'exprime une espérance à laquelle il ne faudrait sans doute plus appliquer la remarque de Grillet rapportée à la note du v. 105.

* *Vers 248. Celui qui doit venir,* c'est évidemment le Sauveur du Monde, dont l'avènement est annoncé maintes fois dans l'Ancien Testament, en particulier par les prophètes (cf. par exemple *Livre de Zacharie,* IX, 9 : « Ecce Rex tuus veniet et Salvator ») et dont le Nouveau prédit le retour à la fin des temps (cf. *Saint Matthieu,* XVI, 27 : « Filius enim hominis venturus est in gloria Patris cum angelis suis »).

* *Vers 294.* Ces derniers vers évoquent la nuit de la Nativité et la parole des anges aux bergers, rapportée par *Saint Luc* (II, 14) : « Gloria in altissimis Deo, et in terra pax hominibus bonae voluntatis ! »

MÉDITATION TRENTE-HUITIÈME. — LES FLEURS

Page 124

* *LES FLEURS.* — La date de 1837, donnée dans toutes les éditions, est évidemment fictive ou erronée. On doit admettre pour exacte celle portée par le manuscrit des archives de Saint-Point : *Paris, 25 mars 1843.* Dans ces conditions, *Les Fleurs* seraient, presque jour pour jour, d'une année postérieure au *Coquillage* et à *Sultan, le cheval arabe.* En mars, les fleurs étant encore très rares dans la nature, il est permis de supposer que, comme les deux pièces qui viennent d'être nommées, la présente méditation fut écrite à l'occasion de quelque dessin, destiné à l'annuelle vente de charité, organisée vers la moitié d'avril par Mme de Lamartine en faveur des œuvres dont elle s'occupait. Aussi bien, en mars 1843, le poète était trop pris par les débats de la Chambre pour se livrer à de longues inspirations : après avoir songé « à s'en aller passer un long mois solitaire à Monceau et à Mâcon » avec ses amis politiques de Bourgogne (à M. Ronot, 7 mars), il avait dû se résoudre à demeurer dans la capitale et se plaignait de son « brouhaha perpétuel », souhaitant d'être mis « hors de combat » et de pouvoir retrouver à Saint-Point la vie calme et le repos (à M. Desserteaux, 20 mars). Grand amateur de la nature, Lamartine ne pouvait pas être insensible à la beauté des fleurs ; il les a magnifiquement chantées dans *Jocelyn,* au début de la quatrième époque, lorsqu'il décrit avec somptuosité le printemps à la Grotte des Aigles (v. 76-82) :

> (L'air) hâtait tout du souffle, il pressait tout d'éclore ;
> Et les herbes, les fleurs, les lianes des bois
> S'étendaient en tapis, s'arrondissaient en toits,
> S'entrelaçaient aux troncs, se suspendaient aux roches,
> Sortaient de terre en grappe, en dentelles, en cloches,
> Entravaient nos sentiers par des réseaux de fleurs,
> Et nos yeux éblouis par des flots de couleurs...

Mais il est curieux de noter que c'est seulement à un moment avancé de sa carrière qu'il a écrit des poèmes développant un thème spécifiquement floral; d'ordinaire brefs et souvent suggérés par des tableaux ou des aquarelles, ils sont donnés dans l'Édition des Souscripteurs de 1849; ce sont, dans les *Méditations: Le Lis de Santa-Restituta, Sur une fleur séchée dans un album, Les Fleurs, Les Pavots, La Pervenche, Les Esprits des fleurs, Les Fleurs de l'autel, Sur une page peinte d'insectes et de plantes;* dans les *Harmonies poétiques: La Fleur des eaux* *, *Une fleur, mélodie, Sur des roses sous la neige;* dans les *Recueillements poétiques: Le Liseron, Sur une guirlande de fleurs peintes pour une loterie de charité;* à ces morceaux, on peut joindre une strophe inédite, adressée au colonel Callier en 1850, publiée par le marquis de Luppé, p. 256, et qui est entourée de fleurs champêtres et de fruits des bois.

* *Vers 1.* Analogue mépris de la terre dans *Jocelyn,* neuvième époque, v. 573-576; l'auteur s'adresse à la prière, « voix surnaturelle », et lui dit :

Sans toi, que serait cette fange?
Un monceau d'un impur limon,
Où l'homme après la brute mange
Les herbes qu'il tond du sillon.

* *Vers 4.* Cf. pour l'idée *Les Fleurs de l'autel,* v. 13-14.

* *Vers 20.* Lamartine était sensible à la vieillesse qui le menaçait alors qu'il ressentait encore de la jeunesse en son cœur : cf. à ce sujet *A Laurence, passim.* Mais ici, faut-il chercher, comme le faisait Lanson, à interpréter suivant un sens précis les *espérances* du v. 15 et les *lueurs d'arrière-saison* du v. 22? faut-il faire « une application très claire » de ces strophes à Valentine de Cessiat? Nous ne le pensons pas : l'auteur développe seulement l'idée très simple que les fleurs embellissent la vie et que leur réapparition réjouit le cœur de l'homme, ne serait-ce que pour la durée d'une courte illusion, cette illusion qui toujours *brûlera* l'âme du poète (v. 25-26). On pourra comparer *Les Fleurs* et la très brève harmonie, intitulée *Sur des roses sous la neige,* datée de Monceau, 1847 :

Pourquoi, Seigneur, fais-tu fleurir ces pâles roses,
Quand déjà tout frissonne ou meurt dans nos climats?
Hélas! six mois plus tôt que n'étiez-vous écloses?
Pauvres fleurs, fermez-vous! voilà les blancs frimas!
Mais non, refleurissez! Le bonheur et les larmes
Dans nos cœurs (Dieu le veut) se rejoignent ainsi.
Si près de ces glaçons, ces fleurs ont plus de charmes;
Et si près de ces fleurs, l'hiver est plus transi.

* *Vers 23.* Pour l'expression, cf. *Les Fleurs de l'autel,* v. 3.

---

*. Sous le titre *Le Lotus, romance,* une version abrégée de *La Fleur des eaux* est parue dans l'*Intermédiaire des Chercheurs et Curieux* (août 1963, colonnes 686-687), d'après un autographe signé, illustrant une aquarelle de Mme de Lamartine qui représente une gerbe de lotus.

MÉDITATION TRENTE-NEUVIÈME. — LES OISEAUX

Page 126

* *LES OISEAUX*. — Si la date portée sur le manuscrit et les fac-similés de Saint-Point *(Paris, 25 janvier 1841)* est exacte (et rien ne permet de montrer qu'elle ne l'est pas), cette méditation harmonieusement équilibrée (trois strophes consacrées à l'été, trois à l'hiver, une à la conclusion) fut écrite alors que Lamartine venait de prononcer à la Chambre un important discours sur les fortifications de Paris (21 janvier) et qu'il était fort accaparé par diverses questions politiques; le 27, il mandait à l'avoué mâconnais Ronot : « Je suis fort fatigué. J'ai cinquante lettres par jour. Je n'écris plus qu'à vous, les secrétaires font le reste. » Et le 6 février, dans la dernière lettre qu'il ait adressée à Virieu, on relève l'unique allusion à la poésie contenue dans sa Correspondance du moment, mais il s'agit de vers adressés à la princesse Galitzin, c'est-à-dire *La Prière d'une femme* (pièce ajoutée aux *Harmonies poétiques* dans l'Édition des Souscripteurs) et non des *Oiseaux*.
Les *oiseaux* paraissent fréquemment sous la plume de Lamartine : une de ses pièces les plus anciennement connues et datant du collège de Belley est intitulée *Le Rossignol;* et, dans les *Harmonies poétiques,* dix-neuf strophes sont dédiées au même volatile. Cf. aussi *La Fenêtre de la maison paternelle*. Il ne nous paraît pas exclu que, comme *Le Coquillage* et diverses autres poésies écrites entre 1840 et 1848, *Les Oiseaux* aient été destinés à illustrer poétiquement un dessin ou une peinture, traitant un sujet aviaire : si cette hypothèse est exacte, on doit dire que le poème est un des mieux venus parmi ceux que l'auteur doit à une inspiration iconographique, car il y a mis un véritable sentiment de la nature.

* *Vers 1*. *Barde* appartient à la plus pure langue ossianesque et M. P. Van Tieghem écrit : « Il faut insister sur le mot *barde,* si fréquent dans Lamartine, et sur le sens qu'il doit à Ossian. Quelquefois le mot a le sens de *poète inspiré (vates)* (« Les nations n'ont plus ni *barde* ni prophète », *Réponse aux adieux de Walter Scott,* 1831); mais le plus souvent *barde* remplace *poète,* quand le vers l'exige (« Le *barde* voyageur... », *Hommage à l'académie de Marseille,* 1832 ; « Non, sous quelque drapeau que le *barde* se range... », *A Némésis,* 1831); il désigne même un poète hollandais (« Et qu'ai-je fait, dis-moi, pour mériter, ô *barde...* » *A M. Wap*). Et les oiseaux mêmes deviennent les *bardes* du Très-Haut. » (*Ossian en France,* t. II, p. 318.) L'idée de ce vers est à rapprocher de celle développée dans le *Génie du Christianisme* (première partie, liv. V, chap. 5 : *Chant des oiseaux*) : « Le premier chantre de la création (le rossignol) entonne ses hymnes à l'Éternel... »

* *Vers 4*. Créés par Dieu le cinquième jour (*Genèse,* I, 20), les oiseaux ont conservé leur innocence comme au temps où ils vivaient en

Éden dans le *paradisus deliciarum,* appelé aussi *paradisus Domini* (*Ibid.,* II, 8 et XIII, 10).

* *Vers 7.* La *coupe* (dont l'image est chère à Lamartine, on le sait) est aussi associée à l'*oiseau* chez Chateaubriand, à la fin des *Aventures du dernier Abencérage :* « Cette *coupe* funèbre... sert, dans un climat brûlant, à désaltérer l'*oiseau* du ciel ».

* *Vers 8. Poser : se poser.* L'emploi de la forme active au lieu de la forme pronominale, pour des raisons métriques, n'est pas rare chez Lamartine; cf. par ex., au début de *La mort de Socrate :*

> Le soleil...
> Comme un furtif adieu, *glissait* dans la prison.

Ce tour appartient à la langue classique : « Combien je *relâchais* pour vous de mon devoir » (Racine, *Andromaque,* v. 824).

* *Vers 16.* Chateaubriand n'était pas aussi pessimiste dans les pages où il commente les migrations des oiseaux (*Génie, ibid.,* chap. 7); pour lui, elles font partie du plan de la Providence : « L'oiseau retourne mourir aux bords qui l'ont vu naître; il y retrouve le fleuve, l'arbre, le nid, le soleil paternel... Tandis qu'une partie de la Création publie chaque jour aux mêmes endroits les louanges du Créateur, une autre partie voyage pour raconter ses merveilles. » L'angoisse ressentie par Lamartine, ému de la disparition des oiseaux pendant la mauvaise saison, a pu, selon une hypothèse de M. Levaillant, inspirer une des plus populaires « *intimités* » de François Coppée, *La Mort des oiseaux (Promenades et Intérieurs) :*

> Le soir, au coin du feu, j'ai pensé bien souvent
> A la mort d'un oiseau, quelque part dans les bois.
> Pendant les tristes jours d'un hiver monotone,
> Les pauvres nids déserts, les nids qu'on abandonne,
> Se balancent au vent sur un ciel gris de fer.
> Oh ! comme les oiseaux doivent mourir l'hiver !
> Pourtant, lorsque viendra le temps des violettes,
> Nous ne trouverons pas leurs délicats squelettes
> Dans le gazon d'avril, où nous irons courir.
> Est-ce que les oiseaux se cachent pour mourir?

* *Vers 24.* Dans les *Confidences* (IV, 4), Lamartine développe l'image du *nid abandonné* en l'appliquant à la vieille maison de Milly, désertée par ses habitants d'autrefois : « Voilà le nid qui nous abrita tant d'années de la pluie, du froid, de la faim; du souffle du monde; le nid où la mort est venue prendre tour à tour le père et la mère, et dont les enfants se sont successivement envolés, ceux-ci pour un lieu, ceux-là pour un autre, quelques-uns pour l'éternité !... J'en conserve précieusement les restes, la paille, la mousse, le duvet; et, bien qu'il soit maintenant vide, désert et refroidi de toutes ces délicieuses tendresses qui l'animaient, j'aime à le revoir... »

* *Vers 26.* Douloureuse image de l'*oiseau pris au piège* dans les *Confidences* (VI, 1).

* *Vers 28.* Éternelle incertitude du poète, balançant entre les blasphèmes du *Désespoir* et les accents confiants de *La Providence !* La dernière strophe des *Oiseaux* traduit bien son état d'âme au début de 1841, tel qu'il l'exprimait à Virieu, le 6 février : « Au milieu de tous ces rayonnements de gloriole et de force imaginaires (il vient de parler de ses succès politiques et oratoires), je suis le point noir et triste où tout s'éteint en convergeant; *tristis est anima mea.* La vie est courte, vide, n'a pas de lendemain, peu d'intérêt; on voudrait ce qu'on n'a pas, on sent le poids de ce qu'on a ramassé par terre. Je ne me console qu'en priant Dieu souvent et toujours, mais la langue directe me manque : je le prie dans la langue mystérieuse et indirecte qui s'adresse partout et à tout, mais qui ne regarde aucun point comme un aveugle qui parle à quelqu'un qu'il ne voit pas. » Pour Lamartine en effet la *cruauté* de Dieu fut surtout de rester caché à son âme qui le recherchait désespérément.

MÉDITATION QUARANTIÈME. — LES PAVOTS

Page 128

* *LES PAVOTS.* — Faute de tout renseignement sur cette brève composition, on est obligé d'accepter telle quelle la date de 1847 indiquée sous le titre; en tenant compte du mot *printemps* (v. 2), on peut penser qu'elle fut écrite au début de l'année, époque à laquelle les pavots de nos régions *(pavot des jardins,* dit *somnifère,* et *pavot des moissons,* plus connu sous le nom de *coquelicot)* ne sont du reste pas en fleurs : on ne saurait donc songer à une inspiration directe et la pièce aura été suggérée par un dessin, probablement destiné à la vente annuelle de charité de Mme de Lamartine, qui avait lieu, on le sait, en avril : ainsi *Les Fleurs* sont de mars 1843, *Le Coquillage* et *Sultan, le cheval arabe,* de mars 1842; et les *Recueillements poétiques* (Édition des Souscripteurs, pp. 371-372) contiennent un poème *Sur une guirlande des fleurs peintes pour une loterie...,* daté du 27 mars 1847. On peut s'étonner de l'accent mélancolique de la pièce si elle date vraiment du printemps 1847, moment qui fut marqué par la publication des *Girondins* et l'immense succès qu'obtinrent leurs huit volumes; mais il peut s'agir chez le poète d'un mouvement de l'imagination, provoqué sans doute (si l'on s'en tient au contenu de ses vers) par un tableautin biparti, représentant à la fois une *corbeille* (v. 3) de fleurs printanières (cf. v. 18) et un coquelicot sauvage parmi des épis de blé (v. 11-12).

* *Vers 1.* Sur les sentiments de Lamartine à l'approche de la vieillesse, cf. en particulier *A Laurence* et son commentaire.

* *Vers 10.* L'image de l'*oreiller* se retrouve dans *A Laurence*, v. 48; dans *Les Fleurs,* v. 10 et 16, on remarque, comme ici, l'association du thème floral et des idées de deuil.

* *Vers 14*. Des diverses sortes de pavots, en particulier de la variété *papaver somniferum*, on peut extraire l'opium qui est un puissant narcotique; les propriétés hypnotiques de la plante sont bien connues et l'expression *somniferumque papaver* est mise par Virgile dans la bouche de Didon décidée à mourir (*Énéide*, IV, v. 486). Dans la langue poétique, «les *pavots* étaient depuis longtemps synonyme de *sommeil* : on en rencontre des exemples chez La Fontaine *(Fables, Le Fermier, le Chien et le Renard*, v. 20 : « une nuit libérale en *pavots* »*)*, Fénelon (*Aventures de Télémaque*, livre XII : « les *pavots* que le sommeil répand sur la terre »); Victor Hugo (*Odes, Les Vierges de Verdun*, v. 107) parle des *pavots de la mort;* le terme est également employé au sens figuré par Lamartine, *Consolation*, v. 14, et *Harmonies poétiques, Impressions du Matin et du Soir*, v. 46-47 :

> Et l'air, plein de silence et de mélancolie
> Des *pavots* du sommeil enivre la raison.

* *Vers 15*. Cette lassitude de l'âme n'est pas spéciale à l'âge mûr du poète, comme le prouve *Le Vallon*, v. 1.

* *Vers 18*. *Lis* et *roses* sont également associés dans *Les Fleurs sur l'autel*, v. 15.

MÉDITATION QUARANTE-ET-UNIÈME. — LE COQUILLAGE AU BORD DE LA MER

Page 129

* *LE COQUILLAGE AU BORD DE LA MER*. — Cette pièce, datée du 23 mars 1842, parut pour la première fois, dans la *Revue des Deux Mondes* du 1er avril suivant, pp. 134-135, à la suite de *Sultan, le cheval arabe* (cf. la première note de cette méditation); elle avait également été composée pour servir d'accompagnement à un dessin, ainsi décrit par la brève notice qui la précède dans la *Revue* : « Le second de ces encadrements représente des plantes marines et des coquillages de toute espèce, parmi lesquels on distingue la grande coquille où l'air en s'introduisant reproduit à l'oreille tous les bruits de la mer et du vent. C'est ce phénomène qui a servi de texte au poème. » Donc ces strophes eurent un point de départ purement iconographique, que le titre de 1849 semble vouloir faire oublier; mais le sujet du dessin commenté par le poète convenait bien à l'amateur de choses marines qu'il était depuis sa vingtième année.

* *A une jeune étrangère*. — Cette dédicace, volontairement mystérieuse et tardive (1849), n'ajoute rien à ce poème, dès sa conception tout imprégné d'amour et d'admiration pour une jeune fille (cf. v. 1, 3, 6, 17, 24, 30, 32). Quelle est celle-ci? G. Lanson estimait que « l'application de la pièce à Valentine de Cessiat (était) très plausible » et que « la pensée du poète, à l'occasion de la fête de charité, allait à elle », la dédicace ultérieure ayant été « mise pour dérouter

le public, et peut-être par égard pour Mme de Lamartine »; Aimé Lafont (*Narcisse ou les Amours de Lamartine,* Paris, 1929, pp. 357-358) est du même avis : « Tous ces amours enfuis, il les ranime et les recrée en s'inspirant de l'amour de la jeune fille très aimée qu'il a auprès de lui. En quelque sorte, Graziella, Julie, Lucy, Régina * et les autres, silhouettes fugitives crayonnées au coin d'une page, ne sont guère que des pseudonymes de Valentine. Nous savons que, vers le temps où il écrivait ses *Confidences,* il consacrait secrètement quelques poèmes à sa nièce. *Un nom* (poème ajouté aux *Recueillements poétiques* en 1849) exhale cet amour mystérieux... La pièce *Le Coquillage...* que le poète, pour dérouter les indiscrétions ou la jalousie, dédia plus tard *A une jeune étrangère* respire le même amour mystérieux... » Sans doute y a-t-il une part de vrai dans ces affirmations; mais, à notre sens, elles demandent à être nuancées : les critiques sont peut-être un peu trop affirmatifs et trop romanesques en transformant en ardent amour la solide et chaste affection de l'oncle pour sa nièce. Les jeunes filles qui se rencontrent dans les poèmes postérieurs à 1840 ne sont-elles pas plutôt la synthèse souvent imprécise des vagues rêveries qui hantaient l'âme et le cœur de l'écrivain à l'imagination toujours riche? Lamartine en sa maturité, comme Chateaubriand dans sa jeunesse, ne se forgeait-il pas d'irréelles *sylphides* auxquelles il est bien vain de vouloir donner un nom? Cf. à ce sujet le commentaire d'*A Laurence.*

* *Vers 2.* E. Zyromski (p. 157) cite ce vers comme particulièrement évocateur : « Tout ce qui vit dans cette atmosphère vibrante et parfumée, il l'a représenté dans des vers sobres. Voici des marines dessinées d'un vers précis... »

* *Vers 4.* On saisit mal l'allusion exacte contenue dans ce vers : *Vénus,* dite Anadyomène parce qu'elle était née de l'écume des flots, était à ce titre considérée comme une divinité marine, associée souvent à Neptune; les artistes la représentaient parfois un pied appuyé sur une conque; c'est le souvenir de tels détails qui aura conduit Lamartine à introduire son nom dans ces vers consacrés à un coquillage.

* *Vers 8.* Tous les enfants se sont amusés à « écouter la mer » en portant à leur oreille des coquillages monovalves; mais l'évocation de la « blonde coquille » (v. 3) est ici trop vague pour qu'on puisse deviner le genre de celle que représentait le dessin commenté par le poète. Toute la pièce ne manque pas d'imprécision et de banalité; on peut lui appliquer la remarque du philosophe Gaston Bachelard (qui d'ailleurs ne paraît pas avoir connu ce texte lamartinien) dans *La Poétique de l'Espace* (P. U F., 1958, p. 104) : « A la coquille correspond un concept si net si sûr, si dur que, faute de pouvoir simple-

*. Erreur pour Régina, dont le modèle fut Léna de Larche, et pour l'attribution d'*Un nom,* dont la véritable inspiratrice fut Teresa Gabrielli, épouse Procacci, fille aînée de Léna (A. Verdier, pp. 130-131).

ment la dessiner, le poète réduit à en parler est d'abord en déficit d'images. »

* *Vers 17. Mon ange* : cf. la note du v. 20 d'*Invocation.*

* *Vers 20.* Cf. encore cette remarque de G. Bachelard, *op. cit.*, p. 107 : « La coquille vide, comme le nid vide, appelle des rêveries de refuge. »

* *Vers 24.* Cette pudique retenue, de laquelle le poète se départira quelque peu dans la strophe finale, se retrouve dans *Un nom :*

Il est un nom caché dans l'ombre de mon âme,
Que j'y lis nuit et jour et qu'aucun œil n'y voit...
Dans l'arche de mon cœur, qui pour lui seul s'entrouvre,
Il dort enseveli sous une clé d'airain;
De mystère et de peur mon amour le recouvre,
Comme après une fête on referme un écrin.
Si vous le demandez, ma lèvre est sans réponse...

De semblables vers sont, pour Lamartine, à la fois sa *Chanson de Fortunio* et son *Sonnet d'Arvers* et, comme l'héroïne de ce dernier, son lecteur, sans doute, se demandera longtemps

Quelle est donc cette femme? et ne comprendra pas...

NOUVELLES MÉDITATIONS POÉTIQUES

Page 131

* *Musae Jovis omnia plena!* — Cette formule reprend la seconde partie du vers de Virgile *(Bucoliques,* III, v. 60), dont le début sert d'épigraphe aux *Méditations* de 1820; mais, par suite d'une coupe et d'une ponctuation malencontreuses, la présente citation n'offre pas de sens satisfaisant et c'est peut-être pourquoi elle figure seulement dans l'originale et ne reparaît dans aucune des éditions suivantes.

MÉDITATION PREMIÈRE. — LE PASSÉ

Page 133

* *LE PASSÉ.* — C'est évidemment à un premier état de cette méditation que fait allusion le fragment de lettre datée d'Aix, 30 août 1821, où Lamartine déclarait à Virieu : « Je n'ai produit que des avortons plus pâles que mes joues décolorées. Je t'avais commencé enfin une ode à toi-même en personne; j'en avais esquissé huit ou dix strophes. Je les ai relues hier en me sentant glacé : j'ai tout brûlé. Je ne veux plus faire un vers, et je ne rêve que poésie plus que jamais. Le sujet de ton ode, c'était toi et moi. Je te disais que nous touchions à ce moment où il faut s'arrêter dans la vie et regarder ce qu'on a parcouru, ce qu'on va parcourir. Je repassais sur le passé avec toi, et puis prenant un ton plus solennel, je t'engageais décidément à devenir plus vertueux, pieux, à la grande manière platonique et chrétienne. C'était chaud dans mon âme, cela se glaçait en traversant mon cerveau fatigué. Cependant je vais encore la reprendre deux ou trois fois... » Ces quelques lignes font voir que, dès cette date, l'ensemble de la pièce était nettement conçu dans l'esprit de son auteur; mais celui-ci était profondément accablé par la maladie et la tristesse au cours de l'été 1821; il n'est pas étonnant qu'il ait renoncé à mettre son poème au point; toutefois, on a peine à croire qu'il l'ait réellement brûlé (il tient fréquemment des propos de ce genre, toujours sujets à caution) et, du reste, comment aurait-il pu « reprendre encore deux ou trois fois » une œuvre qu'il venait de détruire? Ce qui est sûr, c'est que cette ode dut lui donner beaucoup de mal : il suffit, pour s'en convaincre, de voir les nombreuses esquisses qu'il en a faites; elles sont dispersées à travers trois albums et prouvent à elles seules que le poète avait parfois le travail difficile; malheureusement, ces divers manuscrits ne comportent aucune date. Et c'est encore une lettre adressée de Mâcon, le 26 février 1822, qui nous fournit un renseignement précis sur l'*Ode à Virieu* (tel devait en être le titre primitif) : le poète en envoie deux strophes (v. 51-60 et 171-180) à son ami, en lui déclarant qu'il en trouve les vers « mauvais » : il est permis de croire que, durant l'hiver, il avait

travaillé à étoffer sa pièce, mais les nombreuses variantes existant entre le texte définitif et celui de la lettre forcent à croire qu'il la remania encore par la suite; mais on ne trouve pas d'autre allusion au *Passé* dans la Correspondance. M. Levaillant a supposé que cette méditation avait d'abord fait partie intégrante des *Préludes* : mais cette hypothèse, formulée dans la *Revue des Deux Mondes* (15 septembre 1923, pp. 407-408) et non reprise par le critique dans ses *Œuvres choisies de Lamartine* (Hatier), ne se fonde sur rien et n'est pas nécessaire pour expliquer les v. 144-152 des *Préludes*.
La composition du *Passé* n'est pas extrêmement nette; on y peut distinguer cependant trois moments essentiels : 1° Invitation à s'arrêter au milieu du chemin de la vie (v. 1-40); 2° Regard vers le temps passé et évocation d'une jeunesse qui fut insouciante, mais dont le souvenir s'estompe dans la mélancolie (v. 41-180); 3° Invitation à revenir à des pensées sérieuses, celle de la mort et celle de Dieu (v. 181-220).

* *AM.A. de V****. — Gabriel-Henri-Aymon, comte de Virieu-Pupetières, naquit à Paris en 1788. Issu d'une vieille famille dauphinoise il perdit son père tué parmi les royalistes lors du siège de Lyon en 1793; il fut élevé par sa mère et ses deux sœurs dont l'aînée, Stéphanie, eut un talent réel de peintre et de portraitiste. Il rencontra Lamartine, alors qu'il était comme lui élève au collège de Belley, et devint son meilleur ami. Il l'accompagna en Italie en 1811-1812, au cours du voyage où le poète rencontra celle qui devait plus tard être Graziella; il fut également le confident de ses amours avec Mme Charles. Ce fut lui qui introduisit Alphonse dans les salons légitimistes de Paris. Ancien garde du corps, il entra dans la diplomatie et passa ainsi par le Brésil, Munich et Turin, où il fut secrétaire d'ambassade. Marié en 1822 à Joachine-Emma de Méallet de Fargues, il résidait tantôt au château du Caillou, près de Fontaines-sur-Saône, tantôt à celui de Pupetières, entre le Grand-Lemps et Virieu-sur-Bourbre (Isère). Après 1830, il refusa de s'occuper de politique active comme Lamartine, mais il s'intéressa à la philanthropie et aux problèmes sociaux, collaborant notamment au *Réparateur, journal du Lyonnais et du Forez* : honnête homme à la manière de Montaigne dont il se disait le disciple, il avait infiniment de qualités de cœur et d'esprit. Il mourut le 10 avril 1841. On connaît plusieurs centaines de lettres que lui avait écrites l'auteur des *Méditations*. — Sur lui, voir *Confidences,* XI, 14-20.

* *Vers 1.* Cette *colline* est toute symbolique, mais le début de la pièce n'est pas sans évoquer, pour le site du moins, celui de *L'Isolement*. D'ailleurs, l'heure est toute différente, puisque ici la scène se passe au milieu du jour, ce midi n'étant qu'une allégorie qui représente la moitié de l'existence humaine. — L'expression de la première strophe est assez embarrassée : on ne peut dire légitimement que le soleil *décline* et *semble précipiter son cours* dès le moment où il atteint le zénith; on peut aussi se demander ce que signifie au juste

... il rejette en arrière
L'ombre terrestre qui le suit;

sans doute, l'épigraphe virgilienne portée par le manuscrit (*Majoresque cadunt altis de montibus umbrae)* peut-elle expliquer cette expression: mais alors il s'agirait déjà du soir; enfin les v. 8-10 sont assez amphigouriques : le soleil couchant ne *colore* pas *l'horizon* tout entier, mais seulement *la moitié qui le voit* (l'occidentale) et il est ridicule de dire (ce que la grammaire impose) : *l'autre (moitié) de l'horizon qu'il colore se plonge dans la nuit*... Pour expliquer l'éclairage de ces dix vers, ainsi que les v. 22-23, dans une note de la *Revue de Littérature comparée* (1925, p. 152-156), intitulée *Possible reminiscences of the « Paradiso » in one of Lamartine's « Méditations »,* Anne R. Pugh fait un rapprochement avec un passage de Dante (*Paradis,* chant XXX, strophes 1-2) : mais il s'agit d'un fragment fort obscur par lui-même et il n'y a rien à tirer des conclusions de cet article, contredites apparemment par l'interprétation d'Alexandre Masseron, traducteur émérite de la *Divine Comédie.* — On trouvera une évocation bien supérieure du matin, du midi et du soir dans *La Prière,* v. 68-82.

* *Vers 14.* Cette pause de midi sera développée dans *Jocelyn,* neuvième époque *(Les Laboureurs),* v. 495-514.

* *Vers 20.* Affirmation pessimiste, qui s'explique quand on relit la Correspondance de Lamartine durant l'été 1821 : « Je suis comme un arbre noué qui végète encore, mais qui ne produit plus » (14 juillet); « C'est fini pour l'écriture; je suis mort » (5 août); « Mes souffrances presque sans relâche m'ont tellement miné que vous ne me reconnaîtrez plus... C'est ainsi qu'on s'achemine lentement vers ce qu'on appelle l'éternel repos » (23 août); « Ma tête se fend de douleurs » (30 août). C'est précisément cet état de dépression morale qui poussait le poète à se pencher sur son passé : c'est ce qu'il fait notamment dans la lettre en vers qu'il envoie à Virieu le 11 août.

* *Vers 30. Espérance* et *amitié :* le second de ces termes va être développé dans la longue évocation du passé commun à Lamartine et à Virieu; le premier annonce les strophes finales, consacrées à un thème religieux.

* *Vers 32.* Affirmation doublement erronée : Virieu avait deux ans de plus que Lamartine et ils s'étaient seulement connus au collège, au plus tôt en octobre 1803. Mais le poète veut ainsi exprimer, de façon symbolique, la grande affection qui l'unissait à son ami et qu'il a exprimée à maintes reprises; imitant l'*animae dimidium meae* qu'Horace (*Odes,* livre I, III, v. 8) appliquait à Virgile, il l'appelait parfois *dimidia pars mei* (18 avril et 10 mai 1822); il ressentit un très grand deuil lorsque Aymon disparut et déclarait à la sœur du défunt (14 avril 1841) : « Hélas! je savais votre perte affreuse depuis deux jours. Que puis-je vous dire que vous n'ayez présumé de moi en le sentant par vous-même? N'était-il pas aussi mon frère, et plus que bien des frères? Je perds en lui autant que vous-même,

tout le passé, tout ce qui me restait d'affection, de jeunesse dans ma vie. Je n'ai plus d'ami que dans mes souvenirs et dans le ciel... Vous avez été longtemps le témoin d'une amitié qui ne finit pas par la mort de l'un des deux amis, soyez assez bonne pour ne pas en laisser effacer en vous toutes les traces... » Même accent dans *Les Confidences,* XI, 20 : « Je perdis en lui le témoin vivant de toute la première moitié de ma vie. Je sentis que la mort déchirait la plus chère page de mon histoire; elle est ensevelie avec lui. »

* *Vers 41.* Sur ce retour vers le passé, cf. *Adieu,* v. 68-73 et les remarques d'Henriette Lasbordes, *La Poésie des souvenirs d'enfance chez Lamartine* (Paris, Champion, 1929, p. 31) (« *Tout* le passé est beau et radieux. *Tout* le passé enchante, enivre. Aussi le passé est pour lui l'ébauche et l'annonce de l'éternité. Il la veut semblable, non pas plus belle, ni plus douce — à ses yeux, la chose n'est pas possible —, mais pareille aux heures radieuses de son enfance. Il l'a dit dix fois, vingt fois, sous toutes les formes, en prose et en vers ») et aussi celles de P. Jouanne, chap. v : *La Poésie du souvenir et de l'impossible retour.* Ce thème du passé sera traité ultérieurement en particulier dans les *Harmonies poétiques (Souvenirs d'enfance ou la Vie cachée, Milly ou la Terre natale)* et dans *La Vigne et la Maison,* « où l'on voit l'ultime et douloureuse forme que prend cette poésie quand tout bonheur et toute espérance sont morts dans l'âme du poète ».

* *Vers 49.* Sur l'*aigle*, cf. *L'Homme,* v. 8.

* *Vers 53. Cyprès* et *tombeaux* évoquent un paysage italien, tel que Lamartine et son ami avaient dû en observer lors de leur voyage de 1811-1812, au long de la Via Appia ou ailleurs. Mais on peut voir dans cette strophe le retour d'un thème mis à la mode par Volney dans *Les Ruines* et surtout par Chateaubriand : cf. en particulier *Génie du Christianisme,* quatrième partie, liv. II, chap. 2, intitulé *Tombeaux* (« Chez les Grecs et les Romains, les morts ordinaires reposaient à l'entrée des villes, le long des chemins publics... »); *Lettre à M. de Fontanes sur la Campagne Romaine* (« Le soleil se couchait sur les cyprès du Mont Marius... Avec quel charme ne passera-t-il pas du sépulcre des Scipions au dernier asile d'un ami vertueux, du charmant tombeau de Cécilia Metella au modeste cercueil d'une femme infortunée... »); *René* (« Je méditais sur ces monuments... La lune me montrait les pâles tombeaux »); — *Les Martyrs,* V (« Le tombeau de Scipion l'Africain frappa tout à coup nos regards : nous approchâmes avec respect »). A noter que l'attitude assise pour se livrer à la méditation (v. 58-59) se rencontre à diverses reprises chez Chateaubriand et provient d'Ossian (M.-H. Miller, *Chateaubriand and English Literature,* p. 109-113). Cf. *Confidences,* VII, 2 : « La *Camilla* dansait sur le tombeau de Cécilia Metella et, pendant que je rêvais assis sur une pierre, elle faisait résonner des éclats de sa voix de théâtre les voûtes sinistres du palais de Dioclétien. »

* *Vers 70*. Cette strophe (d'un ton analogue à celui du *Golfe de Baya*) rappelle le séjour napolitain des deux amis en 1812 et leurs promenades en barque dont *Graziella* donnera des récits plus détaillés. Lamartine, dans une lettre à Virieu (Beauvais, 26 juillet 1814) évoquait déjà ces heures enchanteresses :

Qu'êtes-vous devenus, magnifiques rivages,
Où la mer de Tyrrhène, à l'abri des orages,
Entoure Naples de ses flots?

Nisida est une petite île du nord du golfe de Naples, à quatre kilomètres au large de Pouzzoles; détail piquant, mais signe de fidélité au souvenir, Lamartine avait nommé *Nisida* une petite chienne dont, en 1829, il fit cadeau à Delphine Gay (*Annales Romantiques,* 1910, p. 4).). Les *deux couples* du v. 67 ont provoqué l'ironie du critique Edmond Scherer qui s'écrie à leur propos : « En termes vulgaires, une partie carrée » (*Études sur la littérature contemporaine,* t. V, p. 179).

* *Vers 80*. *Délire, festins, lyre, parfums des roses, coupes, amour,* sont autant de termes qui reviennent dans les méditations d'inspiration épicurienne renouvelées du *Livre de la Sagesse* aussi bien que des élégiaques latins (Properce, Tibulle, etc.) :) : cf. *La Sagesse, La Branche d'amandier, Chant d'amour, Les Préludes, Le Poète mourant,* etc.

* *Vers 82*. Thème de la fuite du temps, qui est celui du *Lac;* mais pour l'expression littérale de ce vers, cf. *Souvenir,* v. 1.

* *Vers 83*. Thème de l'eau qui s'écoule : cf. *Le Vallon,* v. 13 et *La Poésie sacrée,* note du v. 79.

* *Vers 90*. Nouvelle série de vers épicuriens, où se trouvent réunis les thèmes complémentaires et mélancoliques de la rose fanée et de la feuille flétrie. (cf. aussi v. 108).

* *Vers 98*. La lune (cf. *L'Isolement,* v. II). Les trois derniers vers de cette strophe ont un éclairage blafard, assez comparable à ceux de Virgile, *Énéide,* VI, v. 268-271 :

Ibant obscuri sola sub nocte per umbram
Perque domos Ditis vacuas et inania regna :
Quale per incertam lunam sub luce maligna
Est iter in silvis...

* *Vers 115*. Évidemment le nom de celle qui deviendra Graziella, et qui s'appelait Antoniella. Ces deux strophes reprennent au fond l'idée du v. 28 de *L'Isolement* :

Un seul être vous manque et tout est dépeuplé.

Dans une lettre à Virieu, datée de 1813 (Latreille, *Lettres inédites de Virieu et Lamartine, Revue de France,* 15 juillet 1925, pp. 248-250), le poète écrivait les vers suivants, à rapprocher de ceux du *Passé :*

Bords chéris, doux soleil, solitudes propices,
Je ne viens plus comme autrefois
Vous demander des chants, des amours, des délices.

Le malheur a brisé ma lyre entre mes doigts.
Je ne viens pas non plus de ma vie expirante
Chercher à rallumer le lugubre flambeau;
Je viens, comme Virgile, chercher un tombeau
Près du tombeau d'une amante*.

Commentant les v. 119-120, G. Charlier (*Aspects de Lamartine,* pp. 34-35) note avec raison : « Aussitôt après l'églogue insoucieuse et riante, voici l'élégie et ses habits de deuil... Modestes préludes à des accents plus mélodieux et d'un plus large envol, ceux qui nous rendent inoubliables *Novissima Verba* (1829) et *Le Premier Regret* (1830). »

* *Vers 124.* Selon M. H. Guillemin, (*Les Visions,* p. 190), ce château est celui de Bourdeaux, sur le lac du Bourget, en face d'Aix-les-Bains. Il est mentionné dans la lettre du 11 août 1821 :

A l'heure où le soleil, glissant vers la colline,
Vers le mont Colombier obliquement décline,
Et, cessant d'éclairer les créneaux de Bourdeaux,
Jette son ombre immense au vaste sein des eaux...

et *Les Chevaliers* (chant XIX des *Visions*) le décrivaient ainsi (v. 27-30):

Son château couronné de mille noirs créneaux,
Où les vents agitaient les plis de ses drapeaux,
Suspendu sur les flancs d'un rocher solitaire,
Sur l'abîme du lac s'élevait comme une aire.

En 1825, sur le conseil de Vignet, Lamartine songea à acheter ce manoir datant du IXe siècle et qui, au pied de la Dent du Chat, se dresse sur un roc à pic au-dessus du lac; c'est encore à lui que fait allusion *Raphaël,* II (« On voit noircir les vieilles tours des châteaux crénelés d'un autre âge »).

* *Vers 130.* Malgré la deuxième personne employée au v. 127, qui paraît rappeler une aventure de Virieu, le poète, volontairement obscur et discret, songe ici à Julie Charles, à la rencontre d'octobre 1816 et à la tragique destinée d'Elvire.

* *Vers 134.* La suppression de l'*s* final dans *remords* pour la rime était une licence courante en poésie (Littré cite des exemples de Voltaire et Delille). Cf. *La Foi,* v. 83, variante.

* *Vers 139.* Idée familière à l'auteur et développée notamment dans *La Gloire* et dans l'*Ode sur l'Ingratitude des peuples.*

* *Vers 149.* Cf. *Confidences,* XI, 15 : « Virieu touchait l'adolescence.

---

*. Ces vers, s'ils datent réellement de 1813, offrent une difficulté. Ils semblent bien faire allusion à une amante déjà morte : or, on sait par ailleurs que Lamartine apprit la fin d'Antoniella-Graziella, survenue quinze mois plus tôt, en avril 1816 (cf. *Adieu à Graziella,* n. 1). La chronologie exacte du poète est en vérité bien incertaine...

C'était une tête blonde et bouclée du Nord avec un front proéminent... »

* *Vers 154.* L'image de l'exilé, venant visiter clandestinement la demeure de ses pères, ne doit pas surprendre à une date où les souvenirs du retour des émigrés non encore radiés des listes de proscription étaient encore présents à beaucoup de mémoires. Mais E. Estève (p. 338) cite cette strophe « comme un exemple de réminiscence byronienne, non pas littérale ou concertée, mais remontée du riche fonds de la mémoire et transformée par elle »; il rapproche de *Childe Harold,* chant 1, str. 2 et 9 : « Mon vieux château est désert; le foyer est solitaire; les ronces sauvages vont croître sur les murs... Peut-être mon chien gémira-t-il de mon absence jusqu'à ce qu'une main étrangère vienne le nourrir; mais, si je tardais longtemps à revenir dans ma patrie, il serait le premier à déchirer son ancien ami... » On notera au passage que l'adoption de l'image du *chien féroce* qui ne reconnaît plus son maître traduit d'autant mieux le désarroi moral de Lamartine qu'à l'ordinaire il manifeste beaucoup de passion et de confiance envers la fidélité du compagnon de l'homme (cf. par exemple *Jocelyn,* neuvième époque, v. 80-128). Le mot *ivraie* (v. 155) a un accent biblique : cette mauvaise herbe, qui envahit les champs de blé (appelée *lolium temulentum* par les botanistes et *zizania* dans la Vulgate, d'après son nom grec) est l'objet d'une longue parabole de *Saint Matthieu,* XIII, 25-40.

* *Vers 164.* Il y a peut-être dans ces vers une transposition de Lamennais, *Essai sur l'Indifférence,* II, p. 157 : « Ce corps qui se décompose, ces ossements, cette cendre, est-ce donc l'homme? Non, non... » Ce mouvement de profond découragement sera d'ailleurs bientôt surpassé et Lamartine affirmera sa certitude en l'immortalité.

* *Vers 170.* Souvenir probable d'un passage de *René :* « Un jour je m'étais amusé à effeuiller une branche de saule sur un ruisseau... » (Le héros de Chateaubriand renouvelle un geste de celui de Gœthe dans *Werther,* lettre XXVIII.)

* *Vers 174.* Même accent épicurien qu'aux v. 71-90.

* *Vers 182.* Ici s'amorce le développement de la méditation à tonalité chrétienne. Il existe une certaine incohérence dans l'économie générale de la pièce : la *colline* du v. 181 n'a rien de commun avec celle du v. I; d'autre part, le début du poème se situe à midi et il est maintenant question de l'*étoile du matin;* le décor s'est donc renouvelé, mais surtout l'ensemble doit être interprété symboliquement : le regard qui s'élève vers la colline, c'est la pensée qui monte vers l'idéal et vers Dieu; l'astre n'est pas la Vénus des astronomes, ni l'étoile du Berger, c'est la lumière qui guide les croyants (comme la Vierge Marie — *Maris Stella* — conduit le marin sur la mer).

* *Vers 184.* Lamartine écrivait de même à Virieu, le 5 février 1822 : « Tournons les yeux vers le seul bien impérissable, vers celui qu'on ne peut arracher aux malheureux... » Commentant le mot *lointain,*

E. Zyromski note finement : « Le poète semble préférer souvent aux couleurs nettes, (p. 305) si recherchées par l'art réaliste, l'emploi d'un substantif abstrait qui rend mieux l'essence permanente des choses que leurs apparences fugitives. »

* *Vers 190.* L'idée de ces vers sera reprise et orchestrée dans l'*Hymne à la mort* des *Harmonies poétiques*, où se retrouve l'image des ailes (v. 163-164) :

N'entends-tu pas frémir les ailes
De l'esprit qui va t'emporter?...

* *Vers 194.* Cette foi en une éternité où l'âme retrouve son passé et ses affections était une idée chère à Lamartine. Cf. *Les Étoiles*, v. 99-100 et la note. — Dans *Lamartine et les exigences du souvenir total* (*Actes du Congrès*, II, p. 125), M. G. Poulet cite les v. 191-200 du *Passé* comme un exemple caractéristique de « la liaison du *Totum simul* divin et du *Totum simul* humain... affirmée un peu partout par Lamartine », et il les rapproche des v. 275-285 de *La Vigne et la Maison*, « vers merveilleux où s'exprime avec une parfaite justesse le principe de la simultanéité finale de tous les événements successifs de notre vie antérieure ».

* *Vers 204.* C'est Chateaubriand qui avait le premier mis l'accent sur les migrations des oiseaux, et il vouait une spéciale dilection à l'hirondelle. Cf. *Génie du Christianisme*, première partie, livre V, chap. 7 : « Chacun suit son inclination dans le choix d'un hôte : le rouge-gorge s'arrête aux cabanes; l'hirondelle frappe aux palais : cette fille de roi semble encore aimer les grandeurs, mais les grandeurs tristes, comme sa destinée; elle passe l'été aux ruines de Versailles et l'hiver à celles de Thèbes... » (Le paragraphe qui suit rappelle que ces « voyageurs du midi » sont aussitôt remplacés par des oiseaux nordiques « par un temps grisâtre d'automne, lorsque la bise souffle sur les champs, que les bois perdent leurs dernières feuilles ») ; *Itinéraire de Paris à Jérusalem*, troisième partie : « Dans mon enfance, je passais des heures entières à voir... voltiger les hirondelles en automne : un secret instinct me disait que je serais voyageur comme ces oiseaux. Ils se réunissaient, à la fin du mois de septembre;... ils semblaient essayer leurs ailes et se préparer à de longs pèlerinages... » On peut donner encore à cette strophe un sens symbolique : l'hirondelle qui émigre, c'est l'âme qui s'envole vers un monde meilleur (*« un autre ciel »)* et le soleil est celui de l'idéal.

* *Vers 211.* Ce *roi*, c'est David qui régna sur Israël au XIe siècle avant l'ère chrétienne. Toute cette strophe finale est empreinte de couleur biblique; mais, comme il arrive souvent lorsque Lamartine s'inspire de l'Écriture ou l'« imite », il recrée avant tout une certaine atmosphère les détails étant imprécis : la *tristesse* du souverain fut grande car, après une jeunesse brillante et utile à sa patrie, il commit de nombreuses fautes (péchés d'orgueil, d'adultère), punies par de non moins nombreux malheurs (peste en Palestine, révolte d'Absalon);

mais elle fut *sainte*, puisqu'il se repentit; aux yeux de Lamartine, il *immortalisa ses douleurs* en composant les *Psaumes* (poèmes lyriques qui, d'ailleurs, sont plutôt des hymnes d'adoration que des œuvres élégiaques) et l'inspiration créatrice fut pour lui un *renouvellement de sa jeunesse*; la *harpe (cithara)* (cf. *La Sagesse*, v. 6) représente allégoriquement cette inspiration; mais la *tombe* à l'ombre de laquelle celle-ci s'exerça est assez mystérieuse : sans doute s'agit-il de celle d'Absalon, fils rebelle mort en luttant contre son père et que celui-ci néanmoins pleura sincèrement (*Second Livre des Rois*, XVIII, 32-33). La *colombe* figure souvent dans l'Ancien Testament et, à différentes reprises, elle est représentée gémissante (*Livre d'Isaïe*, LIX, 11 : « quasi columbae gememus »; *Livre de Nahum*, II, 8 : « minabantur gementes ut columbae »), mais jamais son nom n'est associé à celui du *Mont Carmel* : ce contrefort du Liban, qui est mentionné plusieurs fois dans l'histoire du roi David, ne porte pas de *cyprès*, mais ces arbres couronnaient une autre hauteur d'Israël, si l'on en croit une comparaison de l'*Ecclésiastique*, XXIV, 13 : « Quasi cupressus in monte Sion ». Quant à la *lampe* (mot assez fréquent dans les Livres Saints), elle représente ici la flamme intérieure qui illumine l'inspiré et le nom d'*hymne* est souvent donné aux *Psaumes*. Ces diverses remarques permettent d'apprécier la liberté dont use le poète avec des textes qui ont longuement mûri au fond de lui-même.

* *Vers 214*. Cette expression n'est pas sans rappeler celle du v. 198. Assez curieusement, dans la lettre citée à la note du v. 184, le poète suggérait à son ami de tenter un renouveau infiniment plus terre à terre : « Tu devrais venir acheter près de moi un joli manoir avec une petite terre... Quand on a un bon dîner, un bon domestique, un bon cheval, que faut-il de plus à l'homme qui a élagué les désirs insignifiants? Tu aurais tout cela et au-delà; ta santé se reposerait... Tu te retrouverais peut-être alors une seconde jeunesse qui est la bonne. »

* *Vers 220*. Renvoyant à Jules Lemaitre (*Les Contemporains*, 2e série, pp. 117-118), P.-M. Masson remarquait dans la *Revue d'Histoire littéraire de la France* (1905, p. 52) : « *Le Passé* est une méditation exquise qui ne connaîtra jamais la vulgarisation toujours un peu profanatrice de la célébrité, mais où les délicats se complaisent avec prédilection. »

MÉDITATION DEUXIÈME. — ISCHIA

Page 140

* *ISCHIA*. — L'île volcanique d'*Ischia* (60 km²) se situe dans la mer Tyrrhénienne, au nord et à l'entrée du golfe de Naples. Lamartine en avait visité les magnifiques paysages dès son voyage italien de 1811-1812 (cf. *Graziella, Épisode*, V). Mais c'est lorsque après son mariage il eut été nommé attaché d'ambassade à Naples qu'il y fit un premier séjour prolongé. Trouvant l'air de la grande ville « trop

mou », il la fuyait le plus possible; il écrivait le 16 septembre 1820 à Virieu : « Nous allons souvent à la campagne, dans une île ravissante à quelques lieues de Naples, à Ischia. J'y ai loué une petite maison pour l'automne. C'est une montagne de la Suisse jetée au milieu de la mer et réunissant tous les avantages des deux climats. Ma femme en est aussi engouée que moi... » Et le 30, il annonçait à Louis de Vignet : « Au milieu de la mer de Naples, non loin du cap où Misène laissa ses armes et son nom, en face la grotte de Cumes et du rivage classique de l'*Énéide,* s'élève une île de deux ou trois lieues de tour, couronnée par une montagne à pic... C'est une de vos fraîches montagnes de Savoie avec vos forêts de châtaigniers, vos vignes serpentant sur les mûriers, vos ruisseaux, vos chalets, et même les mœurs douces et pures de vos paysans. Sur les flancs onduleux de cette montagne sont épars les plus charmants casins entourés de vignes, de vergers et de bosquets. J'en ai loué un, et j'y suis depuis un mois, pour retomber dans le style vulgaire. Là, je passe mon temps à rêvasser dans les champs ou sur la mer avec Marianne. Nous rentrons, nous dînons, nous dormons... J'ai la plus belle retraite du pays. Un promontoire élevé de sept ou huit cents pieds s'avance dans la mer... Ses pieds sont couverts de bois jusque sur l'eau, le sommet de vignes qui ombragent, de citronniers, de lauriers, de grenadiers et de myrtes. A la pointe s'élève notre casino entouré de colonnes rustiques, avec une terrasse asiatique pour toit... Là nous vivons, là nous contemplons de loin le sommet éclatant du Vésuve... » Ce cadre enchanteur * ne pouvait que favoriser l'inspiration du poète, qui connaissait alors le plus parfait bonheur conjugal. Le 9 octobre (peut-être faudrait-il lire le 3), il mandait en effet à son confident qu'il rimait lorsqu'il était seul et que sa santé le lui permettait, ajoutant : « Tiens, voilà des stances toutes fraîches sur la nuit par le clair de lune ici... » Et de citer un premier état des deux premières strophes de la future méditation *Ischia;* faut-il conclure que le poète venait de les tracer à l'instant même? On ne sait... Car, s'il continue : « Mais ma foi ! je m'arrête là, car les dames (son épouse et sa belle-mère) veulent s'aller coucher. Cela ne vaut pas la peine. » On ne peut rien tirer de ces derniers mots... Ce qui est sûr, c'est qu'il n'existe aucune autre allusion à la pièce dans la Correspondance de ces moments-là et qu'il faut attendre le 26 février 1822 pour qu'il envoie de Mâcon à Virieu « quelques strophes que chante le soir à son amant une jeune fille d'Ischia »,

*. Cf. Mattlé, pp. 64-67. — Lamartine rêvait de recevoir ses amis dans son « ermitage le plus sauvage et le plus gracieux ». Ischia resta pour lui le synonyme d'enchantement; il y revint habiter en août-septembre 1844 (*ibid.*, pp. 126-129. — Cf. *Le Lis du golfe de Santa-Restituta,* première note) et il en conservait un souvenir si ému qu'il avait baptisé une de ses chiennes *Ischia* (Ch. Alexandre, *Souvenirs,* pp. 265-268 : *Mort de Fido;* comte de Chastellier, *Lamartine et ses nièces,* p. 193, lettre à Valentine du 25 juillet 1851 : « Je vis avec Ischia et Fido... »).

soit les v. 41-69 de la pièce en leur forme presque définitive. En dehors de ces deux dates précises, on ne saurait rien dire sur les circonstances où fut écrite *Ischia,* qui devait être achevée en février 1822 puisque Lamartine accompagnait son envoi du 26 de ces mots : « C'est tiré d'un joli morceau, intitulé *Ischia.* Je te l'enverrai tout, si tu en as envie. Si tu n'es pas content de ceux-là, dis-le-moi ! »
Ce poème qui chante l'amour heureux et réalisé dans sa plénitude s'oppose, par l'inspiration, au *Lac :* les amants d'Aix sont troublés dans leur bonheur par la fuite du temps et la pièce fut écrite en l'absence de l'aimée; dans *Ischia,* réellement le temps « a suspendu son vol » et Alphonse exprime sans réticence la félicité qu'il goûte auprès de sa femme, évoquée au vers final. Toutefois, la structure des deux méditations est assez analogue : un paysage, un chant, des réflexions constituent les trois mouvements de chacune d'elles.

* *Vers 2. Horizon :* le mot n'a pas ici son sens géographique habituel, mais désigne, comme souvent chez Lamartine, un *vaste espace que le regard peut atteindre;* cf. v. 12 (où le pluriel donne au terme une signification encore plus large et plus indéterminée) et *Le Vallon,* v. 22. *Désert :* déserté (par le soleil qui se couche). *Phœbé :* dans la langue noble, désigne *la lune,* (nommée par périphrases aux v. 74 et 92), d'après le nom de la déesse qu'elle représentait dans la mythologie grecque; cf. *La Mort de Socrate,* v. 827. Pour E. Zyromski (p. 260), ce vers « constitue une réminiscence auditive plus ou moins inconsciente » et « répond musicalement » à celui de Racine, *Bérénice,* v. 234 :

Dans l'Orient désert quel devint mon ennui !

* *Vers 4.* Le *voile sur le front de la nuit* appartient à la langue pseudo-classique; cf. *La Prière,* v. 9; *Souvenir,* v. 50.

* *Vers 5.* Comprendre : *ses clartés ondoyantes du haut des monts.*

* *Vers 6.* A propos d'*Ischia* et de *Chant d'Amour* (qui orchestre avec plus d'ampleur encore le thème érotique), H. Peyre (*Shelley et la France,* Le Caire, 1935, p. 168) remarque : « On notera que les images sont très rares dans ces poèmes, où abondent au contraire les comparaisons amenées par *comme* ou *ainsi que...* Comparaisons dignes de l'épopée et de cet Orient biblique qui semble comme la patrie spirituelle du poète mâconnais. » Cf. aussi v. 21, 26, 28, 35, 47.

* *Vers 8.* Ce clair de lune illumine doucement un paysage très accidenté, avec montagne, coteaux, vallons et mer proche, qui est bien celui de l'île d'Ischia; mais il répond aussi à une tradition littéraire qui eut Chateaubriand pour initiateur : cf. notamment la note du v. 12 de *L'Isolement.* Au v. 9, *douteuse : incertaine.*

* *Vers 10.* Chez les classiques et, d'ordinaire, chez Lamartine, la lumière lunaire est *blanche* ou *argentée;* ce *jour azuré* est donc une exception sous sa plume. On n'ignore pas que Chateaubriand fut le premier à peindre « le jour bleuâtre et velouté de la lune » (*Génie du Christianisme,* première partie, liv. V, chap. 12) et qu'il fit école

(V. Hugo, *Contemplations, La Fête chez Thérèse,* v. 88 : « Le clair de lune bleu qui baignait l'horizon »; *Légende des Siècles, Eviradnus,* v. 708 : « Sous les arbres bleuis par la lune sereine »; etc.).

* *Vers 12.* Sur cette *molle clarté,* cf. v. 65 et *L'Immortalité,* v. 106. On comparera ces douze premiers vers avec le début de *Poésie ou Paysage dans le Golfe de Gênes (Harmonies poétiques) :*

La lune est dans le ciel et le ciel est sans voiles :
Comme un phare avancé sur un rivage obscur,
Elle éclaire de loin la route des étoiles
Et leur sillage blanc dans l'océan d'azur...

* *Vers 14. Océan :* mot de la langue noble, désigne la Méditerranée. *Leurs pieds,* c'est-à-dire *les pieds des rives;* l'expression est bizarre prise littéralement; Lamartine pensait évidemment aux pieds des montagnes qui, à Ischia, bordent la côte à pic et plongent dans la mer. *Transports :* le mot est souvent employé par le poète pour *élan matériel ou moral;* cf. *L'Isolement,* v. 18; *La Mort de Socrate,* v. 146 (« dans de saints *transports* »).

* *Vers 18. Contour :* c'est la ligne sinueuse et capricieuse des vagues qui fluent et refluent; le mot ne s'emploie guère en parlant des liquides. Cf. *Adieux à la mer,* v. 51 : « Que je t'aime, ô vague assouplie... »

* *Vers 19. Délire :* cf. *Le Poète mourant,* v. 110. *Vierge,* pour jeune fille ou *amante* appartient à la langue classique et revient souvent chez Lamartine (voir v. 37). On notera le vocabulaire érotique de tout ce passage : comme le remarquait déjà Charles de Pomairols (*Lamartine,* Hachette, 1889, p. 60), « de toutes les œuvres poétiques de Lamartine, les *Nouvelles Méditations* peuvent être appelées, par excellence, le livre de l'amour ».

* *Vers 23. Charme* a le sens fort d'*ensorcelle,* comme dans la langue classique où le substantif *charme : incantation* (cf. v. 30) avait conservé la valeur du latin *carmen.* E. Zyromski (p. 155) commente ainsi cette strophe : « Lamartine a souvent parlé de l'atmosphère sonore et vibrante des côtes méridionales; il a saisi ces voix qui flottent sur les eaux et forment une musique qui vole. » Cf. *Paysage dans le Golfe de Gênes (Harmonies poétiques),* v. 189-192 :

L'air, chargé de ces sons qu'il emporte sur l'onde
Et que chaque minute étouffe et reproduit,
Semble, comme une mer où la tempête gronde,
Rouler des flots de voix et des vagues de bruits...

Souvenirs et Portraits, I, p. 145 : « (Je recherchais) ces harmonies fugitives, semblables à des plaintes d'eaux ou à des chuchotements de voix humaines qui se parlent tout bas. »

* *Vers 28.* Dans ces vers passe une fugitive inquiétude : ce sentiment que l'excès du bonheur peut engendrer une mélancolie, simplement indiqué ici, sera analysé dans le premier mouvement des *Préludes* (en particulier v. 21-35).

* *Vers 30. Par tous les sens :* le poète traduit très bien la volupté physique et toute pleine de suggestions dont se gonfle le paysage italien; il fut toujours infiniment sensible à la douce sensualité du ciel et de la nature dans la péninsule; il écrivait à Virieu, le 4 août 1820 : « Ce n'est que le pays des *sens,* mais c'est ce que nous voulons » et, le 25 novembre, il reprenait : « Pour être heureux, il faut vivre à Naples cet hiver... On respire la vie, le soleil, l'amour, le génie, le repos, la rêverie, les parfums de l'âme et des *sens.* »

* *Vers 34.* Ces deux vers sont assez peu précis : il s'agit de la lampe encore allumée d'une femme qui attend la venue de celui qu'elle aime; cf. v. 55.

* *Vers 38.* Sur les *yeux d'azur,* voir la note du v. 20 de *La Pervenche.* D'ailleurs ici, le bleu est peut-être surtout synonyme de transparence et de pureté. Rapprocher les v. 37-38 du *Poète mourant,* v. 115-116. *Beauté* appartient, comme *vierge,* à la langue de la poésie classique.

* *Vers 40.* Ces *sons* ne sont pas *mystérieux* en eux-mêmes, mais la nuit fait que l'on ne sait pas d'où ils proviennent. A l'inverse du chant d'Elvire dans *Le Lac,* celui de l'amante napolitaine n'est précédé d'aucune formule d'introduction et n'est signalé que par les guillemets; sa composition est assez nette : 1° v. 41-44 : strophe d'introduction; 2° v. 45-56 : les inquiétudes causées par l'absence du pêcheur; 3° v. 57-68 : invitation à venir chanter.

* *Vers 41. Occupe :* au sens du latin *occupare : envahir un lieu, en prendre possession* (cf. *Golfe de Baya,* v. 39). *Amoureux : propice à l'amour* (voir la note du v. 19).

* *Vers 48.* La *colombe* semble être la femelle du *ramier,* par une confusion qui se retrouve dans *Les Préludes,* v. 27-29. *Blanchit : qui apparaît toute blanche,* comme au v. 44. Cf. *Paysage dans le Golfe de Gênes,* v. 23-25 :

> Couverte de sa voile blanche,
> La barque, sous son mât qui penche,
> Glisse et creuse un sillon mouvant...

* *Vers 49. Elle : la voile.*

* *Vers 52. Tes chants prolongés :* non pas *qui duraient longtemps,* mais plutôt que l'*écho portait le long du rivage* (expression assez ambiguë). M. G. Poulet commente ces deux vers (p. 28) : « Si le chant se prolonge ici, c'est par un mouvement essentiellement excentrique. La vibration du son se propage, mais en s'éloignant de l'auditeur. Pourtant la brise ramène l'écho du chant qui s'affaiblit. C'est donc comme s'il y avait deux voix, dont l'une se prolongeait dans le lointain et dont l'autre venait mourir avec le vent au centre du champ perceptif. »

* *Vers 56. L'étoile des mers :* la Vierge Marie, appelée *Maris stella* dans un hymne bien connu des Vêpres. Au v. 55, la *lampe* est le petit luminaire à huile qui brûle devant l'image de la Madone en

manière d'hommage et de sacrifice. — *De ta seule amante l'amoureuse prière* comporte un double transfert d'adjectifs, car c'est *seule* qui convient à *prière* et *amoureuse* à *amante;* un pareil tour est fréquent chez Lamartine (et peut être comparé au fameux *Ibant nocturni sola sub nocte* de Virgile, *Énéide,* VI, v. 268).

* *Vers 62.* Si l'on veut voir là une réminiscence du v. 1520 de la *Phèdre* de Racine :

Sa croupe se recourbe *en replis tortueux,*

la variante oblige à constater qu'elle ne se précisa qu'après coup dans l'esprit de Lamartine.

* *Vers 64.* Le poète retrouvera quelque chose de ces deux vers dans le *Salut à l'île d'Ischia,* v. 1-4.

* *Vers 67.* Le cap Misène ferme au nord-ouest la baie de Naples. Cf. Virgile, *Énéide,* III, v. 239, et VI, v. 162, 164, 189, 212.

* *Vers 70.* Le *luth* n'est pas précisément la *guitare* du v. 39, mais ce sont deux instruments à cordes, mentionnés surtout pour souligner le caractère musical de tout le passage. *Accords : sons* (sens lamartinien). On peut hésiter pour savoir à quel mot rapporter le participe *frappés :* soit à accords, soit plutôt à échos. Au v. 69, *par intervalle* est au singulier pour une raison métrique (élision).

* *Vers 72.* Chez Lamartine, « très souvent le pâlissement et l'assourdissement se combinent » (G. Poulet, p. 29). Cf. *L'Occident (Harmonies poétiques),* v. 9-16 :

Et la moitié du ciel pâlissait, et la brise
Défaillait dans la voile, immobile et sans voix,
Et les ombres couraient, et sous leur teinte grise
Tout sur le ciel et l'eau s'effaçait à la fois.

Et dans mon âme, aussi pâlissant à mesure,
Tous les bruits d'ici-bas tombaient avec le jour,
Et quelque chose en moi, comme dans la nature,
Pleurait, priait, souffrait, bénissait tour à tour.

* *Vers 76.* Cf. *Le Poète mourant,* v. 115-120. Ces vers sont une allusion délicate et non exempte de préciosité, à la jeune épouse du poète.

* *Vers 77.* Si *sycomore* est le nom savant d'une variété de figuier, dit vulgairement *figuier de pharaon,* arbre du bassin de la Méditerranée, on doit noter le caractère littéraire de ce vocable, employé six fois dans l'Écriture Sainte, puis repris par Chateaubriand, *Itinéraire de Paris à Jérusalem* (1re partie) : « L'Arabe m'a fait voir les tombes de nos soldats, sous les *sycomores* du Caire » et par Millevoye, *Élégies,* I :

Je veux sur le bord des ruisseaux
Unir le pâle *sycomore*
A l'if, ornement des tombeaux.

La *mousse* (déjà nommée au v. 61), reparaîtra dans *Paysage dans le Golfe de Gênes,* v. 30.

* *Vers 78.* Le *dais* (cf. v. 60) *de saphirs* désigne la voûte bleu sombre du ciel.

* *Vers 82.* Cf. *Le Crucifix,* v. 17. C'est toujours le même « thème obsédant » de la chevelure.

* *Vers 85.* Reprise d'expressions du *Lac,* v. 21-22 et 23. Mais, dans *Ischia,* poème du bonheur, l'auteur ne déplore plus la fuite inexorable des jours, il admet un instant qu'elle peut s'arrêter (v. 87) et jouit d'une sorte d'éternité.

* *Vers 92.* Les *champs Élysées* étaient le séjour des bienheureux dans la mythologie ancienne; Virgile (*Énéide,* VI) place précisément leur entrée en *pays napolitain* (voir *Milly,* v. 56 et *Dernier Chant du Pèlerinage d'Harold,* v. 367); en citant aussitôt après l'*Éden,* paradis des *Hébreux,* Lamartine associe une fois de plus la Bible et les Latins, ses deux grandes sources d'inspiration. L'*astre élyséen,* c'est la lune, qui éclaire le paysage d'Ischia (*élyséen* signifiant alors *suave, enchanteur*); mais aussi Lamartine a pu songer à la lumière douteuse qui éclaire, selon Virgile (*Énéide,* VI, v. 450 et suiv.), le bois de myrtes, asile des ombres de ceux qui sont morts d'amour; au reste, dans ce passage, le poète latin compare l'apparition de Didon devant Énée à celle de l'astre des nuits :

Obscuram, qualem primo qui surgere mense
Aut videt aut vidisse putat per nubila lunam.

* *Vers 95.* « Ces effluves semblent apporter l'immortalité. » (Ernest Zyromski, p. 228.)

* *Vers 96.* *Élyse* (ou *Élise*), prénom qui semble faire un jeu de mots voulu avec les v. 89 et 92, était un de ceux que portait Mme de Lamartine, née Maria-Anna-*Élisa* Birch. Cette brève et douloureuse évocation de la mort amène une note grave au terme de la méditation; mais celle-ci est tellement imprégnée de bonheur et de quiétude que le poète a comme peine à croire (*on dit...*) à la réalité de la pensée qui vient de lui traverser l'esprit.

MÉDITATION TROISIÈME. — SAPHO

Page 144

* *SAPHO ÉLÉGIE ANTIQUE.* — Bien qu'il n'ait reçu qu'une très imparfaite culture grecque, Lamartine connut de bonne heure la poétesse Sapho (VIIe siècle av. J.-C.); sans enthousiasme d'ailleurs, si l'on en croit la première mention qu'il fait d'elle dans sa lettre du 29 octobre 1808 à Guichard de Bienassis : « Je parie que Sapho t'ennuie déjà. Je n'y ai pas trouvé les beautés dont on parle tant. Est-ce ma faute, est-ce la sienne? » — Et sans doute avait-il oublié la lecture, ou du moins les impressions de sa dix-huitième année,

quand, en 1814 ou 1815, comme l'affirme le Commentaire de 1849, (où la date de 1816 nous paraît inexacte), il eut la révélation de « la strophe unique, mais brûlante de Sapho » qui est à l'origine de la présente méditation. Quelques années plus tard, le 8 avril 1819, parlant à Virieu des projets qu'il a en tête, il lui déclare : « Comment donc espérer un opéra?... J'en ai un qui me brûle, c'est une *Sapho,* superbe sujet... Qu'en dis-tu? » — Sur la cheminée de sa chambre de Saint-Point, où figurent, peints par sa femme, les poètes qu'il préférait, Sapho a sa place, entre l'Arioste et Racine, avec Shakespeare, Homère et Dante, Pétrarque, Vittoria Colonna et Corneille. — Le 17 mai 1833, faisant voile de Jaffa vers Constantinople, il fit escale à Lesbos : « Souvenir poétique de la seule femme de l'Antiquité dont la voix ait eu la force de traverser les siècles, note-t-il dans le *Voyage en Orient.* Il reste quelques vers de Sapho, mais ces vers suffisent pour constater un génie de premier ordre... Le cœur qui a laissé couler les stances de Sapho devait être un abîme de passion et d'images. » Dans *Raphaël,* XXII, on lit que « les strophes de Sapho sont le feu même de l'amour ». Dans *Le Civilisateur* (1853), la *Vie d'Héloïse,* X, appelle l'amante d'Abélard « la Sapho du Christianisme ». Le *Cours familier de Littérature* cite la lesbienne une douzaine de fois, notamment t. I, p. 120 (« Si Sapho eût été une jeune fille de bonne compagnie de la cour de quelque roi de Perse, nous n'aurions pas ces dix vers, ces dix charbons de feu allumés dans son cœur et qui brûlent depuis tant de siècles les yeux qui les lisent ») et t. II, p. 255, (« Mme de Staël, cette Sapho du siècle »).

Curieuse réputation que celle de Sapho : son œuvre ayant été a peu près perdue dans sa totalité, on connaît la femme pour ses mœurs contre nature, — l'écrivain seulement par des fragments, curiosités de spécialistes, et par deux odes, l'une de sept strophes, conservée par Denys d'Halicarnasse (*De compositione verborum,* XXIII), l'autre de quatre, qui a été transmise à la postérité par le pseudo-Longin, dans son traité *Du Sublime,* VIII : c'est cette dernière qui seule a jamais eu une véritable célébrité, c'est elle que Lamartine nommait assez inexactement « la strophe de feu »; elle a inspiré avant lui un grand nombre de poètes dont la liste (Théocrite, Catulle, Ronsard, Boileau, Racine, Chénier, Delille, Lazare Carnot, Marguerite de Surville (alias le faussaire Vanderbourg), Maurice Donnay, Pierre Louÿs), a été dressée par M. Jean Giraud, *D'après Sapho : variations sur un thème éternel* (*Revue d'Histoire littéraire de la France,* 1920, pp. 194-203). De cette pièce illustre, *qui est adressée à une femme,* voici la traduction d'Aimé Puech (édit. G. Budé d'Alcée et Sapho, pp. 193-195) :

Celui-là me paraît l'égal des dieux, l'homme qui, assis en face de toi, de tout près écoute ta voix si douce
Et ce rire enchanteur qui, je le jure, a fait fondre mon cœur dans ma poitrine; car, dès que je t'aperçois un instant, il ne m'est plus possible d'articuler une parole;

Mais, ma langue se brise et, sous ma peau, soudain se glisse un feu subtil; mes yeux sont sans regard, mes oreilles bourdonnent.
La sueur ruisselle de mon corps, un frisson me saisit toute; je deviens plus verte que l'herbe et, peu s'en faut, je me sens mourir;
Mais on doit tout oser puisque...

Texte que Boileau, adaptateur de Longin, paraphrasait ainsi :

Heureux qui près de toi pour toi seule soupire,
Qui jouit du plaisir de t'entendre parler,
Qui te voit quelquefois doucement lui sourire!
Les dieux dans son bonheur peuvent-ils l'égaler?
Je sens de veine en veine une subtile flamme
Courir par tout mon corps sitôt que je te vois;
Et, dans les doux transports où s'égare mon âme,
Je ne saurais trouver de langue ni de voix.

Un nuage confus se répand sur ma vue;
Je n'entends plus; je tombe en de douces langueurs;
Et pâle, sans haleine, interdite, éperdue,
Un frisson me saisit, je tremble, je me meurs.

Mais quand on n'a plus rien, il faut tout hasarder...

A titre documentaire, nous citerons la prétendue Marguerite de Surville, que Lamartine, dès 1809 (à Virieu, 15 septembre), lisait avec un naïf enthousiasme et dont il resta longtemps l'admirateur fervent et attardé :

Qu'à mon gré ceste-là va primant sur les dieux
Qu'enivre ton souris, sur qui ton œil repose,
Qu'encharment, résonnans de ta bouche de rose,
Les sons mélodieux.

Je t'ai vu... Dans mon sein, Vénus qu'ai toute en l'âme,
Qui, sur lèvre embrasée, estouffoit mes accens,
Vénus à feux subtils, mais jusqu'ès os perçans,
Court en fleuve de flamme.

S'ennuagent mes yeux; n'oy plus qu'ennuy, rumeurs;
Je brûle, je languis; chauds frissons dans ma veine
Circulent : je pâlis, je palpite; l'haleine
Me manque : je me meurs!

Outre cette ode, on connaît de Sapho sa passion malheureuse — et légendaire — pour Phaon. Celui-ci, dit-on, avait obtenu d'Aphrodite en personne un onguent merveilleux qui devait lui assurer l'amour de toutes les femmes; il en fit l'expérience sur Sapho, jusqu'alors insensible aux charmes masculins; l'effet dépassa toutes les espérances, mais Phaon se lassa vite de sa conquête et celle-ci, éplorée de douleur, alla chercher remède à ses maux en plongeant, du haut des falaises de Leucade (cap Ducato) dans les flots de la mer Égée. Cette histoire a notamment inspiré Ovide, qui l'a développée dans les deux cent vingt vers de la quinzième de ses *Héroïdes*, sous la forme d'une lettre de Sapho à son amant (parti volontairement en Sicile), peu de temps avant le moment où elle se suicidera. Lecteur d'Ovide, comme de tous les élégiaques latins, Lamartine ne put pas ne pas connaître ce poème célèbre : on ne saurait affirmer que, dans *Sapho,* il s'en inspire effectivement, car il est parfois en contradiction avec lui ; mais, nous espérons montrer dans nos notes qu'il paraît lui devoir plus d'une suggestion ou d'une réminiscence. Aussi bien le problème posé n'est pas simple et si Alphonse écrivit cette *héroïde* (il emploie le terme, à côté de celui d'*élégie,* figurant déjà au sous-titre, dans le Commentaire de l'Édition des Souscripteurs), il se trouva porté à le faire par tout un courant littéraire contemporain. En effet le genre de l'épître fictive en vers — pourtant bien froid dès sa naissance sous le style d'Ovide — connut au XVIIIe siècle une vogue extraordinaire : le responsable en est l'Anglais Pope (1688-1744), à qui les *Lettres philosophiques* de Voltaire avait valu une renommée vraiment européenne et qui avait écrit entre autres une lettre d'Héloïse à Abélard au succès foudroyant : « Chose étrange, constate plaisamment Gustave Charlier (*De Pope à Lamartine,* in *Aspects de Lamartine,* pp. 67-94), ce vieux genre, le plus insupportable peut-être de tous les vieux genres classiques semblait revivre à ce moment une nouvelle jeunesse. Tout fut mis en héroïdes. On vit Caton d'Utique écrire à César, Gabrielle d'Estrées à Henri IV, Calas à sa femme et à ses enfants. Quant aux Alcibiade à Glycère, aux Didon à Énée, aux Sapho à Phaon, on ne les compta plus : il y en eut assez en 1769 pour remplir dix volumes... Et un certain Costard atteignit le comble du grotesque avec sa lettre de Caïn, après le crime, à Méhala son épouse ! » Cette extraordinaire vogue s'explique assez bien en un temps qui, selon le titre du livre de Louis Bertrand, marqua *La fin du classicisme et le retour à l'antique,* alors qu'également *La Nouvelle Héloïse* avait déclenché un véritable engouement pour les correspondances amoureuses imaginaires. Pour s'en tenir à Sapho et à Phaon, avec Pope lui-même qui leur consacra une pièce, on peut citer aussi pour mémoire Dorat, Cubières la comtesse d'Hautpoul, L. Gorsse (auteur en 1805 d'une manière d'épopée en dix chants !) (Cf. H. Potez, pp. 69, 362-366, 394)*. Lamartine certes ne manquait pas de prédécesseurs ! Et l'on ne saurait oublier, à côté des faiseurs d'héroïdes, les auteurs d'élégies, souvent fort voisins des premiers dans leur mode d'expression plus ou moins passionné et renouvelé de la Grèce et de Rome : certains auteurs ont trouvé la *Sapho* des *Nouvelles Méditations* « très inspirée de Millevoye » (1782-1816) : celui-ci publia en 1812 un

---

*. On lit, dans les *Mélanges philosophiques, historiques et littéraires* de Ch. de Féletz (II, pp. 214-229) un compte rendu très dur de la *Sapho* de Gorsse, suivi de la critique d'une autre *Sapho,* poème en trois chants par C. T. D., contemporain du précédent et présentant « avec des inventions un peu communes, un peu bizarres... des détails heureux, des descriptions brillantes, des comparaisons ingénieuses... »

recueil d'*Élégies* en trois livres; le second, imité des Grecs *(Combat d'Homère et d'Hésiode, Stésichore, Danaé, Homère mendiant, Les Adieux d'Hélène, Le Départ de Sophocle)* ne traite toutefois pas le sujet qui allait bientôt exciter la verve du jeune poète bourguignon.

Mais quand au juste Lamartine conçut-il son *élégie antique?* Il n'est pas aisé de le préciser. La date de 1814 ou 1815, que l'on peut déduire du Commentaire de l'auteur, tardif et visiblement arrangé, paraît pouvoir être retenue; mais rien ne la confirme solidement. Les quatre premiers vers qui, seuls de leur espèce, figurent sur le manuscrit de la Bibliothèque Nationale ne sont pas datés; le fait qu'ils suivent immédiatement la méditation *A El.,* accompagnée de la mention « 1815 », ne prouvent absolument rien, car toutes les autres pièces de l'album sont postérieures à 1820; il semble bien que ces quatre vers ont pu être composés après coup, à un moment peut-être proche de la publication, pour servir d'introduction (ou de « chapeau ») à la tirade de Sapho, rédigée depuis un temps qu'on aimerait pouvoir déterminer avec certitude. Le seul document où Lamartine manifeste une intention d'écrire sur la poétesse de Lesbos, c'est sa lettre à Virieu du 8 avril 1819 : il n'est pas interdit de hasarder l'hypothèse qu'il élabora vers cette époque la longue psalmodie qui aurait précédé la mort de l'infortunée dans l'opéra rêvé. Ainsi *Sapho* serait contemporaine de *La Semaine Sainte* et du séjour au château de La Roche-Guyon, dans le pieux entourage de Mgr le duc de Rohan, futur cardinal? Mais Alphonse n'en était-il pas alors au plus brûlant de sa tumultueuse aventure avec Léna de Larche? Et cela ne pourrait-il pas expliquer certains accents passionnés de son héroïde? Supposition certes, mais qui — en l'état actuel de notre documentation — ne nous semble pas un vain paradoxe; elle confirmerait le dernier alinéa du Commentaire de 1849, selon lequel la pièce venait d'être composée lors d'un long voyage à cheval ramenant le poète de Paris en Bourgogne : or on ne connaît de Lamartine qu'une équipée de ce genre, celle de la première quinzaine de mai 1819, durant laquelle il imagina la méditation *Dieu.*

* *Vers 4.* Sapho est évidemment au cap Leucade, qui fut, selon la légende, le lieu de son trépas. Chez Ovide, elle menace Phaon de s'y rendre s'il ne revient pas vers elle et de mettre ainsi fin à ses jours. La présence des filles de Lesbos aux côtés de la malheureuse poétesse (chœur possible d'un éventuel opéra) est contraire à l'avis qu'elle donne à ses compatriotes chez le poète latin, v. 199-202 : « Lesbides aequoreae... // desinite ad citharas turba venire meas » (« Femmes de la maritime Lesbos, cessez d'accourir en foule à mes chants »).

* *Vers 6.* Cf. Ovide, v. 171-172 : « Pete protinus altam // Leucada, nec saxo desiluisse time » (paroles de la nymphe qui encourage Sapho).

* *Vers 8.* Allusion probable aux mœurs de la poétesse, qui en aimant ses compagnes *méconnaissait* l'amour véritable, aux yeux d'un homme normal et nourri de Christianisme, comme l'était Lamartine.

* *Vers 13.* *Bandeau* désigne un *diadème* (souvent royal) dans la langue

des classiques. Les statues anciennes qui représentent Sapho (le poète avait pu en voir en Italie) la montrent en général la tête ceinte d'un bandeau, symbole de ses fonctions sacerdotales auprès d'Aphrodite.

* *Vers 15.* Chez Ovide, v. 170 et suiv., la nymphe rappelle comment Deucalion, en se précipitant dans les flots de Leucade, fut soulagé du feu qui le dévorait (« Deucalion igne levatus est »), car, ajoute-t-elle, « telle est la propriété de ce lieu » (« Hanc legem locus ille tenet »). Mais il n'est pas question de Neptune dans l'auteur latin, qui parle seulement d'un temple de Phébus proche du cap.

* *Vers 17.* Rien de tel dans Ovide; mais on connaît la croyance pythagoricienne selon laquelle les âmes, avant leur réincarnation, buvaient l'eau du Léthé, fleuve infernal qui leur apportait l'oubli.

* *Vers 19.* La nymphe de l'héroïne ovidienne assure à Sapho que Deucalion sauta du haut de Leucade sans s'y blesser (« Hinc se Deucalion... // Misit, et illaeso corpore pressit aquas »).

* *Vers 25.* Ces deux vers, ou plutôt ces deux rimes déjà rencontrées aux v. 3-4, reviendront comme un refrain au cours de la pièce; ce procédé était employé par Millevoye dans ses *Élégies* de 1812, notamment dans *La Jeune Épouse* :

> Vierges, filles des mers, jeunes océanides,
> Écartez le soleil de vos grottes humides!

dans *La Néréide* :

> Quittez pour l'océan la source Aganippide,
> Muses, chantez Caltha, la blanche néréide!

dans *L'Arabe au tombeau de son coursier* :

> Ce noble ami, plus léger que les vents,
> Il dort couché sous les sables mouvants.

dans *La Colombe* :

> Colombe des amours, colombe messagère,
> Repose mollement sur la mousse légère!

Selon P. Jouanne (pp. 363-365), ces retours et ces alternances dans les mots et dans les thèmes ne sont pas de simples artifices littéraires, mais correspondent à la nature profonde de Lamartine et « lui servent à exprimer les hésitations de sa volonté et les fluctuations de sa sensibilité ».

* *Vers 29.* Ovide ne dit rien des circonstances de la rencontre de Phaon par Sapho. Pour Lamartine, elle était *de Vénus l'insensible prêtresse* pour ne pas s'être complu à des amours hétérosexuelles avant de rencontrer le jeune homme.

* *Vers 33.* Les v. 30-33 sont les seuls directement inspirés de Sapho en personne (cf. première note), ce qui explique sans doute leur

ressemblance avec la *Phèdre* de Racine (v. 272 et suiv.), puisés à la même source :

> Je le vis, je rougis, je pâlis à sa vue;
> Un trouble s'éleva dans mon âme éperdue;
> Mes yeux ne voyaient plus, je ne pouvais parler;
> Je sentis tout mon corps et transir et brûler...

Ovide s'exprime de façon voisine (v. 110-112), mais en parlant de Sapho qui vient d'être abandonnée par celui qu'elle aime.

* *Vers 35.* Ovide, v. 25, se contente de cette allusion : « Et Phoebus Daphnen et Gnossida Bacchus amavit »; il développe l'aventure de Phébus dédaigné par l'insensible *Daphné* dans ses *Métamorphoses,* I, 452-567. Lamartine n'évoque pas ici les amours de la princesse de Gnosse, Ariane, consolée par Bacchus après que Thésée l'eût abandonnée; mais, au v. 39, il remplace celle-ci par Érigone, fille d'Icare et amie moins connue du dieu de la vigne, nommée par Stace, *Thébaïde,* XI, 644-467, et dans les *Métamorphoses,* VI, 125 : « Liber ut Erigonen falsa deceperit uva » (« Bacchus abusa Érigone sous l'apparence trompeuse d'une grappe »).

* *Vers 42.* L'héroïne d'Ovide, v. 137-140, erre également dans les lieux où elle a aimé Phaon, mais c'est après avoir été délaissée par lui, et non au début de leur aventure. Le poète latin ne parle nulle part des prouesses athlétiques du jeune amant, qui sont probablement le fruit de l'imagination plastique de Lamartine.

* *Vers 50.* Citant les v. 48-50, E. Zyromski (p. 260) y voyait « du Racine délicatement transposé » par réminiscence auditive et les rapprochait de *Phèdre,* v. 176-178 :

> Dieux ! que ne suis-je assise à l'ombre des forêts !
> Quand pourrai-je, au travers d'une noble poussière,
> Suivre de l'œil un char fuyant dans la carrière?

* *Vers 55.* Au contraire, la véritable Sapho, ou du moins celle d'Ovide, v. 31-33, se reconnaissait laide : « Mihi difficilis formam natura negavit, // ... Sum brevis ».

* *Vers 56.* Sentiment assez équivoque et qu'on peut taxer d'incestueux; mais il n'a rien d'invraisemblable à l'époque, si l'on songe à celui qui unit J.-J. Rousseau à Mme de Warens, « sa chère maman », ni à la forme que très vite devait prendre la passion réciproque de Lamartine et de Julie Charles.

* *Vers 58.* Périphrase pour désigner les neuf Muses, à qui était consacrée l'eau du Permesse, torrent issu du mont Hélicon et dont les ondes passaient pour inspirer les poètes élégiaques (Properce, II, X, v. 25-26; Virgile, *Bucoliques,* VI, v. 64).

* *Vers 64.* Chez Ovide, Phaon partage d'abord l'amour de Sapho, qui déclare au v. 45 : « Omni a parte placebam » (« Je lui plaisais en tout point »), puis il abandonne sa maîtresse pour se rendre en Sicile; le Phaon lamartinien, par son insensibilité, rappelle plutôt l'Hippo-

lyte de Racine; déjà Parny avait écrit, dans *La Journée champêtre,* ce couplet dont le poète a pu se souvenir ici :

Lorsque Sapho prenait sa lyre
Et lui confiait ses douleurs,
Tous les yeux répandaient des pleurs,
Tous les cœurs sentaient son martyre;
Mais ses chants aimés d'Apollon,
Ses chants heureux, pleins de sa flamme
Et du désordre de son âme,
Ne pouvaient attendrir Phaon.

* *Vers 70.* A ces regrets formulés à l'irréel du passé feront écho les v. 137-148.

* *Vers 76.* Cf. Ovide, v. 28 : « Jam canitur toto nomen in orbe meum. » Sur l'immortalité assurée par les poètes à ceux qu'ils célèbrent dans leurs œuvres, voir la note du v. 6 d'*A Elvire.*

* *Vers 78.* C'est ainsi que, dans l'*Hippolyte couronné* d'Euripide, v. 29-33, Vénus rappelle que Phèdre lui a dédié un temple, témoignage de son amour pour Hippolyte absent; ce détail a été repris par Racine, *Phèdre,* v. 280-287, où sont mentionnés les autels où brûle l'encens et qui fument de vains sacrifices.

* *Vers 80. Suspendre un objet en offrande à un dieu* est un usage très commun chez les Anciens : cf. par ex. Virgile, *Énéide,* VI, v. 859; IX, v. 407; XII, v. 768-769. Voir plus loin v. 128.

* *Vers 82.* Les Parques sont nommées par Ovide, v. 81, comme ayant imposé à Sapho la fatalité d'une vie légère et vouée à l'amour.

* *Vers 92.* Les poètes grecs et latins montrent souvent un amant dépité veillant au seuil de la personne aimée (chez les Alexandrins, on appelait *paraklausithuron* la plainte devant une porte qui refuse de s'ouvrir, et c'était un des thèmes consacrés de la poésie érotique) : cf. Pseudo-Théocrite, XXIII; Callimaque, *Épigramme* 63; Ovide, *Amours,* I, 6; Horace, *Odes,* III, 10 ; Tibulle, I, 5, v. 71; etc. Dans un élan romantique, Hernani dira à Doña Sol chez V. Hugo (v. 923-924) d'une manière analogue à celle de Sapho :

Oh! je voudrais savoir, ange au ciel réservé,
Où vous avez marché *pour baiser le pavé !*

* *Vers 96.* Les héroïnes classiques les plus passionnées (Hermione, Phèdre), même dans leur élans les plus violents, ont trop d'orgueil pour consentir à une servitude amoureuse; Sapho annonce ici la romantique Doña Sol, par exemple, déclarant à celui qu'elle aime (*Hernani,* v. 154-154) :

... Êtes-vous mon démon ou mon ange?
Je ne sais, *mais je suis votre esclave.* Écoutez,
Allez où vous voudrez, j'irai...

Et l'on connaît l'esclavage passionnel auquel se réduisit volontairement Juliette Drouet.

* *Vers 104.* La Sapho d'Ovide ne manifeste point une telle ardeur militaire, mais, dans *Saül,* v. 168, retrouvant son époux David qu'elle a cru mort, Micol lui déclarait :

Non, nous mourrons ensemble, ou je suivrai tes pas.

* *Vers 111.* La même Micol, désespérée de la disparition de son mari se plaint aussi de ne plus connaître le repos nocturne (*Saül,* v. 97-100) :

L'astre des nuits à peine a fini sa carrière,
Et déjà le sommeil a fui de ma paupière.
O nuit ! O doux sommeil ! Tout ressent vos bienfaits,
Hélas ! et mes yeux seuls ne les goûtent jamais !

* *Vers 119.* L'analogie de ce vers avec celui du sonnet IX des *Regrets* de Joachim du Bellay (« Mais nul, sinon Écho, ne répond à ma voix ») doit être tout à fait fortuite (cf. la note du v. 44 de *L'Isolement*).

* *Vers 126.* Chez Ovide, v. 198, Sapho constate avec tristesse que sa *lyre* s'est tue avec ses malheurs : « Plectra dolore tacent; muta dolore lyra est. » Mais elle ne manifeste point l'intention de la *briser* par désespoir. Pour l'image de la *lyre brisée,* cf. *Le Poète mourant,* v. 13 et 151, et *Ode sur l'Ingratitude des peuples,* dernière strophe).

* *Vers 127. Parvis* appartient plutôt à la langue biblique et chrétienne (*Exode,* XXVII, 18; Racine, *Athalie,* v. 397, 1101); mais il peut s'employer par extension à propos de n'importe quel temple. Cf. La Fontaine, *Philémon et Baucis,* v. 137 :

Un jour qu'assis tous deux dans le sacré parvis,
Ils contaient cette histoire aux pèlerins ravis...

* *Vers 128.* Chez Ovide, v. 181-184, Sapho avant de se rendre à Leucade, fait expressément une promesse contraire : « Je consacrerai à Phébus l'offrande commune de ma lyre et, au-dessous, ces deux vers seront gravés : — Sapho, femme poète, t'a offert une lyre ô Phébus, comme gage de sa reconnaissance; elle convient à toi comme elle convient à moi. »

* *Vers 136.* Sapho retrouve ici les accents de Phèdre, qui se sent déshonorée par son amour pour Hippolyte; mais, si la passion de l'héroïne racinienne est damnable, même en intention, à cause de son illégitimité, celle de Sapho pour Phaon n'a rien que de normal; il ne saurait donc être question ici d'*opprobre,* à moins que la poétesse de Lesbos ne songe ici à ses anciennes « amitiés particulières », ce qui paraît improbable; l'analyse psychologique ici le cède sans doute au verbiage, ce qui est déjà bien romantique !

* *Vers 138.* En conclusion de l'héroïde d'Ovide, v. 210 et suiv., on voit Sapho envisager un pareil revirement de situation et le retour de Phaon :

« Sive redis, puppique tuae votiva parantur
Munera, quid laceras pectora nostra mora?
Solve ratem... »

(« Ou si tu reviens et que ton navire soit chargé des présents de ton retour, pourquoi déchirer mon cœur par un délai ? Lève l'ancre...») A noter qu'Hermione (*Andromaque,* v. 436-440), bafouée par Pyrrhus, se berce d'une semblable illusion :

> Fuyons... Mais si l'ingrat rentrait dans son devoir !
> Si la foi dans son cœur retrouvait quelque place !
> S'il venait à mes pieds me demander sa grâce !
> Si sous mes lois, Amour, tu pouvais l'engager !
> S'il voulait !...

* *Vers 141.* Comparable désarroi physique chez Ovide, v. 97 : « Lacrimis oculi rorantur » et v. 140 : « In collo crine jacente feror ».

* *Vers 143.* Cet esprit de *pardon* est répandu à travers toute la pièce d'Ovide, où Sapho est prête à tout oublier pourvu que Phaon consente à revenir de Sicile à Lesbos.

* *Vers 148.* On trouve dans Ovide, v. 95-96, une formule un peu différente : « Huc ades, formose... // Non ut ames, oro, verum ut amare sinas » (« Reviens, beau Phaon... non pour m'aimer, mais, je t'en supplie, pour me laisser t'aimer »).

* *Vers 160.* La passion devient hallucinée en un mouvement qui ne manque pas de vigueur.

* *Vers 166.* L'image du *char* des astres est mythologique et chère à Lamartine (cf. *L'Isolement,* v. 11, etc.).

* *Vers 168.* Cet *adieu* d'un mourant à la lumière du jour et à la terre paternelle est tout à fait dans la manière des Grecs, en particulier des tragiques. Cf. Sophocle, *Philoctète,* v. 1451-1468 ; *Ajax,* 856-865 (« Toi, éclat du jour qui brilles encore à mes yeux, et toi, Hélios, qui t'avances sur ton char, je m'adresse à vous, c'est pour la dernière fois... O lumière, sol sacré de Salamine, ma patrie, ... sources, fleuves de ce pays, plaines troyennes, je vous dis adieu, vous qui m'avez nourri... ») ; Euripide, *Alceste,* v. 243-suiv. ; *Iphigénie à Aulis,* v. 1468-1509 (« Adieu, jour éclatant, lumière de Zeus..., Adieu, douce clarté du jour ! »).

* *Vers 176.* Ces précisions biographiques sont en somme exactes et confirmées par la science des hellénistes modernes : issue d'une famille de Lesbos qui, depuis des siècles, partageait avec quelques autres le privilège de fournir les prêtresses d'Aphrodite dans sa ville natale d'Érésos (île de Lesbos), Sapho, fille de Scamandronymos et de Cléis, était entrée à douze ans au service de la déesse (J. Larnac et R. Salmon, *Sapho,* collection « Maîtres de la Littérature », Paris, Rieder, pp. 15-18).

* *Vers 178.* Gracieuse imagination du poète qui transpose à Sapho la légende mythologique de Jupiter enfant nourri par les abeilles dans une grotte du mont Ida, en Crète.

* *Vers 182.* Ovide s'étend avec complaisance (v. 59 et suiv.) sur les misères sans nombre de Sapho durant son existence :

« An gravis inceptum peragit Fortuna tenorem...
Et manet in cursu semper acerba suo? »

* *Vers 183.* Image biblique, assez insolite ici, mais familière à Lamartine : cf. *A Elvire*, v. 42 et note.

* *Vers 191.* Suprême preuve d'amour : ainsi la tête coupée d'Orphée, qu'entraînaient les ondes de l'Hèbre, répétait encore le nom d'Eurydice (Virgile, *Géorgiques*, IV, v. 523-527).

* *Vers 193.* Remarque anecdotique en marge de cette élégie : on conserve à la Bibliothèque municipale de Mâcon (nº 130268) une traduction en vers latins de *Sapho,* œuvre d'Eugène Beaufrère, professeur au lycée de cette ville, imprimée par De Romand et non datée; elle est précédée de cette dédicace :

A M. A. de Lamartine.

Qui petis immenso coelum sublime volatu
  Solis et adversum lumen adire potes,
Ah! ne me volucrem, precor, aspernare tenellam,
  Sitque accepta tibi debilis ala mea!

La translation vers à vers est à la fois élégante et exacte, avec le charme des choses désuètes; en voici, à titre d'exemple, le début, les refrains des v. 24-25 et 65-66, ainsi que la conclusion :

Prima erat orta dies : feriebant littora fluctus;
Talia dicta dedit Sappho dum staret in ora :
Poplitibus flexis, hanc circum plurima virgo
Lesbia praecipitem spectabat desuper undam...
At vos quid gemitis? Fletus cohibete, puellae
  Lesbides, et cantus ore referte sacros...
Dedecus heu! lugete meum, lugete, puellae,
  Lesbides, et fletus ingeminate novos...
Vos quibus hunc tota durum quem diligo mente
Cernere rursus erit, fuerint cum lumina morte
Clausa mea, haec, sociae, ferte ultima verba Phaoni;
Dicite... ut a Sappho fuerit moriente vocatus!
Sic ea : liquistis sub vespere littora ponti,
  Lesbides, et vobis defuit illa comes.

A dire vrai, les critiques — quand ils ne sont pas muets sur *Sapho* — la considèrent souvent comme une des pièces à point retrouvées par le poète pour donner à son volume de 1823 une grosseur suffisante... Il semble pourtant que l'*élégie antique* mérite d'être mieux jugée. René Doumic trouvait qu'elle « n'était pas indigne de Chénier » (*Lamartine,* « Les Grands Écrivains, » Hachette, p. 131); et cette opinion favorable n'était que la reprise d'un avis de F. Reyssié (pp. 162-163), qui ne sépare pas de *Sapho Le Pasteur et le Pêcheur :* « C'est Virgile, c'est Théocrite qui l'inspirent cette fois... Ce fragment de poème et cette élégie, tous deux frappés au coin grec le plus pur, aux vers alexandrins impeccables... rapprochent le Lamartine de Naples du Grec de Byzance, André Chénier : même amour de la forme, même adoration de l'antique... Tous deux ont le même culte de l'éternelle beauté. » Plus près de nous, Mme Mary Marquet, sociétaire de la Comédie-Française, au cours de galas poétiques où elle récitait, « de La Fontaine à Valéry », « ses poèmes préférés » (mars 1941), donnait de larges extraits de notre méditation : « En écoutant la *Sapho* de Lamartine, disait-elle à ses auditeurs, vous serez frappés par l'influence racinienne qui inspira au grand romantique un de ses poèmes les plus humains... J'aime de Lamartine le frémissement racinien de ce marbre antique » (*Mes récitals,* Stock, 1943, pp. 222 et 265) : ce jugement porté par une artiste, grande interprète de la tragédie classique, vaut la peine d'être rapporté, car il interdit d'apprécier trop légèrement un poème souvent méconnu, sinon ignoré.

MÉDITATION QUATRIÈME. — LA SAGESSE

Page 150

* *LA SAGESSE.* — Il est impossible de dater avec précision la présente méditation, à laquelle le poète n'a fait aucune allusion dans sa Correspondance. Son titre est inspiré de celui du *Livre de la Sagesse,* écrit de l'Ancien Testament, attribué à tort au roi Salomon et composé en réalité dans la communauté juive d'Alexandrie, probablement au second siècle avant l'ère chrétienne. Comme la traduction par Genoude en fut publiée en août 1822 (avec celles des autres Livres Sapientiaux : *Proverbes, Ecclésiaste, Ecclésiastique*), Grillet (pp. 128 et 132) a émis l'hypothèse vraisemblable que l'attention de Lamartine fut alors plus spécialement attirée par ces anciennes œuvres scripturaires et que *La Sagesse* peut être datée de la seconde partie de 1822 ou du début de 1823; mais on verra, par exemple, que *La Branche d'Amandier,* influencée probablement par le *Livre de la Sagesse* (Cf. la note du v. 9 de cette pièce), doit être du début de 1821; par ailleurs, *Élégie* et *Tristesse,* qui développent des idées épicuriennes et « salomoniennes », sont attribuées par l'auteur à sa jeunesse (mais on sait que les affirmations du Commentaire de 1849 ne sont pas toujours probantes) et, au contraire, le thème voluptueux se retrouve dans *Les Préludes* en un passage écrit le 1er janvier 1823... Au milieu de tant de contradictions, il est sage de réserver son jugement. — Si l'on s'en tient au contenu de ces soixante-dix vers, on y trouvera, sous une forme tout imprégnée de réminiscences bibliques, une invitation faite aux humains d'accepter la vie terrestre en tirant d'elle le maximum de plaisirs, tout en renonçant à pénétrer les mystères du monde dont Dieu seul possède le secret.

* *Vers 1.* Cf. *Livre de Job,* XIV, 2 : « Homo... fugit velut umbra. »

* *Vers 2*. Cf. *Psaumes*, LXXXIII, 7 : « In valle lacrimarum... »

* *Vers 3*. L'idée que la vie n'est qu'un *passage* est fortement exprimée dans le *Livre de la Sagesse*, II, 5 : « Umbrae enim transitus est tempus nostrum. » Cf. Chateaubriand, *René* : « Je sentais que je n'étais moi-même qu'un voyageur... »

* *Vers 4*. A maintes reprises, la *Bible* affirme que la douleur est le lot commun à tous les hommes, depuis que Dieu dit à Ève dans la *Genèse*, III, 16 : « In dolore paries filios... » Cf. par exemple *Ecclésiaste*, II, 23 : « Cuncti dies ejus doloribus pleni sunt. » Cette idée fut chère à Lamartine : il en fit le thème du *Désespoir* et, au lendemain de la mort de sa fille Julia, il débutait ainsi son poème de *Gethsémani* :

> Je fus dès la mamelle un homme de douleur;
> Mon cœur, au lieu de sang, ne roule que des larmes...

Mais, au temps où il écrivait *La Sagesse*, il connaissait un des moments heureux de sa vie, et l'expression *mes frères en douleurs* est surtout un cliché littéraire.

* *Vers 5*. *Solime* (ou *Solyme*) est une des formes bibliques du nom de *Jérusalem*. L'Ancien Testament représente à diverses reprises le roi David jouant de la *harpe* (*cithara*) (*Premier Livre des Rois*, XVI, 23) et cet instrument est cité une dizaine de fois dans les *Psaumes*; l'un de ceux-ci (LXXXVIII, 13) mentionne aussi le mont *Thabor* (« *Thabor* et Hermon in nomine tuo exultabunt »). Les noms *palmier* et *Ségor* sont associés dans un passage du *Deutéronome*, XXXIV, 3 : « ... Jericho civitatis *palmarum* usque *Segor*... »; *Ségor* était une petite ville, proche de Sodome et de la mer Morte; mais nulle part il n'est question du *vieillard de Ségor* qui paraît, au v. 10... et pour rimer avec Thabor, désigner David, ou plutôt son fils Salomon, auteur inspiré du *Livre de la Sagesse* et autres.

* *Vers 12*. Cf. *La Foi*, v. 170-172; *L'Immortalité*, v. 79-80.

* *Vers 14*. L'expression *verbum Domini* revient sans cesse dans l'Écriture : l'omniscience de Dieu, opposée à l'ignorance de l'homme, est aussi un lieu commun des textes sacrés et théologiques.

* *Vers 21*. La question *Que savez-vous?* reste sans réponse, car les mortels ne savent rien. Que leur reste-t-il à faire? A chercher une vie agréable : fontaines, verdure, vents frais, eaux courantes, vins et coupes passant de mains en mains évoquent autant les *Bucoliques* de Virgile et les *Odes* d'Horace que le *Livre de la Sagesse* (voir le texte cité à la note du v. 9. de *La Branche d'Amandier*). Cf. aussi *Chant d'Amour*, v. 1-4.

* *Vers 32*. Sur les *roses de Sâron*, issues du *Cantique des Cantiques*, II, 1, cf. *Consolation*, v. 40.

* *Vers 34*. Cette *vierge*, c'est évidemment l'Épouse du *Cantique des Cantiques* qui déclare (*ibidem*) : « Ego... lilium convallium... »

* *Vers 37*. On retrouve ici le même accent et les mêmes images que dans *Chant d'Amour*, v. 49-50 et 85-86. Sur les *tresses d'ébène*, on se

souviendra que tout comme Julie Charles, Mme de Lamartine était brune; cf. aussi J. Gaulmier, *Sur un thème obsédant de Lamartine : la chevelure* (*Mercure de France,* mars 1957, pp. 545-546).

* *Vers 38.* Ce vers résume la substance du *Livre de la Sagesse,* II, 6 : « Venite ergo, et fruamur bonis quae sunt et utamur creatura tanquam in juventute », où ces paroles de jouissance sont du reste prêtées aux méchants et aux impies.

* *Vers 40.* Écho du thème essentiel de l'*Ecclésiaste :* « Vanitas vanitatum et omnia vanitas. »

* *Vers 42.* Le *lis* (qu'on a déjà rencontré au v. 34) se retrouve à différentes reprises dans le *Cantique des Cantiques* et dans l'*Ecclésiastique.*

* *Vers 44.* Leçon analogue de modestie dans l'*Ecclésiaste,* VII, 1 et 14 : « Quid necesse est homini majora se quaerere... Considera opera Dei, quod nemo possit corrigere quem ille despexerit. »

* *Vers 47.* Réminiscences de *Saint Luc,* VII, 38-44, où la pécheresse de Naïm obtient le pardon de ses fautes en arrosant de ses larmes les pieds de Jésus (« Lacrimis coepit rigare pedes ejus... »). L'expression *tabernacle immortel* peut avoir été suggérée par le même évangéliste, XVI, 9 : « ... in aeterna tabernacula. »

* *Vers 50.* Ces trois vers, voisins par le sens de celui de Musset : « Les plus désespérés sont les chants les plus beaux », n'ont pas de référence biblique précise, mais dans l'Écriture, il est pourtant question de *cœur* (ou d'âme) *blessé* (*Cantique des Cantiques,* IV, 9; *Ecclésiastique,* XXVII, 22), et, plus souvent, de *lyre,* de *colonne,* d'*autel.*

* *Vers 52.* L'idée générale des v. 51-60 semble reprise de *La Providence à l'Homme,* v. 75 et suiv. Dans *Les Étoiles* au contraire (v. 73-78), le poète attribuera aux astres une sorte de conscience cosmique.

* *Vers 59.* L'*aquilon* est fréquemment cité dans l'Écriture, en particulier par les Prophètes. — L'image de la feuille entraînée par le vent, chère à Lamartine (*L'Isolement,* v. 51-52), est également au *Livre de Job,* XIII, 25 : « Contra folium quod vento rapitur ostendis potentiam tuam. »

* *Vers 60.* Le sens général de cette strophe était déjà impliqué par le v. 75 de *La Providence à l'Homme :*

La terre ne sait pas la loi qui la féconde

et cette pièce de 1820 contient un long développement qui doit être comparé avec les v. 51-60 de *La Sagesse.* « Il n'appartient pas aux hommes de pénétrer les secrets de l'Infini. La nature elle-même ignore où Dieu la conduit. Elle se développe dans la confiance sans chercher les voies du Seigneur... Sans se soucier du lendemain, chaque être accomplit sa tâche, chaque élément développe sa puissance. L'équilibre se maintient toujours harmonieux. L'incessante question des hommes pèse sur la terre et menace de ralentir son évolution. Le trouble humain souille le monde. L'Univers appartient à Dieu seul; que le misérable esprit de la créature n'essaie pas de s'en emparer » (Y. Boeniger, p. 73).

* *Vers 65. Passez... ombres :* cf. le verset du *Livre de la Sagesse* cité à la note du v. 3. — et celui du *Livre de Job,* donné à la note du v. 1.

* *Vers 70.* — Ces derniers vers constituent une adhésion, à vrai dire assez vague (« *On dit...* »), au dogme chrétien de la résurrection des morts, à laquelle le Nouveau Testament contient maintes allusions précises et qui figure à la fin du *Symbole de Nicée.*

MÉDITATION CINQUIÈME. — LE POÈTE MOURANT

Page 153

* *LE POÈTE MOURANT.* — Lamartine traita une première fois ce sujet, lors du rendez-vous manqué avec Elvire, et le *Carnet de Maroquin Rouge* f°s 29 recto - 31 recto, a conservé les strophes qu'il écrivit alors sous le même titre; signalées incidemment par Lanson (*Méditations,* p. 233), puis par M. Levaillant (*Revue des Deux Mondes,* 15 septembre 1923, pp. 395-396 et *Lamartine et l'Italie en 1820,* p. 174), mais demeurées longtemps inédites, elles ont été publiées par le baron de Nanteuil (*Les Mystères lamartiniens : le « Carnet Émile Ollivier »,* *Revue Bleue,* 1938, pp. 373-374); nous les reproduisons à titre documentaire :

Le Poète mourant
Ode

A M. Aymon de Virieu.

Cantai; or piango
(Petrarca, *Sonetti*).

Oui : le cygne sacré que baigne le Méandre
Autour de mon berceau fit autrefois entendre
Un cri mélodieux!
Et, du bout argenté de ses ailes divines,
Touchant légèrement mes lèvres enfantines,
Se perdit dans les cieux!

Dans les bois de Tempé, les vierges que j'encense
D'un lait mystérieux nourrissaient mon enfance
Sur leurs genoux divins!
Et, dans mes premiers jeux, folâtrant avec elles,
Je touchais au hasard les lyres immortelles,
Qui parlaient sous mes mains!

Telle au souffle des airs la harpe suspendue,
Par l'haleine des vents légèrement émue,

Rend des sons ravissants.
Le voyageur s'arrête étonné de l'entendre;
Il écoute, il admire, et ne saurait comprendre
D'où partent ces accents !

Combien j'ai combattu ce pouvoir invincible,
Ce dieu persécuteur dont l'ascendant terrible
Me tenait sous sa main !
Mais le dieu triomphant a subjugué mon âme
Je suis vaincu ! je cède; il domine, il enflamme,
Il dévore mon sein !

Ainsi, quand l'aquilon pousse un frêle navire,
La voile trop enflée, éclate, se déchire,
Et l'abandonne aux vents !
Ou tel un char fuyant, dans la brûlante arène,
S'enflamme par sa course, et sème au loin la plaine
De ses débris fumants.
Vois-tu, me disent-ils, cette cime éclatante
Où la gloire, agitant sa palme rayonnante,
Sourit à ton essor?
Courage ! Elle est à toi ! Courage ! Ton audace
A déjà dévoré la moitié de l'espace
Qui t'en sépare encor !
Mais je meurs ! Mais du Styx les déités cruelles
Obscurcissent déjà de l'ombre de leurs ailes
Un avenir si beau !
Ah ! la borne m'échappe ! et ma faible paupière,
Amis, au lieu de palme, au bout de la carrière,
N'aperçoit qu'un tombeau !

Ainsi le jeune aiglon, s'élançant de son aire,
Croyait monter au dieu qui darde la lumière
D'un vol victorieux !
Son aile en vain des airs lui promettait l'empire !
L'arc frémit, le trait part ! Il retombe, il expire
En regardant les cieux !

Aix, septembre 1817.
43 vers.

Ces quarante-huit vers (groupés selon le même type de strophe que *Le Désespoir*) appellent diverses remarques. Tout d'abord, dans son calcul, Lamartine n'avait tenu compte que de sept stances et commis une erreur, car 7 fois 6 ne font pas 43 (mais on sait comme il était brouillé avec les chiffres !); la cinquième (qui a été reproduite en photographie sur le catalogue Berès de la vente M. Goudeket, n° 144) figure sur le manuscrit en dernier, comme si elle avait été composée après coup, et le poète l'a accompagnée de la mention « Après la quatrième strophe ». Ces vers, écrits à l'encre sur le manuscrit, sont une mise au net, comportant une dizaine de corrections, signalées, mais non relevées par le baron de Nanteuil. « On voit, remarque celui-ci, combien cette poésie, assez médiocre ébauche du futur chef-d'œuvre qui portera le même nom dans *Les Nouvelles Méditations,* est encore loin de cette réussite finale. » En fait, cette méditation que son auteur renonça à donner au public et qui est exactement contemporaine du *Lac* n'a rien de commun (à une image près) avec celle de 1823.

Il semble certain que Lamartine avait oublié son *Poète* aixois lorsqu'il jeta sur un autre album (manuscrit 13974 de la Bibl. Nat., f° 6) le bref canevas en prose que voici :

Notes du Poète

J'ai jeté un nom au flot, il abordera où il pourra.
J'ai prié, aimé, chanté, pleuré
Je ne me suis point attaché à la vie matérielle
comme le lierre à
J'ai habité une tente parmi les hommes,
je ne laisse pas de trace sur la terre.

De ces lignes, on notera que les trois premières ont leurs termes repris respectivement par les v. 91, 103, 26 de la méditation, que la cinquième n'y a laissé aucune trace, mais que la dernière peut être à l'origine des strophes sur la fragilité de la gloire (v. 67 et suiv.). Il est malaisé de dater cette courte ébauche. M. Levaillant nous paraît avoir fait une confusion lorsque, la publiant *(loc. cit).*, il déclare qu'elle se trouve sur le *Carnet de Maroquin Rouge,* avec les huit strophes du premier *Poète mourant :* en effet, ni Lanson ni surtout le baron de Nanteuil ne signalent rien de tel. — Ce qui est sûr, c'est que dans le document de la Bibl. Nat., la sommaire esquisse précède deux pièces, *Bonaparte* et *Le Papillon,* datées de 1823, et que le même album contient en outre une version très élaborée du *Poète* des *Nouvelles Méditations,* s'achevant sur la mention : FIN S(aint) P(oint). Le désordre régnant dans le carnet (qui renferme aussi la pièce *A El.,* suivie du millésime 1815 et, donc, recopiée après coup) ne permet pas de tirer de son examen des conclusions assurées : *Bonaparte* (juin) y figure avant *Le Papillon* (mai); ainsi le fait que *Le Poète mourant* vienne sur le manuscrit après ces deux autres méditations ne prouve pas qu'il leur soit postérieur; cependant, comme Alphonse n'arriva pas cette année-là dans son château avant le 4 mai (à Virieu : « Enfin je date de ce manoir... ») pour le quitter presque aussitôt et y revenir en fin de mois sans projet de travail (cf. la note du *Papillon*), il est permis de croire que notre pièce fut achevée (peut-être sur reprise d'un état antérieur*) durant l'été,

*. M. Levaillant (*Lamartine et l'Italie en 1820,* pp. 173-174) formule l'hypothèse invérifiable du *Poète mourant* conçu à Naples en décembre 1820, au cours de la maladie qui retint Lamartine dix-huit jours au lit (à Virieu, 25 décembre).

sans doute en juillet, car l'écrivain passa les trois premières semaines d'août à Aix-les-Bains et le volume des *Nouvelles Méditations* vit le jour entre le 20 et le 25 septembre. Malheureusement pour les esprits soucieux de précision, il ne parle nulle part du *Poète mourant* dans ses lettres et il n'y a rien à tirer du Commentaire de 1849.
Fréquemment malade — mais, à vrai dire pas plus en 1817 et en 1823 qu'à d'autres moments de sa jeunesse — Lamartine pouvait d'autant mieux traiter le thème du poète voué à mourir dans la fleur de l'âge qu'il éprouvait souvent des craintes très réelles sur sa santé et qu'aussi ce sujet était devenu un poncif littéraire : sans remonter à la troisième élégie du premier livre de Tibulle, qu'il connaissait certainement, sans faire mention des *Iambes* de Chénier, qu'il ignorait sans doute, on constate que, dès le 13 mars 1810, dans une lettre à G. de Bienassis, il citait les *Adieux à la vie* de Gilbert, « ce jeune et malheureux poète » soupirant :

> Au banquet de la vie, infortuné convive,
> J'apparus un jour, et je meurs;
> Je meurs, et sur la tombe, où lentement j'arrive,
> Nul ne viendra verser des pleurs.

Et il avait certainement lu de Millevoye (1782-1816), dont les *Élégies,* parues en 1812, furent rééditées en 1814, *Le Poète mourant :* « C'est, écrit Potez (pp. 468-469), le chef-d'œuvre de son auteur : il a par cette pièce atteint à la grande élégie et à l'insigne honneur de vaincre par avance Lamartine qui a traité le même sujet : la pièce de Lamartine est d'un homme bien portant; il y pleure sa fin prochaine avec un grand luxe d'images fleuries et de comparaisons. Millevoye est plus sincère et plus simple. » Il pouvait aussi avoir pris connaissance, dans un volume publié en 1819, de *La Maladie de langueur,* élégie du Castelgontérien Charles Loyson (1791-1820), qui traite lui aussi du trépas prématuré du poète.
De toute façon, par la largeur de son inspiration et l'ampleur de son poème, Lamartine a laissé derrière lui ses prédécesseurs. Sans être d'une composition rigoureuse, sa méditation où se mêlent et se fondent plusieurs thèmes s'organise clairement : v. 1-18 : le poète veut consacrer sa dernière heure à un dernier chant; v. 19-36 : il ne pleurera point une vie à laquelle, simple oiseau de passage, il n'est pas réellement attaché; v. 37-66 : sa poésie a toujours été instinctive et spontanée pour célébrer la joie et surtout la douleur; v. 67-96 : mais, en tout état de cause, il n'a jamais cru à la réalité de la gloire, cette duperie; v. 97-127 : il obéissait seulement à sa nature, faite pour la prière, la poésie et l'amour, qui seuls éveilleront en lui quelques regrets au moment suprême; v. 128-162 : regrets vite effacés, car la mort est une extase nouvelle, où l'âme libérée s'élance dans une envolée toute platonicienne.
Exploitant un thème ancien sans vouloir le rénover, Lamartine a écrit, à côté de stances au charme un peu vieillot, quelques strophes où il s'est magnifiquement défini et où passe une réelle inspiration (divers critiques ont été spécialement attirés par les v. 31-42). Mais,

pour finir sur une note plaisante à propos d'une œuvre mélancolique, citons une amusante anecdote, rapportée par Ernest Legouvé dans *Soixante Ans de Souvenirs* (t. I, p. 110) : le secrétaire perpétuel de l'Académie Française Andrieux fut un des classiques les plus acharnés contre les *Méditations* et contre leur auteur; un jour, Patin, futur doyen des Lettres à la Sorbonne, le trouva qui arpentait fébrilement son cabinet, le livre à la main et apostrophant Lamartine absent par simple prosopopée : « Ah ! pleurard ! criait-il ! tu te lamentes, tu es semblable à une feuille flétrie, et poitrinaire ! Qu'est-ce que cela me fait à moi ? *Le Poète mourant ! Le Poète mourant !* Eh bien ! crève donc, animal ! Tu ne seras pas le premier ! »

* *Vers 1.* Sur l'image de la *coupe,* cf. *A Elvire.* v. 49 et note, V. Hugo a pu se souvenir de ce vers dans *Les Chants du Crépuscule,* XXV :

Puisque j'ai mis ma lèvre à ta coupe encore pleine...

* *Vers 4.* Sur l'*airain* pour désigner la *cloche,* voir *La Semaine Sainte...,* v. 21 et note; le glas est aussi évoqué dans *L'Immortalité,* v. 11; ici, la Mort a les traits que lui suppose la mythologie païenne (cf. encore *L'Immortalité,* v. 14-18) et elle est censée battre de l'aile sur la cloche : c'est du style classique traditionnel.

* *Vers 6.* Ce vers pose le thème central de la méditation tout entière.

* *Vers 7.* H. Loyson disait dans *La Maladie de langueur :*

Sous ses doigts défaillants, à l'instant qu'il expire,
Un son mélodieux anime encore sa lyre...

* *Vers 8.* Cette comparaison (reprise au v. 16) a son origine dans un passage fameux du *Phédon* de Platon (84 e-85 b) : selon Socrate, les cygnes chantent au moment de mourir, non parce qu'ils pleurent leur propre trépas, mais au contraire parce que, « en tant qu'oiseaux chers à Apollon, ils prophétisent l'avenir et, connaissant à l'avance les biens de l'Au-Delà, ils les célèbrent et s'en réjouissent davantage au jour de leur mort ». Chénier avait développé déjà cette image dans *Néère* (*Bucoliques,* VIII); mais Lamartine la connaissait sûrement par sa version antique, source de *La Mort de Socrate,* dont il faut citer ici les v. 53-64 :

Les poètes ont dit qu'avant sa dernière heure
En sons harmonieux le doux cygne se pleure :
Amis, n'en croyez rien ! L'oiseau mélodieux
D'un plus sublime instinct fut doué par les dieux.
Du riant Eurotas près de quitter la rive,
L'âme, de ce beau corps à demi-fugitive,
S'avançant pas à pas vers un monde enchanté,
Voit poindre le jour pur de l'immortalité
Et, dans la douce extase où ce regard la noie,
Sur la terre en mourant elle exhale sa joie.
Vous qui près du tombeau venez pour m'écouter,

Je suis un cygne aussi; je meurs, je puis chanter!

Cf. aussi *Réponse à Némésis,* v. 40; *Le Désert,* v. 36.

* *Vers 11.* Ces deux mots (cf. aussi v. 47-48) définissent parfaitement l'âme du poète; ils sont le thème, dans les *Harmonies poétiques,* de l'hymne *Au Rossignol* dans les stances suivantes :

Tes gazouillements, ton murmure
Sont un mélange harmonieux
Des plus doux bruits de la nature,
Des plus vagues soupirs des cieux...
(Ta voix) est l'écho d'une nature
Qui n'est qu'amour et pureté,
Le brûlant et divin murmure,
L'hymne flottant des nuits d'été.

* *Vers 13.* Millevoye disait dans son *Poète mourant :*

Brise-toi, lyre tant aimée,
Tu ne survivras point à mon dernier sommeil,
Et tes hymnes sans renommée
Sur la tombe avec moi dormiront sans réveil.

Lamartine écrivait à Virieu, en décembre 1818 : « Après cela, je briserai, comme on dit, la lyre et je laisserai ces chants s'évanouir dans les airs ou retentir dans l'avenir... » Cf. plus loin, v. 151-152; *Sapho,* v. 126; *Ode sur l'Ingratitude des Peuples,* dernière strophe.

* *Vers 21.* Le thème de la monotonie des jours sera amplement orchestré dans *Les Préludes,* v. 102-137. Comme l'a noté M. Levaillant, on peut rapprocher la plainte lamartinienne et le gémissement du symboliste Jules Laforgue dans une de ses *Complaintes* : « Ah! que la vie est quotidienne!... »

* *Vers 25.* L'antithèse contenue dans cette strophe rappelle celle du second chœur d'*Athalie,* v. 827-832 :

Qu'ils pleurent, ô mon Dieu, qu'ils frémissent de crainte,
Ces malheureux...
C'est à nous de chanter...

* *Vers 27.* Ce *voit* au singulier est rigoureusement incorrect, voire incompréhensible; en écrivant *voient,* il aurait un peu mieux satisfait la grammaire, encore que *les mains... voient* semble une expression bien audacieuse! Lamartine aurait dû écrire : *Qu'il pleure celui qui... voit,* le groupe formé par *les mains s'attachant* constituant alors une proposition subordonnée participiale.

* *Vers 30.* Cf. les v. 49-52 de *L'Isolement* où une idée voisine est exprimée en des termes assez analogues.

* *Vers 31.* En 1832, le poète reprendra cette comparaison dans son *Adieu à l'académie de Marseille,* v. 41-44 :

Mais l'âme a des instincts qu'ignore la nature,
Semblables à l'instinct de ces hardis oiseaux,

Qui leur fait, pour chercher une autre nourriture,
Traverser d'un seul vol l'abîme aux grandes eaux.

Citant cette strophe et la précédente dans *Chateaubriand et son groupe* (édit. M. Allem, Garnier, t. I, pp. 250-251). Sainte-Beuve les rapproche d'un passage du *Génie du Christianisme,* première partie, liv. V, chap. 6 : *Nids des oiseaux :* « Ce n'est pas toujours en troupes que les oiseaux visitent nos demeures : quelquefois deux beaux étrangers, aussi blancs que la neige, arrivent avec les frimas : ils descendent, au milieu des bruyères, dans un lieu découvert, et dont on ne peut approcher sans être aperçu; après quelques heures de repos, ils remontent sur les nuages. Vous courez à l'endroit d'où ils sont partis, et vous n'y trouvez que quelques plumes, seules marques de leur passage, que le vent a déjà dispersées : heureux le favori des Muses qui, comme le cygne, a quitté la terre sans y laisser d'autres débris et d'autres souvenirs que quelques plumes de ses ailes. » Et le critique, en rappelant que « l'image du cygne domine et plane dans *Le Poète mourant,* » qu' « elle y est perpétuelle », ajoute que, de Chateaubriand à Lamartine, « ce n'est pas de l'imitation, c'est de l'émulation ».

* *Vers 36.* Ainsi les poètes se tiennent volontairement à l'écart du monde. Plus tard au contraire, Lamartine condamnera cette attitude indifférente et contemplative, qu'il abandonnera pour faire jouer à sa Muse un rôle politique et social; il pourra écrire, en 1837, dans l'*Épître à M. Félix Guillemardet (Recueillements poétiques)* les vers cités à la note du v. 47 des *Adieux à la Poésie.*

* *Vers 38.* A la lettre effectivement, Lamartine ne reçut jamais de personne aucune leçon de poésie; il remarque aussi dans les *Confidences* (IV, 7) : « Je n'eus ni maître d'écriture, ni maître de lecture, ni maître de langues. » Mais son génie naturel, pendant de longues années, se forma à la lecture des classiques, anciens et modernes, des *minores* du XVIIIe siècle, de Rousseau et de Chateaubriand. Il fait sien ici le mot de Quintilien : « *Nascuntur poetae* » et proclame la supériorité en poésie du don naturel sur le travail.

* *Vers 43. L'airain :* cf. v. 4. *La haute demeure : le clocher* (nouvelle périphrase classique). Au v. 48, *accord* pour *son* est aussi un vocable de la langue noble.

* *Vers 49.* L'image de la *harpe* est le seul détail commun au *Poète mourant* de 1823 et à celui de 1817 (strophe troisième). La *harpe éolienne* est un petit appareil musical qui produit des sons harmonieux sous l'unique action du vent (d'où son nom, dérivé d'Éole, dieu des vents dans la mythologie ancienne) : c'est une boîte sonore, avec une table d'harmonie portant huit ou dix cordes, que la moindre brise peut faire vibrer spontanément; son inventeur semble avoir été le jésuite allemand Athanase Kircher (1601-1680). Cet instrument devait être à la mode à la fin du XVIIIe et au début du XIXe. Dans la préface à l'Édition des Souscripteurs de 1849, Lamartine rappelle comment, dans son enfance, il s'amusa avec ses

sœurs à construire deux de ces harpes en tendant sur des baguettes d'osier courbées les cheveux blonds des fillettes et ceux, blancs, d'une vieille tante : il crut alors entendre chanter les esprits des airs et appela ce jeu la *musique des anges*. Par ailleurs, Mme de Staël, dans *Corinne* (VIII, 4), signale que son héroïne, à l'étonnement d'Oswald, avait placé des harpes éoliennes dans quelques grottes de son jardin afin de remplir l'atmosphère de sons aussi bien que de parfums lorsque le vent venait à faire résonner ces petits instruments.Le poète anglais Coleridge (1772-1834) a également écrit *The Eolian Harp* (cf. les remarques formulées à ce propos par M. A.-J. Steele dans *Lamartine et la poésie vitale,* in *Actes du Congrès,* II, pp. 52-53).

* *Vers 56.* Le thème de la douleur inspiratrice sera développé par Alfred de Musset :

> Rien ne nous rend si grands qu'une grande douleur...
> Les plus désespérés sont les chants les plus beaux,
> Et j'en sais d'immortels qui sont de purs sanglots.
>
> *(Nuit de Mai)*
>
> L'homme est un apprenti, la douleur est son maître,
> Et nul ne se connaît tant qu'il n'a pas souffert...
> Et ces plaisirs légers qui font aimer la vie,
> Si tu n'avais pleuré, quel cas en ferais-tu?...
>
> *(Nuit d'Octobre).*

* *Vers 59.* En botanique, le nom de *baume* est donné vulgairement à diverses plantes odorantes, plutôt du genre *menthe,* notamment la *mentha gentilis* ou *baume des jardins* et d'autres variétés appelées *baume des champs.*

* *Vers 62. Ame* et *flamme* se trouvent déjà à la rime aux v. 46-47 et reparaîtront aux v. 136-137. Lamartine, qui n'a rien d'un styliste, se soucie fort peu de répétitions aussi rapprochées.

* *Vers 63.* Conception qui rappelle celle du héros romantique, doué par le destin d'une force redoutable pour lui-même et pour les autres. Pour le sens du vers suivant, cf. Chateaubriand, *René :* « Tout m'échappait à la fois... J'avais essayé de tout et tout m'avait été fatal. »

* *Vers 67.* Durant toute sa vie, et même dans sa jeunesse où il aspirait à la conquérir, Lamartine eut la conviction profondément ancrée de la vanité de la gloire. Le 27 mars 1818, il déclarait à Virieu : « Je me f... de la gloire à présent plus que de toute autre chose; de tous les néants, c'est le plus néant. Cela n'a pas l'ombre de sens commun. J'en voudrais, si je vivais, pour me faire de l'argent; mais pour le reste, c'est bien la plus dupe de toutes les niaiseries de l'homme. » La présente strophe du *Poète mourant* et les suivantes développent donc une idée qui lui tenait à cœur. Toutefois, Éd. Estève (p. 339) estime qu'on y peut déceler une influence de Byron : « Peut-être le souvenir de quelques stances amères de l'auteur anglais sur

le même motif a-t-il contribué à donner à l'éloquence du Français une âpreté qu'elle n'a pas d'ordinaire. » Suit à l'appui de cette supposition la traduction d'un fragment de *Don Juan,* I, 217 : « A quoi aboutit la gloire? A remplir une certaine portion d'un papier bien incertain. Les uns la comparent à une colline dont le sommet se perd dans les nuages comme celui de tous les monts. Pourquoi les hommes écrivent-ils, parlent-ils, prêchent-ils? Pourquoi les poètes consument-ils l'huile de leur lampe? Pour obtenir, quand l'original ne sera plus que poussière, un mauvais portrait, un buste pire encore, et un nom! »

* *Vers 69.* L'idée de la fragilité de la gloire aux yeux de la postérité est développée amplement dans *Bonaparte* (cf. en particulier v. 61-63 et aussi *La Gloire,* première note); dans *Odes et Ballades,* le jeune Hugo, encore monarchiste, en fera le sujet d'*A la Colonne de la place Vendôme :*

> O monument vengeur, trophée indélébile!
> Bronze qui, tournoyant sur ta base immobile,
> Sembles porter au ciel ta gloire et ton néant,
> Et, de tout ce qu'a fait une main colossale,
> Seul es resté debout; — ruine triomphale
> De l'édifice du géant!

* *Vers 78. Toujours* et *jours* constituent une rime facile, mais très pauvre, d'un genre assez courant chez Lamartine, qui fait souvent ainsi rimer des mots de la même racine (*Dieu, adieu; aspect, respect; aspire expire;* etc.)

* *Vers 84.* Lamartine semble adapter ici poétiquement le proverbe : « Quand on a pressé l'orange, on jette son écorce » que le roi de Prusse Frédéric II avait cyniquement appliqué à Voltaire en 1751.

* *Vers 85.* Ce vers symétrique, comportant deux noms avec chacun leur épithète, est d'une forme un peu facile et Lamartine aura tendance à en mutiplier l'emploi, surtout à partir de *Jocelyn.*

* *Vers 93.* Même manque de confiance en l'avenir posthume de sa gloire chez cet autre grand désenchanté que fut Chateaubriand : « Est-il certain que j'aie un talent véritable et que ce talent ait valu la peine du sacrifice de ma vie? Dépasserai-je ma tombe?... Mon ombre pourra-t-elle dire comme celle de Virgile à Dante : *Poeta fui e cantai :* je fus poète et je chantai? » (*Mémoires d'outre-tombe,* édit. Flammarion, t. I, p. 458.)

* *Vers 94.* Reprise de l'image des v. 8-9 et 16.

* *Vers 97.* Philomèle fut transformée en rossignol (Ovide, *Métamorphoses,* VI, v. 424 et suiv.) et les poètes utilisent fréquemment son nom pour désigner cet oiseau pour qui Lamartine professait une grande admiration (il lui consacra un de ses poèmes du collège de Belley et l'*Harmonie* citée à la note du v. 11; cf. aussi *Adieux à la Poésie,* v. 34, *Milly ou la Terre natale,* v. 264, et *Confidences,* VI, 4.)

* *Vers 100.* Ce vers et les deux suivants définissent excellemment la spontanéité et la facilité, parfois excessive et insouciante, du génie lamartinien. Le 26 juin 1819, le poète écrivait de même au comte de Saint-Mauris : « C'est un des signes de cette vocation que vous définissez si bien, de faire les choses pour elles-mêmes et sans en calculer les résultats : il faut écrire comme on respire, parce qu'il faut respirer, sans savoir pourquoi. » Commentant ce passage du *Poète mourant,* É. Deschanel (I, p. 128) écrivait finement : « Jamais depuis Racine on n'avait entendu des accents si mélodieux. Abondance, suavité, harmonie; on ne sent nul effort; les stances tombent avec grâce, la période se déroule avec souplesse... Les plus beaux mots, les plus sonores et les plus doux, viennent se placer d'eux-mêmes dans ses vers. »

* *Vers 103.* Ce vers est une autre définition de Lamartine, du moins dans la première partie de sa vie; par la suite, son point de vue évolua et il abandonna, partiellement, son idéal d'amour égocentrique et de contemplation. En avril 1830, dans son discours de réception à l'Académie, il prônait l'avènement d'une inspiration « qui élève l'esprit, sur ses ailes plus fortes, jusqu'à la vérité aussi poétique que les songes, et cherche des images plus neuves pour lui parler enfin la langue de sa force et de sa virilité »; dès lors, il se lança dans l'action utile à l'humanité. Cf. *Voyage en Orient,* 18 août 1832 : « Le sort de l'orateur... est plus séduisant que le sort du philosophe ou du poète; l'orateur participe à la fois de la gloire de l'écrivain et de la puissance des masses sur lesquelles et par lesquelles il agit... Le poète au contraire... ne remue que ce qui est impérissable dans la nature et dans le cœur humain... Le beau serait de réunir les deux destinées »; à Guichard de Bienassis, 6 décembre 1835 : « L'homme n'est homme que par la pensée et l'action; l'une complète l'autre... S'isoler dans un loisir méditatif,... c'est de l'impuissance ou de l'égoïsme. La poésie ne doit être que le délassement de nos heures de loisir, l'ornement de la vie. Mais le pain du jour, c'est le travail et la lutte »; *Avertissement* de *Jocelyn;* à Virieu, 18 octobre 1838 : « Fénelon est mon père spirituel; il dit : Pensons et prions »; H. de Lacretelle, *Lamartine et ses amis,* p. 163 : « J'avais besoin de me mêler à l'action, comme un cheval a besoin de sortir de son pré et de courir sur les routes. Je me disais que la méditation au bord des lacs ne fait pas tout l'homme. J'en voulais à ma prétendue gloire littéraire qui m'empêchait d'être pris au sérieux comme combattant... »

* *Vers 109. Beauté* (pour *femme*), comme au v. 115 *vierge* (pour *jeune fille*) appartient à la langue poétique traditionnelle. L'extase amoureuse exprimée aux v. 115-127 est à rapprocher de celle développée dans *Ischia* (voir en particulier v. 19-20, 37-38, 73-76) et aussi dans *Les Préludes*, v. 21-85.

* *Vers 127.* Le mot *regret* fait écho au v. 105 : dans les strophes intermédiaires, le poète a expliqué que l'amour et les chants qu'il inspire

sont les seules choses d'ici-bas à mériter qu'un mourant les déplore. On remarque un même détachement de la terre dans *L'Isolement,* v. 37-52 et dans *L'Immortalité, passim.* C'est toujours une aspiration platonicienne autant que chrétienne.

* *Vers 128.* Comme l'a noté G. Charlier *(Aspects de Lamartine)* ce trait, assez banal en lui-même, est peut-être le seul que *Le Poète mourant* doive à la suggestion de Pope, *The dying Christian to his Soul,* strophe I (voir *Le Chrétien mourant,* première note). Cf. aussi v. 137.

* *Vers 133.* Nouvelle reprise du thème du cygne : cf. v. 8, 16 et 94.

* *Vers 134.* Cf. *La Foi,* v. 165-176.

* *Vers 142.* Dans *Milly ou la Terre natale (Harmonies poétiques),* v. 279-318, le poète formulera le même souhait d'avoir une tombe anonyme et modeste :

> Un jour élevez-moi... Non, ne m'élevez rien !
> Mais, près des lieux où dort l'humble espoir du chrétien,
> Creusez-moi dans ces champs la couche que j'envie
> Et ce dernier sillon où germe une autre vie !...
> Là, pour marquer la place où vous m'allez coucher,
> Roulez de la montagne un fragment de rocher ;
> Que nul ciseau surtout ne le taille et n'efface
> La mousse des vieux jours qui brunit sa surface...
> Point de siècle ou de nom sur cette agreste page !
> Devant l'éternité tout siècle est du même âge...

* *Vers 148.* Formule hyperbolique, dont Lamartine fut prodigue dans sa jeunesse : son emploi ne l'empêcha pas de mourir quasi octogénaire et, d'ailleurs, n'ôte rien à la beauté de ces dernières strophes.

* *Vers 151.* Cf. v. 13.

* *Vers 153.* Sur les *séraphins,* cf. *La Poésie Sacrée,* v. 114 et *L'Ange,* v. 16. Sur les anges musiciens, cf. *La Semaine Sainte,* v. 43 ; *Improvisée à la Grande-Chartreuse,* v. 19.

* *Vers 160.* On retrouve (d'après Platon, Phédon, 85e-86c) l'idée de la mort associée à l'image de la lyre brisée dans *La Mort de Socrate,* v. 287-294 :

> L'âme n'est pas aux sens ce qu'est à cette lyre
> L'harmonieux accord que notre main en tire :
> Elle est le doigt divin qui seul la fait frémir,
> L'oreille qui l'entend ou chanter ou gémir,
> L'auditeur attentif, l'invisible génie
> Qui juge, enchaîne, ordonne et règle l'harmonie...
> En vain la lyre meurt et le son s'évapore :
> Sur ses débris muets, l'oreille écoute encore.

* *Vers 162.* Cf. *L'Isolement,* v. 16.

MÉDITATION SIXIÈME. — L'ESPRIT DE DIEU

Page 158

* *L'ESPRIT DE DIEU.* — La date de composition de cette méditation est connue grâce aux manuscrits 13973 et 13975 de la Bibliothèque Nationale : le premier s'achève en effet sur la mention *Mâcon, 12 mars 1822;* le second, postérieur apparemment à l'autre, porte seulement *Mars 1822.* D'ailleurs, dans sa lettre à Eugène de Genoude du 13 mars, Lamartine expédiait la dernière strophe de la pièce à son correspondant. La structure interne de *L'Esprit de Dieu* est assez maladroite et l'on peut y distinguer deux sortes d'éléments : 1° les v. 1-40 et 81-90 traitant de l'inspiration poétique proprement dite; 2° les v. 41-80 sont consacrés au combat de Jacob avec l'Ange.

a) Le thème de l'inspiration poétique

Au cours de son voyage italien de 1811, Alphonse rencontra Claude de la Poix de Fréminville, son aîné de dix ans et son compatriote, puisqu'il habitait au château de l'Aumusse, en Bâgé-le-Châtel, à six kilomètres de Mâcon : sous-préfet à Livourne, Fréminville avait la passion de la philosophie antique, à laquelle il initia si bien le poète que celui-ci l'appelait un jour « son cher maître en Platon » (lettre du 7 août 1824). Or, F. Reyssié (p. 331, note) cite la remarque suivante, que Fréminville avait écrite de sa main sur son exemplaire personnel des *Nouvelles Méditations,* à la suite du Commentaire de *L'Esprit de Dieu,* ajouté par Lamartine en 1849 :

« L'auteur n'est point vrai sur le motif qu'il a donné. En voici l'origine :

« Au mois de juillet 1814, M. Aymon de Virieu, lui et moi, nous étions allés au Jardin des Plantes où nous nous assîmes à l'ombre du cèdre planté par Jussieu. Pendant que les deux condisciples causaient ensemble, étant assis derrière eux, j'écrivis au crayon quelques lignes sur un calepin. M. de Lamartine, me voyant la physionomie exprimant une forte pensée, voulut que je la communiquasse. — Qu'exprimez-vous là? me dit-il. — Ce n'est qu'une simple idée en mauvaise prose, lui répondis-je, et je lui mis le livret entre les mains. Il en fut frappé en lisant.

« Plus de sept ans après, nous étant revus à Paris, il me récita pour premier bonjour la première et la dernière strophes en me demandant s'il avait bien exprimé ma pensée. Je ne pus que lui répondre affirmativement. Le premier volume de ses *Méditations poétiques* avait déjà paru, parce qu'il le plaça à la tête du second. L'a-t-il composé dans l'intervalle de 1814 à 1822? C'est ce que j'ignore. Il est vraisemblable qu'elle est postérieure à l'impression du premier recueil.

« Le motif en prose que je n'ai pu retrouver avait plus de précision, plus de netteté et exprimait la vérité d'une manière plus simple, plus énergique.

« L'épisode de la mystérieuse lutte de Jacob avec un Ange est un vrai hors-d'œuvre se liant mal avec le reste. »
La note de Fréminville ne dit rien de plus et ne précise pas le moins du monde ce qui avait été écrit sur le calepin. Mais, — compte tenu sans doute des idées développées dans les deux strophes auxquelles il fait allusion, compte tenu aussi de sa qualité d'helléniste platonicien, — M. Levaillant, à deux reprises au moins (*Revue des Deux Mondes,* 15 septembre 1923, p. 402 et *Lamartine et l'Italie en 1820,* pp. 201-202) *imagine* qu'il s'agit de la transcription faite par le poète lui-même, d'un passage de l'*Ion* du philosophe : le critique semble s'être livré à une *extrapolation assez audacieuse* (n'attribue-t-il pas la propriété de calepin de Fréminville à Lamartine en personne?), mais il est incontestable que l'on peut rapprocher la conception de l'inspiration poétique selon l'auteur de *L'Esprit de Dieu* de celle placée dans la bouche de Socrate par Platon au cours de son dialogue (533 d-536 d); en voici quelques phrases caractéristiques : « Le don de bien parler d'Homère est chez toi, non pas un art,... mais une force divine : elle te met en branle, comme il arrive pour la pierre qu'Euripide a nommée magnétique... Cette pierre n'attire pas seulement les anneaux de fer eux-mêmes; elle communique aux anneaux une force qui leur donne le même pouvoir qu'à la pierre... De même la Muse fait des inspirés par elle-même, et par le moyen de ces inspirés, d'autres éprouvent l'enthousiasme : il se forme une chaîne... Le poète n'est pas en état de créer avant d'être inspiré par un dieu, hors de lui, et de n'avoir plus sa raison... Ce n'est point par l'effet d'un art que les poètes parlent, mais par un privilège divin... Et si la divinité leur ôte la raison en les prenant pour ministres,... c'est pour nous apprendre, à nous auditeurs, que ce n'est pas eux qui disent des choses si précieuses, mais la divinité elle-même qui parle... » (Traduction L. Méridier, Les Belles-Lettres.)
Cependant, s'il est clair que pour Platon comme pour Lamartine, l'origine divine de l'inspiration ne fait aucun doute, on notera que l'image qui domine chez le second, celle du *feu* (v. 1-10) et du *souffle* (v. 12, 33, 81-90), est totalement absente chez l'écrivain grec. Il semble que le poète la doive à l'Écriture, en particulier à un passage bien connu de *Saint Jean,* III, 8 : « Spiritus ubi vult spirat; et vocem ejus audis, sed nescis unde veniat, aut quo vadat. » Il avait également pu lire dans le *Livre de Baruch,* VI, 60-61 : « Et spiritus in omni regione spirat, et nubes, quibus cum imperatum fuerit a Deo. »

b) Le combat de Jacob avec l'Ange

C'est un épisode connu de la *Genèse,* XXXII, 24-31 : « Mansit solus : et ecce vir luctabatur cum eo usque mane. Qui cum videret quod eum superare non posset, tetigit nervum femoris ejus, et statim emarcuit. Dixitque ad eum : — Dimitte me; jam enim ascendit aurora. — Respondit : — Non dimittam te, nisi benedixeris mihi. — Ait ergo : — Quod nomen est tibi? — Respondit : — Jacob. — At ille : — Nequaquam, inquit, Jacob appellabitur nomen tuum, sed

Israël : quoniam, si contra Deum fortis fuisti, quanto magis contra homines praevalebis. — Interrogavit eum Jacob : — Dic mihi quo appellaris nomine. — Respondit : — Cur quaeris nomen meum? — Et benedixit eum in eodem loco. Vocavitque Jacob nomen loci illius Phanuel, dicens : — Vidi Deum facie ad faciem, et salva facta est anima mea. — Ortusque est statim sol... » « Il demeura seul : et il parut en même temps un homme qui lutta contre lui jusqu'au matin. Cet homme voyant qu'il ne pouvait le surmonter lui toucha le nerf de la cuisse, qui se sécha aussitôt; et il lui dit : — Laisse-moi aller car l'aurore commence à paraître. — Jacob lui répondit : — Je ne vous laisserai point aller avant que vous ne m'ayez béni. — Cet homme lui demanda : — Comment vous appelez-vous? — Il lui répondit : — Je m'appelle Jacob. — Et l'autre ajouta : — On ne vous nommera plus à l'avenir Jacob, mais Israël (= celui qui lutte avec Dieu) : car, si vous avez été courageux en luttant contre Dieu, combien plus l'emporterez vous sur les hommes. — Et Jacob lui demanda : — Dites-moi quel est votre nom. — Et il lui répondit : — Pourquoi me demandez-vous mon nom? — Et il le bénit en ce même lieu. Et Jacob appela ce lieu Phanuël (= la face de Dieu), disant : — J'ai vu Dieu face à face, et mon âme a été sauvée. — Et aussitôt, le soleil se leva... »

On comprend que ce passage de la Bible ait « toujours paru inexpliqué » à Lamartine, car il compte parmi les plus obscurs et on en a proposé des interprétations très diverses. On remarquera d'abord qu'il n'y est point question d'*ange,* mais les Hébreux eux-mêmes avaient compris en ce sens le terme rendu par *vir* dans la traduction latine (cf. *Livre d'Osée,* XII, 3 : « Jacob in fortitudine sua directus est cum angelo, et invaluit ad angelum »). Que représente d'ailleurs ce mystérieux personnage? D'Origène à saint Jérôme, on a vu tour à tour en lui la Seconde Personne de la Trinité, ou une puissance de l'Enfer, ou un simple fantôme puisqu'il disparaît au soleil levant ! Quant à la lutte menée par Jacob, certains ont insisté sur l'effort que le patriarche fait pour retenir l'ange et solliciter sa bénédiction, qu'il obtient finalement, ce qui prouverait l'efficacité d'une oraison fervente; mais l'auteur de la Vulgate voit dans le combat de Jacob le symbole de celui que l'homme doit soutenir contre le mal et, tout près de nous, M. Citoleux (pp. 48 et 266) reprend la même idée : « Le bien est l'œuvre de Dieu, le mal est l'œuvre de l'homme et, toujours, comme autrefois Jacob, l'homme résiste à la grâce divine. » On se demande, dans ces conditions, pourquoi l'ange bénit son adversaire et pourquoi ce dernier fait figure de vainqueur dans le récit sacré. Quoi qu'il en soit au reste, Lamartine lui-même est sensiblement du même avis lorsqu'il voit, dans « cette belle image » « l'inspiration de Dieu combattant contre la volonté aveugle et rebelle de l'homme ».

Et, en prononçant dans son Commentaire ce mot d'*inspiration,* il rattache cette partie de sa méditation à la première; mais, comme le constatait déjà Fréminville, cette suture ne va pas sans maladresse : en effet le poète inspiré s'abandonne au dieu qui vient l'habiter et, à proprement parler, ne lutte pas contre lui; mais, dans l'effort créateur, on peut toutefois remarquer une part réservée à la douleur et à l'angoisse qui a été maintes fois signalée*.

* *A. L. de V.* — La lettre du 15 juin 1822, adressée de Mâcon au marquis de La Maisonfort, paraît montrer qu'à cette date ce dernier était le destinataire de *L'Esprit de Dieu.* Sans doute le poète se ravisa-t-il après coup, et les initiales qui suivent le titre dans les éditions successives désignent le baron Louis de Vignet, (1789-1837) dont le nom figurait d'ailleurs en tête de Ms II. Ce Savoyard, redevenu Piémontais en 1814, était le fils d'un sénateur de Chambéry et, par sa mère, le neveu de Joseph et Xavier de Maistre; compagnon d'études de Lamartine au collège de Belley, il était devenu, avec Aymon de Virieu et Guichard de Bienassis, un de ses meilleurs amis : il écrivit des vers qui ressentaient son influence et, en 1819, Césarine de Lamartine, sœur d'Alphonse, épousa Xavier, frère de Louis (cf. *A Alix de V...* première note). Diplomate à partir de 1821, Vignet fut successivement en poste comme secrétaire à Londres, puis à Paris (1825-1832), comme ministre à Berlin (1832-1837) et à Naples, où il arriva pour mourir. Aimant la vie retirée, très religieux et conservateur, il s'éloigna de Lamartine à la suite de dissentiments politiques, surtout après 1830, mais son trépas prématuré inspira à son ancien ami le vingt-huitième de ses *Recueillements poétiques.* Sur leurs relations, voir en plus de la Correspondance, les *Confidences,* XI, 21 à 29, et Léon Séché, *Les Amitiés de Lamartine* (*Mercure de France,* 1911, chap. I).

* *Vers 1.* L'image du *feu* et de la *flamme* (v. 8), ainsi que celle du *souffle* (v. 12, 33, 81), sont chères à Lamartine : cf. *L'Enthousiasme,* v. 11-20; *Les Préludes,* v. 5-8, etc.; *Harmonies poétiques :*

Mon âme est un vent de l'aurore
Qui s'élève avec le matin,
Qui brûle, renverse, dévore
Tout ce qu'il trouve en son chemin...

(*Encore un hymne,* v. 54-57);

Quand le souffle divin, qui flotte sur le monde,
S'arrête sur mon âme ouverte au moindre vent,
Et la fait tout à coup frissonner comme une onde...

(*Le Cri de l'âme,* début);

---

*. Cf. *Raphaël,* LIII : « Je puis dire qu'à mon insu (dans ces lettres) je luttais en désespéré, et comme Jacob avec l'ange, contre la pauvreté, la rigidité, et la résistance de la langue dont j'étais forcé de me servir, faute de savoir celle du ciel. » En 1934, Jean Giraudoux a intitulé *Combat avec l'Ange* un roman où il a décrit un conflit sans solution, mais douloureux, entre l'intelligence et la passion naïve.

De quel vent soufflera l'esprit que l'âme appelle?
(*A l'Esprit Saint, cantique,* v. 104).

Recueillements poétiques :

Ne sens-tu pas, mon cœur, quelque chose qui brûle
Et qui demande à s'exhaler?
(*Sur la mort de Mme de Broglie,* v. 69-70.)

Voir E. Zyromski (pp. 228-233) : « C'est le souffle même de l'inspiration; il paraît être l'esprit de Dieu. C'est une incarnation de ce vent de vie qui parcourt l'Univers, anime les bois sonores, fait se gonfler la sève des êtres. »

* *Vers 4.* Spectacle que Lamartine a pu observer lui-même, mais peut-être aussi suggestion de *René :* « J'enviais jusqu'au sort du pâtre que je voyais réchauffer ses mains à l'humble feu de broussailles qu'il avait allumé au coin d'un bois.... »

* *Vers 7.* Vent du nord, puis, en poésie, tout vent violent et froid (Littré). Cf. *L'Isolement,* v. 52.

* *Vers 12. Un enfant des orages,* c'est-à-dire un vent violent et subit; l'expression a un accent ossianesque et peut désigner une inspiration nordique; au v. 15, le *doux zéphyre,* vent doux et agréable, fait songer à des thèmes plus tendres et plus voluptueux; les v. 18-20 évoquent la poésie élégiaque dans sa forme la plus pathétique. E. Zyromski (p. 166) donne cette strophe comme un exemple « du privilège des grandes imaginations de retenir et de combiner les formes et les images inventées par la pensée humaine ou semées à travers le monde »; pour cet auteur, la *lyre* (v. 16), « c'est l'âme même dont le chant retentit sous les coups de la douleur ». Sur l'image de la *corde,* cf. *Les Préludes,* v. 19.

* *Vers 21.* Cf. *La Poésie sacrée,* v. 201; la source de ce vers de *L'Esprit de Dieu* peut être le *Livre d'Ézéchiel,* XXXVII, 9 : A quattuor ventis, veni, spiritus... » Pour l'expression, voir aussi *L'Isolement,* v. 22; *La Prière,* v. 22.

* *Vers 23.* Expression analogue dans *Le Soir,* v. 30.

* *Vers 30.* Cette légende est rapportée par Virgile, *Géorgiques,* IV, n. 523-527, et par Ovide, *Métamorphoses,* XI, v. 50-53 :

Membra jacent diversa locis; caput, Hebre, lyramque
Excipis; et, mirum! medio dum labitur amne,
Flebile nescioquid queritur lyra, flebile lingua
Murmurat exanimis, respondent flebile ripae.

* *Vers* 34. Sur l'origine de ce vers, cf. le texte de *Saint Jean* rapporté à la première note. Même idée dans *Les Préludes,* v. 16.

* *Vers 40.* Claire allusion à la procession de la Fête-Dieu, à laquelle Chateaubriand a consacré, dans le *Génie du Christianisme* (quatrième partie, liv. I, chap. 7), un long développement dont Lamar-

tine s'est peut-être plus ou moins consciemment souvenu aux v. 35-40 : « Le Dieu des chrétiens ne demande que... les mouvements égaux d'une âme que règle le paisible concert des vertus... Les rues *se jonchent de fleurs*... La pompe commence à défiler... [Les] mains du [pontife] soutiennent la radieuse Eucharistie... Des groupes d'adolescents marchent entre les rangs de la procession... Mais *où va-t-il,* ce Dieu redoutable...? *Il va* se reposer sous des tentes de lin... » A remarquer aussi qu'en note à ce chapitre, Chateaubriand citait un poème intitulé *La Fête-Dieu dans un hameau,* par M. de la Renaudière, où il est fait mention des *roses effeuillées* par les jeunes villageois, des *vierges* du village et des jeunes beautés *de lin blanc revêtues.*

* *Vers 42.* Inexactitude : Jacob rencontra l'ange alors que, fuyant la Mésopotamie, où il avait été pendant vingt années le berger de son oncle Laban, il revenait vers sa terre natale de Chanaan. Lamartine avait d'abord écrit *le berger de Jéthro,* par une confusion de Jacob avec Moïse, ce dernier ayant en effet été dans sa jeunesse le gardien des troupeaux de Jéthro, son beau-père, grand-prêtre de Madian (*Exode,* III, I).

* *Vers 50.* Aucun des détails pittoresques et plastiques qui figurent dans cette strophe et dans les suivantes ne se trouve dans le texte de la *Genèse,* où le combat est évoqué par une simple phrase; l'imagination du poète s'est efforcée de donner à l'épisode un accent épique et un intense mouvement. Il n'est pas interdit de penser qu'il avait en mémoire quelque exemplaire illustré de l'Écriture; cf. *Voyage en Orient,* début : « Ma mère avait reçu de sa mère au lit de mort une belle Bible de Royaumont dans laquelle elle m'apprenait à lire quand j'étais petit enfant. Cette Bible avait des gravures de sujets sacrés à toutes les pages* ... ».

* *Vers 57.* Expression assez gauche : *leurs flancs se pressent mutuellement.*

* *Vers 76.* Le *soir,* c'est le jour qui finit, et les *ombres* sont celles de la nuit. La lutte du jour et de la nuit est un spectacle émouvant pour Lamartine, qui l'a peinte à plusieurs reprises. Cf. *L'Immortalité,* v. 1-4.

* *Vers 78.* Le présent *ignore,* au lieu de l'imparfait qu'on attendrait normalement, favorise la rime, mais en outre allège l'ensemble du vers.

* *Vers 80.* Lamartine est, dans sa conclusion, un peu différent du texte de la *Genèse :* dans celui-ci, le triomphe de Jacob ne paraît pas faire de doute, alors que le poète nous montre son héros *tantôt*

---

*. Le combat de Jacob avec l'Ange devait inspirer ultérieurement à Eugène Delacroix une des fresques, pleines de fougue romantique, ornant la chapelle des Saints-Anges en l'église parisienne de Saint-Sulpice (œuvre achevée en 1861).

vaincu, tantôt vainqueur; en revanche, le v. 80 identifie de manière indubitable l'adversaire du patriarche, alors que, dans la Bible, on reste dans l'incertitude à son sujet. — D'autre part, on comprend assez bien pourquoi l'auteur a supprimé la strophe qui figurait dans l'édition originale : elle se rattachait mal à l'ensemble et au thème de l'inspiration; mais, en montrant *l'homme égaré souvent dans les ombres du doute,* elle témoignait clairement des incertitudes religieuses dans lesquelles Lamartine se débattit toute sa vie et qu'il n'avoua ouvertement que beaucoup plus tard, par exemple dans *Le Désert,* où il se montre (v. 351) *las des Babels du doute.*

* *Vers 84.* Idée analogue à celle exprimée dans *Le Poète mourant,* v. 97-102.

* *Vers 85.* Expression comparable dans *La Chute d'un Ange,* huitième vision *(Fragment du Livre Primitif),* v. 199-200 :

... la pensée, en proie à de sacrés délires,
S'ébranle au doigt divin, chante comme des lyres...

* *Vers 90.* Il faut comprendre que la *lyre* sacrée *à la corde frémissante* (symbole de l'âme du poète), dans l'intervalle des circonstances où *la main puissante* de Dieu (c'est-à-dire l'inspiration) la fait vibrer pour en tirer des *accords,* recueille et conserve pour ainsi dire en elle-même son harmonie virtuelle.

MÉDITATION SEPTIÈME. — BONAPARTE

Page 161

* *BONAPARTE.* — Cette ode, selon l'expression de Deschanel, est avec *Le Crucifix* « l'un des deux sommets » des *Nouvelles Méditations;* à ce titre, elle a été souvent reproduite et commentée dans les *Œuvres choisies* de Lamartine (en particulier par M. Levaillant, pp. 204-211, et R. Canat, pp. 217-227); en outre, du point de vue de ses sources et des opinions émises par le poète sur Napoléon, elle a été étudiée par divers critiques, notamment Émile Deschanel, (I, p. 153 et II pp. 117-127), Léon Séché (pp. 146-152 et 173-175), Edmond Estève (pp. 161-163), Urbain Mengin (*Lamartine et Manzoni. Leurs relations amicales et leurs opinions politiques,* in *Mélanges... offerts à Henri Hauvette,* Paris, Presses Françaises, 1934, pp. 621-634), C. Latreille (*Lamartine poète politique,* in *Annales de l'Université de Lyon,* Paris, 1924, pp. 9-33), Maurice Souriau (*Histoire du Romantisme,* I, 2e partie, pp. 44-48.)

Élevé au sein d'une famille très profondément légitimiste dans la haine de *Buonaparte,* Lamartine conserva toujours contre lui des sentiments hostiles : ayant tout fait pour ne pas servir dans les armées impériales, il émigra durant les Cent-Jours et les parties demeurées inédites de l'*Ode aux Français* (strophes 24-26 notamment) prouvent qu'en 1817 ses opinions étaient toujours identiques;

elles demeurèrent les mêmes sous toute la Restauration et expliquent le ton généralement dur de la présente méditation (le changement du titre, qui primitivement devait être *Le Tombeau d'un Guerrier,* a quelque chose de significatif); le poète ne sera pas moins mordant en février 1824 lorsqu'il écrira sa *Première Vision* (v. 259-272 et 301-310) (*Nouvelles Confidences,* III); il exprimera encore maintes fois sa hargne contre Napoléon, soit dans ses lettres intimes (à Virieu, 22 juillet 1827 et surtout 20 juin 1840), soit dans des écrits publiés (*Destinées de la Poésie,* 1834 : « ... le sourire satanique d'un génie infernal... »; *Discours sur le retour des Cendres,* 26 mai 1840; *Graziella,* chap. premier, IV : « ce tyran de l'esprit humain »; *Ressouvenir du lac Léman,* v. 185-224; *Histoire de la Restauration,* livre IX, chap. 49, 1851-1852 : « Grand par l'action, petit par l'idée, nul par la vertu : voilà l'homme! »; *Nouvelles Confidences,* IV, 1 et 2); et, si l'on en croit Henri de Lacretelle (*Lamartine et ses amis,* p. 293), à la fin de son existence, le grand écrivain « estimait que Sainte-Hélène avait été une expiation trop douce pour tant de crimes. Il souleva les lauriers du héros et trouva le crime bestial du misérable et du fourbe. Il n'admit aucune circonstance atténuante pour celui qui avait étouffé la République sous les talons de ses grenadiers. Il voyait éternellement couvert de pourpre hideuse... l'homme qui avait abaissé ces écluses de la paix par lesquelles tant de flots de sang avaient interminablement coulé. Il proclama que rien n'amnistiait l'assassinat et que Cartouche aurait fait grâce au duc d'Enghien. » Comment, avec de telles dispositions intérieures si profondément enracinées et qu'il évoquera encore dans son Commentaire de 1849, Lamartine fut-il amené à être l'initiateur du bonapartisme poétique en France?

On peut admettre qu'il éprouva une émotion réelle en apprenant, à Aix, sans doute au mois de juin 1821, la mort de l'Empereur survenue le 5 mai précédent : son récit de 1849 permet de le supposer avec vraisemblance... Mais à partir de quel moment songea-t-il à composer son poème? Eut-il connaissance de l'*Ode à Napoléon,* œuvre de Byron, publiée à Paris en anglais (1818), puis en français dans une traduction d'Amédée Pichot (1820)? Peut-être, mais on ne saurait préciser à quelle date. Ce qui est sûr, c'est que le premier poète européen à avoir été inspiré par l'illustre trépas fut l'Italien Alessandro Manzoni (1785-1873), auteur du lyrique *Il Cinque Maggio (Le Cinq Mai),* écrit, dit-on, en deux ou trois jours de fièvre créatrice (en voir la traduction par Charlier dans O. Navarre, *Les Grands Écrivains étrangers,* Didier, pp. 123-125). Lamartine ne connaissait pas encore Manzoni, avec qui il devait plus tard être lié d'amitié de 1827 à 1848; Virieu, alors secrétaire d'ambassade à Turin, lui signala *Il Cinque Maggio;* Alphonse mandait en effet à son ami, de Mâcon, le 5 février 1822 : « J'ai lu le Manzoni, mais non son ode. Envoie-la-moi... » Ce qui fut fait aussitôt, puisqu'il écrivait le 26 du même mois : « Je te remercie de tes deux envois poétiques. J'ai été bien plus content que je ne m'y attendais de l'ode de Manzoni : je faisais peu de cas de sa tragédie; son ode est parfaite. Il n'y manque rien de tout ce qui est pensée, style et sentiment; il n'y manque qu'une plume plus éclatante et plus riche en poésie... Je voudrais l'avoir faite. J'y avais souvent pensé, et puis le temps présent m'en a empêché. »

Ces empêchements durent se renouveler encore; délai bénéfique, car, ainsi que l'a noté Léon Séché, « si Lamartine avait composé sa méditation sous l'impression fraîche et immédiate de celle de Manzoni, il lui aurait sans doute emprunté davantage ». Enfin, à Saint-Point, le 24 juin 1823, il mettait le point final au manuscrit qui a été conservé; deux jours plus tôt, il avait pu annoncer à Virieu : « Je viens de faire une ode sur Buonaparte, c'est celle de Turin qui m'y a fait penser. Je la trouve bien bonne, mais elle n'est qu'à peine finie, cela ne veut rien dire... Je vais tout emporter à écrire aux eaux. » C'est donc à Aix-les-Bains qu'il procéda à une dernière mise au point de texte, travail qui explique les nombreuses différences de détail existant entre le manuscrit et la version publiée. Cette ode éloquente est solidement construite (v. 1-30 : le tombeau de Sainte-Hélène; v. 31-84 : grandeur orgueilleuse du conquérant; v. 85-108 : sa décadence; v. 109-150 : l'expiation de la mort du duc d'Enghien; v. 151-180 : le jugement des hommes et le jugement de Dieu). Lorsque parurent *Les Nouvelles Méditations poétiques,* elle fut l'une des plus remarquées. Vigny la signalait à Hugo dans sa lettre du 3 octobre 1823 et Charles Nodier, dans le numéro de *La Quotidienne* du 4 constatait : « La méditation intitulée *Buonaparte (sic)* est grande et sublime, comme le puissant amour de la justice ou de la liberté qui a inspiré le poète, comme les mers ou l'horizon où planent ses regards, comme l'homme de gloire et de fatalité dont il vient évoquer le souvenir. » Stendhal, dans sa passion un peu maniaque des choses d'Italie, n'admire pas sans restrictions : « Manzoni a fait une ode à Napoléon qui lui assure l'immortalité. Depuis bien des années, rien d'aussi beau n'avait été écrit dans ce genre. Les pièces de vers que Lord Byron, M. de Lamartine et M. Casimir Delavigne ont publiées sur le même sujet nous paraissent bien inférieures à l'ode de Manzoni... » (*Racine et Shakespeare,* Calmann-Lévy, 1905, p. 289). Enfin, en 1827, lorsque Gérard de Nerval fit paraître ses *Élégies nationales,* — cinq petites épopées napoléoniennes en cinq chants, — il condamnait les poètes de la nouvelle école, en classique qu'il était encore, mais il daignait cependant faire des réserves en faveur de Byron et de Lamartine, « dont les vers, disait-il, iront jusqu'aux races futures ».

* *Vers 2. Nautonier : marin;* « usité surtout en poésie, ou en parlant de la marine des peuples anciens, ou dans le style élevé », déclare Littré, qui cite des exemples de Bossuet, Montesquieu et Delille (« Le *nautonier* pâlit en contant son naufrage »); le mot est aussi chez Chateaubriand.

* *Vers 3.* En réalité, à Sainte-Hélène, le tombeau de Napoléon, situé à l'intérieur de l'île, dans la vallée de Slane ou du Géranium,

était à une heure de marche de Jamestown, le chef-lieu, et on ne pouvait absolument pas le voir de la mer. Lamartine a ici une vision de poète, renouvelée peut-être d'un usage des anciens Grecs, que signalait Chateaubriand : « La plupart des promontoires du Péloponnèse, de l'Attique, de l'Ionie, et des îles de l'Archipel, étaient marqués par des temples, des trophées ou des tombeaux » (*Itinéraire de Paris à Jérusalem,* édit. Malakis, I, 326). V. Hugo commettra la même méprise dans son *Ode à la Colonne (Chants du Crépuscule),* v. 173-174.

* *Vers 7.* La dalle de la tombe impériale à Sainte-Hélène était effectivement anonyme et c'est ce qui incita son grand rival Chateaubriand à souhaiter que la sienne, au Grand-Bé de Saint-Malo, fût également muette. *Ci-gît,* détaché en début de vers, rappelle le *Ei fu (Il fut)* sur lequel commence l'ode de Manzoni.

* *Vers 9.* Réminiscence probable de Byron, *Ode à Napoléon,* XI : « Tes actions sont écrites en caractères de sang. » — Le vers suivant s'inspire certainement de Manzoni, strophe III : « La foudre de cet intrépide... éclatait de Scylla au Tanaïs (scoppio da Scilla al Tanaï) »; le *Tanaïs,* nom du Don chez les Anciens, évoque la campagne de Russie. *Cédar,* second fils d'Ismaël (*Genèse,* XXV, 13), qui donnera son nom au héros de *La Chute d'un Ange,* avait fondé une ville dont il était l'éponyme en Arabie Pétrée; le *sommet du Cédar* doit, dans l'esprit de Lamartine, désigner le mont Sinaï et rappeler l'expédition de Bonaparte en Égypte et en Syrie : le souvenir de celui-ci était resté vivace en Orient et V. Hugo développera cette idée dans *Les Orientales,* XXXIX, *Bounaberdi.*

* *Vers 13.* Les deux conquérants de l'Antiquité, Alexandre de Macédoine et Jules César.

* *Vers 15.* L'image de l'*aile* est chère à Lamartine. Cf. par exemple, *L'Immortalité,* v. 99 et *La Prière,* v. 31 et note.

* *Vers 17.* Cf. Manzoni, strophe I : (La terre) ne sait quand un pied mortel viendra sur sa poussière sanglante marquer encore pareille trace. »

* *Vers 19.* Comme l'écrivait le 13 décembre 1835 la duchesse d'Abrantès à V. Hugo, on trouve « littéralement la même pensée, la même expression « dans ce vers et chez Ossian, *Chants de Selma,* où Alpin pleurant son fils Morar s'écrie : « Que ton habitation est maintenant étroite !... *Avec trois pas, je mesure ta fosse,* ô toi qui étais autrefois si grand ! » (H. Guillemin, *Jocelyn,* p. 576, n. 6.) Hugo développe une idée identique dans l'*Ode à la Colonne,* v. 169-171.

* *Vers 24.* « Sur cette tombe à peine fermée, le poète épanche d'abord une libation de pitié et d'admiration. Quel cœur en effet ne s'émeut à évoquer l'homme du destin qui hier se dressait sur le monde en vainqueur et qui aujourd'hui est couché sous la pierre du tombeau ? » (C. Latreille, p. 14).

* *Vers 27.* Même silence chez Manzoni, strophe II : « Quand les vicissitudes du sort l'accablèrent puis le relevèrent, pour l'abattre enfin, au son de mille autres voix, la mienne ne se mêla point. » Ces vers justifient la remarque de Reyssié (p. 327) sur cette ode où le poète, « quoique justement sévère, sait rendre hommage à cette grande gloire et ne s'abaisse pas à la salir, comme Chateaubriand, par un pamphlet »; mais la suite de la méditation deviendra beaucoup plus dure et la critique s'amorce dès le v. 30.

* *Vers 33.* Cf. Manzoni, strophe III : « La foudre de cet intrépide suivait de près son éclair (Di quel securo il fulmine/Tenea dietro al baleno) »; l'*orage* d'où sortit Bonaparte, c'est la Révolution.

* *Vers 36. Memphis* est une des anciennes capitales de l'Égypte, près du sommet du delta du Nil; sur *Memnon* et sa statue, cf. *Enthousiasme,* v. 76. Dans son *Adieu à l'académie de Marseille,* écrit lors de son départ en Orient (mai 1832), Lamartine évoquera encore « l'empire vide de Memnon ».

* *Vers 39.* En contribuant à chasser le roi Tarquin le Superbe de Rome (509 av. J.-C.), Lucius Brutus était devenu le symbole de la liberté et de l'esprit républicain et son lointain descendant Marcus Brutus tenta de l'égaler en réputation en participant au meurtre de Jules César, dictateur à vie. Cf. *Le Golfe de Baya...,* v. 55 et *La Liberté,* v. 132.

* *Vers 42.* L'image du *fleuve qui remonte vers sa source* se retrouve dans *Consolation,* v. 25-26, dans les *Chants lyriques de Saül,* v. 29 (cf. aussi *La Providence à l'Homme,* v. 81 et *Cantique sur le Torrent de Tuisy* (1806), v. 1-2 et 25-27); son origine est à chercher dans les *Psaumes,* CXIII, 3-5 : « La mer le vit et s'enfuit, le Jourdain remonta vers sa source... Mer, pourquoi as-tu fui? Jourdain, pourquoi as-tu reculé vers ta source? » Le siècle, entraîné vers la République, a *reculé* devant Bonaparte et a été *refoulé* par lui vers sa source, c'est-à-dire vers la monarchie.

* *Vers 44.* Sur le combat de Jacob avec l'Ange de Dieu, voir *L'Esprit de Dieu.* — L'*ombre* n'est pas une vaine apparence, mais un *fantôme* redoutable — celui du peuple souverain — vaincu par l'irrésistible *mortel* que fut Napoléon. Au v. 46, les *grands noms* sont ceux de la République, de la Démocratie, de la Liberté, etc.

* *Vers 52. Poudre :* mot de la langue noble, pour *poussière* (Un héros ne peut que sortir de celle de l'arène ou des combats!). Le début de cette strophe est une condamnation implicite des excès de la Révolution *(impuissant délire),* pour lesquels le futur auteur de l'*Histoire des Girondins* ne cacha jamais sa haine et son mépris; la fin peut être considérée comme une allusion au 18 Brumaire.

* *Vers 56. Pavois :* cf. *Ode sur la naissance du Duc de Bordeaux,* v. 77. *Bandeaux :* diadèmes, couronnes (cf. *Sur un don de la duchesse d'Angoulême,* v. 5). En 1798-1799, certains légitimistes avaient espéré que Bonaparte, après avoir liquidé la Révolution, rétablirait les Bourbons

sur leur trône (tel, en 1660, le général anglais Monk avait contribué à la restauration de Charles II Stuart) et, comme Lamartine ici, ils ne lui pardonnèrent pas d'avoir imposé sa monarchie personnelle.

* *Vers 60.* Le rapprochement entre la *gloire* et le *parfum* peut sembler inattendu; mais, remarque Zyromski (pp. 237-238), « beauté, héroïsme, pitié et amour font sortir du paysage intérieur tout un courant de brises embaumées ». Cette strophe d'accent légitimiste est postérieure à l'achèvement du manuscrit : sans doute fut-elle composée in extremis pour faire passer un sujet qui, à sa date, pouvait sembler audacieux par l'évocation d'un grand souvenir officiellement voué à la malédiction.

* *Vers 66.* « Lamartine, qui veut être sévère, mais juste, dépasse la mesure, lorsqu'il accuse Napoléon de n'avoir rien compris aux mots de *gloire* et d'*honneur,* lui qui a doté la France de la plus belle moisson de gloire qui ait jamais enrichi un peuple et qui a su éveiller au cœur des plus humbles de ses soldats la plus enthousiaste passion de l'honneur. » (C. Latreille, p. 16.)

* *Vers 78.* Byron, dans *Le Corsaire,* I, 8, dont le héros Conrad avait en partie Napoléon pour modèle, disait de son personnage qu'on le voyait « à peine sourire et rarement soupirer ». On rapprochera la remarque des deux poètes de celle formulée par Taine, *Régime Moderne,* liv. I, chap. 2, § 4 : « Quand Napoléon souriait, sa bouche seule, avec une portion des joues, souriait; son front et ses yeux restaient immuablement sombres... Ce mélange de sourire et de sérieux avait quelque chose de terrible. »

* *Vers 84.* Comparer ce tableau d'un coursier au galop à celui cité dans la note du v. 28 de *Sultan, le cheval arabe.* Au v. 79, *le cri d'alarmes :* le cri « Aux armes ! » (sens étymologique). — On notera l'accent hugolien de cette strophe.

* *Vers 86.* Commentant ces vers, Albert Sorel (*L'Épopée napoléonienne : poètes et musiciens,* in *Revue Bleue,* 13 février 1904, p. 193) écrivait : « Cette stance de Lamartine, admirable d'ailleurs en ses accents et ses harmonies, n'est qu'une transcription lyrique de quelques lignes des *Considérations* de Mme de Staël... » Celle-ci en effet, dans ses *Considérations sur la Révolution française,* 4e partie, chap. 17 (œuvre posthume, parue en 1818) remarquait : « On prétend qu'au milieu du Conseil d'État, Napoléon montrait dans la discussion une sagacité universelle... On n'est pas quinze ans le maître de l'Europe sans avoir une vue perçante sur les hommes et les choses... Il n'était point sanguinaire, mais indifférent à la vie des hommes. Il ne la considérait que comme un moyen d'arriver à son but... Jamais il n'a cru aux sentiments exaltés, soit dans les individus, soit dans les nations; il a pris l'expression de ces sentiments pour de l'hypocrisie... » — Le poète revint à diverses reprises sur l'insensibilité de l'Empereur, notamment dans une lettre à Virieu, 22 juillet 1827 : « Quant au consul, je ne parle pas de son cœur ni de son

âme, il n'en a pas reçu »; cette sévérité est excessive, si l'on considère l'amour de Napoléon pour Joséphine ou Marie Walewska, son affection paternelle envers le Roi de Rome, son amitié pour le maréchal Lannes, etc... Par ailleurs, le poète détestait les « hommes géométriques » *(Destinées de la Poésie)* et accusait Bonaparte d'avoir « incarné le matérialisme dans un chiffre armé » (à Virieu, 20 juin 1840). Sur ce point, cf. C. Latreille, pp. 16-17.

* *Vers 90.* Lamartine comparait déjà Byron avec l'*aigle* (*L'Homme,* v. 8-20); mais il est sûrement un des premiers poètes à avoir usé pour Napoléon de cette image qui deviendra classique, en particulier chez V. Hugo.

* *Vers 96.* Auguste Barbier (1805-1882) s'emparera de cette vision et l'orchestrera magnifiquement dans ses *Iambes* de 1831, en son poème de *L'Idole,* III :

O Corse à cheveux plats! que la France était belle
Au soleil de Messidor!
C'était une cavale indomptable et rebelle,
Sans frein d'acier ni rênes d'or...

* *Vers 100.* Même image de la *foudre* déjà aux v. 15, 22, 32-33, 92.

* *Vers 102.* Même étonnement admiratif chez Manzoni, strophe IV, parlant d'une âme « rêvant à l'empire et qui y accède, et qui saisit une palme qu'il eût été fou d'espérer (e tiene un premio/ Ch'era follia di sperar) ».

* *Vers 104.* Cf. v. 1-3; Napoléon a été, comme une épave, jeté sur la côte de Sainte-Hélène.

* *Vers 108.* Cf. Manzoni, strophe V : « Il disparut, il enferma ses jours oisifs sur un chétif rivage... »

* *Vers 112.* Cf. Manzoni, strophe VII : « Oh! que de fois, au déclin silencieux d'une oisive journée, abaissant ses regards foudroyants, les bras croisés sur la poitrine (Le braccia al sen conserte), il s'arrêta en proie au souvenir des jours qui n'étaient plus. » Cette attitude de l'Empereur méditatif, vulgarisée par la gravure (voir la lithographie de Raffet intitulée *La Pensée,* 1833), reparaîtra chez V. Hugo, *Napoléon II* (*Chants du Crépuscule),* v. 26-27 :

Ses deux bras, jusqu'alors croisés sur sa poitrine,
S'étaient enfin ouverts!

* *Vers 117.* Cette comparaison a peut-être son origine chez Virgile, *Énéide,* II, 307-308 : Énée, assistant du toit de sa demeure au sac de Troie est comparé à un *berger* qui voit avec tristesse le fleuve débordé emporter tous ses biens :

stupet inscius alto
Accipiens sonitum saxi de vertice pastor.

* *Vers 120.* Cf. Manzoni, strophe VII, dont le début est cité à la note 30 et dont la suite a pu suggérer à Lamartine les v. suivants : « Il

revoyait dans sa pensée les tentes mobiles, et les tranchées bombardées, et l'éclair des bataillons, et le flot de la cavalerie, et les ordres fiévreux, et l'exécution rapide. » Cette résurgence du passé chez Napoléon avait dû frapper particulièrement le poète, « pour qui le souvenir est la forme la plus durable du moi » (P. Jouanne, p. 185).

* *Vers 131.* Cette strophe évoque successivement et de façon très claire l'épisode fameux du pont d'Arcole (15 novembre 1796), les campagnes d'Égypte (1798) et de Palestine - Syrie (1799), le franchissement audacieux du col du Grand Saint-Bernard (mai 1800), les promotions politiques des maréchaux, celle en particulier de Murat, grand-duc de Berg en 1806 et roi de Naples deux ans plus tard.

* *Vers 139.* Mouvement antithétique renouvelé du v. 30.

* *Vers 144.* L'exécution à Vincennes, à l'aube du 21 mars 1804, de Louis-Antoine-Henri de Bourbon, duc d'Enghien et dernier descendant du Grand Condé, fusillé après une parodie de procès destinée à légaliser un véritable meurtre politique, éloigna de Napoléon un grand nombre de monarchistes; on connaît les pages vengeresses écrites à ce sujet par Chateaubriand dans ses *Mémoires* (Édition du Centenaire, II, 129-181).

Le comte de Marcellus rappelle comment, « un jour où l'auteur, à Londres, parlait devant (lui) de la mort du duc d'Enghien avec la même verve d'indignation qui a dicté ces dernières pages », il lui récita les v. 139-144 de *Bonaparte.* « M. de Chateaubriand, ajoute-t-il, ne connaissait pas encore ces vers qu'il loua vivement; et c'est ainsi que je l'encourageais par degrés, lui qui ne lisait à peu près rien de moderne, à feuilleter les *Méditations* (*Chateaubriand et son temps,* Paris, M. Lévy, 1859, p. 161).

D'ailleurs, avant qu'il écrivît ces vers, l'attention de Lamartine avait déjà été attirée sur ce tragique événement en des circonstances rappelées par A. Chesnier du Chesne dans *La Mort du duc d'Enghien* (*Mercure de France,* 1er juillet 1954, pp. 555-560). En mars 1817, on avait exhumé les restes de la victime de 1804, célébré de nombreux services expiatoires à sa mémoire, élevé un monument commémoratif à l'église du château de Vincennes en son honneur. L'académie de Dijon avait posé comme sujet de concours l'*Éloge du duc d'Enghien.* Une poétesse du Jura, originaire de Lons-le-Saunier, qui était en relations avec Lamartine et sa famille, Mme d'Arçon-Brenaz, une royaliste exaltée, avait à cette occasion publié des *Vers sur son A. S. Mgr le duc d'Enghien* et adressé sa brochure à Alphonse. Celui-ci la remercia dans une lettre datée de Paris, 3 mai 1817, et contenant une pièce de 33 vers qui évoquait l'exécution du prince :

...Ce héros malheureux, dernier vengeur du trône,
Tombait pendant la nuit sous le fer d'un bourreau
Et ce prince guerrier digne d'une couronne
N'obtenait pas même un tombeau...

* *Vers 145*. Brachylogie audacieuse plutôt que maladresse : la *tache* de sang est rouge, mais c'est le visage de Bonaparte qui est *livide* à cause d'elle. M. Levaillant a cru voir, dans cette tache indélébile, une réminiscence du *Macbeth* de Shakespeare, où l'héroïne, devenue folle après le meurtre manqué de Duncan, tente en vain d'effacer de ses mains une tache de sang imaginaire; on pourrait également suggérer que la présente strophe de Lamartine a pu être un point de départ du *Parricide,* dans la *Légende des Siècles* de V. Hugo.

* *Vers 152*. Comme le remarque C. Latreille (p. 17), du meurtre du duc d'Enghien, « Lamartine s'indigne autant que Chateaubriand; il flétrit avec vigueur le drame odieux; pourtant, il dépasse les bornes de la justice » en affirmant que *ce forfait fait douter du génie* de Napoléon; « l'Histoire n'a pas ratifié ce verdict; Chateaubriand lui-même a été infiniment plus nuancé et plus juste et, du reste, Lamartine reconnaîtra, dans sa lettre du 22 juillet 1827, que, comme « tête politique », celle de Bonaparte fut « la plus forte qui oncques ait existé ». Au v. 154, souvenir de Manzoni, strophe II : « Éternel jouet du sort, il tomba. »

* *Vers 156*. Comme initiateur des proscriptions systématisées, Marius mérite d'être jugé avec une extrême sévérité; généralement on est moins dur pour Jules César. Mais Lamartine reportait sur lui la haine qu'il éprouvait contre tous les ennemis de la liberté; dans la *Vie de César,* publiée en 1856 (*Vie des grands hommes,* t. V) et reprise dans les *Œuvres complètes* de 1860-1863, t. XXXIV, p. 153), il énoncera cette condamnation sans appel : « Soyons sans pitié pour la gloire, cette grande corruptrice du jugement humain, lorsqu'elle n'est pas le reflet de la vraie vertu. Telle est la première réflexion qui se présente quand, après avoir étudié avec l'impartialité de la distance le génie, les exploits, la politique de César, on entreprend de peindre le plus accompli, le plus aimable et le plus dépravé des Romains et peut-être des hommes. »

* *Vers 157*. Rappel du thème bien connu de la mort égale pour tous et peut-être aussi reproche fait au responsable de tant de sang répandu d'être mort dans son lit comme un homme quelconque. Pour l'image contenue dans les deux vers suivants et son origine biblique, cf. *La Foi,* v. 121-122.

* *Vers 168*. Le *signe rédempteur* (v. 166), c'est le signe de la Croix; le *nom* murmuré est celui de Dieu. Manzoni, strophe IX, contient une allusion à la fin chrétienne de l'Empereur : « Bienfaisante Foi, toi si accoutumée aux triomphes, inscris encore celui-ci, et réjouis-toi, car grandeur plus superbe jamais ne se prosterna devant l'opprobre du Golgotha ! » Lamartine écrira, dans l'*Histoire de la Restauration* (livre XXXVIII, chap. 40) en racontant les derniers moments de Napoléon : « L'image du Christ mourant, collée sur sa bouche, ferma les lèvres de ce martyr de l'ambition. » Sur cette fin édifiante du conquérant, voir aussi Chateaubriand, *Mémoires,* II, 665-666.

* *Vers 170.* Cf. Manzoni, dernière strophe : « Le Dieu qui précipite et qui relève, qui afflige et qui console, ce Dieu sur sa couche déserte à côté de lui s'est posé. » Lamartine a renforcé l'accent biblique de ces deux vers par la répétition du tour *C'est le dieu qui,* qui fait penser à *Ecce deus* (ou *Ecce Dominus*), fréquent dans les Écritures.

* *Vers 175.* Commentant la strophe finale, Léon Séché (p. 149) écrit : « J'estime que l'Aigle de Meaux n'est jamais monté plus haut que Lamartine dans ces vers... Ce sont là des accents d'oraison funèbre et qu'est-ce au fond que l'*Ode à Bonaparte* sinon une oraison funèbre en vers? »

* *Vers 178.* Ce vers n'est pas sans rappeler une formule du *Livre de Job,* XXXVI, 23 : « Quis poterit scrutari vias ejus? », à laquelle le mot *clémence* (*clementia* et *clemens* se rencontrent assez souvent dans les textes sacrés) confère un accent d'espérance. La duchesse de Broglie mandait au poète, de Coppet, le 28 octobre 1823 : « L'ode sur Bonaparte m'a particulièrement frappée; la dernière pensée est bien belle, elle répond à un sentiment bien profond, bien intime, à ce besoin de compter sur la miséricorde divine, qui est si impérieuse dans notre âme » (*Lettres à Lamartine,* pp. 26-27).

* *Vers 180.* Sur la correction apportée à ces deux derniers vers postérieurement à l'Édition des Souscripteurs, voir le Commentaire de Lamartine (édition de 1860). Le nouveau texte reprenait une idée déjà exprimée dans *L'Homme,* v. 282 :

La gloire ne peut être où la vertu n'est pas;

mais il était infiniment moins percutant que l'original et, comme le notait spirituellement Louis Barthou (*Lamartine orateur,* p. 106, n. 1), « on peut sans être suspect de bonapartisme préférer la première version! »

MÉDITATION HUITIÈME. — LES ÉTOILES

Page 167

* *LES ÉTOILES.* — Le Commentaire de 1849 est apparemment formel : « J'écrivis cette méditation sur un étang des bois de Montculot... pendant ces belles nuits de l'été ou l'ombre immobile des peupliers frissonne... au bord d'une eau transparente. » C'est donc dans la propriété de son oncle l'abbé de Lamartine, en Bourgogne dijonnaise, que le poète composa *Les Étoiles,* mais durant quel été? Il y vint en juin 1818, mais alors il n'avait pas sous la main d'exemplaire de son *Saül* (lettre à Virieu du 10), et c'est précisément sur une copie de celui-ci — aujourd'hui manuscrit 14012 de la Bibl. Nat. — qu'il esquissa les premiers linéaments de la pièce; comme, au début de 1819 (cf. sa lettre à Mme de Raigecourt du 24 janvier), il s'était résigné à ne plus penser à sa tragédie, on peut admettre que, n'ayant plus de grands égards pour la belle mise au net qu'il

en avait faite, il utilisa les derniers feuillets de l'album qui contenait celle-ci pour y jeter quelques fragments de sa méditation lorsqu'il revint à Montculot en mai-juin 1819 : c'est alors aussi qu'il dut écrire *Le Soir* et *Souvenir,* qu'il mit au point *Dieu,* que peut-être il conçut *Apparition.* Mais le morceau de manuscrit qui nous est parvenu des *Étoiles* ne concerne que les v. 25-48 (si finement rédigés au crayon qu'il est impossible de croire un seul instant à leur rédaction nocturne !) : aussi y a-t-il lieu d'estimer que le poème resta alors à l'état de projet et que les transparentes nuits de Naples, admirées en 1820, contribuèrent à raviver et à poétiser le souvenir de la rêverie initiale. Il n'est donc pas invraisemblable de penser que *Les Étoiles* furent reprises et achevées soit en Italie, soit après le retour de Lamartine en France : on est réduit à des suppositions, car l'auteur, en dépit de l'importance de cette poésie, n'y a jamais fait allusion dans sa Correspondance, ni ailleurs.

Très tôt, s'il faut en croire les *Confidences,* V, 3, le petit Alphonse avait appris, sous la direction de sa mère, à connaître Dieu à travers les beautés de la nature : « C'était... quelques contemplations soudaines, ravissantes, de la grandeur du firmament, de l'armée des astres, de la beauté de la saison... » D'ailleurs tous les grands inspirés ont été ravis par l'extraordinaire spectacle de la nuit constellée; on ne saurait, depuis l'auteur des *Psaumes,* XVIII, 2, clamant son fameux *Coeli enarrant gloriam Dei,* énumérer sommairement tous les esprits qui méditèrent sur l'Univers et nourrirent leurs œuvres de poésie astrale : il faudrait nommer Platon, Lucrèce, Ronsard et ses *Hymnes des Astres, de l'Éternité, du Ciel,* Pascal et La Fontaine, Fontenelle, Voltaire enfin dont *La Henriade,* réputée froide, contient pourtant ces beaux vers en son chant VII :

> Dans le centre éclatant de ces orbes immenses,
> Qui n'ont pu nous cacher leur marche et leurs distances,
> Luit cet astre du jour, par Dieu même allumé,
> Qui tourne autour de soi sur son axe enflammé :
> De lui partent sans fin des torrents de lumière;
> Il donne en se montrant la vie à la matière,
> Et dispense les jours, les saisons et les ans
> A des mondes divers autour de lui flottants.
> Ces astres, asservis à la loi qui les presse,
> S'attirent dans leur course et s'évitent sans cesse,
> Et, servant l'un à l'autre et de règle et d'appui,
> Se prêtent les clartés qu'ils reçoivent de lui.
> Au delà de leur cours, et loin dans cet espace
> Où la matière nage et que Dieu seul embrasse,
> Sont des soleils sans nombre, et des mondes sans fin.
> Dans cet abîme immense il leur ouvre un chemin.
> Par delà tous ces cieux le Dieu des cieux réside.

Il n'est pas douteux que Lamartine, grand lecteur dans sa jeunesse, ait connu nombre de ces écrivains cosmiques et rêvé de les surpasser,

non comme un simple imitateur, mais parce que sa nature et son imagination le poussaient sans cesse aux confins de l'Infini.
C'est cette tendance profonde de son être qui lui fit écrire la méditation *Les Étoiles; La Mort de Socrate* offre aussi maints passages d'inspiration sidérale, tel celui-ci (v. 465 - suiv.) :

Tantôt au char brillant que l'aurore lui prête
(L'âme) attelle un coursier qu'anime la tempête;
Et, dans ces beaux déserts de feux errants semés,
Cherchant ces grands esprits qu'elle a jadis aimés,
De soleil en soleil, de système en système,
Elle vole et se perd avec l'âme qu'elle aime,
De l'espace infini suit les vastes détours
Et dans le sein de Dieu se retrouve toujours !

De la même veine sublime, on doit également citer, dans les *Harmonies poétiques et religieuses,* l'*Hymne de la Nuit* et *L'Infini dans les Cieux,* ainsi que de nombreuses pages de *Jocelyn,* en particulier quatrième époque, v. 103-355, et surtout, neuvième époque, v. 865-1016.
Sur le goût de Lamartine pour cette poésie astronomique, et la place qu'elle ne cessa jamais de tenir dans ses préoccupations intellectuelles et sa vie spirituelle, il est curieux de rapporter les paroles qu'il prononça, à la Chambre des députés, le 24 mars 1837, dans son discours *Sur l'Enseignement;* il critiquait vigoureusement le savant Arago qui préconisait une pédagogie fondée sur les sciences au détriment de l'humanisme traditionnel, mais avec qui il se trouvait néanmoins partiellement d'accord : « Ici, Messieurs, vous voyez que j'abonde dans le sens de M. Arago; comme lui, je trouve de la poésie et de l'éloquence dans les chiffres mêmes. Je me souviens qu'il n'y a pas longtemps encore, à une époque de la vie où l'imagination n'a peut-être plus toute sa sensibilité, toute son impressionnabilité première, j'ai éprouvé, en lisant les leçons astronomiques d'Herschell, une des plus fortes, une des plus poétiques impressions de ma vie. J'en ai éprouvé autant quelquefois en lisant ces admirables travaux où M. Arago popularise les astres; et je le déclare, dussé-je blesser mon honorable adversaire, dans ces moments, je me suis écrié : — Herschell et M. Arago sont deux grands poètes ! »
Un dernier texte enfin, tardif à dire vrai, puisqu'il parut dans le *Cours familier de littérature* en 1857 (t. III, p. 353-367, entretien consacré à Dante et à *La Divine Comédie,* reproduit dans les *Poésies inédites,* p. 144-143), donne des détails sur les circonstances où, au début de 1821 (cf. lettre à Virieu, 21 janvier 1821), le poète avait conçu sur le chemin de Naples à Rome l'immense projet du poème qui devait s'appeler *Les Visions;* à cet instant privilégié (du moins l'affirme-t-il après trente-six années !), il se vit « assistant, comme un barde de Dieu, à la création des deux mondes, matériel et moral » : « Les créations infinies et de dates immémoriales de Dieu dans les profondeurs sans mesure de ces espaces qu'il remplit de lui seul par ses œuvres; les firmaments déroulés sous les firmaments; les

étoiles, soleils avancés d'autres cieux, dont on n'aperçoit que les bords, ces caps d'autres continents célestes, éclairés par des phares entrevus à des distances énormes ; cette poussière de globes lumineux ou crépusculaires où se reflétaient de l'un à l'autre les splendeurs empruntées à des soleils ; leurs évolutions dans des orbites tracées par le doigt divin ; leur apparition à l'œil de l'astronomie, comme si le ciel les avait enfantés pendant la nuit et comme s'il y avait aussi là-haut des fécondités de sexes entre les astres et des enfantements de mondes ; leur disparition après des siècles, comme si la mort atteignait également là-haut ; le vide que ces globes disparus comme une lettre de l'alphabet laissent dans la page des cieux ; la vie sous d'autres formes que celles qui nous sont connues, et avec d'autres organes que les nôtres, animant vraisemblablement ces géants de flamme ; l'intelligence et l'amour, apparemment proportionnés à leur masse et à leur importance dans l'espace, leur imprimant sans doute une destination morale en harmonie avec leur nature ; le monde intellectuel aussi intelligible à l'esprit que le monde de la matière est visible aux yeux ; ... tout cela, dis-je, m'apparut, en une ou deux heures d'hallucination contemplative, avec autant de clarté et de palpabilité qu'il y en avait sur les échelons flamboyants de l'échelle de Jacob dans son rêve* ou qu'il y en eut pour le Dante au jour et à l'heure où, sur un sommet de l'Apennin, il écrivit le premier vers fameux de son œuvre

Nel mezzo del cammin di nostra vita

et où son esprit entra dans la forêt obscure pour en ressortir par la porte lumineuse. » Cette page peu connue et vraiment prodigieuse oblige à une remarque : ou bien elle exprime réellement l'état d'âme du poète en janvier 1821 et justifie l'hypothèse des *Étoiles* écrites ou, du moins, complétées sous l'influence du séjour de Lamartine à Naples ; ou bien elle est de pure imagination et prouve qu'en 1857 Lamartine n'avait pas cessé d'être puissamment inspiré par la vision du Cosmos.

Et pourtant, en dépit de ses réussites indéniables de créateur dans le domaine de la poésie astrale, il ne pensait pas avoir accompli tout ce dont il avait rêvé : en effet, en 1856, dans le *Cours familier* (t. II, p. 373), il appelait encore de ses vœux les plus ardents « un chantre épique » pour célébrer les merveilles des cieux, en constatant : « Dieu le garde sans doute dans les trésors de sa création ; il sera le plus grand de tous ! »

Sur ces diverses questions, cf. Citoleux, pp. 1-24 et *passim;* H. Guillemin, *Jocelyn,* pp. 461-467, et *Les Visions,* pp. 33-34; Y. Boeniger pp. 74-77.

* *A Madame de P***.* — Je n'ai pu identifier cette *Madame de P*** ;* bien que cette dédicace figure dans toutes les éditions complètes des *Nouvelles Méditations,* des auteurs d'anthologies pourtant aussi

*. Cf. *Genèse,* XXVIII, 10-22.

sérieux que MM. Levaillant (Hatier) et Canat (Didier) se sont contentés de la supprimer, évitant ainsi d'avoir à signaler leur légitime ignorance. On ne saurait songer à la comtesse Nina de Pierreclau (1786-1865), dont Lamartine avait eu un fils en 1813, mais avec qui il cessa toutes relations et correspondance de 1818 à 1830, comme l'a montré le baron de Nanteuil (*Lamartine, Nina et Léon de Pierreclau, Revue Bleue,* août 1937, p. 514). Quant à Éléonore de Canonge, connue à Aix-les-Bains en 1817 et devenue Mme Duport en 1821 sans doute, la lettre du poète à elle adressée le 6 février 1822 montre que leur amitié avait alors connu un long silence, et l'on voit mal comment *Duport* (qui s'écrivait en un seul mot, semble-t-il) aurait pu devenir *de P****. J'ai cherché aussi du côté d'Amédée de Parseval (cf. *Le Crucifix,* première note), mais n'ai pu découvrir si cet ami cher au poète était marié ! La petite énigme reste ainsi entière.

* *Vers 1.* Sur le caractère religieux du soir, cf. *L'Isolement,* v. 13-16 et surtout *La Prière,* début et particulièrement v. 10-15. On peut rapprocher ce début des v. 49-54 de *Soleils couchants* de V. Hugo *(Feuilles d'automne) :*

> Le jour s'enfuit des cieux; sous leur transparent voile
> De moment en moment se hasarde une étoile;
> La nuit pas à pas monte au trône obscur des soirs;
> Un coin du ciel est brun; l'autre lutte avec l'ombre;
> Et déjà, succédant au couchant rouge et sombre,
> Le crépuscule gris meurt sur les coteaux noirs...

* *Vers 4.* Cf. *L'Isolement,* v. 9-10, et *La Solitude,* v. 77-78.

* *Vers 8. Ternis,* c'est-à-dire *effacés* durant le jour par la lumière du soleil.

* *Vers 9.* Ces *globes d'or* (qu'on trouve déjà dans *L'Homme,* v. 171) sont les astres isolés, tandis que les *îles de lumières* désignent les constellations. Au v. 10, *paupière* désigne l'*œil* par une métonymie assez audacieuse.

* *Vers 11. L'ombre qui s'enfuit* est celle du crépuscule, qui va faire place aux ténèbres de la nuit.

* *Vers 12.* Cette *poudre d'or (poudre,* au sens classique de *poussière,* d'après le latin *pulver),* comme l'*oiseau* de feu (v. 17), l'*écume des mers* (v. 20) et, plus loin les riches évocations des v. 89-92, font songer à l'art de l'Orient et aux peintres italiens de la Renaissance.

* *Vers 13.* Sur le *souffle du soir,* cf. *La Prière,* v. 22. *Sur sa trace :* la trace de la nuit.

* *Vers 16. Les uns :* ce pronom renvoie à *astres* (v. 8), mot qui domine tout le développement. Au v. 17, *tel* (accordé avec *oiseau* sans doute) est une bizarrerie orthographique; la stricte grammaire exigerait *tels.*

* *Vers 18.* Ces deux vers (qu'on peut rapprocher de *L'Ange,* v. 61-62), avec le retour du verbe *jaillir* déjà employé au v. 11, sont repris

presque littéralement au début de *L'Infini dans les Cieux (Harmonies poétiques)* :

C'est une nuit d'été; nuit dont les vastes ailes
Font jaillir dans l'azur des milliers d'étincelles...

* *Vers 20.* Des images célestes et marines sont aussi associées dans *L'Infini dans les Cieux,* v. 11-16 :

L'harmonieux Éther, dans ses vagues d'azur,
Enveloppe les monts d'un fluide plus pur;
Leurs contours qu'il éteint, leurs cimes qu'il efface
Semblent nager dans l'air et trembler dans l'espace,
Comme on voit jusqu'au fond d'une mer en repos
L'ombre de son rivage onduler sous les flots!

* *Vers 22.* Sur l'image du *coursier* et de la *crinière* (ce mot allant assez mal avec *plis*), cf. *La Solitude,* v. 98-99 et note du v. 98.

* *Vers 24.* Sur l'image des *yeux,* cf. *Souvenir,* v. 27-28 et note du v. 28.

* *Vers 26.* Nouvelle image qui associe le ciel et la mer; cf. *A M. de Musset,* v. 11-12, et *Jocelyn,* neuvième époque, v. 949-950 :

Vous voyez quelquefois l'essaim des blanches voiles
Disséminé sur l'eau comme au ciel les étoiles.

* *Vers 29.* C'est l'idée même de *L'Infini dans les Cieux,* notamment v. 90 :

(Il) dit : Ici finit ce magnifique ouvrage!

Cf. aussi *L'Ange,* v. 56.

* *Vers 30.* Même idée dans *Jocelyn,* quatrième époque, v. 309 :

Le regard infini pourrait seul les compter.

* *Vers 32.* Les étoiles sont en effet d'âges différents; certaines semblent naître *(novae* et *supernovae),* d'autres sont considérées comme mortes *(naines blanches)*; dans ces vers, le poète a pressenti intuitivement les problèmes qui se posent à la science astronomique moderne. Sur les astres qui s'éteignent, cf. *Dernier Chant du Pèlerinage d'Harold,* v. 1481 :

Un astre dans le ciel s'éteint? Tu le rallumes!

* *Vers 36.* C'est-à-dire que l'œil s'étonne d'avoir à ajouter les astres nouveaux à ceux qu'il connaissait déjà.

* *Vers 37.* Le poète avait d'abord écrit *Dans la danse céleste :* cette image (qu'il supprime peut-être parce qu'il la trouvait trop familière) est impliquée par le v. 41 *(ce chœur suprême).* Cf. *L'Ange,* note du v. 42. Au v. 38, *ainsi qu'un nouveau-né* doit être rattaché à *les,* pronom mis pour *étoiles nouvelles.*

* *Vers 43.* « *Solitaire, isolé :* il est difficile de ne point voir ici une répétition; à la rigueur, *solitaire* marquerait la volonté de l'astre de se maintenir *isolé* des autres. Mais ce serait beaucoup raffiner! » (M. Levaillant.) L'attitude de Lamartine, cherchant consolation dans

la contemplation d'une étoile distinguée entre toutes les autres, se retrouve dans *Raphaël,* XLVIII : « (elle regardait) une étoile que nous avions l'habitude de contempler souvent ensemble et que nous nous étions promis de regarder chacun de notre côté, dans l'absence, comme pour donner un rendez-vous à nos âmes dans l'inaccessible solitude du firmament. » N'est-elle pas à rapprocher de celle du héros de Balzac, dans *Le Lys dans la vallée ?* Tout enfant, Félix de Vandenesse, malheureux dans sa famille comme le fut le romancier lui-même, a pris des habitudes de mélancolie et s'attarde souvent à admirer dans le ciel une certaine étoile dont il a fait sa confidente : « J'eus donc souvent le fouet pour mon étoile. Ne pouvant me confier à personne, je lui disais mes chagrins dans ce délicieux ramage intérieur par lequel un enfant bégaie ses premières idées, comme naguère il a bégayé ses premières paroles. A l'âge de douze ans, au collège, je la contemplais encore en éprouvant d'indicibles délices, tant les impressions reçues au matin de la vie laissent de profondes traces au cœur. »

* *Vers 46.* Allusion délicate à la défunte Elvire, également associée au rayonnement des astres dans *Le Soir,* dans *Souvenir* et dans *Apparition.* D'une manière assez analogue, dans l'élégie du *Premier Regret (Harmonies poétiques),* v. 137-139, Lamartine écrira en 1830, en songeant à la Napolitaine Graziella :

> Je pleure dans mon ciel tant d'étoiles éteintes !
> Elle fut la première, et sa douce lueur
> D'un jour pieux et tendre éclaire encor mon cœur !

* *Vers 54.* On peut comparer l'idée des v. 49-54 de celle exprimée dans *L'Homme,* v. 171-174. L'adjectif *flottants* du v. 50 amène toute la série de comparaisons empruntées à la mer et la navigation, développées jusqu'au v. 70. Le *port inconnu* (v. 52) et *céleste* (v. 65), but incertain vers lequel l'homme est entraîné, rappelle la conception énoncée dans la strophe initiale du *Lac;* l'expression a ici une valeur symbolique, mais les astronomes ne nous enseignent-ils pas qu'effectivement l'univers solaire se déplace vers un point du ciel (ou *apex*) à la vitesse fantastique de 16-20 kilomètres par seconde? La comparaison de la terre avec un *navire* (v. 54) peut avoir sa source dans une phrase du *Préambule* de *Paul et Virginie,* où Bernardin de Saint-Pierre expose une théorie cosmogonique : « Le globe est un vaisseau céleste, sphérique, sans proue et sans poupe, propre à voguer, dans tous les sens, dans toute l'étendue des cieux. » Cette image revient, modifiée, dans *Impressions du Matin et du Soir (Harmonies poétiques),* v. 10-13 :

> La terre, épanouie au rayon qui la dore,
> *Nage* plus mollement dans l'élastique éther,
> Comme un léger nuage enlevé par l'aurore
> Plane avec majesté sur les *vagues* de l'air.

Dans *L'Immortalité,* v. 85-88, le *flottement* du globe au sein de l'univers était évoqué en un contexte beaucoup plus pessimiste. La vision de Lamartine a été commentée par E. Zyromski (p. 201) (« L'expression n'est pas métaphorique. Le poète a décrit ce flottement du fini sur l'infini dont le sentiment berçait son âme par de vastes images ... La terre est un vaisseau flottant sur l'abîme de l'infini! Cette vision lui a donné le culte des astres, le désir de s'y perdre et d'y goûter l'ivresse du vol dans les espaces sans limites ») et par Y. Boeniger, p. 75.

* *Vers 62. En se fiant au pilote,* qui est Dieu.

* *Vers 64.* Comme ici les *soleils,* Lamartine interrogeait les rayons de la lune dans *Le Soir,* v. 17 et suiv.; dans *L'Occident (Harmonies poétiques)* v. 33-40, la même question, dictée par l'angoisse métaphysique, sera posée et suivie d'une réponse panthéiste :

O lumière! où vas-tu? Globe épuisé de flamme,
Nuages, aquilons, vagues, où courez-vous?
Poussière, écume, nuit; vous, mes yeux; toi, mon âme,
Dites, si vous savez, où donc allons-nous tous?

A toi, grand Tout, dont l'astre est la pâle étincelle,
En qui la nuit, le jour, l'esprit vont aboutir!
Flux et reflux divin de vie universelle,
Vaste océan de l'Être où tout va s'engloutir!

* *Vers 72.* Citant les v. 67-72 E. Zyromski (p. 202) remarquait : « Le poète aime à suivre le mouvement (des astres) et sa rêverie prend le tour d'une méditation philosophique. » — Cette méditation oscille entre deux pôles contraires : les *bords de silence et de deuil* rappellent *Le Désespoir,* son hypothèse pessimiste et ses blasphèmes matérialistes; le *brillant rivage,* l'*ancre éternelle* (sur cette image, cf. *Le* Lac, v. 4), le *golfe du ciel* font songer au chant d'espérance de *L'Immortalité.* Le drame profond de Lamartine fut d'être perpétuellement déchiré par des tendances opposées et inconciliables. Ch. de Pomairols (*Lamartine,* p. 119) notait à propos du développement qui précède : « L'élément liquide fournit à Lamartine le plus grand nombre de ses images. Il a beaucoup vécu au bord des lacs, sur le rivage des mers... Tous les phénomènes qu'offre la fluidité, aisance, transparence, reflets de ciel, murmures harmonieux, défaut de saveur peut-être, manque de limites et de formes arrêtées, fugitive inconsistance, tous les caractères de la fluidité se confondent avec les attributs de l'imagination lamartinienne. Les flots, les rivages, l'écume, la nacelle sont les images les plus fréquentes dans sa poésie. Dans le silence étoilé du ciel, il croit sentir la terre elle-même flotter de concert avec les astres, comme les navires sur la mer... »

* *Vers 77.* Dans *La Sagesse,* v. 51-52, le poète refuse aux astres cette sorte de conscience, qu'il paraît leur attribuer dans *La Mort de Socrate,* v. 375-386 :

Peut-être qu'en effet, dans l'immense étendue,
Dans tout ce qui se meut, une âme est répandue;
Que ces astres brillants sur nos têtes semés

Sont des soleils vivants et des feux animés...
Et qu'enfin dans le ciel, sur la terre, en tout lieu,
Tout est intelligent, tout vit, tout est un dieu !

Sur les opinions de Lamartine concernant la sensibilité de la nature, cf. M. Citoleux, pp. 263-264.

* *Vers 78.* Assimiler la *lumière* et la *vérité* est une image assez banale : au XVIIIe siècle, les vérités philosophiques, et tous ceux qui s'en faisaient les défenseurs ou les apôtres, n'avaient-ils pas reçu le nom de *lumières ?*

* *Vers 79. Orbe* s'employait couramment en poésie pour désigner le *globe* d'un corps céleste; Littré le cite employé par Malfilâtre, Casimir Delavigne et Victor Hugo (*Odes,* livre V, *A l'Ombre d'un enfant,* v. 7)

* *Vers 82.* Ce n'est pas l'*éclat* des étoiles qui *calme en les éclairant* les flots soulevés par la tempête; mais les astres reparaissent quand le mauvais temps s'apaise et que le calme revient sur l'océan : ce sont deux effets d'une même cause.

* *Vers 92.* Aux v. 45-46, l'éclat de l'astre rappelait seulement celui d'Elvire; maintenant chaque étoile devient, pour le poète, un séjour heureux pour l'âme des disparus; plus loin (v. 104), elle devient une de ces âmes : ainsi peu à peu, la vision se transforme en se spiritualisant.

* *Vers 94.* Ici, Lamartine semble admettre avec l'astrologie traditionnelle une *influence* effective des étoiles sur la destinée des humains; mais cette idée superstitieuse est quelque peu christianisée, puisque les étoiles sont, à ses yeux, la demeure de bienheureux dont l'action bénéfique peut être assimilée à celle des saints du Paradis. *En :* il faut comprendre *l'influence de l'innocence et de la paix.*

* *Vers 98. Climats,* pour *régions* appartient à la langue classique (cf. Corneille, *Cinna,* v. 535; Racine, *Esther,* v. 10), comme au v. 89 *beauté,* pour *femme. Les enfants de la vie,* ce sont *les Élus;* cette expression mystique est inspirée des Évangiles où, fréquemment, la *vie (vita aeterna)* désigne la parole du Christ, et le Christ lui-même.

* *Vers 100.* Ici, comme dans *L'Isolement, L'Homme, L'Immortalité,* le poète fait une évidente allusion au dogme chrétien de la chute et de la dégénérescence consécutive au péché originel; mais il s'y ajoute la nostalgie très personnelle à Lamartine de retrouver dans l'avenir le temps aboli. « Il est tourmenté, notait P. Jouanne (p. 201), du désir de recommencer intégralement son existence. S'il avait à la refaire, il la referait sans la changer, non parce qu'elle fut belle ou bonne, mais parce qu'elle fut sa vie. » Sur cette hantise, cf. *Le Passé,* v. 191-200; *Hymne à la Mort* (*Harmonies poétiques et religieuses)* v. 141-160; *La Vigne et la Maison,* v. 280-291 :

Ce passé, doux Éden dont notre âme est sortie,
De notre éternité ne fait-il pas partie?

Où le temps a cessé tout n'est-il pas présent?
Dans l'immuable sein qui contiendra nos âmes,
Ne rejoindrons-nous pas tout ce que nous aimâmes
Au foyer qui n'a plus d'absent?

Toi qui formas ces nids rembourrés de tendresse
Où la nichée humaine est chaude de caresses,
Est-ce pour en faire un cercueil?
N'as-tu pas, dans un pan de tes globes sans nombre,
Une pente au soleil, une vallée à l'ombre
Pour y rebâtir ce doux seuil?...

* *Vers 102.* Sur les montagnes, l'âme se sent plus libre et plus proche de Dieu : cf. *La Solitude,* v. 79 et suiv.

* *Vers 103.* Cette invocation aux astres était familière à Lamartine : cf. v. 74; *Le Soir,* v. 17 et suiv.; — *Éternité de la Nature, Brièveté de l'Homme (Harmonies poétiques),* début :

Roulez dans vos sentiers de flamme,
Astres, rois de l'immensité !...
Et vous, comètes vagabondes,
Du divin océan des mondes
Débordement prodigieux,
Sortez des limites tracées...

La Chute d'un Ange, première vision, v. 214-216 :

Soleils éteints du firmament,
Étoiles de la nuit par Dieu disséminées,
Parlez, savez-vous le moment?

et quinzième vision : Astres, amis du cœur...; etc.

* *Vers 104.* Dans la première des strophes ajoutées à *Souvenir,* Lamartine imagine qu'Elvire est devenue une étoile; dans la présente méditation, il prend à son compte cette métamorphose et en fait le thème des cinquante vers qui achèvent la pièce : il sent tellement le ciel comme sa vraie patrie qu'il croit déjà y être sous la forme d'un astre : vision magnifique et audacieuse exprimant les ardeurs d'une âme dont les aspirations, sans cesse plus élevées, ne s'arrêtent que dans l'infini ! Cf. aussi *L'Homme,* v. 171-178.

* *Vers 105.* Mouvement renouvelé du v. 45 de *L'Isolement;* mais le terme de l'aspiration énoncée est ici moins vague : le poète souhaite nettement de rejoindre Dieu en son éternel séjour. L'expression *globe de boue* pour désigner *la terre* appartenait à la langue mystique et poétique traditionnelle (nombreux exemples dans Littré, tirés notamment de Massillon et de Voltaire, *Désastre de Lisbonne :* « Atomes tourmentés sur cet amas de boue... »). La *sphère éclatante* est la voûte céleste. *Jonchant :* ce verbe continue l'image des *fleurs* amorcée au v. 103. « Les feux des astres sont les fleurs du ciel dont on jonche les pas de Dieu. L'image des processions de la Fête-Dieu est ici transportée au ciel. » (M. Levaillant.) *Parvis :* le mot est ici

employé au sens propre, puisqu'il désigne le *vestibule d'un temple*, ici le temple suprême où réside la divinité en personne. *La beauté suprême* : périphrase d'inspiration platonicienne pour désigner Dieu.

* *Vers 113. Solitaire* : cf. v. 43. Le poète se voit métamorphosé en étoile et revient la nuit éclairer doucement les hommes pour les consoler (comme le fait pour lui-même Elvire dans *Apparition*); on reconnaît, dans ce désir de jouer au-delà de la mort terrestre un rôle bénéfique auprès de ses semblables, la générosité foncière de Lamartine; ce sentiment, tout métaphysique encore ici, se transformera plus tard et lui inspirera son action politique et sociale d'après 1830. On rapprochera le v. 115 du v. 10 du *Soir*.

* *Vers 118.* Il y a ici une comparaison inversée : d'habitude, c'est l'abstrait que l'on éclaire en le comparant au concret; Lamartine use du même procédé au début de *La Mort de Socrate*, v. 1-4 :

Le soleil se levant...
Comme un furtif adieu, glissait dans la prison.

* *Vers 121.* Ce *poids sublime* est celui d'une pensée profonde et noble, et plus précisément celui de l'inquiétude religieuse et philosophique. Le *génie inquiet* décrit par les v. 119-126 est celui du héros romantique, tel que Chateaubriand l'avait analysé dans le *Génie du Christianisme* (chapitre du *Vague des passions*) et dans *René*; on trouve comme un écho de *L'Homme* dans le présent passage à rapprocher de ceux qui peignent la psychologie du héros de *Jocelyn*, ainsi que des v. 131-140 de l'*Hymne de la Mort* (*Harmonies poétiques*) :

Et sentais-tu ce vide immense,
Et cet inexorable ennui,
Et ce néant de l'existence,
Cercle étroit qui tourne sur lui?
Même en t'enivrant de délices,
Buvais-tu le fond des calices?
Heureuse encore n'avais-tu pas
Et ces amertumes sans causes,
Et ces désirs brûlants des choses
Qui n'ont que leurs noms ici-bas?...

* *Vers 128.* Il faut comprendre : *des maux trop connus de moi;* le poète revient ainsi à ses propres misères, à celles du moins qu'il avait éprouvées quand il écrivait les *Méditations;* il désire consoler ceux qui ont souffert les mêmes maux que lui-même.

* *Vers 131. En découlant : découler* pour *couler peu à peu, goutte à goutte* appartient à la langue du XVIIe siècle (Littré).

* *Vers 134.* La douleur nous révèle à nous-mêmes et nous permet de découvrir le secret de notre être et de notre destinée : c'est sur ce thème majeur que furent écrites un bon nombre des *Premières Méditations.* Musset dira de façon voisine dans *La Nuit d'Octobre* (1837) :

Et nul ne se connaît tant qu'il n'a pas souffert.

* *Vers 137. Paupière :* cf. v. 10 et note du v. 9.

* *Vers 142.* Ce vers reprend l'image des *fleurs du ciel* amorcée au v. 103. Les étoiles sont les *sœurs* du poète, puisqu'il est lui-même devenu astre.

* *Vers 144.* Sur ces *chœurs,* cf. v. 41 et note du v. 37. Pour l'idée, voir *Le Poète mourant,* v. 154-156. La *lyre des cieux* est-elle la constellation de *La Lyre* ou bien Lamartine songe-t-il plus généralement à une poésie et une musique de l'espace? On ne saurait le dire exactement.

* *Vers 146.* Reprise, avec plus de précision et d'ampleur, de l'image du v. 51.

* *Vers 147.* Il ne s'agit pas exactement d'un *désert,* puisqu'il est peuplé d'astres innombrables; mais le mot signifie couramment chez Lamartine *vaste espace,* et en particulier *espace céleste.*

* *Vers 150.* Ce *peut-être* affaiblit la portée des certitudes affirmées précédemment, en particulier aux v. 133-134. Cf. la seconde phrase de la note du v. 72.

* *Vers 152.* Cette méditation, où le poète a mieux qu'ailleurs exprimé son vertige de l'infini, fut à sa publication remarquée par la duchesse de Broglie, qui déclarait à l'auteur, le 24 mars 1824 : « En vous écrivant, je ne vous ai pas parlé avec détail de vos poésies, et vous n'aurez guère d'intérêt à ce que je vous en dirai aujourd'hui. Pourtant, il faut que je vous en cite une charmante, *Les Étoiles,* qui est bien restée dans ma mémoire et qui me paraît en harmonie avec toutes les souffrances.

Un génie inquiet, une active pensée
Par un instinct trop fort dans l'infini lancée

sont deux vers superbes et qui renferment le secret de bien des peines. Il faut que cet instinct qui fait notre tourment soit aussi notre appui et, s'il ôte aux intérêts de la vie leur vivacité, il doit aussi ôter aux douleurs leur caractère âpre et desséchant » (*Lettres à Lamartine,* p. 29). Sur cette pièce d'une inspiration si élevée, citons encore Deschanel (I, pp. 158-160) : « Cette brillante méditation semble elle-même un ciel où les constellations scintillent dans le profond azur. L'imagination du poète y sème mille traits éclatants qui rivalisent avec ces étoiles mêmes répandues dans l'espace immense »; Zyromski (pp. 201-202) : « Lamartine a senti en lui et autour de lui l'infini comme un être incommensurable dont il entendait les palpitations »; Bouchard (p. 132) : « Sa religion se ramène toujours à un sentiment, même quand, dans *La Solitude* ou *Les Étoiles,* dans ces deux méditations qui sont déjà des harmonies, le sentiment enlève sur les ailes de l'enthousiasme l'âme éprise de la grandeur, de l'infinité, du repos divin et reconnaissant l'image de Dieu dans la majesté, dans l'immensité, dans le calme auguste de la nature ».

MÉDITATION NEUVIÈME. — LE PAPILLON

Page 172

* *LE PAPILLON.* — Cette gracieuse pièce, sur laquelle Lamartine n'a écrit aucun commentaire en 1849, est datée sur le manuscrit : *Saint-Point, mai 1823.* — Après un séjour à Paris au mois de février et de mars, le poète était de retour en Bourgogne au début d'avril; le 8, il écrivait de Mâcon à Virieu : « Je suis arrivé d'hier. » Le 4 mai, il mandait au même de Saint-Point : « Enfin je date de ce manoir... » et, tout en exprimant le désir d'aller voir son ami, il lui confiait ses projets et ses inquiétudes : « Je ne puis encore m'occuper de mon volume, et je doute qu'il soit présentable à l'époque. Je vais me tranquilliser, si je puis, et rimer un peu à l'ombre de nos murs, en attendant des ombres. » Mais il ne resta guère en son château, car sa lettre du 21 le montre revenant d'un voyage chez son correspondant d'élection et devant retourner à Saint-Point le lendemain, avec une nombreuse escorte familiale, sans manifester d'intention laborieuse. Il est donc permis de supposer que *Le Papillon* est de la seconde semaine de mai.

Autre hypothèse vraisemblable : cette courte méditation, à caractère symbolique, a pu lui être effectivement inspirée par les évolutions légères de quelque papillon, genre d'insecte qui recommence d'être abondant à cette époque de l'année.

Il faut signaler toutefois qu'à deux autres reprises au moins, il a choisi les papillons pour thème de ses vers : 1° Le 14 décembre 1808, il adressait de Mâcon à Guichard de Bienassis cet impromptu amusant :

Rose est piquante, elle est tendre, elle est vive,
Trop simple encore et peut-être trop naïve.
Est-ce à quinze ans qu'un cœur sensible est bon
Peut de l'amour concevoir un soupçon?
De mille amants la troupe mensongère
Sans trop l'aimer voudrait pourtant lui plaire.
Jusqu'à présent, elle a gardé son cœur,
Son innocence et partant son bonheur.
« Vois, mon enfant, lui dit souvent sa mère,
De papillons cette troupe légère
Qui tour à tour caressent cette fleur.
Ont-ils flétri son calice enchanteur,
Vois-les s'enfuir et cet essaim volage
Porter ailleurs son fugitif hommage.
De ces messieurs, Rose, telle est l'ardeur :
Ces papillons, eh bien ! c'est leur image. »
Rose tout bas répond : « C'est bien dommage. »

2° Dans les *Harmonies poétiques*, il a publié *L'Insecte ailé :*

Laisse-moi voler sur tes pas,
Retire ta main enfantine !

Charmant enfant, je ne suis pas
Ce que ta faiblesse imagine.

Je ressemble à ce papillon
Qui, sûr de ses métamorphoses,
Aime à jouer dans le vallon
Autour des enfants ou des roses.
Tu veux me saisir, mais en vain :
Tu saisirais plutôt la flamme.
En jouant j'échappe à ta main :
Je viens du ciel, je suis une âme.

Je suis une âme, à qui des dieux
Le prochain décret se dévoile.
Pour vêtir un corps en ces lieux,
Hier j'ai quitté mon étoile.

De cette « pièce chétive » parue seulement en 1849, M. Guillemin a donné une version primitive, plus longue de deux strophes dans *Connaissance de Lamartine*, pp. 300-302; d'après une mention portée sur le manuscrit, cet *Insecte ailé* est une « traduction pour la Grande-Duchesse (de Toscane) », mais on ignore de quel auteur le morceau a pu être traduit; il est permis d'en établir la date d'après une lettre du grand-duc Léopold II au poète, du 15 novembre 1825 : « Le marquis de Gargallo vous aura porté sans doute mes remerciements sincères et ceux de ma femme pour l'aimable composition faite à l'occasion de la fête de notre enfant. Il m'est impossible néanmoins de ne pas vous exprimer moi-même combien j'en ai été touché... » (*Lettres à Lamartine*, p. 43.)
Sur le goût du poète pour les insectes et les papillons, cf. *Sur une page peinte d'insectes et de fleurs* et, par ex., *Le Manuscrit de ma Mère*, p. 5 : « (A Saint-Point) les abeilles, les bourdons, les papillons, les insectes ailés sans nom qui aiment (les fleurs des champs) et les sucent au soleil, se complaisent dans cette tiédeur parfumée du sol et remplissent le creux de ce petit vallon méridional de vols entre-croisés, de mouvements terre-à-terre, de vie et de bourdonnements. »

MÉDITATION DIXIÈME. — A EL...

Page 173

* *A EL...* — Cette pièce, que le poète avait communiquée à Virieu au début de 1818 (cf. *A Elvire*, première note), mais sur laquelle on ne possède que fort peu de renseignements, est datée de 1815 dans le manuscrit 13974 de la Bibl. Nat., où elle figure après des méditations écrites postérieurement à 1820 *(Le Passé, Bonaparte, Le Papillon, La Branche d'Amandier)* : il ne peut s'agir en l'espèce que d'un morceau recopié après coup sur cet album; le millésime indiqué montre que ces vers, comme *A Elvire, Le Golfe de Baya..., Tristesse, Élégie*, font partie de ceux inspirés au poète par la future Graziella (ou par une

autre amante) antérieurement à sa rencontre avec Mme Charles; l'affirmation du Commentaire de 1849, les rattachant « au temps dont (l'auteur a) donné, sous un autre nom, le récit dans *Raphaël* », est donc erronée; mais il est possible que Lamartine, à plus de trente années de distance, se soit trompé de bonne foi. Par ailleurs, le titre *A EL...* présente sans doute une ambiguïté volontaire : en effet, on peut aussi bien comprendre *A EL(vire)*, pseudonyme qui fut celui donné à la Napolitaine de 1812 avant d'être porté par l'héroïne du *Lac* (cf. *A Elvire,* deuxième note), que *A Él(ise),* troisième prénom de Mme de Lamartine ainsi désignée au v. 96 d'*Ischia.* En usant d'une abréviation, Alphonse évitait d'employer pour la présente méditation un intitulé qui lui avait déjà servi pour celle ajoutée à la neuvième édition de son premier recueil; d'autre part, il voulait peut-être en 1823 faire croire non seulement au public, mais à son épouse elle-même, qu'elle était l'inspiratrice de ce poème, au ton assez voisin d'*Ischia* ou du *Chant d'Amour* (cf. H. Guillemin, *Lamartine et sa femme : la jalousie de Mme de Lamartine, Figaro littéraire,* 6 septembre 1958).

* *Vers 1.* Le thème de la *solitude à deux* dans un cadre de nature (v. 5 : *au fond des forêts*), au milieu d'épanchements à la fois *chastes* (variante du v. 3) et pleins d'abandon confiant (v. 9-10), est développé dans d'autres méditations *(Le Lac, Ischia, Chant d'Amour).*

* *Vers 11.* Sur cet échange de regards (évoqué de nouveau au v. 28), cf. *Chant d'Amour,* v. 12, 49-50, 167-168, et *A M. de Musset,* v. 147.

* *Vers 12.* Cf. *Chant d'Amour,* v. 178. *Feuilles,* pour *pétales,* est une impropriété que Littré paraît toutefois admettre en dehors de la langue de la botanique.

* *Vers 17.* Ce *trouble* au milieu du *bonheur,* qui va remplir tout le reste de la méditation, reparaît également, plus ou moins aigu, dans *Le Lac, Ischia* (v. 96), *Tristesse* (v. 20-suiv.), *Les Préludes* (v. 41-55), *Chant d'Amour* (v. 187-188).

* *Vers 23.* Par un mouvement analogue du texte, l'amante prendra la parole, mais plus amplement, dans *Le Lac* et dans *Ischia.*

* *Vers 26.* C'est à peu près l'*animæ dimidium meæ* d'Horace (*Odes,* Livre I, III, v. 8), employé par le lyrique latin pour désigner son ami Virgile.

* *Vers 27.* La construction du participe *enlacé* est, selon un usage fréquent chez Lamartine, assez libre, puisqu'il ne se rapporte pas au sujet du verbe qui suit, mais au pronom complément *me.*

* *Vers 33.* Rapprocher de cette image *Le Lac,* v. 21.

* *Vers 34. Flambeau :* cf. *Tristesse,* v. 20.

* *Vers 38.* Accent pessimiste d'un épicurien qui limite le *bonheur* à ce monde; ailleurs au contraire (*L'Isolement,* v. 37-44; *Chant d'Amour,* v. 223-228), plus idéaliste, le poète conçoit une félicitée retrouvée et perpétuée dans un univers meilleur.

MÉDITATION ONZIÈME. — ÉLÉGIE

Page 175

* *ÉLÉGIE.* — La seule indication qui existe sur la date de composition de cette pièce nous est fournie par le Commentaire de 1849, qui la déclare « très antérieure aux *Méditations* ». Ce qui n'est guère précis et revient à dire qu'*Élégie* appartient à la première manière du poète, celle qui précéda sa rencontre avec Mme Charles et eut pour source essentielle d'inspiration le voyage à Naples de 1811-1812; le poème devait donc appartenir au recueil que Lamartine prétendit plus tard avoir brûlé, mais il est impossible de préciser le moment qui le vit naître; il est sensiblement contemporain d'*A EL...*, de *Tristesse,* d'*A Elvire* et du *Golfe de Baya...*

* *Vers 1.* Le thème de la *rose,* associé à celui de la jeunesse qui s'enfuit, déjà présent au *Livre de la Sagesse,* II, 1-8, appartient essentiellement à l'épicurisme; ses sources antiques, sous le titre « *Carpe diem — carpe florem* », ont été étudiées par P. Laumonier, *Ronsard poète lyrique* (2ᵉ édition, 1923, pp. 560-591), avec des références aux poètes grecs (Mimnerme; Pseudo-Théocrite, XXIII, v. 28) et surtout latins (Horace, Tibulle, Properce, Ovide, Ausone). Pour l'idée générale de ces v. 1-4, voir la note du v. 9 de *La Branche d'Amandier.*

* *Vers 4.* Cette invitation, reprise au v. 21 et qu'on rapprochera de celle des *Préludes,* v. 81, semble renouvelée de Catulle, V, v. 1 : « Vivamus, mea Lesbia, atque amemus... » La pensée du passage est voisine de celle de Tibulle, I, 1, v. 69-70 :

> Interea, dum fata sinunt, jungamus amores :
> Jam veniet tenebris Mors adoperta caput.

* *Vers 5. Nocher :* « Dans le langage poétique et élevé, synonyme de *pilote* », selon Littré qui cite en exemple, outre ce vers, des passages de Racine, Voltaire et Delille. Cf. *Adieux à la Mer,* v. 10.

* *Vers 8.* Réminiscence probable d'Horace, *Odes,* I, 1, v. 15-17 :

> Luctantem Icariis fluctibus Africum
> Mercator metuens otium et oppidi
> Laudat rura sui...

ou *Satires,* I, 1, v. 6-7 :

> Contra mercator navem jactantibus Austris :
> « Militia est potior... »

* *Vers 12.* Idéal de tranquillité maintes fois exprimé par les Anciens, en particulier par Horace, *Satires,* II, 6 (« Hoc erat in votis... »), Virgile, *Géorgiques,* IV, v. 117-148 *(Le Vieillard de Tarente),* Claudien *(Le Vieillard de Vérone);* mais l'expression *sans gloire* invite à croire à un souvenir virgilien précis; cf. *ibid.,* II, v. 485-486 :

> Rura mihi et rigui placeant in vallibus amnes,
> Flumina amen silvasque *inglorius*...

Bien que P. Jouanne (p. 175) citât ces v. 5-16 comme « un excellent exemple de sincérité, noyée dans la gaucherie d'une vaste comparaison », on peut penser qu'à la date où il les écrivit l'auteur y développa surtout un lieu commun; peut-être était-il plus réellement sincère dans *Souvenir d'enfance ou la Vie cachée (Harmonies poétiques)* : dans cette épître à son ami P. Guichard de Bienassis, conçue à Florence en 1828, le poète, éloigné de sa patrie et parvenu à sa pleine maturité, développe longuement le même thème qui peut se résumer par les v. 157-158 de la pièce :

Heureuse au fond des bois la source pauvre et pure!
Heureux le sort caché dans une vie obscure!

* *Vers 14.* Cf. *L'Homme,* v. 203; *Consolation,* v. 25-28; *A Laurence,* v. 33.

* *Vers 17.* Ces *dieux* sont ceux du paganisme, foncièrement indifférents au bonheur des hommes; ils en usent ici avec la même brutalité que la Mort dans la fable de La Fontaine *La Mort et le Mourant,* v. 30-50. La leçon qui se dégage du présent couplet est de ne pas attendre la vieillesse pour *jouir* (v. 16) des *fleurs* (v. 20) de la vie avant qu'elles soient fanées : conseils toujours puisés dans le *Livre de la Sagesse* et chez Épicure.

* *Vers 25.* H. Potez (p. 478) souligne la communauté de fond et de forme existant entre ces vers et ceux de Parny, *Élégies,* livre I, *Projet de solitude* :

Fuyons ces tristes lieux, ô maîtresse adorée!
Nous perdons en espoirs la moitié de nos jours.

* *Vers 27.* Le premier hémistiche de ce vers traduit Horace, *Odes,* I, 2, v. 6-7 : « ... et spatio brevi, / *Spem longam reseces !* » Les *maîtres des humains,* ce sont les dieux, et la périphrase qui les désigne n'exclut pas l'idée de leur inutilité (leur *stérile* orgueil), conformément à la conception épicurienne (cf. par exemple Lucrèce, *De rerum natura,* III, v. 18-24).

* *Vers 29.* Sur l'image de la *coupe,* cf. *A Elvire,* note du v. 49, et aussi *Souvenir d'enfance ou la Vie cachée,* v. 309-310 :

Quand de ses jours nombreux la coupe fut remplie,
Il accueillit la mort en bénissant la vie.

* *Vers 32.* Nouvelle et très précise réminiscence d'Horace, *Satires,* II, 3, v. 223 : « gaudens Bellona cruentis ». La déesse de la guerre est toujours associée à l'idée de sang; cf. Virgile, *Énéide,* VIII, 703 :

Quam cum sanguineo sequitur Bellona flagello.

* *Vers 36.* Encore un lieu commun : la mort est la même pour tous (ici pour les guerriers glorieux comme pour les humbles amants); l'idée se retrouve aussi chez Horace, *Odes,* I, 4, v. 13-14 :

Pallida Mors aequo pulsat pede pauperum tabernas
Regumque turres...

L'assimilation du trépas à un *naufrage* ne surprend pas de la part de Lamartine, fort épris des choses de la mer; cf. *Adieux à la Poésie*, v. 96-105.

* *Vers 41*. Ces deux derniers vers correspondent à un goût personnel de Lamartine, comme le montrent *Le Golfe de Baya...*, v. 9, et les *Adieux à la Mer*, v. 6-10.

MÉDITATION DOUZIÈME. — TRISTESSE

Page 177

* *TRISTESSE*. — Cette méditation se rattache au voyage italien de Lamartine en 1811-1812, et singulièrement à son séjour à Naples, durant lequel il ébaucha une idylle avec celle qui devint plus tard Graziella : il aspire, dans ces vers, à retourner auprès de celle qu'il a aimée et à revoir le pays enchanteur où il a été heureux. Selon le Commentaire de 1849, la pièce aurait été composée alors qu'il était à Paris « dans la dissipation et le jeu »; indication bien vague en vérité, car Alphonse résida souvent dans la capitale : il y passa trois semaines en juillet-août 1812; il y revint en avril 1813 et il y était encore en juin; il y retourna en juillet 1814 pour se rendre en garnison à Beauvais, mais, comme garde du Corps, il fit une partie de son service aux Tuileries durant l'automne; après les Cent-Jours, en août, septembre et octobre, il reprit ses fonctions militaires à Paris jusqu'à sa démission (1er novembre 1815). Ce qui est certain, c'est que *Tristesse*, où la Napolitaine aimée est toujours vivante (v. 8-19), fut composée avant le mois de mai 1816 puisque c'est probablement vers cette date que le poète apprit la mort de la jeune fille (cf. *Adieu à Graziella*, première note). Sans doute, comme le remarque G. Charlier (*Aspects de Lamartine*, pp. 29-30), à la conception souriante de l'amour, telle que celle exprimée dans *Le Golfe de Baya...* ou dans *A Elvire* — pièces écrites vers le même temps —, s'en substitue ici une autre, où la mélancolie a une part plus grande; mais, ce que ce critique n'a pas vu, c'est qu'il est question dans *Tristesse* de la mort peut-être prochaine du poète (v. 20 et suiv.) et non de celle de son amante; aussi ne peut-on absolument pas le suivre lorsqu'il se hasarde à expliquer « ce changement de ton et cet assombrissement soudain des nuances poétiques » par la connaissance de la « fatale nouvelle » du trépas de Graziella...

* *Vers 1*. Sur le mouvement de ce vers, cf. *Les Préludes*, v. 102 et note.

* *Vers 3*. Cette expression reparaît dans le *Dernier Chant du Pèlerinage d'Harold*, v. 370, où l'Élysée antique :

> Du céleste séjour dont il offrait l'image
> Semble avoir conservé *les astres sans nuage;*

tout le passage consacré à l'Italie dans ce poème (XII, XIII) est à comparer avec le début de *Tristesse*; les mêmes sentiments seront exprimés, sur un mode beaucoup plus ample, dans les premiers chapitres de *Graziella;* mais l'enthousiasme définitif ressenti par Lamartine dès son contact initial avec Naples ressort déjà de sa Correspondance : « Sais-tu que, dans ma belle indifférence, j'étais tenté de ne pas venir à Naples? J'aurais perdu le plus beau spectacle du monde entier qui ne sortira plus de mon imagination. J'aurais manqué ce qu'il y a de plus intéressant en Italie pour une tête faite comme la nôtre. Les mots me manqueraient pour te décrire cette ville enchantée, ce golfe, ces paysages, ces montagnes uniques sur la terre, cet horizon, ce ciel, ces teintes merveilleuses. Viens vite, te dis-je, et tu crieras plus haut que moi. » (à Virieu, 28 décembre 1811.)

* *Vers 7.* Cf. à Virieu, début de décembre 1811 : « Tu ne verras rien au monde de plus beau que le golfe de Naples et de plus bruyant que cette ville. Le Vésuve est en éruption depuis huit jours, exprès pour moi. J'y vais un de ces jours »; cette excursion avait eu lieu avant le 28 : « Je vis seul, seul partout, avec mon domestique et mon guide : je suis monté seul au Vésuve, j'ai déjeuné seul dans l'intérieur du cratère. » Cette ascension est relatée dans *Graziella,* IV, 10 et 11, dont une phrase rappelle exactement le v. 7 : « Je parvins jusqu'au rebord extrême du cratère. Je vis lever le soleil sur le golfe, sur la campagne et sur la ville éblouissante de Naples. » Le thème littéraire du volcan avait été mis à la mode en France par le *René* de Chateaubriand : « Un jour, j'étais monté au sommet de l'Etna, volcan qui brûle au milieu d'une île... »

* *Vers 12. Cinthie* est la femme aimée et chantée par Properce; dans une de ses *Élégies* (Livre I, II), le poète latin s'adresse à sa maîtresse qui séjourne alors auprès de Baya et du cap Misène, « aux bords où s'étend le chemin d'Hercule », c'est-à-dire entre la mer et le lac Lucrin. — Quand *Virgile,* prêt à partir pour la Grèce, fut mort à Brindes, le 22 septembre de l'an 19 av. J.-C., sa dépouille fut ramenée à Naples et inhumée sur la route de Pouzzoles, avant la deuxième borne milliaire; son tombeau existait certainement encore à l'époque de Trajan (puisque le poète Silius Italicus y allait régulièrement en pèlerinage); mais, de celui qu'on montre encore aujourd'hui sous son nom, à l'entrée de la grotte du Pausilippe, on ne saurait affirmer avec certitude qu'il est celui de l'auteur de l'*Énéide.* Quoi qu'il en soit, Lamartine croyait à son authenticité et il en a parlé à diverses reprises : *Adieux à la Mer,* v. 79; *Voyage en Orient* (14 octobre 1832) : « Jeune, j'ai passé des heures solitaires et contemplatives, couché sous les oliviers qui ombragent les jardins d'Horace, en vue des cascades éblouissantes de Tibur; je me suis couché souvent le soir, au bruit de la belle mer de Naples, sous les rameaux pendants des vignes, auprès du lieu où Virgile a voulu que reposât sa cendre, parce que c'était le plus beau et le plus doux site où ses yeux se fussent reposés »; *Graziella,* I, 7 : « Je voulus voir Naples. C'est le tombeau de Virgile et le berceau du Tasse qui m'y attiraient surtout » et Épisode, 3 : « En parcourant la plage

de la Margellina, qui s'étend sous le tombeau de Virgile, au pied du mont Pausilippe... »

* *Vers 13.* Les ruines sont nombreuses dans la région; en choisissant celles d'un *temple de Vénus,* Lamartine est en accord avec le ton général de son poème voué à l'amour.

* *Vers 15.* On rapprochera ces deux vers du début du *Salut à l'île d'Ischia;* et, sur l'usage de *marier* la vigne à d'autres arbres, cf. la note du v. 8 de cette méditation.

* *Vers 17.* Cf. *Le Golfe de Baya...,* v. 1-2; *Ischia,* v. 12-20.

* *Vers 23.* Selon P. Van Tieghem (*Ossian en France,* t. II, p. 317), ces vers peuvent avoir été inspirés de loin par un passage de *L'Incendie de Tura* : « Les douces lumières qui entouraient Malvina se sont de même obscurcies. Mon cœur est semblable à l'astre des nuits, lorsque sa clarté s'affaiblit de plus en plus... Votre souvenir porte en lui une tristesse pleine de charmes... »

* *Vers 27.* Les lettres de Lamartine jeune sont pleines de doléances sur sa santé et l'on y lit fréquemment des phrases de ce genre : « Je suis ici très malade de la même maladie qu'à Paris, et que tous les remèdes ne font qu'aggraver. Je me vois décliner peu à peu et, comme si ce n'était pas assez des maux du corps, tous les genres de malheurs se sont donné rendez-vous sur ma triste carcasse, et j'approche de tous côtés de ma ruine totale » (Milly, 9 novembre 1813); « Ma santé aurait grand besoin de quelques mois de l'air natal... Je suis faible, délicat, incommodé à tout propos et très hors de propos : maux de tête, maux de poitrine, petites fièvres se disputent mon fragile individu... Je ne veux d'autre médecin qu'une philosophie la plus stoïque possible, une grande patience et un abandon entier aux ordres de l'impénétrable Providence *qui nous conduit en nous cachant sa main.* » (Paris, 11 novembre 1815.)

* *Vers 32.* Ces vers développent le thème épicurien qu'on retrouve, avec l'image de la *coupe,* dans maints autres passages : voir la note du v. 49 d'*A Elvire.* Sur l'usage ancien de porter des *couronnes de roses* dans les banquets, cf. Lucrèce, *De rerum natura,* II, v. 628; Horace, *Odes,* I, 36, v. 15; II, 11, v. 14; III, 19, v. 22; — Properce, *Élégies,* I, 17, v. 22; II, 15, v. 51-52; III, 5, v. 22; IV, 8, v. 40; Ovide, *Fastes,* V, v. 335-338; — etc, et voir aussi *Invocation, (Harmonies poétiques),* v. 47-52 :

> Je fis ce que ferait l'impie,
> Si ses mains, sur l'autel de vie,
> Abusaient des vases divins,
> Et s'il couronnait le calice,
> Le calice du sacrifie,
> Avec les roses du festin.

* *Vers 33.* Cette prière aux *dieux* (déjà mentionnés au v. 24) souligne le caractère païen de ce poème, ce qui est tout à fait dans la première manière de Lamartine, disciple de Parny et des élégiaques latins.

* *Vers 36.* Lamartine fait sien, par ce vœu, le proverbe italien bien connu *Vedi Napoli, e poi muori !* (« Vois Naples, et puis meurs ! »), par lequel les habitants de la péninsule expriment leur admiration pour le site unique de la ville et de son golfe. S'il ne réalisa point son souhait lorsqu'il écrivit *Tristesse,* il retrouva en 1820-1821 un bonheur aussi grand que celui qu'il avait connu neuf années plus tôt et son second séjour fut pour lui l'occasion d'inspirations nouvelles.

MÉDITATION TREIZIÈME. — LA SOLITUDE

Page 179

* *LA SOLITUDE.* — Cette méditation a été composée à une date qu'on ne saurait préciser avec une certitude absolue. 1° Si l'on s'en tenait au Commentaire de 1849 (constitué, on le sait, de souvenirs exacts et d'affirmations hasardeuses), on la croirait volontiers du printemps 1815 : en effet, quand Napoléon fut revenu de l'île d'Elbe, Lamartine fut licencié de ses fonctions de garde du Corps (27 mars) et, durant les Cent-Jours, il s'exila par précaution en Suisse. A travers la Franche-Comté, par Saint-Claude et Saint-Cergue, il gagna Nyon, où il séjourna quelque temps avant d'aller s'installer pour deux mois (juin-juillet) à Nernier, sur la rive savoyarde du Léman (Voir Ch. Fournet, *Lamartine et ses amis suisses,* pp. 11-37; G. Roth, pp. 25-37; R. Mattlé, pp. 185-193). C'est au cours de ce déplacement qu' « étant seul... il voyageait à pied dans les montagnes » et, « du sommet du mont Jura »... « apercevait le bassin du lac Léman et l'amphithéâtre des Alpes »; cet admirable spectacle le frappa tellement qu'il en pouvait encore donner une description dans ses très tardifs *Mémoires inédits,* pp. 247-248, où il évoque la fin de sa jeunesse jusqu'à 1816 (cf. Louis Gourthion, *Lamartine en Suisse, Mercure de France,* 1er mai 1920, pp. 666-674) : il n'est pas invraisemblable que la beauté du site vu d'en haut lui inspira aussitôt des vers. 2° Mais il revint souvent dans les Alpes où il fit de nombreuses promenades et ascensions. Commentant la méditation *Improvisée à la Grande-Chartreuse,* écrite à l'occasion de la visite qu'il rendit au célèbre monastère en compagnie de la marquise de Barol le 3 août 1823, il parle « d'autres vers sur le même sujet» redigés au même moment; s'appuyant sur cette assertion, à dire vrai fort postérieure aux événements, M. Guillemin (*Jocelyn,* p. 312, n. 1 et p. 321, n. 3) se demande si ces vers ne seraient pas ceux de *La Solitude :* cette conjecture ne paraît pas invraisemblable; mais la présence, parmi les esquisses du *Passé,* des v. 1-4 et 11-12 de *La Solitude* sur le manuscrit 13973 de la Bibl. Nat., f° 9 verso inviterait à croire qu'elle fut conçue à la fin de 1821 ou au début de 1822.

Il n'est pas impossible de penser que, comme *La Liberté ou Une nuit à Rome* et *Le Crucifix, La Solitude* résulte de la contamination de textes écrits à des périodes différentes; on y distingue nettement deux parties complémentaires : 1° la seconde (v. 47-124) nous paraît la plus ancienne, et son style à un accent pseudo-épique dans la tradition assez banale des poètes du XVIIIe siècle; elle consiste essentiellement en une longue apostrophe aux grandes montagnes et elle put naître (au moins sous la forme d'un « premier état », sans doute remanié une ou plusieurs fois par la suite*) dans l'esprit du jeune exilé de 1815 apercevant les Alpes du haut du col de Saint-Cergue; 2° les v. 1-46 sont une méditation plus personnelle sur le bonheur des solitaires qui ont renoncé au monde pour vivre auprès des cimes, ce qui répond assez bien à l'état des moines du massif de la Chartreuse, dont certains aspects sont évoqués. Lamartine était monté au couvent fondé par saint Bruno au début d'août 1823; le 20 du même mois, il annonçait de Mâcon à Virieu qu'il allait, sous quelques jours, porter à Paris son volume des *Nouvelles Méditations;* pour constituer celui-ci, il avait eu quelque peine et il devait le grossir à tout prix; sur le thème de la solitude, il put rassembler in extremis les quarante-six vers rédigés quelques jours plus tôt et ceux, restés en portefeuille depuis 1815, ou depuis l'année précédente, qui traitaient aussi d'un sujet alpestre.

* *Vers 6.* Tout ce début s'applique parfaitement aux Chartreux; le mot *désert* (v. 2) désignait couramment, au moins depuis le XVIIe siècle, toute sorte de résidence monastique. — Mais Lamartine était personnellement fort épris de la nature et de la solitude, au fond desquelles il retrouvait Dieu : cf. *Le Désert; Harmonies poétiques (Hymne du soir dans les temples, L'Abbaye de Vallombreuse, Désir, Le Solitaire); Jocelyn,* troisième époque, début (« ... Solitude! Un dieu seul peut te remplir de lui ») et neuvième époque, v. 865-918 (« ... La nuit tombait; des cieux la sombre solitude... »).

* *Vers 7.* Ces *esprits purs* sont les *anges,* dont la littérature faisait alors un fréquent usage (cf. *L'Ange,* première note).

* *Vers 14.* Cf. *Psaumes* IX, 8 : « Et Dominus in aeternum permanet. »

* *Vers 32.* Toute cette description *(riantes collines, sombres flancs, pins, torrents, rocs en voûte, abîme)* correspond exactement au paysage de la vallée du Guiers par où l'on monte à la Chartreuse; les v. 29-32 ont un écho précis dans *Jocelyn,* deuxième époque, v. 493-494 :

Devant l'abîme ouvert que ces eaux ont fendu
Mon pied cloué d'horreur s'arrête suspendu.

Mais on pourrait faire de nombreux rapprochements entre les deux textes, car il s'agit certainement des mêmes gorges. On remarquera que le poète cherche à inspirer au lecteur *l'horreur de ce spectacle*

---

* Et probablement après que Lamartine eut pris connaissance de la traduction du *Livre de Job* par son ami Genoude (elle parut en avril 1818, mais le poète put la connaître en manuscrit ou sur épreuves d'imprimerie).

sublime : ce ton était de mode au temps où la montagne demeurait inconnue de la majorité des gens et où l'on ne l'approchait qu'avec une appréhension superstitieuse; on le trouve chez Rousseau, chez Chateaubriand *(Voyage au Mont-Blanc)* et chez tous les voyageurs de cette époque. Un tel accent paraît peu naturel, surtout appliqué à la verdoyante Chartreuse, au goût de notre siècle qui a vu naître le véritable alpinisme!

* *Vers 40.* Expression d'allure biblique : la terre est appelée *vallis lacrymarum* dans les *Psaumes,* LXXXIII, 7.

* *Vers 42.* M. G. Poulet (p. 253) cite les v. 39-42 et les rapproche de *La Prière,* v. 31-32, et de *Jocelyn,* troisième époque, v. 35-40 :

> J'aime dans ce silence à me laisser bercer,
> A ne me sentir plus ni vivre ni penser;
> A croire que l'esprit, qu'en vain le corps rappelle,
> A quitté sans retour l'enveloppe mortelle,
> Et nage pour jamais dans les rayons du ciel,
> Comme dans ces rayons d'été la mouche à miel!

Analysant le sentiment éprouvé par l'esprit qui s'évade dans l'infini, le critique remarque non sans quelque humour : « Au fond, les plaisirs de l'espace pour Lamartine ne sont pas différents de ceux que goûtent aujourd'hui les amateurs de ski (altitude, virginité des lieux, abolition des corps)... Les skieurs sont des âmes ou des anges... »

* *Vers 45. Séraphin :* voir la note du v. 16 de *L'Ange.*

* *Vers 47.* Ici s'amorce la seconde partie de la méditation, celle où vont paraître les hautes cimes neigeuses, totalement absentes des vers qui précèdent. Ed. Estève (pp. 340-341) écrivait à propos de ce passage : « Cette invocation aux glaciers, ces visions de foudres frappant les pics, de vagues déroulant leur crinière, semblables à des chevaux emportés, d'orages ou de tempêtes où l'âme du poète recouvre sa sérénité, relève par l'inspiration, l'accent et plus d'un détail descriptif de celui qui fut par excellence le chantre de la solitude et de la nature tourmentée, Byron. » Cette remarque perd beaucoup de sa valeur si l'on pense que ce morceau fut sans doute écrit avant que Lamartine ait connu le poète anglais...

* *Vers 54.* Démentie par ce que la science géographique de l'orogénèse enseigne des diverses formes de l'érosion, l'idée selon laquelle les masses montagneuses sont vieilles comme la Création et vouées à l'éternité se trouve déjà chez Rousseau; on lit dans *La Nouvelle Héloïse,* quatrième partie, lettre 17 : « Derrière nous, une chaîne de roches inaccessibles séparait l'esplanade où nous étions de cette partie des Alpes qu'on nomme les Glacières, parce que d'énormes sommets de glaces qui s'accroissent incessamment les couvrent depuis le commencement du monde. » Cette conception fausse prête du moins à de beaux effets de style et à de fortes anti-

thèses. Cf. *Éternité de la Nature, Brièveté de l'Homme (Harmonies poétiques)*, v. 35-40 et 101-104 :

Réfléchissez ses feux sublimes,
Neiges éclatantes des cimes
Où le jour descend comme un roi !
Brillez, brillez pour me confondre,
Vous qu'un rayon du jour peut fondre,
Vous subsisterez plus que moi.
. . . .
Vivez donc vos jours sans mesure,
Terre et ciel, céleste flambeau,
Montagnes, mers, et toi, nature,
Souris longtemps sur mon tombeau !

* *Vers 62. La foudre frappe... Me voilà ! :* Grillet (p. 327) voit ici « la nappe sacrée qui affleure en un jaillissement imprévu » et rapproche ces mots du *Livre de Job,* XXXVIII, 35 : « Numquid mittes fulgura, et ibunt, et revertentia dicent tibi : Adsumus ! », verset que Genoude traduit : « Enverras-tu *la foudre,* et elle ira; et revenant, te dira-t-elle : *Me voici ?* » On remarquera l'énergie du passage dans l'évocation de l'orage et la personnification de la montagne : ces accents paraissent annoncer V. Hugo dans *La Légende des Siècles* (cf. par exemple *Eviradnus,* v. 108 et suiv.),

* *Vers 70.* Cette puissante comparaison marine (comme, plus loin, les v. 98-102) semble tirer aussi son origine du *Livre de Job,* XXXVIII, 8-11 : « Qui a enfermé la mer en ses digues quand elle rompait ses liens? ... Je lui ai marqué ses limites, je lui ai opposé des barrières; et j'ai dit : — Tu viendras jusque-là et tu n'iras pas plus loin; ici tu briseras l'orgueil de tes flots. »

* *Vers 75.* L'image du *char* (cf. *L'Isolement,* note du v. 12) et l'expression *décrire sa carrière* se retrouvent dans l'*Hymne au Soleil,* v. 15, 28, 30, 31; elle appartenait au langage convenu des poètes lorsqu'ils parlaient de l' « astre du jour ». On pourra comparer la présente évocation des montagnes éclairées par le soleil avec le clair de lune sur la Jungfrau dans *Ressouvenir du lac Léman,* v. 59-64.

* *Vers 79.* L'expression *torrents de joie,* dans sa banalité, a une consonance biblique. Cf. *Psaumes,* XVII, 5 : « torrentes iniquitatis »; XXXV, 9 : « torrente voluptatis ».

* *Vers 82.* « La solitude donne à l'âme tout son essor. Elle constitue un royaume où elle peut dérouler tous ses caprices et ses songes. Elle est la grande inspiratrice. C'est en elle que nous subissons le moins la fatalité des contingences : nous arrêtons la minute qui passe et nous l'obligeons à contenir l'infini de nos aspirations et, ainsi, certaines minutes nous paraissent enfermer des siècles. Ce sont surtout ces joies que Lamartine a chantées... » (E. Zyromski, p. 210.) — « Ce continuel exhaussement par-delà lui-même, cet élan spirituel donnent aux plus beaux vers de ses *Nouvelles Méditations* une aisance légère. Les choses ont perdu la gravité de la terre, elles flottent dans

l'éther impalpable, toutes prêtes à fuir vers le ciel. *La courbe et la molle cadence du vol,* écrit J. Lemaitre au tome VI des *Contemporains, l'essor et le mouvement en haut, voilà bien, décidément, l'un des signes les plus constants de cette poésie.* » — « L'on apprécie déjà dans ces poèmes (quatrième partie des *Préludes, La Solitude*) la fluidité limpide des *Harmonies* » (Y. Boeniger, p. 82).

* *Vers 86.* Cf. *Exode,* XV, 10 : « Submersi sunt quasi plumbum in aquis. » L'expression *vil plomb* peut être une réminiscence de Racine, *Athalie,* v. 1142. Sur Lamartine et la natation, voir la note du v. 182 du *Désert.*

* *Vers 90. En s'élevant : quand on s'élève* (ce gérondif est ici construit d'une manière incorrecte d'après l'usage de notre temps).

* *Vers 96.* Cf. E. Zyromski, p. 211 : « La solitude est sacrée. Il y faut une pensée dégagée des entraves matérielles et sentant la solennité du silence. Tout ce qui la traverse *interrompt l'entretien muet entre le génie de la solitude, qui est Dieu, et l'âme du poète* (*Confidences,* XII, 28). » Sur Lamartine, la nuit, le silence, la solitude, cf. aussi *Les Étoiles* et Y. Boeniger, p. 74

* *Vers 98.* Le *fier coursier* à la *crinière* qui flotte appartient à la langue épique traditionnelle (cf. *Les Étoiles,* v. 21-22; — *Les Préludes,* v. 164 et note 49; — *Sultan, le Cheval arabe,* v. 9-10); il en va de même de l'image de l'*océan* furieux (cf. *Les Préludes,* note du v. 215); mais l'originalité réside peut-être ici dans la juxtaposition des deux clichés.

* *Vers 101.* Cf. *Psaumes,* LXXXVIII, 10 : « Motum autem fluctuum ejus tu mitigas » et surtout Racine, *Athalie,* v. 61 :

Celui qui met *un frein* à la fureur des flots...

* *Vers 103.* Cf. une image analogue en sa douceur dans *Les Préludes,* v. 76-77. L'idée du *fleuve* paisible n'a-t-elle pas été suggérée à Lamartine par le souvenir de sa Saône natale au cours particulièrement lent?

* *Vers 108.* Autre tableau d'orage sur la mer dans *Les Préludes,* v. 102 et suiv.

* *Vers 114.* La *colombe,* oiseau symbole de douceur, reparaît à diverses reprises dans les *Méditations* (*Philosophie,* v. 23; *Chant d'Amour,* v. 5-6 et note du v. 6; il s'agit ici encore d'une réminiscence biblique, combinée peut-être avec un souvenir vécu.

* *Vers 122.* Les merveilles de la Création mentionnées aux v. 115 et suiv. proviennent du *Livre de Job,* XXXVIII, 22-30, ainsi traduit par Genoude : « Es-tu entré dans *les trésors de la neige*? As-tu vu les trésors de la grêle?... Qui a ouvert un passage aux *torrents* des nuées?... Qui verse la pluie sur *les champs arides...* pour *désaltérer les terres désolées* et y faire germer *l'herbe de la prairie?* Qui a créé la pluie?... D'où est sortie *la glace?* Les eaux se durcissent *comme la pierre...* » On ne saurait évidemment parler ici d'imitation : il y a eu seulement suggestion initiale, puis amplification personnelle aidée par la mémoire.

* *Vers 124. La nature* a été évoquée sous divers aspects (océan furieux, fleuve tranquille, orage, zéphyr, colombe, montagnes enneigées et glacées, torrents) dans la forte énumération anaphorique des v. 97-suiv. *(J'ai vu... j'ai vu...)* Le dernier vers résume l'inspiration générale du morceau. « Nous avons là, note Grillet (p. 326), déjà une sorte de psaume, un prélude aux *Harmonies* toscanes. On y trouve paraphrasé un thème auquel le poète ne se lassera pas de revenir dans son futur recueil, celui du *Coeli enarrant gloriam Dei* (*Psaumes,* XVIII, 2). » L'idée était une de celles qui tenaient le plus au cœur de Lamartine; cf. *Voyage en Orient,* 10 novembre 1832 : « Il est impossible de voir et de réfléchir sans être inondé de l'évidence intérieure où se réfléchit l'idée de Dieu. Toute la nature est semée de fragments étincelants de ce miroir où Dieu se peint ! »

MÉDITATION QUATORZIÈME. — CONSOLATION

Page 183

* *CONSOLATION.* — Cette méditation, nous apprend le Commentaire de 1849, date de 1820, c'est-à-dire du temps où le poète « commençait à connaître et à aimer d'un sentiment grave et tendre la femme à laquelle il désirait consacrer ses jours ». Cette affirmation, exacte en gros, demande cependant à être précisée. En effet, plus de dix mois s'écoulèrent entre le moment où Alphonse rencontra Miss Maria-Ann-Elisa Birch et celui où il l'épousa : l'histoire de cet « épineux mariage » a été éclaircie par René Doumic dans deux articles de la *Revue des Deux Mondes* (15 août et 1er septembre 1905) dont M. Georges Roth a repris l'essentiel, pp. 177-246. A la fin de juillet 1819, Lamartine, bouleversé au début de l'année par sa liaison passionnée par Léna de Larche, vint à Chambéry, chez sa sœur Césarine, comtesse Xavier de Vignet, et à Aix-les-Bains pour se reposer; la vue du lac du Bourget ranima en lui le souvenir bien estompé d'Elvire (voir la première note du *Vallon*) et, en même temps, il fut saisi du désir ardent de mener enfin une existence régulière. C'est alors qu'il fut présenté à Miss Birch, admiratrice de ses vers encore inédits et qui fut frappée du coup de foudre pour leur séduisant auteur; lui-même fut charmé, à défaut de beauté, par « l'extérieur gracieux » et « l'imagination poétique » de la jeune Anglaise; dès le 14 août, il lui déclara respectueusement sa flamme et fut aussitôt agréé. Mais les difficultés allaient s'entasser sur le chemin de leur bonheur : jalousies dans leur entourage, méfiance de Mme Birch mère envers un prétendant qui n'avait point de situation assurée, différence de religions surtout. L'automne, l'hiver et le printemps suivants furent tout pleins d'inquiétudes pour le fiancé sincèrement épris, jusqu'au 28 avril 1820, date à laquelle, d'Aix où il était revenu soigner sa santé toujours déficiente, il put annoncer à son amie la marquise de Raigecourt l'imminence de son union, célébrée finalement le 25 mai. Comme dans *Consolation* quelques

incertitudes planent encore sur l'avenir, mais semblent bien près de s'apaiser, si Dieu y consent, on peut admettre que la pièce fut écrite au début d'avril, peut-être à Aix et sans doute un peu avant l'abjuration de la protestante Maria-Ann, dont le ralliement au catholicisme était nécessaire à son entrée dans la pieuse famille de celui qu'elle aimait.

* *Vers 1.* Expression qui est peut-être d'origine biblique : cf. *Livre des Nombres,* XIV, 12 : « Et dixit *Dominus...* : Eos *feriam* pestilentia...» Les *longues alarmes* du v. 3 peuvent avoir une valeur générale, mais désignent plus vraisemblablement les multiples angoisses ressenties par le poète au cours de ses difficiles fiançailles.

* *Vers 6.* Image marine à rapprocher d'*Ischia,* v. 13-20; *Les Préludes,* v. 21-22; *Adieux à la Mer,* v. 46-55; *Chant d'Amour,* v. 4.

* *Vers 7.* L'image du *roseau* agité par le vent se retrouve à diverses reprises dans l'Écriture Sainte (*Second Livre des Rois,* XIV, 15; *Saint Matthieu,* II, 7; XII, 20).

* *Vers 12.* L'analyse du sentiment religieux faite dans ces trois premières strophes peut être rapprochée de ces lignes, extraites du Commentaire de *L'Immortalité :* « ... La douleur, le doute, le désespoir, ne purent jamais briser tout à fait l'élasticité de mon cœur souvent comprimé, toujours prêt à réagir contre l'incrédulité et à relever mes espérances vers Dieu. Le foyer de piété ardente que notre mère avait allumé et soufflé de son haleine incessante dans nos imaginations d'enfants paraissait s'éteindre quelquefois au vent du siècle et sous les pluies de larmes des passions : la solitude le rallumait toujours. Dès qu'il n'y avait personne entre mes pensées et moi, Dieu s'y montrait, et je m'entretenais pour ainsi dire avec lui. Voilà pourquoi aussi je revenais facilement de l'extrême douleur à la complète résignation. »

* *Vers 14.* Sur *pavots* pour *sommeil,* cf. *Les Pavots,* note du v. 14.

* *Vers 18.* Idée analogue dans *La Poésie sacrée,* v. 42-43.

* *Vers 20.* Cf. encore *La Poésie sacrée,* v. 74-76. Grillet (pp. 325-326) cite ces deux strophes de *Consolation* où le poète « oppose son bonheur présent à sa détresse d'hier » comme influencées assez directement par le *Livre de Job.*

* *Vers 21.* M. Georges Poulet *(Lamartine et les exigences du souvenir total,* in *Actes du Congrès, II,* p. 124) cite l'hémistiche *Tous les jours sont à toi* comme une formule caractéristique de « la conception théologique d'un moment éternel unique contenant la totalité des temps, ou plutôt abolissant le temps et le remplaçant par la simultanéité des époques », conception « qui est perpétuellement rappelée par Lamartine »; le critique la retrouve notamment dans *Milly ou la Terre natale,* v. 294 :

Devant l'Éternité tout siècle est du même âge;

dans *Pensées des Morts (Harmonies poétiques)* v. 217-218 :

Et jamais tu ne sépares

Le passé de l'avenir;

dans *La Chute d'un Ange, Fragment du Livre primitif* :

L'être de Jéhovah n'a ni siècles ni jours,
Son jour est éternel et s'appelle toujours.

* *Vers 24. Toi* : le poète s'adresse maintenant directement à Dieu, dont l'un des attributs essentiels est d'échapper aux inexorables obligations du temps. Les v. 23-24 sont une précise allusion au *Quatrième Livre des Rois,* XX, 1-11 : Ézéchias, sage et pieux roi de Juda, est mortellement malade; mais ses larmes et ses prières émeuvent le Seigneur, qui lui promet, par la bouche d'Isaïe, la guérison et quinze années de vie supplémentaires; le souverain demande un « signe » qui confirme les dires du prophète; celui-ci lui demande : « Voulez-vous que l'ombre du soleil s'avance de dix lignes, ou qu'elle retourne en arrière de dix degrés? » Ézéchias de répondre : « Il est aisé que l'ombre s'avance de dix lignes, et ce n'est pas ce que je désire que le Seigneur fasse, mais qu'il la fasse tourner en arrière de dix degrés. » Alors « le prophète Isaïe invoqua le Seigneur, et il fit que l'ombre retourna en arrière sur l'horloge d'Achaz (père d'Ézéchias) par les dix degrés par lesquels elle était déjà descendue ».

* *Vers 26*. Sur l'origine de cette image, voir la note du v. 42 de *Bonaparte*. Aux v. 14-17 du *Retour (Harmonies poétiques)*, Lamartine plus proche de la pensée du Grec Héraclite, affirmera l'impossibilité d'un tel mouvement rétrograde :

Ah! de nos jours mortels trop rapide est la course!
On regrette la vie avant d'avoir vécu;
Et le flot, qui jamais ne remonte à sa source,
Ne revoit pas deux fois le doux bord qu'il a vu.

Sur le regret de la jeunesse enfuie, cf. *L'Homme*, v. 203.

* *Vers 29. Neige : cheveux blancs* (cf. *A une jeune fille qui avait raconté un rêve,* v. 7). Le poète reviendra sur ses cheveux qui ont changé de couleur avec les ans dans *La Source dans les bois (Harmonies poétiques)*, v. 44-45 et 132-133.

* *Vers 36. Beauté* pour *femme aimée* appartient à la langue classique et se retrouve souvent chez Lamartine (*A Elvire,* v. 6; *Le Passé,* v. 63; etc.).

* *Vers 40*. Ces *roses de Saron* figurent déjà dans *La Sagesse,* v. 32. Cette expression traduit, dans les Bibles d'autrefois, le *flos campi* du *Cantique des Cantiques,* II, 1, dans la Vulgate latine, équivalent d'un texte hébreu rendu maintenant par « *le narcisse de Saron* » *(Bible de Jérusalem)*. Par ailleurs, *Saron* se lit nommément cinq fois dans la version de l'Écriture par saint Jérôme (*Livre de Josué,* XII, 18; *Premier Livre des Paralipomènes,* V, 16 et XXVII, 20; *Livre d'Isaïe,* XXXIII, 9 et XXXV, 2). Chateaubriand (qui mentionne cette plaine dans *Les Martyrs,* livre XVII) l'avait traversée lors de son voyage en Orient et la décrit ainsi dans son *Itinéraire de Paris à Jérusalem*

(3e partie) : « Nous nous avançâmes dans la plaine de Saron dont l'Écriture loue la beauté... Les fleurs qui couvrent au printemps cette campagne célèbre sont les roses blanches et roses, le narcisse, l'anémone, les lis blancs et jaunes, et une espèce d'immortelle très odorante. La plaine s'étend le long de la mer, depuis Gaza au midi jusqu'au mont Carmel au nord. Elle est bornée au levant par les montagnes de Judée et de Samarie... Le sol est une arène fine, blanche et rouge, et qui paraît, quoique sablonneuse, d'une extrême fertilité. » A noter que l'image du *torrent* qui emporte des roses dans son cours est une invention de Lamartine.

* *Vers 44.* On rapprochera la comparaison du v. 44 d'*A El...*, v. 11-12, et de *Chant d'Amour*, v. 178 et variante. Citant les v. 41-44 (et la dernière strophe), R. Doumic (*Revue des Deux Mondes*, 1er septembre 1905, p. 171) remarquait : « Tableau délicieux, que le poète composait tout à la fois avec les souvenirs de la famille où il avait lui-même grandi et avec les espérances dont son cœur débordait ! »

* *Vers 47.* L'image du *nid*, associée à l'idée de famille, est reprise par Lamartine dans *Milly ou la Terre natale*, v. 233-236; *Les Confidences*, IV, 4; *La Vigne et la Maison*, v. 211 et suiv.

* *Vers 52.* M. Guillemin (*Jocelyn*, p. 227) cite les deux premiers vers de cette strophe comme un témoignage de la lutte longtemps menée par Lamartine pour se délivrer de l'empire du philosophisme sur son esprit, très marqué par le XVIIIe siècle et qui finira par céder au rationalisme. Selon Ch. Maréchal (pp. 135-136), en s'engageant dans *Consolation* à apprendre à ses enfants le nom du Dieu de ses pères, le poète se conformait à l'influence du mennaisianisme, « considérant les lois sociales comme l'expression de la nature des choses, c'est-à-dire, en langage religieux, comme providentielles ou divines ».

* *Vers 58.* Sur cette image de l'*olivier*, cf. *Chants lyriques de Saül*, note du v. 104.

* *Vers 63.* Le *convive*, la *coupe*, les *vins* (comme les *guirlandes* du v. 57) sont des images renouvelées de l'épicurisme antique, fréquentes dans les pièces antérieures à 1817 et dans celles qui furent inspirées au poète par sa jeune femme; l'allusion à la *bonté* divine (v. 62) leur confère toutefois ici une certaine tonalité chrétienne.

* *Vers 64.* Ce rêve de *félicité* se réalisa bientôt sur le plan conjugal; mais la vocation paternelle de Lamartine ne put s'épanouir pleinement, puisqu'il eut la douleur de perdre ses deux enfants : Alphonse à quelques mois (1821) et Julia à dix ans; de ce second deuil, ni lui ni son épouse ne se remirent jamais complètement.

MÉDITATION QUINZIÈME. — LES PRÉLUDES

Page 186

* *LES PRÉLUDES.* — D'après l'*Avertissement de l'Éditeur* figurant dans la 1re édition, cette pièce est, avec *Chant d'Amour,* une des « deux principales méditations » du volume. Par ses 375 vers, elle est la plus longue que Lamartine ait écrite; mais on verra qu'elle a un caractère composite. Son titre pose un problème : primitivement et jusque sur le manuscrit confié à l'imprimeur, elle s'appelait *Les Chants* et c'est encore ainsi qu'elle est nommée dans l'*Avertissement* dont il vient d'être fait mention : l'auteur omit d'y faire le changement de titre qu'il dut effectuer sur les épreuves en tête même du poème. Quel sens doit-on donner au mot *Préludes ?* Ce terme de la langue musicale désigne, selon Littré « ce qu'on chante pour se mettre dans le ton, pour essayer la portée de sa voix » et aussi « une pièce d'introduction »; en ne retenant que cette seconde signification, le vocable *Préludes* pourrait désigner les parties de l'œuvre, écrites en dernier pour précéder et relier entre eux les développements principaux; mais il peut s'appliquer à ceux-ci également, l'auteur voulant dire, en toute modestie, que, dans ce « délassement littéraire » (Commentaire de 1849), il s'est simplement exercé à différents genres pour s'y entraîner et, le cas échéant, les reprendre par la suite d'une façon plus complète.

Quoi qu'il en soit, *Préludes* est un nom en parfait accord avec la conception de l'écrivain pour qui la poésie était essentiellement une musique de l'âme; et, quand il définit sa méditation « une sonate de poésie », il emploiera une expression tout à fait juste, puisqu'une sonate est « une pièce instrumentale composée de deux, trois ou, plus ordinairement, de quatre morceaux d'un caractère et d'un mouvement différents » (Littré). *Les Préludes* se fondent en effet sur quatre thèmes principaux, précédés chacun d'une courte phrase mélodique qui en annonce le caractère, et reliés entre eux par des sortes de récitatifs d'une tonalité plus unie. Le plan général en est fort net : 1° v. 1-20 : *Introduction* (le poète sollicite l'inspiration, qui apparaît sous la forme d'un Génie); 2° v. 21-85 : *Thème amoureux,* en forme d'élégie où se mêlent douceur et mélancolie; 3° 86-101 : *Transition* (renonçant à chanter l'amour avec des paroles humaines, il invoque une inspiration plus grave); 4° v. 102-153 : *Thème douloureux* (plainte philosophique sur la destinée de l'homme); 5° v. 154-158 : *Transition* (amorcée dès la fin du développement précédent : il faut échapper à l'ennui par l'action virile et hasardeuse); 6° v. 159-274 : *Thème belliqueux* (description sur le mode épique d'un combat moderne); 7° v. 275-299 : *Transition* (recherche d'une inspiration plus douce et pacifique); 8° v. 300-370 : *Thème bucolique* (retour au foyer paternel et accueil de la nature amie); 9° v. 371-375 : *Conclusion* (l'inspiration quitte le poète). Cette composition obéit à un mouvement d'alternance, fréquemment observé par les critiques qui ont essayé d'analyser le génie de Lamartine (cf. P. Jouanne, pp. 364-382); très jeune, Alphonse avait conçu la poésie comme une succession de thèmes présentés isolément, ainsi qu'en témoigne le passage d'une lettre à Virieu écrite en 1808 : « Voilà le début de l'épître que je te destine; elle sera intitulée *Ma Jeunesse*. Tu vois que je me donne un large champ. Il y a de quoi semer. Il y aura un morceau pour l'amour, et un autre pour l'espérance, un autre sur les charmes de la poésie pour un jeune homme, etc. etc. »

* *Vers 3.* La personnification de la *nuit* était comme amorcée au v. 9 de *La Prière;* elle est peinte, illuminée, au début des *Étoiles*. L'expression *cheveux d'ébène* appartient au vocabulaire des élégiaques du XVIIIe siècle (Parny, Millevoye), mais elle ressortit aussi au *thème obsédant de la chevelure* étudié par J. Gaulmier dans le *Mercure de France,* mars 1957, p. 545. A. de Musset s'est peut-être souvenu de ces vers dans *La Coupe et les Lèvres,* I, 1 :

> Pâle comme l'amour, et de pleurs arrosée,
> La nuit aux pieds d'argent descend dans la rosée.

* *Vers 6.* Sur la comparaison avec le *feu* ou la *flamme,* cf. *L'Esprit de Dieu,* début; l'inspiration y est aussi assimilée à un *souffle;* celui-ci entraîne avec lui des sons et des parfums. Il existe tout un système de correspondances entre l'âme du poète et celle de l'univers et une sorte de symbolisme subtil dont E. Zyromski a fait une analyse détaillée dans son *Lamartine poète lyrique;* on y lit, par exemple, dans le chapitre intitulé *L'Expression de la vie de l'âme :* « Le poète nous dit qu'un souffle brûle son âme... Ce feu peut couver longtemps dans le silence et dans la nuit; mais qu'un souffle parte de ces rivages lointains et invisibles sous l'influence de la beauté ou de l'héroïsme, et le génie s'éveille emporté sur des ailes de flamme. »

* *Vers 8.* Pour les coupes, les rimes et le rythme général de ces deux vers, Lamartine paraît s'être souvenu de ceux de Boileau (*Lutrin,* II, v. 141-142) sur la Mollesse

> Qui, lasse de parler, succombant sous l'effort
> Soupire, étend les bras, ferme l'œil et s'endort.

* *Vers 10.* Cette *musique* et cette *harmonie* sont au fond de la vie intime du poète. Dans le Commentaire de *L'Homme,* il rappelle l'effet que produisit sur lui la première lecture de Byron : « Je devins ivre de cette poésie. J'avais enfin trouvé la fibre sensible d'un poète à l'unisson de mes voix intérieures. » « Ces voix, note encore Zyromski (p. 178), font partie d'un orchestre invisible qu'il écoutait dans le ravissement de l'inspiration. » Ainsi, quand il emploie les vieux clichés pseudo-classiques de la *lyre,* de la *harpe,* du *luth* (v. 9, 11, 15), Lamartine les renouvelle parce qu'ils répondent véritablement à sa conception personnelle et vécue de la poésie. Sur les *célestes concerts,* cf. la note du v. 16 de *L'Isolement* et le v. 19 d'*Improvisée à la Grande-Chartreuse.*

* *Vers 16.* Sur le caractère *capricieux* de l'inspiration, cf. *L'Esprit de Dieu,* v. 34 : « L'esprit ne souffle qu'à son heure. » A l'inverse

d'un Victor Hugo, dont la verve créatrice semble intarissable, Lamartine s'est fréquemment plaint (voir ses lettres) de la stérilité temporaire de son génie. Par ailleurs, la structure alternée des *Préludes* et la variété de leurs thèmes illustrent l'aspect changeant de l'inspiration poétique. On rapprochera *esprit capricieux* des expressions employées aux v. 139, 275, 372.

* *Vers 19*. C'est fréquemment que Lamartine identifie le cœur du poète avec un instrument qui, comme un violon ou une harpe, possède plusieurs *cordes* qui rendent des sons différents. Cf. plus loin v. 86, 97, 156, 276, 298, et aussi *La Poésie sacrée,* v. 34; *L'Esprit de Dieu,* v. 19; *Préface des Méditations* (1849) : « Je suis le premier qui ait fait descendre la poésie du Parnasse, et qui ait donné à ce qu'on nommait la Muse, au lieu d'une lyre à sept cordes de convention, les fibres mêmes du cœur de l'homme, touchées et émues par les innombrables frissons de l'âme et de la nature... (Les langues) sont des instruments à vingt-quatre cordes pour rendre les myriades de notes que la passion, la pensée, la rêverie, l'amour, la prière, la nature et Dieu font entendre dans l'âme humaine... (Certaines gens) croient que le cœur humain est une lyre toujours montée et toujours complète... dont aucune corde ne se détend, ne s'assourdit ou ne se brise avec les années et sous les vicissitudes de l'âme... Ces harpes éoliennes dont les cordes rendent des sons différents selon l'âge de leurs fibres... ne sont-elles pas l'image puérile, mais exacte, des deux poésies appropriées aux deux âges de l'homme?... » L'emploi figuré du mot *corde* était déjà chez Chateaubriand : « Voltaire a brisé la corde la plus harmonieuse de sa lyre en refusant de chanter cette armée de martyrs » — « Il faudrait être insensé pour rejeter un culte qui a ajouté de nouvelles cordes à l'âme » (*Génie du Christianisme,* deuxième partie, liv. I, chap. 5 et liv. III, chap. 4); cf. plus loin, note du v. 50.

* *Vers 21*. Sur cette élégie, cf. H. Guillemin, *La Troisième Elvire* (*Mercure de France,* 1er août 1934, pp. 479-497, article repris dans *Connaissance de Lamartine,* pp. 117-143). L'original, intitulé *Odula, A Marianna, pour le 1er janvier 1823,* est conservé aux archives de Saint-Point; il diffère du texte imprimé par quelques variantes qui en atténuent la tendre sensualité, admissible entre époux, mais plus choquante en public. Ces stances, *Ischia* et *Chant d'Amour* sont « trois joyaux pour la couronne » offerte par le poète à sa femme, qui fut sa troisième grande inspiratrice de vers amoureux; une autre pièce, révélée par M. Guillemin d'après un album inédit et composée vers 1823, était également destinée à Mme de Lamartine et mérite d'être citée; son titre est *Elvire :*

Errant ensemble sur la plage,
Nous avons souvent, dans nos jeux,
Formé nos chiffres amoureux
Avec le sable du rivage.
Mais hélas ! à notre retour,

L'haleine du zéphyr volage
Avait renversé dans un jour
De l'amour le fragile ouvrage.
Funeste augure pour l'amour!
Souvent sur l'écorce infidèle
Nos noms tendrement enlacés
Par tes mains ont été tracés.
Tu revenais — douleur nouvelle —
Nos deux noms étaient effacés.

Souvent notre main indiscrète
Dans les prés a cueilli la fleur
Que l'amant timide interprète
Et que la bergère inquiète
Interroge sur son bonheur.
En consultant la fleur sauvage,
En livrant ses feuilles au vent,
Tu disais : « Sera-t-il constant? »
La fleur disait : « Il est volage*. »

Enfin nous avons consulté
Les deux astres dont l'influence
Au gré de la fatalité
Doit diriger notre existence.
Je te vis détourner les yeux.
Hélas! ma prochaine inconstance
Était écrite dans les cieux.

Ils ont menti, ces vains oracles
Qui longtemps ont flétri tes jours!
Trois ans de malheurs et d'obstacles **
N'ont pu voir changer mes amours.
Ne t'en rapporte qu'à ma flamme :
L'augure qui troublait ton âme
Est désormais anéanti.
Que ma constance enfin t'éclaire!
N'en crois ni le ciel, ni la terre;
Le ciel et la terre ont menti
Et mon cœur seul était sincère!

* *Vers 22*. Discrète évocation de la baie de Naples (cf. *Ischia*, V. 13 et suiv.)

---

* Mme de Lamartine était parfois jalouse de son mari, qui aimait se promener ou faire du cheval tout seul, qui parfois aussi partait seul en voyage. Mais il est généralement reconnu qu'en dépit de sa jeunesse assez légère, il fut un époux fidèle.

** Dans les débuts de leur union, les deux époux avaient eu d'innombrables ennuis de santé et la douleur de perdre leur premier enfant, le petit Alphonse, mort en octobre 1822, à l'âge de neuf mois.

* *Vers 25. Accords :* comme *concerts,* ce mot a souvent, sous la plume de Lamartine, le simple sens de *sons.*

* *Vers 28. Seule... l'Amour :* anacoluthe assez osée, mais fréquente chez Lamartine. Le *ramier* semble ici pris pour le mâle de la *tourterelle,* ce qui peut choquer les ornithologues, mais ne surprend pas de la part d'un poète, qui se souvient peut-être ici de Virgile, *Bucoliques,* I, v. 57-58 :

> Nec tamen, interea raucae, tua cura, *palumbes,*
> Nec *gemere* aeria cessabit *turtur* ab ulmo.

* *Vers 35.* Strophe à rapprocher (surtout en tenant compte du premier état du v. 32) d'*Ischia,* v. 20, 28, etc.

* *Vers 40. Vague* a, chez Lamartine, le sens d'*indéfini, vide* et *sans bornes.*

* *Vers 45.* Depuis l'*Iliade* (chant VI, v. 484), *sourire* et *larme* ont été fréquemment rapprochés par les auteurs : ce vers des *Préludes* serait à ajouter aux très nombreux exemples rassemblés par M. P. Antin dans son curieux article du *Bulletin G. Budé* (octobre 1961, pp. 340-350), intitulé *Sur le « rire en pleurs » d'Andromaque.*

* *Vers 50.* Ce sentiment, déjà ressenti par certains poètes anciens (Lucrèce, Catulle), a trouvé son expression en termes analogues dans le *René* de Chateaubriand : « Le chant naturel de l'homme est triste, même lorsqu'il exprime le bonheur. Notre cœur est un instrument incomplet, une lyre où il manque des cordes, et où nous sommes forcés de rendre les accents de la joie sur le ton consacré aux soupirs... »

* *Vers 53.* Inversion un peu obscure : *L'âme anéantie en extase,* c'est-à-dire : au moment où l'extase du bonheur l'anéantit, semblant supprimer en elle toute conscience et toute pensée.

* *Vers 55.* Expression identique dans *Le Poète mourant,* v. 2. Ainsi, chez Lamartine, la tristesse ne naît pas forcément de la douleur, mais peut être engendrée par un excès du plaisir et par la crainte subite de perdre un bonheur si complet.

* *Vers 56. Avide* (de boire tes larmes et ainsi de les sécher au moment même où elles se forment dans tes yeux).

* *Vers 59.* Conseil renouvelé du *Livre de la Sagesse,* II, 1-8, et des épicuriens anciens. Cf. *Le Lac,* v. 29-36; *Élégie,* v. 1-4 et 21-26; *La Branche d'Amandier,* v. 9-12 et 20; etc.

* *Vers 62.* L'être vivant sait bien qu'il devra mourir, mais il *ignore* l'heure exacte de son *terme;* c'est en ce seul sens qu'on puisse dire que celui-ci est *incertain* (v. 67).

* *Vers 68. Calmée,* pour *calme,* Lamartine usant fréquemment, au lieu de l'adjectif, du participe passé du verbe qui en est dérivé.

* *Vers 69. Pente parfumée :* nouvelle expression épicurienne; Lamartine s'est-il ici inconsciemment souvenu de Montaigne (*Essais,* I, 26),

qui voulait parvenir à la vertu « par des routes ombrageuses, gazonnées et *doux-fleurantes,* plaisamment et d'une *pente* facile et pólie »?

* *Vers 78.* Musical écho des v. 19-20 et 26-30.

* *Vers 80.* Deux interprétations sont possibles du participe *épuisé :* 1° *le zéphire épuisé* (de volupté); 2° *le calice épuisé* (par le zéphyr qui en a fait évaporer les parfums). Le *calice* (comme la *coupe*) est une image fréquente chez Lamartine : voir la note du v. 49 d'*A Elvire.*

* *Vers 81.* Invitation analogue dans *Élégie,* v. 4 et 21; c'est en somme le cri de Catulle, V, v. 7-9 :

Da mi basia mille, deinde centum,
Deinde mille altera, dein secunda centum,
Deinde usque altera mille, deinde centum.

L'accent épicurien est souligné par la mention des *dieux,* qui sont ceux du paganisme antique; mais le souhait final est d'un autre ton et n'exclut pas une même aspiration que celle exprimée dans les derniers vers du *Poète mourant.*

* *Vers 86. Brise :* le poète s'adresse (comme aux v. 96-97) à l'esprit capricieux du v. 16. — *Amollie : molle* (cf. note 21).

* *Vers 89.* Ce vers pourrait faire douter de la sincérité de l'élégie amoureuse qui précède. En réalité, lorsqu'il l'écrivit pour l'offrir à sa femme à l'occasion du Nouvel An 1823, Lamartine exprimait certainement les pensées de son cœur; mais, lorsqu'il reprend la pièce pour l'insérer dans *Les Préludes,* simples essais de poésie, il affecte de ne plus y voir qu'un jeu.

* *Vers 92.* De la *voix* de l'amour, et aussi de la personne aimée.

* *Vers 95.* Le génie créateur du poète peut tout imaginer, tout créer ou recréer; mais l'amour, supérieur à tout, est en lui même ineffable.

* *Vers 101.* P. Van Tieghem (*Ossian en France,* II, p. 317) cite ces quatre vers comme une réminiscence « plausible » d'un passage du barde écossais et le rapproche d'une phrase de *Temora,* chant I : « J'entends un bruit lointain, semblable à celui des rochers tombant dans le désert. » *Voix qui gronde, souffle dans les airs, onde qui frissonne, aigle* ont en effet un indéniable accent ossianique.

* *Vers 102.* Ici s'amorce le second développement de la méditation, qui comporte trois moments bien distincts : 1° v. 102-117 : le poète aspire à affronter les orages de la mer; 2° v. 118-137 : sa tristesse s'explique par la monotonie de l'existence; 3° v. 138-153 : vanité de la tristesse. On ne saurait dire avec certitude de quand date ce fragment : ses douze premiers vers, avec le titre de *Tristesse* qui est celui de la douzième des *Nouvelles Méditations,* étaient *peut-être* initialement destinés à faire partie de celle-ci, que le Commentaire de 1849 déclare antérieure à avril 1816 *(affirmation qui, d'ailleurs, ne prouve rien);* d'autre part, ils figurent dans un album contenant des esquisses du *Passé* (écrit entre août 1821 et février 1822) et une rédaction de *L'Esprit de Dieu* (daté de mars 1822) : ce rapprochement porterait à

penser qu'ils sont, eux aussi, du printemps 1822, période où le poète résidait à Mâcon. — On a rapproché le début de ce passage, pour son mouvement lyrique, de Virgile, *Géorgiques*, II, v. 486-489 (« O ubi campi... / O qui me gelidis in vallibus Haemi / Sistat... »), de La Fontaine, *Le Songe d'un habitant du Mogol* (« Oh ! qui m'arrêtera sous vos sombres asiles ! »), des premiers vers de *Tristesse*, du début de *Philosophie* : il s'agit dans ces quatre cas d'évasions certes, mais au sein de cadres riants. Ici le poète souhaite au contraire un décor sinistre et paraît reprendre plutôt des aspirations exaltées exprimées dans *L'Homme*, v. 127-129.

* *Vers 109*. Cette description, où l'orage se déchaîne avec un paroxysme romantique, est à comparer avec les tempêtes décrites dans *Les Martyrs*, livre XIX, et surtout dans le *Dernier Chant du Pèlerinage d'Harold*, v. 1511-1520. Le poète cherche, par des émotions fortes, à échapper à la platitude quotidienne.

* *Vers 114*. *Prêt à*, pour *près de*, est une confusion que faisaient les écrivains de l'ère classique et dont on trouve d'autres exemples chez Lamartine : cf. *L'Immortalité*, v. 8. *La nuit qu'elle ignore* : l'expression traduit l'incertitude de l'âme sur la destinée qui l'attend après la mort.

* *Vers 117*. Ces deux vers amènent une nouvelle image : après celle du naufragé en perdition, celle du grimpeur qui fait une chute. Ces descriptions peuvent ne pas être de pures fictions quand on se rappelle l'expérience que possédait Lamartine de la mer et de la montagne.

* *Vers 118*. *Épuisés* : vidés de tout contenu, de tout intérêt. Le sentiment d'une existence sans objet et le *taedium vitæ* qui en résulte, c'est exactement le mal dont souffre le René de Chateaubriand; mais la monotonie des jours et ses lassitudes, déplorées au début du *Vallon* et dans *Le Poète mourant*, v. 20-21, avaient déjà frappé les Anciens; on lit par exemple chez Lucrèce (*De rerum natura*, III, v. 940-945) cette justification de la mort (c'est la Nature qui parle) :

> Sin ea quae fructus cumque es periere profusa,
> Vitaque in offensa est, cur amplius addere quaeris,
> Rursum quod pereat male et ingratum occidat omne,
> Non potius vitæ finem facis atque laboris?
> Nam tibi praeterea quod machiner inveniamque,
> Quod placeat, nil est : *eadem sunt omnia semper*.

Mais, dans le présent couplet, Lamartine retrouve avant tout l'inspiration de l'*Ecclésiaste* (en particulier I et III), dont il paraphrase le fameux *Nil sub sole novum* : « Une génération passe et une autre lui succède, mais la terre demeure toujours. Le soleil se lève et se couche, et il retourne à sa place, pour s'y lever de nouveau... Qu'est-ce qui s'est fait? et qu'est-ce qui doit se faire encore? Rien n'est nouveau sous le soleil et personne ne peut se dire : — Voilà une chose nouvelle... Toutes choses ont leur temps et tout passe sous le ciel, dans les espaces qui lui ont été prescrits... Que retire l'homme de tout son travail... » Et la conclusion est : *Vanitas vanitatum, et omnia vanitas.* Lamartine reprendra ce thème dans l'*Épître à M. Sainte-Beuve (Harmonies poétiques)*, v. 141 et suiv. :

> Semblables devant l'homme à ces hardis prophètes...,
> Répétons-lui toujours que l'univers est vide,
> Que la vie est un flot que chasse un vent rapide...
> Que tout but ici-bas est trompeur ou fragile,
> Tout espoir abusé, tout mouvement stérile;
> Que les rêves de l'homme et ses ambitions,
> La sagesse, les arts, le bras des nations,
> Les efforts réunis des siècles et du monde
> Ne peuvent retarder la mort d'une seconde...

* *Vers 123.* La terre *se délivre,* se libère des *générations* qui la surchargent comme un *fardeau* ne servant à rien et *qui meurent* seulement pour mourir, sans profit pour personne; c'est au *printemps* que cette mortalité est en général, du fait des épidémies, plus importante que durant le reste de l'année. Pour l'idée, on peut faire une comparaison avec A. de Vigny, *La Maison du Berger,* v. 288-294.

* *Vers 127.* Le *vaisseau qui dort* n'*avance* pas; mais il est soumis par les flots à un mouvement insensible et constant que le poète assimile à la progression dérisoire des humains.

* *Vers 135.* Les deux dernières strophes du *Crucifix* interprètent au contraire dans un sens optimiste la continuité des croyances entre les générations qui se succèdent ici-bas.

* *Vers 140.* Ce *séjour des douleurs* (expression qui rappelle la *città dolente* de Dante, *Enfer,* chant III, strophe I) est peut-être l'Enfer du paganisme, si l'on suppose que le *sourd torrent des pleurs* désigne soit l'Achéron (étymologiquement : *le fleuve douloureux*), soit le Cocyte *(la rivière des gémissements)*.

* *Vers 144.* Les vers 144-152 marquent une réelle incohérence dans le développement général de la méditation : dans les vers qui précèdent, il n'est en effet nullement question d'un *retour vers la félicité,* tout au contraire. Pour l'expliquer, M. Levaillant (voir la première note du *Passé*) avait hasardé l'hypothèse qu'initialement l'*Ode à Virieu* faisait partie des *Préludes* et se trouvait intercalée entre les actuels second et troisième mouvements; mais cette supposition ne s'appuie sur rien. Il serait peut-être plus simple de penser à un renvoi à l'*Odula* des v. 21-85, qui aurait d'abord occupé une autre place dans la pièce — ou à un fragment différent et impossible à identifier; la seule conclusion qui s'impose est que l'on trouve ici la trace d'une suture aussi mal définie que peu adroite.

* *Vers 145.* Affirmation qui contredit la philosophie du *Lac* et de toutes les poésies consacrées au culte du souvenir; elle traduit un sentiment pessimiste, assez habituel chez Lamartine, qui se détournait souvent du passé par besoin de renouvellement et d'action.

* *Vers 147.* L'image du *banquet de la vie,* déjà utilisée par les Anciens (Lucrèce, *De rerum natura,* III, v. 938; Horace, *Satires,* I, 1, v. 119), reprise par La Fontaine (*La Mort et le Mourant,* v. 52), était peut-être connue de Lamartine surtout par les *Adieux à la Vie* du poète Gilbert (voir la première note du *Poète mourant*); mais elle semble liée ici au souvenir du banquet de *Macbeth,* où Shakespeare fait apparaître au festin du roi meurtrier l'*ombre ennemie* de Banco sa victime. Sur la *coupe* échappée de la main, cf. *Tristesse,* v. 30-31.

* *Vers 151.* M. P. Moreau (*Le Classicisme des romantiques,* p. 151) commente ainsi ce mot : « *Oublions,* c'est-à-dire *travaillons* »*;* ce goût du travail, de l'effort, s'oppose à celui du rêve stérile et se situe dans une perspective très classique. « Lamartine, précise ce critique, prépare la publication des *Méditations* et leur succès avec une ténacité victorieuse; et, de ce succès, il sait tirer un juste profit temporel. » Cette affirmation vaudrait d'être discutée; à s'en tenir au simple contexte des *Préludes,* elle semble un peu forcée et peut se comprendre plus simplement : « Oublions le passé, oublions la vaine tristesse pour nous lancer dans l'action, dans les *hasards* (v. 153), c'est-à-dire les dangers de la guerre. »

* *Vers 158.* Le long développement guerrier qui occupe les v. 159-274 provient de l'épopée *Clovis* (sur cette œuvre projetée par Lamartine dans sa jeunesse, cf. la première note de *L'Ange*)*;* il devait faire partie du songe du héros, puisqu'il y est question d'artillerie. Généralement on le considère comme appartenant à un genre largement démodé et constituant la partie la plus médiocre des *Préludes.* Il n'est toutefois pas sans intérêt pour qui veut savoir ce qu'aurait été Lamartine poète épique et il a été l'objet d'une part essentielle de l'étude récente de M. Ch. Joatton, *Des Préludes de Lamartine aux Préludes de Liszt* (*Annales de l'académie de Mâcon,* 3ᵉ série, t. XLIV, 1958-1959, pp. 33-44). Cet auteur, après bien d'autres, rappelle que le morceau fait songer à *La Henriade* de Voltaire : l'épopée du philosophe avait encore beaucoup de lecteurs au début du XIXᵉ siècle, où elle compta maintes rééditions; Lamartine fut l'un d'entre eux et son père l'avait, dès l'âge de dix ans, initié à cette œuvre réputée : « *La Henriade,* toute sèche et déclamatoire qu'elle fût, me ravissait », notera-t-il dans la *Préface des Méditations* de 1849. La plupart des clichés guerriers qui figurent dans les *Préludes* (*bataillons, coursiers, traits, feux, fers, bronze, foudre,* périphrases, sentences, etc.) se rencontrent sous la plume de Voltaire; on les trouve aussi dans la traduction de l'*Énéide* publiée par l'abbé Delille en 1804 : mais il semble peu probable que Lamartine se soit référé à cette dernière; il connaissait assez de latin pour se reporter directement au texte de Virgile dont l'influence est nette en plusieurs passages. C'est au poète latin, et aussi peut-être à la *Jérusalem délivrée* du Tasse, qu'il doit des accents de sensibilité, absents en général du poème voltairien. Ce récit ne manque pas de rigueur dans sa composition : 1° v. 159-178 : Avant la bataille; 2° v. 179-218 : Le bombardement

préliminaire; 3° v. 219-240 : Le choc des armées; 4° v. 241-274 : Après le combat ou les horreurs de la guerre.

* *Vers 160.* Mouvement analogue dans *La Henriade,* chant VI, au moment où s'engage la bataille sous les remparts de Paris :

> Quand soudain mille voix, jusqu'au ciel élancées,
> Font partout retentir avec un cri confus :
> « Aux armes, citoyens, ou nous sommes perdus ! »
> Des tambours, des clairons le son rempli d'horreur
> De la mort qui les suit était l'avant-coureur...

* *Vers 162.* Comparaison identique, dans *La Henriade,* chant VIII, à l'instant où commence la bataille d'Ivry :

> On voit des deux partis voler les combattants.
> Ainsi lorsque des monts séparés par Alcide
> Les aquilons fougueux fondent d'un vol rapide,
> Soudain les flots émus de deux profondes mers
> D'un choc impétueux s'élancent dans les airs...

* *Vers 163. Mortelles :* destinées à mourir. Au v. 164, les *deux sombres ailes* sont celles de la Mort, selon sa représentation traditionnelle dans la mythologie ancienne.

* *Vers 166.* Image conventionnelle du cheval dans l'épopée (cf. v. 196), à rapprocher encore de *La Henriade,* chant VIII :

> Dans les champs de la Thrace un coursier orgueilleux,
> Indocile, inquiet, plein d'un feu belliqueux,
> Levant les crins mouvants de sa tête superbe,
> Impatient du frein, vole et bondit sur l'herbe...
>
> Les moments lui sont chers, il court dans tous les rangs
> Sur un coursier fougueux plus léger que les vents,
> Qui, fier de son fardeau, du pied frappant la terre,
> Appelle les dangers, et respire la guerre.

* *Vers 167.* Le mot *foudre* reviendra aux v. 181, 194, 213, 241, et désigne par métonymie l'*artillerie* et ses projectiles. Cf. *Henriade,* VI :

> Alors on n'entend plus ces foudres de la guerre
> Dont les bouches de bronze épouvantaient la terre.

* *Vers 173.* Les *drapeaux* font partie de l'arsenal épique. Cf. *Henriade,* VI :

> ... il a déjà de ses mains triomphantes,
> Arboré de ses lys les enseignes flottantes.

* *Vers 176. Eux-même,* au lieu d'*eux-mêmes,* par une licence poétique (que Lamartine s'octroie souvent), afin de permettre l'élision de l'*e* muet.

* *Vers 177. Pavillons : tentes* (dans la langue noble de l'épopée); cf. *L'Ange,* v. 104.

* *Vers 179. Bronzes :* canons; *tubes enflammés :* fusils; métonymie et périphrase du style épique à la Delille.

* *Vers 184.* On croit entendre passer dans ce vers un écho de La Fontaine, *Le Laboureur et ses enfants,* v. 11-12 :

Creusez, fouillez, bêchez; ne laissez nulle place
Où la main *ne passe et repasse.*

* *Vers 186.* « Les comparaisons homériques que Lamartine mêle à son récit ont pour la plupart un caractère virgilien, c'est-à-dire qu'elles sont empruntées aux choses de la vie rustique, que le jeune paysan d'Andes et le jeune campagnard de Milly ont appris l'un et l'autre à aimer de bonne heure. » (Ch. Joatton, *art. cit.*, p. 37.)

* *Vers 187.* Ce *trait fatal* cliché admissible pour désigner une flèche ou un javelot, convient assez mal pour désigner un boulet de canon.

* *Vers 189.* Comparaison appliquée par Virgile, *Énéide,* IX, v. 435-436 (d'après *Iliade,* VIII, 306) à Euryale qui vient de mourir en combattant contre les Rutules de Volcens :

Purpureus veluti cum flos succisus aratro
Languescit moriens...

* *Vers 193.* Ce *casque* brillant rappelle, au même chant de l'*Énéide,* v. 373-374, celui du Troyen Euryale, qui est trahi par son éclat :

Et galea Euryalem sublustri noctis in umbra
Prodidit immemorem radiisque adversa refulgit.

* *Vers 195. Il :* désigne le héros du v. 189. *Arène,* pour *sable,* est un latinisme de la langue classique.

* *Vers 198.* Sur les larmes des chevaux, cf. *Sultan, le cheval arabe,* v. 47.

* *Vers 199.* Ce *vieux guerrier* qui meurt forme une antithèse presque obligatoire avec le jeune héros des vers qui précèdent; au chant VIII de *La Henriade,* Voltaire exploite une opposition analogue, en la poussant au noir, puisque le vieux d'Ailly y lutte contre le jeune Egmont, son fils, qu'il tue avant de le reconnaître.

* *Vers 208.* Scène horrible (à comparer avec les v. 270-274), à propos de laquelle M. Ch. Joatton (*art. cit.*, p. 38) remarque : « Toute sa peinture, dont certains détails sont, chez lui, d'un réalisme surprenant, ne tend qu'à étaler la barbarie de la guerre... Loin de nous conduire à une apothéose triomphale, la description s'achève sur une vision funèbre de la plaine en deuil... Il déteste la guerre et ne songe qu'à la faire détester. » L'aspect sanglant des combats n'avait pas échappé à Voltaire; cf. *Henriade,* VIII :

La honte de céder, l'ardente soif du sang,
Le désespoir, la mort, passent de rang en rang.
L'un poursuit un parent dans le parti contraire;
Là, un frère en fuyant meurt de la main d'un frère.
La nature en frémit, et ce rivage affreux
S'abreuvait à regret de leur sang malheureux.

* *Vers 215.* Comparaison marine, qui peut être originale sous la plume de l'amateur de navigation qu'était Lamartine depuis son séjour

à Naples en 1811-1812; mais Voltaire (*Henriade*, VI) peignait aussi les assiégeants de Paris :

Pareils à l'Océan poussé par les orages,
Qui couvre à chaque instant et qui fuit ses rivages.

* *Vers 218.* Ardeur semblable chez les hommes d'Henri IV montant à l'assaut de Paris (*Henriade*, VI) :

Sous un chemin trompeur, où, volant au carnage,
Le soldat valeureux se fie à son courage,
On voit en un instant des abîmes ouverts,
De noirs torrents de soufre épandus dans les airs,
Des bataillons entiers par ce nouveau tonnerre
Emportés, déchirés engloutis sous la terre...

* *Vers 219.* Les soldats aspirent à *venger* par eux-mêmes le *trépas* de leurs compagnons, tombés à leurs côtés sous les coups de l'artillerie adverse, sans qu'il leur soit jusque-là possible de rien faire personnellement contre les ennemis; cependant la réciprocité du tir produit de semblables effets dans le camp opposé, mais sans que chaque mort soit précisément vengée sur celui qui en a été la cause directe.

* *Vers 224.* Cf. *Dernier Chant du Pèlerinage d'Harold,* XXXII :

Le voyez-vous, perçant ces nuages de poudre,
Abandonner le mors à son fougueux coursier,
Dans des sillons de feu, *sous des voûtes d'acier*
S'élancer, des héros étonner le courage...

(Tout le passage est à comparer avec *Les Préludes*.)

* *Vers 228. La ligne enflammée :* périphrase pour désigner la *trajectoire*. Au v. 229, le possessif *leur* renvoie au mot *rangs* du v. 226. Cf. d'autre part *Henriade,* VI :

Dans ces globes d'airain le salpêtre enflammé
Vole avec la prison qui le tient renfermé.

* *Vers 230. Nos yeux :* sans doute dans *Clovis* la bataille était-elle contée par un ou plusieurs témoins parlant à la première personne et grâce à l'artifice littéraire du songe.

* *Vers 241.* Dans *La Solitude*, il y a plusieurs évocations de *torrents;* mais la comparaison de ceux-ci avec des guerriers au combat appartient aux figures du style épique. Cf. *Henriade,* VI :

Comme on voit un torrent, du haut des Pyrénées,
Menacer des vallons les nymphes consternées;
Les digues qu'on oppose à ses flots orageux
Soutiennent quelque temps son choc impétueux :
Mais bientôt, renversant sa barrière impuissante,
Il porte au loin le bruit, la mort et l'épouvante;
Déracine, en passant, ces chênes orgueilleux
Qui bravaient les hivers et qui touchaient les cieux;
Détache les rochers du penchant des montagnes,
Et poursuit les troupeaux fuyant dans les campagnes;

Tel Bourbon descendait à pas précipités
Du haut des murs fumants qu'il avait emportés...

* *Vers 245.* Cf. *La Prière,* v. 31.

* *Vers 250.* Même remarque qu'à la note du v. 101 et rapprochements avec Ossian, *La Guerre de Caros :* « Est-ce le fils de Lamor que j'entends, ou bien est-ce son ombre qui passe devant moi? »

* *Vers 255. Carrière* (cf. v. 203), pour *champ de bataille* est une expression consacrée de la langue noble. M. Lavaillant voyait ici « une obscure réminiscence rythmique » de Racine, *Phèdre,* v. 178 :

Suivre de l'œil un *char* fuyant dans la *carrière.*

* *Vers 257.* Cf. *Énéide,* IX, v. 454-456 (après la mort de Nisus et Euryale) :

Ingens concursus ad ipsa
Corpora seminecesque viros, tepidaque recentem
Caede locum, et plenos spumanti sanguine rivos.

* *Vers 262.* Dans l'*Énéide,* IX, v. 473-497, après que la Renommée lui a annoncé la mort de son fils, la mère d'Euryale s'élance vers la ligne de bataille pour retrouver le corps de son enfant, auquel elle s'adresse en termes pathétiques, disant notamment :

Hunc ego te, Euryale, aspicio? Tune ille senectae
Sera meae requies potuisti linquere solam?...
Heu, terra ignota canibus data praeda latinis
Alitibusque jaces...

Il n'est point question d'*épouses* chez le poète latin, mais Voltaire (*Henriade,* VIII) montrait (à l'imitation de l'*Iliade,* XXII, v. 437-476), après la mort d'Egmont,

Du héros expirant la jeune et tendre amante

recherchant le cadavre de son mari.

* *Vers 267.* « Courte méditation, note à propos de ces vers M. Ch. Joatton (*art. cité,* p. 39), où apparaît une idée qui deviendra un thème essentiel du génie lamartinien : celle de la nature indifférente aux souffrances de l'homme, heureuse même de trouver dans la destruction de nos corps un aliment qui la régénère et l'embellit. » Et de citer notamment Childe-Harold qui se plaint en mourant (*Dernier Chant...,* XLII) que la nature triomphante soit :

Plus riante et plus jeune au moment qu'il expire

et que, lorsque des peuples entiers ont péri à la guerre,

La terre, de leurs os engraissant ses entrailles,
Sème l'or des moissons sur le champ des batailles.

Cette pensée, (reprise notamment dans *Éternité de la Nature, Brièveté de l'Homme,* « cantique » des *Harmonies poétiques*) sera sans doute présente à l'esprit de Vigny, lorsque, dans *La Maison du Berger,* v. 303-305, il articulera contre la nature, son anathème fameuse :

Et dans mon cœur alors je la hais, et je vois

Notre sang dans son onde et nos morts sous son herbe
Nourrissant de leurs sucs la racine des bois.

* *Vers 274.* Concluons par une dernière remarque de M. Ch. Joatton : « Ainsi, l'auteur des *Préludes,* en abordant dans cette partie de son poème un sujet rebattu, a su dans une certaine mesure le renouveler grâce à l'élévation de son esprit, à la tendresse de son cœur et surtout à cet *amour de la paix* qui sera un des principes fondamentaux de sa politique. »

* *Vers 275. Esprit de feu : esprit enflammé.* Le complément déterminatif à la place de l'adjectif est un tour très lamartinien, et d'origine biblique.

* *Vers 280. Rivages,* comme souvent le latin *orae* et le classique *bords,* a ici le sens très général de *régions, contrées.*

* *Vers 282.* L'expression *flûte du pasteur* annonce le thème bucolique qui va être développé dans la dernière partie de la méditation : le berger musicien est le personnage type par excellence du genre pastoral, depuis Théocrite et Virgile.

* *Vers 286.* Admirateur, comme on l'a vu dans notre *Introduction,* des *Préludes,* A. de Vigny ne s'est-il point souvenu, au moins rythmiquement, de ces vers lorsqu'il écrivit en 1825 le début du *Cor :*

J'aime le son du cor, le soir, au fond des bois,
Soit qu'il chante les pleurs de la biche aux abois,
Ou l'adieu du chasseur que l'écho faible accueille
Et que le vent du nord porte de feuille en feuille...

* *Vers 287.* Si cette *colline* est la hauteur du Craz, la *montagne* qui domine Milly et figure au v. 1 de *L'Isolement,* on peut se demander quel est le *fleuve* du v. 285 : en fait on a ici, une fois de plus l'évocation d'un « paysage intérieur », à la fois conventionnel et harmonieux.

* *Vers 290. La voix* (de la flûte) : le tour est assez gauche. Sur *calmée,* pour *calme* au vers suivant, voir la note du v. 68.

* *Vers 292.* Cf. E. Zyromski. (pp. 233-235) : « Ces *brises* sont *embaumées* car l'âme est pleine de parfums qu'elle aime à répandre dans la prière ou dans l'amour... La prière n'est qu'une forme de ces parfums qui sortent de l'âme. » Ces parfums, symbole de pureté morale, reviennent souvent dans les poèmes de Lamartine.

* *Vers 298.* La rime *expire* — *soupire* est pauvre, mais très chantante. Cf. *Ischia,* v. 25-27. Le *roseau* sert traditionnellement au berger chanteur à se façonner une flûte rustique (Virgile, *Bucoliques,* II, v.32; V, v. 2; etc.)

* *Vers 300.* Avec le v. 300 débute le dernier développement des *Préludes,* qui constitue probablement la partie la plus originale de la méditation tout entière. Sans doute le thème de la vie des champs avait-il été fréquemment traité en poésie; les Anciens s'y sont particulièrement distingués, en chantant les activités

paysannes sous toutes leurs formes (Virgile, *Bucoliques* et *Géorgiques*), en vantant la supériorité de la vie campagnarde sur les ennuis de l'existence citadine (Horace, *Satires,* II, 6 : Hoc erat in votis...) et en faisant l'éloge de la pauvreté assortie de tranquillité (Tibulle, *Élégies,* I, 1); des classiques les avaient imités fort abondamment. Mais *les strophes qui suivent sont les premières que Lamartine ait publiées en prenant pour sujet sa terre natale* et c'est ce qui fait leur importance. Dans sa jeunesse même, il n'avait pas manifesté un spécial attachement au pays de Milly, où il s'était souvent franchement ennuyé et qu'il quittait alors dès qu'il pouvait le faire. Mais, avec le temps qui passait, ses sentiments évoluèrent et ses vers sont la manifestation d'une tendresse émue qui devait se faire jour à maintes reprises par la suite; il faut les comparer avec un passage des *Visions* (édition H. Guillemin, pp. 109-110, et *Nouvelles Confidences,* III, 1), avec deux célèbres *Harmonies Poétiques (Milly ou la Terre natale* et *Souvenirs d'enfance ou la vie cachée),* avec maintes pages du début des *Confidences* et aussi du *Manuscrit de ma Mère,* enfin avec *La Vigne et la Maison* (paru en 1857 dans le *Cours familier de Littérature*).

On aimerait savoir avec exactitude à quelle date les stances *O vallons paternels* furent écrites. On en est réduit à une hypothèse fort vraisemblable. Le 5 août 1821, d'Aix-les-Bains, où il séjournait depuis près de deux mois déjà, il écrit à son habituel confident Aymon de Virieu : « J'ai fait quelques vers virgiliens, mais ma verve coule à flots rares et silencieux. » Ces *vers virgiliens* ne peuvent être que ceux inclus ultérieurement dans *Les Préludes,* car on n'en connaît pas d'autres à l'époque qui correspondent chez leur auteur à une telle définition; comme la lettre précédente adressée à Vireu est du 13 juillet et que, le 14, Alphonse se plaint à Mme de Raigecourt d'être, en fait de poésie, « comme un arbre noué qui végète encore, mais qui ne produit plus », on est amené à les croire des derniers jours de juillet ou du tout début d'août. Au reste, il les portait peut-être en lui depuis un certain temps déjà; car, dès le 1er février, il mandait de Rome à Genoude : « Je soupire après la campagne : elle adoucit tout. » — Le mot de *chaumière* (qui sert de titre au manuscrit de Saint-Point et sera repris dans Milly, v. 13) poétise la maison paternelle en la faisant plus humble et plus pauvre qu'elle n'était : bâtisse de pierre grise, trapue et ramassée, elle comporte un seul étage, mais renferme neuf pièces; son vignoble s'étendait sur une cinquantaine d'hectares. Voir sa description dans les *Confidences,* IV, 4-5.

* *Vers 302.* Réminiscence assez vague de Virgile, *Bucoliques,* I, v. 69 : « Pauperis et tuguri congestum caespite culmen. » Ce *lierre* reparaîtra aux v. 86 et 239 de *Milly,* mais, dans le Commentaire de 1849 ajouté à cette harmonie, Lamartine donnera ces piquants détails : « Ma mère vit que j'avais parlé d'un lierre qui, tapissait, au Nord, le mur humide et froid de la maison. C'était une erreur, le lierre n'existait pas; il n'y avait que de la mousse, des vignes vierges, des pariétaires. Ma mère, qui était la sincérité jusqu'au scrupule, souffrit de ce petit mensonge poétique. Elle ne voulut pas que son

fils eût menti, même pour donner une couleur de plus à un tableau imaginaire; elle planta de ses propres mains un lierre à l'endroit où il manquait... En peu d'années, il habilla complètement le mur. Ma mère mourut; le lierre grandit toujours; et maintenant, il est devenu si vigoureux, si ramifié, si touffu, si usurpateur de toute la maison, qu'il fait une corniche verte et flottante au toit et qu'il gêne les persiennes du côté nord. » La maison de Milly est également comparée à un *nid* dans les *Confidences,* IV, 4. — Sur le goût du poète pour le *lierre,* voir dans les *Actes du Congrès, II,* p. 130, les remarques de M. Maurice Chervet en son article *Lamartine et le terroir.*

* *Vers 306.* Lamartine évoque son père en particulier dans les *Nouvelles Confidences,* I, 3-8, où il insiste sur sa haute taille et son autorité d'ancien capitaine de cavalerie; il le montre aussi dans ses fonctions de propriétaire terrien dans *Milly,* v. 165-172. Cette image du patriarche, quelque peu renouvelée de l'Ancien Testament et de l'*Odyssée,* correspond cependant à la réalité; quand mourut M. de Lamartine, on put lire, le 2 septembre 1840, dans le *Journal de Saône-et-Loire :* « C'était une de ces figures patriarcales que la Providence fait apparaître quelquefois comme un souvenir des temps bibliques, un de ces chefs de tribus qui laissent beaucoup d'enfants... »

* *Vers 309. Rustique demeure de Dieu : l'église* (la périphrase est en harmonie avec le contexte pastoral). *Airain : cloche* (voir la note du v. 21 de *La Semaine Sainte à La R.-G.*). *Tours* est un pluriel tout littéraire, car l'église de Milly n'en possède qu'une; la paroisse était supprimée dans la jeunesse du poète qui écrit dans ses *Mémoires inédits :* « Ce clocher ressemblait, par sa construction très ancienne, à une pyramide rustique, percée d'une double grille de pierre, où restait suspendue une grosse cloche, presque toujours immobile. Les petits enfants de Milly en tiraient la corde, le matin et le soir, et s'amusaient à faire retentir l'*Angélus,* cette pieuse habitude de leurs pères. »

* *Vers 312.* Sentiment et formule analogues au v. 3 du *Vallon.*

* *Vers 313.* Attitude, traditionnelle chez les Anciens, du suppliant qui entoure de ses bras l'autel des dieux pour obtenir leur protection : l'expression *aram complecti* (ou *occupare*) et ses synonymes sont fréquents dans les textes (cf. par exemple Plaute, *Mostellaria,* v. 1135; Cicéron, *Tusculanes,* I, 35; Cornelius Nepos, *Pausanias,* IV, 5; Tibulle, *Élégies,* IV, 13, v. 23; Ovide, *Tristes,* I, 3, v. 44; etc.).

* *Vers 315.* Formule frappante et inexacte : Lamartine naquit, on le sait, à Mâcon même, 18 rue des Ursulines, le 10 octobre 1790; il ne vint habiter à Milly avec sa famille qu'à l'automne 1797. Bien que les *Confidences,* I, 3, rappellent explicitement sa venue au monde au chef-lieu de la Saône-et-Loire, il semble que, très souvent et sans doute de bonne foi, le poète ait, comme ici, oublié la réalité de ce fait et cru à sa naissance au bourg de Milly. Cf. *ibid.,* IV, 3 : « Le village obscur où le ciel m'avait fait naître, et où la Révolution avait confiné mon père et ma mère... »; *Les Visions,* I, v. 155-159 :

C'est là que je naquis; voilà l'humble séjour

Où mon regard s'ouvrit à la beauté du jour.
Sur le flanc décharné de cette humble colline
Le lierre embrasse encore une antique ruine...

Milly ou la Terre natale, v. 297-300 :

Là, sous des cieux connus, sous les collines sombres,
Qui couvrirent jadis mon berceau de leurs ombres,
Plus près du sol natal, de l'air et du soleil,
D'un sommeil plus léger j'attendrai le réveil !

* *Vers 317.* Les *Confidences* rappellent longuement la « vie entièrement paysannesque » (IV, 6) d'Alphonse enfant et le montrent (IV, 2) partageant la garde des moutons et des chèvres avec « les huit ou dix petits bergers de Milly, à peu près tous du même âge que (lui) ». *Égarés* (v. 317) est à rattacher à *comme eux ;* la construction est fort libre.

* *Vers 323.* Ces oiseaux dénichés — habituelle occupation de bien des petits campagnards — reparaîtront dans les *Confidences,* IV, 2; mais sous quelle forme rocambolesque : « Nous avons vu des aigles s'envoler souvent de cette roche; les plus hardis ont résolu d'aller dénicher les petits. Armés de nos bâtons et de nos frondes, nous y montons... » Ailleurs (V, 6), le poète rappellera plus simplement ses activités : « Ma vie était composée de liberté, d'exercices vigoureux et de plaisirs simples... »

* *Vers 325.* Ce beau vers ressemble à ceux de Virgile, *Géorgiques,* III, v. 535-536 :

(Boves) montes par altos
Contenta cervice trahunt stridentia plaustra.

et paraît annoncer celui de V. Hugo, *Tristesse d'Olympio,* v. 72 :

Les grands chars gémissants qui reviennent le soir.

* *Vers 327.* En 1892, F. Reyssié (p. 42) soulignait l'authenticité de ces détails et avait vu lui-même, au pays de Milly, « la femme du vigneron descendre des taillis voisins ramenant les chèvres qui portent de vieux grelots hors d'usage, achetés par elle aux charretiers de Saint-Sorlin et de Pierreclos. »

* *Vers 328. Exilé :* ce participe s'accorde par syllepse avec le pronom *moi,* contenu implicitement dans *mes* et *mon* (v. 331). Lamartine reparlera d'*exil* dans *Milly,* v. 2. Bien que grand voyageur et grand amateur de l'Italie, il avait senti, lors de son ambassade à Naples et de ses séjours à Rome (les *cités* du v. 330), en 1820-1821 une réelle nostalgie de sa terre natale. Au v. 329, comprendre : *Comme un vase (reste) imprégné;* sur les *parfums,* cf. note du v. 292.

* *Vers 334. Saules contemporains :* saules qui ont le même âge que moi. (latin : *aequales*). Des arbres de cette espèce existaient réellement dans le voisinage de Milly; cf. *Confidences,* IV, 4 : « A environ deux heures de marche de la ville, on trouve à gauche un petit chemin étroit,

voilé de *saules,* qui descend dans des prés vers un ruisseau où l'on entend perpétuellement battre la roue d'un moulin. »

* *Vers 337.* Cf. *Confidences,* IV, 2 : « Quelquefois, l'un d'entre nous découvre à l'extrémité des branches d'un châtaignier des gousses de châtaignes oubliées... Nous nous armons tous de nos frondes, nous lançons avec adresse une nuée de pierres qui détachent le fruit de l'écorce entrouverte, et le font tomber à nos pieds. » Mais les arbres *insultés* (*attaqués* au sens du latin *insultare*) avec des cailloux sont aussi un thème littéraire. Cf. *Ovide, de Nuce :*

Nux ego, juncta viae, cum sim sine crimine vitae,
A populo saxis praetereunte petor.

Boileau, *Épître VI,* v. 11-12 :

Tous ses bords sont couverts de saules non plantés
Et de noyers souvent du passant insultés.

* *Vers 339.* Cf. *Philosophie,* v. 36. La rencontre de ce vers avec celui de J. du Bellay, *Regrets,* IX :

Mais nul sinon *Écho* ne *répond à ma voix*

doit être purement fortuite, pour la raison invoquée à la note du v. 44 de *L'Isolement.*

* *Vers 342. Couché :* c'est l'attitude des bergers de Virgile, *Bucoliques,* I, v. I (« tu *recubans* sub tegmine fagi »); et 75 (« viridi *projectus* in antro »); mais le cadre correspond à celui du jardin de Milly, « avec ses vieilles charmilles qui forment un ténébreux *berceau* » (*Confidences,* IV, 5). On remarque ici, avec une moindre tristesse, le même sentiment que dans *Le Vallon.*

* *Vers 345.* Ce thème religieux sera notamment traité dans l'*Hymne de l'enfant à son réveil (Harmonies poétiques).*

* *Vers 351. Guérets* signifie d'abord *terre labourée non ensemencée* et désigne ici les *champs cultivés où les blés mûrissent;* il y a une subtile transposition d'image : ce sont en réalité les *guérets* qui *ondulent* sous la brise du matin, en matérialisant le mouvement de celle-ci.

* *Vers 353. Génisse,* pour *vache* (comme *taureaux* pour *bœufs* aux v. 354), appartient à langue bucolique pseudo-classique. Le v. 353 condense une vision de Virgile, *Bucoliques,* I, v. 74-78 :

Non ego vos posthac...
Dumosa pendere procul de rupe videbo;
... Non, me pascente, capellae,
Florentem cytisum et salices carpetis amaram.

Cf. *Hymne de l'enfant à son réveil,* v. 22 (« La chèvre s'attache au cytise ») et *Manuscrit de ma Mère,* VII (« ... un coin de paysage vivifié... par les groupes des chèvres suspendues aux rochers »).

* *Vers 354. Eux-même* est une licence poétique, afin que le vers rime « pour les yeux ». Les v. 354-356 préfigurent à l'épisode fameux des *Laboureurs* (*Jocelyn,* neuvième époque).

* *Vers 358. Mollement* ne peut s'appliquer à *creuser;* il y a là un nouveau transfert de sens ou d'image : on peut comprendre, soit *dans la terre molle,* soit *pour qu'ils y murmurent mollement (doucement);* par une, brachylogie assez audacieuse, l'adverbe modifie le sens général de la phrase.

* *Vers 361.* Cet idéal de charité, qui fut celui de Lamartine durant toute sa vie (cf. *La Charité, Prière de l'Indigent*), lui avait été inculqué de très bonne heure par sa mère. Cf. *Milly,* v. 173-176 :

> Voilà la place vide où ma mère à toute heure
> Au plus léger soupir sortait de sa demeure,
> Et, nous faisant porter ou la laine ou le pain,
> Vêtissait l'indigence ou nourrissait la faim...

Voir aussi les *Confidences,* V, 2.

* *Vers 367.* Le *sablier,* servant à marquer l'écoulement du temps ne remonte peut-être pas aux Anciens qui utilisaient plutôt la clepsydre ou horloge à eau; il était encore en usage au XIXe siècle dans les campagnes pour évaluer certaines durées. — L'acceptation de cette vie régulière et toujours identique à elle-même est exactement à l'opposé du désir d'évasion exprimé par le poète dans la seconde partie de la méditation pour s'arracher à la monotonie des jours. Commentant les strophes qui précèdent, Y. Boeniger (p. 81) formule quelques remarques intéressantes : « La perte du passé ne l'attriste plus, la crainte de l'avenir s'écarte de lui. Il se déploie dans un paisible présent. La vie a conquis cette âme désolée. Il reprend goût à l'existence. La terre fidèle l'attendait. Il lui revient, plus confiant. Il découvre dans la plus simple jouissance physique une satisfaction durable. La pureté des choses le pénètre. Son âme a la fraîcheur et l'onctueuse transparence de l'aurore. Ses vers ne sont plus que des actions de grâce... La plus humble réalité, le travail des champs le plus banal l'émeuvent et comblent son cœur de paix. Une grande bonté l'envahit dans toutes les existences. Sa vie se passe alors éternellement semblable; aucun heurt ne distingue la veille du lendemain... »

* *Vers 369.* Les deux vers sont fort beaux l'un et l'autre, mais la répétition du mot *fruits,* au propre, puis au figuré, est une maladresse. Pour l'expression, cf. aussi *Les Visions,* I, v. 171-172 :

> Là, je voyais jouer, sur le gazon des prés,
> De nos chastes amours les présents adorés.

La périphrase *les fruits d'un chaste amour* pour désigner les *enfants* traduit le latin *fructus amoris.* — Lamartine exprime aussi les joies de la paternité à la fin de *Consolation;* au moment où il écrivait ces vers, il avait un tout jeune fils, né le 15 février 1821, mais qui devait mourir en octobre 1822; sa fille Julia ne dépasserait pas sa dixième année et le rêve le plus cher du poète demeura stérile, ce qui fut, pour lui comme pour sa femme, le calvaire de leurs deux existences.

* *Vers 370. Redescendre* (le second versant de la vie).

* *Vers 375.* Rapprocher, pour la forme, cette chute des *Préludes* de *Souvenir,* v. 20, et d'*Invocation* v. 22.

Note complémentaire

a) *Jugements sur « Les Préludes ».*

Par leur longueur et l'ampleur des thèmes qu'ils traitent, *Les Préludes* furent remarqués spécialement parmi les pièces qui composent les *Nouvelles Méditations Poétiques.* Dans *La Quotidienne* du 4 octobre 1823, Charles Nodier en écrivait ainsi : « *Les Préludes* sont un véritable dithyrambe d'une forme tout à fait nouvelle. Le poète laisse ses doigts s'égarer sur la lyre et lui demande successivement tous les chants qu'en ont obtenus ses plus habiles rivaux. Elle obéit : elle chante les combats, les plaisirs, la solitude, les grâces innocentes de la vie champêtre, et surtout ces profondes rêveries où il aime égarer sa pensée, et ces illusions de l'amour qui donnent tant de chagrins et qui causent tant de ravissements. Les transitions qui séparent les différentes parties de ce poème ont tout le charme des accords de la harpe sous la main d'un artiste inspiré. On peut avancer que le mécanisme de la phrase poétique ne sera jamais porté à un plus haut degré de perfection. »
Sainte-Beuve, dans une lettre à Jules de Saint-Amour, écrite le 24 novembre 1856, rappelle son admiration constante pour Lamartine poète, dont il désapprouve pourtant l'action politique : « Quand on a aimé M. de Lamartine, on l'aime toujours. Il a été l'une des passions de ma jeunesse, ma grande passion poétique du moment que l'âme poétique s'est éveillée en moi... M. de Lamartine, dans une admirable pièce de sa jeunesse *(Les Préludes)* a parcouru six ou sept modes et montré qu'il comprenait toutes les manières d'être et de vivre comme s'il avait sept âmes. »
Enfin, on peut citer encore l'opinion de Paul Hazard dans son *Lamartine* (Paris, Plon, 1925, p. 49) : « (Vous trouverez aussi dans les *Nouvelles Méditations*) l'expression de ses incertitudes sur les limites, sur la nature même du génie poétique qui le tourmente; ce qui nous vaut l'admirable pièce des *Préludes,* où Lamartine a l'air de chercher sa voie : que chantera-t-il? Le bonheur de vivre et la douceur d'aimer? La frénésie des batailles? Tout d'un coup, il a trouvé : et il entonne l'hymne le plus noble, le plus tendre et le plus émouvant, digne de rester dans toutes les mémoires, l'hymne à la terre natale. »

b) *La dédicace à Victor Hugo.*

C'est seulement à partir de la quatrième édition des *Nouvelles Méditations* (1825) que *Les Préludes,* jusque-là sans destinataire précis, sont dédiés *A M. Victor Hugo.* Une dédicace faite ainsi après coup peut sembler un peu désinvolte, mais on en trouvera un autre exemple dans ce volume (voir *Sultan, le cheval arabe,* deuxième note). On ne saurait retracer ici l'histoire des relations entre les deux grands poètes, sur lesquelles on doit renvoyer, faute de mieux, à l'étude déjà ancienne de Léon Séché pp. 230-252. Victor, auteur dans le *Conservateur Littéraire* d'un article favorable aux *Méditations poétiques* (15 avril 1820) et Alphonse avaient été présentés l'un à l'autre par le duc de Rohan en janvier 1821; ils n'avaient aucune raison de se poser en rivaux et échangèrent de nombreuses lettres, mais Lamartine éprouvait certaines réticences, semble-t-il, envers les excès romantiques de son jeune ami, au côté de qui il refusait de s'embrigader. Il écrivait à Genoude, le 22 mars 1824 : « Je reçois quelquefois cette *Muse Française* qui vous amuse tant : elle est en vérité fort amusante. C'est le délire au lieu du génie! » Cependant l'année 1825 paraît avoir marqué un progrès d'intimité dans les rapports entre les deux écrivains : Lamartine invita V. Hugo à venir à Saint-Point et celui-ci y passa, avec Nodier, dans la première quinzaine d'août, en se rendant à Chamonix (cf. *V. Hugo raconté par un témoin de sa vie,* XLII; Lamartine, *Souvenirs et Portraits,* III, p. 42; lettre à Mme de Genoude, 18 août; Edmond Biré, *V. Hugo avant 1830,* pp. 379-388); primitivement, Alphonse devait y accompagner ses confrères et réaliser avec eux un ouvrage sur le Mont-Blanc pour le compte de l'éditeur Urbain Canel : projet qui n'eut pas de suite. C'est sans doute vers ce temps-là qu'il écrivait à Hugo la lettre sans date rapportée dans *V. Hugo raconté* et contenant cette phrase : « Depuis quelques jours, je fais des vers, cela me console. Je vous en enverrai incessamment quelques centaines. C'est un badinage sérieux... L'ode vous sera dédiée; ainsi dédiez-moi la vôtre quand elle sera faite. » Le *badinage,* c'est sûrement l'*Épître* de quelque deux cent quarante-cinq octosyllabes, commençant par les mots *Déjà la première hirondelle...* et figurant dans l'édition de 1849, t. VII, pp. 321-332; l'ode projetée par Hugo doit être celle datée du 17 octobre 1825 dans les *Odes et Ballades;* et la promesse de dédicace faite par Alphonse ne peut qu'être celle des *Préludes,* faite à l'occasion d'une réédition de son second recueil de *Méditations;* il répondit toutefois à son ami par un texte original : *La Retraite,* datée sur son manuscrit (Bibl. Nat., 13978, f°s 35-37) du 28 novembre 1825 et parue dans les *Harmonies poétiques.*

c) « *Les Préludes* » *de Lamartine et* « *Les Préludes* » *de Liszt.*

On lit un peu partout (par exemple dans le *Dictionnaire des Œuvres* Laffont-Bompiani et sur diverses pochettes de disques) que le poème symphonique des *Préludes,* composé en 1852 par Franz Liszt, est inspiré de la méditation de Lamartine portant le même titre. Et cette affirmation ne surprend pas, puisque le musicien et le poète se connaissaient personnellement : le compositeur fut en effet reçu par l'écrivain en son château de Monceau, près Mâcon, en mai 1845, et plus tard, le 4 juin 1861, il donna un concert dans la maison de la rue de la Ville-l'Évêque, à Paris (Marquis de Luppé, pp. 234, 324 et 416; Ch. Joatton, *Lamartine et les artistes : Liszt chez Lamartine, Annales de l'académie de Mâcon,* 3e série, t. XXV, 1926-1927, pp. 375 et suiv.).

Or, des documents mis naguère à contribution permettent de battre sérieusement en brèche cette idée généralement admise comme vraie. L'examen des manuscrits conservés au *Liszt Museum* de Weimar montre que la cantate des *Quatre Éléments,* composée par Liszt en 1844-1845, eut pour textes d'inspiration des vers d'un poète marseillais, ami de Franz, Joseph Autran (1813-1877) : *Les Aquilons, La Terre, Les Flots, Les Astres;* la cantate resta inédite, puis Liszt en reprit les thèmes principaux pour écrire ses *Préludes* qui devaient lui servir d'ouverture : ce nouveau titre fut choisi pour des raisons purement publicitaires par la princesse Caroline de Sayn-Wittgenstein, ex-fiancée du génial pianiste et sa despotique égérie; trouvant bien pâle le patronage de l'obscur Autran, elle préféra choisir celui de Lamartine, dont le rayonnement était grand en Europe : bien qu'initialement l'ouvrage musical ne dût rien à la méditation de 1823 (en se divisant toutefois comme elle, par un heureux hasard, en quatre parties), Caroline présenta la nouvelle œuvre de son cher protégé en rédigeant un programme où, avec ses commentaires personnels en mauvais français, elle avait fait figurer le texte lamartinien : et, depuis la première exécution des *Préludes* à Weimar le 23 février 1854, la supercherie princière a passé pour vérité! Sur cette question, cf. Émile Haraszti, *Genèse des « Préludes » de Liszt, Revue de Musicologie,* décembre 1953, pp. 111-140; les conclusions de cette étude savante ont été reprises par Paul Ulveling dans le *Guide du concert* du 5 mai 1959; M. Ch. Joatton, sans pouvoir rien apporter de positif contre cette thèse qui paraît entendue, l'a discutée dans son étude des *Annales de l'académie de Mâcon* de 1958-1959.

d) *Lautréamont et « Les Préludes ».*

Dans *Un héritier rebelle de Lamartine : Lautréamont* (*Actes du Congrès, II,* pp. 108-109), M. M.-Fr. Guyard écrit : « (Le magnifique poème des *Préludes*) est inégal pourtant, car Lamartine y a utilisé des morceaux d'origine très diverse... Le moins bon est assurément un récit de bataille, dans le pire style néo-classique, tiré du *Clovis* abandonné. Lautréamont pourrait bien s'en être souvenu au chant V de *Maldoror,* en décrivant lui aussi, à grand renfort d'images conventionnelles, un combat. » Et, en les rapprochant des vers 169, 179, 183-184, 219-220, 251-252 de la méditation de 1823, le critique cite ces lignes de Lautréamont : « *Ils se mettent trois cent mille de chaque côté, et les mugissements des canons servent de prélude à la bataille. Toutes les ailes s'ébranlent à la fois, comme un seul guerrier. Les carrés se forment et tombent aussitôt pour ne plus se relever... Les boulets labourent le sol, comme des météores implacables. Le théâtre du combat n'est plus qu'un vaste champ de carnage, quand la nuit révèle sa présence et que la nuit silencieuse apparaît entre les déchirures d'un nuage.* » — M. Guyard, sachant combien de telles mises en parallèle de textes sont délicates à formuler avec assurance, ajoute : « Le rapprochement peut ne pas convaincre, car tout est cliché dans ces récits, involontairement chez Lamartine qui croit faire sublime, à dessein chez Lautréamont qui pastiche le ton épique traditionnel. Sans parler du souvenir virgilien de « la lune silencieuse », que d'autre « sources », aussi séduisantes, aussi décevantes peut-être, ne trouverait-on pas ! Reste qu'ici, en quelques lignes, reviennent les mêmes images que dans le « prélude » lamartinien. »

MÉDITATION SEIZIÈME. — LA BRANCHE D'AMANDIER

Page 197

* *LA BRANCHE D'AMANDIER.* — Attaché d'ambassade à Naples depuis juillet 1820, Lamartine, malade, avait quitté son poste et cette ville le samedi 20 janvier 1821 (lettre à Virieu du 25) pour venir s'installer à Rome, où il séjourna jusqu'à la dernière semaine d'avril : ces dates autorisent donc à admettre qu'il conçut à Albano, en février, ces quelques gracieuses stances, ainsi que l'indique le Commentaire de 1849 ; on ne saurait valablement révoquer en doute l'aimable rencontre qui aurait été à leur origine. Quant à la remise de ces vers à Mme de Genoude, elle est plus difficile à situer : Eugène de Genoude (cf. deuxième note de *La Poésie sacrée*) épousa Léontine Caron de Fleury le 21 avril 1821, mais Lamartine ignorait encore cette union le 22 mai, puisque ce jour-là il mandait de Turin au nouvel époux : « Où en sont les mariages ? Si vous vous mariez, vous êtes perdu pour la gloire et les lettres... » Cependant, il annonçait dans cette même lettre : « Je me suis mis en route pour Paris » ; simple intention, car une maladie de Mme de Lamartine força le ménage à s'arrêter à Aix-les-Bains d'où, le 14 juin, le poète écrivait au traducteur de la Bible : « Eh quoi ! vous êtes marié depuis deux mois, mon cher ami, et je faisais bêtement des vœux pour ce mariage ! Je l'ai appris par hasard à Chambéry l'autre jour. On dit Mlle de Fleury une personne accomplie et votre sort pleinement heureux. Recevez nos félicitations. Jamais vous n'en aurez de plus sincères. Qu'il me tarde de vous entendre me conter ce fortuné dénouement ! » Et, dans la suite de cette lettre, il donnait un rendez-vous précis à son ami pour les jours suivants à Paris c'est alors qu'il dut faire la connaissance de la jeune Mme de Genoude et, sans doute, lui offrir, en manière de présent nuptial, une copie de *La Branche d'Amandier,* pièce encore récente dont les vers ne lui avaient nullement été destinés lors de leur rédaction primitive : mais le poète savait faire flèche de tout bois ! A noter que la présence de ce poème dans le manuscrit 13974 de la Bibliothèque Nationale ne permet de rien apprendre sur sa date de composition : s'il figure là à côté de méditations écrites en mai et juin 1823 *(Bonaparte, Le Papillon)*, on trouve aussi sur ce même album des œuvres à coup sûr plus anciennes, telles que *La Mort du Poète* et *A El... :* dans ces divers cas, il s'agit évidemment de remises au net, assez proches du texte définitif et réalisées d'après des autographes antérieurs, qui sont aujourd'hui disparus.

* *Vers 4.* A défaut d'avoir été inspirée par le geste de la jeune fille d'Aricia que rappelle le Commentaire de 1849, la méditation présente pourrait avoir trouvé son point de départ dans une réminiscence de l'*Ecclésiaste,* XII, 1-5 : « Souvenez-vous de votre Créateur pendant les jours de votre jeunesse...; quand l'amandier fleurira (« amygdalus florebit »)..., l'homme s'en ira dans la maison de son éternité... » (Grillet, p. 135, n. 1). L'amandier reparaîtra associé à l'idée de la mort dans *A une fiancée de quinze ans, mélodie,* pièce écrite en 1840 (cf. *A Laurence,* première note) :

Au rayon de l'automne,
Trop prompt à fleurir,
L'amandier couronne
Son front, pour mourir...

* *Vers 7. La fleur de la vie* qui *s'échappe feuille à feuille* est sans doute une expression audacieuse : le plat bon sens attendrait *pétale à pétale.* — Quoi qu'il en soit, notons que le héros du *Werther* de Goethe (lettre XXVIII) jette des fleurs qu'il vient de cueillir dans le cours d'une rivière et les regarde s'y enfoncer en faisant des réflexions mélancoliques; son geste est renouvelé dans le *René* de Chateaubriand (« Un jour, je m'étais amusé à effeuiller une branche de saule sur un ruisseau...»); et les amants de *Jocelyn* (quatrième époque, v. 163-166) recommenceront à leur tour le même triste jeu. Il y a là une sorte de thème littéraire.

* *Vers 9.* Le thème général de ces quatre dernières strophes est celui de l'épicurisme le plus classique, tel que Lamartine l'a développé souvent et en particulier dans ses *Nouvelles Méditations* (cf. *Élégie,* v. 1-4, 21-25; *La Sagesse,* v. 31-40; *Les Préludes,* v. 56-80; *Tristesse,* v. 20-32; *Le Poète mourant,* début; etc.). On trouverait des références nombreuses aux idées et aux images développées ici dans les élégiaques latins et chez Horace; on peut aussi faire un rapprochement valable avec le *Livre de la Sagesse,* II, 1-8, où l'auteur sacré peint, pour la condamner, mais avec beaucoup de poésie, l'attitude des impies, plaçant le souverain bien dans la jouissance des plaisirs : « Les méchants ont dit : — Le temps de notre vie est court... Venez donc : hâtons-nous d'user des biens qui sont, et jouissons de la créature parce que la jeunesse est rapide. Enivrons-nous des vins exquis, couvrons-nous de parfums, ne laissons pas tomber la fleur du printemps. Couronnons-nous de roses avant qu'elles soient fanées... »

* *Vers 17.* Nouvel écho du thème de la fuite du temps : cf. *Le Lac.* v. 21-22.

* *Vers 20.* Cf. encore *Le Lac,* v. 34. : « Hâtons-nous! jouissons! »

MÉDITATION DIX-SEPTIÈME. — L'ANGE

Page 198

* *L'ANGE.* — Tout en aspirant à devenir auteur tragique, Lamartine, entre vingt et trente ans, songeait à conquérir la gloire en composant une épopée; dans ce genre noble, où tant de Français s'étaient vainement essayés avant lui, la première place restait en effet à prendre. L'auteur du *Génie du Christianisme* (deuxième partie, liv. I, chap. 1) avait posé la question au début du siècle : « Comment se fait-il que depuis les Grecs jusqu'à nous on ne compte que cinq ou six poèmes épiques? » (entendons : *réussis*); Chateaubriand, en écrivant *Les Martyrs,* avait tenté sur le plan national, de combler cette lacune; mais il avait eu recours à la prose, et le digne successeur d'Homère et de Virgile devrait user des vers; malgré son prestige, *La Henriade* de Voltaire n'était pas le chef d'œuvre indiscutable qu'on pût comparer à l'*Iliade* ou à l'*Énéide*. Le jeune Alphonse, de très bonne heure, rêva de rivaliser avec les chantres d'Achille et d'Énée. Dès le 30 septembre 1810, on le voit parler à Virieu d' un « projet de poème », dont il a brûlé déjà une ébauche, « indigne de la majesté du sujet », mais qu'il va « recommencer plus *solennellement* en vers alexandrins »; et d'ajouter : « J'y mettrai des années, des soins, de l'application. » Ce « poème susceptible de *grandiose* » était, de toute évidence, une épopée. Mais l'entreprise (dont le thème n'est même pas précisé) fut sans lendemain... Indication analogue, et dessein aussi fugace, le 20 août 1812 : « Il y a trois jours qu'un plan de poème épique me passa par la tête : il serait beau au moins comme la *Jérusalem;* mais j'ai voulu en faire quelques vers, et ces vers m'ennuient comme la prose... » Dix mois plus tard enfin, le 8 juin 1813, il mandait de Paris à Virieu : « Je t'ai déjà dit que je montais ma bibliothèque de campagne pour les années de solitude. Je fis hier une nouvelle acquisition *La Gaule poétique ou l'Histoire de France dans ses rapports avec la poésie et les beaux-arts,* deux volumes, par Marchangy *.... On dit qu'il y a du neuf et du bon. Je vais me mettre à le lire : cela me fera rêver à mon poème de *Clovis* et peut-être y trouverai-je de nouvelles pierres fondamentales à ce grand édifice dont je veux un jour ou l'autre être l'architecte... » A cette date donc, Lamartine avait déjà arrêté d'écrire sur Clovis, et ce, avant même de prendre connaissance du livre de Marchangy — paru naguère et dont l'auteur (première époque, 5e récit) déclarait que le monarque mérovingien « véritable fondateur de la monarchie française »... « pourrait à ce titre être le héros d'une épopée nationale ». Et quelques semaines plus tard, bien qu'il eût été fort malade entre temps, il confirmait

---

* Cet ouvrage, qui voulait avant tout « répandre un jour moins douteux sur les antiquités de notre histoire » eut un grand succès : trois éditions furent rapidement épuisées, « une lors de la retraite de Moscou, l'autre pendant la campagne de 1814, et la troisième durant les Cent-Jours »; il reparut encore en 1825 et en 1834.

sa résolution : « Je jure que j'emploierai ma vie à faire mon poème de *Clovis,* si je renais sérieusement » (9 novembre). Durant les années qui suivirent, malgré l'élaboration de *Saül,* la composition de ses *ludibria juvenilia* élégiaques ou son idylle avec Mme Charles, il ne perdit jamais de vue ce qu'il appelle « le grand ouvrage de (sa) vie » (à Vaugelas, 28 juin 1816), proclamant encore à Virieu, le 11 mai 1818 : « Si Dieu me donnait la vie et la santé, de trente à quarante ans, j'enfanterais *Clovis*. C'est *Clovis* qui est mon fait; c'est là qu'on verrait en liberté cette poésie dont on ne peut mettre qu'à lèche-doigt ailleurs pour des Français ! » et à Mme de Raigecourt, le 24 janvier suivant : « Je ne pense plus moi-même à *Saül;* je ne pense qu'à *Clovis,* c'est mon héros. Mlle Fanny (de Virieu) vient de me promettre des dessins pour chacun de mes chants; mais je suis malheureusement si souffrant que je ne chante plus depuis quelques temps. » On pourrait croire, puisqu'il était déjà question de l'illustration de l'œuvre, que celle-ci était fort avancée; mais rien n'est moins sûr... En tout cas, la préparation des *Méditations,* le mariage du poète, sa nomination en Italie durent prolonger le tarissement de sa verve épique et, après que le 21 janvier 1821 « un rayon d'en-haut (l'eut) illuminé » au sortir de Naples et fait concevoir l'immense œuvre qui serait *Les Visions* — sorte de *Légende des Siècles* avant la lettre — il semble bien que le fameux *Clovis* inachevé fut définitivement abandonné par son auteur désormais acquis à une plus vaste composition...

En choisissant comme héros l'antique roi des Francs, Lamartine avait obéi à cette mode que les *Mémoire d'outre-tombe* appelleront « cette manie du Moyen-Âge dont on nous hébète à présent »; elle remontait au *genre troubadour* de la seconde moitié du XVIIIe siècle et le *Génie du Christianisme* avait contribué, avant Marchangy, à la répandre largement. A vrai dire, les contemporains de Louis XIV avaient aussi sacrifié au genre de l'épopée nationale et chrétienne (cf. B. d'Andlau, *Chateaubriand et « Les Martyrs »,* J. Corti, 1952, *passim*) et Desmarets de Saint-Sorlin avait commis en 1657 un *Clovis.* Mais, au cours des deux premières décennies du XIXe, où parurent aussi une *Mérovéide,* une *Caroléide,* une *Orléanide,* le vainqueur de Tolbiac se vit célébré par maints rimeurs, tels que Béranger, Millevoye, Viennet, Lemercier, etc... (cf. H. Guillemin, *Les Visions,* pp. 22-26), dont les œuvres en général parurent postérieurement à celle imaginée par Lamartine.

De cette dernière, dont on ignore ce que fut l'étendue des parties effectivement rédigées, on connaît trois fragments : 1° les v. 159-274 des *Préludes;* 2° *L'Ange,* « arraché au cadavre de *Clovis* pour donner ainsi le bon poids aux *Nouvelles Méditations* » (H. Guillemin, *op. cit.,* p. 59); 3° le début même du poème, publié dans les *Poésies inédites,* pp. 201-202, à la date de 1816; il est dans la pure tradition des exordes épiques, tout en exprimant les pieuses intentions de l'aède, nourri également à la lecture du Tasse :

> Je chante ce héros qui des bords de la Seine

Le premier devant lui chassa l'aigle romaine,
Délivra la patrie, et fonda dans Paris
La sainte foi du Christ et l'empire des Lys.
O Muse, qui jadis aux bords du Scamandre
D'Ilion renversé fis revivre les cendres,
Viens, descends à ma voix du fabuleux séjour!
Un Olympe nouveau te réclame à son tour.
Guide mes pas tremblants dans ces routes sacrées
Où croissent du Jourdain les palmes révérées;
D'une céleste ardeur réchauffe mes concerts;
Viens orner mes récits du charme de tes vers,
Et laisse-moi puiser à la source sublime
Où s'enivra jadis le chantre de Solime,
Quand, du sacré tombeau célébrant les vengeurs,
Il guida dans Sion leurs pavillons vainqueurs* !

La croyance aux *anges* est un héritage du Judaïsme : ces êtres supérieurs à l'homme, créés avant lui et même avant le monde, sont représentés par la Bible comme messagers et agents de la volonté de Dieu qui les emploie au gouvernement de l'univers; dans le Nouveau Testament, ils apparaissent dans les grandes circonstances (Annonciation, Nativité, Agonie de Gethsémani, Résurrection, Ascension); Jésus les mentionne dans ses prédications (*Saint Matthieu,* XVIII, 10; *Saint Luc,* XV, 10); mais les anciens textes prohibent les hommages religieux qui leur seraient adressés (*Épître aux Colossiens,* II, 18; *Apocalypse,* XXII, 9) et, au milieu du IVe siècle, les « angéliques » furent condamnés par le concile de Laodicée. Cependant les premiers écrivains et les Pères de l'Église firent de la méditation sur les anges un de leurs travaux de prédilection et s'ingénièrent notamment à définir leur hiérarchie. Saint Ambroise de Milan (mort en 397) insista sur la nécessité du recours aux anges qui sont donnés aux hommes pour les protéger (« qui nobis in praesidium dati sunt ») : son autorité fit prévaloir le culte qu'on leur rend, en particulier celui de l'*ange gardien,* protecteur, inspirateur et intercesseur de l'âme qui lui a été confiée, portant au ciel ses demandes et lui en rapportant les grâces divines *(Grande Encyclopédie,* art. *Ange).*

Dans les arts et la littérature, on ne saurait en quelques mots évoquer la place tenue par ces créatures surnaturelles. L'auteur du *Génie du Christianisme* (deuxième partie, liv. IV, chap. 8) a montré qu'on découvre chez elles « mille tableaux pour le poète »; car, « non seulement les messagers du Très-Haut portent ses décrets d'un bout

---

* Enfin, d'après le baron de Nanteuil (*Revue Bleue,* 1938), le *Carnet de Maroquin Rouge* contient (fos 56 recto-57 verso) un plan au crayon du 1er chant de *Clovis,* suivi de la mention 2e chant : mais ce critique ne donne aucun autre renseignement sur ce passage du célèbre album, dont c'est la seule partie qui soit à ce jour demeurée inédite.

de l'univers à l'autre; non seulement ils sont les invisibles gardiens des hommes, ou prennent pour se manifester à eux les formes les plus aimables; mais encore la religion nous permet d'attacher des anges protecteurs à la belle nature ainsi qu'aux sentiments vertueux. Quelle innombrable troupe de divinités vient donc tout à coup peupler les mondes! » Chateaubriand, qui avait rencontré des anges chez Milton (*Le Paradis perdu*) ou Klopstock (*La Messiade*), en fait tout naturellement figurer dans *Les Martyrs*; mais n'en trouve-t-on pas même dans l'impie *Guerre des Dieux* de l'épicurien Parny (1799) (Potez, pp. 115-117)? Tellement « ils eurent la vogue » au terme du XVIIIe et au début du XIXe! Ils auront leur place également chez Marchangy *, dans *Ciel et Terre* de Byron (1821), dans *Clovis* de Millevoye (1822), dans *Amour des Anges* de Thomas Moore (1823), dans *Éloa* et dans *Le Déluge* de Vigny (1824 et 1826) (Citoleux, p. 50; H. Guillemin, *Les Visions*, pp. 46-47). Ainsi, lorsqu'il incorporait *L'Ange* à son recueil de 1823, Lamartine ne se contentait pas de récupérer un ancien texte jusqu'alors inemployé, mais il ajoutait au volume des vers qui plairaient sûrement aux lecteurs de l'époque, — en attendant de composer l'*Hymne de l'Ange de la Terre après la fin du Monde* (*Harmonies poétiques*) et *La Chute d'un Ange*. Au reste, il attachait une grande importance aux personnages angéliques de sa future épopée, comme en témoignent encore deux fragments de lettres adressées à Virieu : « Le *merveilleux* dont je craignais de manquer y surabondera : ce sera du vrai merveilleux de l'âme, du merveilleux platonique et du merveilleux chrétien fondus ensemble » (décembre 1818); « Cela serait tout à fait d'un genre neuf : on y est tantôt sur la terre avec les passions des hommes, *tantôt dans le ciel avec les puissances surnaturelles, tantôt dans la moyenne région avec les génies intermédiaires qui font aller les ressorts cachés des âmes humaines.* Cela aurait satisfait les métaphysiciens qui veulent quelque chose de complet et d'infini; on aurait vu l'ensemble et l'infini du monde et les rapports de deux mondes » (18 janvier 1819). Peut-être le

---

* Cf. *La Gaule poétique*, première époque, 4e récit : (« Les esprits aériens, les séraphins aux cheveux d'or, à qui le Créateur confia les urnes de la rosée pour les épancher sur les bocages et les prairies, descendent vers la Seine, émaillent de fleurs son rivage, objets constants de leurs soins; ils aperçoivent au lever de l'aurore la vierge de Nanterre (Geneviève) agenouillée... Ils portent au ciel les prières de la fille des champs, mêlées aux parfums des fleurs... »); 5e récit (Un poète, après le serment de Clovis de se convertir s'il obtenait la victoire sur les Alamans à Tolbiac, devrait, dans son œuvre, imaginer celle-ci acquise grâce à l'intervention des anges : « Les séraphins s'avancent en ordre de bataille sur les chemins d'azur semés d'étoiles... et les brillants archanges, en remontant victorieux vers le séjour immortel, posent sur les drapeaux français les couronnes de lis qui ceignent leurs chevelures »); 6e récit (Un ange apparaît à sainte Radegonde et un autre à l'ermite Clodoalde, petit-fils de Clovis et futur saint Cloud...).

poète se faisait-il des illusions sur la valeur philosophique de ses propos; mais il en était très certainement convaincu, et, s'il a publié *L'Ange,* c'est parce que ce morceau répondait aux intentions contenues dans le passage par nous souligné dans la dernière de nos citations.

* *Vers 1.* Ce Dieu est celui de la Bible, où la *voix* redoutable du Créateur (cf. v. 19, 30) retentit à maintes reprises; l'expression *Dieu se lève* rappelle peut-être les *Psaumes,* LXXXI, 8 (« Surge, Deus ») ou CXXXI, 8 (« Surge, Domine »). Bien que le *Génie du Christianisme* (Première partie, liv. I, chap. 3) soutienne que « le Père, sous la figure d'un vieillard, ancêtre majestueux des temps, ou représenté comme une effusion de lumière... (n'est pas) une peinture inférieure à celles de la mythologie », les plus grands poètes (par exemple Milton, *Paradis perdu,* chant III, ou Chateaubriand, *Les Martyrs,* livre III) ont hésité à donner au Très-Haut une physionomie trop précise et, pour tout dire, saint-sulpicienne avant la lettre; ils ont au contraire insisté sur l'éclat lumineux et le mystère dont il s'entoure et sa représentation se borne souvent à sa Parole. Ici, Lamartine n'est pas beaucoup plus précis : il s'en tient à la voix et au rayonnement (v. 24-25, 29) et n'indique que deux gestes (v. 1 et 31).

* *Vers 7.* A ce qui a été dit des *anges gardiens* à la première note, ajoutons seulement cette remarque de Lamartine lui-même, relevée par M. Guillemin (*Les Visions,* p. 49) dans le plan manuscrit de *La Chute d'un Ange* (Bibl. Nat., 13994, f°s 3-4) : « Les esprits qui touchent de plus près à l'homme sont ce qu'on appelle les anges, ordres innombrables d'intelligences chargés de veiller chacun à un des mystères de la matière et de l'âme; invisibles inspirations; il y en a autant que d'êtres visibles; ils tiennent l'anneau de chaque création et la rattachent à l'infini. » Cette ferme croyance a une hiérarchie des êtres était solidement ancrée dans l'esprit de Lamartine (cf. M. Citoleux, p. 263, et *La Mort de Socrate,* v. 362-386); mais il n'est peut-être pas nécessaire, avec Y. Boeniger (p. 79), de voir dans les anges dont parle le poète français les *génies* des néoplatoniciens, ainsi définis par une phrase de la troisième *Ennéade* de Plotin : « L'Ame universelle devait subvenir aux besoins du Cosmos en engendrant les puissances des génies utiles au Tout dont elle est l'Âme. »

* *Vers 16.* Les *séraphins,* dans l'Écriture sainte, sont nommés seulement par le *Livre d'Isaïe,* VI, 2-6, qui les représente avec six ailes chacun et chargés de chanter la gloire divine; mais, d'après la classification céleste attribuée à saint Denys l'Aréopagite, ils constituent le premier chœur de la première hiérarchie des anges et leur haute dignité les place au plus près du trône de Dieu.

* *Vers 20.* Les seuls noms d'anges donnés par les textes canoniques sont Gabriel, Michaël (ou Michel) ou Raphaël, tous trois archanges (second chœur de la troisième hiérarchie). Selon un usage qui lui sera familier dans *La Chute d'un Ange* (cf. Grillet, p. 245), Lamartine

forge avec *Ithuriel* un mot de consonance biblique dont on peut aisément distinguer les éléments : 1° *Iturée,* district du nord-est de la Palestine *(Ituraea)* (*Saint Luc,* III, 1), désigné d'après *Jetur,* un des douze fils d'Ismaël (*Genèse,* XXV, 15; *Premier Livre des Paralipomènes,* I, 31); 2° *Uriel,* archange dont il est question au *Quatrième Livre d'Esdras,* IV, 1 et V, 20 (deutérocanonique); son nom hébreu signifie *Lumière de Dieu;* régent de l'orbe du soleil, il figure notamment dans *Le Paradis perdu,* chant III, auquel Chateaubriand l'a emprunté pour le placer dans *Les Natchez,* livre IV.

* *Vers 21. Clovis,* qui ne sera désigné nommément qu'au v. 90.

* *Vers 24.* La *lumière* est l'apanage de Dieu au chant III du *Paradis perdu :* « Puisque Dieu est lumière, et que de toute éternité il n'habita jamais que dans une lumière inaccessible, il habita donc en toi, brillante effusion d'une brillante essence incréée. » Au v. 25, l'*esprit,* c'est Ithuriel.

* *Vers 27.* Au chant V du *Paradis perdu,* l'archange Raphaël est peint avec six ailes « d'un duvet d'or » (« With downy gold ») dont il se sert « pour ombrager ses membres divins » (« to shade his lineaments divine »).

* *Vers 31.* Cf. *Paradis perdu,* chant III : « Le Père tout-puissant, du haut du Ciel du pur empyrée, où il siège sur un *trône* au-dessus de toute hauteur, avait abaissé son regard... »

* *Vers 34.* De même chez Milton *(ibidem),* alors que le Très-Haut venait de s'entretenir avec son Fils, « tout le chœur divin resta muet, et le silence était dans le Ciel ».

* *Vers 36.* Les *chérubins* (qui, d'après les théologiens chrétiens, forment le second chœur de la première hiérarchie des anges) sont fréquemment mentionnés dans l'Ancien Testament. Sur ces êtres mystérieux, qui sans cesse accompagnent Dieu, cf. en particulier *Exode,* XXV, 18-22; *Troisième Livre des Rois,* VI, 23-35; *Psaumes,* XVII, 11; *Livre d'Ézéchiel,* X, 1-20.

* *Vers 38.* Les *Heures* sont en réalité des divinités du paganisme gréco-latin (cf. *A Laurence,* note du v. 42), comme l'image de leur *char* (qu'on retrouve dans *La Semaine Sainte à La R.-G.,* v. 19) est également d'origine mythologique (cf. *L'Isolement,* note du v. 12).

* *Vers 42.* Ces deux vers se réfèrent à la théorie renouvelée de Pythagore dans le *Timée* de Platon et qui décrit l'harmonieuse gravitation des mondes au sein de l'univers (voir *Le Vallon,* v. 55-56). Si, dans *Les Étoiles,* les astres constituent un *chœur* (v. 41), ils ne sont dotés par le poète d'aucune voix (v. 50 : « Tous ces mondes flottants gravitent en silence »); l'idée indiquée ici par *L'Ange* sera au contraire reprise dans *Jocelyn,* quatrième époque, v. 303 et suiv., à propos du tourbillon des insectes printaniers :

Comme ils gravitent en cadence,

Nouant et dénouant leurs vols harmonieux !
Des mondes de Platon on croirait voir la danse
S'accomplissant aux sons des musiques des cieux...

Autres allusions à cette conception dans les *Harmonies poétiques* (*La Voix humaine*, v. 18-22; *Invocation*, v. 84-89).

* *Vers 43*. Idée assez voisine de celle énoncée dans les *Psaumes*, XVIII, 2 : « Caeli enarrant gloriam Dei ».

* *Vers 48*. Cette possibilité du Tout-Puissant de dissimuler sa pensée aux esprits qui lui sont inférieurs est un apanage de sa grandeur souveraine (les divinités de la mythologie en usaient de même entre elles, selon leur importance respective dans le panthéon païen); c'est d'autre part une habileté du poète de ménager l'intérêt de son récit au moment où s'achève la scène céleste, en ne révélant pas immédiatement la mission confiée à l'archange Ithuriel.

* *Vers 49*. La comparaison *(Telle... tel...)* de l'ange qui descend du Ciel avec une pluie d'étoiles filantes ne manque pas de majesté. Au chant V du *Paradis perdu*, sur ordre de Dieu, Raphaël descend de même vers la terre pour mettre Adam en garde contre les perfidies de Satan; il traverse l'empyrée et l'espace intersidéral en s'aidant de « ses magnifiques ailes » (« his gorgeous wings »); arrivé, comme Ithuriel au v. 61, il en *secoue* les plumes (« and shook his plumes »). Cf. *L'Homme*, v. 268. Au reste, les apparitions angéliques s'assortissaient traditionnellement, semble-t-il, d'une lumière éclatante; c'est ce qui ressort d'un passage de l'*Éloge de Belzunce*, par Millevoye, dans lequel H. Potez (p. 411) relève « des accents qui font prévoir Lamartine » : (Après l'éloge funèbre du saint évêque marseillais)

La terre s'en émut et le ciel l'entendit.
On dit même qu'alors l'ange mystérieux
Qui s'assied aux confins de la terre et des cieux,
Laissant un sillon d'or sur sa route étoilée,
Descendit lentement et, la face voilée,
Recueillit les soupirs et, saint médiateur,
Les porta sur son aile aux pieds du Créateur...

Voir aussi *Les Martyrs*, livre XXII : « L'ange exterminateur descend dans un éclair, comme ces étoiles qui se détachent du ciel et portent l'épouvante au cœur du matelot. »

* *Vers 56*. Cf. *Les Étoiles*, v. 29.

* *Vers 57*. Pour l'image de l'*aigle*, cf. *L'Homme*, v. 8-20. Chez Milton, le vol de Raphaël est aussi comparé avec celui de l'aigle (« within soar of towering *eagles* »).

* *Vers 62*. Mêmes expressions dans *L'Homme*, v. 268, et dans *Les Étoiles*, v. 17-18.

* *Vers 66*. L'idée des v. 63-66 n'aurait-elle point été suggérée au poète par une réminiscence et une adaptation de ce que *Saint Luc*, II, 8-10, raconte de la nuit de la Nativité : « Il y avait dans la

contrée des bergers qui passaient la nuit dans les champs en veillant leurs troupeaux. Et un ange du Seigneur leur apparut, et la gloire du Seigneur les enveloppa de lumière, et ils furent saisis d'une grande crainte »?

* *Vers 73.* L'*ange des batailles* est, évidemment, une invention de Lamartine qui le substitue, dans le cadre du merveilleux chrétien, au dieu Mars des Anciens; il l'a imaginé en se conformant à une suggestion du *Génie du Christianisme (loc. cit.)* qui cite *l'ange du temps,* l'*ange de la mort,* l'*ange des tempêtes,* etc; ainsi, dans *Les Martyrs,* Chateaubriand fait intervenir l'*ange des mers* (livre XV) et l'*ange du sommeil* (livre XXIII). La comparaison des v. 74-80 (*Globe ardent :* boulet ou bombe d'artillerie) appartient à la langue noble de l'épopée moderne : cf. *Les Préludes,* 179-186 et 223-230).

* *Vers 82. Le doux sommeil :* expression renouvelée des anciens (*somnus lenis :* Ovide, *Fastes,* IV, v. 653; — *Le sommeil doux comme le miel : Odyssée,* XIX, v. 551)

* *Vers 83.* Ce *fleuve* ne serait possible à identifier que si l'on connaissait la place de l'épisode dans l'ensemble de l'épopée. Peut-être s'agit-il du Rhin, dans les parages duquel Clovis vainquit les Alamans à la bataille de Tolbiac : c'est au cours de ce combat que le roi promit de se faire chrétien et il apparaît vraisemblable qu'aux yeux du poète, Dieu dut s'intéresser dès lors au héros et lui envoyer son messager Ithuriel... Le tableau nocturne des v. 81-88 ne manque pas de grandeur.

* *Vers 89.* Le *chêne* est surtout connu comme arbre des Gaulois (voir ce qu'en dit, d'après Pline l'Ancien, Chateaubriand dans *Les Martyrs,* livre IX : *Épisode de Velléda*); mais Marchangy (première époque, 3e récit) parle du culte des Francs pour « les vieux arbres » qu'ils pensaient « initiés au pouvoir du grand esprit » et signale que « la plus belle des vierges pouvait dormir sous un chêne sans craindre l'insulte du passant, (car ainsi) elle reposait sous la garde des dieux ».

* *Vers 90. Pavillons : tentes* (cf. *Les Préludes,* v. 177). Marchangy (première époque, 4e récit) parle de même du *pavillon d'Attila.*

* *Vers 91.* Sans doute des *armures* suspendues aux branches, soit parce que les guerriers francs s'en sont ainsi débarrassés pour dormir, soit plutôt qu'il s'agisse de trophées, selon un usage signalé par Marchangy (première époque, 3e récit) : « Aux rameaux des arbres, on (les Francs) suspendait en signe de victoire des armes et des colliers d'or. »

* *Vers 93.* Périphrase de style classique pour désigner la *lune.* On rapprochera les v. 93-98 du début d'*Apparition.*

* *Vers 101.* Sur *pavots* pour *sommeil,* cf. *Les Pavots,* note du v. 14.

* *Vers 102.* Si le nom de *Clodomir* est bien connu (c'était celui d'un des fils de Clovis, cité notamment par Marchangy, première époque, 6e récit), *Lisois* semble un vocable forgé par Lamartine et ayant

peut-être une vague parenté avec *Loïs* (forme archaïque de *Louis* qu'on rencontre, par exemple, dans *La Gaule poétique,* première époque, 5e récit).

* *Vers 105.* Les anges combattants de Milton ou de Marchangy ont à la main des épées flamboyantes et de brillantes foudres. Ithuriel, messager pacifique, porte une *palme d'or,* imaginée par le poète peut-être d'après le magique *aureus ramus* qui permet au héros de Virgile (*Énéide,* VI, v. 137 et suiv.) de pénétrer aux Enfers; il s'en sert d'ailleurs ici à la manière dont les fées utilisaient leur baguette...

* *Vers 114. Prédestiné,* puisque Dieu lui réserve la grande mission de fonder la royauté française. Aussi le poète donne-t-il à son personnage une beauté surnaturelle et un cadre de vie luxueux qui n'ont rien à voir avec l'Histoire.

* *Vers 122.* La comparaison épique des v. 117-122 se développe en un tableau plein de grâce; Lamartine reprendra plus simplement la même image aux v. 41-42 de *Consolation.*

* *Vers 124.* Expression d'origine biblique : cf. *Souvenir,* v. 54 et note.

* *Vers 128.* Les Anciens ont fait du *songe* une des « machines poétiques » les plus fréquentes de l'épopée (et aussi de la tragédie); pernicieux ou profitable, il était regardé comme d'origine divine; on en trouve maints exemples chez Homère (*Iliade,* II, v. 1-52 : songe d'Agamemnon; *Odyssée,* VI, v. 1-47 : songe de Nausicaa) et chez Virgile (*Énéide,* II, v. 268-298). Les Modernes ont eu également recours à ce ressort dramatique : Voltaire, au chant VII de sa *Henriade,* représente Saint Louis transportant Henri IV endormi au Ciel et aux Enfers. Il était donc normal que Lamartine imaginât un songe de son héros; le plus curieux, c'est l'explication qu'il donne de l'origine des rêves; sa théorie est aussi bizarre qu'originale. Il semble d'ailleurs que, dès longtemps, son esprit fut occupé du problème des visions nocturnes, ainsi qu'en témoignent les vers légers qu'il adressait de Mâcon, le 6 juin 1809, à son ami Guichard de Bienassis (*Revue des Deux Mondes,* 15 novembre 1924, p. 344) :

Je ne sais s'il faut croire aux songes;
L'Église n'a point décidé;
Mais leurs délicieux mensonges
Valent mieux que la vérité :
Horace, Virgile, Tibulle,
Ovide et le galant Catulle
Rêvaient tous l'immortalité
Et, sans sortir de sa cellule,
Saint Paul, qui n'était pas crédule,
En songe au ciel fut emporté.
Un vieux juif à l'œil hébété
En songe ne voit que pistole;
Et ce chicaneur entêté
Rêve qu'il obtient la parole;
Une jeune et fraîche beauté

Rêve... Mais à quoi bon le dire?
Chacun rêve ce qu'il désire.
Belles, rêvez en sûreté !
Tu rêves maîtresse fidèle,
Amour constant, chaîne éternelle,
Plaisirs qui ne tariront pas :
De l'Amour la mère cruelle
Te voit rêver et rit tout bas...

Il est bien évident que, dans un poème épique, l'écrivain ne pouvait s'exprimer sur un mode aussi badin !

* *Vers 133.* Nouvelle périphrase, dans le style des poètes du XVIIIe siècle, pour désigner la *lune* et ses diverses phases. — En plaçant sur l'astre des nuits les *immenses régions* qui sont, selon lui, la demeure des songes, Lamartine n'a-t-il pas tout simplement voulu poétiser et amplifier l'idée populaire, sans doute fort ancienne, que les rêveurs sont des gens *dans la lune ?* Cette hypothèse ne paraît pas invraisemblable, le satellite de la terre et les expressions qui se rattachent à lui (*aboyer à la lune, garder la lune des chiens et des loups, faire la révérence à la lune, prendre la lune avec les dents,* etc.) évoquant toujours des idées vaines et chimériques...

* *Vers 136.* Citant ces deux vers, E. Zyromski (p. 321) faisait à leur propos cette remarque d'une portée générale : « Le songe garde (pour Lamartine) une existence primordiale; il est la seule réalité à laquelle s'attache le poète parce qu'elle est la seule expressive des mouvements de son cœur. » M. Guillemin (*Les Visions,* pp. 29-31) cite les v. 131-179 de *L'Ange* comme « un long et curieux développement », qui marque « un intéressant effort pour donner une figure à l'invisible »; dans un tel passage, l'auteur réalisait assez bien l'idéal de *merveilleux* qu'il se proposait dans la lettre adressée à Virieu en décembre 1818 (texte cité du dernier alinéa de la première note).

* *Vers 152.* Encore une périphrase pour désigner la *lune;* cf. v. 93-94.

* *Vers 164.* Dans l'énumération des visions contradictoires qui suivent, Lamartine recourt à un procédé rhétorique voisin des *adynata* (ou *impossibilités*) que l'on rencontre chez les Anciens (par exemple Virgile, *Bucoliques,* I, v. 59-64; VIII, v. 27-28 et 53-57); mais son contexte lui permet d'en imaginer la réalisation comme vraisemblable au monde des rêves.

* *Vers 167.* Image comparable dans *Les Visions,* v. 141-144 (édit. Guillemin, pp. 109-110) (il s'agit des Alpes à la fin des temps) :

Voilà ces monts glacés d'où descendait l'aurore;
De son pâle reflet l'astre les frappe encore !
Mais leurs fronts, dépouillés par l'aile des autans,
Semblent s'être affaissés sous le fardeau du temps !

* *Vers 178.* La comparaison développée aux v. 175-179 s'inspire très largement du chapitre initial de la *Genèse,* où est racontée la Création :

« Terra autem erat inanis et vacua... Tenebrae erant super faciem abyssi... Deus divisit... et vidit cuncta quae fecerat... »

* *Vers 184.* On devine l'importance de ce songe dans l'ensemble de l'épopée lamartinienne : il aurait été la réplique probablement fort longue, du discours du chant VI de l'*Énéide* où, dans les Enfers, Anchise montre à son fils Énée sa glorieuse descendance et l'avenir brillant de Rome. Clovis, en rêvant, aurait vu l'histoire du royaume de France qu'il venait de fonder. On ignore ce qui fut écrit de cette vision, dont la seule partie connue est le récit du combat sanglant qui constitue les v. 159-274 des *Préludes.*

MÉDITATION DIX-HUITIÈME. — L'APPARITION DE L'OMBRE DE SAMUEL A SAÜL

Page 204

* *L'APPARITION DE L'OMBRE DE SAMUEL A SAÜL.* — Sur la genèse de *Saül* et sur l'importance que Lamartine attachait à cette tragédie néo-classique, cf. la première note des *Chants lyriques de Saül.* Saül a exilé par jalousie son gendre David et, durant la guerre qu'il mène contre les Philistins, ceux-ci ont pris le dessus sur les Israëlites; afin de connaître son avenir, celui de son fils Jonathas et la destinée de son peuple, le vieux roi, conseillé par l'équivoque Abner, se résout à consulter une devineresse que ce dernier a introduit dans le camp hébreu. Cet épisode ne figure pas dans la tragédie italienne d'Alfieri dont Lamartine s'est largement inspiré; le poète l'a directement développé d'après le *Premier Livre des Rois* XXVIII, 5-22 (dans lequel cette consultation précède de peu la mort de Saül) : « Ayant vu l'armée des Philistins, Saül fut frappé d'étonnement, et la crainte le saisit... Il consulta le Seigneur, mais le Seigneur ne lui répondit ni en songe, ni par les prêtres, ni par les prophètes. Alors il dit à ses officiers : « Cherchez-moi une « femme qui sache évoquer les morts *, afin que j'aille la trouver et « que je puisse la consulter. » Ses serviteurs lui dirent : « Il y a à « Endor une femme qui sait évoquer les morts. » Saül se déguisa donc..., vint la nuit chez cette femme et lui dit : « Découvrez-moi « l'avenir par l'art de nécromancie qui est en vous, et faites-moi « venir celui que je vous dirai. » Cette femme lui répondit : « Vous « savez tout ce qu'a fait Saül, et de quelle manière il a exterminé

* *Une femme qui sache évoquer les morts* est une traduction moderne du texte latin de la *Vulgate mulier habens pythonem,* c'est-à-dire une femme habitée par une puissance démoniaque que symbolise le serpent python; dans le *Premier Livre des Paralipomènes,* X, 13, la devineresse consultée par Saül est d'ailleurs appelée *pythonissa,* comme chez Lamartine. *Endor* est une ville de la tribu de Manassé, près de Naïm, non loin du mont Thabor et du lac de Tibériade, au nord de la Palestine.

« les nécromanciens et les devins de toutes ses terres : pourquoi « donc me tendez-vous un piège pour me faire perdre la vie? » Saül lui jura par le Seigneur et lui dit : «... Il ne vous arrivera de « ceci aucun mal. » La femme lui dit : « Qui voulez-vous que je « vous fasse venir? » Il lui répondit : « Faites-moi venir Samuel. » La femme, ayant vu paraître Samuel, jeta un grand cri et dit à Saül : « Pourquoi m'avez-vous trompée? car vous êtes Saül. » Le roi lui dit : « Ne craignez point. Qu'avez-vous vu? » Elle dit : « J'ai vu « un dieu qui sortait de la terre. » Saül lui dit : « Comment était-il fait? » — « C'est, dit-elle, un vieillard couvert d'un manteau. » Saül reconnut que c'était Samuel, et il lui fit une profonde révérence en se baissant jusqu'à terre. Samuel dit à Saül : « Pourquoi « avez-vous troublé mon repos, en me faisant venir ici? » Saül lui répondit « : Je suis dans une étrange extrémité, car les Philistins me « font la guerre et Dieu s'est retiré de moi... C'est pourquoi je vous ai « fait évoquer, afin que vous m'appreniez ce que je dois faire. » Samuel lui dit : « Pourquoi vous adressez-vous à moi, puisque le « Seigneur vous a abandonné et qu'il est devenu votre adversaire? « Car le Seigneur vous traitera comme je vous l'ai dit de sa part; « il déchirera votre royaume et l'arrachera d'entre vos mains, pour « le donner à David votre compagnon; parce que vous n'avez point « obéi à la voix du Seigneur et que vous n'avez point exécuté l'arrêt « de sa colère contre les Amalécites... Le Seigneur livrera aussi « Israël entre les mains des Philistins; demain, vous serez avec moi, « vous et vos fils, et le Seigneur abandonnera aux Philistins le camp « même d'Israël. » Saül tomba aussitôt de toute sa hauteur, car les paroles de Samuel l'avaient épouvanté, et les forces lui manquèrent, parce qu'il n'avait point mangé de tout ce jour-là. La femme vint trouver Saül, dans le grand trouble où il était, et elle lui dit : «Vous « voyez que votre servante vous a obéi, que j'ai exposé ma vie pour « vous, et que je me suis rendue à ce que vous avez désiré de moi... »

* *Vers 1.* Sur ce silence du Ciel, attesté par le *Livre des Rois,* cf. *Saül,* v. 493-498 :

> Et comment les prévoir, quand, par tant de miracles,
> Le ciel partout ferme la bouche à ses oracles?
> Pour arracher de lui l'obscure vérité,
> Que n'ai-je point offert? que n'ai-je point tenté?
> Mais les autels sont sourds, l'arche même est muette,
> Et, dans tout Israël, il n'est pas un prophète!

* *Vers 4.* Le mot *livre* revient souvent dans l'Écriture, soit seul, soit dans des expressions telles que *liber legis, liber verborum, liber sermonum;* la formule *livre du sort* peut être calquée sur l'une d'elles, mais aussi avoir une origine païenne (cf. *libri sibyllini* chez les Romains); elle semble d'ailleurs banale et devait appartenir à la langue noble du XVIIIe siècle : cf. Voltaire, *Henriade,* chant I :

> Il ouvrit à ses yeux *le livre des destins.*

Lamartine emploie cette image à diverses reprises dans les *Recueillements poétiques* :

Que pour toi, belle enfant, au printemps de ton âge,
Du livre du destin ce livre soit l'image !...

(A Mlle Nodier.)

Le livre de la vie est le livre suprême
Qu'on ne peut ni fermer, ni rouvrir à son choix...

(Vers sur un album.)

* *Vers 11.* L'image de la *trame* pour désigner la destinée est vieille comme la légende mythologique des Parques et le classicisme en a fréquemment usé; ici, Lamartine l'emploie non sans maladresse en l'associant à celle du livre que l'on feuillette (à moins qu'il n'ait en tête l'image des *volumina* anciens que l'on déroulait).

* *Vers 14.* Dans la Bible, Saül, qui a persécuté les devins, va trouver la pythonisse sans révéler qui il est; chez Lamartine, il peut dévoiler d'emblée sa personnalité; mais, afin que soit respectée la sacrosainte unité de lieu de la tragédie classique, l'auteur a dû imaginer que la sorcière est amenée auprès du roi d'Israël par un tiers.

* *Vers 15.* Autre modification : dans l'Écriture, la pythonisse est seulement une nécromancienne, agissant au nom des puissances d'En-Bas et à qui Saül déclare : « Divina mihi in pythone et suscita quem dixero tibi ! » A aucun moment, elle ne se présente comme l'interprète de Jéhovah. De même, au *Livre de Rois,* Saül se garde de menacer la femme, qui est suffisamment effrayée déjà au moment où elle reconnaît le souverain déguisé.

* *Vers 20.* Ces scrupules féminins n'existent point chez la magicienne de la Bible, inquiète seulement de se trouver devant le persécuteur des sorciers qui a cherché à ne pas être reconnu d'elle (« Quare imposuisti mihi? Tu es enim Saül »).

* *Vers 22. Tu tremble :* sur cette orthographe incorrecte, cf. la variante; Lamartine supprimait souvent le *s* de la seconde personne du singulier de l'indicatif présent pour des raisons métriques ou de rime; voir par exemple *La Mort de Socrate,* v. 727-728 :

Toi qui, m'accompagnant comme un oiseau fidèle,
Caresse encor mon front du doux vent de ton aile.

* *Vers 34.* La pythonisse, ici encore, n'a rien à voir avec son homologue biblique, mais rappelle bien plutôt la sibylle virgilienne, en proie au délire prophétique; cf. *Énéide,* VI, v. 45-51 et 77-80 : « Mais la prophétesse qui résiste encore à l'étreinte du Dieu, se débat dans son antre comme une sauvage bacchante et cherche à secouer de sa poitrine le dieu tout-puissant. Il n'en fatigue que davantage sa bouche qui écume et, dompteur de son cœur farouche, il l'assouplit en la pressant... »

* *Vers 35.* Dans la Bible, la pythonisse ne se livre à aucune prédiction : c'est Samuel qui annonce à Saül les malheurs qui vont fondre

sur lui et sur les siens; il le fait avec beaucoup plus de sobriété dans l'expression que la devineresse de Lamartine : on sent que le poète s'est efforcé d'éveiller chez son éventuel auditeur la terreur recommandée par les théoriciens de la tragédie; il y passe un mouvement qui n'est pas sans rappeler la prophétie de Joad chez Racine, *Athalie,* v. 1139 et suiv.

* *Vers 49.* Ce jeune homme, c'est évidemment Jonathas, fils de Saül et fidèle ami de David, qui périra des blessures reçues dans le combat contre les Philistins (*Saül,* v. 1602-1809).

* *Vers 51.* La nature qui s'associe à un deuil est une idée très poétique et qu'on retrouve implicitement dans *L'Isolement,* v. 25-32. Lamartine s'est souvenu d'un gracieux verset de l'*Ecclésiastique,* XXIV, 18 : « Quasi palma exaltata sum in Gades », utilisé aussi dans les *Chants lyriques de Saül,* v. 89.

* *Vers 55.* Aux derniers vers de *Saül,* David, vainqueur des Philistins, pleurera à la fois sur Saül et sur Jonathas, qu'il rêvera de venger :

> Versons au lieu de pleurs du sang sur ces deux tombes!
> Jonathas! en quel deuil mon triomphe est changé!
> Mais nous te pleurerons quand nous t'aurons vengé!

Le chant funèbre de Saül et de Jonathas est rapporté au *Second Livre des Rois,* I, 17-27.

* *Vers 69.* Les menaces développent celles proférées par Samuel (*Premier Livre des Rois,* XXVIII, 19); mais l'annonce de la naissance du Messie, fils de David, souvent reprise dans l'Ancien Testament, ne figure pas dans l'épisode de la pythonisse d'Endor; la prédiction de celle-ci s'achève sur un envol comparable à celui de la prophétie du Joad racinien :

> Cieux, répandez votre rosée
> Et que la terre enfante son Sauveur!

* *Vers 72.* Promesse formulée par la bouche du prophète Samuel (*Premier Livre des Rois,* IX, 17), qui annonce ensuite au roi sa déchéance, alors que, dans les vers qui suivent et contrairement à l'Écriture, la pythonisse se charge de parler au nom de Dieu (cf. note du v. 35).

* *Vers 78.* Le *flambeau des cieux* pour désigner le soleil est une périphrase classique.

* *Vers 86.* Au contraire, d'après le *Premier Livre des Rois* en divers chapitres, les forfaits de Saül sont nettement établis et consistent essentiellement en désobéissances aux ordres du Seigneur. Mais la tradition veut que les oracles soient enveloppés d'obscurité : il en va ainsi des paroles de la Sibylle dans l'*Énéide,* VI, v. 99-100 : « Horrendas canit ambages... Obscuris vera involvens ».

* *Vers 93.* Samuel mourut de mort naturelle, selon le témoignage du *Premier Livre des Rois,* XXV, I. En faisant de Saül le meurtrier de celui-ci, Lamartine accentuait le caractère sinistre de son héros et

de son drame, auquel il voulait donner un accent shakespearien (à Virieu, 23 janvier 1818), et il explique ainsi son invention : « Il est vrai que Samuel mourut naturellement, mais j'ai eu besoin de son ombre pour l'effet de la scène au deuxième acte. Si la scène réussit, on me pardonnera bien d'avoir supposé qu'il fut assassiné, quoi que ce soit une faute » (au même, 10 juin 1818).

* *Saul, furieux et se précipitant sur elle avec sa lance.* Saül, brutal et à demi fou, menace de frapper la pythonisse, comme ailleurs (*Saül*, v. 1350-1360) il tentera de tuer David avec un glaive. Cf. *Premier Livre des Rois*, XVIII, 11-12 : « Saül, ayant la lance à la main, la poussa contre David, dans le dessin de le percer d'outre en outre... »

* *Au moment où il va frapper, il voit l'ombre de Samuel.* Du point de vue de l'histoire du théâtre, cette apparition de l'ombre de Samuel sur la scène française, à la date où Lamartine la conçut, aurait été une audace : Alfieri, on l'a vu, n'avait pas retenu cet épisode et Alexandre Soumet, dans son *Saül* de 1822, ne montrera point non plus le fantôme, que Du Ryer avait pourtant fait figurer dans le sien en 1639; à dire vrai, Lamartine limitait le caractère insolite de son invention en ne faisant pas parler l'ombre qui passe. On se souviendra que dans *Hamlet,* le spectre du roi assassiné apparaît à diverses reprises sans rien dire et adresse la parole seulement à son fils.

* *Vers 103.* Pour l'expression, cf. *L'Homme,* v. 231. Impressionné par cette vision, Saül, craignant pour son fils, refusera d'engager la bataille contre les Philistins et, son délire reparaissant, menacera de mort David, que Micol et Jonathas auront grand peine à sauver.

MÉDITATION DIX-NEUVIÈME. — STANCES

Page 211

* *STANCES.* — Les onze strophes de cette méditation n'ont guère retenu l'attention des commentateurs de Lamartine qui ne se sont pratiquement jamais préoccupés d'elles et n'en font pas de citation. L'auteur lui-même ne la mentionne nulle part et son Commentaire de 1849 ne donne aucun renseignement sur les circonstances ou la date, même approximative, où la pièce fut écrite. Seul F. Reyssié (p. 307), rapprochant son inspiration de celle de *La Prière,* la juge du même temps, c'est-à-dire de la fin de 1819 : hypothèse que rien n'infirme ni ne fortifie. L. Séché (p. 192) la rapporte à 1822 sans étayer sur rien la date qu'il avance. Le mouvement général du morceau est très net : plutôt que de perdre sa vie dans les banales occupations des autres humains (v. 1-24), le poète l'emploiera à louer le Dieu créateur du monde (v. 25-fin).

* *Vers 3.* L'esprit grégaire des moutons est bien connu, au moins depuis Rabelais et l'aventure de Panurge avec le marchand Dindenault.

* *Vers 5.* Ici, comme dans *Bonaparte,* v. 36, *Memnon* évoque l'Orient, réputé pour ses fabuleuses richesses. Sur le thème antique des risques de la navigation maritime, cf. *Élégie,* v. 5-8 et note du v. 8.

* *Vers 8.* Sur le lieu commun de la vanité de la *gloire,* cf. *La Gloire,* première note, et *Le Poète mourant,* notes des v. 67 et 69.

* *Vers 10.* Évidente allusion à la carrière de Napoléon Ier, qui exploita les goûts guerriers des Français *(« nos passions »)* pour fonder sa monarchie éphémère.

* *Vers 12.* Ces deux vers peuvent n'être, comme les suivants, qu'un lieu commun et s'appliquer à tout homme qui a joué son existence sur l'amour d'une femme; mais, si le poème est de 1819, peut-être traduisent-ils le sentiment très personnel de Lamartine encore sous le coup de sa passion pour Léna de Larche. Cf. *Nouvelles Confidences,* II, 5 : « Quant à l'expression de ses yeux, d'un bleu aussi foncé que les eaux de Tivoli dans leur abîme,... je n'essayerai jamais de la décrire... »

* *Vers 18.* Sur l'image de la *feuille,* cf. *L'Isolement,* note du v. 49. Elle se rencontre aussi chez Ossian, *Incendie de Tura :* « Nous nous fanons comme l'herbe des montagnes, nous nous desséchons comme le feuillage des chênes »; mais P. Van Tieghem (*Ossian en France,* t. II, pp. 315-316) remarque avec justesse qu'il est inutile, pour expliquer les v. 17-20 des *Stances,* de recourir au barde écossais.

* *Vers 24.* Cette strophe reprend le thème de la fuite du temps, à laquelle Lamartine était si sensible. Le v. 24 est plein d'énergie dans sa simplicité; avec l'accent religieux en plus, il rejoint la profonde pensée de La Bruyère (*Caractères, De l'Homme,* § 48) : « Il n'y a pour l'homme que trois événements : naître, vivre et mourir. Il ne se sent pas naître, il souffre à mourir, et il oublie de vivre. »

* *Vers 25.* Au début de la seconde partie de ses *Stances,* le poète use d'un mouvement employé très fréquemment par l'auteur des *Psaumes* (VII, 18; IX, 3; etc.) : « Psallam nomini Domini altissimi », « Psallam nomini tuo, Altissime », etc. Toute la fin de la méditation sera d'ailleurs une sorte de psaume, dont le ton général annonce celui de maintes *Harmonies poétiques* et dans lequel Lamartine énumère les principaux attributs du Tout-Puissant.

* *Vers 30.* L'ubiquité est un des attributs essentiels de Dieu, qui est pur esprit.

* *Vers 32.* Cf. *Livre de Jérémie,* XXXI, 35 : « Dominus qui dat solem in lumine diei... »

* *Vers 36.* Les v. 33-36 sont une très libre paraphrase du chapitre initial de la *Genèse,* où est contée la création de l'univers.

* *Vers 40.* Cette avant-dernière strophe définit l'éternité de Dieu, celui-ci étant (v. 38) la propre cause de son existence (*causa sui,* pour parler comme les théologiens).

* *Vers 42.* Le mot *gloire* est constamment associé au nom de Dieu dans l'Écriture et, en particulier, dans les *Psaumes.*

* *Vers 43.* A la remarque formulée dans la variante du v. 43, ajoutons que la *harpe (cithara)* est l'instrument dont s'accompagne ordinairement le chantre des *Psaumes :* on peut penser que, dans l'esprit de l'auteur, la harpe de David a été suspendue devant l'autel de Dieu en offrande et qu'elle continue d'elle-même à glorifier le Seigneur (à la façon des *harpes éoliennes,* mentionnées dans *Le Poète mourant,* v. 49). Par ailleurs, l'expression *harpe d'or* figure chez Milton, *Paradis perdu,* III (voir la note du v. 273 de *L'Homme*).

* *Vers 44.* Cf. *Psaumes,* CIII, 33 et CXLV, 2 : « Laudabo Dominum in vita mea, psallam Deo meo quamdiu fuero. »

MÉDITATION VINGTIÈME. — LA LIBERTÉ OU UNE NUIT A ROME

Page 213

* *LA LIBERTÉ OU UNE NUIT A ROME.* — Cette méditation se compose de deux morceaux distincts, répondant chacun à l'une des parties de son titre : 1° V. 1-88 : *Promenade nocturne à travers les ruines de la Ville Éternelle* (les vers 71-88 formant une sorte de transition); ce développement figure presque complètement dans le manuscrit de Saint-Point, qui est sûrement une mise au net de brouillons antérieurs; 2° V. 89-132 : *Invocation à la Liberté.* Cette absence d'unité s'explique par les conditions où l'ensemble fut composé, ainsi que l'a suggéré M. Levaillant dans *Lamartine et l'Italie en 1820* (Paris, Flammarion, 1944), pp. 162-163 et 193-194.

a) Ayant rejoint son poste d'attaché d'ambassade à Naples en juillet 1820, le poète avait fait un séjour prolongé et enchanteur à l'île d'Ischia durant les mois d'été, mais il dut ensuite assurer son service auprès de M. de Fontenay, son ami. La situation politique était singulièrement tendue dans le royaume de Naples et des Deux-Siciles : le général Pepe avait soulevé les garnisons contre le vieux roi Ferdinand Ier afin d'obtenir un assouplissement de la monarchie absolue et, avec ses alliés *carbonari,* il avait obtenu l'octroi d'une constitution; mais, en sous-main, le souverain faisait appel à l'Autriche de Metternich pour rétablir son pouvoir personnel. Fontenay et Lamartine étaient eux-mêmes de tendances libérales : « Jamais peut-être, écrivait ce dernier à Virieu le 8 décembre, depuis les grands jours de Rome, ces rivages n'ont retenti d'accents de liberté aussi énergiques. L'Italie les répète tout bas. Il serait dans notre intérêt national d'y applaudir : il est dans notre morale et dans notre principe de ne pas les favoriser; nous marchons, à ce qu'il me semble, entre ces deux lignes... » La situation était difficile pour le diplomate français, qu'effrayaient les excès toujours possibles des révolutionnaires : à ses yeux, la liberté était belle, mais ceux qui la réclamaient si fort à Naples n'avaient jamais élevé la voix sous l'Empire et pourtant Napoléon était un tyran autrement redoutable que Ferdinand; et la tyrannie populaire, fondée sur la licence, lui

semblait un danger plus grand que tout autre. C'est dans cet état d'esprit qu'il conçut son *Invocation à la Liberté,* ébauche qui ravit M. de Fontenay et devait être l'amorce d'une méditation politique résumant leur commune doctrine. Malheureusement, les besognes et les soucis de l'heure empêchèrent le poète de poursuivre ce projet : « J'immole des poèmes à la nécessité, mandait-il encore à Virieu... Des vers? Je n'en fais plus et je n'en peux plus faire... Fontenay vient, me prie, me reproche; j'use mes forces, j'écris ma plate dépêche retouchée par leurs mains diplomatiques; je rentre épuisé... »
b) Quelques semaines plus tard, malade, Lamartine demanda et obtint un congé illimité; il quitta Naples le 20 janvier 1821 et vint s'installer à Rome pour y passer sa convalescence et attendre la naissance de son premier enfant; malgré le peu de succès que son *Ode sur la naissance du Duc de Bordeaux* rencontrait à Paris et les échos désagréables qui lui en parvenaient, il se sentait en verve et, au cours de quelque promenade, il conçut *Une Nuit dans Rome;* tout d'abord sans doute en jeta-t-il, d'une écriture hâtive et assez pénible à lire une première esquisse conservée dans un des carnets de la Bibl. Nat. (13973, f°s 26-27) au dos d'une page où l'on peut lire : *Mâcon, 1820 :*

La Liberté

Au commencement, description d'un clair de lune dans le Colysée.

Italie! Italie! éveille-toi — mais non!

Liberté *(mot illisible)* faire!
Ton nom retentit comme l'airain
Mais où es-tu? Qui t'a connue?
N'es-tu pas comme l'amour et la vertu
un souvenir, un débris d'un autre
temps? Oui, Je t'ai vue une fois
Vierge pure sur le sommet des Alpes!

Maintenant ce n'est pas toi. C'est
ton ombre irritée.
On ne te voit jamais qu'un poignard à la main!

Italie! Italie! éveille-toi, mais non!
L'écho seul du tombeau m'a renvoyé ton nom!

(Ces deux lignes sont raturées.)

2e description.

La croix plane sur ces ruines, fête
Comme un mât d'un vaisseau battu par la tempête!
Tout s'écroule, tout s'abîme, moi-même
avant que ce lierre se soit séché sur
cette pierre, je ne serai plus! Les hommes comme

> les flots se retireront peu à peu de ces rives.
> O monde, un seul homme vous a dit la
> Vérité !
> Celui qui t'enseigna, quoi donc? L'humilité !
>
> Description finale.

Il est aisé de reconnaître, avec Léon Séché (pp. 177-178), que « ce projet n'a pas servi à grand chose » et que « de ces cinq ou six vers qui surgissent ou éclatent de cette prose hachée en forme de notes », Lamartine retiendra finalement à peine une ou deux suggestions; le manuscrit non daté de Saint-Point est évidemment postérieur; mais le titre placé en tête de l'informe ébauche confirme l'intention de l'auteur, signalée par M. Levaillant, d'ajouter à son nocturne romain la tirade libérale composée à Naples et fort approuvée par M. de Fontenay. Initialement du reste, Lamartine songeait à vouer à celui-ci la dédicace de l'ensemble; mais, oublieux de sa promesse lors de la publication, il fit hommage de la pièce à la duchesse de Devonshire.

* *A Éli..., duch. de Dev.* — Sur la duchesse, on peut consulter, outre le Commentaire de 1849, l'article d'Artaud dans la *Biographie Michaud,* le *Larousse du XIXe siècle* et aussi le *Cours familier de Littérature,* Entretiens XLIX, LI et CXI (t. 9, pp. 12-28 et 163-167; t. 19, pp. 213-217). William, cinquième duc de Devonshire (1748-1811) fut marié deux fois, d'abord à Georgina, fille de lord Spencer (1757-1806), puis à Élisabeth, fille de lord Hervey, comte de Bristol (1759-1824) : celle-ci s'appelait Mrs Forster et était l'amie de Georgina lorsque le duc la prit pour maîtresse; d'après des on-dit rapportés par Lamartine, il voulait avoir et il eut d'elle le fils que ne pouvait lui donner son épouse légitime et fit passer celle-ci pour la mère de l'enfant. Après son veuvage, le duc épousa Élisa, mais mourut cinq ans plus tard : Mme de Devonshire fit de nombreux voyages en Allemagne, en Suisse, en Italie et fut, en 1814, une des premières Anglaises à revenir à Paris; elle était l'amie de Mmes de Staël et Récamier. En 1815, elle se fixa à Rome : « La plus belle et la plus opulente, la plus lettrée et la plus *mécénienne* de l'Europe », lit-on dans le *Cours familier,* « elle jouissait d'un douaire immense; son palais était une cour de distinction en tout genre : hommes d'État, poètes, écrivains, peintres, sculpteurs, savants de toutes nations s'y réunissaient à toute heure »; elle s'occupa d'éditer luxueusement Horace et Virgile; elle patronna des fouilles archéologiques au Forum; « elle apparaissait comme la véritable reine de Rome »; convertie au catholicisme, elle fut très liée avec l'illustre cardinal Ercole Consalvi, « le plus fénelonien des hommes », qui n'était pas prêtre et à qui elle fut peut-être unie par un mariage secret; en tout cas, « elle gouvernait par lui Rome et les Beaux-Arts, cette royauté de l'étude ».
Cette femme célèbre, « qui s'était faite cosmopolite, mais surtout italienne par passion pour le soleil et pour les arts », « avait recherché (l'auteur des *Méditations*) lors de (son) premier séjour dans la capitale

du monde comme un jeune homme dont le nom promettait plus qu'il ne devait tenir », déclare modestement Lamartine, qui ajoute : « Elle me traitait en fils plus qu'en protégé. » Elle le présenta à Consalvi, qui lui obtint une audience de Pie VII (c'était en 1820). Au moment où il composait la première partie de *La Liberté*, le poète se montre « allant rêvasser le matin à Saint-Pierre et le soir causailler chez la duchesse de Devonshire, (sa) seule aimable connaissance en Italie », qui l'accueillait dans sa princière demeure sur la place de la colonne Trajane (à Virieu, 25 janvier 1821). Au début de 1822, la noble dame était à Paris et Alphonse l'y rencontra : « La duchesse de Devonshire est ici... » « Je dîne aujourd'hui chez le ministre. J'y dîne encore dimanche avec la duchesse de Devonshire dont je suis le voisin et qui vous adore » (à Marianne de Lamartine, 31 décembre 1821 et jeudi 3 janvier 1822, cité par M. Guillemin, *Figaro littéraire*, 23 août 1958); en février 1822, Lamartine rencontra chez Lady Élisa Mme Récamier : « Ces deux figures se confondent, écrira-t-il beaucoup plus tard, bien qu'elles ne se ressemblent pas; l'une, génie inquiet et politique, consacra sa vie à se grandir, l'autre à plaire; belles toutes deux, l'une fut belle pour posséder les esprits, l'autre pour entraîner les cœurs. » En 1824, les deux amies assistèrent ensemble aux obsèques de Mgr Consalvi; la duchesse survécut fort peu au cardinal et « mourut la main dans la main de Mme Récamier »; on frappa en son honneur plusieurs médailles commémoratives portant son effigie; par testament, elle léguait à Lamartine « un des monuments qu'elle avait élevés à la gloire de l'Italie », probablement un exemplaire d'une des somptueuses éditions qu'elle avait fait réaliser de son vivant.

* *Vers 1.* Dans le sixième chant de l'*Énéide* (descente d'Énée aux Enfers), Virgile fait diverses allusions à la lumière qui règne au royaume des morts (v. 268-272, 452-454, 640-641, 707) et la compare notamment à celle du clair de lune :

> Ibant obscuri sola sub nocte per umbram...
> Quale per incertam lunam sub luce maligna
> Est iter in silvis...

* *Vers 2.* Parmi les ruines de la *Roma vecchia*, celles du *Colisée* sont les plus importantes et les plus souvent décrites ou admirées par les voyageurs et les écrivains, qui les ont fréquemment peintes au clair de lune (cf. à ce sujet l'édition de la *Lettre à M. de Fontanes sur la Campagne romaine*, procurée par J.-M. Gautier, Droz et Giard, 1951, *passim*); dès sa première venue à Rome, à la fin de 1811, Lamartine fut impressionné par l'imposant monument visité de nuit, si l'on en croit le témoignage tardif de *Graziella*, I, 5 (« Elle me conduisait... au clair de lune dans l'enceinte muette du Colisée »). S'il y a donc des souvenirs personnels dans la présente description, on doit, avec Edmond Estève (p. 345), y voir avant tout « un fragment byronien », inspiré par le chant IV de *Childe Harold*, strophes 128-144, *passim* : « Arcades sur arcades ! On dirait que Rome, rassemblant tous les trophées de son histoire a voulu réunir dans un seul

monument tous ses arcs triomphaux : c'est le Colisée; la lune semble un flambeau placé là pour l'éclairer; il n'y a qu'une lumière divine qui soit digne de briller sur cette mine de méditations (« mine of contemplation »), mine longtemps explorée, toujours inépuisable; le sombre azur d'une nuit d'Italie, ce firmament dont les teintes ont une voix qui nous parle du ciel, flotte au-dessus de ce vaste et merveilleux monument et ombre sa gloire... O Temps..., au milieu de ces débris où tu t'es fait un temple, tout plein d'une divine tristesse, parmi des offrandes plus dignes de toi, j'ose apporter la mienne... Lorsque la lune commence à monter dans l'horizon et s'arrête sur le dernier des arceaux, lorsque les étoiles étincellent à travers les fentes des pierres et que la brise légère de la nuit balance dans les airs la forêt qui couronne les murs grisâtres, semblable au laurier sur le front chauve du premier César, lorsqu'une douce lumière est répandue autour de nous sans nous éblouir, alors les ombres des morts se lèvent de cette enceinte magique : des héros ont marché sur ces pierres, c'est leur poussière que nous foulons sous nos pas... » — On trouve une autre évocation des ruines romaines dans la *Première Vision,* v. 385 et suiv. *(Nouvelles Confidences,* livre III).

* *Vers 4.* Cf. *Première Vision,* v. 583-584, où est évoqué

Le disque irrégulier de l'astre aux deux visages
(Qui) ne consolait plus de ses tendres regards
Les débris dispersés des grandeurs des Césars.

* *Vers 17.* Cf. *Première Vision,* v. 143-144, où l'on voit les « monts glacés »

(Dont les) fronts, dépouillés par l'aile des autans
Semblent s'être abaissés sous le fardeau des ans.

* *Vers 32.* Cf. *Première Vision,* v. 251-252, où le poète imagine ce que seront devenues les ruines du Louvre et de Paris :

Ici croissait l'ortie; ici la giroflée
Penchait sur les débris sa corolle effeuillée;
Là le buis éternel de ses sombres rameaux
Nouait comme un serpent le marbre des tombeaux...

La végétation qui recouvre les ruines (romaines ou autres) a souvent retenu l'attention de ceux qui les ont décrites : cf. « la forêt qui couronne les murs grisâtres » dans le texte de Byron, cité à la note du v. 2; Chateaubriand, *Génie du Christianisme,* troisième partie, livre V, chap. 3 et 5, ainsi que *Vie de Rancé* (édit. F. Letessier, pp. 158, 174, 183).

* *Vers 38.* Il est peu vraisemblable que l'*aigle,* oiseau de haute montagne, ait jamais élu domicile dans les ruines romaines; Lamartine imagine aussi sa présence sur les restes futurs de Paris dans la *Première Vision,* v. 267-268 :

Sur son faîte isolé, roi des champs d'alentour,
Un aigle solitaire a choisi son séjour.

Chateaubriand n'avait-il pas constaté (*Génie du Christianisme,* troisième partie, liv. V, chap. 4) que les oiseaux que l'on trouve, avec d'autres animaux et des plantes, sur les décombres antiques contribuent « à enchanter ces poétiques débris » ?

* *Vers 46.* Ces *oiseaux de nuit* (et les *cyprès,* deux vers plus loin) sont déjà chez Byron, *Childe Harold,* chant IV, strophe 78 : « Venez voir ces cyprès, venez entendre ces hiboux, venez fouler sous vos pas ces trônes brisés et les débris des temples, vous dont les agonies sont des douleurs d'un jour : un monde est à nos pieds, aussi fragile que nous-mêmes... » La *colombe* reparaîtra dans la *Première Vision,* v. 479; ses *soupirs* sont probablement d'origine biblique (*Isaïe,* LIX, 11; *Nahum,* II, 8).

* *Vers 52.* Ces deux vers, suivant M. P. Van Tieghem (*Ossian en France,* t. II, p. 317), sont une réminiscence possible d'Ossian, *Scène d'une nuit d'octobre :* « Le vent continue de mugir dans le creux des montagnes et de siffler dans le gazon des rochers. » On peut ajouter que le *torrent* au cours irrésistible appartient aussi à l'arsenal des images macphersoniennes.

* *Vers 62.* Assez comparable à l'alternance de ténèbres et de lumière contenue dans les huit vers qui précèdent, celle qu'on relève dans la *Première Vision,* v. 33-40 (il s'agit du soleil au moment « de la décrépitude de la terre et de la décadence du genre humain ») :

Tantôt dardant ses feux pendant des jours sans nombre,
Il refuse aux vallons le doux abri de l'ombre,
Brûle une terre aride et dévorant les eaux
Dans ses flancs altérés fait tarir les ruisseaux;
Tantôt se dérobant sous des ombres funèbres,
Il livre la nature à de longues ténèbres;
Et l'homme épouvanté d'un regard incertain
Attend en vain l'aurore aux portes du matin !

* *Vers 68.* Cf. v. 18-20.

* *Vers 70.* Cette image se trouve déjà dans l'ébauche manuscrite, citée à la première note. Cf. aussi, *Première Vision,* v. 115-120, où la même comparaison est appliquée à la pyramide d'Égypte

(Qui) sur les flots mouvants qu'agite la tempête,
Seul et dernier témoin d'un peuple anéanti,
Flottait comme le mât d'un navire englouti.

* *Vers 71.* Ce développement est amorcé chez Byron, *Childe Harold,* chant IV, strophe 78 : « O Rome ! patrie de mon choix, cité chère à mon âme ! mère abandonnée des empires détruits ! que les hommes dont le cœur est orphelin viennent te contempler et qu'ils renferment dans leur cœur leurs légères infortunes ! que sont nos malheurs et nos souffrances?... » Commentant ces vers, E. Zyromski (p. 207) remarque : « Son âme le porte avec la rapidité du songe à travers les époques de l'histoire. Il suit le temps dans sa marche triomphante accumulant les morts ici-bas dans le séjour de l'éphémère. »

* *Vers 75.* Dans son *Carnet de voyage* de 1811, Lamartine, remarquant l'état de délabrement où se trouvaient les restes de la Rome antique, notait déjà : « Tout cela est encombré, caché, défiguré; tout a changé de place; les incendies, les éboulements, les tremblements de terre ont tout détruit, moins encore que la main des hommes. *Il semble que les hommes se plaisent à enlever à leurs ancêtres jusqu'à leurs noms, jusqu'à la trace de leurs ouvrages.* » (*Le Correspondant,* 25 juillet 1908, p. 272.)

* *Vers 80.* La *Première Vision,* v. 603-604, s'achève sur ces deux mêmes rimes :

> Et le monde muet, sans ciel et sans flambeau,
> Restait comme endormi dans la nuit du tombeau !

* *Vers 84.* Sur *Tibur,* cf. *A Elvire,* v. 2.

* *Vers 89.* Ici commence la seconde partie de la méditation, celle — on l'a vu — qui dut être imaginée la première. Byron, déjà, avait fait retentir le nom de la *liberté* en plusieurs passages de *Childe Harold,* notamment au chant IV, strophe 42. Lamartine ouvrira son *Dernier Chant du Pèlerinage d'Harold* sur une invocation à la liberté et il écrira dans ce poème (v. 430-442) une tirade encore plus dure que celle qu'on va lire sur l'avilissement de l'Italie moderne,

> Monument écroulé que l'écho seul habite !
> Poussière du passé qu'un vent stérile agite !
> Terre où les fils n'ont plus le sang de leurs aïeux,
> Où sur un sol vieilli les hommes naissent vieux,
> Où le fer avili ne frappe que dans l'ombre,
> Où sur les fronts voilés plane un nuage sombre !...
> Adieu, pleure ta chute en vantant tes héros !
> Sur des bords où la gloire a ranimé leurs os,
> Je vais chercher ailleurs (pardonne, ombre romaine !)
> Des hommes, et non pas de la poussière humaine !...

Ces vers, plus que ceux d'*Une Nuit à Rome,* attireront des difficultés à leur auteur avec les patriotes italiens quand il séjournera en Florence (1827); il essaiera d'en neutraliser le mauvais effet en écrivant *La Perte de l'Anio (Harmonies poétiques).*

* *Vers 91.* Le nom d'*Émile* évoque les beaux temps de la République romaine : Paul Émile, consul en 216 av. J.-C., était un général d'expérience qui connut une mort héroïque au cours de la bataille de Cannes, gagnée par le Carthaginois Hannibal (Tite-Live, XXII, 49); son fils, après de nombreux autres succès, écrasa à Pydna, en 168, le roi de Macédoine Persée et vit son triomphe attristé par la perte de deux de ses fils, qu'il endura stoïquement : dans la *Vie* qu'il lui a consacrée, Plutarque a vanté sa grandeur d'âme et ses vertus. On sait que l'*Eurotas* arrosait Sparte, dont *Léonidas* fut un des rois les plus connus.

* *Vers 94.* Vers 450 av. J.-C., alors que les décemvirs exerçaient à Rome une exécrable tyrannie, l'un d'eux, Appius Claudius voulut

déshonorer la jeune *Virginie :* afin d'éviter l'infamie à sa fille, le père de celle-ci n'hésita pas à la poignarder et ce sacrifice courageux amena une révolte du peuple et le rétablissement de la liberté (Tite-Live, III, 44-54). On notera l'impropriété du mot *drapeaux* (emblèmes qui flottent au vent) : les Romains ne connaissaient que les enseignes rigides.

* *Vers 96.* Ces *trois cents immortels,* ce sont évidemment les trois cents Spartiates qui, commandés par Léonidas, moururent aux Thermopyles afin de retarder l'avance des Perses de Xerxès et l'asservissement de la Grèce par les Barbares (480 av. J.-C.); Hérodote (VII, 205-228) a rapporté longuement leur sacrifice; mais nulle part il ne signale qu'ils se soient *embrassés* (baiser ou accolade?) et ce geste attendrissant, peu dans les mœurs lacédémoniennes, semble une invention émouvante de Lamartine.

* *Vers 99. Appenzell :* un des vingt-deux cantons de la Confédération Suisse, où il fut admis en 1513, à l'extrémité nord-est de celle-ci, près de l'Autriche et du lac de Constance. — Sur le rôle du canton d'*Uri* et de *Guillaume Tell* dans l'indépendance helvétique, cf. *Ressouvenir du lac Léman,* v. 79-128, où le nom de Léonidas reparaît également.

* *Vers 104.* Ce vers est assez peu clair et prête à deux interprétations : 1° la plus plate : « cette terre où tu t'imposas aux usages »; 2° la seconde, plus riche : « ce pays où tu pus régner grâce aux bonnes mœurs des habitants », et l'on retrouverait ainsi l'idée chère aux philosophes du XVIIIe siècle selon laquelle la liberté et la démocratie doivent s'appuyer sur la vertu des citoyens (Montesquieu), condition réalisée spécialement en Suisse où la rude vie des montagnards a permis à la simplicité primitive de se maintenir (Rousseau).

* *Vers 107.* L'*Éridan,* fleuve mythologique nommé par Hésiode (*Théogonie,* 338), fut très tôt confondu avec le Pô (Euripide, *Hippolyte,* 737) et c'est toujours ce dernier que le mot désigne chez les Latins (Virgile, *Géorgiques,* IV, 372; Ovide, *Métamorphoses,* II, 325, 371). Dans toute cette dernière partie de la méditation, Lamartine dénonce avec vigueur les excès commis par les armées de la République et de l'Empire qui prétendaient imposer leur loi aux peuples sous le fallacieux prétexte de leur apporter la liberté; dans ce vers il songe plus particulièrement à la guerre d'Espagne et aux campagnes d'Italie du Nord:

* *Vers 108.* Cf. *Bonaparte,* v. 37.

* *Vers 114.* Le *tyran superbe,* c'est évidemment Napoléon, que l'on voit aussi dans *Bonaparte,* v. 93,

> Fouler d'un même pied des tribuns et des rois.

* *Vers 115. Marcus Porcius Caton* (95-46), dernier partisan de la liberté républicaine à Rome, après avoir relu le *Phédon* de Platon, se suicida dans Utique assiégée par les troupes de César plutôt que de tomber aux mains de ses adversaires et de survivre à son idéal politique (cf.

Plutarque, *Vie de Caton,* LXXXVIII). Le poète anglais Addison a écrit une tragédie intitulée *The death of Cato,* que Lamartine avait lue dans sa jeunesse (lettre à Virieu, 30 septembre 1810).

* *Vers 116. Il était beau :* cet imparfait doit plutôt s'entendre comme un conditionnel : *il aurait été beau;* en effet, les partisans de la liberté, sous l'Empire, furent plutôt condamnés à l'exil (Mme de Staël) ou au silence (Chateaubriand) qu'à la peine de mort; des fusillés, tels que le duc d'Enghien ou Armand de Chateaubriand, n'incarnaient pas des aspirations à proprement dire libérales. Mais il est indéniable que le régime policier de Napoléon avait été écrasant pour les esprits.

* *Vers 128.* Tableau analogue d'anarchie oppressive dans la *Première Vision,* v. 397 et sq. :

> Ni les lois, ni les mœurs, ni la crainte des peines
> De la société ne gouvernaient les rênes;
> La liberté sans frein et la force sans droits
> Remplaçaient dans ses murs peuples, tribuns et rois;
> Chaque jour, chaque instant voyait un nouveau maître
> Renaître pour périr et périr pour renaître...

A la fin de l'*Avertissement* du *Dernier Chant du Pèlerinage de Childe Harold,* le lecteur sera prévenu que « la *liberté* invoquée dans cet ouvrage n'est point celle dont le nom profané a retenti depuis trente ans dans les luttes des factions, mais cette indépendance naturelle et légale, cette liberté, fille de Dieu, qui fait qu'un peuple est un peuple et qu'un homme est un homme; droit sacré et imprescriptible dont aucun abus criminel ne peut usurper ou flétrir le beau nom. » Cette opinion ne cessa jamais d'être professée par Lamartine. En 1823, il y avait un courage certain à parler ainsi : la liberté était mal vue par les gens en place et les Congrès successifs qui, depuis 1815, avaient combattu les mouvements révolutionnaires en Europe ne laissaient pas d'être tyranniques à leur manière (en un sens, le v. 125 peut paraître une concession de style); mais, en accusant les libéraux de s'être avilis par leur silence sous l'Empire, l'écrivain énonçait une vérité. Par son attitude dans l'ensemble équitable, Lamartine était en définitive sûr de mécontenter tout le monde ! (Cf. Marcel Bouchard, pp. 134-135).

* *Vers 132.* Sur *Brutus,* meurtrier de *César,* cf. *Bonaparte,* v. 39. Dans la *Quotidienne* du 4 octobre 1823, Ch. Nodier citait les quarante-quatre derniers vers de *La Liberté ou Une nuit à Rome,* en les accompagnant de ce commentaire : « M. de Lamartine peut revendiquer à juste titre le droit de chanter la liberté à quelques lyres exclusives qui, selon l'expression d'un illustre écrivain, ont trop souvent *confondu dans un même amour la liberté qui fonde et la liberté qui détruit.* »

MÉDITATION VINGT ET UNIÈME. — ADIEUX A LA MER

Page 217

* *ADIEUX A LA MER.* — Ces stances furent, d'après le Commentaire de 1849, écrites en 1820, « dans l'île d'Ischia »; elles sont donc contemporaines du *Chant d'Amour* et d'*Ischia* et doivent dater du moment où le poète et sa femme quittèrent le séjour enchanteur où ils avaient connu un si profond bonheur, c'est-à-dire au mois d'octobre; le 9 * de ce mois, Lamartine était encore dans l'île, mais ses lettres suivantes sont datées de Naples où ses fonctions de secrétaire d'ambassade lui imposaient de résider alors avec plus de régularité qu'il ne l'avait fait durant l'été. Sa passion pour la mer et pour la navigation à l'aviron et à la voile datait de sa première venue à Naples en 1811-1812 (voir *Le Passé*, v. 61-70, et *Graziella, passim*); il l'avait retrouvée, entière, en 1820, et il écrivait à Vignet, le 31 septembre : « Je passe mon temps *à rêvasser* dans les champs ou *sur la mer* avec Marianne » et à Virieu, le 9 octobre : « Nous passons mollement nos jours à ne rien faire, à lire, *à errer* sous les bois ou *sur la mer.* » Aussi est-il très naturel qu'il ait exprimé ses regrets en quittant des parages qui lui étaient particulièrement chers : « Les *Adieux à la Mer* évoquent les plaisirs de la barque et de la rame que Lamartine s'accordait souvent sur la mer de Naples, la musique du déferlement des vagues et la colère sublime de la mer soulevée, la mélancolie sincère qu'éprouve le poète à se séparer de ces rivages... » (Mattlé, p. 74.) Sur Lamartine et la mer, cf. aussi Y. Boeniger, pp. 125-129, et P. Jouanne, pp. 44-46.

* *Naples, 1822.* Sur l'absurdité de cette date, cf. *Chant d'Amour*, première note.

* *Vers 1. Nacelle :* cf. v. 77 et *Chant d'Amour*, note du v. 150.

* *Vers 5.* Ces *poétiques débris* désignent à la fois les nombreuses ruines qu'on rencontre autour du golfe de Naples et les souvenirs des poètes qui hantent ces lieux, Virgile, (v. 79). Horace, Properce, Le Tasse (cf. *Le Golfe de Baya...*, v. 58-72).

* *Vers 10. Nocher :* cf. *Élégie*, v. 5. Le paysage évoqué dans cette strophe est bien celui d'Ischia, dont la côte escarpée plonge en maints endroits à pic dans la mer; cf. les lettres citées à la note 1 d'*Ischia* et *Graziella*, Épisode, 5 : « Chacun de ces villages a sa *marine*... Les vergues touchent aux arbres et aux vignes de la côte. » En naviguant, sans doute par goût et par prudence, Lamartine aimait, semble-t-il, à se tenir près des côtes (*Le Golfe de Baya...*, v. 9; *Élégie*, v. 41).

* *Vers 11.* Selon Ed. Estève (p. 341), « les *Adieux à la Mer* rappellent inévitablement l'apostrophe que Childe Harold adresse à l'Océan

---

* Ou peut-être plutôt le 3, selon une hypothèse très vraisemblable de M. Levaillant, *Lamartine et l'Italie en 1820*, p. 265, n. 8.

au moment où il termine ses pérégrinations à travers le monde, passage cher entre tous à Lamartine et dont quelques strophes valaient selon lui (*Nouveau Voyage en Orient,* édition de 1860, p. 20) « tout un long poème. » Le critique cite notamment *Childe Harold,* chant IV, strophes 179-184 : « Déroule tes vagues d'azur, majestueux Océan... Que sont ces armements redoutables qui vont foudroyer les villes de tes rivages ?... Que sont ces citadelles mouvantes ?.. Glorieux miroir où le Tout-Puissant aime à se contempler au milieu des tempêtes, calme ou agité, soulevé par la brise, par le zéphyr ou par l'aquilon, glacé vers le pôle, bouillonnant sous la zone torride, tu es toujours sublime et sans limites, tu es l'image de l'éternité... Je t'ai toujours aimé, ô Océan ! et les plus doux plaisirs de ma jeunesse étaient de me sentir sur ton sein, errant à l'aventure comme tes flots. J'étais comme un de tes enfants, je me confiais gaiement à tes vagues, et jouais avec ton humide crinière comme je fais en ce moment... » Sans doute peut-on trouver des ressemblances entre ces extraits byroniens et les vers de Lamartine, mais ceux-ci ont plus de douceur et d'harmonie que les cris romantiques et forcenés du poète anglais et conservent à ce titre une grande part d'originalité.

* *Vers 17.* Image de style classique, mais d'origine byronienne (*Childe Harold,* chant III : « Me voilà donc de nouveau sur tes mers ! Tes vagues bondissent sous mes pieds comme un coursier qui connaît son cavalier »), que Lamartine utilise à diverses reprises : cf. *Les Préludes,* v. 165; *Sultan, le cheval arabe,* v. 21-24; *Dernier Chant du Pèlerinage d'Harold,* XV :

> Que ce vent dans ma voile avec grâce soupire !
> On dirait que le flot reconnaît mon navire,
> Comme le fier coursier, par son maître flatté,
> Hennit, en revoyant celui qu'il a porté.
> Oui, vous m'avez déjà bercé sur vos rivages,
> O vagues, de mon cœur orageuses images,
> Plaintives, sans repos, terribles comme lui...

et XXXII :

> Le voyez-vous, perçant ces nuages de poudre,
> Abandonner le mors à son fougueux coursier?

* *Vers 25. Depuis sa tendre aurore,* Lamartine avait pu *rêver les bois,* mais non les *ondes* de la mer, qui ne lui furent révélées qu'en 1811-1812; ces sentiments étaient confondus chez un autre héros de Byron, celui de *Manfred,* II, 2 : « J'aimais à fendre les vagues du torrent furieux ou à voler sur les flots de l'Océan courroucé... J'écoutais la chute des feuilles lorsque les vents d'automne venaient dépouillet les forêts. Tels étaient mes plaisirs... »

* *Vers 30.* « Sensible surtout aux forces internes et aux mouvements, Lamartine a choisi comme représentative de son âme cette vaste étendue agile, parce qu'elle seule sur la terre correspond au ciel,

cette image la plus pure de l'infini... Il a saisi l'eau, il a appréhendé (selon le mot de Paul Claudel dans *L'Esprit et l'Eau*) *la mer éternelle et salée, la grande rose grise* » (Y. Boeniger, p. 126). Cf. aussi v. 41-45.

* *Vers 33. Carrière* : cf. *Les Préludes,* v. 203 et 255. Ici, ce mot de la langue noble a le sens très général d'*étendue sans limites.*

* *Vers 40.* Cf. *Psaumes,* LXXXVIII, 10 : « Domine,... tu dominaris potestati marium, motum autem fluctuum ejus tu mitigas » et Racine, *Athalie,* v. 61 :

Celui qui met un frein à la fureur des flots...

* *Vers 50.* Cf. une comparaison fort voisine de celle-ci dans *Chant d'Amour,* v. 71-72.

* *Vers 51.* Cf. *Ischia,* v. 18.

* *Vers 57.* L'image du *zéphyre endormi dans des antres* a sans doute été suggérée par Virgile, *Énéide,* I, v. 52-54, où il est dit qu'*Éole* tient prisonniers dans une vaste caverne *(« vasto ... antro »)* les vents rebelles et les tempêtes sonores.

* *Vers 60.* Cf. v. 6-10.

* *Vers 62.* Ces *festons,* c'est l'écume irisée par la lumière au moment où elle jaillit derrière la *poupe* de la barque.

* *Vers 65.* Cf. *Tristesse,* v. 31-32.

* *Vers 66. Qu'il est doux :* si l'on songeait ici au *Suave mari magno turbantibus aequora ventis* de Lucrèce (*De rerum natura,* II, v. 1), il faudrait convenir que le tableau suggéré par le poète latin diffère totalement de celui de Lamartine.

* *Vers 70.* Cette image sensuelle et un peu désuète (à cause de la présence du classique *beauté,* pour *femme*) rappelle le v. 2 de la première strophe supprimée du *Chant d'Amour* (voir la variante du v. 43 de cette méditation).

* *Vers 78.* Au début du sixième chant de l'*Énéide,* v. 42-43, le héros de Virgile va consulter la devineresse Déiphobé, qui habite un antre creusé dans le rocher et possédant cent accès, près de Cumes, au nord du cap Misène; cette côte est fort escarpée et comporte de nombreuses cavernes, dont l'une est encore appelée *antre de la Sibylle.*

* *Vers 79.* Voir la note au v. 12 de *Tristesse* (« au tombeau de Virgile »).

* *Vers 82.* Allusion à l'idylle romanesque de 1811-1812, qui fut à l'origine de *Graziella* et de nombreux poèmes de jeunesse. A proprement parler, *l'amour avait éveillé le cœur* du poète avant sa première venue en Italie (on lui connaît d'autres aventures sentimentales antérieures, en particulier sa passion pour la Mâconnaise Henriette Pommier); mais, très tôt, il avait inventé le mythe de la jeune Napolitaine.

* *Vers 90.* Cf. une idée analogue exprimée de façon voisine dans *Souvenir,* v. 43-44 (mais là le poète songeait à Elvire, et non à Graziella).

MÉDITATION VINGT-DEUXIÈME. — LE CRUCIFIX

Page 220

* *LE CRUCIFIX*. — « Si la plus belle des *Premières Méditations* est *Le Lac,* notait É. Deschanel en 1893 (I, p. 149), la plus parfaite des *Nouvelles* est *Le Crucifix*. La mémoire d'Elvire a inspiré l'une et l'autre. » Rapidement devenues très célèbres, elles ont été toutes les deux fréquemment reproduites, avec des commentaires, dans les anthologies lamartiniennes; sur la seconde, on peut lire des pages un peu verbeuses de Léon Séché *(passim)*, le livre de R. Doumic *Lettres d'Elvire à Lamartine* (Hachette, 2e édit., 1906), un article ancien et assez obscur de Pierre Martino (*L'Elvire de Lamartine. Notes sur la composition de « Crucifix »*, *Revue Universitaire,* 1905, pp. 215-229), et surtout la substantielle étude de Gustave Allais, intitulée *Lamartine : « Le Crucifix »* et publiée dans les *Mélanges Lanson* (Hachette, 1922, pp. 325-336).

Considéré dans son ensemble, *Le Crucifix* pose deux problèmes à la critique : celui de sa date de composition et celui de sa structure interne; on ne peut guère formuler à leur propos que des approximations ou des vraisemblances. Il est particulièrement curieux et regrettable que le poète, qui fait à son ami Virieu de nombreuses confidences sur tant de ses œuvres en cours de rédaction, ne parle d'une pièce si importante dans aucune de ses lettres connues; quant aux albums manuscrits, ils posent, comme toujours, plus d'énigmes qu'ils n'aident à en résoudre.

Quelques précisions chronologiques doivent être rappelées. Lamartine, qui n'avait pas revu Mme Charles depuis le début de mai 1817, avait connu de graves angoisses à son sujet durant l'été et l'automne; lorsqu'elle mourut à Paris, le 18 décembre, il était lui-même à Mâcon et, le lendemain 19, il lisait *La Gloire* à l'académie de cette ville; le 21, le docteur Allin, médecin de la défunte, adressait à Alphonse une brève relation de sa mort, qu'il reçut le 25 à Milly et qui détermina chez lui une crise de désespoir terrible; quelques jours plus tard, Virieu (qui n'avait pas, lui non plus, assisté aux derniers moments d'Elvire) vint de sa résidence du Grand-Lemps (Isère) visiter son ami éploré et, sur sa requête, se rendit à Paris pour s'informer des circonstances qui avaient entouré la fin de Julie et qu'une nouvelle lettre d'Allin (8 janvier 1818) n'avait pas complètement élucidées; le 18, le messager écrivit au poète le résultat de son enquête; peu après il lui rapporta les vers antérieurement communiqués à la femme aimée, le portrait de lui qu'il avait donné à celle-ci, deux enveloppes préparées par les soins de la disparue et contenant sans doute des lettres d'Alphonse. Mais il n'est pas question alors du crucifix qu'elle avait tenu entre ses mains au moment d'expirer. Celui-ci lui parvint « quelques semaines plus tard » (M. Levaillant, *Œuvres choisies,* p. 91) par l'intermédiaire d'Amédée de Parseval* : il le tenait du prêtre qui, ayant administré Elvire, avait reçu d'elle mission de le transmettre à Lamartine.

Il serait a priori légitime de penser que les strophes du *Crucifix* jaillirent de son cœur meurtri au moment même où il reçut ce gage de fidélité posthume, c'est-à-dire dans les tout premiers mois de 1818; mais cette impression première doit être inexacte. 1° Dans le Commentaire de 1849 (qui renferme du reste passablement d'inexactitudes), l'écrivain déclare qu'il composa son poème « après une année de silence et de deuil », ce qui en reporterait la rédaction au plus tôt à la fin de 1818, et même au début de 1819; délai vraisemblable en soi, si l'on admet que les grandes douleurs sont muettes. 2° Les v. 41-44 font même état d'un temps beaucoup plus long; mais, comme on le verra ci-après, furent peut-être écrits après coup. 3° Lamartine imagina en premier lieu une sorte de méditation en prose, dont le titre étrange *Il Crucifisso* a pu faire penser à P. Martino qu'il s'agissait peut-être de l'adaptation d'un poème italien non identifié; cette esquisse de l'œuvre en vers n'est guère possible à dater : sur l'album qui la contient (Bibl. Nat., 13975, f°s 2-3), elle voisine avec des projets de budgets relatifs à l'année 1822 et probablement établis à la fin de 1821 et elle est suivie immédiatement d'un premier état de la strophe initiale (f° 4), précédée du mot *Idéa* en lui-même assez énigmatique; sur cet album figure aussi, avec des vers du *Passé,* une rédaction de *L'Esprit de Dieu* (f°s 137-139) datée du 12 mars 1822 : peut-on en déduire avec une absolue certitude que le projet en prose et le début du *Crucifix* remonteraient seulement à cette année-là? Sans doute pas, car il peut s'agir de textes plus anciens reportés là pour une raison obscure et inexplicable... Cependant, se fondant sur les manuscrits qui nous restent, G. Allais estimait qu'il fallait rejeter la tradition selon laquelle la méditation fut écrite en 1818 et pensait qu'elle avait été rédigée durant l'été 1821, au moment où Lamartine élaborait *Le Passé;* cette date tardive justifierait notamment les v. 45-48 impliquant que le poète est en possession de l'objet source de son inspiration depuis un temps déjà long : il ne nous paraît pas impossible de ramener la composition du poème à l'hiver 1821-1822.

A titre de documentation et de comparaison, nous donnerons ici *Il Crucifisso* — publié pour la première fois dans les *Poésies inédites de Lamartine* (Hachette, 1873, pp. 295-297) — en suivant exactement le texte du manuscrit. Nous soulignons les passages qui seront

* Né en 1790 et fils d'un fermier général guillotiné en 1794, Amédée de Parseval était le cousin germain de Mme Delahante, femme du receveur général des Finances à Mâcon : il vécut longtemps chez ce dernier et devint l'ami intime de Lamartine et son confident; il faillit même en 1817 épouser sa sœur Césarine, future Mme de Vignet; plus tard, il l'accompagna dans son voyage en Orient (1832-1833) et lui resta toujours fidèlement attaché.

repris, de plus ou moins près, dans *Le Crucifix,* en indiquant en marge la référence des vers concernés par ces reprises :

Il Crucifisso

Image d'un Dieu sauveur, espérance du coupable, gage d'immortalité pour le malheureux, *reçois sur tes pieds divins ce baiser baigné de larmes !* — V. 4 ; V. 5

Quand je souffre, je jette les yeux sur tes yeux ternis par la mort, je contemple ce front divin luttant pour l'homme entre la pitié et la douleur !

Ses bras s'étendent pour embrasser les fils du péché, son regard s'élève au ciel pour appeler la miséricorde, et tous ses muscles tendus par la douleur se dessinent sur son corps expirant.

Que de larmes aussi n'as-tu pas vu répandre ! que de baisers n'as-tu pas reçus ! que de soupirs n'as-tu pas recueillis, *depuis le jour où* * le sculpteur inspiré grava sa pensée sublime sur l'ivoire, où le pontife te bénit et te consacra ! — V. 5-6

Tu as passé de mourants en mourants, de douleur en douleur, jusqu'à Celle qui, à sa dernière heure, *te colla sur ses lèvres* et exhala son dernier soupir et son dernier adieu *sur l'image miséricordieuse de son Dieu.* — V.91-92 ; V. 23-24

Tiède encore de son dernier baiser, humide encore de ses dernières larmes, je te recueillis comme *un gage deux fois saint,* comme un souvenir de la mort, comme un garant d'immortalité. — V. 7-8 ; V. 3

Depuis ce jour, *tu n'as pas quitté mon sein,* tu as compté mes soupirs et mes angoisses, *et mes lèvres ont usé l'ivoire* ** *amolli par mes larmes.* — V. 44 ; V. 47-48

O croix adorée, héritage saint, consacré par la piété et par la mort, je crois voir encore sur ton bois la trace du dernier baiser qu'imprimèrent *les lèvres mourantes* de Celle qui n'est plus. — V. 49 ; V. 1 et 81

Reste à jamais pressé *sur mon cœur,* reste à jamais collé sur mes lèvres ! Quand la voix de Celle qui t'a légué se fera entendre, *reçois mon dernier soupir* comme tu as reçu le sien; bénis ma dernière douleur, consacre ma dernière larme, et *sois recueilli par une main chérie sur ma bouche glacée !* — V. 50 ; V. 87

* Le manuscrit comporte une grosse rature indéchiffrable entre *où* et *le sculpteur.*

** Lamartine avait d'abord écrit *l'ivoire glacé de tes,* puis il a raturé et écrit le texte définitif.

Ces curieux *versets* paraissent avoir été suggérés par la contemplation directe et attentive du crucifix d'Elvire lui-même; mais, la méditation en vers ne retient que des détails isolés du premier jet en prose et apparaît beaucoup plus complexe que lui.
D'une complexité qui touche à l'incohérence, incohérence que G. Allais expliquait par une composition réalisée en plusieurs temps (selon une méthode de création discontinue que l'on retrouve en effet notamment dans *Le Passé, L'Esprit de Dieu, Les Préludes* et *La Liberté ou Une Nuit à Rome*). 1° Les v. 1-8 et 45-80, soit onze strophes, forment « une suite parfaite », éléments de « la pièce primitive », « méditation religieuse d'une belle envolée lyrique, où l'on sent frémir une profonde émotion »; (les rapprochements que nous avons nous-mêmes établis avec *Il Crucifisso* se font effectivement en très grande majorité avec ces stances, inspirées comme le morceau en prose par la vue du christ ayant appartenu à Elvire); 2° Les v. 9-40 furent conçus ensuite : « cette fiction d'une scène mortuaire » est « d'un romantisme plutôt fâcheux », en marge du réel puisque Alphonse n'avait pas assisté, et pour cause, au trépas de son amie *; elle n'est pas sans évoquer les *Funérailles d'Atala :* près de la mourante, ici comme chez Chateaubriand (et dans le fameux tableau de Girodet), l'amant est seul avec le prêtre, et ce dernier, « indulgent aux faiblesses humaines, rappelle quelque peu le P. Aubry »; sans aller jusqu'à trouver ce passage « déplorable », comme le faisait G. Allais, il est permis de le juger conventionnel; 3° Pour « suturer » ces deux éléments « qui se touchent et se côtoient sans se combiner », le poète écrivit les v. 41-44, « couplet de transition plutôt maladroit et faible »; tardif en tout cas : comme Elvire disparut en 1817, on peut le supposer de 1823 (en comptant à la manière des Latins l'année de départ et l'année d'arrivée, on justifiera les *sept fois* du v. 42); 4° Enfin, pour achever la méditation, Lamartine écrivit les quatre dernières strophes : les v. 81-84, reprenant les rimes de la stance initiale, font écho à celle-ci et auraient pu servir de conclusion à l'ensemble; mais, « introduisant dans la pièce une conception nouvelle », l'auteur imagina les trois derniers couplets, « assez peu intéressants et même bien froids » au goût de G. Allais, — dans lesquels on peut au contraire trouver un élargissement de la pensée, digne couronnement de la célèbre pièce.
Ces longues considérations, on le voit, ne permettent pas d'articuler des conclusions péremptoires; elles n'ont d'autres prétentions que de souligner les nombreuses incertitudes qui entourent *Le Crucifix*, méditation aussi illustre que sa genèse est difficile à connaître.

* *Vers 1.* Sans revenir sur le caractère inexact de ce « vers menteur » (Martino), il faut en remarquer la discrétion : Elvire n'est pas nommée, mais seulement évoquée par le possessif *sa* (cf. v. 8 et 13 : *son*); même procédé pudique dans *Le Lac*, v. 6 *(elle)*, 8 *(la)*, 12 *(ses)*.

* On a vu dans *L'Homme*, v. 126 et 221-225, apparaître le mythe de la présence du poète au lit de mort de Mme Charles.

* *Vers 3. Deux fois saint :* parce qu'il est le don d'une mourante bien-aimée et parce que c'est l'image de Dieu. Le sentiment religieux et l'amour humain sont ainsi réunis, ici comme dans *Le Temple.*

* *Vers 6.* On a donné deux interprétations du mot *martyr* : 1° Bien qu'il soit du masculin, on a cru qu'il désignait Elvire elle-même, dont la fin, terme de longues souffrances, fut exemplaire de piété résignée et sereine; 2° Plus généralement et avec davantage de vraisemblance L. Séché (pp. 348-349) estime qu'il fait allusion au confesseur de Mme Charles, l'abbé de Keravenant, qui fut un « martyr » de la Révolution. Pierre-Marie-Joseph Grayo de Keravenant, né au diocèse de Vannes, fit ses études au séminaire de Saint-Sulpice et resta attaché à cette paroisse. Ayant refusé de prêter le serment constitutionnel, il vécut clandestinement à Paris, puis fut incarcéré aux Carmes et échappa de justesse aux massacres de septembre 1792. Une légende dit qu'il bénit secrètement le mariage de Danton; sous la Terreur, il se dévoua au service des condamnés du Tribunal révolutionnaire. En 1804, il assista Cadoudal, ce qui lui valut d'être exilé au diocèse d'Orléans; il revint ensuite comme chanoine honoraire à Versailles, mais ne put rejoindre la capitale qu'en 1814. Curé de Saint-Germain-des-Prés en 1816, il put sauver son église de la destruction qui la menaçait; l'Institut, où habitait Julie Charles, faisait partie de sa paroisse : c'est à ce titre qu'il fut amené à lui donner les derniers sacrements et à recevoir son crucifix. Il était très populaire en raison de sa grande charité; il mourut, âgé d'environ soixante-dix ans, le 26 mai 1831 et fut inhumé au cimetière Montparnasse.

* *Vers 9.* Périphrase noble pour désigner les *cierges,* lesquels, à la vérité, s'allument autour du cercueil et non auprès du lit d'un agonisant.

* *Vers 10.* La poésie transforme tout, car les longues prières des agonisants sont récitées et non *chantées;* elles constituent l'*Ordo commendationis animae,* dont la première commence par les mots *Proficiscere, anima christiana...*

* *Vers 16.* Le *pieux espoir* du v. 13, c'est l'espérance en l'immortalité de l'âme. L'*auguste beauté* dont est empreint le visage de la morte a fait dire à Sainte-Beuve (*Chateaubriand et son groupe,* édit. M. Allem, I, p. 303) que « les poètes modernes ont commencé par mettre le pied dans les vestiges de M. de Chateaubriand » et le critique a rapproché ces vers d'une phrase de *René :* « Les traits paternels avaient pris au cercueil quelque chose de sublime. » Toutefois, l'auteur du *Crucifix* semble s'être souvenu surtout de détails donnés par la lettre de Virieu : « Dans certains moments d'inattention où sa tête s'égarait, sa figure ne recevait qu'une impression plus forte de son âme, l'expression de ses traits devenait sublime. Son regard avait quelque chose de surhumain et l'on restait frappé d'admiration et de terreur... Aucun de ses traits n'a été défiguré par la mort. Ses chairs sont seulement devenues blanches comme de l'albâtre. Sa bouche était entrouverte, ses yeux à demi-fermés, et il y avait sur toute sa figure une expression céleste de douceur et de repos... » Au v. 15, *fugitive* doit s'entendre *qui a fui, qui a cessé.*

* *Vers 18.* D'où vient ce *vent,* en décembre et dans une chambre de malade? Les commentateurs ont été surpris de ce détail, assez invraisemblable en vérité. Il semble que Lamartine ait revu en imagination Julie mourante telle qu'elle lui apparut évanouie, lors de son naufrage sur le lac du Bourget, (11 octobre 1816), rapporté ultérieurement dans *Raphaël,* XI : « La tête comme celle d'une morte (était) appuyée contre le coffre de bois... *Ses cheveux flottaient autour de son cou et de ses épaules comme les ailes d'un oiseau noir...* Son visage, dont les couleurs ne s'étaient pas tout à coup effacées, avait le calme du plus tranquille sommeil. C'était cette beauté surnaturelle que le dernier soupir laisse sur le visage des jeunes filles mortes... » (Voir aussi *Souvenir,* v. 29-32). On a pu discuter de la couleur des cheveux d'Elvire; le baron de Nanteuil, qui en vit une mèche conservée dans la famille de l'illustre inspiratrice, affirme qu'ils étaient « châtain foncé, on ne saurait dire noirs » ou, plus précisément « bruns, avec des nuances de noir » (*Les portraits d'Elvire,* Presses Universitaires de France, 1931, p. 18). S'appuyant sur une phrase de *Graziella,* Épisode, XII (« De ses longs cheveux noirs, la moitié tombait sur une de ses joues »), P. Martino prétendait que « la vive polisseuse de corail avait prêté ses cheveux à la malade attristée d'Aix »; il faut aussi noter que Mme de Lamartine avait des cheveux noirs, et qu'ils apparaissent « soulevés par les vents » au v. 81 d'*Ischia.* En fait, il est très malaisé de saisir le réel là où il y a un thème littéraire relevant sans doute de la psychanalyse (voir l'article de J. Gaulmier, *Sur un thème obsédant de Lamartine : la chevelure, Mercure de France,* mars 1957, p. 545).

* *Vers 20. Mausolée* (pour *tombeau*) et *cyprès* appartiennent à la langue classique traditionnelle; mais la comparaison est justifiée, les cheveux noirs formant un contraste avec la pâleur du visage abandonné par la vie.

* *Vers 22.* Cf. des mouvements de bras comparables chez l'héroïne de *Raphaël,* XII, endormie après son évanouissement : « Un de ses bras s'était dégagé des couvertures; il était passé sous son cou... » et aussi dans *Chant d'Amour,* v. 31-33.

* *Vers 28.* Expression assez embarrassée : le *parfum,* c'est à la fois l'encens et la fumée aromatique qui s'en dégage sous l'effet de la chaleur avant que sa matière soit entièrement consumée; l'*âme* s'est donc envolée, comme volatilisée par son ardent amour de la Croix.

* *Vers 32.* Nombre de ces détails étaient impliqués dans la lettre de Virieu citée à la note du v. 16; dans *La Mort de Socrate,* v. 809 et suiv., un peu de la grâce funèbre et de la majesté du *Crucifix* rehausseront l'évocation du philosophe qui vient de s'éteindre :

Comme un lis sur les eaux et que la rame incline,
Sa tête mollement penchait sur sa poitrine;
Ses longs cils, que la mort n'a fermés qu'à demi,
Retombant en repos sur son œil endormi,
Semblaient comme autrefois, sous leur ombre abaissée,

Recueillir le silence ou voiler la pensée.
La parole surprise en son dernier essor
Sur sa lèvre entrouverte, hélas ! errait encor,
Et ses traits, où la vie a perdu son empire,
Étaient comme frappés d'un éternel sourire...
On n'entendait autour ni plainte, ni soupir !
C'est ainsi qu'il mourut ! si c'était là mourir !

* *Vers 34. Ce reste :* l'emploi du singulier pour le pluriel est assez insolite avec ce mot; on trouve des exemples analogues dans *Dieu,* v. 64 *(par degré); L'Homme,* v. 43 *(homme), Les Préludes,* v. 128 *(impuissant effort),* explicables toujours pour des raisons métriques. *La majesté :* cf. v. 16.

* *Vers 37. Entendit :* comprit (sens classique). *Ses doigts glacés :* ceux de la morte (il y a une équivoque dans l'emploi du possessif). Retirer le crucifix des mains de la défunte pour les donner à l'amoureux aussitôt après le trépas est un geste inexplicable de la part d'un prêtre, et même de toute autre personne; il est vrai que toute la scène est romanesque. Il y a plus de vraisemblance dans *Atala (Le Drame)* où la jeune métisse remet elle-même à Chactas, avant d'expirer, la petite croix en or qu'elle porte au cou en lui disant : « Reçois de moi cet héritage, ô mon frère, conserve-le en mémoire de mes malheurs. »

* *Vers 39. Souvenir* de la femme aimée, *espérance* en l'éternité : ce vers résume en somme les deux thèmes développés par le poète dans sa pieuse méditation.

* *Vers 43.* Où se trouvait cette *tombe sans nom ?* Léon Séché (pp. 275-283), puis le docteur Léon Babonneix (*Autour de la tombe d'Elvire, Le Figaro,* 11 septembre 1926) l'ont en vain recherchée. Cependant, suivant M. L. Hastier (*Énigmes du temps passé,* I, 1944), que cite M. Maurice Rat (*M. Charles, le mari d'Elvire, sut mieux aimer que Lamartine, Le Figaro littéraire,* 30 mai 1953), on peut conjecturer, selon toute vraisemblance, que Julie fut inhumée au cimetière parisien de Vaugirard, réservé aux défunts de la rive gauche et supprimé en 1837, ce qui amena la disparition pure et simple de sa sépulture. Si cette hypothèse est vraie, tout ne serait que littérature dans ce qu'écrivit plus tard Lamartine, dans ce passage de ses tardifs *Souvenirs et Portraits* (t. III, p. 128) : « Cette belle personne mourut... Je parvins avec bien de la peine à me faire indiquer sa tombe sans nom dans un cimetière de village, loin de Paris. J'allai seul à pied, inconnu au pays, m'agenouiller sur le gazon qui avait eu déjà le temps d'épaissir et de verdir sur sa dépouille mortelle. L'église était isolée sur un tertre au-dessus du hameau... Il n'y avait dans le cimetière que des chevreaux qui paissaient les ronces et des pigeons bleus qui roucoulaient au soleil, comme des âmes découplées par la mort. J'étendis mes bras en croix sur le gazon, pleurant, appelant, rêvant, priant, invoquant, dans un sentiment d'union surnaturelle qui ne laissait plus à mon âme la crainte de la séparation ou la douleur de l'absence. L'éternité me semblait avoir commencé pour nous deux et, quoique

mes yeux fussent en larmes, la plénitude de mon amour, désormais éternel comme son repos, était tellement sensible en moi pendant cette demi-journée de prosternation sur une tombe qu'aucune heure de mon existence n'a coulé dans plus d'extase et dans plus de piété... »

* *Vers 48.* Le crucifix a empêché le poète d'oublier Elvire : telle est la vertu des souvenirs matériels que les défunts tiennent à léguer à ceux qui leur survivent. L'*ivoire amolli* par les pleurs est une hyperbole poétique; n'aurait-elle pas été suggérée à l'imagination du poète par un souvenir d'*Atala (Le Drame) :* « Le voilà, dit Chactas, ce gage de l'adversité! O René, ô mon fils, tu le vois; et moi, je ne le vois plus! Dis-moi, après tant d'années, l'or n'en est-il point *altéré ?* N'y vois-tu point *la trace de mes larmes ?...* »

* *Vers 54. Sous... sur :* ce vers est assez mal écrit et non exempt d'obscurité; il signifie sans doute qu'à l'heure de la mort les yeux ne voient déjà plus ce qui les entoure et que l'âme, qui se manifestait par le regard, est comme cachée sous un voile avant de s'envoler pour jamais. Au v. 55; *nos sens :* notre corps, siège de nos sens.

* *Vers 57. Incertaine :* se rapporte à *notre âme* (v. 59). Le participe passé *détaché* a une valeur de futur : *qui va se détacher.*

* *Vers 60.* E. Zyromski (p. 267) cite les v. 59-60 dans lesquels il note « un reflet qui décore l'apparence des choses d'une auréole de mystère et de beauté ».

* *Vers 64.* Comparaison qui sera reprise dans *Jocelyn, Prologue,* v. 91-93 :

Un crucifix d'ivoire
Reposait dans ses mains sur son sein endormi
Comme un ami qui dort sur le cœur d'un ami.

* *Vers 65. Éclaircir* signifie ici *illuminer* de la clarté céleste les ténèbres de l'agonie (cf. v. 54) et *apaiser* l'effroi par la certitude de l'autre vie qui va commencer.

* *Vers 69.* En s'adressant au Crucifié du Calvaire (cf. v. 80), qui *sait mourir,* puisque après avoir subi les tortures de l'agonie comme un homme ordinaire, il accepte la volonté de Dieu son Père, — Lamartine reprend une formule employée par Elvire dans une des lettres qu'elle lui avait adressées : « Je vous pardonne tout, mais que je souffre et quel noir horizon couvre à mes yeux l'avenir!... *Enfin, je sais mourir...* »

* *Vers 72.* Allusion à l'agonie du Christ au Jardin des Oliviers de Gethsémani (*Saint Matthieu,* XXVI, 36-46; *Saint Marc,* XIV, 32-42; *Saint Luc,* XXII, 39-46); la prière de Jésus ne dure pas *jusqu'au matin* mais elle est interrompue au milieu de la nuit par l'arrivée de la troupe que conduit Judas; en outre, elle n'est pas *vaine,* mais résignée : si le Sauveur, en proie à l'angoisse dit à son Père : « S'il est possible, éloignez de moi ce calice », il ajoute aussitôt : « Que votre volonté soit faite et non la mienne »; et *Saint Luc* signale qu'« un ange venu du ciel lui apparut et le consola ». L'*inutile prière de Jésus à son Père*

sera le thème d'A. de Vigny dans *Le Mont des Oliviers* (1843) et de Gérard de Nerval dans les cinq sonnets du *Christ aux Oliviers* (1844).

* *Vers 73. Où : sur laquelle, du haut de laquelle* (cf. *L'Isolement*, v. 41). Sur la Croix, Jésus fait homme put comprendre tout ce que la mort offre de *mystère* et de terreur aux simples humains; mais, en tant que Dieu, on ne peut prétendre qu'elle fût mystérieuse pour lui.

* *Vers 74.* C'est *Saint Jean,* XIX, 25-27, qui signale la présence de la Vierge Marie au pied de la Croix. Le *deuil de la nature* au moment où est expiré Jésus est rapporté par les divers Évangélistes; cf. par exemple *Saint Matthieu,* XXVII, 45-52; *Saint Marc,* XV, 33-38; *Saint Luc,* XXIII, 44-46 : « C'était alors environ la sixième heure, quand l'obscurité se fit sur toute la terre jusqu'à la neuvième heure, le soleil s'étant éclipsé... » *Les amis que Jésus laisse sur la terre* sont les Apôtres et les saintes femmes.

* *Vers* 78. L'expression *sur ton sein* a ici un sens vague et général que l'on rencontre aussi au v. 6 et assez souvent chez Lamartine.

* *Vers 84. Sa bouche..., son âme :* après l'invocation au Dieu figuré par le crucifix, le poète revient à Elvire : cf. v. 1-4. Sur la hantise de retrouver celle-ci, cf. *Apparition.*

* *Vers 85.* Nouvelle répétition (cf. v. 21) qui, à l'inverse de celles de la strophe qui précède, ne semble pas voulue délibérément par l'auteur.

* *Vers 88.* É. Deschanel (I, p. 152) établit un curieux rapprochement entre le vœu de Lamartine et l'attitude de Madame Henriette de France, rapportée par Bossuet dans l'oraison funèbre de la belle-sœur de Louis XIV : « Elle demande, écrit l'orateur sacré, le crucifix sur lequel elle avait vu expirer la reine sa belle-mère, comme pour y recueillir les impressions de constance et de piété que cette âme vraiment chrétienne y avait laissées avec le dernier soupir... Elle ne veut plus sentir de tendresse que pour ce Dieu crucifié qui lui tend les bras... » Mais on peut ne croire qu'à une rencontre fortuite de sentiments et d'expression. En écrivant *Le Crucifix,* Lamartine pensait peut-être que *l'ange éploré* l'assistant à son heure dernière serait sa femme; mais celle-ci mourut six années avant lui et ce fut sa nièce, Valentine de Cessiat, qui, au matin du 28 février 1869, lui tendit un crucifix de bois sculpté dont on verra plus loin qu'il n'avait rien de commun avec celui d'Elvire.

* *Vers 89. Ses* et *sa* renvoient à la *figure en deuil* du v. 87 : ces derniers vers « élargissent encore l'inspiration en élevant le crucifix modeste d'Elvire à la dignité d'un symbole qui, à travers la mort, unit les générations » (M. Levaillant). On peut rapprocher le v. 90 du v. 39.

* *Vers 93.* Cette strophe achève la pièce par « un grandiose tableau parousiaque » (Grillet, p. 26). Cette évocation de la fin du monde et de la résurrection des morts à l'appel de la *voix* des anges s'inspire de l'Évangile (*Saint Matthieu,* XXIV, 29-31) et surtout de l'*Apocalypse de Saint Jean* (où le chiffre *sept* — cf. v. 94 — revient à

maintes reprises). L'esprit de Lamartine fut hanté par ce spectacle eschatologique sur lequel il est revenu plusieurs fois : cf. *Dieu,* v. 163-172; *Les Visions* (*Première Vision,* citée au livre III des *Nouvelles Confidences*); *Harmonies poétiques* (*Milly ou la Terre natale,* v. 301-318; *Hymne de l'Ange de la Terre après la destruction du Globe, A l'Esprit Saint, Cantique*).

* *Vers 96.* « Comme *Le Lac, Le Crucifix* est un beau poème, mais où le Romantisme a mis sa marque. Les plus belles œuvres d'art sont des œuvres humaines où il faut faire une part plus ou moins large à l'esprit de l'époque et à son influence, parfois fâcheuse, sur le talent de l'auteur. C'est ce que nous constatons dans *Le Crucifix* », note assez durement G. Allais, cependant que R. Doumic (*Lamartine,* Hachette, 1912) écrit avec plus de bienveillance : « Admirable chant funèbre où le souvenir de l'amour s'efface devant le tableau d'une mort sereine, dont la tristesse est consolée par les espérances chrétiennes, et qui ouvre sur la vie future des perspectives infinies ! »

Note complémentaire

Un problème anecdotique se pose sur la destinée du crucifix d'Elvire. Et d'abord quel était exactement ce pieux objet, immortalisé par le poème qui lui doit son titre? Certains commentateurs, qui ne citent pas leurs sources, semblent s'être fiés à leur imagination plus qu'au texte même de Lamartine : c'est ainsi que M. Levaillant parle (*op. cit.*, p. 91) du « petit crucifix de *cuivre* que (la mourante) avait effleuré de son dernier souffle »; Albéric Cahuet, dans son récit romancé *Les Amants du Lac* (Fasquelles, 1927), rappelle de son côté qu' « Elvire avait auprès d'elle un petit crucifix de *bois,* très simple dont elle ne se séparait plus » depuis qu'elle avait retrouvé la foi.

Le premier de ces christs, en métal, paraît bien n'avoir jamais existé; le second a plus de vraisemblance et, par sa matière, il fait songer à celui que l'on montre au musée de Saint-Point : de très modestes dimensions, ce crucifix est en effet en bois sculpté, avec une flèche fichée dans le flanc du Sauveur; si l'on se reporte à la photographie du poète sur son lit de mort (reproduite par H. Guillemin, *Lamartine. Documents iconographiques,* P. Cailler, Genève, 1958, planche LXXVII), on peut constater que c'est celui qui reposa sur la poitrine du poète défunt; à noter cependant que, depuis le 28 février 1869, il a dû être placé sur un petit socle qui permet de le présenter au public. Mais une question vient à l'esprit : cette relique, conservée dans l'ancienne résidence du poète en Mâconnais, a-t-elle réellement inspiré la méditation de 1823? On va voir que rien n'est moins sûr. Grâce à une obligeante indication de M. Maurice Chervet, professeur agrégé des lettres au lycée Lamartine de Mâcon, j'ai pu entrer en relations épistolaires avec Me Marcel Thomas, notaire à La Ciotat : celui-ci m'a, avec une courtoisie dont je tiens à lui exprimer ici ma sincère gratitude, communiqué les résultats d'une enquête qu'il a conduite et qui renouvelle complètement la question.

Il faut d'abord remarquer que, par trois fois (au v. 48 du *Crucifix* et aux alinéas 4 et 7, du *Crucifisso*), l'écrivain se réfère à un crucifix *en ivoire :* on ne voit pas pourquoi il aurait inventé ce détail s'il avait eu sous les yeux un quelconque objet de *cuivre* ou de *bois* et, même si le ménage Charles vécut longtemps dans l'incrédulité, il n'est pas impossible qu'il possédât chez lui, à la suite de quelque héritage, un beau christ en matière assez précieuse ; on pourrait admettre aussi que Julie, convertie, se soit procuré, dans les derniers mois de sa vie, une image de Jésus ayant quelque valeur... Quoi qu'il en ait été, c'est bel et bien d'un crucifix en ivoire que Me Thomas a découvert la trace et l'existence, en Lozère, dans une famille apparentée à celle de Lamartine.

La plus jeune sœur d'Alphonse, Sophie de Lamartine, épousa en 1827 le comte Édouard de Ligonnès, originaire de Mende ; le ménage vit naître neuf enfants ; en dépit de cette lourde charge, il eut l'occasion de faire au poète impécunieux divers prêts d'argent : notamment, en 1850, celui-ci reçut de son beau-frère 80 000 francs or en vue de mettre en exploitation le domaine de Burghaz-Owa (20 000 ha) que lui concédait le sultan de Constantinople ; l'affaire échoua et Lamartine, incapable de rendre la somme empruntée, devint l'obligé des Ligonnès, avec qui, d'ailleurs, il avait toujours entretenu d'excellents rapports. Chaque année les Lozériens venaient faire un séjour en Bourgogne et l'auteur des *Méditations* s'attacha en particulier à l'un de leurs fils, Charles, élève au collège des Jésuites de Saint-Affrique, adolescent attiré par la théologie, mais qui cependant se destinait d'abord à la carrière des armes.

En 1863, année où mourut sa femme, le vieil écrivain vit aussi disparaître sa sœur Sophie de Ligonnès : le malheur resserra encore les liens naturels entre l'oncle et le neveu. « Aussi, m'écrit Me Thomas, n'est-il pas interdit de penser que Lamartine — devenu veuf, se sentant affaibli sans doute et surtout patiemment travaillé par Valentine de Cessiat, vieille fille nourrissant pour lui des sentiments autres que ceux d'une nièce pour son oncle et cherchant à éloigner tout ce qui pouvait lui rappeler le souvenir de Mme Charles — ait à la fois satisfait le zèle amoureux de Valentine et donné à Charles une preuve tangible de son attachement par la remise du crucifix d'Elvire. Ceci pouvait se situer vers 1865-1866. » Charles de Ligonnès vivait alors à Mende chez son père : c'est là sans doute qu'il emporta le crucifix donné au cours d'une visite à Saint-Point. En 1868, à la mort de son oncle et parrain, le comte de Rochenégly, il hérita du domaine de Booz, en Auxillac, sur le Lot, à une trentaine de kilomètres en aval de Mende : il y vécut en gentilhomme campagnard, très attaché de cœur au pays et aux habitants, qui l'élurent maire de leur commune ; lorsqu'il eut embrassé la prêtrise, il fit encore de fréquents séjours dans sa propriété où il avait, en s'y installant, déposé le crucifix.

Sur ce point, Me Thomas tient de l'un de ses anciens confrères du littoral varois, mais issu d'une famille lozérienne, un témoignage fort intéressant, et même capital. Une des grand-tantes de cet officier ministériel, Sophie Commeyras, était jeune servante chez le comte Édouard de Ligonnès; au même moment, un nommé Vieillevigne exerçait comme maître-valet à Booz chez M. de Rochenégly : en raison des relations qui existaient entre les deux maisons, Sophie épousa Vieillevigne à peu près à l'époque où Charles de Ligonnès s'établit à Booz, et elle racontait aux parents du notaire du Var « qu'il y avait à Booz, dans une des chambres à donner, un beau christ qui venait du frère de Mme de Ligonnès; que ce frère était un grand poète; mais que ce Bon Dieu, on ne l'avait pas mis dans le salon parce qu'il y avait des choses autour de lui; que c'était le Bon Dieu d'une masque... » Une *masque,* en Auvergne, d'après Du Cange, que cite Littré, c'est une femme de mauvaise vie! Et Me Thomas, ayant rapporté ces propos à l'actuel possesseur du crucifix, a obtenu de lui confirmation qu'on parlait de cet objet, dans son jeune âge, seulement à mots couverts, que dans la demeure de sa famille on se refusait à le mettre dans la salle de réception, qu'on le reléguait en quelque sorte dans une chambre souvent inoccupée, et non pas au chevet du lit, mais en face, au-dessus d'un petit secrétaire... Ainsi, semble-t-il, on se méfiait du christ de l'ancienne pécheresse, comme si quelque malédiction et quelque déshonneur y fussent, malgré son repentir, restés attachés, parce qu'elle l'avait tenu entre les mains; sentiments rigoristes qui ne surprennent guère dans l'âpre Gévaudan!

Et c'est pour cette raison sans doute que, devenu prêtre, Charles de Ligonnès ne conserva point le présent de son oncle : cette belle pièce en ivoire, actuellement placée sur un cadre, n'est plus à Booz, mais dans la propriété de *La Vigne,* distante d'une vingtaine de kilomètres. Lorsqu'il fut ordonné en 1877, le neveu de Lamartine (qui allait devenir professeur, puis supérieur au grand séminaire de Mende, avant d'être choisi par Pie X comme évêque de Rodez, dont il occupa le siège de 1906 à sa mort en 1925) dut éprouver quelque scrupule à garder une relique que, laïc, il avait acceptée, mais à laquelle s'attachait le souvenir d'une passion trop brûlante pour sa conscience scrupuleuse de ministre des autels. Il la remit donc à son neveu, Roger de Séguin de la Tour de Reyniès, baron de Prades, fils de Mathilde Ligonnès, établi à *La Vigne* et qui bénéficia de la proximité de Booz pour recevoir le fameux crucifix; c'est aujourd'hui le petit-fils de ce dernier, M. Roger de Saboulin-Bollena, qui le détient, en vertu des volontés de son père, dont Me Thomas a pu consulter le testament olographe, daté du 26 octobre 1951 et contenant en particulier cette disposition : « Je désire que le crucifix de Lamartine qui se trouve dans ma chambre, en face de mon lit, soit remis à mon fils Roger. » Ainsi un fait est désormais acquis : à sa mort, Lamartine ne baisa pas le crucifix d'Elvire; mais il est probable qu'il avait alors oublié le souhait formulé aux v. 86-88 de son ancienne méditation, et que la pieuse Valentine lui plaça entre les doigts un christ en bois qu'elle avait sous la main. Et le naïf Charles Alexandre, secrétaire dévoué, a été simplement victime de son imagination en écrivant dans ses *Souvenirs* (p. 395) qu'au matin de son trépas la nièce du poète « porta au dernier baiser de ses lèvres mourantes le crucifix deux fois sacré par l'amour et par Dieu ».

Depuis que j'ai écrit ces lignes, Me Marcel Thomas a fait sur le sujet une communication à l'académie de Mâcon en sa séance du jeudi 30 avril 1964 : il y a repris, en les étoffant, les détails qu'on vient de lire. L'ensemble de ceux-ci est cohérent et paraît susceptible d'emporter l'adhésion. Pourtant l'érudit notaire du Var conclut seulement : « *Voilà très simplement l'état de mes recherches; je ne donne pas de certitude; je n'administre pas de preuve définitive; j'émets quelques hypothèses, j'apporte quelques témoignages. Il faut chercher encore...* »

Réserve prudente et sage, comme on va le voir! Car il existe un autre « crucifix d'Elvire » conservé également dans une branche collatérale de la famille de Lamartine.

Un heureux hasard a fait que Mme Pierre Rondeau, du Mans, m'a mis en relation avec sa sœur, Mlle Renée de Chastellier, professeur au lycée de Besançon. Elles descendent en droite ligne l'une et l'autre de Cécile de Lamartine (1793-1862), sœur puînée du poète, devenue par son mariage Mme de Cessiat et mère de sept enfants, dont six filles. Parmi celles-ci, on connaît surtout l'aînée, Alix, qui épousa Léon de Pierreclau, et la troisième, Valentine. Mais c'est ici la seconde, Célénie, qui retiendra notre attention.

Célénie de Cessiat, épouse de M. de Belleroche, fut quant à elle huit fois mère : l'une de ses filles, Léontine, se maria avec un industriel marseillais, Félix Fournier, et une autre, Marie-Anne, avec le marquis de Chastellier; de ces derniers naquit le comte de Chastellier, éditeur de *Lamartine et ses nièces* (Paris, Plon, 1928) et père de Mme Rondeau et de Mlle Renée de Chastellier.

Ainsi qu'avec une extrême obligeance dont je lui suis reconnaissant cette dernière a bien voulu me l'apprendre au cours de l'été 1966, Léontine et Marie-Anne de Belleroche avaient, dans leur enfance, séjourné à Saint-Point chez Lamartine et leur tante Valentine. C'est cette dernière qui leur avait montré un certain crucifix, en leur précisant qu'il s'agissait de celui ayant appartenu à Elvire... Il est aujourd'hui la propriété de Mlle Renée de Chastellier elle-même, et ce précieux objet est accompagné d'une note manuscrite rédigée par la sœur de son père, Madeleine, qui s'y exprimait en ces termes :

« *Je certifie que me trouvant en séjour à Saint-Point avec ma mère, celle-ci demanda à sa tante, Madame Valentine de Lamartine, de nous montrer le crucifix d'Elvire. Celle-ci nous désigna un Christ en ivoire qui, à sa mort, entra en la possession de Mlle Léontine de Belleroche, une des trois légataires de Madame Valentine de Lamartine. Par testament, Mlle de Belleroche, devenue Madame Félix Fournier, légua le crucifix à sa petite-nièce, Mlle Renée de Chastellier.* »

Cette déclaration paraît péremptoire et, dans la famille Belleroche-Chastellier, on n'a jamais douté de l'authenticité de ce « crucifix d'Elvire ». En 1929, lors de l'exposition organisée pour le centenaire de la *Revue des Deux Mondes,* son directeur, René Doumic le demanda à sa détentrice et il y fut présenté comme tel...

Mais l'histoire contée par Me Thomas ne manque pas non plus de vraisemblance. Alors comment concilier ces deux « traditions » également sérieuses? Il n'y a rien de plus semblable à un christ en ivoire qu'un autre christ en ivoire! Lamartine avait pu donner à son neveu de Ligonnès un crucifix qu'il pensait être celui d'Elvire, (mais, en ses dernières années, sa mémoire était-elle bien fidèle?) à l'insu ou en l'absence de Valentine. Celle-ci, probablement plus tard, montrait à ses petites-nièces un second crucifix, que de bonne foi elle prenait pour le vrai et qui, après tout, l'était peut-être!

La petite histoire, comme la grande, est bien, comme le disait Renan, une « science conjecturale »...

MÉDITATION VINGT-TROISIÈME. — APPARITION

Page 224

* *APPARITION.* — Cette brève méditation est une de celles pour lesquelles on se trouve à peu près complètement démuni d'informations précises sur leur date de composition. Le Commentaire de 1849 la rattache, pour le fond et pour l'époque, au *Crucifix,* ce qui ne permet de formuler qu'une vague hypothèse sur le moment de sa rédaction : en effet, le poète suggère que la pièce inspirée par le christ de Julie Charles aurait été écrite un an après la disparition de celle-ci, donc en 1818; mais la critique a supposé, non sans vraisemblance, qu'elle remonte au plus tôt à l'été 1821 (cf. la première note de notre commentaire); *Apparition* pourrait être de cette même période, ce qui expliquerait la remarque de l'auteur (en contradiction apparente avec lui-même) selon laquelle « le temps avait interposé des années entre la mémoire (de l'écrivain) et la mort (de sa bien-aimée) »... D'un autre côté, on ne peut s'empêcher de noter l'analogie d'inspiration du présent texte avec *Le Soir* et *Souvenir,* poèmes écrits au château de Montculot à peu près certainement en mai-juin 1819 (cf. la première note du *Soir*). Faut-il en déduire une contemporanéité des trois œuvres? Non certes, car le même thème (celui, renouvelé d'Ossian et de Pétrarque, de l'âme d'une défunte revenant sur terre pour visiter celui qui la pleure) a pu s'imposer derechef à l'imagination de Lamartine à un instant postérieur et, pour nous, indéterminé. Toutefois *Apparition* pouvait être déjà achevée quand parurent les *Méditations* de 1820, et avoir été gardée en portefeuille pour éviter le retour d'un sujet abordé deux fois déjà dans le recueil... Au total, notre ignorance est à peu près totale, faute de documents rigoureux. Cf. toutefois, *infra,* la note du v. 51.

* *Vers 2.* Périphrase de la langue néo-classique pour désigner *la lune.* (L'éclairage lunaire de ce début est à comparer avec celui des

premières strophes du *Soir* et des v. 11-12 de *L'Isolement.*) On comparera le mouvement du début de la pièce à celui d'*Invocation.*

* *Vers 5.* Déjà Virgile (*Énéide,* II, v. 255) notait le caractère *amical* du clair de lune (« tacitae per amica silentia lunae ») ; mais c'est Chateaubriand qui avait insisté sur l'apaisante et « étonnante mélancolie » de celui-ci (*Génie du Christianisme,* première partie, liv. V, chap. 12); dans son *Essai sur les Révolutions* (seconde partie, chap. 13), il énonçait des idées très voisines de celles contenues dans les v. 5-8 : « Un infortuné... doit éviter les jardins publics, le grand fracas, le grand jour; le plus souvent, il ne sortira que la nuit. Lorsque la brune commence à confondre les objets, notre infortuné s'aventure hors de sa retraite. Un jour il va s'asseoir au sommet d'une colline... Une autre fois, par un clair de lune, il se place en embuscade sur un grand chemin... » Nous citons ce texte, que Lamartine n'a sûrement pas connu, pour montrer une communauté de pensée très romantique.

* *Vers 10.* Ce *rayon* rappelle celui du *Soir,* v. 13 et 18.

* *Vers 12.* Ces quatre vers sont pleins de fiction : *Le Crucifix* dit que la tombe d'Elvire était *sans nom* (v. 43) et Lamartine n'aurait pu s'y rendre *chaque soir* puisqu'elle se trouvait dans un lointain village, où le poète semble bien n'être allé qu'une fois en pieux pèlerinage (*ibid.,* note du v. 43).

* *Vers 15.* Sur ce *souffle qui murmure,* cf. *Souvenir,* v. 46-48 et note du v. 48.

* *Vers 17. Toi :* la lune; *elle :* Elvire qui, comme dans la plupart des méditations qui lui sont consacrées, ne sera pas désignée par son nom (cf. *Le Lac,* v. 6, 8, 12; *Souvenir,* note du v. 15; *Le Crucifix,* v. 1, 2, 8, 13, 81, 83).

* *Vers 21. Lèvres divines,* au sens propre, puisque celle qui apparaît ici réside maintenant dans le Ciel (cf. *Souvenir,* v. 59 : « *Céleste* moitié de mon âme »).

* *Vers 25.* La *sombre couche* du v. 24 rappelle la *funèbre couche* du *Crucifix,* v. 21. La mort de Julie Charles intervint après trois jours d'agonie et l'on ne sait pas ce que fut le mot de sa fin; mais, pour Alphonse, ce ne pouvait avoir été que son propre nom. Ainsi dans *Raphaël,* CIII, la dernière lettre que le héros reçoit de son amante s'achève sur « Raphaël ! adieu ! », « ces deux mots (tenant) toute la ligne et (remplissant) tout le bas de la page ».

* *Vers 28.* Ainsi ce qui, dans *Souvenir,* v. 53-56, n'était que vision de rêve devient ici véritablement une réalité tangible.

* *Vers 29.* Sur la foi du poète dans l'efficacité de l'oraison, cf. *La Prière,* v. 85.-fin.

* *Vers 33.* Dans son enthousiasme, Lamartine rend grâce à Dieu à la façon de maints passages de l'Écriture. Cf. par exemple *Psaumes,* LXVII, 35 : « Date gloriam Deo super Israël » et aussi le répons

qui précède la lecture de l'Évangile de la Messe : « Gloria tibi, Domine ».

* *Vers 38.* Ce sentiment, provoqué par la « rencontre » du poète avec Elvire qui vient de lui apparaître, est à comparer avec l'exaltation qu'il ressentit après avoir visité sa tombe : voir la fin du texte des *Souvenirs et Portraits,* cité à la note du v. 43 du *Crucifix.*

* *Vers 39.* Mouvement analogue de déception au v. 49 du *Soir;* mais ici l'impression de désappointement ne dure pas et le poème s'achève, comme il a commencé, sur une invocation à la lune, dont la clarté a ramené pour un instant Elvire sur cette terre.

* *Vers 44.* Ordinairement la lune est assimilée à un *char* (cf. *L'Isolement,* note du v. 12), plutôt qu'à un *vaisseau;* l'origine de cette comparaison *marine* est peut-être à rechercher indirectement dans le *Génie du Christianisme* (*loc. cit.* à la note du v. 5) : Chateaubriand y montre « l'astre solitaire... reposant sur des groupes de nues... (qui) se dispersaient en légers *flocons d'écume* ou formaient dans les cieux des *bancs* d'une ouate éblouissante... »

* *Vers 51.* Ces six derniers vers évoquent évidemment avec une intense poésie le ciel de l'Italie : on les comparera avec les premières strophes d'*Ischia.* Encore que Lamartine ait connu et apprécié le climat de la péninsule dès 1811-1812, ce rapprochement peut faire penser qu'*Apparition* fut composée après son séjour à Naples de juillet 1820 à janvier 1821.

MÉDITATION VINGT-QUATRIÈME — CHANT D'AMOUR

Page 226

* *CHANT D'AMOUR.* — Comme *Ischia,* le *Chant d'Amour* fut composé en Italie durant l'été de 1820, alors qu'Alphonse goûtait avec plénitude son jeune bonheur conjugal (la mention : *Naples, 1822,* placée sous le titre est, quant au millésime, une simple absurdité, puisque cette année-là le poète ne franchit pas les Alpes). Les deux pièces ont été dictées par une inspiration personnelle analogue; mais la seconde traduit encore une ardeur de passion plus grande, que rend parfaitement la grande variété des rythmes successivement employés : son caractère brûlant vient sans doute de ce que l'auteur a voulu rivaliser dans ces stances avec le plus ardent des poèmes de la Bible, le *Cantique des Cantiques.* La traduction de ce chant nuptial, à la fois sensuel et mystique, avait été publiée par Genoude au mois de mars 1820, chez Nicole, le propre éditeur de Lamartine; comme celui-ci n'avait point utilisé dans *La Poésie sacrée* le texte si riche et si suggestif de ces versets salomoniens, il était normal qu'il s'en servît ailleurs et, au lendemain du mariage qui venait de lui assurer équilibre et félicité, le *Cantique* était pour lui le meilleur intercesseur à cristalliser sa pensée (cf. Grillet, pp. 120-127). Cette longue incantation se déroule sur un mode harmonieux et ses thèmes, selon

l'usage de la composition musicale, sont repris tour à tour et s'enlacent subtilement.

* *Vers 3.* Évocation analogue dans *La Sagesse,* v. 21-24.

* *Vers 6.* Cf. *Cantique des Cantiques,* V, 12 : « ... sicut columbae super rivulos aquarum... »; ces colombes ne sont point *plaintives;* mais on les trouve qualifiées de *gementes* au *Livre d'Isaïe,* LIX, 11, et au *Livre de Nahum,* II, 8. La même image est reprise dans *Philosophie,* v. 23.

* *Vers 7.* Sur les nombreuses comparaisons de la pièce (v. 12, 17, 22-23, 41-42, 50, 119, 58-60, 66, 71-72, 76-78, 82, 85-86, 94-96, 113-116, 154, 192, 214-216), voir la note du v. 6 d'*Ischia.* Le *roseau* est celui dont le poète s'est fait une flûte (cf. *Les Préludes,* v. 299).

* *Vers 8.* Sur l'image de la *corde,* voir la note du v. 19 des *Préludes.*

* *Vers 10.* Pour cette idée, cf. *L'Isolement,* v. 37-44.

* *Vers 12.* Sur le langage des yeux, cf. v. 49-50 et 167-168; *A El...,* v. 11; *A Laurence,* v. 64; *A M. de Musset,* v. 147. P. Jouanne (pp. 178-179) cite (*Dernier Chant du Pèlerinage d'Harold,* v. 86-88; *Jocelyn,* troisième époque, v. 2081-2084) d'autres exemples de ces regards échangés suivant un phénomène qu'il appelle « le narcissisme à deux ».

* *Vers 19.* Cf. v. 169-172 et *Cantique des Cantiques,* I, 16 : « Lectulus noster floridus... »

* *Vers 30.* Cf. *Cantique des Cantiques,* VI, 9 : « Quae progreditur quasi aurora consurgens, pulchra ut luna, electa ut sol... » « L'image du *Cantique,* note E. Zyromski (p. 47), paraissant trop directe, est enveloppée dans une comparaison plus sinueuse. » En réalité, le texte biblique est fort estompé, et Lamartine fait à son tour œuvre de création originale, dans ces vers comme dans la plupart de ceux qui constituent le *Chant d'Amour.*

* *Vers 39.* S'il est question d'*eaux (aquae),* de *puits (puteus),* de *source vive (fons aquarum viventium),* de *petits ruisseaux (rivuli),* dans le *Cantique,* où ces éléments évoquent la félicité pour un peuple vivant dans le désert, ils n'ont rien de commun avec *cette onde qui soupire à flots harmonieux :* celle-ci est celle de la Méditerranée, plus amplement évoquée dans *Ischia,* v. 13-20 et 53-60.

* *Vers 41.* Pour l'expression, cf. *Souvenir,* v. 53-56. Dans la strophe supprimée, le terme de *colombe* appliqué à la bien-aimée, vient du *Cantique des Cantiques,* IV, I (« Oculi tui *columbarum* »), chapitre qui renferme également une évocation des *seins* de la bien-aimée (« Quam pulchrae sunt mammae tuae ! »).

* *Vers 43.* Cf. *La Sagesse,* v. 35. Selon E. Zyromski (p. 47), le *souffle parfumé* a été suggéré par le *Cantique des Cantiques,* I, 12 (« fasciculus myrrhae dilectus meus mihi »), mais « Lamartine oublie le faisceau de myrrhe et ne retient que le parfum ».

* *Vers 58.* Reprise nuancée de l'image du v. 29.

* *Vers 60.* Commentant ce passage (en particulier les v. 37-39), Grillet note : « Lamartine appartient à une génération qui aime le style *coulant,* comme on disait alors : les arêtes vives lui blessent le regard. Ajoutez que sa formation première dut agir dans le même sens que la mode et en aggraver les effets. Il fut, comme Racine, élève des Bons Pères. L'onction ecclésiastique est un travers professionnel qui en vaut bien un autre... Mais on ne la subit pas impunément durant les années décisives. Comme Renan..., Lamartine ne put jamais se dépêtrer complètement de ce sucre, de ce miel, de ce baume. La sincérité seule donne du prix à ses molles périphrases, à ses épithètes de vers latins, à ses verbes sans virilité, et aux mièvres métonymies de ses colombes et de ses tourterelles. Mais, à force de sincérité, il en impose. Il est capable de chanter sans faire sourire ...» Le critique s'en tient à des formes de vocabulaire et à des figures de style; mais le secret véritable de ces vers réside probablement dans leur souveraine musicalité, transcendante au sens même qu'ils expriment.

* *Vers 66.* E. Zyromski revient à deux reprises sur cette strophe (pp. 52 et 183) : « Quand cette apparition trop fugitive, qui symbolise à la fois la beauté divine et la beauté de la nature, se penche sur la créature, l'émotion ressentie est profonde et religieuse... Ces échos font penser à un écho et à un chant d'amour. »

* *Vers 78.* Sur cette *lyre* qui vibre spontanément sous le souffle d'un vent léger, voir la note du v. 49 du *Poète mourant* sur la *harpe éolienne,* instrument auquel ces vers-ci semblent faire une allusion implicite.

* *Vers 79.* Pour l'idée, cf. *La Sagesse,* v. 36. Doit-on voir une première ébauche de ce passage, esquissée sur un autre rythme et laissée sans suite, dans ces quelques vers inédits du manuscrit de la Bibl. Nat. 13974, f° 3 :

Pourquoi te couvrir d'un nuage?
Semblable à l'écho de nos bois,
Pourquoi m'enchanter de ta voix
Et me dérober ton image?
    en vain à mes yeux
Cette belle image est ravie;
C'est un songe délicieux
A qui je veux donner la vie.

On ne saurait que laisser cette question sans réponse certaine.

* *Vers 87. Tes yeux.* Dans les trois dizains qui suivent (et dans celui qui a été retiré à partir de la seconde édition), Lamartine retrouve un mouvement du *Cantique des Cantiques,* IV, 1-5 et 10-11 : « Que vous êtes belle, ma bien-aimée !... Vos yeux sont comme les yeux des colombes, derrière votre voile. Vos cheveux sont comme des troupeaux de chèvres qui dévalent la montagne de Galaad. Vos dents... vont toutes par paires sans qu'il en manque aucune. Vos lèvres sont comme une bandelette d'écarlate... Vos joues sont comme une moitié de pomme de grenade à travers votre voile... Votre cou est comme

la tour de David... Vos deux seins sont comme les faons jumeaux d'une gazelle qui paissent parmi les lys... Vos lèvres distillent le miel; le miel et le lait sont sous votre langue... » Mais, note encore excellemment E. Zyromski (pp. 48-50), « le poète ne s'efforce plus de lutter avec l'éclat et la hardiesse du texte biblique et c'est un déroulement de tableaux de métaphores originales... Au *Cantique*, il préfère des combinaisons d'images plus adoucies et comme spiritualisées... L'imagination sémitique est plus frappée par ce qu'il y a d'éclat et de lumière dans les spectacles de la vie quotidienne... Le poète s'attache moins à décrire les attitudes que les mouvements; de là, des comparaisons moins concrètes où interviennent spontanément les images des choses qui échappent par leur légèreté à la prise de la matière... »

* *Vers 87. sont deux sources vives.* — Lamartine enrichit le texte du *Cantique* d'une réminiscence de Tibulle, *Élégies*, IV, 2 *(De amore Sulpiciae)*, v. 5-6 :

Illius ex oculis, cum vult exurere divos,
Accendit *geminas lampadas* acer Amor.

Cette idée de *feu*, qui revient chez le poète latin (v. 10-11), reparaît plus loin au v. 117-118, mais tempérée par celle de chasteté.

* *Vers 106. Ophir* est une région d'Afrique (rives de la mer Rouge ou de l'océan Indien) où les navires du roi Salomon allaient chercher de l'or, du bois de santal et des pierres précieuses (*Troisième Livre des Rois*, IX, 28, X, II : « Classis Hiram, qui portabat aurum de Ophir, attulit ex Ophir ligna thyina multa nimis et gemmas pretiosas »).

* *Vers 116.* Ces cinq derniers vers semblent une adaptation assez libre et une amplification de ceux de Tibulle, *ibid.*, v. 7-8 :

Illam, quidquid agit, quoquo vestigia movit,
Componit furtim subsequiturque Decor.

(« Cette femme ne fait pas un geste, ne fait aucun pas, sans que la Grâce ne règle en secret ses mouvements et ne l'accompagne partout. »)

* *Vers 121.* Cf. *Cantique des Cantiques*, II, 6 : « Laeva ejus sub capite meo, et dextera illius amplexabitur me. » Pour le *tapis de fleurs*, voir le v. 19 et la note.

* *Vers 123.* Avec ce *lac d'azur*, la scène change et, quittant Ischia et la Méditerranée, le poète se transporte en pensée dans un autre paysage qui lui était cher, celui du lac du Bourget : sans doute est-ce là qu'il avait connu Julie Charles; mais il y avait fait aussi la rencontre de celle qui devait devenir sa femme et il est tout à fait naturel que, dans un poème gonflé de l'amour qu'il éprouvait pour elle, il évoque le cadre grandiose et charmant de leur première intimité. Comme l'a remarqué M. H. Guillemin (*Jocelyn*, p. 321, n. 2), la *grotte obscure* du v. 136 doit être celle connue encore sous le nom de *grotte de Lamartine*,

située en face d'Aix-les-Bains, juste au niveau et en bordure du lac; le visiteur y peut écouter le froissement léger des feuillages sur les parois de roc, à l'entrée, et le clapotement de l'eau toute proche. Le poète l'a décrite ou évoquée à deux autres reprises au moins : d'abord, avec une sombre grandiloquence, dans l'épisode troubadour des *Visions* intitulé *Les Chevaliers* (édit. H. Guillemin, p. 190 et *Poésies inédites,* p. 184) :

Mais, sous les flancs minés du sublime rocher
Dont l'ombre redoutable effrayait le nocher,
Avec l'aide du temps, les vents, les coups de l'onde
Avaient creusé jadis une grotte profonde
Où le flot dans l'orage avec un sourd fracas
Entrait en murmurant et ne ressortait pas.
Une nuit éternelle en ombrageait l'entrée;
L'eau n'y conservait pas sa lumière éthérée,
Mais, perdant sous la nuit l'azur du firmament,
Le flot vert et livide y dormait tristement...

Puis, dans *Jocelyn,* deuxième époque, v. 670 et suiv., en lui empruntant certains traits pour peindre l'imaginaire *Grotte des Aigles* où son héros se réfugie :

... Cinq vieux chênes, germant dans ses concavités,
Y penchent en tous sens leurs troncs creux et voûtés...
Il faut, pour découvrir cet antre souterrain,
Ramper en écartant les feuilles de la main.
A peine a-t-on glissé sous l'arche verte et sombre,
Un corridor étroit vous reçoit dans son ombre...
L'eau que la pierre encor goutte à goutte distille
A poli les contours de ces grands blocs pendants...
Ces gouttes, qu'en tombant leur pente réunit,
Ont creusé dans un angle un bassin de granit,
Où l'on entend pleuvoir de minute en minute
L'eau sonore qui chante et pleure dans sa chute...
(Et) du côté du lac, une secrète issue...
Laisse entrer le rayon et le jour du midi...
Le rocher pend ici sur l'onde en précipice.
Son flanc rapide et creux par le lac est miné.
Au-dessus de la grotte un lierre enraciné,
Laissant flotter en bas ses festons et ses nappes,
Étend comme un rideau ses feuilles et ses grappes...
Je puis, en écartant ce vert rideau de lierre,
Mesurer à mes yeux la nuit ou la lumière,...
Du fond de ma retraite à ces monts suspendue,
Laisser fuir mon regard jusqu'à perte de vue...

Naturellement, la description varie selon les besoins de chaque développement; il semble que la plus exacte soit peut-être celle du *Chant d'Amour*. Au propos de ces strophes (v. 123 et suiv.), qui n'ont rien de commun avec celles, italiennes d'inspiration, constituant la première partie de la méditation, on est amené à s'interroger sur un point : furent-elles écrites à Ischia, de mémoire si l'on peut dire — ou bien Lamartine en compléta-t-il sa pièce encore inachevée lors du séjour qu'il fit à Aix de juin à septembre 1821, ou même durant celui, plus bref, de l'été 1822? Il écrivait le 6 août de cette année-là à Virieu : « Je suis ici... J'ai fini mon deuxième volume, je l'envoie ces jours-ci à Paris... » La question reste évidemment sans réponse possible, mais elle vaut au moins d'être posée.

* *Vers 138.* Cf. *Cantique des Cantiques,* II, 12-13 : « Vox turturis audita est in terra nostra; ficus protulit grossos suos; vineae florentes dederunt odorem suum. »

* *Vers 150. Nacelle* (du latin *navicella,* diminutif de *navis*) *: petite barque,* en principe sans mât ni voile (ce qui n'est pas le cas ici). Ce mot, employé déjà dans la *Vie de saint Alexis,* v. 82 (XIe siècle), n'est guère usité en dehors de la poésie avec ce sens. Sur les *voiles* comparées à des *ailes,* cf. par exemple, à Virieu, 25 novembre 1820 : «... la mer sillonnée par des barques sans nombre dont les deux petites voiles latines ressemblent aux ailes blanches des hirondelles de mer. »

* *Vers 156. Philomèle : le rossignol.* Cf. *Le Poète mourant,* v. 97.

* *Vers 158.* Cf. E. Zyromski, p. 255 : « Les bruits de la nature sont si intimement fondus avec les chants de l'âme qu'il est difficile de les distinguer. Ainsi l'écho devient un être dont la voix sympathique se mêle à nos douleurs : c'est le monde extérieur qui s'unit au chœur de nos tristesses. »

* *Vers 159.* L'invitation *Viens,* renouvelant celle du v. 120, reproduit comme elle un mouvement du *Cantique des Cantiques,* II, 11 et 13-14 : « Surge, propera, amica mea, speciosa mea, et veni; columba mea in foraminibus petrae, in caverna maceriæ, ostende mihi faciem tuam, sonet vox tua in auribus meis; vox enim tua dulcis, et facies tua decora. » Comme on peut voir, il est question aussi de *caverne* dans le texte biblique.

* *Vers 169.* Cf. v. 19 et *Cantique des Cantiques,* II, 5 : « Fulcite me floribus, ... quia amore languesco. »

* *Vers 178.* Cf. *A El...,* v. 12.

* *Vers 179. Elle :* la bien-aimée. — Sur les hésitations du poète dans ce passage, cf. variante. — Sur l'image de la branche qu'on *effeuille,* cf. *Le Passé,* v. 168-170 et *La Branche d'Amandier,* v. 7.

* *Vers 183.* Nouvelle allusion à la *chevelure :* cf. v. 79 et *Cantique des Cantiques,* V, 11; VII, 5.

* *Vers 188.* « La joie est trop forte pour une créature humaine; la pensée de la mort vient la ravir dans l'extase du bonheur céleste » (E. Zyromski, p. 52). Cf. *Ischia,* v. 96.

* *Vers 198.* « L'amante est dégagée des entraves corporelles : c'est une vision légère qui passe dans le ciel des rêveries, insinuante et fugitive », remarque à propos de cette strophe l'idéaliste Zyromski (p. 51).

Sans doute : mais on peut noter, d'une manière plus prosaïque et plus humaine, que ces vers sont avant tout une splendide action de grâces du poète à l'épouse qui lui a enfin fait connaître un bonheur paisible et complet. Sa Correspondance est souvent l'écho de cette félicité et il écrit, par exemple, à Virieu, le 8 décembre 1820 : « Une bonne femme supplée à tout... Je suis toujours de plus en plus heureux de celle que la Providence me ménageait dans ses bontés. »

* *Vers 199.* Cette expression traduit l'*invida aetas* d'Horace, *Odes,* I, II, v. 7-8, dans la pièce qui contient le fameux *carpe diem;* mais ici, Lamartine ne conclut point, de l'irrémédiable fuite des jours, à la nécessité de jouir de l'instant présent : avec gravité et émotion, il évoque la vieillesse qui viendra pour lui et pour Marianne, car il a confiance en la survie de leur amour en ce monde et dans l'autre.

* *Vers 203.* Il semble que ce vers contienne un discret reproche : Mme de Lamartine, en dépit de la passion sincère qu'elle éprouvait pour son époux, ne devait-elle point à son origine britannique une certaine froideur qui ne répondait pas toujours à l'ardeur plus exubérante du poète? De plus, lorsque ces stances furent écrites, elle se plaignait de fréquents malaises et attendait un enfant qui naquit le 15 février 1821.

* *Vers 214.* La comparaison des v. 214-216 paraît avoir été suggérée au poète par une réminiscence de la parabole des vierges sages et des vierges folles, rapportées par *Saint Matthieu,* XXV, 1-13 : les sages prennent soin de préparer leurs lampes afin de pouvoir aller, la nuit, au-devant de l'époux qui doit venir à elles. Il n'est pas fait mention de *lampe d'or* dans les versets évangéliques, mais le poète a dû songer à celle qui brûle devant le tabernacle et qui est en général faite de métal brillant.

* *Vers 220.* Ce vœu a été réalisé : dans la chapelle funéraire du petit cimetière de Saint-Point, le poète est venu, le 4 mars 1869, rejoindre pour l'éternité la compagne de son existence qui l'y attendait depuis mai 1863 et dont un gisant de marbre, sculpté en 1864 par Adam Salomon, reproduit les traits.

* *Vers 228.* Strophe sans doute inspirée par le souvenir de Chateaubriand, *Génie du Christianisme* (première partie, liv. V, chap. 7) : « Ce n'est pas toujours en troupes que ces oiseaux visitent nos demeures. Quelquefois deux beaux étrangers, aussi blancs que la neige, arrivent avec les frimas : ils descendent au milieu des bruyères, dans un lieu découvert, et dont on ne peut approcher sans être aperçu; après quelques heures de repos, ils remontent sur les nuages. Vous courez à l'endroit d'où ils sont partis, et vous n'y trouvez que quelques plumes, seules marques de leur passage, que le vent a déjà dispersées. Heureux le favori des muses qui, comme le cygne, a quitté la terre sans y laisser d'autres débris et d'autres souvenirs que quelques plumes de ses ailes. »

E. Zyromski (pp. 46 et 52) juge ainsi l'ensemble de cette méditation : « C'est le *Chant d'Amour* qui fait le mieux comprendre les mouvements particuliers de l'imagination de Lamartine. Le poète semble imiter le *Cantique des Cantiques :* en réalité, il substitue sans cesse aux métaphores bibliques des images personnelles. Ce n'est ni une traduction, ni même une adaptation... C'est une transposition habile qui a la souplesse et la spontanéité d'une œuvre créée dans l'élan de l'inspiration. On dirait que, dans sa mémoire, flottent et chantent des airs très anciens : sur ces airs aux modulations incertaines, il frappe des accords très riches avec une virtuosité incomparable, et la musique qui retentit en échos sonores a la légèreté de l'improvisation... Nous saisissons l'originalité de l'imagination sémitique et de l'imagination lamartinienne : l'une vigoureuse et plastique, aimant les contours nets, les couleurs chaudes de la vie...; l'autre, indifférente aux spectacles quotidiens, aux attitudes de la nature, aimant les images légères, les formes adoucies vues en songe, toujours soulevée par un irrésistible besoin d'idéaliser, fondant ce qu'elle voit et ce qu'elle sent, mêlant enfin à ses sensations pittoresques tout un monde de parfums, de sons et de reflets qui symbolisent la vie de l'âme... »

MÉDITATION VINGT-CINQUIÈME. — IMPROVISÉE A LA GRANDE-CHARTREUSE

Page 233

* *IMPROVISÉE A LA GRANDE-CHARTREUSE.* — Lamartine était avec sa femme à Aix-les-Bains, pour des raisons de santé, au début d'août 1823. Le 6, dans une lettre qui traduit sa méchante humeur et ses tracas divers, il annonçait à Virieu : « Peu de monde ici : ce qu'il y a de mieux, c'est Mme de Barol, de Turin, avec qui j'ai fait une paix complète et une fort aimable liaison. Nous la voyons du matin au soir. *Nous sommes allés tous deux à la Grande-Chartreuse.* La route est, ma foi! du grand beau, mais ce n'est qu'un seul aspect et qu'une seule pensée. Cela ne donne pas envie d'y rester. » Selon M. Guillemin (*Jocelyn,* p. 302, n. 6), cette visite du célèbre monastère eut lieu le 3 août. On a peine à croire, comme il le prétendra en 1849, qu'il écrivit les présentes strophes « sur (son) genou », alors qu'un orage violent avait surpris les voyageurs pendant leur retour; on croirait plutôt à une inspiration survenue à la Chartreuse même (cf. le titre et le v. 13, où le poète s'adresse directement aux moines); mais, comme souvent il improvisait... à loisir, il semble probable qu'il acheva son poème (s'il ne l'écrivit en entier) une fois revenu à Aix : il est en effet curieux qu'il n'en parle pas du tout dans sa lettre à Virieu, à qui il avait coutume de faire ses confidences poétiques. D'autre part, comme le 20 août il annonçait de Mâcon à Genoude qu'il allait porter à Paris « (son) deuxième volume de *Méditations* », celle sur la Chartreuse était évidemment terminée à cette date.

En allant au monastère de saint Bruno avec Mme de Barol, Lamartine faisait une excursion dont il rêvait depuis de longues années sans doute : si l'on en croit ses *Mémoires inédits,* dès 1804, il avait songé à s'y rendre en passant de Voiron à Grenoble par la montagne; amateur de voyages à pied, il avait failli, étant pensionnaire à Belley, faire la course de la Chartreuse avec ses amis Virieu et Vignet, mais il n'avait pu réaliser ce projet « qui (lui) faisait battre le cœur » (V. Nicolet, *Lamartine et les Alpes*, *Bulletin de l'académie Delphinale,* 1894, pp. 78-79). La visite de 1823 l'impressionna fort : les sites souvent indéterminés de *Jocelyn* ne sont pas sans lui devoir certains de leurs traits; il mentionnera les monts de la Chartreuse dans *Raphaël,* XXI; il y situera enfin une partie de son roman de vieillesse (1851) intitulé *Geneviève,* dont l'héroïne deviendra vachère, puis gardienne d'enfants dans ces parages et où l'auteur évoquera le ravin qui mène au couvent, la chapelle de saint Bruno, etc... Au demeurant, la retraite des Chartreux était devenue un thème littéraire au XVIIIe siècle, ces religieux ayant généralement échappé aux violentes attaques des philosophes contre la vie monacale; avant Lamartine, Gresset, Delille, Ducis, Bonnard, etc... leur avaient consacré des vers, souvent après avoir visité leur couvent des Alpes; en voici un échantillon, emprunté au dernier nommé de ces poètes :

Vers faits et écrits à la Grande-Chartreuse.

Malgré des jeûnes rigoureux,
Des devoirs répétés, un éternel silence,
Si vous avez trouvé dans ce désert affreux
La paix de l'âme et l'espérance
Loin du monde et du bruit, vous êtes seuls heureux!

(Cité par H. Potez, p. 228. Cf. aussi Guillemin, *op. cit.,* pp. 510-512). Sur la compagne de Lamartine, voir Vicomte de Melun, *La Marquise de Barol* (Paris, Poussielgue, 1869); Prévost et Roman d'Amat, *Dictionnaire de Biographie française,* t. V, p. 514 (notice de H. Chomon); V.-P. Ponti, *Lettere inedite di Lamartine alla marchesa di Barolo* (Torino, Chiantore, 1926); P.-P. Trompeo, *Lamartine e la marchesa di Barolo* (*La Cultura,* 1927, pp. 349-360, article repris dans *Il lettore vagabondo*, Roma, Tumminelli, 1942, pp. 109-125); Mattlé, *passim* et surtout pp. 96-97). Julie-Françoise Victurnienne de Colbert-Maulévrier (1785-1864), descendante du ministre de Louis XIV, naquit en Vendée et suivit son père en émigration; après avoir vécu en Allemagne, en Hollande et en Angleterre, elle rentra en France au début du règne de Napoléon Ier et épousa en 1807 le marquis Falletti de Barolo, de Turin, où elle passa la majeure partie de son existence, tout en faisant sous la Restauration de fréquents séjours à Paris et à Aix-les-Bains. Ayant entendu, en 1814, dire par un prisonnier à un prêtre qui lui portait le viatique : « Ce n'est pas le viatique, c'est de la soupe qu'il me faut », cette femme pieuse résolut de se consacrer aux détenus et à tous les malheureux : affiliée à la Confrérie de la Miséricorde, elle créa avec son mari des refuges, des écoles, des hospices, des œuvres de préservation et de sauvegarde;

liée avec le poète Silvio Pellico, elle le recueillit chez elle comme bibliothécaire après la fin de son incarcération et en fit l'associé de ses œuvres philanthropiques. Lamartine avait connu la généreuse marquise, ainsi qu'il le lui rappelait plus tard (4 décembre 1828), sans doute, en 1819 : « Votre image est pour moi du bon temps. J'avais vingt-neuf ans quand je vous rencontrais sous les peupliers de la route du lac d'Aix. » Il lui voua une profonde et sincère amitié, quelquefois sans doute obscurcie par des brouilles (voir la lettre à Virieu citée plus haut), mais — contrairement à l'avis de certains critiques bien romanesques — on ne saurait parler de passion amoureuse à propos d'un sentiment qui s'étendait au marquis de Barol (dédicataire en 1826-1827 de l'harmonie *La Perte de l'Anio*) et que partageaient Mmes de Lamartine, mère et épouse du poète : c'est surtout durant le séjour à Florence de l'écrivain-diplomate (1825-1828) que se manifesta l'affectueuse liaison des deux ménages, mais elle se prolongea bien au-delà.

* *Vers 1.* Le nom du Dieu d'Israël, placé en tête de la méditation, souligne l'accent biblique qui caractérise celle-ci : bien qu'il soit rarement possible d'assigner à tel ou tel de ses vers une « source » scripturaire précise, on verra chemin faisant que ce texte (s'il est « une inspiration complète ») est tout imprégné, dans son fond comme dans sa forme, de réminiscences des textes sacrés; l'étude de son vocabulaire est sur ce point très significative, et nous en citerons maints exemples : *consacrer* (*consecrare :* 57 exemples dans l'Ancien Testament); *cimes* (*cacumina montium, Genèse*, VIII, 5; descendet Dominus super *montem* Sinaï, *Exode,* XIX, 11; etc.).

* *Vers 2. Marchepied : Isaïe,* LXVI, 1 : « Terra autem *scabellum pedum meorum* ».

* *Vers 3.* C'est au milieu des coups de tonnerre et des éclairs que Jéhovah se révèle à Moïse au sommet du *Sinaï* (*Exode,* XIX, 16 : « Coeperunt audiri tonitrua et micare *fulgura* »); ces *foudres* reparaissent entre autres dans l'*Apocalypse* de saint Jean, IV, 5, etc.

* *Vers 4. Il descend :* cf. Exode, XIX, 20 : « *Descendit* que Dominus super montem Sinaï ».

* *Vers 5.* En citant l'*Olympe,* siège des dieux de la mythologie païenne, à côté de quelques montagnes de l'Écriture, Lamartine trahit sa tendance foncière, et qui ira croissant, à professer un syncrétisme de pensée où toutes les religions seront confondues (cf. *Le Désert*). Si le mont *Sina* (ou *Sinaï*) est bien connu comme cadre essentiel de l'*Exode, Oreb* est un chef madianite tué par les soldats de Gédéon (*Livre des Juges,* VII, 25; VIII, 3) : Lamartine aurait dû écrire *Horeb,* qui est la nom d'une montagne du désert d'Arabie (*Exode,* III, 1, XVII, 6; *Deutéronome,* IV, 15 : « Locutus est vobis Dominus *in Horeb* de medio ignis »; etc.). Le mont *Gelboë* vit la défaite des Hébreux par les Philistins et le mort de Saül (*Premier Livre des Rois,* XXVIII-XXXI), mais Dieu lui-même ne s'y montra point; toutefois l'expression *facies Domini* revient sans cesse dans la Bible,

et, au v. 6, *en tressaillant* fait songer aux verbes *tremere, exultare* qui y sont également très fréquents (cf. notamment *Psaumes,* LXXXXVII, 8 : « montes exultabunt »). S'il est inutile de rappeler que le *Golgotha* (ou le Calvaire) fut le théâtre de la Passion, on doit noter que *Thor* (nom du dieu scandinave de l'orage, fils d'Odin) n'apparaît nulle part dans les textes sacrés, mais le poète forgeait parfois des vocables dont la seule consonance biblique suffisait à satisfaire son imagination (Grillet, p. 245).

* *Vers 9. Hébron :* ville de la terre de Chanaan où vint s'installer Abraham (*Genèse,* XIII, 18; etc.), à trente kilomètres au sud de Jérusalem. *Cédar :* second fils d'Ismaël, il fonda une ville à laquelle il donna son nom, et celui-ci finit par désigner l'*Arabie* en général.

* *Vers 11.* Le monastère de la Chartreuse n'est pas à proprement parler *sur le sommet des monts,* ni *au bord des neiges* (Commentaire de 1849); mais, suivant en cela la tendance du XVIIIe siècle et de son temps, Lamartine laisse aller son imagination et exagère jusqu'à l'irréel les impressions que lui a laissées le spectacle des Alpes de la Chartreuse (Guillemin, *op. cit.,* p. 312). On remarquera le caractère inquiet, angoissé même, de la question posée au v. 12 et de celles que contiennent les strophes suivantes : incertain dans sa foi, Lamartine semble près d'admettre que les *paisibles habitants de ces saintes retraites* (cliché traditionnel) puissent éprouver les mêmes incertitudes que lui et chercher vainement à percer les mystères d'en-haut.

* *Vers 14.* Pendant que Moïse monte au Sinaï, le peuple d'Israël demeure dans la plaine : « De loco castrorum, steterunt *ad radices montis* » (*Exode,* XIX, 17).

* *Vers 17.* Ces *divines phalanges* rappellent la *multitudo militiae coelestis* de *Saint Luc,* II, 13, aussi bien que les *legiones angelorum* de *Saint Matthieu,* XXVI, 53. La conception d'*anges chantant* la gloire de Dieu semble postérieure à la Bible (où ces créatures célestes sont avant tout des messagers), mais elle a été vulgarisée dès le Moyen Age par la peinture et par les poètes, au point de n'être plus qu'un lieu commun. *Dômes,* employé ici pour *voûtes,* est une extension de sens qu'on retrouve chez Chateaubriand, *Génie du Christianisme,* 1re partie, liv. I, chap. 7 : « *le dôme* des églises »; 3e partie, liv. I, chap. 1 : « ... la religion fait gémir la vestale... sous ses *dômes* tranquilles ».

* *Vers 22.* Passe ici comme un écho du *Désespoir,* v. 67 et suiv.

* *Vers 23. Levare* (et *elevare*) *oculos* est une locution des plus fréquentes dans la Bible (*Genèse, Exode,* etc.), où l'on rencontre aussi *levare manus* (*dextram, palmas*) *ad coelum* (par ex. *Deutéronome,* XXXII, 40). De même, l'adverbe *en vain* (répété deux fois dans cette strophe) n'est pas sans rappeler le *frustra* dont on relève dix exemples dans le seul *Livre de Job* et maints autres dans les *Psaumes,* les *Proverbes* et chez les Prophètes.

* *Vers 25.* La notion d'*appel,* de *vocation* est des plus banales pour des chrétiens; elle se trouve partout dans la Bible, où sont multiples

les formules du genre « *Dominus Deus... vocavit nos* » (*Exode,* V, 3), « *audire vocem Dei* » (*Deutéronome,* IV, 33); etc.

* *Vers 26.* Le *char* des astres est une image fréquente chez Lamartine (cf. *Isolement,* v. 11); le *saphir (sapphirus)* est l'objet d'une douzaine de mentions dans l'Ancien Testament (*Exode,* XXVIII, 18, *Livre de Job,* XXVIII, 6; etc.)

* *Vers 27. Aigle* et *aile* sont nommés conjointement dans l'Écriture à diverses reprises, en particulier chez les Prophètes (*Isaïe,* XL, 31 : « Assument *pennas* sicut *aquilae* »; *Jérémie,* XLVIII, 50 : « *aquila* volabit et extendet *alas* »; *Ézéchiel,* XVII, 3 : « *aquila* grandis magnarum *alarum* »; *Daniel,* VII, 4 : « *alas* habebat *aquilae* »).

* *Vers 29. La voix s'élève :* cf. *Genèse,* XXI, 16 : « *levavit vocem* suam », etc. Dans cette dernière strophe, les mots de *saints,* de *prière,* de *juste,* d'*encens (thus)* évoquent tous des résonances bibliques sans qu'il soit nécessaire de multiplier les références, comme aussi l'expression *Et nous pêcheurs* (qui fait également penser au *Nobis quoque peccatoribus,* prononcé après le Memento des défunts de l'ordinaire de la Messe). Quant à l'attitude finale, elle n'est pas très différente de celle de Sara (*Livre de Tobie,* III, 11) : « In oratione persistens, cum lacrimis deprecabatur Deum », la prière et le repentir étant la seule attitude admissible de l'homme en face de son Créateur.

MÉDITATION VINGT-SIXIÈME. — ADIEUX A LA POÉSIE

Page 235

* *ADIEUX A LA POÉSIE.* — Après son séjour enchanteur à Ischia durant l'été 1820 (séjour qui avait été coupé d'allées et venues à Naples), Lamartine avait rejoint définitivement, au début d'octobre, son poste de secrétaire d'ambassade pour y accomplir plus ponctuellement ses fonctions diplomatiques « sous le rigide et très aimable Fontenay » (à Virieu, 29 octobre); son travail était assez astreignant et le retenait enfermé contre son gré. Aussi mandait-il, le 8 décembre, à son habituel confident : « Des vers? Je n'en fais plus, je n'en peux plus faire; et j'en voudrais faire, et j'en sens la plénitude, mais je fais des dépêches, et tout mon feu s'en va. Oh! qui me portera sur les bords de la mer de Naples, sous l'oranger de Sorrente, sous le laurier du Pausilippe* ! Qui m'y laissera rêver à loisir, recevoir et rendre sans travail les immenses impressions du pays du génie! Mais non, Fontenay vient, me prie, me reproche; j'use mes forces, j'écris ma plate dépêche retouchée par leurs mains

* Ce souhait semble une transposition de celui de Virgile, *Géorgiques,* II, v. 488-489 :

O qui me gelidis convallibus Haemi
Sistat, et ingenti ramorum protegat umbra?

diplomatiques; je rentre, épuisé, dans mon repos, je dîne, je m'étends sur des canapés, je cause avec ma femme. Le jour est passé. Ainsi se passent tous les jours. Les années de verve s'enfuient, je sens l'évaporation insensible de l'esprit poétique, je le pleure, je l'invoque, je viens même de lui faire mes adieux dans une *odula,* du style d'Horace. Je te l'enverrai. » C'est donc au début de décembre 1820 que, dans un moment de démoralisation, Lamartine conçut ses *Adieux à la Poésie;* il ne parle plus de ce poème dans les lettres suivantes à Virieu; sans doute le garda-t-il alors dans ses papiers, pour le reprendre plus tard : le manuscrit qui nous en est parvenu, sous le titre *Adieux à la Lyre* et rédigé à Saint-Point, doit être une mise au net postérieure à *Bonaparte* (juin 1823) et au *Papillon* (mai) et faite au moment où le poète s'occupait sérieusement de composer son recueil de *Nouvelles Méditations;* dans celui-ci, vu leur sujet, les *Adieux* devinrent très logiquement la pièce terminale du volume.

* *Vers 5.* Cette *immobilité* de la nature se remarque surtout au milieu du jour (Leconte de Lisle développera ce thème avec grandeur dans la pièce des *Poèmes Antiques* intitulée *Midi*); ainsi s'amorce, par une comparaison imagée, l'idée centrale des *Adieux,* résumée par les v. 81-82.

* *Vers 10.* Sur la conception antique de l'inspiration assimilée au *délire* prophétique (le mot latin *vates* signifiant à la fois *devin* et *poète*), cf. notamment *L'Enthousiasme, passim* et v. 14 : « Je *frémis* d'une sainte horreur. »

* *Vers 15.* Lamartine avait observé que les oiseaux chantent surtout le matin et le soir; il pense sans doute ici au rossignol, son oiseau favori, qui reparaît au v. 34 sous son nom mythologique.

* *Vers 17.* Cf. *Les Préludes,* v. 10-11 et note du v. 10.

* *Vers 19. Fibre,* pour *corde,* se retrouve dans *Les Préludes,* v. 97.

* *Vers 23.* Sur l'image de la *corde,* cf. v. 70 et encore *Les Préludes,* note du v. 19. Sur les pleurs qui mouillent la lyre, voir d'autre part *L'Enthousiasme,* v. 41-42, et *Le Poète mourant,* v. 55.

* *Vers 27.* Réminiscence probable des *Psaumes,* LXXXIII, 7 : « In valle lacrymarum... » Depuis l'Antiquité, le *cyprès* est, en poésie, un symbole de deuil et de tristesse.

* *Vers 33.* Conception pessimiste de la poésie qu'on retrouve exprimée d'une manière assez voisine dans *Les Préludes,* v. 46-50; l'idée sera reprise dans le Commentaire du *Chant d'Amour :* « La poésie n'a jamais su exprimer le bonheur comme elle exprime la tristesse... »

* *Vers 35.* Cf. la note du v. 97 du *Poète mourant* et les v. 97-102 de cette méditation qui associent également le poète et le rossignol. Virgile (*Géorgiques,* IV, v. 511-515) souligne également la mélancolie du chant de cet oiseau :

Qualis populea *maerens* Philomela sub umbra
Amissos *queritur* fetus, quos durus arator

Observans nido implumes detraxit : at illa
Flet noctem, ramoque sedens *miserabile carmen*
Integrat et *maestis* late loca *questibus* implet.

* *Vers 40.* Cette strophe définit les deux manières successives de Lamartine : après avoir commencé par *les doux festins,* c'est-à-dire par l'inspiration épicurienne, apprise chez Tibulle et Parny, il rencontra Julie Charles, dont la mort (évoquée par le nom *mausolée*) lui suggéra des thèmes graves. Mais, la réalité ne fut pas si simple et sa félicité conjugale lui fit spontanément retrouver les accents du bonheur *(Ischia, Les Préludes, Chant d'Amour),* alors que, même avant la disparition d'Elvire, il avait parfois écrit sur un mode mélancolique *(Tristesse).*

* *Vers 41.* Réminiscence des *Psaumes,* CXXXVI, 1-2 : « Super flumina Babylonis, illic sedimus, *in salicibus* in medio ejus *suspendimus organa* nostra. » Grammaticalement, *pendue* se rapporte au pronom *t'* du v. 44, comme *libre :* la construction est assez lâche, en raison de la présence du substantif *main* au v. 43.

* *Vers 45.* Affirmation qui aurait été plus rigoureusement exacte, si elle avait été formulée quelques semaines auparavant : en effet, si les *Adieux à la Poésie* ont été écrits au début de décembre 1820, ils ont précédé de très près la rédaction de l'*Ode sur la naissance du Duc de Bordeaux,* achevée le 20 novembre et dans laquelle Lamartine avait pour une fois, voulu plaire à des têtes couronnées...

* *Vers 47.* Si, par libéralisme véritable, le poète n'inféoda jamais sa muse, pas plus que lui-même, à aucun *parti,* du moins, à partir de 1830 environ, cultiva-t-il une inspiration politique *(Réponse à Némésis, Les Révolutions, la Marseillaise de la Paix)* et sociale *(Jocelyn),* allant jusqu'à condamner nettement la poésie amoureuse et personnelle qui avait constitué le thème majeur de ses deux premiers recueils. Cf. *A M. Félix Guillemardet sur sa maladie (Recueillements poétiques) :*

Frère, le temps n'est plus où j'écoutais mon âme
Se plaindre et soupirer comme une faible femme
Qui de sa propre voix soi-même s'attendrit,
Où par des chants de deuil ma lyre intérieure
Allait multipliant comme un écho qui pleure
Les angoisses d'un seul esprit!...

* *Vers 56.* Lamartine pense évidemment aux *monts* de son Mâconnais natal, où il aimait se promener et chercher l'inspiration (cf. *L'Isolement,* v. 1); mais jusqu'alors, il avait célébré Dieu plutôt dans un cadre vespéral (cf. *La Prière,* début); l'*Hymne de l'Enfant à son réveil (Harmonies poétiques),* par son titre et par sa teneur, correspondra assez bien aux v. 58-59.

* *Vers 65.* Allusion aux poèmes d'inspiration marine, qui d'ailleurs ont rarement cet accent frénétique; cf. toutefois *Les Préludes,* v. 102-117 et note du v. 109. Il y a peut-être ici une influence lointaine de

Byron, *Manfred,* chant II, strophe 2 : « J'aimais... à voler sur les flots de l'Océan courroucé... Je fixais les éclairs pendant les orages jusqu'à ce que mes yeux fussent éblouis... »

* *Vers 68.* Allusion à Mme de Lamartine, dernière inspiratrice de son mari et dont la chevelure était noire.

* *Vers 76.* Dans la méditation *A une jeune fille qui avait raconté un rêve,* v. 7-8, qui date de 1847, le poète se montrera incrédule sur la réalité de cette *seconde jeunesse;* mais, dans la *Préface des Méditations de 1849,* après avoir conté ses souvenirs d'enfance sur les *harpes éoliennes,* il reviendra sur « les deux poésies appropriées aux deux âges de l'homme : songe et joie dans la jeunesse, hymne et piété dans les dernières années. Un salut et un adieu à l'existence et à la nature, mais un adieu qui est un salut aussi, un salut plus enthousiaste, plus solennel et plus saint à la vision de Dieu qui se lève tard, mais qui se lève plus visible sur l'horizon du soir de la vie humaine ». Dans *L'Esprit de Dieu* (v. 11-40) et dans *Les Préludes* (v. 14), le poète insiste sur le caractère *capricieux* de l'inspiration; mais il formule ici une théorie beaucoup plus absolue, résumée par les v. 81-82 (que développent avec précision les dernières lignes du Commentaire de 1849). En fait cette conception ne se vérifie guère en la personne de celui qui l'imagine : Lamartine, poète dès l'adolescence, ne renonça nullement à la lyre en publiant les *Nouvelles Méditations :* ses œuvres ultérieures *(Harmonies et Recueillement poétiques, Jocelyn, Chute d'un Ange)* témoignent avec éclat de la puissance de son inspiration au cours de sa maturité; quant à sa vieillesse, mises à part quelques pièces importantes comme *La Vigne et la Maison* (1857) ou *Le Désert* (rédigé du reste en majeure partie depuis longtemps), elle passe en général pour avoir été stérile en poèmes et consacrée tout entière à des ouvrages en prose, dictés surtout par des nécessités financières : cette idée demande à être nuancée, comme l'a montré M. Guillemin dans son article des *Études classiques* de juillet 1956. En effet, postérieurement aux *Recueillements,* Lamartine a écrit, outre les cinq actes de *Toussaint Louverture,* « un fort volume de poésie » (une cinquantaine de pièces), où l'on peut trouver « à côté de choses médiocres, comme il en répandit hélas! dans tous ses recueils, des textes admirables, les plus beaux peut-être qui soient partis de sa main ».

* *Vers 86. Neige : barbe blanche* (voir la note du v. 7 d'*A une jeune fille qui avait raconté un rêve*). L'image d'Homère, vieux et inspiré, est traditionnelle (cf. *Ode sur l'ingratitude des Peuples*); quant à Milton, il est souvent associé dans la pensée de Lamartine à l'auteur de l'*Iliade* et de l'*Odyssée* (*ibid.,* v. 76-80) : devenu aveugle vers 1660, le poète anglais composa alors en dix années trois épopées, *Le Paradis retrouvé, Samson Agonistès* et surtout *Le Paradis perdu;* dans sa *Vie de Milton,* XVIII (parue dans *Le Civilisateur,* en 1854), Lamartine notera : « Milton touchait à sa soixantième année. Mais il avait la verdeur d'esprit et la beauté de visage de la jeunesse. Le génie dévore les faibles et conserve les forts. Son loisir forcé l'avait rejeté

dans la poésie... Le monde imaginaire l'enlevait délicieusement au monde réel. »

* *Vers 93*. Flore, très ancienne déesse du Latium, épouse de Zéphire, était la protectrice de la floraison printanière et, ainsi, des céréales, des arbres fruitiers, de la vigne, etc. (cf. Ovide, *Fastes*, V, v. 183-378). *L'insecte amant de Flore* semble désigner ici les papillons, et plus particulièrement les espèces crépusculaires ou nocturnes de beaucoup les plus nombreuses et désignées sous le nom général de *phalènes*. Sur le goût de Lamartine pour les insectes, cf. *Le Papillon*, première note.

* *Vers 100*. Si ce vers est clair et désigne Ischia et Naples, il est malaisé de dire à quel projet de voyage les deux précédents font allusion : peut-être le poète songeait-il que, s'il poursuivait la carrière diplomatique, il aurait l'occasion de faire des déplacements lointains et périlleux? Ainsi, en 1816, son ami Virieu avait fait partie d'une mission extraordinaire envoyée à Rio de Janeiro.

* *Vers 105*. Pour l'expression, cf. *Le Lis du Golfe de Santa Restituta*, v. 2 et 5.

* *Vers 108*. La *lyre* du poète naufragé flotte sur les eaux de la mer, comme celle d'Orphée massacrée par les Bacchantes sur les ondes de l'Hèbre qui l'emporte dans son cours, alors qu'elle continue d'émettre des sons harmonieux (Ovide, *Métamorphoses*, XI, v. 50-53). Les *cygnes* sont *envieux* de la lyre parce qu'ils voudraient l'imiter, ce dont ils seront capables seulement à l'instant de leur mort (voir *Le Poète mourant*, note du v. 8).

* *Vers 110*. E. Zyromski (p. 312) cite cette dernière strophe en l'accompagnant de la glose que voici : « Couplet symbolique d'une extraordinaire richesse de sens. Ces vers expriment le chant de l'âme : c'est l'écho des joies célestes qui retentit aux oreilles du poète, à la fois charmé de l'entendre et attristé de subir le désaccord du fracas humain et de cette musique divine. La plupart des vers vagues et obscurs de Lamartine apparaissent ainsi dans la richesse de leur signification au lecteur attentif aux transpositions de son art. » Cette interprétation, poétique en elle-même, force, nous semble-t-il, quelque peu le sens d'un texte où l'on peut voir aussi une affirmation de l'éternité des beaux vers qui dureront malgré les jaloux.

MÉDITATION VINGT-SEPTIÈME. — A UN CURÉ DE VILLAGE

Page 239

* *A UN CURÉ DE VILLAGE*. — Lamartine éprouva toujours une particulière dilection pour les prêtres exerçant leur ministère dans des paroisses paysannes. Les *Confidences*, XII et la thèse de M. H. Guillemin (*passim* et surtout pp. 333-397) nous ont appris

la place tenue dans la jeunesse et la formation du poète par l'abbé François Dumont (1767-1832), curé de Bussières et de Milly, le modèle de Jocelyn, dont l'histoire est sous-titrée *Journal trouvé chez un curé de campagne*. En 1831, l'écrivain publia, dans le *Journal des Connaissances utiles*, un article, *Des devoirs civils du curé* (repris dans l'Édition des Souscripteurs, t. VII, pp. 307-318) : il y définissait le rôle éminent « du ministre de la religion du Christ, chargé de conserver ses dogmes, de propager sa morale et d'administrer ses bienfaits à la partie du troupeau qui lui a été confiée ». Lorsque après la mort de Julia et sous l'influence de l'anticlérical Dargaud, Lamartine s'éloigna du Christianisme et évolua résolument vers un déisme sans église, il continua néanmoins de fréquenter de nombreux ecclésiastiques, pourvu qu'ils fussent d'humble condition, et il aimait les héberger auprès de lui à Saint-Point et à Monceau (cf. Guillemin, pp. 239-240). Le destinataire de la présente méditation est l'un d'entre eux, qui avait sollicité, sans doute avec quelque timidité, l'honneur d'être reçu par le grand homme.

M. Roustan (*Lamartine et les catholiques lyonnais*, Paris, 1906, p. 66) a publié une lettre du magistrat Falconnet (1815-1891) à son compatriote François-Zénon Collombet (1808-1853), journaliste et érudit, traducteur de saint Jérôme, — laquelle, datée du 30 octobre 1841 (?), permet, sinon d'identifier ce prêtre, du moins d'entrevoir sa personnalité, cultivée et libérale : « Je suis venu dernièrement de Bourg avec un jeune prêtre qui a fait ses études en même temps que Grégoire et vous au séminaire. Il est maintenant professeur. Vous dire son nom, je l'ignore. C'est celui à qui Lamartine a adressé cette pièce des *Recueillements* qui fut remarquée. A cette époque, il était curé d'un village de la Bresse, situé tout près de Mâcon. C'est du reste un homme d'esprit et d'intelligence. Il lit et m'a parlé longuement de votre saint Jérôme, l'ayant étudié à fond. Je vous souhaite beaucoup de lecteurs aussi sérieux et aussi sincères... Il partage vos idées sur la réforme nécessaire dans l'instruction des séminaires. » Comme l'a remarqué Grillet (p. 209), dans la « réponse émouvante » que Lamartine fit à cet inconnu en lui ouvrant généreusement sa demeure, « les allusions évangéliques corrigent les réticences doctrinales ». On verra en effet qu'il interprète l'Écriture d'une manière très *laxiste* et, surtout, qu'il emploie des formules d'apparence biblique, mais en réalité inventées par son imagination, qu'imprégnaient approximativement de nombreux souvenirs des textes sacrés.

* *1829*. On ne voit pas pour quelle raison Lamartine, en 1849, donne comme en 1829 cette pièce datée du 13 novembre 1836 dans les *Recueillements;* faute d'autres précisions (la lettre de Falconnet n'en donne point ni non plus la Correspondance), on peut tenir cette date pour vraisemblable. Comme les *Recueillements* parurent en mars 1839, il y avait deux ans et demi environ que le poème avait pu être « remarqué » lorsque Falconnet rencontra celui qui l'avait inspiré.

* *Vers 1*. La *douceur* était pour Lamartine une vertu chrétienne par

excellence; il admirait spécialement Fénelon en raison de son sens social : « Il a appliqué dans sa pensée son évangile à la société... Il a versé son âme dans l'âme de deux siècles. Il a *adouci* et christianisé le génie de la France. » (*Vie de Fénelon,* dans *Le Civilisateur,* 1853.) *Pasteur* et *troupeau* sont des mots fréquents dans l'Ancien et le Nouveau Testament, avec leur sens propre ou figuré. Cf. par ex., *Saint Matthieu,* XXVI, 31 : « Percutiam *pastorem* et dispergentur oves *gregis.* »

* *Vers 2.* Les *sources de Dieu :* cette expression ne se rencontre pas exactement dans l'Écriture, mais on y en trouve certaines où les deux termes voisinent : Timor *Domini fons* vitae (*Proverbes,* XIV, 27); *Fons* sapientiae verbum *Dei* (*Ecclésiastique,* 1, 5); Et *fons* de domo *Domini* egredietur (*Joël,* IV, 18); etc.

* *Vers 3.* Formule restrictive, comme si la religion ne s'adressait pas également aux hommes ! On voit de même dans *Jocelyn,* sixième époque, v. 616, le curé de Valneige

A la femme, aux enfants disant un mot d'accueil.

Selon les *Devoirs civils du curé,* celui-ci passe toute sa vie « à l'autel, au milieu des enfants auxquels il apprend à balbutier le catéchisme. » D'ailleurs, lorsqu'il eut cessé de pratiquer, Lamartine eut toujours sous les yeux l'exemple de sa femme, qui exerçait scrupuleusement tous ses devoirs pieux.

* *Vers 5. Saint Marc,* IV, 14 : « Qui seminat verbum seminat... » Comme le verbe *seminare,* l'expression *verbum Dei* (ou *Domini*) revient sans cesse dans les textes sacrés. Cf. *Devoirs...* : « Le curé doit avoir toujours l'Évangile à la main, toujours sous les yeux, toujours dans le cœur. Un bon prêtre est un commentaire vivant de livre divin » et *Jocelyn,* sixième époque, v. 589-590 :

Du Maître en peu de mots j'explique la parole;
Ce peuple du sillon aime la parabole...

Le mot *parabole* (v. 7) — allégorie qui renferme une vérité profonde dans l'ordre de la foi — appartient aussi au vocabulaire évangélique.

* *Vers 6.* L'image de la *gerbe (manipulus)* se rencontre dans l'Ancien Testament (*Genèse,* XXXVII, 7; *Psaumes,* CXXV, 6, CXXVIII, 7, etc.), mais non dans le Nouveau, qui emploie celles de la *moisson (messis)* et du *moissonneur (messor)* (par ex., *Saint Matthieu,* XIII, 30).

* *Vers 7.* La parabole du grain de *sénevé (granum sinapis)* se trouve chez les trois synoptiques; cf. *Saint Matthieu,* XIII, 31-32 : « Le royaume des cieux est semblable à un grain de sénevé qu'un homme a pris et a semé dans son champ. C'est la plus petite de toutes les semences; mais, lorsqu'il a poussé, il est plus grand que les autres légumes, et il devient un arbre, de sorte que les oiseaux du ciel viennent se poser sur ses branches. »

* *Vers 12.* Même idée dans les *Devoirs...* : « Un homme aux pieds duquel les chrétiens vont répandre leurs aveux les plus intimes, leurs larmes les plus secrètes; un homme qui est le consolateur par

état de toutes les misères de l'âme et du corps... » L'*intime souffrance*, c'est peut-être l'*internum animi dolorem* de la Bible (*Maccabées*, 2e livre, III, 16). Au v. 10, le pronom *les* désigne *ceux qui souffrent* (à tirer du mot *souffrance*, selon un usage latin assez insolite en français). Les notions impliquées par les mots *retourner (convertere)*, *guérir (sanare)*, *vivifier (vivificare)* ont de multiples références dans les deux Testaments. — On notera que, pour des raisons métriques, les verbes de cette troisième strophe sont à la troisième personne alors qu'on attendrait la seconde, comme dans les stances qui précèdent et qui suivent.

* *Vers 13*. *Barde* (pour *poète*) et *lyre* sont des mots chers à Lamartine, et souvent associés dans les textes ossianiques; Chateaubriand remarque du reste : « Les bardes (poètes et chantres celtiques) ne connaissaient point la lyre, encore moins la harpe, comme les prétendus bardes de Macpherson » (note 12 du livre X des *Martyrs*). Comme le note E. Zyromski (p. 248), la définition contenue dans cette strophe peut s'appliquer au poète lui-même, « car son cœur bat toujours et ses battements sont harmonieux ».

* *Vers 19*. Dans *Saint Marc*, VIII, 38, c'est le Fils de l'Homme qui aura une *escorte d'anges*, « cum venerit in gloria cum angelis sanctis. »

* *Vers 22*. Selon les *Devoirs...*, « son *bâton* doit toujours être sous sa main », car le curé de campagne est à tout moment prêt à se mettre en route vers ceux qui l'appellent.

* *Vers 23*. Les Évangiles insistent sur l'idée de *mission* : Jésus fut *envoyé* par son Père et parla en son nom; il *envoya* ensuite les Apôtres, et les prêtres leurs successeurs, porter la Bonne Parole. Ici, Lamartine prend à son compte la formule : *Benedictus qui venit in nomine Domini* (*Saint Matthieu*, XXI, 9, XXIII, 39).

* *Vers 25*. Si, comme l'a montré M. Guillemin (*op. cit.*, pp. 457-458), l'amour des chiens est un thème littéraire hérité du XVIIIe siècle, c'était aussi chez Lamartine un sentiment très profond; cf. en particulier, *Jocelyn*, neuvième époque, v. 80-128 :

> Ah! mon pauvre Fido, quand, tes yeux dans les miens,
> Le silence comprend nos muets entretiens;...
> Que, lisant ma tristesse en mes yeux obscurcis,
> Dans les plis de mon front tu cherches mes soucis;...
> Que, comme un clair miroir, ma joie ou mon chagrin
> Rend ton œil fraternel inquiet ou serein...

Ainsi, l'animal *devine* véritablement son maître...

* *Vers 27*. Réminiscence possible d'*Isaïe*, LX, 8 : « Volant et quasi columbae ad fenestras suas. »

* *Vers 29*. Depuis J.-J. Rousseau, qui s'attendrissait devant ses serins en cage dans sa mansarde de la rue Plâtrière, les oiseaux étaient devenus matière à littérature (Guillemin, *ibid.*); on les retrouve dans *Jocelyn*, sixième époque, v. 487-488 :

> Là, suspendus le jour au clou de mon foyer,

Mes oiseaux familiers chantent pour m'égayer.

* *Vers 31.* Le thème « *Les bons curés sont des anges* » et celui de l'ermite solitaire furent ressassés dans la seconde moitié du XVIIIe siècle; l'illustration la plus célèbre en est sans doute le P. Aubry dans *Atala* (Pierre Sage, *Le « bon prêtre » dans la littérature française,* Droz-Giard, 1951, pp. 421 et 428).

* *Vers 33.* Sur l'enfance campagnarde de Lamartine, cf. *Préludes,* v. 315 et *Confidences,* V, 5 et 6 : « Cette vie presque entièrement paysannesque... »

* *Vers 35.* La *pauvreté* est l'apanage du curé de campagne selon Lamartine. Cf. *Devoirs...* « Il tient aux classes inférieures par la vie pauvre et souvent par l'humilité de la naissance... Souvent même l'indigence de l'autel a quelque chose de vénérable... » Sur l'épitaphe de son ami François Dumont, le poète inscrivit « né et mort pauvre comme son divin Maître ». Dans *Jocelyn,* sixième époque, v. 380-410, église, cimetière et presbytère sont situés côte à côte (il en était de même à Bussières) et le héros ne veut pas être plaint de sa « riche pauvreté » (v. 495).

* *Vers 40.* Suivant les *Devoirs...,* au curé « il est permis d'avoir une vigne, un jardin, un verger..., et de les cultiver de ses propres mains. » De même, Jocelyn décrit son « pauvre seuil » (sixième époque, v. 465-suiv.) :

> Une cour le précède, enclose d'une haie
> Que ferme sans serrure une porte de claie.
> Des poules, des pigeons, une chèvre et mon chien,
> Portier d'un seuil ouvert et qui n'y garde rien,
> Qui jamais ne repousse et qui jamais n'aboie,
> Mais qui flaire le pauvre et l'accueille avec joie...

En effet, « la philanthropie est née du premier et unique précepte de l'Évangile, la charité » *(Devoirs...)*

* *Vers 41.* Sur la *cloche,* cf. *L'Isolement,* v. 13-16. C'est elle qui rythme aussi la vie du curé de Valneige (*Jocelyn,* sixième époque, v. 568 et 724).

* *Vers 44.* Ces deux vers ont peut-être été suggérés par une réminiscence des *Psaumes,* LXXIII, 16 : « Tuus est dies et tua est *nox;* tu fabricatus es *auroram* et solem. »

* *Vers 45.* Sur la *robe blanche* du prêtre chrétien, Chateaubriand énonce cette remarque : « L'*aube,* dont le nom latin rappelle et le lever du jour et la blancheur virginale, offre de douces consonances avec les idées religieuses » (*Génie du Christianisme,* quatrième partie, liv. I, chap. 2).

* *Vers 55.* L'expression *Pater coelestis* revient à plusieurs reprises dans *Saint Matthieu,* V, 48, VI, 14, 15, 26, etc. En travaillant à l'œuvre du Père Céleste, les prêtres imitent leur Maître Jésus-Christ, répondant à ses parents venus le chercher au Temple : « Ne saviez-

vous pas qu'il me faut être aux affaires de mon Père (in his, quae Patris mei sunt, oportet me esse) » (*Saint Luc,* II, 49).

* *Vers 58.* L'image de la *soif* revient souvent dans les Écritures ; on la trouve au figuré, comme ici, dans le Sermon sur la Montagne (*Saint Matthieu,* V, 6) et aussi dans *Saint Jean,* IV, 13-14 : « Qui biberit ex aqua, quam ego dabo ei, non sitiet : fiet in eo fons aquae salientis in vitam aeternam. »

* *Vers 64.* L'*encensoir (thuribulum),* comme plus haut la *myrrhe* (v. 49) et l'*encens* (v. 60), servaient déjà au culte hébraïque ; en assimilant le prêtre au brûle-parfum qu'il utilise, le v. 64 use d'un tour audacieux.

* *Vers 66.* Cf. *Apocalypse,* III, 12 : « Et *scribam* super eum *nomen Dei* mei » ; on rencontre aussi souvent *nomen Domini* (*Genèse,* IV, 26 ; *Saint Matthieu,* XXI, 9 ; etc.). — A partir de cette strophe et dans les suivantes, Lamartine adopte une attitude de tolérance absolue, celle même qu'il préconise dans les *Devoirs civils du curé :* « Il ne doit pas offrir son ministère à ceux qui le dédaignent ou le méconnaissent ;... il ne doit pas oublier que, sous le régime de liberté absolue de tous les cultes, qui est la loi de notre état social, l'homme ne doit compte de sa religion qu'à Dieu et à sa conscience. » Cette façon de penser est évidemment inconciliable avec une religion fondée sur un dogme rigoureusement établi ; elle aboutit nécessairement à la reconnaissance d'une valeur égale de toutes les fois, ainsi qu'à l'indifférence envers les cultes, et même à leur négation : voir *Le Désert.*

* *Vers 70.* Alors que les pharisiens faisaient comparaître devant lui la femme adultère, Jésus, pour se donner une contenance, traçait sur le sol avec le doigt, et non avec un *roseau,* des caractères dont le sens n'est pas rapporté (*Saint Jean,* VIII, 6 : « Se inclinans, digito scribebat in terra »). Quant au dédain de la *lettre effacée,* c'est sans doute la transposition de la parole de saint Paul (*Épître II aux Corinthiens,* III, 6) : « *Littera* occidit, Spiritus autem vivificat ».

* *Vers 73.* L'*Agneau* désigne symboliquement Jésus-Christ dans *Saint Jean* (I, 29, 36) et dans l'*Apocalypse (passim) :* le mot *victime (victima, hostia)* appartient également au vocabulaire biblique et chrétien. Les *collines sans ondes* évoquent un paysage désertique quelconque (cf. toutefois *Isaïe,* XLII, 15 : « Desertos faciam... colles » ou *Nahum,* I, 5 : « Et colles desolati sunt »). Pour le v. 4 de cette strophe, cf. *Saint Jean,* XXI, 17 : « Jésus dixit ei : *Pasce meas oves !* »

* *Vers 77.* Le terme *piscina* a toujours un sens matériel dans les deux Testaments ; mais, chez les Hébreux, peuple du désert, l'*eau* et la *fraîcheur* sont inséparables de la notion de bonheur et de paradis (cf. *Genèse,* II : description de l'Éden ; etc.). Les v. 78-80 s'inspirent de la parabole du Bon Pasteur (*Saint Jean,* X, 1-18) et notamment du passage où Jésus déclare : « Je donne ma vie pour mes brebis. J'ai encore d'autres brebis qui ne sont pas de ce bercail ; celles-là aussi, il faut que je les amène... ; et cela fera un seul troupeau, un seul pasteur. » Mais il n'est nulle mention dans ce passage des *ronces du*

chemin : Lamartine, en usant de ces termes, paraît s'être souvenu de la parabole du Semeur (*Saint Marc*, IV, 14-20).

* *Vers 81*. Pour *glaner*, on trouve dans l'Ancien Testament la périphrase *remanentes spicas colligere* (*Lévitique*, XIX, 9, XXIII, 22; *Ruth*, II, 3 et 7) et dans le Nouveau l'expression, plus simple, *vellere spicas* (*Saint Matthieu*, XII, 1, *Saint Marc*, II, 23, *Saint Luc*, VI, 1). *En exemple : pour servir d'exemple, symboliquement*.

* *Vers 84*. La loi juive ordonnait aux fidèles d'offrir à Dieu les *prémices (primitiae)* de leurs récoltes (*Deutéronome*, XXVI, 2 et 10); aucun texte évangélique ne montre Jésus enfant en train de satisfaire à ce précepte. Mais *Saint Luc* (II, 41-50) conte la scène fameuse du Christ, âgé de douze ans, stupéfiant par sa sagesse les docteurs au temple de Jérusalem. Lamartine a évidemment contaminé ces deux souvenirs en une formule qui lui est personnelle.

* *Vers 85*. Si l'expression *ligare manipulos* n'apparaît que dans la *Genèse*, XXXVII, 7, le verbe employé seul ou avec d'autres compléments est fréquent dans les deux Testaments.

MÉDITATION VINGT-HUITIÈME
A ALIX DE V..., JEUNE FILLE QUI AVAIT PERDU SA MÈRE

Page 242

* *A ALIX DE V..., JEUNE FILLE QUI AVAIT PERDU SA MÈRE*. — Lamartine eut cinq sœurs Cécile, Eugénie, Césarine, Suzanne et Sophie. Marie-Césarine-Hélène naquit à Mâcon le 30 mai 1799; son frère admirait beaucoup « sa beauté qui ravissait par l'éblouissement »; il lui trouvait un type italien prononcé : « C'était une jeune fille romaine éclose par un caprice du hasard dans un nid des Gaules » (*Nouvelles Confidences*, I, 13). Le 6 février 1819, elle épousa dans sa ville natale le comte Xavier de Vignet (frère aîné de Louis, l'ami de collège d'Alphonse) : né à Chambéry en 1781, il était membre du Sénat souverain de Savoie et personnage notable de sa province; pourtant, le poète avait dû insister auprès des siens pour que cette union se réalisât. Le nouveau ménage s'installa à Chambéry et à Servolex : c'est par Mme de Vignet que Lamartine connut Miss Maria-Anna-Elisa Birch, sa future femme. Xavier et Césarine eurent trois enfants : Nicolas-Marie-Aymon (1819-1871), mort pour la France; Pierre-Marie-Roger (né en 1821 et disparu en bas âge); *Alix-Suzanne-Louise*, qui vint au monde le 20 juin 1823 : elle ne put connaître sa mère, décédée de langueur (c'est-à-dire de tuberculose) le 11 février 1824 (G. Roth, pp. 177-185 et 267-268).

C'est à cette nièce orpheline de sa mère (Xavier de Vignet vécut jusqu'en 1844) que Lamartine adresse cette brève méditation; la date du manuscrit et des *Recueillements* (où la pièce parut tout d'abord) — *Saint-Point, 24 octobre 1836* — est tout à fait plausible; car la Correspondance cite deux lettres à Virieu, l'une écrite de Saint-Point le 20 et l'autre de Monceau le 30; on lit dans celle-ci : « Ma famille est toute réunie chez mon père et chez moi, jusqu'aux Vignet de Savoie et aux Coppens de Flandre. » Alix de Vignet épousa en 1845 le baron de Montfort de Saint Sulpice et son oncle lui offrit un présent de mariage (lettre à Valentine de Cessiat, Paris, 6 mai 1845, citée par le comte de Chastellier, *Lamartine et ses nièces,* Plon, 1928). On ne doit pas la confondre avec Alix de Cessiat, autre nièce de l'écrivain, fille de Cécile, née en 1814 et qui fut mariée, de 1838 à 1841, à Léon de Pierreclau.

* *Vers 8.* Il n'est pas besoin de rappeler la douleur désespérée qui accabla Lamartine et conditionna toute son évolution religieuse et sa pensée philosophique, lorsqu'il perdit le 7 décembre 1832, sa fille Julia, morte à Beyrouth au cours du voyage en Orient : l'enfant venait tout juste d'avoir dix ans, mais avait manifesté beaucoup de précocité intellectuelle. Il semble moins vraisemblable qu'Alix ait pleuré une mère disparue quand elle-même avait huit mois : mais le poète lui prête sans doute la tristesse qu'il éprouvait personnellement en songeant à sa sœur morte prématurément (cf. la différence entre le titre du manuscrit et celui des versions imprimées) et dont il allie ici la mémoire à celle de Julia.

* *Vers 14. Lait* et *miel* sont associés dans la Bible : *Nombres,* XIII, 27 (« Venimus in terram... quae revera fluit lacte et melle »); XIV, 8, XVI, 13 et 14; *Deutéronome,* VI, 3; XI, 9, etc.; *Cantique des Cantiques,* IV, 11 (« Sponsa, mel et lac sub lingua tua »). Pour l'idée, cf. *Aux enfants de Mme Léontine de Genoude* (morte le 28 avril 1834) *(Recueillements poétiques) :*

L'amour qui vous sevra vous fait la vie amère;
Votre lait s'est tari, comme à ce pauvre agneau
Qu'un pasteur vigilant sépare de sa mère,
Pour le faire brouter l'herbe avec le troupeau.

Voir aussi, *Gethsémani ou la Mort de Julia (Voyage en Orient),* v. 5 : L'amertume est mon miel, la tristesse est ma joie.

* *Vers 16.* On comparera cette fin avec une strophe de la pièce *A M. Wap, poète hollandais, en réponse à une ode adressée à l'auteur sur la mort de sa fille (Recueillements Poétiques) :*

Oh! si de notre amour l'espoir était le rêve!
Si nous ne devions pas retrouver dans les cieux
Ces êtres adorés qu'un ciel jaloux enlève,
Que nous suivons du cœur, que nous cherchons des yeux;
Si je ne devais plus revoir, toucher, entendre,
Elle! elle qu'en esprit je sens, j'entends, je vois,
A son regard d'amour encore me suspendre,
Frissonner encore à sa voix...

Il y a, semble-t-il, plus d'espoir dans les vers pour Alix : Alphonse ne voulait pas désespérer la fillette à qui il destinait ces quatre strophes. En terminant, une remarque d'ordre grammatical : la correction apportée en 1849 aux vers 1-2 améliore incontestablement le texte des *Recueillements;* mais, à l'inverse, la modification du vers 13 introduit une gaucherie, une incorrection même, assez inadmissible et peu explicable. Petit mystère de la stylistique lamartinienne!

TROISIÈMES MÉDITATIONS POÉTIQUES

PREMIÈRE MÉDITATION. — LA PERVENCHE

Page 245

* *LA PERVENCHE.* — Cette aimable petite pièce, sur laquelle on ne possède aucun renseignement relatif à sa date et aux circonstances de sa composition, reste mystérieuse. Sans doute n'est-il pas interdit de penser qu'elle fut écrite, comme plusieurs autres, telles que *Le Coquillage* ou *Sultan, le cheval arabe,* pour commenter un dessin mis en loterie par Mme de Lamartine au bénéfice de ses bonnes œuvres. Mais elle a pu être inspirée par la fleur qui lui donne son titre, observée dans son cadre naturel. La *pervenche* en effet, herbe de la famille des apocynacées dont on connaît deux variétés, la grande (fleurs bleu clair) et la petite (fleurs bleu foncé) est très répandue en France, dans les lieux humides et boisés : le poète avait pu voir cette modeste plante soit dans la fraîche vallée de Saint-Point, soit dans le domaine de Montculot, commune d'Urcy, où il était souvent venu dans sa jeunesse visiter son oncle l'abbé de Lamartine et dont, après la mort de celui-ci, il était resté propriétaire jusqu'en mars 1831 (De Luppé, p. 136). Dès son tout jeune âge, Lamartine avait été habitué à admirer la nature par sa mère, qui lui enseignait en particulier « la vertu des plantes » (*Confidences*, V, 1) et il n'est pas nécessaire de supposer qu'il avait eu son attention attirée sur la pervenche par la page célèbre des *Confessions* (Livre VI, début) où J.-J. Rousseau a donné à cette fleur le droit de cité littéraire.

* *Vers 3.* Même notation et même rime dans *A une jeune Moldave (Recueillements poétiques)*, pièce datée du 24 janvier 1837 :

> Je t'aime, lui dit-on, violette ou pervenche,
> O sympathique fleur dont l'urne qui se penche
> M'adresse ce parfum lointain !

* *Vers 8.* La description de ce *sentier* est encore un exemple de « paysage intérieur », tel que Lamartine en créait par un mélange de souvenirs, et dont la localisation est incertaine, sinon impossible.

* *Vers 11.* Expression comparable dans *La Source dans les bois de ****, poème écrit à Montculot en novembre 1828 et publié dans les *Harmonies poétiques :* l'auteur s'adresse à une cascade

> (Dont) le gazon, par chaque pore
> Boit goutte à goutte (les) cristaux.

* *Vers 14.* Ce détail doit être rapproché d'une phrase contenue dans le Commentaire (sans doute écrit vers 1844) de l'harmonie *La Source dans le bois de *** :* « Une des sources du jardin, la plus éloignée du château, s'appelait la source du *Foyard (foyard* veut dire *hêtre)*...

C'était ma retraite la plus habituelle au milieu des jours, en été. J'y portais mes livres, je lisais au murmure de la source éternelle et au sifflement des merles accoutumés à moi, qui venaient boire au bord du bassin. » A noter aussi que cette harmonie, écrite en novembre 1826 ou 1828, est constituée de strophes analogues à celles de *La Pervenche* (quatrains d'octosyllabes à rimes croisées, la première féminine). Mais ces constatations suffisent-elles à décider que les deux pièces sont contemporaines et que la seconde fut également composée sous les ombrages d'Urcy? On ne saurait l'affirmer; car on sait que partout Lamartine aimait à méditer et à écrire en plein air, et, par exemple dans *Le Manuscrit de ma Mère* (p. 8), il évoque les sentiers de Saint-Point et « l'égouttement sonore de la rigole de bois, filtrant à travers les touffes de petits joncs... pour aller se perdre dans les prés inférieurs. »

* *Vers 20.* Les *yeux* de la pervenche sont déjà évoqués au v. 4, et on les retrouvera dans *Sur une page peinte d'insectes et de plantes,* v. 4. Mais quelle amante aux yeux bleus les pétales de la fleur pouvaient-ils rappeler au poète? Peut-être la Lucy des *Confidences,* VI, 7, « aux yeux d'un bleu de pervenche »; mais surtout Julie Charles : cf. *A. M. de Musset,* v. 131, et *Raphaël,* VI : « Ses yeux étaient couleur de mer claire et de lapis veiné de brun... » Et aussi Léna de Larche, la sensuelle « princesse italienne » de la liaison de 1819 : cf. *Visions,* II, v. 280 (édit. H. Guillemin, p. 130) : « Ses yeux bleus, ou brillants, ou voilés tour à tour »; *Nouvelles Confidences,* II, 5 : « Ses yeux d'un bleu aussi foncé que les eaux de Tivoli dans leur abîme »; *Cours familier de Littérature,* entretien LV (t. XI, p. 27) : « Ses yeux plus foncés que les eaux de la mer Adriatique ». Si l'on s'en tenait aux temps des verbes de cette strophe, qui sont au présent, on pourrait supposer ces vers contemporains de l'idylle avec Elvire ou de celle avec Mme de Larche, c'est-à-dire antérieurs à 1820; mais cette hypothèse ne paraît guère vraisemblable : *La Pervenche* est plus probablement une composition tardive, synthèse de réminiscences diverses, et Lamartine songeait peut-être aux yeux de quelque inconnue. A signaler enfin une autre allusion à la pervenche, associée à des larmes versées et à des yeux bleus dans les *Vers à Mlle Delphine Gay,* datés de Saint-Point, 29 janvier 1829 (Édition des Souscripteurs, t. VIII, p. 332). Un passage du *Tailleur de pierre de Saint-Point,* VI, montre que les pervenches étaient appelées *yeux bleus* dans le parler populaire du pays lamartinien. A propos d' « un beau brin de fille », on disait : « C'est pourtant dommage que ça pousse à l'ombre et que ça ne voit jamais le soleil, comme les *yeux bleus* (les pervenches) sous les buissons » (l'italique est dans le texte du roman).

DEUXIÈME MÉDITATION. — SULTAN, LE CHEVAL ARABE

Page 246

* *SULTAN, LE CHEVAL ARABE.* — Ce morceau parut pour la première fois dans la *Revue des Deux Mondes,* 1er avril 1842, (pp. 131-133) en même temps que *Le Coquillage.* Les deux pièces y sont datées : *Paris, 23 mars 1842;* comme il est peu probable qu'elles aient été composées le même jour, cette indication doit concerner seulement leur mise au net définitive. Une notice (dont une partie, de la main du poète, est conservée avec le manuscrit du *Cheval* à Saint-Point) explique les circonstances de leur composition : « M. de Lamartine, absorbé par la politique, a presque entièrement renoncé à la poésie. Cependant, de temps en temps, le poète se retrouve comme malgré lui. Voici deux morceaux qui viennent de lui échapper; nous devons dire à quelle occasion pour l'intelligence de ces vers. Tous les ans, vers le milieu d'avril, Mme de Lamartine fait tirer chez elle une loterie au bénéfice d'une œuvre de charité à laquelle elle s'est consacrée : l'œuvre du patronage des jeunes filles abandonnées. Pour cette occasion, les personnes bienfaisantes et les artistes surtout, dont le génie secourable ne manque jamais à la charité, envoient des lots, ouvrages de leurs mains. Dans ces lots, cette année, se trouvent des encadrements en arabesques représentant différents sujets groupés avec goût et admirablement peints. Entre ces encadrements, les artistes ont laissé une page blanche destinée à être remplie par des autographes d'écrivains et de poètes; M. de Lamartine a été chargé d'en remplir deux. Le premier de ces encadrements représente des scènes de la vie orientale : des armes, des pipes, des harnais, le désert, des chevaux arabes, des palmiers, etc. Voici les vers dont M. de Lamartine a rempli ce cadre... » Ces renseignements sont confirmés par le secrétaire du poète, Ch. Alexandre, *Souvenirs sur Lamartine,* p. 2 : « Je suis arrivé à Paris (1843) à un moment décisif de la vie de Lamartine. La politique a pris entière possession de son esprit. La poésie ne coule plus de son âme qu'à gouttes rares, et seulement pour aider aux œuvres de charité de sa femme. Les récentes strophes *Le Cheval, le Coquillage* ont été faites dans cette intention... »

On saisit bien comment travailla l'imagination du poète. D'un dessin apparemment assez surchargé et dont il évoque l'ensemble dans ses v. 1-8, il retient ensuite seulement l'image d'un cheval — animal auquel il vouait une vraie passion (on lira particulièrement les paragraphes qu'il consacre dans le *Voyage en Orient (Jéricho)* aux chevaux arabes « plus apprivoisés et plus intelligents » que ceux d'Europe); puis il enrichit sa matière par des souvenirs de son itinéraire de 1832 et surtout par l'évocation de sa fille Julia dont la disparition ne cessait de hanter sa mémoire.

* *A. M. de Champeaux.* — François-Célestin-Julien-Thérèse (dit Félix) Palasne de Champeaux (1797-1850), né à Saint-Brieuc d'une an-

cienne famille bretonne, avait été officier de cavalerie sous la Restauration; mais la révolution de Juillet 1830 l'avait amené à donner sa démission plutôt que de rester au service d'un pouvoir usurpé. Entré en relations avec Lamartine, il lui servait de secrétaire et de conseiller; quand les *Troisièmes Méditations* parurent en 1849, M. de Champeaux s'apprêtait à suivre son maître et ami dans un second voyage en Asie Mineure, au cours duquel il allait, victime de son dévouement désintéressé, mourir en mer de maladie. C'est probablement l'imminence de ce départ en commun qui poussa Lamartine à lui dédier un poème de couleur orientale; quant à la date (fictive) de 1838, elle évoquait peut-être l'année où les deux hommes s'étaient liés plus étroitement, M. de Champeaux étant nommé pour la première fois sous la plume de Lamartine dans une lettre du 12 janvier 1835 à sa tante de Villars (cf. F. Letessier, *En marge d'une Méditation : notes sur deux relations de Lamartine, Bulletin de l'Association G. Budé*, décembre 1962, pp. 490-508 et *Note complémentaire sur Lamartine et M. de Champeaux, Ibidem*, juin 1963, pp. 231-235).

* *Vers 2. Yatagan* : coutelas turc, dont la lame d'environ cinquante centimètres est concave vers la poignée et convexe du côté de la pointe. Ce mot, comme au vers suivant *Khaïdha* (nom de femme arabe) et comme *nargbilé* (pipe turque où la fumée traverse un flacon d'eau parfumée) au vers 6, contribue à créer un climat exotique. A signaler qu'une pièce ajoutée en 1849 aux *Harmonies poétiques et religieuses* a pour titre *Le Trophée d'Armes orientales.*

* *Vers 7.* Depuis la mort de sa fille, Lamartine, dans l'*attente* de la rejoindre en un monde meilleur, menait une existence qui souvent lui semblait vide. Cf. *Gethsémani ou la Mort de Julia*, v. 187-188 :

> Je vais sans savoir où, j'attends sans savoir quoi;
> Mes bras s'ouvrent à rien, et se ferment à vide.

* *Vers 9.* Il est impossible de savoir si Lamartine eut, durant son voyage en Orient, un cheval appelé *Sultan;* mais, parmi les innombrables qu'il posséda en France, un au moins porta ce nom; il mandait en effet de Paris, le 24 août 1848 à Valentine de Cessiat : « Fais donc vendre Sultan ! » (Comte de Chastellier, *Lamartine et ses nièces*, p. 140.)

* *Vers 16.* Cf. *Voyage en Orient, Voyage de Beyrouth*, 8 octobre 1832 : « Suivi la grève, où la lame venait laver de son écume les pieds de nos chevaux... »

* *Vers 18.* Le démonstratif *celle*, intentionnellement souligné par le poète, désigne sa fille Julia, à qui il avait, malgré son jeune âge, communiqué sa ferveur équestre, ainsi que le montre une lettre de la fillette écrite le 8 novembre 1832 à sa cousine Alphonsine de Cessiat et publiée par le comte de Chastellier (*op. cit.*, pp. II-III), en respectant son orthographe : « Papa est arrivé dimanche le 4 en bonne santé de Jérusalem; il vient de nous raporter une grande cantité de chevaux, aux cuelles nous avons donné à chaqu'un le nom de l'endroit où il a été acheté. Papa a un charmant cheval gris,

qu'y s'appelle Liban, Maman en a un aussi gris qui s'appelle Allep. » L'énumération continue; celui de Julia, Jéricho, est encore trop vif pour qu'elle le monte; elle se sert donc de Saïda, jument douce comme un mouton : « C'est au point que c'est avant-hier que je l'ai monté pour la première fois toute seule et que quand elle voyet le cheval de Papa qui était à côté d'elle partire au grand galop elle ne bougais pas plus que cela. » Ce témoignage enfantin prouve qu'en réalité, Lamartine, père prudent, ne *livrait pas sans peur* sa fille *au galop sauvage* d'un coursier mal apprivoisé (v. 21) ! Peut-être est-ce cette promenade (Julia devait mourir le 7 décembre) qu'évoque aussi le *Voyage en Orient (Paysages et pensées en Syrie)* : « Cette promenade est la dernière que je fis avec Julia. Elle montait pour la première fois un cheval du désert... Nous étions seuls; la journée, quoique nous fussions en novembre, était éclatante de lumière, de chaleur et de verdure. Jamais je n'avais vu cette admirable enfant dans une ivresse si complète de la nature, du mouvement, du bonheur d'exister, de voir et de sentir : elle se tournait à chaque instant vers moi, pour s'écrier; et, quand nous eûmes fait le tour de la colline de San-Dimitri, traversé la plaine et gagné les pins, où nous arrêtâmes : — N'est-ce pas, me dit-elle, que c'est la plus longue, la plus belle et la plus délicieuse promenade que j'aie encore faite de ma vie? — Hélas ! oui, et c'était la dernière ! »

* *Vers 24.* L'océan est qualifié d'*amoureux* dans Ischia, v. 13; on retrouve l'image du *coursier* associée à celle de la *mer* poussant une *barque* dans *Adieux à la Mer,* v. 16-20, et dans le *Dernier Chant... d'Harold,* XV :

> On dirait que le flot reconnaît mon navire,
> Comme le fier coursier, par son maître flatté,
> Hennit en revoyant celui qu'il a porté.

* *Vers 28.* Autre peinture d'un cheval écumant dans *La Cloche du village (Recueillements poétiques)* :

> Ce n'est pas le coursier atteint dans la prairie,
> Pliant son cou soyeux sous ma main aguerrie
> Et mêlant sa crinière à mes beaux cheveux blonds,
> Quand, le sol sous ses pieds sonnant comme une enclume,
> Sa croupe m'emportait et que sa blanche écume
> Argentait l'herbe des vallons !

* *Vers 32.* Lamartine dépensait des sommes folles pour acheter et entretenir les nombreux chevaux de selle qui peuplaient ses écuries. Fastueux par nature et aussi par calcul, voici ce qu'il notait dans son *Voyage en Orient,* le 20 septembre 1832, peu après s'être installé à Beyrouth : « J'ai acheté quatorze chevaux arabes, les uns du Liban, les autres d'Alep et du désert; j'ai fait faire des selles et des brides à la mode du pays, riches et ornées de franges de soie et de fils d'or et d'argent. Le respect qu'on obtient des Arabes est en raison du luxe qu'on étale; il faut les éblouir pour frapper leur imagination. » En partant pour Jérusalem (*ibid.,* 8 octobre), il se représente « monté

à cheval avec dix-huit chevaux de suite ou de bagages formant la caravane ». Il y aurait un essai à écrire sur Lamartine homme de cheval : outre le *Voyage,* sa Correspondance en fournirait nombre d'éléments. Dans son *Nouveau Voyage en Orient* (*Œuvres complètes,* 1863, t. XXXVI, pp. 71-72), on trouve cette phrase caractéristique : « Un beau cheval pour moi est, comme pour Richard dans Shakespeare, presque autant qu'un empire. » Ce goût de l'équitation le tint jusqu'en sa vieillesse; le professeur belge Ferdinand Loise (1825-1904), cité par Gustave Charlier (*Aspects de Lamartine,* p. 198) est formel à ce sujet : « Comme il me disait en 1861 qu'il n'avait jamais été aussi bien à cheval qu'alors (à soixante et onze ans!), je fis l'observation que le mouvement du cheval devait favoriser en lui le mouvement de la pensée. A cela il répondit en vrai cavalier : « Quand je suis à cheval, je pense à mon cheval! » Il devait être cependant ferme sur ses étriers, car il avait usé du cheval toute sa vie et, comme le disait Bocage, de la Comédie-Française, qui le voyait souvent passer au Bois de Boulogne, c'était le premier cavalier de France. »

* *Vers 34. Houri :* Femme divinement belle et pure que le Koran (LV, 56-78) promet comme compagne, dans la vie future, au musulman fidèle.

* *Vers 35.* Bien que Julia de Lamartine apparaisse avec des cheveux bouclés à l'anglaise sur les portraits dus au crayon de sa mère et conservés à Saint-Point, *Gethsémani,* v. 102, parle, comme ici, de son front qui

Secouait l'air bruni de ses *tresses* soyeuses.

* *Vers 39.* Jamais mieux que dans ces deux vers magnifiques, Lamartine n'a évoqué sa nostalgie des voyages lointains; d'ordinaire, il chante le plaisir ou la douceur de la navigation lacustre *(Le Lac, Ressouvenir du lac Léman)* ou côtière *(Golfe de Baya..., Adieux à la Mer, Ischia* et maintes pages de *Graziella)* sur de petites embarcations; ici l'horizon ouvert à notre rêverie est beaucoup plus vaste; il en est de même en certains vers de la pièce intitulée *Les Voiles* (Ischia, septembre 1844), citée à la note du v. 24 du *Salut à l'île d'Ischia.*

* *Vers 41. Hennir* est construit de manière insolite, car il n'est jamais transitif direct : ordinairement on dit *hennir après quelqu'un.*

* *Vers 44.* Le *Voyage en Orient* revient souvent, avec un orgueil naïf, sur le succès remporté par Lamartine au Liban et en Palestine : le luxe de son existence et de ses équipages n'y avait pas peu contribué. Cf. par ex., à la date du 20 septembre 1832 : « (Arabes, Druzes et Maronites) retournent enchantés de notre accueil, et vont porter au loin et répandre la réputation de l'*émir Frangi* (c'est ainsi qu'il m'ont nommé), le *prince des Francs.* Je n'ai pas d'autre nom dans tous les environs de Beyrouth et dans la ville même... Les consuls européens ont la bonté de ne pas les détromper, et de laisser passer l'humble poète pour un homme puissant en Europe. » On notera

que le v. 44 est beaucoup plus fier dans sa version de 1849 que dans celle de 1842. Lamartine venait alors de recevoir du gouvernement de Constantinople l'offre (d'ailleurs en partie provoquée par lui-même) d'une concession de 20 000 ha en Asie Mineure et pouvait y voir une lointaine conséquence de la renommée qu'il avait acquise, « au Liban » et dans l'Orient tout entier, lors de son séjour de 1832.

* *Vers 47.* Isidore Ducasse (Lautréamont) songe précisément à ce vers lorsque, dans ses *Poésies II,* il signale comme un « tic » de Lamartine « les pleurs qui tombent des naseaux de son cheval » (M.-Fr. Guyard, in *Actes du Congrès II,* p. 106). — Les vétérinaires diront que les chevaux versent des *larmes* de froid ou de maladie, non d'émotion et de tristesse; sans doute Lamartine le savait-il. Il aurait pu invoquer des exemples empruntés aux auteurs anciens; mais les pleurs que les chevaux consacrés par César au fleuve Rubicon répandirent en abondance (*ubertim flere,* dit Suétone, *César,* LXXXI, 4) la veille de l'assassinat du dictateur sont sûrement légendaires. En fait, si l'on ne saurait nier l'intelligence des bêtes et leur attachement fidèle au maître, Lamartine avait une tendance constante à anthropomorphiser exagérément leurs réactions; il écrira dans le *Nouveau Voyage en Orient* (p. 105) : « (Les jeunes chameaux) ont l'air de compatir aux gémissements que leurs lourdes charges arrachent de temps en temps aux chamelles, et d'implorer les chameliers pour qu'ils les soulagent de leurs fardeaux. Ils ont comme les cerfs de véritables larmes dans les yeux. »

TROISIÈME MÉDITATION.
LA FENÊTRE DE LA MAISON PATERNELLE

Page 248

* 1816. — La date absurde de 1816 est facile à rectifier grâce à l'étude d'Henry Cochin, *Deux documents lamartiniens inédits * au Musée de Dunkerque (Union Faulconnier. Société Historique et Archéologique de Dunkerque et de la Flandre Maritime,* t. XVIII, fasc. I, 1920-1921, pp. 105-116). Cet auteur a eu sous les yeux un manuscrit de ce poème, provenant de la collection d'un Dunkerquois, Hippolyte Bourdon qui en fit don à sa ville natale, signé Alph. de Lamartine et daté : *Saint-Point, 1840;* comme M. de Lamartine père mourut le 30 août de cette année-là et que le bref poème ne fait aucune allusion à ce triste événement, on doit le considérer comme antérieur à cette date; en 1840, le poète était arrivé de Paris en Bourgogne le 1er juin, il avait passé ce mois à Mâcon, Saint-Point et Monceau; il en était

* Le mot *inédit* ne convient pas à *La Fenêtre de la maison paternelle,* mais H. Cochin n'avait probablement pas connaissance des *Troisièmes Méditations,* très généralement ignorées.

reparti le 28 pour les Pyrénées; il revint à Mâcon et Saint-Point vers la mi-août et y demeura jusqu'au 16 octobre.

Le manuscrit de Dunkerque était accompagné de la notice suivante, extraite d'un catalogue d'autographes non identifié :

« (75) Lamartine, illustre écrivain et homme d'État. — Pièce de vers aut. sig. St Point, 1840; une page gr. in fol., avec des initiales et un riche encadrement peints et rehaussés d'or par Mme de Lamartine. — Cette précieuse pièce de vers restée inédite est encadrée. Elle avait été écrite pour Mme de Montjoie, dame d'honneur de la reine Marie-Amélie et amie de Lamartine. Cette dame qui resta la dernière auprès de la reine le 24 février 1848 fut indignée de l'attitude du grand poète devenu membre du Gouvernement Provisoire de la République et ne voulut plus rien garder de lui. Elle donna ce tableau à M. Lozinski, son valet de chambre. » (Sur Mme de Montjoie, cf. Jules Bertaut, *Louis-Philippe intime,* Club du Meilleur Livre, pp. 110-111, et Apponyi, *Mémoires,* IV, p. 151.)

Au musée de Dunkerque, l'encadrement n'existait plus et H. Cochin hésitait à reconnaître l'authenticité de l'autographe; le manuscrit pouvait être en réalité de Mme de Lamartine, « qui imitait à ravir l'écriture du grand homme ».

Dans cette courte poésie, Lamartine exploite, sur un mode très mineur, le thème de l'*humble chaumière,* apparu dans son œuvre en 1821, lors de l'élaboration des *Préludes,* orchestré largement dans *Milly ou la Terre natale* (janvier 1827) et dans *Souvenir d'enfance ou la Vie cachée* (avril 1829) *(Harmonies poétiques),* puis ultérieurement dans les *Confidences* et dans *La Vigne et la Maison, psalmodies de l'âme* (publiée en 1856, dans le *Cours familier de Littérature,* entretien XV) : de cette dernière composition, la modeste méditation de 1840 paraît annoncer le titre, voire le contenu et le rythme (voir v. 71-125).

* *Vers 1.* Sur l'inexactitude de cette affirmation, cf. la note du v. 315 des *Préludes.*

* *Vers 2.* Le mot *pampre* appartient à la langue classique traditionnelle. — Dans *Milly,* v. 85-90, c'est un lierre qui

> Fait le seul ornement du champêtre portique;

mais le Commentaire de 1849 reconnaît qu'en 1827 « le lierre n'existait pas; il n'y avait que de la mousse, des vignes vierges, des pariétaires »; pour « réparer ce petit mensonge poétique », la mère de Lamartine, « qui était la sincérité jusqu'au scrupule », « planta un lierre de ses propres mains à l'endroit où il manquait ». Quant aux vignes vierges, leur existence exclurait l'idée de grappes; toutefois, *La Vigne et la Maison,* v. 89-90, et 99-100, parle

> [Du] cep vivace qui s'enroule
> A l'angle du mur ébréché...
> Il grimpait jusqu'à la fenêtre,
> Il s'arrondissait en arceau...

* *Vers 8.* Rivalité analogue dans *Milly,* v. 71-72,

> où l'enfant des hameaux

Cueille un fruit oublié qu'il dispute aux oiseaux,

et surtout scène comparable dans *La Vigne et la Maison,* v. 97-98 :

Père et mère goûtaient son ombre;
Enfants, oiseaux rongeaient ses fruits;

le poète se souvient aussi, v. 109-110,

...[des] beaux grains d'ambre
Qu'enfants nous convoitions de l'œil.

* *Vers 9.* La mère de Lamartine mourut le 19 novembre 1829, à Mâcon, après avoir été cruellement ébouillantée dans un bain, alors qu'Alphonse était à Paris (sur ce drame atroce et la douleur qu'en éprouva le fils de la victime, voir, dans la Correspondance, des lettres des 18 et 19 novembre écrites par Marianne de Lamartine à Virieu, et l'*Épilogue* du *Manuscrit de ma Mère*).

* *Vers 12.* Une semblable impression de tristesse et d'abandon se dégage de *La Vigne et la Maison :*

Moi, le triste instinct m'y ramène;
Rien n'a changé là que le temps;
Des lieux où notre œil se promène,
Rien n'a fui que les habitants...

Le mur est gris, la tuile est rousse,
L'hiver a rongé le ciment;
Des pierres disjointes la mousse
Verdit l'humide fondement...

et aussi des *Confidences,* lettre-préface (1845) : « Je vais m'asseoir... dans le coin le plus reculé du jardin, d'où l'on voit le mieux le toit paternel...; je contemple d'un œil humide cette petite maison carrée... » et IV, 5 : « ... les herbes parasites, les ronces, les grandes mauves bleues s'élèvent par touffes épaisses entre les rosiers... (Le lierre) empiète chaque année davantage sur les fenêtres toujours fermées de la chambre de notre mère... »

* *Vers 14.* Emploi insolite du mot *mémoires* au pluriel, avec la valeur de *souvenirs* (sans qu'il s'agisse d'un *récit écrit*). Le souhait, assez vaguement formulé au dernier vers, ne paraît pas avoir été exprimé ailleurs par le poète.

QUATRIÈME MÉDITATION. — A LAURENCE

Page 249

* *A LAURENCE.* — Le nom de celle à qui sont dédiées ces strophes évoque évidemment l'héroïne de *Jocelyn :* comme l'a établi M. Guillemin (*Jocelyn,* pp. 414-426), on ne découvre point clairement quelle créature de chair rappelle celle-ci, et rien n'explique pourquoi, dès 1832, avant peut-être, Lamartine avait choisi ce prénom pour le principal personnage féminin de son grand poème. La présente mé-

ditation, sur laquelle nous n'avons trouvé absolument aucun renseignement, ne permet pas d'élucider ces questions et pose, au contraire, par elle-même d'autres problèmes également insolubles : à quelle date fut-elle écrite? à quelle Laurence était-elle destinée? Mystère... Il faut toutefois remarquer qu'elle offre une identité de thème — amour secret, chaste et impossible du poète pour une toute jeune fille qui va s'unir à un autre par le mariage — avec une pièce inédite, parue également dans l'Édition des Souscripteurs (*Harmonies poétiques*), et intitulée *A une fiancée de quinze ans, mélodie :*

Sur ton front, Laurence,
Laisse-moi poser
De l'indifférence
Le chaste baiser...

De ce morceau, qui comporte six strophes de huit pentasyllabes chacune, M. Guillemin (*op. cit.*, p. 415) a pu établir qu'il fut composé au début de 1840 et mis en musique par le compositeur Gilbert-Louis Duprez (1806-1896), mais n'en a pas élucidé l'origine sentimentale. Peut-être s'agit-il d'une œuvrette de pure imagination, inspirée à Lamartine par l'approche de la vieillesse et le spectacle de quelque noce, aperçue en Bourgogne ou ailleurs... *A Laurence* pourrait être le développement, un peu étoffé et sans doute légèrement postérieur, du même sujet. Retrouvant en 1849 les deux pièces dans ses papiers, il les plaça dans deux recueils différents afin d'en mieux dissimuler les ressemblances.

* *Vers 4*. Mouvement interrogatif analogue dans *Raphaël,* VIII, à l'apparition de Julie : « D'ailleurs qui était cette femme? Était-elle un être comme moi ou une de ces apparitions, un de ces météores vivants qui traversent le ciel de notre imagination sans y laisser autre chose qu'un rapide éblouissement de l'œil? Était-elle de ma patrie ou de quelque patrie lointaine, de quelque île de l'Orient ou des tropiques où je ne pourrais pas la suivre...? »

* *Vers 6*. Comprendre : « Tu as des yeux noirs ou très sombres et une chevelure blonde. » Cf. *A une fiancée de quinze ans :*

Ma lèvre dérange
Sur tes blonds cheveux,
Le bouquet d'orange
Embaumé de vœux...

* *Vers 9*. La légende de *Psyché,* princesse si belle qu'Aphrodite même en fut jalouse, demanda à l'Amour de la faire périr et réussit seulement à ce qu'il tombât amoureux d'elle, est racontée en particulier par Apulée, dans ses *Métamorphoses,* livres IV, V et VI; en France, elle inspira La Fontaine (*Les Amours de Psyché et de Cupidon,* 1669) et, conjointement, Corneille, Molière et Quinault en tirèrent une tragédie-ballet, créée devant la Cour en janvier 1671.

* *Vers 12*. Pour l'idée de cette incarnation du rêve en une réalité

amoureuse changeante, cf. *Souvenir d'enfance ou la Vie cachée,* pièce datant de 1828 *(Harmonies poétiques)* :

J'aime à m'asseoir, au bord des torrents de l'automne,
Sur le rocher battu par le flot monotone,
A suivre dans les airs la nue et l'aquilon,
A leur prêter des traits, un corps, une âme, un nom,
Et, d'êtres adorés m'en formant les images,
A dire aussi : Mon âme est avec les nuages!...

Ainsi que le notait déjà P. Jouanne (p. 163), « comme Chateaubriand, Lamartine dans sa jeunesse poursuivait sa sylphide »; cette remarque peut s'appliquer aussi à la méditation *A Laurence*; voir aussi plus loin les v. 50-51. Pour Chateaubriand, cf. *Mémoires d'outre-tombe,* édition du Centenaire, I, pp. 125-129, et en particulier la phrase : « Je me composai donc une femme de toutes les femmes que j'avais vues. »

* *Vers 15.* Cf. *A une fiancée de quinze ans* :

On s'attache au songe
Qui fuit de nos bras.

* *Vers 24.* Cf. *A une fiancée de quinze ans* :

J'ai deux fois ton âge;
Ta joue est en fleur;
Mais ta jeune image.
Rajeunit mon cœur.
Toi dans ma paupière,
J'avais dit au Temps :
« Je la vois derrière.
Marche; moi, j'attends. »

Sur ce thème des rencontres sentimentales manquées, Lamartine écrira en 1866 dans le *Cours familier de littérature* (t. XXI, p. 271), pensant à Léna de Larche : « Il y a ainsi dans la vie des apparitions qui auraient pu enchanter l'existence, mais qu'on ne rencontre que trop tôt ou trop tard » (cité par H. Guillemin, *Connaissance de Lamartine,* p. 115). — Des sentiments comparables se trouvent à diverses reprises sous la plume de Chateaubriand. Par ex., à Mme de Vichet, 21 mars 1828 : « Elles seront pour vous ces années, et non pour moi qui m'en vais... »; à Léontine de Villeneuve (l'Occitanienne), même date : « Je ne puis donner le bonheur à personne... Il n'est plus de mon âge. Je me retire de la vie où vous entrez. Que feriez-vous d'un vieux compagnon de voyage qui vous laisserait au commencement du chemin? »; *Amour et Vieillesse* (édit. V. Giraud, Champion, p. 10) : « Oh! non, non, ne viens plus me tenter. Songe que tu dois me survivre, que tu seras encore longtemps jeune, quand je ne serai plus! »

* *Vers 27.* Ces deux vers sont d'un bien mauvais goût, mais l'expression *conduire en laisse* ne surprend pas de la part du grand amateur de chiens que fut Lamartine et ne devait pas personnellement le choquer;

quant au mot *tresse,* on peut le rattacher au thème de la chevelure, déjà signalé.

* *Vers 33.* Ce vers traduit la déception profonde du poète à qui la vie impose un incessant renouveau, alors qu'un de ses rêves les plus chers était de retrouver son passé. Sur ce sentiment, cf. *Consolation,* v. 25-28 et P. Jouanne, pp. 182-183.

* *Vers 36.* Autre comparaison avec le *moissonneur* dans *Bonaparte,* v. 158. L'image du *crible* est peut-être une réminiscence biblique : *Amos,* IX, 9 : « Sicut concutitur triticum *in cribro* ».

* *Vers 40.* Pour les images de la *gerbe* et du *glaneur,* cf. *A un Curé de village,* v. 81 et 85.

* *Vers 42.* Ce gracieux début de strophe semble un souvenir de la mythologie grecque, où les *Heures* sont personnifiées. Dans *l'Iliade* (V, 749; VIII, 393, 432), elles ont la garde des portes du ciel; mais ailleurs (Hésiode, *Travaux et Jours,* v. 75; Pindare, *Néméennes,* VIII, v. 1; Aristophane, *Paix,* v. 456), elles sont associées avec les Kharites ou Grâces et font partie du cortège dansant d'Aphrodite; déesses des saisons, elles nourrissent Zeus enfant (Pindare, *Pythiques,* IX, v. 60) et sont fréquemment chargées de protéger la jeunesse et d'assurer la vigueur de l'homme.

* *Vers 48.* Il n'est peut-être pas nécessaire d'expliquer cet *oreiller de granit* par l'*oreiller de pierre* où Chateaubriand (*Génie du Christianisme,* quatrième partie, liv. II, chap. 8) fait reposer, comme sur un coussin, les têtes du seigneur et de sa dame pompeusement ensevelis et statufiés dans quelque cathédrale gothique.

* *Vers 58.* Cf. *A une fiancée de quinze ans :*

Ta main est promise,
Et l'autel est près...
Un plus heureux t'aime :
Va, cours dans ses bras.

* *Vers 64.* Sur cette image des regards confondus, cf. *A M. de Musset...,* v. 147 et note.

CINQUIÈME MÉDITATION.
A M. DE MUSSET, EN RÉPONSE A SES VERS

Page 252

* *A M. DE MUSSET...* — Les relations entre Lamartine et Musset, de vingt années plus jeune que l'auteur des *Méditations,* ne furent jamais étroites, ni suivies. Voici ce qu'on en peut savoir, notamment par le *Cours familier de Littérature,* entretiens XVIII (t. III, pp. 437-487) et XIX (t. IV, pp. 1-80) et par la *Biographie d'A. de Musset,*

œuvre de son frère Paul (Paris, Charpentier, 1884), pp. 165-168, 267-270, 318.
Alphonse aperçut « une ou deux fois » à l'Arsenal, dans le salon de Ch. Nodier, l'adolescent Alfred qui y fut introduit en 1828. « C'était, dit-il une trentaine d'années après, un beau jeune homme aux cheveux huilés et flottants sur le cou, le visage régulièrement encadré dans un ovale un peu allongé et déjà un peu pâli par les insomnies de la muse. Un front distrait plutôt que pensif, des yeux rêveurs plutôt qu'éclatants (deux étoiles plutôt que deux flammes), une bouche très fine, indécise entre le sourire et la tristesse, une taille élevée et souple, qui semblait porter, en fléchissant déjà, le poids encore si léger de sa jeunesse, un silence modeste et habituel au milieu du tumulte confus d'une société jaseuse de femmes et de poètes, complétaient sa figure. » Impression donc favorable de la part du grand aîné, si l'on peut toutefois se fier à un témoignage aussi tardif. Quant à l'impertinent Alfred, on peut citer de lui deux opinions assez contradictoires. En décembre 1832, dans la *Dédicace* à Alfred Tattet qui précède *La Coupe et les Lèvres,* il écrivait ces vers, qui ne peuvent pas avoir été tracés par lui sans qu'il songeât au poète du *Lac* (et aux élégiaques qui l'imitèrent) :

Mais je hais les pleurards, les rêveurs à nacelles,
Les amants de la nuit, des lacs, des cascatelles,
Cette engeance sans nom, qui ne peut faire un pas
Sans s'inonder de vers, de pleurs et d'agendas...

Mais, à cette allusion cavalière et irrévérente, on opposera la page de la *Confession d'un enfant du siècle* (2e partie, chap. IV) où Octave, Desgenais et leurs habituels compagnons de débauche mêlent à la bonne chère les plaisirs délicats de la poésie : « Que de fois, l'un de nous, au moment où les flacons se débouchaient, tenait à la main un volume de Lamartine et lisait d'une voix émue ! Il fallait voir alors comme toute autre pensée disparaissait ! Les heures s'envolaient pendant ce temps-là; et, quand nous nous mettions à table, les singuliers libertins que nous faisions ! Nous ne disions mot, et nous avions des larmes dans les yeux. »
Lorsque la *Confession* parut, au début de février 1836, les deux écrivains devaient être sur un certain pied de familiarité. En effet, bien que Lamartine prétende, depuis les rencontres chez Nodier, n'avoir revu Musset qu'à des séances d'élection de l'Académie française, c'est-à-dire après le 27 mai 1852, où celui-ci prononça son discours de réception à l'Institut, — M. Guillemin a publié (*Jocelyn,* p. 685, n. 3) une lettre du jeudi soir 10 mars 1836, où Alfred se charge auprès d'Alphonse d'une petite négociation au nom de Buloz, directeur de la *Revue des Deux Mondes,* et déclare : « Je regrette que le hasard m'ait fait me présenter chez vous l'autre jour, le jour où vous recevez. La lettre bien précieuse que vous m'avez écrite et la bonté que vous m'avez témoignée m'enhardiront à vous aller voir ces jours-ci et à tâcher de vous trouver dans un moment plus favorable. C'est à la fois à votre génie et à votre cœur que je demanderai un

instant d'hospitalité. * » Or, la fameuse *Lettre à M. de Lamartine* (à laquelle répond la présente méditation) avait paru dix jours plus tôt, dans le numéro du 1er mars de la *Revue :* il nous paraît assuré que *la lettre bien précieuse* à laquelle Alfred se réfère le 10 est une missive écrite avec bonté par Lamartine à Alfred pour le remercier de sa pièce récente...

Cependant, Musset devait attendre autre chose qu'un mot aimable en échange de ses vers; Lamartine finit par se décider à composer une épître en écho à celle de son cadet. Comme nous l'apprend M. Guillemin (*art. cit., Les Études classiques,* juillet 1956, p. 218), il écrivait le 22 juin 1837 à Aimé Martin : « Je vais envoyer quelques vers en réponse à M. de Musset, à qui je les dois depuis deux ans bientôt ». Son retard était de quinze mois; mais, sans que l'on sache pourquoi, Aimé Martin, conseiller alors fort écouté du poète, le dissuada d'en rien faire, bien que les vers en question dussent être déjà rédigés au moins partiellement; Alphonse lui déclarait le 21 juillet suivant : « Vous avez raison; il vaut mieux adresser mes vers à l'ombre sainte de M. Lainé qu'à cette petite poupée d'un jour. Mais aussi ne croyez pas que je lui dise autre chose que ce que l'homme et le sujet comportent... J'ai reçu, il faut rendre. La pièce vaut la monnaie. Au reste, je n'y pense plus et j'en reste là... Quand je pourrai écrire, j'écrirai autre chose... »

Chose curieuse, il pensa si peu à tout ceci que, par la suite, il ne paraît pas avoir gardé la mémoire des visites ni des lettres échangées avec Alfred en 1836, alors qu'au contraire Paul de Musset rappelle comment son frère, « professant pour M. de Lamartine autant de sympathie que d'admiration », avait composé sa *Lettre* et ajoute : « Quelque temps après, Alfred reçut un billet de M. de Lamartine qui l'engageait à venir. Il y courut et, pendant trois ou quatre mois, des relations suivies s'établirent entre les poètes. En revenant de ces visites, Alfred racontait, le soir, en famille, ses conversations du matin. Je me rappelle, entre autres détails, qu'il rapporta de la première de ces entrevues la promesse d'une réponse à ses vers; M. de Lamartine lui avait demandé le temps de se reconnaître, en disant, avec une bonne grâce charmante, qu'il aurait fort à faire pour que la réponse fût digne de l'épître. »

Comme on l'a vu, la réponse promise tarderait longtemps. Et il paraît raisonnable d'accepter l'opinion de M. Guillemin, qui conclut avec beaucoup de vraisemblance : « Ce fut j'imagine, seulement en vue de l'Édition des Souscripteurs, et sans doute au dernier moment, que Lamartine se fit violence pour achever enfin, vaille que vaille, cette réponse à Musset, qui traînait inachevée, depuis 1837. La date de 1840 paraît donc fantaisiste; elle constitue une approximation, une

---

* Pierre Gastinel (*Le Romantisme d'Alfred de Musset,* Hachette, 1931, p. 272) citait déjà ce passage, avec la date, évidemment fautive, du 10 mars 1831.

espèce de moyenne; les vers furent écrits en deux temps, et à quelque dix ans d'intervalle. »

Probablement dépité par une trop longue attente, Musset se vengea par des traits décochés contre *Jocelyn* (paru en février 1836) et que l'on trouve dans l'originale d'*Il ne faut jurer de rien,* acte II, scène première (*Revue des Deux Mondes,* 1er juillet 1836) : « La baronne. — Avez-vous lu *Jocelyn ?* — L'abbé. — Oui, madame, il y a de beaux vers, mais le fond, j'avouerai... — La baronne. — Le fond est noir... — L'abbé. — Je trouve la scène de l'évêque fort belle; il y a certainement du génie, beaucoup de talent, et de la facilité. » D'ailleurs, Alfred n'avait pas la rancune tenace et, ultérieurement, malgré le silence prolongé de Lamartine, il modifia le texte de son proverbe et remplaça *Jocelyn* par *Le Juif errant* (le roman d'E. Sue fut publié en 1844-1845).

Comment Alphonse expliqua-t-il par la suite sa négligence à tenir sa promesse? Ce qu'il dit à ce sujet dans l'entretien XIX du *Cours familier* mérite d'être cité : « Ici se trouve (dans les *Poésies nouvelles*) un magnifique fragment de poésie lyrique, qui aurait pu, si je l'avais entendu à temps, rapprocher nos deux destinées et nos deux cœurs. C'est la *Lettre à M. de Lamartine,* une des plus fortes et des plus touchantes explosions de sa sensibilité souffrante. Écoutez... (Suit une longue citation.) Eh bien ! croira-t-on que de tels vers restèrent sans réponse? Croira-t-on que ce frère en sensibilité et en poésie qui passait à côté de moi dans la foule du siècle ne fut ni aperçu, ni reconnu, ni entendu par moi dans le tumulte de ma vie d'alors? J'en pleure aujourd'hui... (Donc) je ne connus pas ces vers, je n'y répondis pas et je parus dur de cœur, quand je n'étais qu'emporté et distrait par le tourbillon des affaires... Je vivais peu en France de 1828 à 1840... J'étais absorbé par la politique... »

Ces quelques lignes — insincérité calculée ou défaillance du souvenir? — contredisent les faits établis plus haut. La suite ne vaut guère mieux; Lamartine affirme n'avoir lu de Musset que *Le Rhin allemand* (qui parut en juin 1841) et continue, : « Ce fut quelques années après *(Le Rhin allemand)* qu'étant seul et de loisir, un soir d'été, sous un chêne de ma retraite champêtre de Saint-Point, un petit berger qui me cherchait dans les bois pour m'apporter le courrier de Paris me remit dans la main un numéro de revue littéraire. Ce numéro contenait l'épître de Musset à Lamartine. Je lus non seulement avec ravissement, mais avec tendresse; je pris un crayon dans ma poche, j'écrivis sans quitter l'ombre du chêne les premiers vers de la réponse que je comptais adresser à cet aimable et sensible interlocuteur. Ces vers, les voici. » Suivent en citation les cinquante premiers alexandrins de notre méditation.

Après quoi, le poète reprend le cours de son récit : « J'en étais là, quand le son de la corne du pâtre qui rassemble les vaches pour les ramener à l'étable se fit entendre dans la prairie au bas des chênes et me rappela moi-même au foyer où j'étais attendu. Je jetai ces vers ébauchés dans un tiroir de ma table pour les achever le lendemain; un événement politique inattendu me rappela soudainement à Paris; les beaux vers d'A. de Musset restèrent sans réponse et s'effacèrent de ma mémoire. Ce ne fut que cinq ou six ans après que, rouvrant par hasard à Saint-Point un tiroir longtemps fermé, je relus ce commencement de réponse et que, me repentant de mon impolitesse involontaire, je résolus de la compléter; mais il y avait apparemment ce qu'on appelle un guignon entre Musset et moi, car un nouvel incident m'arracha encore la plume de la main et, dans mon impatience d'être ainsi interrompu, je me hâtai de coudre à ce commencement un mauvais lambeau de fin, sans qu'il y eût ni milieu, ni corps, ni âme à ces vers : ainsi restèrent-ils ce qu'ils sont dans mes œuvres, aussi médiocres et aussi indignes de lui que de moi-même. Je rougis en les relisant de les avoir laissé publier. » Opinion qui était aussi celle de ses proches. Alors que Mme de Lamartine préparait l'édition des *Œuvres complètes* de son mari, parues « chez l'Auteur » entre 1860 et 1863, elle écrivait à Charles Alexandre : « La pièce à Musset est mauvaise. Lamartine a dit et imprimé qu'il la regrette. J'ai envie tout bonnement de la supprimer. » Malgré ces scrupules, le poème fut cependant maintenu.

De ces vers, jugés sévèrement par leur auteur, Musset eut connaissance dès sa publication au tome II de l'Édition des Souscripteurs, ainsi que le prouve son sonnet de janvier 1850, cité plus loin à la note du v. 21. Mais, lorsque parut le commentaire qu'on vient de lire (juillet 1857), Alfred avait cessé de vivre depuis deux mois et l'auteur du *Cours familier* pouvait regretter alors que « Musset (fût mort) lui-même avant qu'un seul mot de moi à lui ou de lui à moi eût expliqué ce malentendu du hasard entre nous ». Paul de Musset, pour sa part, ne fut pas dupe de toute cette pseudo-justification et il eut beau jeu d'ironiser : « *Le Rhin allemand* n'a été écrit qu'en juin 1841; et l'*Épître à Lamartine* est du 1er mars 1836; il faut donc nécessairement, ou que la mémoire de M. de Lamartine l'ait encore bien mal servi, ou que le *pâtre* chargé de lui porter la livraison de la *Revue des Deux Mondes* ait mis plus de cinq ans à le chercher dans le parc de Saint-Point ! »

* *1840*. Comme on vient de le voir, on peut sérieusement douter que cette date de 1840 soit certaine. S'il est évident que ce fragment de méditation fut écrit à Saint-Point (ses premiers vers confirment là-dessus le *Cours familier*), si l'on connaît bien l'habitude que le poète avait de composer en plein air, si l'on sait qu'il passait les étés, généralement à partir de la mi-juin, sur ses terres mâconnaises, les autres données de l'entretien XIX sont trop confuses ou manifestement fausses pour qu'il soit possible d'en tirer rien de précis et la Correspondance des années 1836-1841 n'est sur ce point d'aucune utilité. Il faut à ce qui précède ajouter qu'à plusieurs reprises, en 1840, Lamartine fait allusion à sa stérilité poétique. A Mme de Girardin, 10 août : « Point de vers cette année. Névralgie persistante et affreuse. J'ai vu les Pyrénées et les mers en vain »; au marquis de La Grange, 20 août : « Je ne puis ni lire, ni écrire, je n'ai plus de

facultés... »; etc. Enfin, le décousu de ce *fragment de Méditation* permet d'admettre qu'il fut effectivement écrit en deux ou plusieurs fois.

* *Vers 4*. Sur la haine des villes chez le poète et sa condamnation des grands entassements d'hommes (ce thème a été maintes fois développé au XVIIIe siècle), cf. Guillemin, *Jocelyn,* pp. 454-456 et le vers 156 du *Désert*. La huitième époque de *Jocelyn* (v. 13-94) contient un violent réquisitoire contre la Capitale et la vie qu'on y mène :

> Oh! que le bruit humain a troublé mes esprits!
> Quel ouragan de l'âme il souffle dans Paris!...
> Le bruit assourdissant de l'humaine tempête
> Monte, gronde sans cesse et m'enivre la tête...

Dès sa *Réponse à Némésis*, (juillet 1831), Alphonse conseillait :

> Fuis nos villes de boue et notre âge de bruit!

Et Alfred de Musset dans sa *Lettre,* v. 136, parlait

> De cet immense égout qu'on appelle Paris.

* *Vers 12*. On retrouve l'image des feux du firmament associée à celle des navires dans *Les Étoiles,* v. 25-26.

* *Vers 14*. Sur la construction très libre de *rassasié* (se rapportant à *moi* sous-entendu, et non à *limon*), cf. la note du v. 147 de *L'Homme*. Si *limon (lutum, limus)* et *vase* sont des termes fréquemment employés dans la Bible, l'image du v. 14 a pu être suggérée au vigneron Lamartine par celle de la lie qui se dépose au fond des fûtailles.

* *Vers 15*. Ces *brises d'autrefois* rappellent le *souffle suprême* de *l'Esprit de Dieu,* v. 11-20 et 81. Sur le retour de l'inspiration à un âge avancé de la vie, cf. *Adieux à la Poésie,* v. 71-95.

* *Vers 18*. Cet *arc sonore,* c'est la *lyre* du poète.

* *Vers 21*. Lamartine revoit ici Alfred tel qu'il put lui apparaître, dans son adolescence, au salon de l'Arsenal : Paul de Musset (*Biographie,* pp. 53, 124) évoque la « belle crinière blonde » de son frère et son visage rose qui avaient quelque chose de féminin. Musset fut piqué par ce vers et, dans le *Sonnet au Lecteur* qui termine ses *Poésies nouvelles* (édition de 1850), il déclare avec une ironie assez cruelle :

> Tout s'en va, les plaisirs et les mœurs d'un autre âge,
> Les rois, les dieux vaincus, le hasard triomphant,
> Rosalinde et Suzon qui me trouvent trop sage,
> *Lamartine vieilli qui me traite en enfant.*

Lamartine connut ce trait désobligeant et, dans l'entretien XVIII du *Cours,* il cite « ce vers équivoque », où, dit-il, « on ne devine pas bien si (Musset) me reproche mon âge ou s'il s'accuse du sien ». Le sens est pourtant clair!

* *Vers 27*. Cette définition de la légèreté de Musset semble assez heureuse et n'est pas sans faire songer au surnom de *Prince Phos-*

phore de Cœur Volant, à lui donné par sa « marraine », Mme Jaubert (*Biographie,* p. 170).

* *Vers 35.* Le *Cours familier* (entretien XIX) rapproche en plusieurs passages Musset du grand lyrique anglais : celui-ci, « poète plus mûr et plus grand » que son émule français, « venait de mettre l'Espagne à la mode par quelques fantaisies andalouses » lorsque Alfred écrivit *Don Paëz; Mardoche* n'est qu'une « triste fantaisie écrite avec la plume fatiguée de Byron », *La Coupe et les Lèvres* « une imitation très savante, mais trop servile de *Manfred* », *Namouna* « une imitation littérale d'un chant de *Don Juan* et une mystification poétique ». (Ces formules montrent que Lamartine resta toujours dur envers son confrère, dont il ne goûtait que *Les Nuits,* tout en soulignant que « cela rappelle un chant de moi, *Les Préludes* »). A remarquer que, dans le début de sa *Lettre,* Musset comparait Lamartine au poète d'outre-Manche :

> Le souffle de Byron vous soulevait de terre,
> Et vous alliez à lui, porté par ses douleurs...
> L'écho de son génie en vous avait gémi...

* *Vers 37.* En employant ici le mot *luth,* Lamartine s'est-il souvenu du début de *La Nuit de Mai :* Poète, prend ton luth...?

* *Vers 39.* Lamartine souligne avec raison l'approfondissement de l'inspiration de Musset, consécutive à son aventure avec George Sand. Mais la femme qui est à l'origine de la *Lettre à M. de Lamartine* reste mystérieuse : selon P. de Musset (*Biographie,* p. 168), c'est la même que celle chantée dans la *Nuit de Décembre,* la destinataire des stances *A Ninon* et l'héroïne de la nouvelle *Emmeline.*

* *Vers 40.* Allusion évidente au trait de vie bien connu d'un voluptueux sybarite, nommé Sminiride, qui se plaignait, dit-on, d'avoir passé la nuit sans dormir parce qu'entre les feuilles de roses dont son lit était semé, il y en avait une qui s'était pliée en deux. Cf. cette autre phrase de Lamartine (citée sans référence par le *Grand Larousse du XIXe siècle,* au mot *pli*) : « Si nous sommes trop sévères, trop délicats, trop froissés par le mauvais pli d'une feuille de rose comme le sybarite, ne vous y trompez pas, ce n'est pas mollesse, c'est conscience; rien de ce qui froisse l'âme ou ternit la pudeur ne doit être pardonné à celui qui écrit pour la jeunesse, ce printemps de la pureté. »

* *Vers 41.* Dans ce vers, *Grenade* et *Alep* rappellent probablement l'inspiration tour à tour espagnole (*Don Paëz, L'Andalouse, Madrid,* etc.) et pseudo-orientale *(Namouna)* des *Premières Poésies* de Musset. Dans la *Lettre à Lamartine,* on relève des détails dont Alphonse a pu se souvenir :

> C'est là, devant ce mur, où j'ai frappé ma tête,
> Où j'ai posé deux fois le fer sur mon sein nu...
>
> C'est ce que m'ont appris les anges de douleur;
> Je le sais mieux encore et puis mieux te le dire,
> Car leur glaive, en entrant, l'a gravé dans mon cœur...

* *Vers 52.* L'image biblique de la *lie*, de la *coupe*, du *vase vidé et brisé*, se retrouve souvent chez Lamartine (cf. *Le Poète mourant*, v. 1; *Élégie*, v. 29-30; *Tristesse*, v. 30-32; *Jocelyn*, *passim*, etc.)

* *Vers 62.* On reconnaît ici un écho du thème de la *caravane humaine*, magistralement développé dans *Jocelyn*, huitième époque, v. 58-110.

* *Vers 68.* Les critiques formulées dans ces vers sont dures et injustes. Ne trouver dans l'œuvre de jeunesse de Musset que cynisme, débauche et impiété est une vue sommaire et l'on saisit que Lamartine connaissait sa production simplement par ouï-dire; d'ailleurs, il était lui-même trop foncièrement sérieux pour apprécier toute l'ironie, la grâce et le pétillement de l'esprit jaillissant comme de source sous la plume d'Alfred. Réduire la pensée de celui-ci à un *long ricanement* est une erreur et l'on sait comment, au contraire, dans *Rolla*, il condamna le *hideux sourire* de Voltaire, responsable d'avoir démoralisé toute une génération.

* *Vers 73.* Dans la version manuscrite du sonnet de janvier 1850, Musset répondait vertement à ce vers, en taxant Lamartine de versatilité politique :

> Honte à qui croit, dit-il, jouer avec sa lyre!
> Honte, dis-je, à qui joue, en toute occasion,
> Avec sa conscience et son opinion.
>
> J'ai fait mon Chant du Sacre et n'ai plus rien à dire;
> S'il faut changer d'avis, s'il faut rayer un nom,
> J'aime encor mieux flotter de Ninette à Ninon.

Le texte publié est moins brutal et moins direct :

> La politique, hélas! voilà notre misère.
> Mes meilleurs ennemis me conseillent d'en faire.
> Être rouge ce soir, blanc demain, ma foi, non.
>
> Je veux, quand on m'a lu, qu'on puisse me relire.
> Si deux noms, par hasard, s'embrouillent sur ma lyre,
> Ce ne sera jamais que Ninette ou Ninon.

* *Vers 75.* Cf. *Lettre à M. de Lamartine* :

> J'ai dit que je niais, croyant avoir douté,
> Et j'ai pris, devant moi, pour une nuit profonde
> Mon ombre qui passait pleine de vanité...

* *Vers 78.* Dans sa *Lettre*, Musset fait allusion aux tentations de suicide qu'il a éprouvées à la suite d'un amour malheureux (voir les deux premiers vers de lui, cités à la note du v. 41.)

* *Vers 88.* Musset ne pose pas exactement, dans sa *Lettre*, autant de questions précises; mais, au « chaste et divin poète », il dit, non sans angoisse :

> O toi qui sais aimer, réponds, amant d'Elvire,
> Comprends-tu que l'on parte et qu'on se dise adieu?

et aussi :

> Dis-moi qu'en penses-tu dans tes jours de tristesse?

Que t'a dit le malheur, quand tu l'as consulté?
Trompé par tes amis, trahi par ta maîtresse,
Du ciel et de toi-même as-tu jamais douté?

* *Vers 96.* L'expression *les abeilles mordre aux fleurs* est à rapprocher d'*A El...*, v. 11, et de *Chant d'Amour,* v. 178 et variante.

* *Vers 102.* La jeunesse de Lamartine fut en effet très libertine, partagée entre le jeu, les passades amoureuses et la poésie légère dont sa Correspondance est toute remplie. Dès le collège de Belley (sur un enfant naturel qu'il aurait eu alors avec une servante, cf. Émile Magnien, *Dans l'intimité de Lamartine,* Mâcon, 1955, pp. 11-12) jusqu'à son mariage, la liste de ses aventures — y compris Antoniella-Graziella et Julie Charles-Elvire — est longue. Mme de Lamartine écrivait avec raison le 7 janvier 1810 : « Alphonse m'inquiète toujours beaucoup dans cette oisiveté dangereuse où la famille le laisse. C'est bien pour lui à présent que j'ai besoin des secours de Dieu! Ses passions commencent à se développer; je crains que sa jeunesse et sa vie ne soient bien orageuses : il est agité, mélancolique; il ne sait ce qu'il désire. Ah! s'il pouvait connaître le seul bien capable de le contenter!... (A Lyon), il pourra mieux s'occuper et échapper aux dangers de l'oisiveté que dans une petite ville où il n'y a d'occasions que pour le mal... » (*Manuscrit de ma Mère,* pp. 152-153.) Quant à *mépriser ses amours,* on en trouve au moins un exemple dans la lettre à Virieu du 29 octobre 1813, écrite à propos de Nina de Pierreclau et publiée par le marquis de Luppé, p. 41. — Dans son article *Alfred de Musset. Poésies nouvelles,* paru au *Constitutionnel* le 28 janvier 1850 et repris au premier tome des *Lundis,* Sainte-Beuve trouvait trop dure la semonce publiée en 1849 par Lamartine à l'adresse de Musset : « Cette réponse a presque un air d'injustice, car M. de Musset n'est plus, il y a beau jour, sur ce pied de débutant où l'a voulu voir M. de Lamartine, il a signé des poésies qui resteront autant que *Le Lac,* qui sont plus ardentes et qui sont presque aussi pures » (cité par P. Gastinel, *op. cit.*, p. 590).

* *Vers 115.* On pourrait penser que Lamartine se montre rigoureux à l'excès envers lui-même en se traitant de *pervers;* il serait aussi possible de croire que c'est une élégance de sa part de se présenter pendant ses jeunes années tout à fait semblable à ce que le destinataire de ses vers avait été durant les siennes. Toutefois la cruauté morale ou la perversité dont il s'accuse ici est facile à sous-entendre dans certains propos du *Véritable Manuscrit de ma Mère,* tel que l'a publié M. H. Guillemin. Très tôt Alphonse avait manifesté des traits de caractère qui alarmaient sa mère. Qu'on en juge : — « 13 octobre 1801 : Je suis contente de l'intelligence d'Alphonse. J'ai à lui reprocher de manquer souvent de douceur vis-à-vis de ses sœurs surtout. Je craindrais qu'il n'eût le caractère un peu dur s'il ne se corrige pas... — 8 juillet 1804 : Je crains que cet enfant ne s'accoutume beaucoup à la dépense... — 22 avril 1813 : Il a voulu partir (pour Paris); il s'ennuyait; il avait de l'humeur et m'a donné bien

du chagrin. Il ne supporte pas facilement les contradictions. Je vois que je l'ai gâté... — 26 juin 1813 : (à propos d'un mémoire de tailleur de 1100 francs, qui a indisposé oncles et tantes) Le mécontentement est retombé sur moi. J'ai beaucoup pleuré. Alphonse s'est excusé tant bien que mal... Depuis quelque temps, il ne me cause que du chagrin... — 3 novembre 1813 : (J'ai ramené) Alphonse qui n'était pas trop content de s'en aller, mais j'étais enchantée de l'arracher à tant de séductions et à tant de dangers... » (*Connaissance de Lamartine*, pp. 31-40).

* *Vers 121. Dictame :* plante aromatique qui, chez les Anciens, passait pour un vulnéraire : on rencontre le mot avec ce sens chez Chateaubriand (*Martyrs,* I). Au figuré, il appartient à la langue classique (Corneille, Voltaire) et Lamartine en use aussi dans *La Mort de Socrate,* v. 807, les *Harmonies poétiques* (*Hymne du Matin,* v. 54) et le *Ressouvenir du lac Léman,* v. 165. L'emploi absolu de *distilla* (pour *fut distillé* ou *coula*) est un usage de la langue classique.

* *Vers 124. Apparition :* c'est aussi le titre de la vingt-troisième des *Nouvelles Méditations,* pièce importante du cycle d'Elvire. Cf. *Raphaël,* VIII : « D'ailleurs qui était cette femme? Était-ce un être comme moi ou une de ces apparitions, un de ces météores vivants qui traversent le ciel de notre imagination sans y laisser autre chose qu'un rapide éblouissement de l'œil?... » Cette évocation de l'idylle avec Julie Charles devait, selon l'entretien XIX du *Cours familier,* être le sujet même des vers adressés à Musset, si le poème eût été achevé : « Je me souviens parfaitement aujourd'hui de l'air poétique et tendre que je me proposais de chanter dans cette réponse... Mon intention était de lui montrer, par mon propre exemple, la supériorité, même en jouissance, de l'amour spiritualiste sur l'amour sensuel. » Dans sa *Lettre,* Musset faisait du reste diverses allusions à Elvire et au *Lac* (v. 69-92 en particulier), lesquelles ne pouvaient que suggérer une telle réplique. L'expression *qui me forças d aimer* évoque irrésistiblement les v. 15-16 de *Milly ou la Terre natale,* et l'âme des objets inanimés

Qui s'attache à notre âme et la force d'aimer.

* *Vers 131.* Sur les *yeux bleus,* cf. la note du v. 20 de *La Pervenche.*

* *Vers 140.* Cette rime fait comme écho au dernier vers de la *Lettre* de Musset :

Ta mémoire, ton nom, ta gloire vont périr,
Mais non pas ton amour, si ton amour t'est chère :
Ton âme est immortelle, et va s'en souvenir.

* *Vers 144.* Après Mme Charles, Lamartine aima encore passionnément Léna de Larche, puis Élisa Birch, devenue Mme de Lamartine. Ensuite, ses meilleurs historiens, et particulièrement M. Henri Guillemin, tiennent qu'il fut un mari fidèle. Mais qu'entend le poète par l'expression d'*autres amours ?* Ce vers permettrait presque de justifier tel chapitre du livre (assez fantaisiste) de M. Lucas-Dubreton, *La Vie amoureuse de Lamartine* (Flammarion), intitulé *Les Amours*

inconnues et où l'auteur cite les noms de Mme de Barol, de Delphine Gay, de Mme Caroline Angebert (égérie politique d'Alphonse dans le Nord) comme celui de femmes *aimées* du poète... Celui-ci, âme sensible, car il n'est point de poésie hors de la sensibilité, put rester un bon époux, mais éprouver souvent de tendres émotions au cours de sa longue existence.

* *Vers 147.* Images de regards confondus dans *A El...*, v. 11, dans *Chant d'amour,* v. 12, 49-50 et 167-168.

* *Vers 151.* Musset disait, dans sa *Lettre* (en s'adressant du reste à l'homme en général et non à Lamartine en particulier) :

Tu sens ton front peser et tes genoux fléchir.

SIXIÈME MÉDITATION. — SUR UN DON DE LA DUCHESSE D'ANGOULÊME

Page 257

* *SUR UN DON DE LA DUCHESSE D'ANGOULÊME.* — Hormis la note de Lamartine qui accompagne cette pièce, il n'existe pas de renseignements sur ces strophes de circonstance, à propos desquelles on peut faire les remarques générales suivantes : *a)* La date de 1841 est confirmée par celle portée sur l'album de Mme Victor Hugo (Saint-Point, 30 avril 1841) et relevée par Léon Séché (*Annales Romantiques,* 1912, p. 128). Cependant, Lamartine, accablé par la mort récente d'Aymon de Virieu, mandait le 2 mai à Guichard de Bienassis : « Je ne peux guère écrire, opprimé que je suis par une névralgie... » Il est permis de se demander s'il n'existe pas un rapport entre ces strophes, écrites en hommage à la générosité de la duchesse d'Angoulême, et l'œuvre, par ailleurs inconnue, à laquelle fait allusion Delphine de Girardin le 21 juin 1841 : « Malgré votre triste pensée travaillez-vous un peu? Les journaux parlent d'un *Poème sur la charité chrétienne,* ils disent que vous l'achevez en ce moment. Est-ce vrai? apprendrai-je toujours ce que vous faites par les journaux? n'être qu'une demi-confidente, c'est bien peu... » (*Lettres à Lamartine,* p. 185.)

b) Si les relations amicales du poète avec Mme de Girardin ont été étudiées (cf. en particulier Léon Séché, *Lamartine et Mme de Girardin, Annales Romantiques,* 1910, pp. 1-46, repris dans *Delphine Gay, Madame de Girardin,* Paris, Mercure de France, 1910, pp. 60-147), celles qu'il entretint avec la mère de cette dernière, l'ex-merveilleuse et romancière Sophie Gay (1776-1852) n'ont été l'objet d'aucun article d'ensemble : on trouve des renseignements épars sur la question dans : *Cours familier de Littérature,* entretiens II (t. I, pp. 113-116) et XLIX (t. IX, pp. 52-55); *Lettres à Lamartine,* pp. 50-54, 70-73, 89-91, 116-117); *Revue de Paris,* 1er novembre 1936, p. 163; M.-Th. Ollivier, *Valentine de Lamartine,* pp. 48-50. Lamartine rencontra Sophie et sa

fille Delphine pour la première fois durant l'été 1826, en Toscane, aux cascades de Terni sur le Vellino; elles lui étaient adressées et recommandées par leur commun ami le marquis de La Grange; de Rome, Sophie écrivit au poète le 16 septembre suivant et le 4 janvier 1827, lui disant en particulier son admiration pour l'harmonie *La Perte de l'Anio.* On se revit souvent par la suite dans le salon parisien de Mme Gay, « petit entresol humide et bas de la rue Gaillon » : « J'y venais assidûment les visiter dans la matinée », notera Lamartine en 1856. En août 1829, il promettait à son amie de lui offrir un petit chien; et, échange de bons procédés, Sophie lui envoyait en janvier 1830 une de ses œuvres, *Le Moqueur,* « pour le distraire un moment »; ils assistaient ensemble, avec Léon de Pierreclau, à une représentation d'*Hernani,* vers la mi-mars; et le 10 septembre de la même année, Delphine demandait au poète de « gronder » sa mère, trop peu assidue à un travail entrepris. En novembre 1837, celle-ci lui écrivait de Versailles alors qu'il se trouvait en Bourgogne; enfin, en 1848, il recevait de la vieille dame ces mots d'éloge : « Les paroles de votre voix divine ont fait battre mon cœur; ma vieille admiration en est exaltée; ma vieille amitié en est fière... Mon culte pour vous est au-dessus de tous les événements. » Au reste, cette admiration était réciproque, comme en témoignent ces lignes du *Cours familier* « Mme Sophie Gay, femme supérieure très méconnue, était contemporaine de ces quatre ou cinq femmes de beauté mémorable et de célébrité historique qui apparurent à Paris après le 9 thermidor, comme des fleurs éblouissantes prodiguées toutes à la fois, la même année, par la nature pour recouvrir le sol ensanglanté par l'échafaud : Mme Tallien, Mme de Beauharnais, Mme Récamier, Mme Gay étaient de belles idoles grecques qui firent un moment, sous le Directoire, rêver Athènes au peuple de Paris... Mme Gay, aussi étincelante au moins d'esprit que sa fille, bonne, tendre, généreuse, héroïque de passion et de courage, fidèle à ses amis jusque sous la hache, cœur d'honnête homme dans la poitrine d'une femme d'un temps corrompu, n'avait qu'un défaut. Ce défaut était un excès de nature qui lui faisait négliger quelquefois cette hypocrisie de délicatesse qu'on appelle bienséance... Elle était romaine plus que française... » « Son salon était le salon de l'amitié plus que de la célébrité ou de la puissance. On y aimait parce qu'on s'y sentait aimé. J'y allais moi-même toutes les fois que j'étais à Paris. »
Lamartine ne fait mention des bonnes œuvres de Mme Gay nulle part ailleurs que dans les présentes strophes. Mais nous avons trouvé à ces activités charitables deux allusions précises : la *Nouvelle Biographie générale* de Hoefer (Didot, Paris, t. XIX, p. 753) donne l'intitulé d'une dernière œuvre de la romancière : *Société du travail à domicile,* discours suivi d'une pétition en vers en faveur de cette œuvre (Versailles, 1849, in-8°); Henri Girard (*Un bourgeois dilettante à l'époque romantique : Émile Deschamps,* Champion, p. 479) remarque : « Nul n'a inauguré plus de crèches à Versailles et présidé plus de fêtes de charité qu'Émile Deschamps à cette époque (vers 1840), si ce n'est pourtant son amie Mme Sophie Gay..., qui dans les derniers

temps de sa vie venait régulièrement passer une partie de la belle saison à Versailles... »

c) Née Marie-Françoise-Sophie Nichault de Lavalette, Mme Gay était la fille d'un financier attaché à la maison de Monsieur, le futur Louis XVIII : à ce titre, ses relations avec la famille royale devaient être fort anciennes. Elle était de deux ans l'aînée de Marie-Thérèse-Charlotte de France (1778-1851), fille de Louis XVI, devenue duchesse d'Angoulême et Dauphine par son mariage avec son cousin germain; sa générosité est bien connue : sous la Restauration, elle aida notamment Mme de Chateaubriand à organiser rue d'Enfer la maison de retraite qui, de ses prénoms, fut appelée *Infirmerie Marie-Thérèse*. Il n'est pas surprenant que, même exilée, elle ait continué d'exercer la charité envers ses compatriotes.

Cette générosité et les malheurs de sa vie ne pouvaient que lui attirer la sympathie de Lamartine, lui-même d'une inépuisable bonté envers les malheureux. Dans son *Histoire de la Restauration,* publiée en 1851-1852, à maintes reprises il a parlé de « la jeune fille innocente de Louis XVI » et expliqué « sa tendresse ou sa faiblesse d'esprit » envers la royauté légitime, qui remontait à ses « premières impressions » d'enfance : « J'avais été bercé dans la maison paternelle par ces récits domestiques des drames encore tout saignants de la Révolution : ... l'échafaud d'un roi, de sa femme, de sa sœur; son fils abruti par la solitude, jouet d'un féroce artisan; sa fille restée seule pour pleurer toute sa race sous les voûtes d'une prison pire que le sépulcre, puis libérée de la nuit de son cachot à condition d'un ostracisme éternel... » (*Œuvres complètes,* 1860, t. XVII, pp. 7-10.)

* *Vers 2.* Expression très exacte : Marie-Thérèse descendait, par son père, en ligne directe d'Henri IV et de Saint Louis, par sa mère, des souverains d'Autriche, dont ses grands-parents, comme son oncle, avaient été empereurs.

* *Vers 4.* Une première fois, en 1793, par la mort de Louis XVI, et une seconde, en juillet 1830, par l'abdication de son mari le duc d'Angoulême, qui renonçait au trône en même temps que Charles X.

* *Vers 5. Bandeau,* pour *diadème* ou *couronne,* appartient à la langue classique et se rencontre souvent chez Corneille et Racine.

* *Vers 6.* Ce vers exprime à peu près rigoureusement la vérité en 1841 : libérée du Temple à 18 ans, en décembre 1795, pour être aussitôt bannie, elle ne vécut ensuite en France que durant les quinze années de la Restauration. « La duchesse d'Angoulême suivit, dans toutes les vicissitudes, les exils, les changements de patrie et de fortune de son oncle. Ce prince l'aimait par sentiment et par politique... Il l'appelait son Antigone... (Elle se souvenait) de la France avec amertume, mais du trône et de la patrie avec l'orgueil et la majesté innés à son rang. » « (En 1830), baignée de pleurs et chancelante sous l'émotion de son dernier exil, elle perdit à la fois un royaume et une patrie. » (*Histoire de la Restauration,* t. XVII, p. 429, et t. XX, p. 451.)

* *Vers 11.* Le destin du *chaume* est d'être coupé quand l'épi est mûr, et de se dessécher ensuite sur le sillon.

* *Vers 13.* La *magnificence* est un des attributs du Ciel, c'est-à-dire de Dieu : *Paralipomènes,* liv. I, XXIX, 11 ; Tua est, Domine, *magnificentia...* »

SEPTIÈME MÉDITATION. — L'IDÉAL

Page 258

* *L'IDÉAL.* — Le sous-titre de cette méditation en indique suffisamment la source d'inspiration : un dessin représentant des *génies,* c'est-à-dire des *anges,* sans doute dans un cadre matinal et rustique (v. 5), assez analogue à celui qui fut au départ des *Esprits des fleurs.* Comme la plupart des pièces d'origine iconographique sont postérieures à 1840, il y a tout lieu de croire que la date de 1827 est fictive : Lamartine avait passé cette année-là tout entière en Italie, comme chargé d'affaires de France en Toscane, et ses sentiments d'alors n'avaient rien de commun avec ceux qui se font jour dans *L'Idéal.* Cette pièce a très vraisemblablement été écrite après la publication des *Recueillements* (mars 1839) (Guillemin, *Les Études classiques,* p. 219).

* *Vers 3. Cordes :* cf. *Les Préludes,* v. 19. Pour l'idée de l'opposition irrémédiable existant entre la jeunesse (v. 1) et l'âge mûr, on comparera ces strophes avec *A Laurence* et *A une jeune fille qui avait raconté un rêve.*

* *Vers 8.* La rime *miel - ciel* se retrouve notamment aux v. 14-16 d'*A Alix de V..., jeune fille qui avait perdu sa mère.*

* *Vers 13.* Il ne paraît pas difficile d'identifier la *femme* à qui ces vers font allusion avec Mme de Lamartine : ses portraits nous la montrent très brune (v. 14 : *de longs cheveux noirs*) et, depuis la disparition de sa fille Julia (1832), qui l'atteignit tout autant sinon plus encore que le poète, elle resta profondément triste, habillée de sombre (v. 9-10), mais toujours affectueusement attachée au grand homme (v. 12). On rapprochera ce v. 13 du v. 50 d'*A Laurence.*

* *Vers 16.* Ces vers, comme les suivants, ne manquent pas d'obscurités. Les *anges austères,* qui s'accordent à l'âge et au caractère du poète, sont des *fantômes* mal définis, nés de son *cœur ;* ils lui communiquent des *secrets* mystérieux et incompréhensibles, donc *tristes,* mais dont l'origine ne peut qu'être *divine* (v. 16, 19); car un espoir demeure devant tant d'inconnu, mais le v. 20 est infiniment moins affirmatif que ceux du *Poète mourant* développant le thème du chant du cygne auquel il fait songer. On retrouve ici l'agnosticisme qui s'affirma chez Lamartine dans sa maturité et dans sa vieillesse.

* *Vers 21.* Mouvement d'indécision analogue dans *A Laurence,* v. 1-4.

* *Vers 24.* Même rime finale et même chute dans *Le Coquillage.* Ce TOI (reprenant le *te* du v. 22) désigne l'idéal dont rêve le poète, mais qu'il est incapable de définir, fût-ce pour lui-même. Il y avait malgré tout moins de fragilité, moins d'incertitude dans les aspirations formulées, par *L'Isolement,* v. 41-48... Mais près d'un quart de siècle s'est écoulé depuis les *Premières Méditations.*

HUITIÈME MÉDITATION. — ADIEU A GRAZIELLA

Page 259

* *ADIEU A GRAZIELLA.* — On ne possède absolument aucun renseignement sur cette petite pièce; les nombreux commentateurs de *Graziella* semblent ne l'avoir jamais citée ou prise en considération; aussi en est-on réduit sur elle à se livrer à des hypothèses. La date de 1813 s'accorde mal a priori avec le titre, puisque, comme l'on sait, *à cette date Graziella n'existait pas encore :* l'auteur nommait *Elvire* la Napolitaine assez mystérieuse qui avait été son inspiratrice au lendemain de son premier séjour en Italie et que, d'ailleurs, il avait quittée au plus tard vers le début d'avril 1812. Sans doute pourrait-on admettre que ces strophes faisaient partie, *mais sous un titre différent,* des élégies de 1816 : comme *A Elvire* (cf. la première note de cette méditation) et comme quelques autres *ludibria juvenilia,* elles auraient échappé à la destruction par le feu dont le poète a parlé; mais, dans ce cas, il est permis de se demander pourquoi il attendit 1849 pour les publier. De toute façon, l'*Adieu,* évoquant une séparation définitive certes, mais non pas causée par la mort, ne saurait qu'être antérieure au moment où Lamartine connut le trépas de celle qu'il avait aimée, qu'il nomme Antoniella dans sa lettre à Virieu du 16 décembre 1816 (De Luppé, p. 35), qui s'appelait en réalité Mariantonia Iacomino, décédée le 31 mai 1816 et dont il apprit la disparition peu de temps sans doute après qu'elle eut lieu (Abel Verdier, *Les Amours italiennes de Lamartine,* pp. 85-87). Il semble bien que la composition même de *Graziella* et le voyage en Italie de 1844 remirent ces stances anciennes dans la mémoire de leur auteur : il est loisible d'imaginer qu'il put songer à les incorporer à son roman, puis y renonça, leur préférant l'harmonie *Le Premier Regret,* infiniment plus douloureuse et mieux en situation; il n'est pas exclu de supposer qu'il put alors aussi remanier la forme initiale de son poème; et celui-ci trouva tout naturellement place dans les *Troisièmes Méditations,* car Lamartine ne pouvait laisser perdre une œuvre courte certes, mais étroitement liée à un thème cher à son cœur. Mais toutes ces remarques restent du domaine de l'incertain; M. Guillemin (*Les Études classiques,* p. 219) remarque prudemment : « La date de ces vers me reste impénétrable. » Comme tout est conjecture autour de ces seize vers, il n'est même pas interdit de les penser contemporains de la composition de *Graziella,* c'est-à-dire de 1844.

* *Vers 5. Je t'ai souvent prononcé dans ma vie :* cette affirmation n'était déjà plus une clause de style sous la plume de Lamartine, quand il avait entre vingt-deux et vingt-six ans. Foncièrement sensible à la fuite du temps, il éprouva toujours profondément la douleur des séparations, temporaires ou définitives; le mot *adieu* revient souvent au terme de ses lettres de jeunesse et il a servi de titre (et de sujet) à plusieurs de ses poèmes : *Adieux au collège de Belley,* (1809), *Adieu (Premières Méditations), Adieux à la Mer, Adieux à la Poésie (Nouvelles Méditations)* ; le héros du *Dernier Chant du Pèlerinage d'Harold* (XLII-XLIII) adresse un pathétique *adieu à la nature;* l'*Hommage à l'académie de Marseille,* prononcé le 26 juin 1832, au moment du départ en Orient a pour sous-titre *Adieu;* etc. Et toute l'existence douloureuse du poète fut ponctuée de deuils qui retentirent dans son âme comme autant de funèbres adieux (mort de Mme Charles, mort de Mme de Lamartine mère, mort de Julia, mort de Virieu, etc.). La vie vérifia pour lui l'idée du vers final que « la nature est pleine d'un grand adieu », à moins que ce vers, s'il est de 1844, ne résume toutes les douloureuses expériences de son auteur.

* *Vers 14.* Cf. *Graziella,* chap. quatrième, XXXIII : « Je dévorai le sanglot intérieur qui m'étouffait. »

NEUVIÈME MÉDITATION.
A UNE JEUNE FILLE QUI AVAIT RACONTÉ UN RÊVE

Page 260

* *A UNE JEUNE FILLE QUI AVAIT RACONTÉ UN RÊVE...* — On peut lire, sous la plume de M. Jacques Reynaud (*Lamartine, Méditations, Extraits,* De Gigord, 1948, p. 94), cette courte notice accompagnant le texte de la présente méditation : « Le souvenir d'Elvire ne revit pas seulement dans des fictions poétiques. Il s'incarne dans la noble et pieuse figure de la nièce du poète : Valentine de Cessiat. C'est elle sans doute qui est l'inspiratrice de ces strophes désenchantées. » Rien n'est moins exact : non seulement ces vingt-quatre vers n'ont aucun rapport avec la mémoire de Julie Charles, mais ils ne regardent point non plus Valentine, dont une certaine critique ferait volontiers l'unique inspiratrice de Lamartine après 1840. En réalité, depuis fort longtemps déjà, Ch.-E. Thuriet, dans ses *Anecdotes inédites ou peu connues sur Lamartine,* p. 20, a désigné la destinataire de la pièce en ces termes : « Mlle Duréault jeune avait rêvé, une nuit de 1847, qu'elle embrassait le front de Lamartine. Elle le lui fit savoir. Lamartine, qui se trouvait alors à Saint-Point, improvisa le 22 juillet 1847 les strophes suivantes... » Grâce à l'aimable intermédiaire de deux Mâconnais, MM. Chervet, agrégé des Lettres, et Magnien, conservateur du musée Lamartine, j'ai eu la chance d'entrer en relation avec Mlle Y. de Montjamont, de Dijon,

arrière-petite-fille de Mlle Duréault, qui a bien voulu m'apporter d'intéressantes précisions sur l'origine du poème *.
En voici l'essentiel : Lamartine entretenait d'excellents rapports avec Pierre-Marcelin-Christophe Duréault (1789-1868), son rival lors de diverses élections législatives en Saône-et-Loire en 1832, 1834, 1837, et son collègue au conseil général de ce département; le 18 juillet 1847 eut lieu à Mâcon le banquet offert à l'auteur en l'honneur de la publication des *Girondins* (parus en mars); M. Duréault, sa femme et ses deux filles, y assistaient : l'aînée Louise (1826-1901) fut particulièrement émue d'avoir rencontré l'illustre écrivain et, la nuit suivante, elle rêva qu'elle lui donnait un baiser sur le front; or, le 21, la famille Duréault retrouvait Lamartine dans une propriété proche de Milly et le père raconta le songe de la jeune fille au poète : la nuit suivante, celui-ci traça les strophes qui devaient paraître dans les *Troisièmes Méditations;* mais, s'il parla de ces vers à ses amis qui étaient venus lui rendre visite à Saint-Point le 22, il ne les donna pas lui-même à celle qui les avait inspirés : il fallut que le dramaturge François Ponsard, familier de Lamartine et son secrétaire bénévole, lui subtilisât son texte pour l'envoyer en cachette à Mlle Duréault; elle conserva précieusement ce poème, qui lui valut une certaine renommée parmi ses proches. (Pour de plus amples détails, cf. F. Letessier, *Lamartine, Ponsard et la famille Duréault, Bulletin Guillaume Budé,* octobre 1964, pp. 377-386).

* *Vers 4.* Même antithèse entre la jeunesse et l'âge mûr dans *A Laurence* et *L'Idéal.*

* *Vers 7.* La *neige,* pour désigner des *cheveux blancs* ou une *barbe blanche,* est une image banale en poésie : cf. *Adieux à la Poésie,* v. 86-87.

---

* Voici quelques indications généalogiques sur la famille Duréault :
Pierre-Marcelin-Christophe Duréault (1789-1868)
I
Louise Duréault, mariée avec son cousin germain Émile Duréault, polytechnicien, fondateur du port de Chalon-sur-Saône, membre de l'Assemblée Nationale en 1870-1876.

Armand Duréault, secrétaire perpétuel de l'*académie de Mâcon,* auteur de travaux sur Lamartine	Lucie, mariée en 1875 avec Victor Lorenchet de Montjamont, décédée en 1934

I
Un fils aîné, mort pour la France en 1914
I
Mlle Y. de Montjamont

Cette dernière a reçu en héritage, au décès de sa grand-mère, l'original *d'A une Jeune Fille qui avait raconté un rêve* et les papiers relatifs aux journées du juillet 1847; elle possède une autre relique lamartinienne, un porte-plume ayant servi au poète à écrire *Jocelyn :* il a également appartenu à Louise qui l'avait léguée à son fils Armand.

* *Vers 8.* Dans les *Adieux à la Poésie,* (v. 76 et suiv.), Lamartine admettait au contraire que l'inspiration poétique du moins peut connaître *deux floraisons,* une dans la jeunesse et l'autre

Quand, de songes divins suivie,
La mort approche, et que la vie
S'éloigne comme un souvenir.

* *Vers 12.* A propos de cette strophe, cf. J. Gaulmier, *Sur un thème obsédant de Lamartine : la chevelure* (*Mercure de France,* mars 1957, p. 545). Le v. 10 n'est pas sans évoquer *La Source dans les Bois de *** (Harmonies poétiques),* v. 45-48 :

Oui, c'est moi que tu vis naguères,
Mes blonds cheveux livrés au vent,
Irriter tes vagues légères
Faites pour la main d'un enfant.

Sur la photographie de Mlle Duréault que possède Mlle de Montjamont, il est facile, malgré les sévères bandeaux de l'époque, de rendre compte des *jais flottants* (v. 11) de sa sombre chevelure; le poète avait peut-être été d'autant plus sensible à ce trait physique de la jeune fille qu'il pouvait lui rappeler les cheveux noirs de Mme de Lamartine mère et de la petite Julia; il retrouvait également ceux-ci chez Valentine de Cessiat et ce rappel de deux êtres chers, a-t-on dit, peut expliquer la préférence qu'il vouait à sa nièce (M.-Th. Ollivier, *Valentine de Lamartine,* Paris, 1897, p. 17). — Un rapprochement paraît s'imposer entre ces vers et la pièce intitulée *A une jeune fille qui me demandait de mes cheveux (Recueillements poétiques)* :

Des cheveux? mais ils sont blanchis sous les années!
Des cheveux? mais ils vont tomber sous les hivers!
Que feraient tes beaux doigts de leurs boucles fanées?
Pour tresser la couronne, il faut des rameaux verts.
Crois-tu donc, jeune fille aux jours d'ombre et de joie,
Qu'un front d'homme, chargé de quarante printemps,
Germe ces blonds anneaux et ces boucles de soie,
Où l'espérance joue avec tes dix-sept ans?
Crois-tu donc que la lyre où notre âme s'accorde
Chante au fond de nos cœurs toujours pleine de voix,
Sans que de temps en temps il s'y rompe une corde
Qui laisse, en se taisant, un vide sous nos doigts?...

* *Vers 14. Roses* et *lys* (ici symbole de virginité) sont également associés dans *Les Pavots,* v. 18, *Les Fleurs sur l'autel,* v. 15, et *A une jeune Moldave (Recueillements poétiques),* v. 4-6 :

On croit dans ces odeurs, que l'esprit décompose,
Respirer le parfum des lys ou de la rose
Apporté de loin par les airs.

* *Vers 16.* Ce vers contient une allusion précise à la quatrième époque de *Jocelyn,* au cours de laquelle le héros goûte avec Laurence un enivrement partagé, au sein de sa *vallée* montagnarde *fleurie* par le retour du printemps.

* *Vers 20.* Il passe dans cette strophe des échos qui rappellent certains vers du *Poète mourant.*

* *Vers 22.* Le ton monte dans ces deux vers : le *désir* du poète (v. 14) et son *délire* (v. 17) s'exacerbent : l'accent se fait plus romantique *(Fatale vision !)* ; la passion bouillonne et semble près de donner à Lamartine une nouvelle jeunesse. L'image du *sang qui remonte son cours* semble renouvelée de celle étudiée dans la note du v. 42 de *Bonaparte.*

* *Vers 24.* Il faut signaler l'accent mélancolique de cette conclusion : le poète, lui aussi, a *rêvé* à l'aube de sa vie, puis il a cessé, sinon de le faire, du moins de croire à la réalité de ses songes, et il en conçoit une réelle tristesse.

DIXIÈME MÉDITATION — PRIÈRE DE L'INDIGENT

Page 261

* *PRIÈRE DE L'INDIGENT.* — Bien que données comme inédites en 1849, ces strophes avaient déjà été publiées. Elles faisaient en effet partie de la *Cantate pour les enfants d'une maison de charité, récitatif,* onzième et dernière pièce du livre III des *Harmonies poétiques* dans leur édition originale de juin 1830. Le manuscrit des *Harmonies,* conservé à la Bibliothèque municipale d'Angers date le morceau de Saint-Point, 10 août 1829; avant de paraître en volume, il avait été l'objet d'une publication à part, sous le titre *Cantate par M. Alphonse de Lamartine pour les établissements de Saint-Joseph et de Saint-Nicolas dirigés par M. l'abbé de Bervanger* (Imprimerie ecclésiastique de Béthune, à Paris, in-8°, 14 pages), plaquette annoncée par la *Bibliographie de la France* du 10 octobre 1829 et reprise par *Le Correspondant* en son numéro du 10 novembre suivant. Cette cantate, pièce de circonstance, comprend deux voix et un chœur : elle évoque la venue à douze ans de Jésus parmi les docteurs du Temple (cf. *Saint Luc,* II, 41-52), sa vie cachée et sa vie publique, puis sa mort sur le Calvaire ; elle rappelle son amour pour les petits enfants (cf. *Saint Marc,* X, 14 : « Sinite parvulos venire ad me »), en particulier pour ceux qui sont malheureux; très naturellement ceux-ci, pour terminer, adressent à Dieu une *Prière* en dix strophes dont les cinq premières constituent la *Prière de l'Indigent* des *Troisièmes Méditations.* On ne comprend guère pourquoi le poète détacha ces vingt vers et les fit figurer parmi les *Méditations,* avec la date fictive de 1846, dans l'Édition des Souscripteurs (t. II, pp. 271-272), alors qu'ils continuent de faire partie intégrante de la *Cantate* dans cette même édition (t. IV, pp. 152-153)...

Quoi qu'on puisse penser d'une semblable négligence, il paraît suffisant de rappeler ici que la générosité de Lamartine et celle de sa femme sont bien connues; par son tempérament, par une tradition héritée de sa mère (cf. *Milly ou la Terre natale,* v. 173-186), par l'intérêt qu'il portait aux problèmes d'actualité (la question sociale se posa au début du XIXe siècle et M. Guillemin (*Jocelyn,* pp. 118-122) a montré l'attention du poète envers les prolétaires), l'écrivain s'attacha toujours avec délicatesse à faire autour de lui le plus de bien qu'il put. Si, très tôt dans sa carrière, il éprouva des doutes en face du Christianisme orthodoxe, il en conserva toujours le dogme qui prescrit l'amour du prochain et le soulagement des misères d'autrui. Dès 1828, il écrivait à la marquise de Barol : « Votre dévotion n'est plus aussi tolérante, elle n'est plus charité pure, le zèle s'y mêle ! Le zèle est terrible, il brûle tout, il ne vous va pas, il est bon pour Moïse et saint Paul. Nous sommes arrivés en fait de Christianisme à l'ère de la charité. Il n'y a plus qu'elle qui maintienne et convertisse; le reste effraie et repousse... » (Cité par P. Jouanne, p. 148, n. 1). Si l'on prend les cinq strophes détachées de leur contexte, on trouvera que leur originalité consiste à mettre, par discrétion, l'éloge des bienfaiteurs dans la bouche même d'un de leurs obligés.

* *Vers 2.* Vers d'accent biblique (comme d'ailleurs les suivants), où l'on retrouve le thème énoncé par Racine, dans *Athalie,* v. 647 :

> Aux petits des oiseaux, il (Dieu) donne leur pâture.

La source première de l'idée vient sans doute des *Psaumes,* CXLIV, 9 : « Qui dat jumentis escam ipsorum et pullis corvorum invocantibus. » Les mots de *passereau* et de *nid* reviennent à diverses reprises dans l'Écriture.

* *Vers 4.* Cf. par exemple *Zacharie,* X, 1 : « Pluvias dabit eis, et singulis herbam in agro. » Les vocables de *pluie, herbe* (*Jérémie,* XII, 4 : « Herba... siccabitur »), *colline,* comme, à la strophe suivante, ceux de *Providence, consoler, obole,* ne sont pas rares dans les textes sacrés.

* *Vers 12.* Les mots *abundantia* et *nuditas* se trouvent rapprochés dans un passage du *Deutéronome,* XXVIII, 47-48, mais l'idée de cette strophe semble bien avoir été suggérée par saint Paul, *Seconde Épître aux Corinthiens,* VIII, 13-14 : « Vestra abundantia illorum inopiam suppleat, ut et illorum abundantia vestrae inopiae sit supplementum. » Que les riches n'aient d'autre raison d'être dans l'Église que d'alléger les misères des indigents, c'était le sujet du fameux sermon de Bossuet *Sur l'éminente dignité des pauvres* (1659).

* *Vers 16.* Encore deux vers inspirés par des souvenirs plus ou moins conscients de l'Écriture : *Proverbes,* XII, 2 : « Qui bonus est hauriet gratiam a Domino » et *Deutéronome,* XXVIII, 12 : « Aperiet Dominus thesaurum suum optimum. »

* *Vers 20.* Cf. *Saint Matthieu,* VI, 3 : « Nesciat sinistra tua quid faciat dextra tua. » Dans la *Cantate* de 1829-1830, la *Prière* des enfants se poursuit ainsi :

> Mais que le bienfait qui se cache
> Sous l'humble manteau de la foi
> A leurs mains pieuses s'attache
> Et les trahisse devant toi !

Qu'un vœu qui dans leur cœur commence,
Que leurs soupirs les plus voilés
Soient exaucés dans ta clémence
Avant de t'être révélés !

Que leurs mères, dans leur vieillesse,
Ne meurent qu'après des jours pleins * !
Et que les fils de leur jeunesse
Ne restent jamais orphelins !
Mais que leur race se succède
Comme les chênes de Membré **,
Dont aux ans le vieux tronc ne cède
Que quand le jeune a prospéré !

Ou comme ces eaux toujours pleines,
Dans les sources de Siloë ***,
Où nul flot ne sort des fontaines
Qu'après que d'autres ont coulé !

ONZIÈME MÉDITATION — LES ESPRITS DES FLEURS

Page 262

* *LES ESPRITS DES FLEURS.* — Encore une pièce sur laquelle tout renseignement fait défaut. On ne peut qu'admettre la date de 1847 pour ces strophes développant le thème floral, dont il a été question à la première note de la méditation *Les Fleurs;* elle a aussi été, comme maints poèmes postérieurs à 1840, inspirée par un dessin ou un petit tableau sans doute destiné à quelque loterie : celui-ci devait représenter un bouquet champêtre (cf. la variante du titre), dont le *parfum* (ou les *esprits*) en train de *s'échapper* était matérialisé par deux figures d'anges, l'un *flottant* (v. 25), c'est-à-dire *en vol,* l'autre près d'*expirer* avec les *ailes renversées* (v. 29-30).

* *Vers 1. Urnes,* vocable de la langue noble, paraît désigner ici les *corolles* des fleurs (de couleur jaune, d'où *l'or*)*;* cf. *La Pervenche,* note du v. 3. Dans *Les Fleurs sur l'autel,* v. 21, le mot a le sens plus courant de *vase.*

---

* Pour le pauvre Lamartine, ce vœu écrit en août 1829 ne devait pas se réaliser : sa mère mourut ébouillantée dans un bain le 16 novembre suivant, et il en éprouva une des plus grandes douleurs de sa vie.

** *Membré,* ou plutôt *Mambré :* plaine de Palestine, près d'Hébron, mentionnée à diverses reprises dans la *Genèse* comme un lieu où séjournèrent Abraham, Jacob et les Patriarches; les commentateurs de la Bible font mention des *chênes* dont elle était plantée.

*** *Siloë :* source intermittente de Jérusalem, au pied du mont Sion; Lamartine la visita et en a laissé une description dans son *Voyage en Orient* (*Séjour à Jérusalem,* 29 octobre 1832, fin).

* *Vers 10.* M. Citoleux (p. 350) cite les v. 9-10 avec cette remarque : « Lamartine semble regretter la division des êtres en animés et inanimés... Cette théorie n'est pas nouvelle; et nous savons qu'elle s'accorde mal avec la théorie de la mort. D'ailleurs elle ne supprime pas la matière, mais lui superpose l'esprit. L'évolution de la matière en esprit semble donc écartée. » Le critique aurait pu noter que le poète avait énoncé la même idée, en des termes fort voisins, dans *Jocelyn,* quatrième époque, v. 313-319 :

Pourtant chaque atome est un être!
Chaque globule d'air est un monde habité!
Chaque monde y régit d'autres mondes peut-être
Pour qui l'éclair qui passe est une éternité!
Dans leur lueur de temps, dans leur goutte d'espace,
Ils ont leurs jours, leurs nuits, leurs destins et leur place,
La pensée et la vie y circulent à flot...

C'est là une conception panthéiste et animiste de l'Univers, dans laquelle la pensée de Lamartine s'élève et se perd à la fois, car, selon le mot de Pascal, dans ses *Deux Infinis,* « l'imagination se lassera plutôt de concevoir que la nature de fournir ».

* *Vers 16.* A partir de cette strophe et dans les suivantes, le thème floral descriptif cède le pas au thème sentimental et amoureux; mais à quelle femme songe ainsi Lamartine? à quels *yeux* (v. 14)? à quelles *lèvres* (v. 32)? Les commentateurs du poète font souvent état de la profonde et pure passion qu'il éprouva pour sa nièce Valentine de Cessiat; mais on peut penser à quelque inconnue, ou aussi à une sylphide symbolique autour de laquelle ont cristallisé les ardeurs infinies et indéfinies d'un cœur toujours vibrant malgré la marche des années. Cf. aussi *A Laurence,* première note et note du v. 12. Il y a là un problème biographique et psychologique qui reste posé. Sur l'importance du verbe *palpiter* chez Lamartine, voir les remarques de M. A.-J. Steele dans les *Actes du Congrès II,* pp. 46-47.

* *Vers 20.* Dans *La Pervenche,* v. 17-20, Lamartine prend également une fleur comme muette confidente de son amour mystérieux et secret.

* *Vers 21.* Dans *A Laurence,* v. 49 et suiv., le poète s'invite lui-même à ne pas croire à la réalité des *songes.*

* *Vers 30.* C'est-à-dire l'ange qui est figuré en train d'expirer, avec une expression de bonheur et d'extase.

DOUZIÈME MÉDITATION. — LES FLEURS SUR L'AUTEL

Page 264

* *LES FLEURS SUR L'AUTEL.* — La mention *Ischia, 1846* est erronée, puisque, cette année-là, Lamartine n'alla pas en Italie; Lanson, qui avait eu en main l'ex-manuscrit Barthou au temps où il appartenait à Émile Ollivier, indique incidemment (*Méditations poétiques,* p. 459) que, sur ce document, la pièce intitulée *Les Lys*

roses, est datée *Ischia, septembre 1842;* mais ainsi qu'il le remarque, un 4 a été pris pour un 2 et c'est évidemment 1844 qu'on doit lire : ainsi, les six strophes des *Fleurs sur l'autel* datent du séjour dans l'île qui s'étendit du 18 août au 18 septembre 1844 et durant lequel le poète écrivit aussi *Le Lis du golfe de Santa Restituta* et le *Salut à l'île d'Ischia* (Mattlé, p. 129). Le sujet de la pièce est assez mince; il a dû être inspiré à l'auteur par une visite, rendue par lui en compagnie de sa femme et de ses nièces de Cessiat, à quelque sanctuaire local dont l'autel était orné de fleurs. Si l'on suppose que les *lis* du v. 15 sont les mêmes que ceux poussant sur la grève du golfe de Santa Restituta, il est possible de penser à la chapelle proche de Lacco Ameno et dédiée à la sainte que célèbre la onzième des *Premières Méditations* (cf. première note et note du v. 20).

* *Vers 2.* Telle était la constante aspiration de l'âme de Lamartine lui-même : cf. par exemple *L'Isolement,* v. 41-44; *La Prière,* v. 57-66; *Dieu,* v. 1-8. Mais, à mesure qu'il avançait en âge, le poète devenait de plus en plus insatisfait dans ses besoins mystiques (voir à ce sujet la remarque de M. G. Poulet, citée à la note du v. 47 de *L'Isolement*). On pourra comparer les v. 3-4 avec le v. 105 de *La Prière.*

* *Vers 6.* Le nom de l'*encens (incensum)* et des expressions telles que *vasa sanctorum, vasa pretiosissima, vasa sanctificata* reviennent constamment dans la Bible; mais l'image contenue dans ce vers a pu être inspirée par le seul culte catholique.

* *Vers 7.* Cette périphrase pour désigner Dieu correspond à la conception théologique de Lamartine dans ses années de maturité et de vieillesse, telle qu'il la définira notamment dans *Le Désert* (cf. en particulier, v. 331-332 et note du v. 332).

* *Vers 9.* Les idées de *feu (ignis, holocaustum)* et de *sacrifice (sacrificium)* sont fréquemment associées dans l'Ancien Testament. Ce vers signifie que les *vieillards* perdent la foi : le poète juge évidemment d'après sa douloureuse expérience personnelle.

* *Vers 11.* C'est-à-dire : les religieuses, dans leur couvent, regrettent finalement d'avoir choisi une vie de chasteté et de sacrifice. Idée héritée du XVIIIe siècle et que le poète fit sienne lorsqu'il fut converti au rationalisme (vers 1833) : cf. H. Guillemin, *Jocelyn,* pp. 225 et 510-511. En 1835 déjà, il déclarait l'état monacal « contraire à la nature, à la famille, à la société »; dans le *Cours familier de Littérature,* t. VII, p. 400 et t. XXI, p. 116), il l'appellera « le suicide de l'homme » et verra dans les monastères « des sépulcres de la jeunesse et de la beauté, qui étouffent souvent les gémissements de la nature ».

* *Vers 12.* Religieuses et vieillards sont des êtres morts, dont on ne saurait légitimement *parer l'autel* de l'Être Suprême, principe éternel de la vie.

* *Vers 14.* Sur Dieu créateur des *fleurs,* cf. *Les Fleurs,* v. 3-4.

* *Vers 15. Lis* et *roses* se retrouvent associés dans *Les Pavots,* v. 18, où le poète s'exprime à leur propos sur un ton tout différent.

* *Vers 16.* La périphrase *maison du ciel* désigne ordinairement le Paradis (cf. *la maison céleste* de Malherbe, *Consolation à Du Périer,* v. 21) et non une église ou une chapelle, celles-ci étant plutôt appelées *maison du Seigneur* ou *maison de Dieu.*

* *Vers 18. Faisceau de parfum* n'est pas sans évoquer *fasciculum hysopi* (*Exode,* XII, 22) ou *fasciculum myrrhae* (*Cantique des Cantiques,* I, 12). On peut de même penser, à propos de *symbole d'honneur,* à une formule de l'*Ecclésiastique,* XXIV, 17 : « Flores mei fructus honoris et honestatis. »

* *Vers 19.* A cette époque de sa vie, Lamartine conçoit un *espoir,* et non plus une certitude, comme au temps où il écrivait *La Prière* ou *Le Temple,* v. 46-53.

* *Vers 20.* L'expression *acceptable au Seigneur* n'est-elle pas comme un écho de la prière de l'Offertoire : « Orate, fratres, ut meum ac vestrum sacrificium *acceptabile* fiat *apud Deum* omnipotentem »?

* *Vers 22.* Cf. *Lamentations de Jérémie,* II, 12 : « ... cum *exhalarent animas suas* in sinu matrum. » Le pluriel *dieux* surprendra : la rime avec *yeux* peut l'expliquer, mais ne s'accorde-t-il pas aussi avec le panthéisme agnostique du poète?

* *Vers 23.* Cf. peut-être *Livre de Daniel,* III, 50 « : Quasi ventum roris flantem. »

* *Vers 24.* Dans l'Écriture, le Seigneur est souvent désigné comme un tel agent consolateur. Voir par ex. *Psaumes,* CXIV, 8 : « *(Dominus)* eripuit oculos meos a lacrimis »; *Isaïe,* XXV, 8 : « Auferet Dominus Deus lacrimas ab omni facie »; *Apocalypse,* VII, 17 et XXI, 4 : « Absterget Deus omnem lacrimam ab oculis ». Nous n'entendons pas affirmer que les passages de la Bible cités ici sont des « sources » de cette méditation; nombre des images employées par Lamartine ont pu lui être suggérées par l'observation directe ou par son imagination de poète; mais on notera combien ses expressions recoupent celles des textes sacrés; lisait-il encore beaucoup ceux-ci en 1844? On peut en douter, mais sa jeunesse en avait été si profondément nourrie que tout son être en était imprégné et que, comme M. Jourdain de la prose, il « faisait» peut-être de la Bible... sans le savoir !...

TREIZIÈME MÉDITATION. — LE LÉZARD

Page 266

* *LE LÉZARD. SUR LES RUINES DE ROME.* — La façon dont le titre est libellé pourrait faire croire que cette pièce fut composée sur les ruines mêmes de Rome. Il n'en est rien, puisque, en 1846 le poète ne quitta pas la France. Il ne serait pas interdit de penser que *Le Lézard,* comme *Le Lis du golfe de Santa Restituta, Ferrare, Salut à l'île d'Ischia,* etc., lui fut inspiré par son séjour en Italie aux mois d'août et septembre 1844 (cf. Mattlé, pp. 124-136); mais,

s'il s'attarda longtemps alors à Ischia, il ne demeura pas plus de trois jours à Rome (28-30 septembre) et, parmi les monuments qu'il visita et dont un de ses carnets a conservé la liste, le Colisée n'est pas mentionné. Il est donc peu probable qu'il ait eu l'occasion et le loisir d'aller rêver sur les vestiges de l'immense amphithéâtre bien connu de lui depuis 1811. Ainsi est-on fondé à admettre que cette brève méditation doit avoir été écrite d'après un souvenir, peut-être ancien (ce que le ton général du morceau et ses verbes au passé semblent confirmer); et la date de 1846 n'est pas invraisemblable *.

* *Vers 2*. Sur le *Colisée* — appelé dans *Graziella,* I, 6 « l'ouvrage du peuple romain » —, cf. *La Liberté ou Une Nuit à Rome,* v. 2.

* *Vers 4*. Comme l'a remarqué M. Pierre Moreau, (*Le Classicisme des Romantiques,* p. 77), il y a là une attitude traditionnelle. Si le poète Léonard

Un La Bruyère à la main errait dans la nature,

on trouve aussi le jeune Chateaubriand (*L'Amour de la campagne,* 1790)

Un Tibulle à la main se nourrissant d'amour.

Mais on sait qu'effectivement Lamartine aimait lire et écrire en plein air, et cela depuis son adolescence; cf. sa lettre à Guichard de Bienassis, 4 septembre 1809 :

Retrouverai-je la prairie
Où nous descendions le matin,
Horace ou Voltaire à la main,
Chercher la douce rêverie?

* *Vers 8*. Dans le *Cours familier de Littérature* (t. XII, p. 71), Lamartine, étudiant l'œuvre de Tacite, constate de même à propos de la Rome Impériale : « L'Empire a dévoré la République; l'armée a subjugué les lois; la corruption à son tour a avili l'armée; la sédition donne et retire le trône et la vie à des favoris prétoriens d'un camp et d'un jour... »

* *Vers 13*. *Qui l'incruste :* qui entoure d'une croûte *(crusta)* de maçonnerie le nom de l'*Auguste* (cette expression ne laisse pas d'être obscure).

* *Vers 14*. Cf. *Dernier Chant du pèlerinage de Childe Harold,* XVII, où l'on voit, parmi les ruines, le héros

Qui des inscriptions sur la poudre tracées
Cherche pieusement les lettres effacées.

---

* M. Guillemin (*Les Études classiques,* p. 226) *suppose* que *Le Lézard* a été écrit à Rome même, dans les derniers jours de septembre 1844, mais ce n'est en somme qu'une impression; il n'a relevé (p. 210 et 228) qu'une seule allusion à des vers composés en 1846 : le 25 avril, Lamartine mandait à sa nièce Valentine : « Ta tante m'obsède pour des vers; en voici que j'ai faits ce matin » — mais rien ne permet d'établir s'il s'agit de la présente méditation.

Attitude analogue dans la *Seconde Vision,* v. 21-24 (*Nouvelles Confidences,* III) :

L'antiquaire y fouillait sous la ronce et l'épine
La poudre des tombeaux, la pierre des ruines,
Et foulant sous ses pieds la cendre des héros,
De leurs noms oubliés lassait d'ingrats échos !

Commencé par Vespasien, le Colisée fut *dédié* (consacré et inauguré) par son fils l'empereur Titus en 80 ap. J.-C. Connu dans l'Antiquité sous le nom d'Amphithéâtre des Flaviens (patronyme de ses créateurs), le monument reçut le nom de Colisée au VIIIe siècle, après qu'on eut exhumé dans sa proximité une statue géante *(colosseum)* de Néron.

* *Vers 19.* Nombreux sont les auteurs qui ont signalé la présence de *reptiles* dans les ruines antiques; au XVIIe, par exemple, Saint-Amant écrivait dans *La Rome ridicule* (1643) :

Piètre et barbare Colysée,
Exécrable reste des Goths,
Nids de lézards et d'escargots
Dignes d'une amère risée !

Lamartine s'est peut-être ici souvenu de Byron (*Childe Harold,* chant IV, strophe 177), qui montre, comme une amère image du néant de la gloire, « le lézard aux yeux vifs » (« the quick-eyed lezard ») frétillant dans l'herbe près de la grotte de la nymphe Égérie. Cf. aussi *Seconde Vision,* v. 31-32 :

D'autres dieux les avaient chassés de leurs autels;
Les vils lézards rampaient sur leurs noms immortels.

* *Vers 28.* Ce *bronze,* qui apparaît soudain, est probablement celui des lettres formant le nom impérial : mais il semble bien que celui-ci n'existe que dans l'imagination du poète.

* *Vers 30.* Ces deux vers énumèrent quelques-uns des titres officiels que portaient les empereurs romains et qui figurent d'ordinaire sur les inscriptions; il y a peut-être ici une réminiscence de Virgile, *Énéide,* VI, 792 : « Augustus Caesar, divi genus. »

* *Vers 36.* Tacite, dans ses *Annales,* a dénoncé avec énergie les crimes de Tibère, Caligula et Néron. Lamartine connaissait l'historien latin depuis son enfance, ayant alors entendu son père le citer au cours de conversations avec des amis (*Cours familier de Littérature,* t. I, pp. 44-46); imbu de culture classique, il s'intéressa toujours au passé de Rome (par exemple, à Virieu, 30 mai 1811 : « Je lis en ce moment tout ce qui est relatif à l'histoire de l'ancienne et moderne Italie »); enfin, il consacra plus tard les entretiens LXVIII et LXIX du *Cours familier* (t. 12, pp. 57-184) à l'auteur des *Histoires* et des *Annales,* pour qui il éprouvait beaucoup d'admiration : « Tacite est évidemment l'Homère, le Platon et le Cicéron de l'histoire... Rome entière, avec ses grandeurs et ses bassesses, avec sa liberté et sa servitude, avec ses noblesses et ses abjections, avec ses vertus

et ses forfaits, s'est résumée dans ce seul homme... Celui qui a lu Tacite a compris le monde : Tacite est le Newton de l'histoire... Tacite est l'abréviateur de l'œuvre de Dieu; il n'écrit pas, il note; mais chaque note ouvre un horizon sans borne à la pensée... Il peint en satiriste consommé les jactances et le faux enthousiasme des hommes... C'est le Molière grave et politique des peuples en révolution; le peuple romain pose non seulement devant son peintre, mais devant son juge... (C'est) non seulement un grand peintre, mais un grand moraliste... »

QUATORZIÈME MÉDITATION. — SUR UNE PAGE PEINTE D'INSECTES ET DE PLANTES

Page 268

* *SUR UNE PAGE PEINTE D'INSECTES ET DE PLANTES.* — Il est possible de dater cette pièce de l'été 1839 au plus tard, d'après un curieux article intitulé *La Nuit de Noël* et paru dans *L'Artiste* (2e série, IV, pp. 281-283) du 29 décembre 1839 sous la plume de Jules Janin*. Celui-ci commence par rendre hommage à Mme de Lamartine : « Mme de Lamartine est la digne femme du plus grand poète du monde. Elle a toutes les intelligences de l'esprit et du cœur; elle a une disposition naturelle à tous les beaux-arts, qu'elle aime avec une passion sincère et qu'elle cultive avec un rare bonheur. » Insistant sur son talent de dessinatrice, le journaliste introduit le lecteur dans l'intimité de l'artiste et la surprend à son travail (le récit de cette visite est supposé fait durant la veillée de la Nativité) : « Il y avait aussi dans un coin une page brillante, rehaussée d'or, qu'on eût prise de loin pour quelque frontispice de quelque riche missel du xve siècle. Toute la fantaisie d'un artiste que rien n'arrête se déploie sur ce beau vélin. Ce sont des oiseaux qui viennent du Paradis en ligne droite, des fleurs de tous les printemps de ce monde, des pêches veloutées comme une joue de quinze ans, des brins d'herbes sur lesquels bourdonnent mille insectes dorés par le soleil; c'est un pêle-mêle idéal des plus fragiles chefs-

---

* Ce journaliste agréable et qu'on appela *le prince des critiques* tint pendant quarante ans le feuilleton théâtral du *Journal des Débats*. Il était un des nombreux familiers du salon parisien des Lamartine, rue de l'Université (De Luppé, p. 256); il fut l'auteur du *Prospectus* chargé d'annoncer les *Œuvres complètes* du poète publiées par Gosselin en 1840; il lui consacra plusieurs chapitres du tome III de son *Histoire de la Littérature dramatique* (1854); quand Mme de Lamartine mourut, il rédigea un article à sa mémoire (*Débats*, 1er juin 1863) et, lorsque le grand écrivain disparut lui-même, Janin rappela sa carrière dans une longue nécrologie, parue à la *Revue Moderne* (10 mars 1869, pp. 154-186) et reprise en volume (*Lamartine, 1789-1869*, Paris, Jouaust).

d'œuvre du ciel et de la terre. Jamais le caprice d'une femme n'a été plus loin. L'abeille se pose en bourdonnant sur la figue entrouverte; la rose se penche avec amour sur le nénuphar humide; l'épi et le raisin se confondent dans le même sillon. Cependant, au milieu de cette guirlande poétique, le vélin était resté blanc comme la neige du printemps quand la prairie montre déjà ses petits recoins de verdure. » Après avoir décrit le dessin, l'auteur de l'article nous fait assister à la naissance des vers que l'œuvre de Mme de Lamartine va inspirer à son mari : « C'était un jour d'été; la journée avait été remplie de suaves odeurs, de frais ombrages, d'oiseaux chanteurs. M. de Lamartine arriva et il découvrit sur la table de sa femme cette belle page à peine achevée. Alors savez-vous ce qu'il fit pour que le fond fût digne de la forme, pour que le tableau fût digne du cadre? Il improvisa trois ou quatre de ces belles stances qui tombent de son génie comme le chant du rossignol tombe de l'amandier en fleurs. Ces stances, je les ai lues, mais d'un seul coup d'œil, comme un homme qui a peur d'être indiscret, et je ne puis rien vous en dire, sinon que jamais association plus intime ne fut faite entre le fond et la forme, le dessin et la poésie, l'image et la couleur. » Malgré cet excès de discrétion chez le visiteur, J. Janin fera connaître les vers de Lamartine, car il se trouve dans l'assistance « une belle enfant de dix ans » qui (on ne sait trop comment) les a appris et récite à l'assistance admirative un texte sans titre, qui constitue la méditation *Sur une page peinte d'insectes et de plantes.*

Si l'on retranche ce qu'il y a de romanesque dans cette sorte de petit conte et si l'on fait aussi abstraction de l'accent conventionnel du style, on peut en tenir la donnée générale pour exacte; et il est probable que Lamartine avait confié une copie de la pièce à son ami J. Janin, en l'autorisant à l'insérer dans un de ses articles. Dans les années suivantes, bien des peintures, des aquarelles ou des dessins seraient enrichis de strophes lamartiniennes (voir *A une fleur séchée dans un album* et *Les Fleurs,* premières notes). La présente pièce, pour le sujet traité, est à comparer avec celle ayant pour titre *Sur une guirlande de fleurs peintes pour une loterie de charité* (morceau inédit des *Recueillements poétiques* dans l'Édition des Souscripteurs, t. VIII, pp. 370-371) :

Aux fleurs que ma main fait éclore,
Chastes filles de mon pinceau,
Pervenches qui trompent l'aurore,
Lis blancs qui trompent le ruisseau,

Je sais donner les mêmes charmes
Que le printemps donne à leurs sœurs;
La rosée y verse ses larmes,
L'insecte vole à leurs couleurs.

Des trésors dont la sève est pleine,
Voyez, n'en manque-t-il aucun?
Hélas! le plus doux... leur haleine,
Dort immobile et sans parfum.

Mais si la charité les cueille
Pour en payer le prix à Dieu,
Si vous les versez feuille à feuille
Dans l'urne vide du saint lieu,

Roses, pervenches, anémones,
A l'instant embaument d'odeur;
Car vous leur donnez par l'aumône
Le bienfait, ce parfum du cœur *.

Ces cinq strophes sont datées du 27 mars 1847; l'auteur les aura vraisemblablement fait paraître ailleurs que dans les *Troisièmes Méditations* pour éviter un rapprochement trop direct avec *Sur une page peinte...*

* *Vers 1*. Cf. *Jocelyn,* quatrième époque, v. 106-108 :

Des nuages ailés partaient de nos genoux,
Insectes, papillons, essaims nageants de mouches,
Qui d'un éther vivant semblaient former les couches.

* *Vers 3*. Une pièce ajoutée aux *Recueillements poétiques* dans l'Édition des Souscripteurs (t. VIII, pp. 155-157) a pour titre *Le Liseron;* elle porte la date, peut-être fictive, de novembre 1848. — Quant à *convolvulus,* c'est le nom scientifique du liseron; mais il semble que Lamartine emploie surtout par réminiscence chateaubrianesque ce mot qui figure notamment dans le *Génie du Christianisme,* première partie, liv. V., chap. 7.

* *Vers 4*. Cf. *La Pervenche,* v. 4 et 20.

* *Vers 6*. Le *ciron* (nom générique de divers insectes aptères et fort petits se développant dans la farine, le fromage, les détritus) était considéré au XVIIe siècle, avant l'usage du microscope, comme le plus petit des êtres vivants (cf. Pascal, *Pensées,* édition Brunschvicg, section II, 72); il est nommé dans *Jocelyn,* quatrième époque, v. 329 et, dans le même passage (v. 338-339), le poète rappelle que Dieu

Entend le battement des ailes de la mouche
Noyée au calice des fleurs.

* *Vers 9*. *Œil :* « Terme de jardinage : couronne formée des dents du calice et persistant au sommet du fruit » (Littré).

* *Vers 12*. Le paon.

---

* Ch. E. Thuriet (*Anecdotes inédites ou peu connues sur Lamartine,* pp. 21-22) cite ce poème sous le titre *Une loterie de fleurs peintes par Mme Panckoucke,* pièce dédiée à Mme de Champvans, d'après un manuscrit daté également du 27 mars 1847 et signé de l'auteur; on y relève une seule variante aux v. 17-18 :

A l'instant mon pinceau détrône
Ces lis dont mon art est vainqueur...

* *Vers 13. En confuse guirlande :* l'expression juge parfaitement le dessin qu'illustre le poème et que, malgré son admiration, J. Janin nomme un *pêle-mêle;* la confusion du modèle — apparemment de pur style louis-philippard — explique celle que l'on remarque dans les douze premiers vers de la pièce.

* *Vers 15.* Allusion à l'usage biblique de l'offrande des *prémices* (cf. par exemple *Lévitique,* XXIII, 15 : « Obtulistis manipulum primitiarum »); l'expression *ante pedes, sub pedibus,* marquant une attitude de respect, est d'autre part fréquente dans l'Écriture.

* *Vers 16.* Pensée souvent énoncée dans la Bible (par exemple, *Genèse,* I, 21; *Ecclésiastique,* XVIII, 1 : « Qui vivit in aeternum creavit omnia simul »). L'idée que le Créateur *contemple* sa Création y paraît aussi à diverses reprises (*Livre second des Paralipomènes,* XVI, 9; *Proverbes,* XV, 3).

* *Vers 18.* Ce dernier vers confirme l'accent religieux de la strophe : *gratias agere* est une formule qui revient sans cesse dans le Nouveau Testament et il est permis à l'homme de *toujours demander,* puisque Jésus a dit, dans le Sermon sur la Montagne : « Petite et dabitur vobis » (*Saint Matthieu,* VII, 7).

QUINZIÈME MÉDITATION.
SUR L'INGRATITUDE DES PEUPLES

Page 269

* *SUR L'INGRATITUDE DES PEUPLES.* — En novembre 1824, Lamartine posa sa première candidature à l'Académie française pour succéder à Pierre-Louis de Lacretelle (Lacretelle l'aîné). En dépit d'une campagne sérieusement menée, mais parce que l'heure n'avait pas encore sonné pour lui d'être appelé sous la Coupole, il se vit préférer le moraliste et historien François Droz (1773-1850), élu le 4 décembre. Le poète s'était, semble-t-il, présenté surtout pour faire plaisir à ses parents; mais il avait cependant conçu un assez sérieux espoir de triompher. N'écrivait-il pas à sa femme, quelques jours avant le scrutin : « Je suis content et très content de mes partisans. Les voici : Chateaubriand (franchement et noblement), Bonald, Pastoret, De Sèze, Daru, Villemain, Michaud, Lainé, d'Aguesseau, Parseval, Ferrand, Lally, duc de Lévis, Laplace, Soumet, l'archevêque de Paris, et M. Frayssinous qui me sert bien... » Il n'obtint que 16 voix contre 19 à son adversaire heureux (De Luppé, pp. 113-116).

Cet échec toucha vivement la mère du poète qui notait dans son journal le 12 décembre : « Alphonse n'a pas été nommé. C'est M. Droz qui l'a emporté. On prétend que c'est l'effet de beaucoup de cabales; il y avait un grand parti pour Alphonse et cela a causé beaucoup d'agitations dans les salons de Paris. Je ne disconviens pas que j'ai eu un grand chagrin de cet insuccès pour beaucoup de raisons... J'ai été fâchée pour Marianne qui aurait été bien contente de cette nouvelle gloire pour son mari; j'ai été fâchée pour le mien qui mettait aussi un grand intérêt à ce succès. Enfin Dieu ne l'a pas voulu ! » (*Le Véritable Manuscrit de ma Mère,* cité par H. Guillemin, *Connaissance de Lamartine,* pp. 77-78).

L'intéressé lui-même conçut de sa défaite, à vrai dire honorable, une amertume réelle et composa tout aussitôt l'*Ode sur l'Ingratitude des Peuples*. Mme Cécile Daubray (*Victor Hugo et ses Correspondants,* A. Michel, 1947, pp. 104-108) publie à ce sujet plusieurs documents d'un très haut intérêt. Tout d'abord, datable du 18 décembre d'après l'enveloppe qui le contient, le post-scriptum d'une lettre de Lamartine à Hugo ainsi libellé : « Que ceci soit entre nous deux seulement, mon cher ami. Ne lisez les strophes qu'à la personne intéressée. Je ne veux pas déflorer mon morceau. Mais vous pouvez dire que j'ai fait mes imprécations. »

« La personne intéressée » n'était autre que Chateaubriand, ulcéré, semble-t-il, de l'affront fait par l'Académie à celui qui avait été son candidat : Hugo lui lut les strophes irritées, mais le vieil écrivain fut d'avis qu'il ne fallait pas les publier, et Lamartine se résigna, du moins momentanément, au silence. C'est ce qui ressort de la lettre qu'il écrivit le 23 décembre :

« Mon cher Victor, il est décidé que vous êtes un homme excellent, il est décidé que nous devons nous aimer, car s'il y a antipathie entre le bon et le médiocre, il y a sympathie entre le bon et le bon. Que les A. (Auger? Andrieu?) et les R. (Roger? Raynouard?) nous haïssent, c'est tout simple; mais que nous nous aimions, c'est une nécessité de la nature; oublions-les donc et occupons-nous de nous.

« Vous avez raison, M. de C(hateaubriand) a raison, moi seul j'ai tort, il ne faut pas marcher sur la queue du serpent, il faut lui écraser la tête; or, comme nous ne voulons écraser personne, il faut se taire. Je me tairai donc, c'est-à-dire que je ne publierai pas mon ode telle qu'elle est et isolément. Je la jetterai plus tard dans un volume avec des modifications et en corrigeant selon vous les vers que vous m'indiquez.. Quel homme qui dans deux strophes fait deux fautes d'orthographe ! Mon principe est cependant qu'il faut en faire en vers, sans cela la grammaire écrase la poésie. La grammaire n'a pas été faite pour nous, nous ne devons pas savoir de langue par principe, nous devons parler comme la parole nous vient sur les lèvres... Remerciez M. de Chateaubriand et dites-lui que, par une réserve que m'imposent ma famille et mes amis, je n'imprime pas tout de suite la pièce trop amère où j'avais mis son nom, mais que j'userai avant trois ou quatre mois de la permission donnée en arrangeant la chose autrement... »

Avec un retard assez inhabituel envers son ami, il annonçait seulement le 4 janvier 1825 à Aymon de Virieu ce que lui avait inspiré sa déconvenue du mois précédent : « A coup sûr non, je ne suis pas personnellement humilié du refus académique. Si j'en étais quelque chose, ce serait glorieux : car tu sais combien nous sommes hommes d'académie, et tu ne sais pas à quel point il faut se baisser pour passer par cette porte des petits hommes. Mais j'en ai été désolé pour mon père et pour ma mère qui y mettaient, *sicut decet* en province, un prix réel. Enfin, je n'y songe plus, je me suis brouillé avec tous les faiseurs de cabales contre moi. J'ai brûlé mes vaisseaux. J'ai même fait une ode fulminante contre eux. Je ne la publie pas. Voilà mon histoire finie. »

Et le 14 *, il revenait sur cette affaire et ses suites dans une nouvelle lettre à Hugo, envoyée de Saint-Point : « Je vous remercie de rester fidèle à vos bons sentiments pour moi au milieu du déchaînement ridicule que vous peignez. Pourvu que mes anciens amis me restent, et que quelques esprits comme le vôtre ne me répudient pas, peu m'importe la haine ou l'amitié littéraire de ceux dont vous me parlez... Nous ne parlons pas la même langue, nous ne nous comprenons pas les uns les autres; et, quant aux calomnies personnelles, s'ils sont assez vils pour en répandre, ils nous donnent contre eux la plus assommante des armes, le mépris. (Suit la citation des vers 21-30 de l'*Ode,* conforme au texte de 1849). Voilà ce que disait en même occasion notre vénérable père, le divin Homère : Heureux si nous pouvions dire comme lui... Ils m'ont blessé dans les sentiments de ma famille, mais nullement dans les miens, je vous assure; vous me connaissez assez pour comprendre à quel haut point je suis un homme académique... »

Finalement, Lamartine ne publia pas son œuvre avant un quart de siècle; il semble que la date de 1827 qu'il plaça sous le titre est due à une simple inadvertance de mémoire. On ne saurait dire dans quelle mesure il remania la pièce lorsqu'il la fit paraître : voir toutefois la note du v. 81.

A signaler que Mme Daubray *(loc. cit.)* donne un plan en prose du poème, provenant des archives de Saint-Point :

« Voilà mon sujet. Homère est chassé par ses rivaux d'un temple où il va chanter, il s'éloigne et va s'asseoir seul avec sa lyre entre la mer et la ville et il *imprèque* contre le présent et l'avenir. Pendant qu'il chante croyant être seul, ses ennemis sont venus à petits pas et, au lieu d'applaudir, ils sifflent; une pierre lancée par eux vient frapper et briser sa lyre entre ses mains aveugles, mais en se brisant la lyre rend un son vengeur qui retentit dans l'avenir. »

Comme l'a remarqué M. Citoleux (pp. 29-30), le poète avait, en 1817, traité déjà le thème de l'injustice des hommes envers les écrivains et les génies dans *La Gloire* et ce sujet rappelle une des inspirations habituelles d'Alfred de Vigny *(Moïse, Stello, Chatterton)*.

Sur l'*ode fulminante,* voir aussi H. Guillemin, *Lamartine et sa femme : la jalousie de Mme de Lamartine* (*Figaro littéraire,* 6 septembre 1958).

---

* Mme Daubray date fautivement cette seconde lettre du 14 janvier 1824 et la rattache à tort aux suites de la publication des *Nouvelles Méditations.*

* *Vers 1.* La vie d'Homère n'est connue qu'à travers des légendes; les huit biographies ou notices anciennes le concernant, dont celle du Pseudo-Plutarque *(Œuvres Morales)*, sont de simples « romans » de composition tardive : le poète y est en général représenté aveugle, pauvre, souvent mal accueilli et errant de ville en ville (cf. Croiset, *Histoire de la Littérature grecque*, I, pp. 392-406) : Lamartine avait pu connaître leur contenu d'après n'importe quelle édition préfacée de l'*Iliade* ou de l'*Odyssée*. — Par ailleurs, Millevoye, au second livre de ses *Élégies*, avait à deux reprises représenté le vieux poète grec. Dans le *Combat d'Homère et d'Hésiode*, le chantre des guerriers se voit préférer son pacifique rival; alors

> Le vieillard se dérobe aux louanges stériles;
> Un enfant de Samos guide ses pas débiles;
> Et tous deux, sans regret, quittant ces bords ingrats,
> Vont chercher des amis qu'ils ne trouveront pas.

Ailleurs, Homère gémit sur son malheureux sort :

> Depuis douze soleils, sans secours, sans abri,
> Je me traîne à pas lents sur l'inculte rivage;

il demande l'hospitalité dans la ville de Cumes, sur l'Hermus; bien que mourant de faim, il est repoussé, ainsi que l'enfant son compagnon, par un certain Lycus, qu'il maudit, puis :

> Aussitôt de l'enfant la main compatissante
> Le guida vers les bords de la mer blanchissante;
> Et sur la grève assis le vieillard en ces mots
> Chanta son dernier chant au bruit mourant des flots.

Ce chant est un adieu aux Muses; et Apollon sauve Homère de la mort, en le confiant aux sirènes, « ces Muses de la mer ».
Lamartine s'occupa plusieurs fois d'Homère : en 1824-1825, il lui consacre une tirade dans le *Dernier Chant du Pèlerinage d'Harold* (XXII, v. 715-770), à peu près contemporaine de la présente ode. Dans la dernière partie de sa vie, il conte l'existence de l'aède ionien dans la quatrième livraison du *Civilisateur* (1852) et revient sur le même sujet en 1858 avant d'analyser l'*Iliade* dans les entretiens XXV et XXVI du *Cours familier de Littérature* (t. V, pp. 31-160); enfin, dans les *Œuvres complètes* (1860-1863, t. V, pp. 111-113) on peut lire, parmi des *Épîtres et Poésies diverses*, une pièce non datée qui développe sur le poète grec des idées comparables à celles de l'*Ingratitude des Peuples*.

* *Vers 7. Claros*, ville d'Ionie, sur la côte nord du golfe du Caystre (mer Égée), possédait dans l'Antiquité un temple dédié à Apollon Patroos, qui y rendait des oracles écoutés. Le dieu de Claros *(Apollo Clarius)*, souvent mentionné par les Anciens (Virgile, *Énéide*, III, 360; Ovide, *Métamorphoses*, XI, 413; Tacite, *Annales*, II, 54), l'est également par André Chénier (*Bucoliques, L'Aveugle*, v. 1).

* *Vers 10.* Expression bizarre : il ne semble pas qu'on se soit jamais *disputé* les restes d'Homère, comme des sortes de reliques; mais, du

moins, sept villes ioniennes prétendaient lui avoir donné naissance et l'on discutait pour connaître le lieu de sa sépulture.

* *Vers 19.* Attitude renouvelée peut-être de celle prêtée au poète par Millevoye (cf. note du v. 1); mais, chez Lamartine, Homère est seul.

* *Vers 21.* Les *reptiles* sont par tradition (biblique et populaire) des bêtes méprisables; dans le *Dernier Chant du Pèlerinage d'Harold* (v. 750-754), les ennemis d'Homère sont comparés successivement à des *vils serpents,* des *insectes impurs,* des *ténébreux reptiles,* des *vers par la tombe nourris,* qui *rongent* la cendre du poète, s'acharnent sur sa *gloire* et *vivent* de mépris.

* *Vers 25.* A propos des critiques violentes dirigées contre les *Nouvelles Méditations,* Lamartine écrivait déjà à Victor Hugo le 13 novembre 1823 : « Chacun fait dans ce monde son petit métier. Les oiseaux chantent et les serpents sifflent : il ne faut pas leur en vouloir. »

* *Vers 28.* Ici, Lamartine confond les *Euménides* (déesses bienveillantes, protectrices d'Athènes et de l'Attique) avec leur premier avatar, les Érinnyes, divinités de la vengeance qui poursuivaient les criminels, surtout les parricides, suçaient leur sang et leur infligeaient un insupportable remords. Sur l'évolution de ces êtres mythiques, cf. notamment *Les Euménides,* dernière pièce de la trilogie d'Eschyle.

* *Vers 34.* Même idée dans *Le Civilisateur :* « Aussi, qu'une fois cet homme (= le poète parfait) apparaisse sur la terre, déplacé, par sa supériorité même, parmi le commun des hommes, l'incrédulité et l'envie s'attachent à ses pas comme l'ombre au corps. La fortune, jalouse de la nature, le fuit; le vulgaire, incapable de le comprendre, le méprise comme un hôte importun de la vie commune... »

* *Vers 35. Mémoire* (ou *Mnémosyne*) est la mère des neuf Muses; ici, par une originale, extension de sens les poètes sont considérés comme ses fils.

* *Vers 38.* Les *chiens de Laconie* et d'Arcadie (Péloponnèse) sont (avec les Molosses d'Épire) une des races les mieux connues de l'Antiquité; ils ne gardaient pas le seuil des demeures, mais servaient plutôt à la chasse (cf. Xénophon, *Cynégétique,* X, 1 et 4; etc.); il en figure trois dans la meute d'Actéon (Ovide, *Métamorphoses,* III, v. 210).

* *Vers 50.* Le *Dernier Chant du Pèlerinage d'Harold,* v. 742, dit au contraire :

Une lyre à la main, tu mendiais ta gloire!

Mais *Le Civilisateur* constate : « L'indigence le força de chanter de porte en porte des vers populaires pour arracher à l'indifférence de ses compatriotes le pain nécessaire à sa subsistance... » Cf. aussi *La Gloire,* v. 25-28.

* *Vers 54.* Souvenir précis de l'*Odyssée,* chant XXI, où *Ulysse, déguisé en*

mendiant, réussit seul un exploit de tir à l'arc et se révèle ainsi supérieur à tous ses rivaux.

* *Vers 56.* Sur le caractère *divin* du poète, cf. *L'Enthousiasme* et *L'Esprit de Dieu.*

* *Vers 67.* A partir de ce vers, comme l'écrit M. Guillemin *(art. cit.)*, « avec cette divination merveilleuse qui est le lot des inspirés, Homère voit distinctement dans l'avenir l'affreux sort que la *race immortelle des Zoïle* réserve à Dante, au Tasse, à Milton... Les envieux ne lui pardonnent pas son génie. Tant pis pour eux ! La vengeance viendra d'elle-même. »

* *Vers 71. Zoïle,* né au IVe siècle avant J.-C. à Amphipolis, vécut à Éphèse; éloquent et érudit, il publia des travaux scientifiques estimés de Pline l'Ancien; mais il est surtout connu comme l'auteur de neuf livres ou discours, écrits sur les erreurs d'Homère et qui lui ont valu « l'infamante immortalité qui pèse sur son nom ». On l'avait surnommé le *Fouet d'Homère (Homéromastyx).* « Le nom de Zoïle, remarque Alexis Pierron (*L'Iliade d'Homère,* Hachette, 1869, t. I, pp. XXX-XXXIII), en latin et en français est synonyme d'*envieux.* Zoïle même n'avait nul titre à fournir cette antonomase. Il n'était point poète; il n'avait point de motif personnel à être jaloux d'Homère. C'était un fou, un mauvais raisonneur ou un méchant, ce n'était pas un envieux. La seule signification légitime de l'antonomase Zoïle est *critique inintelligent.* »

* *Vers 73. Bavius,* poète latin rival de Virgile, et connu seulement par un vers souvent cité des *Bucoliques,* III, 90 :

Qui Bavium non odit, amet tua carmina, Maevi !

* *Vers 74. Anitus,* ou plutôt *Anytus,* Athénien, membre influent du parti démocratique, fut l'instigateur du procès capital intenté contre Socrate et, avec Lycon et Mélétos, un de ses trois accusateurs. Sur lui, cf. *Apologie de Socrate,* édition des *Œuvres complètes* de Platon, Collection G. Budé, t. I, p. 122, note 1. Pour l'idée exprimée, voir *Le Génie,* v. 68-70.

* *Vers 75.* Né à Florence, *Dante Alighieri* (1265-1321) était un *guelfe blanc,* partisan de l'indépendance totale de sa patrie; il s'attira la haine des *guelfes noirs,* dont la politique était soumise à celle de l'ambitieux pape Boniface VIII : il était heureusement absent de sa ville lorsque ses adversaires l'accusèrent de concussion et le condamnèrent au bannissement, puis au bûcher; jusqu'à sa mort à Ravenne, il vécut dans un amer exil. Dante et son œuvre ont occupé une large place dans la pensée de Lamartine, qui pourtant n'a guère compris la *Divine Comédie* (cf. *Cours familier de Littérature,* t. III, pp. 366-408, t. IV, pp. 81-160, et *passim;* Mattlé, *index*).

* *Vers 77.* Tout comme Dante, ce furent surtout des raisons politiques, et non pas littéraires, qui valurent à *John Milton* (1608-1674) des déboires de fortune, aggravés par la cécité : ayant exercé sous Cromwell de hautes fonctions, il fut naturellement disgracié lors

de la restauration des Stuarts. Sur la somme dérisoire que *Le Paradis perdu* rapporta à son auteur, cf. *Vie de Milton,* XXII (*Le Civilisateur,* 1854) : « L'ouvrage terminé et copié par ses filles, son seul public, il le porta au censeur royal chargé d'en permettre l'impression. Un libraire, nommé Symons, en donna cinq livres sterling au vieillard. Le poète les donna à sa femme et à ses filles pour entretenir le pauvre ménage... Il ne paraît qu'aucune plainte se soit élevée alors de l'âme ou de la maison de l'aveugle. Il avait chanté pour Dieu et pour la gloire... Depuis, les éditions du *Paradis perdu* en Angleterre et dans toute l'Europe ont produit plus de millions qu'il n'y avait d'oboles dans les cinq livres sterling du libraire Symons. »

* *Vers 81.* Herminie est une princesse sarrazine, héroïne de *La Jérusalem délivrée,* épopée de Torquato Tasso (1544-1595). Né à Sorrente, le Tasse vint jeune à Ferrare où il connut d'abord le succès; mais, surmené, doutant de la valeur de son œuvre et en proie à des scrupules religieux, il fut bientôt saisi par un délire de persécution qui, à partir de 1575, le poussa à errer misérablement à travers l'Italie; en 1579, saisi de folie furieuse, il fut enfermé sur l'ordre du duc Alphonse de Ferrare dans un asile d'aliénés, véritable prison, l'hôpital Santa-Anna : il y resta sept ans, dans des conditions atroces, harcelé d'insomnies et de visions cauchemardesques. Libéré, il reprit sa vie errante et mouvementée. Il était à Rome au couvent de San-Onofrio, où la mort le surprit, alors que le pape Clément VIII s'apprêtait à lui décerner la couronne de palmes des triomphateurs. Cf. *La Gloire,* v. 29-32; *Ferrare, improvisé en sortant du cachot du Tasse; Cours familier de Littérature,* entretien XCIII, t. XVI, pp. 16-224, et en particulier 213-221).

* *Vers 91.* Les allusions contenues dans les deux strophes qui suivent sont moins nettes que celles qu'on vient de voir; pourtant, il semble certain qu'elles regardent *Chateaubriand :* celui-ci était nommément cité dans l'originale de l'*Ode,* mais Lamartine dut ici apporter les « arrangements » dont il parlait dans sa lettre à V. Hugo du 23 décembre 1824. D'où certaines obscurités. — *Chantre d'un saint martyre* désigne l'auteur des *Martyrs,* dont la scène finale est la mort d'Eudore et de Cymodocée, condamnés aux bêtes comme chrétiens par l'empereur Dioclétien; *toi que Sion vit adorer* rappelle le voyage de Palestine, que René entreprit en pèlerin et où il alla se recueillir au Saint-Sépulcre, sur la Voie Douloureuse et au Calvaire (*Itinéraire de Paris à Jérusalem,* quatrième partie; cf. F. Bassan, *Chateaubriand et la Terre Sainte,* P. U. F., 1959, p. 16-20, 28-30, 65-72); quant à l'*envie,* la *haine,* la *calomnie,* qui poursuivirent le grand homme, elles s'expliquent assez bien par l'accueil mitigé qui fut fait à son épopée en prose et notamment par les articles malveillants écrits par François-Benoît Hoffmann dans le *Journal de l'Empire,* sans toutefois empêcher le succès définitif de l'œuvre (cf. B. d'Andlau, *Chateaubriand et « Les Martyrs »,* J. Corti, 1952, pp. 272-277); d'autre part, en 1824, Chateaubriand venait de subir une disgrâce politique retentissante et son action ministérielle récente était critiquée sans ménagement

par certains. On peut s'étonner que Lamartine, — d'ordinaire peu bienveillant envers l'illustre aîné qui ne l'aimait pas, — songe à le plaindre d'être la victime des ingrats : cependant, le parallèle était flatteur pour lui-même et, du reste, il devait savoir beaucoup de gré au vicomte de l'appui apporté à sa malheureuse candidature académique.

* *Vers 115.* Dans cette fin de la tirade d'Homère, il semble que de plus en plus Lamartine parle en son nom propre, en songeant à la cabale qui a causé son échec à l'Institut. Son *silence* consista, après s'être libéré de sa colère par la composition de son ode, à en retarder la publication pendant vingt-cinq ans, ce qui rendait alors celle-ci tout à fait anodine.

* *Vers 149.* Cf. *Le Poète mourant,* v. 13 :

La lyre en se brisant jette un son plus sublime.

SEIZIÈME MÉDITATION. — SALUT A L'ILE D'ISCHIA

Page 274

* *SALUT A L'ILE D'ISCHIA.* — La date de 1842 est évidemment erronée et doit être corrigée par celle des manuscrits : 6 septembre 1844. Sur le séjour que Lamartine fit alors durant un mois à Ischia, nous renvoyons aux notes 1 du *Lis du golfe de Santa Restituta* et de *Ferrare,* à compléter par les détails suivants : un billet, retrouvé sans doute à Saint-Point et publié par Mattlé (p. 128), permet de constater que le poète retrouva dans l'île des connaissances ou des amis nombreux, avec qui il avait dû être en relations soit en 1820-1821, alors qu'il était secrétaire d'ambassade à Naples, soit plus tard durant son séjour à Florence (1825-1828); ces Italiens — l'architecte Frazzini, le maire Solimena, les juges Capitani et Gasopolo, d'autres encore — firent à l'écrivain qui avait chanté leur petite patrie un accueil chaleureux; Mme Capecelatro devait compter au nombre de ces enthousiastes; il est vraisemblable que, sinon lorsque le poète arriva au port, du moins au cours de quelque réception mondaine, elle lui fit l'hommage de vers personnels, auxquels il répondit par le *Salut à l'île d'Ischia* daté sur le manuscrit du 6 septembre. Malheureusement, je n'ai pu trouver de renseignements précis sur cette dame : son patronyme, orthographié parfois *Capece Latro,* était, semble-t-il, illustre en pays napolitain, et sa famille devait remonter à Ginello Capece, consul à Naples en 1009; un Francesco Capece Latro avait été l'historien de la ville au XVIIe siècle; Giuseppe Capecelatro (1744-1836), archevêque de Tarente, s'était distingué par ses idées libérales, avait critiqué violemment les droits et prétentions temporels de la papauté sur Naples, joué un rôle important au temps de la Révolution et de l'Empire (il avait résisté à Napoléon, ce qui ne surprend pas de la part d'un ami de l'abbé Grégoire et de Mme de Staël); on doit citer aussi Alfonso Capecelatro, né à Mar-

seille en 1824, mort à Capoue en 1912, historien et cardinal, directeur de la Bibliothèque Vaticane sous Léon XIII et connu aussi pour son libéralisme; la destinataire du *Salut à l'île d'Ischia,* si elle demeure pour nous une inconnue, portait un nom qui devait évoquer de la sympathie chez le député de Mâcon, futur chef du Gouvernement provisoire de 1848.

* *Vers 4.* Notation analogue et plus subtile dans le Commentaire d'*Ischia,* qui doit dater de la même époque : « La première fleur d'oranger qu'on a respirée en abordant, presque enfant, un rivage inconnu donne son parfum à tout un long souvenir. » Cf. aussi *Ischia,* v. 63-64.

* *Vers 7.* Les *blonds enfants* du v. 6 peuvent surprendre en Italie ! Les *pêcheurs* de la variante ont quelque chose de plus naturel et nous plongent tout à fait dans l'atmosphère de *Graziella,* roman conçu au cours du voyage de 1844 à l'aide des souvenirs, embellis et poétisés, de celui de 1811-1812.

* *Vers 8.* Si les *fruits d'or* (oranges et mandarines) ont éclos sous les *treilles,* c'est qu'en Italie la vigne est en général *mariée* à d'autres arbres, fruitiers ou non, qui lui servent de tuteurs, selon une pratique en usage depuis l'Antiquité.

* *Vers 10.* Poète sensible à l'harmonie et à la musique, Lamartine ne pouvait pas ne pas goûter le caractère mélodieux de l'italien. Dès le 8 septembre 1811, à Livourne, il annonçait à Guichard de Bienassis : « (Me voici) en Toscane enfin, où je me repose dans la patrie du véritable et bon italien, et travaillant plus obstinément que je n'ai fait de ma vie à me rompre les oreilles et l'esprit dans cette langue vraiment céleste. » Dans *Graziella,* I, Ép., 3, il dira comment il s'était familiarisé « avec la langue accentuée et sonore » des Napolitains. Les *Nouvelles Confidences,* II, 7, attribuent à la princesse Régina « une voix qui tremblait un peu, avec un timbre si sonore et perlé qu'on croyait en l'écoutant entendre couler des perles dans un bassin ». Dans sa vieillesse, il évoquera encore la beauté pénétrante des Toscanes « à qui leur accent étranger donnait quelque chose de l'accent du ciel » (*Mémoires inédits,* p. 129).

* *Vers 12.* Évidente allusion au premier voyage de Lamartine en Italie, de juillet 1811 à mai 1812, durant lequel il rencontra celle que, trente-deux ans plus tard, il chanterait sous le nom de Graziella.

* *Vers 16.* Il est assez vraisemblable que Lamartine avait dû assister à des scènes de ce genre lorsqu'il était diplomate à Florence et qu'il passait les mois d'été à Livourne, port et station balnéaire où séjournait aussi le grand-duc de Toscane et sa famille (cf. Mattlé, pp. 93-94.)

* *Vers 19.* Cette *voix inconnue* a le vague de la poésie; mais peut-être Lamartine fit-il connaissance avec la baronne Capecelatro seulement lorsqu'elle lui récita des vers. On remarquera que l'expression *jeune fille* de la note finale, appliquée à une femme mariée, est bien approximative et que le possessif *ses,* dans cette même note et au v. 20, est

ambigu : on pourrait comprendre qu'il s'agit de *vers* écrits par le *poète,* c'est-à-dire par Lamartine; mais le titre primitif de la pièce, tel qu'il figure dans l'ex-manuscrit L. Barthou *(A Madame la baronne Capece Latro, en réponse à ses vers)* interdit cette interprétation que permettrait la grammaire.

* *Vers 21. Son délire* signifie *son inspiration,* selon la conception du *vates* antique. Dans cette dernière strophe, Lamartine affiche un orgueil fréquent chez les poètes, mais rare en ce qui le concerne personnellement (cf. toutefois *A Elvire,* v. 6) : de là son embarras à exprimer un sentiment qui ne lui était guère familier (gaucherie du v. 23, hésitations traduites par les variantes), de là peut-être également la suppression de la stance dans l'édition de 1862.

* *Vers 24.* Il semble que Lamartine, dans les additions qu'il fit aux *Méditations* dans l'Édition des Souscripteurs de 1849, ait publié la totalité des pièces à lui inspirées par son voyage en Italie de l'été 1844, sauf une. Celle-ci, qui figure dans l'ex-manuscrit Barthou, existe également dans le manuscrit 13933 de la Bibliothèque Nationale (f°s 10-11); elle a été publiée par M. Guillemin dans *Connaissance de Lamartine* (L. U. F., Fribourg, 1942, Appendice VII), mais, cet ouvrage étant aujourd'hui difficile à trouver, nous donnons ici ce poème :

LES VOILES

Quand j'étais jeune et fier et que j'ouvrais mes ailes,
Les ailes de mon âme à tous les vents des mers,
Les voiles emportaient ma pensée avec elles
Et mes rêves flottaient sur tous les flots amers.

Je voyais dans ce vague où l'horizon se noie
Surgir tout verdoyants de pampre et de jasmin
Des continents de vie et des îles de joie
Où la gloire et l'amour m'appelaient de la main.

J'enviais chaque nef qui blanchissait l'écume,
Heureuse d'aspirer au rivage inconnu,
Et maintenant, assis au bord du cap qui fume,
J'ai traversé ces flots et j'en suis revenu.

Et j'aime encore ces mers autrefois tant aimées,
Non plus comme le champ de mes rêves chéris,
Mais comme un champ de mort où mes ailes semées
De moi-même partout me montrent les débris.

Cet écueil me brisa, ce bord surgit funeste,
Ma fortune sombra dans ce calme trompeur;
La foudre ici sur moi tomba de l'arc céleste
Et chacun de ces flots roule un peu de mon cœur.

Lamartine

Ischia, 1844, septembre.

Il peut paraître surprenant que l'auteur ait omis de publier ces cinq strophes harmonieuses et émouvantes, tandis qu'il a recueilli dans les *Troisièmes Méditations* (sous le titre *Les Fleurs sur l'Autel*) *Les Lys roses* qui figurent sur les f°s 12-13 du même album et dont la qualité littéraire peut sembler inférieure à celles des *Voiles*.

LE DÉSERT

Page 279

* *LE DÉSERT OU L'IMMATÉRIALITÉ DE DIEU.* — Cet important poème de 370 vers, — le dernier auquel Lamartine ait donné le nom de *méditation* — a été l'occasion de diverses études particulières : entre celles-ci, il faut donner la première place à l'article de M. H. Guillemin, publié dans la *Revue d'Histoire littéraire de la France* (1938, pp. 69-85) sous le titre *Le Désert, méditation philosophique;* du même auteur, on retiendra utilement *Un témoin du voyage de Lamartine en Orient* (*Revue des Deux Mondes,* 1er juin 1937, pp. 542-564) et *Lamartine et le Catholicisme* (*Revue de France,* 1er mai 1934), essais repris dans *Connaissance de Lamartine.* Enfin, Grillet, apporte plus d'une suggestion intéressante, notamment pp. 259-265. *Le Désert* pose un double problème : celui des circonstances et des dates de sa composition, celui de sa signification idéologique et religieuse. Nous examinerons successivement ces deux questions à la lumière des renseignements fournis par les textes de Lamartine lui-même et par les recherches de nos prédécesseurs.

a) *Composition*

Le poème, dont la structure est assez fragmentaire, comprend du moins deux parties très nettes : une *description* (v. 1-224), formée d'une succession de tableaux évoquant le désert vu par Lamartine voyageur; — un *développement philosophique,* constitué essentiellement par un discours que le poète prête à Dieu (v. 225-342) et qui est suivi d'une brève conclusion (v. 343-370). *Le Désert* parut pour la première fois en novembre 1856, comme appendice de l'entretien XI *(Job lu dans le désert)* du *Cours familier de Littérature* (t. II, p. 389-408); il y est précédé de ces quelques lignes : « (En 1832) je parcourais pendant soixante jours, avec une caravane, le désert de Job. Les impressions que je reçus alors de ces solitudes se sont représentées avec tant de force et de netteté à mon imagination, ces jours-ci, que j'en ai reproduit une partie dans les vers suivants, méditation poétique tronquée dont je copie seulement quelques fragments pour mes lecteurs. Depuis ce pèlerinage dans le désert, j'ai parlé tant d'autres langues que je dois demander indulgence pour ces réminiscences de poésie. »

S'il fallait en croire ces affirmations, *Le Désert* aurait donc été écrit très peu de temps avant sa publication, vers le moment où Alphonse composait aussi *La Vigne et la Maison* (octobre 1856); on pourrait admettre que les souvenirs du premier voyage en Orient (1832-1833) avaient été remués et renouvelés dans l'âme du poète par sa rapide expédition en Asie Mineure de l'été 1850 (à la suite de celle-ci, il avait fait paraître son *Nouveau Voyage en Orient,* d'abord en feuilleton dans *Les Foyers du Peuple,* puis en volume, au cours des années 1851-1853); du reste, il manifestait encore son vif intérêt pour les pays désertiques et les Arabes nomades en donnant dans

Le Civilisateur, Histoire de l'humanité par les grands hommes (1854, pp. 353-440) *Antar ou la civilisation pastorale,* biographie d'un héros pré-islamique où l'on trouve mains détails qui figurent également dans *Le Désert.*

Mais le manuscrit de Saint-Point qu'a pu étudier M. Guillemin permet d'apporter de bien plus grandes précisions; par sa teneur d'ensemble, ce document montre que Lamartine a publié la totalité de son poème, et non « quelques fragments » de celui-ci; par son écriture, on peut admettre qu'il est de 1856 et représente un état à peu près définitif de l'œuvre; mais il porte une date : *25 octobre 1832,* surchargée en *1852;* pour M. Guillemin, le premier millésime est celui de la composition du poème, (ou au moins de sa première partie; fort peu raturée sur le manuscrit); comme le tout d'ailleurs a été barré et que Lamartine a écrit en-dessous « *daté* », le critique croit pouvoir « comprendre que le poète avait l'intention d'assigner une date à son texte en le publiant, une date fictive sans doute, mais qu'il y a renoncé ». On peut remarquer en passant que 1852 correspond assez bien avec la publication du *Nouveau Voyage en Orient...* Et M. Guillemin de conclure : « Voici ce qui peut paraître probable. Au mois de septembre 1856, en vue de son onzième entretien du *Cours familier,* Lamartine a recherché et retrouvé des vers écrits par lui vingt-quatre ans plus tôt pendant son voyage en Orient. Ce manuscrit primitif a disparu. Sans doute ces vers figuraient-ils sur l'album où Lamartine avait consigné sa visite au tombeau du Christ, fragment capital des notes de voyage qui n'a pas été retrouvé. Ces vers seraient ceux qu'il a transcrits à peu près sans ratures sur les premières pages de son manuscrit de 1856, les 230 vers descriptifs... Quant à ceux qui suivent, il est très vraisemblable qu'ils n'étaient qu'à peine ébauchés dans l'album d'Orient; peut-être Lamartine s'était-il borné à quelques lignes en prose, canevas très sommaire des idées qu'il se proposait de développer dans la suite de son poème. »

Aussi bien la date du 25 octobre 1832 qui devait figurer sur le manuscrit originel présente-t-elle un grand intérêt : si elle est exacte et si l'on se réfère aux notes prises par le valet de chambre du poète *, Lamartine avait visité le Saint-Sépulcre le 20 octobre; il n'y avait reçu qu'une mystérieuse révélation rationaliste; puis il s'était rendu à Jéricho le 21 et était revenu vers Jérusalem aux abords de laquelle il campait avec sa caravane précisément le 25. Si le *Voyage en Orient* ne parle point d'un poème composé sous les murs de la Ville Sainte, il y est fait état d'autres vers écrits près de la fontaine

* Ces notes, aussi bien que les manuscrits du *Voyage en Orient,* publiés par Lofty Fam (Paris, Nizet, 544 p.), prouvent que les dates données par l'auteur dans son livre imprimé sont toutes fausses, sans qu'il soit possible de comprendre les raisons qui l'ont poussé à ne pas tenir compte des indications précises fournies par ses carnets !

de Siloë et immédiatement déchirés, puis jetés dans la source (2 novembre du texte imprimé); un peu plus loin, le poète signale d'autres vers « écrits pendant la nuit sur les pages de (sa) Bible ». Ainsi, au milieu du désert de Palestine, Lamartine avait sûrement connu la fièvre de la création; par ailleurs, n'est-ce pas à un projet important que fait allusion un passage peu connu de l'*Avertissement* du *Voyage :* « Rien n'est perdu pour le voyageur, le poète ou le philosophe; ce sont les éléments de sa poésie ou de sa philosophie à venir. Quand il a amassé, classé, ordonné, éclairé, résumé (une) innombrable multitude d'impressions, d'images, de pensées...; quand il a mûri son âme et ses convictions, il parle à son tour;... il donne sa pensée à sa génération, ou sous la forme de poème, ou sous la forme philosophique. Il dit son mot, ce mot que tout homme qui pense est appelé à dire. Ce moment viendra peut-être pour moi; il n'est pas encore venu. »

Le message ramené par Lamartine de cet Orient qui « toute (sa) vie avait été le rêve de (ses) jours » (*Voyage,* 10 juillet 1832), il est incontestable que *Le Désert* en contient quelques-unes des formules essentielles et l'on conçoit aisément l'intense émotion que ressentit Charles Alexandre, le secrétaire et ami de Lamartine, lorsqu'il fut le premier auditeur de ce « testament religieux et philosophique » du grand écrivain; voici ce qu'il en dit dans ses *Souvenirs* (pp. 341-349), en une page qu'il intitule *La dernière méditation :*

« Vers la fin d'un jour de septembre 1856, au château de Saint-Point, un ami entra sous un caveau cintré, le cabinet de Lamartine... Un feu de sarments mourait dans le foyer, le jour s'éteignait, et déjà commençait le crépuscule... Après les paroles d'amitié, le poète prit sur la table quelques grandes feuilles, couvertes de sa belle écriture, fine, élégante, ailée et, tout frémissant encore d'inspiration, il offrit à son ami de les lire avant le repas. Quelle fête inespérée ! Une poésie nouvelle du poète, si rare dans sa vie désolée, comme l'oasis au désert ! C'était *Le Désert ou L'Immatérialité de Dieu,* une méditation poétique de la dernière heure... La cellule était déjà sombre. Le poète s'adossa debout à la fenêtre pour lire aux dernières lueurs du jour, en face de l'église, de la chapelle funèbre, des tombes de sa mère et de son enfant. La poésie était religieuse comme la scène. Elle évoquait les grands mystères à l'heure des ombres. De sa voix grave et solennelle, aux cadences harmonieuses, les yeux à demi-fermés, recueillis sous l'inspiration, il lut au clair-obscur du soir, cette dernière et suprême poésie du soir de sa vie... L'ami, tout ému sous la grande voix, écoutait la poésie sublime. Exalté par l'audace des pensées, il avait oublié la scène; l'enchanteur l'avait transporté en Orient, au désert. Il contemplait ce grand homme debout sous tous ses écroulements, ce nouveau Job, cette noble figure grise, amaigrie par la douleur, cette haute tête mystérieuse dans une auréole de ténèbres, se détachant sur l'azur sombre du ciel. »

b) *Signification*

Si l'évocation du désert palestinien a inspiré à Lamartine d'admirables vers descriptifs, ceux-ci ne devaient être, dans l'esprit de leur auteur, qu'un prélude à l'exposé « théologique » qu'il place dans la bouche même du Créateur de toutes choses. En effet, comme l'a dit excellemment M. Guillemin, « le problème de Dieu est au centre de sa vie intérieure » et, en septembre 1856, l'écrivain énonce de manière définitive sa conception personnelle sur cet angoissant sujet. La contemplation de l'immensité aride l'a aidé à prendre conscience de l'essence divine; le vide s'est fait présence et le silence a parlé au poète : toujours son âme, orante et adorante, avait cherché Dieu; jamais, dans son avidité d'absolu, elle n'avait trouvé à se satisfaire pleinement; au terme de ses démarches, elle arrive à la conclusion que Dieu, esprit pur et tout immatériel, est inconcevable par l'homme, — que toutes ses représentations concrètes ne sont que d'illusoires tromperies, — qu'aucune religion ne fournit d'explication valable à l'éternel mystère, et le Christianisme moins que toute autre, puisqu'en admettant l'Incarnation de Dieu, en l'intériorisant, en le rendant sensible au cœur, il a diminué et pour ainsi dire annihilé son ineffable majesté.

Pareille philosophie nous éloigne fort du poète pieux et orthodoxe que la génération de 1820 avait applaudi en faisant de lui, pour reprendre encore une formule heureuse de M. Guillemin, « l'Éliacin des salons bien-pensants ». Au reste, les contemporains des *Premières Méditations*, n'avaient pas compris toutes les incertitudes religieuses de leur idole et, très tôt, on trouve sous la plume de l'écrivain inquiet des expressions qui laissent pressentir la théologie grandiose et désespérée du *Désert;* qu'on en juge par les citations que voici (on en trouvera d'autres dans les notes qui suivent) : *La Mort de Socrate*, v. 711-722 (à vrai dire, le philosophe grec paraît alors vaticiner l'avènement du Christ) :

Et vous, ombres de Dieu qui nous voilez sa face,
Fantômes imposteurs qu'on adore à sa place,
Dieux de chair et de sang, dieux vivants, dieux mortels,
Vices déifiés sur d'immondes autels;...
Encore un peu de temps, et votre auguste foule,
Roulant avec l'erreur de l'Olympe qui croule,
Fera place au Dieu saint, unique, universel,
Le seul Dieu que j'adore et qui n'a point d'autel!

Voyage en Orient (Balbek, 28 mars 1833) : « Le mouvement est la loi de l'esprit humain; le définitif est le rêve de son orgueil ou de son ignorance... La grande figure divine, que l'homme cherche depuis son enfance à arrêter définitivement dans son imagination et à emprisonner dans ses temples, s'agrandit, s'élargit toujours, dépasse les pensées étroites et les temples limités, et laisse les temples vides et les autels écroulés... Dieu est un but qui se pose sans cesse plus loin, à mesure que l'humanité s'en approche... »

Jocelyn, neuvième époque, v. 1013-1014 :

Et c'est ainsi que Dieu, qui seul est sa mesure,
D'un œil pour tous égal voit toute sa nature!...

Utopie (Recueillements poétiques), v. 114-120 :

L'homme adore et croit en esprit.
Minarets, pagodes et dômes
Sont écroulés sur leurs fantômes,
Et l'homme, de ces dieux vainqueur,
Sous tous ces temples en poussière,
N'a ramassé que la prière
Pour la transvaser dans son cœur !

Et le manuscrit de cette pièce contenait ces vers, non repris dans l'édition :

Entre la nature et son maître
L'homme grandi n'a plus de prêtre
Pour porter à Dieu ses accents;
Chacun est son prêtre à soi-même
Et le cœur, autel sans emblème,
A la prière pour encens.

Le 3 janvier 1842, Lamartine écrivait un texte *De l'Architecture,* dont le contenu, révélé par M. Guillen in (*Connaissance de Lamartine,* pp. 267-272) est essentiel pour connaître l'évolution de ses sentiments religieux et traduit des préoccupations qu'on retrouve dans *Le Désert :* « Toute architecture est contemporaine d'une religion... Nous ne savons rien des grands mystères qui firent monter de degré en degré les pyramides dans les airs, qui équarrirent les pierres druidiques, qui écrasèrent les piliers égyptiens, qui élancèrent la colonne grecque... Le polythéisme sensuel des Grecs éleva à ses divinités élégantes, visibles, et pour ainsi dire lumineuses, des demeures sous la forme de palais. Un portique et un salon, c'est le temple grec... Quand le polythéisme s'écroula, et que la philosophie, en caressant encore ces gracieux symboles, n'eut plus de foi dans leur divinité, le Christianisme arrive, idée sévère, sombre, mystérieuse... Mahomet paraît. Le pur déisme qu'il emprunte aux idées chrétiennes en les dépouillant de leurs symboles divinisés se fait à l'instant une architecture conforme à l'idée mahométane... La simplicité du dogme se révèle dans la majestueuse simplicité du temple... Il y aura une religion : quelle sera-t-elle? Évidemment une religion sans mystères, une religion grande comme la création, une comme la nature, lumineuse comme la raison, un entretien pieux de l'humanité avec son Créateur, une religion pour ainsi dire individuelle, dont chacun se fera à son gré le dogme idéal le plus approprié à sa nature et à son intelligence... » En 1851, dans l'*Histoire de la Restauration,* Lamartine s'en prend à Chateaubriand et à son *Génie :* ce livre est « l'exhumation de la mythologie du Christianisme,... le reliquaire de la crédulité humaine », où tout est célébré « depuis les aberrations de l'ascétisme jusqu'à ses ignorances béatifiées ». Un jour, à M. de Circourt, il déclarait devant Ch. Alexandre (*Souvenirs,* p. 272) : « Le Christianisme est une religion d'esclaves ! » et Henri de Lacretelle (*Lamartine et ses amis,* p. 192) déclare qu'il

« avait les révoltes saintes de Jean Huss et les sarcasmes de Luther contre le Catholicisme ».

Nous n'avons multiplié ces citations que pour éclairer le mieux possible la genèse de la philosophie lamartinienne dans *Le Désert;* celle-ci, malgré tout, reste assez floue. Tiraillé entre le rationalisme qu'il doit à l'influence d'amitiés contractées dans l'âge mûr (Dargaud, Aimé-Martin, Michelet) et les croyances de son enfance dont il conserve la nostalgie et le respect sentimental, écrasé par les difficultés du mystère où il est plongé, il aboutit somme toute à une sorte de *fidéisme agnostique :* homme de bonne volonté à qui manque la Grâce de croire, il attend la solution de ses énigmes dans une attitude faite à la fois d'angoisse et de sérénité.

Pour conclure, rapportons quelques lignes d'un livre posthume de Maurice Barrès, *Les Maîtres* (Paris, Plon, 1927, pp. 237-238 : *L'abdication du Poète*) où l'on voit un grand esprit porter sur *Le Désert* — poème si généralement ignoré — un jugement qui mérite considération et examen : « Cette pièce est faite de tous les événements de sa vie, des affaires publiques et de ses angoisses privées. Et cette masse énorme de sensations et de sentiments, il la pétrit, la soulève, la spiritualise; il en tire une métaphysique. Il avait été un chrétien soumis, puis il avait nié la Révélation et demandé à la raison de définir Dieu; aujourd'hui, il se récuse, il s'incline; l'homme ne peut comprendre, le nom de l'Être Suprême est mystère. De strophe en strophe, l'interprétation du monde et la justification du poète se poursuivent. A la fin, tout se dissout, s'évanouit pour laisser seul devant nous Lamartine. Quelle ivresse de solitude! Comme il est offensé par la servilité des esprits! Quel désir d'indépendance! Comme il s'élève au-dessus des choses, des hommes et des événements! Comme il tressaille avec fierté d'avoir dénoué tous ses liens! C'est un ascète tout prêt à ne plus aimer que *L'Imitation !* »

* *Vers* 1. Par une correspondance entre le paysage réel et le « paysage intérieur » (cf. v. 5), Lamartine personnifie la plaine endormie dans la nuit; on retrouve une image identique dans *L'Infini dans les cieux (Harmonies poétiques)*, v. 59-60 :

L'haleine de la nuit, qui se brise parfois,
Répand de loin en loin d'harmonieuses voix...

* *Vers 7.* Tel est le privilège majeur du poète : il saisit le sens profond de tous les signes qui se manifestent dans la nature universelle et s'efforce de les traduire par le langage à l'usage des autres hommes. C'est cette idée qui amena Lamartine à écrire ses *Harmonies poétiques*, immense symphonie sur le thème *Coeli enarrant gloriam Dei* (*Psaumes*, XVIII, 2); mais une semblable entreprise peut paraître irréalisable, puisque « aucun verbe humain » ne peut rendre pareils « accents » (v. 8); sur cette impuissance, cf. *Dieu,* v. 16 et *Voyage en Orient,* 2 novembre 1832 : « Écrit quelques vers, déchiré et jeté les lambeaux. La parole est une arme ébréchée. Les plus beaux vers sont ceux qu'on ne peut pas écrire. Les mots de toutes langues sont incomplets et chaque jour le cœur de l'homme trouve... des choses que la bouche

ne peut exprimer, faute de mots. Le cœur et la pensée de l'homme sont un musicien forcé de jouer une musique infinie sur un clavier qui n'a que quelques notes. Il vaut mieux se taire. Le silence est une belle poésie dans certains moments. L'esprit l'entend et Dieu le comprend. C'est assez. » Faute de se sentir un « magicien du verbe » (comme le fut, par exemple, V. Hugo), Lamartine se laissait aller ainsi parfois à ce pessimisme, qui explique peut-être le caractère inachevé et décousu de certaines de ses œuvres, telles notamment que *Le Désert;* dans le texte qui vient d'être cité, on constate une prise de conscience qui sera le point de départ des tentatives novatrices d'un Rimbaud ou d'un Mallarmé; mais Alphonse, pour sa part, se satisfera généralement de son inspiration (voir les vers suivants).

* *Vers 16. L'écume du granit :* l'écume qui rejaillit lorsque la mer se brise sur un rocher de granit. Dès les v. 12-16, le poète introduit une image marine dans sa méditation consacrée au désert qui en comportera beaucoup d'autres.

* *Vers 20.* La grandiose image de la *vague qui roule* sera poursuivie dans tout le poème; elle évoque l'idée de l'infini et Lamartine l'emploie également pour suggérer l'immensité du firmament dans *L'Infini dans les Cieux :*

> L'harmonieux éther, dans ses vagues d'azur,
> Enveloppe les monts d'un fluide plus pur;
> Leurs contours qu'il éteint, leurs cimes qu'il efface
> Semblent nager dans l'air et trembler dans l'espace,
> Comme on voit jusqu'au fond d'une mer en repos
> L'ombre de son rivage onduler sous les flots...
> Là, semblable à la vague, une colline ondule;
> Là, le coteau poursuit le coteau qui recule...

et dans *Novissima Verba :*

> La nuit roule en silence, autour de nos demeures,
> Sur les vagues du ciel la plus noire des heures...

* *Vers 25. Simoun :* vent chaud et tourbillonnaire qui souffle dans le Sahara et les déserts d'Arabie ou de Syrie, en s'accompagnant de dépression barométrique; Lamartine avait pu en éprouver les effets en voyageant de Beyrouth à Jérusalem; cf. *Voyage en Orient,* 10 novembre 1832 : « Quand le simoun, vent du désert, se lève, ces collines ondoient comme les lames d'une mer et, se repliant en silence sur leurs profondes vallées, engloutissent le chameau des caravanes... » et *La Chute d'un Ange,* 15e vision :

> Ils ne voyaient au loin que les troncs calcinés,
> Sous le poids du simoun et du sable inclinés...

* *Vers* 28. Cf. *Livre de Job,* XXX, 20 : « Clamo ad te et non exaudis me. » Lamartine traduit *clamare* par *rugir,* ici comme dans le *Cours familier de Littérature,* entretien XXXIII : « Mon Dieu ! je rugis de douleur le jour et tu ne me réponds pas ! »

* *Vers 29.* L'image du *miroir* est familière au poète. Cf. *La Prière,* v. 52-56 et note du v. 56.

* *Vers 34.* Cf. une évocation de la même chaîne dans la *Vie d'Antar,* IV : « Ce désert que j'ai parcouru moi-même dans les plaines dont Damas semble le rivage et dans les vallées sablonneuses entre le Liban et l'Anti-Liban, présente des dunes qui ondulent comme des vagues de l'Égypte à Jérusalem... C'est un océan immobile, mais qui paraît, comme l'autre, sans autre bord que l'horizon. A mesure qu'on s'y enfonce, les sommets des montagnes du Taurus et du Liban décroissent aux regards et finissent par s'abaisser tout à fait et par disparaître sous la brume... »

* *Vers 36.* L'image du *cygne* est également chère à Lamartine. Cf. *Le Poète mourant,* v. 16.

* *Vers 37.* L'image de la *lune* (v. 31-38) complète celle de l'*océan,* sur lequel l'astre paraît voguer comme un vaisseau. Lamartine avait admiré le clair de lune sur le désert entre le mont Carmel et la Judée. Cf. *Voyage en Orient,* 23 octobre 1832 : « La nuit est brûlante... La lune éclaire toute la chaîne des montagnes de Galilée, qui ondule gracieusement à l'horizon... Les premières branches de lilas de Perse qui pendent en grappes au printemps n'ont pas une teinte violette plus fraîche et plus nuancée que ces montagnes à l'heure où je les contemple. A mesure que la lune monte et s'en approche, leur nuance s'assombrit et devient plus pourpre; les formes en paraissent mobiles comme celles des grandes vagues qu'on voit par un beau coucher du soleil en pleine mer... »

* *Vers 44.* Lamartine avait pu expérimenter la difficulté des *caravanes* à se ravitailler en eau, par exemple en arrivant près de la mer Morte; cf. *Voyage en Orient,* 30-31 octobre 1832 : « La source ne verse que goutte à goutte sa pluie dans le bassin de pierre; nos Arabes y appliquent en vain leurs lèvres... » L'expression est à rapprocher de *Jocelyn,* neuvième époque, v. 461-464 :

> Ils arrêtent le char à moitié de sa course;
> Sur le flanc d'une roche ils vont lécher la source,
> Et, la lèvre collée au granit humecté,
> Savourent sa fraîcheur et son humidité.

Quant aux *gazelles* (v. 47), le poète mentionne en avoir rencontré à diverses reprises (*ibid.,* 10 novembre : « Nous nous gardâmes bien de troubler l'asile de ces charmants animaux, qui sont à ces déserts ce que l'agneau est à nos prés, ce que les colombes apprivoisées sont aux toits et aux cours de nos cabanes... » « Nous fîmes lever plusieurs gazelles et quelques chacals, qui s'abritent dans les creux formés par ces rochers... »).

* *Vers 52.* Les *lames du désert* (v. 50) amène assez naturellement l'évocation de l'animal qui en est le *vaisseau;* cette métaphore pour désigner le *chameau* est d'origine arabe; Lamartine la connaissait avant

de partir pour l'Orient, puisqu'il l'emploie dans son *Adieu à l'Académie de Marseille* (30 mai 1832), v. 57-58 :

> Je n'ai pas navigué sur l'océan de sable
> Au branle assoupissant du vaisseau du désert;

il reprendra l'expression dans un *Appendice* ajouté en 1849 au *Récit de Fatalla Sayeghir* qui termine le *Voyage en Orient* (Édition des Souscripteurs, t. XII, p. 222); à maintes reprises, il a exprimé son admiration pour l'intelligence des chameaux, ce qui ne surprend point de l'amateur d'animaux qu'il fut toujours. On peut aussi rapporter un passage de la *Vie d'Antar,* IV : « Quand le chemin est entièrement fermé par un de ces bancs de sable, la caravane est forcée de les gravir et l'on voit tout à coup le premier chameau du cortège émerger du désert au sommet d'une de ces collines, comme un navire caché à l'œil par la profondeur des lames qui se montre au sommet d'une colline d'écume et qui disparaît en redescendant dans une mer creuse... »

* *Vers 60.* Cf. *Vie d'Antar,* III : « Dans les quarante jours de marche entre Damas et Bagdad, comme dans les soixante jours de marche entre Bagdad et Médine, les caravanes ne rencontrent d'autres habitations que des tentes, et d'autre végétation que l'herbe épineuse et rare qui ensanglante les lèvres du chameau. »

* *Vers 66.* Idée analogue à celle du vers 60; cf. encore *Vie d'Antar,* II : « Le chameau, qui est au règne animal ce que le cyprès est au règne végétal, un signe de deuil et d'éternité, broute la ronce et le chardon entre les colonnes renversées de Balbek et de Palmyre. »

* *Vers 72. Antenne :* « Terme de marine : vergue très inclinée et fixée au mât par le tiers de sa longueur... Soutient la voile triangulaire de certains bâtiments » (Littré); c'était déjà le sens du mot latin *antemna* ou *antenna.* Lamartine emploie aussi ce vocable dans des vers (non datés) à Mme Desbordes-Valmore *(Recueillements poétiques) :*

> Ses voiles ouvertes et pleines
> Aspiraient le souffle des flots,
> Et ses vigoureuses antennes
> Balançaient sur les vertes plaines
> Ses ponts chargés de matelots.

* *Vers 77.* Notation analogue, mais en fin de journée, dans la *Vie d'Antar,* VIII : « (J'ai vu) se coucher le soleil dans une brume de fournaise rouge, réfléchie par le sable aux limites d'un horizon de la Mésopotamie ou de la Chaldée... » Le *Voyage en Orient* fait souvent état du réveil matinal et du départ à l'aurore de Lamartine et de ses compagnons lors de leurs déplacements à travers le désert.

* *Vers 82. La tente d'une nuit* est *semblable aux jours de l'homme,* car elle reste plantée peu de temps au même endroit et semble bien fragile au milieu de la nature hostile. La vie humaine n'est qu'un passage (« Umbrae transitus est tempus nostrum », affirme le *Livre de la Sagesse,* II, 5) et ne permet à l'homme de rien réaliser : d'où l'image

de *la route où l'on n'arrive pas;* conception très pessimiste de la destinée, comparable à celle exprimée dans *Le Désespoir* et même dans certaines *Harmonies poétiques* (*Éternité de la Nature, Brièveté de l'Homme, Novissima Verba,* v. 349 et suiv., etc.).

* *Vers 92.* La *Genèse,* XXV, 27, dit de Jacob : « Jacob autem vir simplex habitabat in tabernaculis » et, depuis les temps bibliques, la tente des nomades est toujours la même; quant aux *abîmes de Job,* ce sont ceux de la misère auxquels avait atteint sa destinée. Lamartine employait déjà ces deux mêmes rimes dans son *Adieu à l'Académie de Marseille :*

> Je n'ai pas étendu mon manteau sous les tentes,
> Dormi dans la poussière où Dieu retournait Job,
> Ni la nuit, au doux bruit d'étoiles palpitantes,
> Rêvé les rêves de Jacob.

* *Vers 95.* Dès l'époque du *Voyage en Orient* (23 octobre 1832), le poète enviait la liberté des Arabes du désert : « Combien j'aimerais cette vie nomade sous un pareil ciel...! La terre entière appartient aux peuples pasteurs et errants comme les Arabes de Mésopotamie. Il y a plus de poésie dans une de leurs journées que dans des années entières de nos vies de cités... Nos maisons sont des prisons volontaires. Je voudrais que la vie fût un voyage sans fin... » C'est dans la *Vie d'Antar,* I, qu'il développe davantage les idées des v. 93-102 : « La Providence a assigné à chaque race humaine par les sites où elle les a fait naître et par les instincts qu'elle leur a donnés un rôle qui n'est, au fond, ni supérieur, ni inférieur, mais qui est différent seulement dans la vie du monde... Il y a les races primitives qu'un insurmontable amour de mouvement, de variété et de liberté empêche de se domicilier jamais sur la terre : pour ces races toute maison est une prison; elles croiraient abdiquer quelque chose de leur indépendance en se fixant... Elles voient avec mépris, pitié, horreur ces villes, cloaques impurs où l'homme dispute l'espace, puis le soleil à l'homme; elles les fuient comme des pièges que la servitude tend à la liberté... Cette civilisation pastorale a pour signe une tente au lieu d'une maison; de cette seule différence dans les deux modes d'habitation des peuples, la *maison* ou la *tente,* naissent des différences organiques innombrables dans leurs mœurs... Avec la maison, l'homme s'enracine, pour ainsi dire, comme la plante dans le sol... La tyrannie s'établit facilement chez les peuples domiciliés dans les villes... Chez les peuples qui habitent la tente, au contraire, ni la tyrannie ni la conquête ne peuvent s'établir. La patrie est vaste comme l'espace... »

* *Vers 100.* Équivoque des mots possessifs : *la sienne* = l'ombre de l'homme; *son immensité* = l'immensité du désert.

* *Vers 130.* Dans les vers 109-130, dont la quintuple anaphore *On n'y voit pas...* soutient le mouvement rhétorique, Lamartine évoque tout ce qui manque au désert et fait le charme ordinaire des régions habitées; chemin faisant, il fait entendre l'écho de thèmes largement

traités par lui dans d'autres poèmes (la *montagne,* la *campagne* et ses *vallons,* la *mer,* etc.); cet ample développement négatif contraste avec celui qui lui fait suite.

* *Vers 134. Lèpre, flancs, nudité, épiderme :* ces mots personnifient le désert et insistent sur son aspect désolé. Les pages du *Voyage en Orient,* à l'inverse, soulignent le plus souvent le caractère riant et la beauté de la végétation en Syrie, au Liban, en Palestine; on y trouve toutefois des passages où le voyageur décrit des paysages arides et totalement stériles, par exemple le 30 octobre 1832 (aux bords du Jourdain) : « Les montagnes sont totalement dépouillées de végétation; c'est du rocher ou de la poussière de rocher que le vent laboure à son gré; une teinte de cendre noirâtre couvre, comme d'un linceul funèbre, toute cette terre... »; ou le 10 novembre (désert de sable rouge à l'est de Beyrouth) : « L'impression de ces solitudes mobiles est triste et morne : c'est une tempête sans bruit, mais avec toutes ses images de mort... »

* *Vers 140. Faire boire* les bêtes de somme et les troupeaux semble la première préoccupation des Arabes à l'étape. Cf. *Voyage en Orient* (23 octobre 1832) : « Un jeune pasteur arabe arriva avec un troupeau innombrable...; il passa environ deux heures à puiser constamment de l'eau de la fontaine pour abreuver ces animaux qui attendaient patiemment leur tour... » et *Vie d'Antar,* V : « On campe ordinairement dans le voisinage de ces puits. On attend patiemment que les chevaux, les chameaux, les chèvres et les brebis harassées de la route... se soient désaltérés lentement dans les auges sans cesse remplies par les seaux de cuir que puisent et versent incessamment des esclaves noirs demi-nus. Les tentes s'élèvent... »

* *Vers 141. Bramer* s'emploie généralement pour parler du cri du cerf; mais des auteurs l'ont utilisé à propos du bœuf (Marot), de l'âne (Ambroise Paré), de l'éléphant (Amyot). En appliquant ce verbe au chameau, Lamartine ne saurait guère être taxé d'impropriété, car il n'existe pas de terme particulier pour désigner le cri de cet animal.

* *Vers 146.* La *lait* de *chamelle* est la providence des hommes et des animaux dans le désert. Cf. *Vie d'Antar,* V : « Les esclaves désanglent le sac de cuir qui couvre pendant le jour la mamelle des chamelles pour empêcher de téter les jeunes chameaux. Ils rapportent à la tente des vases remplis de lait; ils abreuvent les chevaux du lait qui dépasse les besoins de la famille. Ils livrent ensuite les mères aux petits. »

* *Vers 147.* Sur *os,* pris pour désigner les noyaux très durs des dattes, cf. *Vie d'Antar,* XXVIII, où il est fait mention de dattes servies *désossées* à un roi et à ses courtisans par égard à leurs personnes.

* *Vers 150. Jusqu'à la barbe blanche :* expression très elliptique pour dire : jusqu'à ce qu'on ait la barbe blanche, jusqu'à la vieillesse.

* *Vers 156.* Sur l'hostilité du poète pour les *cités,* cf. ci-dessus la note du v. 95 et *A M. de Musset...,* v. 4. Il écrit d'ailleurs dans les *Nouvelles*

Confidences, I, 41 : « Je hais les villes de toute la puissance de mes sensations, qui sont toutes des sensations rurales. Je hais les villes, comme les plantes du Midi haïssent l'ombre humide d'une cour de prison. » Et, dès 1837, dans *La Chute d'une Ange*, 8e vision (*Fragment du Livre primitif*), v. 383-389, un prophète conseillait ainsi Cédar et Daïdha :

Vous ne bâtirez point de villes dans vos plaines,
Ruches de nations, fourmilières humaines,
Où les hommes, du ciel perdant l'impression,
S'agitent dans le trouble et la corruption;
Mais vous élèverez vos maisons ou vos tentes
Au milieu de vos champs, et des autres distantes...

Vers le même temps, le poète d'*Utopie* (*Recueillements poétiques*) rêvait des hommes futurs et de leur mode de vie :

Semblables aux troupeaux serviles,
Sur leurs pailles d'infection,
Ils ne vivent pas dans des villes,
Ces étables des nations...

* *Vers 159.* Sur cette impression d'*indépendance* ressentie dans la *solitude*, cf. les remarques faites et les textes cités par P. Jouanne, pp. 123-125, et aussi la *Vie d'Antar*, IX : « L'espace qui appartient sans limite au regard donne aussi à l'Arabe un sentiment plus fier et plus libre de sa dignité. La foule écrase les hommes, la solitude les relève. Quiconque est seul se sent grand... »

* *Vers 164.* Analogie de pensée chez deux grands inspirés : V. Hugo écrit dans *Les Contemplations*, III, 30, v. 384-395 (*Magnitudo parvi*) :

Le désert au ciel nous convie.
O seuil de l'azur! l'homme seul,
Vivant qui voit hors de la vie,
Lève d'avance son linceul.

Il parle aux voix que Dieu fit taire,
Mêlant sur son front pastoral
Aux lueurs troubles de la terre
Le serein rayon sépulcral.

Dans le désert, l'esprit qui pense
Subit par degrés sous les cieux
La dilatation immense
De l'infini mystérieux.

* *Vers 182.* Ce couplet sur le *nageur* et l'exaltation qu'il éprouve à se sentir libre au milieu des flots fait un peu figure de hors-d'œuvre dans un poème consacré au désert et à son aridité; mais il traduit probablement des sensations que Lamartine avaient personnellement goûtées, car il était un fervent de la natation. De Livourne, il écrivait à Virieu le 1er août 1826 : « Je suis bien niché ici à cent pas de la mer; les bains me font un bien infini : j'y nage une heure tous les jours ». D'autre part, grand amateur des choses marines, il avait

sûrement pu observer des baigneurs et leurs ébats sur les vagues : certains détails (*vêtements immondes, sandales de cuir, ceintures étroites,* etc...) porteraient à croire qu'il songe à quelques *lazzaroni* italiens, observés à Naples ou ailleurs. Le v. 175 pourrait être une réminiscence de l'*Odyssée,* V, v. 393, où l'on voit Ulysse « au sommet d'un grand flot qui l'avait soulevé » (trad. V. Bérard); mais on note une impression analogue et qui paraît vécue dans *Graziella,* Épisode, VII : « Du sommet d'une lame où l'équilibre de la barque nous suspendit un moment dans un tourbillon d'écume, le vieux pêcheur jeta un regard rapide autour de lui... » Cf. une autre allusion précise à la nage dans *La Solitude,* v. 86-87.

* *Vers 189.* L'*imitation,* qui souvent régit la vie en société, est comparée à la chaîne qui entrave les pieds de l'esclave; au contraire, il est possible, dans le désert, de se délivrer de cette servitude, comme autrefois les Hébreux captifs en Égypte recouvrèrent leur liberté en s'échappant de l'empire du pharaon sous la conduite de Moïse (*Exode,* XII, 37-39).

* *Vers 192.* Balbek (ou Baalbek), l'ancienne Héliopolis des Grecs, qui connut une grande prospérité dans l'Antiquité, offre entre autres ruines les restes imposants d'un temple au Soleil, édifié sous Antonin le Pieux (2e siècle ap. J.-C.). Lamartine visita à la fin de mars 1833 ce site illustre, auquel le *Voyage en Orient* consacre de longues pages et des vers composés sur place :

Mystérieux déserts, dont les larges collines
Sont les os des cités dont le nom a péri;
Vastes blocs qu'a roulés le torrent des ruines;
Immense lit d'un peuple où la vague a tari;
Temples qui, pour porter vos fondements de marbre,
Avez déraciné les grands monts comme un arbre;
Gouffres où rouleraient des fleuves tout entiers;
Colonnes où mon œil cherche en vain des sentiers
De piliers et d'arceaux profondes avenues,
Où la lune s'égare ainsi qu'au sein des nues;
Chapiteaux que mon œil mêle en les regardant;
Sur l'écorce du globe immenses caractères,
Pour vous toucher du doigt, pour sonder vos mystères,
Un homme est venu d'Occident!...

Cf. aussi *Vie d'Antar,* II : « Quelques villes rares se sont élevées et s'élèvent de temps en temps sur les bords des déserts parcourus par ces peuples ou au milieu même de leur solitude, comme Le Caire en Égypte, Palmyre en Mésopotamie, Balbek en Syrie, Samarcande... »

* *Vers 195.* Sur la *Tour de Babel,* dont le nom signifie *confusion,* parce que Dieu confondit les langages des orgueilleux qui voulurent la construire, cf. *Genèse,* XI, 5-9. Voir ci-après v. 351.

* *Vers 198.* D'après la *Genèse,* XXXI, 17-35, lorsque sur l'ordre du Très-Haut Jacob quitta la Mésopotamie pour retourner en terre de Chanaan, sa femme Rachel enleva à son insu les idoles de Laban son

père; celui-ci partit à leur poursuite pour recouvrer les statues de ses dieux; mais, afin d'éviter qu'il les retrouvât, sa fille les cacha sous la selle d'un chameau et s'assit sur celle-ci (« *abscondit idola subter stramenta cameli et sedit desuper* ») — ce qui rendit vaine la recherche paternelle.

* *Vers 202.* Les noms de *Moïse* et du *désert* sont fréquemment associés dans l'*Exode* et dans les *Nombres,* la mission de celui-là étant de faire traverser celui-ci au Peuple élu depuis l'Égypte *(Memphis)* jusqu'en Judée. Sur la construction de l'*Arche d'Alliance (Arca testimonii, testamenti),* destinée à abriter les Tables de la Loi et déposée dans le Saint des Saints du Tabernacle, cf. *Exode,* XXXVII. Les vers 191-202 introduisent le thème majeur de *Désert,* celui de l'*Immatérialité de Dieu.*

* *Vers 203.* Comme l'a justement remarqué M. Guillemin (*art. cit.*, p. 71), ce chiffre de *soixante jours* (que l'on retrouve dans le *Cours familier*) est inexact : ayant quitté Beyrouth le 1er octobre pour Jérusalem, il était de retour à son point de départ le 5 novembre, soit après *trente-cinq jours* d'absence.

* *Vers 209.* Pour bizarre que cela puisse paraître, il n'existe point dans l'Écriture d'expression exacte sur laquelle soit calquée la formule *Terre Promise,* si fréquente en français; celle-ci résume une idée familière aux textes bibliques, mais toujours exprimée par des périphrases, telles que *terram quam pollicitus sum* (*Nombres,* XXXII, 11; *Deutéronome,* I, 35, XI, 9, XIX, 8-9, XXXI, 21, etc.).

* *Vers 211.* Le thème du clair de lune a déjà été annoncé au v. 31. Par *brouillard sablonneux,* il faut entendre : *brouillard blond comme du sable.* On notera, dans les vers suivants, que Lamartine se montre encore plus peintre que poète.

* *Vers 224.* Au terme de *Livre de Job,* XXXVIII, 1, il n'est point du tout dit que Dieu *soit apparu en chair* au saint homme, mais seulement qu'il lui *parla au milieu d'un tourbillon* (« *respondens Dominus de turbine* ») pour lui apporter la solution du problème posé par le mal et la souffrance qui accablent les justes.

* *Vers 226.* Conscient de l'infinie petitesse de l'Homme dans la Création, Lamartine avait déjà exprimé ailleurs, à son propre compte, les idées qu'il met ici dans la bouche du Très-Haut. Cf. *Harmonies poétiques, L'Infini dans les Cieux,* v. 151-154 :

> Oh! que suis-je, Seigneur, devant les cieux et toi?
> De ton immensité le poids pèse sur moi,
> Il m'égale au néant, il m'efface, il m'accable,
> Et je m'estime moins qu'un de ces grains de sable...

Eternité de la Nature, Brièveté de l'Homme, v. 47-50 :

> Je sens moi-même mon néant.
> Dans ton sein qu'est-ce qu'une vie?
> Ce n'est qu'une goutte de pluie
> Dans les bassins de l'Océan.

* *Vers 236.* Quand il écrivait *L'Infini dans les Cieux,* le poète sentait Dieu plus proche de lui, puisqu'il appelait l'homme (v. 210-211) l'*écho* du Créateur et le ***miroir qu'il a créé pour s'admirer lui-même.*** Avec les années qui passaient, le pessimisme de Lamartine ne cessait de s'approfondir.

* *Vers 243.* Sur la ***main,*** cf. *Le Tailleur de pierre de Saint-Point,* chap. II : « L'habitude de remuer, de tourner, de façonner les grosses pierres, avait développé et endurci chez lui ce premier outil de l'homme, la main. »

* *Vers 252.* Comme l'a souligné M. Guillemin (*art. cit.*, p. 75), tout ce passage s'adresse aux chrétiens dans le but de « leur faire comprendre à quel point ils s'abusent en s'imaginant posséder sur leurs autels ou dans leurs tabernacles un dieu qui se serait incarné, un dieu dont ils feraient leur nourriture. » Toutefois, au moment de publier sa méditation, il a retranché « les vers condamnant l'Incarnation, la Résurrection, l'Eucharistie » : la variante des v. 251-252 est à cet égard une suppression essentielle.

* *Vers 256.* Dès le *Fragment du Livre primitif* (*Chute d'un Ange,* 8ᵉ vision, v. 167-174) (1838), le Prophète énonçait une idée analogue :

> Ne cherchez pas des yeux derrière le nuage,
> Au fond du firmament, cette mer sans rivage,
> Quel est le ciel des cieux habité, plein de Dieu !
> Il n'est pour Jéhovah, ni distance ni lieu :
> *Ce qui n'a point de corps ne connaît point d'espace;*
> *De ce qui remplit tout ne cherchez point la place,*
> Contemplez-le par l'âme et non pas par vos yeux :
> L'ignorer ou le voir, c'est l'enfer ou les cieux...

* *Vers 260.* On retrouve dans ce vers et dans l'ensemble du passage des idées comparables à celles de Pascal dans les *Deux Infinis* (*Pensées,* édit. Brunschvicg, nº 72) : « Nous avons beau enfler nos conceptions au delà des espaces imaginables, nous n'enfantons que des atomes au prix de la réalité des choses... C'est le plus grand caractère sensible de la toute-puissance de Dieu que notre imagination se perde dans cette pensée.. »

* *Vers 281.* ***Éden,*** c'est la région où Dieu avait planté le jardin de délices *(paradisus voluptatis)* qu'il destinait à Adam (*Genèse,* II, 8), mais d'où celui-ci et ses descendants furent chassés après la Chute.

* *Vers 282.* Ces vers amorcent la liste des diverses ***religions*** qui, pour le poète, sont autant d'inventions erronées sorties des cerveaux humains. Comme l'a encore noté M. Guillemin (*art. cit.*, p. 78, n. 2), Lamartine a pu se souvenir ici des *Ruines* de Volney, ouvrage qu'il pratiquait déjà vers 1824 en écrivant *Les Visions* (édit. H. Guillemin, p. 96) et que cite aussi à diverses reprises le *Voyage en Orient.* « Il est hors de doute, dit le critique, que l'inspiration générale du *Désert* présente une analogie singulière avec celle des *Ruines.* Cette énumération des erreurs humaines sur la divinité, dans l'impuissant

effort de la créature pour concevoir, de façon sensible, l'Être des êtres, la voici déjà tout au long dans le chapitre XXII des *Ruines, Origine et filiation des idées religieuses,* où Volney examine en raillant « le culte des astres » (§ 2), « le culte des symboles » (§ 3), « le culte de l'Univers sous divers emblèmes » (§ 6), « le culte de l'Ame du Monde» (§ 7), les systèmes de Moïse, de Zoroastre, de l'Inde, etc. » Dans le chap. XII des *Ruines,* on trouve également telle formule que Lamartine aurait pu faire sienne : « Il s'est élevé sur la terre des imposteurs qui se sont dits les confidents de Dieu... » et Volney s'adresse au Créateur en des termes qui rappellent exactement ceux de l'auteur du *Désert* : « Pouvoir souverain et caché de l'Univers, moteur mystérieux de la nature, âme universelle des êtres! Toi que sous tant de noms divins les mortels ignorent et révèrent, Être incompréhensible, infini, Dieu... »

* *Vers 285.* Le *Gange, ivre de pavots,* symbolise l'Inde, productrice d'opium; par l'antiquité de ses croyances, dont certaines remontent au troisième millénaire av. J.-C., les *Védas* pouvant être datés de 1500 avant notre ère, ce pays permet d'être effectivement nommé *le premier;* Lamartine fut d'assez bonne heure attiré par l'hindouisme et l'étrange complexité de ses religions, et de sa métaphysique; il écrivait à Virieu, le 28 juillet 1838 cette phrase caractéristique : « La philosophie indienne m'éclipse toutes les autres : c'est l'océan, nous ne sommes que ses nuages. » Et certains des tout premiers entretiens du *Cours familier de Littérature* (t., I pp. 199-286) furent consacrés aux textes védiques, au *Râmayana,* au *Mahabharata* et aux anciens drames hindous. En mettant au point le *Désert,* quelques mois plus tard, le poète avait donc une connaissance assez récente de ces textes souvent fort obscurs pour une conscience occidentale; il fait ici quelques allusions à la multiplicité des divinités indiennes, laquelle est aggravée par leurs *métamorphoses,* et transformations successives (avatars et métempsycose) : par exemple, dans le *Bhagavâta Purana,* Vishnou ne connaît pas moins de vingt-deux incarnations... Il n'ignore pas non plus le rôle important tenu par l'*éléphant* dans la mythologie de l'Hindoustan, où cet animal est l'objet d'un culte remontant à la plus haute antiquité : Indra, dieu du ciel, chevauche un éléphant à trois trompes, Iravat, emblème de la sagesse et de la vertu; Ganesa, dieu de l'armée, a une tête d'éléphant; des statues représentent un ou plusieurs éléphants supportant sur leurs *épaules* la terre ou la voûte céleste; etc. A remarquer que M. Citoleux (pp. 61-76) traite sommairement de l'influence indienne sur le poète et ne cite pas *Le Désert.*

* *Vers 299. Zoroastre* (cité à diverses reprises dans le *Cours familier*), dont la doctrine est exposée dans le *Zend-Avesta,* fonda au VIIIe siècle av. J.-C. une religion dualiste fondée sur le principe de la lutte éternelle entre le Bien et le Mal; cette religion est d'une haute élévation morale; le principe du Bien, Mazda, a pour ministre Mithra, avec lequel il est plus ou moins confondu et que les Romains assimilèrent ultérieurement au Soleil (Sol invictus).

* *Vers 302.* M. Citoleux (p. 76) constate avec raison que Lamartine ne connut qu'imparfaitement et tardivement la très vague philosophie religieuse de la Chine, lorsqu'il écrivit en 1858 sur Confucius les entretiens XXXIV et XXXV de son *Cours familier*. Dans ce vers, *astronomique* fait allusion au culte rendu au Ciel, principe mâle de toutes choses par les Chinois : selon la tradition, les dieux avaient été autrefois leurs souverains d'où le nom de Céleste Empire donné à leur pays ou celui de Fils du Ciel porté par leur empereur.

* *Vers 304.* Ces deux vers sont aussi très imprécis : tout au plus signifient-ils que Lamartine connaissait le caractère agricole de la civilisation de l'Égypte (d'où *moissonneuse*); le dieu Osiris, représentant la végétation et intimement lié avec le Nil, dont les inondations fécondent la terre de leur limon; la place tenue dans le culte par les animaux sacrés, incarnations ou attributs des divinités, tel notamment le bœuf Apis, qui représentait la force créatrice de la nature.

* *Vers 308.* Lamartine avait beaucoup lu les auteurs grecs, ainsi que le prouvent amplement les innombrables citations qu'il en fait dans le *Cours familier de Littérature* et ailleurs. Il admirait en particulier Homère, qui « embrasse tout, le ciel, la nature et l'homme », l'*Iliade* étant « l'encyclopédie chantée par un poète universel aux hommes de son temps » (t. V, pp. 65, 156-160); il avait remarqué la place essentielle tenue par la mythologie dans l'inspiration des grandes œuvres de la Grèce, épiques, dramatiques, lyriques, etc.

* *Vers 310.* Lorsqu'il s'avouait encore chrétien, Lamartine attribuait à Jésus cette œuvre de lumière; en 1829 il utilisait dans l'*Hymne au Christ (Harmonies poétiques)* des expressions formellement comparables à celles dont il use ici; s'adressant au « Verbe incréé », « Rayon vivant de vérité », il déclarait qu'avant sa venue sur la terre (v. 15 et suiv.) :

Le monde n'était que ténèbres,
Les doctrines sans foi luttaient comme des flots,
Et trompé, détrompé de leurs clartés funèbres,
L'esprit humain flottait noyé dans ce chaos...

Puis tout changea (v. 37 et suiv.) :

Tu parais ! ton verbe vole,
Comme autrefois la parole
Qu'entendit le noir chaos
De la nuit tira l'aurore...

Plus loin (v. 106-107), se trouve l'image de l'astre :

O Christ ! il est trop vrai, ton éclipse est bien sombre !
La terre sur ton astre a projeté son ombre...

Cette dernière citation permet d'apprécier ce que fut l'évolution religieuse du poète en un quart de siècle.

* *Vers 311.* Comparaison méprisante, souvent employée par Lamartine. Cf. *La Charité,* v. 22; *L'Infini dans les Cieux,* v. 148 et 172; *Éternité de la Nature, Brièveté de l'Homme,* v. 18 : « Insecte éclos de ton sourire »; *Novissima Verba,* v. 371 : « Insecte d'un soleil, par un rayon produit »; *Voyage en Orient* (29 octobre 1832 : *Visite au Saint-Sépulcre*) : « L'homme..., insecte pensant; » etc.

* *Vers 312.* L'image du *piège* se retrouve ailleurs chez Lamartine : cf. *L'Homme,* v. 61; *La Providence à l'Homme,* v. 109; en l'employant, le poète paraît se souvenir du *Livre de Job,* XVIII, 8 et 10 : « Immisit enim *in rete* pedes suos... Abscondita est in terra *pedica* ejus et *decipula* illius super semitam. » En plaçant dans la bouche de Dieu une condamnation radicale des *images,* Lamartine souligne involontairement le chemin qu'il a parcouru depuis *Le Crucifix,* v. 4; avec les années, il ne concevait plus qu'une seule image de Dieu, celle qu'on voit dans la nature, ainsi qu'il l'exprimait dans ces vers de 1849, écrits à Collonges « Pour Valentine » et publiés par M. Guillemin (*Connaissance de Lamartine,* p. 282) :

Dieu n'écrit point en paroles
Son existence à nos sens;
Des astres sont ses symboles,
Des mondes sont ses accents.

La nature, son image,
Dans un alphabet de fleurs,
Écrit pour nous, sur chaque page,
Des parfums et des couleurs.

* *Vers 319.* A l'instant où il se défend d'être *panthéiste* (cela probablement sous l'influence de son entourage, ainsi qu'en témoigne l'annotation manuscrite rapportée à la variante des v. 316-317), Lamartine, qui refuse l'idée d'un Dieu personnalisé ou incarné, semble pourtant très proche de ce que le P. Teilhard de Chardin appelait dans une lettre « le panthéisme païen, le sommeil inerte entre les bras de la grande Nature chargée de tout opérer et de tout conduire ». Esprit plus littéraire que véritablement philosophique, le poète a souvent perdu de vue les nuances subtiles existant dans ce domaine qui ressortit à la haute théologie; maints passages des *Harmonies* relèvent d'une inspiration inconsciemment panthéiste, par exemple la dernière strophe de *L'Occident :*

A toi, grand Tout, dont l'astre est la pâle étincelle
En qui la nuit, le jour, l'esprit vont aboutir,
Flux et reflux divin de la vie universelle,
Vaste océan de l'Être où tout va s'engloutir!

Au reste, ainsi que la mer, le désert semble particulièrement propice à la tentation panthéiste, comme en fait foi ce magnifique aveu du catholique Teilhard dans *La Vie cosmique :* « Un jour, en face des mornes étendues du désert, dont les plateaux étageaient les marches violettes, à perte de vue, vers des horizons sauvagement exotiques, — devant la mer insondable et vide, dont les flots, sans trêve, se mouvaient dans leur innombrable sourire,... un grand désir m'a saisi, peut-être, d'aller retrouver, loin des hommes, loin de l'effort, la région des immensités qui bercent et qui envahissent, celle où mon activité trop bandée se détendrait toujours, indéfiniment... Et toute ma sensibilité, alors, s'est dressée comme à l'approche d'un dieu du bonheur facile et de l'ivresse, car la Matière était là et m'appelait... » (Textes cités par Cl. Cuénot, *Teilhard de Chardin,* Le Seuil, 1962, pp. 18 et 28.) Au reste la pensée de Lamartine, pour qui Dieu se dérobe sans cesse à l'homme, est diamétralement opposée à celle de Teilhard, qui conçoit l'Oméga divin comme un point de sublime Convergence.

* *Vers 323.* Comme le note M. G. Poulet, *art. cit.* (pp. 257-258), « il y a chez Lamartine une fuite de Dieu... Fatigué d'imaginer ce Dieu éternellement périphérique, il a tenté de concevoir un Dieu-Centre. » De ces v. 323-326, on pourra rapprocher *Dieu,* v. 45-46, et *Philosophie,* v. 63-65.

* *Vers 329.* Nouvelle réminiscence probable du *Livre de Job,* XXXVI, 23 (« Quis poterit scrutari vias ejus? ») et surtout XXXVIII, 16 (« Numquid ingressus es profunda maris? »). L'image de la *sonde marine* se rencontre aussi dans les *Méditations* (*L'Homme,* v. 24, 66, 79, 109); — (*Ode,* v. 25-27), dans les *Harmonies poétiques* (*Pensée des Morts,* v. 199 : « Si ton œil divin les sonde... »; *Pourquoi mon âme est-elle triste ?*, avant-dernière strophe : « Et moi je plonge en vain sous tant d'ombres funèbres »), dans l'*Épître à M. Sainte-Beuve* de 1829 (« Jeune encore j'ai sondé ces ténèbres profondes »), dans *Jocelyn* (deuxième époque, v. 215 : « Qui peut sonder de Dieu l'insondable pensée? »; huitième époque, v. 113-114 : « [L'âme] d'un vague instinct vers l'inconnu guidée / Sonde la mer du doute et découvre l'idée »; neuvième époque, v. 872-873 : « La nuit tombait; des cieux la sombre profondeur / Laissait plonger les yeux dans l'espace sans voiles... »).

* *Vers 332.* Cf. *Raphaël,* XXX : « Il a voulu lui révéler par là que lui, Dieu, est l'incompréhensible, et que le mystère était son vrai nom. » — Quel est donc en définitive le sens de la longue tirade du Très-Haut, dont la voix est confondue avec le silence de désert? C'est « l'idée que le Dieu infini et ineffable ne saurait s'enfermer dans les limites d'un nom, d'une définition dogmatique ou d'une figure sensible » (Grillet, p. 264, n. 1). Sous la forme d'une objection, et non comme ici d'un exposé doctrinal, cette conception se trouvait déjà formulée en termes presque analogues dans *Pourquoi mon âme est-elle triste ? (Harmonies poétiques)* v. 169-208 :

J'ai cherché le Dieu que j'adore
Partout où l'instinct m'a conduit,
Sous les voiles d'or de l'aurore,
Chez les étoiles de la nuit.
. . . .
Toujours présent à ma mémoire,

Partout où se montrait sa gloire,
Il entendait monter ma voix.

Je l'ai cherché dans les merveilles,
Œuvre parlante de ses mains,
Dans la solitude et les veilles
Et dans les songes des humains.
. . . .
. . . .
Je disais : « Un mystère encore !
Voici son ombre, son aurore,
Mon âme, il va paraître enfin ! »
Et toujours, ô triste pensée !
Toujours quelque lettre effacée
Manquait, hélas ! au nom divin.

Et maintenant, dans ma misère,
Je n'en sais pas plus que l'enfant
Qui balbutie après sa mère
Ce nom sublime et triomphant;
. . . .
Pas plus que toute la nature
Qui le raconte et le murmure
Et demande : « Où donc est mon Dieu? »

Voilà pourquoi mon âme est triste...

La même idée est reprise dans *La Chute d'un Ange*, 8e vision *(Fragment du Livre Primitif)*, v. 26 et suiv. :

Sur l'herbe du matin, la goutte d'eau qui tremble
Contient-elle du jour tous les rayons ensemble?
L'Océan sans limite, au firmament pareil,
Lui-même absorbe-t-il tous les feux du soleil?...
Dieu dit à la raison : « Je suis celui qui suis,
Par moi seul enfanté, de moi-même je vis;
Tout nom qui m'est donné par l'homme est un blasphème;
Nul ne peut prononcer tous mes noms que moi-même...
Le regard de la chair ne peut pas voir l'esprit.
Le cercle sans limite en qui tout est inscrit
Ne se concentre pas dans l'étroite prunelle.
Quelle heure contiendrait la durée éternelle?
Nul œil de l'infini n'a touché les deux bords.
Élargissez les cieux, je suis encor dehors !...

Et Grillet de conclure : « La porte de l'absolu est fermée devant nous. Aucun dogme plus qu'un autre n'a de titres de créance. Le poète-philosophe s'attache donc à découvrir, sous les surcharges artificielles des religions et des liturgies, la vérité profonde et authentique. Il gratte le palimpseste. Et il y voit apparaître le seul nom d'un Dieu ineffable, théologie simplifiée qu'il oppose aux crédos compliqués et à l'anthropomorphisme des religions positives. »

* *Vers 344.* Même idée dans *Jéhovah, ou l'Idée de Dieu (Harmonies poétiques)*, v. 164-167 :

> Mais si l'homme, occupé de cette œuvre suprême,
> Épuise toute langue à nommer le seul Grand,
> Ah ! combien la nature, en son silence même,
> Le nomme mieux encore au cœur qui le comprend !...

* *Vers 347.* Ce *Puissé-je,* trois fois répété, n'est pas ici un simple artifice de rhétorique. « Invocation, incantation : cet homme fourbu, c'est tout de bon qu'il désire la solitude et la mort. » (H. Guillemin, *art. cit.*, p. 78.)

* *Vers 348.* L'expression de *caravane humaine* est comme un écho d'un passage célèbre de *Jocelyn,* huitième époque, v. 181-210 :

> La caravane humaine un jour était campée...

* *Vers 351. Babels du doute :* cf. *Jocelyn,* huitième époque, v. 114, cité ci-dessus à la note du v. 329.

* *Vers 353.* S'il est fait mention dans la *Genèse* de divers *puits* en liaison avec l'histoire d'Abraham, d'Isaac et surtout de Jacob (notamment *puteus juramenti,* XXI, 32, XLVI, 1, etc.), le *Livre de Job* n'en cite aucun. Cependant, on lit dans le *Voyage en Orient* (23 octobre 1832), alors que Lamartine venant de Beyrouth approchait de Jérusalem : « Nous étions-là aux confins des tribus d'Éphraïm et de Benjamin. Le puits près duquel nos tentes étaient dressées s'appelle encore le *Puits de Job.* » (Mais l'auteur n'a-t-il pas commis une confusion et voulu dire, ce qui serait plus vraisemblable, le *Puits de Jacob ?*)

* *Vers 354. Fermer l'oreille à tous verbes* (var. : *aux prophètes*) *humains* « Il n'est donc pas guéri encore? Encore dans ce vieux cœur, la nostalgie des crédulités, encore l'appel des anciens prestiges que la raison condamne, et que le cœur brûlant n'arrive point à exorciser ! » (H. Guillemin.)

* *Vers 360.* Déjà le prophète du *Fragment du Livre Primitif* (*Chute d'un Ange,* 8ᵉ vision, v. 163-166) conseillait aux hommes :

> Ne renfermez pas Dieu dans des prisons de pierres
> Où son image habite et trompe vos paupières,
> De peur que vos enfants, en écartant leur pas,
> Disent : « Il est ici, mais ailleurs il n'est pas ! »

* *Vers 368. L'homme plein d'audace,* c'est Job, dont les misères, la révolte et finalement la soumission, relatées dans un des livres les plus beaux de la Bible, ont largement nourri les réflexions religieuses et philosophiques de Lamartine durant toute sa carrière.

* *Vers 370. Le Grand Seul :* Lamartine avait presque trouvé cette formule au v. 165 de l'harmonie *Jéhovah,* cité à la note du v. 344. On se souvient que, dans la première édition du *Génie du Christianisme,* Chateaubriand appelait Dieu *le grand célibataire des mondes,* formule un peu ridicule, mais qui traduisait la même idée. Quant au souhait

que contient le dernier vers du *Désert,* Lamartine l'exprimait déjà, en octobre 1850, à la fin des strophes *A M. le Comte d'Orsay :*

J'ai vécu dans la foule, et je veux dormir seul.

Charles Alexandre commente ainsi dans ses *Souvenirs,* p. 349, la chute du poème : « Son vœu a été accompli. Il est mort presque seul au désert, dans une patrie qui l'avait oublié. Elle ne le lisait plus. Cette magnifique et sainte poésie est restée inconnue. Elle a été publiée à demi-mutilée, ou plutôt ensevelie dans un de ces Entretiens aux feuillets non coupés, jetés avec dédain sur les tables. Il n'était plus de mode de lire Lamartine. »

AVERTISSEMENTS ET PRÉFACES DES MÉDITATIONS

I - PREMIÈRES MÉDITATIONS ÉDITION ORIGINALE

Page 293

* ... « *une sobre, habile et intelligente préface* »... Expression de M. Levaillant, *Lamartine et l'Italie en 1820,* p. 61.

* ... *cette poésie*... « Poésie religieuse sans être orthodoxe, elle n'exprimait point les sérénités de la foi, mais les inquiétudes et les aspirations d'une âme qui la cherche. Lamartine en avait nettement conscience » (M. Levaillant). Cf. *La Semaine Sainte à La R.-G.,* v. 37-40, et lettre à Mme de Raigecourt, 29 octobre 1819 : « Ce n'est pas le désir de la foi et du repos d'esprit qui me manque, c'est le principe de la foi et du repos, c'est la conviction absolue et puissante... »

* *Le nom de* Méditations... *des soupirs de l'âme.* Ces lignes définissent avec exactitude les principaux caractères que la critique devait dégager des *Méditations.* Cf. aussi lettre à Laurent de Jussieu, 1er décembre 1818 : « Vous produirez dans vos heures de repos quelques-uns de ces chants tendres et faciles qui sont aussi, comme la prière, la respiration de l'âme... »

* ... *un second livre*... On a vu dans notre Introduction que l'idée d'un second recueil était apparu très tôt dans l'esprit de Genoude, mais que Lamartine y résista près de trois ans.

* ... *au milieu des grands intérêts politiques qui les agitent*... Les *ultras* menaient une lutte très violente contre la politique libérale de Decazes et rendirent le ministre responsable du meurtre du duc de Berry, assassiné dans la nuit du 13 au 14 février 1820, alors même que les *Méditations* s'imprimaient.

Page 294

* *Non de solo pane vivit homo ! Saint Luc,* IV, 4.

NEUVIÈME ÉDITION

* ... *nourrissons des Muses*... Périphrase de la langue noble et classique pour désigner les *poètes* (Littré cite des exemples empruntés à La Fontaine, Boileau et Fénelon).

* ... *ce chantre de Thrace*... Orphée, par son chant et le jeu de sa lyre, domptait les bêtes féroces et même déplaçait les pierres (Ovide, *Métamorphoses,* X, fin).

Page 295

* *Cette édition, que tant d'autres ont précédée*... « Huit éditions formant plus de vingt mille exemplaires » *(Note de l'éditeur de 1823).*

II - NOUVELLES MÉDITATIONS

Page 296

* ... *Avertissement de l'éditeur*... Cet *Avertissement* est signé des initiales U. C., qui sont celles du libraire Urbain Canel, éditeur des *Nouvelles Méditations Poétiques;* mais celui-ci ne fit tout au plus qu'arranger un texte dont Lamartine lui-même était l'auteur : en effet, l'album de la Bibl. Nat. (f° 16 recto) en contient le brouillon autographe, hâtivement tracé de la main du poète et dont nous donnons les variantes en notes.

* ... *de plus grandes compositions encore inédites*... Ces *compositions encore inédites* sont évidemment *Clovis* et *Saül,* d'où sont tirés *L'Ange* et la troisième partie des *Préludes,* ainsi que *L'Apparition de l'Ombre de Samuel*... Cette phrase laisserait supposer qu'à l'automne 1823, Lamartine n'avait pas encore renoncé à publier l'épopée et la tragédie de sa jeunesse.

* ... *l'absence de l'auteur*... Pendant que les *Nouvelles Méditations* s'imprimaient, le poète était à Aix-les-Bains, puis à Mâcon et Saint-Point; il ne vint pas à Paris durant l'été 1823. L'histoire des *manuscrits égarés,* dont je n'ai pas trouvé mention par ailleurs, semble bien être une imagination.

* ... *Les Chants*... *Les Chants* désignent *Les Préludes,* dont le titre définitif ne fut trouvé qu'au moment de la correction des placards; l'auteur, ou l'éditeur, a omis de rectifier l'*Avertissement* sur ce point de détail.

* *Les étoiles*... Autre signe du peu de soin avec lequel l'originale fut établie : ces *étoiles* (ou astérisques) annoncées figurent dans *Les Préludes,* mais non dans *Chant d'amour,* où elles sont remplacées par des lignes de points et n'apparaîtront qu'avec la seconde édition.

III - ÉDITIONS DES SOUSCRIPTEURS

PREMIÈRE PRÉFACE DES MÉDITATIONS

Page 297

* ... *le fleuve n'y remonte pas.* Sur l'origine biblique de cette image, voir la note du v. 42 de *Bonaparte.*

Page 298

* ... *la mémoire, qui revoit et qui repeint en nous.* Rapprocher cette idée de celle de Marmontel déclarant : « L'esprit ne vit que de souvenirs

et rien de plus naturel que de prendre de bonne foi sa mémoire pour son imagination. » Chateaubriand estimait également que « la meilleure part du génie est faite de souvenirs ».

* ... *il n'y avait pas loin.* A la fin de sa lettre à M. d'Esgrigny (4 novembre 1849), qui sert de préface aux *Harmonies poétiques* dans l'Édition des Souscripteurs, Lamartine écrit de même : « La vie est un cantique dont toute âme est une voix. »

* *J'avais dix ans...* Donc en 1800 : cette date rend plausibles les détails qui suivent, ses sœurs Césarine et Suzanne étant respectivement nées en 1799 et l'année suivante.

Page 299

* ... *une voix sonore, douce, grave, vibrante...* Cf. *Milly ou la Terre natale (Harmonies poétiques) :*

> Voici le banc rustique où s'asseyait mon père,
> La salle où résonnait sa voix mâle et sévère...

* ... *les loisirs de ses garnisons...* Le chevalier de Lamartine, entré au service à quinze ans, avait été sous-lieutenant au régiment de Dauphin-Cavalerie (1769), sous-lieutenant à pied (1772), lieutenant en second (1776), lieutenant en premier en 1779, capitaine en second (1781), capitaine (1789).

* ... *les fortes commotions du cœur.* On rapprochera ce passage des *Confidences,* III, 4, où sont racontées les soirées de Milly : le père du poète lisait à haute voix *La Jérusalem délivrée;* mais plus loin (IV, 7), sont mentionnées « quelques tragédies de Voltaire, surtout *Mérope,* lue par mon père à la veillée ».

* ... *plus rapide...* M. de Lamartine lisait ainsi en se conformant à l'usage classique, où la voix montait avec lenteur dans le premier hémistiche, et descendait d'un mouvement accéléré dans le second.

Page 300

* *La Henriade... me ravissait.* Voltaire poète et dramaturge restait fort admiré au début du XIXe siècle; en mentionnant *Mérope* et *La Henriade,* Lamartine reconnaît implicitement le rôle joué par leur auteur dans l'éducation de son oreille et de sa sensibilité rythmique. Cf. notre annotation sur la troisième partie des *Préludes.*

Page 301

* ... *mon antipathie contre les fables.* Sur l'hostilité foncière de Lamartine contre La Fontaine, voir Paul Maritain, *Lamartine et La Fontaine* (*Annales de l'Académie de Mâcon,* 1897, pp. 269-312) : le poète, qui est peut-être influencé par l'*Émile* de Rousseau, formule un autre réquisitoire contre le fabuliste dans son *Cours familier de Littérature,* t. II, pp. 126 et suiv.

* ... *un de ses amis, vieil officier des armées du roi...* Ce gentilhomme

poète, peut être le chevalier de La Cense, mousquetaire retiré, avec Mlle de Moleron sa sœur, au village de Saint-Sorlin, proche de Milly, et nommé dans les *Mémoires inédits*, p. 30.

Page 302

* ... *vint me lécher les mains*... Cf. *A un Curé de village*, v. 25-26.

Page 303

* ... *sa médiocrité n'était pas aussi dorée que celle d'Horace*... *Aurea mediocritas*, expression célèbre d'Horace, *Odes*, II, X, v. 5.

* ... *le coffret de cèdre dans lequel il renfermait ses manuscrits poétiques*... Autre souvenir un peu confus d'Horace, *Art poétique*, v. 331-332 :

Speramus carmina fingi
Posse linenda cedro et levi servanda cupresso?

(« Pensons-nous pouvoir écrire des poèmes qui méritent d'être enduits d'huile de cèdre et conservés dans des coffrets de cyprès poli? » — Cèdre et cyprès préservaient le parchemin des insectes et de la moisissure.)

* ... *les innombrables frissons de l'âme et de la nature*. Cette phrase a souvent été citée pour définir le rôle joué par Lamartine dans l'histoire de la poésie en France. Elle montre qu'il était parfaitement conscient de l'importance de ses *Méditations*.

Page 304

* ... *la harpe de ma mère... dans le jardin de Milly*. Sur la mode de ces *harpes éoliennes*, voir plus loin et la note du v. 49 du *Poète mourant*.

* ... *dans les études de collège*. Cet accès d'humeur surprend chez l'humaniste que fut Lamartine; il atténue la sévérité du présent jugement sur la traduction des langues anciennes dans le *Cours familier de Littérature*, t. I, p. 16. Il avait brillamment défendu les études classiques contre le mathématicien Arago dans un discours prononcé à la Chambre le 24 mars 1837.

Page 305

* ... *quelques pitoyables rapsodies du P. Ducerceau et de Mme Deshoulières*... Le P. Jean-Antoine *Du Cerceau* (1670-1730), jésuite, avait écrit, en latin et en français, de nombreux ouvrages utilisés dans les collèges de sa Compagnie, et aussi des pièces de théâtre jouées par les élèves. *Mme Deshoulières* (1638-1694) fut une femme de lettres estimée comme poétesse et comme moraliste.

* ... *quelques épîtres de Boileau*... Lamartine appelle ici *épîtres* les *satires* XII *(L'Équivoque)*, VI *(Embarras de Paris)*, III *(Repas ridicule)* de Boileau; il cite ensuite les v. 3-4 de l'épître XI *(A mon jardinier)*. — Comme la satire sur *L'Équivoque* s'en prend à la casuistique et au *Journal de Trévoux*, dirigé par la Compagnie de Jésus, il est permis de douter qu'elle ait été étudiée au collège de Belley.

* ... *pendant toutes ces études classiques.* En réalité, Lamartine écrivit à Belley au moins trois poèmes : *Le Rossignol, Cantique sur le Torrent de Tuisy, Adieux au Collège.*

* ... *dans le jardin... Jardin* décrit dans les *Confidences,* IV, 5, ainsi que dans le *Cours familier,* t. IV, pp. 473-476, et les *Mémoires inédits,* p. 23.

* ... *Ossian...* Il le connut dès l'âge de dix-huit ans; cf. à Virieu, 1808 : « J'ai lu Ossian ces jours-ci et, ne sachant que faire, j'avais commencé à en mettre en vers un épisode qui m'avait touché. » — C'est Mme de Staël qui, dans *De la Littérature,* fit un *Homère du Nord* du pseudo-barde écossais auquel Lamartine ne cessa jamais de vouer un culte admiratif (cf. P. Van Tieghem, *Ossian en France,* II, pp. 298-328).

Page 306

* *Je n'écrivais rien moi-même encore.* Affirmation fausse : la lettre citée à la note précédente contient des vers et toute sa Correspondance de jeunesse en est remplie.

* ... *sur quelque promontoire des lacs de la Suisse...* Sans doute à Nernier (Savoie) aux bords du Léman, pendant les Cent-Jours.

* ... *sur les grèves sonores des mers d'Italie...* En 1811-1812; mais aux souvenirs de ce temps-là sont venus s'ajouter ceux de 1820-1821, 1825-1828 et même 1844.

Page 307

* ... *faute de langue pour être articulé ici-bas.* Sur l'insuffisance du langage humain pour exprimer tous les sentiments du cœur, cf. P. Jouanne, p. 126, et *Raphaël, Prologue :* « Rien n'est beau de ce qui est écrit; ce qu'il y a de plus divin dans le cœur de l'homme n'en sort jamais... ». *Le Désert,* v. 8 et la note du v. 7; *Dieu,* v. 15-16.

* ... *cinq ou six tragédies.* Comme épopée, on ne connaît guère que *Clovis;* en fait de tragédies, il écrivit *Saül* et *Médée,* ébaucha *Zoraïde* et *César ou la veille de Pharsale.*

* ... *un ou deux volumes d'élégies amoureuses...* Ce sont les *ludibria juvenilia* de la lettre à Vaugelas du 28 juin 1816.

Page 308

* *Dès que j'aimai...* Stylisant à l'excès l'histoire de sa vie sentimentale, Lamartine feint de n'avoir jamais *aimé* avant sa rencontre avec Julie Charles.

* ... *je les jetai au brasier...* On a déjà vu que cet autodafé est sans doute une simple fiction.

* ... *sans écrire un vers.* Nouvelle contrevérité, qui termine un paragraphe d'une extrême confusion.

* *... de ses propres sanglots.* Même idée dans la *Lettre-Préface* des *Recueillements poétiques :* « Il faut bien employer à quelque chose ce superflu de force qui se convertirait en mélancolie dévorante, en désespoir et en démence, si on ne l'exhalait pas en prose ou en vers! Béni soit celui qui a inventé l'écriture, cette conversation de l'homme avec sa propre pensée, ce moyen de le soulager du poids de son âme. Il a prévenu bien des suicides. »

Page 309

* *... un cri de l'âme.* Même idée que dans l'*Avertissement* de Genoude à l'édition originale de 1820.

* *Primum ipsi tibi !...* Horace, *Art poétique,* v. 102-103.

* *Trois jours après...* Chiffre fantaisiste. Le *duc de Duras* (1771-1838) était pair de France et premier gentilhomme de la Chambre des rois Louis XVI, Louis XVIII et Charles X. Joseph-Jérôme *Siméon* (1749-1842), beau-frère de Portalis, avait joué un rôle sous l'Empire, puis s'était rallié aux Bourbons : il devint ministre de l'Intérieur sous le second ministère Richelieu le 20 février 1820. Étienne-Denis *Pasquier* (1767-1862) servit de nombreux régimes et était ministre des Affaires étrangères dans le ministère Richelieu en 1820; c'est à ce titre qu'il signa la nomination de Lamartine à Naples.

* *... dans les courses à Versailles ou à Saint-Germain.* Ces affirmations sont contredites par les *Mémoires inédits*, pp. 239-249 : si Lamartine approcha d'assez près Louis XVIII lors de son service de garde du Corps, il ne semble pas que le souverain lui ait jamais adressé la parole, mais une fois, au musée du Louvre, il lui sourit...

Page 310

* *Le Constitutionnel* et *la Minerve...* C'est plus encore l'esprit libéral que l'esprit classique qui s'opposait aux *Méditations,* les deux étant d'ailleurs souvent confondus en la personne des disciples de Voltaire. *Le Constitutionnel* attaqua Lamartine dans son numéro du 25 août 1820 (voir aussi ceux des 20 novembre et 30 décembre de la même année). — *La Minerve* ici désignée n'est pas *La Minerve Française,* hebdomadaire rédigé par Benjamin Constant et Étienne de 1818 au 20 mars 1820, qui ne rendit pas compte des *Méditations,* mais *La Minerve Littéraire,* dirigée par Mme Dufrénoy, qui parut en 1821-1822 et dans laquelle Dupaty écrivit un article fort hostile au poète (Cf. Ch.-M. Des Granges, *La Presse Littéraire sous la Restauration,* pp. 256-257), déclarant notamment : « M. de La Martine a fait sans doute de beaux vers; mais il veut toujours paraître avoir rêvé sur une autre planète que la nôtre. Pourquoi s'attacher à ne rien dire comme tout le monde?... »

* *... j'étudiais mon métier...* Son *métier* de diplomate, le seul qu'il avoua jamais comme tel.

* ... *des lettres d'inconnus*... De nombreuses lettres d'*inconnus* existent en effet aux archives de Saint-Point.

* ... *comme Homère, Virgile, Racine, Voltaire*... C'est le rationaliste de 1849 qui cite *Voltaire* parmi les *poètes souverains;* mais le poète de 1820 avait effectivement été influencé, comme on l'a vu, par le philosophe dans sa formation intellectuelle et littéraire.

* ... *mes émules et mes contemporains.* A qui songe ici Lamartine? Peut-être à Victor Hugo (qui pourtant n'avait rien publié depuis la mort de sa fille) ou à Béranger, qui passait pour un génie éminent aux yeux de ses contemporains.

Page 311

* ... *ce serait une voix.* Cf. P. Jouanne, p. 325 : « L'artiste mène parallèlement deux vies, sa vie d'homme et sa vie de poète. » Lamartine le dit explicitement dans cette fin de paragraphe, dont on rapprochera ces vers de l'*Épître à M. A. Dumas (Recueillements poétiques) :*

> Oh! nous sommes heureux parmi les créatures,
> Nous à qui notre mère a donné deux natures,
> Et qui pouvons, au gré de nos instincts divers,
> Passer d'un monde à l'autre et changer d'univers!

* ... *sous deux âges et sous deux formes*... Sur cette idée qu'il existe *deux âges* pour la poésie, cf. *Adieux à la Poésie,* note du v. 76.

* ... *leur propre cœur ici-bas. David* était connu de longue date par Lamartine, grand admirateur des *Psaumes;* le nom du roi-poète revient souvent dans le *Cours familier de Littérature,* en particulier t. V, pp. 225-273, et t. VI, pp. 155-220.

Page 312

* *Une bonne tante de mon père*... Cette personne est difficile à identifier : G. Lanson cite Mme de Luzy, religieuse aux Ursulines de Mâcon, et que la Révolution avait dû chasser de son couvent; mais, comme elle était née en 1713, elle était bien âgée pour surveiller les jeux des enfants vers 1800! Alors, on peut penser que, par suite d'un lapsus ou d'une infidélité de mémoire, Lamartine a écrit *une tante de mon père* au lieu d'une *sœur :* le chevalier de Lamartine avait en effet trois sœurs : Sophie, Suzanne et Charlotte; ces deux dernières furent incarcérées sous la Terreur à Mâcon et à Autun; seule, l'aînée, un peu simple d'esprit, vécut à Milly, mais ne connut pas les prisons révolutionnaires. Les souvenirs du poète en 1849 devaient être assez imprécis au sujet de ses diverses tantes.

Page 313

* ... *les circonvolutions des soleils.* Sentiment comparable à celui exprimé dans *L'Homme,* v. 166-194; cf. note du v. 166.

Page 314

* ... *devant son Créateur*. Dans cette conclusion, le poète envisage donc de revenir à une inspiration qui, plus que les *Méditations*, rappellerait les *Harmonies poétiques*.

* *2 juillet 1849*. A cette date, Lamartine était à Paris, en proie à des difficultés de toutes sortes : si, en politique, sa réélection assez difficile, comme député du Loiret, puis de la Saône-et-Loire, allait le consoler médiocrement de son cuisant échec à la Présidence en décembre 1848, sa situation financière était la plus précaire, malgré la récente publication des *Confidences* et de *Raphaël* : il envisageait de liquider tous ses biens et de s'exiler hors de France (lettre à M. de Champvans, 27 juillet).

PRÉFACE DES SECONDES MÉDITATIONS

Page 315

* *A M. Dargaud*. Dans l'édition de 1860, la dédicace prend la forme : *A un ami, M. Dargaud*. — Né en 1800 à Paray-le-Monial (Saône-et-Loire), Jean-Marie Dargaud avait été élevé par un père voltairien et fut, dans sa jeunesse, le grand ami d'Edgar Quinet. C'est en 1831 qu'il fit la connaissance de Lamartine : leur amitié devint aussitôt très vive et dura autant que leur vie. Causeur brillant et fanatique de la philosophie du XVIIIe siècle, Dargaud eut une grande influence sur le poète, dont il devint en quelque sorte le maître en matière de rationalisme. Il a publié divers ouvrages notamment une *Histoire de Marie Stuart* (2 vol., 1850) et une *Histoire de la liberté religieuse en France et de ses fondateurs* (4 vol., 1859). Il mourut à Paris en 1866. Il avait reçu et consigné par écrit de nombreuses confidences de l'auteur des *Méditations* et ses *Souvenirs inédits* devinrent la propriété de Jean des Cognets, qui les a utilisés dans *La vie intérieure de Lamartine*.

* ... *Péripatétiquement*... A la manière des disciples d'Aristote, qui discutaient *en se promenant* et avaient pour cette raison été nommés *péripatéticiens*; cet adverbe rare se rencontre déjà chez Voltaire, qui l'avait peut-être créé (Littré).

* ... *les secondes étaient les secondes*. « Cette raison est plausible, mais n'explique pas tout à elle seule. Le public qui avait applaudi le « poète chrétien », le mélancolique amant d'une ombre, fut quelque peu déconcerté de retrouver, à trois ans de distance, ce même poète suivant l'aimable philosophie d'Horace, et célébrant pêle-mêle les félicités conjugales et les galants souvenirs. Malgré des beautés de détail supérieures parfois à celles des premières, les *Nouvelles Méditations* laissent une impression plus confuse et plus trouble : trop d'amours diverses y sont voisines » (J. des Cognets, *op. cit.*, pp. 134-135).

* ... « *enlève sa primeur à toute saveur* ». Cette formule résume assez bien l'idée centrale du chapitre *De la coutume et de ne changer aisément une loi reçue* (*Essais*, I, 23), mais ne paraît pas figurer chez Montaigne, qui écrit par exemple : « L'accoutumance hébète nos sens » ou encore « L'assuéfaction endort la vue de notre jugement ».

Page 316

* ... *pour la première fois dans les cieux ?* Le 21 novembre 1783 eut lieu la première ascension d'un aérostat monté par Pilâtre de Rozier et le marquis d'Arlandes, suivie le 1er décembre par celle de Robert et du physicien Charles, futur époux d'Elvire.

* ... *vingt-six ans*... Lamartine se trompait toujours sur son âge; mais ici il exagère son erreur habituelle en se donnant *vingt-six ans* alors qu'il en avait trente-trois !

* ... *contre une récidive*... L'écrivain souligne le mot *récidive* non parce qu'il s'agit d'un néologisme, mais plutôt pour insister sur l'emploi ironique du vocable dans cette phrase.

Page 317

* ... *à peu près quinze ans*. On voit mal à quoi correspond ce chiffre : *quinze ans* après leur parution, les *Nouvelles Méditations* connurent-elles un tel renouveau? Rien ne l'indique. A cette époque (vers 1838?), le succès littéraire du poète était dû surtout à *Jocelyn*, publié en février 1836.

* ... *la génération lisante de 1821*... Encore un chiffre bien approximatif : on attendrait *1820* ou *1823!*

* ... *par une faveur ou par une défaveur alternative*. Remarque sans doute particulièrement amère sous la plume de l'homme politique déchu de 1849, après ses triomphes du début de 1848.

Page 318

* ... *entre des ruines et des chimères*... Évidente allusion aux événements du premier semestre 1848, durant lesquels Dargaud avait été officieusement, mais de fort près, associé à l'action politique de son ami.

Page 319

* ... *l'arche sépulcrale*... Le *tombeau* de la famille Lamartine (où reposaient déjà la mère et les enfants du poète) comporte en effet une *arche* (ou voûte) gothique et, dans le petit cimetière qui entoure l'église de Saint-Point, est appuyé au mur qui clôture le parc du château, se trouvant ainsi *à l'extrémité des jardins*.

* ... *umbra refrigerii*... Expression d'allure biblique, mais qui ne se trouve nulle part dans les *Écritures :* le mot *refrigerium* y figure six fois (en particulier *Psaumes*, LXV, 12; *Livre de la Sagesse*, II, 1 et IV,

7) et le vocable *umbra* y est fort fréquent. Il semble que Lamartine ait forgé *umbra refrigerii* par antithèse à *umbra mortis*, formule dont on trouve une quinzaine d'exemples dans la Bible, spécialement au *Livre de Job* et dans les *Psaumes*.

* *3 juillet 1849*. Si ce chiffre est exact, la *Préface des Nouvelles Méditations* aurait été écrite le lendemain de celle des *Premières*. Probablement ne s'agit-il que de dates marquant la révision finale des deux textes.

COMMENTAIRES DE LAMARTINE SUR LES MÉDITATIONS

NOTE

Page 323

* *Le baron de Nanteuil a dit excellemment à ce sujet ... Revue Bleue,* 1938, p. 422.

Page 324

* ... *aucun commentaire...* Celui-ci fait aussi défaut pour deux pièces parues à cette date ou antérieurement : *Invocation,* vingtième des *Premières Méditations,* et *Le Papillon,* neuvième des *Nouvelles.*

COMMENTAIRES DES PREMIÈRES MÉDITATIONS

L'ISOLEMENT

Page 325

* ... *était dans le ciel. Nostra autem conversatio in coelis est* (Saint Paul, *Aux Philippiens,* III, 20).

* ... *un volume de Pétrarque.* On possède en effet un exemplaire des *Rime* de Pétrarque (2 vol. in 32, Londres, G. Boschini, 1809-1810) qui fut donné par Valentine de Cessiat à Émile Ollivier et se trouve maintenant au Musée Carnavalet à Paris. Sur les pages blanches, les gardes et les marges de ces volumes, Lamartine a crayonné diverses esquisses : l'une d'elles (t. II, p. 150), inspirée par le sonnet CCLX du poète italien, fut publiée, avec quelques arrangements, dans un petit recueil, intitulé *Épîtres* (Paris, U. Canel, 1825); c'est *Le Retour :*

Vallon rempli de mes accords,
Ruisseau dont mes pleurs troublaient l'onde,
Prés, colline, forêt profonde,
Oiseaux qui chantiez sur ces bords,

Zéphir qu'embaumait son haleine,
Sentiers où sa main tant de fois
M'entraînait à l'ombre des bois,
Où l'habitude me ramène :

Le temps n'est plus ! mon œil glacé,
Qui vous cherche à travers ses larmes,
A vos bords, jadis pleins de charmes,
Redemande en vain le passé !

La terre est pourtant aussi belle,
Le ciel aussi pur que jamais !
Ah ! je le vois, ce que j'aimais,
Ce n'était pas vous, c'était elle !

« C'est déjà le thème de *L'Isolement,* écrivait L. Séché (p. 144), et je ne serais pas étonné que ces quatre strophes en aient été la première version ». En réalité, comme les autres vers tracés sur le volume de Pétrarque furent écrits en 1824, il semble fort vraisemblable que *Le Retour* date de la même année et que, loin d'être le germe de la méditation, il est une reprise de son thème. On connaît l'influence de l'amant de Laure sur Lamartine, qui le citait déjà en septembre 1810 en épigraphe à une lettre à Virieu et le lisait dans le texte original trois ans plus tard (au même, 28 mars 1813); mais l'édition londonienne qui a été conservée ne porte aucune trace de *L'Isolement.* — Sur *Pétrarque,* cf. aussi *Cours familier de littérature, passim* et surtout t. VI, pp. 2-155, où s'exprime une grande admiration pour « le David du Vaucluse », « situé au sommet des génies parfaits de sensibilité, de style, d'harmonie et d'équilibre ».

* ... *sa retraite dans les collines euganéennes...* A la fin de sa vie, Pétrarque se retira au village d'Arqua, près de Padoue, au milieu des monts Euganéens, petit système de collines volcaniques qui culminent à 586 mètres et doivent leur nom à un ancien peuple des bords de l'Adriatique qui y avait été refoulé par les Celtes.

Page 326

* ... *selon l'expression de M. D*** à Raphaël.* Cf. *Raphaël,* LXXXIII.

Page 327

* ... *l'image de mon âme.* Cf. *Confidences,* IX, 15 : « Sa parole écrite est comme un miroir dont (l'homme) a besoin pour se connaître lui-même... »

* ... *Droit de primogéniture* est une expression fort impropre : un bon nombre de *Méditations* sont d'une composition antérieure à *L'Isolement.*

L'HOMME

Page 328

* ... *un poème facétieux.* Lamartine désigne ainsi le *Don Juan* de Byron (1819-1824), que son auteur appelait lui-même en sous-titre *une satire épique;* cet ouvrage fantaisiste, écrit dans l'esprit sarcastique et ironique du XVIIIe siècle, est parfois regardé comme le chef-d'œuvre du poète anglais; mais le grave Lamartine lui préférait *Le Pèlerinage de Childe Harold, Lara, Manfred,* dont les sombres tonalités et les outrances romantiques s'accordaient mieux à sa mélancolie personnelle.

* ... *un crime irrémissible de sa patrie contre lui.* Il s'agit de la critique de ses *Hours of Idleness* par la *Revue d'Édimbourg* en janvier 1808.

* ... *en maudissant sa terre natale.* Byron prit la parole trois fois en tout à la Chambre des Lords : les 27 février et 21 avril 1812 et le 1er juin 1813. Il ne quitta l'Angleterre que le 25 avril 1816. Lamartine, sans doute par pudeur, ne parle pas des scandales domestiques, en particulier son inceste avec sa demi-sœur Augusta Leigh, qui furent à l'origine de son exil volontaire et définitif.

* ... *qui revenait d'Angleterre en 1819.* Détail sans doute fantaisiste : cet *ami* n'a jamais été identifié...

Page 329

* *Je devins ivre de cette poésie.* Rapportant cette phrase, E. Estève (p. 65) déclare que son contenu « doit être pris à la lettre et résume, sans la moindre hyperbole, l'impression de toute la génération de 1820 ». Des fragments de Byron ont paru dans la *Bibliothèque Universelle* de Genève en 1817, 1818 et 1819; en juin-septembre 1819, le *Lycée Français* en donna d'autres.

* ... *si différente de la poésie de la France.* Cf. *Nouvelles Confidences,* I, 45 : « C'est à cette époque que j'écrivis la méditation à lord Byron, dont les poésies étaient venues en fragments traduits de journaux en journaux jusqu'à Milly. C'est dans ce même automne que j'écrivis sept ou huit méditations... Quand mon père, qui aimait beaucoup les vers, mais qui n'avait jamais compris d'autre poésie que celle de Boileau, de Racine et de Voltaire, entendit ces notes si étranges à des oreilles bien disciplinées, il s'étonna et se consulta longtemps lui-même pour savoir s'il devait approuver ou blâmer les vers de son fils. Il était de sa nature hardi de cœur et timide d'esprit; il craignait toujours que la prédilection paternelle et l'amour-propre de famille n'altérassent son jugement sur tout ce qui le touchait de près. Cependant, après avoir écouté la méditation de *Lord Byron* et la méditation du *Vallon,* un soir, au coin du feu de Milly, il sentit ses yeux humides et son cœur un peu gonflé de joie. « Je ne sais « pas si c'est beau, me dit-il, je n'ai jamais rien entendu de ce genre; « je ne puis pas juger, car je ne puis comparer; mais je puis te dire « que cela me remplit l'oreille et que cela me trouble le cœur. » Insensiblement, il s'habitua à ces cordes nouvelles de la poésie moderne, car il était trop sincère pour se faire des systèmes contre ses impressions. »

Page 330

* ... *la fièvre le couche à Missolonghi...* La disparition de Byron, tué par la maladie le 19 avril 1824 dans Missolonghi que menaçaient les Turco-Égyptiens, « fut avec le départ de Chateaubriand du ministère le grand événement de l'année » (E. Estève, p. 118). Victor Hugo la déplora, dans La *Muse française* de juin, « comme une calamité domestique » et on lit dans *Le Manuscrit de ma Mère,*

CXXII : « Je suis allée annoncer cette dernière mort à mon fils, tout émue et toute tremblante comme si c'était un malheur personnel; peut-être un jour une mère tremblera-t-elle comme moi en annonçant à son fils la mort du mien. »

A ELVIRE

Page 331

* ... *quelques-unes de ces pièces...* Cette intervention providentielle d'amis anonymes est à comparer avec celle invoquée dans le Commentaire de *L'Ange*. De pareilles affirmations sont incontrôlables et probablement imaginées. Sur les vers brûlés, cf. le Commentaire du *Golfe de Baya*.

LE SOIR

* ... *au château d'Urcy...* Sur ce château, voir la première note du Commentaire des *Étoiles*.

* ... *dans la dissipation du cardinal de Bernis*. François-Joachim de Pierre de Bernis (1715-1794) commença comme abbé de cour et de salon : il composait des vers galants et fut à ce titre surnommé *Babet la bouquetière*. Protégé de Mme de Pompadour, il négocia le renversement des alliances et le traité austro-français de 1756, et devint secrétaire d'État aux Affaires étrangères jusqu'en 1758. Promu cardinal, il fut ambassadeur de France à Rome (1769-1791) et, à ce titre, négocia la suppression des Jésuites en France; prélat fastueux, ami de Voltaire, il avait beaucoup de finesse, mais sa désapprobation de la Constitution Civile du Clergé amena sa disgrâce et il mourut dans la pauvreté.

Page 332

* ... *pour y couvrir sa mémoire de mes bénédictions*. Sur l'abbé Jean-Baptiste de Lamartine, oncle du poète, mort le 8 avril 1826, cf. *Confidences*, II, 2; *Nouvelles Confidences*, I, 47-48; *Cours familier de Littérature*, t. IV, p. 453 et t. V, p. 173; et aussi P. de Lacretelle, *Les Origines et la Jeunesse de Lamartine*, pp. 124-127. Sur la vente de Montculot en 1831, voir Ed. Drouot, *Un chapitre de la vie de Lamartine. Monculot-Urcy*(Paris, Gamber, 1932), pp. 46 et suiv.

L'IMMORTALITÉ

* ... *une longue contemplation...* Lamartine appelait aussi *contemplation* la méditation *La Foi* dans une lettre à Mme de Raigecourt du 24 janvier 1819.

* ... *à la complète résignation.* Les idées développées dans ces quelques lignes se retrouvent dans *Consolation,* v. 1-12.

* ... *toute foi est une espérance.* Le poète écrivait déjà à Mlle de Canonge, le 8 novembre 1817 : « Mes *espérances* dans un avenir inconnu, mais meilleur, sont une conviction pour moi. » Le mot *espoir* sert aussi de clausule à l'*Hymne de la Mort* et à *Éternité de la Nature, Brièveté de l'Homme (Harmonies poétiques).*

LE VALLON

* ... *aux environs du Grand-Lemps...* Le Grand-Lemps, chef-lieu de canton de l'Isère, entre La Côte-Saint-André et Voiron, sur la ligne de chemin de fer de Grenoble à La Tour-du-Pin : Aymon de Virieu y possédait une résidence, au milieu même de l'agglomération; le village de Virieu, dont sa race tirait son nom, est à une douzaine de kilomètres au nord-est; le château ancestral de Virieu ne rentra dans la famille qu'en 1876; celui de Pupetières, sis à une lieue au sud de Virieu, dans la vallée de la Bourbre, avait été ruiné en 1793 et fut restauré en partie par l'ami de Lamartine; c'est à sa proximité que se trouve la vallée Férouillat (P. Berret, *art. cit.*).

* ... *mon ami Aymon de Virieu.* Sur lui, voir la deuxième note du *Passé.*

Page 333

* ... *aux cris des bergers.* A mi-chemin entre Pupetières et Le Grand-Lemps, la carte Michelin indique en effet un lieu dit *Le Lac.* On ne saurait révoquer complètement en doute l'incident rapporté ici, mais il est difficile de le dater, car Lamartine fit de nombreux séjours chez Virieu; comme celui-ci était très mal portant en juin-juillet 1819 (cf. au comte de Saint-Mauris, 26 juin : « les inquiétudes que nous donne souvent la santé d'Aymon... son état de faiblesse... »; à Mlle de Canonge, 27 juin : « la santé de mon ami (nous donne) de vives alarmes sur l'état de sa poitrine »), M. Berret doute avec raison qu'il ait pu, à ce moment-là, sauver le poète de la noyade; le critique rapporte l'événement à 1817, année où Alphonse passa au Grand-Lemps la seconde quinzaine de septembre, mais il affirme sans raison que c'est alors que fut écrit *Le Vallon.*

* ... *entre les berceaux de ses enfants.* Virieu n'avait que cinquante-trois ans lorsqu'il mourut; son fils aîné, né en 1827, était le filleul de Lamartine.

LE DÉSESPOIR

* ... *celles d'un autre cœur.* Passage obscur : l'auteur semble parler de tortures morales qui seraient provoquées par une simple absence, alors que la cause principale de son désespoir était la mort de

Mme Charles; mais en 1849, il avait peut-être oublié que la méditation fut écrite en 1818 et en reportait la composition à l'année antérieure, où il avait souffert d'être séparé d'Elvire à partir du mois de mai, en rêvant longtemps de retrouvailles qui n'eurent point lieu.

Page 334

* *Une nuit...* On a vu que le poète avait tâtonné durant plusieurs mois avant de parfaire son poème; mais il aimait, romantiquement, à faire croire à la création spontanée de ses œuvres au cours d'irrésistibles crises d'inspiration. — Il faut noter le caractère vague et général des affirmations contenues dans cet alinéa et qui sont, en gros, valables pour les années 1816-1820.
* ... *d'autres strophes plus acerbes, plus insultantes, plus impies.* Ces *strophes retranchées* semblent bien être imaginaires : il n'en est aucune trace sur le *Carnet de Maroquin Rouge.* L'influence de *Byron* est possible; Ed. Estève (p. 322) l'admet et cite un passage de l'article du *Constitutionnel* des 13, 14, 18 octobre 1865, consacré au poète anglais; Lamartine y revient sur la composition de *L'Homme,* qu'il place par erreur en 1818, année où l'auteur des *Méditations* lut *Childe Harold :* « Le poème m'était parvenu un soir : je n'attendis pas le jour suivant pour le lire. C'était une sombre nuit des derniers jours d'octobre... Tout reposait à la maison; je n'entendais que la respiration de mon chien couché à mes pieds sur la natte, ou plutôt je n'entendais rien que le poète dont cette nuit et ce silence recueillaient ainsi la voix entre lui et moi... L'aube du jour, quoique tardive en cette saison, me trouva anéanti d'émotion sur ces pages. Toutes les fibres de ma propre imagination tremblaient à l'unisson de celles du poète. Je m'endormis de lassitude quelques heures, la tête sur le volume comme sur le sein d'un ami. A mon réveil, j'écrivis presque d'un seul jet l'apostrophe à Lord Byron qu'on lit dans les *Méditations poétiques :* « Malheur à qui du fond de l'exil de la vie... » Comme il est certain que *L'Homme* fut composé en septembre 1819, Estève pense que ces lignes peuvent se rapporter au *Désespoir,* repris et achevé sous l'impression de cette première lecture de *Childe Harold :* l'hypothèse, pour invérifiable qu'elle soit, n'est pas sans vraisemblance.

LA PROVIDENCE A L'HOMME

* ... *la Providence à l'Homme.* Parce que *La Providence* paraît avoir été écrite à Montculot (cf. la lettre à M. de Saint-Mauris) et parce qu'il n'est rien dit de cette intervention de Mme de Lamartine dans *Le Manuscrit de ma Mère,* P. de Lacretelle (*Les Origines et la Jeunesse de Lamartine,* p. 109) estime que cette affirmation du Commentaire de 1849 est une pieuse invention. C'est possible; mais on ne doit pas méconnaître le désir qu'Alphonse eut toujours de complaire à sa mère : si celle-ci eut connaissance de l'*Ode au Malheur* (non

au moment de l'impression des *Méditations,* mais à la fin de 1818 ou au début de 1819), il n'est pas douteux qu'elle en aura été scandalisée et que ses remarques peuvent, pour une part, être à l'origine de *La Providence.*

SOUVENIR

Page 335

* *Pendant six ou huit mois...* Cette *première grande douleur* étant la mort de Mme Charles, intervenue le 18 décembre 1817, il semblerait donc que Lamartine ne se remit à la poésie qu'en juin ou même août 1818 : or il écrivait à Virieu dès le 23 janvier : « Je viens de finir à l'instant un acte entier de *Saül* », tragédie à laquelle il travaillait encore le 6 février et dont il acheva le cinquième acte entre le 27 mars et le 16 avril; le 30 de ce dernier mois, il songeait à deux autres pièces, *Médée* et *Zoraïde,* et, le 11 mai, à son épopée de *Clovis;* il mentionne encore *Saül* (dont la dédicace est datée du 1er mai) le 10 juin, tout en déclarant qu'il vient de trouver un nouveau sujet, *César ou la Veille de Pharsale;* enfin, en juillet, il reviendra à la poésie personnelle en concevant « une ode intitulée *Le Malheur* ».
* ... *le château de mon oncle à Urcy.* Cf. les première et deuxième notes du Commentaire des *Étoiles* et la note du v. 9 du *Soir.*

ODE

* ... *un jeune homme de vingt ans.* Lamartine avait vingt-sept ans quand il conçut l'*Ode aux Français.*
* ... *le Génie du Christianisme, de M. de Chateaubriand...* Il connaissait le *Génie* dès son séjour au collège de Belley (1804-1807) : son professeur de français, le P. Béquet en lisait à ses élèves des extraits tirés probablement de l'*Abrégé... à l'usage de la jeunesse,* publié en deux volumes in-12 par la Société Typographique de Paris (avril 1804) : cette « édition chrétienne » était amputée d'*Atala* et de *René;* mais on sait que Mme de Lamartine avait acheté le *Génie* complet dès 1803 et il n'est pas douteux que son fils put le compulser à Milly lors de ses vacances scolaires (M. Levaillant, *Œuvres choisies,* p. 33, note 2). De plus il relut Chateaubriand avec passion après avoir quitté Belley (*Confidences,* VI, 5 et lettre à Virieu, 21 octobre 1809). Il est assez curieux de noter que le poète nomme Chateaubriand uniquement dans le Commentaire de l'*Ode,* pièce extrêmement traditionnelle, alors qu'il aurait pu invoquer le patronage de son illustre aîné à propos d'autres méditations beaucoup plus originales.

Page 336

* ... *la raison de l'homme.* C'est ici le Lamartine idéaliste et rationaliste d'après 1830 qui s'exprime.

L'ENTHOUSIASME

* *Cette ode est du même temps.* Du même temps que l'*Ode aux Francais,* dont le Commentaire précède celui de *L'Enthousiasme* dans l'Édition des Souscripteurs de 1849; en réalité la première est de 1817, la seconde, mises à part ses deux premières strophes, de 1819.

* *Je l'écrivis un matin à Paris...* Affirmation inexacte, lorsqu'on se souvient des difficultés qu'éprouva Lamartine pour élaborer son ode et qui transparaissent dans les nombreuses variantes de son manuscrit.

* ... *l'hôtel du maréchal de Richelieu... que j'habitais alors.* Cet hôtel, construit en 1707, ne devint celui du maréchal de Richelieu qu'en 1757. Aymon de Virieu y résidait et il y accueillit son ami en 1816-1817, lorsque celui-ci vint à Paris pour revoir Mme Charles (*Raphaël,* LIX; *Cours familier de Littérature,* t. XXVII, pp. 292-295; *Souvenirs et Portraits,* I, pp. 59 et 90); il occupait alors « une chambre basse, située au-dessus de la loge du concierge »; lorsqu'il y revint en 1819, il habita « une mansarde au-dessus des grands appartements donnant sur le jardin qui s'étendait alors jusqu'au boulevard. Ces appartements conservaient dans les marbres des cheminées, dans les encadrements dorés, et dans les dessus de portes par Watteau, les traces d'une élégance et d'une opulence en contraste avec leur destination actuelle ».

* ... *le poète inconnu.* Il est difficile de préciser quels étaient ces *poètes classiques :* bien qu'inédit, en 1819, Lamartine était connu à Paris depuis deux ans; l'un des premiers qui semblent l'avoir rencontré fut Charles Brifaut (voir le passage des *Œuvres* de celui-ci, cité par L. Séché, pp. 210-212).

* *C'est M. Rocher...* Dans le manuscrit et dans la lettre à Virieu du 16 mars 1819, la pièce porte en effet la suscription *Ode à M. R.* qui ne se trouve dans aucune des éditions. Joseph Rocher, né à La Côte-Saint-André (Isère) en 1794, rencontra Lamartine pour la première fois en février 1816 : juriste fort cultivé, il avait fait ses études à Grenoble et s'adonnait par goût à la poésie; il fréquentait le duc de Rohan, Lamennais, Genoude et, selon le témoignage de Sainte-Beuve (*Portraits contemporains,* I), « prêtait quelquefois son appartement de la rue Saint-Dominique à Lamartine pour des déjeuners de jeunesse ». En 1821, il présenta une *Ode sur les Troubles actuels de l'Europe* à l'académie des Jeux Floraux de Toulouse, dont le recueil publie cette année-là son poème sur l'*Immortalité de l'Ame,* « comparable aux meilleurs vers de Fontanes récités sous les chênes de Fontainebleau et restés dans la mémoire de Chateaubriand », écrira beaucoup plus tard Alphonse dans ses *Souvenirs et Portraits,* III, pp. 15-16. Rocher fit une brillante carrière dans la magistrature comme subsitut à Valence (1821), juge à Melun (1823), conseiller à la Cour de Grenoble (1827) et de Lyon (1829), puis à

la Cour de cassation (1830); nommé membre du Conseil supérieur de l'Instruction publique en 1852, il devint recteur de l'académie de Toulouse en 1856; mis à la retraite en 1863, il mourut en janvier 1864 dans sa ville natale. Son amitié pour Lamartine dura aussi longtemps que sa vie. Sur lui, cf. L. Séché, pp. 214-220 et 250-254; Mgr Bellet, *Souvenirs dauphinois sur Lamartine,* Valence, 1916, pp. 144-156; Ed. Biré, *Victor Hugo avant 1830*, pp. 133-135.

LA RETRAITE

* ... *MM. de Virieu, Vignet*... Louis de Vignet n'accompagnait point, semble-t-il, ses deux amis.

* ... *les rochers d'une petite île*... Châtillon se dresse sur un promontoire de la rive nord-est du lac.

Page 337

* ... *Mon lac et mon château.* Le titre exact est *Mon roc et mon château.*

* .. *un batelier qui allait à Seyssel*... Pour aller par bateau à Seyssel, sur le Rhône et à dix-huit kilomètres au nord de Châtillon, il faut effectivement passer au pied du château et emprunter le canal, proche de celui-ci, reliant le lac du Bourget au fleuve; mais l'auteur ne recourut nullement à l'intermédiaire d'un pêcheur pour acheminer ses vers : ce détail est imaginaire, comme aussi l'incognito poétique qu'il aurait gardé durant sa visite.

LE LAC

* ... *l'histoire de* Raphaël, *publiée par moi. Raphaël* parut pour la première fois en 1849, peu de temps avant l'Édition des Souscripteurs qui contient les Commentaires des *Méditations;* achevé au début de décembre 1847, le roman devait, selon une prévision première, contrariée par les événements politiques que l'on sait, être publié en mars 1848 (au marquis de La Grange, 12 décembre 1847).

* ... *une touchante traduction en notes.* Né à Nyon (Suisse), Louis Niedermeyer (1802-1861) fit ses études musicales en Autriche et en Italie. Il vint pour la première fois à Paris en 1823, mais ne s'y installa définitivement qu'en 1830. Auteur d'opéras, il se spécialisa surtout dans la musique religieuse et composa également de nombreuses romances. Si *L'Isolement, L'Automne, Invocation* et *Le Soir* l'inspirèrent, est surtout connue la mélodie qu'il a écrite pour *Le Lac.* Selon la *Vie d'un compositeur moderne,* publiée par son fils en 1893, celle-ci était déjà composée en 1825, mais il ne put alors la faire éditer par Pacini, qui venait de graver une œuvre de l'Italien Balocchi sur le même texte; finalement (sans doute en 1827 ou 1828) *Le Lac* de Niedermeyer vit le jour et obtint un grand succès qui fut durable.

Lamartine, qui appréciait cette œuvre, l'a reproduite (avec la musique de *L'Isolement*) en six planches au tome I de l'édition de ses *Œuvres complètes*, illustrées, procurées en treize volumes par les éditeurs Gosselin et Furne de 1836 à 1840.

Page 338

* ... *de beaux vers portent en eux leur mélodie.* En réalité, initialement, poésie et musique semblent avoir été toujours associées : le lyrisme de la Grèce entre autres en fournit la preuve; leur séparation dut être assez tardive et correspondit probablement à l'introduction d'une forme plus oratoire dans l'art des vers, les artifices de la rhétorique ayant en partie remplacé le support de la mélodie. Depuis le Symbolisme, qui condamna l'éloquence (voir *L'Art poétique* de Verlaine), de nouveau musique et poésie ont été fréquemment réunies.

LA GLOIRE

* ... *que j'aie écrit*... Affirmation toute gratuite sous la plume d'un poète qui composait des vers depuis le collège!

* ... *un pauvre poète portugais appelé Manoël.* Son nom était Francisco Manuel do Nascimento et il était aussi connu sous le pseudonyme de Filinto Elysio.

* ... *et m'apprenait à admirer Camoëns.* Luis de Camoëns (1525-1580) a chanté dans *Les Lusiades* l'expédition de son compatriote Vasco de Gama vers les Indes orientales. Allant lui-même de Goa à Macao (en Chine), il aurait fait naufrage et échappé de peu à la mort en nageant jusqu'à la côte. Lamartine l'appelle « le poète de la curiosité et de l'audace de l'homme à achever la conquête du globe terrestre,... le chantre épique de la grande navigation, comme Homère est le chantre de la petite » (*Cours familier de Littérature*, t. II, pp. 372-373).

* ... *Amours et Larmes.* Cf. la méditation intitulée *Ferrare*, v. 4.

ODE SUR LA NAISSANCE DU DUC DE BORDEAUX

Page 339

* ... *pour son second exil.* Voir le récit de cet événement dans les *Confidences*, XI, 2.

* ... *à la cour de France*... Affirmation complètement fausse : Lamartine avait-il vraiment oublié l'insuccès de son ode auprès de la famille royale et de la cour, ou bien voulait-il simplement le taire? On ne saurait rien en dire...

* ... *maudire ce que j'avais béni.* Lamartine envoya sa démission de secrétaire de légation au comte Molé le 19 septembre 1830 et s'en expliqua à Virieu dans sa lettre du 21. Au ministre des Affaires étrangères, il se déclarait « prêt à prêter librement et volontairement le serment de fidélité au Roi des Français et à accepter du prince et du pays tous les devoirs que ce serment impose aux jours de péril »; mais il renonçait, disait-il, à ses fonctions diplomatiques « par des motifs de convenance et de situation tout personnels ». En plein conseil, Louis-Philippe déclara : « Voilà enfin une démission donnée d'une manière honorable, digne et délicate! » En fait, au lendemain des Trois Glorieuses, qui auraient pu, à ses yeux, aboutir à une redoutable anarchie sous le nom de république, son état d'esprit était plein d'incertitude. « Il croyait à la Liberté, écrit le marquis de Luppé (p. 134), condamnait la politique de Charles X, mais ne respectait pas son successeur, tout en s'estimant heureux qu'il se fût trouvé là : complexe commun à bien de ses contemporains et qui a pesé pendant dix-huit ans sur la Monarchie de Juillet. »

* ... *envers leur puissance.* Lorsque Louis-Philippe eut abdiqué et que la République, seconde du nom, fut proclamée le 24 février 1848, Lamartine et les membres du Gouvernement Provisoire firent tout pour permettre à l'ex-roi et aux siens d'aller s'embarquer en Normandie vers l'Angleterre : le poète « fit préparer une voiture de voyage et pria les commissaires qu'il avait avertis de se tenir prêts à partir au premier signal pour aller faire aux exilés du trône le cortège de sûreté et de respect que le gouvernement leur destinait »; ces commissaires étaient au nombre de trois : le petit-fils de La Fayette, avec M. de Champeaux et M. Dargaud, « amis particuliers de Lamartine, hommes d'intelligence et de courage, tous les deux dévoués de cœur à leur mission et initiés aux intentions de cette sauvegarde au malheur » (*Histoire de la Révolution de 1848,* Paris, Perrotin, 1849, I, pp. 431-432, texte repris dans les *Mémoires politiques,* 1863, I, p. 448).

Page 340

* ... *sur un trône.* Si jamais le duc de Bordeaux, devenu comte de Chambord, lut ces lignes, il est douteux qu'il les ait appréciées. En effet, s'il s'était marié en novembre 1846 avec la fille aînée du duc de Modène et vivait en simple particulier au château autrichien de Frohsdorff, près de Vienne, il n'en était pas moins officiellement prétendant au trône de France depuis 1843 et s'était même approché de le frontière lors des événements de 1848. Peu après le second voyage de Lamartine en Orient (juin-août 1850), un de ses compagnons de navigation, son ami le baron de Chamborant de Périssat visita l'héritier des Bourbons en sa résidence étrangère; il avait reçu mission de lui exposer les sentiments exacts de l'écrivain envers la Légitimité; dans le document qu'il avait rédigé à l'usage de son ambassadeur officieux, il déclarait notamment : « Jeune et poète, j'avais exprimé dans mes premiers vers mes vœux pour le berceau

de cet enfant d'un prince assassiné. Je l'avais appelé *l'enfant du miracle.* Ce nom lui est resté. Je demeurai dix-huit ans fidèle à ces antécédents de ma jeunesse. Je ne voulus, à aucun prix, entrer au service de la dynastie nouvelle. Je donnai ma démission... » Mais ses explications ne laissaient pas d'être assez embarrassées, notamment lorsqu'il essayait de montrer qu'en 1848, il avait préféré fonder la République, plutôt que donner à Henri V un trône « qui était à lui », mais que d'autres auraient pu lui disputer, ou quand il affirmait qu'il s'était « attaché au droit républicain, fût-il même contraire à (ses) sentiments privés pour Henri V ». Sa casuistique n'était guère convaincante; elle dut même irriter l'exilé de Frohsdorff, bien que M. de Périssat affirme que toujours « il parla de Lamartine avec l'intérêt le plus vif et le tact le plus parfait » (Cf. Chamborant de Périssat, *Lamartine inconnu,* Paris, Plon, 1891, pp. 51-59). Mais cela n'était sans doute que politesse de cour et bientôt les monarchistes en usèrent autrement envers l'illustre écrivain qui, dans son édition de 1860, augmenta son Commentaire des lignes suivantes, supprimées du reste dès celle de 1866 : « Ce prince et son parti ont reconnu ma fidélité d'honneur à leur cause et à leur malheur par des procédés injurieux qui m'ont percé le cœur. Je leur rends à présent en indifférence ce qu'ils ont déversé sur moi en injures et en calomnies. »

LA PRIÈRE

* ... *la forme poétique.* Cf. *Des Destinées de la Poésie (Revue des Deux Mondes,* 15 mars 1834) : « Qu'est-ce que la poésie? Comme tout ce qui est divin en nous, cela ne peut se définir ni par un mot, ni par mille. C'est l'incarnation de ce que l'homme a de plus intime dans le cœur et de plus divin dans la pensée... C'est la langue complète, la langue par excellence qui saisit l'homme dans son humanité tout entière, idée pour l'esprit, sentiment pour l'âme, image pour l'imagination et musique pour l'oreille!... Elle est la langue de tous les âges de l'humanité... »

* ... *le nom de Verbe ou de Logos...* Allusion à l'*Évangile selon saint Jean,* I, début.

* ... *du génie de J.-J. Rousseau.* Lamartine était venu pour la première fois à Chambéry en juillet 1811 et, en compagnie de son ami Aymon de Virieu, il avait alors visité les Charmettes; à l'occasion de ce voyage, il avait aussi renoué amitié avec son ancien condisciple Louis de Vignet. Il y revint en 1815 et 1817 (cf. *Adieu,* première note et note du v. 62); mais ici il ne peut s'agir que du séjour qu'il fit en deux fois, au début et à la fin de juillet 1819, chez sa sœur Césarine, mariée au Chambérien Xavier de Vignet. Voir G. Roth, pp. 16-24, 48-67, 181 et suiv.).

LA FOI

Page 341

* *...Mme la marquise de Raigecourt...* Fille de Mme de Causans, qui était dame d'honneur de Madame Élisabeth, la comtesse de Vincens, chanoinesse de Metz, avait été elle-même attachée à la sœur de Louis XVI et cette princesse l'avait dotée en la mariant au marquis de Raigecourt. Elle eut trois enfants : un fils, mort tout jeune en 1785, une fille née en 1791 et qui devint Mme de Beufvier, puis, après l'Émigration, un fils Raoul, qui fut pair sous Louis-Philippe. Au temps de la Restauration, son salon de la rue de Bourbon, à Paris, était fréquenté par la société légitimiste et catholique. Lamartine lui fut présenté par Aymon de Virieu en 1818 et elle joua un grand rôle pour favoriser les débuts du poète dans la diplomatie; elle mourut en 1832, et l'écrivain s'en montra fort affecté : « Mon cher Raoul, écrivait-il au fils de la défunte le 21 mars 1832, le coup qui vous a frappé m'atteint bien sensiblement aussi. Vous savez que, lorsque vous n'étiez qu'un enfant encore, j'étais déjà comme un fils pour votre admirable mère, qu'elle me traitait et me dirigeait comme elle eût fait vous-même... » — Sur leurs relations, voir, outre trente-quatre lettres réparties dans la Correspondance du 24 janvier 1819 au 20 décembre 1831, *Cours familier de Littérature,* t. II, pp. 266-268, et t. XXVII, pp. 249-259.

* *... une tragédie sacrée que j'avais écrite alors... Saül,* dont il lui disait le 24 janvier 1819 : « Vous êtes trop bonne d'avoir encore pensé à *Saül* pendant ces vilains jours. N'y pensez plus, et qu'il soit comme s'il n'était pas. Il m'a procuré le bonheur de vous connaître, cela vaut plus qu'il ne m'a coûté. »

* *... je les envoyai à Mme de Raigecourt...* Dans la lettre qui précède, il adressait les douze derniers vers de *La Foi;* si véritablement il envoya à Mme de Raigecourt la totalité de la pièce, c'est dans une missive ultérieure et qui ne nous est pas parvenue.

LE GÉNIE

* *Je ne connaissais M. de Bonald que de nom...* En fait, il avait rencontré M. de Bonald en personne lors de son séjour à Paris, de janvier à mai 1817; Julie Charles avait présenté le poète au philosophe qui hantait son salon : « Je fus frappé et attiré par sa noble figure de gentilhomme de campagne qui me rappelait celle de mon père » *(Cours familier de Littérature,* t. II, p. 272-273*)*. Mais les allusions aux œuvres de Bonald dans *Le Génie* sont si générales que Lamartine pouvait n'en avoir rien lu.

Page 342

* *... sur les grandes routes de l'Allemagne.* Cf. *Cours familier,* t. I, p. 223 : « M. de Bonald, gentilhomme philosophe du Rouergue, menant à

pied ses petits-enfants par la main sur les grandes routes de la Hollande, et méditant sa *Législation primitive*, théocratie biblique et absolue inventée en haine et en vengeance de notre terrorisme...» — Ces deux passages font allusion à la vie de Bonald durant l'Émigration.

* ... *les strophes qu'on vient de lire*. Lamartine confond son séjour à Aix d'octobre 1816, au cours duquel il rencontra et aima Julie, et celui d'août-septembre 1817, où il attendit en vain Mme Charles et composa *Le Génie*. La même erreur se retrouve dans *Raphaël*, XXXIII. Pour ses séjours à Chambéry, chez Louis de Vignet et dans la famille de Maistre, — où il put entendre parler de M. de Bonald dont les idées étaient voisines de celles du comte Joseph, — voir les notes d'*Adieu*, p. 658.

* ... *mais l'amour*. Lamartine, redira la même chose, mais d'une manière infiniment plus brutale, dans son *Cours familier*, t. II, p. 273 : « Une personne qui m'était bien chère me présenta à M. de Bonald. J'avais adressé à cet écrivain, sur la foi de cette amie, une ode de complaisance. Je ne l'avais pas lu, mais je savais qu'il était l'honnête et éloquent apôtre d'une espèce de théocratie sublime et nuageuse... » En réalité, le poète encore inconnu avait, quoi qu'il en dise en 1849, écrit ses vers pour qu'ils fussent communiqués à leur destinataire.

* ... *l'édition complète de ses œuvres*. Si Bonald offrit vraiment un tel présent à l'auteur du *Génie*, il est probable qu'il s'agit de ses *Œuvres complètes* (12 volumes in-8°) parues chez A. Leclère en 1818; mais la mémoire confuse de Lamartine fait qu'il semble avoir reçu ce cadeau en 1816 et que la vraisemblance le daterait de 1817; peut-être ne reçut-il que quelques œuvres séparées, qui lui produisirent l'illusion d'une collection d'ensemble?

PHILOSOPHIE

* ... *de Champcenetz*... Collaborateur du célèbre Rivarol (1753-1801), le chevalier de *Champcenetz* est moins connu que lui : né à Paris en 1760, il fut officier aux Gardes Françaises, mais son libertinage le fit exclure de l'armée. Chansonnier et poète fort léger, il se lança pourtant avec ardeur dans l'opposition royaliste à la Révolution; n'ayant pas émigré, il fut pris et exécuté le 23 juillet 1794. *Les Actes des Apôtres* parurent du 2 novembre 1789 à la fin de janvier 1792 et prirent violemment parti pour la monarchie; au contraire, *Le Charivari*, qui fut fondé en 1832, était d'inspiration fort libérale; mais les deux journaux avaient en commun un esprit satirique et leur hostilité aux régimes du moment.

Page 343

* ...*secrétaire de légation dans la même cour*. Nommé secrétaire d'ambas-

sade à Florence le 3 juillet 1825, il rejoignit son poste le 2 octobre. Dans les lignes qui suivent, le poète semble avoir oublié complètement que *Philosophie* avait été écrite en 1821 !

* ... *à la cour d'Hartwell...* Louis XVIII et sa cour avaient séjourné à Hartwell, près d'Aylesbury (Buckinghamshire), à une soixantaine de kilomètres au nord-ouest de Londres, de 1811 à 1814.

* ... *le lac du Bourget en Savoie.* Si la colline de *Tresserve,* au sud d'Aix, rappelait à Lamartine le cher souvenir d'Elvire, il est peu vraisemblable cependant qu'il y ait écrit *Philosophie,* tout au plus peut-être esquissée en Savoie.

* *Je le remplaçai en Toscane.* Inexact : lorsque Lamartine arriva en Toscane, en octobre 1825, l'ambassadeur de La Maisonfort en partit quelques jours après pour un congé d'où il ne devait pas revenir; le poète eut mission de le suppléer avec le titre de chargé d'affaires à partir du 15 du même mois (ainsi les deux hommes, qui s'étaient vus peu de temps en 1821, passèrent ensemble des moments fort courts et leurs relations furent surtout épistolaires), mais il ne le *remplaça* pas au sens strict du terme, un nouvel ambassadeur, M. de Vitrolles, ayant été nommé en 1827.

* ... *les conteurs arabes de nos jours.* Expression suggérée par des souvenirs du voyage en Orient de 1832.

LE GOLFE DE BAYA

Page 344

* ... *épisode de* Graziella. Ces lignes prétendent expliquer par *Graziella* des vers qui furent en fait écrits bien avant que le poète ait imaginé l'héroïne de son roman.

* ... *je faisais imprimer les* Méditations. Voir la note ajoutée au Commentaire d'*A Elvire.*

* ... *oubliée depuis longtemps...* Cette comparaison n'a-t-elle pas été suggérée par le souvenir de la pièce écrite en 1842 et qui a précisément pour titre *Le Coquillage au bord de la mer ?*

LE TEMPLE

* ... *j'en retranchai la moitié à l'impression.* Encore une affirmation incontrôlable, et douteuse, car Lamartine, semble-t-il, ne laissait rien se perdre de ce qui était tombé de sa plume.

CHANTS LYRIQUES DE SAÜL

* ... *pour Mme de Raigecourt...* Sur la marquise de Raigecourt, voir la première note du Commentaire de *La Foi. Saül* était commencé

avant que Lamartine la rencontrât : dans la dédicace de la pièce, datée du 1er mai 1818 et adressée au seul Virieu, elle n'est pas nommée, pas plus que Louis XVIII; cependant, après que Talma eut refusé la pièce, « elle-même s'imposa la fatigue de la déclamer à la campagne devant un cercle choisi » et elle ne fut peut-être pas étrangère au geste « de la main amie qui glissa la tragédie sur la table du Roi » (J. des Cognets, *La Vie intérieure de Lamartine*, p. 92).

HYMNE AU SOLEIL

Page 345

* ... *à l'âge de dix-huit ans...* Sur l'invraisemblance de cette date, voir la première note de la pièce.

ADIEU

* ... *et dans les lettres.* Joseph de Maistre (1753-1821), théoricien de l'absolutisme en politique comme en religion; c'est ordinairement lui qui portait le titre de comte dans sa famille dont il était l'aîné. Lamartine a longuement jugé ce « Bossuet alpestre » dans ses *Confidences*, XI, 19 et XII, 1-4, son *Cours familier de Littérature*, t. VII, pp. 397-472, et t. VIII, pp. 5-80 et ses *Mémoires politiques*, I, 17. Cf. G. Roth, pp. 153-173.
* ... *au bruit monotone de ces eaux.* Affirmation douteuse : en 1815, Alphonse écrivait des vers depuis fort longtemps, mais rien ne prouve qu'il en ait fait lors de son bref séjour à Bissy.

Page 346

* *Des jeunes personnes...* Ces *nièces de Mme de Maistre* (à ne pas confondre avec les filles de Joseph, qui paraissent dans les *Confidences*, XII, 1 et 2) s'appelaient Camille et Marthe Constantin : leur père, seigneur de Moussy et capitaine au régiment de Savoie, était mort en 1816; orphelines et sans fortune, elles vivaient à la charge de la famille de Maistre (G. Roth, p. 52, n. 1).
* *Je quittai avec peine cette* oasis... *Oasis* est souligné par Lamartine sans doute parce que ce mot (égyptien d'origine et qu'en rencontre en grec chez Elien ainsi qu'en bas-latin) lui semblait un néologisme : bien que signalé dans la langue dès 1561, il ne s'y répandit guère avant la seconde moitié du XVIIIe siècle et avec une incertitude de genre (Chateaubriand écrit, dans l'*Itinéraire de Paris à Jérusalem*, 2e partie : « Smyrne était une espèce d'oasis civilisé »); le *Dictionnaire de l'Académie* l'enregistra, au féminin et pour la première fois, dans son édition de 1835.

LA SEMAINE SAINTE

* ... *le duc Mathieu de Montmorency...* Selon le *Cours familier de Littérature* (t. II, pp. 268-269), ce fut bien Montmorency qui amena Rohan chez Lamartine; mais selon un autre passage du même ouvrage (t. XXVII, pp. 263 et 277-287), ce fut Genoude qui présenta le duc au poète. Sur les relations d'Alphonse avec Montmorency, cf. la Correspondance du poète au début de 1819.

* ... *pour l'élégance de sa personne...* De cette élégance, Lamartine se moquait dans l'épigramme (non datée) que cite Ch. Alexandre, *Souvenirs sur Lamartine,* p. 285 :

Bon royaliste et bon chrétien,
Fidèle au Roi comme à l'Église,
Je demande au Ciel pour tout bien
Que jamais rien ne me défrise!

Page 348

* ... *où il se réfugia jeune...* Ayant refusé de prêter serment à Louis-Philippe, le duc de Rohan, prêtre depuis 1822, archevêque d'Auch en 1828, puis de Besançon, cardinal en 1830, s'était retiré dans son diocèse où il mourut le 8 février 1833.

LE CHRÉTIEN MOURANT

* ... *par un de mes amis, M. de Montchalin...* Ce personnage n'est guère autrement connu que par quelques mentions faites dans des lettres à Aymon de Virieu, dont il était l'ami et qui avait dû le faire connaître au poète. « Y a-t-il de nos amis à Paris? Qu'y fais-tu? qu'y vois-tu?... Où est Meffray, Montchalin, etc.? » (Mâcon, 12 décembre 1816.) « Dis à Montchalin que je l'embrasse de tout mon cœur, que j'ai parlé de lui avec Parseval et Montcalm, deux de ses amis, et qu'il est universellement reconnu pour le meilleur et le plus aimable garçon du monde. Dis-lui de se souvenir de moi comme je me souviens de lui. » (27 mars 1818.) « J'embrasse Montchalin, et je vous trouve bien heureux d'être ensemble. » (16 avril 1818.) Lamartine cite encore une fois Montchalin le 11 mai suivant, puis il n'est plus question de lui par la suite. Mais ce silence ne prouve pas que leur commerce ait cessé : le présent commentaire tend même à prouver le contraire. Toutefois, les *Mémoires politiques* (pp. 108-109) n'attribuent pas un rôle particulier à M. de Montchalin durant la maladie d'Alphonse en avril 1819.

DIEU

* ... *alors son ami et le mien.* D'après un passage du *Cours familier de Littérature* (t. II, p. 269), ce sont « quelques strophes de l'ode sur *L'Enthousiasme* » lues par Genoude à Lamennais qui précédèrent

la présentation du poète à l'abbé par le traducteur de la Bible; mais, en un autre endroit du *Cours* (t. XXIV, p. 804), Lamartine parle de *La Poésie sacrée;* ses souvenirs étaient évidemment incertains après une trentaine d'années écoulées ! *Alors son ami :* Genoude, devenu prêtre, avait rompu avec Lamennais lorsque celui-ci fut condamné par Rome (1832).

* ... *dans le XIXe siècle.* Dès le 8 août 1818, alors qu'il venait de découvrir l'*Essai,* Lamartine écrivait à Virieu : « C'est magnifique, pensé comme M. de Maistre, écrit comme Rousseau, fort vrai, élevé, pittoresque, concluant, neuf, enfin tout. Je te le conseille pour passer huit jours avec un écrivain d'un autre siècle. » En 1849, l'écrivain cherche à minimiser l'impression produite et l'influence exercée sur lui par Lamennais.

Page 349

* ... *à penser, à chanter.* Cf. ces lignes avec le dernier alinéa du Commentaire de *Sapho.*

* ... *mes vers étaient terminés.* Sur l'abbé de Lamartine et son château d'Urcy, voir le Commentaire du *Soir* et des *Étoiles.*

L'AUTOMNE

* ... *une automne expirante...* « Les grammairiens ont essayé d'établir des règles entre l'emploi du masculin et celui du féminin. Ils ont dit qu'*automne* est masculin quand l'adjectif précède : *un bel automne,* — féminin quand l'adjectif suit immédiatement : *cette automne délicieuse;* — que cependant, s'il se trouve entre *automne* et l'adjectif soit un adverbe, soit un verbe, alors *automne* est du masculin : *l'automne est beau.* Mais ces distinctions sont des subtilités et des complications. D'autres ont voulu fixer définitivement le genre et font *automne* masculin. Mais il n'y a aucun mal à ce qu'un mot reste des deux genres, puisque, par le fait, il est ainsi; et il y en aurait à condamner un usage qui se trouve dans nos écrivains du XVIIe siècle, et qui dès lors nous apparaîtrait comme une faute » (Littré). En fait, féminisé à cause de son *e* muet final et en dépit de son genre en latin, *automne* est aujourd'hui exclusivement du masculin, probablement sous l'influence des noms des autres saisons.

LA POÉSIE SACRÉE

Page 350

* *J'avais peu lu la Bible.* Si la rencontre avec Genoude (et avec les membres de la société du duc de Rohan) amena Lamartine à lire la Bible, il la connaissait en réalité de fort longue date : la conception et la composition de *Saül* est antérieure au début des relations du

poète avec le traducteur de l'Écriture; il avait reçu une solide formation religieuse chez les Pères de la Foi au collège de Belley; enfin, et par-dessus tout, sa pieuse mère l'avait initié de très bonne heure aux textes sacrés, comme le montre entre autres le début du *Voyage en Orient* (20 mai 1832) : « Ma mère avait reçu de sa mère au lit de mort une belle Bible de Royaumont dans laquelle elle m'apprenait à lire quand j'étais petit enfant. Cette Bible avait des gravures de sujets sacrés à toutes les pages... La vue de ces gravures, les explications et les commentaires poétiques de ma mère m'inspiraient dès la plus tendre enfance des goûts et des inclinations bibliques. » Sur ce sujet, voir le chapitre initial du livre de Cl. Grillet, pp. 11-15.

* *Ces langues de feu m'avaient ébloui.* Réminiscence des *Actes des Apôtres,* II, 3 : « Apparuerunt illis dispertitae linguae tanquam ignis. »

* ... *des sibylles bibliques* Les *sibylles* sont des devineresses païennes, comme par exemple celle de Cumes, au chant VI de *L'Énéide* (v. 10 et *passim*); le terme, appliqué aux prophètes de la Bible, s'explique en 1849 sous la plume de Lamartine devenu agnostique.

COMMENTAIRES DES NOUVELLES MÉDITATIONS
LE PASSÉ

Page 352

* *La fumée d'un narghilé... Narghilé* (ou *narguilé*) : « Pipe turque, indienne ou persane, composée d'un long tuyau, d'un fourneau où brûle le tabac et d'un vase rempli d'eau parfumée à travers lequel on aspire la fumée » (Littré). Sous la forme *narguillet,* le mot a été mentionné en France pour la première fois dans l'édition de 1823 du *Dictionnaire Universel de la Langue* de Boiste; mais son premier emploi littéraire semble bien être de Lamartine, dans une pièce de vers datant du voyage en Orient (1832), publiée dans la *Revue des Deux Mondes* du 15 janvier 1834 et intitulée *A une jeune Arabe qui fumait le narguilé dans un jardin d'Alep;* on y trouve cette strophe :

Quand ta main approchant de tes lèvres mi-closes
Le tuyau de jasmin vêtu d'or effilé,
Ta bouche, en aspirant le doux parfum des roses,
Fait murmurer l'eau tiède au fond du narguilé.

Page 353

* ... *chez Mme la duchesse de Broglie.* La *comtesse de Saint-Aulaire,* femme d'un ancien chambellan de Napoléon devenu sous la Restauration député libéral, était la belle-mère du duc Decazes, premier ministre de Louis XVIII; elle avait à Paris un salon fort en vue quand Lamartine y fut introduit; elle était liée avec Julie Charles et elle a laissé d'intéressants *Souvenirs.* Sur la *marquise de Raigecourt,* cf. la pre-

mière note du Commentaire de *La Foi.* La *duchesse de Broglie,* née Albertine de Staël, avait épousé en 1816 Achille de Broglie, pair de France, qui devait se distinguer par son libéralisme politique; elle accueillit Lamartine avec beaucoup de chaleur et celui-ci retrouvait en elle les traits de l'Antoniella de 1812 (lettre à Virieu, 2 avril 1819, cité par le marquis de Luppé, pp. 38-39); il écrivit en 1838 un émouvant *Cantique sur la mort de Mme la duchesse de Broglie (Recueillements poétiques). Mme de La Trémouille* était la femme du prince de ce nom, lieutenant général et pair sous la Restauration, puis rallié à Louis-Philippe. Sur ces diverses personnes, cf. notamment *Mémoires politiques,* t. I, pp. 87-97; *Cours familier de Littérature,* t. II, pp. 266-268 et t. XXVII, pp. 249-255; *Nouvelles Confidences,* IV.

* ... *et je mourrai tel.* Cette phrase est très importante pour comprendre toute une partie de la psychologie de Lamartine : elle trouve son commentaire en particulier dans le *Voyage en Orient,* le *Nouveau Voyage en Orient,* la *Vie d'Antar* et *Le Désert.*

Page 354

* ... *une femme inconnue de ce monde...* Allusion aux entretiens intimes avec Julie Charles, durant l'hiver et le printemps 1817; mais l'expression *femme inconnue* est parfaitement inexacte.

* *Il a brûlé mes lettres...* Autre affirmation fort discutable : la correspondance éditée par Valentine de Lamartine contient plus de quatre cents lettres du poète à Virieu; le P. du Lac en a publié d'autres dans *Jésuites,* 1901, pp. 373-388; Camille Latreille a fait de même dans la *Revue de France,* 15 juillet 1925, pp. 245-265; enfin, M. de Luppé a encore révélé de nombreux inédits dans *Les Travaux et les Jours de Lamartine.*

Page 355

* ... *avec l'ambassade de M. de Narbonne...* Le *duc de Narbonne-Pelet* était ambassadeur de France à Naples lorsque Lamartine y fut nommé comme secrétaire en 1820; arrivé à son poste dans les derniers jours de juillet, il eut peu de contact avec son chef, qui partit en congé au bout de quelques semaines et laissa la direction de l'ambassade à M. de Fontenay; mais les premiers rapports avaient été excellents : « Il est facile à vivre, sensé et bon... Nous n'avons pas grand-chose à faire, l'ambassadeur fait tout. C'est ce que je veux. J'aime ainsi le métier » (à Virieu, 18 août 1820).

* ... *en 1824.* Double erreur : *Le Passé* fut écrit à Aix-les-Bains et en Mâconnais en 1821-1822, publié en septembre 1823. Au reste, durant l'année 1824, Lamartine ne mit point les pieds en Italie.

ISCHIA

* *En 1821*... En réalité *en 1820.*

Page 356

* ... *et n'existent même plus.* Cette affirmation semble tout à fait gratuite.

* ... *que je comptais à mes pieds.* Cf. E. Zyromski, p. 196 : « L'intensité des émotions morales trouve non seulement un symbole, mais un retentissement dans la nature. Si l'on supprime ces symboles et ces représentations, la vie de l'âme qui s'y exprimait s'efface tout à coup et se dérobe dans les ténèbres. »

* ... *bien des fois depuis à Ischia*... En réalité, il n'alla dans sa vie que trois fois à Ischia : en 1811-1812, en 1820 et en 1844; mais, il fit maints voyages et séjours en d'autres régions de l'Italie et fut en relations avec de nombreux Italiens; de plus, en pensée, il dut retourner souvent dans l'*île de son cœur.* Voir R. Mattlé, pp. 17-171.

SAPHO

* ... *vingt vers de suite.* Affirmation purement romanesque : Lamartine écrivait des vers depuis l'adolescence; sa Correspondance de jeunesse est pleine de ses improvisations et c'est le 28 juin 1816 qu'il annonçait à son ami Vaugelas l'imminente publication de « quatre petits livres d'élégies », cependant qu'il avait déjà travaillé à *Clovis* et divers projets de tragédies.

* ... *poètes ou artistes, comme moi.* Cette période de dissipation semble plutôt correspondre au séjour de Lamartine dans la capitale comme garde du Corps, soit durant l'automne de 1814, soit d'août à novembre 1815. — Plus loin, les noms de *Meudon, Saint-Cloud, Viroflay,* plutôt que le souvenir d'imprécis camarades, auraient pu évoquer au poète le nom de Mme Charles, car c'est dans ces parages qu'il s'était souvent promené en sa compagnie au printemps de 1817...

* ... *ce débris découvert par M. de Marcellus*... Marie-Louis de Martin de Tirac, comte de *Marcellus* (1795-1865), avait débuté comme secrétaire d'ambassade à Constantinople en 1820 : chargé d'une mission dans l'Archipel, il avait réussi à enlever et à expédier en France la « Vénus victorieuse » dont la découverte dans l'île de Milo avait été signalée par le navigateur Dumont d'Urville; plus tard Marcellus fut le secrétaire de Chateaubriand à Londres et se lia d'amitié avec Lamartine quand celui-ci était en poste à la légation de Florence.

Page 357

* ... *pour le ménager.* Lamartine reprend ici des détails qu'il donne d'autre part à propos de la méditation *Dieu* (mai 1819) : s'ils semblent

exacts pour cette dernière pièce, on ne saurait affirmer ni infirmer leur véracité au sujet de *Sapho.* Si les deux textes sont contemporains, on ne peut s'empêcher de souligner l'opposition radicale de leurs inspirations.

LA SAGESSE

* *... en 1826, à Florence...* Erreur monumentale, puisque *La Sagesse* fut publiée en 1823.

* *Il n'y a pas d'autre sagesse.* Cf. *Ecclésiaste,* III, 12 : « Et cognovi quod non esset melius nisi laetari et facere bene in vita sua. » Le roi *Salomon,* tel que le peint le *Troisième Livre des rois,* II, 11, avait reçu de Dieu une très authentique sagesse (bien qu'à la fin de sa vie il se soit abandonné à la volupté); mais les écrits qui ont été transmis sous son nom *(Cantique des Cantiques, Ecclésiaste, Proverbes, Ecclésiastique, Livre de la Sagesse)* exposent souvent une doctrine véritablement épicurienne, pour la réfuter d'ailleurs ensuite.

Page 358

* *... tous les proverbes...* Lamartine semble, sous ce mot, désigner les divers livres salomoniens, dits *livres sapientiaux,* énumérés à la note précédente et qui, s'ils analysent avec vérité les faiblesses de l'homme, ne le font que pour les condamner avec énergie.

LE POÈTE MOURANT

* *A l'âge de seize ans...* C'est-à-dire en 1806, assertion invérifiable faute de lettres datant de cette année-là; il semble toutefois que Lamartine aurait dû écrire *dix-huit,* car on lit dans sa lettre du 4 janvier 1808 : « Je viens d'acheter Pope. » Il pouvait, à la vérité, l'avoir lu avant de le posséder en propre. Du reste, comme l'a montré Gustave Charlier (*Aspects de Lamartine,* pp. 88-93), l'ode du poète anglais intitulée *The dying Christian to his Soul* n'a rien à voir avec *Le Poète Mourant* et, en rédigeant son commentaire un quart de siècle plus tard, le poète a confondu cette méditation avec *Le Chrétien mourant.*

* *En 1825...* Ce millésime provient sans doute d'une coquille d'imprimerie non corrigée; car, aussi distrait fût-il, Lamartine ne pouvait pas avoir oublié que les *Nouvelles Méditations* avaient paru en librairie au mois de septembre 1823.

* *... dans le voisinage de Lyon.* Beaucoup de lettres à Virieu des années 1823-1824 lui sont adressées à Lyon, soit 4 rue du Plat, soit au château de Fontaines (sur la Saône, à huit kilomètres au nord de la grande ville).

L'ESPRIT DE DIEU

Page 359

* *J'écrivis cette ode à Paris...* Affirmation controuvée par l'examen du manuscrit 13973 de la Bibliothèque Nationale, daté de Mâcon; de même les nombreuses variantes fournies par les brouillons montrent que la pièce fut écrite non sans peine et empêchent de croire à une rédaction quasi-improvisée à l'heure du réveil.

* *... dans les Confidences...* Cf. *Raphaël*, LXIII : « Je voyais (dans la cour) jouer de temps en temps un charmant petit garçon de huit à dix ans. C'était le fils du concierge... Cet enfant avait fini par s'attacher à moi... Il s'était consacré volontairement et gratuitement à mon service... Il allait m'acheter mes provisions tous les matins... » — Dans le roman, cet épisode se situe au début de l'année 1817, alors que Lamartine, est l'hôte d'Aymon de Virieu, dans l'ancien hôtel du maréchal de Richelieu, rue Neuve-Saint-Augustin.

BONAPARTE

* *... voilà la vérité en prose.* En 1860, lorsqu'il eut modifié les deux derniers vers de la méditation, Lamartine ajouta cette phrase : « J'ai corrigé ici ces deux vers qui pesaient comme un remords sur ma conscience. »

Page 360

* *J'étais à Aix, en Savoie.* Effectivement, Lamartine séjourna à Aix-les-Bains en juin 1821 : mais, dans sa lettre du 12 à Virieu comme dans celle du 14 à Genoude, il ne fait aucune allusion à la mort de Napoléon (sur laquelle sa Correspondance des mois suivants reste muette) ni ne parle de ses relations mondaines du moment.

* *... à dîner chez elle.* Louis-Michel *Le Peltier de Saint-Fargeau* (1760-1793), avocat général et président au Parlement de Paris, membre de l'Assemblée Constituante, puis de la Convention, vota la mort de Louis XVI et fut pour cette raison assassiné par un ancien garde du Corps dans la soirée qui précéda l'exécution du monarque; sa fille, alors âgée de huit ans, fut alors déclarée fille adoptive de la Convention et conserva toujours des idées libérales. Le marquis *Gérard de Lally-Tollendal* (1751-1830) réussit à faire réhabiliter son père, condamné à mort pour avoir dû céder les Indes aux Anglais; député à la Constituante, il émigra, fut ministre de Louis XVIII à Gand, pair de France, mais se distingua sous la Restauration par ses opinions modérées. Le maréchal *Marmont* (1774-1852), lié à Napoléon depuis le siège de Toulon, participa brillamment à la plupart des campagnes de l'Empire, y compris celle de France; mais son abandon de l'Empereur avant l'abdication de Fontainebleau, puis son ralliement définitif aux Bourbons l'avaient rendu fort

impopulaire. Le duc *Emerich-Joseph Dalberg* (1773-1833), issu d'une vieille famille allemande, était entré au service de la France grâce à ses relations avec Talleyrand; il avait négocié le mariage de Napoléon avec Marie-Louise; naturalisé français, il devint ambassadeur à Turin en 1816.

LES ÉTOILES

Page 361

* ... *un étang des bois de Montculot...* Le poète avait hérité du château de *Montculot,* commune d'Urcy (Côte-d'Or), à une quinzaine de kilomètres au sud-ouest de Dijon, lorsque mourut, en 1826, son oncle paternel, l'abbé de Lamartine. Il avait fait de nombreux séjours dans cet important domaine durant son enfance et sa jeunesse, mais il dut le vendre pour payer les frais de succession et les arrangements de famille consécutifs à la mort de sa mère (cf. à Virieu, 21 janvier 1830).

* ... *au milieu des ajoncs.* Cf. Commentaire de 1849 de *La Source dans les bois de *** (Harmonies poétiques) :* « Une des sources du jardin, la plus éloignée du château (de Montculot), s'appelait la source du *Foyard...* Elle tombait de bassin en bassin jusque dans un petit étang qui portait bateau... C'était ma retraite la plus habituelle du milieu des jours en été. J'y portais mes livres... Quelquefois, fatigué de lire, je descendais vers l'étang, je détachais le bateau de sa chaîne, je me couchais au fond sur un coussin de joncs, et je le laissais dériver au gré du vent, la tête renversée en arrière, ne voyant plus que le ciel et les pointes des peupliers qui entrecoupaient le firmament... »

A EL...

Page 362

* ... *le récit dans* Raphaël. Erreur rectifiée dans la première note de notre commentaire.

* ... *il n'en sait rien,* Pour l'idée, cf. *Le Poète mourant,* v. 97-102.

* ... *un écho des sensations.* « Le sentiment poétique ne peut jamais être séparé de l'expression harmonieuse qu'il revêt, parce qu'il est en lui-même harmonie, évocation chantante de sons qui traduisent les émotions et les pensées. » (E. Zyromski, p. 244.)

TRISTESSE

* *J'avais vingt ans...* Lamartine avait eu vingt ans en 1810; comme il se trompait souvent de trois ans dans le calcul de son âge (cf. la première note du Commentaire des *Préludes*), on pourrait en dé-

duire que *Tristesse* fut écrite lorsqu'il en avait vingt-trois, soit en 1813. Comme le voyage à Naples, d'autre part, s'acheva en 1812, en tenant compte de la même habituelle erreur, on reporterait la rédaction du poème en 1815. Ces considérations hypothétiques n'infirment pas les remarques que nous avons formulées à la première note de notre commentaire du poème; elles les recoupent.

LA SOLITUDE

Page 363

* ... *en y plongeant pour la centième fois... Pour la centième fois :* non qu'il fût venu là à de nombreuses reprises auparavant, mais parce qu'il ne se lassait pas de revoir le même ravissant spectacle.

* ... *dans une famille de bergers...* Cf. R. Mattlé, pp. 188-189, et Ch. Fournet, *Lamartine et ses amis suisses,* Préface. Il semble que ces *bergers* et leur *chalet,* ainsi que les trois jours qu'y aurait passés le jeune exilé volontaire de 1815, soient de pure fiction; en réalité, après avoir passé clandestinement la frontière, il fut accueilli durant quelques heures par un certain M. Tréboux (qu'il nomme Reboul dans ses *Mémoires inédits,* p. 243); celui-ci le conduisit jusqu'au col de Saint-Cergue, d'où il contempla avec admiration le panorama pour lui à jamais inoubliable.

CONSOLATION

* ... *les premiers attachements de ma vie...* On pourrait songer à celle qui devait devenir Graziella, mais il y a plutôt lieu de croire ici à une nouvelle allusion à Julie Charles.

LES PRÉLUDES

Page 364

* *J'avais vingt-neuf ans...* Lamartine avait eu vingt-neuf ans en 1819, et *Les Préludes* sont de 1822-1823. Mais, soit coquetterie, soit impossibilité de retenir les dates, le poète avait coutume de se rajeunir, et généralement, comme ici, de trois ans. Cf. H. de Lacretelle, *Lamartine et ses amis,* p. 266 : « Il avait la faiblesse de ne jamais dire son âge. Je ne sais par quelle raison il prétendit toujours qu'il était né en 1793, tandis que la vraie date était 1790. Et il l'avait tant répété qu'il avait fini par le croire. »

* ... *l'hiver de 1822 à Paris.* Il avait quitté Naples et son poste de secrétaire d'ambassade, avec un congé illimité, dès le 20 janvier 1821. — Par *hiver de 1822,* il ne faut pas, semble-t-il, entendre celui de 1821-1822, au cours duquel il séjourna seulement deux ou trois semaines

à Paris durant le mois de janvier, mais plutôt celui de 1822-1823, où il vécut dans la capitale de la mi-décembre au début d'avril.

LA BRANCHE D'AMANDIER

* *C'était Mme de Genoude.* Eugène de Genoude épousa le 21 avril 1821 Mlle Léontine Caron de Fleury, mais celle-ci mourut seulement le 28 avril 1834 : on s'explique mal l'erreur de Lamartine, étant donné surtout qu'il écrivit, peu après le décès de la jeune femme, deux pièces figurant dans les *Recueillements poétiques, A M. de Genoude sur son ordination* et *Aux enfants de Mme Léontine de Genoude.*

L'ANGE

Page 365

* ... *dans mon enfance...* Le mot *enfance* est inexact, Lamartine faisant mention de *Clovis* pour la première fois dans sa correspondance le 8 juin 1813.

* ... *après la publication des premières* Méditations. Rien ne permet d'étayer cette affirmation du poète. Cf. la note du Commentaire d'*A Elvire*.

L'APPARITION DE L'OMBRE DE SAMUEL

* ... *que j'avais lue à Talma* ... Cette lecture eut probablement lieu le dimanche 11 octobre 1818; Lamartine comptait beaucoup sur sa rencontre avec l'illustre tragédien Talma pour faire jouer sa pièce à la Comédie-Française; mais celui-ci fut formel dans son refus : le poète a donné deux récits de son entrevue avec l'acteur, l'un contemporain dans sa lettre à Virieu du mardi 20 octobre, l'autre fort tardif, dans le *Cours familier de littérature* (t. III, Entretien XIV). L'écrivain n'eut aucune occasion de représenter *Saül :* ses *absences de Paris,* et ses *entraînements* n'y furent pour rien!

* ... *et mieux comprise.* En écrivant ces lignes, Lamartine pensait-il à son drame de *Toussaint Louverture,* écrit en 1839, remanié en 1849 et joué avec succès durant vingt-cinq représentations en 1850? Peut-être, car cette pièce historique avait un accent moderne, puisqu'elle étudiait les problèmes de la liberté et du racisme; mais, au moment où il rédigeait ses Commentaires, il ne songeait pas à le donner au public.

STANCES

Page 366

* ... *pour contenir son nom.* Ce Commentaire s'applique certes parfaitement aux *Stances* de 1823, mais il définit également l'esprit général qui présida à la composition des *Harmonies poétiques* dont la première édition (juin 1830) portait en épigraphe ces mots empruntés aux *Psaumes*, XCV, I et XCVII, I : « Cantate Domino canticum novum : cantate Domino, omnis terra... Quia mirabilia fecit... » — Ici, Lamartine semble indiquer son intention de composer éventuellement de nouveaux hymnes : dessein qu'il ne réalisa point, mais qu'il avait déjà annoncé dans l'Avertissement des *Harmonies :* « Je n'en publie aujourd'hui que quatre livres : cela me semble bien peu, peut-être trouvera-t-on que c'est trop encore. S'il en est autrement, j'en publierai, par la suite, plusieurs autres livres à mesure que les années, les lieux, les sentiments, les vicissitudes de la vie et de la pensée me les inspireront à moi-même... »

LA LIBERTÉ

* ... *le Dieu remonté au ciel.* Allusion au fameux récit évangélique du matin de Pâques (*Saint Matthieu*, XXVIII, 1-7; *Saint Marc,* XVI, 1-8; *Saint Luc,* XXIV, 1-10).

Page 367

* ... *Raphaël refusant le cardinalat.* L'illustre peintre *Raphaël* (1483-1520) jouissait au Vatican d'une prestigieuse faveur et le pape Léon X lui avait laissé entrevoir l'accession au *cardinalat;* loin de refuser cette dignité, l'artiste renonça, dit-on, pour l'obtenir à épouser la nièce du cardinal Bibbiena à laquelle il avait presque promis mariage, mais sa mort prématurée l'empêcha d'obtenir la pourpre.

ADIEUX A LA MER

* *J'ai perdu le manuscrit.* Sur cette énigme lamartinienne, voir l'annotation de la pièce *Le Pasteur et le Pêcheur*.

LE CRUCIFIX

* *Mon ami M. de V...* Cette abréviation désigne Aymon de Virieu, qui n'avait pas vu mourir Elvire.

APPARITION

Page 368

* ... *entre la mémoire et la mort.* Ce bref Commentaire contient une grave contradiction dans ses termes quand on le compare avec celui du *Crucifix :* si cette dernière méditation fut écrite *après une année de deuil,* comment *Apparition,* qui est *de la même date,* est-elle d'*une mélancolie moins poignante* parce que *des années* s'étaient écoulées depuis la mort d'Elvire?

CHANT D'AMOUR

* ... *comme elle exprime la douleur...* Sur cette idée, cf. *Les Préludes,* v. 46-50, et *Adieux à la Poésie,* v. 31-35.

IMPROVISÉE A LA GRANDE-CHARTREUSE

Page 369

* ... *au pied de la montagne.* Cette auberge de village peut, selon toute vraisemblance, être située à Saint-Laurent-du-Pont, point de départ de la vallée du Guiers par où l'on pénètre dans le massif de la Chartreuse en direction du monastère.

* ... *dans tous les Apennins.* On peut légitimement douter de la réalité de maints détails contenus dans cette description. Mais, selon les remarques de M. Guillemin (*Jocelyn,* p. 311), le Dauphiné, dans la première moitié du XIXe siècle, « demeurait fort peu visité et, littérairement, à peu près inexploité ». C'est pourquoi, « on s'étonnera moins du ravissement de Lamartine découvrant, sur la route de la Chartreuse, des spectacles pour lui tout nouveaux. Pour la première fois, il s'enfonçait dans les replis de la montagne » et si « son imagination l'aide un peu », les témoignages contemporains ne manquent pas pour confirmer qu'à cette époque « la montée au monastère de la Chartreuse faisait aux voyageurs peu initiés à la montagne l'effet d'une expédition bouleversante ».

* ... *pour en retrouver un autre.* En 1823, Lamartine n'eût peut-être pas si brutalement formulé son opinion; sur l'évolution de sa pensée en cette matière, cf. Guillemin, *op. cit.,* pp. 510-511.

Page 370

* ... *un orage...* « Le lecteur aura remarqué que la lettre du 6 août — contemporaine de la promenade — ne mentionne aucune pertur-

bation atmosphérique au cours d'icelle. O poète ! ô orages rêvés ! », note spirituellement Georges Roth (p. 266), dont les doutes sont confirmés par l'avis de M. Guillemin (*op. cit.*, p. 310).

* ... *d'autres vers sur le même sujet,*... Ces *autres vers sur le même sujet,* selon une conjecture de M. Guillemin (*op. cit.*, p. 312, n. 1), sont peut-être ceux de *La Solitude.*

ADIEUX A LA POÉSIE

* ... *en 1824*... Erreur analogue à celle signalée à la dernière note du Commentaire du *Passé.*

* ... *l'amour partout.* Cf. les v. 76-85 de la méditation.

TABLE DES MATIÈRES

PREMIÈRES MÉDITATIONS POÉTIQUES

NOUVELLES MÉDITATIONS POÉTIQUES

MÉDITATIONS POÉTIQUES INÉDITES
TROISIÈMES MÉDITATIONS

LE DÉSERT
OU L'IMMATÉRIALITÉ DE DIEU

APPENDICES :

VARIANTES :

NOTES :

Notes sur les *Premières Méditations* :

Notes sur les *Nouvelles Méditations :*